Innerschweiz und frühe Eidgenossenschaft

Jubiläumsschrift 700 Jahre Eidgenossenschaft

Band 1
Verfassung · Kirche · Kunst

Peter Blickle
Friede und Verfassung

Carl Pfaff
Pfarrei und Pfarreileben

Adolf Reinle
Die Kunst der Innerschweiz
von 1200 bis 1450

Band 2
Gesellschaft · Alltag · Geschichtsbild

Roger Sablonier
Innerschweizer Gesellschaft im 14. Jahrhundert

Werner Meyer
Siedlung und Alltag

Guy P. Marchal
Die «Alten Eidgenossen» im Wandel der Zeiten

Innerschweiz und frühe Eidgenossenschaft

Jubiläumsschrift 700 Jahre Eidgenossenschaft

Band 1
Verfassung · Kirche · Kunst

Herausgeber
Historischer Verein der Fünf Orte

Redaktion
Hansjakob Achermann
Josef Brülisauer
Peter Hoppe

Walter-Verlag

Dieses Werk wurde publiziert
mit Unterstützung von

Schweizerischer Bundesrat
Regierungsrat des Kantons Luzern
Regierungsrat des Kantons Uri
Regierungsrat des Kantons Schwyz
Regierungsrat des Kantons Obwalden
Regierungsrat des Kantons Nidwalden
Regierungsrat des Kantons Zug

Bundesfeierspende Pro Patria
Dr. Annemarie Reynolds
Ernst Göhner Stiftung
Jubiläumsstiftung der Schweizerischen Bankgesellschaft
Jubiläumsstiftung der Schweizerischen Mobiliar Versicherungsgesellschaft
Jubiläumsstiftung der Schweizerischen Volksbank
Jubiläumsstiftung des Schweizerischen Bankvereins
Kantonalbank Schwyz
Luzerner Kantonalbank
Nidwaldner Kantonalbank
Obwaldner Kantonalbank
Otto-Gamma-Stiftung
Sarna Jubiläums-Stiftung
Stiftung Landis & Gyr
Urner Kantonalbank
Zuger Kantonalbank

Gestaltung: Eduard Faerber ASG, Hägendorf
Herstellung in den grafischen Betrieben des Walter-Verlags
Farblithos: Kreienbühl Reprotechnik, Luzern
Printed in Switzerland

ISBN 3-530-39555-2

Inhalt

Peter Blickle
Friede und Verfassung
Voraussetzungen und Folgen der Eidgenossenschaft von 1291

Carl Pfaff
Pfarrei und Pfarreileben
Ein Beitrag zur spätmittelalterlichen Kirchengeschichte

Adolf Reinle

Die Kunst der Innerschweiz von 1200 bis 1450

Ein Überblick

Verzeichnis der abgekürzt zitierten Literatur,
Personen- und Ortsregister,
Bildnachweis,
siehe Band 2

Vorwort des Bundespräsidenten

Seit meiner Gymnasialzeit in Sarnen kenne und schätze ich Werner Oechslis Werk «Die Anfänge der Schweizerischen Eidgenossenschaft». Es handelt sich dabei um die noch heute lesenswerte wissenschaftliche Festschrift zum Bundesjubiläum von 1891. Sie wurde im Auftrag des Bundesrats verfaßt und hatte zum Ziel, dem neugeschaffenen Nationalfeiertag Inhalt und Sinn zu geben und an das Verbindende unserer gemeinsamen Vergangenheit zu erinnern.

Ist es ein Zufall, daß es in jenen Jahren gelang, die fast unversöhnlichen politischen und religiösen Gegensätze, die der Sonderbundskrieg und der Kulturkampf aufgerissen hatten, endlich zu überwinden? Bemerkenswert ist jedenfalls die Tatsache, daß gerade im Jubiläumsjahr 1891 Josef Zemp als erster katholisch-konservativer Volksvertreter in den Bundesrat gewählt wurde.

Auch heute ist die Auseinandersetzung mit der Entstehungsgeschichte der Schweizerischen Eidgenossenschaft sinnvoll und notwendig. Dazu leistet der Historische Verein der Fünf Orte mit der Publikation des vorliegenden umfangreichen und bedeutenden Werkes einen wichtigen Beitrag. Die sechs Autoren, alles namhafte Historiker, befassen sich mit den verschiedensten Aspekten der Geschichte, die alle für die Entstehung und Entwicklung unseres Landes von besonderer Bedeutung waren. Kunst und Kirche haben darin ebenso ihren Platz wie soziale und wirtschaftliche Fragen. Ein wichtiges Kapitel ist der Rezeptionsgeschichte dieser Zeit, an der sich der Wandel des Nationalgefühls in unserem Staat ablesen läßt, gewidmet.

Die Bedeutung einer solchen historischen Arbeit läßt sich wohl am besten an einem aktuellen Thema messen: Weil die Gegenwart unseren Blick in die Vergangenheit bestimmt, sehen wir unsere schweizerische Geschichte weit deutlicher als früher in gesamteuropäischen Zusammenhängen. Statt vor allem den «Sonderfall Schweiz» ins Auge zu fassen, liegt uns heute daran zu erkennen, was uns mit der europäischen Geschichte verbindet und worin der spezifisch schweizerische Beitrag zu Europa und zur Welt bestehen könnte. Indem die vorliegende Arbeit die historische Dimension dieser Fragen sichtbar macht, hilft sie uns, die Aufgaben der Gegenwart zu lösen. Dafür ist dem Herausgeber wie den Autoren zu danken.

Flavio Cotti
Bundespräsident

Vorwort des Präsidenten der Innerschweizer Regierungskonferenz

Die Regierungen der sechs Innerschweizer Kantone Uri, Schwyz, Obwalden, Nidwalden, Zug und Luzern pflegen seit Jahrhunderten freundnachbarliche Beziehungen. Gemeinsame Anliegen, aber auch die Klärung gegenteiliger Standpunkte machten viele Verhandlungen nötig. Früher fanden diese Beratungen in der Form von Tagsatzungen statt. Seit einigen Jahrzehnten dient dazu die Innerschweizer Regierungskonferenz, eine körperschaftlich organisierte Institution, deren Vorsitz alle zwei Jahre wechselt.

Als derzeitiger Präsident dieser Konferenz entbiete ich Ihnen, liebe Leser, einen freundeidgenössischen Gruß und wünsche dem Buch, das sich mit der Geschichte der Innerschweiz im 13. und 14. Jahrhundert beschäftigt, eine gute Aufnahme.

Fragen, die unsere Vorfahren bewegten, beschäftigen uns zum Teil noch heute. Zu diesen zählt zum Beispiel die Nord-Süd-Verbindung. Bei der Lösung solcher Fragen geht es immer darum, den richtigen Ausgleich zwischen den gemeinsamen Interessen und den Anliegen der einzelnen Stände zu finden. Aktuell sind zur Zeit Verkehrsfragen. Gute Verbindungen auf Schiene und Straße gehören zur Grunderschließung, ohne die eine wirtschaftliche Tätigkeit unmöglich ist. Insbesondere der Nord-Süd-Verkehr hat der Innerschweiz seit Jahrhunderten Arbeit und damit Verdienst verschafft. Ohne Verkehrserschließung wäre auch der Fremdenverkehr nicht möglich gewesen. In dieser grundsätzlichen Haltung sind wir uns einig. Offen ist die Antwort auf die Frage, wie weit durch diesen Verkehr die Umwelt belastet werden dürfe. Lärm- und Geruchsimmissionen belästigen Menschen, Tiere und Pflanzen. Hoch- und Tiefbauten gereichen der Landschaft oft zur Unzier. Hier müssen wir in Zukunft zurückhaltender sein.

Bei aller Gegensätzlichkeit finden wir Innerschweizer aber immer taugliche Lösungen. Das ist nur möglich, weil uns ein gemeinsames Fundament trägt: Das ist die jahrhundertelange geschichtliche Verbundenheit, das Eingebundensein in den gleichen Kulturraum.

In der nahen Zukunft werden wir die schwierige Aufgabe zu lösen haben, Urner, Schwyzer, Obwaldner, Nidwaldner, Zuger und Luzerner zu bleiben und gleichzeitig weltoffene Europäer zu werden. Der Blick zurück in die Geschichte, wie ihn das vorliegende Werk ermöglicht, soll uns dabei helfen.

Josef Egli
Präsident der Innerschweizer Regierungskonferenz

Vorwort des Herausgebers

Das Jubiläumsjahr 1991 ist für den Historischen Verein der Fünf Orte, einen der ältesten Geschichtsvereine des Landes, Anlaß und Verpflichtung, das Geschehen des 13. und 14. Jahrhunderts im innerschweizerischen Raum, der Ursprungsregion der heutigen Schweiz, neu zu überdenken. Schon 1978, an der Jahresversammlung des Fünförtigen in Luzern, hat Regierungsrat Carl Mugglin angeregt, eine allgemeinverständliche Geschichte der Innerschweiz schreiben zu lassen. Die ersten, von Fritz Glauser, Luzern, befruchteten Konzeptarbeiten reichen ins Jahr 1983 zurück. 1984 wurden die Forschungsaufträge an die sechs Autoren, alles Professoren an schweizerischen Universitäten, vergeben. Das nun vorliegende Werk soll sowohl dem Wissenschafter wie auch dem interessierten Geschichtsfreund einen Überblick über die aktuellen Forschungsrichtungen und den Forschungsstand bieten. Im Mittelpunkt stehen dabei nicht so sehr die Anfänge und die Entwicklung der Eidgenossenschaft, sondern die vielfältige, unter den verschiedensten Gesichtspunkten zu betrachtende Geschichte des Raumes, von dem die Eidgenossenschaft ausging, und seine Einordnung in die größeren, übergreifenden Zusammenhänge.

Der Herausgeber hat zu danken: den Regierungen der Innerschweizer Kantone, welche die Forschungskosten übernommen haben; dem Schweizerischen Bundesrat und zahlreichen weiteren Gönnern, welche die Kosten für die Drucklegung decken halfen; den Beteiligten dieses Projektes auf allen Stufen, nämlich den Autoren und ihren Mitarbeitern, der Finanzkommission unter dem Präsidium von Hans Muheim, Altdorf, Urspeter Schelbert, Steinhausen, für die Bereinigung der Manuskriptdateien, Priska Aschwanden, Altdorf, für die Erstellung des Registers, dem Buchgestalter Eduard Faerber, Hägendorf, und dem Walter-Verlag, Olten, für die drucktechnische und verlegerische Betreuung.

Der Historische Verein der Fünf Orte will mit seinem Beitrag zum Jubiläum der Eidgenossenschaft mithelfen, die frühe Zeit unseres Staates – gerade auch im Hinblick auf die Bewältigung der heutigen Probleme – besser zu verstehen. Darüber hinaus ist es ihm ein Anliegen, der geschichtlichen Erforschung des innerschweizerischen Raumes neue Impulse zu verleihen, nicht zuletzt an unseren Hochschulen.

Für den Historischen Verein der Fünf Orte:

Die Redaktionskommission
Hansjakob Achermann, Josef Brülisauer, Peter Hoppe

Peter Blickle

Friede und Verfassung

Voraussetzungen und Folgen der Eidgenossenschaft von 1291

Eine gewalttätige Gesellschaft?

Im Bauernkrieg von 1525, der hinsichtlich Massenbasis, Gewaltsamkeit und Kühnheit der Programmatik die bedeutendste Erhebung in Europa vor der Französischen Revolution darstellt, kam eine Flugschrift in Umlauf[1], deren Titelholzschnitt die aufständischen Bauern mit den Schweizern gleichsetzt (Abb. 1). Das Bild zeigt in der rechten Hälfte, hinter dem auf das Glücksrad geflochtenen Papst, Kardinäle, Bischöfe, Fürsten und Ritter zu Pferde, auf der linken Seite Bauern. Daß es sich um Bauern handelt, belegt die Legende links oben im Bild «Hie pawrßman gůt christen», wohingegen geistliche und adelige Herren als «Romanisten und Sophisten» bezeichnet und damit als die Verdreher des Rechts und der Wahrheit verunglimpft werden. Ihre Machtgier und ihr Eigennutz führen dazu, daß die Schweiz wächst und sich vergrößert und die Bauern ihr zufallen: «Wer meret Schwytz – der herren gytz», belehrt die Schrift am unteren Bildrand den Leser. Keine Frage, wem die Zukunft gehören wird: den Aufständischen, den Bauern, den Schweizern. Denn unaufhaltsam dreht sich das Glücksrad und treibt das Symbol der Herrenmacht, den Papst, in die aufgereckten Spieße und Hellebarden der Bauern.

Der anonyme Autor der Flugschrift und nicht minder der unbekannte Künstler sind Parteigänger der aufständischen Bauern von 1525[2]; dennoch bleibt ein kritischer Grundzug des Bildes erhalten: Im Rahmen der bestehenden herrschaftlichen und gesellschaftlichen Ordnung, die dem Adel und der Geistlichkeit, dem Kaiser und dem Papst, den Fürsten und den Bischöfen die Herrschaft sowie die Obrigkeit vorbehält, sind die Bauern und damit auch die Schweizer «Aufständische», sie sind «gewalttätig». Gewalttätigkeit bleibt über Jahrhunderte die Eigenschaft, mit der die Europäer die Schweizer definieren. In zahllosen bäuerlichen Aufständen dient die Redeweise vom «Schweizer werden» als Revoltenmetapher[3]. Im Kärntner

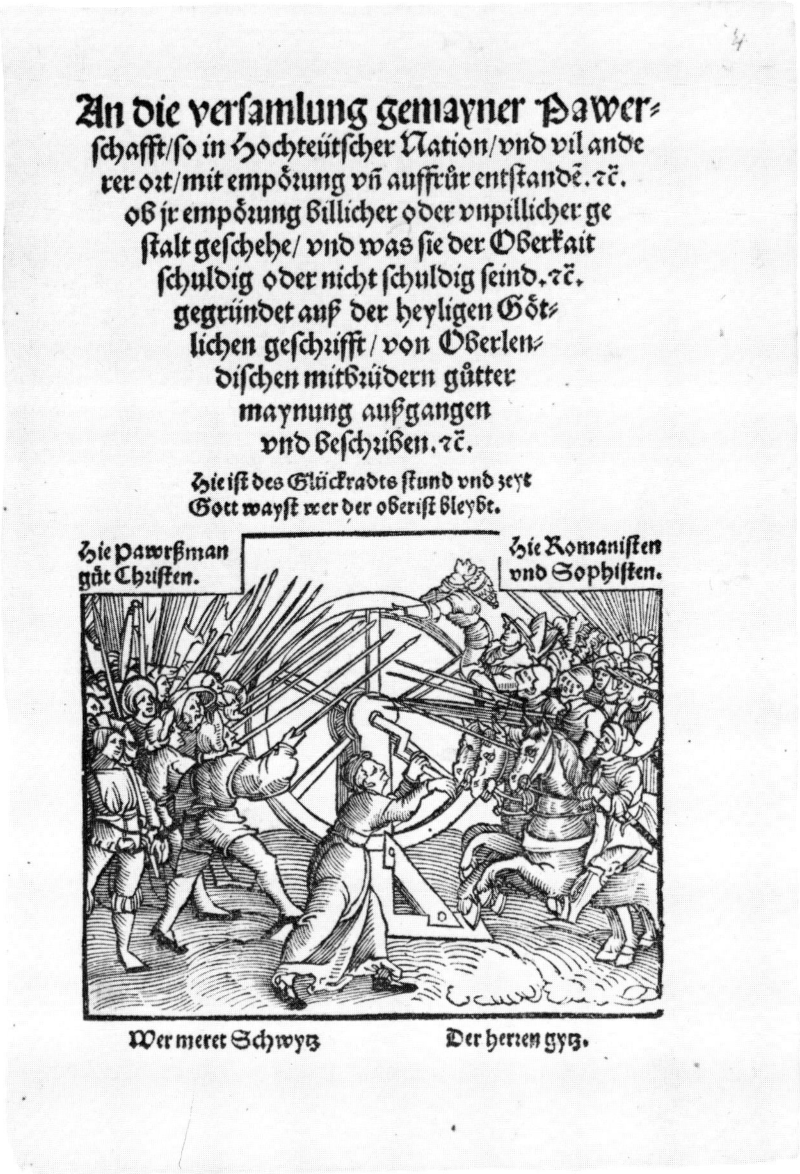
An die versamlung gemayner Pawerschafft/so in Hochteütscher Nation/vnd vil anderer ort/mit empörung vñ auffrůr entstandē.rc.
ob jr empörung billicher oder vnpillicher gestalt geschehe/ vnd was sie der Oberkait schuldig oder nicht schuldig seind.rc.
gegründet auß der heyligen Götlichen geschrifft / von Oberlendischen mitbrüdern gůtter maynung außgangen vnd beschriben.rc.

Hie ist des Glückradts stund vnd zeyt
Gott wayst wer der oberist bleybt.

Wer meret Schwytz
Der herren gytz.

1 Die Schweiz als Vorbild im großen Bauernkrieg von 1525. Anonyme Flugschrift: Titelholzschnitt eines unbekannten Künstlers. Staatsbibliothek München.

Bauernaufstand von 1478 «was auch die gemain sag, sie wolten sich nach der treulosen Sweitzer gewonhaiten halten»[4]. In Oberösterreich werfen die Landstände 1626 den mehr als 10 000 aufständischen Bauern vor, von ihnen sei «gleichsamb eine eingebildete demokratia zu unterdrück- und ausrottung des adels, hoher und nieder obrigkeit gesucht worden»[5]. Demokratie heißt in diesem Zusammenhang nichts anderes als Schweiz. In Hessen gibt es noch im 18. Jahrhundert bei den

[1] An die versamlung gemayner pawerschafft/so in hochteütscher nation/und vil anderer ort/mit empoͤrung und auffrůr entstanden, 1525. Staatsbibliothek München, 4° Eur. 332 (44). – Zu danken habe ich lic. phil. Andreas Würgler und Ursula Schatz für die kooperative und gewissenhafte Hilfe bei der Bewältigung technischer Probleme der Manuskripterstellung, Dr. André Holenstein für das kritische Mitlesen von Teilen des Textes und Prof. em. Dr. Ernst Walder für die konstruktive Diskussion der großen Interpretationslinien.

[2] Buszello Horst, Der deutsche Bauernkrieg als politische Bewegung, Berlin 1969 (Studien zur europäischen Geschichte 8).

[3] Allgemeine Belege, verstreut bei Brady, Swiss.

[4] Franz, Quellen, S. 21.

[5] Heilingsetzer Georg, Der oberösterreichische Bauernkrieg von 1626, Wien 1976 (Militärhistorische Schriftenreihe 32), S. 9.

Bauernunruhen und Bauernprozessen immer wieder Äußerungen mit dem Tenor, «man bedürfe kainer oberkait und man könde wohl ohn ein oberkait wie im Schweizerland leben»[6]. In der aufgeregten Diskussion unter Bürgern im französischen Romans ist zu hören, wenn der Adel nicht zu den Steuern herangezogen werde, könne «man binnen kurzem eine ungewöhnliche Bewegung erleben, die hunderttausend Menschen das leben kosten würde». «Was wollt ihr tun?» fragt ein anderer, «eine Vesper [Massaker] machen, wie die Schweizer sie ihrem Adel bereitet haben?»[7] – In den Aufständen europäischer Bauern gegen ihre adeligen und kirchlichen Herren dienen also «die Schweizer» und ihre Gewalttätigkeit als legitimierende Rückversicherung für das eigene Verhalten.

Ganz anders bewerten das natürlich jene, welche die vorherrschenden Ordnungen und politischen Verhältnisse sichern und befestigen wollten und deshalb von der Demokratie wenig hielten, so der Reformator Martin Luther, und von den Schweizern gar nichts, wie die Humanisten im Reich: «Democratia» sei dort, sagt Martin Luther, «ubi plures regunt, als in Schweizen», wo, wie das in der zeitgleichen deutschen Übersetzung heißt, «der gemeine Mann regiert»[8]. Das ist deswegen keine wertfreie Aussage, weil Luther das patriarchalische Regiment bevorzugt und die fürstliche Herrschaft als große Haushaltung der väterlichen Hausherrschaft parallelisiert und in ihr die eigentlich gottgewollte Ordnung sieht. Johannes Trithemius, der Abt eines Würzburger Klosters, schreibt zu Beginn des 16. Jahrhunderts: «Das sage, das schreibe und überliefere ich schriftlich der Nachwelt, was alle heute wissen [...], welche die Sitten der Schweizer kennen, daß sie Leute sind, von Natur übermütig, den Fürsten feind, aufrührerisch und schon seit langer Zeit widerspenstig und ungehorsam gegen ihre Herren, von Verachtung gegen andere, von Anmaßung in sich selbst erfüllt, im Krieg hinterlistig und Liebhaber des Betrugs, im Frieden nie recht beständig, daß sie die Gerechtigkeit in dem, was sie von Rechts wegen schuldig wären, nichts nachfragen, namentlich da, wo es sich um ihre angemaßte Freiheit handelt.»[9]

Ähnlich äußert sich gleichzeitig der Elsässer Humanist Jakob Wimpheling. Größer scheint «die Frömmigkeit bei den Türken und Böhmen zu sein, als bei diesen starken, drohenden, grimmigen, stolzen, waffenliebenden [...] und durch die Zwietracht der Könige reich gewordenen Wilden [Schweizer], die keine Fürsten, keine Gesetze ehren, die keine gesunde Vernunft walten lassen, sondern von einer gewissen Raserei in den Abgrund getrieben werden; denen umsonst das Gesetz gegeben wird; deren Gesetze sind: Willkür, Begierde, Zorn, Ungestüm, Heftigkeit, Raserei.»[10]

Die Absicht der Bauern ist genauso leicht zu durchschauen wie jene der Humanisten – mit dem positiven wie negativen metaphorischen Gebrauch der «Schweiz» wird die eigene Ideologie gestützt. Sollte folglich auf diesen Gewaltvorwurf wenig gegeben werden?

Erstaunlich ist, daß heutige Wissenschafter das Urteil von der Gewalttätigkeit der Schweizer teilen, wenngleich sie dafür andere Gründe vorbringen. Aus der Untersuchung der Kriegführung der Schweizer im Spätmittelalter ist als ein Ergebnis «die unverkennbare Aggressivität des eidgenössischen Kriegsmannes» hervorgehoben worden, die es erlaube, «der erwähnten Erscheinung die Idee elementarer Wildheit [...] zu Grunde zu legen»[11]. «Das Elementare» schlechthin wird zum Charakteristikum des Schweizers als Krieger[12]. Die volkskundliche Forschung leitet die für sie unbestrittene Gewalttätigkeit von der Rinderzucht ab; sozialgeschichtlich ausgedrückt ist sie eine Folge des Hirtenlebens: «Die Rinderzuchtgebiete der Schweiz [...] wiesen Züge auf, wie sie auch für andere Bereiche einer archaischen Hirtenkultur in Europa kennzeichnend sind [...]: Eine bewegliche, dem Halbnomadischen angenäherte Lebensweise im Schutz von Gebirgslagen; nicht Ausgeschundensein durch schwere Ackerarbeit, sondern ein weit größeres Maß an Muße, was von fremden Beobachtern oft als Faulheit ausgelegt wird; in Verbindung damit ständige Bereitschaft zu den verschiedensten Unternehmungen; eine kriegerische Lebensform mit hochgespannten Ehrbegriffen, die ein ständiges Kräftemessen und Selbstbestätigen einschließt, sei es im Wettkampf, kleinen Raubzügen oder großen Fehden, Blutrachekämpfen und Volkskriegen.»[13] «Abstoßende Grausamkeit im Kampf» und «innerer Unfrieden» sind aus dem Vergleich mit anderen Regionen als typische Erkennungsmarken der Schweiz für das Spätmittelalter behauptet worden[14].

[6] Trossbach Werner, Soziale Bewegung und politische Erfahrung. Bäuerlicher Protest in hessischen Territorien 1648–1806, Weingarten 1987, S. 62.

[7] Le Roy Ladurie Emmanuel, Karneval in Romans. Von Lichtmeß bis Aschermittwoch 1579–1580, Stuttgart 1982, S. 81.

[8] Maier Hans, Artikel Demokratie, in: Historisches Wörterbuch der Philosophie, Hrg. Joachim Ritter, 2. Bd., Darmstadt 1972, Spalte 52.

[9] Oechsli, Quellenbuch, S. 373f.

[10] Ebd., S. 375.

[11] Schaufelberger, Schweizer, S. 21.

[12] Ebd., S. 186.

[13] Wolfram, Studien, S. 67f. Vgl. dazu auch Carlen, Hirten, S. 19.

[14] Moraw, Reich, S. 24f.

Gewalttätigkeit – fraglos ein schillernder Begriff und in den unterschiedlichen Zusammenhängen verschieden gemeint – scheint demnach den zeitgenössischen Beobachtern wie auch den heutigen Forschern ein kennzeichnendes Merkmal der Innerschweiz darzustellen. Niemand jedenfalls bezeichnet die Schweizer als besonders friedliebend. Was also, so ist zu fragen, läßt sich mit der Kategorie der Gewalttätigkeit zur Beschreibung und Erklärung der Frühgeschichte der Eidgenossenschaft anfangen?

Fehden

Fehde – das Wort meint noch im heutigen Sprachgebrauch ein langandauerndes feindliches Verhältnis zwischen Menschen, das sich darin ausdrückt, daß man dem anderen schadet. Fehde – das ist ein Begriff, der landläufigerweise mit dem finsteren Mittelalter und seiner Rechtlosigkeit in Verbindung gebracht wird. Gelangweilte Raubritter lauern braven Kaufleuten auf und berauben sie ihrer Waren oder überfallen wehrlose Bauern; das ist das gängige Bild von Fehde. Diese Vorstellungen sind nicht gänzlich falsch, sie sind nur unvollständig: Zur Fehde gehört in der Tat, dem Feind zu schaden, und sie ist ohne Frage ein ganz wesentliches Kennzeichen des Mittelalters. Doch: sie ist nicht Unrecht, sondern gehört zum rechtlich anerkannten Austrag von Rechtsansprüchen und ist deswegen streng formalisiert; und sie ist nicht auf die Ritter beschränkt: Fehden führen alle Adeligen, alle, die Herrschaft ausüben[15].

Fehden gibt es auch in der Innerschweiz. Seit dem 13. Jahrhundert sind sie gut zu belegen[16]. Auf Bitten der Landleute von Uri schlichtete Rudolf von Habsburg 1257 eine Fehde zwischen den Geschlechtern Izeling und Gruoba[17]. Der konkrete Anlaß läßt sich aus den Quellen nicht erschließen; sicher aber war von einem Mitglied der Sippen im Verlauf der Fehde auch ein Totschlag begangen worden[18]. Rudolf von Habsburg «versöhnte» die beiden Sippen und stellte damit den Frieden zwischen ihnen wieder her. Zu seiner Sicherung beschworen je zwanzig Personen aus jeder Sippe die Sühne und bürgten auch mit ihrem Vermögen dafür, daß die von Rudolf verhängte Buße von 120 Mark Silber im Falle eines Neuauflebens der Fehde entrichtet werde. Wer immer die «Sühne» bricht, «der ist meineide und ist in des babestes banne und ist in des riches achte und ist in des bischofes banne und ist erlos und ist rëchtlos, und sol man ab im richten als ab dem mordere, wand er ouch den mort getan hat»[19]. Der Friedbrecher wird – das meint der Begriff Bann – aus der Kirche ausgeschlossen, und er verfällt der Reichsacht, das heißt, er kann wie ein Mörder auf frischer Tat verfolgt – und getötet – werden.

Im Verlauf des nächsten halben Jahres wurde der Friede von Izeling gebrochen, und Rudolf verfügte die folgenden Strafmaßnahmen[20]: Die vom Fraumünster Zürich dem Izeling zu Lehen gegebenen Güter werden ihm entzogen und dem Kloster zurückgegeben, und seine Häuser werden «gewüstet», also niedergerissen und verbrannt[21].

Was für Einsichten über diese Fehde läßt sich aus den recht trockenen Urkundentexten gewinnen? Zwei Sippen in Uri sind verfeindet. Offensichtlich handelt es sich um recht große und weitverzweigte Familienverbände. Die je zwanzig Mitglieder, die den Frieden eidlich bekräftigen, sind ja nur Repräsentanten von größeren Verbänden, und die erschließbaren Wohnorte der Sippenmitglieder deuten darauf hin, daß beide Familien weitgestreute Besitzungen im Tal aufwiesen. Doch muß ihr Radius noch über das Tal selbst hinausgegangen sein, weil die Stadt Luzern wenige Jahre zuvor durch eigene Rechtssatzungen Verwicklungen ihrer Bürger in solche Fehden zu verhindern gesucht hatte[22]. An einer prinzipiellen Verpflichtung der Verwandten, ihren Familienmitgliedern tatkräftig zu helfen, läßt der Luzerner Text selbst keinen Zweifel. Man sieht daraus, wie durch die Izeling-Gruoba-Fehde eine ganze Region in Unruhe versetzt wurde. Und dies wohl auch deswegen, weil es sich da um mächtige Geschlechter handelte, nicht nur von ihrer Zahl her, sondern auch wegen ihrer wirtschaftlichen Bedeutung. Die hohe Strafsumme von 120 Mark spricht für den Reichtum der Familien; allerdings war sie auch so hoch angesetzt, daß ihre Zahlung die materielle Existenz der Sippe gefährden konnte[23].

[15] Eines der bedeutendsten geschichtswissenschaftlichen Werke dieses Jahrhunderts, Otto Brunners «Land und Herrschaft», rückt die Fehde in den Mittelpunkt einer kategorialen Erfassung des Mittelalters. Vgl. besonders BRUNNER, Land, S. 17.

[16] Zusammenhängende Untersuchungen über das Fehdewesen in der Schweiz fehlen. Vgl. RIGGENBACH, Marchenstreit, S. 50.

[17] QW 1/1, Nr. 825, S. 377ff. Die Schreibung der Namen ist in der Literatur uneinheitlich; es wird hier durchgehend eine gleichbleibende Form verwendet.

[18] Vgl. RIGGENBACH, Marchenstreit, S. 47. KOLLER, Fehde, S. 7f. MEYER, Friede, S. 211.

[19] QW 1/1, Nr. 825, S. 378f.

[20] QW 1/1, Nr. 833, S. 382ff.

[21] KOLLER, Fehde, S. 17.

[22] QW 1/1, Nr. 667, S. 300f. (Artikel 13). Die Argumente für den Zusammenhang dieser Textstelle mit der Fehde in Uri bei RIGGENBACH, Marchenstreit, S. 48f. Zur personalen und räumlichen Reichweite dieser Fehdekreise vgl. auch BOESCH Gottfried, Die große Urner Blutrache 1257/58. Der Izelin- und Gruobahandel, in: Gfr. 124, 1971, S. 215–224.

Offensichtlich litt Uri stark unter dieser Fehde, denn anders wäre nicht zu erklären, weshalb die Urner selbst Graf Rudolf von Habsburg zu Hilfe gerufen haben[24]. Daß von ihnen die Initiative ausging, sagen die Quellen eindeutig: Auf «der landlůte bëtte gemeinliche» wird der Graf tätig[25], mit ihrer ausdrücklichen Zustimmung fällt er 1258 das Urteil[26].
Die interpretatorische Weiterung, die sich aus den wenigen Textstellen ergibt, ist von größter Erheblichkeit: Das Land setzt sich gegen die Sippen durch; ein kommunaler Verband tritt an Bedeutung vor die gentilen Verbände; die Fehde – ein zunächst auch vom Habsburger Grafen und dem Land gar nicht bestrittenes Rechtsinstitut (erst der Bruch der von beiden Sippen freiwillig eingegangenen Sühne wird ja bestraft) – kommt gesellschaftlich in Mißkredit, und an ihre Stelle tritt naturgemäß der gerichtliche Austrag[27].
Ein äußerst merkwürdiger Vorgang ereignete sich in der Nacht des Dreikönigstages im Jahr 1314. Leute aus Schwyz fielen in Einsiedeln ein, plünderten das Kloster und führten ihre Beute und die Mönche nach Schwyz, wo die Konventualen elf Wochen gefangengehalten wurden[28]. Derart spektakuläre «Klosterstürme» hat es in Europa eigentlich nur im Zusammenhang mit Revolutionen gegeben, und entsprechendes Aufsehen hat auch dieser Vorgang nicht nur in der Innerschweiz, sondern weit darüber hinaus erregt – in der Fluchtlinie der Dreikönigsnacht von 1314 in Einsiedeln liegt der 15. November 1315, die Schlacht bei Morgarten.
Der Klostersturm vom 6. Januar 1314 und seine Vorgeschichte sind für mittelalterliche Verhältnisse einmalig gut dokumentiert. Für den Überfall selbst verfügt man über den in Gedichtform gehaltenen Augenzeugenbericht Rudolfs von Radegg, welcher, wie seine Titel «doctor», «rector puerorum» und «scholasticus» zeigen, die Einsiedler Klosterschule leitete. Er hat die Vorgänge von der Erstürmung des Klosters bis hin zur Entlassung der Mönche aus der Schwyzer Gefangenschaft selber miterlebt und wohl noch im gleichen Jahr seinen Bericht geschrieben[29].

«Unterdessen durchstürmen zahlreiche Scharen [von Schwyzern] das Kloster[30]
Und verheeren das Haus; da ist im Schafstall der Wolf. [...]
Dieser begehrt keine Schlüssel zum Schlafgemach, Sälen und Zellen,
Ohne Schlüssel erbricht selber die Türen sofort [...]
Unsere Bücher, Kleider und Betten tragen von dannen
Sie und anderes mehr, was nur gebraucht werden kann.
Sie verschleppen, was wir gesammelt und schonlich verwendet,
Und das Heilige selbst treten mit Füßen sie frech [...]
Mit gewaltigen Sparren erkühnen sie sich und mit Äxten
Einzuhauen das Tor, das zum Tempel hin führt. [...]
Die zerstreuten Hostien stampfen mit Füßen sie; diese
Gottesschänd'rische Tat schreit zu dem Himmel empor.
Hierauf rauben sie Kelche, Velen, Tapeten und Alben,
Chormäntel, Meßgewand und auch die Bücher dazu. [...]
Und die Gebeine der Heil'gen, die im Frieden da ruhten,
Welche jeder Christ, wie es sich ziemt, verehrt,
Wagen sie zu berühren mit besudelten Händen,
Sie zu entreißen der Ruh' und auf die Erde zu streu'n. [...]
Auf den Boden gießen das Brod sie, in welchem der Gottmensch
Unsichtbar wohnt, sodann tragen den Speiskelch sie weg. [...]
Dann nach toller Tat, durch Getränk auf's Höchste erhitzet,
Da sie gesoffen ohn' Maß unsern spärlichen Wein,
Taumeln sie alsbald umher nach genossenem Weine,
Schänden den Tempel des Herrn mit ihrem Unrat sodann.
Jeder pißt wo er will und löst den Abgang des Bauches

[23] KOLLER, Fehde, S. 15.
[24] KOLLER, Fehde, S. 16, betont stark die gegenüber dem Land wichtigere Rolle Rudolfs; möglicherweise folgt er hier der Interpretation von Tschudi (vgl. dazu QW 1/1, Nr. 825, S. 378 Anm.2).
[25] QW 1/1, Nr. 825, S. 378.
[26] Rudolf von Habsburg urteilt «cum consensu et conniventia universitatis vallis Uraniae». QW 1/1, Nr. 833, S. 383.
[27] Vgl. KOLLER, Fehde, S. 95.
[28] Der Vorgang selbst wird in allen gesamtschweizerischen Darstellungen behandelt. Detaillierter bei WIRTH, Vorspiel; RIGGENBACH, Marchenstreit; BRÄNDLI, Schwyz. Der durch das QW gut erschlossene Vorgang wird hier anhand des Quellenmaterials aufbereitet.
[29] Zur Biographie: WIRTH, Vorspiel, S. 42–48. Der folgende Text nach der Übersetzung von Franz Uhr, die von WIRTH, Vorspiel, S. 49–111 wiedergegeben wird. Das lateinische Original ist ediert in QW 3/4, S. 161–224; ebd., S. 226–267 eine neue deutsche Übersetzung.
[30] WIRTH, Vorspiel, S. 92–95; für die entsprechende lateinische Fassung: QW 3/4, S. 186–189. Der Text, voll von Wiederholungen und Langatmigkeiten, wird hier stark gekürzt wiedergegeben, und zwar unter dem leitenden Aspekt, die Gewaltakte der Schwyzer relativ konkret zu erfassen.

In der Kirche selbst, weiß nicht, daß heilig sie ist.»

Augenzeugenschaft garantiert selbstverständlich noch keine historische Objektivität, doch daß die Ereignisse als solche von Rudolf von Radegg korrekt wiedergegeben wurden, daran läßt sich begründet kaum zweifeln[31].

Der Klostersturm von 1314 hat eine lange Vorgeschichte, die kurz aufgerollt werden muß, um die eigentlichen Fehdehandlungen in den knapp zehn Jahren vor 1314 besser verstehen zu können[32].

Kaiser Heinrich II. hatte 1018 den um das Kloster gelegenen Forst an Einsiedeln verliehen[33]. Das war damals ein durchaus üblicher Vorgang: nichtkultiviertes Land galt als Königsland und konnte als solches vom König verliehen oder verschenkt werden.

Hundert Jahre nach der Schenkung setzten die Streitigkeiten zwischen dem Gotteshaus und Schwyz um die Nutzung des Forstes ein. Immer wieder mußten die Könige oder die Vögte schlichtend eingreifen, so 1114[34], 1143[35] und 1217[36]. Die Konflikte basierten auf einer grundsätzlich sehr schwer lösbaren Rechtsunsicherheit, die darin bestand, daß eine königliche Forstverleihung einen Obereigentumsanspruch stiftete[37], welcher aber die herkömmlichen Nutzungsrechte Dritter nicht prinzipiell ausschloß. Eigentum im Sinne einer unbeschränkten Verfügungsfreiheit über eine Sache war dem Mittelalter ein äußerst fremder Gedanke. Herrschaft begründete Eigentum, und Arbeit stiftete Eigentum, und zwar an derselben Sache, am selben Stück Grund und Boden, und folglich sprachen die Juristen des Mittelalters von einem geteilten Eigentum, einem «dominium directum» oder «Obereigentum» und einem «dominium utile» beziehungsweise «Nutzungseigentum».

In dem Maße, wie die Ressourcen an Land knapper wurden, mußte es wegen solcher sich überlagernder Rechtsansprüche zu prinzipiellen Auseinandersetzungen kommen. Auch zwischen Einsiedeln und Schwyz wurden solche Rechtsansprüche in der legitimen Form mittelalterlicher Rechtsfindung ausgetragen: nämlich durch die Fehde. Ein klassischer Fehdefall liegt im Vorgehen von Rudolf und Heinrich von Rapperswil vor, die als Vögte des Klosters Einsiedeln dessen Rechtsansprüche wahrzunehmen hatten, was sie gegenüber den Schwyzern in Form einer dreijährigen Fehde zwischen 1214 und 1217 taten: «Des stosses namen sich an zwen gebrůder R. und H. voget von Rapreswile, die dasselbe gotzhus wolten schirmen, wan si ŏch rechte vŏgt und schirmer waren desselben gotzhuses, und bereiten sich uf mit aller macht und branden huͥtten und gedmer, und was uf den gůtern gebuwen was, und triben und fůrton dannan, was si fuͥnden von vihe und von geschirre, und die ins weren wolten, der erslůgens ein teil, ein teil verwundentons, und wert der krieg druͥ jar [...].»[38] Der Rechtsanspruch wird also von seiten der Einsiedler Vögte mit dem Niederbrennen der Hütten, dem Wegtreiben des Viehs sowie dem Erschlagen von Bauern verfochten.

Rund hundert Jahre später wiederholen sich ganz ähnliche Vorgänge; nur sind es jetzt die Schwyzer, die den aggressiven Teil ausmachen. In einem 1311 vom Kloster erstellten Klagerodel[39] – einem durch seine detaillierte Beschreibung ziemlich einmaligen Stück im deutschen Rechtsbereich – werden die von den Schwyzern angewendeten Fehdepraktiken recht plastisch dargestellt. In 46 Artikeln klagen «min herren der apt und der convent»

– «das die lantluͥtte van Swiz (und) van Steina giengen uf Iten Kamrerinen guͥetter ze Bennŏwe und ir da namen ir kuͥeian und ir vich und triben das in dac lant ze Swiz vrevenlich an gericht und an recht [...]

– das die lantlutte van Swiz und von Steina uf zweihundert fůren ze Vinsterse und slůgen do dem gotshus einen man, hies Vinster [...]

– das die vorgescribenent lantluͥtte uf druhundert kamen uffen Fuͥrswande und slůgen aber dem gotshus einen man, hies Jacob van Hasendal [...]

– das der lantluͥtte van Swiz und van Steina kamen ze Bunbůch uf duͥ guͥetter, duͥ das gotshus in gewalt und in gewer hatte und noch het, mit drinhundert mannen vrevenlich mit gewafender hand und mit einer offenner baner und hu-

[31] In der Literatur wird die Authentizität des Berichts im allgemeinen hoch eingeschätzt. Vgl. Wirth, Vorspiel, S. 46ff.; Riggenbach, Marchenstreit, S. 56; Brändli, Schwyz, S. 239f. Für die historische Genauigkeit sprechen auch die sachlich richtigen Orts- und Personenangaben (vgl. QW 1/2, Nr. 699, S. 351); ein indirekter Beweis mag auch sein, daß Bauern «Klosterstürme» offensichtlich immer in dieser oder ähnlicher Form durchgeführt haben. Vgl. als Parallelbeispiel die Einnahme des Klosters Weißenau in Oberschwaben im Bauernkrieg von 1525. Murer Jacob, Jacob Murers Weißenauer Chronik des Bauernkriegs von 1525, Hrg. Günther Franz und Werner Fleischhauer, Sigmaringen 1977.

[32] Vgl. Riggenbach, Marchenstreit, S. 71–89.

[33] QW 1/1, Nr. 64, S. 31f. – Für die Stellung Einsiedelns im Reichsverband generell Keller, Einsiedeln.

[34] QW 1/1, Nr. 104, S. 48ff.

[35] QW 1/1, Nr. 130, S. 59–62.

[36] QW 1/1, Nr. 252, S. 118–122.

[37] Die Urkunde von 1018 ist dementsprechend auch sehr formelhaft gehalten. In den bezeichneten Grenzen wird dem Kloster vom König «alles» übergeben, «cum omni utilitate rerum, hoc est alpibus, silvis, vallibus, paludibus, planiciebus, gratis, pascuis, aquis aquarumve decursibus, piscationibus, venationibus, viis et inviis, cultis et incultis, exitibus et reditibus, quaesitis et inquirendis». QW 1/1, Nr. 64, S. 32.

[38] QW 1/1, Nr. 252, S. 119.

[39] QW 1/2, Nr. 579, S. 281–291.

wen ir hus uf und namen da inne sachkrǒb, und das si vunden, und triben ir vich dannann und schadgoton si da umb zweihundert phunt [...].»[40]

Die wenigen Belegbeispiele aus dem umfangreichen Klagerodel zeigen, daß die Schwyzer die gleichen Praktiken anwandten, die hundert Jahre zuvor die Herren von Rapperswil angewendet hatten. Vieh wird weggetrieben, Hütten werden verwüstet, sogar Menschen umgebracht[41]. Der Klagerodel verzeichnet weitere angebliche Übergriffe der Schwyzer: Widerrechtlich hätten sie Hütten errichtet, dem Kloster sein Jagd- und Fischrecht streitig gemacht und die Ausübung der Einsiedler Gerichtsbarkeit im klostereigenen Meierhof in Ibach verhindert.

Einsiedeln wehrte sich mit dem rechtlichen Mittel der Klage vor dem geistlichen Gericht in Konstanz. Dies bildete einen für ein Kloster durchaus üblichen Weg, sein Recht zu suchen: neben der weltlichen Gerichtsbarkeit der Könige, Fürsten, Grafen, Herren und Städte gab es auch eine geistliche Gerichtsbarkeit der Bischöfe, Erzbischöfe und des Papstes, die für Priester und geistliche Institutionen zuständig war. Ein Strafmittel des geistlichen Gerichts war der Kirchenbann. Mit dieser Strafe wurden 1309 durch das Konstanzer geistliche Gericht der Landammann von Schwyz und weitere 15 Schwyzer belegt[42], die aber durch einen Einspruch beim Papst die Aufhebung des Bannes erwirken konnten[43].

Der Klagerodel spricht von Gruppen von 20 bis 300 Schwyzern, die gewaltsam die Schädigung Einsiedelns betrieben hätten. Der Kirchenbann wird über insgesamt 16 Personen verhängt. Das erlaubt, wenn auch nicht mit letzter Sicherheit[44], die Schlußfolgerung, daß die Fehde gegen Einsiedeln zunächst von einzelnen Familien und Sippen geführt wurde. Erst als der Konflikt immer größere und prinzipiellere Formen annahm, trat das «Land» Schwyz, die politische Korporation, vor die Interessen seiner Landleute. Seit 1311[45] wurde der Marchenstreit mit Einsiedeln nicht mehr von einzelnen interessierten Schwyzern und deren Sippen geführt, sondern vom ganzen Land.

Die Izeling-Gruoba-Fehde und der Marchenstreit Einsiedeln–Schwyz sind lediglich zwei besonders spektakuläre und relativ gut dokumentierte Fehdefälle in der Innerschweiz. Um strittige Erbschaftsansprüche entwickelte sich 1313 eine gewaltsame Fehde zwischen Glarner und Urner Familien[46], die schließlich beide Länder in starke Mitleidenschaft gezogen hat. Parallele Vorgänge zum Marchenstreit Einsiedeln–Schwyz fanden zwischen 1275 und 1309 um Alpnutzungsrechte zwischen dem Kloster Engelberg und den Urnern statt[47]. Auch hier wurden die konkurrierenden Rechtsansprüche mit Brandstiftung und schwerem Raub verfochten[48]. Und so ließen sich noch viele weitere Fälle anführen[49].

Die Fehde war aber nicht nur für die ländliche, sondern auch für die städtische Gesellschaft ein enormes Problem. Am deutlichsten äußern sich dazu die für Luzern überlieferten Quellen. Der 1252 gesetzte Stadtfriede[50] will verhindern, daß «totgevechte», Totschlagfehden also, in die Bürger mit Auswärtigen verstrickt sind, in die Stadt hereingetragen werden. «Ŏch sol enhein burger an dem andern dehein totgevechte rechen in der stat», heißt eine weitere Bestimmung, die jede Fehde in der Stadt verbietet und alle Rechtsstreitigkeiten vor das städtische Gericht verweist[51]. Schwierigkeiten bereitete bei dieser Luzerner Rechtskodifikation offensichtlich besonders der Tatbestand, daß «Freunde», und das heißt in der Sprache des Spätmittelalters Verwandte, im Fall einer Fehde einen Rechtsanspruch

[40] Ebd., S. 284f.

[41] Wackernagel, Freiheitskämpfe, S. 26 nennt diese Vorgänge «Heimsuchung»: «Aber gerade solche Merkmale einer ziemlich milden Kriegsführung weisen den Marchenstreit zwischen Schwyz und Einsiedeln in den Bereich heimsucheartiger Fehde, deren Ablauf durch uralte Sitte und in engen Bahnen gehalten wurde». Wackernagel gewinnt durch diese Interpretation den Anschluß an knabenschaftliche Heischeunternehmungen. Der qualitative Unterschied zwischen Heimsuchung und Fehde geht damit verloren. Vgl. auch Peyer, Verfassungsgeschichte, S. 188f.

[42] QW 1/2, Nr. 499, S. 243f.

[43] QW 1/2, Nr. 552, S. 256f.

[44] Eine gewisse Vorsicht erfordert die Tatsache, daß nach dem Klagerodel Raubzüge vereinzelt mit «offenem Banner» durchgeführt wurden, was auf einen «amtlichen» Charakter schließen lassen könnte. Vgl. Meyer, Friede, S. 210.

[45] Vgl. QW 1/2, Nr. 600, S. 302 und Nr. 676, S. 338–342.

[46] Tschudi, Chronicon 1a, S. 513.

[47] Riggenbach, Marchenstreit, S. 38f. Meyer, Immunität, S. 241f.

[48] QW 1/2, Nr. 468, S. 229.

[49] Es herrscht in der Forschung Einstimmigkeit darüber, daß Fehden in der Schweiz sehr häufig waren. Peyer, Verfassungsgeschichte, S. 188f. Wolfram, Studien, S. 80. Belegmaterial und weitere Literatur auch bei Zehnder, Volkskundliches, S. 428–434. – Ein tieferreichender Fehdefall könnte sich auch hinter der Vereinbarung zwischen Wernher von Homberg und den Landleuten von Schwyz von 1318 verbergen: QW 1/2, Nr. 948, S. 483f. – Vor 1303 wurde eine Fehde zwischen Schwyz und dem Kloster Schänis ausgetragen: QW 1/2, Nr. 352, S. 174. – Fehdeähnliche Handlungen finden 1352 zwischen Schwyz und dem Kloster Frauental statt: Gruber, Beziehungen, S. 12. – Für weitere Fehdefälle im engeren Umkreis der Innerschweiz Belege bei La Roche, Interregnum, S. 226ff.

[50] QW 1/1, Nr. 667, S. 296–303.

[51] Das geht aus dem Nachsatz hervor, der besagt, daß sich das städtische Gericht mit Fehden, die außerhalb der Stadt geführt werden, nicht belädt.

auf die Hilfe ihrer Familie besaßen. Er galt auch, wenn der Verwandte in einer Stadt als Bürger lebte. Der Luzerner Stadtfriede bestreitet diesen Rechtsgrundsatz nicht, verlangt aber von einem Bürger, der seiner Verwandtschaft außerhalb der Stadt zu Hilfe zieht, daß er bis zum Ende der Fehde dort bleibe. Auch hier geht es darum, die Folgen der Fehde, also das Einbrechen der gegnerischen Sippe in die Stadt, zu verhindern.

Ganz ähnliche Verfügungen trifft ein halbes Jahrhundert später die Stadt Zürich. Wer von den Zürcher Bürgern – so die Bestimmung – im Streit zwischen den Schwyzern und Einsiedeln einseitig Partei ergreift – und vermutlich geschieht das ja nicht freiwillig, sondern aufgrund rechtlich-sippenmäßiger Verpflichtungen, wie die in diesem Punkt ausführlichere Luzerner Quelle belegt –, der soll «niemer wider in komen, diewil der krieg wert; kêm er abir darubir in die stat, da sůln in die burger umb bůssen nach der stat rechte»[52]. Noch rund zwanzig Jahre später scheint die Beteiligung der Bürger an Fehden üblich gewesen zu sein. Um die Gefährdung der Stadt bei einem befürchteten Angriff der Habsburger möglichst geringzuhalten, wird den Bürgern die Teilnahme an Fehden gegen Österreich ausdrücklich verboten; in allen anderen Fällen bedarf es einer ausdrücklichen Erlaubnis von Bürgermeister und Rat: «Der rat und die burgere sint gemeinlich uberein komen, das nieman von unser stat weder nachtes noch tages niendert hin riten noch gan sol, nieman ze brennen noch ze schadigenn, swas unser herren [...] die hertzogen von O̊sterrich angeho̊rt, noch anders nieman ane eines burgermeisters und eins rates urlobe und wissende.»[53]

Der flüchtige Blick in den städtischen Bereich hat gezeigt, daß auch von Bürgern Fehden geführt wurden. Wie häufig sie waren, läßt sich schwer ermitteln, doch verbietet die Dringlichkeit, mit der in Luzern dieses Problem behandelt wird, jeden Zweifel daran, daß die innerstädtische Fehde, wenn schon nicht zum Lebensrhythmus der Stadt, so doch auch nicht unter die Ausnahmen gehörte. In beiden Städten bleibt die Tendenz unübersehbar, die Zahl der Fehden zu verringern und sie durch den gerichtlichen Austrag vor dem Stadtgericht zu ersetzen.

Es fällt nun nicht schwer, einige allgemeinere Einsichten aus der Beschreibung dieser Einzelfälle zu gewinnen. Die Fehde ist in der Innerschweiz unbestritten ein Rechtsinstrument bis in die erste Hälfte des 14. Jahrhunderts. Es hat den Anschein, als wären Interessenkonflikte im 13. Jahrhundert – und vermutlich auch früher – mehrheitlich auf dem Weg der Fehde ausgetragen worden. Die Fehde ruht, wie alle Beispiele belegen, auf der Sippe, der Familie. Damit erhält sie einen ausgesprochen personalen Charakter, bleibt nicht auf das strittige Objekt allein beschränkt, sondern sie kann äußerst weite Kreise ziehen. In allen etwas näher beleuchteten Fehdefällen zeigt sich, daß die Auseinandersetzungen über die einzelnen Länder hinweg und in die Städte hineingreifen, und umgekehrt, daß Fehden von Bürgern auch das Land betreffen.

Wie eng geknüpft das gesellschaftliche Netz der Fehdepflicht war, ergibt sich aus der Tatsache, daß in der Innerschweiz die Kinder bis ins dritte und vierte Glied zur Rache verpflichtet waren[54]. Auch fehlt die anderwärts zu beobachtende Beschränkung der Fehdepflicht auf die «Schwertseite», vielmehr ist neben der väterlichen auch die mütterliche Verwandtschaft im oben umschriebenen Sinn zur Rache verpflichtet[55].

Wenn dem Klagerodel des Klosters Einsiedeln auch nur eine Spur von Repräsentativität zukommt – und es gibt keinen triftigen Grund, daran zu zweifeln[56] –, dann hatten die Fehden böse Verwüstungen zur Folge mit massiven Verlusten an Vieh und Bausubstanz für die Betroffenen, von den Toten nicht zu reden. Es kann somit wohl keinem Zweifel unterliegen, daß das 13. Jahrhundert in der Innerschweiz als ein gewalttätiges Jahrhundert bezeichnet werden muß.

Doch die Wende deutet sich an, und sie ist durch einen Prozeß gekennzeichnet, den man die «Kommunalisierung» des Fehderechts nennen könnte. Wenn Uri die großen Familienclans zwingt, auf die Fehde zu verzichten, wenn Schwyz sich hinter seine Landleute stellt und als politischer Verband gerichtlich deren Interessen durchkämpft, wenn Luzern und Zürich Fehden durch die Rechtsprechung ihrer Stadtgerichte ersetzen oder ihre Bürger für die Dauer ihrer Beteiligung an Fehden aus der Stadt weisen, dann wird die Fehde kommunalisiert, sie wird von politischen Verbänden eingehegt, womit sie ihren ehemals privaten Charakter verliert. Wenn das «Land» Uri oder die

[52] QW 1/2, Nr. 676, S. 341.
[53] ZÜRCHER STADTBÜCHER 1, Nr. 237, S. 91.
[54] Zürich schränkt die Rache 1448 auf das dritte Glied ein. Vgl. ZÜRCHER STADTBÜCHER 3, Nr. 106, S. 200. Weitere Belege für die Schweiz bei HIS, Strafrecht 1, S. 266. Unklar ist allerdings, ob die Hilfspflicht für alle Fehdefälle gilt. Hier ist jeweils nur die Rede von der Totschlagfehde. Vermutlich ist die Fehdepflicht personal bereits eingeschränkt, weil alle Belege aus einer Zeit stammen, in der die Kommunen und Obrigkeiten bemüht waren, dem gerichtlichen Verfahren eindeutig den Vorrang einzuräumen.
[55] So HIS, Strafrecht 1, S. 266.
[56] Vgl. dazu die ausführlicher beschriebenen Fehdefälle aus Österreich bei BRUNNER, Land, S. 11–17.

2 Zu den Formen adeliger Fehde, unter denen die Dörfer besonders zu leiden hatten, gehörte das Wegtreiben des Viehs und das Verbrennen der Bauernhöfe des Gegners. Über der dargestellten Szene reitet der Kriegsgott Mars mit eingelegter Lanze. Federzeichnung aus dem Hausbuch des Truchsessen von Waldburg, Ende 15. Jahrhundert. Fürstlich Waldburg-Wolfegg'sche Bibliothek, Schloß Wolfegg.

«Stadt» Luzern Häuser niederbrennen, Vieh wegtreiben und jene, die sich diesen Maßnahmen widersetzen, umbringen läßt, dann ist das keine Fehde mehr – das ist Krieg.

Was sich während der ersten Hälfte des 14. Jahrhunderts in der Rechtskultur der Schweiz ändert, ist ein äußerst bemerkenswerter Vorgang. Die Fehde verliert ihre «Gesellschaftsfähigkeit». Die Gesellschaft selbst ist es, die sie ächtet – die Bürgerschaft von Luzern und die Bauernschaft von Uri. Deren Institutionen beerben die Clans. Das kommunale Gericht entscheidet jetzt über die Rechtmäßigkeit von Interessen und Ansprüchen.

Die Fehde war im mittelalterlichen Europa eine verbreitete Erscheinung und integraler Bestandteil rechtlicher Auseinandersetzungen. Erstaunlicherweise jedoch lassen sich die Fehden der Innerschweiz nicht problemlos in das geläufige Erscheinungsbild einpassen. Diese Feststellung verlangt noch abschließend einen flüchtigen Blick auf das mittelalterliche Fehdewesen und seine Entwicklung in Europa, um vor dieser Folie die Besonderheiten der Innerschweiz besser erfassen und angemessener interpretieren zu können.

Fehde bedeutet «legitime Gewaltanwendung im Kampf um das Recht innerhalb der politischen Verbände»[57]. Verletztes Recht muß gesühnt werden, um die rechte Ordnung wiederherzustellen. Noch am ehesten verständlich ist diese Auffassung der mittelalterlichen Menschen bei der sogenannten «Rache» oder «Totschlagfehde». Dem Kenner der klassischen «Western» ist die Problematik hinreichend vertraut. Einen getöteten Menschen hat seine Familie oder seine Sippe zu rächen, sonst verliert sie ihr Recht und ihre Ehre. Der Mörder wird verfolgt, und erst mit seinem Tod ist die Rechtsordnung wiederhergestellt. Ein solches Verfahren setzt freilich voraus, daß es keine staatlichen Instanzen gibt, die Totschläger verfolgen und für die körperliche Unversehrtheit des Menschen bürgen.

Doch nicht nur Totschlag wurde auf dem Weg der Selbsthilfe, der Fehde, gesühnt, sondern jedwede andere grobe Rechtsverletzung. Für den Adel in Europa war es selbstverständlich, seine Rechtsansprüche mittels solcher Fehden durchzusetzen (Abb. 2).

Es ist für die Bewertung der Innerschweizer Vorgänge sehr wichtig festzuhalten, daß unter europäischem Gesichtspunkt zwei Formen der Fehde streng zu unterscheiden sind: die Rache (Blutrache, Totschlagfehde) und die Ritterfehde (Absage). Was das bedeutet, hat in einer bis heute verbindlichen Form Otto Brunner herausgearbeitet: «Während die erstere nur um Tötung, Verwundung und schwere, ‹tödliche› Beleidigung geführt werden kann, aber sich auf alle Schichten erstreckt, ist die ‹Ritterfehde› nur dem Adel und ihm gleichgestellten Grundherren und genossenschaftlichen Verbänden erlaubt, kann dafür aber um jeder strittigen Sache willen geübt werden.»[58] Nach der Einschätzung der allgemeinen Verfassungsgeschichte steht also lediglich dem Adel, den Herrschaftsfähigen, das Fehderecht in einem weiteren Sinn zu, nicht aber den Bürgern und Bauern. Und wenn Brunner von genossenschaftlichen Verbänden spricht, dann

[57] Bosl Karl, Artikel Fehde, in: Rössler Helmuth/Franz Günther, Sachwörterbuch zur deutschen Geschichte, München 1958, S. 256. Ähnlich Boockmann Hartmut, Artikel Fehde, Fehdewesen, in: LdM 4, Sp. 331–334.

[58] Brunner, Land, S. 19.

meint er die Städte. Nicht der Bürger als solcher ist fehdefähig, sondern lediglich die Korporation Stadt. «Bürger und Bauern besitzen im Prinzip kein allgemeines Fehderecht»; Fehde zu führen war ihnen «landrechtlich strikte verboten» und galt «als schweres, unsühnbares Verbrechen»[59]. So sagt auch ein am Rand der damaligen Schweiz lebender Adeliger: «Puren sond nit brennen», das heißt: sie sollen keine Fehde führen[60].

Wie sieht nun die dem Adel vorbehaltene Fehde aus? Das läßt sich an einem Beispiel in aller Kürze zeigen: 1334 wurde eine Fehde zwischen dem Bischof von Bamberg und dem Adeligen Friedrich von Aufenstein mit einem Frieden beendet, wonach sich die beiden Parteien für den erlittenen Schaden, «es sei von prande, von raub und von vanknusse, von totschlegen oder von ander sachen», nicht rächen dürfen[61]. Totschlag, Brand und Raub sind also die Mittel, mit denen die Ritterfehde geführt wird; das geschieht in der Absicht, dem Feind zu schaden, ihn zur Respektierung des eigenen Rechtsstandpunktes zu zwingen und dessen Rechtmäßigkeit durch gerichtliches Urteil oder Krieg prüfen zu lassen.

Es ist auffällig, daß die «Landleute» von Schwyz und jene von Uri sich gegenüber den Klöstern Einsiedeln und Engelberg der gleichen Mittel bedienen, die charakteristisch für die Ritterfehde sind. Die Verwicklungen von Luzerner und Zürcher Bürgern in solche Unternehmungen zeigt im weiteren, daß sich in der Innerschweiz auch das Fehderecht von Bürgern keineswegs auf die Rache (Totschlagfehde) beschränkte. Bei der Izeling-Gruoba-Fehde ist nicht sicher, ob es sich da «nur» um eine Totschlagfehde handelte[62]; ebensowenig kann die adelige Qualität der beiden zerstrittenen Geschlechter als erwiesen gelten.

Fehden – das läßt sich als Fazit aus diesen Rückerinnerungen ziehen – sind in der Innerschweiz offensichtlich nicht an den gehobenen Stand gebunden, sie beschränken sich nicht auf den Adel. Wenn das so ist – und falls das Fehderecht der Bürger und Bauern anderwärts im Reich tatsächlich einzig auf die Rache (Totschlagfehde) beschränkt gewesen sein sollte[63] –, dann war die Gesellschaft der Innerschweiz schon durch die soziale Breite der Fehdeberechtigten in viel höherem Maße gewalttätig als die Gesellschaft in anderen Regionen im Reich. Die Einschränkung und Einhegung der Fehde war damit besonders dringlich, sie wurde zu einer Frage des Überlebens für die Gesellschaft.

Dies gilt angesichts der großen Schäden an Menschen und an Material natürlich auch für Europa insgesamt. Von zwei Seiten her ist die Fehde bekämpft worden: von der Kirche und von den Fürsten[64]. Die Kirche lehnte Blutvergießen generell und Gewalt weitestgehend ab. Daraus erwuchs die Gottesfriedensbewegung, die wenigstens für bestimmte kirchliche Feiertage und gegenüber dem nicht wehr- und waffenfähigen Personen wie Klerikern, Mönchen, Kaufleuten und Frauen den Frieden erzwang. Es gehörte zu den Legitimitätsgrundlagen von Königen und Fürsten in Europa, Frieden zu stiften und Gewalt zu verhindern. Daraus erwuchs die «Landfriedensbewegung». Im Landfrieden verzichtete der Adel für bestimmte Zeit auf sein Fehderecht und räumte dem König oder Fürsten das Recht ein, Rechtsstreitigkeiten gerichtlich beizulegen. Aus der Tatsache, daß diese seit dem 12. Jahrhundert nachweisbaren Landfrieden immer nur zeitlich befristet abgeschlossen wurden, ergibt sich, daß der Adel nicht bereit war, auf sein Fehderecht prinzipiell zu verzichten. Dem Heiligen Römischen Reich Deutscher Nation ist es denn auch erst 1495 gelungen, einen zeitlich sowie räumlich unbegrenzten Frieden, den sog. «ewigen Reichslandfrieden», zu verkünden und ihn schließlich im Verlauf des 16. Jahrhunderts auch praktisch durchzusetzen.

Auch hierin unterscheidet sich die Innerschweiz vom übrigen Reich. Nicht die Kirche und nicht die Fürsten treiben die Friedensbewegung voran, sondern die Gemeindeverbände, die sich gegenüber den bislang dominierenden Sippen im 14. Jahrhundert durchsetzen. Das Mittel, den Frieden über die kommunalen Verbände hinaus dauerhaft zu befestigen, sind die Bündnisse, welche die Länder und die Städte eingehen.

59 Ebd., S. 62, 64.

60 Zitiert nach Sablonier, Rittertum, S. 555.

61 Brunner, Land, S. 77.

62 Der Quellentext (QW 1/1, Nr. 825, S. 378) spricht von «mißhellede und todtgevёchte», so daß allein von einer Totschlagfehde zu sprechen möglicherweise eine Verkürzung des Problems darstellt. Vgl. Koller, Fehde, S. 9. Offensichtlich liegt in der Literatur gelegentlich auch ein unzulässiger Rückschluß von den Folgen auf die Ursache vor. Weil die Friedensbrecher Mördern gleichgesetzt werden, wird Mord als Ursache der Fehde angenommen. Den Mördern werden sie aber lediglich deswegen gleichgesetzt, weil sie geächtet wurden.

63 Beispiele für Fehden von Bürgern und Bauern sammelt His, Strafrecht 1, S. 264ff., 291. Ob es sich um mehr zufällige Funde handelt, ist nicht klar erkennbar. Sollte eine relativ systematische Auswertung des Materials vorliegen, wäre die Fehde unter Bauern und Bürgern in der Tat wenig verbreitet gewesen. Auch Brunner, Land, S. 64 räumt ein, daß es in der Praxis gelegentlich Fehden von Bürgern und Bauern gegeben hat.

64 Brunner, Land, S. 17. – Inwieweit der Druck der bürgerlich-bäuerlichen Gesellschaft zur Landfriedensbewegung beigetragen hat, ist noch nicht hinreichend untersucht. Vgl. dazu etwa Epperlein, Bauernbedrückung, S. 136–139, der auch den mangelnden Frieden für «Bauernwiderstand» in Norddeutschland im Hochmittelalter verantwortlich macht.

Frieden – die Bünde schaffen ein politisches System

Frieden zu schaffen – das wird das fundamentale Problem der Innerschweiz am Ende des Hochmittelalters. Aus dem Friedensbedürfnis entsteht ein neues «politisches System». Von der ältesten urkundlich verbrieften Vereinbarung zwischen Schwyz, Uri und Nidwalden im Jahr 1291 bis zum Ewigen Burg- und Landrecht des Landes Appenzell mit Zürich, Luzern, Uri, Schwyz, Unterwalden, Zug und Glarus von 1411[65] erstreckt sich der verschlungene Prozeß der Annäherung unterschiedlicher ländlicher und städtischer Verbände in Form eines äußerst komplizierten Bündnissystems. Allen diesen Vereinbarungen ist jedoch eines gemeinsam, daß Friedensregelungen ihren materialen Kern ausmachen. Aus dieser Friedensbewegung entsteht innerhalb des Heiligen Römischen Reiches ganz allmählich ein neuer politischer Verband, der seine Legitimität aus der Übereinkunft von Bauern und Bürgern bezieht, nicht von der königlichen oder fürstlichen Herrschaft wie sonst in Europa.

Diese Besonderheit führte naturgemäß zu erheblichen Schwierigkeiten der begrifflichen Abbildung dessen, was die Schweiz als politischen Verband eigentlich ausmacht. Von den Juristen des 20. Jahrhunderts bis Josias Simler, dem ersten Staatstheoretiker der Eidgenossenschaft im 16. Jahrhundert, reicht die Auffassung, daß die Schweiz ein «Staatenbund gewesen sei», das heißt «eine auf Vereinbarung beruhende Verbindung einzelner ‹souveräner› Staaten zum Zwecke des Schutzes des Bundesgebietes nach außen und der Erhaltung des Friedens zwischen den verbündeten Staaten»[66]. Die andere Lesart sieht die Eidgenossenschaft als «Bundesstaat»[67]: trotz Fehlens einer eigentlichen Bundesurkunde habe sowohl im Bewußtsein der Zeitgenossen als auch im praktischen politischen Leben «eine der Summe der Glieder übergeordnete Persönlichkeit, eine juristische Person des Bundes»[68], bestanden. Ersteres ist richtig, wenn man in Rechnung stellt, daß die Eidgenossenschaft als Gesamtheit keine eigentlichen Behörden ausgebildet hat, kein Regiment kennt, kein zentrales Gericht usw. Letzteres ist richtig, wenn man daran erinnert, daß seit dem Pfaffenbrief von 1370 von «unserer Eidgenossenschaft» die Rede ist – eine Bezeichnung, die es zuvor nicht gegeben hat – und daß Pfaffenbrief, Sempacherbrief und Stanser Verkommnis zweifellos mehr sind als bloße Bündnisse. Jakob Schollenberger, dessen grundlegendes Bundesstaatsrecht der Schweiz letztmals 1920 erschienen ist, sucht diesen Sachverhalt auf den Begriff zu bringen, indem er «Bundesbriefe» einerseits und «Verfassungsbriefe» andererseits klar unterscheidet[69]. Die Bundesbriefe «sind Urkunden, durch welche der eidgenössische Bund geschlossen worden ist bzw. jeweilen neue eidgenössische Orte in den Bund aufgenommen worden sind», die Verfassungsbriefe «ihrerseits sind Urkunden, durch welche von den eidgenössischen Orten gemeinsame Grundsätze aufgestellt wurden».

Wie immer in solch verfahrenen terminologischen Diskussionen ohne überzeugendes Ergebnis wird versucht, beide Auffassungen zu versöhnen, mit dem Effekt, daß recht merkwürdige Konstruktionen entstehen. Nach der «üblichen Definition» – so heißt es in einem der gängigen Handbücher[70] – sei «der Bundesstaat [...] eine staatsrechtliche Verbindung mehrerer Staaten zu einem Gesamtstaat, in dem die staatliche Selbständigkeit der Gliedstaaten zwar aufgehoben, aber durch eine verfassungsmäßig garantierte, weitgehende Autonomie ersetzt sei». Es wäre für die Beschreibung der Zustände in der Schweiz sicher hilfreich, auf solche Konstruktionen zu verzichten, zumal sie des Problems nicht Herr werden, daß der Staat eben ein neuzeitliches Produkt ist und der Begriff damit soviel moderne Elemente in sich trägt, daß mit seiner Hilfe die politischen Verhältnisse des Mittelalters nicht in die Gegenwart vermittelt werden können[71].

Von «politischem System» wird hier also deswegen gesprochen, um die Diskussion nicht unnötig mit Begriffen zu belasten, deren Vorverständnis die Auseinandersetzung mit den zeitgenössischen Quellen ja nur erschwert. Es gibt in der staatsrechtlichen und juristischen Literatur keinen angemessenen Begriff für den

65 Die Texte für einen ersten Überblick finden sich bei NABHOLZ, Quellenbuch.

66 PEYER, Verfassungsgeschichte, S. 44.

67 Das ist breit und mit einer bemerkenswerten Wirkungsgeschichte vertreten worden von GIERKE, Genossenschaft, S. 531ff.

68 PEYER, Verfassungsgeschichte, S. 44.

69 SCHOLLENBERGER, Bundesstaatsrecht, S. 10.

70 PEYER, Verfassungsgeschichte, S. 44. Peyer selbst distanziert sich leicht von den älteren, von ihm referierten Auffassungen mit dem Satz: «Unsere eigene Darstellung ergibt etwa, aus einer lockeren Verbindung von Selbstverwaltungskörpern (Städten, Talgemeinden) sei von 1351/53 bis 1415 ein Staatenbund im Rahmen des Reiches geworden, der in der Folge zwar gewisse Tendenzen zu einem Bundesstaat entwickelte, sie aber 1481 wieder bremste und schließlich mit der Reformation fast ganz stillegte.»

71 Die Geschichtswissenschaft führt die Debatte über die Verwendung zeitgenössischer Termini für die Beschreibung älterer Verhältnisse seit nunmehr nahezu einem halben Jahrhundert mit großer Leidenschaft. Vor allem für das Mittelalter hat sich aufgrund der Arbeiten von Otto Brunner (besonders BRUNNER, Land) die Auffassung von der äußerst begrenzten Verwendbarkeit heutiger Begriffe durchgesetzt.

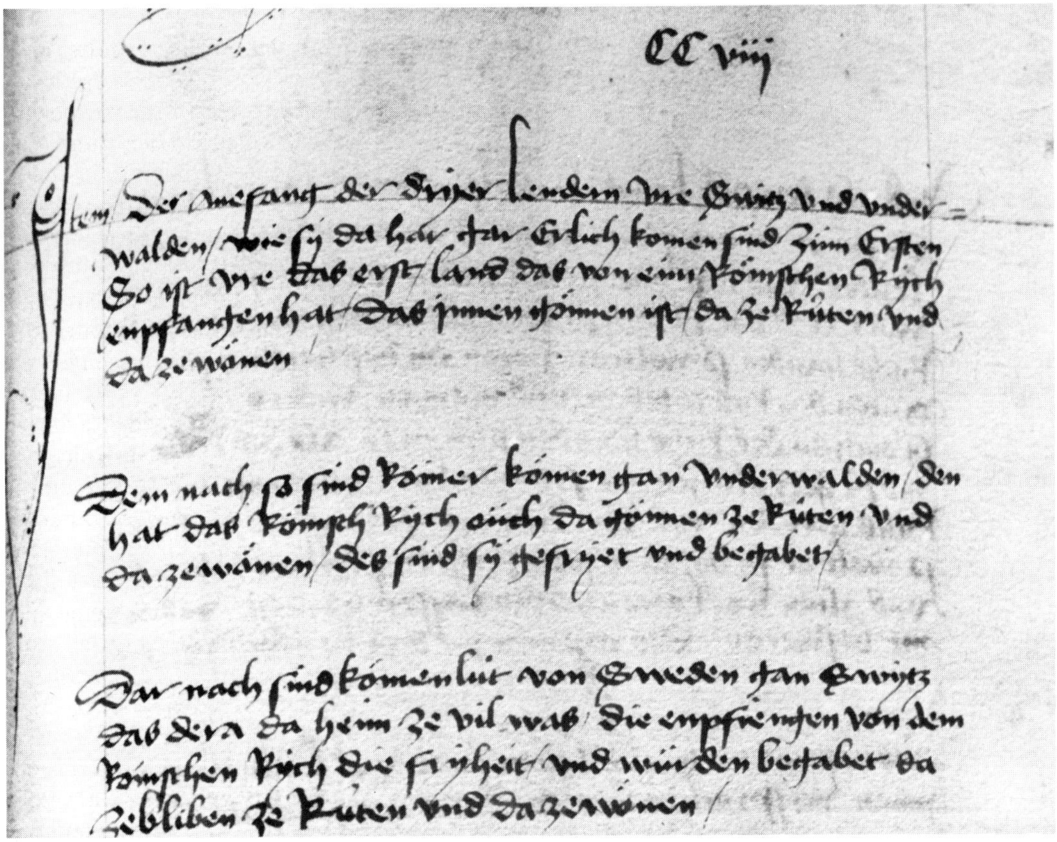

3 Ausschnitt aus dem Weißen Buch von Sarnen: Beschreibung der Anfänge von Uri, Unterwalden und Schwyz. Staatsarchiv Obwalden.

Prozeß der Herausbildung eines politischen Verbandes aus einer Friedensbewegung, und zwar deswegen nicht, weil dieser Vorgang europaweit die Ausnahme geblieben ist.

Unsere interpretatorische Vorwegnahme, die Schweiz als politisches System verdanke ihre Existenz dem Friedensbedürfnis, hat zunächst und offensichtlich als entschiedensten Gegner die Tradition. Ihr zufolge entsteht ja die Eidgenossenschaft aus einem Freiheitskampf gegen tyrannische Gewalt.

In den Jahren 1804 und 1805 erregte ein Theaterstück großes Aufsehen, das in Weimar, Berlin, Mannheim, Breslau, Hamburg, Bremen, Frankfurt am Main, Magdeburg und Braunschweig aufgeführt wurde: Friedrich Schillers «Wilhelm Tell»[72]. Zu dessen dramatischen Höhepunkten, die noch heute manchen Amerikaner, Engländer und Deutschen bei den Interlakener Tellspielen zu Tränen rühren, gehört der «Bundeseid», den jedes Kind kennt, soweit es eine deutschsprachige Schule besucht hat:

«Wir wollen seyn ein einig Volk von Brüdern,
In keiner Noth uns trennen und Gefahr.
Wir wollen frey sein wie die Väter waren,
Eher den Tod, als in der Knechtschaft leben.
Wir wollen trauen auf den höchsten Gott
Und uns nicht fürchten vor der Macht der Menschen.»[73]

Schiller hat einen Stoff dramatisch bearbeitet, der zu seiner Zeit die gängige und geläufige Interpretation der Frühgeschichte der Schweiz war, und dementsprechend hat er «die Freiheit» ins Zentrum seiner Darstellung gerückt[74]. Diese Tradition ist alt; sie reicht bis ins 15. Jahrhundert zurück und erscheint in einer ausführlicheren Darstellung erstmals im sog. «Weißen Buch von Sarnen»[75], angelegt um 1470 vom Landschreiber in Obwalden. Der zweite, chronikalische Teil des Buches beginnt mit der Geschichte der drei Täler Uri, Unterwalden und Schwyz und endet mit der Beschreibung der Ereignisse des frühen 15. Jahrhunderts. «Zum ersten», so heißt es im «Weißen Buch von Sarnen»[76], «so ist Vre das erst land, das von eim Ro̊mschen Rych enpfangen hat, das innen go̊nnen ist, da ze růten vnd da ze wånen. Dem nach so sind Ro̊mer ko̊men gan Vnderwalden, den hat das Ro̊msch Rych oůch da go̊nnen ze růten vnd da ze wånen, des sind sy gefryet vnd begabet. Dar

[72] SCHILLER Friedrich, Schillers Werke. Nationalausgabe, 10. Bd., Hrg. Siegfried Seidel, Weimar 1980, S. 528.
[73] Ebd., S. 192.
[74] Für Schillers Quellen vgl. ebd., S. 389–393 (neben Johannes von Müller benützte Schiller eine Reihe von Chroniken, so Tschudi, Etterlin und Stumpf).
[75] Das «Weiße Buch von Sarnen» ist mehrfach ediert und kritisch behandelt worden. Hervorzuheben sind die Bearbeitungen und Kommentare von Hans Georg Wirz in QW 3/1 und von Bruno Meyer in MEYER, Buch.
[76] Wegen der leichteren Lesbarkeit wird hier nach der Edition von MEYER, Buch, S. 187–194 zitiert. Auf Einzelnachweise wird im folgenden verzichtet.

nach sind komen luͥt von Sweden gan Swytz, das dera da heim ze vil was, die enpfiengen von dem Roͮmschen Rych di fryheit, vnd wůrden begabet da ze bliben, ze ruͥten vnd da ze wånen» (Abb. 3). Die Freiheit der Waldstätte, die der Obwaldner Landschreiber so deutlich in den Vordergrund stellt, wird jedoch von den habsburgischen Vögten bedroht. «Sy beschatzten ein hie, den andern da vnd triben groͮssen můtwillen vnd anders, denn sy geloͮpt vnd verheissen hatten vnd giengen tag vnd nacht da mit vmb, wie sy die lender vom Rich bringen moͮchten gantz in iren gewalt. Sy ließen oͮuch buͥrg vnd huͥser machen, dar vs sy die lender fůr eigen luͥt beherschen mochten etc. vnd twůngen also fråm luͥt vnd tåten innen vil ze leide etc.» Von den Burgen geht unrechte Gewalt aus. Aber nicht nur die Freiheit ist bedroht. «Wa einer ein hůbsche frowen oͮder ein hubsche tochter hat, die namen sy imm vnd hatten sy vf den huͥsern, die sy gemacht hatten, so lang innen das eͣben was vnd [wa] dar zů jeman vͥt rett, den viengen sy vnd beschatzten inn vnd namen imm das er hat.» Unbescholtene Frauen werden geschändet, Männer willkürlich gefangengesetzt und den Leuten ohne Recht ihre Güter entzogen, klagt der Chronist. Die Geknechteten und Beleidigten finden sich schließlich zusammen: «der Stoͮupacher von Switz vnd einer der Fůrsten von Vre vnd der vsser Melche voͮn Vnderwalden vnd klagt jeklicher dem andern sin noͮt vnd sin kůmber vnd wurden ze rat vnd swůren ze semmen». Die «Verschwörung», die Eidgenossenschaft, erweitert sich durch geheime Werbung rasch: «Vnd brach ir jeklicher luͥt an sich, denen sy moͮchten getruͥwen, vnd triben das eben lang vnd alwend heimlich vnd tagten der zyt niena anders denn im Ruͥdli.»

Die Chronik unterschlägt also den heimlichen, nächtlichen und damit konspirativen Charakter des Unternehmens nicht. Doch die Willkür der Vögte liefert die Legitimation für dieses nach Reichsrecht unstatthafte Vorgehen. Neu fügt der Chronist die Erzählung an, wie Wilhelm Tell den verhaßten Gessler erschießt und Stauffacher mit seinen Parteigängern die Burgen der Vögte bricht. Auf diese Weise, schließt der Bericht, «hand die druͥ lender sich mit den eiden, so die heimlich zů sammen geswoͮrn hatten, sich so vast vestergt, das der so vil was woͮrden, das sy meister wůrden. Dů swůren sie zů semmen vnd machten ein bůnd, der den lendern v̊ntz har woͮl hat erschoͮssen, vnd erwerten sich der herren, das sis nůmmen also hert hatten.»

Hält man dem Bericht des «Weißen Buches» die Interpretationen der modernen Schweizer Historiographie gegenüber, so sieht man, daß sich von der Sicht des Obwaldner Landschreibers fast nichts hat behaupten können. Die Schwyzer stammen nicht aus Schweden, vielmehr entsteht die Herkunftssage erst im 15. Jahrhundert, als die schwedischen Gesandten auf dem Basler Konzil nach Einsiedeln pilgerten und dabei die Volksetymologie die Namen Schweden und Schwyz verknüpfte; sie tat es, weil sich damit eine breitere Legitimation der eigenen Existenz gewinnen ließ. Die Schweden galten als freies Volk und der schwedische Monarch als der erste christliche König[77]. Burganlagen, mit denen die Innerschweizer Länder wirksam hätten beherrscht werden können, hat es nach den Forschungen der Archäologie nie gegeben[78]. Und Wilhelm Tell muß auf das Gütesiegel des urkundlichen Belegs verzichten: Seitdem zieht er wie ein unbehauster Wandergeselle seine immer unattraktiver werdende Spur durch die europäische Sagenwelt[79].

Hat der Obwaldner Landschreiber Quellen gefälscht, unterdrückt oder gar erfunden? Sicher darf man eine Chronik – und Gleiches gilt für jede Geschichtsschreibung, gleichgültig, ob es sich um die des Mittelalters oder um die der Gegenwart handelt – nicht aus ihrem gesellschaftlichen, politischen und kulturellen Zusammenhang, in dem sie entstanden ist, herauslösen. Der Obwaldner Landschreiber sah sich vor das Problem gestellt, die zu seiner Zeit in der Publizistik des Reiches und der Habsburger geläufige Auffassung zu entkräften, die Eidgenossen seien Aufrührer, Feinde einer allein dem Adel zukommenden Herrschaft. Er löste seine Aufgabe, indem er die «conjuratio», die Eidgenossenschaft, die sich durch ihren heimlichen Charakter als «conspiratio» und durch die Ermordung des Vogtes und den Burgenbruch als «seditio» im Rahmen geltender reichsrechtlicher Normen noch weiter disqualifizierte, gar nicht bestritt, ja sie im Gegenteil als notwendig betonte, um die Vögte loszuwerden. Indem diese die Menschen ihrer Freiheit und ihres Eigentums beraubt, Frauen geschändet und Männer willkürlich gefangengesetzt hatten, waren durch sie fundamentale Naturrechte mißachtet worden, und dies qualifizierte sie als Tyrannen. Ihnen zu widerstehen erlaubte nicht nur, sondern gebot sogar die Tyrannenlehre des Mittelalters, wie sie Thomas von Aquin in Auseinandersetzung mit Aristoteles entwickelt hatte. Indem es dem Obwaldner Landschreiber gelang, die Innerschweizer Vorgänge innerhalb der geltenden

[77] MARCHAL, Schweden, S. 68f.

[78] MEYER, Burgenbau, S. 193.

[79] Dazu BOOR Helmut de, Die nordischen, englischen und deutschen Darstellungen des Apfelschußmotivs, in: QW 3/1, Anhang, S. 1–26.

abendländischen Rechtstheorien zu lokalisieren, legitimierte er die Existenz der Eidgenossenschaft in Europa.
Selbst wenn die Geschichtswissenschaft mit der ihr eigenen kritischen Methode verschiedene Mitteilungen des Chronisten zu Recht anzweifelt und unbeschadet der sicher richtigen Beobachtung, daß zur Zeit der Abfassung des Buches die Eidgenossenschaft unter Legitimationszwang stand, bleibt die zentrale Aussage des «Weißen Buches», die Eidgenossenschaft sei aus dem Freiheitskampf der Länder Schwyz, Uri und Unterwalden gegen die habsburgischen Vögte entstanden, eine zunächst eigenständige Tradition.
Friede oder Freiheit – was wird konstitutiv, zumindest vorrangig für das Entstehen der Eidgenossenschaft? Die Beantwortung dieser Frage muß über ein Schlüsseldokument der Schweizerischen Eidgenossenschaft erfolgen – nämlich über den Bundesbrief vom 1. August 1291 (Abb. 4).

1291 – Friedenssicherung nach innen und nach außen

Der Bundesbrief umfaßt 13 Artikel, die kurz referiert seien, um sie dann im systematischen Zusammenhang diskutieren zu können[80].
1. Uri, Schwyz und Nidwalden versprechen sich gegenseitig Hilfe mit Leib und Gut gegen jede Art von Gewalt innerhalb und außerhalb der Täler, und zwar durch den militärischen Zuzug eines jeden Tales auf dessen eigene Kosten.
2. Diese Vereinbarung wird eidlich bekräftigt und damit gleichzeitig eine ältere Übereinkunft bestätigt und erneuert.
3. Der Bund soll bestehende Herrschaftsrechte unberührt lassen.
4. Das Richteramt in den Tälern dürfen nur Einheimische ausüben; es darf jedoch nicht durch eine Geldsumme oder aufgrund von dienstlichen Abhängigkeiten erworben worden sein.
5. Streitigkeiten unter Eidgenossen werden durch die einsichtigsten Männer beigelegt; alle sind gehalten, für die Einhaltung der Entscheidungen mit zu sorgen.
6. Mord wird nach gerichtlicher Untersuchung mit dem Tod gesühnt. Kann man eines Mörders nicht habhaft werden, wird ihm das Land verboten; ihn aufzunehmen oder zu schützen wird streng untersagt.
7. Brandstifter verlieren ihr Landrecht; wie Mörder dürfen sie von den Landleuten nicht aufgenommen und beschützt werden.
8. Räuber werden mit der Konfiskation ihres Vermögens zur Wiedergutmachung des Schadens des Betroffenen bestraft.
9. Pfändungen dürfen nur mit Zustimmung des zuständigen Richters erfolgen.
10. Den Urteilssprüchen der Richter ist unbedingt Folge zu leisten.
11. Wer sich gegen einen Richterspruch auflehnt und wegen seiner Hartnäckigkeit einen der Eidgenossen schädigt, wird von sämtlichen Betroffenen zur Wiedergutmachung gezwungen.
12. Bei Fehden unter den Eidgenossen ist der gerichtliche Ausgleich zu suchen; alle sind verpflichtet, nötigenfalls dem Urteilsspruch Geltung zu verschaffen.
13. Der Bund wird zum gemeinen Nutzen auf ewig geschlossen.
Seitdem sich eine «kritische» Geschichtswissenschaft im frühen 19. Jahrhundert entfaltete[81], also seit nunmehr 150 Jahren, wird der auf den ersten Blick recht einfache Text hin und her gewendet, und er hat wie wenige Urkunden des Mittelalters eine detaillierte Ausleuchtung nach allen Seiten hin erfahren und auch erbitterte Forschungskontroversen ausgelöst[82]. Das ist verständlich, weil das Dokument von 1291 im Bewußtsein der Schweizer als «Gründungsurkunde» ihres «Staates» gilt, in dem sich gewissermaßen wie in einem Nukleus schweizerische Eigenart und Besonderheit ausdrücken. In dem Maße, wie sich Europa im Verlauf des 19. und 20. Jahrhunderts auf die Demokratie als Staatsform zubewegte – und das gegen ständige Anfechtungen –, wurde «demokratisch» mit moralischen Werten und politischen Tugenden aufgeladen; der Bundesbrief von 1291 mußte eine Belastung aushalten wie allenfalls noch die englische Magna Charta Libertatum von 1215, die seit dem 16. Jahrhundert zunehmend zum Symbol des Parlamentarismus geworden ist[83].
Eine recht merkwürdige Mischung von wissenschaftlichem Fortschrittsoptimismus und staatlicher Traditionspflege hat die Interpretation des Bundesbriefes von 1291 in erheblichem Maße geprägt. Die Tatsache, daß sich die Schweiz entschließen konnte, 1891 eine Sechshundertjahrfeier der Gründung der Eidgenossenschaft zu begehen, hat einen der fähigsten damaligen Historiker und Urkundenspezialisten, Harry Bresslau, veranlaßt, darin eine politische Anerkennung der Wissenschaft zu sehen. «Wiederholt und mit Recht ist gelegentlich darauf aufmerksam gemacht worden,

[80] Die lateinische und deutsche Fassung nach QW 1/1, Nr. 1681, S. 776–783. Die Detaildiskussion erfordert den nochmaligen Abdruck; vgl. Abb. 4.
[81] Meyer, Entstehung, S. 154.
[82] Ebd. ein erster historiographischer Überblick.
[83] Vgl. zuletzt Holt James Clarke, Magna Carta and Medieval Government, London 1985, S. 1–22.

In nomine domini amen. Honestati consulitur et utilitati publice providetur, dum pacta quietis et pacis statu debito solidantur.

Im namen gottes, amen. Der erberkeit wirt geraten und dem gemeinen nutz wirt versehen, so beschechen ding mit dem zimlichen beliben der růw und des fridtz wirt gevestnet.

[1.] Noverint igitur universi, quod homines vallis Uranie universitasque vallis de Switz ac conmunitas hominum Intramontanorum Vallis Inferioris maliciam temporis attendentes, ut se et sua magis defendere valeant et in statu debito melius conservare, fide bona promiserunt invicem sibi assistere auxilio, consilio quolibet ac favore, personis et rebus, infra valles et extra, toto posse, toto nisu contra omnes ac singulos, qui eos vel alicui de ipsis aliquam intulerint violenciam, molestiam aut iniuriam in personis et rebus malum quodlibet machinando.

[1.] Harumb bekenn allermengklich, das die gemeine des tals ze Ure und die gemeinde der luͥten des tals ze Swytz und die gemeinde der luͥten inrent den bergen des Undern Tals an hant gesechent die uͥbly des zites, und umb das, daz sy ir lib und gůte dester me moͦchtent beschirmen und in eim zimlichen beliben sich dester bas behalten, so hant sy zesament gelobt by gůter truͥw enander byzestande mit hilff, mit rät und mit jegklichem gunst, den personen und den gůtern, inrent den tellren und usrent, mit gantzer macht, mit gantzem flis, wider all und wider sunderlich, die inen oder deheinen under inen dehein frevelheit, dehein uͥbels oder dehein scheltung in ir person oder in ir gůter deheins uͥbels begerent ze tůnde, und ouch under allen kuͥnftig beschicht.

[2.] Ac in omnem eventum quelibet universitas promisit alteri accurrere, cum necesse fuerit, ad succurrendum et in expensis propriis, prout opus fuerit, contra impetus malignorum resistere, iniurias vindicare, prestito super hiis corporaliter iuramento absque dolo servandis antiquam confederationis formam iuramento vallatam presentibus innovando,

[2.] Jegklich gemeint hat verheissen der andern zc hilf ze komende, so es notduͥrfftig ist, ze helffent und in eigner kost nach dem, als es notduͥrfftig ist, wider die unstůmkeit der boͦsen ze widerstande, uͥbels ze rechende, by dem eyde, der liplich umb dis sach ze behaltende ån mistruͥw beschechen ist, die alten wiß der geluͥpte, mit dem eyde umbgeben, mit diesem brieff ze nuͥwrende,

[3.] ita tamen, quod quilibet homo iuxta sui nominis conditionem domino suo convenienter subesse teneatur et servire.

[3.] doch, also, das ein jeklich moͦnsch nach siner vermuͥgent sim herren undertenig suͥlle sin und ouch dienen.

[4.] Conmuni etiam consilio et favore unanimi promisimus, statuimus ac ordinavimus, ut in vallibus prenotatis nullum iudicem, qui ipsum officium aliquo precio vel peccunia aliqualiter conparaverit vel qui noster incola vel conprovincialis non fuerit, aliquatenus accipiamus vel acceptemus.

[4.] Wir haben ouch mit gemeinem råt und mit einhelligem gunst verheissen, gesetzet und geordnet, das [wir] in den vorgen[an]t[en] tellren dehein richter, der sin richtampt mit deheim lon oder gelt in deheinen weg hat koufft oder der unser ingesessner und vatterlender nit ist, in deheinen weg suͥllen nemen oder ouch enphachen.

[5.] Si vero dissensio suborta fuerit inter aliquos conspiratos, prudenciores de conspiratis accedere debent ad sopiendam discordiam inter partes, prout ipsis videbitur expedire, et que pars illam respueret ordinationem, alii contrarii deberent fore conspirati.

[5.] Bescheche aber, das dehein mishellung uffstůnde under deheinen zemengeluͥpten, darzů suͥllent die witzigosten und die biderbesten von den zemengeswornen gan ze niderlegende und senfteklich ze bestellende die mishellung under den teilen, nach dem als inen dunket ze richtende. Und weler teil die ordnung und richtung versmachte, wider den suͥllent die andern zemengesworne alle sin.

[6.] Super omnia autem inter ipsos extitit statutum, ut, qui alium fraudulenter et sine culpa trucidaverit, si deprehensus fuerit, vitam am-

[6.] Aber uͥber alle ding so ist under inen gesetzet: wer den andern boslich und ån schuld ze tod schlacht, wirt der begriffen, der sol sin le-

mittat, nisi suam de dicto maleficio valeat ostendere innocenciam, suis nefandis culpis exigentibus, et si forsan discesserit, nunquam remeare debet. Receptatores et defensores prefati malefactoris a vallibus segregandi sunt, donec a coniuratis provide revocentur.

[7.] Si quis vero quemquam de conspiratis die seu nocte silentio fraudulenter per incendium vastaverit, is nunquam haberi debet pro conprovinciali. Et si quis dictum malefactorem fovet et defendit infra valles, satisfactionem prestare debet dampnificato.

[8.] Ad hec si quis de coniuratis alium rebus spoliaverit vel dampnificaverit qualitercumque, si res nocentis infra valles possunt reperiri, servari debent ad procurandam secundum iusticiam lesis satisfactionem.

[9.] Insuper nullus capere debet pignus alterius, nisi sit manifeste debitor vel fideiussor, et hoc tantum fieri debet de licencia sui iudicis speciali.

[10.] Preter hec quilibet obedire debet suo iudici et ipsum, si necesse fuerit, iudicem ostendere infra [vallem], sub quo parere potius debeat iuri.

[11.] Et si quis iudicio rebellis exstiterit ac de ipsius pertinatia quis de conspiratis dampnif[i]catus fuerit, predictum contumacem ad prestandam satisfactionem iurati conpellere tenentur universi.

[12.] Si vero guerra vel discordia inter aliquos de conspiratis suborta fuerit, si pars una litigantium iusticie vel satisfactionis non curat recipere conplementum, reliquam defendere tenentur coniurati.

[13.] Suprascriptis statutis pro conmuni utilitate salubriter ordinatis concedente domino in perpetuum duraturis. In cuius facti evidentiam presens instrumentum ad peti[ci]onem predictorum confectum sigillorum prefatarum trium universitatum et vallium est munimine roboratum. Actum anno domini m° cc° Lxxxx° primo incipiente mense Augusto.

ben verlieren, ald er mùge von derselb[e]n bösen getat sin unschult erzǒigen, nach dem als sin bösen schult das begerent, und kunt er villicht davon, so sol er niemerme wider heim komen. Die uffenthalter und die beschirmer desselben bösen getetders sùllent von den tellren geteilt sin als lang, untz das sy von den zemengeswornen fùrsichteklich wider in gerůffet werdent.

[7.] Beschehe aber, das keiner deheinen von den gesworne by tag oder by nacht mit der heimlichheit boslich mit dem fùr wůstete, der sol niemerme gehebt werden ze wonende in den tellren, und wer ouch denselben ùbeltedingen uffenthalt oder beschirmt, der sol inrent den tellren dem schadhafftigen gnůg tůn.

[8.] Darzů were, das deheiner von den mitgesworne den andern an sim gůte beroubete oder schaden machti, wie das zů keme, mag man denne desselben gůt, der den schaden getan het, inrent den tellren vinden, das sol man behalten, untz das man schaffe, das dem, dem schad geschehen ist, gnůg bescheche.

[9.] Es ensol ouch keinr under ùns den andern phenden, es sye denn offenlich gelt oder bùrg, und sol das ouch allein tůn mit sunderlichem urloub sins richters.

[10.] Über das sol ein jegklicher gehorsam sin sinem richter und sol ouch denselben richter inrent dem tal erzǒigen, under dem er dem rechten gehorsam wil sin, ob es notdùrfftig wirt.

[11.] Und were ouch deheiner dem gericht widereffrig oder ungehorsam und von derselben ungehorsamkeit deheinr under ùns den mitgeswornen geschadget wurden, denselben ungehorsamen sùllen alle ander mitgeswornen twingen, das er gnůg tůge.

[12.] Bescheche ouch, das krieg oder mishellung under den mitgeswornen uffstůndent und ein teil der selben mishellung nit wölte oder achtttete ze nemen die volkomenheit des rechten und des gnůgtůns, so sùllent die mitgeswornen den andern teil beschirmen etc.

[13.] Disen obgeschribn[en] gesetzden, umb ein gemeinen nutz heilklichen geordnet, mit gottes verlichen eweklich ze werende. Und dirre getat ze einer warheit so ist dis gegenwùrtig instrument durch bette willen der vorgen[an]t[en] lùten gemacht und gesterket mit der warnung der ingesiglen der egen[an]t[en] drin gemeinen und tellren. Und beschechen in dem jar gottes, da man zalt zwǒlffhundert nùntzig und ein jar, am anvachend des manotz Ougste etc.

4 Der Bundesbrief von 1291: lateinischer und deutscher Text nach QW 1/1, Nr. 1681, S. 776–783.

daß in der glänzenden und erhebenden Feier, welche die Schweiz in den ersten Augusttagen des Jahres 1891 dem Andenken an die vor 600 Jahren erfolgte Stiftung des ersten uns genauer bekannten Bundes der drei Waldstätte bereitete, nicht bloß ein patriotisches, sondern zugleich ein Siegesfest unserer Wissenschaft begangen worden ist. Indem für diese Feier gerade diese Tage bestimmt wurden, indem man die Entstehung der Eidgenossenschaft an das Jahr 1291, statt an das Jahr 1307 knüpfte, erhielt die stille und unablässige Arbeit, mit welcher die neuere historische Kritik von der Sage, auf welche die Schweizer auch in Zukunft stolz zu sein alle Ursache haben, die Geschichte zu sondern gelehrt hatte, durch die obersten Behörden des Bundes gleichsam ihre amtliche Anerkennung und Weihe.»[84]

Seitdem blieb – um metaphorisch zu sprechen – kein Buchstabe des Bundesbriefes auf dem anderen. Recht wilde wissenschaftliche Debatten sind darüber entstanden, ob eines der ersten Wörter als «pacta» oder «peracta» zu lesen sei[85]; 500seitige Monographien widmen sich allein der wortgeschichtlichen Analyse der Urkunde[86], und mit großen «politischen, verfassungsrechtlichen, wirtschaftlichen und sozialen Studien» suchen 700seitige Dissertationen dem Text kleine neue Sinnvarianten abzupressen[87]. Angesichts dieser Überfrachtung mit Interpretationen verwundert es kaum mehr jemand, wenn selbst ganz intime Kenner der Schweizer Geschichte resigniert eingestehen, «daß die Verschiedenheiten der Ansichten auf diesem Forschungsgebiete außerordentlich groß sind und daß die Literatur über dieses Zentralthema schweizerischer Geschichtswissenschaft kaum mehr zu bewältigen ist»[88].

Wendet man sich der Urkunde unbefangen zu, verliert sie allerdings einiges von ihrem Pomp, den ihr vier oder fünf Generationen von Historikern umgehängt haben.

Der Bundesbrief verfolgt nur eine Absicht: nämlich die Ausschaltung der Fehde. An ihre Stelle (1) tritt einerseits der ausschließlich gerichtliche Austrag von Rechtsansprüchen innerhalb der drei Länder (2), andererseits der Krieg nach außen (3). Legitimatorische und utilitaristische Erwägungen rahmen diesen Kern an materialen Bestimmungen ein (4).

Zu 1: Die konkret genannten Tatbestände – ausgedrückt in den Artikeln 6 bis 9 – sind Mord, Brandstiftung, Raub und Pfändung. Mord, Brandstiftung und Raub gehören zu den geradezu «klassischen» Mitteln der Fehdeführung[89]. Lediglich das Verbot der individuellen Pfändung scheint auf den ersten Blick nicht ohne weiteres in diesen Zusammenhang eingeordnet werden zu können. Eingehendere wort- und rechtsgeschichtliche Untersuchungen machen aber rasch klar, daß individuelle Pfändungen seit alters Bestandteil der Selbsthilfe waren. Sie wurden häufig dann vorgenommen, wenn Feldschaden durch Tiere entstanden war, die auf fremdem Grund und Boden geweidet hatten. Erinnert man sich der Klagen der Klöster Einsiedeln und Engelberg gegen den gewaltsamen Auftrieb von Vieh durch die Schwyzer und Urner auf die von ihnen beanspruchten Weiden, dann macht der Pfändungsartikel im Kontext eines generellen Fehdeverbots durchaus seinen Sinn. Verfassungs- bzw. Rechtshistoriker vertreten denn auch heute die Auffassung, daß die Pfändung «Rachecharakter» hatte und «daher dem Bereich der Fehde zugeordnet werden» kann[90].

Die Strafmaßnahmen – Hinrichtung, Landesverweis, totale oder partielle Güterkonfiskation – müssen hier nicht weiter interessieren, wohl aber der zweimal versteckt angebrachte Hinweis, daß Unklarheiten gerichtlich entschieden werden: so beim nicht erwiesenen Vorwurf des Mordes und beim Anspruch auf Pfändung. Generell gilt, daß Mord, Brand, Diebstahl und Pfändung als Mittel der Durchsetzung von Rechtsansprüchen in den drei Ländern nicht mehr anerkannt werden. Wo immer in Europa die Fehde verboten und verdrängt wurde, trat an ihre Stelle das Gericht. So auch 1291 in der Innerschweiz.

Zu 2: Vor diesem Hintergrund erscheint es ganz selbstverständlich, daß sich der Bundesbrief mit der Rechtspflege und den Richtern beschäftigt. Die Artikel 4, 5, 10, 11 und 12 betreffen diesen Sachbereich. Der ihnen zugrundeliegende gemeinsame Sinn besteht darin, daß alle Auseinandersetzungen unter den Eidgenossen über alle nur denkbaren Rechtsansprüche, gleichgültig ob zivil- oder strafrechtlichen Charakters, vor ein ordentliches Gericht gehören. Das sind keine über die Fehde hin-

[84] Bresslau, Bündnis, S. 3.

[85] Vgl. Nabholz, Bemerkungen, S. 217 sowie dagegen Hohlenstein, Bundesbrief, S. 482f. – Zusammenstellung der älteren unterschiedlichen Lesarten bei Nabholz, Bemerkungen, S. 219f. – Zuletzt: Wernli, Frieden, S. 1–5.

[86] Hohlenstein, Bundesbrief.

[87] So der Untertitel der ungedruckten Dissertation von Hickl, Habsburg-Österreich.

[88] Meyer, Entstehung, S. 153.

[89] Vgl. Brunner, Land, S. 77–95. His, Strafrecht 2, S. 75ff., 173ff., 348ff.

[90] Sellert Wolfgang, Artikel Pfändung, Pfandnahme, in: Handwörterbuch zur deutschen Rechtsgeschichte, 3. Bd., Berlin 1984, Sp. 1693–1703 (Zitate in Sp. 1694). Brunner, Land, S. 84. Vgl. auch His, Strafrecht 2, S. 233ff. – Gestützt auf schweizerisches Material (aber ohne Berücksichtigung des Bundesbriefes) betont den Zusammenhang mit Fehde und Landfriede Naegeli Alfred, Das germanische Selbstpfändungsrecht in seiner historischen Entwicklung mit besonderer Rücksicht auf die Schweiz, Zürich 1876, bes. S. 33–36.

ausgehenden Weiterungen; denn im Mittelalter war es erlaubt, jeden Rechtsanspruch mittels der Fehde einzuklagen. Die an den Gerichten urteilenden oder ihnen vorsitzenden Richter müssen unabhängig und einheimisch sein, um sich unparteiisch und sachkundig – im Sinne einer soliden Kenntnis des heimischen Rechts – der Rechtspflege widmen zu können. Wiederholt werden alle Eidgenossen und Landleute angehalten, den Entscheidungen des Gerichts Geltung zu verschaffen.

Zu 3: Fehden wurden nicht nur innerhalb der Länder ausgetragen, sondern auch zwischen den Landleuten der Täler und Auswärtigen. Artikel 2 trägt diesem Sachverhalt Rechnung, indem er die drei Länder wechselseitig zur Hilfe vepflichtet. Der Text selbst spricht von einer Unterstützungspflicht der «universitates», nicht aber der Landleute oder der Eidgenossen; mit anderen Worten: der politische Verband «Land» ist hilfs- und zuzugspflichtig. Diese Bestimmung macht nur einen Sinn, wenn sie sich gegen Angriffe «von außen» richtet, weil innerörtliche Fehden ja durch den gerichtlichen Ausgleich ersetzt wurden und zur Sicherung des gerichtlichen Urteils alle Landleute einer Gerichtsgemeinde verpflichtet waren. «Krieg» ist eine Kategorie, die sich erst am Ende des Mittelalters voll entwickelt und auch in rechtliche Formen gebracht wird: technisch wird der Krieg durch die Schlacht entschieden, und seine Träger sind nicht «Privatleute» wie bei der Fehde, sondern «Staaten»[91]. Die Fehde von den Ländern fernzuhalten, wird seit 1291 eine Aufgabe der politischen Verbände Uri, Schwyz und Nidwalden.

Zu 4: Seinen Grund findet das Bündnis letztlich darin, ‹Leib und Gut› zu beschützen, den Frieden zu sichern und damit, wie die vorangestellte allgemeinere Legitimation heißt, die ‹Ehre›[92] und den ‹gemeinen Nutzen› zu befördern. Dem Gemeinnutz dienen zu wollen, wird im letzten Artikel nochmals eigens hervorgehoben und damit der Ewigkeitscharakter des Bündnisses begründet.

Die Historiker, die sich ausführlicher mit dem Bundesbrief auseinandergesetzt haben, und namentlich die herausragenden unter ihnen, lassen keinen Zweifel an der außergewöhnlichen Bedeutung des Textes und der Ereignisse, die er repräsentiert. Die «Besonnenheit» der Akteure wird ebenso gerühmt wie das Zukunftsweisende eines auf «kommunaler Grundlage» aufbauenden staatlichen Verbandes. Wo solche Grundpositionen absolut gesetzt wurden, ließ sich dann auch der Bundesbrief je nach dem als konservativ oder revolutionär einstufen.

«In der maßvollen Beschränkung liegt der Beweis», schrieb Wilhelm Oechsli in seinem epochalen Buch «Zur sechsten Säkularfeier des ersten ewigen Bundes vom 1. August 1291», «daß nicht utopische Schwärmer, revolutionäre Stürmer und Dränger die schweizerische Eidgenossenschaft begründet haben, sondern wirkliche Staatsmänner, die sich an das praktisch Erreichbare und Brauchbare hielten. [...] Ohne Zweifel beseelte die Schöpfer des Bundes von 1291 die Überzeugung, daß ihre Länder der Selbstregierung gewachsen seien, daß für sie am besten gesorgt sei, wenn sie für sich selber sorgten und sich so frei als möglich bewegen konnten. Aber ohne irgend einen allgemeinen staatsphilosophischen Grundsatz in die Welt hinaus zu posaunen, begnügten sie sich damit, die Bedingungen festzustellen, die sie für die geeignetsten hielten, um Stärke nach Außen und Frieden und Recht im Innern zu verbürgen. Der ewige Bund von 1291 ist kein rhetorisches Meisterwerk, wie die amerikanische Unabhängigkeitserklärung oder die Erklärung der Menschenrechte von 1789; aber er ist ein Meisterwerk in Bezug auf seinen Inhalt.»[93]

Der international renommierte Jurist Andreas Heusler sah «das Große, das überaus Bedeutungsvolle [...] darin, daß sich die drei Länder [...] ein neues politisches und staatsrechtliches Prinzip angeeignet haben, das bisher nur Fürsten und mächtige Städte aufgestellt und sich zu sichern gesucht hatten», nämlich die Herstellung des Friedens. Damit setzten sie «den Anspruch durch, als selbständige Kommunen gleich den Landesherren Glieder des Reiches zu sein». «Insofern», schließt Heusler seine Überlegungen, «fehlt es im Bundesbriefe an einem ‹revolutionären› Elemente wahrlich nicht, ja der Bund beruht an sich schon auf einem revolutionären, weil die Reichsgewalt auflösenden Gedanken.»[94]

Die nicht gerade mit begrifflicher Schärfe geführte Debatte über den konservativen oder revolutionären Charakter der Vorgänge von 1291 hat ihre besondere Färbung durch die unterschiedliche Einschätzung der Motive zum Zusammenschluß der drei Länder erhalten. Die scharfe antithetische Gegenüberstellung fragte im Prinzip, ob das Friedens- oder das Freiheitsbedürfnis dem Schreiber der Urkunde den Text diktiert hatte.

[91] Vgl. BRUNNER, Land, S. 39ff. (von ihm unter 'namhaftiger Krieg' behandelt). – Deutlicher, weil über das Mittelalter hinausreichend, JANSSEN Wilhelm, Artikel Krieg, in: Geschichtliche Grundbegriffe, 3. Bd., Stuttgart 1982, S. 567ff.

[92] Die oben in Abb. 4 mitgeteilte deutsche Fassung (vor Artikel 1) «verballhornt» den lateinischen Text. Besser übersetzt beispielsweise NABHOLZ, Quellenbuch, S. 3: «Es ist ein ehrbar Werk und dient dem öffentlichen Wohl...».

[93] OECHSLI, Anfänge, S. 305f.

[94] HEUSLER, Verfassungsgeschichte, S. 76f.

Die älteren, der kritischen Schule der Geschichtswissenschaft entstammenden Historiker des 19. Jahrhunderts, hatten die Tradition des «Weißen Buches von Sarnen» und anderer Chroniken gewissermaßen für ihre Interpretationen unberücksichtigt liegen lassen und sich ganz auf die als echt und objektiv eingeschätzten Urkunden gestützt. Das änderte sich, und zwar ganz grundlegend, als Karl Meyer in den 1920er Jahren in kurzer Folge eine Reihe von Aufsätzen erscheinen ließ, die teils in bestechenden Einzelanalysen und teils in suggestiver Rhetorik die Tradition des «Weißen Buches von Sarnen» gewissermaßen in den Bundesbrief von 1291 hineininterpretierten. Meyer war geradezu besessen von der Vorstellung, daß die Tradition vom Freiheitskampf der Innerschweizer Länder gegen die Willkür der habsburgischen Vögte, wie sie im 15. Jahrhundert aufgeschrieben wurde, ohne einen wahren historischen Kern nicht hätte entstehen können, und dieser Kern müsse sich in den urkundlichen «Überresten» wieder finden lassen.

Der scheinbar erledigte Disput um den Wahrheitsgehalt der Befreiungstradition war damit neu entfacht, und die Historiker der Schweiz haben daraus die Konsequenz gezogen, über die «Allgemeine Geschichtforschende Gesellschaft der Schweiz», das gesamte Quellenmaterial nochmals zusammenhängend und so weit möglich kritisch aufzubereiten. Daraus ist das «Quellenwerk zur Entstehung der Schweizerischen Eidgenossenschaft» entstanden – gewiß eines der umfassendsten und ehrgeizigsten Editionsunternehmen, wollte es doch für einen im europäischen Maßstab kleinen Raum die «Urkunden, Chroniken, Hofrechte, Rödel und Jahrzeitbücher bis zum Beginn des XV. Jahrhunderts»[95], somit das gesamte verfügbare Quellenmaterial, erschließen. Es gehört wenn nicht zur Ironie der Geschichte, so doch zu jener der Geschichtswissenschaft, daß das «Quellenwerk» genau das, was es sich zum Ziel setzte, nicht einmal ansatzweise erreicht hat. Denn die Fragen, die es einer Lösung näher bringen wollte, sind genau so ungelöst wie zu dem Zeitpunkt, als der erste Band des Unternehmens erschien.

Die leidenschaftlich geführten Debatten, die Karl Meyer über die Anfänge der Eidgenossenschaft freigesetzt hat, haben insofern einen Bezugspunkt zum Bundesbrief, als er in seinem zweiten Artikel auf eine «antiqua confœderatio», auf einen älteren Bund, verweist. Diplomatische Untersuchungen des Textes, durchgeführt von dem um 1900 berühmtesten Urkundenforscher[96], führten zum Ergebnis, daß der überlieferte Text im wesentlichen die Fassung der «antiqua confoederationis forma» darstelle und 1291 lediglich der vierte Artikel, der sogenannte «Richterartikel», hinzugekommen sei[97]. Die seither gewissermaßen zweigeteilte Urkunde[98] ist mit geringen Varianten im Detail gleich bewertet worden; der ‹alte Bund› stellt im wesentlichen ein Landfriedensbündnis dar, während der neu hinzugekommene Richterartikel sich gegen die fremden Richter wendet, allgemeiner ausgedrückt: gegen Habsburg[99]. Der abgrundtiefe Haß auf die Habsburger, der in der Chronistik des 15. und 16. Jahrhunderts auf Schritt und Tritt begegnet, schien so im Richterartikel sein urkundlich verbrieftes und damit wahrheitsgemäßes Refugium zu finden.

Kontrovers blieb in der Debatte auch, in welche Zeit die antiqua confœderatio zu setzen sei: von 1240 bis kurz vor 1291 sind fast alle Jahrzehnte in der Literatur angeboten worden[100], ohne daß sich eine der Positionen bis heute hätte definitiv durchsetzen lassen[101].

Zwischen der oben vorgeführten Interpretation des Quellentextes und den in der Literatur umlaufenden Einschätzungen und Wertungen besteht ein gewisses Spannungsverhältnis. In der Folge soll versucht werden, die Widersprüche, bei denen es sich freilich zunächst um Detailfragen handelt, möglichst auszuräumen.

Zu behaupten, die Beseitigung der Fehde sei der einzige Zweck des Bundes von 1291, hat mit der Schwierigkeit zu kämpfen, daß die Literatur nahezu durchgängig dem «Richterartikel» eine antihabsburgische Stoßrichtung gibt. Zieht man die allgemeinere Verfassungsgeschichte zu Rate, dann wirkt die Interpretation des Richterartikels als antihabsburgisch nicht unbedingt zwingend. Es ist eine im Spät-

[95] So der Untertitel des QW. Vgl. die Würdigung des Werkes auf dem Internationalen Historikertag in Oslo von FEHR, Entstehung, S. 5–9.

[96] BRESSLAU, Bündnis.

[97] Ebd., S. 32f.

[98] Besonders energisch bekämpft wurde die Interpretation Bresslaus von MEYER, Bündnis, der bestreitet, daß es jemals eine schriftliche Fassung der antiqua confoederatio gegeben habe. Er übersetzt den zweiten Artikel des Bundesbriefes so: «Die schweizerischen Urkantone haben einander versprochen, sich gegenseitig Schutz und Hilfe zu leisten und bestätigen nun mit der gegenwärtigen Urkunde diesen frühern in feierlicher Mündlichkeit abgeschlossenen Bundesvertrag schriftlich» (ebd., S. 38). Vgl. auch HOHLENSTEIN, Bundesbrief, S. 507.

[99] OECHSLI, Anfänge, S. 284–294. BRESSLAU, Bündnis, S. 34. MEYER, Landfrieden, S. 36. MEYER, Bünde, S. 91. DURRER, Freiheitskämpfe, S. 62. SCHIESS, Richterartikel, S. 176f. HICKL, Habsburg-Österreich, S. 221, 436.

[100] BRES SLAU, Bündnis, S. 4f., mit der älteren Literatur. MEYER, Schweizerbund. MEYER, Bünde, S. 9–15. Zuletzt: BÜTTNER, Weg, S. 96.

[101] Zum heutigen Bewertungsstand PEYER, Entstehung, S. 182.

mittelalter recht häufig zu beobachtende Tatsache, daß kommunale Verbände – besonders gut belegt ist das naturgemäß für die Reichsstädte – dazu neigen, gerichtliche Funktionen des Königs oder des Stadtherrn an sich zu ziehen. Ein Blick auf das jenseits des Bodensees gelegene Oberschwaben zeigt, daß in den dortigen Reichsstädten die Landvögte im Namen des Königs die Gerichtsbarkeit ausübten. Sie setzten dazu «Ammänner» ein, die ursprünglich aus der königlichen Ministerialität kamen, also Fremde sein konnten. In relativ kurzer Zeit wurden jedoch die Ammänner zu städtischen Beamten[102]. An der Reichsstadt Memmingen soll das beispielhaft in aller Kürze belegt werden.

Das Ammannamt ist in Memmingen seit 1216 nachgewiesen. Es war mehrfach in der Hand der Mozo, eines ursprünglich staufischen Ministerialengeschlechts. Dieser Ammann präsidierte das Stadtgericht, er schützte die Klöster in der Stadt und sicherte den Marktfrieden. Nach dem Zusammenbruch der Stauferherrschaft vergab der Landvogt im Namen des Königs das Ammannamt. 1312 setzte die Bürgerschaft ein Vorschlags- und Einspruchsrecht bei der Besetzung durch, und seit 1350 schließlich bestellte die Stadt aus ihrer Bürgerschaft den Ammann selbst[103]. Der Vorgang verläuft in allen Reichsstädten sehr ähnlich und zeitlich einigermaßen parallel mit der «Kommunalisierung» des Richteramtes in der Innerschweiz. Das alles läßt sich dahingehend zusammenfassen, daß der Richterartikel von 1291 möglicherweise eher in der Logik autonomer, kommunaler Verbände liegt, auch die letzten Reste fremden Einflusses abzustreifen, daß aber nicht ein ausgeprägt antihabsburgischer Affekt zu seiner Aufnahme und Formulierung geführt haben muß. Der Richterartikel könnte so gesehen wesensmäßig zum kommunal fundierten Frieden gehören.

Bislang wurde ein Artikel des Bundesbriefes nicht näher erörtert, der dritte nämlich, der die Landleute verpflichtet, gegenüber ihren Herren die schuldigen Dienste zu leisten. In der jüngeren Literatur wird dieser Passus so verstanden, als hätten sich die führenden Familien der drei Länder, die ja teils Grundherren waren und wohl selbst auch Hörige hatten, ihre Herrschaftsrechte sichern wollen[104]. Hans Conrad Peyer sieht hinter dem Herrschaftsartikel die Interessen der «ansässigen Dynasten- und Ministerialenfamilien mit großem Grundbesitz» sowie der «reichen und angesehenen Bauernfamilien»: der Attinghausen und Meier von Silenen in Uri, der Ritter von Malters und der Winkelried in Unterwalden, ferner der Ab Yberg und Stauffacher in Schwyz, der Wolfenschießen in Nidwalden, der Fürst in Uri usw. «Diese Leute», folgert Peyer, «waren zweifellos auch beim Bundesschluß vom August 1291 entscheidend»[105]; es ist für ihn dieselbe soziale Schicht, die auch den Richterartikel in den Bundesbrief hineinschreibt.

Diese Interpretation kann wenig Plausibilität für sich in Anspruch nehmen, weil es ja keinerlei Anhaltspunkte dafür gibt, daß die Rechtstitel einheimischer Familien in Frage gestellt worden wären. An wen der Artikel adressiert sein könnte, läßt sich aus dem vorgängigen Satz vermuten, welcher das ‹alte Bündnis› erwähnt. Karl Meyer hat das interessante Argument in die Debatte gebracht, bei dem ‹alten Bündnis› handle es sich um die Verschwörung der Schwyzer, Urner und Nidwaldner, die das «Weiße Buch von Sarnen» auf dem Rütli stattfinden läßt[106]. Falls diese ‹antiqua confoederatio› tatsächlich eine «conspiratio», eine Verschwörung, gewesen sein sollte – und eine solche war reichsrechtlich zweifellos verboten –, dann wäre der dritte Artikel an die Adresse der fremden Herren gerichtet, an diejenigen auswärtigen Adeligen und Klöster, die am Ausgang des 13. Jahrhunderts noch Besitz und Hörige in der Innerschweiz besaßen. Den Verdacht, Aufrührer zu sein, von denen ja auch keine Respektierung herkömmlicher Rechtstitel zu erwarten sein würde, galt es abzuwenden.

In diese Richtung deuten auch gewisse Eigentümlichkeiten in der verwendeten Terminologie. Der Text spricht nämlich abwechselnd von «coniurati» und «conspirati». Teilweise ist das verständlich, weil das Moment der willentlichen Vereinigung in beiden Wörtern enthalten ist. Beide sind aber auch geschieden durch eine Bedeutungsvariante: «coniurati» sind diejenigen, die einander zugeschworen, also sich wechselseitig mit einem Eid verpflichtet haben. «Conspirati» können sich auch eidlich verbunden haben; die Nuancierung besteht darin, daß es sich um eine verbotene, heimliche Verbindung handelt.

Eine interessante Feststellung macht man nun, wenn man genauer untersucht, in welchen Zusammenhängen in der Urkunde der Begriff «coniurati» und in welchen der Begriff «conspirati» gebraucht wird. In der Analyse des Bundesbriefes wurde darauf bislang kaum

[102] Relativ breit belegt von Müller Karl Otto, Die oberschwäbischen Reichsstädte, Stuttgart 1912.

[103] Ebd., S. 105, 119.

[104] Peyer, Verfassungsgeschichte, S. 24. Ausführlicher Peyer, Entstehung, S. 183.

[105] Ebd., S. 183.

[106] Meyer, Schweizerbund. – Meyer, Bünde, S. 123 bringt die im «Weißen Buch» dargestellten Ereignisse mit Morgarten in Verbindung. Vgl. Meyer, Buch, S. 169.

geachtet[107]. Da wo von Mord, Brandstiftung, Raub und Pfändung gesprochen wird, ist mit einer Ausnahme, die auf einer Flüchtigkeit des Schreibers beruhen kann – denn die Urkunde entstammt keiner Kanzlei und ist deshalb ein wenig ‹unordentlich› –, von «coniurati» die Rede. Das fügt sich gut zum materialen Gehalt dieser Artikel: Das Verbot von Mord, Brandstiftung, Raub und Pfändung macht den Landfrieden aus; um ihn zu sichern, wird von allen, die auf die Fehde verzichten, ein Eid geschworen; diejenigen, die den Landfrieden beschwören, sind «coniurati».

Hingegen kommt der Begriff «conspiratio» in gänzlich anderen Zusammenhängen vor, nämlich dort, wo es darum geht, Streitigkeiten und Zwistigkeiten allgemeiner Art nicht mehr gewaltsam auszutragen, sondern sich dafür gerichtlicher Instanzen zu bedienen und sich diesen auch zu unterwerfen. Es geht also offensichtlich hier darum, die «conspirati» in die Gerichtsorganisation einzugliedern, die Verbindungen, die sie untereinander eingegangen sind, durch den Vorrang gerichtlich-friedlicher Entscheidungsprozeduren zu ersetzen. Die «conspirati» werden in den Landfrieden der «coniurati» einbezogen.

Für die Richtigkeit einer solchen Interpretation könnten die Beobachtungen aus späteren Bauernaufständen im Reich sprechen, wenn man davon ausgehen darf, daß sich Gebräuche in einer bäuerlichen Gesellschaft kaum, und wenn dann nur langsam und zäh, ändern[108]. Im Fürststift Kempten im Allgäu kam es 1491 zu einem derartigen Bauernaufstand. Die vorbereitende Organisation erfolgte in der Weise, daß sich zunächst sechzig Bauern heimlich – und das heißt wohl «konspirativ» im modernen Sinne – verschworen, dann für ihre Sache warben und schließlich in einer mächtigen Versammlung, an der vermutlich mehrere tausend Bauern teilnahmen, an der Gerichtsstätte des kaiserlichen Landgerichts der Grafschaft Kempten in Leubas – und das heißt natürlich öffentlich – zu einem Bund verschworen. Der Bericht des Abtes von Kempten, der diese Vorgänge überliefert, liest sich – tauscht man die Ortsnamen aus – wie das «Weiße Buch von Sarnen». «Sagt sein gnad das im 1491 jare umb sannt Martins tag [...] sy [die Bauern] nättlich weyle, ir bj den 60 mannen uff dem Wischberg genannt nit weit von dem gotzhus gelegenn haimlich versamelt unnd habenn sich bj denn aiden, so sie inn der ainung geschworen haben zusammen verbunden, also was ain unnder ine angang solle den anndern auch angeen, unnd sollenn ain annder hanndthaben schützen unnd schirmen unnd haben ain spieß uffgehapt, welcher in sollich puntnus sein wölle der sölle unnder dem spieß hingann, als sie dann alle darunder hingegannngen unnd sich zu ainander verbunnden unnd verpflicht haben. Nach allen haben die selbenn so sich also zusamen verpunden hannd, inn annder pfarren geschickt, zu dennen do sie verhofft haben sie werdenn irem fürnemen auch anhanngen, unnd sind nachmalen inn mins gn[ädigen] h[errn] gravschafft hohenn unnd nidern gerichten vonn aine pfarr inn die andern gezogenn unnd habenn sturm an allenn ortten angeschlagen und vil zu inen und inn ir ponndtnnues gezogen [...] zwungen und genött, aigen hauptlut gesezt unnd aufgeworffen [...] und haben sich an ainem andern ennde zu Lubaß [Leubas] inn ainer mercklichen zall versamelt und sich der glichen wie oben gehört bj aides pflicht zu samenn verbunnden, unnd sind aber unnder ainem spieß hinganngen, welche sich in sollich ponndtnus gebenn haben und haben sich hers weyse gewappnet inn mins gnädigen h[errn] hohen und nidern gerichten, zu Durrach gelagert und sind ettwievil tag also gelegenn»[109]. Ganz ähnlich sind die Vorgänge im Kärtner Bauernaufstand von 1478. Zuerst schließen vierzig Bauern einen Bund und versichern sich der wechselseitigen Hilfe. Dieser «pund wuechs in kuerz als ain klains wasser von ainem grossen wolkhenpruch» und wurde schließlich wohl von den meisten Bauern in Kärnten beeidigt. «Und wer in der punt wolt varen, der muest auf ain plas [blosses] swerdt swern, das punten si an zwo stangen in die hoch. Und wann si swern wolten, so giengen si durch das swert und griffen oben daran und swuerren traczleich [trotzig] an alle vorcht gottes und verswuern da des

[107] Lediglich MEYER, Schweizerbund, S. 79ff. geht darauf ein. – Die Einsprüche von BRACKMANN Albert, Neue Forschungen zur Entstehung der Schweizer Eidgenossenschaft, in: Brackmann Albert, Gesammelte Aufsätze, Weimar 1941, S. 481, sind wenig überzeugend; jedenfalls sind seine Behauptungen, coniuratio, universitas und communitas seien austauschbare Begriffe und die coniuratio gehe der conspiratio immer voraus, unhaltbar. Daß es sich hinsichtlich des Verhältnisses von coniuratio und conspiratio gerade umgekehrt verhält, zeigen die nachfolgend als Exkurs beschriebenen ähnlichen Vorgänge außerhalb der Schweiz. Daß conjuratio einen weniger pejorativen Charakter hat als conspiratio und daß die Unterscheidung zwischen beiden Begriffen auch im Mittelalter durchaus gemacht wurde, belegt MICHAUD-QUANTIN Pierre, Universitas. Expressions du mouvement communautaire dans le moyen âge latin, Paris 1970 (L'église et l'état au moyen âge 13), S. 129–133. – Für den Problemzusammenhang vgl. auch FASOLI Gina, Governanti e governati nei communi cittadini italiani fra l'XI ed il XIII secolo, in: Schweizer Beiträge zur Allgemeinen Geschichte 20 (1962/1963), S. 141–166, bes. S. 150–154.

[108] Vgl. etwa REDFIELD Robert, The Little Community and Peasant Society and Culture, Chicago-London [10]1973.

[109] Abgedruckt bei BLICKLE, Landschaften, S. 322.

5 Der Bundesbrief von 1291. Bundesbriefarchiv Schwyz.

aides, den ein jeder seinem rechten herrn getan hett»[110].

In Kempten und Kärnten laufen Ereignisse ab, wie sie auch anderwärts belegt sind[111]. Das ist eigentlich auch wenig verwunderlich: Sollte Widerstand wirksam organisiert werden, waren vorbereitende Maßnahmen durch eine nicht zu große Gruppe notwendig, die sich ihre Solidarität durch einen Eid bestätigte. War die gesamte Untertanenschaft oder wenigstens die überwiegende Mehrheit für das Unternehmen gewonnen, wurde der Eid von allen geleistet, was dazu verpflichtete, bis zum gerichtlichen oder militärischen Austrag unter Einsatz von Gut und Blut bei der sprichwörtlichen «Stange» zu bleiben, unter welcher die Kemptener ja hindurchgegangen waren. Daß Aufstände so organisiert wurden, darf heute als Allgemeingut der in den letzten zehn Jahren eifrig betriebenen Widerstandsforschung gelten[112].

Gewiß soll man Urkunden nicht zu gewaltsam einen Sinn abpressen, den sie gar nicht besitzen. In diesem Fall haben die begriffsanalytischen Exkurse allerdings ihre Berechtigung. Sie erlauben nämlich, einen äußerst scharfsinnigen Gedanken von Karl Meyer wieder aufzunehmen[113] und, teilweise wenigstens, die Chroniken mit den Urkunden zu harmonisieren, die vermeintliche Ausschließlichkeit von «Tradition» und «Überrest» aufzulösen, die Freiheitstradition mit der Friedensüberlieferung

[110] FRANZ, Quellen, S. 20f.

[111] Das gilt beispielsweise für den Bauernkrieg von 1525. Regionale Konspirationen dienen der Vorbereitung und Mobilisierung. Nachdem sich Mehrheiten für den Widerstand gefunden haben, entsteht die auch nach außen offiziell in Erscheinung tretende coniuratio, 1525 beispielsweise in Form der «Christlichen Vereinigung». Vgl. die Belege bei FRANZ, Quellen, S. 128, 131, 191, 195. – Für ähnliche Vorgänge in der Hofmark Rottenbuch in Bayern vgl. BLICKLE Renate, «Spenn und Irrung» im «Eigen» Rottenbuch. Die Auseinandersetzungen zwischen Bauernschaft und Herrschaft des Augustiner-Chorherrenstifts, in: Aufruhr und Empörung? Studien zum bäuerlichen Widerstand im Alten Reich, Hrg. Peter Blickle, München 1980, S. 96f., 123ff. – Bei «nächtlicher Weil» verbinden sich die Bauern des Klosters Ochsenhausen; vgl. BLICKLE, Landschaften, S. 114.

[112] Den Stand der Forschungsdiskussion zusammenfassend: BLICKLE Peter, Unruhen in der ständischen Gesellschaft 1300–1800, München 1988 (Enzyklopädie deutscher Geschichte 1), S. 84ff.

[113] MEYER, Schweizerbund.

zu versöhnen. Das Ergebnis lautet: Vor 1291 entstand in der Innerschweiz eine «conspiratio», ein geheimer, reichsrechtlich verbotener Bund, welcher 1291 gewissermaßen neutralisiert wurde, indem man ihn dem Landfriedensbündnis, der «coniuratio», untergeordnet hat. In der «coniuratio», die ihren schriftlichen Niederschlag im Bundesbrief vom Jahre 1291 fand, ist der Frieden absolut vorrangig. Negativ ausgedrückt: Es ist nichts mit der antihabsburgischen Stoßrichtung des Bundesbriefs von 1291, wie die Historiographie, wenn auch in schwächer werdender Form, seit über einem Jahrhundert meint[114]. Man wird sich an den Gedanken gewöhnen müssen, daß die Habsburger nicht auf die Welt gekommen sind, um die Innerschweizer zu ärgern.

Was also liegt – um zum Schluß zu kommen – in der Urkunde von 1291 vor? Sicher ein Friedensbündnis. Mit den in Europa weitverbreiteten Landfrieden hat es gemeinsam, daß es kriegerische Gewalt durch friedliches Recht ersetzt; gleichwohl ist es aber nicht nur ein üblicher Landfriede[115]. An die Richter werden Qualifikationsforderungen gestellt, die in keinem anderen Landfriedensbündnis anzutreffen sind; deren Autorität muß mit allen nur denkbaren Mitteln gestützt werden, was zeigt, daß sich das Neue erst verfestigen muß; und schließlich: Konspirativem wird seine Illegitimität genommen. Der Frieden soll ewig dauern. Auch das ist, trotz gegenteiliger Meinung in der neueren Schweizer Forschung[116], nicht charakteristisch für die Landfrieden. Mit ganz wenigen Ausnahmen werden sie im Reich zeitlich befristet abgeschlossen, nämlich für ein bis zwölf Jahre[117]. Der «ewige» Friede von 1291 – geschlossen zweihundert Jahre vor dem «Ewigen Reichslandfrieden» von 1495 – ist auch im europäischen Maßstab ein bemerkenswertes Datum.

Und was hat es mit der «conspiratio» auf sich? Sie zeitlich festzulegen, ist bislang nicht gelungen[118]. Die Heimlichkeit des Unternehmens legt es nahe anzunehmen, daß es «gegen» jemanden gerichtet war. Wer dieser jemand war, lassen die Urkunden offen, während die Chroniken die habsburgischen Landvögte nennen, wobei der Akzent deutlich auf den Landvögten liegt. Das Problem muß vorerst ungelöst bleiben, bis die Formen und Praktiken der habsburgischen Herrschaft genauer untersucht werden[119].

Der werbende Effekt des Dreiländerbundes

Was 1291 gestiftet wurde – ein Friedensbündnis zwischen den drei Ländern Uri, Schwyz und Unterwalden –, ist 1315 bekräftigt worden, allerdings mit bemerkenswerten Ergänzungen und Neuerungen. Zwischen den beiden Bünden liegt ein markantes Datum: die Schlacht bei Morgarten[120] vom 15. November 1315, die erste große militärische Auseinandersetzung zwischen der Innerschweiz und Habsburg und zugleich die letzte Konsequenz der permanenten Fehdehandlungen der Schwyzer gegen das Kloster Einsiedeln, welches die Habsburger als dessen Vögte zu schützen hatten. Nur wenige Tage nach der Schlacht erneuerten die drei Länder ihr eidliches Bündnis von 1291[121].

Der «Ewige Bund der drei Waldstätte» vom Jahre 1315[122] ist zunächst und in offenkundiger Weise eine Bestätigung der Vereinbarungen von 1291. Insoweit stehen das Fehdeverbot und der gerichtliche Austrag von jedweden Konflikten, die individuelle und kommunale Unterstützung der einheimischen Richter und des geordneten Rechtsaustrags ganz im Mittelpunkt. Modifikationen und Präzisierungen erfuhren zwei Themenkomplexe: der Umgang mit auswärtigen Herren und die Friedenssicherung im Falle von ernsthaften Konflikten zwischen den Ländern selbst.

Zwar sollen die Rechte auswärtiger Herren respektiert werden, wie der Text von 1315 die

[114] OECHSLI, Anfänge, S. 284–294. MEYER, Richterartikel, S. 159–163. DURRER, Freiheitskämpfe, S. 62. HUNZIKER, Bundesbrief, S. 8. HICKL, Habsburg-Österreich, S. 30, 426. WERNLI, Frieden, S. 15.

[115] Was in der jüngeren Schweizer Literatur etwa von PEYER, Verfassungsgeschichte, S. 24f. eher betont wird. Ähnlich auch RUSER, Urkunden, S. 134–157. – Eine der hier vorgetragenen Interpretation doch recht nahekommende Deutung bietet der brillante, allerdings heute vergessene Aufsatz von FEHR, Entstehung, bes. S. 19f. Ältere Darstellungen betonen stärker den «Ewigkeitscharakter», z.B. OECHSLI, Benennungen 2, S. 92f.

[116] PEYER, Entstehung, S. 189.

[117] Vgl. dazu die gedruckten Landfrieden bei KOCH Ernst August, Neue und vollständigere Sammlung der Reichs-Abschiede, 1. Teil, Frankfurt a.M., 1747, S. 91, 95, 99, 144, 152; auch: GERNHUBER Joachim, Die Landfriedensbewegung in Deutschland bis zum Mainzer Reichslandfrieden von 1235, Bonn 1952 (Bonner rechtswissenschaftliche Abhandlungen 44). HIS, Strafrecht 1, S. 12f. ANGERMEIER, Königtum.

[118] Einen breiten forschungsgeschichtlichen Überblick über die bisherigen Datierungsversuche bietet MEYER, Bünde, S. 9–15. Meyer selbst (ebd., S. 51) datiert den ältesten Bund auf 1251/52. Auch dieser Datierungsvorschlag hat sich nicht durchgesetzt. Vgl. PEYER, Entstehung, S. 182.

[119] Siehe unten S.160.

[120] Auf die Schlacht bei Morgarten ist in anderem Zusammenhang nochmals zurückzukommen. Siehe dazu unten S. 44–50.

[121] QW 1/2, Nr. 807, S. 411–415 (9. 12. 1315). Zitate nach dem Schwyzer Text (jeweils linke Spalte des Abdrucks).

[122] So die von NABHOLZ, Quellenbuch, S. 5 gewählte Bezeichnung. Für eine ausführliche Inhaltsangabe vgl. MEYER, Bünde, S. 95–122.

Verfügungen von 1291 eindeutig bestätigt, doch wird vorwegnehmend bestimmt, «daz sich unser lender enkeines noch unser enkeiner beherren sol oder dekeinen herren nemen ane der ander willen und an ir rat»[123]. Was soll damit verhindert werden? Im Mittelalter war es durchaus üblich, daß sich Korporationen oder einzelne zu ihrem wirksameren Schutz einem mächtigeren Adeligen unterstellt haben, sich also einen Herrn nahmen. Zahllose Klöster suchten den Schutz benachbarter großer Reichsstädte; Bauern unterstellten sich einem Schutz- und Schirmherrn, wenn ihre persönliche Rechtsstellung ihnen das erlaubte[124]. In allen Fällen waren damit natürlich Risiken verbunden, weil vogteiliche oder gar leibherrliche Bindungen der Talschaften oder der Talleute zu umfassenderen Herrschaftsansprüchen weiterentwickelt werden konnten, was die Autonomie der Länder gefährden mußte. Deshalb bedurften solche Vorhaben der ausdrücklichen Zustimmung der Bündnispartner. «Wir sin o͗ch dez uberein komen», fährt der Bundesbrief fort, «daz der lender enkeines noch der eitgenoze enkeiner dekeinen eit oder dekein sicherheit zů dien uzeren tůn ane der anderen lender oder eitgenozen rat»[125]. Die Sprache der Quelle ist etwas unscharf, verbietet aber nicht die Interpretation, die drei Länder hätten verhindern wollen, daß man fremden Herren huldige oder ihnen Sicherheiten in Form von Gütern leiste, die bei Zahlungsunfähigkeit gepfändet worden wären und dadurch an fremde Herren hätten fallen können. Es geht da also nicht in erster Linie darum, gerichts-, grund- und leibherrliche Rechte – feudale Rechte, um es summarisch zu sagen – zurückzudrängen; vielmehr geht es darum, eine Ausweitung feudaler Rechte zu verhindern, eine «Refeudalisierung» auszuschließen[126]. Daraus erklären sich auch die scharfen Strafandrohungen gegen jene, die solche Bestimmungen übertreten sollten; sie werden wie Mörder behandelt: «Were o͗ch jeman, der der lender dekeins verriete older hingebe oder der vorgeschribenen dingen dekeins breche oder ubergienge, der sol tru͗wlos und meinede sin, und sol sin lip und sin gůt dien lendern gevallen sin.»[127]

Es lag für die Forschung angesichts der nur wenige Wochen zurückliegenden Schlacht am Morgarten recht nahe, allein in den Habsburgern die Adressaten dieser Artikel zu sehen[128]. Das mag so sein und hat auch eine gewisse Plausibilität für sich; die Bestimmungen verfügen aber auch über ihre eigene, von den konkreten Herrschaftsbeziehung ganz unabhängige Logik. Aus Bauernaufständen späterer Zeit weiß man nämlich, daß bäuerliche Verbände auf dem Weg zur politischen Autonomie sich häufig des Mittels bedienten, individuelle und kollektive Verbindungen mit Adeligen und kirchlichen Institutionen zu verbieten oder sie mindestens von der Zustimmung aller abhängig zu machen. Ein erhellendes Beispiel liefert uns Oberschwaben im Bauernkriegsjahr 1525. Dort schlossen sich die Bauern in drei «Haufen» zusammen. Die Haufen verbündeten sich ihrerseits zu einer «Landschaft» oder «Christlichen Vereinigung». Die in diesem Zusammenhang verabschiedete Bundesordnung besagte, «ob sich jemants mit seiner oberkeit in ein vertrag einlassen welt, so soll er on vorwissen und verwilligung gemeiner lantschaft dieser vereinigung nit beschließen. Und ob mit verwilligung bemelter landschaft des beschlossen wurde, nichts dester weniger sollen dieselben in ewiger verpüntnüs und christlicher vereinung sich verwilligen und darin beleiben.»[129]

Die Absicht, den eben erst geschaffenen und lediglich in Umrissen erkennbaren politischen Verband durch «Entfeudalisierung» zu schützen, liegt auch den referierten Bestimmungen des Bundesbriefes von 1315 zugrunde.

Die Stabilisierungsbemühungen richten sich 1315 aber auch nach innen. Und zwar werden Vorkehrungen getroffen für den Fall, daß zwischen den Ländern selbst Spannungen entstünden oder gar ein Krieg zu befürchten sein sollte. Solche Auseinandersetzungen dürfen nur gütlich oder rechtlich beigelegt werden, und das jeweils unbeteiligte dritte Land ist verpflichtet, jener Partei zu helfen, die sich auf den rechtlichen Ausgleich eingelassen hat: «Wurde o͗ch dekein stoz oder dikein krieg zwischen dien lendern und ir eines von dem andern weder minne noch recht nemen wolde, so sol daz dritte lant daz gehorsame schirmen und minnen und rechtes beholfen sin.»[130]

Fehden unter den Einwohnern der drei Orte waren mit dem Vertragswerk von 1291 eingehegt und Auseinandersetzungen mit dem Adel zum Krieg erklärt worden; offen war, was im

[123] QW 1/2, Nr. 807, S. 412.

[124] Statt einer weitläufigen Literatur zum Problem der Wahl des Schutz- und Schirmherrn sei verwiesen auf die neuere Arbeit von ULBRICH, Leibherrschaft.

[125] QW 1/2, Nr. 807, S. 413.

[126] So erklärt sich auch Artikel 5 (nach der Zählung in QW 1/2, Nr. 807), der Verhandlungen mit auswärtigen Herren ohne eine ausdrückliche Autorisierung durch die Eidgenossen untersagt.

[127] QW 1/2, Nr. 807, S. 413.

[128] PEYER, Verfassungsgeschichte, S. 25. Zurückhaltender: MARCHAL, Ursprünge, S. 171. Die Wendung gegen Habsburg betont auch ANGERMEIER, Königtum, S. 122.

[129] FRANZ, Quellen, S. 197.

[130] QW 1/2, Nr. 807, S. 414. In der Forschung ist strittig, ob eine solche Bestimmung implizit im Bundesbrief von 1291 enthalten ist. Die Argumente sind zusammengestellt in QW 1/1, Nr. 1681, S. 780, vor allem Anm. 11 mit weiterführenden Hinweisen.

Falle von Konflikten zwischen zwei Ländern zu geschehen habe. Anno 1291 wurden feudale Rechte in dem Sinn kommunalisiert, daß die Richter Einheimische sein mußten. Die Gefahr einer neuerlichen Verstärkung adeliger Positionen über Grundbesitz oder personale Herrschaft war damit allerdings nicht ausgeschlossen. Beides wird durch den Vertrag von 1315 in definitiver Form geregelt. Jetzt erst sind die drei Länder – das Funktionieren der verfassungsrechtlichen Bestimmungen vorausgesetzt – ‹unverletzlich›, und zwar von innen und von außen. Die drei bäuerlichen Talschaften und Gemeinden hatten ein wegweisendes Modell geschaffen. Seine werbende Kraft kommt in nichts deutlicher zum Ausdruck als in der Tatsache, daß sich bedeutende Reichsstädte wie Zürich und Bern diesem Bündnissystem schließlich angliederten.

Zweifellos war es ein denkwürdiges Ereignis, als 1332 die Stadt Luzern mit den drei Waldstätten ein Bündnis einging[131]. Damit nämlich bestätigte auch eine Stadt das Modell des Dreiländerbundes als nützlich und begünstigte so die schrittweise Ausdehnung des Bundes. Der materiale Gehalt des Bundesbriefes unterscheidet sich wenig von seinen Vorbildern von 1291 und 1315. Zwar wird das Fehdeproblem als solches nicht mehr breit mit Artikeln über Mord, Brandstiftung, Raub und Pfändung verhandelt, doch ist es in Kurzform in einem Artikel über todeswürdige Vergehen enthalten[132]: «Were ouch, das der eidgenossen deheiner hynnanhin den lib verwurkte, als verr, das er von seinem gerichte darumb verschru̍wen wurde, wa das dem andern gerichte geku̍ndet wirt mit des landes offnen brieffe und ingesigel oder der statt ze Lutzern, so sol man ouch den da verschryen in dem selben rechte, als ouch er dort verschru̍wen ist, und wer den darnach wu̍ssenklich huset ald hofet, ald essen ald trinken git, der sol in den selben schulden sin åne des einen, das es im nit an den lib gån sol, åne alle geverde»[133]. Alle übrigen Bestimmungen von 1315 sind zumindest sinngemäß übernommen worden, freilich mit dem Vorbehalt, daß die Herrschafts- und Hoheitsrechte Habsburgs in Luzern und die des Reiches in den Ländern dadurch nicht beeinträchtigt werden dürfen.

Dieser Vorbehalt war weder für das Haus Habsburg noch für das Reich von großem Wert, denn im Ernstfall konnte das energische Wahrnehmen der vorbehaltenen Rechte als Angriff interpretiert werden, und dann kamen die Artikel über wechselseitige Hilfs- und Zuzugspflicht zur Anwendung. Und so ist Luzerns Beitritt auch zu bewerten: Es ging der Stadt um die Rückendeckung und militärische Hilfe der Länderorte[134] für den Fall einer prinzipiellen Auseinandersetzung mit den habsburgischen Herzögen, zu denen Luzern ein eher spannungsreiches als friedliches Verhältnis unterhielt.

Ein zweiter Aspekt ist am «Luzerner Bund», wie er auch genannt wird, hervorzuheben: daß ihn nämlich auch die Kirchgenossen von Weggis und Gersau mitbeschworen haben[135], ohne allerdings eigens genannt zu werden. Damit deutet sich eine weitere Ausdehnung in den bäuerlich-ländlichen Bereich an. Was die drei Länderorte Uri, Schwyz und Unterwalden ins Werk gesetzt hatten, war in mehrere Richtungen entwicklungsfähig.

Die Friedenspolitik ländlicher und städtischer Korporationen erreichte nach 1350 eine neue Qualität. Am 1. Mai 1351[136] ging die Stadt Zürich mit den vier Waldstätten Uri, Schwyz, Unterwalden und Luzern ein Bündnis ein, am 4. Juni 1352[137] verbündete sich Glarus mit Zürich und den drei Waldstätten – also unter Ausschluß von Luzern –, am 27. Juni 1352[138] vereinigten sich Stadt und Amt Zug mit Zürich und den vier Waldstätten, und am 6. März 1353[139] schloß Bern einen ewigen Bund mit den drei Waldstätten. Die in rascher Folge eingegangenen Bündnisse sind in ihrem materialen Gehalt sehr ähnlich und folgen im wesentlichen dem von Zürich mit den Waldstätten geschlossenen Bund. «Für Zug ist er wörtlich übernommen worden, für Bern wurde ein im Aufbau ähnlicher Bund von Zürich redigiert, und auch auf den auf völlige Abhängigkeit des neuen Bundesgenossen ausgerichteten Glarner Bund wirkte der Zürcher Bund deutlich ein.»[140] Die inhaltlich weitreichenden Übereinstimmungen erlauben es, das Neue, das für die Zukunft der Schweiz so Wichtige und Innovatorische am Beispiel des «Zürcher Bundes» darzustellen[141].

[131] QW 1/2, Nr. 1638, S. 800–811.

[132] Abweichende Interpretationen u. a. bei PEYER, Verfassungsgeschichte, S. 27 und MARCHAL, Ursprünge, S. 175f. – Für einen detaillierten Vergleich des Inhalts mit den vorgängigen Bünden und den Schwureinungen der Stadt Luzern vgl. GLAUSER, Luzern, S. 90–100.

[133] QW 1/2, Nr. 1638, S. 808, 810. Zitiert nach der Luzerner Ausfertigung.

[134] GLAUSER, Luzern, S. 107f. FEINE, Territorialbildung, S. 165.

[135] GLAUSER, Luzern, S. 110.

[136] QW 1/3, 1, Nr. 942, S. 600–618.

[137] QW 1/3, 1, Nr. 989, S. 658–677.

[138] QW 1/3, 1, Nr. 995, S. 682–700. Auch GRUBER, SSRQ Zug 1, Nr. 348, S. 197–203.

[139] QW 1/3, 1, Nr. 1037, S. 742–763.

[140] PEYER, Verfassungsgeschichte, S. 28. – Für die Zusammenhänge im Detail und die politischen Hintergründe vgl. MEYER, Zürcherbund, S. 1–35 und dann vor allem MEYER, Eidgenossenschaft.

[141] Als Gesamtdarstellung PEYER, Verfassungsgeschichte, S. 27–30. Die Abhängigkeit von anderen Bünden diskutiert MEYER, Zürcherbund, S. 19.

Bereits der erste und damit an prominenter Stelle stehende Artikel steckt einen Bezirk ab, in dem alle Bundes- und Eidgenossen zur gegenseitigen Hilfe verpflichtet werden, falls jemand sie an ‹Leib› und ‹Gut›, ‹Ehre› oder ‹Freiheiten› gewaltsam kränken sollte: Dieser Bezirk beginnt an der Grimsel, folgt dem Lauf der Aare bis zu deren Mündung in den Rhein, zieht den Rhein aufwärts bis zur Einmündung der Thur, geht der Thur nach bis zu ihrem Ursprung, läuft über die Churfirsten zum Gotthard und von dort zurück zum Ausgangspunkt, der Grimsel. Der hier abgesteckte Bezirk ist ein Friedensbezirk. Das zeigt, daß der Friede im Zentrum des Bundes steht[142] und folglich auch im Zentrum aller zeitgleich geschlossenen Bünde. Welches «Land» oder welche «Stadt» eidlich versichert, in den Besitz- oder Rechtsbeständen verletzt worden zu sein, hat Anspruch auf den militärischen Zuzug der übrigen Länder und Städte. Das ist Rechtsgut schon des Bundesbriefs von 1291, und insoweit steht auch der Zürcher Bund eindeutig in der Kontinuität des Dreiländerbündnisses; neu ist lediglich die betonte Territorialisierung des Friedens.

Neu sind allerdings auch die Organisationsformen, mit denen feindliche Handlungen abgewehrt werden sollen. «Were aber, das die sach als gross were, das man eines gezoges oder eines gesesses notdůrfftig were, wenne dann harumb dekein statt oder land under uns von jeman, so in dirre buntniss ist, mit botten oder mit brieffen ermant wirt, darnach sullen wir unverzogenlich ze tagen komen zů dem gotzhus der abptye ze den Einsideln und da ze rat werden, was uns dann allernutzlichest dunk, also das dem oder dien, so dann umb hilff gemant hand, unverzogenlich gehulffen werde, ån all geverd.»[143]

Sollte also ein «gezoge», ein Kriegszug, oder ein «gesesse», eine Belagerung, notwendig sein, kommen die Städte und Länder «ze tagen», um die geeignete Strategie zu beraten. Gleiches findet auch statt, wenn die Bedrohung nicht von außen kommt, sondern der Friede durch Spannungen zwischen den Orten selbst gefährdet ist. «Were ouch, das wir, die vorgenanten von Zůrich, stôss oder misshellung gwunnen gemeinlich mit dien vorgenanten unsern eidgnossen von Lutzern, von Ure, von Swytz und von Underwalden oder mit ir keiner bisunder, das gott lang wende, darumb sullen wir ze tagen komen zů dem vorgenanten gotzhus ze den Einsideln und sol die statt ze Lutzern oder die lender, sy alle gemeinlich oder ir eins bisunder, so dann stôss mit uns, den von Zůrich, hat, zwen erber man darzů setzen und ouch wir zwene; dieselben vier sullend dann schwerren ze den heligen, die sach und die stôss unverzogenlich uszerichtene ze mynnen oder ze dem rechten; und wie es die vier oder der merteil under inen dann usrichtent, das sullen wir ze beiden syten stet han, ån alle geverde.»[144]

Krieg zwischen den Ländern soll damit ausgeschlossen werden. Vier von den konfligierenden Parteien gewählte Schiedsrichter entscheiden, notfalls unter Beiziehung eines «gemeinen Manns», welcher den Stichentscheid fällt, friedlich oder rechtlich den Streit. Das ist eine äußerst wichtige und aufschlußreiche Bestimmung: Nicht der Kaiser wird als Richter angerufen, wie sich das für Reichsstädte wie Zürich oder Reichsländer wie Schwyz angeboten hätte, sondern ein ad hoc geschaffenes Gericht, das sich naheliegenderweise aus «Eidgenossen» zusammensetzt, fällt das Urteil. Die Beratung über militärische Angelegenheiten und Rechtsstreitigkeiten finden am gleichen Ort statt, und beide verbindet im «ze tage komen» – dem naheliegenderweise das «ze tage setzen» vorausgehen mußte – ein gleicher Formalismus: die «Tagsatzung» tritt in ihren ersten Umrissen in das Licht der Geschichte.

Friede und Recht haben eine wechselseitige Entsprechung. Nicht allein durch physische Gewalt wird friedliches Zusammenleben bedroht, auch gerichtliche Ansprüche von außen können in einem Friedensbereich störend wirksam werden. Der Zürcher Bund hat dementsprechend, symmetrisch zur Ächtung jeder Gewalt, die Wirksamkeit fremder Gerichte erheblich geschwächt: «Es sol ouch kein leye den andern, so in dirre buntnisse sind, umb kein geltschuld uff geistlich gericht laden, wan jederman sol von dem andern recht nemen an den stetten und in dem gericht, da der ansprechig dann seshafft ist und hingehôret, und sol man ouch dem da unverzogenlich richten uff den eide, ån all geverde.»[145]

Der Artikel verbietet allen Laien, das heißt allen, die nicht Priester sind, das geistliche Gericht wegen Schuldforderungen in Anspruch zu nehmen. Vielmehr wird für solche Fälle der Wohnort des Beklagten zum ordentlichen Gerichtsstand. Diese Bestimmung hat eine eindeutige Stoßrichtung: Das geistliche Gericht des Bischofs von Konstanz wird in seinen Kompetenzen erheblich geschmälert, es soll, wie es präzisierend im Bündnis von Bern mit den drei Waldstätten heißt, beschränkt sein

142 Wie im Luzerner Bund werden Mord, Brandstiftung, Raub und Pfändung nicht mehr eigens erwähnt; sie sind aber im Artikel über todeswürdige Vergehen enthalten. QW I/3, 1, Nr. 942, S. 611 (Art. 11).

143 QW I/3, 1, Nr. 942, S. 607, 609. Zitiert nach der Zürcher Ausfertigung (auch die nachfolgenden Belege).

144 QW I/3, 1, Nr. 942, S. 609, 611.

145 QW I/3, 1, Nr. 942, S. 611.

auf Fälle «umb ê und wůcher»[146]. Die Ehe als Sakrament und der Wucher als Verstoß gegen das kanonische Zinsverbot gehörten nach mittelalterlichem Rechtsverständnis in die Zuständigkeit des geistlichen Gerichts, nicht aber die Rechtsansprüche auf Zahlungsverpflichtungen anderer Art. Zu einem äußerst frühen Zeitpunkt hat die Eidgenossenschaft damit eine im 15. Jahrhundert im Reich sehr häufige Klage gegenstandslos werden lassen: jene gegen die maßlose Überdehnung kirchlicher Zuständigkeiten, die auch einen Grund für zahlreiche Bauernunruhen im Spätmittelalter abgab und schließlich die Reformation begünstigte.

Beständigkeit sollte den Bündnissen gesichert werden, doch entwicklungsfähig sollten sie auch bleiben. Ersterem dienten der Eid, den alle zehn Jahre alle Männer über 16 Jahren auf die Einhaltung der Bundesbestimmungen zu schwören hatten, und der Vorrang der Bünde gegenüber allen anderen Bündnissen. Letzteres sicherte eine Klausel, die – vorbehaltlich der Rechte der Gemeinden, Länder und Städte – materiale Änderungen erlaubte, wenn sie sich als nützlich und nötig erweisen sollten. «Wir haben ouch einmůtenklich mit gůtter vorbetrachtung uns selben vorbehept und behalten, ob wir durch unsern gemeinen nutz und notdurfft keiner ding einhelliklich mit einandern nu oder hienach jemer ze râte wurden, anders dann in dirre buntniss jetz verschriben und berett ist, es were ze minren oder ze meren, das wir des alle miteinandern wol mugend und gewalt haben sullend, wenne wir sin alle, die in diser buntnisse dann sind, einhelliklich ze rat werden und ůbereinkomen, das uns nůtzz und fůgklich dunk, ån alle geverd.»[147]

Die zwischen 1351 und 1353 entstandenen Bundesbriefe bringen nicht nur eine bemerkenswerte räumliche Ausweitung des anfänglich auf die Innerschweiz beschränkten Friedensraums, auch weiten sie nicht nur die soziale Grundlage der Bünde auf die stadtbürgerliche Gesellschaft aus, sie sind – möglicherweise aus Optimismus gegenüber den in der Tat großen Veränderungen, die sich um die Jahrhundertmitte vollzogen – offen in die Zukunft: die Artikel der Bundesbriefe können bei Zustimmung der Eidgenossen verändert werden, sofern es dem allgemeinen Wohle dient.

Kaum zwei Jahrzehnte später wurde von dieser Möglichkeit, die keiner der Bundesbriefe vor 1350 vorgesehen hatte, Gebrauch gemacht. Zürich, Luzern, Zug, Uri, Schwyz und Unterwalden erließen im sogenannten «Pfaffenbrief» von 1370 eine «ordenung vnd gesetzten»[148]. Die staatsrechtliche Forschung der Schweiz gibt diesem Dokument eine enorme Bedeutung, indem sie es als ersten «Verfassungsbrief» von den älteren «Bundesbriefen» abgrenzt[149]. Das scheint nicht nur aus formalrechtlichen Gründen angemessen; auch der sprachliche Duktus dieser Urkunde unterscheidet sich erheblich von den Bundesbriefen: Jetzt nämlich ist von einem «Land» die Rede, für das die Bestimmungen des Pfaffenbriefs gelten sollen. Erstmals spricht ein Dokument nicht nur von Eidgenossen, sondern von der «Eydgnosschaft». Das sich allmählich bildende neue ‹politische System› fußt nicht mehr nur auf Bünden relativ autonomer Länder und Städte, es wird zur eigenen Rechtspersönlichkeit, zu einem Abstraktum ‹Eidgenossenschaft›, zu einem ‹Land›. Sollten die Eidgenossen des Jahres 1370 den Begriff Land absichtlich gebraucht haben – wofür die Abstraktion von Eidgenossen auf Eidgenossenschaft sprechen könnte[150] –, dann hätten sie sich selbst auf eine Stufe mit anderen «Ländern» des Reiches gestellt – beispielsweise mit dem «Land» Bayern[151].

In der Tat wird mit dem Pfaffenbrief die Rechtseinheit gefördert, wenn auch keineswegs begründet, denn das haben schon die älteren Bünde getan. Insofern gibt es begreiflicherweise auch keine scharfe Scheidung der Rechtsmaterien, die in den Bundesbriefen beziehungsweise in den Verfassungsbriefen be-

[146] QW 1/3, 1, Nr. 1037, S. 757.

[147] QW 1/3, 1, Nr. 942, S. 617.

[148] EA 1, Nr. 31, S. 301–303. Zitiert wird jedoch nach der viel besseren Edition von NABHOLZ, Quellenbuch, S. 33–36. Die folgenden Zitate werden angesichts der Kürze des Stückes nicht eigens nachgewiesen.

[149] SCHOLLENBERGER, Bundesstaatsrecht, S. 10.

[150] Erstaunlicherweise wird dieser «Versachlichungsprozeß» selbst in großangelegten begriffsgeschichtlichen Studien wenig gewürdigt; vgl. OECHSLI, Benennungen 2, S. 98–101.

[151] Vgl. BRUNNER, Land, S. 182. – Mit dieser Betonung zeitgenössischer Begriffe und ihrer Bedeutung soll auch zum Ausdruck gebracht werden, daß Interpretationen der Innerschweizer Entwicklung mittels moderner staats- und völkerrechtlicher Kategorien m.E. zur Erfassung der Probleme wenig beitragen, vielmehr im Gegenteil zu schiefen Einordnungen des Quellenmaterials führen. Deswegen ist die umfassendste neuere Untersuchung (MEYER, Eidgenossenschaft) hier so wenig herangezogen worden. Meyer interpretiert die politische Entwicklung in der Innerschweiz im Rahmen «der Umwandlung des deutschen Reiches vom Einheitsstaat [...] zum Bundesstaat». Das Ergebnis hat den nachfolgenden Wortlaut (ebd., S. 274f.): «Der innerstaatliche Bund zur Zeit des Reiches als Einheitsstaat mit Selbstverwaltungskörpern wirft keine großen Probleme auf, zumal da sich keine Städte und Länder, die Selbstverwaltungskörpern eingegliedert waren, an Bünden beteiligten. Diese Bündnisse waren innere Bünde des Reiches und erfüllten einen kleinen Teil der Aufgabe des Reiches. Ganz anders stand es mit den innerstaatlichen Bünden in der Epoche des Bundesstaates. Sofern die am Vertrag Beteiligten den Charakter

handelt werden. Der Pfaffenbrief nimmt Sachbereiche von Bundesbriefen der frühen 1350er Jahre wieder auf und führt sie konsequent weiter.
Der Friedensbezirk als solcher gewinnt insofern an Bedeutung, als die eidgenössischen Orte ausdrücklich die Sicherheit für durchreisende Kaufleute und Fremde gewährleisten; ausgedrückt in der Terminologie kaiserlicher Regalien übernehmen sie das Geleitrecht. Das ist neu. Dagegen sind jene Bestimmungen alt, die den «lütten», den einzelnen Eidgenossen also, verbieten, «löff oder vszog [zu] mache[n], mit pfandunge oder mit andern sachen ieman [zu] schadge[n]»; sie gehörten schon, wie wir gesehen haben, zu den Friedensbestimmungen von 1291, die jetzt lediglich in sprachlich anderer Fassung reformuliert und bekräftigt werden.
Um die Integrität des «Landes» Eidgenossenschaft, und zwar vornehmlich um die rechtliche, dreht sich der Pfaffenbrief[152]. Das Fremde und die Fremden werden unter Kontrolle gebracht – an vorderster Stelle die Pfaffen, weswegen das Dokument ja auch seinen Namen erhalten hat. «Waz ôch pfaffen in uͥnser Eydgnosschaft, in stetten oder in lendern, wonhaft sint, die nicht burger, lantluͥtt noch eydgnossen sint, die suͥlent kein frômdes gericht, geistlichs noch weltlichs, sůchen noch triben gen nieman, so in disen vorgenanten stetten und lendern sint, wan si suͥlent von iechlichem recht nåmen an den stetten und vor dem richter, da er gesessen ist, es wer dann umb ein ê oder umb geistlich sachen, an all geverd.»
Den Geistlichen wird damit verboten, ihr zuständiges Gericht, das geistliche Gericht des Bischofs von Konstanz, anzurufen, ausgenommen in Ehesachen und religiösen Angelegenheiten, beispielsweise Eidbruch, Übertretung des kanonischen Zinsverbotes und anderes. Wer sich den Bedingungen nicht beugen will, wird aus der Gemeinschaft ausgeschlossen; er wird eigentlich nicht anders behandelt als ein Friedbrecher. «Welcher pfaff aber do wider tůt, da sol duͥ statt oder daz land, do der selb pfaff wonhaft ist, verhůten und versorgen mit aller ir gemeind, daz dem selben pfaffen nieman essen noch trinken gåb, huse noch hofe, gen im mit kôff noch verkôff noch kein ander gemeinsamy mit im hab, an geverd; und sol ôch der selb pfaff in niemans schirm sin uͥnser stett noch lender, alle die wil untz er von dien frômden gerichten latt und ôch abgeleit den schaden, den der angesprochen genomen hatt von der frômden gerichten wegen, an all geverd.»
Die Städte und Länder wollen – das wird durch die Schärfe der Strafen deutlich genug ausgedrückt – fremdes Recht aus dem Gebiet der Eidgenossenschaft fernhalten. Schon in den Bundesbriefen der 1350er Jahre hatten sie ihren Miteidgenossen verboten, in zivilrechtlichen Fällen auswärtige Gerichte anzurufen. Jetzt werden auch vorbeugende Maßnahmen für den Fall ergriffen, daß jemand sein Burg- oder Landrecht aufgibt, das heißt aus dem Gebiet der Schweiz wegzieht und damit auch in verstärktem Maße die Möglichkeit erhält, sich anderer Gerichte zu bedienen. «Wer aber, daz ieman in disen vorgenanten stetten und lendern sin burgrecht oder sin lantrecht uffgåb und darnach ieman under uͥns mit frômden gerichten, geistlichen oder weltlichen, ufftrib und schad goty, der sol doch niemer mer wider in die selben statt oder in daz land komen, e daz er den angesprochen gentzlich abgeleitt allen schaden, den er von des frômden gerichtes wegen genommen hatt, an all geverd.»
Auf vielfache Weise wird so die Rechtseinheit des Landes – immer unter Respektierung der lokalen, kommunalen und städtischen Rechtsgewohnheiten – gefestigt. In der Praxis bedeutet dies, daß fremde Gerichte im räumlichen Geltungsbereich des Pfaffenbriefs nicht mehr tätig werden können. Das schließt natürlich auch die Anwendung fremden Rechts aus.
In solchem Zusammenhang kann man auch den ersten Artikel des Pfaffenbriefs verstehen,

von Unterstaaten besaßen, war ihr Bündnis ein innerer Staatenbund oder Unterstaatenbund des Reiches. Wenn nicht die einzelnen Teilnehmer, aber der Bund selbst Staatenqualität hatte, muß man von einem inneren Bundesstaat oder Unterbundesstaat sprechen. Handelte es sich aber um einen Vertrag von Institutionen ohne Staatscharakter, die in der unmittelbaren Verwaltung des Reiches standen, so war es ein innerer Bund ähnlich den Verträgen der Zeit des Einheitsstaates. Die neue Struktur des Reiches brachte es mit sich, daß auch eine Ausgliederung der Gebiete erfolgte, die unmittelbar der Königsgewalt unterstellt waren. Blieben sie in der Verwaltung des Reichs und Reichsgutes, änderte sich in ihrer Stellung nicht viel, doch war die ausgeübte Gewalt des Reiches viel schwächer als zur Zeit des Einheitsstaates. Errangen sie aber gegenüber dem Reiche die gleiche Stellung wie ein Fürstenstaat, wurden die Reichsstädte zu freien Reichsstädten, so bedeutet das, daß sie selbst zu Staaten im Sinne des Bundesstaates wurden. Betrachten wir die Bündnisse in dem Gebiet der späteren Eidgenossenschaft in dieser Art vom Reichsrechte aus, so ergibt sich eine klare Bestätigung dieser theoretischen Erwägungen. Im 13. Jahrhundert und bis zu Ludwig dem Bayern war das Ziel aller Bünde, den königlichen Reichslandfrieden zu wahren oder zu verstärken, von 1333 an stand dem kaiserlichen Landfrieden der habsburgische gegenüber und aus der Abwehr des habsburgischen entwickelte sich der eidgenössische, der dann im Pfaffenbrief von 1370 bereits voll ausgebildet zu Tage trat. Der Übergang vom Landfrieden des Reiches zum Landfrieden Österreichs und der Eidgenossenschaft entspricht dem Wechsel vom Einheitsstaat zum Bundesstaat.»

[152] Vgl. PEYER, Verfassungsgeschichte, S. 32.

der den Lehens- und Dienstleuten der Habsburger das eidliche Versprechen abverlangt, die Eidgenossenschaft schützen zu helfen. Das entspricht dem Geist der Bundesbriefe der 1350er Jahre, die den Bünden unter den innerschweizerischen Städten und Orten eindeutig den Vorrang vor allen anderen Bünden und Verpflichtungen sichern. «Wer mit husroͦchi mit sin selbers lip oder mit sinem gesind sitzen und wonhaft sin wil in dekeinen disen vorgenanten stetten und lendern, er si pfaff oder ley, edel oder unedel, die der herzogen von Oͦsterrich rat oder dienst gelopt oder gesworn hand, die alle suͥlent oͦch loben und sweren uͥnser der vorgenanten stetten und lendern nutz und ere ze fuͥrdern und mit guͦten truͥwen ze warnen vor allem dem schaden, so si vernement, daz dien vorgenanten stetten oder lendern gemeinlich oder sunderlich dekeine wis bråsten oder schaden bringen moͦcht, und sol si da vor kein ander eyd, den si ieman getan hand oder noch tåtin, nuͥt schirmen, an all geverd.»

Mit dem Pfaffenbrief beginnt und schließt zugleich ein Stück Schweizer Geschichte. Die verfassungsrechtliche Möglichkeit einer «Satzung», der «Gesetzgebung» für die gesamte Eidgenossenschaft, wird hier erstmals erprobt. Die Schweiz hat davon insgesamt wenig Gebrauch gemacht. Eine Handvoll «Verfassungsbriefe» – darunter das in der Tat hinsichtlich seiner politischen Bedeutung bemerkenswerte Stanser Verkommnis von 1481 – gibt es, mehr nicht. Das politische Gewicht der Länder und der Städte bleibt stets größer, und entsprechend läßt sich auch die Tagsatzung nicht über ihre legislatorischen Kompetenzen und Aktivitäten definieren, die beispielsweise für andere ähnliche Institutionen wie das englische Parlament oder das Pariser Parlament kennzeichnend geworden sind. Der Pfaffenbrief schließt aber auch ein Stück Schweizer Geschichte. Wie Frieden und Recht zu definieren seien, war seitdem klar. Die «Verfassung» der Eidgenossenschaft hatte ihre bestimmende Kontur erhalten – alle weiteren Bundes- und Verfassungsbriefe haben ihr nur einen größeren räumlichen Geltungsbereich oder eine präzisierende Auslegung verschafft. Der «Sempacherbrief» von 1393 – eine Folge des Sempacherkrieges, in welchem die Habsburger gegen die Eidgenossen unterlegen waren – markiert den vorläufigen Abschluß einer Entwicklung[153], die im Jahre 1291 begonnen hatte: aus dem Länderbund von Uri, Schwyz und Nidwalden war in der Zwischenzeit die achtörtige «Eitgenoschaft»[154] von Zürich, Luzern, Bern (Solothurn dürfen wir hier ausklammern), Zug, Uri, Schwyz, Unterwalden und Glarus[155] geworden.

Die Eidgenossenschaft am Ende des Mittelalters

Über Epochengrenzen läßt sich trefflich streiten. Was eine Epoche ausmacht, unterliegt dem Wechsel der Perspektiven, und insofern als das immer Perspektiven einer ständig sich wandelnden Gegenwart sind, bedeutet das Ziehen von Epochengrenzen eine immer aktuelle Selbstvergewisserung im Ordnen der endlosen Fülle des geschichtlichen Materials. Von solchem Wechsel bleiben auch das «Ende des Mittelalters» und der «Beginn der Neuzeit» nicht verschont.

Auch heute ist die Diskussion keineswegs abgeschlossen, wann in Europa das Mittelalter endet und die Neuzeit beginnt. Wer in der Umsetzung der «großen Ideen» in historische Wirklichkeit das treibende Moment der geschichtlichen Entwicklung sieht, wird eher Renaissance, Humanismus oder Reformation als Beginn der Neuzeit bezeichnen; im Alltag einfacher Leute hingegen hat sich während des 13. und 14. Jahrhunderts mit dem Entstehen der Städte und Dörfer zweifellos mehr geändert als um 1500. Epochengrenzziehungen ist eigen, daß sie meist nur eine räumlich beschränkte Gültigkeit haben. Das Mittelalter in Europa läßt sich auf der Zeitachse der Jahrhunderte nicht an derselben Stelle lokalisieren wie das Mittelalter in China oder Japan. Diese «Ungleichzeitigkeit des Gleichzeitigen» gilt selbst für Europa. Für Skandinavien bedeuten Renaissance und Humanismus nichts, die Reformation zunächst äußerst wenig. Oder der Verstädterungs- und Verdorfungsprozeß des 13. und 14. Jahrhunderts findet in Osteuropa kaum statt. Beispiele, die sich vermehren ließen.

In der Schweiz das Mittelalter im späteren 14. Jahrhundert enden zu lassen, ist nicht mehr als ein Vorschlag und wie alle Vorschläge anfechtbar. Er stützt sich – um knapp und summarisch zu argumentieren – auf die Überzeugung, daß an der Nordflanke der Zentralalpen ein politischer Raum geschaffen worden ist, welcher die für Europa in dieser Zeit im allgemeinen konstitutiven Merkmale nicht mehr aufweist. Der Gesellschaftsaufbau und seine innere Ordnung, die bestehenden Verfassungsinstitutionen, die Formen der politischen Willensbildung und Entscheidungsfindung sind zutiefst «uneuropäisch» – und doch können sie ihre Wurzeln in gesamteuropäischen

[153] Die neueste Würdigung von STETTLER, Sempacherbrief, S. 1–20.

[154] NABHOLZ, Quellenbuch, S. 36.

[155] So die Reihung in der Urkunde selbst. Betr. Solothurn vgl. STETTLER, Sempacherbrief, S. 17.

Prozessen nicht verleugnen. Anders als das übrige Europa tritt die Eidgenossenschaft in die Neuzeit ein.
Alle «Bundesbriefe» und alle «Verfassungsbriefe», die in den hundert Jahren zwischen 1291 und 1393 entstanden sind, kreisen um das nämliche Problem – es heißt Friede. Gewalt in Form von Mord, Brandstiftung, Raub und der dem Raub verwandten Pfändung sollen ausgeschaltet werden, gleichgültig ob diese Gewalt von außen droht oder von innen, ob sie von Fürsten und Adeligen oder von Bauern und Bürgern ausgeübt wird. Die Gewalt wird – im Innern – ersetzt durch das Gericht. Insofern sind Friede und Gericht komplementär. Das erklärt, weshalb in den Bundes- und Verfassungsbriefen der Ächtung der Gewalt ebensoviel Sorgfalt und Aufmerksamkeit gewidmet wird wie der Stärkung der Gerichte. Niemandem wird dabei sein Rechtsanspruch genommen, niemand muß auf sein Recht verzichten, aber er muß sein Recht vor Gericht suchen. Alles was störend in diese gerichtliche Rechtspflege eingreifen könnte, wird durch die Eidgenossen Schritt für Schritt und mit einer systematischer Konsequenz ohnegleichen ausgeschaltet – nämlich die fremden Gerichte, seien es die geistlichen Gerichte der Bischöfe oder die weltlichen Gerichte der Fürsten. Konflikte, die auf dieser Ebene nicht regulierbar sind, also beispielsweise solche zwischen zwei Orten, werden über die Schiedsgerichte geschlichtet. Auch diese folgen der Logik eidgenössischer Friedenssicherung, indem sie von den Eidgenossen selbst besetzt werden. Nicht der Kaiser stiftet durch gerichtlichen Entscheid den Frieden, was er beispielsweise in den Auseinandersetzungen zwischen den Fürsten durchaus tut, sondern gewählte Schiedsleute aus den Reihen der Eidgenossen. Frieden und Gericht werden in einem hundertjährigen Prozeß auch zunehmend territorialisiert: jetzt kann man Grenzen abschreiten, und wohl nicht zufällig erscheint jetzt nahezu zeitgleich auch der Begriff «Eidgenossenschaft».
Die Friedensbewegung wird getragen von der Bevölkerung, deren institutioneller Aggregatzustand – wenn man das metaphorisch so nennen darf – die Länder und die Städte bilden. Bevölkerung ist ein gleichermaßen hilfloser wie ungenauer Ausdruck, um einen fundamentalen Veränderungsprozeß in der Schweiz zu bezeichnen: die Entmachtung der Sippen als gesellschaftlich und politisch bestimmende Kräfte. Das ist eine wesentliche Voraussetzung für den Frieden, denn das Recht der Sippe ist die Fehde.
Politische Willensbildung – und damit auch der artikulierte, in positives Recht umgesetzte Wille der Bundes- und Verfassungsbriefe – erfolgt durch das «Mindern» und «Mehren» aller Eidgenossen im je institutionellen Rahmen ihrer Kommunität. Wenn alle Männer über 16 Jahren den Eid beschwören, damit Eidgenossen werden und in ihrer Gesamtheit die Eidgenossenschaft ausmachen, dann liegt hier implizit eine politische Theorie mit einem ganz neuen Legitimitätskonzept zugrunde. Denn nicht die «angeborene» Autorität des Adels sichert politischen Entscheidungen ihre Legitimität, sondern der übereinstimmende Wille von allen macht eine Handlung legitim.
Die Friedensbewegung in der Schweiz ist notwendigerweise januskӧpfig, weil sie sich nach innen und nach außen richtete. Das mußte zu Rivalitäten führen sowohl mit den dominierenden Fürsten wie dem Adel als auch mit den kirchlichen Institutionen. Das neue politische System benötigte deshalb Sicherung – das Mittel hierzu bildete «der Krieg».

Kriege – die Eidgenossen sichern ein politisches System

Kriege sind in Mißkredit geraten. Als Fortsetzung der Politik «mit anderen Mitteln» haben sie heute ausgedient. Die Friedensbewegung als Echo auf die atomare Bedrohung nimmt dem Krieg noch den letzten Rest an Interesse und Faszination. Geschichtswissenschaft und Geschichtsschreibung – «Kinder ihrer Zeit», die sie sind – folgen solchen gesellschaftlichen Diskriminierungen. Das erklärt, weshalb zur Kriegsgeschichte der Schweiz, namentlich zur älteren Kriegsgeschichte, umfassende Arbeiten in den letzten Jahrzehnten kaum mehr erschienen sind. In neueren Gesamtdarstellungen der älteren Schweizer Geschichte spielt «der Krieg» eine äußerst geringe Rolle[156]. Zu Unrecht, und das in zweifacher Hinsicht: Denn ohne Krieg hätten sich die Bünde nicht behaupten können, wäre das politische System Eidgenossenschaft weder zu schaffen noch zu stabilisieren gewesen, und ohne Krieg hätte die Schweizer Geschichte einen gänzlich anderen Charakter, hätten die Eidgenossen, mindestens jene des Spätmittelalters, eine andere Mentalität.
Walter Schaufelberger, der Doyen der Schweizer Kriegsgeschichtsschreibung, hat mit der berechtigten Wut, die einem Militärhistoriker in solchen Situationen zuzugestehen ist, schon 1986 anläßlich der Gedenkfeiern zur Schlacht bei Sempach darüber geklagt, daß «das militä-

[156] Vgl. dazu die knappen, verstreuten Bemerkungen bei MARCHAL, Ursprünge; PEYER, Verfassungsgeschichte. – Ein spezieller Forschungsüberblick findet sich bei SCHAUFELBERGER, Wehrwesen.

6 Befestigungsanlage Rothenthurm: Turm und Tor von der Feindseite her. Der «rote Turm» gehört zu den ältesten Befestigungswerken von Schwyz; vermutlich ist er schon vor der Schlacht bei Morgarten errichtet worden.

rische Stück des Jubiläumskuchens» doch etwas arg klein geraten sei[157]. Auch am Jubiläums-Diner für 1991 vermißt Schaufelberger[158] – um in der von ihm geliebten Küchenmetaphorik zu bleiben – das währschafte Voressen aus Hellebarden, Langspießen und Harnischen. Er hat recht, natürlich. «Aufgabe der Geschichtswissenschaft kann nicht sein, sich einseitig nach den gesellschaftspolitischen Trends der Gegenwart zu richten, sondern muß sein und bleiben, alle Kräfte, die in einem historischen Prozeß zusammenwirken, an der Quelle zu ergründen und gemäß ihrem Anteil zu gewichten. Nun mag zutreffen, daß im schweizerischen Geschichtsbild der Vergangenheit bis zur großen Wende des Zweiten Weltkriegs der Anteil des Militärischen überschätzt, Geschichte vorzugsweise vaterländisch als Geschichte der Kriege und Schlachten verstanden worden ist. Daß die Verherrlichung der Kriegstaten vor allem im 19. Jahrhundert zur Ausbildung des schweizerischen Nationalbewußtseins erheblich beigetragen hat, ist gleichfalls unbestritten. Heute ist nun aber Gegenteiliges im Gang und droht sich das Geschichtsbild auf die andere Seite zu verfremden. In Wirklichkeit wird doch niemand bezweifeln wollen, daß die eidgenössischen Orte im 14. Jahrhundert sowohl bei der Durchsetzung der Bünde wie auch der territorialen Expansion in erster Linie dank militärischer Gewalt erfolgreich gewesen sind. Ist dem aber so, dann ist nicht einzusehen, weshalb die militärische Seite in Jubiläumsveranstaltungen und Jubiläumsschriften mit so viel Diskretion behandelt werden soll.»[159]

Die rund hundert Jahre zwischen dem Bundesschluß von 1291 und dem Sempacherbrief von 1393 sind geprägt durch zahlreiche militärische Auseinandersetzungen, wie Morgarten 1315, Laupen 1339, Fraubrunnen 1375, Burgdorf 1383, Sempach 1386, Näfels 1388, um nur die herausragenderen und bekannteren Schlachtorte zu nennen. Eine vornehmlich auf die Innerschweiz gerichtete Darstellung wird davon absehen dürfen, die kriegerischen Unternehmungen Berns oder Solothurns in den Mittelpunkt zu rücken; die für die Waldstätte entscheidenden Kriege finden bei Morgarten und Sempach statt. Sich mit ihnen vorzugsweise zu beschäftigen, erzwingt freilich nicht nur der regionale Bezug, sondern auch der Umstand, daß die Mentalität der Schweizer in erheblichem Maße aus den Berichten zu diesen beiden Schlachten erschlossen wird[160].

«Da war nicht eine Schlacht, sondern nur… ein Schlachten» – Morgarten 1315

«Es hatten auch die Schwizer in den Händen gewisse überaus furchtbare Mordwaffen, die in jener Volkssprache Helnbarten genannt werden, mit denen sie die stärkst bewaffneten Gegner wie mit einem Schermesser zerteilten und in Stücke hieben. Da war nicht eine Schlacht, sondern wegen der angeführten Ursachen sozusagen nur ein Schlachten des Volkes Herzogs Lüpolds durch jene Bergleute, wie einer zur Schlachtbank geführten Herde. Niemanden verschonten sie noch auch bemühten sie sich jemand zu fangen, sondern sie schlu-

[157] Schaufelberger, Kriegführung, S. 5.
[158] Ebd., S. 6.
[159] Ebd., S. 6.
[160] Vgl. dazu die unten S. 54–60 erfolgende Auseinandersetzung mit der Schweizer Historiographie.

gen alle tot ohne Unterschied.» So beschreibt Johannes von Winterthur[161], der als Knabe die Geschehnisse von seinem an der Schlacht beteiligten Vater erzählt bekam[162], die Kriegführung der Eidgenossen. Also doch «eine gewalttätige Gesellschaft», die Eidgenossenschaft? Über eine Beschreibung der Ursachen, des Verlaufs sowie der Folgen der Schlacht bei Morgarten soll eine erste Annäherung an das Problem erfolgen und damit die von Johannes von Winterthur gewissermaßen aufgeworfene Frage beantwortet werden.

«Im Jahre des Herrn 1315», so schildert uns Johannes von Winterthur die Ursachen für die Schlacht bei Morgarten, «entzog sich ein Bauernvolk, welches in den Thälern genannt Schwiz wohnte und überall von beinahe himmelhohen Bergen umwallt war, im Vertrauen auf die starke Schutzwehr seiner Berge dem Gehorsam, den Steuern und den gewohnten Dienstleistungen, die es dem Herzog Lüpold schuldete, und rüstete sich zum Widerstand gegen ihn»[163]. Im Ungehorsam und in der Widerspenstigkeit der Schwyzer gegen ihre angestammten Herren, die Habsburger, sieht Johannes von Winterthur die Ursache des Krieges. Ganz andere Motive macht Konrad Justinger aus, der Stadtschreiber von Bern um 1390 und um 1420, der allerdings von den Ereignissen räumlich und zeitlich weiter entfernt ist. «Nu waz sach des krieges, daz die herschaft, ir vögte und ir amptlüte so si in den lendren hatten, uber die rechten dienste suchten nüwe recht und nüw fünde, und uber die alten rechtungen, die si dem rich von dem si versetzt waren, getan hatten; ouch warent die amptlüte gar frevenlich gen fromen lüten, wiben, tochtern und jungfrowen, und wolten iren mutwillen mit gewalt triben, daz aber die erbern lüte die lenge nit vertragen mochten.»[164] Der Chronist aus Bern, der als Stadtschreiber zu den Urkundentruhen von Bern Zugang hatte und deswegen als gut informiert gilt[165] – als Miteidgenosse aber sicher nicht weniger parteiisch war als Johannes von Winterthur, welcher auf seiten Österreichs stand –, sieht den Kriegsgrund in unberechtigen Übergriffen der Amtleute der habsburgischen Herrschaft und in Rechtsbrüchen. Gewalt wird ihnen vorgeworfen und – kaum verhüllt – die Notzucht an Frauen und Mädchen. Der gemeinsame Nenner beider Chroniken besteht in der Aussage, die Schlacht sei eine Auseinandersetzung zwischen den Innerschweizer Bauern und den Habsburgern gewesen. Wer die Ursache zum Krieg gab, ist zwischen beiden strittig.

Zweifellos waren die Jahre vor 1315 eine für die politische Entwicklung der Innerschweiz wichtige Zeit. Heinrich VII. von Luxemburg bestätigte nach seiner Wahl zum König nicht nur die Reichsunmittelbarkeit von Uri und die strittige Freiheit von Schwyz, er dehnte die Privilegien für die beiden Orte als erster König auch auf Unterwalden aus[166]. Es war nichts Ungewöhnliches, wenn der König die drei reichsunmittelbaren Länder von jeder auswärtigen Gerichtsbarkeit befreite[167] und lediglich seinem persönlichen Gericht beziehungsweise dem königlichen Hofgericht rechtsprechende Kompetenzen vorbehielt. Offensichtlich wurden jetzt die drei Länder zu einer eigenen «Reichsvogtei» zusammengefaßt, deren Rechte ein Reichsvogt, nämlich Wernher von Homberg, Herr zu Rapperswil, wahrzunehmen hatte[168]. Inwieweit damit habsburgische Besitzstände verletzt wurden, bleibt strittig. Es mag durchaus sein, daß der König Privilegien ausstellte, die ältere Rechtsansprüche berührten. Von der königlichen Kanzlei des 13. und 14. Jahrhunderts darf man sich hinsichtlich ihrer bürokratischen Sorgfalt keine übertriebenen Vorstellungen machen. Die Schriftlichkeit des Politischen war noch wenig weit fortgeschritten – Privilegien wurden vom Kaiser ausgefertigt, wenn diejenigen, die darum baten, eine gewisse Berechtigung geltend machen konnten, sei es durch das Vorweisen älterer Urkunden, sei es durch Zeugenaussagen.

1314 ergab sich insofern eine neue politische Gesamtkonstellation für die Innerschweiz, als es zu einer Doppelwahl kam. Friedrich der Schöne von Österreich und Herzog Ludwig von Oberbayern wurden zu Königen gewählt.

[161] Hier zitiert in der Übersetzung von OECHSLI, Quellenbuch, S. 96. Der lateinische Originaltext (WINTERTHUR, Chronik, S. 79f.): «Habebant quoque Switenses in manibus quedam instrumenta occisionis gesa in vulgari illo appellata helnbartam, valde terribilia, quibus adversarios firmissime armatos quasi cum novacula diviserunt et in frusta conciderunt. Ibi non erat pungna, sed tantum propter causam pretactam populi ducis Lůpoldi a montanis illis quasi mactacio gregis ducti ad victimam. Nemini pepercerunt nec aliquos capere curabant, set omnes indifferenter usque ad internecionem percusserunt.»

[162] Zur Biographie des Chronisten und seiner Authentizität vgl. WINTERTHUR, Chronik, S. XIX. – MEYER, Schlacht, S. 136.

[163] OECHSLI, Quellenbuch, S. 94. Die lateinische Fassung bei WINTERTHUR, Chronik, S. 77f.: «anno Domini MCCC[XV]. quedam gens rusticalis in vallibus dictis Swiz habitans, montibus fere excelsis ubique vallata, confisa de moncium suorum presidiis et municionibus firmissimis ab obediencia et stipendiis et consvetis serviciis duci Lůpoldo debitis se subraxit et ad resistendum sibi se preparavit.»

[164] JUSTINGER, Berner-Chronik , S. 46.

[165] Vgl. JUSTINGER, Berner-Chronik, S. I-XXXVII.

[166] Das einschlägige Quellenstück für alle drei Orte in: QW 1/2, Nr. 480, S. 231f. Ergänzend für Schwyz: QW 1/2, Nr. 481, S. 232f.; für Unterwalden: QW 1/2, Nr. 479, S. 230f.

[167] QW 1/2, Nr. 480, S. 231f.

[168] DURRER, Freiheitskämpfe, S. 69.

Die unerbittliche Rivalität der Habsburger gegenüber ihrem bayerischen Konkurrenten und Ansprüche auf möglicherweise verletzte Rechtstitel in der Innerschweiz ließen eine äußerst gespannte Situation entstehen[169].
Die Konfliktlage zwischen Habsburg und der Innerschweiz war aber noch erheblich komplizierter. Bekanntermaßen hatten unmittelbar vor Morgarten, 1314 nämlich, Schwyzer das Kloster Einsiedeln geplündert und dabei die Konventualen nach Schwyz verschleppt. Die Habsburger als Vögte des Klosters Einsiedeln waren rechtlich verpflichtet, dem Kloster beizustehen und seine Ansprüche wahren zu helfen, notfalls mit militärischen Mitteln. Vom Bischof von Konstanz waren die Schwyzer gebannt, vom König, in diesem Falle also Fried-

7 Die Letzi von Arth, erkennbar links und rechts vom Turm am oberen Bildrand. Chronik des Luzerner Schilling, fol. 333r.

rich von Habsburg, war über sie die Reichsacht verhängt worden. Der «Fall Einsiedeln» lieferte so eine mehrfache Legitimation, gegen die Innerschweiz militärisch vorzugehen[170].
Wenn für die Habsburger die Kränkung der klösterlichen Rechte Einsiedelns das vorrangige Motiv zum Krieg gewesen sein sollte, würde die in der eidgenössischen Überlieferung ganz arg strapazierte Rivalität Länderorte–Habsburg als Kriegsursache stark in den Hintergrund treten, wo nicht gänzlich ausscheiden. Weder Expansionsgelüste der Habsburger, wie der Berner Justinger mutmaßt, noch Freiheitsbestrebungen der Innerschweizer auf habsburgische Kosten, wie Johannes von Winterthur unterstellt, hätten den Krieg provoziert, sondern unausgeglichene und offensichtlich auch unausgleichbare Rechtsansprüche der Schwyzer und der Einsiedler auf das nämliche Objekt: die verschiedenen Allmenden im Grenzgebiet zwischen Schwyz und dem Kloster.
Auseinandersetzungen, und zwar gewaltsame und kriegerische, haben die Innerschweizer Orte jedenfalls erwartet. Anstrengungen, die Länder vor feindlichen Überfällen zu schützen, sind zwar nicht ganz genau zu datieren, sie sind aber jedenfalls vor der Schlacht bei Morgarten erfolgt[171]: Auf der Hochebene der Altmatt wurde eine lange Mauer mit dem «roten Turm» errichtet (Abb. 6), der Hafen von Brunnen mit einer Palisadenreihe verbarrikadiert, strategisch so wichtige Gebiete wie das der österreichischen Herrschaft unterstehende Arth stärker an Schwyz gebunden (Abb. 7); in Stansstad erweiterte man die hier bestehende einfache Wohnturmanlage «zu einem großartigen komplizierten Doppelsystem von Türmen, Bollwerken, Grendeln, Palisadenreihen, unterseeischen Steinbarrikaden und Erdwällen»[172].
Das alles beruht zwar mehrheitlich auf chronikalischen Berichten, die jedoch an Glaubwürdigkeit gewinnen durch den geglückten Nachweis, daß Schwyz Allmendland verkauft hat, um die Befestigungsanlagen finanzieren zu können[173].
Im Frühjahr 1315 traf Herzog Leopold von Österreich, der Bruder König Friedrichs, erste Kriegsvorbereitungen, indem er seine Lehensleute und Ministerialen von Baden aus aufbot. Der Feldzugsplan sah vor, mit der Hauptmacht unter Leopold ins Tal Schwyz einzudringen; ein kleineres Kontingent sollte unter der Führung von Otto von Straßberg über den Brünigpaß nach Obwalden einfallen, und die Luzerner – zu dieser Zeit noch Untertanen der Habsburger – sollten über den See den Angriff gegen Nidwalden vortragen. Wie vorauszusehen und geplant, mußte die Entscheidung im Raum Schwyz fallen: sie fiel bei Morgarten.

169 Ebd., S. 74f.

170 Diese Auffassung teilt Beck, Problematik, S. 251. Ansonsten wird eher der «Befreiungscharakter» dieser Schlacht gegenüber Habsburg betont; vgl. dazu etwa: Wirth, Vorspiel, S. 34–37; Meyer, Schlacht, S. 179; Riggenbach, Marchenstreit, S. 106–111, letztlich mit Betonung des Klosterbruchs.

171 Die nötigen Daten sind zusammengefaßt bei Durrer, Freiheitskämpfe, S. 71–74. Ergänzend: Bürgi, Letzinen, S. 31f.

172 Durrer, Freiheitskämpfe, S. 73f.

173 Bürgi, Letzinen, S. 31f.

174 Vgl. ebd., S. 37.

8 Die Schlacht bei Morgarten nach der Spiezer Chronik des Berner Schilling von 1485 (Tafel 61 der Faksimileausgabe). So hat sich der Chronist diese Schlacht vorgestellt. Links ersaufen die Ritter im See, und von rechts werden sie mit Steinen beworfen.

Die Quellen, fast ausschließlich Chroniken, die über den Hergang Auskunft geben, sind widersprüchlich; die archäologischen Untersuchungen waren wenig ergiebig und brachten auch nicht die wünschenswerte Klärung der umstrittenen Sachverhalte[174]. «Von Wegsperren in einem Hohlweg her, die den Vormarsch aufhielten», so wird heute der Hergang gesehen, «erfolgte der Angriff frontal und gleichzeitig von den Seiten und vor allem vom östlichen Hange her. Eine bei Wart aufgestellte Vorhut stieß der langen Reiterkolonne in die Flanke. Der plötzliche Steinhagel der Vorhut brachte Verwirrung unter die Pferde auf dem Weg zwischen Berg und sumpfigem Talboden. Der sofort nachfolgende stürmische Angriff nützte dies aus. Die seitwärts und rückwärts ausweichenden Reiter gerieten in den Sumpf oder brachten Verwirrung in die eigene Kolonne. Weitere Stöße mögen Leute des rückwärts stehenden österreichischen Fußvolkes in den See getrieben haben. Ein beträchtlicher Teil des

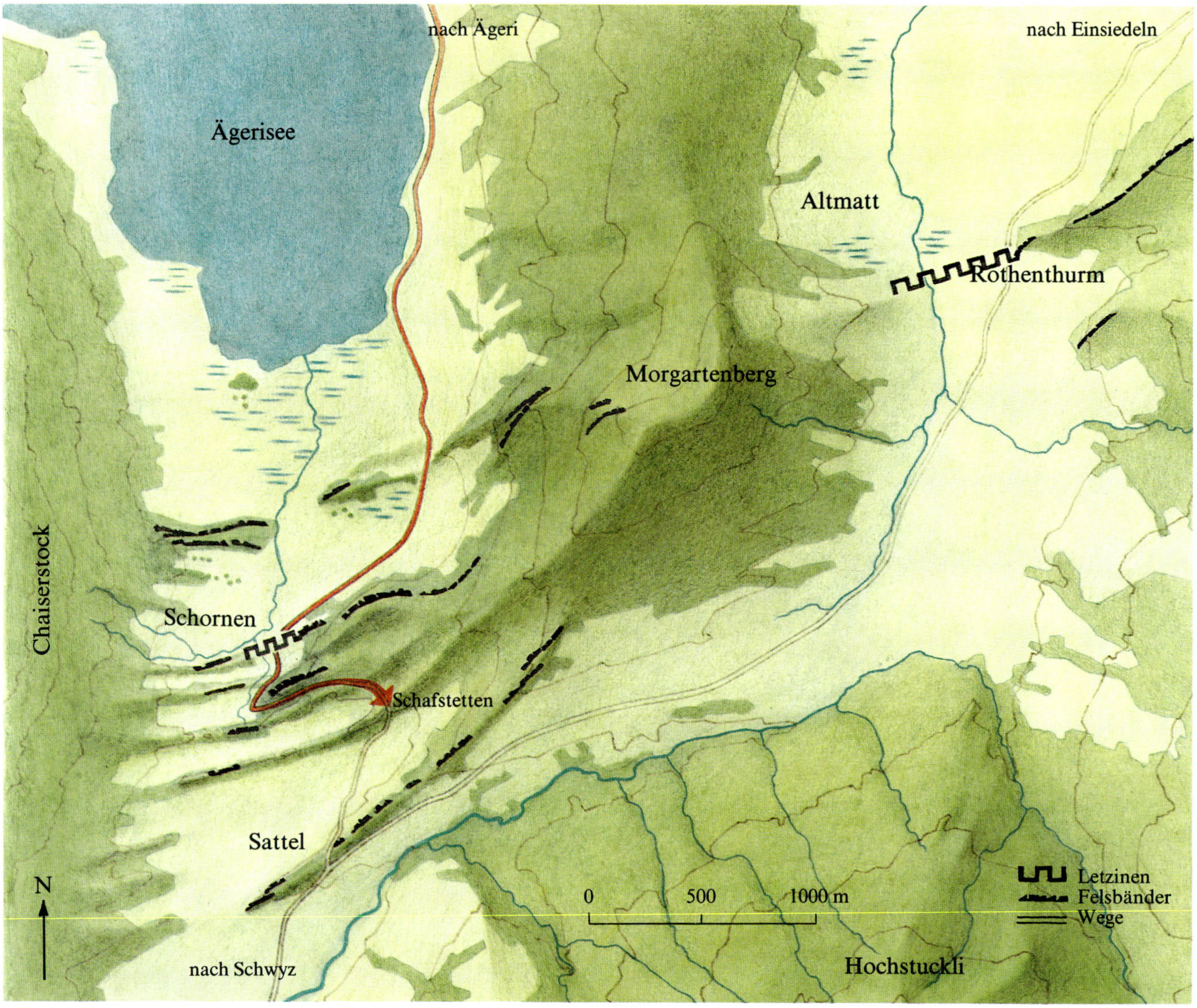

9 Das Schlachtgelände von Morgarten. Rot markiert der Heerzug Herzog Leopolds von Österreich.

österreichischen Heeres kam um. Die anderen, so auch der Herzog, entrannen mit knapper Not.»[175] Auch diese, die überlieferte Tradition bewußt skeptisch und kritisch verwertende Darstellung fußt mangels anderer brauchbarer Belege in hohem Maße auf der Chronistik. Ihr wird insofern wenigstens teilweise Vertrauen geschenkt, als hinsichtlich der Technik und Taktik der Kriegführung alle Schlachtenbeschreibungen aus dem 14. und 15. Jahrhundert sich häufig ähneln. So spricht auch Hans Conrad Peyer im Hinblick auf Morgarten davon, daß «die typischen Eigenschaften fast aller frühen eidgenössischen Schlachten» kriegsentscheidend waren, und das sind von seiten der Fürsten und Adeligen die Unterschätzung der Kampftüchtigkeit der Bergbauern, von seiten der Schweizer aber die gute Ausnützung des Geländes, das Überrumpeln des Gegners und ein «wildwütiges Dreinschlagen der lediglich mit Hellebarden bewaffneten Eidgenossen»[176]. Und in der Tat, in vergleichsweise übereinstimmenden Wendungen beschreiben die Chroniken zum Jahr 1315 die Kampftechnik der Schweizer. Nach der Klingenberger Chronik, die den Ereignissen zeitlich sehr nahe stand[177], «lagent die von Switz, von Ure und von Underwalden uff ainem hohen berg, und zugent inen die herren nach an den berg; also liessent si stain, stögg und anders den berg ab louffen under die herren, und muostent die herren wichen, und ertrunkent etlich in dem wasser»[178] (Abb. 8). Konrad Justinger bestätigt die Technik, durch Steinwürfe sowie Steinlawinen die gegnerischen Pferde zum Scheuen zu bringen und damit das Ritterheer in Konfusion und Auflösung zu stürzen. Doch fügt er eine Variante hinzu, indem er Ausgestoßene und Kriminelle, jedenfalls aus Schwyz Vertriebene – «Ächter» und «Einunger» heißen sie in den zeitgenössischen Quellen – kriegsentscheidend

175 Peyer, Entstehung, S. 190.
176 Ebd., S. 190.
177 Klingenberger Chronik, S. VI.
178 Ebd., S. 50.

werden läßt: «Nu warent ein großer harst ächter und einunger, die in die lantmark nit getorsten [durften], komen und sich unden an dem berge in daz holtz versteckt hatten, und wolten iren fründen von Switz ouch ze hilfe komen; und als die herren dahar zugen und den berg uf wolten in daz lant gen Switz, do gedachten die gesellen, die einunger: koment die vigende für die lantmark in, dahin geturren wir nit komen; so ist üwer ding umbsus; und wurden ze rate, daz si nit vergebens da sin wolten, si wolten ouch lip und gut wagen, und mit guten steinen an si.»[179]

Morgarten endete für das habsburgische Heer in einer Katastrophe. Hatte es auch weiterreichende Folgen? «Politisch hatte dieser Ausgang der Dinge lediglich lokale Bedeutung: Die Stellung Österreichs in unserem Bereich ist durch diese verunglückte Nebenaktion in keiner Weise beeinträchtigt worden», meint einer der besten Kenner der Innerschweizer Geschichte des Mittelalters[180]. Das widerspricht nicht gerade den Einschätzungen der Zeitgenossen, doch übergeht ein solches Urteil immerhin die Tatsache, daß aufmerksamen Beobachtern in Böhmen und in Kärnten – trotz ihrer großen Distanz zur Innerschweiz – das Ereignis doch so bemerkenswert schien, daß sie es in ihre Chroniken aufnahmen[181]. Dreierlei ist hervorzuheben, wenn man von den Folgen von Morgarten zu sprechen hat.

Zunächst stärkte der Sieg über ein habsburgisches Heer von Rittern – auch wenn es 2000 bis 3000 Mann wohl kaum überstiegen hat und die zeitgenössischen Schätzungen von 20000 Mann blanke Übertreibungen darstellen[182] – das Selbstbewußtsein der drei Orte. Denn an der zahlenmäßigen Überlegenheit des Ritterheeres zweifelt auch die jüngere Forschung keineswegs; mehr als tausend Mann dürften die Eidgenossen nicht auf die Beine gebracht haben[183]. Der Bund von 1291 hatte seine Bewährungsprobe bestanden; drei Wochen nach der Schlacht wurde er erneuert. Auch das ist eine sicher wichtige Folgeerscheinung von Morgarten: die Befestigung und Bekräftigung dessen, was 1291 einen noch etwas vorläufigen Charakter aufgewiesen hatte.

Zu den weiterwirkenden Folgen gehört auch, daß sich Habsburg gezwungen sah, mit den drei Waldstätten einen Waffenstillstand abzuschließen, der mehrfach verlängert wurde[184]. Er unterstreicht die Annahme, daß der Bund von 1315 nicht ausdrücklich gegen Habsburg gerichtet war. Habsburgische Rechte in den drei Ländern sollen nämlich – in der Tat eine große Geste eines Siegers – weiterhin respektiert und den Herzögen von den ihnen berechtigterweise zustehenden Einkünften und Herrschaftstiteln nichts abgestrickt werden: «Bi dem ersten so vergehen wir, das die vorgenamden herren die herzogen von Oͦsterrich ir hoͦfe, die in uͥnsern landen gelegen sint, die si nussen bi keiser Heinriches ziten, niessen, entzetzen und besetzen sun in disem fride mit den lantluͥten, da die hoͦfe gelegen sint, mit stuͥren, mit zinsen und mit gerichten, als untzhar gewonlich ist gesin. Und beschech oͦch, das in diesem selben fride dehein gottesgaben oder lehen lidig wuͥrden, die die vorgenamden herzogen oder jeman andrer vor dem uͥrlige lichen solten oder verlichen hatten, daran sun wir si nuͥt irren mit deheinen dingen, duͥ inen schedlich moͦchten sin oder werden.»[185] Diese Respektierung bestehender Rechte gilt nicht nur gegenüber Habsburg, sondern auch gegenüber allen Auswärtigen, seien das nun Klöster oder andere Besitzer von Gütern und Rechten. Die Gegenleistung, die den Habsburgern abverlangt wird, besteht unter anderem darin, daß sie sich verpflichten müssen, die drei Länder «nuͥt [zu] bekuͥmerren oder an[zu]grifen mit deheinen geislichen oder weltlichen gerichten»[186]. Mit anderen Worten: Es geht darum, die durch den Bund geschaffene Rechtseinheit und -autonomie der Länder in keiner Weise zu gefährden.

König Ludwig schließlich – auch das gehört zu den Weiterungen von Morgarten – hat die Habsburger 1316 wegen des «crimen laesae majestatis», also wegen Hochverrats, um es modern und damit ungenau auszudrücken, von einem Hoftag der Reichsfürsten in Nürnberg verurteilen lassen und alle ihre Besitzungen und Rechte in Schwyz, Uri und Unterwalden dem Reich zugewiesen, verbunden mit dem ergänzenden Versprechen, die drei Län-

[179] Justinger, Berner-Chronik, S. 47f. Vgl. dazu auch die «Anonyme Stadtchronik» von Bern, die aber offensichtlich von Justinger beeinflußt ist (ebd., S. 341): «Nu warend bi XL guter gesellen, die unden an dem Sattel lagend, warent ächter und einunger, und vor der lantmark der vienden wartotend, daz si den iren woltend ze hilf komen. Und als die herschaft dahar züchet zwüschend dem Egrisee und dem Sattel und den berg uf woltend in das lant ze Schwytz, do sprachend die einunger: ziehent si für die lantmark in, dahin getürrend wir nit komen; also wäre unser ding umsunst; daz mag niemer gesin: wir wellend vergeben hie nit sin, wir wellind ouch lib und leben wagen und die viend angriffen und schädigen. Und nam ir ieklicher etwe mengen stein, und mit einem großen geschrey an si und wurfend an die roß, daz die erschrakend und erschuchtend, daz sich groß not hub, wan die roß fast in den tiefen see sprungend».

[180] Marchal, Ursprünge, S. 171.

[181] Die Belege über die Reichweite von Morgarten in den Chroniken bei Meyer, Schlacht, S. 133f.

[182] Vgl. Peyer, Entstehung, S. 190.

[183] Meyer, Schlacht, S. 149.

[184] Durrer, Freiheitskämpfe, S. 90ff.

[185] QW 1/2, Nr. 937, S. 478.

[186] Ebd., S. 479.

der niemals zu veräußern oder zu verpfänden: Die Reichsfürsten «habend einhelligklich erkennt erklärt und zů recht gesprocchen, diewil die hertzogen von Österrich und andre ünsre und des richs widerwertigen üns und dem heiligen rich sich frefenlich und on alle vernünftige ursachen bishar widersetzt und üns oberzelter gestalt brücchig worden als das offenbar ist und in der selben irrung noch on alles schüchen beharrend, das von nunhin alle höf, gerechtigkeiten und gůter der selben hertzogen von Österrich und andrer ünsrer und des richs widerwertigen, die da ligend und sind in den tälern Switz, Ura und Underwalden und an andern stetten an si stossende und umb si gelegen, mit lüten, gerechtigkeiten und zůgehörden und allen andern dingen üns und dem rich verwürckt und gentzlich ze eigen heimgefallen. Darum setzend und wellend wir, das von nunhin die besitzer und lüte der selben höfen und rechtungen zů üns und dem rich als dem rechten herren und zů nieman anderm ufsechen haben söllend und ouch die zins und recht von der selben höfen wegen üns und dem rich on alle hindernus gentzlich ze bezalen. Über das habend wir ufgesetzt unzerbrochenlich, das die selben höf und gůter mit lüten und aller irer gerechtigkeit in den selben tälern und herrschafften zů keiner zit von üns und dem rich verendert noch zerteilt söllend werden, das wellend wir hiemit ünsern nachkomen angezeigt haben.»[187] Der nach diesem Urteilsspruch erfolgende Friedensschluß mit Habsburg deutet darauf hin, daß sich die Entscheidung des Nürnberger Hoftags wohl nicht unmittelbar durchsetzen ließ. Doch konnte sie später eine brauchbare Rechtsgrundlage abgeben, um die habsburgische Herrschaft ganz abzustreifen.

«Retta Österrich, retta» – Sempach 1386

«Retta Österrich, retta», soll der habsburgische Bannerträger Ulrich Arberger geschrien haben[188], als er in der Schlacht von Sempach sein Banner an die Eidgenossen zu verlieren drohte. Herzog Leopold von Österreich, der ihm zu Hilfe eilte, konnte die heraufziehende Niederlage auch durch seinen persönlichen Einsatz nicht mehr abwenden. Die Habsburger, die Ritter, der Adel, der Feudalismus hatten wieder eine Schlacht verloren – gegen die Waldstätten, die Bauern und Bürger.
Eines der jüngeren Geschichtswerke Europas sieht die «europäische Gesamtentwicklung vom Ende des 13. Jahrhunderts bis zum Beginn des 15. Jahrhunderts» geprägt von «Wogen der Erschütterung»: Dazu gehören das Exil der Päpste in Avignon, der Hundertjährige Krieg zwischen England und Frankreich, die europäische Pestkatastrophe der Jahre 1348/49, die Bauernkriege in Frankreich und England, die Niederlage des ungarischen Königs gegen die Türken bei Nikopolis und «der sensationelle Sieg der Schweizer Eidgenossen über die österreichischen Ritter bei Sempach 1386»[189]. Sempach wird durch eine solche Einreihung als ein Datum von europäischer Bedeutung interpretiert.
Niemand wird sich da wundern, wenn Historiker, die sich aus Profession und Neigung mit der Militär- und Kriegsgeschichte der Schweiz befassen, befremdet und grämlich auf Jubiläumsfeiern blicken, die zwar eine Schlacht zum Anlaß nehmen – Sempach beispielsweise –, um üppige politische Feste zu feiern, den «Anlaß» als solchen jedoch überhaupt nicht mehr thematisieren[190]. Sie beklagen den heutigen «Geist des Friedens», das «friedensbewegte Programm», das gegenwärtigen nationalen Gedenktagen aufgedrängt wird, sowie den «Friedenspfad», auf dem die Organisatoren solcher Gedenktage heute offenbar zu stapfen pflegen[191]. Für Walter Schaufelberger, von welchem hier die Rede ist, muß eine solche Erfahrung ganz besonders schmerzlich sein, hat er doch selbst nach dem Zweiten Weltkrieg den «Schweizer Krieger» des Spätmittelalters gewaltig demontiert, freundlicher ausgedrückt auf ein «menschliches Maß» reduzieren wollen: Aus dem Kriegsheros patriotischerer Tage wurde unter seiner Feder der beutegierige und

[187] Tschudi, Chronicon, 2. Ergänzungsband, S. 1f. Die Originalurkunde (QW 1/2, Nr. 830, S. 423f.) lautet: «Unanimi decreto decrevimus et declaravimus [= wir, die Reichsfürsten] omnes curtes, iura et bona ducum Austrie et aliorum adversariorum nostrorum et imperii sita et posita in vallibus Switz, Ura et Undernwalde, seu locis aliis contiguis et vicinis cum hominibus, iuribus et pertinentiis et aliis universis ex eo, quod nobis et imperio temerarie et inprovide adversantes crimen lese maiestatis iucidisse publice dinoscuntur et in eodem pertinacia solita adhuc intrepide debachantur, tamquam ipso iure confiscata ad nos et imperium esse devoluta totaliter et addicta, sanccientes et volentes omnimode, ut inantea ad nos et imperium tamquam dominos veros et poss(ess)ores dictarum curtium, hominum et iurium et ad nullos alios respectus penitus habeatur ac census et iura ratione dictarum curtium nobis et imperio absque impedimento quolibet persolvantur. Preterea censuimus et inviolabiliter decrevimus, quod dicte curtes cum hominibus, rebus et iuribus universis necnon hominibus dictarum vallium et dominiis earundem nullo umquam tempore a nobis et imperio quovis alienationis tytulo alienari debeant vel aliquatenus separari, et quod nobis licere non patimur, nostris successoribus indicamus.»

[188] Tschudi, Chronicon 6, S. 181.

[189] Diwald Hellmut, Anspruch auf Mündigkeit um 1400 bis 1555, Frankfurt a. M. 1975 (Propyläen Geschichte Europas 1), S. 12.

[190] Schaufelberger, Kriegführung, S. 5.

[191] Die Belege alle ebd., S. 5.

kampflüsterne, wo nicht gar kriminelle Jungmann. «Der Alte Schweizer» erschien nach seiner eigenen Einschätzung jetzt «unverkleidet, menschlicher im umfassenden Sinn des Wortes. Aufbauschung wird auf den sachlichen Kern reduziert, Aufputz fällt ab. Die Legende von den ‹milites gloriosi› hält nicht mehr stand»[192]. Erntet er in den 1980er Jahren, was er selbst in den 1950ern gesät hat – Unlust an der Kriegsgeschichte, mit der sich niemand mehr befassen mag, nicht nur, weil es nicht zeitgemäß wäre, sondern weil der Vorstellung, die Eidgenossenschaft sei mit beutegierigen Kriminellen aufgebaut worden, naheliegenderweise wenig Faszinierendes abzugewinnen ist?

Was weiß man von Sempach? Wenig und viel, vor allem Strittiges. Das beginnt bereits bei den Ursachen des Krieges. Einerseits wird die expansive Politik der Habsburger als kriegsverursachend hervorgehoben[193]: Nach dem Erwerb der Grafschaft Tirol von 1363 sei es den Habsburgern darum gegangen, eine Landbrücke zu den Besitzungen im Elsaß zu schlagen, wie der Erwerb der Grafschaft Feldkirch 1375 und der oberschwäbischen Landvogtei 1379 oder schließlich – und das wird besonders betont[194] – die habsburgische Politik der Vergabe von Lehen und Pfandschaften in der Schweiz zeige. Auf der anderen Seite wird unterstrichen, wie aggressiv die Innerschweizer waren, wie sie den Habsburgern Stadt und Amt Zug entrissen, wie im Pfaffenbrief von 1370 die habsburgische Klientel gekränkt wurde, indem man von ihr einen Eid zugunsten der Schweiz forderte, der noch vor dem Huldigungseid gegenüber der habsburgischen Herrschaft Vorrang haben sollte. Schließlich wird im Addieren und Subtrahieren von Schuld und Unschuld vor allem eine auf Expansion angelegte «Ausburgerpolitik» Luzerns sehr wesentlich für den Konflikt verantwortlich gemacht[195]. Der eindeutig Schuldige an Sempach läßt sich aber offenkundig schwer ausfindig machen, und schon die Chronisten wußten ihn nicht genau zu benennen. Der gut informierte und äußerst gewissenhafte Aegidius Tschudi[196] meinte lakonisch, «wann der herrschafft [von Österreich] rät und vögt sprachend, der frid were durch die von Lucern gebrochen, das aber die von Lucern nit meintend»[197].

Die chronikalischen Berichte über den Verlauf der Schlacht[198] sind äußerst farbig, lebendig, von suggestiver Kraft; unschwer merkt man die erregte Beteiligung der Schreiber. «Do es ward an dem nünden tag des höwmanots», so beginnt die Klingenberger Chronik ihren Bericht unter dem Stichwort «Slacht ze Sempach» – «eine der schönsten Partien» der ganzen Chronik nach Einschätzung des Herausgebers[199] –, «do zoch hertzog Lütpolt von Österrich mit sinen dienern, herren, rittern und knechten, für das stätlin ze Sempach, die sich so schantlich ab jm geworfen hattent, und wolt das korn und das feld da wüesten. Also warent dess die aidtgenossen innen worden von Lucern, von Switz, von Ure und von Underwalden, und an dem nünden tag des höwmanots, uff ainen mentag, do es fast haiss was, und hertzog Lütpolt mit sinen dienern uff dem feld lag, und das wüest, do zugent die aidtgenossen daher mit ir pannern gegen den herren»[200]. Die österreichischen Ritter, so fährt die Chronik fort, erkennen zwar die Überlegenheit der Eidgenossen; mutig jedoch entschließen sie sich, den Feind anzugreifen; lediglich Herzog Leopold wird geraten, sich aus dem Gefecht herauszuhalten. «Das wolt der fürst nit tuon und sprach: Das welli got nit, sölti ich üch hüt lassen sterben und sölt ich genesen? Ich will hüt übels und guots, wol und wee mit üch han, ich wil bi minen rittern und knechten hüt sterben und genesen umb das min und uff dem minen und umb min väterlich erb»[201]. Zunächst erweisen sich die Ritter dem Aufgebot aus Bauern und Bürgern überlegen, doch die Hitze des Tages macht ihnen in ihren Panzern zu schaffen. «Es was des selben tages uss der massen ain haisser tag, und hettint gern ain tail irs harnaschs und irs züges von inen getan; do mochtent si nit wil han, wan si alwen zuo so streng mit ainandern fachtent, dass vil herren ze tod erstickent, ee ob si je wund wurdent»[202]. Taktische Manöver der vom Grafen von Hohenzollern befehligten Ritter deuten die Eidgenossen fälschlicherweise als Flucht: «Do schruwend si: die herren fliechent, und luffent inen do etlich zuo, die vor gewichen warent; und also nament si erst do den truck, und ersluogent die herren und gewunnent do den sig»[203]. Der mißverstandene Rückzugsversuch gibt den Eidgenossen den nötigen Mut, den

[192] Schaufelberger, Schweizer, S. 5.
[193] Marchal, Sempach, S. 3–8. Fischer, Feldzüge, S. 26.
[194] Besonders von Marchal, Sempach, S. 15–98.
[195] Marchal, Sempach, S. 118–177. Fischer, Feldzüge, S. 26f. Schaufelberger, Spätmittelalter, S. 260f. Schaufelberger, Kriegführung, S. 20–25 (besonders für die unmittelbare Vor- und Nachgeschichte von Sempach).
[196] Vgl. dazu die Biographie von Bernhard Stettler und die Bewertung von Tschudis historischer Zuverlässigkeit in Tschudi, Chronicon 1, S. 96.
[197] Tschudi, Chronicon 6, S. 153.
[198] Eine kritische Bestandsaufnahme des historischen Wertes der chronikalischen Überlieferung: Marchal, Schlacht, S. 428–436.
[199] Klingenberger Chronik, S. VII.
[200] Ebd., S. 119.
[201] Ebd., S. 120.
[202] Ebd., S. 120.
[203] Ebd., S. 120.

kriegsentscheidenden «Druck», um das Angreifen im Gevierthaufen zu praktizieren, damit die Schlachtordnung des Gegners aufzubrechen und ihn im folgenden Kampf von Mann zu Mann zu besiegen.
Der Schlachtverlauf, wie ihn die Klingenberger Chronik liefert, wird durch andere Quellen teils gestützt, teils erweitert; auch Widersprüche stellen sich ein. Aegidius Tschudi bestätigt die fehdeähnlichen Handlungen des Herzogs, der Sempach zu «wüsten» beginnt, indem er «liess das korn abmäyen und verderben»; er

10 Die Schlacht bei Sempach in der sagenhaften Ausgestaltung von Hans Rudolf Manuel, 1551. In der Bildmitte Winkelried, der die Langspieße der Ritter umfaßt. Holzschnitt, graphische Sammlung der Zentralbibliothek Luzern.

spricht gleichfalls vom Rat der Gefolgsleute an den Herzog, sich persönlich nicht an der Schlacht zu beteiligen, und dem energischen Widerspruch des Herzogs gegenüber diesem hasenfüßigen Ansinnen: «Das wolt der fürst nit tůn und sprach: 'Das welle gott nit, sölt ich üch lassen sterben und ich genesen. Ich will übels und gůts mit üch han. Ich wil bi minen rittern und knechten hüt sterben oder genesen uff dem minen und umb min vätterlich erbe»[204]. Tschudi bestätigt auch die große Hitze, die am Schlachttag herrschte[205]. Darüber hinaus bringt er interessante Zusätze. Vor der Schlacht beten die 1200 eidgenössischen «Knechte»: «Und als bald si der vienden hör ansichtig mochtend werden, fielend si nider uff ire knüw und bettetend mit zerthonen armen, wie dann ir bruch ist. Wie dz die viend sachend, machtend si ein gspött daruß, sprachend, die zagen lüt vallend nider uff ir knüw, wellend üns umb gnad bitten»[206]. Der den Rittern bescheinigte Mut erscheint bei Tschudi deutlich weniger heroisch; nur weil sie sich eindeutig überlegen glauben, wagen sie den Angriff: «Dann diewil der eidtgnossen so wenig was, do wolts der adel zetod schlachen, und woltend nit das man sagte die gmeinen knecht hettinds geton, wann sie meintend si hettind den sig gwüss in händen. Und was der adel gantz begirig ze striten, wann ouch die mannlichisten herren ritter und edelknecht alda warend so man in landen wusst»[207]. Dieser Hochmut und diese krasse Fehleinschätzung rächen sich allerdings bitter. Ein Urner, gebürtiger Mailänder, verrät den Eidgenossen, daß die «Glenen», die Lanzen der Ritter, innen hohl seien. «Diser růfft denen so halenbarten hattend das si uff die glen schlůgind, als si ouch tatend, damit begundend die glen brecchen, und hielt sich der selb juncker Anthoni gar wol an diesem stritt und facht das er

[204] Tschudi, Chronicon 6, S. 178.
[205] Ebd., S. 176–180.
[206] Ebd., S. 177.
[207] Ebd., S. 178.

gebrocchen ward. Also was einer von Underwalden, Arnolt von Winckelriet genant ein redlicher ritter, der sprang für die ordnung uß und umbschlůg mit sinen armen ein teil der vienden spiessen, des gab er sin leben darumb. Do brachend daselbs die eidgnossen den herren in ire ordnung und begundend die mit strits not trennen und brecchen»[208] (Abb. 10). Damit ist die Schlacht entschieden; das habsburgische Heer löst sich in panischer Flucht auf. «Die eidtgnossen aber, als si das veld behept, fiengend si angentz an ze blündern und

jagtend den vienden nit nach, si hettind sunst noch dero vil umbgebracht und grössern schaden mögen tůn»[209].

Guy P. Marchal hat unter nochmaliger Beiziehung aller verfügbaren Quellen versucht, historisch Verwertbares und Vertretbares von dem Legendären und Übersteigerten zu sondern[210]. Die Ausgangsposition – so seine Einschätzung – war für die Eidgenossen ungünstig: sie standen topographisch unten, die Ritter oben. In Fehleinschätzung der eidgenössischen Mannschaftsstärke begannen die Ritter einen ungestümen und ungeordneten Angriff, der zunächst zu ihren Gunsten verlief, weil auch die Eidgenossen das habsburgische Heer an dieser Stelle nicht erwartet hatten. Das neuerliche Sammeln der Schweizer führt schließlich die Entscheidung herbei. Mentale Unterschiede zwischen Rittern einerseits und Bauern und Bürgern andererseits erklären letztlich nach dieser Interpretation den eidgenössischen Sieg. Die Habsburger beabsichtigen eine Machtdemonstration, allerdings unter vorsichtigem Taktieren und unter Vermeidung jeden Risikos, denn «der selbstlose Einsatz war der Mentalität des spätmittelalterlichen Rittertums fremd»[211]. Kriege hatten für die Adeligen eher etwas Spielerisches. Langeweile galt es zu vertreiben, und so spielte man auch mit tölpelhaften Bauern. Das alljährliche «Pruzzenjagen», das der europäische Adel unter dem ideologischen Vorwand der Christanisierung slawischer Völkerschaften im Spätmittelalter betrieb, liefert dazu ein schönes Gegenstück[212]. Vom tapferen Adel bleibt wenig übrig, dafür kommt auch Winkelried in den Keller historischer Legenden.

Sempach hat in der Perspektive der modernen Historiographie viel von seiner Dramatik verloren. Vielleicht liegt das nur an der Unfähigkeit oder Unlust der Historiker, geschichtliche Stoffe sprachlich lebendig zu gestalten. Der am Strukturalismus geschulten Historikergeneration der Nachkriegszeit ist nicht nur das Individuum in der Geschichte mit seinen Leidenschaften abhanden gekommen; im Prokrustesbett der ökonomistisch verkürzten «sozialen Logik» alles Historischen gerinnt auch Geschichte gelegentlich zu einem säuerlichen Brei demographisch determinierter, ressourcenarmer, vorindustrieller Agrargesellschaften, deren Trostlosigkeit nur noch durch die Trostlosigkeit der darüber erscheinenden Arbeiten überboten wird.

Sempach ohne Helden auf beiden Seiten. Dennoch hat es unbestreitbar weitreichende Folgen gehabt[213]. Dazu gehört etwa, daß Hegemonialansprüche Habsburgs im schwäbisch-alemannischen Raum, falls sie zu dieser Zeit noch bestanden haben sollten, nach Sempach, wenn nicht gar ausgeträumt, so doch sicher nicht mehr zu realisieren waren. Für die eidgenössischen Orte aber «bedeutete der Ausgang der Schlacht das Fanal zum expansiven Ausgreifen in die praktisch wehrlosen österrei-

208 Ebd., S. 179.
209 Ebd., S. 180.
210 MARCHAL, Schlacht, S. 428–436. Dort auch eine kritische Auseinandersetzung mit der gesamten neueren Literatur zur Schlacht von Sempach.
211 Ebd., S. 433. – Dazu kritisch und positiver gegenüber der Mentalität der Ritter SABLONIER, Rittertum.
212 MARCHAL, Schlacht, S. 434 mit weiterführender Literatur. Vgl. PARAVICINI Werner, Die Preußenreisen des europäischen Adels, Bd. 1, Sigmaringen 1989 (Beihefte der Francia 27).
213 Dazu umsichtig MARCHAL, Ursprünge, S. 203f. und SABLONIER, Rittertum, S. 554.

chischen Herrschaften»[214]. Ähnlich wie die Schlacht bei Morgarten ein verfassungsrechtlich erhebliches Nachspiel in der Bestätigung des Bundes der drei Waldstätten fand, so die Schlacht bei Sempach in Form des Sempacherbriefes von 1393: Privatkriege auch gegen Auswärtige wurden verboten, der Krieg wurde durch die Obrigkeiten der Städte- und Länderorte «monopolisiert», die Eidgenossenschaft wurde politisch kompakter.

«Die grundsätzliche Bedeutung dieses Ausgangs vom ständischen Gesichtspunkt her war, daß hier das feudale Rittertum dem Stadtbürger- und Bergbauerntum in einer großen Schlacht unterlegen war»[215]. Der tiefe gesellschaftliche Graben zwischen Adel und Bauern in Mitteleuropa hat hierin eine seiner Wurzeln; und darin gründet auch der Gegensatz zwischen feudaler Herrschaft und kommunaler Ordnung. Weit über den Schweizer Raum hinaus ist Sempach zur Kenntnis genommen worden: Bis nach Norddeutschland und Polen reichte der Wiederhall auf die Schlacht, und er reicht, wie einleitend gesagt wurde, bis in die Neuzeit hinein und nach Westeuropa hinüber. Sempach war 1386 ein europäisches Ereignis; es ist es auch noch heute, nach 500 Jahren Geschichtsschreibung und 200 Jahren Geschichtswissenschaft, geblieben.

Der Krieg als magisches Ritual?
Oder: Vom Mythos der waffenfähigen Bauern

«Schweiz» und «Krieg» bewegen sich durch die Geschichtsschreibung wie zwei Geschwister. Jedermann erkennt sie als zusammengehörig und verwandt. Allerdings werden sie gänzlich unterschiedlich beschrieben und charakterisiert: Die Schweizer Geschichtsschreibung hat aus dem Krieg der alten Eidgenossen ein «magisches Ritual» gemacht, während die außerschweizerische Geschichtsschreibung den Mythos vom «waffenfähigen Bauern», der nur in der Schweiz anzutreffen sei, schuf.

Der Krieg der Schweizer als «magisches Ritual» ist eine Schöpfung der Volkskunde. Das wäre weiter nicht erwähnenswert, wenn sich diese Auffassung nicht durchgesetzt hätte und sich heute als gesicherte wissenschaftliche Erkenntnis in den gängigen Gesamtdarstellungen zur Schweizer Geschichte mit mehr oder minder geringen Modifikationen wiederfände. Der Krieg der Schweizer als magisches Ritual ist in den dreißiger und vierziger Jahren dieses Jahrhunderts entstanden, in einer Zeit, in welcher die Volkskunde europaweit «Hochkonjunktur» hatte. Der Krieg der Schweizer als magisches Ritual ist näherhin eine Schöpfung des Basler Volkskundlers Hans Georg Wakkernagel, der in zahlreichen Aufsätzen um das Thema «Schweizer» und «Krieger» gekreist ist[216]. Wo liegen seine Quellen, was sind seine Einsichten?

Wackernagel[217] geht von einer chronikalischen Notiz zur Schlacht bei Morgarten von 1315 aus, wo es heißt, vierzig Gesellen aus Schwyz hätten durch ihren gezielten Steinwurf entscheidend zum Sieg der Eidgenossen beigetragen. Aus dieser vermutlich näherungsweise zu verstehenden Zahl entwickelt Wackernagel eine grundlegende Fragestellung[218]. Vierzig

«rösche» Knechte findet er auch in der Überlieferung über die Schlacht von Laupen belegt. Vierzig Härster von Bern unternehmen 1341 einen Raubzug nach Thun. Um 1420 führen vierzig Hirten aus der Waadt einen Viehraub durch. Zwei weitere Beispiele aus dem späte-

[214] MARCHAL, Ursprünge, S. 204.

[215] Ebd., S. 203.

[216] Die wichtigsten Aufsätze hierzu sind gesammelt in WACKERNAGEL, Volkstum, darunter besonders die folgenden Beiträge: Die Freiheitskämpfe der Schweiz in volkskundlicher Beleuchtung; Burgen, Ritter und Hirten; Die geschichtliche Bedeutung des Hirtentums. – Darüber hinaus noch WACKERNAGEL, Fehdewesen.

[217] Die Darstellung folgt im wesentlichen WACKERNAGEL, Bemerkungen, S. 1–24. Der Aufsatz ist 1960 erschienen. Er wird hier zugrunde gelegt, weil die Argumentationsweise und das methodische Verfahren in Hin-

ren 15. Jahrhundert läßt er folgen. «Indessen beschränkt sich das Vorkommen von ähnlich gearteten Vierzigergruppen keineswegs auf das Gebiet und auf die Geschichte der mittelalterlichen Schweiz allein.»[219] Hans Georg Wackernagel findet sie im alten Rom, dann bei den Langobarden sowie bei den Schweden, und man wartet geradezu sehnsüchtig auf Ali Baba mit seinen vierzig Räubern, bei denen schließlich in der Tat die Aufzählung auch endet[220]. Vierzig – eine magische Zahl in der Menschheitsgeschichte?

Was nun ist «den Vierzigergruppen gemeinsam gewesen»[221]? Es sind «in sich geschlossene Verbände von Freiwilligen», unter denen «die Angehörigen der jugendlichen Altersklasse vorherrschen». Sie haben kaum oder gar keine Verbindung zur Obrigkeit, scharen sich hingegen «nicht selten als Gefolgschaft um einen Führer»; ihre Kampfweise trägt «einen fehdemäßigen oder gar einen revolutionären Charakter», und sie ist vom «Räubertum» kaum scharf zu trennen. «Vor allem» erscheinen sie «als eine Elite von höchstem Mute und fanatischer Opferbereitschaft.»[222]

Die Charakterisierung der «Vierziger» erfolgt zunächst über das additive Verfahren, indem unterschiedliche Berichte quasi zusammengezählt und deren allgemeine Gültigkeit für alle Vierzigerverbände behauptet werden. Das umgekehrte Verfahren benützt Wackernagel hingegen, um die «Vierziger» noch eingehender zu erfassen: Die chronikalischen Berichte über die Schlacht von Morgarten dienen nun dazu, den Typus der Vierziger – wie Wackernagel meint, eine universalhistorische Erscheinung – aufzufüllen. Daraus entsteht nebenbei dann auch der Typus des Schweizer Kriegers. Die Vierzig von Morgarten umgehen den Feind und fallen ihm in den Rücken; das legt es nahe, anzunehmen, «daß bei dieser Taktik die jägerische Erfahrung von der Einkreisung des Wildes her mit im Spiel gewesen ist»[223]. Und auch eine spielerische Erfahrung: denn «das treffsichere und wirkungsvolle Werfen mit handvölligen Steinen» erklärt sich daraus, daß «der gezielte Steinwurf zu den Wettkampf-

11 Das von der 1551 geschaffenen Darstellung von Hans Rudolf Manuel inspirierte Bild der Schlacht bei Sempach in der Schlachtkapelle Sempach.

sicht auf das Problem «Krieg» am klarsten zum Ausdruck kommen. Seine Annahmen hat Wackernagel bereits früher formuliert und hier nur erweitert und anders systematisiert, wie er selbst S. 1 Anm. 1 und in vielen anderen Fußnoten dieses Aufsatzes zum Ausdruck bringt.

218 Ebd., S. 5–8.

219 Ebd., S. 6.

220 Ebd., S. 6. – Ähnlich Wolfram, Studien, S. 96f.

221 Wackernagel, Bemerkungen, S.7.

222 Ebd., S. 7.

223 Ebd., S. 8.

12 Tells Apfelschuß. Holzschnitt des Meisters D. S. aus der Schweizerchronik des Petermann Etterlin, 1507. «Man beachte», kommentiert Hans Georg Wackernagel dieses Bild, «daß Wilhelm Tell, im Gegensatz zur späteren Darstellungsweise, aber entsprechend der ursprünglichen Vorstellung, hier als junger Mann erscheint.» In dieser Sicht war Tell ein jugendlicher, draufgängerischer, ja revolutionärer Held.

spielen, zur Agonistik jugendlicher Hirten» gehörte[224]. Die Vierziger waren nicht nur Hirten, sie waren auch Geächtete, das heißt solche, die sich des Mordes, des Totschlags, der schweren Brandstiftung oder des Raubs schuldig gemacht hatten[225], deshalb aus ihrer Heimat verbannt waren, ihr aber dennoch «in der Stunde der höchsten Schlachtgefahr zu Hilfe geeilt sind», und zwar aus einem «Ehrgefühl» heraus, um den «Landsmann» im Kampf nicht im Stich zu lassen[226]. Die Charakterisierung der «Vierziger», gewonnen über die chronikalischen Berichte zur Schlacht bei Morgarten, wird als eine gesamtschweizerische Erscheinung ausgegeben, freilich jetzt plötzlich mit Belegstellen, in denen von vierzig Leuten überhaupt keine Rede mehr ist[227].

Es ist kaum verwunderlich, daß dort, wo Beliebigkeit als methodisches Prinzip regiert, selbst Wilhelm Tell mühelos zum – wenn auch fernen – Verwandten von Ali Baba werden kann. Wackernagel dienen für seine Argumentation Berichte des späten 16. Jahrhunderts, nach denen sich «im Bereich der untersten sozialen Schichten, unter jugendlichen Vaganten und Landstreichern»[228] Leute als Wilhelm Tell ausgeben. Insbesondere jedoch stützt er sich auf Quellen aus dem Schweizer Bauernkrieg von

[224] Ebd., S. 8.
[225] Diese Umschreibung ergibt sich aus den Bundesbriefen, die oben S. 30 referiert wurden.
[226] Die Zitate bei WACKERNAGEL, Bemerkungen, S. 9f.
[227] Ebd., S. 10.
[228] Ebd., S. 11.

1653, wo «Tellen» als Symbolfiguren des Aufstandes auftreten. «Die volkstümliche Auffassung», so heißt gewissermaßen zwangsläufig das Endurteil, brachte «den Tell vornehmlich mit der Welt der Jugend in Verbindung [...], in gleicher Weise mit Schützen, Revolutionären und Vaganten»[229] (Abb. 12), und weil diese Überlieferung als älter eingeschätzt wird als diejenige, die den Tell als Heros sieht, ist sie für Wackernagel auch die zutreffendere.

Mit großer suggestiver Kraft hat Hans Georg Wackernagel seine Überlegungen vorgetragen. Auf Historiker haben seine Thesen einen nachhaltigen Eindruck gemacht[230]. Vor allem gilt das für Walter Schaufelberger, und das war folgenreich, ist er doch als der unbestritten beste Sachkenner der älteren Schweizer Kriegsgeschichte anerkannt. «Die Vermutung ist wohl erlaubt», schreibt Schaufelberger – und damit belegt er, welch starke Eindrücke er von Wackernagel erhalten hat, zumindest daß sich beider Auffassungen in den Interpretationen decken –, «daß das Hauptgewicht der Kriegsleistung demnach auf den abenteuernden Knabenschaften und Jungmännerbünden und auf allen ruhelosen, unzufriedenen, ja asozialen Elementen aus minderem Volk lastete, daß in ihnen die eigentliche Kriegerkaste zu erkennen sei, welche die Kriege unserer Alten zur Hauptsache bestritt. Damit ist, von anderem Ausgangspunkte her, die Beziehung zu den Forschungsresultaten H. G. Wackernagels hergestellt.»[231]

Schaufelbergers empirische Basis sind vornehmlich Quellen des 15. Jahrhunderts; dennoch erlaubt er sich Verallgemeinerungen für das gesamte Spätmittelalter, wie auch aus dem Zitat hervorgeht. Seine Untersuchung zeitigt – um ganz summarisch und damit verkürzend zu verfahren, was freilich angesichts der Verankerung seiner Untersuchungen im 15. Jahrhundert berechtigt sein mag – folgende Ergebnisse: Der Schweizer liebte die leichten Waffen, also das gegenüber dem Langspieß handlichere «Schäfflin» sowie den gegenüber dem Schwert leichteren «Kreuzdegen», er haßte den Harnisch, dazu wollte er, auch wegen des Beutemachens, «größtmögliche Beweglichkeit und Unabhängigkeit bewahren», was eine «betont offensive Gefechtsführung» zur Folge hatte.

13 Tells Apfelschuß. Ausschnitt aus einem Bild der Sammlung Wick, Zentralbibliothek Zürich. Spätestens seit der Mitte des 16. Jahrhunderts wird die Tellfigur als erwachsener, gereifter Mann dargestellt.

Diese Beobachtungen veranlaßten Schaufelberger, «der erwähnten Erscheinung die Idee elementarer Wildheit und Gewinnsucht zugrunde zu legen»[232]. Das Kriegshandwerk wurde nicht durch eine Ausbildung gelernt, sondern war «alltägliches Erleben und unmittelbare Realität», gefördert durch die Spiele der Hirten, die Jagd und die täglichen Messerstechereien, die sich in der militärischen Virtuosität der Knabenschaften fortsetzten[233]. Auf diese war man angewiesen, weil die Kriegspflicht sich rechtlich auf die Verteidigung des eigenen Herdes beschränkte. Mit dem Jugendlichen, Knabenschaftlichen, Spielerischen, Beutegierigen der Schweizer Krieger erklärt sich auch das «latente Element des Unordentlichen, des Unkontrollierbaren und Unbezähmbaren»[234].

[229] Ebd., S. 14.

[230] Schaufelbergers Arbeit, auf die hier Bezug genommen wird, ist vor dem oben behandelten Aufsatz von Wackernagel erschienen. Mit Rückverweis auf die obigen Ausführungen sei wiederholt, daß Wackernagel seine Grundpositionen schon vor den Arbeiten Schaufelbergers entwickelt hat. Das bestätigt auch SCHAUFELBERGER, Schweizer, S. 12 in der Einleitung zu seiner umfassenden Monographie: «Erst Hans Georg Wackernagel gelangt vom Volkskundlichen her zu einer erfrischenden Neuorientierung. Seine Resultate verdichten sich mit den unsrigen zu einem neuartigen Bild des Alten Krieges.»

[231] SCHAUFELBERGER, Schweizer, S. 69.

[232] Ebd., S. 20f.

[233] Ebd., S. 47ff. Die hier besonders weitgehende Abhängigkeit Schaufelbergers von Wackernagel belegen die Fußnoten. – Breiter ausgeführt bei SCHAUFELBERGER, Wettkampf, S. 72–79.

[234] SCHAUFELBERGER, Schweizer, S. 134. – Zur Kritik: WOLFRAM, Studien, S. 77. Wolfram kritisiert Schaufelberger vornehmlich aufgrund der von HOFFMANN-KRAYER Eduard, Knabenschaften und Volksjustiz in der Schweiz, in: SAV 8, 1905, S. 81–99, 161–178, vorgelegten Untersuchung, die sich allerdings stark auf die frühe Neuzeit und Graubünden stützt.

Diesem liegt nicht zuletzt die «Feldsucht» zugrunde – eine Eigentümlichkeit des Schweizer Kriegers bzw. der Schaufelbergerschen Begriffsbildung[235] –, «all jene Unternehmungen feindwärts, welche nicht durch die Regierungen angeregt, von diesen oft sogar verboten wurden». «Freibeuterei» ist die dafür geläufigere Bezeichnung. Solche Freibeuterscharen warfen ihre «Freifahnen» vorzüglich bei den Kirchweihen, in den «Zwölf Nächten» um Weihnachten, in der Fastnacht und anläßlich des «Ausschellens des Winters» anfangs März auf[236]. Sakrale und animistisch begründete Anfänge von Kriegszügen?

Und wie erklärt Walter Schaufelberger die in Europa aufhorchend registrierten Siege der Eidgenossen? «Das ist unseres Erachtens vor allem», so schließt er sein Buch, «die urwüchsige Kraft und die einzigartige Tapferkeit der eidgenössischen Bauern, Hirten und Jäger. Wucht und Todesmut sind von durchaus elementarer, primitiver Prägung. Letztere steigert sich oft [...] zu tollwütiger Raserei, jeder differenzierten Empfindung und Überlegung bar. So findet auch der brutale Bruch mit der ritterlichen Kriegstradition, welcher am Morgarten vollzogen wird, seine Erklärung. Das Elementare duldet keine Regeln.»[237]

Die Vermutungen, Annahmen und Thesen von Hans Georg Wackernagel bzw. Walter Schaufelberger hat letzthin Roland Rumpel zu einer Art Theorie des Krieges als «Lebenselement» in der Eidgenossenschaft weiterentwickelt[238]. «Krieg als Lebenselement» meint, daß der Krieg «im konkreten Vollzug des Lebens als Bestandteil integriert ist.»[239] Wo Krieg «Lebenselement» ist, muß er seine Ordnung haben, muß er bejaht und in dieser Welt erlebt werden[240]. Das geschieht nach dem Kampf im dreitägigen Verweilen auf dem Schlachtfeld unter den Leichen, wie aus einigen chronikalischen Berichten bekannt ist. Das geschieht aber auch durch die Tagwählerei, also die Wahl bestimmter günstiger Daten für den Krieg. Und das geschieht ebenso durch den Heroismus des Schweizer Kriegers. Im dreitägigen Verweilen auf dem Schlachtfeld drückt sich Triumph, vor allem Hohn gegenüber dem Gegner aus, der bis zur Verstümmelung der Leichen reichen kann (Abb. 14). Der Tagwählerei liegt die Überzeugung zugrunde, die Toten würden in den Kampf eingreifen, «eine direkte Erfahrung, die sich etwa in Visionen ausprägt»[241]. Zwischen Tod und Leben, in einer Schlacht, wird diese Erfahrung des Außerirdischen konkret: der Sieg ist ein neues Leben. Der Heroismus schließlich wird ritualisiert im Heldentod, wie er in Winkelried, der die Speere der Gegner in seine Brust drückt, versinnbildlicht ist, wobei es sich um einen Heroismus handelt, der auf die Gemeinschaft angelegt ist und sich nicht auf das Individuum beschränkt. Etwas rasch kommt Rumpel zu seinen nicht ganz zwingenden, deswegen freilich nicht notwendig haltlosen Schlußfolgerungen: «Basis des Lebens» sind «die schicksalsmächtigen Taten, vor allem im Kampf, vollzogen im Lebenskreis der Gruppe. Die Welt geht in diesem Lebenskreis auf, was außerhalb ist, wird von hier aus gedeutet und kann nie wesentlich werden. [...] Es gibt also weder einen transzendenten Gott, noch ein Jenseits der Toten (sie sind vielmehr die Ahnen), noch eine allgemeine übergreifende gesellschaftliche Ordnung oder Ethik. Wahrheit, Sinn und Moral bestimmen sich aus dem geschlossenen Lebenskreis, der wesentlich durch die Geschichte dieses Lebenskreises (Tradition), d.h. durch sein erfahrenes Schicksal bestimmt ist.»[242]

Schweizer Kriegsgeschichte in der zweiten Hälfte des 20. Jahrhunderts ist keine Geschichte des Krieges, sondern eine Geschichte der Krieger. Der Mentalität der alten Eidgenossen will man auf die Spur kommen. Hans Georg Wackernagel, Walter Schaufelberger, Richard Wolfram und Roland Rumpel hat vornehmlich diese Frage fasziniert; und da sie von allen vergleichsweise gleichlautend beantwortet worden ist, mag es auch wenig verwunderlich sein, daß sich die allgemeine Geschichte solchen Urteilen, mit sanften Abschwächungen, im wesentlichen angeschlossen hat. «Die fehdeartigen Auszüge der Freischaren, Freifähnli, Frei- und Bluthartse», so liest sich die Zusammenfassung der Ergebnisse dieser doch überwiegend volkskundlichen Arbeiten bei Hans Conrad Peyer, «bildeten sich durch freiwilligen Zusammenschluß kampffreudiger junger Leute ohne staatliche Mitwirkung, nahmen oft den Charakter von Elite-Kriegerverbänden an und wiesen ein den Knabenschaften und andern Jungmännerbünden verwandtes archaisches Brauchtum auf.»[243] Ähnliches, wenn auch mit anderer Akzentsetzung, sagt Guy P. Marchal darüber: «Der Umgang mit Waffen und die Kampftüchtigkeit wurden

235 SCHAUFELBERGER, Schweizer, S. 144.

236 Ebd., S. 161ff. Ähnlich zuletzt WOLFRAM, Studien, S. 57–62. Vgl. auch BRÄNDLI, Schwyz, S. 237f.

237 SCHAUFELBERGER, Schweizer, S. 187. In regestenartiger Kurzform finden sich diese Interpretationen auch bei SCHAUFELBERGER, Wehrwesen, sowie in prägnanter und stark systematisierter Form zuletzt bei SCHAUFELBERGER, Homines.

238 RUMPEL, Krieg, S. 192–206.

239 Ebd., S. 192.

240 Die Erläuterung der absichtlich so gemeinten Begriffe ebd., S. 192.

241 Ebd., S. 195.

242 Ebd., S. 198.

243 PEYER, Verfassungsgeschichte, S. 65.

durch die Gebirgsjagd und die Hirtenspiele geschult, die sich in wehrhaften Bräuchen wie den im Volkstum verwurzelten Heimsuchungen und Heischezügen spiegeln.»[244]

Welches Bild vermittelt also die Forschung? Der Krieg der alten Schweizer wird von Knabenschaften getragen, die offenbar stark kriminellen Charakter haben. Die Technik der Kriegführung setzt offensichtlich eine Hirtengesellschaft voraus, die viel Muße hat und sich ihre Zeit mit Spielen vertreibt. Kriege und Fehden zu führen ist den Jungen, Kriminellen, Hirten scheinbar habituell und angeboren, sie wachsen gewissermaßen natürlich in eine kriegerische Welt hinein, die sie angriffslustig und beutegierig macht, von Generation zu Generation «Feldsucht» produziert. Der Krieg – so würden Theologen solche Überzeugungen der Volkskundler und Historiker begrifflich in ihre Sprache übersetzen – ist «der Sitz im Leben» des Schweizers (vgl. Abb. 15). Und als solcher wird er magisch, animistisch, sakral überhöht: Elitetruppen bevorzugen es, die Zahl vierzig weder zu unter- noch zu überschreiten; die toten heiligen Helden müssen den Krieg als im buchstäblichen Sinn himmlische Heerscharen mit führen – deswegen wählt man für den Krieg bestimmte Zeiten.

Die Betonung des Irrationalen und Magischen – das ist unschwer vorherzusehen – wird in den nächsten Jahren und Jahrzehnten viel Beifall finden. Denn die «Postmoderne» hat die «Moderne» bereits eingeholt, wo nicht überholt. Der Moderne, dem Set aus Demokratie, Industriegesellschaft, Chancengleichheit, Öffentlichkeit des Politischen, Transparenz der Entscheidungsprozesse, Effektivität der Administrationen und vor allem Rationalität ist eine massive Konkurrenz in Form der Postmoderne erwachsen, deren noch unklares Design von teils artikulierten, teils diffusen Werten und Normen in Entstaatlichung, Kommunalisierung, Privatisierung, Überschaubarkeit der kleinen Lebensräume, Emotionalisierung und vor allem Irrationalität besteht. Subversiv arbeitet gegen die großen Entwürfe einer Geschichte nach rationalen Kriterien[245], um die sich die unermüdlichen Nachfahren der Aufklärer scharen, der Zeitgeist in Form des historischen Essays, der die Aufklärung und mit ihr

14 Das Schlachtfeld: Federzeichnung von Urs Graf, 1521. Das Bild verschränkt mehrere zeitliche Ebenen ineinander. Im Vordergrund entkleidete und geplünderte Gefallene. Kunstmuseum Basel, Kupferstichkabinett.

[244] Marchal, Ursprünge, S. 153.

[245] Vgl. etwa Wehler Hans Ulrich, Deutsche Gesellschaftsgeschichte, 2 Bde., München 1987.

die Kategorie der Rationalität auf eine gut hundertjährige Geschichte verkürzt, ansonsten aber die Menschheitsgeschichte in einer Geschichte der Magie aufgehen läßt[246]. Magie hat man bislang den einfachen Leuten vorbehalten – und insofern war sie auch ein Forschungsgegenstand der Volkskunde –, wohingegen jene gesellschaftlichen Schichten, welche die «Hochkultur» prägten, schon immer für die Rationalität als gewonnen galten.

Trotz ungünstiger Zeiten für Aufklärer muß gefragt werden, was am Bild des Schweizer Kriegers kritisierbar ist. Es sind die methodischen Unzulänglichkeiten und die interpretatorischen Widersprüche.

Die wichtigste Quellengruppe für die Rekonstruktion des Schweizers als Krieger sind die Chroniken. In den wenigsten Fällen handelt es sich bei den Chronisten um Augenzeugen. Wo sie nicht auf Urkunden oder amtliches Geschäftsschriftgut zurückgreifen konnten – und das konnten sie naturgemäß für Schlachtverläufe selten –, war ihr Wissen ungefähr, sagte oft mehr über die unklaren Vorstellungen der Allgemeinheit, über «d'Meinig», als über den konkreten Verlauf. Quellenkritik, die der Historiker im Umgang mit solchen Texten übt, ist Hans Georg Wackernagel, der dem Schweizer Krieger die ersten pejorativen Konturen gegeben hat, ein unbekanntes methodisches Verfahren. Die Aussagen der Texte sind einerseits sehr zweifelhaft, und andererseits ist die Schnittmenge übereinstimmender Aussagen in den Chroniken so bescheiden, daß damit der Wahrheitsgehalt der chronikalischen Einzelaussage schwerlich erhöht werden kann. Sind die Anleihen, die Wackernagel und mit ihm auch Richard Wolfram in anderen Kulturen Europas und Außereuropas machen, nicht Symptome für die eigene Unsicherheit hinsichtlich der Verbindlichkeit der wenigen Daten für die Schweiz? Erstaunlich ist, daß dennoch Historiker wie beispielsweise Schaufelberger, welche das Verfahren der kritischen Geschichtswissenschaft durchaus beherrschen und praktizieren, bei weiterreichenden Interpretationen die Wackernagel-Thesen wie einen Joker einführen.

Interpretatorische Widersprüche sind oft Folgen zweifelhafter methodischer Verfahren. Sie sind im Bild der alten Schweiz wohl nirgendwo so zahlreich und massiv wie bei den gängigen Vorstellungen vom Schweizer als Krieger. Die Schweizer Kriegsmentalität als Folge des Hirtenlebens zu interpretieren verlangt, daß die Luzerner, die Zürcher, die Berner an den Kriegen entweder nicht teilgenommen haben oder daß sie für deren Verlauf und Ausgang gänzlich bedeutungslos waren[247]. In den Elitetruppen Geächtete oder Gebannte zu sehen setzt voraus, daß Mord, Totschlag, Brand und Diebstahl in den Länder- und Städteorten zur Normalität des Lebens gehörten, denn nur wegen solcher Verbrechen wurde man gebannt. Und ist es nicht eine recht krause Vorstellung anzunehmen, die eidgenössischen Obrigkeiten hätten sich nolens volens solcher Verbände bedient, um ihre politischen Interessen militärisch durchzusetzen?

Es ist, legt man strenge wissenschaftliche Maßstäbe an, nicht sehr weit her mit dem geläufigen Bild vom Schweizer Krieger. Das schließt aber nicht aus, daß wesentliche Charakteristika richtig beschrieben sind. Doch Vermutungen sind keine Erkenntnisse; wenn sie mit Suggestivkraft vorgestellt werden, ist das nur um so schlimmer, weil sie in ihrem wissenschaftlichen Gewand, in dem sie daherkommen, mit wissenschaftlichen Ergebnissen verwechselt werden können.

Der «Mythos vom waffenfähigen Bauern», der nur in der Schweiz anzutreffen sei, ist – um mit der Kritik gleich fortzufahren – wohl noch weniger haltbar als der Mythos vom Krieg als magischem Ritual.

Es gehört zu den geläufigen Einschätzungen jener, die etwas von Agrargeschichte, alpenländischer Regional- und Landesgeschichte sowie Kriegsgeschichte verstehen, daß die Bauern üblicherweise nicht wehr- und waffenfähig waren und daß die gänzlich davon abweichende, andere Situation in der Innerschweiz die Entstehung der Eidgenossenschaft wesentlich begünstigt hat. Der derzeit zweifellos beste Kenner der Agrargeschichte Mitteleuropas, Günther Franz, hat bezugnehmend auf die Friedensgesetzgebung Friedrich Barbarossas gesagt, daß «den Bauern überhaupt verboten [wurde], Waffen, Spieß und Schwert zu tragen, und den Richtern befohlen wurde, sie den Bauern wegzunehmen»[248]. Der Bauer, der damit «aus dem aktiven Wehrdienst herausgenommen war und in der Landesverteidigung fortan keine Rolle mehr spielte», wurde nur noch «in der inneren Friedenssicherung, also im Polizeidienst, aktiv herangezogen»[249]. Die Schweiz macht hier eine Ausnahme: «Das starke Landesbewußtsein und die ‹Wehrfähigkeit› [Hervorhebung Blickle] der Untertanen hielten die einzelnen Gemeinschaften zusammen und schufen die Eidgenossenschaft»[250].

[246] DÜLMEN Richard van, Christentum, Aufklärung und Magie, in: Gesellschaftsgeschichte, Festschrift für Karl Bosl zum 80. Geburtstag, Hrg. Ferdinand Seibt, Bd. 1, München 1988, S. 63–70.

[247] Solche Annahmen allerdings bei SCHAUFELBERGER, Kriegführung, S. 35.

[248] FRANZ, Bauernstand, S. 44.

[249] Ebd., S. 55.

[250] Ebd., S. 83.

15 Das Wütisheer: Gemälde von Urs Graf, Kunstmuseum Basel. Der Krieg wird magisch überhöht. Nach Richard Wolfram hatten «die Sagen vom ewigen Zug und Kampf des wilden Geisterheeres» in den Schweizer Kriegerverbänden einen besonders guten Nährboden.

Für Harold Steinacker, einen hervorragenden Kenner der Geschichte der Alpenländer, lebten im «Verhältnis der Eidgenossen zum Krieg [...] uralte Dispositionen fort, die anderwärts früher erloschen». «Im Deutschen Reich galten die Schwaben als der kriegerischste Stamm. [...] Es scheint, ihre Kriegslust lebte am längsten in den Schweizer Bergbauern fort.»[251] Mit anderen Worten: die Kriegslust war in anderen Stämmen, Ländern und Regionen verlorengegangen. Auch die jüngste Schweizer Geschichtsschreibung bestätigt dieses Urteil. «Im Unterschied zum Bauernstand im Flachland ist der Hirte und Bergbauer immer wehrfähig geblieben.»[252]

In weitreichende geschichtliche Bezüge des Abendlandes hat vor allem Otto Hintze das Problem eingebettet, und sicher hat auch er mit der großen wissenschaftlichen Autorität, die er in Deutschland in der ersten Hälfte des 20. Jahrhunderts besaß und deren Wirkung noch heute anhält, einen Mythos befestigen helfen, der auf der Annahme fußt, nur ausnahmsweise – und zu diesen Ausnahmen würde eben die Schweiz gehören – sei der Bauer waffenfähig gewesen. Ursprünglich gelte, sagt Otto Hintze, der Satz: «Alle freien Männer, soweit sie die Waffen tragen können, sind Krieger [...]. Die Versammlung der Krieger ist die politische Versammlung [...]; wer nicht Krieger ist, hat keine Stelle in dem politischen Gemeinwesen.»[253] Das ändert sich mit der Ausbreitung des Ackerbaus, mit der Bindung des Menschen an den Boden, mit demographischem Wachstum, Arbeitsteilung und Handel – es entsteht «eine Scheidung von Wehrstand und Nährstand»[254]. Verfassungsgeschichtlich ausgedrückt verdrängt das Feudalsystem den Bauern als Krieger. «Das Feudalsystem bedeutet eine nachhaltig wirksame soziale Differenzierung, einen weltgeschichtlichen Akt der Berufs- und Arbeitsteilung und damit den Anfang einer durchgreifenden Klassenbildung. Der kriegerische Beruf sondert sich von dem gewerblichen ab; beide werden erblich. Der Ritterstand tritt dem Bauernstand gegenüber, und zwar in der Stellung eines herrschenden Standes; denn der Ritterstand hängt mit dem Stande der Grundherren zusammen, der unkriegerisch gewordene Bauer aber versinkt mehr und mehr in Hörigkeit und Abhängigkeit verschiedener Grade.»[255]

Diese für Europa insgesamt charakteristische Entwicklung findet dort nicht statt, wo der Bauer frei bleibt. «Ungefähr um dieselbe Zeit, wo der Bauer aus den deutschen Heeren verschwand», werden in England die Freien für die Landesverteidigung organisiert. «Das war ein wesentliches Stück des Systems der Selbstregierung [...]. Selfgovernment und Miliz gehören zusammen.»[256] Nicht anders ist es in der Schweiz. Wo immer sich «freie Bauern» «in ihrer alten Gemeindeverfassung» erhalten, bleibt die Wehr-, Waffen- und Kriegsfähigkeit bestehen. «Namentlich auf dem moralisch-politischen Faktor der lebendigen Gemeindeverfassung» beruht schließlich für Hintze der militärische Erfolg der Eidgenossen. «Von Bauernmilizen ist eigentlich überhaupt der Fortschritt in der Kriegskunst und Kriegsverfassung ausgegangen, der die Entwicklung des Militarismus auf dem Kontinent ermöglichte. Die Schweizer sind die großen Lehrmeister aller Nationen geworden.»[257]

Das mag so sein, doch die Annahme einer auf die Schweizer, die Freiheit oder die Selbstverwaltung gegründeten Waffen- und Wehrfähigkeit ist korrekturbedürftig, und zwar in erheblichem Maße.

Ländliche Rechtsquellen zeigen zunächst einmal, daß die Waffen- und Wehrfähigkeit keineswegs auf die Schweiz beschränkt war[258]. Positive Belege finden sich ebenso für den

[251] STEINACKER, Staatswerdung, S. 24.
[252] MARCHAL, Ursprünge, S. 153.
[253] HINTZE, Staatsverfassung, S. 53.
[254] Ebd., S. 53.
[255] Ebd., S. 62.
[256] Ebd., S. 67.
[257] Ebd., S. 67f. – Vgl. WOHLFEIL, Ritter, S. 325–331.
[258] Durchgesehen wurden die von Jacob Grimm edierten Weistümer. Die Problematik der Quellengattung besteht darin, daß sie nur indirekt Auskünfte über die Wehr- und Waffenfähigkeit gibt. Immerhin wird im Zusammenhang mit Erbschaftsfragen oder dem Problem der Verteidigung des «Hofes», für den ein Hofrecht (Weistum, Offnung, Ehafttaiding) aufgezeichnet ist, von der Bewaffnung (Heergeräte, Harnisch, Waffen aller Art) gesprochen. Repräsentativität kann diese Sammlung bekanntermaßen nicht beanspruchen, was mit der Art der Aufnahme durch Grimm zusammenhängt. Vgl. zur Problematik der Quellengruppe: WERKMÜLLER Dieter, Aufkommen und Verbreitung der Weistümer. Nach der Sammlung von Jacob Grimm, Berlin 1972. Dazu die kritischen Bemerkungen von BURMEISTER Karlheinz, in: Montfort 27, 1975, S. 594f. und BALTL Hermann, in: Zeitschrift der Savigny-Stiftung für Rechtsgeschichte, germanistische Abteilung 91, 1974, S. 235ff. – Für die Belege: GRIMM, Weisthümer 1, S. 1–5, 38–42, 102–108, 151–159, 169–171, 183–187, 192–202, 245–248, 248–257, 264–273, 300, 303, 308–310, 329–331, 372–380, 403–406, 618ff., 650f., 845–848; GRIMM, Weisthümer 2, S. 13–17, 98f., 156f., 165f., 211–214, 370–383, 423–429, 509f., 515–521, 608f., 732–736, 823. GRIMM, Weisthümer 3, S. 17–22, 32f., 43f., 49–54, 54f., 56ff., 101–103, 103–107, 145–161, 163–168, 188ff., 193f., 195f., 196–198, 200–202, 202f., 203f., 206f., 212f., 231–235, 240–247, 343ff., 374–378, 498, 607ff., 609–612, 686f., 689–692, 705–710, 710–715, 716–720, 811, 895f. – Wegen der insgesamt doch zu geringen Dichte und angesichts der beschränkten Fragestellung, die nur die Verbreitung generell erfassen wollte, blieben die Bände 4–6 (welche die in den Bänden 1–3 schon behandelten Landschaften nochmals abschreiten) hier unberücksichtigt.

Schwarzwald, den Saar-Mosel-Nahe-Raum und besonders für Westfalen. Drei Beispiele, die über die Art der Bewaffnung etwas näher Auskunft geben, sollen das beleuchten. So heißt es etwa im Weistum von Dornheim im Schwarzwald 1417: «Stirbt ain aigen man bi siner genozschaft, da nimpt man den besten val und wät und wäfen; hät er aber sün, in sy geholfen oder nit, den belibet sin hernesch und dem iungsten das swert, in belibt ouch die phlügysen, ain segense, und ain howe, und ain snident wäfen.»[259] Für das elsässische Oberhachental wird verlangt, bei Gericht in Waffen zu erscheinen. «Im gemeiner ding sollen die huber und andere gewafnet sin.»[260] Und im Weistum für Uphusen in Westfalen ist die stattliche Rüstung noch im 16. Jahrhundert nachgewiesen. «Wandt die man versterfft, kumpt dem hern praueste tho dat beste perdt mit syner gerechticheit, iß midt sadell, thome, swert, steuell und spor, eyn kettell van groite dar eyn man gesteueldt und gesparet intredden kan.»[261]

Das sind nur erste Anhaltspunkte, mit denen man sich nicht zufriedengeben darf. Nicht überall kommt die Waffen- und Wehrfähigkeit in den herkömmlicherweise «Weistümer» genannten Quellen zum Ausdruck. Das belegt etwa Tirol, für das die ländlichen Rechtsquellen kaum diesbezügliche Hinweise enthalten; es steht aber ganz zweifelsfrei fest, daß die Tiroler Bauern waffenfähig und kriegspflichtig waren[262]. In der Regel wurde über die Reichweite der Wehr- und Kriegspflicht auf den Landtagen verhandelt, so auch in Tirol. Nimmt man das als Hinweis und untersucht unter diesem Gesichtspunkt die Landtagsverhandlungen in den österreichischen und deutschen Territorien, so zeigt sich, daß während des Spätmittelalters und selbst noch in der Frühneuzeit die Wehrfähigkeit in Oberdeutschland ganz selbstverständlich war[263]. Namentlich gilt das für Grenzgebiete des Reiches, für das Elsaß, Vorarlberg, Tirol, Salzburg[264]. Aber nicht nur für sie; auch für die innerösterreichischen Länder oder für Bayern ist die Wehrpflicht unstrittig, und Musterungen sind durchaus geläufig[265].

Was bleibt nach diesen etwas langfädigen, aber notwendigen Erörterungen über das Kriegswesen an Einsichten? Der kriminelle, knabenschaftlich organisierte, von magischen Ritualen umstellte alte Schweizer Krieger ist eine wissenschaftlich nicht akzeptable Figur – er gehört ins Reich der Phantasie, der Spekulation. Das schließt selbstverständlich nicht aus, daß die Schweizer überaus tüchtige, vielleicht auch leidenschaftliche Krieger waren. Dieses Kriegertum aber beruhte nicht auf der Einmaligkeit ihrer Wehr- und Waffenfähigkeit, denn letztere galt für alle Bauern Süddeutschlands, von denen Englands oder Skandinaviens ganz zu schweigen. Die süddeutschen Bauern jedoch, um jetzt nur von ihnen zu sprechen, haben offenkundig aus dieser Wehr- und Waffenfähigkeit keine erkennbare Kriegsleidenschaft entwickelt. Weshalb nicht? Vielleicht weil sie ihrer Kriegs- und Wehrpflicht auf Befehl und im Auftrag ihrer adeligen Herren nachkamen? Zwar verteidigten sie im Krieg auch ihren Herd, ihren Hof und ihre Familie, aber eben nicht nur sie. Sie verteidigten auch ihre Herren, deren Burgen, Klöster und Schlösser. Erklärt sich die militärische Leistungsfähigkeit der Eidgenossen[266], an der niemand zweifelt – weder die europäischen Zeitgenossen noch die heutigen Wissenschaftler –, möglicherweise daraus, daß es hier die eigene Sache zu verteidigen galt[267]? Nämlich ein neues politisches System? Die «Eidgenossenschaft» und die sie begründenden «Länder» und «Städte»? Zur Republik gehört die Miliz, hat einer der ersten Theoretiker des Krieges, Niccolo Machiavelli, gesagt, und er berief sich auf den Anschauungsunterricht, den er als florentinischer Gesandter von den Schweizern erhalten hatte. Liegt in den antifeudalen, den kommunalen Strukturen der Schweiz die tiefere Begründung für den Schweizer als erfolgreichen Krieger?

[259] Grimm, Weisthümer 1, S. 376.
[260] Ebd., S. 650.
[261] Grimm, Weisthümer 3, S. 154. – Der Text heißt in neuhochdeutscher Übersetzung: «Wenn der Mann verstirbt, dann kommt dem Herrn Propst zu das beste Pferd mit seiner Gerechtigkeit, das ist mit Sattel, Zaumzeug, Schwert, Stiefel und Sporen, und ein Kittel von der Größe, in den ein Mann gestiefelt und gespornt eintreten kann.»
[262] Stolz Otto, Wehrverfassung und Schützenwesen in Tirol von den Anfängen bis 1918, Innsbruck-Wien-München 1960.
[263] Blickle, Landschaften, S. 478–486.
[264] Stolz Otto, Die Landesrettungen für Oberelsaß und Breisgau aus dem 16. Jahrhundert, in: Elsaß-Lothringisches Jahrbuch 20, 1942, S. 181–199. – Stolz Otto, Zur Geschichte der Landwehr in Vorarlberg, in: Montfort 3, 1948, S. 1–33. Müller Friedrich Wilhelm, Die elsässischen Landstände, Straßburg 1907.
[265] Grüll Georg, Bauer, Herr und Landesfürst, Graz 1963. Fehr Hans, Das Waffenrecht der Bauern im Mittelalter, 2. Teil: Das Waffenrecht in den landesherrlichen Gebieten, in: Zeitschrift der Savigny-Stiftung für Rechtsgeschichte, germanistische Abteilung 38, 1917, S. 1–114, bes. S. 29–35. Beck Wilhelm, Bayerns Heerwesen und Mobilmachung im 15. Jahrhundert, in: Archivalische Zeitschrift NF 18, 1911, S. 1–132.
[266] Seit der Mitte des 13. Jahrhunderts läßt sich belegen, daß die Innerschweiz für fremde Herren Söldner stellte, die offensichtlich außerordentlich erfolgreich waren. QW 1/1, Nr. 680, S. 308; Nr. 927, S. 421.
[267] Vgl. die eher skizzenhaften Überlegungen bei Beck, Problematik, S. 252.

Von der herrschaftlichen Verfassung zur gemeindlichen Ordnung

Von den Friedensbemühungen in der Innerschweiz war bislang vorrangig die Rede und von der rechtlichen Sicherung und räumlichen Ausweitung dieses Friedens durch Bundesverträge; von Kriegen wurde gesprochen, von Abwehrmaßnahmen, um den durch die Bünde geschaffenen Friedensbereich zu schützen und zu sichern. Die Friedens- und die Kriegspolitik wurden in der Innerschweiz getragen von den «Ländern» und den «Städten», also von den «Orten» oder, anders gesprochen, von den «Kommunen». Friedens- und Kriegspolitik fiel in Europa üblicherweise in die Zuständigkeit der Könige und Fürsten. In der Schweiz verlagerte sie sich je länger je mehr in die Zuständigkeit von Gemeinden. Die Entwicklung geht von der herrschaftlichen Verfassung zur gemeindlichen Ordnung. Insofern kann man im Prozeß der Kommunalisierung eine entscheidende Voraussetzung der Friedensbemühungen, der kriegerischen Auseinandersetzungen, ja des gesamten Bundessystems sehen.

Die gemeindliche Ordnung gibt der Innerschweiz ihre eigentümliche und unverwechselbare Eigenart innerhalb Europas. Zwar hat es kommunale Ausprägungen andernorts auch gegeben – die Städte in Italien und in den Niederlanden, die bäuerlichen Landschaften in Schweden und die ländlichen Gemeinden in Oberdeutschland, Österreich und auch in Frankreich zählen dazu. Sie alle jedoch waren oder wurden in ihrer Autonomie beschränkt: durch ihre adeligen und kirchlichen Grund- und Landesherren, etwa in Frankreich, oder durch eine neuerliche Aristokratisierung, beispielsweise in den italienischen Städten. Kommunale und feudale Strukturen blieben in der Regel in Europa in einer oft unentschiedenen, immer spannungsreichen, damit aber auch veränderbaren Gemenge-Lage. Mit der Durchsetzung der absoluten Monarchie in Europa seit dem 17. Jahrhundert wurden die kommunalen Ordnungen überall geschwächt: die «Souveränität», wie viele Staatstheoretiker vom späten 16. bis zum frühen 18. Jahrhundert sagten, hatte ihren «Sitz» einzig in der Person des Monarchen oder Fürsten. Zur selben Zeit lag in der Schweiz die Souveränität in den Kommunen.

Kommunale Ordnungen können – der Hinweis auf Europa sollte das nur als Problem andeuten – von feudalen überlagert werden. Eine Dorfgemeinde kann einen adeligen oder klösterlichen Grundherren haben, der auf mancherlei Art in das Leben des Dorfes eingreifen kann – nicht nur dadurch, daß er von seinen Bauern Abgaben, Dienstleistungen oder Steuern verlangt, sondern auch dadurch, daß er Mandate erläßt, um das Leben in seinem Dorf zu regeln, und diejenigen, welche die Mandate übertreten, vor sein Gericht lädt und dort aburteilt. Damit tritt er aber in eine Konkurrenz zu den dörflich-gemeindlichen Selbstregulierungsmechanismen, die sich etwa in der Festlegung der Allmendrechte, der Zuteilung von Bau- und Brennholz aus dem gemeindlichen Wald oder in der Überwachung von Backstuben, Badstuben und Wirtschaften äußern, wozu das Dorf eigene Ämter ausbildet – den Bannwart, den Forstwart oder den Vierer – und wofür es eigene Gebote und Verbote erläßt.

Kommunalismus und Feudalismus stehen somit in einer gewissen Konkurrenzsituation. Beide neigen dazu, sich zu verabsolutieren. Je ausgeprägter die Herrschaft eines Adeligen, eines Prälaten, eines Fürsten, eines Bischofs ist oder wird, desto schwächer sind oder werden die gemeindlichen Zuständigkeiten. In der Umkehrung heißt dies, dem Prozeß der Kommunalisierung ist der Prozeß der Entfeudalisierung spiegelbildlich.

Für das Verständnis der spätmittelalterlichen Schweizergeschichte sind das äußerst wichtige Orientierungsmarken. Die Innerschweiz tritt keineswegs als eine Ansammlung von demokratischen Republiken in Form von Ländern und Städten in die Geschichte ein. Und keineswegs sind die in ihr lebenden Menschen ständisch und personenrechtlich als frei zu bezeichnen. Im Hochmittelalter läßt sich der politische Raum der späteren Eidgenossenschaft kaum als etwas Eigenständiges von den Verhältnissen in anderen Regionen des Römischen Reiches abtrennen; vom übrigen Europa unterscheidet ihn schwerlich etwas Besonderes. Kleine Adelige und unbedeutende Äbte, Grafen und Bischöfe, Herzöge und Könige haben auch hier ihre Rechte unterschiedlichster Art – an den Menschen und an den Gütern, über Personen und Sachen. Sie üben, wie die Historiker in ihrer Fachsprache sagen, Leibherrschaft und Grundherrschaft aus, sie verfügen über Vogteirechte und Gerichtsbarkeiten. Kurzum: auch die Schweiz ist feudalisiert.

Das ist so um 1200. Um 1400 ist alles ganz anders. In einer relativ knappen Zeitspanne von 200 Jahren – knapp deswegen, weil sich die

Ordnung Europas vor der Industriellen Revolution des 19. Jahrhunderts nur sehr gemächlich wandelt – werden die Grundlagen der gesellschaftlichen und politischen Ordnungen in der Innerschweiz verändert, und das in grundsätzlicher Weise. Spätestens um 1400 haben die kleinen Adeligen und die unbedeutenden Äbte, die Grafen und die Bischöfe, aber auch die Herzöge ihre Rechte verloren, und die der Könige sind mehr als zweifelhaft. Die Innerschweiz ist wie kaum eine andere Region Europas entfeudalisiert; sie ist jetzt durch und durch kommunalisiert. Dadurch unterscheidet sie sich von Europa. Und damit beginnt sie, sich aus dem Reichsverband zu lösen.

Kommunalisierungsprozesse auf dem Land – die Bauern solidarisieren sich

Wie die Stadtgemeinden entstehen, weiß man einigermaßen[1], und zwar deswegen, weil die Städte schon immer das besondere Interesse der Geschichtswissenschaft gefunden haben. Das Rom der Antike, das Florenz der Renaissance, das Paris der Französischen Revolution, das Berlin der Industriellen Revolution – gewissermaßen örtliche Verdichtungen welthistorischer Prozesse – haben bis heute ihre Attraktivität nicht eingebüßt. Das Interesse gilt aber auch der Stadt als solcher. Nicht zuletzt beruht das auf dem Mißverständnis, das moderne Bürgertum habe seine Vorläufer in der mittelalterlichen Stadt – heute weiß man, daß es seine Vorläufer eher am königlichen oder fürstlichen Hof hatte. Insofern die «kritische» Geschichtswissenschaft, die sich im 19. Jahrhundert zunehmend ausbildete, eine durch und durch «bürgerliche» Veranstaltung war, lag es nahe, die Geschichte nach Vorläufern eben dieses Bürgertums zu durchstöbern. «Das Land» blieb dagegen angesichts solcher Vorgaben, Vorlieben und Vorurteile im Schatten, mit Folgen für unser Geschichtsbild als Ganzes. Zwar weiß man einiges auch über die Dorfgemeinde und die Landgemeinde; daß aber beide Gemeinsamkeiten mit der Stadtgemeinde aufweisen, gehört jedenfalls nicht zu den gesicherten Besitzständen der europäischen Geschichtswissenschaft. Und schon gar nicht gehört es zum Geschichtsbild der Europäer, daß Stadt- und Landgemeinden, anders gewendet «Kommunen», etwas für die europäische Geschichte bedeutet haben. Die Schweizer Historiographie hat das anders gesehen, naheliegenderweise bei der unübersehbaren Präsenz der Länderorte; dennoch teilt sie, wie so oft, die Vorlieben der europäischen Geschichtswissenschaft: die Stadt interessiert sie mehr als das Land; um eine Kantonsgeschichte von Schwyz oder Ob- bzw. Nidwalden zu finden, muß man ins frühe 19. Jahrhundert zurück bibliographieren, erheblich rascher wird man hingegen für Bern fündig, manchmal schon in der Buchhandlung.

Es empfiehlt sich, mit dem weniger Bekannten zu beginnen – mit der gemeindlichen Bewegung in der ländlichen Gesellschaft.

Vom klösterlichen Hof zum freien Dorf – der Fall Gersau

Gersau am Vierwaldstättersee liefert ein ausgezeichnetes Beispiel, um aufzuzeigen, was es heißt, wenn die Gesellschaft feudal organisiert ist, und was es anderseits heißt, wenn sie kommunal verfaßt ist. Die Kleinräumigkeit der Verhältnisse erlaubt eine vergleichsweise übersichtliche Darstellung dessen, was sich in welchen Bereichen verändert hat.

Die Herrschaftsrechte über Gersau teilten sich in unterschiedlicher Zuständigkeit das Kloster Muri und die Grafen von Habsburg. Die enge Verknüpfung klösterlicher sowie gräflicher Rechte erklärt sich aus dem Umstand, daß die Habsburger die Vögte des Klosters Muri waren[2]. Das «Habsburger Urbar», das die Besitzungen und Rechte der österreichischen Herzöge um 1300 verzeichnet, zeigt, daß die wesentlichen Herrschaftsrechte in Gersau ihnen zustanden[3].

«Dis sint die nuͥtze und recht, die duͥ herschaft hat in dem hofe ze Gersoͦwe. Der selbe hof Habsburg eigen ist, hat 6 hůben und 7 schůppossen. Die selben hůben und schůppůssen und andruͥ gůt, die in den hof hoͦrent, geltent jerlich ze zinse 33 zigern verrichtecklich, der jeglich 5 ß wert sin sol, 31 lember, der jeglichs 18 d. wert sin sol, 6 geishuͥte, der jeglichuͥ 18 d. gelten sol, 40 elne grawes tůches, der jeglich elne 1 ß wert sin sol, 3000 albellen, der je das hundert 1 ß wert sin sol, und 31 stanbalken, der jeglicher 3 d. pfenning gelten sol. Da lit öch ein muͥli; duͥ giltet jerlich ze zinse 1000 albellen, die 10 ß gelten suͥllent.

Der Fluacker ze Hergerswile giltet jerlich 5 ß. Da lit öch ein hof, der des gotzhuses von Mure eigen ist; uͥber den und uͥber die luͥte, die den hof buwent und sin gůt, ist duͥ herschaft vogt. Die selben luͥte und die luͥte des herren hofes geltent weder mer noch minre danne 13 [Pfund] jerlich ze stuͥre von ir libe und von ir

[1] Für Mitteleuropa zuletzt: Isenmann, Stadt.

[2] Grundlegend für die Geschichte von Gersau: Camenzind, Gersau. Einen kurzen geschichtlichen Abriß gibt Müller Albert, Gersau. 650 Jahre im Bund der Eidgenossenschaft 1332–1982, Gersau [1982].

[3] HU 1, S. 283ff. Eine neuhochdeutsche Transkription bei Camenzind, Gersau, S. 33f.

gůte. Dů herschaft nimet öch da von ir eigenen manne ze valle das beste höbt âne eines, das er hat, das gespalten fůsse hat; daz selbe tůt si dem, der ir eigen gůt hat, obe er der herschaft nicht ist. – Dů herschaft hat da twing und ban und richtet důbe und frefel.»

Es existieren – so sagt der Text – zwei Höfe in Gersau. Der eine gehört den Grafen von Habsburg, der andere der Abtei Muri. Der Habsburger Hof besteht aus sechs Hufen (hůben) und sieben kleineren Gütern (schůpposen), insgesamt also aus mindestens 13 Anwesen. Daraus wird ersichtlich, daß das Wort Hof eine andere Bedeutung hat als heute. Der «Hof Gersau» ist ein «Fronhof», eine «villa». Die Größe des murensischen Hofes kennt man nicht; daß er möglicherweise eine dem habsburgischen Hof ähnlich umfassende Ausstattung hatte, jedenfalls kein bäuerlicher Familienbetrieb war, ergibt sich auch hier aus der Bezeichnung «Hof»[4].

Vom Habsburger Hof sind die Abgaben genau aufgeschrieben: Die Bauern liefern Lämmer, Geißhäute, Fische, Tuche und auch Holzbalken. Die Abgaben des Muri-Hofs kann man lediglich erschließen[5]: In bunter Reihenfolge ist von Käsen, Fischen, Häuten, Wolle, Nüssen, Äpfeln und anderen Dingen die Rede. Um Vollständigkeit geht es nicht, sondern um das System, das sich in bezug auf die Abgaben der «Höfe» erkennen läßt. Die Grundherren, die Grafen von Habsburg und das Kloster Muri, beziehen Naturalabgaben, und zwar in sehr vielfältiger und vielgestaltiger Form. Die Höfe produzieren, was die Grundherren für ihre Versorgung brauchen; natürlich liefern sie vornehmlich das, was von der topographischen Lage des Hofes her möglich oder sinnvoll ist – beispielsweise Fische aus dem Vierwaldstättersee. Den Bauern gehört folglich der Ertrag ihrer Arbeit nicht vollständig; sie entrichten an Habsburg und Muri Abgaben von den Gütern, vom Grund und Boden, den sie bewirtschaften, sie sind Grundholden, und Habsburg und Muri sind ihre Grundherren.

Über beide Höfe, den habsburgischen wie den murensischen – so sagt das Urbar – sind die Habsburger Vögte. Als solche erheben sie eine Steuer von den Leuten beider Höfe in Höhe von insgesamt 13 Pfund, wobei es sich um ein Entgelt für den Schutz und Schirm handelt, den sie den Bauern zu gewähren haben – bei Fehden und Kriegen beispielsweise und vor Gericht[6]. Insofern die Gersauer der Habsburger Vogtei unterstehen, sind sie Vogtleute.

Die Habsburger beziehen jedoch noch weitere Abgaben aus Gersau, nämlich «das beste höbt» mit der zweifachen Einschränkung «ohne ein̊s» und soweit es sich um «Paarzeher» handelt. Das heißt, wenn ein Bauer stirbt und wenn er «Eigenmann» des Grafen ist, gehört das zweitbeste Stück Großvieh den Grafen[7]. Die Bauern des Habsburger Hofes sind Leibeigene, der Graf ist ihr Leibherr. Ob auch Muri Eigenleute in Gersau besitzt, bleibt unklar.

Schließlich verfügen die Habsburger in Gersau über «Twing und Bann» und richten über «Dieb und Frevel». Das bedeutet, sie besitzen Gebots- und Verbotsgewalt, modern gesprochen eine Gesetzgebungskompetenz, und haben das Recht, schwere Verbrechen abzuurteilen[8]. Hohe Gerichtsbarkeit nennt solches die Geschichtswissenschaft.

In Gersau stand auch eine Kirche, welche mit dem Klosterbesitz Muris aufs engste verknüpft war[9]. Näherhin war sie ein integraler Bestandteil des Hofes Gersau, wie eine spätere Urkunde vermerkt[10], und gehörte dem Inhaber zu «eigen».

[4] Die Acta Fundationis des Klosters Muri, die freilich einer früheren Zeit entstammen, könnten diese Vermutung stützen. Immerhin erwähnen sie, daß in Gersau ein «prepositus» des Klosters dreimal jährlich erscheint, was für Hofverbände nicht untypisch ist. ACTA MURENSIA, S. 80f. – Nach OECHSLI, Anfänge, S. 80, war Gersau auch Haupthof für die Verwaltung der Klosterbesitzungen in den Waldstätten. Die genaue Zahl der Anwesen läßt sich nicht rekonstruieren. 1510 ist von 64 steuerpflichtigen Einheiten die Rede. Dazu: Bezirksarchiv Gersau, Urkunden Nr. 18.

[5] Die Abgaben sind der Beschreibung, wie sie in den ACTA MURENSIA, S. 81, nachzulesen ist, entnommen: «Juxta natale sancti Andree veniat et educat [prepositus] res, que dantur sive ibi sive in aliis locis, id (est) caseos, seracia, carnes, ypisces, peccora, que occidenda sunt, pannos, lanam, filtros, cutes, coria, pelles, nummos, nuces, poma. In ipsa adhuc curte fuerunt multa constituta, que, quia non potuerunt perdurare, ideo non scribimus in ea». Wirtschaftsgeschichtlich interpretiert den Text GLAU SER, Landwirtschaft, S. 29.

[6] Im übrigen ist das ein sehr schöner Beleg dafür, daß die Steuer ihre Wurzeln in der Vogtei (in der Gewährleistung von Sicherheit und Ordnung) hat.

[7] Daß auch von Leuten, die auf habsburgischem «eigen gůt» sitzen, Todfallabgaben eingezogen werden, erklärt sich aus dem Umstand, daß in den älteren Hofverbänden dingliche und personale Rechte nicht geschieden waren. Ein Grundholde war ipso facto ein Leibeigener und umgekehrt. Die Redeweise vom «Eigenmann» bringt diesen Sachverhalt zum Ausdruck.

[8] «Dieb und Frevel» ist die süddeutsche Bezeichnung für die Hochgerichtsbarkeit. Vgl. HIRSCH, Gerichtsbarkeit, S. 158, 168ff. – Diese Kompetenzen über seinen Hof und seine Leute hat das Kloster Muri offensichtlich verloren. Schon in den Acta Fundationis heißt es: «In ipsa adhuc curte fuerunt multa constituta, que, quia non potuerunt perdurare, ideo non scribimus in ea». ACTA MURENSIA, S. 81.

[9] Ebd., S. 80: «Ecclesia vero huc ex toto pertinet, sicut et omnis vicus antea pertinuit [...]. Ecclesia vero baptismalis est et sepulturam et decimam habet». Dazu auch QW 1/1, Nr. 167, S. 80f.

[10] CAMENZIND, Gersau, S. 35f. Es handelt sich um eine Urkunde vom 14. Juli 1412, derzufolge Herman von Büttikon «den Hof zu Gersau samt dem Kirchensatz, der darein gehört und der sein Eigen war», an Herzog Friedrich von Österreich überträgt.

16 Der Freikauf Gersaus im Jahr 1390 in einer Darstellung des 18. Jahrhunderts. Bezirksarchiv Gersau.

Was das Habsburger Urbar – unter Einbezug der verstreuten Belege über die Kirche – freigibt, sind die deutlichen Konturen eines «Hofes», eines «Herrenhofes», eines «Fronhofes», einer «Villikation» im Hochmittelalter. Alle Charakteristika, welche der Feudalismus im ländlichen Bereich aufzuweisen hat, sind hier vorhanden: Grundherrschaft, Leibherrschaft, Vogtei, Satzungs-, Gerichts- und Kirchenhoheit über Bauern. Das Kloster Muri und sein Vogt, der Graf von Habsburg, verfügen über Eigengut, Eigenleute und eine Eigenkirche[11]. Unter gleichen oder ähnlichen Bedingungen lebten die Bauern in den adelig-kirchlichen Grundherrschaften des Reiches, in den Seigneurien Frankreichs und in den Manors von England.

Seit die Habsburger Großmachtpolitik betrieben, erlebten ihre Besitzungen vielfache Veränderungen. Häufig wurden sie verliehen, verpfändet oder auch verkauft. Dieses Schicksal widerfuhr seit dem frühen 14. Jahrhundert auch Gersau. Mehrfach wechselten die Pfandherren. Zuletzt, am Ende des 14. Jahrhunderts, waren die habsburgischen Anteile im Besitz der Luzerner Familie von Moos[12].

Entscheidende Veränderungen erfolgten, als sich die Gersauer anschickten, selbst die Herrschaftsrechte zu kaufen. 1390 erwarben sie von den Geschwistern von Moos «Gerichte und Stüre» um 690 Pfund Plappart[13]. Dieser Kauf war ein äußerst wichtiger Vorgang. Gerichtshoheit und Vogtei gingen damit nämlich in den Besitz Gersaus über. Mit einer begrifflichen Hilfskonstruktion könnte man sagen, die «öffentlichen» Rechte wechselten in die Hand der Gemeinde, und zwar jene Rechte, die in besonders hohem Maße staatliche oder staatsbildende Qualität besaßen. Gericht und Steuer (Vogtei) sind nämlich öfters in der Schweiz, im Reich und in Europa zur Grundlage des frühneuzeitlichen Staates geworden.

Ähnlich muß man sich wohl auch die Ablösung der grund- und leibherrlichen Titel vorstellen, wiewohl diese Vorgänge urkundlich nicht belegt sind. Zwar erscheint Gersau noch zu Beginn des 15. Jahrhunderts als habsburgisches Lehen im Besitz Hermans von Büttikon[14], aber offenkundig verfügten die Gersauer über die Güter vergleichsweise frei, denn anders läßt sich schwer erklären, daß sie bereits 1345 unbehelligt die Planggenalp, die «zů ûnsren gůtern horte, dû ze Gersŏwe in den hof hŏrent», verkaufen konnten[15]. Individuelle oder kollektive Freikäufe durch die Gemeinde mögen dazu geführt haben, daß in der Neuzeit von einer Grundherrschaft in Gersau nicht mehr die Rede ist.

Den 1390 erworbenen Status ließen sich die Gersauer 1433 von Kaiser Sigismund bestätigen[16]. Eine Gersauer Gesandtschaft wurde eigens nach Basel abgefertigt, wo sich der Kaiser

[11] Wie eine solche «Eigenverfassung» im Reich ausgesehen hat, beschreibt BLICKLE Renate, «Spenn und Irrung» im «Eigen» Rottenbuch. Die Auseinandersetzungen zwischen Bauernschaft und Herrschaft des Augustiner-Chorherrenstifts, in: Aufruhr und Empörung? Studien zum bäuerlichen Widerstand im Alten Reich, Hrg. Peter Blickle, München 1980, S. 69–145.

[12] Bis 1332 war der Habsburger Besitz an Gelwan Kaverschins verpfändet (CAMENZIND, Gersau, S. 34); am 15. November 1333 verpfänden ihn die Herzöge Otto und Albrecht von Österreich an Rudolf von Freienbach, Jost von Moos und deren Ehefrauen (QW 1/3,1, Nr. 34, S. 31), von denen er, vermutlich im Erbgang, auf die Familie von Moos allein überging.

[13] Bezirksarchiv Gersau, Urkunde Nr. 6 (2.6.1390). Text in neuhochdeutscher Fassung bei CAMENZIND, Gersau, S. 52ff.

[14] CAMENZIND, Gersau, S. 35f.

[15] QW 1/3,1, Nr. 582, S. 375f.

[16] Bezirksarchiv Gersau, Urkunde Nr. 8 (31.10.1433). Der Text in neuhochdeutscher Fassung abgedruckt bei CAMENZIND, Gersau, S. 58f.

wegen des dort stattfindenden Konzils aufhielt. Von dort brachte sie eine kaiserliche Privilegienbestätigung mit, die freilich ganz formelhaft gehalten ist und die Gersauer Rechte im einzelnen nicht ausdrücklich nennt. Interessant ist allerdings, an wen der Kaiser die Urkunde adressiert: an «Ammann und Kirchgenossen zu Gersau». Das zeigt nochmals, welche Bedeutung auch der Pfarrkirche zukam; sie konnte Kristallisationskern der Gemeindebildung werden[17]. Insofern ist es auch nicht verwunderlich, daß sich die Gersauer für die Rechte über ihre Pfarrkirche interessierten. 1483 ging der Kirchensatz – das Patronatsrecht, wie es verbreiteter heißt – und damit das Recht, den Pfarrer zu wählen beziehungsweise ihn dem Bischof zur Investitur vorzuschlagen, an «ammann und gemein kilchgenossen zů Gersow» über[18]. Damit waren auch die letzten feudalen Rechte in gemeindlicher Hand.

Der entscheidende Schritt vom feudalen Hof zur freien Gemeinde war zweifellos der Erwerb von Gericht und Steuer/Vogtei durch die Gersauer im Jahr 1390 und die kaiserliche Bestätigung der damit erreichten Autonomie 1433. Das zeigt sich darin, daß bereits drei Jahre später, in zwei Urkunden unter dem gleichen Datum, das alte Hofrecht und das Ehe- und Erbrecht[19] den veränderten politischen Verhältnissen angepaßt wurden[20].

Beide Texte sind von höchstem Interesse, weil sich in ihnen eine völlig autonome Gemeinde darstellt, die keinerlei Rücksichten auf irgendwelche Herrschaften mehr zu nehmen hat. Insofern mag man mit Josef Maria Mathä Camenzind, dem Biographen von Gersau, sagen, das Dorf sei eine «reichsunmittelbare Gemeinde»[21] geworden.

Das Hofrecht[22] hat folgende Präambel: «Indem namen vnsers herren amen. Allen den die disen brieff ansechend oder hörend lesen kinden wir der ammann vnd die kilchgenossen gemeinlich dz wir dise nach geschribnen stuck halten vnd haben sullen vnd můssend fur vnsers frigen hoffes ze Gerisow vffgenomne rechtung die wir uff vnß selber gesetzet hant vnd setzend mitt vrkund dißß brieffes.» Daraus ergibt sich, daß an die Stelle der Habsburger Herzöge «Ammann und Kirchgenossen» getreten sind, daß aus dem herrschaftlichen Hof ein «freier Hof» geworden ist, daß die habsburgische Satzungskompetenz für den Hof – und damit für das gesamte Dorf – an die Gemeinde[23] übergegangen ist. Die Gemeinde ist rechtsfähig: sie kann eine Urkunde ausstellen, und sie kann diese mit einem eigenen Gemeindesiegel[24] rechtskräftig machen[25].

Was regelt die Hofordnung? Welcher aktuelle Handlungsbedarf entsteht in Gersau, nachdem es keine «Herrschaft» mehr gibt?

Jährlich wird das Gericht neu besetzt, wozu alle Gemeindemitglieder aufgeboten werden: «Des ersten so ist es ze wissend dz man ierlichen das gericht ernüwren sol, vnd den genossen die ob fierzechen iaren sind zesamen gebieten sol.»

Gewählt werden anläßlich dieser Gemeindeversammlung, die man getrost als Vorläuferin der späteren Landsgemeinde[26] bezeichnen darf, der Ammann und die Richter: «Und wen die genossen dar gebend zefragen der sol yeder man fragen vff den eid der der dar geben wirt für einen amman den sond die genossen bitten vnd wil er es von ir betwegen nitt tůn so sol mans im gebieten by dem eid, vnd, näme er sich dar über des amptes nit an kåmend deß die genossen in schaden da sol er sy entschadgen so ferre er lib vnd gůt hett. Wen man ŏch zů dem gesworen gericht setzet, den sol man bitten vnd wisen alß den amman.»

Neben diesen verwaltungs- und verfahrensrechtlichen Fragen werden auf der materialen

[17] Noch im 16. Jahrhundert sind die «güter in dem kilchgang» Rechtsgrundlage für die Besteuerung: Bezirksarchiv Gersau, Urkunde Nr. 18. «Kilcher» dient noch in den Landbüchern als Bezeichnung für ein Gemeindemitglied: «Wo ein kilcher sich alhie unssers grichts und rechts nit welte lassen settigen old benüegen und verguot han, so sol er das landt recht verloren han». Bezirksarchiv Gersau, Landbuch 6, S. 37; vgl. auch ebd., S. 83, 113.

[18] Bezirksarchiv Gersau, Urkunde Nr. 12 (4.11.1483). Neuhochdeutsche Fassung bei CAMENZIND, Gersau, S. 67f. Der Kirchensatz wird den Gersauern «mit den gedingen» übergeben, «das der abgenant amman vnd gemein kilchgenossen zů Gersow vnd alle ir ewigen nachkommen den selben kilchen satz nu hinfur mögent inhaben den besetzen und damit tůn vnd lassen in alweg als mit irem eignen gůt».

[19] Vorgängige Aufzeichnungen über das Hof- und Erbrecht fehlen.

[20] Bezirksarchiv Gersau, Urkunden Nr. 9 und 10 (28.6.1436). Beide Texte bei CAMENZIND, Gersau, S. 61–65 in Neuhochdeutsch.

[21] CAMEN ZIND, Gersau, S. 59.

[22] Bezirksarchiv Gersau, Urkunde Nr. 9.

[23] Die Bezeichnung «Ammann und Kirchgenossen» hält sich bis ins ausgehende 15. Jahrhundert. Von einer Gemeinde ist ausdrücklich bei einer Steuererhebung von 1510 die Rede: «Es ist zů wissen das ein gemein vnd ein aman zů Gersow hon geleit ein schatzung vf die [...] güter». Bezirksarchiv Gersau, Urkunde Nr. 18.

[24] Das Siegel trägt die (teilweise schwer leserliche) Umschrift: «S[igillum] comunitatis.. Gersow»; in der Mitte der Kirchenpatron Marzellus.

[25] Die Siegelfähigkeit von Kommunen ist immer ein Beleg für ihre weitreichende Autonomie, jedenfalls für ihre Rechts- und Geschäftsfähigkeit als korporativer Verband. Seit wann Gersau ein eigenes Siegel führt, ist unklar; vermutlich nicht vor 1390. Als die Gemeinde (mit Weggis) am 30. August 1359 einen Revers für die Waldstätte ausfertigt, verfügt sie noch nicht über ein eigenes Siegel.

[26] Für die Verfassung von Gersau in der Frühneuzeit vgl. die ausführliche Darstellung bei CAMENZIND, Gersau, S. 150–174.

17 **Ansicht von Gersau: Stich aus dem 1784 erschienenen zwölften Band der «Tableaux de la Suisse» von Baron Beat Fidel Zurlauben.**

Ebene vornehmlich Bestimmungen über den dörflichen Frieden getroffen. Der Ammann und die Richter sind in besonderem Maße gehalten, bei Unruhen und Streitereien, wenn «stöße uff luffend», den Frieden zu gebieten und so zu sichern; schlechtestenfalls müssen auch alle Gemeindemitglieder zur Überwältigung eines Friedbrechers beitragen. Widersetzt sich jemand dem Friedensgebot, wird er mit einer Buße belegt, im Weigerungsfall aus dem Dorf verwiesen. Wer solche Ungehorsamen «haust und hoft», übernimmt deren Verpflichtungen gegenüber der Gemeinde.
Unter einem besonderen Schutz steht auch das Gericht: «Wär ŏch den amman oder sin statthalter so er zegericht sitzet frefenlich mitt der fust schlecht oder messer oder stein oder stecken oder welcherley wäffen er frefenlich zucket indem sinn dz er im stächen oder schlachen oder werfen well der ist meineid vnd ist komen vm 5. lib ån genad.»
Diese Bestimmungen könnten vermuten lassen, daß das Gericht seine Autorität wohl erst gewinnen mußte. Hinter ihm stand kein Graf von Habsburg mehr. Die Gemeindemitglieder, die Kirchgenossen von Gersau, mußten in ihre neue Verantwortlichkeit erst hineinwachsen.
Dessenungeachtet: die Ämter in diesem freien Hof sind nicht neu, und die Friedensbestimmungen sind es auch nicht. Denn solche Vorkehrungen finden sich auch in den traditionellen Grundherrschaften. So heißt es etwa beispielsweise in den Statuten des oberschwäbischen Heggbach, einer Klostergrundherrschaft: «Item sezen und wöllen wir, daß unser hoffmaister, aman oder püttel und ob deren kainer da wäre, ain jeder geschworner richter und ob kain richter auch da were, ain ieder unser einsäß und gerichtgehöriger, ob aufrüerer und gezanck [...] entstienden, früd zu gebieten haben.»[27] Heggbach kennt mit Ammann und geschworenen Richtern die gleichen Ämter wie das Dorf Gersau, und mit dem Friedege-

[27] GEHRING Paul, Nördliches Oberschwaben, Stuttgart 1941 (Württembergische Ländliche Rechtsquellen 3), S. 246. – Die Auswertung dieser Quelle ergibt, daß in den oberschwäbischen Dörfern, die alle einer strengen adeligen oder kirchlichen Grundherrschaft unterstanden, das Friedeproblem in 80 Prozent aller überlieferten Ordnungen einen prominenten Platz einnimmt. Das gilt auch für die Frühneuzeit. Camenzinds Folgerung aus den Bestimmungen des Hofrechts, daß man in Gersau «Freiheit und Zügellosigkeit miteinander verwechselt» habe (CAMENZIND, Gersau, S. 64), ist also unbegründet.

bot teilt es auch die materialen Bestimmungen des Gersauer Hofrechts[28].
Neu ist allerdings, wer die gleichbleibenden Kompetenzen nun wahrnimmt: die Gemeinde, vertreten durch von ihr gewählte Organe. Sie übernimmt uneingeschränkt alle Rechte, die bislang den Feudalherren zugestanden hatten. Selbst der Huldigungseid, welchen die Bauern ihrem Herrn hatten schwören müssen, blieb offenbar erhalten. Der Eid verlangte üblicherweise – die Huldigungsformel für Gersau ist nicht bekannt –, des Herren «Nutzen zu mehren und Schaden zu wenden». Nachdem es keinen Herrn mehr gab, konnte die Eidleistung nur heißen, der Gemeinde Nutzen zu mehren und Schaden zu wenden[29]. Das war die normative Grundlage für die Pflichten, die man gegenüber der Gemeinde hatte. Der gewählte Ammann oder Geschworene hatte sein Amt anzunehmen «by dem eid», den er geleistet hatte; Hofgenossen mußten den friedebietenden Geschworenen beispringen «by dem selben eid». Wer die Gebote der Gemeinde nicht befolgte, «der sol sin meineid», ebenso derjenige, welcher das Gericht gewalttätig angriff[30]. Kurzum: die Gemeinde selbst hatte alle feudalen Rechte in sich aufgesogen.
Da es jetzt im Liegenschaftsverkehr keine Beschränkung durch eine Grundherrschaft mehr gab und keine Erbrechtsansprüche eines Leibherrn, mußte das Ehe- und Erbrecht neu geregelt werden. Wie es inhaltlich umschrieben wurde, ist in diesem Zusammenhang nicht interessant; interessant ist lediglich der formale Aspekt: die Satzung des Ehe- und Erbrechts durch «Ammann und Kirchgenossen», ihre urkundliche Verankerung und die Bekräftigung mit dem Gemeindesiegel. Hofrecht und Erbrecht, Strafrecht und Privatrecht trugen beide den Charakter gewillkürter Satzungen einer Gemeinde[31]. Wo Satzungshoheit, Administration und Rechtsprechung in der ausschließlichen Verfügungsgewalt einer Gemeinde sind wie in Gersau am Ausgang des Mittelalters, ist der Kommunalisierungsprozeß zu seinem Abschluß gekommen.

Uri – vom pagellus Uroniae zur universitas vallis Uraniae

Gersau diente als einfaches Beispiel, um hier den Umwandlungsprozeß eines adelig-kirchlich geprägten Hofverbandes in eine reichsfreie Kommune zu zeigen. Das Tal Uri hat die nämliche Entwicklung durchlaufen, nur ist sie um ein Vielfaches komplizierter und liegt um viele Jahrzehnte früher. Als «pagellus Uroniae», als Gau, tritt Uri im 9. Jahrhundert in das urkundliche Licht der Geschichte – als «universitas vallis Uraniae», als rechtsfähige autonome Talschaft, stellt es sich spätestens in der zweiten Hälfte des 13. Jahrhunderts dar.
Streifen wir kurz die für die geschichtlichen Zusammenhänge des Hochmittelalters wichtigen Fakten der Frühgeschichte: Der keltisch-römische Ursprung des Tales Uri steht außer Zweifel[32]. Die Namens-, Siedlungs- und Herrschaftsgeschichte liefern für diese Annahme hinreichend plausible Belege. «Uronia», der lateinische Vorläufer des heutigen Uri, läßt sich als Romanisierung eines älteren, keltischen Namens «Oron» deuten, was der Auslegung als Auerochsenfeld entspricht[33]. Ist die etymologische Herleitung richtig, dann erklärt sich aus ihr auch mühelos, weshalb Uri einen Stier im Wappen führt[34]. Diese Lesart läßt sich mit dem siedlungsgeschichtlichen Befund verknüpfen, nach dem der altbesiedelte Reußboden als Weideland diente, an dessen Rand auch die wohl älteste Siedlung des Tales lag, das – sicher nicht zufällig so genannte – «alte Dorf», das heutige «Altdorf». Es wird häufiger, noch bis ins 15. Jahrhundert, Uronia genannt, was das hohe Alter und die herausragende Bedeutung des Ortes unterstreicht.
Die römische Überlagerung der keltischen Bevölkerung läßt sich gleichfalls mit Hilfe namenkundlicher und herrschaftsgeschichtlicher Daten erschließen. Zu den frühestgenannten Ortsnamen im Tal gehört Bürglen, was auf eine Burg oder einen römischen Kastellbezirk hindeuten könnte[35]. Für römische Traditionen spricht auch, daß Uri als südlichster Außenposten des alemannischen Herzogtums erscheint, denn die alemannischen Herzöge haben in der

[28] Zahlreiche Belege für die Ähnlichkeit der friedenssichernden Maßnahmen in der Schweiz und in Schwaben bietet OSENBRÜGGEN, Strafrecht.

[29] Später wird der Eid auf «das Land» geschworen, und zwar anläßlich der Ammannwahl, also der älteren Gerichtsbesetzung, die in der Hofverfassung dem ungebotenen Ding entsprach. Bei diesem Anlaß wurden diejenigen, «welche noch nit zum land geschworen hand», vereidigt. So nach dem «Kleinen Gersauer Landbuch», aufgenommen 1605 (Bezirksarchiv Gersau, Landbuch 6).

[30] Alle Belege in der Hofrechtserneuerung vom 26. Juni 1436 (Bezirksarchiv Gersau, Urkunde Nr. 10).

[31] Die Landbücher, in denen sich die gemeindliche Satzungskompetenz niedergeschlagen hat, sind strenggenommen nichts anderes als Entfaltungen, Differenzierungen und Weiterentwicklungen der beiden Urkunden von 1436. Vgl. etwa das «Kleine Landbuch», S. 62 (Bezirksarchiv Gersau, Landbuch 6), wo bei Erbrechtsfragen ausdrücklich auf einen «versigletten brieff», der mit der Urkunde von 1436 identisch sein muß, Bezug genommen wird.

[32] KLÄUI, Uri, S. 69ff.

[33] Dazu ausführlich, einschließlich eines breiten Referats der bisherigen namensgeschichtlichen Überlegungen KLÄUI, Grundherrschaft, S. 67f. – Vgl. auch GLAUSER, Landwirtschaft, S. 99.

[34] KLÄUI, Grundherrschaft, S. 68.

[35] KLÄUI, Uri, S. 69.

Regel nach der Völkerwanderung den römischen Besitz übernommen. Mit der Unterwerfung der Alemannen durch die Franken beginnt die durch schriftliche Quellen gesicherte Geschichte Uris.
Für die Geschicke des Tales wurde der Umstand bestimmend, daß König Ludwig der Deutsche im Jahre 853 das Frauenkloster Zürich mit seinen Besitzungen und Rechten im «pagellus Uroniae» ausstattete[36]. Die Urkunde nennt namentlich Kirchen, Häuser und Gebäude und die sie bewohnenden Menschen, sie spricht aber nur sehr vage und formelhaft – wie das viele Königs- und Kaiserurkunden tun – von kultiviertem und unkultiviertem Land, wie Wiesen, Weiden oder Flüssen, die dem Zürcher Frauenkloster übertragen werden.
Es bleibt völlig unklar, ob das ganze Tal in königlichem Besitz war und somit geschlossen an das Fraumünster in Zürich wechselte. Keineswegs ist die Möglichkeit auszuschließen, daß es Freie auf Eigengut in Uri gegeben hat, die von dieser Schenkung nicht betroffen wurden; auch ist denkbar, daß neben dem König noch andere weltliche oder geistliche Herren im Tal begütert waren[37].
Von Bedeutung wurde die königliche Schenkung an Zürich aber vornehmlich deswegen, weil Ludwig der Deutsche mit den Gütern und Personen auch seine Herrschaftsrechte über diese Güter und Personen zugunsten des Klosters aufgab[38].
Der «advocatus constitutus», der eingesetzte Vogt, welcher die Rechte der Klosterfrauen zu sichern, zu schützen und zu verteidigen hatte, übernahm jene Aufgaben, die bislang offensichtlich dem «iudex publicus» bzw. «comes» zugestanden hatten. Beide Bezeichnungen umschreiben die gerichtlichen Kompetenzen, die dem Reich zustanden und durch einen ‹öffentlichen Richter› beziehungsweise einen ‹Grafen› wahrgenommen wurden. Anders gewendet: der klösterliche Vogt ersetzt den königlichen Grafen[39]. Es ist allerdings nicht auszuschließen – vorausgesetzt, Freie hätten weiter in der Talschaft gelebt –, daß ein Grafengericht als Freiengericht weiterhin existierte.
Die Forschung nimmt an, daß die Vogtei von den Grafen von Lenzburg und seit 1173 von ihren Rechtsnachfolgern, den Zähringern, ausgeübt wurde[40]. Mit deren Aussterben 1218 fiel sie an das Reich zurück[41]. Mit der Wahrnehmung der Vogtei beauftragte der Kaiser jetzt die Habsburger. Im Jahre 1231 erfolgte die Auslösung der habsburgischen Rechte durch König Heinrich. Damit ist ein Schlüsselereignis der Urner Geschichte erreicht, das noch etwas genauer analysiert werden muß.
Es gehört zu den äußerst widersprüchlich interpretierten und nicht befriedigend gelösten Fragen der Geschichte Uris, ja der Frühgeschichte der Eidgenossenschaft insgesamt, wie die Vogtei- und Gerichtsverhältnisse im Tal beschaffen waren. Gab es eine eigene Vogtei für Uri? War sie personal verknüpft mit der Reichsvogtei über Zürich? Welche Rechte übten die Vögte aus? Eine Hochgerichtsbarkeit? Eine Blutgerichtsbarkeit?
Halbwegs gesicherten Boden betritt man erst 1231, wiewohl auch die in Frage stehende Urkunde König Heinrichs noch genügend Interpretationsprobleme aufwirft[42]. Seinen Getreuen, «universis hominibus in valle Uraniae», teilt der König mit, er habe die Rechte Rudolfs von Habsburg in Uri aufgekauft, und verspricht ihnen gleichzeitig, sie beim Reich zu behalten und nicht zu entfremden, das heißt weder zu verleihen noch zu verpfänden. Die habsburgischen Rechte in und über Uri fallen

[36] MGH DD, Ludwig der Deutsche, Nr. 67, S. 92ff.
[37] Vgl. Wernli, Entstehung, S. 26ff. Wernli, Grundbesitz, S. 4ff. Von einer Übereignung des gesamten Tales geht noch Kläui, Fraumünsterbesitz, S. 184, aus.
[38] MGH DD, Ludwig der Deutsche, Nr. 67, S. 94: «Ut nullus iudex publicus nec comes vel quislibet ex iudiciaria potestate in locis praefatis vel in cunctis rebus ad eandem loca respicientibus seu homines tam liberos quam et servos, qui illic commanere videntur, distringere aut infestare nec fideiussores tollendos aut ullas redibitionibus vel freda aut bannos exigendo aut alicuius iniuriae vim ullo umquam tempore inferre praesumat, sed sub nostra defensione et munitatis tuitione cum advocatis ibi constitutis res illae secure per diuturna tempora permaneant.»
[39] Eine erste umfassende Interpretation dieser Urkunde bei Lusser, Uri, S. 16f. Weit ist die Forschung nicht darüber hinausgekommen. – Die Probleme der Frühgeschichte von Uri erörtert in großer Breite Büttner, Weg, S. 35–51.
[40] Wernli, Entstehung, S. 50f.
[41] QW 1/1, Nr. 257, S. 123f.
[42] QW 1/1, Nr. 325, S. 152f. Der Text in der deutschen Übersetzung von Oechsli, Quellenbuch, S. 63 lautet: «Heinrich, von Gottes Gnaden König der Römer und allezeit Mehrer des Reiches, seinen Getreuen, sämtlichen im Thale Uri wohnhaften Leuten, denen der gegenwärtige Brief erzeigt wird, seine Gnade und alles Gute! Des Willens, allezeit das zu thun, was zu eurem Nutzen und Vorteil dienen kann, haben wir euch hiemit von dem Besitze des Grafen Rudolf von Habsburg losgekauft und gefreit und versprechen euch, dass wir euch niemals weder durch Verleihung noch durch Verpfändung von uns veräussern, sondern euch stets zu unsern und des Reiches Diensten handhaben und schirmen wollen. Wir ermahnen daher eure Gemeinde mit aufrichtigster Zuneigung, dass ihr in Betreff der Einforderung unserer Vogteisteuer und ihrer Bezahlung glaubet und thut, was unser Getreuer Arnold von Aa [? de Aquis] euch in unserm Namen sagen und zu thun heissen wird, auf dass wir eure bereitwillige Treue loben dürfen, weil wir ihn mit Vorwissen unseres Rates zu euch abzuordnen für gut gefunden haben. Gegeben zu Hagenau am 26. Mai in der vierten Indiktion». – Die lateinische Vorlage hat für die zentralen Begriffe folgende Benennungen: für Gemeinde «universitas»; für Vogteisteuer «requisitio nostrae precariae et solutionis». Vogteisteuer ist folglich eine sehr prononcierte und stark interpretierende Übersetzung.

ans Reich; welcher Natur diese Rechte waren, läßt sich nicht eindeutig ermitteln[43]. In der Urkunde ist von einer Steuer die Rede, welche die Urner dem König zu bezahlen haben, was – je nach Charakter der Steuer – unterschiedliche Interpretationen erlaubt. Wenn es sich nämlich um eine einmalige Steuer handelte, dann ist es sehr wahrscheinlich, daß die Urner selbst mit Nachdruck den Kauf durch den König betrieben haben. Anders gesprochen: hinter der Steuer verbirgt sich die Summe – oder zumindest ein Teil der Summe –, die zur Ablösung der habsburgischen Rechte von Uri aufgebracht wurde.

Diese Lesart ist nicht gänzlich unwahrscheinlich, weil es parallele und zeitgleiche Beispiele aus dem Reich gibt, die – falls sie auf Uri zurückbezogen werden dürfen – die Vorgänge in der Urschweiz selbst verständlicher machen.

Ein solcher Fall ist aus dem Allgäu bekannt. 1243 haben die Eglofser Freien dem Kaiser die stattliche Summe von 1000 Mark Silber zur Verfügung gestellt, um ihm den Erwerb der Grafschaft im Allgäu, die identisch war mit dem Wohngebiet der Eglofser Freien, zu ermöglichen. Nach Ausweis der vorhandenen Quellen war dies ein Drittel der gesamten Kaufsumme[44]. Die Parallele zur Urkunde für Uri von 1231 ergibt sich daraus, daß auch den Eglofsern versprochen wurde, sie künftig nicht mehr durch eine Verleihung oder Verpfändung vom Reich zu trennen[45].

Will man hingegen in der Steuer, die 1231 von den Urnern für das Reich gefordert wird, eine jährlich wiederkehrende Abgabe sehen, welche Freienverbände auch anderwärts im Reich – etwa die «Freien auf Leutkircher Heide» – entrichtet haben[46], dann dürften die vom Reich erworbenen Rechte der Habsburger vornehmlich vogteilicher Natur gewesen sein, denn «Steuer» war eine Gegenleistung für «Schutz», für «advocatia», für «Vogtei».

Selbst wenn diese Deutungsvariante die richtigere sein sollte, bleibt wahrscheinlich, daß die Urner selbst an diesem Herrschaftswechsel beteiligt oder wenigstens stark interessiert waren. Stützende Argumente liefern die dieser Transaktion unmittelbar folgenden Urkunden, die alle einen steilen Aufstieg in der Autonomie des Tales Uri erkennen lassen:

«Fidelibus suis ministro et universis hominibus Uranie» befiehlt König Heinrich VII. im Jahr 1234[47], die Rechte des Klosters Wettingen zu respektieren. «Mit der landlůte bëtte gemeinliche und rate» schlichtet Rudolf von Habsburg 1257[48] eine Fehde und erkennt schließlich ein Jahr später den Fehdebrechern «cum consensu et conniventia universitatis vallis Uranie»[49] alle ihre Besitzungen ab. Dem «ministro [...] ceterisque ministris ac hominibus universis vallis Uranie» teilt Königin Gertrud 1273 mit[50], sie habe das Kloster Engelberg in ihren besonderen Schutz genommen, und ein Jahr später bestätigt der neugewählte König Rudolf von Habsburg «ministro et universitati vallis Uranie»[51] das Privileg von 1231, sie weder zu verpfänden noch zu veräußern.

In der kurzen Zeitspanne von vierzig Jahren verdichten sich die Belege für das Entstehen einer «universitas» Uri, an deren Spitze ein «minister» steht. «Universitas» und «universi homines» dürften austauschbare Begriffe sein, zumal sie sich immer auf die politische Einheit Uri beziehen. Auch die Petschaften des Landes bestätigen das: Das Siegel trägt die Umschrift «universitas de Urania»[52], während die deutschsprachigen Urkunden davon sprechen, daß «die landlůte von Uren»[53] gesiegelt hätten. Über ein eigenes Siegel verfügte Uri spätestens seit 1243, zwölf Jahre nachdem der König das Tal ans Reich genommen hatte[54]. Siegelfähigkeit jedoch ist, wie das Beispiel Gersau schon deutlich gezeigt hat, ein Beleg für rechtliche Handlungsfähigkeit. Universitas ist ein Begriff für weitreichende Autonomie, und im 13. Jahrhundert heißt dies, daß wesentliche Hoheitsrechte bei der Talschaft liegen, sonst könnte sie die Bezeichnung universitas nicht beanspruchen[55].

[43] Wernli, Entstehung, S. 51 spricht zu selbstverständlich von einer Vogtei, die hier ans Reich gekommen sein soll; der Quellentext läßt eine solch eindeutige Interpretation nicht zu. Ähnlich Kläui, Uri, S. 72f. und Mayer, Freiheit, S. 182. – Uris Beziehungen zum Reich und seine mittelalterliche Geschichte generell zu erhellen wird dadurch erschwert, daß das Urner Archiv 1799 abgebrannt ist. Vgl. Gallati, Freibriefe, S. 481.

[44] Wirtembergisches UB 11, Nr. 5422, S. 363f. – Vgl. Baumann Franz Ludwig, Der Alpgau, seine Grafen und freien Bauern, in: Franz Ludwig Baumann, Forschungen zur schwäbischen Geschichte, Kempten 1899, S. 242.

[45] Es gibt zahllose Beispiele, in denen Könige und Kaiser oder auch Fürsten versprechen, keine Verpfändungen mehr vorzunehmen; in der Regel gehen solchen Versprechungen bestimmte, meist finanzielle Vorleistungen der Untertanen voraus.

[46] Vgl. Diehl, Freie, S. 298f.

[47] QW 1/1, Nr. 349, S. 164.

[48] QW 1/1, Nr. 825, S. 378.

[49] QW 1/1, Nr. 833, S. 382ff.

[50] QW 1/1, Nr. 1107, S. 500.

[51] QW 1/1, Nr. 1112, S. 502. – Die lange umstrittene Echtheit des Dokuments dürfte nach der Untersuchung von Gallati, Freibriefe, S. 490ff. (mit Forschungsbericht) außer Frage stehen.

[52] QW 1/1, Nr. 463, S. 217; Nr. 513, S. 241f.

[53] QW 1/1, Nr. 825, S. 377f.

[54] Eine Zusammenstellung der wechselnden Umschriften bei Lusser, Uri, S. 37.

[55] Ob der minister, vermutlich der spätere Landammann, von der universitas, vermutlich der späteren Landsgemeinde, bestimmt wurde, ist urkundlich nicht gesichert, wird jedoch verbreitet angenommen. Vgl. Wernli, Entstehung, S. 62. Kläui, Grundherrschaft, S. 87f. Kläui, Uri, S. 80.

Es dauerte keine zwei Jahrzehnte, bis der «minister» und die «homines universi» ihre dauerhafte Eindeutschung erfuhren. 1291 heißt es bereits «lantammann und die landlůte gemeinlich von Ure»[56].
Was ist an der Geschichte Uris für die Gesamtzusammenhänge der Entstehung der Eidgenossenschaft wichtig? Zunächst einmal die gen entledigten. Das war ein äußerst mühsames Geschäft, was allein schon der Umstand zeigt, daß sich dieser Prozeß über nahezu zweihundert Jahre erstreckte. Denn davon kann keine Rede sein, daß – wie die Geschichtsschreibung noch vor hundert Jahren meinte – «in dem kleinen Erdenfleck um den felsumschlossenen Waldstättersee [...] der Mensch-

18 Ruine Zwing-Uri. Archiv des Schweizerischen Burgenvereins, Basel.

Tatsache, daß die Ausbildung der universitas zeitlich vor den Anfängen des Bundessystems liegt. Falls sich der Befund für Uri verallgemeinern lassen sollte – für Schwyz und Unterwalden oder andere ländliche «communitates» wird dies erst noch zu untersuchen sein –, würde sich daraus ergeben, daß die Gemeinde eine Voraussetzung für die Herausbildung der schweizerischen Eidgenossenschaft darstellt.
Die erfolgreiche Kommunalisierung ist aber auch – und das soll jetzt an Uri gezeigt werden – die Voraussetzung für den Prozeß der Entfeudalisierung. Gemeindliche Ordnungen vermochten sich dauerhaft nur dort zu behaupten, wo auch die feudalen Herrschaftstitel, also die grund-, leib- und vogteiherrlichen Rechte, restlos beseitigt wurden. Anderenfalls bestand latent immer die Gefahr, daß der Adel oder die Kirche über solche Ansprüche ihre politische Macht wieder ausdehnten.
Es gehört zu den besonders faszinierenden Kapiteln schweizerischer Geschichte, wie sich die Länderorte der herrschaftlichen Bindun- heit edles Erbgut, die Freiheit» noch bestanden hätte[57].
Als Träger feudaler Herrschaftsrechte kann man in Uri zur Zeit der Ausbildung des selbständigen Landes drei sozial-rechtlich abgestufte und unterscheidbare Gruppen ausmachen: den Adel, die mehr oder minder landsässigen Klöster wie Wettingen sowie die Reichskirche, vertreten in der Person der Äbtissin des Zürcher Fraumünsters.
Uri gehörte im Hochmittelalter zum Einflußbereich der Zähringer[58]. Offensichtlich versuchten diese, das Tal mit Gefolgsleuten stärker zu erfassen bzw. ihre Vasallen und Ministerialen in Uri mit Land zu entschädigen. Die Rekonstruktion der Herkunft der ministerialischen oder adeligen Geschlechter hat ergeben, daß die führenden Familien des Tales aus dem kleinburgundischen Adel stammten, anders gesprochen aus dem Raume um Bern kamen[59]. Den Adelsbesitz genauer zu bestimmen ist aber außerordentlich schwierig, weil für diese Zeit Urbare, wie die Güterverzeichnisse im Spätmittelalter heißen, kaum erhalten sind, der Besitz also über den nur recht zufällig überlieferten Urkundenbestand erschlossen werden muß. Details freilich interessieren hier weniger als mehr die typischen Merkmale: Der Adelsbesitz dürfte in der Regel bescheiden gewesen sein, bestand aber nicht nur in Grundbesitz;

[56] QW 1/1, Nr. 1689, S. 788. – Auf die «Markgemeinde», die Allmendgenossenschaft, führt WERNLI, Entstehung, S. 46f., die universitas zurück und legt sie zeitlich damit bereits ins 9. Jahrhundert.
[57] LUSSER, Uri, S. 18f.
[58] KLÄUI, Grundherrschaft, S. 51.
[59] Ebd., S. 57.

vielmehr waren auch niedergerichtliche Rechte in der Hand der Adeligen. Für die Herren von Rapperswil beispielsweise ist gesichert, daß sie für ihre Grundherrschaften auch das Maien- und Herbst-Ding ausrichteten[60], also über ihre Güter ähnliche Hoheitsrechte ausübten wie die Habsburger über den zuvor ausführlicher behandelten Hof Gersau.

Unklar ist – um das wenigstens am Rande zu erwähnen –, aufgrund welcher Rechtstitel die Zähringer ihre Gefolgsleute mit Besitz in Uri ausstatten konnten. Paul Kläui, der unermüdliche und verdienstreiche Erforscher Uris, ist fest davon überzeugt, daß die Zähringer ihren Dienstmannen Reichsgut zuwiesen, eine Annahme, die ihn zu kühnen intellektuellen Operationen zwingt, um zu erklären, wo dieses Reichsgut hergekommen sein soll, nachdem es doch schon im 9. Jahrhundert zur Grundausstattung des Fraumünsters in Zürich verwendet worden war[61]. Kläui meint, daß das Königsgut im späteren 9. Jahrhundert wieder eingezogen worden sei. Das ist schon deswegen nicht zwingend, weil auch die Möglichkeit nicht ausgeschlossen werden kann, daß die Ministerialität der Zähringer in Uri vornehmlich die Aufgabe hatte, das Land zu erschließen und zu roden[62].

Interessant ist nun aber die Tatsache, daß der Adelsbesitz nach und nach verschwindet. Diesen Vorgang zeitlich genauer einzugrenzen ist schwierig; offensichtlich gibt es aber eine parallele Entwicklung zwischen dem Rückgang der Adelsherrschaften und der Ausbildung einer universitas Uri. Jedenfalls bleibt von den ehemals burgundischen Adelsfamilien beziehungsweise zähringischen Ministerialenfamilien am Ende des 13. Jahrhundert einzig noch die Familie Attinghausen übrig[63]. Sie verfügte über einen weitverzweigten, insgesamt wohl stattlichen Grundbesitz, welcher die Merkmale feudaler Herrschaft insofern deutlich trägt, als die Attinghausen auch über Leibeigene verfügten[64]. Ihre bemerkenswerte wirtschaftliche Stellung belegt auch die Tatsache, daß ihnen im 14. Jahrhundert von den Kaisern zunächst der halbe, dann der ganze Reichszoll in Flüelen verpfändet wurde und sie dem Reich mit zwanzig Bewaffneten zu dienen hatten, und zwar einen Monat lang auf ihre eigenen Kosten[65].

Um die Mitte des 14. Jahrhunderts wurden die Attinghausen von den Urner Landleuten gestürzt. Der Turm Attinghausen, die Burg und Feste also, dürfte 1357 zerstört worden sein. Das Land selbst übernahm einen Teil des Reichszolls, und gleichzeitig wurde eine Reihe von Landsgemeindebeschlüssen erlassen, die gewährleisten sollten, daß Grund und Boden nur noch im Besitz von Landleuten sein durften, Grundherrschaften sich also nicht neu bilden geschweige denn erweitern konnten[66]. Allmählich verflüchtigt sich in diesem antifeudalen Klima die adelige Grundherrschaft gänzlich. Offenbar gelangt der verbliebene Adelsbesitz – im wesentlichen handelt es sich um Streubesitz aus der Erbschaft der Attinghausen – über individuelle Käufe oder Ablösungsgeschäfte an die Urner Landleute – urkundliches Material, das diesen Prozeß deutlicher erkennen ließe, fehlt allerdings.

Zu den Merkwürdigkeiten der europäischen Geschichte gehört, daß die Menschen zu allen Epochen zur Sicherung ihres Seelenheils beträchtliche Vermögenswerte an die Kirche gestiftet haben, mit der Maßgabe, für den Stifter zu beten. Das Seelenheil war für das mittelalterliche Europa so wichtig, daß sich um die Heilsvermittlung ein eigener Stand entwickeln konnte, eben die «oratores», der «Betstand», der Stand der Geistlichkeit. In der Stiftungstätigkeit der frommen Christen lassen sich drei oder gar vier große Wellen unterscheiden: Zunächst, im Früh- und im frühen Hochmittelalter, stiften die Könige, und aus ihren Stiftungen erwuchsen die großen alten Reichsabteien, von St. Denis in Frankreich über Fulda und die Reichenau bis St. Gallen. Im Hochmittelalter stiftet vornehmlich der Adel; ihm verdanken viele Klöster ihre Existenz. Seit dem 14. und 15. Jahrhundert stiften auch die Bürger und die Bauern. Der Zuschnitt fällt not-

[60] Ebd., S. 49.

[61] Ebd., S. 49–64.

[62] Kläui stützt sich im wesentlichen auf eine Urkunde Ludwigs des Deutschen (MGH DD, Ludwig der Deutsche, Nr. 82, S. 119f.), derzufolge einem Berthold, Priester seiner verstorbenen Tochter Hildigard, drei Kapellen, davon je eine in Bürglen und Silenen, verliehen werden, und zwar «cum mancipiis decimis terris cultis et incultis campis […]». Dieser Besitz soll wieder ans Reich gefallen sein. Daß es dabei um umfänglicheres Gut ging, mit dem man Ministerialen hätte ausstatten können, ist nicht zwingend; ebensogut kann es sich um eine Grundausstattung der Kapellen gehandelt haben, und entsprechend bescheiden dürfte sie dann gewesen sein. Der zweite für Kläui erhebliche Beleg besteht in einem Diplom Ottos I. von 952 (UB Zürich 1, Nr. 201, S. 93f.), worin der Abtei Zürich ihre Besitzungen und die Immunität über diese Besitzungen bestätigt wurden. Nach der Nennung von Bürglen und Silenen heißt es: «que duo loca in presentia nostra adquisierunt». Das muß keineswegs bedeuten, daß Bürglen und Silenen zuvor Reichsgut oder Königsbesitz gewesen waren; Immunität konnte der König auch für Besitzungen gewähren, die das Fraumünster von anderen Grundherren erworben hatte. Kläuis Rekonstruktion von umfassendem Reichsgut (besonders aufwendig in Kläui, Fraumünsterbesitz, S. 179–183 wirkt somit vergleichsweise artifiziell.

[63] Kläui, Grundherrschaft, S. 74.

[64] So Kläui, Grundherrschaft, S. 74. Einzelbelege: QW 1/1, Nr. 958, S. 434; Nr. 1185, S. 537; Nr. 1212, S. 554.

[65] Kläui, Grundherrschaft, S. 80f. Kläui, Uri, S. 77.

[66] Schmid, Ury 2, S. 12. Kläui, Grundherrschaft, S. 82. Vgl. auch unten S. 193f.

wendigerweise viel bescheidener aus: es reicht nicht mehr für Klöster, allenfalls noch für Kirchen, manchmal nur für Altäre oder gar nur noch für eine Seelenmesse.
Zur zweiten Gruppe solcher Seelgerätstiftungen zählt das Zisterzienserkloster Wettingen, eine Gründung der Grafen von Rapperswil von 1227, das hier auch stellvertretend für andere Klöster[67] breiter behandelt werden soll. Zu seiner Ausstattung gehörte auch Grundbesitz der Rapperswiler in Uri. Der Umfang ist, wie so oft, unbekannt; gering wird er kaum gewesen sein, denn der Wert wird mit 300 Mark Silber angegeben – das ist das Fünffache der Reichssteuer, die das vergleichsweise reiche Bern entrichtet, und das Dreifache der Reichssteuer des Klosters St. Gallen[68]. Der Klosterbesitz vergrößerte sich durch Schenkungen und Zuerwerb, so daß Wettingen in Uri als der bedeutendste Grundherr mit gerichtlichen Rechten betrachtet werden muß[69].

Es ist nun interessant zu sehen, daß etwa zeitgleich mit der politischen Verfestigung des Urner Tales das Kloster die Abgaben nur mehr schwer einbringen konnte. Ein um 1360 angelegtes Wettinger Urbar ist voller Klagen darüber, daß die Einkünfte schon seit 1310 nicht mehr vollumfänglich eingingen. Das paßt gut zur Beobachtung, daß der König schon um die Mitte des 13. Jahrhunderts den Urnern wiederholt verbieten mußte, das Kloster mit Steuern zu belasten[70]. Nach 1300 zahlten die Urner ihre Geldzinse in der schlechteren Münze der Kolmarer Rappen statt der besseren Zürcher Pfennige; die besten Lehen besaßen die großen Familien, darunter ein Attinghausen, der es sich – so die Klage des Urbars – «propter suam potenciam», wegen seiner überragenden Machtstellung, leisten konnte, überhaupt keine Zinse an Wettingen abzuführen. Das Kloster hat daraus schließlich die Konsequenz gezogen und verkaufte 1359 seine Besitzungen in Uri zum Preis von 8448 Gulden an das Land[71]. Glaubt man den Aussagen des Wettinger Urbars, daß jährlich nur noch fünfzig Pfund an Abgaben eingingen, dann hätte eine angemessene Kapitalisierung – ein zwanzigfacher Betrag ist das Übliche – bei 1000 Pfund gelegen. Mit rund 8000 Gulden waren die Wettinger Rechte von seiten Uris hoch überzahlt[72]. Das freilich lag nicht an der schlauen Verhandlungsführung pfiffiger Mönche, sondern am wachsenden Antifeudalismus, der sich in Uri im 14. Jahrhundert breitmachte. Man war offensichtlich bereit, hohe Kapitalsummen aufzubringen, um die feudalen Rechte zu beseitigen[73].
Jetzt konnten sich offensichtlich auch die anderen Klöster nicht mehr halten: Das Kloster Rathausen verkaufte 1359 um 1223 Gulden[74], Kappel um 462 Gulden und Frauenthal um 400 Gulden seine Güter und Rechte an das Land Uri. Bis 1362 hat Uri die stattliche Summe von insgesamt 10 535 Gulden an die geistlichen Institutionen bezahlt[75]. Soweit sich sehen läßt[76], übersteigen die vom Land Uri bezahlten Summen den üblichen Gegenwert für Abgaben.
Dem massiven Entfeudalisierungsschub, dem die Adeligen und die kleineren Klöster fast gleichzeitig zum Opfer fielen, war auf die Dauer auch das Fraumünster in Zürich nicht gewachsen, obwohl es als Reichskloster die Vogtei des Reiches hinter sich hatte[77].
Die neuere Schweizer Historiographie nimmt an, daß das Fraumünster zwischen dem 9. und 14. Jahrhundert in Uri viel Besitz eingebüßt hat[78]. Die Einkünfte, die für 1370 überliefert sind[79], nehmen sich jedenfalls recht bescheiden aus: 18 Zieger, 442 Käse im Gewicht von 1000 Kilogramm, 23 Geißhäute, 60 Schafe

[67] Für das Frauenkloster Engelberg: QW 2/2, S. 235f. Für das Kloster Rathausen: QW 2/3, S. 338–346.
[68] KLÄUI, Grundherrschaft, S. 49ff., 76ff.
[69] KLÄUI, Fraumünsterbesitz, S. 167, nimmt an, die Wettinger Grundherrschaft habe die des Fraumünsters um das Fünffache überstiegen.
[70] QW 1/1, Nr. 345, S. 161; Nr. 349, S. 164. Sehr hübsch interpretiert diese Vorgänge LUSSER, Uri, S. 31f.
[71] Kaufurkunde abgedruckt in: Gfr. 41, 1886, Nr. 143, S. 110f.
[72] Vgl. PÜNTENER August, Urner Münz- und Geldgeschichte, Altdorf 1980, S. 14.
[73] In den Kauf nicht eingeschlossen waren nach Auskunft von KLÄUI, Grundherrschaft, S. 78, die Eigenleute, die nicht an das Land übergingen, weil sie sonst «Eigenleute des Landes» geworden wären; sie wurden dem Fraumünster übergeben, das ihnen gleiches Recht wie seinen übrigen Leuten zusicherte, «d.h. sie wurden freie Gotteshausleute, wie die übrigen Urner». – Das Problem wird nochmals im systematischen Zusammenhang behandelt; vgl. unten S. 180f.
[74] QW 2/4, S. 339.
[75] KLÄUI, Grundherrschaft, S. 78.
[76] Das gilt nicht nur für die Ablösungssumme an das Kloster Wettingen, sondern auch für jene an das Kloster Rathausen. Kläui, der Bearbeiter der Urbare und Rödel, vermerkt selbst (QW 2/3, S. 339f.), daß die Kaufsumme den kapitalisierten Wert der Zinsen von 1270 um das Sechsfache übersteige. Er schließt daraus, das Kloster müsse zwischen 1270 und 1359 noch viele Güter und Nutzungen hinzugekauft haben. Das ist freilich keineswegs zwingend, und zwar aus mehreren Gründen: 1. muß auffallen, daß gar keine Kaufurkunden vorhanden sind; 2. sind die Bestrebungen der Innerschweizer allgemein darauf gerichtet, keine Ausdehnung von Grundherrschaften zuzulassen, und 3. sind überhöhte Kapitalisierungen von Zinsen, wenn es für die Pflichtigen galt, feudale Herrschaftsrechte loszuwerden, in der Schweiz verbreiteter anzutreffen. Vgl. BIERBRAUER, Landschaften, S. 145–157.
[77] Die wichtigsten Daten im folgenden nach KLÄUI, Meierämter, S. 8ff.
[78] Dafür spricht auch die ungemein starke Parzellierung des Besitzes nach dem ältesten Einkünfteverzeichnis von 1321. QW 2/2, S. 258–265.
[79] QW 2/2, S. 278–289.

und ein Widder, ein Gewäge Wolle und eine Geldsumme von 53 Pfund werden genannt. Das war nicht viel mehr, als ein einzelner Hof im Mittelland erbrachte; Gersau wäre ein durchaus taugliches Vergleichsbeispiel. Von der ehemals größeren Bedeutung der Zürcher Grundherrschaft zeugen die drei Meierämter in Bürglen, Erstfeld und Silenen[80]. Ein Meieramt war Mittelpunkt einer Grundherrschaft. Der Meier zog die Abgaben ein und verrechnete sie nach Zürich weiter; in der Regel war mit den Meierämtern auch eine grundherrliche Gerichtsbarkeit verbunden. Für 1370 läßt sich die Zürcher Grundherrschaft auf 80 Hofstätten und 160 Güter berechnen[81]. Für eine vorgängig ausgedehntere Herrschaft sprechen auch die Eigenleute des Klosters – die «Gotteshausleute», wie sie auch genannt wurden[82]. Die Kombination grundherrlicher, leiblicher und gerichtsherrlicher Titel und ihre Wahrnehmung über drei Meierämter gestattet wohl keinen Zweifel an einer ehemals ausgedehnten und gut funktionierenden Zürcher Grundherrschaft in Uri. Das änderte sich in der zweiten Hälfte des 14. Jahrhunderts dramatisch.

Ähnlich wie Wettingen hatte auch das Fraumünster zu klagen, daß die Meier die Abgaben nicht nach Zürich weiterlieferten, der Zehnt dem Kloster vorenthalten wurde, ja die Urner mit den Klostergütern nach Belieben verfuhren. In den 1390er Jahren – Zeichen der sich steigernden Spannungen – eröffnete die Äbtissin einen Prozeß gegen die Meier, gegen alle Zinser – insgesamt 58 Personen – und das ganze Land. Die Klage wurde vor dem geistlichen Gericht des Bischofs von Konstanz verhandelt. Doch zum anberaumten Termin, dem 22. Mai 1392, erschienen die Urner nicht. Von seiten des Bischofs erfolgte daraufhin deren Exkommunikation, «die von allen Kanzeln der Diözese, besonders in Zürich und Rapperswil unter Glockengeläute verkündet werden mußte»[83]. Der geringe Erfolg dieser Maßnahme führte dazu, daß man versuchte, die Güter der Urner außerhalb des Landes zu konfiszieren und den Kirchenbann auf solche zu erweitern, die mit den Urnern Kontakt hielten; so kamen auch Luzern und Schwyz in den Bann.

Das schließliche Urteil von 1393 sicherte zwar nochmals die Position des Fraumünsters. Die Meier wurden abgelöst – ob neue eingesetzt wurden, ist fraglich –, doch längerfristig ließ sich die Grundherrschaft Zürichs nicht mehr halten. Von 1418 bis 1428 verkaufte Zürich alle seine Rechtstitel. Offensichtlich hängt es mit der engen Verknüpfung der Meierämter mit den Pfarrkirchen zusammen, daß die Besitzungen mehrheitlich nicht durch das Land, sondern von den einzelnen Kirchgemeinden erworben wurden[84].

Kurz nach 1400 hatte Uri erreicht, worum es sich nahezu zweihundert Jahre lang bemüht hatte. Die politische Autonomie war nicht nur durch den Rückhalt am Reich befestigt, sondern durch die Ablösung kirchlicher und adeliger Herrschaftsrechte – seien sie nun grundherrlicher, leibherrlicher oder vogteilicher Natur – gesichert. Wichtig ist die Beobachtung, daß häufig das Land, die universitas, als Käufer auftritt. Es sind nicht individuelle Interessen, die den Entfeudalisierungsprozeß tragen; vielmehr sind es die Interessen des Landes, die hier zur Geltung kommen. Eine erstaunlich ähnliche Entwicklung vollzog sich im selben Zeitraum in Schwyz.

Schwyz – von den cives de villa Swites zum Reichsstand Schwyz

Man könnte es zu den Kuriositäten der europäischen Verfassungsgeschichte rechnen – die Tatsache nämlich, daß die Kaiser des Heiligen Römischen Reiches deutscher Nation den Ort, den Stand, das Tal Schwyz jeweils eingeladen haben, die Reichstage zu besuchen und dort mit den übrigen Reichsständen die politischen Probleme des Reiches mitzuberaten. Lediglich Bauern im Norden des Reiches, nämlich denen der «universitas» Dithmarschen an der Nordseeküste, ist eine gleiche Ehre zuteil geworden[85]. Im übrigen blieb der Reichstag ein recht elitäres Gremium aus Kurfürsten und Fürsten, dem sich allmählich die wenigen Reichsstädte und Freien Städte angliederten – mehr als hundert sind es aber nie geworden, bei einer Gesamtzahl von über 3000 Städten im Reich. Gibt es Gründe für diese Sonderstellung von Schwyz, denn zumindest in diesem Punkt unterscheidet es sich von Uri und Unterwalden – soweit man bis heute weiß.

«Cives de villa Svites»[86], «cives de Suites»[87] so werden die Schwyzer im Zusammenhang mit dem Einsiedler Marchenstreit in der ersten Hälfte des 12. Jahrhunderts genannt. Das ist eine nicht eben häufige und geläufige Bezeichnung für Bauern. Aus dem «civis» hat sich der «citoyen» entwickelt, der Bürger mit politischen Rechten. In der französischen Sprache ist der «citoyen» mit und durch die Französi-

[80] Besonders gut sind die Umrisse der Meierämter noch im Urbar von 1358/59 zu erkennen. QW 2/2, S. 269–275.
[81] Kläui, Fraumünsterbesitz, S. 164.
[82] Kläui, Meierämter, S. 11f.
[83] Ebd., S. 26.
[84] Breit dargestellt: ebd., S. 28f.
[85] Stoob Heinz, Geschichte Dithmarschens im Regentenzeitalter, Heide in Holstein 1959, S. 23.
[86] QW 1/1, Nr. 104, S. 49.
[87] QW 1/1, Nr. 130, S. 60f.

sche Revolution zum Staatsbürger geworden, nicht etwa der «bourgeois». Insofern civis mit civitas zusammenhängt, civitas aber in der politischen Literatur der Antike und über sie hinaus in der Renaissance und der neuzeitlichen Staatstheorie immer auch Staat bedeutete, ist in der theoretischen Diskussion schon vorgezeichnet, daß der civis zum Staatsbürger werden konnte. Ist civis die Umschreibung für eine besondere Rechtsstellung der Schwyzer?
Im Hochmittelalter gibt es cives urbani und cives villae, städtische Bürger und ländliche Bürger. Noch Notker von St. Gallen meint, ‹cives könne man auch solche Leute nennen, die auf dem Lande leben›[88], was freilich eine ganz bestimmte Form des gesellschaftlich-politischen Zusammenlebens voraussetzt. Seit dem 11. Jahrhundert verengt sich jedoch der Begriff zusehends; er wird den Mitgliedern und Einwohnern einer civitas, einer Stadt, vorbehalten, einer durch besondere Rechte und Privilegien herausgehobenen Gruppe. Vor dem Hintergrund dieser Entwicklung ist es um so bemerkenswerter, daß cives auch dann eine Bezeichnung für die Schwyzer bleibt, als in der Regel schon längst nur mehr Stadtbewohner diesen Namen tragen. Kaiser Ludwig der Bayer wendet sich 1315 an «officiato, consilio, civibus et universis hominibus in Switz»[89]. Das ist eine Anrede, die sich weder in Uri noch in Unterwalden finden läßt. Das «Städtische» von Schwyz kommt – um zur Ausgangsbemerkung zurückzukehren – auch darin zum Ausdruck, daß beispielsweise in der Reichsmatrikel von 1431, in der die Zahl der Berittenen festgehalten wird, die jeder Reichsstand für den Zug gegen die Hussiten bereitstellen muß, Schwyz zusammen mit Zürich, Bern, Luzern und Solothurn genannt wird, ihm von der Reichskanzlei somit ein gewissermaßen städtischer, ein reichsstädtischer Charakter zugebilligt wird[90]. Allerdings war dieser reichsstädtische Charakter nicht unumstritten; jedenfalls erscheint Schwyz nicht immer in den Matrikeln des 15. Jahrhunderts.
Weshalb werden die Schwyzer cives genannt? Man weiß es nicht. Es gibt jedoch eine interessante Parallele, die wenigstens Vermutungen erlaubt. 1330 verlieh Kaiser Ludwig der Bayer den Freien von Eglofs im Allgäu das Stadtrecht von Lindau. «Cives de Megelholfs» heißen sie in der Kaiserurkunde[91], und so werden sie auch in den späteren Privilegien und Privilegienbestätigungen des 14. Jahrhunderts genannt[92]. Cives heißen die Eglofser Freien offensichtlich, weil sie mit dem Recht einer Reichsstadt bewidmet worden sind. Wenn die kaiserliche Kanzlei die Schwyzer cives nennt, ohne daß eine solche Privilegierung mit einem Stadtrecht nachweisbar ist, dann kann man daraus zumindest schließen, daß sie unter den Waldstättern eine bevorzugte Stellung eingenommen haben. Möglicherweise erklärt sich daraus auch, weshalb Schwyz namengebend geworden ist für die «Schweizer» Eidgenossenschaft.
Wie gestaltete sich nun das Verhältnis zum Reich? Die erste umfassendere Information datiert von 1240. Kaiser Friedrich II.[93] bestätigt da den Schwyzern – «universis hominibus vallis in Swites», wie er sie nennt –, daß sie als Freie, die nur dem Reich Gehorsam schuldig seien[94], sich um das Reich besondere Verdienste erworben hätten, und er sie deswegen unter des Reiches besonderen Schutz nehme, was, wie die Urkunde versichert, heißen soll, daß die Schwyzer nie mehr vom Reich getrennt oder ihm entfremdet werden sollten (Abb. 19). Die Urkunde Friedrichs setzt somit die «Freiheit» der Schwyzer und damit ihre unmittelbare Zugehörigkeit zum Reich als gegeben voraus; der Text selbst unterstreicht, daß die Schwyzer diese Reichszugehörigkeit unter Beweis gestellt hätten. Dies und eine entsprechend instruierte Schwyzer Gesandtschaft an den Kaiser nach Faenza, wo die Urkunde ausgestellt wurde, führt zur Ausfertigung jenes Privilegs, welche als «Kaysser Friedrichs fryhaytt»[95] in das geschichtliche Bewußtsein der Schwyzer eingegangen ist.
In der Forschung wird angenommen, daß sich in den Auseinandersetzungen zwischen dem Kaiser und dem Papst die Schwyzer auf die Seite des Kaisers geschlagen hätten[96]. Das war so selbstverständlich nicht, denn Rudolf der Schweigsame von Habsburg-Laufenburg, der

[88] «Cives etiam dici possunt, qui in agris habitant». Zitiert nach KÖBLER Gerhard, Artikel «Civis», in: LdM 2, Sp. 2111. – Vgl. die Deutung von BÜTTNER, Weg, S. 62f.
[89] QW I/2, Nr. 806, S. 411.
[90] Vgl. Deutsche Reichstagsakten unter Kaiser Sigmund, 3. Abteilung 1427–1431, Hrg. Dietrich Kerler, Göttingen ²1956 (Deutsche Reichstagsakten 9), S. 531.
[91] Gemeindearchiv Eglofs (Landkreis Ravensburg), Urkunde Nr. 3. Die deutsche Fassung der Urkunde spricht von «den bürgern zu dem Megelofs und allem dem gedigen». Zur Überlieferung vgl. Wirtembergisches UB 8, Nr. 3144, S. 346f. und LUPBERGER, Regesten der im Rathaus zu Eglofs aufbewahrten Urkunden der Freien zu Eglofs, in: Allgäuer Geschichtsfreund 1898, Nr. 1, S. 5f.
[92] Auswahlweise seien genannt die Urkunden vom 19. Mai 1332, 21. September 1353, 6. September 1382, 21. Januar 1387. Die Originale bzw. Abschriften im Gemeindearchiv Eglofs und im Fürstlich Windischgrätzschen Archiv Siggen (Landkreis Ravensburg). Regesten bei dem in der vorigen Anmerkung genannten Lupberger.
[93] QW I/1, Nr. 422, S. 197f. Deutsche Übersetzung bei OECHSLI, Quellenbuch, S. 63f.
[94] «Tamquam homines liberi, qui solum ad nos et imperii respectum debebatis habere».
[95] So die Dorsualnotiz auf dem Original im Staatsarchiv Schwyz.
[96] Vgl. PEYER, Entstehung, S. 177. CASTELL, Schwyz, S. 12.

19 Kaiser Friedrich II. nimmt 1240 die Schwyzer als Freie unter seinen besonderen Schutz. Bundesbriefarchiv Schwyz.

über weitgehende grundherrliche und gerichtsherrliche Rechte im Tal verfügte, hatte zu den Päpstlichen gehalten.

Folglich war die Talschaft keineswegs als Ganze frei und reichsunmittelbar. Die Entwicklung der nächsten Jahrzehnte ist jedoch gerade dadurch gekennzeichnet, daß sich die Zahl der Freien zusehends erhöhte und sich damit ein Anpassungsprozeß der Talbewohner an den personenrechtlich höchstmöglichen Status der Reichsfreien vollzog: Um 1269 kaufte die Kirchgemeinde zu Steinen und am Sattel von Graf Eberhard von Habsburg dessen Rechte, womit die Bewohner dieses Gebietes «frij wie die landlüt von Switz, die ennent der Blatten wonetend», wurden[97]. Wohl nur wenige Jahre später erfolgte ein weiterer Abkauf von Herrschaftsrechten des Grafen Eberhard von Habsburg durch die Schwyzer[98]. Möglicherweise handelt es sich bei diesem Freikauf, für den zwar keine Originalurkunde überliefert ist, um die Ablösung leibherrlicher Rechte des Grafen in den beiden habsburgischen Höfen in Schwyz, dem Kyburger- und dem Frohburger-Hof[99]. Heinrich VII. hat den Freikauf von 1269 im Jahr 1310 gewissermaßen konfirmiert und die Kirchgenossen von Steinen und am Sattel ausdrücklich ‹den anderen Freien im Tal und den umliegenden Tälern› gleichgestellt[100]; Ludwig der Bayer tat gleiches im Jahre 1316 hinsichtlich des Freikaufs der Hörigen zum Kyburger- und Frohburger-Hof[101].

Die Zahl der Freien, der unmittelbar dem Reich unterstehenden Talbewohner, ist somit ständig gewachsen. In dem Maße aber, wie die Herrschaftsrechte der Habsburger dadurch geschmälert wurden, geriet auch die Vogtei der Habsburger im Tal unter einen Bewährungsdruck, dem sie sich letztlich nicht gewachsen zeigte. 1289, nur wenige Jahre, allenfalls zwei Jahrzehnte nach den Freikäufen, begegnet uns Konrad von Tillendorf als Vogt, welcher die habsburgischen Gerichtsrechte von der Kyburg aus verwaltet[102]. Seine Kompetenzen sind vergleichsweise unklar. Denkbar ist, daß um diese Zeit die habsburgischen Rechte in Schwyz definitiv erloschen. Bekanntlich hält der Bundesbrief von 1291 in seinem Richterartikel fest, das Richteramt in den Tälern dürfe nicht käuflich erworben werden. Damit wollte man Verpfändungen vermeiden und gleichzeitig erreichen, daß nur mehr Einheimische richterliche Funktionen wahrnahmen. Solches geschah naturgemäß in der Absicht, die Rechtssicherheit zu erhöhen. Diese Bestrebungen förderte ein Privileg Heinrichs

[97] Der Quellentext ist in zwei Varianten bei TSCHUDI, Chronicon 1/1, S. 248 und 2, S. 250 (danach auch QW 1/1, Nr. 1038, S. 467) überliefert. Die beiden wichtigen Textfassungen seien hier einander gegenübergestellt: «Darnach anno domini 1269 verkoufft graf Eberhart von Habspurg herre zů Louffenberg, grave Růdolfs harnach künigs vatters brůders sune, sin rechtung und herrlicheit die er hat an der kilchhöre zů Steinen und am Sattel im land Schwitz den kilchgnossen selbs, und machtend sich hiemit gar frij wie die lantlüt von Switz die ennent der Blatten wonetend, die alweg frij gewesen wann das si allein an das rich gehortend» (TSCHUDI, Chronicon 2, S. 250). «Anno domini 1269 koufftend die von Steinen und die am Sattel in Schwitz von graf Eberharten von Habspurg herren zů Louffenberg alle herrschafftpflicht, so er über si hat, und machtend sich selbs frij wie die von Switz so ennent der Blatten warend». (TSCHUDI, Chronicon 1/1, S. 248). Wenn die erste Fassung die höhere Authentizität beanspruchen könnte, würde das heißen, daß zur Kirche von Steinen Grundbesitz und Eigenleute gehörten, was in der Regel selten, in der Innerschweiz aber häufiger anzutreffen ist. Ähnliche Verhältnisse bestanden offenkundig bei den dem Fraumünster in Zürich gehörenden Kirchen in Uri.

[98] QW 1/1, Nr. 1091, S. 493.

[99] OECHSLI, Anfänge, S. 65f. – Vgl. auch die kritischen Bemerkungen zu QW 1/1, Nr. 1091, S. 493.

[100] QW 1/2, Nr. 546, S. 263.

[101] QW 1/2, Nr. 831, S. 424ff.

[102] QW 1/1, Nr. 1582, S. 722f.

VII. von 1309, welches die Schwyzer von allen fremden weltlichen Gerichten befreite; gerichtspflichtig blieben die Schwyzer jetzt lediglich dem «advocatus provincialis», dem vom König eingesetzten Landvogt, und – vermutlich nur in Appellationsfällen – dem König selbst[103]. Als Landvogt taucht unter der Bezeichnung «phleger dez rômschen richs in dien Waldstetten» 1309 Graf Werner von Homburg auf[104]. Ob er und der 1323 als «landvogt ze Underwalden, ze Switz und ze Uren» belegte Graf Johannes von Aarberg[105] tatsächlich je richterliche Funktionen wahrgenommen haben, läßt sich nicht belegen. Die fragliche Urkunde, die lediglich bezeugt, daß die Waldleute dem Aarberger an Stelle Kaiser Ludwigs des Bayern huldigten, spricht eher dafür, daß er allenfalls im kaiserlichen Auftrag das Recht hatte, einen Richter einzusetzen; denn die Huldigung geschieht unter dem deutlichen Vorbehalt, daß die Landleute von Schwyz, Uri und Unterwalden «nieman sol vu̇rtegedingen an keinen lanttag noch an dekein gerichte uz ir lendern noch enkeinen richter uber sie setzen wan einen lantman». Man weiß aus den Reichsgebieten Oberschwabens, wo gleichfalls ein Landvogt amtierte, daß er beispielsweise in den Städten die Gerichtsvorsitzenden, die dort so genannten Schultheißen, oft nur einsetzte, nicht aber selbst als Richter amtete. Insoweit mag auch offen bleiben, ob der letzte, 1331 urkundlich genannte «landvogt des rômschen riches ze Switz, ze Ura und ze Underwald», Graf Albrecht von Werdenberg[106], wirklich Gerichtsrechte ausübte oder nur für eine Gewährleistung der Rechtspflege sorgte und im übrigen die Reichsrechte wie die anderen Reichslandvögte in Schwaben lediglich verwaltete – das hieß im wesentlichen: die Steuern einziehen, die Klöster bevogten, das Straßengeleit sicherstellen usw.[107].

Somit scheinen – was freilich nicht stringent nachgewiesen werden kann – um oder kurz nach 1300 die gerichtlichen und vogteilichen Kompetenzen in die Hand des Tales übergegangen zu sein.

Es ist wohl nicht zufällig, daß ungefähr zeitgleich mit den Freikäufen der Schwyzer aus der habsburgischen Herrschaft auch die innere Verfassung der Talschaft Schwyz einen zunehmend autonomeren Charakter erkennen läßt. So wird 1275 «Růdolfo et Wernhero ministris vallis de Swites et universitati eiusdem loci» vom Pfleger König Rudolfs von Habsburg verboten, das Frauenkloster in Steinen zu besteuern[108], und im selben Jahr wird diese Anweisung gegenüber den beiden ‹ministri› Rudolf von Stauffach und Wernher von Seewen wiederholt[109]. 1281 tritt erstmals eine Frühform der Landsgemeinde in Erscheinung: «die landlu̇te von Schwitz» verkaufen, nachdem sie «mit gůtem rat und mit volkomnem willen des uberein sind komen», ein offensichtlich dem ganzen Land gehöriges Gut[110]. Die Urkunde selbst gibt weitere interessante Hinweise: vier Ammänner werden namentlich genannt, die vermutlich die später als «Viertel» erscheinenden Teilkorporationen vertreten; weitere 51 Personen, in denen man Vorläufer des späteren, in der Regel sechzigköpfigen Landrats wird vermuten dürfen, werden namentlich hervorgehoben; schließlich fand die Versammlung «ze Schwitz in der kilchen» statt, genauer wohl vor der Kirche, dem später noch häufig belegten Tagungsort der Landsgemeinde.

In den folgenden Jahren verdichten sich die Belege für die politische Bedeutung und für die institutionelle Verfestigung der politischen Autonomie der Talschaft rasch. ‹Landammann und Landsgemeinde› sind die in unterschiedlichen, allerdings nur geringfügig variierenden Formulierungen genannten wichtigsten Institutionen: «Chůnrat ab Iberg, lantammann, und die landlu̇te gemeinlich von Swiz» gehen 1291 ein Bündnis mit Uri und Zürich ein[111]; der «landtamman dez landez ze Swîtz, und die gemeind dezselben landes ze Swîtz» einigen sich anno 1311 mit Einsiedeln, ihre Konflikte schiedlich auszutragen. ‹Landleute› und ‹Gemeinde› werden dann in den Folgejahren offensichtlich als Synonyme gebraucht[112], bis sich schließlich seit etwa 1310 die Formel ‹Landammann und die Landleute gemeinlich von Schwyz›[113] durchsetzt.

Die Kompetenzen der Gemeinde, der späteren Landsgemeinde, sind, wie die frühesten diesbezüglich einschlägigen Urkunden ausweisen, nahezu unbeschränkt: Die Talschaft ist eine Korporation mit umfassendem gemeinsamem Besitz; insofern trifft sie naheliegenderweise Bestimmungen über die Gemeindegüter[114], also über die Nutzung der «gemeinmerki» genannten Allmende[115], die Köhlerei[116] sowie den Holzschlag[117]. Die Talschaft ist auch eine

[103] QW 1/2, Nr. 480, S. 232. Im wesentlichen gleichlautende «Freiheitsbriefe» für Schwyz, Uri und Unterwalden.
[104] QW 1/2, Nr. 483, S. 233f.
[105] QW 1/2, Nr. 1175, S. 592f.
[106] QW 1/2, Nr. 1572, S. 765.
[107] Vgl. Hofacker, Reichslandvogteien.
[108] QW 1/1, Nr. 1155, S. 520f.
[109] QW 1/1, Nr. 1178, S. 532f.
[110] QW 1/1, Nr. 1358, S. 621f.
[111] QW 1/1, Nr. 1689, S. 787f.
[112] Vgl. QW 1/2, Nr. 352, S. 174 und Nr. 483, S. 233f.
[113] QW 1/2, Nr. 585, S. 294; Nr. 671, S. 335f.; Nr. 676, S. 339.
[114] QW 1/1, Nr. 1358, S. 620f.
[115] QW 1/3, Nr. 265, S. 177.
[116] QW 1/3, Nr. 273, S. 181f.
[117] QW 1/3, Nr. 274, S. 182f.

Rechtsgenossenschaft und -gemeinschaft, und als solche trifft sie auch Verfügungen über das Ehe- und Erbrecht[118], sie regelt die Verfolgung landschädlicher Leute[119] und setzt Strafen und Bußen für Totschlag, Verwundung und Beleidigung fest[120]. Getragen werden solche Beschlüsse, wie die Urkunden übereinstimmend berichten, stets von den «landlüten gemeinlich ze Switz», und überwiegend wird das, was später Landsgemeinde heißen sollte, als «offener landtag» bezeichnet[121].

Es ist offensichtlich, daß sich die relativ freie Talschaft Schwyz vor dem Bundesschluß von 1291 zu einer autonomen Korporation mit den Institutionen Ammann und Gemeinde verfestigt, daß sie um 1300 vogteiliche und gerichtliche Kompetenzen ausweitet, um dann während der ersten Hälfte des 14. Jahrhunderts eine umfassende Satzungstätigkeit in jenen Bereichen zu entwickeln, die man heute Privatrecht und öffentliches Recht nennen würde. Bemerkenswert im Unterschied zu Uri ist die Tatsache, daß mehrfach von einem «Landtag» die Rede ist, auf dem die Statuten erlassen werden. Landtag bedeutet in der Rechtssprache des 13. und 14. Jahrhunderts vornehmlich Gerichtstag[122], und das weist darauf hin, daß die Ursprünge von Landammann und Landsgemeinde eher in den Traditionen älterer Gerichte als in denen der Allmendkorporation zu suchen sind.

Das Wachsen kommunaler Kompetenzen und die daraus entstehende politische Bedeutung von Ammann und Gemeinde mußte die noch bestehenden Rechte des Adels und der Kirche beeinträchtigen. Und so setzt – nicht anders als in Uri – auch in Schwyz ein umfassender und hektischer Entfeudalisierungsprozeß ein, der in wenigen Jahrzehnten zum Abschluß gebracht wird.

Von einem «freien» Land Schwyz, dessen Bewohner auf «Eigengut» gelebt hätten, kann im Hochmittelalter schwerlich die Rede sein. Fürstliche Familien und Reichsklöster, Adelige und kleinere monastische Gemeinschaften besaßen vielfach Güter sowie Eigenleute in Schwyz[123]. Deren Umfang und Bedeutung lassen sich mangels primärer Quellen und wegen fehlender Untersuchungen kaum genauer bestimmen. Dennoch sind die Grundzüge der herrschaftsgeschichtlichen Entwicklung rekonstruierbar, und sie zeigen, daß um die Mitte des 14. Jahrhunderts der Prozeß der Ablösung und des Aufkaufs adeliger und klösterlicher Besitztitel durch die Einwohner des Tales oder einzelner Gemeinden abgeschlossen war.

Im wesentlichen lassen sich zwei Sequenzen in den Allodifizierungsbemühungen der Talschaft klar erkennen: die erste gehört dem späteren 13. Jahrhundert an und ist geprägt durch den Freikauf aus habsburgischer Herrschaft; die zweite fällt hauptsächlich in die erste Hälfte des 14. Jahrhunderts und führt schließlich dazu, daß die Klöster als Grundherren aus dem Tal verdrängt werden.

Die Habsburger besaßen in Schwyz zwei «curiae», Kyburg und Frohburg, und eine curia im benachbarten Arth. Bei diesen «Höfen» handelt es sich um grundherrschaftliche Bezirke, welche eine ähnliche Ausdehnung wie der Habsburger Hof in Gersau gehabt haben könnten; jedenfalls weist der Arther Hof in etwa die Größe des Gersauer Hofes auf[124]. Näherungsweise läßt sich der Umfang der habsburgischen Grundherrschaft über die Steuerbeträge errechnen, welche die Höfe Frohburg, Kyburg und Arth zu entrichten hatten; sie machen nach dem habsburgischen Pfandrodel von 1281 insgesamt fünfzig Mark aus und liegen damit nur um zehn Mark niedriger als der Steuersatz, den die Freien der Talschaft insgesamt zu entrichten hatten[125]. Immerhin deuten solche Zahlen an, daß möglicherweise annähernd ebenso viele Schwyzer habsburgischer Grundherrschaft unterstanden wie die Talschaft Freie besaß.

Aus diesen Abhängigkeitsverhältnissen haben sich die habsburgischen Eigenleute um 1270 mindestens teilweise freigekauft[126]; deren Verpflichtung reduzierte sich auf die Entrichtung einer Steuer, der späteren Reichssteuer, als Gegenleistung für den durch den Vogt beziehungsweise das Reich gewährten Schutz. Damit waren die bedeutendsten adeligen Grundherren in Schwyz wenn nicht ausgeschieden, so doch in ihren Rechten arg geschmälert.

Mühsamer und langwieriger wurde die Ablösung der klösterlichen Besitzungen und Rechte im Tal. Erste massive Beeinträchtigungen klösterlicher Rechte erfolgten – sieht man vom Marchenstreit mit dem Kloster Einsiedeln einmal ab –, als die Talschaft das Frauenkloster Steinen seit den 1270er Jahren zur Steuer heranzog, und zwar trotz massivem Widerspruch der Klostervögte[127]. Deren Intervention blieb offensichtlich wirkungslos, denn schon 1294

[118] QW 1/2, Nr. 89, S. 39f.
[119] QW 1/3, Nr. 275, S. 183.
[120] QW 1/3, Nr. 400, S. 262.
[121] So alle unter Anmerkung 114–119 genannten Urkunden; lediglich QW 1/3, Nr. 275, S. 183 nennt den offenen Landtag nicht.
[122] Brunner, Land.
[123] Eine Übersicht bei Fassbind, Geschichte 1, S. 40–62. Eine neuere brauchbare Untersuchung der grund- und leibherrlichen Verhältnisse fehlt für Schwyz.
[124] HU 1, S. 212.
[125] HU 2, S. 134f.
[126] Die einschlägigen Belege bei Tschudi, Chronicon 1/1, S. 248 und 2, S. 250.
[127] QW 1/1, Nr. 1582, S. 722f.; Nr. 1178, S. 532f.

setzten die Landleute statutarisch fest, daß alle Klöster für ihre Besitzungen im Land anteilmäßig die Steuer zu entrichten hätten, anderenfalls «suln sů miden velt, wasser, holz, wůnne und weide des landes» – das heißt, sie wurden von den kommunalen Gemeinschaftseinrichtungen ausgeschlossen[128]. Klösterlicher Besitz war üblicherweise von Steuern frei, so daß der obige Beschluß der Schwyzer ‹Landsgemeinde› rechtlich äußerst fragwürdig war. Freilich kommt darin das Rechtsempfinden einer bäuerlichen Gesellschaft zum Ausdruck, daß, wer Nutzungsrechte am Allgemeinen beanspruche, auch die allgemeinen Lasten mittragen müsse. Die politischen Absichten der Schwyzer gingen aber weiter: Gleichzeitig wurden nämlich der Verkauf von Gütern an Klöster generell unter Strafe gestellt und Veräußerungen von Grund und Boden an Landfremde verboten. Damit war ein rechtlicher Damm gegen die Ausweitung klösterlicher, aber auch adeliger Herrschaft errichtet. In der Logik dieser antifeudalen Politik lag der Auskauf klösterlicher Besitzungen, der teils – wie im Jahrhunderte währenden Marchenstreit mit dem Kloster Einsiedeln – auch durch gewaltsame, fehdeähnliche Aktionen vorangetrieben wurde. Einsiedeln verlor seine Besitzungen im Tal um die Mitte des 14. Jahrhunderts[129]; das Kloster Engelberg mußte 1366 seinen gesamten Besitz an das Land verkaufen[130]. 1389 schaffte Schwyz auf dem Weg eines Landsgemeindebeschlusses jede Art von Grundherrschaft definitiv ab. Niemand mehr darf Lehen vergeben oder nehmen. Alle auswärtigen Grundherren haben ihre Güter innerhalb einer Frist von zwei Jahren an die Landleute zu verkaufen, «und tettint si des nit, so sol das guot, das si in vnserm land hant, vns, den lantlüten, vervallen sin»[131]. Legalistisch verbrämte Zwangsenteignung muß man das wohl nennen.

Es gehört zu den geläufigen Urteilen, daß die Innerschweiz herrschaftlich wenig durchorganisiert blieb und die Grundherrschaften nur schwach entwickelt waren[132]. Das dürfte mit Blick auf Schwyz nur bedingt richtig sein. Man muß nicht unbedingt auf die habsburgischen grund- und gerichtsherrlichen Titel verweisen, um das zu bezweifeln. Auch Einsiedeln zählt, unbeschadet der Zerfallserscheinungen im 14. Jahrhundert, zu den großen, bedeutenden Abteien des Reiches. «Kein süddeutsches Kloster ist von den Ottonen so oft privilegiert worden wie gerade Einsiedeln»; es gehörte zu den «mächtigsten Grundbesitzern des damaligen Schwaben»[133]. Solche Urteile gelten für das Hochmittelalter. Doch selbst wenn Einsiedeln im 14. Jahrhundert spürbar in wirtschaftliche Schwierigkeiten geraten ist, läßt sich nicht bestreiten, daß die Bauern von Schwyz sich mit einer der mächtigsten Reichsabteien – und das letztlich erfolgreich – angelegt hatten. Daß das Land Schwyz schließlich zu Beginn des 15. Jahrhunderts die Vogtei über Einsiedeln übernahm[134], welche einst die ottonischen Kaiser ausgeübt hatten, symbolisiert gewissermaßen den fundamentalen Wandel in der Innerschweiz im 13. und 14. Jahrhundert.

Unterwalden – der mühsame Weg in die Reichsfreiheit

Für keine der Waldstätten war der Weg in die politische Freiheit so mühsam und langwierig wie für Unterwalden. Das lag vornehmlich an der recht starken Stellung der Klöster und des Hochadels. «Herrschaft» scheint in Unterwalden viel verbreiteter und wesentlich effektiver gewesen zu sein als in Uri und Schwyz. Entsprechend beschränkt waren die Einflußmöglichkeiten der deutschen Kaiser, und entsprechend spät bildete sich der korporative Charakter von Unterwalden heraus.

Im 13. Jahrhundert beherrschten die Klöster aufgrund ihres umfassenden Grundbesitzes, der großen Zahl ihrer Hörigen und der damit verbundenen Gerichtsrechte das tägliche Leben. Sieht man einmal von den Streubesitzungen der entfernteren Klöster wie Muri, Allerheiligen und St. Blasien im Schwarzwald ab[135], so verdienen vor allem die Klöster Luzern-Murbach, Beromünster und Engelberg größere Aufmerksamkeit. Sie alle verdanken ihren Besitz Schenkungen von Adeligen[136].

Drei «Höfe» – «Meierhöfe» heißen sie in den

[128] QW 1/2, Nr. 89, S. 40. – Diese Bestimmung wurde später auch ins Landbuch von Schwyz übernommen; vgl. Kothing, Landbuch, S. 265ff.

[129] QW 2/2, S. 110. Das hier abgedruckte Einkünfteverzeichnis nennt die Abgaben von Einsiedeln und Schwyz zusammen, so daß eine Ausscheidung und damit die Berechnung der aus Schwyz einkommenden Zinsen nicht möglich ist. Die Einsiedler Rechte dürften mit der Bereinigung des Marchenstreits 1350 erloschen sein (QW 1/3, Nr. 879, S. 550–556). Eine förmliche Kaufurkunde fehlt. Fassbind, Geschichte 1, S. 41, gibt an, Schwyz habe die letzten Einsiedler Abgaben 1353 für 75 Pfund Stäbler (eine lächerlich bescheidene Summe) erworben. Vgl. auch Castell, Schwyz, S. 11.

[130] Heer, Engelberg, S. 111.

[131] Kothing, Landbuch, S. 273.

[132] Vgl. etwa Marchal, Ursprünge, S. 155.

[133] Keller, Einsiedeln, S. 45, 104.

[134] Riggenbach, Marchenstreit, S. 120–124.

[135] Für einen ersten Überblick vgl. Oechsli, Anfänge, S. 79–82 und Graf, Adel. Für Muri siehe die Spezialstudie von Bürgisser Eugen, Der Besitz des Klosters Muri in Unterwalden, in: Festgabe Hans Nabholz zum 70. Geburtstag, Aarau 1944, S. 121–138.

[136] Auf diese Vorgeschichte wird hier nicht eingegangen. Vgl. als Überblick Meyer, Immunität, S. 227ff.

Rödeln und Offnungen von Luzern[137], und «Dinghöfe» oder «Fronhöfe» nennt man sie in der wissenschaftlichen Literatur[138] – besaß das Kloster Luzern in Ob- und Nidwalden: Stans, Alpnach und Giswil[139]. Zu einem solchen Meierhof gehörten, wie man aufgrund der guten Überlieferung für Stans weiß, in der Regel klösterliches «Eigenland» oder «Salland», das die vom Abt eingesetzten Meier und Keller bewirtschafteten; dieses Eigenland ist in «Meierhof», «Kelnhof» und «Schweighof» unterteilt. Zum Dinghof zählten des weiteren 18 Erblehen, verstreut in den Pfarreien Stans und Buochs. Die Abgaben, welche die Bauern zu leisten hatten, richteten sich sowohl nach den Bedürfnissen des Klosters wie nach den Produktionsmöglichkeiten der Region: Getreide, Nüsse, Fische, Rinder, Ziger, Käse, Häute, Eier, aber auch Filze, Bauholz und Eisen wurden in den Hof geliefert[140] und gingen von dort aus vermutlich weiter nach Luzern in die Speicher und Keller des Klosters. Nur in sehr bescheidenem Umfang waren die Naturallieferungen bereits durch Geldzahlungen ersetzt: Geißhautpfennige anstelle von Geißhäuten, Zigerpfennige anstatt Ziger verzeichnen die klösterlichen Heberegister.

«Höfe» wie der Stanser Hof des Klosters Luzern bezogen nicht nur Abgaben, sondern waren auch Verwaltungs- und Herrschaftsmittelpunkte für die dazugehörigen Güter und für die sie bewirtschaftenden Menschen. Zweimal jährlich wurden in einem Hof «Dinge» oder «Tagdinge» abgehalten – daher rührt auch der Name «Dinghof» –, an denen die klösterlichen Rechte «geöffnet», Gericht gehalten, die Abgaben abgeliefert und gegebenfalls die Güter neu verliehen wurden[141]. Diese ‹Dinge›, vornehmlich das im Herbst, endeten offensichtlich mit einem Fest, an dem die Bauern vom Kloster verpflegt wurden. «Item es ist ze wissen, wen herbst degling sint», heißt es im Hofrecht von Stans, «so hant die, die die lechen hant, dz recht, das man ie zweyen lechen sol geben ein lid frischings fleisch, der alt genug sy, vnd ein schiben zigers eis bergen schwanders, und zweyn stovff biers, und zwen Basel weggen, vnd dz sönd us richten und geben die, die gütter hant in den schweyg hof, und keller hof vnd meiers hof hörent.»[142]

Dingpflichtig, also gehalten, an die Dingtage zu kommen, waren alle Hofgenossen, die Inhaber der Güter und die Eigenleute des Klosters gleichermaßen. Ursprünglich besaß ein Gut des Klosters wohl nur, wer Eigenmann des Klosters war und umgekehrt. Saßen Klosterleute auf Gütern anderer Grundherren oder Leibeigene anderer Herren auf Klostergütern Luzerns, gab das immer wieder Anlaß zu rechtlichen Komplikationen. Entsprechend waren der Meier und der Keller, die Leiter eines Dinghofes, angewiesen, Ehen zwischen Leibeigenen verschiedener Herren – «ungenoßsame Ehe» nennen das die Quellen – zu verhindern[143].

Der Keller, der auch den Kellhof bewirtschaftete, war zuständig für den Einzug der Abgaben, auch des sogenannten Todfalls, der von den Erben beim Tod eines Elternteils in Form des besten Stücks Vieh im Stall entrichtet werden mußte[144]; er sorgte auch dafür, daß die ledig gewordenen Güter einzig an Hofgenossen verliehen wurden. Die Aufgaben des Meiers hingegen waren im wesentlichen gerichtlicher Art: Er soll «an des gotzhus stat richtent uber alle des gotzhus lůte und ab dien, die de gůt hant»[145]; er dürfte auch die für das tägliche Leben erforderlichen Gebote und Verbote im Auftrag des Abtes von Murbach beziehungsweise des Propstes von Luzern erlassen haben. Das gemeinsame Weistum für alle Luzerner Höfe sagt jedenfalls: «So ist des gotzhuses getwing und ban in disem hŏve [Luzern] and in allen dien hŏven»[146]. ‹Zwing und Bann› umschreibt in mittelalterlichen Worten das, was man heute mit Gesetzen und Verordnungen bezeichnen würde.

Was ein Hof war, wurde am Beispiel des Luzerner Hofes in Stans deswegen so breit beschrieben, weil man sich so die Struktur und das Funktionieren der Klostergrundherrschaften in Ob- und Nidwalden generell denken muß. Zwar gab es immer auch verstreuten klösterlichen Grundbesitz; üblicherweise aber war die Hofverfassung prägend. Das gilt auch für die bedeutenderen geistlichen Grundherren: das Chorherrenstift Beromünster und das Kloster Engelberg.

Schwerpunkte des Besitzes von Beromünster bildeten sich in und um Alpnach, Kerns, Sach-

[137] QW 2/3, S. 73.
[138] Vgl. Oechsli, Anfänge, S. 68.
[139] Für die Grundherrschaft von Luzern vgl. Oechsli, Anfänge, S. 68–75.
[140] Die Angaben aus verschiedenen, in QW 2/3 abgedruckten Quellen sind hier zusammengezogen. Sehr plastisch erscheint die Vielfalt der Abgaben in den Kammeramtsrödeln des 14. Jahrhunderts; QW 2/3, S. 107f.
[141] So nach dem Hofrecht von Stans, das nach Oechsli, Anfänge, S. 272f., auf 1350 zu datieren ist, m.E. aber durchaus älteres Recht wiedergibt. Der Text selbst abgedruckt bei Kopp, Geschichte 2/1, S. 743ff.
[142] Kopp, Geschichte 2/1, S. 744 (sinngemäße Interpunktion eingefügt).
[143] QW 2/3, S. 75.
[144] Hofrecht von Stans: «Item es ist ze wissen wer lechen het oder zinshafftig ist oder der hof güotter het der ist och fellig. Item es ist ouch ze wissen das man alweg dz best houpt sol ze fal geben es sy ros, rinder, küo oder weller hant sich der het der da stirbet». Kopp, Geschichte 2/1, S. 744f.
[145] QW 2/3, S. 75.
[146] Ebd., S. 75.

seln und Sarnen[147]. Dieser Stiftsbesitz fußte überwiegend auf adeligen Schenkungen[148]. Die Verwaltungs- und Herrschaftsrechte wurden von Beromünster über vier Fronhöfe wahrgenommen, von denen einer in Kerns und drei in Sarnen lagen. Vom Hof in Kerns weiß man, daß zu ihm elf Schupposen, kleinere Bauerngüter mit einer flächenmäßigen Grundausstattung von zwölf Jucharten, gehörten; von den Sarner Höfen ist überliefert, daß sie insgesamt 13 Hammel, 13 Ziegenhäute, 7 Ziger, 18 Käse, 1 Mütt Nüsse – das dürften knapp 100 Liter sein[149] –, 18 hölzerne Becher und wenige Geldzinse pro Jahr ablieferten[150].

Der Besitz des Klosters Engelberg wurde im wesentlichen über die zwei Höfe von Buochs und Wolfenschießen organisatorisch erfaßt[151]. Er setzte sich, nach Ausweis des kurz vor 1200 gefertigten ältesten Engelberger Urbars, zusammen aus rund 130 Gütern, umfassenderem Salland in Stans und Buochs, sowie aus Dienstlehen, die an Engelberger Dienstmannen ausgegeben waren. Während des 13. Jahrhunderts gelang es dem Kloster, in Nidwalden und Obwalden gleichermaßen seinen Grundbesitz zu erweitern, meist aufgrund adeliger Schenkungen, und darüber hinaus noch Patronatsrechte über die Gotteshäuser zu erwerben. Die Kirchen von Stans, Buochs und Lungern kamen in Engelberger Besitz und wurden zwischen 1270 und 1305 dem Kloster inkorporiert[152]; damit vermehrten sich auch die klösterlichen Einkünfte erheblich, denn auf diese Weise erhielt Engelberg die Zehnten aus ganz Nidwalden und von großen Teilen Obwaldens; da die seelsorgerische Betreuung der Pfarreien nun überwiegend durch eigene Mönche erfolgte, also salopp gesprochen kostenneutral wurde, konnte das Kloster jetzt die Einkünfte der Kirchen für sich verwenden.

Die Organisation der Grundherrschaft Engelbergs durch «Höfe» unterschied sich nur unwesentlich von jener des Klosters Luzern. Das überlieferte Hofrecht von Buochs, welches um 1400 aufgezeichnet worden ist[153], mit großer Wahrscheinlichkeit aber auch älteres Rechtsgut enthält[154], unterstreicht diese Vermutung. Es enthält allerdings zwei bemerkenswerte Bestimmungen, die in den bisher behandelten Hofrechten aus Unterwalden fehlen: der Meier des Hofes – er heißt in Buochs «Ammann» – wird von der Hofgenossenschaft, der Hofgemeinde, gewählt und vom Abt in sein Amt eingesetzt; den weitgehenden Rechten der Hofgenossen bei der Bestellung des Ammanns entspricht der Schlußpassus des Hofrechts, demzufolge Änderungen des bestehenden Rechts an die Zustimmung der Hofleute und des Abtes gebunden sind[155]. Möglicherweise sind das Indizien dafür, daß sich die Rechte der Bauern im Zuge der allgemeinen Autonomiebewegung in den Waldstätten schon erweitert hatten.

20 Ansicht von Stans. Chronik des Luzerner Schilling, fol. 125v.

[147] Überblicksdarstellung bei OECHSLI, Anfänge, S. 77f.
[148] QW 1/1, Nr. 72, S. 35f. Ergänzend QW 2/1, S. 59f.
[149] Vgl. HU 2/2, S. 305.
[150] OECHSLI, Anfänge, S. 78. QW 2/1, S. 81.
[151] Übersicht in: QW 2/1, S. 83–97. Eine Darstellung der Besitzgeschichte geben auch MEYER, Immunität, S. 229–242 und HEER, Engelberg.
[152] Vgl. OECHSLI, Anfänge, S. 87f.
[153] In Regestenform wiedergegeben bei OECHSLI, Anfänge, S. 298ff., Regest Nr. 791. – Druck: Gfr. 33, 1878, Nr. 1, S. 69–72.
[154] So nach Auffassung von Adalbert Vogel in Gfr. 33, 1878, S.69, Anm. 1, dessen Datierung ins 12. Jahrhundert freilich zu bezweifeln ist. – HEER, Engelberg, S. 42f. datiert das Stück in die Zeit um 1300.
[155] «Diz vorgvnant geding mag daz gotzhus, vn die gotzhuslvte ein hellenklich dvrch des gotzhus, vn der lvten nvtz willen minren vn meren, wen si des ze beden teilen einhellig sint». Gfr. 33, 1878, Nr. 1, S. 72.

Üblicherweise sind Umfang und Funktion der Grundherrschaften angesichts der bruchstückhaften Überlieferung für das 13. Jahrhundert nur annähernd zu erschließen. Das gilt auch für Unterwalden. Doch lassen die groben Rekonstruktionen der klösterlichen Besitzungen vermuten, daß die feudale Herrschaft in Unterwalden ausgeprägter war als in Uri und Schwyz. Wenn die Höfe, die «curiae», wie die entsprechende lateinische Bezeichnung lautet, eine etwa gleiche Ausstattung besaßen, dann übertraf der Besitz von Luzern, Beromünster und Engelberg in Unterwalden deutlich denjenigen der Klöster Zürich und Wettingen in Uri und den der Habsburger in Schwyz.
Ein weiterer Gesichtspunkt verdient besondere Beachtung. Immer waren mit solchen Höfen auch Gerichtsrechte verknüpft, die von den Grundherren beziehungsweise deren Amtleuten, den Meiern oder Ammännern, wahrgenommen wurden. Die Abhängigkeit der Bauern von ihren Herren beschränkte sich nicht auf eine wirtschaftliche; sie reichte auch weit in den Bereich der persönlichen und politischen Rechtsstellung hinein: Die Verpflichtung, in der Hofgenossenschaft zu heiraten, beschränkte die Ehefreiheit, die Abgaben im Todesfall beeinträchtigten das Erbrecht der Kinder, die Dingpflicht bei den in der Regel zweimal jährlich stattfindenden Gerichten unterwarf die Bauern der Gebots- und Verbotsgewalt ihrer Grundherren. Ansatzpunkte für Selbstverwaltung, eigene bäuerliche Gerichtsbarkeit und politische Autonomie, die den Weg zur Reichsunmittelbarkeit hätten befördern können, waren somit im Vergleich zu Uri und Schwyz in viel geringerem Maße gegeben[156].
Uri und Schwyz hatten ihre großen Privilegien, die sie fest ans Reich banden, 1231 und 1240 erhalten. Unterwalden mußte auf eine vergleichbare Privilegierung bis 1309 warten. Heinrich VII. hat erst in diesem Jahr zwei Urkunden für Unterwalden ausgefertigt: die erste «bestätigt» gewissermaßen die Zugehörigkeit zum Reich[157], die zweite sichert die Befreiung von fremden Gerichten[158]. Sie sind, wie einer der besten Kenner der Geschichte Unterwaldens meinte, «der eigentliche Geburtsakt der politischen Freiheit Unterwaldens»[159].
Was hat es mit dieser Reichsfreiheit auf sich? «Heinrich von gottes gnaden römischer künig, zů allen ziten merer des richs»[160], so lautet der Text der Urkunde, «embütet allen mentschen im tal zů Underwalden sinen getrüwen sin gnad und alles gůts. Dieweil wir geneigt üwer andächtigen bittlichen beger gnediklich ze wilfaren, so bekrefftigend wir üch alle frijheiten, rechte, privilegien und begnadungen so üch von frijgeblicheit seliger gedächtnus den römischen keisern und künigen ünsern vorfarn geben und verlichen sind gantz günstigklich, und bestätend üch die mit urkund diser gegenwärtigen schrifft mit ünser künigklichen hochheit insigel verzeichnet, als lang ir in ünser und des richs trüw und diensten verharrend». Die Urkunde darf nicht wörtlich genommen werden, und somit ergeben sich erhebliche Probleme in der angemessenen Interpretation. Zunächst fehlen alle gesicherten Hinweise in der Überlieferung von Unterwalden, daß die beiden Talschaften vor 1309 je ein königliches Privileg erhalten hätten. Es erinnert stark an die Situation in Gersau, das mehr als hundert Jahre später von Kaiser Sigismund eine ähnliche Urkunde bekommen hat. Auch hier ist von älteren königlichen Freiheiten die Rede, die es nie gegeben hat. Allerdings entbehrt das Gersauer Privileg auch nicht eines realen Hintergrunds; Gersau hatte sich wenige Jahre zuvor aus der herrschaftlichen Abhängigkeit freigekauft und unterstand so mehr oder minder unmittelbar dem Reich. Wollte man daraus Folgerungen auf Unterwalden ziehen – was natürlich nur mit Vorbehalten erlaubt ist, der Suche nach Erklärungen aber dienlich sein mag –, dann müßte man davon ausgehen, daß die feudalen Herrschaftsrechte so geschwächt waren, daß einer Reichsfreiheit nichts mehr ernsthaft im Wege stand.
«Universis hominibus in valle Underwalt»[161], allen Leuten in Unterwalden, den ‹landleuten gemeinlich›, wie die entsprechende spätere Bezeichnung heißen würde, werden die Freiheiten bestätigt. Solches setzt einen rechtsfähigen Verband der Talschaft voraus. Die zweite von Heinrich VII. ausgefertigte Urkunde bestätigt diesen Sachverhalt, wenn sie die Talleute von fremden Gerichten befreit[162], die königlichen Gerichtsrechte und die des königlichen Landvogts aber ausdrücklich bestätigt.
Die hinter diesen beiden Privilegien stehende geschichtliche Entwicklung zu einer relativen Autonomie der Unterwaldner läßt sich freilich mehr durch Vergleich herleiten als quellenmäßig eindeutig sichern.

[156] Eine gegenteilige Auffassung vertritt DURRER, Einheit, S. 58–80; dabei stellt er das vermutlich landwirtschaftlich nutzbare Land der versuchten Rekonstruktion der Klosterbesitzungen gegenüber und schließt ex silentio auf viel Eigengut, das von Freien bewirtschaftet worden sein soll.
[157] QW 1/2, Nr. 479, S.230. Deutsche Übersetzung bei OECHSLI, Quellenbuch, S. 93.
[158] QW 1/2, Nr. 480 (a), S. 231.
[159] DURRER, Einheit, S. 119.
[160] Der deutsche Text nach der Fassung, wie TSCHUDI, Chronicon 3, S. 258f. die lateinische Vorlage übersetzt hat.
[161] QW 1/2, Nr. 480, S. 231.
[162] Ebd., S. 231.

Wenn die für Uri und Schwyz erschließbaren Zusammenhänge von Freiheit und Reichsunmittelbarkeit größere Verbindlichkeit haben sollten – und sie dürften eine solche haben, wie man mit Blick auf andere Teile des Reiches belegen kann, wo Freiheit und Reichsunmittelbarkeit immer in einer strengen Korrelation stehen –, dann ist auch für Unterwalden anzunehmen, daß es hier trotz der Besitzmassierung der Klöster auch Freie gegeben haben muß. Das zu beweisen ist aber schwierig; mindestens sind die dafür in Anspruch genommenen Belege nicht alle eindeutig. Das gilt besonders für die Annahme, die im Habsburger Pfandrodel für die Freien in Schwyz genannten sechzig Mark Steuer hätten eine Entsprechung in einer «Steuersumme von fünfzig Mark» für Unterwalden, aus der sich «über 1000 freie Haushaltungen errechnen» ließen[163]. Der diesbezügliche Eintrag im Pfandrodel lautet: «Tomanus de Rôschenried marcas 50»[164]. Thomas von Retschrieden soll ein ‹officium Unterwalden› verwaltet und in dieser Eigenschaft die Steuer eingezogen haben[165]; ob es sich dabei um eine Steuer von Freien handelt, ist zumindest in hohem Maße zweifelhaft, weil der präzisierende Hinweis auf Freie, der für Schwyz durchaus gemacht wird, gänzlich fehlt. Die übrigen verfügbaren Belege[166] erlauben wenig mehr als die Mutmaßung, daß es hier Freie gegeben haben könnte. Das alles kann freilich in der mangelhaften Überlieferung begründet sein; so wird man sich abfinden müssen, daß «Freie» in Unterwalden urkundlich kaum zu belegen sind.

Die recht starken Grundherrschaften sowie die schwachen Freienverbände, falls es die letzteren überhaupt gegeben hat, mögen erklären, weshalb das Exemtionsprivileg von fremder Gerichtsbarkeit für die Unterwaldner einen einschränkenden Passus enthält: es soll nur so lange gelten, wie es dem König gefällt[167]. Ein solcher Vorbehalt fehlt jedoch in der für die Schwyzer ausgestellten Urkunde, und vermutlich erklärt er sich daraus, daß die reichsrechtliche Stellung der Unterwaldner wenig gefestigt war[168]. Zwei Jahre nach Ausstellung des Privilegs verlangte jedenfalls Herzog Leopold von Österreich von König Heinrich VII. die Rückgabe der ihm in den Waldstätten zustehenden Rechte[169] – namentlich werden Schwyz und Unterwalden[170] genannt –, worauf ihm der König verspricht, eine Untersuchungskommission einzusetzen. Deren Beurteilungen sind nicht bekannt, so daß der Gegenstand des ganzen Streites im Dunkel bleibt. Anzunehmen ist allerdings, daß ein Königsprivileg für «alle» Einwohner des Tales und deren generelle Befreiung von fremden Gerichten die Habsburger Rechte beeinträchtigte. Und sie waren ja gerade wenige Jahre vor der Privilegierung erkennbar angewachsen. Rudolf von Habsburg hatte 1273 den Besitz von Eberhard von Habsburg-Laufenburg übernommen, 1291 mit dem Erwerb der Luzerner Höfe in Unterwalden seine Position deutlich gefestigt und durch den Kauf des Kirchenpatronats über Alpnach und Giswil erweitert[171]. Mit Ausnahme von Stans, das offensichtlich im Sondereigentum von Luzern verblieben ist, übten die Habsburger damit auch die Vogteirechte über das umfassende ehemalige Klostergut aus, und die Luzerner Dienstleute wurden zu habsburgischen Vasallen. Nach den hofrechtlichen Bestimmungen von Luzern ging der gerichtliche Instanzenzug vom örtlichen Dinggericht, beispielsweise Alpnach oder Giswil, an das Staffelgericht des Klosterhofes in Luzern und von dort weiter an den elsässischen Oberhof des Luzerner Mutterklosters Murbach in Ostheim[172]. Entsprechend mußte der Instanzenzug nach dem Erwerb der Luzerner Höfe durch Rudolf von Habsburg an dessen Obergerichte und damit außer Landes gehen; doch gerade solche Kompetenzen waren durch das Gerichtsstandprivileg Heinrichs VII. in Frage gestellt.

Kaiser Ludwig der Bayer suchte solche Unsicherheiten endgültig zugunsten des Reiches zu bereinigen. 1316 wurden den Habsburgern unter dem Vorwurf des Hochverrats – «crimen lese maiestatis» nennt das der Urkundentext[173] – alle ihre Besitzungen und Rechtstitel in den

[163] So Wernli, Entstehung, S. 21. Ähnlich Wirz, Träger, S. 17, der im Anschluß an Durrer, Einheit, S. 95–98, von 35% Freien am Gesamtbestand der Bevölkerung in Unterwalden spricht.

[164] QW 1/1, Nr. 1345, S. 614f.

[165] Dieser Zusammenhang wird erstmals bei Oechsli, Anfänge, S. 186, hergestellt. Vgl. den Kommentar des Bearbeiters in QW 1/1, Nr. 1345, S. 614, Anm. 34. Ausführlich Niederberger, Landammänner 1, S. 29ff.

[166] Die Zusammenstellung bei Wernli, Entstehung, S. 21f.; Durrer, Einheit, S. 41–51, glaubt, daß die Freien von Obwalden und Nidwalden schon seit 1173 eine Gerichtsgemeinde (mit der Malstatt in Wisserlen) gebildet hätten. Für die Existenz von Freien können allerdings nur wenige Belege namhaft gemacht werden (ebd., S. 92ff.), was Durrer damit erklärt, daß die überlieferten Quellen mehrheitlich aus Klosterarchiven stammen.

[167] QW 1/2, Nr. 480, S. 231: «[...] presentibus usque ad voluntatis nostre beneplacitum tantummodo valituris».

[168] So herausgearbeitet durch die diplomatische Untersuchung von Gallati, Freibriefe, S. 509.

[169] QW 1/2, Nr. 598, S. 300f.

[170] In der Quelle steht «Urach»: QW 1/2, Nr. 598, S. 300f. Die Bearbeiter des QW lassen offen, ob diese Verschreibung nach Uri (so das Kopfregest) oder nach Unterwalden (so Anm. 1 zu S. 301) aufzulösen ist. Für die Lesart Unterwalden spricht die dort, wie noch zu zeigen sein wird, stärkere Verankerung der Habsburger.

[171] Überblicksweise Oechsli, Anfänge, S. 99–102; Durrer, Einheit, S. 56f.

[172] QW 2/3, S. 74.

[173] QW 1/2, Nr. 830, S. 424.

drei Waldstätten durch Gerichtsbeschluß eines Hoftages Ludwigs des Bayern entzogen, und namentlich sollten die «curtes cum hominibus, rebus et iuribus universis» niemals dem Reich entfremdet werden. 1324 bestätigte der Kaiser diesen Urteilsspruch des Hofgerichts[174] mit derselben Begründung des crimen laesae maiestatis seitens der Habsburger und präzisierte seine Verfügungen dahingehend, daß kein Bewohner der Täler vor ein habsburgisches Gericht gezogen werden dürfe, sondern alle Waldleute ausschließlich vor königlichen und kaiserlichen Gerichten ihren Rechtsstand haben sollten[175]. Dies schließt nicht aus, daß die Täler selbst als kaiserliches Gericht amtierten, wenn der König oder, was naheliegender ist, sein Landvogt ein Mitglied der Talschaft, beispielsweise den Landammann, mit dieser Aufgabe betraute[176]. Auch anderwärts traten vergleichbare Verbände als königliche oder kaiserliche Gerichte in Erscheinung, etwa das «Kaiserliche Landgericht der Freien auf Leutkircher Heide» im oberschwäbischen Allgäu, dessen Richter mehrheitlich freie Bauern waren. Den formalen Abschluß fand diese Entwicklung erst zu Beginn des 15. Jahrhunderts, als beiden Teilen Unterwaldens, dem Land nid dem Wald und dem Land ob dem Wald, in separaten Urkunden vom Kaiser der Blutbann verliehen wurde und die Habsburger in der «Ewigen Richtung» von 1474 auf ihre Rechtsansprüche verzichteten[177].

Unterwalden als politischer Verband und als Rechtskörperschaft wird erst nach 1300 häufiger bezeugt; das fällt zeitlich zusammen mit den ersten königlichen Privilegien und dürfte schwerlich schierer Zufall sein. Der Bundesbrief von 1291 setzt selbstverständlich einen handlungsfähigen Verband voraus. Er präsentiert sich im Urkundentext denn auch als «communitas hominum intramontanorum vallis inferioris»[178]. Damit ist natürlich nur Nidwalden gemeint, was auch durch das Siegel bestätigt wird, das lediglich die «universitas hominum de Stannes» repräsentiert; erst später ist es um den Zusatz «et vallis superioris» erweitert worden[179] (Abb. 21). An alle früheren Belege, die als Beweis für ein höheres Alter des Landes als eines politischen Verbandes in Anspruch genommen werden, heftet sich bei näherer Prüfung der Verdacht, sie seien überinterpretiert in der Absicht, die Distanzen in der politischen Bedeutung zu Schwyz und Uri nicht allzu groß werden zu lassen[180]. Der immer wieder bemühte Beleg für die Anfänge eines politisch handlungsfähigen Talschaftverbandes datiert von 1261[181]. Das Kloster Luzern schreibt in diesem Jahr den Pfarrangehörigen von Stans und Buochs, sie hätten gefälligst einen Berthold von Wolfenschießen an seinen Fischereirechten in der Aa, die ihm vom Kloster als ein Erblehen übertragen worden seien, ungekränkt zu lassen[182]. Weil Luzern in diesem Brief die Buochser und Stanser zusammen als «universitas vestra» bezeichnet, hat man geglaubt, hier Parallelen zu ähnlichen Bezeichnungen für Schwyz und Uri sehen zu müssen. Doch ist nicht auszuschließen, daß ganz einfache Sachverhalte vorliegen, welche jeder verfassungsrechtlichen Komplikation entbehren. Denkbar wäre immerhin, daß die Bauern um Buochs und Stans in der Aa fischten – das war im Mittelalter selbstverständlich, weil die fließenden Gewässer in der Regel der allgemeinen Nutzung offenstanden und Ansprüche auf eine Sondernutzung wie im vorliegenden Fall nicht akzeptiert wurden –, was Propst und Konvent von Luzern nun allen, also der ‹Gesamtheit›, der ‹universitas› verboten.

Sichere Belege für den korporativen Charakter Unterwaldens gibt es erst nach 1291, so erstmals in einem Schreiben an Interlaken von 1315, das zwei Amtleute «und die landlůte und dů gemeinde von Underwalden» ausstellen[183]. Großmehrheitlich werden seit und unmittelbar nach 1315 die ‹Landleute› von Unterwalden gemeinsam mit jenen von Schwyz und Uri genannt. Die Erneuerung des Bundesbriefes von 1315 spricht von «landlůten und eitgěnosen von Ure, Switz und von Underwalden»[184]; Urkunden aus den Folgejahren nennen wiederholt «die amptlůte und ... die landlůte gemeinlich in den Waldstetten ze Uren, ze Switz und ze Underwalden»[185]. Da sich Zweifel am Korporationscharakter von Schwyz und Uri verbieten, kann, ja muß angenommen werden, daß Unterwalden mittlerweile eine gleiche

174 QW 1/2, Nr. 1199, S. 604f.

175 «Ad hec volumus, ut nullus deinceps dictarum vallium inhabitator, incola aut homo quilibet coram ipso duce Leupoldo, suis fratribus, ducibus Austrie, vel ipsorum iudicibus, sed in nostro et sacri imperii iudicio et coram nostro iudice super quacumque causa debeat stari iuri.»

176 So bereits die Interpretation von DURRER, Einheit, S. 125.

177 STEINER, Gemeinden, S. 54.

178 QW 1/1, Nr. 1691, S. 777.

179 DURRER, Einheit, S. 8.

180 Vgl. NIEDERBERGER, Landessiegel, S. 11.

181 Ebd., S. 11f.

182 QW 1/1, Nr. 897, S. 408f. Das Schreiben richtet sich an «in Stans et in [...] Bůchs parochianis universis».

183 QW 1/2, Nr. 785, S. 396; PEYER, Entstehung, S. 186.

184 QW 1/2, Nr. 807, S. 415.

185 QW 1/2, Nr. 981, S. 503 (danach das Zitat). Gleiche Belege mit allenfalls anderer Schreibung in QW 1/2, Nr. 985, S. 504; Nr. 986, S. 504f. Über die Amtsträger (Landammann, Ammann, minister) die Verfassung erschließen zu wollen, ist wegen der Austauschbarkeit der Begriffe äußerst schwierig. Das belegt die umfassende Materialsammlung von NIEDERBERGER, Landammänner.

rechtliche Stellung zu erreichen vermochte. Die zeitliche Kongruenz der Entstehung einer Korporation Unterwalden mit der Ausbildung der Eidgenossenschaft in der Phase von 1291 bis 1315 auch ursächlich zu verknüpfen, liegt nahe. Nutzt man solche Annahmen zu einer generellen Interpretation, so würde das heißen, daß Unterwalden seine politischen Rechte als Talschaft sowie seine schließliche reichsrechtliche Stellung dem «Klima» in der Innerschweiz um die Wende zum 14. Jahrhundert verdankt und weniger besonderen rechtlichen Schon 1291 erscheinen in Umrissen zwei Teilkorporationen des Landes – ‹nid dem Kernwald› und ‹ob dem Kernwald›. Tendenzen zur Verfestigung beider Teilverbände halten während des ganzen 14. Jahrhunderts an[187] und finden ihre rechtliche Bestätigung gewissermaßen in der Befreiung von fremden, auswärtigen Gerichten und der Verleihung des Blutbanns durch Kaiser Sigismund 1415 an Obwalden und 1417 an Nidwalden[188].

Der Prozeß der Entfeudalisierung verlief in Unterwalden weniger dramatisch als in Uri

21 Der älteste Siegelstempel von Unterwalden. Deutlich zu sehen ist die ursprüngliche Umschrift (äußerer Ring) «S[igillum] universitatis hominum de Stannes» sowie die spätere unbeholfene Nachgravierung (innerer Ring) «et vallis sup[er]ioris». Staatsarchiv Obwalden.

Voraussetzungen wie etwa der Freiheit seiner Talbewohner. Seit den 1330er Jahren wird dann bei Rechtsgeschäften des Verbandes die Bezeichnung «lantamman und die landlůtte gemeinlich von Underwalden»[186] üblich.

oder Schwyz, wiewohl es auch hier an manifesten Auseinandersetzungen vornehmlich mit dem Kloster Engelberg nicht mangelte. Freikäufe fehlen nicht gänzlich – so haben sich beispielsweise die Höfe Ottnei, Geren und Englarz zu Beginn des 15. Jahrhunderts aus dem strengen Hofrecht von Engelberg freigekauft[189] –, meistens kann man jedoch nur erschließen (etwa durch das Ausbleiben der Erwähnungen in den klösterlichen Urbaren), daß die Grundherren allmählich ihre Rechte und Herrschaftstitel verloren[190]. Mit Sicherheit ließen sich diese im 14. Jahrhundert nicht mehr ausdehnen, denn wie Uri und Schwyz verbot auch Nidwalden 1363 den Verkauf von Liegenschaften an Auswärtige und Klöster[191], 1382 folgte Obwalden nach[192].

Offensichtlich vollzog sich aber der Allodifizierungsprozeß in Unterwalden langsam und schleichend, und zwar in der Form einer allmählichen Unterspülung der Dinghöfe: Die

[186] QW 1/2, Nr. 1635, S. 798.

[187] Die Belege hiezu finden sich bei Durrer, Einheit, S. 9, 123–132.

[188] Beide Quellentexte abgedruckt bei Durrer, Einheit, S. 271–275.

[189] Oechsli, Anfänge, S. 91. Das nämliche und ein weiteres Beispiel referiert Stettler, Hunwil, S. 21. Über die vorliegende Literatur sind somit nur sehr wenige Beispiele von Freikäufen nachzuweisen, und dazu erst noch eher wenig spektakuläre Fälle.

[190] Für Muri und St. Blasien: Oechsli, Anfänge, S. 80f.

[191] Graf, Landesgesetz, S. 7. Abdruck des Quellentextes ebd., S. 18f. Graf versteht diese Maßnahmen als Reaktion auf die Territorialpolitik des Klosters Engelberg, womit dann allerdings nicht mehr erklärt werden kann, weshalb ähnliche Verfügungen auch in den anderen Tälern erlassen wurden. Stettler, Hunwil, S. 22.

[192] Deschwanden, Rechtsquellen, S. 80.

ursprüngliche Vergabe der Höfe von Dingtag zu Dingtag wurde nach und nach ersetzt durch die Erbleihe[193], die es ermöglichte, die Güter in den bäuerlichen Familien zu vererben, womit natürlich die herrschaftliche Kontrolle geschwächt wurde. Die Identität von Grundholde und Leibeigenem, die ursprünglich wohl selbstverständlich war – ein schönes Beispiel gibt das Engelberger Hofrecht –, wurde gelokkert, indem auch herrschaftlicher Grund an Freie ausgegeben wurde und Hörige ebenfalls Allod erwerben konnten. Von besonderer Bedeutung allerdings dürfte gewesen sein, daß sich die Verwaltungsbeamten der Grundherren auf den Höfen, die Meier und Keller, zunehmend verselbständigten[194]. Man kennt einige Fälle, die das bezeugen. Die Geschichte der Familie von Malters beispielsweise zeigt deren Aufstieg von den Meiern des Murbach-Luzerner Hofes in Stans im 12. Jahrhundert zu Landammännern im früheren 14. Jahrhundert[195]; eine ähnliche kollektive Biographie wird für die Herren von Hunwil vermutet, die während des 14. Jahrhunderts als Landammänner nachgewiesen sind[196].

Es liegt nahe anzunehmen, daß die Meier und Keller nur dann politisch führende Positionen übernehmen konnten[197], wenn die Grundherren, in deren Auftrag sie amteten, schwach wurden. Das gilt sicher für viele Klöster ausgangs des 13. und für die Position der Habsburger im frühen 14. Jahrhundert. Freilich gerieten die Meier ihrerseits je länger je mehr in eine prekäre Situation: Das allgemeine politische Klima in der Innerschweiz im 14. Jahrhundert begünstigte nicht den Aufstieg einzelner Familien, wenn damit die Gefahr drohte, die alte Herrschaft der Klöster und des Adels gegen eine neue Herrschaft der gesellschaftlichen Aufsteiger einzutauschen; die ‹Neuherren›, wie man sie in Analogie zu heutigen Neureichen nennen könnte, waren schon über die Höfe, die sie bewirtschafteten, aus der übrigen Bauernschaft herausgehoben und stärkten ihre Stellung noch durch den weiteren Erwerb von Grund und Boden und wohl auch von Eigenleuten. Der Sturz dieser führenden Familien in den frühen 1380er Jahren ist gewissermaßen zwangsläufig[198], wurde allerdings vermutlich auch durch die genossenschaftlichen Momente, die in den Hofverbänden steckten, begünstigt. In die Hofverbände eingeschlossen war nämlich ein Stück politischer Autonomie, das sich gleichfalls weiterentwickeln ließ. Wenn das Hofrecht der Abtei Engelberg in Buochs ein Ausdruck verbreiteter Verhältnisse gewesen sein sollte, läge auch hier gewiß ein Ansatzpunkt für genossenschaftliche, korporative Bildungen, die schließlich zur Landsgemeinde führen konnten. Bekanntermaßen wählten die Hofgenossen den Ammann beziehungsweise den Meier von Buochs, und sie setzten mit dem Kloster die für den Hof geltenden Statutarrechte fest. Wo die Herrschaft ihre Rechte verloren hatte oder sie nicht mehr wahrnehmen konnte, kam halt der ehemaligen Hofgenossenschaft die Bestellung des Ammanns und die Setzung von Recht zu. Nichts anderes tat die Landsgemeinde. Was in dieser eher theoretischen Herleitung noch fehlt, ist der schlüssige Nachweis, daß und wie sich solche älteren Hofgenossenschaften zu einem Land verdichteten.

Entwicklungsstufen der politischen Autonomie der Länderorte – ein Vergleich

Sieht man auf die Geschichte der drei Länder Uri, Schwyz und Unterwalden zwischen 1200 und 1400 mit einem etwas distanzierten Blick, so zeigen sich deutliche Gemeinsamkeiten in deren Entwicklung[199]. Sie sind freilich eher struktureller als chronologischer Art. Etappen dieses Prozesses sind

- der Erwerb der Reichsfreiheit,
- die Herausbildung von politischen Verbänden, umschrieben mit dem Begriffspaar «Landammann und Landleute»,
- der Zusammenschluß dieser neuen politischen Verbände 1291 in einer Einung, einem Bündnis, und
- der Auskauf und Abkauf der Herrschaftsrechte des Adels und der Kirche.

Diese zeitliche Abfolge läßt sich ursächlich wie folgt begründen:

Uri wurde 1231 reichsunmittelbar, und zwar handelt es sich um einen Freikauf oder Rückkauf ans Reich, der voll auf Kosten der Habsburger ging. 1240 bestätigte der Stauferkaiser Friedrich II. den Schwyzern, daß sie als Freie zum Reich gehörten, was möglicherweise eine Herausforderung der Habsburger war, welche in Schwyz über grund- und gerichtsherrliche Rechte verfügten. 1309 beurkundete Heinrich VII. Unterwalden die Reichsfreiheit und be-

[193] Belege für das Fortschreiten des Erbrechts bei GRAF, Landesgesetz, S. 13–16.

[194] Materialsammlung bei NIEDERBERGER, Landammänner.

[195] Das Beispiel bei OECHSLI, Anfänge, S. 70.

[196] STETTLER, Hunwil, S. 9ff.

[197] Die Herkunft der führenden Geschlechter aus der Meierhofverfassung unterstreichen GRAF, Adel, S. 7–10 und STETTLER, Hunwil, S. 10.

[198] STETTLER, Hunwil, S. 23. – Für die Verbreitung des Phänomens in der Innerschweiz insgesamt: PEYER, Entstehung, S. 201.

[199] Auf Einzelnachweise, soweit sie in den vorangegangenen Kapiteln jeweils im entsprechenden Zusammenhang erbracht wurden, wird im folgenden verzichtet.

freite es gleichzeitig von fremden Gerichten, was sofort den energischen Widerspruch der Habsburger hervorrief.

Diese drei für die Innerschweiz zweifellos bedeutendsten Königsprivilegien erwecken den Eindruck, als handle es sich mehr oder weniger um eine Bestätigung bereits bestehender Rechtszustände. Dafür allerdings gibt es keine verbürgten Dokumente. Das braucht sicher nicht zwingend zu heißen, daß keine Rechtsgrundlagen für die Reichszugehörigkeit gegeben waren; wahrscheinlich aber waren sie eher vage, jedenfalls ließen sie sich mit Urkunden offenbar nicht belegen, sonst wären ja solche ältere rechtserhebliche Beweismittel, wie es damals Brauch war, in die Privilegienbestätigungen hineingeschrieben, ihnen «inseriert» worden. 1231, 1240 und 1309 wurde die Reichsunmittelbarkeit und Reichsfreiheit der Länderorte wenn nicht gar erst geschaffen, so doch auf der positivrechtlichen Grundlage von Königsdiplomen befestigt. Den Anteil der Länder selbst an diesen Privilegien darf man nicht unterschätzen: Uri zahlt eine gehörige Summe Silber, um ans Reich zu kommen; den Schwyzern wird vom Kaiser nachgerühmt, sie hätten sich für ihn militärisch geschlagen; nur den Unterwaldnern fällt die Freiheit offensichtlich in den Schoß – mehr als einen «andächtigen bittlichen beger» um ein Königsprivileg haben sie nach Ausweis der Urkunde nicht anzubieten.

Mit dieser Bestätigung oder Verleihung der Reichsfreiheit wird – das sollte man als wichtig markieren – ein labiler, unsicherer, unentschiedener Rechtsstatus präzisiert und gesichert. Was das Reich an politischem Einfluß in den Ländern gewinnt, verlieren offensichtlich die Habsburger; daß für die Länder selbst aus der Zuwendung zum Reich etwas abfällt, deuten die Hinweise auf finanzielle und militärische Leistungen für das Reich mindestens an. In der Tat folgt auf die Erlangung der Reichsfreiheit in allen Tälern ein deutlicher Schub zu mehr politischer Autonomie.

1231 kommt Uri ans Reich. Seitdem nehmen die Belege rasch zu, die unter der Formel ‹minister et universitas vallis Uraniae› einen handlungs- und rechtsfähigen politischen Verband erkennen lassen, der sich in den deutschen Wendungen seit den 1290er Jahren als ‹Landammann und Landleute gemeinlich von Uri› vorstellt. 1240 wird Schwyz die Reichsfreiheit bestätigt, aber erst nach Freikäufen der Landleute selbst aus der Herrschaft Habsburgs in den 1260er Jahren, durch die sie den gleichen Rechtsstatus wie die Reichsfreien erlangt haben dürften, häufen sich die Belege, die Schwyz als Rechtsverband ausweisen. Als ‹minister vallis de Swites et universitas eiusdem loci› tritt der Verband in den lateinisch abgefaßten Quellen auf; ‹Landammann und die Landleute gemeinlich von Swiz› lautet die deutschsprachige Entsprechung. Im Jahr 1309 wird die Reichsunmittelbarkeit Unterwaldens gesichert, wo nicht erst geschaffen, und erst seitdem gewinnt das Land auch rechtlich ein schärferes Profil. Frühere zweifelsfreie Belege – den Bund von 1291 ausgenommen, den allerdings nur Nidwalden siegelt – fehlen. Erst um 1315 wird in den Quellen ein politischer Verband faßbar, der sich seit 1330 ‹Landammann und die Landleute gemeinlich von Unterwalden› nennt.

Was die Urkunden an Einsichten ermöglichen, bestätigen die Siegel. 1243 verfügt Uri über ein eigenes Siegel, 1281 Schwyz, spät, erst ausgangs des 13. und während des 14. Jahrhunderts, folgen Nid- und Obwalden. Siegelfähigkeit gilt als Zeichen von Rechts- und Geschäftsfähigkeit. Die Tatsache, daß die Siegel der Länder immer zeitgleich dann auftauchen, wenn die Urkunden häufiger von ‹Landamman und Landleuten› sprechen, ist sicher kein Zufall.

Daraus folgt, daß Reichsunmittelbarkeit offensichtlich die entscheidende Voraussetzung für die politische Autonomie der Länder darstellt. Wenn in allen drei Fällen relativ kurz nach der königlichen Privilegierung das Tal als politisch handlungsfähig erscheint, muß das als Folge der Privilegierung gelesen werden, zumal sich der Vorgang selbst über rund achtzig Jahre erstreckt. Ein gemeinsames «politisches Ereignis» für alle Länder scheidet damit als Erklärung für deren Selbständigkeit aus.

Daß Reichsfreiheit die Autonomie, mindestens ein Mehr an politischer Kompetenz des Verbandes nach sich zieht, läßt sich an anderen Freienverbänden im Reich zeigen und damit bestätigen. Auf sie hier exkursartig einzugehen, soll zweierlei erhellen: erstens die Tatsache, daß die Entwicklung der Innerschweizer Länder zunächst keine Besonderheit und Einmaligkeit darstellt, und zweitens, welche politischen Rechte einem reichsfreien Verband im allgemeinen zustanden.

Freienverbände existierten im Mittelalter in Schwaben, in Franken, im Elsaß und anderwärts. Zu ihnen gehören auch die «Freien auf Leutkircher Heide» und die «Eglofser Freien» im Allgäu. Die Grundformen der Verfassung dieser Verbände ähneln erstaunlich denen von Uri, Schwyz und Unterwalden. Beide Freienverbände wurden von den Kaisern schließlich verpfändet, die Eglofser an die Reichsstadt Wangen, die Freien auf Leutkircher Heide an die Herzöge von Österreich.

Die Eglofser beschwerten sich, daß «sich die gedachten unser pfanthern [die Reichsstadt

Wangen] vermainend, das weder ammann noch die richter nicht gericht halten, on irer bewilligung, dardurch den armen leiten das recht verzogen und bisher nit der bruch gewesen ist, das sy billich ersparten, dann untzher von römischen kaisern und künigen send die regalia den von Egletz [Eglofs] gnädigklich verlichen und convermiert worden und nit den pfanthern». Weiterhin «wellend die pfanthern uns abthun, das wir weder radt noch gemeind haben sellen, sy seyen dann damit und bey, mögend wir kainswegs erliden, so verr wir doch nit ir aigen, sondern on mittel dem hailigen reich zugehörend, dann wir täglich von unsern aignen gůter wegen radt und gemaind zu halten notdurftig sein»[200].

Reichsunmittelbarkeit beinhaltet nach Auskunft der Eglofser das Recht, selbst Gericht halten und Gemeindeversammlungen durchführen zu können, und zwar ohne herrschaftliche Beeinträchtigung. Diese Rechte sind durch die Verpfändung gefährdet.

Ähnliche Folgen hatte die Verpfändung der «Freien auf Leutkircher Heide» an die Habsburger: Sie wurden vom «Kaiserlichen Landgericht auf Leutkircher Heide und der Gepirs», für das sie über Jahrzehnte hinweg die Landrichter gestellt hatten[201], abgeschnitten und einem eigenen Gericht des habsburgischen Landvogts in Oberschwaben unterworfen. Dessen Kompetenzen beschränkten sich allerdings auf hochgerichtliche Vergehen. Die niedere und zivile Gerichtsbarkeit über kleinere Straffälle und Liegenschaftsänderungen verblieben dem Gerichtsammann und den zwölf Richtern der Freiengenossenschaft[202]. Allerdings ging mit der Verpfändung auch die Steuerhoheit an den habsburgischen Landvogt über. Ihre Verpfändung bezahlten die Freien auf Leutkircher Heide also mit dem Verlust der Hochgerichtsbarkeit und der Steuerhoheit[203].

Reichsunmittelbare Bauernverbände verfügen, so läßt sich folgern, über eine unbeschränkte Gerichtshoheit bis zur Blutgerichtsbarkeit, sie regeln über ihre Gemeinden den Liegenschaftsverkehr und besitzen die Steuerhoheit.

Für die Länderorte in der Innerschweiz war es zweifellos ein großer Glücksfall, daß sie von den Kaisern nicht verpfändet wurden. Wohl versprachen die königlichen Privilegien den Tälern in der Regel, daß sie vom Reich nicht «entfremdet», das heißt nicht verkauft, verliehen und verpfändet werden sollten, doch solche Versprechen waren das Pergament kaum wert, auf dem sie geschrieben standen[204]. Auch den Eglofser Freien und den Freien auf Leutkircher Heide sind solche Privilegien erteilt worden, ohne daß sie die nötigen Rechtsgarantien gegen Veräußerungen geboten hätten.

Weshalb wurden die Innerschweizer Länder nicht verpfändet? Die Frage läßt sich nur näherungsweise und kaum abschließend beantworten. Verpfändungen von Reichsgut waren ja im Spätmittelalter an der Tagesordnung[205]. Damit beschafften sich die deutschen Kaiser, die aus dem Reich keine nennenswerten Einkünfte bezogen, jedenfalls nicht so viel, daß damit die Aufgaben des Reiches hätten finanziert werden können, das Geld für ihre Politik. Reichsrechte aller Art – Zölle, Forste, Münzstätten, Bergwerke, selbst Reichsstädte und Reichsbauern – gingen auf diese Weise dem Reich langfristig verloren, zumal die Mittel fehlten, solche Pfandschaften wieder auszulösen. Die beiden Allgäuer Beispiele lassen aber auch die Motive von seiten der Pfandnehmer erkennen. Der Erwerb der Eglofser via Pfandschaft durch die Reichsstadt Wangen erfolgte zu einem Zeitpunkt, als alle oberschwäbischen Reichsstädte versuchten, ein Territorium aufzubauen. Eglofs lag im unmittelbaren Einzugsgebiet der Stadt, kaum zehn Kilometer von ihr entfernt. Das Interesse der Habsburger an den Freien auf Leutkircher Heide steht im Zusammenhang mit der österreichischen Territorialpolitik, mit der sie am Ausgang des Mittelalters noch einmal versuchten, in Oberschwaben ein geschlosseneres Herrschaftsgebiet aufzubauen, das auch als Landbrücke zwischen den Besitzungen in Vorarlberg und dem Elsaß hätte dienen sollen.

Ein Argument für die Tatsache, daß in der Innerschweiz die Reichsrechte nicht verpfändet wurden, könnte das Interesse der Kaiser und des Reiches am Gotthard-Paß gewesen sein.

Der Gotthard nimmt einen enorm hohen Stellenwert in der Geschichte der frühen Eidgenossenschaft ein. Daß die unwegsame Strecke zwischen Göschenen und Andermatt begehbar gemacht wurde, gilt als Ereignis von fast welthistorischer Bedeutung. Das ist so, seit vor knapp hundert Jahren Aloys Schulte in einer zum Klassiker gewordenen Handelsgeschichte die Bedeutung des Gotthards gewürdigt hat[206].

[200] Fürstlich Windischgrätzsches Archiv Siggen (Landkreis Ravensburg), ohne Signatur. Die zitierte Beschwerdeschrift trägt den Titel: «Item artickel der beschwerden und trengnuß vor dem wolgbornen herren her Jergen Trucsåß gegen denen von Wangen fu̍rtragen von wegen der fryen lu̍t vom Megloffs in klags wis».

[201] Diehl, Freie, S. 305f., 309f.

[202] Blickle Peter, Personalgenossenschaften und Territorialgenossenschaften im Allgäu, in: Anciens pays et assemblées d'états 53, 1970, S. 189–196.

[203] Diehl, Freie, S. 216f

[204] Differenziert für die Verpfändung von Reichsstädten: Landwehr, Verpfändung, S. 226–233.

[205] Grundlegend: Landwehr, Verpfändung.

[206] Schulte, Geschichte.

22 Rütlischwur. Schweizerchronik des Petermann Etterlin, 1507.

Für Schulte ist die Eröffnung der Schöllenenschlucht geradezu grundlegend gewesen für «die Schweiz, deren Vater nicht der sagenhafte Tell ist, sondern der Schmid von Ursern, der Mann, der die stiebende Brücke ersann und ausführte»[207]. Karl Meyer, sonst kein Feind von Superlativen, hat den gigantischen Vergleich seines älteren deutschen Kollegen ein wenig abgeschwächt, doch ist er zweifellos der Schweizer Forscher, der am nachhaltigsten dazu beigetragen hat, daß der Gotthard unter den Argumenten für die Entstehung der Eidgenossenschaft heute noch einen derartigen Stellenwert einnimmt[208]. «Wie die urschweizerischen Berge, deren schützende Hand vorab am Tage von Morgarten wirksam wurde, und wie der Vierwaldstättersee mit seiner föderativen, kommunenverknüpfenden Kraft, so gehört auch die Paßlage am Gotthard zu jenen bedeutsamen geopolitischen Vorbedingungen und Voraussetzungen, welche die schweizerische Eidgenossenschaft möglich machten», meinte Karl Meyer[209]. Daß die Eröffnung des Gotthardweges «eine der wesentlichsten Vorbedingungen für die Entstehung der Eidgenossenschaft» war, ist eine weitverbreitete Ansicht[210].

Doch wann der Gotthard «eröffnet» wurde, seit wann er als Handelsweg und auch für mi-

[207] Ebd., S. 174.

[208] Vgl. als neuere Handbuchdarstellung MARCHAL, Ursprünge, S. 134.

[209] MEYER, Einwirkung, S. 32.

[210] Das Zitat aus GÜTERBOCK, Gotthardroute, S. 121. Dieses Urteil zuletzt nochmals bestätigt bei SCHALLER, Alpenpässe, S. 340.

litärische Unternehmungen von Bedeutung war, ist immer noch strittig[211], wiewohl die Passierbarkeit mit Hilfe einer Hängebrücke mehrheitlich auf die Zeit um oder kurz nach 1200 datiert wird[212].

Die politische Bedeutung des Gotthards läßt sich eher über Indizien erschließen, als mittels eindeutiger Quellenbelege beweisen. Daß die Kaiser während des 13. und 14. Jahrhunderts die Innerschweizer Länder privilegiert haben, um damit strategisch den schnellen und kurzen Paßübergang von Oberdeutschland nach Oberitalien zu decken, ist nicht unwahrscheinlich[213]. Daß die Habsburger in Konkurrenz zu den Kaisern im Zuge ihrer Hausmachtpolitik sich in den Besitz des Gotthards setzen wollten und daraus weitgehend die konfligierende Situation in der Innerschweiz um 1300 zu erklären sei, liegt bis heute im Bereich des Hypothetischen[214].

Wenig besser ist es um die Bedeutung des Passes als eines internationalen Handelsweges bestellt. «Noch immer fehlt [...] eine zeitlich und räumlich umfassende Darstellung der wirtschaftlichen Bedeutung des Passes», hat erst neulich ein Kenner des Paßverkehrs geschrieben[215]. Genauere Zahlen zum Warentransport über den Gotthard stehen erst ab 1500 zur Verfügung[216]; immerhin erlauben die überlieferten Zolleinnahmen für die Zeit um 1300, den Handel als nicht unwichtig einzuschätzen[217].

Das Interesse der Kaiser am Gotthard mag und wird die dauerhaften Bindungen der Innerschweizer Länder ans Reich begünstigt haben; ob aber diese Bindungen dadurch erst geschaffen wurden, scheint äußerst zweifelhaft. Kein Kaiser kann eine Talschaft «reichsunmittelbar machen»[218], wenn nicht rechtliche Voraussetzungen in Form eines Verbandes von Freien gegeben sind.

Für die Länder blieb jedenfalls die Zugehörigkeit zum Reich stabil, und daraus erwuchs ein Freiraum für politisches Handeln, zu dessen wichtigen Voraussetzungen allerdings gehörte, daß Uri, Schwyz und Unterwalden nicht in den Sog der kaiserlichen Pfandschaftspolitik gerieten.

Hierin liegen die Bedingungen für den Ausbau der politischen Autonomie. Ihre institutionelle Verfestigung in ‹Landammann und Landleuten› liefert offensichtlich die Voraussetzung für den eidlichen Zusammenschluß der drei Länder von 1291. Der Bundesbrief nennt die Kompetenzen, welche die Länder haben und welche sie wollen. Die Hochgerichtsbarkeit über Mord, Brandstiftung und Diebstahl steht ihnen zu; als Richter, die solchen Hochgerichten vorsitzen und die Urteile fällen, sollen jetzt nur noch Einheimische in Frage kommen. Der Begründungsrahmen für das Bündnis vom Jahre 1291 ist die Sicherung des Friedens durch Ächtung der Fehde. Die rechtliche Verfolgung von Mord, Brand und Diebstahl dient dem übergeordneten Ziel des Friedens. Ein elementares Problem der Gesellschaft in der Innerschweiz wird so einer Lösung nähergebracht, indem der Friedenskreis von einem auf drei Länder erweitert wird. Gemeinsame Nöte führen zu gemeinsamem politischen Handeln. Die Urkunden von Schwyz aus der Zeit um 1290 beweisen nämlich hinreichend, daß die rechtsetzenden Aktivitäten der «Landleute» ihren Schwerpunkt in der Ahndung von Totschlag, Verwundung sowie friedensbedrohender Beleidigung und in der Verfolgung landschädlicher Leute hat.

1291 bedeutet zweifellos eine erhebliche Festigung der drei Täler als politischer Verbände. Gleichwohl waren sie noch ein gutes Stück davon entfernt, völlig autonom zu sein. Der Bundesbrief trägt diesem Sachverhalt Rechnung, wenn er ausdrücklich die Rechte der Grundherren, der Adeligen und der Klöster respektiert. Mit der Gerichtshoheit und Satzungsbefugnis von ‹Landammann und Landleuten›

[211] Durrer, Studien, S. 1-72, bes. 43, hält den Paß schon im 10. Jahrhundert für begehbar. Müller Iso, Der Gotthard-Raum in der Frühzeit 7.–13. Jahrhundert, in: SZG 7, 1957, S. 474, nimmt die Begehbarkeit für das 12. Jahrhundert an, ebenso Meyer, Einwirkung. – Die Forschungsgeschichte im Detail (bis 1924) bei Laur-Belart, Eröffnungsgeschichte, S. 7–53; die anschließende Forschungsgeschichte (bis 1968) kursorisch bei Schaller, Alpenpässe, S. 337ff.

[212] So zuerst Schulte, Geschichte, S. 178. – Hoppeler, Uri, S. 45. Laur-Belart, Eröffnungsgeschichte, S. 119. Schaller, Alpenpässe, S. 336. Die beiden stärksten Argumente sind m.E. die Vergabe der Reichsvogtei über Uri an die Habsburger 1218, die nicht erfolgt wäre, wenn der Paß schon größere Bedeutung gehabt hätte (Schaller, Alpenpässe, S. 336), sowie die Tatsache, daß ausführlichere schriftliche Quellen über die Begehbarkeit des Passes erst aus den 1230er Jahren datieren (Güterbock, Gotthardroute, S. 122).

[213] Begründete Einwände hat Laur-Belart, Eröffnungsgeschichte, S. 120f., erhoben. Aufgrund der Untersuchung aller verfügbaren Intinerare (ebd., S. 68–115) kommt er zum Urteil, daß noch zu Lebzeiten Friedrichs II. «der Brenner [...] wieder der deutsche Paß nach Italien geworden [ist] und zwar geradezu mit einem erdrükkenden Übergewicht» (ebd., S. 121).

[214] Umfassend für das 13. und 14. Jahrhundert: Meyer, Einwirkung.

[215] Caroni, Dorfgemeinschaften, S. 82.

[216] Glauser, Gotthardtransit.

[217] Die Daten zusammengestellt bei Meyer, Einwirkung, S. 11. Danach bewegt sich der Reingewinn des Zolls zwischen 224 und 492 Mark Silber; das ist mehr, als die habsburgischen Städte in der Schweiz an Steuern aufbringen. – Üblicherweise wird die wirtschaftliche Bedeutung vorausgesetzt, aber nicht belegt; so bei Hoppeler, Uri, S. 45–58, oder Laur-Belart, Eröffnungsgeschichte, S. 120. – Zum Kenntnisstand zuletzt Bergier, Trafic, S. 1–72, bes. 28ff.

[218] So Schaller, Alpenpässe, S. 335.

verfügten die Länder allerdings über ein Instrumentarium, um nach und nach die Kompetenzen der Feudalherren zu beschneiden. Wie das im einzelnen vonstatten gegangen ist, läßt sich urkundlich nicht hinreichend dokumentieren. Es hat den Anschein, als wäre die grundherrliche Gerichtsbarkeit in den Fronhöfen, Dinghöfen und Meierhöfen im Verlaufe des 14. Jahrhunderts allmählich ganz zum Erliegen gekommen. Über die Satzungsgewalt der Landsgemeinden wurden, was besser belegt ist, die Grundherrschaften an ihrer Ausdehnung gehindert, indem ihnen der Kauf von Liegenschaften verboten wurde, 1363 in Nidwalden, 1382 in Obwalden. In der Logik dieser Politik lag das Statut der Schwyzer von 1389, das alle Grundherren zwang, ihre Güter binnen zwei Jahren an Einheimische zu verkaufen.

Dieser rechtlich dubiose Landsgemeindebeschluß wurde flankiert von einem mehr oder weniger legalen Auskauf des Adels und der Klöster. Die Klöster Wettingen, Rathausen, Kappel und Frauental veräußerten um 1360 ihre Güter an Uri, nachdem sie, falls man den Klagen der Wettinger Äbte trauen darf, ihre Abgaben schon in der ersten Hälfte des 14. Jahrhunderts wenn überhaupt, dann nur noch in sehr geminderter Form einzutreiben vermocht hatten. Etwas verspätet und nach gleichen Klagen der Äbtissinnen des Zürcher Fraumünsters gingen dessen Güter an die Landleute von Uri über. Die Klöster Einsiedeln und Engelberg veräußerten ziemlich zeitgleich um die Mitte des 14. Jahrhunderts ihre Besitzungen in Schwyz.

Vor 1291 lassen sich solche Transaktionen nur vereinzelt feststellen. Wenn daraus etwas gefolgert werden darf, dann dies, daß sich die wachsende Autonomie der Länder mit den vorgängigen feudalen Strukturen nicht mehr vertrug. Die mittelalterliche Grundherrschaft war kein rein ökonomisches System, das lediglich auf der Verleihung von Land zur Erzielung von Renten gefußt hätte. Mit der Grundherrschaft verknüpft waren herkömmlicherweise Rechte über die Person des Grundholden – seine Heiratsfähigkeit war eingeschränkt auf den Kreis der Hofgenossen, seine Freizügigkeit blieb beschnitten, und er war einer unterschiedlich weitreichenden Gerichtsbarkeit seines Grundherrn unterworfen. Die älteren Hofrechte, welche man aus der Innerschweiz kennt, bestätigen diese Form der Grundherrschaft für das 13. Jahrhundert. Daran mag es auch liegen, daß die Talleute von Uri, Schwyz und Unterwalden keine neuen Grundherren aufkommen lassen wollten. Dem egalitären Zug der Länderverfassungen, die ja alle Landleute an den politischen Entscheidungen beteiligten, widersprach es, fremde Gerichtsbarkeiten, Formen der Unfreiheit und damit solche einer ständischen Differenzierung länger im Land zu dulden. Dem dürften die führenden Familien zum Opfer gefallen sein, die allesamt in der zweiten Hälfte des 14. Jahrhunderts gestürzt wurden, die Attinghausen in Uri, die Hunwil und Waltersberg in Unterwalden.

Erst ausgangs des 14. Jahrhunderts gelangte in den Ländern eine Entwicklung zum Abschluß, die in der Mitte des 13. Jahrhunderts mit der engeren Anlehnung an das Reich begonnen hatte. Die Reichsfreiheit ermöglichte den Tälern, ihre politische Autonomie zu entfalten. Der Bundesschluß von 1291 sicherte den drei Ländern durch einen wechselseitigen Schutz den erreichten politischen Besitzstand. Erst jetzt konnten sich adelige und kirchliche Herren nicht mehr behaupten und wurden verdrängt.

Die «Freiheit» steht nicht am Beginn der geschichtlichen Entwicklung der Innerschweiz, sondern an ihrem Ende, und die «universitates» und «communitates» sind nicht die Bedingung der Reichsunmittelbarkeit, sondern die Reichsunmittelbarkeit ermöglicht ihnen erst ihre Entfaltung.

Die «Verfassung» der Länderorte näher zu beleuchten, kann den Blick dafür schärfen, was an der Innerschweizer Geschichte als neu und originell gelten darf und muß.

Kommunaler Parlamentarismus – neue Verfassungsformen in der Innerschweiz

«Kommunaler Parlamentarismus» ist eine künstliche Wortschöpfung, die es weder in der politischen Alltagssprache noch in der Wissenschaftssprache der Historiker, Politologen oder Staatsrechtler gibt. Sie soll hier dazu dienen, die Verfassungsverhältnisse in der Innerschweiz auf einen Begriff zu bringen, der nicht durch Verknüpfungen mit modernen Staats- oder Regierungsformen von vornherein belastet ist. Die Verfassung der Schweiz im Mittelalter, und «die Schweiz» sind zu dieser Zeit die Waldstätten, gilt im Verständnis der heutigen Schweizer als «demokratisch». Die älteste Demokratie zu haben – diese Überzeugung teilt der Schüler, der aus dem Geschichtsunterricht kommt, mit dem Journalisten, der sich über die Schwächen einer Repräsentativverfassung äußert, und beide teilen sie mit dem sogenannt kritischen Wissenschafter, welcher das Entmythologisieren der Vergangenheit zu seiner Profession erklärt; das freilich hindert ihn nicht, vor allem nach außen zu demonstrieren, wie die Schweiz dem übrigen Europa schon immer ein Stück voraus war, was die politische Kultur betrifft. Als Alfred Grosser, bestimmt ein solider Kenner und kluger Interpret von Demokratien, anläßlich einer europäisch besetzten Fernsehrunde von Adolf Muschg darauf aufmerksam gemacht wurde, daß die Schweiz nun doch erheblich früher eine Demokratie geworden sei als Frankreich, und Grosser in seiner liebevoll spöttischen Art erwiderte, zu einer Demokratie gehöre ja wohl eine Opposition, starrte Muschg völlig verständnislos auf seinen Kontrahenten. Die «Demokratie», auch wenn ihre Spielart im Spätmittelalter und in der Frühneuzeit auf die «Landsgemeindedemokratie» präzisiert wird, bleibt ein Begriff, welcher das Gemeinsame mit heutigen westeuropäischen Staatsformen und Verfassungsnormen betont. «Die Landsgemeinde in der Schweiz» ist eine «Schule der Demokratie», verknüpft einer der renommiertesten Rechtshistoriker der Schweiz Vergangenheit und Gegenwart bereits im Titel einer Broschüre[219]. So sah es die Schweizer Historiographie auch schon vor hundert Jahren. Die Landsgemeinde, meint ihr bester Biograph, Heinrich Ryffel, «dies altehrwürdige Kleinod schweizerischer Volksfreiheit», sei die «schönste, lebendigste Verkörperung der Demokratie»[220]. Das alles sind ganz eindeutig zeitgenössische Interpretationen mittelalterlicher Verfassungsverhältnisse: kein einziges Quellenstück aus der Geschichte der Schweiz des 13., 14. oder 15. Jahrhunderts spricht von Demokratie oder Landsgemeindedemokratie.

«Landsgemeindedemokratie» durch den Begriff «kommunalen Parlamentarismus» zu ersetzen, geschieht nicht in der Absicht, leichtfertig einen eingeführten Begriff zu kritisieren, möglicherweise sogar zu demolieren, sondern erfolgt allein mit dem Ziel, einen freieren Blick auf die wahren Verfassungsverhältnisse der Innerschweizer Orte im Mittelalter zu bekommen. Kommunaler Parlamentarismus kann nicht in Anspruch nehmen, ein besonders eleganter Begriff zu sein; auch er schließt ja falsche Assoziationen zu modernen Ausdrucksformen des politischen Lebens (Parlamentarismus) nicht aus. In der Verknüpfung von kommunal und parlamentarisch allerdings liegt eine begriffliche Neuschöpfung vor, die den Vorzug hat, einerseits inhaltlich nicht gefüllt zu sein, und andererseits mit «Kommune» und «Parlament» zwei Termini mit ihren Wortfeldern aufzunehmen, die dem Mittelalter durchaus geläufig waren.

Das heutige Wort Parlamentarismus hat seine Wurzeln in mittelalterlich-frühneuzeitlichen Institutionen, den «Parlamenten». Parlamente gab es in Paris und in den französischen Provinzen; ein Parlament gab es auch in Westminster in London. Das sind nur zwei Beispiele für die Verbreitung eines Wortes, das es mit unterschiedlichen Bedeutungsinhalten ebenfalls im übrigen Europa gegeben hat, vornehmlich in den südlichen Ländern Spanien und Italien[221]. Das Parlament von Paris, das bis zur Französischen Revolution bestand, und das Parlament von Westminster, das heute noch besteht, unterscheiden sich in ihren Aufgaben ein wenig: Das Pariser Parlament war oberster Gerichtshof der Monarchie und hatte als solcher auch darüber zu wachen, daß die vom König und seiner Verwaltung in Vorschlag gebrachten Gesetze mit den geltenden Rechten des Königreichs harmonierten, ihrem Geist jedenfalls nicht widersprachen[222]. Das englische Parlament war dagegen strenggenommen kein Gerichtshof, sondern eine Institution der politischen Willensbildung, wo über nützliche Maßnahmen für das Fortkommen des englischen Königreichs debattiert wurde, über Krieg und Frieden oder über die Versorgung der Armen, auch wie die dazu nötigen Mittel sinnvoll und gerecht aufzubringen seien; die Ergebnisse dieser Debatten wurden in Gesetzesvorlagen gefaßt und erhielten Rechtskraft, wenn der König ihnen zustimmte[223]. Parlamente treten somit in Europa in zwei Spielarten auf: als Gericht sowie als gesetzgebendes Gremium. Ursprünglich vereinigte nun jedes Parlament beide Aufgaben: als «magnum consilium» des Königs hatte es mit dem König Recht zu sprechen und den König politisch zu beraten sowie über das Aktuelle und Notwendige zu diskutieren[224].

Parlamentarismus als Begriff zur Umschreibung schweizerischer Verhältnisse zu verwenden, heißt dann konsequenterweise, daß die Funktionen der Parlamente, also oberster Gerichtshof und Diskussionsforum für öffentli-

[219] CARLEN, Landsgemeinde. – KELLENBERGER, Landsgemeinden, S. V: «So bestehen in der Form der Ausübung der direkten Demokratie zwischen den Landsgemeindeorten und den übrigen Kantonen auch heute noch beträchtliche Unterschiede. Die lebendige Form, die schönste und zugleich beste Verkörperung der Demokratie in der Landsgemeinde haben dieser Institution zahlreiche Freunde erhalten». – Eher skeptisch äußert sich PEYER, Verfassungsgeschichte, S. 54f.

[220] RYFFEL, Landsgemeinden, S. V.

[221] MYERS A. R., Parliaments and Estates in Europe to 1789, London 1975.

[222] Eine leicht zugängliche Funktionsbeschreibung bringt MAGER Wolfgang, Frankreich vom Ancien Régime zur Moderne. Wirtschafts-, Gesellschafts- und politische Institutionengeschichte 1630–1830, Stuttgart 1980, S. 124–129.

[223] Vgl. KEIR David Lindsey, The Constitutional History of Modern Britain 1485–1951, London [8]1966.

[224] Dazu das immer noch nicht überholte Standardwerk von HINTZE Otto, Typologie der ständischen Verfassungen des Abendlandes, in: Otto Hintze, Staat und Verfassung. Gesammelte Abhandlungen, 1. Bd., Göttingen [2]1962, S. 120–139.

che Belange zu sein, auch in den Innerschweizer Orten ausgeübt wurden; diesen Parlamentarismus kommunal zu bezeichnen, bedeutet nichts anderes, als daß die «Kommune», die «communitas», die «universitas», die «Gemeinde», oder die «Landsgemeinde» die Funktion der «Krone» übernommen hat. «Parlamento» heißt übrigens hübscherweise die Landsgemeinde in der italienischen Amtssprache des Livinertals[225].

Von der Verfassung der Innerschweizer Orte soll die Rede sein. Heute umschreibt und definiert die «Verfassung» eines Staates die Menschen-, Bürger- und Freiheitsrechte, gewissermaßen die «vorstaatlichen» Rechte des Individuums, sowie die Verteilung der politischen Macht auf die verschiedenen Institutionen. Gemeinhin werden die Menschen-, Bürger- und Freiheitsrechte heute als eine Errungenschaft der Aufklärung und der neuzeitlichen Revolutionen verstanden; ob es in «Alteuropa», im Mittelalter und in der Frühneuzeit, derartige vorstaatliche Rechte gegeben habe, ist mehr als umstritten[226]. Unbestritten ist jedoch, daß es Verfassungen gegeben hat, Grundregeln für die Verteilung der politischen Macht, selbst wenn solche Grundregeln nicht in Form von geschriebenen Verfassungen, etwa von «Konstitutionen», festgelegt waren.

Die Innerschweizer Orte kennen ansatzweise positivrechtliche Fixierungen der Verteilung der politischen Macht in Form der «Landbücher», die es für Schwyz und Uri, Nid- und Obwalden, Zug und Glarus, ja selbst für Gersau und Ursern gibt. Deren Absicht bestand allerdings nicht in erster Linie darin, Sphären politischer Macht institutionell abzugrenzen, sondern das «Landrecht», die Summe strafrechtlicher und zivilrechtlicher Normen festzuhalten. Es sind Rechtsbücher, wie man sie auch anderwärts kennt: im Herzogtum Bayern in Form des «Landrechts Ludwigs des Bayern» von anno 1335, in Schwaben in Form des «Schwabenspiegels» aus dem ausgehenden 13. Jahrhundert, im Tirol in Form der «Landesordnung» von 1525. In der Innerschweiz gehören die Landbücher zu jenen Rechtsdokumenten, denen man neben den Bundesbriefen und kaiserlichen Privilegien besondere Aufmerksamkeit geschenkt hat. Das Bewußtsein von der hohen Dignität der Bundesbriefe und kaiserlichen Freiheiten findet noch heute seinen repräsentativen und symbolischen Ausdruck im Bundesbriefarchiv in Schwyz; die Bedeutung der Landbücher aber drückt sich in der Kunstfertigkeit und Sorgfalt aus, mit welcher sie geschrieben und aufbewahrt wurden. Als Rechtsbücher dienten sie allen Gerichten als Entscheidungsgrundlage. In ihnen ist enthalten, was das Landrecht eines Ortes ausmacht; das heißt, lediglich Rechtsmaterien von größerer Erheblichkeit sind in ihnen verzeichnet: Verfügungen über die Sicherung des Friedens, über das Erbrecht und das Eherecht beispielsweise, nicht jedoch jene Verfügungen, die man heute als Verordnungen bezeichnen würde. Eher beiläufig erwähnen die Landbücher, welche Personen (Landammann, Weibel, Seckelmeister, Schreiber), welche Gremien (Räte, Fünfzehner, Siebner) bestimmte Funktionen wahrnehmen.

Das bringt methodische Schwierigkeiten bei der Rekonstruktion der Verfassung des jeweiligen Ortes mit sich. Sie sind zweifacher Art: Zum einen bleiben die Landbücher unvollständig in der Beschreibung der Verfassung, weil diese selbstverständlich war, in der Tradition begründet und damit keine Dringlichkeit zu ihrer Kodifizierung bestand; zum anderen sind die Landbücher vergleichsweise spät abgefaßt, im 15. und im 16. Jahrhundert, und müssen auf die Verhältnisse vor 1400, um die es hier ja geht, «zurückgeschrieben» werden, was ein umsichtiges und behutsames, auch umständliches Verfahren der Rekonstruktion erfordert. Möglich ist es allerdings: Die einzelnen Einträge in den Landbüchern sind nämlich gelegentlich datiert, und vereinzelt lassen sie sich über Urkunden zeitlich näher eingrenzen; generell läßt sich daraus die Einsicht gewinnen, daß die in ihnen enthaltenen Rechtsmaterien zeitlich oft weit vor die Abfassung eines Landbuchs zurückreichen[227].

Schrittweise muß man also versuchen, die Verfassungen der Innerschweizer Orte vor 1400, oder anders ausgedrückt das Ergebnis des Kommunalisierungsprozesses und des Entfeudalisierungsprozesses, zu rekonstruieren, was nur durch das sorgfältige Herausschälen der

[225] Vgl. RYFFEL, Landsgemeinden, S. 30.

[226] Die neuere internationale Debatte zu diesem Problem enthält: BIRTSCH Günter, Grund- und Freiheitsrechte im Wandel von Gesellschaft und Geschichte. Beiträge zur Geschichte der Grund- und Freiheitsrechte vom Ausgang des Mittelalters bis zur Revolution von 1848, Göttingen 1981. – BIRTSCH Günter, Grund- und Freiheitsrechte von der ständischen zur spätbürgerlichen Gesellschaft, Göttingen 1987.

[227] Das folgende Verfahren der Freilegung der Verfassungsverhältnisse des 14. Jahrhunderts ausschließlich über Quellenmaterial ist deswegen nötig, weil in der Literatur üblicherweise die Institutionen und Organe der Länderorte ohne hinreichende zeitliche Differenzierung, also für eine Zeit von rund 1400–1800, dargestellt werden. Vgl. für Uri: NAGER, Landsgemeinde; STADLER, Verwaltungsorganisation, S. 37–63; für Obwalden: WIRZ, Träger, S. 32–100; für Nidwalden: STEINER, Gemeinden, S. 47–329. – Gleiches gilt für die systematisch angelegten Untersuchungen: vgl. BLUMER, Rechtsgeschichte, S. 265–295; WYSS, Landgemeinden; RYFFEL, Landsgemeinden, S. 34–110; BENZ, Landammann, S. 117–209; STOCKMANN, Gassengerichte, S. 13–39; KELLENBERGER, Landsgemeinden, S. 12–21.

älteren Teile eines Landbuchs und durch den Vergleich der einzelnen Landbücher möglich wird. Den Anfang soll Schwyz machen.

Im Landbuch von Schwyz steht unter dem Datum vom Ostermontag 1531 ein gleichermaßen seltsamer wie instruktiver Eintrag[228]: «Zu lob vnd eere dem almächtigen ewigen gott vnd dem eingebornen sun Jhesu Cristo, war gott vnd möntschen, vnserm erlöser zu ewigem dank hand vnser gemeinen landtlüt vff der fryen Weidhub an einer offnen berufften lanndtzgemeindt für sich genomen, bedacht vnd betrachtet vnser fromen altvordern harkommen, wie die vß Schwedyen von hungersnott wegen mitt dem loß ußgetryben. Vnnd alls sy von dem lannd Schwedyen vsgangen, hatt man inen beuolchen, das sy sich theinem irdischen herren vnderwerffen noch eygen machen, sunder allein sich dem herren gott, der sy erschaffen, vnd dem waren gottessun Christo Jhesu, der vns mit sinem bitteren liden, blut vergiessen vnd sterben erlößt, ergeben. Vnd dem zu eeren, lob vnd danck, vnnd zu bekennen, das der jr herr vnd behalter wer, vnd das er vns erlößt, sölten sy zu der stundt sines todts betten fünff pater noster, fünff aue Maria vnd ein cristenlichen glouben. Semlichs haben vnser frommen vordern vß Schwedyen an vns bracht, dauon sy ane zwyfell nit wenig gnaden vnd glücks von gott erlangt. Semlichs haben gemelt vnser gemeinen lanndtlütt angsechen vnd semlichs widerum ernüwert vnd mit einhelligem meer vff sich genomen, das alle vnsere landtlüt, vnd wer by vns wonen wil, zu der zyt, so man mitten tag lütet, einer sy in holtz oder in feldt, oder wo einer sy, söllen vffknüwen vnd betten Cristo Jhesu in sin liden mit zerspannen armen fünff pater noster vnd so vil aue Maria vnnd einen cristenlichen glouben ane geferde.»

Die ‹gemeinen Landleute› verabschieden also auf einer Landsgemeinde, die auf der ‹freien Weidhub› – dem Gerichtsplatz – zusammengetreten ist, ein Gesetz, das alle Landleute verpflichtet, jeweils beim mittäglichen Glockenläuten fünf Vaterunser, fünf Avemaria und das Glaubensbekenntnis zu beten. In England hätten solche Religionsmandate der König mit dem Parlament, in Frankreich der König mit den Bischöfen, in Bayern der Herzog mit dem Kirchenrat erlassen. In Schwyz ist offensichtlich alles ganz anders: Die Landsgemeinde tritt als «Gesetzgeberin» auf, nicht ein König oder ein Fürst, und offensichtlich ist auch kein Geistlicher an diesem Erlaß beteiligt. Die Schwyzer liefern auch gleich die Begründung für eine solch «uneuropäische» Art des Mandatserlasses mit: Sie haben keinen ‹irdischen Herrn› – nur Gott sind sie unterworfen. Die Herkunft der Schwyzer aus Schweden ist erwiesenermaßen eine Legende[229], die Rechtsetzung durch die Landsgemeinde freilich ist eine Realität, und sie reicht weit vor das Jahr 1531 zurück.

Zieht man aus dem Landbuch von Schwyz, das anno 1524 angelegt wurde und Nachträge bis ins 18. Jahrhundert enthält[230], jene Bestimmungen heraus, die sich eindeutig auf die Zeit vor 1450 datieren lassen[231] – der erste Eintrag geht aufs Jahr 1284 zurück –, so gewinnt man das folgende Bild der Verfassung von Schwyz (vgl. die graphische Darstellung in Abb. 23):

Zweifellos ist jene Versammlung, die in der Regel einmal jährlich «zu Meyen zu Ybach vor der brugk»[232] die «lanndtlütte gemeinlich»[233] zusammenführt – eine Zusammenkunft, welche mehrheitlich als ‹offener Landtag›[234] bezeichnet wird –, die wichtigste Institution im Verfassungsaufbau des Landes. Das gilt zunächst hinsichtlich der Gesetzgebung, der Setzung positiven Rechts. 1342 erläßt Schwyz eine Ordnung, wie mit Totschlägern zu verfah-

[228] Kothing, Landbuch, S. 172f.

[229] Marchal, Schweden.

[230] Kothing, Landbuch, S. XIf.

[231] Der Auswertung liegen folgende Eintragungen im Landbuch von Schwyz zugrunde (nach Kothing, Landbuch; zitiert nach den Registern):
«Der allt großs eynung»,1409 (S. 9); «der allt klein eynung», 1384 (S. 11); «der allt eynung vm frid vffnemen vnnd ob yeman frid verseitte», 1402 (S. 12); «ob yeman fräuell begatt an offnen killchwychinen oder jarmerchten, ouch so einer vor gericht und rath mit dem andern fräfflet», 1413 (S. 16f.); «eynung vm die acht bösen wort», 1450 (S. 19f.); «der fridbrieff, ouch ob jeman ützit ratet, erteylt oder kuntschafft seyt», 1424 (S. 22f.); «der nachtschachbrieff», 1394 (S. 28f.); «der allt eynig vm totschleg», 1342 (S. 31f.); «der obßsbrieff», 1440 (S. 33f.); «von der heiligen ee wegen», 1419 (S. 46ff.); «ob yeman würde angriffen von sinen vyenden», 1339 (S. 53); «wie die klosterfrowen vff dem Bach zu Schwytz in der lanndtlütten schirm genomen sindt», 1427 (S. 56f.); «ob yeman vßlendischer gütter in vnßerm lanndt hatt, der soll ouch hellffen gemeinen kosten tragen », 1284 (S. 59); «der recht eynig vm todtschlag», 1447 (S. 66ff.); «eynig, ob yeman über den andern harnisch, oder stangharnisch trüg», 1438 (S. 67–72); «vffsatz vm diebstall», 1416 (S. 74f.); «das ein vatter sin kindt erbt, vnnd wer elich ist, der erbt», 1389 (S. 128); «von widmans wegen», 1431 (S. 146); «vm vogtkindt vnnd vogtyen», 1399 (S. 156f.); «bannbrieff vm das holltz by dem Sägell», 1334 (S. 199f.); «vm den bann vnder den flün zu Mutochtall», 1339 (S. 206f.); «wye das tannin holltz im Sytin, im Loo vnnd zu Steinen in der Ow verbannen ist», 1442 (S. 211f.); «wie das eychin holltz verbannen ist», 1424 (S. 212f.); «wie man gmeinmerkty niessen soll», 1339 (S. 214); «vm den bann in flün», 1342 (S. 216); «vm den weg vom seesteg vntz in das Syty», 1340 (S. 233f.); «von der straß wegen durch das Brunny», 1448 (S. 235f.); «von der straß ob der brugg zu Brunnen», 1440 (S. 237f.).

[232] Zitat nach Kothing, Landbuch, S. 11; weitere Belege ebd., S. 66, 68, 125, 128.

[233] Zitat nach Kothing, Landbuch, S. 9; weitere Belege ebd., S. 11, 12, 16, 19, 22, 28, 31, 46, 59, 74, 156 (Auswahl).

[234] Ebd., S. 9, 11, 32, 33, 142, 160, 199, 206, 213, 214.

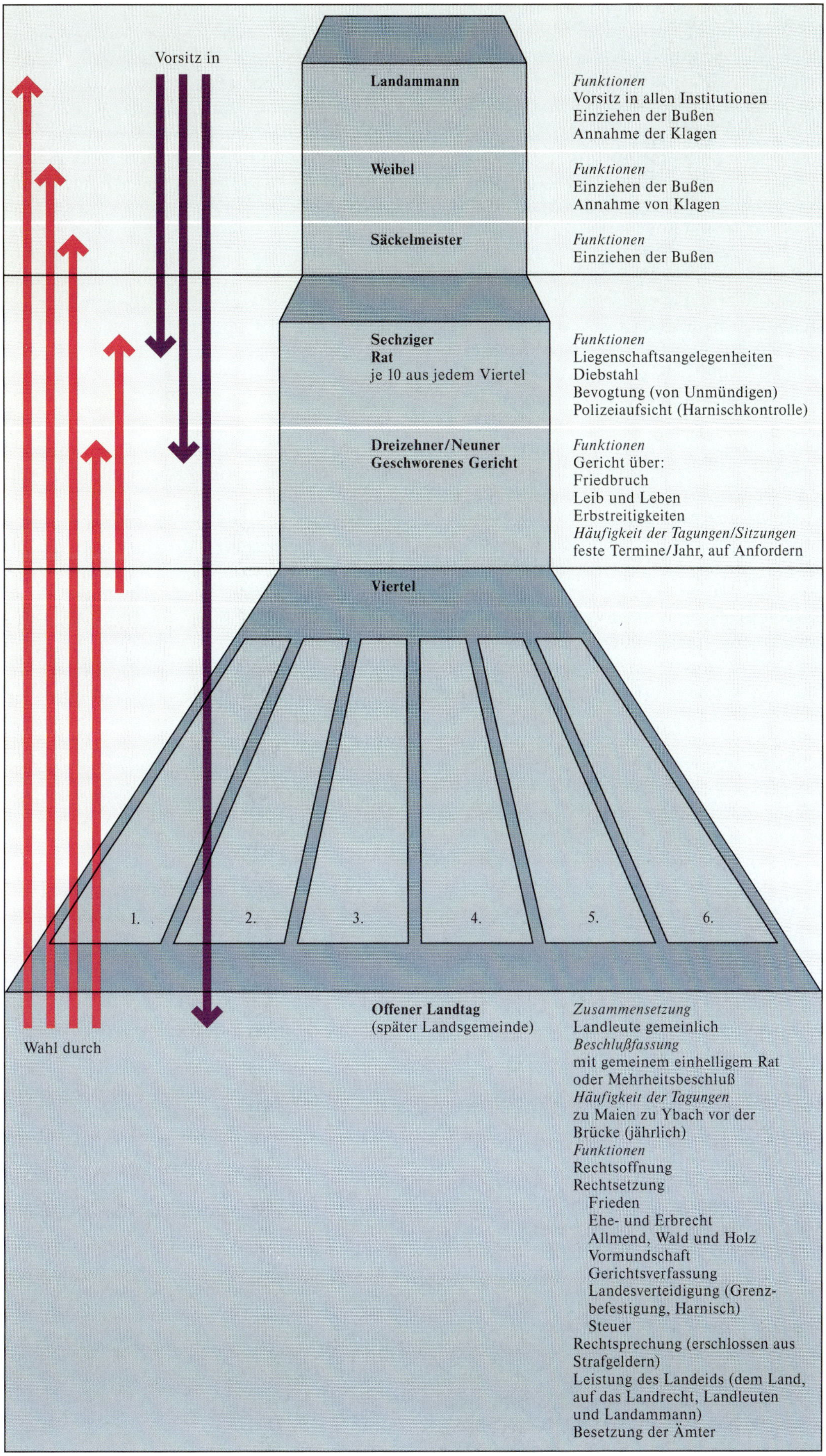

23 Die Verfassung von Schwyz um 1400. Erschlossen – unter Beizug der Friedeordnung von 1457 – aus dem Landbuch von Schwyz, soweit sich die dortigen Bestimmungen auf die Zeit vor 1450 datieren lassen. Nur einmal genannte sowie unsichere Institutionen sind nicht aufgenommen, so die «Zweihundert» von 1373 oder die Bannwarte. Quelle: Kothing, Landbuch.

ren sei. «Diße vorgeschribnen vffgesatzten», steht im Landbuch, «sond recht vest vnnd stätte beliben, vnntz das sy der mertyll der landlütten ablat an einem offnen lanndttage»[235]. Die Rechtsetzung der Landleute erfolgte mit «gemeinem einhelligem Rat» oder mit «gemeinem Rat»[236], also mit Mehrheitsbeschluß, und die auf den offenen Landtagen, den späteren Landsgemeinden, behandelten Rechtsmaterien sind äußerst umfassend. Besonders zahlreich und differenziert sind die Bestimmungen zur Sicherung des Friedens im Tal[237]. «Were, das yeman jn vnnßerm lanndt stößig mitt dem andern wurde, wer der jst, er sye lanndtman oder gast, oder wo das beschicht jn vnnßerm lanndt, an dekeinen offnen killchwychinen, oder jarrmerckten, vnnd also yeman, er sye lanndtman oder gast, gegen dem andern fräuenlich mit schwertern oder mitt mesßern, oder mit ütte anders sticht oder schlat, oder mitt steinen, oder mit ütte anders wirfft, oder schwertt oder meßer, oder dekein ander ding fräuenlich über den andern zuckt, oder jn fräuenlich angryfft, angeuerdt, oder jnn damit sticht oder schlat, oder wirfft an dekeinen offnen killchwychinen jn vnßerm lanndt, oder jarmerckten, als vorgeschriben statt, er sye lanndtman oder gast, der soll vnnd mußs zu eynung verfallen sin zechen pfundt pfennig»[238]. Doch nicht nur Kirchweihen und Jahrmärkte, auf denen besonders viele Menschen zusammenkamen, wurden durch eigene Friedensgebote eingehegt. Jede Art von Verletzung oder Bedrohung des friedlichen Zusammenlebens, vom Totschlag bis zum Diebstahl, von der Schlägerei bis zur Beleidigung, wurde mit scharfen Sanktionen geahndet.

Zahlreich sind auch die von den Landleuten häufig, ja mehrheitlich mit dem Landammann erlassenen Verfügungen über Eherecht, Erbrecht sowie Liegenschaften[239]. «So man zallt nach Cristus geburt dryzechenhundert achtzig vnnd nün jar, sind wier zu Ybach vor der brugk zu ratt worden vnd einhellenklich vff vnns genomen, wer der ist von vnßern lanndtkinden, der eelich ist, das der ouch soll eelichs recht haben zu erben. Vnnd soll ouch ein vatter sine kindt erben».[240]

Recht breiten Raum nehmen auch die Gebote über die Nutzung der Allmende, der Wälder und des Holzes ein[241]. Entsprechend den Erfordernissen wurden bestimmte Wälder gebannt oder die Nutzungsrechte eingeschränkt. «Wjer der lanndtamman, die rätt vnnd gemein lanntlütte zu Schwitz bekennent vnnd thunt kunndt mit disem brieff, das wier einhellenklich vnnd mit gemeinen ratt gebannen hanndt vnnd bannent wüssentlich mit disem gegenwürtigen brieff den walld zu Mutochtall ob dem Halltenweg an disen nachbenempten zilen vnnd enden, [...] allso das hierinn nieman dekein holltz weder howen, rütten noch schwenten soll ane vrlob eins lanndtammans vnnd dero, so des gewalt hanndt, oder denen sy es bevelchent. Were aber, das yemantz solichs übergienge, der soll an alle gnad zu rechtem eynung und buß von yedem stock achtzechen plapart verfallen sin; vnd soll ouch jn disen bann ob der killchen nieman dekein grün noch tür holltz dannen ziechen noch howen, noch dekein holltz ab der flu in der Killchbann abher werffen oder fellen bis an Ruchenberg vnnd den rechten holltzzug vnder des Pfaffen matt by obgemellter buß»[242]. Friedenssicherung, Ehe- bzw. Erbrecht und Allmendnutzung sind jene Bereiche, in denen die rechtsetzende Tätigkeit der Landleute besonders lebhaft ist; doch auch Fragen der Polizei[243], der Landesverteidigung[244], der Steuer[245] oder Vormundschaftssachen[246] gilt ihre Aufmerksamkeit.

Die Rechtsetzung hat einen ihrer Ursprünge in der Rechtsweisung. Aus einer späteren Bestimmung von 1457 läßt sich diese Kompetenz der Landleute ableiten. Die «lanndtz bryeff vnnd vffsetz», die «man järlich zu Meyen vor der brugk offnet»[247], werden hier nochmals ausdrücklich bestätigt. «Offnen» bedeutet hier sicher, das kodifizierte Recht bekräftigen; allgemein heißt es aber auch – und das ist die ursprüngliche Bedeutung –, das ungeschriebene Recht ‹weisen›, es offenbar und kund machen. Die Rechtsetzung ist eine deutlich weiterreichende Zuständigkeit als die Rechtsweisung. Letztere ist ein vergleichsweise formaler Akt, welcher Recht, von wem auch immer es gesetzt sein mag, bestätigt; Rechtsetzung hingegen umschreibt den kreativen Vorgang sowie die elementar politische Kompetenz, das Recht den jeweiligen Erfordernissen durch Satzung anpassen zu können.

235 Ebd., S. 32. Besserer Abdruck in QW 1/3, Nr. 400, S. 262.

236 Die Belege für ‹einhelligen Rat› sind eher selten; häufiger wird die Formulierung ‹mit gemeinem, einhelligem Rat› gebraucht, und am verbreitetsten ist die Wendung ‹mit gemeinem Rat›: Kothing, Landbuch, S. 9, 16, 22, 33, 46, 66, 146, 156, 207, 211. Mehrheitsbeschlüsse sind ausdrücklich belegt, so für 1342 (ebd., S. 32) oder zu 1384 (ebd., S. 12).

237 Ebd., S. 9, 11f., 16f., 19f., 22f., 28f., 31f., 53, 67–72.

238 Ebd., S.16f.

239 Ebd., S. 46ff., 125, 128, 146.

240 Ebd., S. 128.

241 Ebd., S. 33f., 199f., 203f., 206f., 209, 211f., 214, 216.

242 Ebd., S. 215.

243 Ebd., S. 33, 233f., 235, 237f.

244 Die Bestimmungen sind allerdings wenig zahlreich und beschränken sich auf die Sicherung der Landmarken. Ebd., S. 199f.

245 Ebd., S. 22ff.

246 Ebd., S. 156f.

247 Ebd., S. 18f.

Gesichert wurde die Durchsetzung des Rechts, der Satzungen und Statutarrechte durch einen Eid, den später sogenannten Landeseid. Er wurde anläßlich der jährlichen Versammlung der Landleute geschworen[248]. Mit seiner Hilfe hat man vornehmlich sichergestellt, daß der Friede gewahrt und der Friedbrecher verfolgt wurde. Jeder Landmann war gehalten, den in Streit geratenen Parteien oder Personen ‹Frieden zu bieten›, und zwar «by sinem eyde, so er einem landtamman vnnd den lanndtlütten zu Schwytz geschworen hatt»[249]. Anderwärts heißt es, daß alle Landleute verpflichtet seien, Friedbrecher anzuzeigen, «yederman by dem eyde, so er vnnßerm lannd geschworn hat»[250]. Der Eid wird folglich nach der Auskunft des Landbuches von Schwyz dem Landammann, den Landleuten und dem Land geschworen; man schwört somit dem Landammann Gehorsam, den Mitlandleuten solidarisches Handeln; der Eid gegenüber dem Land birgt die Verpflichtung, das Landrecht wahren zu helfen[251].

Es gehört zu den alten Traditionen germanisch-fränkischen Rechts, daß die Rechtsgenossen auch ‹Recht sprechen›[252]. Rechtsgenossen waren die ‹gemeinen Landleute›. Daß den ‹offenen Landtagen› ursprünglich diese Funktion zustand, wiewohl sie vermutlich bereits im 14. Jahrhundert an das ‹geschworene Gericht› der «Dreizehner», zum Teil auch an den «Rat» der «Sechziger» übergegangen war, macht die Aufteilung der Straf- und Bußgelder zumindest wahrscheinlich. Wer Anteil an den Bußen erhält, der ist am Gerichtsverfahren beteiligt oder war es wenigstens ursprünglich. Für bestimmte Strafen ist in Schwyz die Aufteilung bekannt, wonach der Landammann ein Drittel und die Landleute zwei Drittel der Bußen erhielten[253]. Wer Waffen zückt oder Steine wirft, zahlt dreißig Schilling Pfennig als Buße. «Unnd werdent dem amman zechen schillig, dem leyder [Ankläger] zechen schillig, den lanndtlütten zechen schillig an iro nott»[254]. Friedbruch wird mit fünf Pfund Pfennig geahndet. «Unnd soll der fünff pfunden werden einem amman ein pfundt, unnd dem, der da fryd fordert, ein pfundt, unnd den landlütten dry pfundt an ir nott»[255].

Was Recht ist, wie Zuwiderhandlungen bestraft und wie strafwürdige Vergehen gerichtlich geahndet werden, entscheiden die Landleute. Insofern die Rechtswahrung und die Friedenssicherung im Mittelalter das Hauptgeschäft eines politischen Verbandes ausmachen, kommt den Landleuten in Schwyz eine überragende Bedeutung zu. Dem entspricht auch die Beobachtung, daß alle Ämter von den Landleuten vergeben werden; sie werden jährlich «zu Meyen vor der brugk besetzett»[256], und das meint wohl, daß man durch die Landleute in ein Amt gewählt wird.

‹Landammann und Landleute gemeinlich› erlassen nach den Aufzeichnungen des Landbuchs die neuen Satzungen, doch war das offensichtlich nicht immer so. Die auf 1308, 1339, 1342 und 1343 datierten Einträge verzeichnen als Eingangsformel «wyer die lanndtlütte gemeinlich»[257], ohne den Landammann zu erwähnen; erstmals 1354 und dann regelmäßig im 15. Jahrhundert erscheint als Formel am Eingang einer Satzung «wyer der lanndtamman zu Schwytz vnnd wyer die lanndtlütte gemeinlich»[258]. Das zeugt von einer Vorrangstellung der Gemeinde gegenüber dem Landammann, was durch die Wahl seitens der Landleute unterstrichen wird. Wollte man mit modernen staatsrechtlichen Kategorien die Funktionen von Gemeinde und Landammann sondern, könnte man den Landammann als Exekutive bezeichnen. Er beruft die Gemeinde ein und präsidiert ihr, er nimmt die Anzeigen entgegen und leitet die gerichtlichen Verfahren ein, sitzt also auch in den Gerichten, dem Dreizehnergericht und dem Rat, und zieht die Buß- und Strafgelder ein[259]. Er verfügt über eine herausragende Gebotsgewalt und bringt alle Übertretungen des Landrechts, gleichgültig ob es sich um strafrechtliche Vergehen oder zivilrechtliche Belange handelt, zur Anzeige und damit vor Gericht. Weibel und Seckelmeister haben ein dem Landammann sehr ähnliches Pflichtenheft; möglicherweise darf das so gedeutet werden, daß es sich um später entstandene Organe handelt, die sich erst mit der Zunahme der Amtsgeschäfte zur Entlastung des Landammanns als notwendig erwiesen[260].

Durch Wahl an einem offenen Landtag kamen offensichtlich auch die geschworenen Richter ins Amt, deren Zahl allerdings schwankte; von

[248] Ebd., S. 18.
[249] Ebd., S. 23.
[250] Ebd., S. 18.
[251] So nach einer Bestimmung von 1457: Kothing; Landbuch, S. 18f. – Die Funktion des Eides zur Gewährleistung von Recht ist erst neulich für die Territorien des Reiches mustergültig herausgearbeitet worden. Vgl. Holenstein, Huldigung. – Für die Bedeutung des Eides vom 13.–18.Jahrhundert in Uri, vgl. Walder Ernst, Der Condottiere Walter Roll von Uri, Bern 1948, S. 78f.
[252] Nochmals überzeugend herausgearbeitet von Weitzel, Dinggenossenschaft.
[253] Kothing, Landbuch, S. 32.
[254] Ebd., S. 12.
[255] Ebd., S. 13.
[256] Ebd., S. 70.
[257] Ebd., S. 31f., 199f., 206, 213, 214, 216.
[258] Ebd., S. 9, 11f., 33f. Die Belege stellen eine kleine Auswahl dar.
[259] Ebd., S. 12, 23. Die Belege stellen eine Auswahl dar.
[260] Zu den Funktionen von Weibel und Seckelmeister ebd., S. 12, 13, 19, 20, 23, 33, 57.

«Neunern» und «Dreizehnern» ist die Rede[261]. Dieses Gericht tagte zu festen Zeiten im Jahr, mußte aber auch auf Anfordern einer klagenden Partei zusammentreten und Recht sprechen, und zwar unterschiedslos in straf- und zivilrechtlichen Angelegenheiten – Friedbruch sowie Erbrechtsfälle gehören ausdrücklich in seinen Kompetenzbereich.

Vergleichsweise unklar bleibt die Stellung der «Viertel» und auch des «Rates» in den älteren Bestimmungen des Schwyzer Landbuchs. Die Kompetenzen der Räte oder der «Sechziger»[262], wie sie häufiger heißen, lagen offensichtlich eher im Bereich der Verwaltung, wenn man das so sagen darf, als in dem der Rechtspflege. Der Rat sorgt für die ordentliche Bevogtung Unmündiger, nimmt polizeiliche Aufgaben wahr, wenn er die Harnische kontrolliert, verhandelt aber offensichtlich auch über Liegenschaftsstreitigkeiten und Diebstahl und gewinnt so doch wieder Züge eines Gerichts. Wie die Räte in ihr Amt kamen, läßt sich eher vermuten als sicher belegen. 1457 werden im Nachtrag zu einem Passus von 1438 Landammann, Weibel und die Sechzig «vnnd ouch darzu in yetlichem vyertell zechen biderman, die man darum genomen hatt»[263], verpflichtet, dafür zu sorgen, daß niemand im Land einen Harnisch trägt, er ginge denn zur Jagd auf wilde Tiere. Da Schwyz in sechs «Viertel» unterteilt war, könnten die hier bestimmten sechzig Personen die «neuen» Räte ausmachen, von welchen neben den «alten» gelegentlich die Rede ist. Das hieße, daß die Sechziger viertelweise und nicht unbedingt auf einem offenen Landtag bestimmt wurden, was freilich nichts daran ändern würde, daß sie ein repräsentatives Organ der Landleute darstellten.

Damit ist die Verfassung von Schwyz in ihren Grundzügen umschrieben. Wie weit diese aber mit den Verfassungen der übrigen Länderorte übereinstimmt und inwieweit sich Unklarheiten durch den Vergleich bereinigen lassen, soll nun am Beispiel von Uri geprüft werden.

«Der Freystaat Ury hat eine vollkommene demokratische, oder gemeine Volks Regierung», schrieb am Vorabend der Französischen Revolution Franz Vinzenz Schmid stolz in seiner umfassenden Geschichte des Kantons[264]. Und «die hôchste Gewalt stehet bey der beym Eide versammelten Landesgemeinde, welche sich alliährlich am 1sten Sonntage im Maymonde zu Bôtzlingen an der Gand ordentlich, und auch ôfters da und andern Orten außerordentlich versammelt. Jeder Vierzehnvolljährige hat in diesen hôchsten Landesversammlungen freye Stimme und Wâhlungsrecht. Es werden da die Gesetze, Bûndnisse etc. gemacht; die Landes-Amtleute, Gesandte, Landvôgte etc. erwâhlt; Krieg erklârt, und Friede geschlossen etc. Sie wird unter freyem Himmel gehalten, unter dem Vorsitz des regierenden Landammanns, der dahin unter gewôhnlicher Feldmusik von Trommeln, Pfeifen und denen Landeshôrnern, von allen Herren Vorgesetzten, Râthen, Landschreibern, Fûrsprechen, und andern Standspersonen, in schônster Rûstung zu Pferd begleitet wird. Dem Landammann wird das hoheitliche Landsschwerdt, den ûbrigen Vorgesetzten aber ihre selbsteigene Schlachtschwerdter vorgetragen [...]. Der ordentliche Landesrath besteht, nebst den Vorgesetzten, in 60 Rathsgliedern, die man die Sechsger nennt, und wâhlt deren jede Genossame sechs. Genossamenen, Participatio, werden die X Hauptgemeinden des Landes deswegen genennt, weil jeder ehrliche taugliche Landmann zu allen hôchsten Wûrden participans ist [...]. Ueber Streitsachen walten zwey besondere Gerichte: das Fûnfzehner, unter dem Vorsitz des regierenden Landammanns, richtet ûber Ehr und Gut; und das Siebner, unter Vorstand des Amtstatthalters, richtet ûber geringe Fehler, und Gut, so sich nicht ûber 30 Gl. belâuft».

Schmids definitorische Merkmale einer ‹vollkommenen demokratischen oder gemeinen Volks Regierung› decken sich exakt mit dem Verfassungsschema, das sich aus dem Landbuch von Uri erstellen läßt (vgl. die graphische Darstellung in Abb. 24).

Das Urner Landbuch ist kurz nach 1600 angelegt worden[265]. Das ergibt zu der für 1400 rekonstruierten Verfassung von Schwyz eine Distanz von 200 Jahren. Gerade deswegen ist auffällig, wie sehr sich die Verfassungsverhältnisse in den beiden Ländern ähneln. Landsgemeinde, Landammann, Gerichte und Rat in Uri haben weitestgehend die gleichen Funktionen wie in Schwyz. Das legt die Vermutung nahe, die Grundzüge der Verfassung in Uri hätten in der Form, wie sie das Landbuch um 1600 beschreibt, schon in früheren Zeiten bestanden. Diese Annahme bekräftigen auch die im Urner Landbuch verzeichneten kriminal- und zivilrechtlichen Regelungen, die weitgehend mit den Rechtsmaterien im Schwyzer Landbuch übereinstimmen. Daraus ergibt sich

[261] Ebd., S. 10, 12, 33, 48, 57, 125, 146.

[262] Ebd., S. 9, 11, 12, 13, 19, 33, 66, 67, 211, 237f.

[263] Ebd., S. 72f. – Der Artikel von 1457 wurde berücksichtigt, weil allein er die Zusammenhänge zwischen Sechzigern und Vierteln erkennen läßt; daß die hier gezogenen Verbindungen älter sind, ist nicht auszuschließen.

[264] SCHMID, Ury 1, S. 71.

[265] OTT, Rechtsquellen, S. 6, datiert das Landbuch auf 1607/8. – Ältere Landbücher waren sicherlich vorhanden. In den 1520er Jahren sind nach Auskunft Zwinglis mehrere Exemplare im Umlauf. Vgl. SCHIFFMANN Josef, Ein Beitrag zur Altersbestimmung des Landbuches von Uri, in: Gfr. 33, 1878, S. 317f.

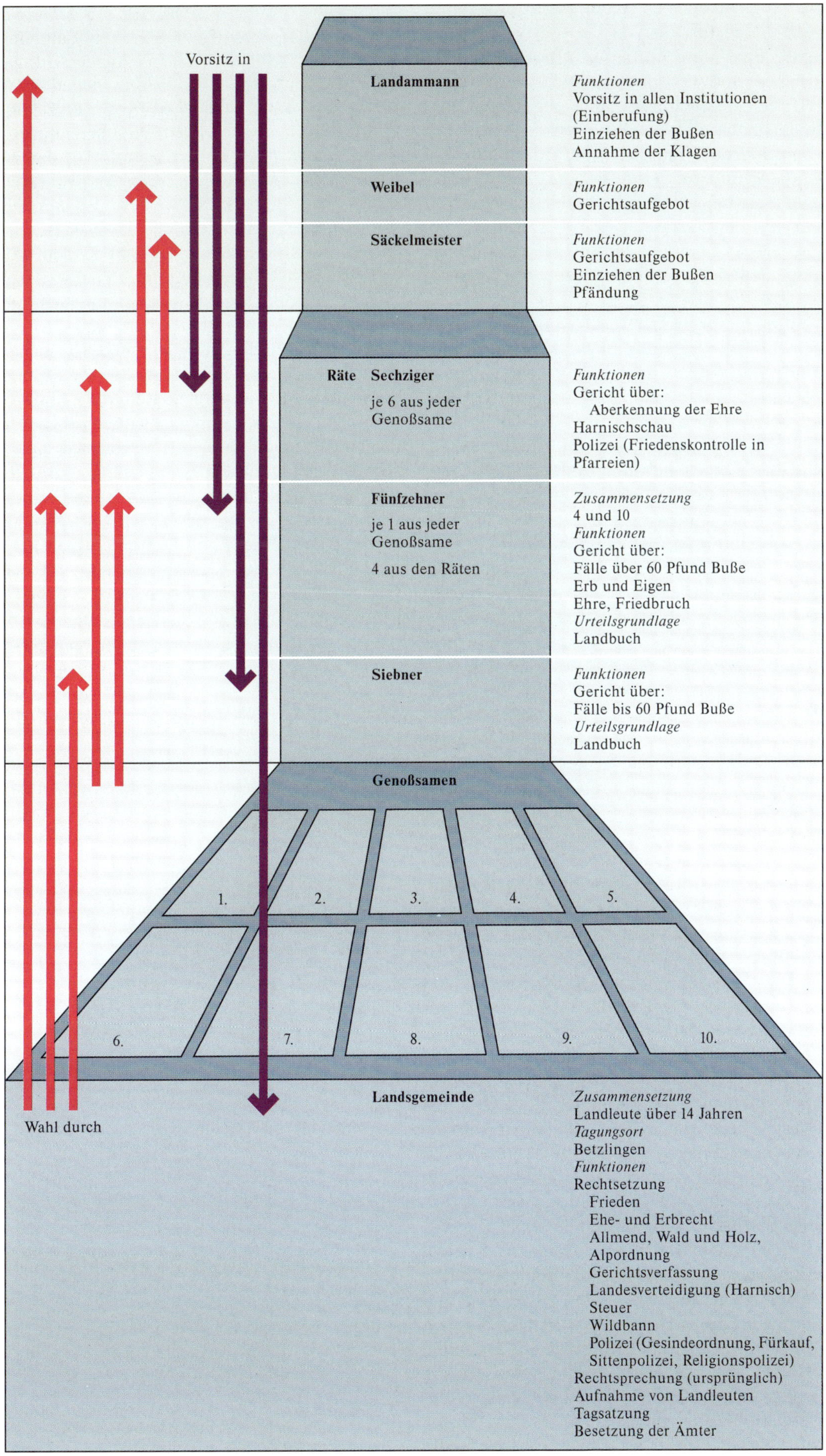

24 Die Verfassung von Uri um 1600.
Quelle: Ott, Rechtsquellen. Einschlägige Bestimmungen, aus denen das Schema entwickelt wurde: Landsgemeinde: Art. 19, 61, 62, 81, 97, 102, 198, 201; Genoßsame: Art. 54, 192; Rat: Art. 20, 54, 61, 81, 83, 192, 201; Fünfzehner: Art. 19, 50, 54, 68, 99; Siebner: Art. 1, 19, 28, 49, 68; Säckelmeister: Art. 3, 50, 71, 79, 83; Weibel: Art. 50.

die Möglichkeit, den Rechtsgehalt und damit auch die Verfassung von Uri «zurückzuschreiben». Eine Synopse der in Uri und Schwyz gleichen und verwandten Rechtsbestimmungen zeigt nämlich, daß die wichtigeren Urner Rechtsmaterien wie Friedbruch, Totschlag, Diebstahl, auch Ehe-, Erb- und Güterrecht oder Allmendnutzung vermutlich aus der Zeit um oder vor 1400 stammen[266]. Folglich kann es sich mit der Verfassung kaum anders verhalten. Dieser Argumentation nicht zu folgen, ginge lediglich dann an, wenn nachweisbar wäre, daß die Urner die Schwyzer Verhältnisse kopiert hätten, wozu kein zwingender Anlaß besteht. Im Gegenteil: Von Landsgemeinde und Landammann sprechen in den zeitgenössischen lateinischen Begriffen schon die Quellen des 13. Jahrhunderts; und die Bestimmungen über Totschlag, Diebstahl, Friedbruch sowie Pfändungen stehen in nur geringfügig modifizierter Form schon im Bundesbrief von 1291, folglich müssen sie in Uri spätestens seit diesem Zeitpunkt gegolten haben.

Das Landbuch von Uri verfügt gegenüber jenem von Schwyz über einen großen Vorzug. Da es später geschrieben ist, neigt es zu größerer Ausführlichkeit und Gesprächigkeit. Das erlaubt einerseits, die offenkundigen Abweichungen gegenüber Schwyz als Weiterentwicklung früher einfacherer Verfassungsstrukturen nachzuweisen, das gestattet andererseits, bisherige Unklarheiten in den Schwyzer Verfassungsverhältnissen durch Vergleich und Interpolation zu klären.

Der auffälligste Unterschied in den beiden Verfassungen liegt darin, daß Uri zwei Gerichte kennt, die «Fünfzehner» und die «Siebner». Das Siebner-Gericht soll nur Fälle bis zu einer Bußenhöhe von 60 Pfund aburteilen, hingegen das Fünfzehner-Gericht solche über 60 Pfund und was «ehr, erb vnnd eigen betrifft»[267]. Nun belegen aber verschiedene Phrasen im Urner Landbuch eindeutig, daß beide Institutionen anfänglich ein Gericht bildeten. Das Kriminaldelikt Totschlag wurde nämlich laut dem ersten Artikel des Landbuchs, der vermutlich ältestes Rechtsgut enthält, von einem Siebner-Gericht abgeurteilt[268]. Friedbruch, heißt es an anderer Stelle, sollen «die 15 vnnnd die siben vff dz lanndtbuoch richtenn»[269]. Die Aufteilung der judikativen Zuständigkeiten auf zwei Gerichte dürfte somit eine pragmatische sein, erklärbar aus der wachsenden Inanspruchnahme der Gerichte ausgangs des Mittelalters und zu Beginn der Neuzeit; denn die Gerichte traten nicht mehr nur zu festgesetzten Terminen im Jahr zusammen, wie solches etwa für die grundherrlichen Hofgerichte der Klöster in Unterwalden nachzuweisen war – sie konnten auch auf das Anfordern einer klagenden Partei einberufen werden[270]. Wie sehr die Gerichte belastet waren und in welchem Maße die Prozeßwut zugenommen hatte – übrigens eine allgemeine Erscheinung in Europa, über die von vielen Gerichten geklagt wurde –, zeigen im Urner Landbuch jene Bestimmungen, wonach Prozesse nur nach Hinterlegung einer hohen Kaution eröffnet wurden. Man hat also davon auszugehen, daß das Siebner- und das Fünfzehner-Gericht der Zeit um 1600 ihren Ursprung im alten ‹Siebner-Gericht› haben, womit die Verfassungen von Uri und Schwyz sich hinsichtlich der Gerichtsorganisation nicht unterscheiden.

Das Urner Landbuch erlaubt jedoch auch – was von größerer Wichtigkeit ist –, die Zusammenhänge und Abhängigkeiten von Landsgemeinde und Gericht einerseits und von Landsgemeinde und Rat andererseits genauer zu bestimmen. Für Schwyz war ja über diese Beziehungen wenig mehr zu erschließen, als daß Richter und Räte von den Landleuten gewählt wurden. Das Urner Landbuch enthält nun aber einen Artikel, der die Appellation von den Gerichten an die Landsgemeinde verbietet. «Wier habendt anngesehen, wie dan zuo zytten vor vnnsern gerichten einem ein vrthell

[266] Zusammenstellung der inhaltlich gleichen oder verwandten Rechtsbestimmungen im Landbuch von Uri 1607/8 und im Landbuch von Schwyz (die Jahreszahlen beziehen sich immer auf Schwyz):
Totschlag: Uri Nr. 1 / Schwyz S. 31f. (1342); Friedebieten: Uri Nr. 2 / Schwyz S. 12f., 22–25 (1402,1424); Flüchtige Friedbrecher, wenn sie ins Land zurückkehren: Uri Nr. 6 / Schwyz S. 53 (1339); Totschlag wird mit Hinrichtung bestraft: Uri Nr. 12 / Schwyz S. 66–68 (1447); Wer «Krieg» anfinge: Uri Nr. 21 / Schwyz S. 276f. (1414); Schutz von Jahrmärkten, Kirchweihen usw.: Uri Nr. 24 / Schwyz S. 16f. (1413); Leib und Gut angreifen: Uri Nr. 28 / Schwyz S. 267 (1339); Waffen tragen: Uri Nr. 29, 30 / Schwyz S. 72ff. (1357); Kinder verkuppeln: Uri Nr. 37 / Schwyz S. 274f. (1396); Erbrecht: Uri Nr. 41 / Schwyz S. 265ff. (1294); Landesverweis: Uri Nr. 71/ Schwyz S. 9ff., 22–25 (1409,1424); Diebstahl: Uri Nr. 82 / Schwyz S. 74f. (1416); Landesverweis bei Zahlungsunfähigkeit: Uri Nr. 83 / Schwyz S. 9ff., 12ff., 19f. (1402, 1409, 1450); Scheltworte, Beleidigung: Uri Nr. 84, 85 / Schwyz S. 19f. (1450); Güter nicht außer Landes verkaufen: Uri Nr. 100 / Schwyz S. 265ff. (1294); Allmendordnung: Uri Nr. 107, 108 / Schwyz S. 214 (1339); Diebstahl von Obst: Uri Nr. 113 / Schwyz, S. 33ff. (1440); Bevogtung von Frauen: Uri Nr. 115 / Schwyz S. 156f. (1399); Bevogtung von Kindern: Uri Nr. 189 / Schwyz S. 156f. (1399); Höhe von Schuldzinsen: Uri Nr. 205 / Schwyz S. 272ff. (1389); Erbrecht: Uri Nr. 236, 237 / Schwyz S. 279f. (1431).
Die Belege für Uri sind zitiert nach Ott, Rechtsquellen, jene für Schwyz nach Kothing, Landbuch.

[267] Ott, Rechtsquellen, Nr.49 (das Urner Landbuch wird wegen der leichteren Auffindbarkeit der Belege nach der von Ott vorgenommenen Numerierung der Betreffe mit Artikelnummer zitiert).

[268] Ebd., Nr. 1.

[269] Ebd., Nr. 19.

[270] Für die Zunahme der Verfahren in der Innerschweiz vgl. Stockmann, Gassengerichte, S. 4–12.

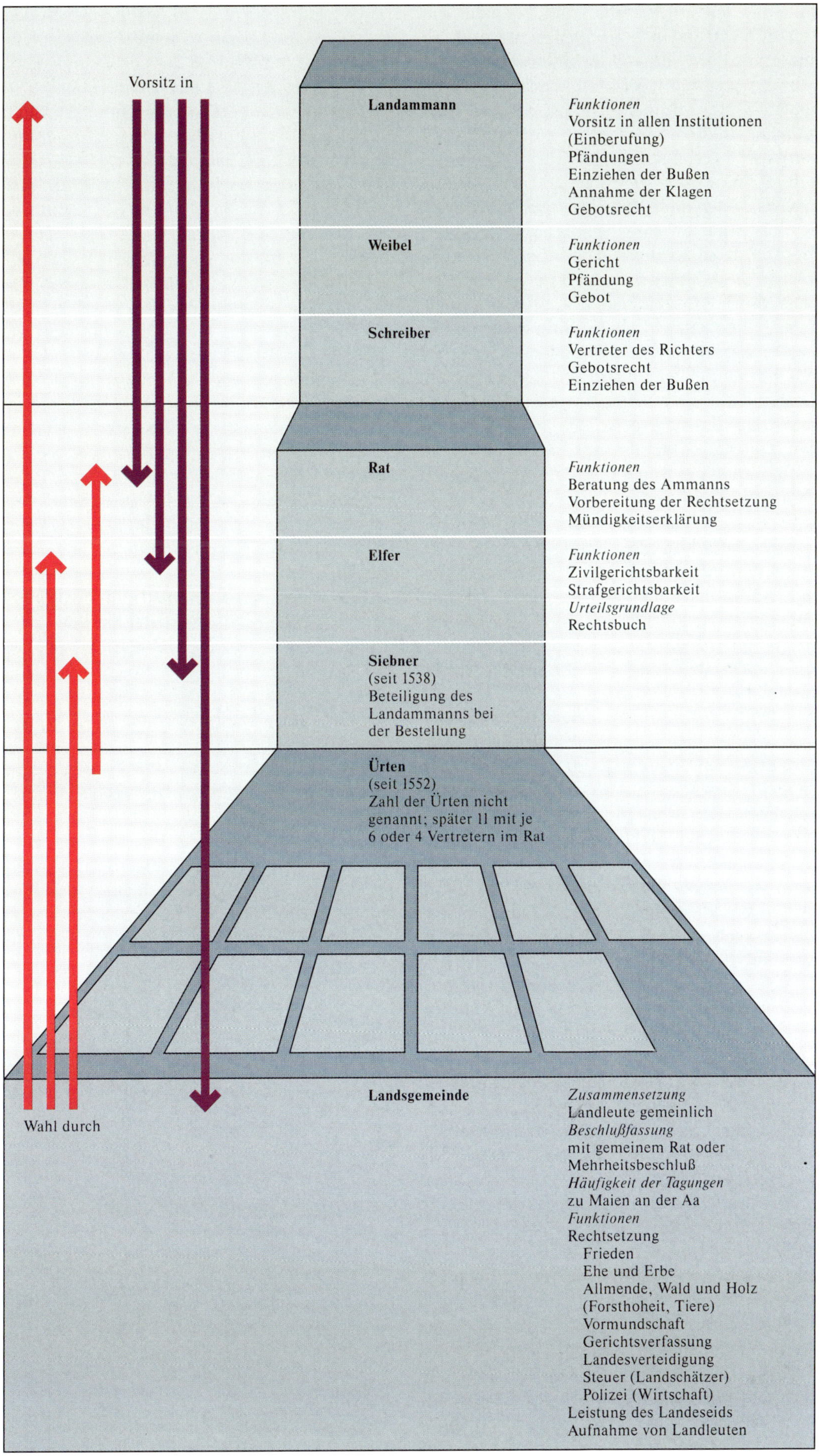

25 Die Verfassung von Nidwalden um 1450. Erschlossen aus dem Einungsbrief von 1436 (Gfr. 9, 1853, S. 118–122) und dem ältesten Landbuch aus dem Beginn des 16. Jahrhunderts (Deschwanden, Rechtsquellen).

gath, die ime nit gefallt, vnnd vermeint ein sach für ein gmeindt zu züchen, darumb ist unsere meinung, diewyll dz geschworne gricht von der gmeindt geordnet würdt vnnd von gmeinen lanndtlüthen, dz es dan by iren vrthellen blyben solle, vnnd niemanndt soll von vnsern gerichten, weder von xv. noch sibner gricht appellieren noch züchen für ein gmeindt, noch anderst wohin, in kheinen weg, es were dan dz einer genugsamb vrsachen brechte, dz er verkürtzt wehre durch khundtschafften, die er nit hette mögen haben; allsdann soll er für räth vnnd lanndtlüth khommen, syn beschwerd vnnd worin er versumbt worden anzeigen [...]»[271]. Sinngemäß Gleiches galt hinsichtlich der von den Gerichten verhängten Bußen[272]. Daraus ergibt sich zwingend, daß die Landsgemeinde gewissermaßen den Appellationsgerichtshof bildete, und dieses gestattet die weitere Schlußfolgerung, die Landsgemeinde sei dem Gericht übergeordnet gewesen, ja die Gerichte seien nichts anderes als ein Ausschuß der Landsgemeinde. Das deckt sich mit gesicherten Besitzständen der Rechtsgeschichte, denen zufolge die Urteilsfindung urspünglich immer durch die gesamte Gerichtsgemeinde erfolgte und die sogenannten geschworenen Gerichte nur Spätbildungen darstellen.

Auch für den Rat der Sechziger läßt sich dasselbe wie für die Gerichte nachweisen, daß er nämlich einen Ausschuß der Landsgemeinde darstellt; dies beweist etwa das Verbot der Appellation vom Rat an die Landsgemeinde. «Wir sindt vbereinkhommen, dz nun fürhin die sachenn so für rath khommen vnnd ghören, vnnd von einem rath darumb gerathschlaget würdt oder ein vrthell darumb ergath, dz dieselbige sach nit soll für die lanndlüth noch gmeindt geappelliert werden [...]»[273]. Auch bezüglich des Rates wird man, ähnlich wie bei den Gerichten, annehmen können, daß es sich um eine Einrichtung handelt, die notwendig geworden war, nachdem die anfallenden Geschäfte, welche vornehmlich verwaltungstechnischer und polizeilicher Art gewesen sein dürften[274], nicht mehr von der Landsgemeinde wahrgenommen werden konnten; sie war dafür zu schwerfällig.

Damit sind für die Rekonstruktion älterer Verfassungsverhältnisse in Uri wichtige Einsichten gewonnen. Es schält sich nämlich eine sehr einfache Grundform heraus, welche im wesentlichen in zwei Institutionen bestand – der Landsgemeinde und dem Landammann. Wenn es Sinn macht, aus dem Vergleich der Rechtsmaterien in den Landbüchern von Uri und Schwyz das Alter des Urner Landrechts zu erschließen, dann darf umgekehrt angenommen werden, daß ähnlich einfache Verfassungsverhältnisse auch in Schwyz bestanden, auch hier somit Landsgemeinde und Landammann die Grundfiguren der verfassungsmäßigen Institutionen des Landes darstellen.

Die Parallelisierbarkeit der Innerschweizer Verfassungsverhältnisse bestätigt ein eher kursorischer Blick auf Nidwalden. Das institutionelle Gefüge, rekonstruiert man es für die Zeit um 1450 (vgl. die graphische Darstellung in Abb. 25), zeigt die Ähnlichkeiten mit Schwyz und Uri, die bis zur Identität gehen. Das gilt auch für die im Nidwaldner Landbuch verhandelten Rechtsmaterien[275].

Das Landrecht von Nidwalden bestätigt zunächst das an Uri gewonnene Ergebnis, daß es ursprünglich nur ein Gericht gab. Das Siebner-Gericht in Nidwalden wurde offenbar zur Entlastung des Elfergerichts erst zu Beginn des 16. Jahrhunderts geschaffen, was sich aus dem Umstand erschließen läßt, daß das Elfergericht Appellationsgericht gegenüber dem Siebner-Gericht blieb[276]. Daß rechtsprechende Kompetenz ursprünglich wohl der Landsgemeinde zustand, ist in Spuren noch zu erkennen; zwar gehören Kriminal- und Zivilsachen vor die beiden ordentlichen Gerichte, doch «vm ein verbod dz mag jm [dem Kläger] mit den landtlütten anfan»[277]. Die Bestimmung selbst bleibt zwar im Sinn unklar, sie zeigt aber dadurch, daß sie zwischen die Beschreibung der Kompetenzen der Siebner und Elfer eingebettet ist, daß sich in ihr die Reste einer landsgemeindlichen Gerichtsbarkeit erhalten haben.

Zusätzliche und für die Erschließung einer «Urverfassung» der Innerschweizer Orte wichtige Erkenntnisse lassen sich aus dem Nidwaldner Landbuch für den Schreiber, den Weibel und für das Gremium des Rates gewinnen.

Aus dem Amtseid des Schreibers geht hervor, daß dieser ein nachgeordneter Amtsträger des Landammanns ist: Er hat die Urkunden auszufertigen, «als jn ein amman dz heißt», er hat

[271] OTT, Rechtsquellen, Nr. 61.

[272] Ebd., Nr. 81. «Es ist ouch anngesehen, welcher von vnnseren gerichten, es sige der fünffzechnen, sibner oder sonsten vor räthen buoßfellig erkhendt wurde, dz der die buoß ohne alles mittel geben soll, vnnd ime weder vor gmeinden noch räthen khein nachlassung nit beschehen soll, ouch nit verhördt werden, eß were dann sach, dz einer ein so zwyfellhaftigen handell hette, dz ime die richter vor der vhrtel oder mit vhrtell erkhendtent, dz er für gmeindt oder räth kheren sölte oder möchte, alls dan soll man einen zuverhören vnnd nach gstalt der sachen und guottem bedunckhen zehandlen nit abschlachen [...]».

[273] Ebd., Nr. 62.

[274] Vgl. ebd., Nr. 20.

[275] DESCHWANDEN, Rechtsquellen.

[276] Ebd., Nr. 166, 198.

[277] Ebd., Nr. 166.

Frieden zu gebieten, «wo jm ein amman dz empfilt», und er hat auch dem Gericht vorzusitzen, «wen ein amman jnn das heißt»[278]. Vom Weibel wird summarisch gesagt, er habe «einem amman gehorsam ze sin»[279]. Damit wird klar, daß Schreiber und Weibel delegierte Funktionen des Landammanns wahrnehmen, die in früherer Zeit von diesem selbst ausgeübt worden waren, jetzt aber, wohl wiederum aufgrund der wachsenden Belastungen, auf mehrere Personen verteilt werden mußten.

Hinsichtlich des Rates läßt sich aus dem Nidwaldner Landbuch folgern, daß er vorberatendes Gremium für die Landsgemeinde war und zwischen deren jeweiligem Zusammentreten die laufenden Geschäfte zu besorgen hatte. «Item ouch so hat ein gmeindt gesetzt [...] ob aber ein landsamman oder sust jeman jm landt säche vnßer landtschafft notturfftig beduchte an zu bringen den sol ein lantzamman ein gantzen rat besamlen vnd an sy bringen. Bedunckt dan ein rat not vnßer landschafft halben ettwas an ze bringen old ze enderen den so sol man ein gantze gmeind darum samlen vnd soll man die sach jn allen vier kilchen melden vnnd verkünden dan so sol ein gmeind ann der A gwalt hann vnnd sust nit»[280]. Um eine angemessene regionale Vertretung im Rat sicherzustellen, waren die «Ürten» – sie entsprechen in etwa den Vierteln in Schwyz und den Genoßsamen in Uri – berechtigt, die Räte zu wählen[281].

Es wäre lediglich ermüdend, die Landbücher von Obwalden[282] und Glarus[283], Zug[284] und Ursern[285] in ein graphisches Bild umzusetzen, weil sie nichts wesentlich Neues zu den skizzierten Verfassungsstrukturen beitragen. Allerdings kann der für Zug überlieferte «Ammannbrief» von 1371[286] die Stellung, näherhin die ursprünglichsten Aufgaben des Landammanns, präzisieren helfen. «Darnach umb einen amptmann ze Zug ist es also berett und getedinget», heißt es in der von den beiden Herzögen Albrecht und Leopold von Österreich ausgestellten Urkunde, «daz die burger und luͥt in der statt und dem ampt ze Zug gemeinlich oder der merteil under inen einen amptman under in selber [...] erwellen suͥllen, und sulen wir oder uͥnser lantvogt in Ergŏw inen den selben amptman, fuͥr den sie all gemeinlich oder der merteil under inen uͥns bittend, ze amptmanne geben, setzen und besteten alle die wile, so er uͥns und inen nutzlich und fuͦglich ist [...]. Wer ŏch nu oder hienach daselbs ze amptmanne erwellet, gesetzet und bestetet wirt, als vorbescheiden ist, dem suͥllen alle burger und luͥte in der statt und dem ampt ze Zug swerren gelert eide ze den heilgen, gehorsam ze sinne mit allen gerichten, nuͥtzen und rechten, die wir da haben suͥllen, als daz herkomen ist, an all geverde». Der Ammann von Zug, der später gleiche Aufgaben wie ein Landammann in den Waldstätten wahrzunehmen hat, wird vom ganzen Amt, also von der «gemeind gemeinlich der stat und des ussern ampts Zug», wie es im Stadt- und Amtbuch von 1432 gelegentlich heißt[287], gewählt und von dem Landesherrn beziehungsweise seinem Vogt eingesetzt. Der Ammann spricht Recht im Namen seiner Herren, der Herzöge von Österreich, und zieht die ihnen zustehenden Abgaben und Gefälle ein. Wo der Landesherr und damit auch sein Vogt wegfallen, wie in den Waldstätten spätestens seit dem früheren 14. Jahrhundert, präsentiert sich der Landammann notwendigerweise in der Form, wie er in Schwyz, Uri und Nidwalden begegnet: Die Wahl durch die Gemeinde bleibt, die Einsetzung durch einen Herrn entfällt; der Vorsitz im Gericht und in den anderen Institutionen bleibt, der Einzug der landesherrlichen Revenüen erübrigt sich.

Es hat viele Seiten gekostet und eines etwas aufwendigen Beweisverfahrens bedurft, um die im Prinzip gleiche Verfassung der Innerschweizer Orte herauszuarbeiten. Jetzt kann ein Modell dieser Verfassung entworfen werden, das idealtypisch[288] wesentliche Bauelemente steigert und verdichtet[289] (vgl. die graphische Darstellung in Abb. 26).

Die Innerschweizer Orte nennen sich «Länder». Der mittelalterliche Begriff «Land» umschreibt eine politische und rechtliche Einheit, deren wesentliches Geschäft in der Friedenssicherung und Rechtswahrung besteht[290]. Im kodifizierten «Landrecht», den sog. Landbüchern, kommt diese politische und rechtliche Einheit zum Ausdruck. In dieser Hinsicht unterscheiden sich die Innerschweizer Orte nicht von anderen Ländern im Reich – Tirol beispielsweise oder Bayern. Ihr unverwechselbar eigenes Profil, das sie grundsätzlich von anderen Ländern sondert, gewinnen sie dadurch, daß die ‹gemeinen Landleute› in der institutionalisierten

[278] Ebd., Nr. 77.
[279] Ebd., Nr. 78.
[280] Ebd., Nr. 108.
[281] Ebd., Nr. 231.
[282] Christ/Schnell, Rechtsquellen, S. 9–108.
[283] Stucki, SSRQ Glarus 2, S. 550–729.
[284] Gruber, SSRQ Zug 1, S. 247–276.
[285] Ott, Ursern, S. 3–19.
[286] Gruber, SSRQ Zug 1, S. 204ff.
[287] Ebd., S. 263.
[288] Idealtypisch im Sinne der von Max Weber entwickelten Kategorien.
[289] Der vorliegende «Modellentwurf» gründet ausschließlich auf Quellenmaterial; die methodischen Probleme, die sich ergeben, wenn man die Literatur für eine Darstellung der «frühen» Verfassungsverhältnisse auswerten will, wurden bereits oben S. 95, Anm. 227, erörtert.
[290] Brunner, Land.

26 Modell der Verfassung der Länderorte im 14. Jahrhundert.

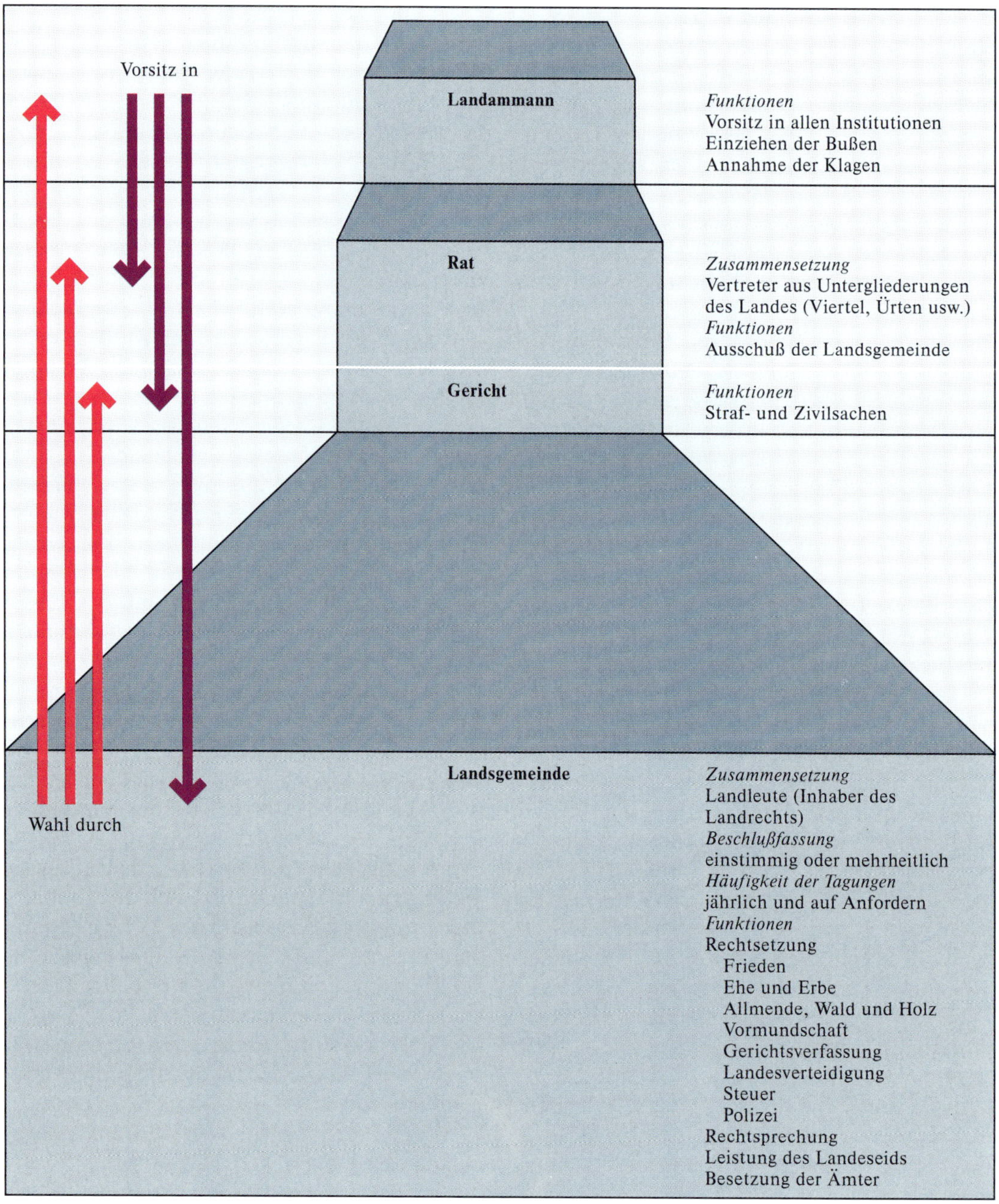

Form der Landsgemeinde[291] für Friede und Recht sorgen. Damit dürfte geklärt sein, daß die Landsgemeinde ihre Wurzel in der Gerichtsgemeinde hat[292]. Zwei Dinge sind bemerkenswert, will man Abgrenzungskriterien zu den Verfassungen der Grafschaften und Herzogtümer im Reich gewinnen: Für Frieden und Recht sorgen in solchen Ländern nicht etwa die ‹gemeinen Landleute›, sondern die herrschaftsfähigen Adeligen; und sie tun das nicht allein, sondern im Zusammenwirken mit dem Fürsten. In den Waldstätten hingegen wird die Landsgemeinde das, was anderwärts der Hoftag ist. In der Landsgemeinde wird das bestehende Recht durch «Offnung» lebendig erhalten, durch «Satzung» oder «Einung» weiterentwickelt und seine Durchsetzung durch die dem Landeid inkarnierte Pflicht zum «Leiden», zum «Rügen», wie es in anderen Teilen des Reiches heißt, zum «Verzeigen», wie die schweizerdeutsche Sprache noch heute sagt, gewährleistet. Die Satzungen der Landsge-

[291] RYFFEL, Landsgemeinden, S. 48–110. KELLENBERGER, Landsgemeinden, S. 12–21 (notwendigerweise sehr summarisch angesichts der auf die Zeit nach 1900 eingestellten Optik).

[292] Für das Herauswachsen aus der Gerichtsgemeinde votiert heute die schweizerische Forschung wohl mehrheitlich, allerdings mit sehr scharfer Zuspitzung auf die Reichsvogtei. Vgl. CARLEN, Landsgemeinde, S. 9ff.; ähnlich KLÄUI, Genoßsame, S. 123. Noch 1964 konnte Kläui (ebd., S. 119) schreiben: «In der schweizerischen Literatur galt es bisher als feststehend, daß die freien Talschaften der Innerschweiz ihren Ursprung in der Markgenossenschaft hätten, daß die Markgenossenschaften ‹nach den Formen alemannischer Ansiedlungen› (Dierauer) die Grundlage der Talgemeinden gebildet hätten, ja daß die Eidgenossenschaft eine ‹Folge der

meinde folgen den jeweiligen gesellschaftlichen und politischen Erfordernissen; sie beschränken sich zunächst auf elementare Probleme des friedlichen Zusammenlebens und regeln so lediglich Fragen über Totschlag, Diebstahl, Brand sowie kleineren Friedbruch einerseits, Eherecht, Erbrecht und Güterrecht andererseits. Diese Satzungen sind aber in die Zukunft offen und entwicklungsfähig, wie die Bestimmungen hinsichtlich steuerlicher und polizeilicher Fragen zeigen; denn die Wesensmerkmale des frühmodernen Staates werden seine immer mehr sich ausdehnende polizeiliche Tätigkeit, seine Verwaltung, wie man heute sagen würde, und die Finanzierung der staatlichen Aufgaben über Steuern.

Die Landsgemeinde war ursprünglich auch Gericht. Daß dessen Verselbständigung eine spätere Entwicklungsstufe darstellt, zeigt nicht nur seine Besetzung durch die Landsgemeinde, sondern auch die ältere Möglichkeit, vom Gericht an die Landsgemeinde zu appellieren. Das Gericht sondert sich aus rein pragmatischen Gründen von der Landsgemeinde ab: wegen der stärkeren Nachfrage nach gerichtlichen Entscheidungen, welche von dem nicht beliebig belastbaren Gremium aller Landleute nicht mehr zu bewältigen war.

Der Rat stellt sich wie das Gericht als eine Abspaltung von der Landsgemeinde dar. Auch hier sticht das Argument der Wahl durch die Landleute, wobei es keinen prinzipiellen Unterschied macht, ob die Landsgemeinde selbst oder die Unterteilungen des Landes in Viertel, Genoßsamen oder Ürten die Räte bestellen. Solche Kompetenzverlagerungen auf kleinere korporative Verbände dienten lediglich einer angemessenen Vertretung des ganzen Landes und wurden manchmal auch bei der Besetzung des Gerichtes beachtet, wie das sich vereinzelt nachweisen läßt. Der Rat «überbrückt» die Zeit zwischen zwei Landsgemeinden. In diesem Sinne ist er eindeutig repräsentatives Organ der Landsgemeinde. Er übt wohl mehr Verwaltungsaufgaben aus, registriert neu auftauchende Probleme und legt sie zur Entscheidung der Landsgemeinde vor. In sehr viel höherem Maße als das Gericht ist er ein politisches Gremium. Wenn er nachweislich auch richterliche Funktionen ausübt, liegt das vornehmlich an dem Umstand, daß vor einer sauberen Gewaltenteilung, die sich in England erst im 17. Jahrhundert, in Frankreich erst mit der Französischen Revolution und in Deutschland sogar erst im 19. Jahrhundert herausbildete, die Verwaltung und Rechtspflege kaum getrennt waren. Dennoch existieren Demarkationslinien: Die Kompetenzen des Gerichts liegen eindeutig in den Bereichen ‹Erb und Eigen› sowie ‹Ehrverlust› – verhandelt werden also einerseits Liegenschaftssachen, andererseits Straftaten, die den Verlust der Ehre nach sich ziehen; der Rat hingegen scheint eher Übertretungen von Mandaten geahndet zu haben, die im Vergleich zum Rechtssatz eine mindere Stellung einnahmen, so wie heute eine Verordnung gegenüber einem Gesetz mindere Dignität aufweist.

Der Landammann[293] mochte aufgrund seiner zahlreichen Geschäfte Macht ausüben – als Leiter der Landsgemeinde, als Vorsitzender im Gericht bzw. im Rat, als Verwalter der Finanzen –, von der Verfassungskonstruktion her ähnelt er eher einem weisungsgebundenen Beamten; das war er sowohl in seiner älteren Funktion als Vertreter eines adeligen Herrn, als auch in seiner neuen Funktion als kommunaler Amtsträger. Nirgendwo läßt sich in den älteren Teilen der Landbücher nachweisen, daß er eine Gebots- und Verbotsgewalt besessen hätte, die über das hinausgegangen wäre, was ihm die Landsgemeinde auf dem Weg der Rechtsetzung einzuräumen bereit war. Solches mit Verweis auf die unbestrittene Machtfülle der Landammänner in der Neuzeit zu bezweifeln, wäre methodisch in hohem Maße anfechtbar.

«Neue Verfassungsformen in der Innerschweiz» hieß der programmatische Titel für diese Überlegungen. Was ist nun an ihnen neu? Mittelalterliche politische Verbände sind elliptisch gebaut: ihre zwei Brennpunkte bilden das «Gericht» und der «Bann», anders gesagt die Rechtsfindung und die Rechtsetzung. Am Gericht und der Rechtsfindung waren die dem Recht Unterstehenden, die Rechtsgenossen, immer in irgendwelchen Formen beteiligt, zumindest in den nicht stark romanisierten Teilen Europas: in Skandinavien und in England, in Frankreich und im Heiligen Römischen Reich. Die Landsgemeinde, die Recht ‹offnet›, die Recht ‹spricht›, kann schwerlich als «schweizerisch» in Anspruch genommen werden. Das Neue in der Verfassung der Länderorte aber ist die Kompetenzerweiterung der Landsgemeinde um den Bann, also um die

ersten Markgenossenschaften› gewesen sei». Daß Kläuis Urteil zutrifft, bestätigen viele einschlägige Monographien; auswahlweise sei verwiesen auf Benz, Landammann, S. 16f., 27, 33, oder Nager, Landsgemeinde, S. 14f. Vergleichsweise unentschieden äußert sich der Schweizer Rechtshistoriker Ferdinand Elsener: Die Landsgemeinde «ist aller Wahrscheinlichkeit nach von selbst entstanden, wie die Versammlungen der Römer, der Griechen und der Hebräer – vielleicht aus dem mittelalterlichen Gerichtsumstand heraus», wobei Elsener vornehmlich an die grundherrlichen Hofverbände denkt (Elsener, Geschichte, S. 145, 147). Von einem einheitlichen Forschungsstand zur Herkunft der Landsgemeinde kann somit schlechterdings nicht gesprochen werden. Vgl. dazu zuletzt: Marchal, Ursprünge, S. 158.

293 Benz, Landammann, S. 139–190.

Rechtsetzung. Überall in Europa ist die Banngewalt in der Verfügung des Herrn. Das «Imperium» – der lateinische Ausdruck für dieses Recht – gehört zu den definitorischen Merkmalen des Herrschers, des Kaisers, des Königs, des Herzogs, des Grafen. Der Bann ist das entwicklungsfähigere Moment in der europäischen Geschichte; auf ihm fußt der frühmoderne Staat seit dem 16. Jahrhundert. Daß ihn sich die «universitates» und «communitates» der Innerschweizer Länderorte aneignen konnten, macht einen Wesenszug des eigenständigen Charakters der Eidgenossenschaft in Europa aus.

Die neuen «Verfassungen», wie sie die Innerschweizer Orte während des 13., spätestens im Verlauf des 14. Jahrhunderts ausgebildet haben, bedürfen eines besonderen Schutzes; sie müssen etwa gegen ältere Traditionen und ihre Anhänger durchgesetzt werden. Markant und makaber zugleich waren die Maßnahmen, die von der jungen Französischen Republik nach 1789 ergriffen wurden, um die Prinzipien, auf denen der neue Staat fußte, gegen die Anhänger des Ancien Régime zu behaupten: das monotone und gespenstische Klappern der Guillotine in Paris begleitete den Aufbruch zu «Freiheit, Gleichheit und Brüderlichkeit».

Derart dramatisch waren die Ereignisse in der Schweiz wohl nicht, es sei denn, man wolle die Traditionen von der Vertreibung der habsburgischen Vögte und vom Bruch ihrer Burgen ungeschmälert als historische Wahrheit verstehen. Dennoch bestand das Problem, das in solchen Fällen immer existiert, nämlich dem Neuen seine Durchsetzungsmöglichkeiten zu sichern und Autorität zu geben.

Die Fehde zu überwinden, und das heißt den Frieden zu stiften, ist, wenn nicht alles trügt, der Seinsgrund des Bundessystems und der neuen Verfassungen der Länderorte. Entsprechend bilden friedenssichernde Maßnahmen im weitesten Sinn den Kern des Landrechts von Schwyz, Uri, Nidwalden und der anderen Orten, wie es in den Landbüchern niedergeschrieben ist. Insofern Friedenssicherung sowie Rechtswahrung im Mittelalter ganz generell die «raison d'être» von politischen Verbänden darstellen, sind auch anderwärts, von Island bis Oberitalien und von Frankreich bis nach Ungarn, die Landrechte Verschriftlichungen und Verurkundungen von Rechtsnormen, die diesen Zwecken dienen sollen.

Jede Zeit hat ihre eigenen Probleme zu lösen, unabhängig von der politischen Verfassung, unter der die Menschen leben. Die Frauenbewegung gibt es in den Demokratien der westlichen Industrienationen ebenso wie im sozialistischen Rußland oder im postkolonialen Afrika, und das neue Umweltbewußtsein wird zum Politikum in Brasilien wie in Japan. Den Frieden herzustellen und ihn zu befestigen, war im Spätmittelalter eines der großen, wenn nicht das größte Problem; überall in Europa wuchs mächtig das Bedürfnis, die Bürger und die Bauern, die Mönche und die Priester vor den Gewalttätigkeiten der Fehde zu schützen: «Landfrieden» und «Gottesfrieden» schließen die Könige und die Fürsten, die Bischöfe und die Städte – und eben auch die Eidgenossen –, um diesem Problem Herr zu werden. Das erklärt, weshalb die Rechtsmaterien sich in den Landrechten oft so gleichen und weshalb die nämlichen Delikte auf ähnliche Art und Weise verfolgt und geahndet werden. In solche zeitgeschichtlichen Zusammenhänge eingebunden sind, wie es der 1291 von Schwyz, Uri und Nidwalden geschlossene Landfrieden mehr als hinreichend beweist, auch die Schweiz und mit ihr ebenso die Innerschweizer Länder. Deren Landrechte stehen wie jedes Recht in einer langen Tradition und Kontinuität – in der Kontinuität des in Süddeutschland geltenden Landrechts des «Schwabenspiegels».

Mit anderen Worten: Das Neue ist hinsichtlich seiner Rechtsnormen nicht ohne Tradition. Was aufzuzeigen lohnend und interessant ist, das sind die Differenzen, welche die Innerschweiz in ihrem normativen Recht von den ansonsten geltenden Rechtsnormen in Fürstentümern, Herzogtümern, Hochstiften sowie Grafschaften scheiden[294]. Das zu erwartende Ergebnis sei vorweggenommen: Die Unterschiede sind nicht gravierend, aber sie sind vorhanden, und sie dürften belegen, daß die Innerschweizer Länder besondere Anstren-

[294] Systematisch angelegte, vergleichende Untersuchungen fehlen, wenn ich die vorhandene Literatur richtig überblicke. Die folgenden Ausführungen stellen eine keineswegs abschließende Diskussion des Problems dar, und zwar aus zwei Gründen: Die Herausarbeitung von Abweichungen erfolgt im wesentlichen durch den Vergleich mit der «herrschenden Lehrmeinung» der Rechtsgeschichte, und sie erfolgt nur über das Landrecht von Schwyz, weil es für die übrigen Länder weitgehend repräsentativ sein dürfte (vgl. zur ersten Orientierung die Addierung der verwandten Belege aus den Landbüchern bei BLUMER, Rechtsgeschichte 1, S. 395–429). Die bloß vermutete Repräsentativität schließt allerdings genauere Untersuchungen keineswegs aus, die sinnvollerweise im Zusammenhang mit der dringend notwendigen Edition und Neuedition der Rechtsquellen der Innerschweizer Kantone im Rahmen der «Sammlung Schweizerischer Rechtsquellen» zu erfolgen hätten. Daß diese noch nicht vorliegen und man auf ungenügende Editionen aus dem 19. Jahrhundert sowie auf mehr oder minder zufällige Abdrucke im Gfr. angewiesen ist, bleibt sehr bedauerlich. – Zur ersten Orientierung über das in der Innerschweiz geltende Strafrecht dienlich: BLUMER, Rechtsgeschichte 1, S. 395–429. Blumer arbeitet aus den Landbüchern und mit Urkunden und bringt in lockerer Systematik die wichtigeren verfügbaren Belege zusammen. – Zum Vergleich mit anderen Gebieten der Schweiz: MEYER, Landfrieden, S. 101–144.

gungen unternehmen mußten, um das, was für ihren Frieden wichtig war, durchzusetzen. Das läßt sich belegen an den Strafen für Rechtsbruch einerseits sowie an den verfahrensrechtlichen Regelungen zur Gewährleistung des Rechts andererseits.

Zu den Begleiterscheinungen der Landfriedensbewegung gehört, daß schwere Verbrechen wie Mord, Brandstiftung und Diebstahl nicht mehr mit Geldbeträgen, mit «Bußen» und «Brüchen»[295], wie die Landrechte sagen, abgegolten werden konnten, sondern in einem «grundstürzenden Wechsel»[296] mit dem Tod gesühnt werden mußten. Das ist in Schwyz auch nicht anders: Auf Totschlag[297], schwerer Brandstiftung[298] oder schwerem Diebstahl[299] steht die Todesstrafe. Wurde der Delinquent nicht unmittelbar auf frischer Tat festgenommen, vielmehr erst später auf dem Weg der Anklage vor Gericht gebracht, so hatte der Kläger mit dem Eid von sieben Zeugen klar nachzuweisen, daß der Angeklagte schuldig war. «Übersiebnen» heißt dieses Verfahren in der Sprache der mittelalterlichen Rechtsquellen, und es war das geläufige Verfahren, mindestens im germanischen Rechtsbereich[300]. Schwyz hingegen hat die Zahl der Zeugen drastisch reduziert: bei der Klage auf Brandstiftung auf drei, bei der Klage auf Diebstahl auf zwei. Für diese Art der Prozeßführung gegen einen Dieb wird auch gleichzeitig die Begründung mitgeliefert: Auf das Zeugnis von «zweyen vnuersprochnen mannen» soll man einen Dieb «an einen gallgen zu todt erhencken, oder sunst von lib thun», «wann vntzhar ettwa dick grosßer schad den lütten vffgestanden ist von diebstalls wegen, das man doch nitt allweg mocht kuntlich machen mit siben vnuersprochnen mannen, wann das die selbigen übelltätigen lüt vnnd ander mit jnen an semlichen bösen wercken vnnd diebstall gesterckt wurden»[301]. Dieses komplizierte und aufwendige Verfahren des «Übersiebnens» begünstigte lediglich den Diebstahl; es geht den Schwyzern also darum, die Abschreckung zu erhöhen. Ganz ähnliche Vereinfachungen des Beweisverfahrens sind auch aus deutschen Städten bekannt; auf weniger als drei Zeugen ist man aber offensichtlich nicht heruntergegangen[302].

Der Friedenssicherung diente auch die Ehrloserklärung solcher Leute, die nach einem gebotenen Frieden neuerlich zu den Waffen griffen. Der Ehrlose verlor gewissermaßen seine ‹öffentliche› Geschäftsfähigkeit. Er durfte keine Ämter bekleiden und vor Gericht nicht Zeugnis geben. Darüber hinaus mußte er eine Buße von 50 Pfund Pfennig entrichten[303]. Diese Strafe ist sehr hoch; sie entspricht vermutlich der Buße für die Übertretung des «Königsbanns»[304], und sie übersteigt deutlich die Strafsummen, die zur gleichen Zeit für das nämliche Vergehen üblicherweise in den deutschen Städten gezahlt werden mußten[305].

Daß man hart zugriff, scheint auch die Ahndung des nächtlichen Eindringens in ein Haus zu bestätigen. «Were, das yeman in vnnßerm lanndt dem andern nachtz fräuenlichen jn sin hußs nachgienge vnnd jnn da wellte angryffen, oder jm sin thüriny wellte fräuenlich vffbrechen, oder mit steinen, oder mit ütte anders fräuenlich jnhin würffe, oder fräuenlich jnhin stächy, oder yeman den andern fräuenlich vsßer sinem hußs lüdy, ab dem soll man richten vff der Weidhub»[306]. Das ‹Richten auf der Weidhube› umschreibt ein hochgerichtliches Verfahren. Der Delinquent wurde also an Leib und Leben gestraft, wohingegen im übrigen Geltungsbereich des alemannischen Rechts dieses Vergehen nur mit einer Geldbuße gesühnt werden konnte. «Diu buosse ist etwa ring, etwa swaere, je nach des landes gewonheite», sagt der Schwabenspiegel[307].

Mit der bekanntermaßen hoch entwickelten Kriegstüchtigkeit der Schweizer mag zusammenhängen, daß man es für nötig hielt – und auch das ist eine friedenssichernde Maßnahme –, das bewaffnete Herumgehen im Land mit einem halbjährigen Landesverweis zu bestrafen. «Wier [sind] überein komen [...] einhellenklich vnnd mit gemeinem ratte, das enkeiner vnßer lanndtman, noch andas enkein man, der by vnns in vnßerm lanndt wonhafft ist, enkein harnisch tragen soll, weder pantzer, noch huben, noch hentschuch, noch sper, noch halnbarten, noch ouch schwerter, die vngewonlich vnden vßgangen [...]. Vnnd wery, das

295 Zu der begrifflichen Unterscheidung von «Bußen» und «Brüchen» ausführlich His, Strafrecht 1, S. 594–645.

296 Hirsch, Gerichtsbarkeit, S. 221.

297 Kothing, Landbuch, S. 31f.

298 Ebd., S. 80ff.

299 Ebd., S. 74f.

300 Schmidt, Einführung. S. 77. Conrad Hermann, Deutsche Rechtsgeschichte. Ein Lehrbuch, Karlsruhe 1962, S. 390. Hirsch, Gerichtsbarkeit, S. 93, 104.

301 Kothing, Landbuch, S. 74.

302 Spiess, Rüge, S. 105.

303 Kothing, Landbuch, S. 22–25.

304 Zum Begriff ‹Königsbann› vgl. Hirsch, Gerichtsbarkeit, S. 179f. – Übertretungen des Königsbanns werden mit «60 Schilling» oder entsprechend mit «3 Pfund» gebüßt. His, Geschichte, S. 93f. Das entspricht 5 Mark Silber. Rechnet man die Geldentwertung ein, so dürften die genannten 50 Pfund zu Beginn des 15. Jahrhunderts dieser Summe entsprechen. Vgl. dazu die Umrechnungstabellen in HU 2/2, S. 302, 307.

305 Spiess, Rüge, S. 66.

306 Kothing, Landbuch, S. 28.

307 Zitiert nach His, Geschichte, S. 180. Dort auch die generelle Bemerkung, daß der sogenannte Nachtschach ‹gebüßt› wurde. Vgl. ergänzend Hirsch, Gerichtsbarkeit, S. 28. Für die unterschiedliche Behandlung in der Schweiz vgl. Osenbrüggen, Strafrecht, S. 366–371.

yemantz disen eynung übergienge, der soll zechen pfundt zu eynung geben an alle genade, vnnd soll darzu ein halb jar von unßerm lanndt gan vnnd soll darus sin, vnnd soll in dem zil nitt wider in vnßer lanndt kommen»; wer unerlaubt früher zurückkehrt, «vff den söllent denn alle lanndtlüt schryen, vnnd söllen jn in vnßerm lanndt hefften, alls verre sy getörren vor jr libs nott an geuerde. Vnnd wurde allso yemantz ergriffen, ab dem soll man richten, alls ab einem rechten straßröiber, vnnd soll man jm das houbt abschlan, vff den es kunntlich wurde»[308]. Im schlimmsten Fall führte somit das friedebedrohende Herumlaufen mit dem Harnisch zur Hinrichtung.

Wenn heute Staaten ihre Bürger des Landes verweisen, gilt das als hinreichender Ausweis für ihren totalitären Charakter. Im Mittelalter war das, vor allem seit dem 13. Jahrhundert[309], ein häufiger praktiziertes Verfahren gegenüber Schwerverbrechern, die sich der gerichtlichen Verfolgung entzogen[310]. Auch in Fällen, wo für Friedbruch und die dabei entstandenen materiellen Schäden Wiedergutmachung nicht geleistet werden konnte, folgte dieser Tat der Landesverweis[311]. Schwyz setzte dieses Strafmittel aber auch ein, um die Zahlung der verhängten Bußen zu erzwingen. Wer in der «Landweri» Holz fällte oder rodete, wurde zu einer Buße von 5 Pfund Pfennig verurteilt; «hat aber der da geschuldiget vnd beklegt wirt, nicht guotes, daz er den einvng nicht richten mag, so sol man in vürschrigen vnd fürbieten in dem lande, das in nieman huse noch hofe, noch essen, noch trincken gebe»[312]. Mit der gleichen Strafe wurden auch andere Fälle des verbotenen Holzfällens belegt[313]. Die Strafe des Landesverweises als solche ist nicht bemerkenswert, nur wurde sie üblicherweise bloß in den Städten verhängt[314]. Ihre Ausweitung in den Bereich der Innerschweizer Länder könnte somit eine Abweichung von der sonst üblichen Norm darstellen.

Auffällig ist im Landbuch von Schwyz, in welchem Umfang das «Leiden» als Mittel der Strafverfolgung eingesetzt wurde. Leiden ist nicht identisch mit «klagen», sondern bezeichnet das Anzeigen eines Verbrechens oder Vergehens bei der Obrigkeit, im Falle von Schwyz beim Landammann oder Weibel. Den ‹Nachtschach›, heißt es beispielsweise im Landbuch, soll «yetlicher lanndtman leyden, wo er es sicht, by dem eyde, so er den lanndtlüten geschworen hatt»[315]. Gleichermaßen ist jeder Landmann verpflichtet, Frevel auf Kirchweihen und Jahrmärkten zur Anzeige zu bringen[316], aber auch Beleidigungen[317] oder unerlaubtes Holzschlagen[318]. Bislang waren Rechtsübertretungen nur dann gerichtlich verfolgt worden, wenn der Täter auf frischer Tat ertappt wurde oder aber ein Kläger auftrat. Das Landrecht von Schwyz – und mit ihm viele Landrechte der Innerschweiz – sorgte mit seiner «Leidepflicht» dafür, daß das positive Recht auch wirklich zur Geltung gelangte und Rechtsbrüche durch den Landammann oder andere Organe verfolgt und abgeurteilt werden konnten[319]. Das stellt einen enormen Fortschritt in der Rechtspflege dar, wenn es überhaupt eine Neuerung war. Hinter der Rügepflicht steht nun freilich in Schwyz ganz unstreitig der gemeinsame Wille aller Landleute. Das Rügen ist nicht wie anderwärts[320] eine vom Herrn auferlegte Pflicht zur Sicherung seiner Rechte, sondern es ist freiwillige Vereinbarung und Übereinkunft der Landleute zur Durchsetzung der von ihnen selbst erlassenen Gebote und Verbote. Das «gewillkürte» Recht, wie die mittelalterliche Rechtssprache solche Rechtssetzungen nennt, soll und muß zur Geltung gebracht werden, und deshalb wird jeder Landmann für die rechtliche Unversehrtheit seines Gemeinwesens in die Verantwortung genommen.

[308] Kothing, Landbuch, S. 72f.
[309] His, Geschichte, S. 89f.
[310] Fünfjährige Verbannung trifft in Schwyz den Totschläger. Vgl. Kothing, Landbuch, S. 66ff.
[311] Ebd., S. 13.
[312] Ebd., S. 268.
[313] Ebd., S. 204f., 213, 216.
[314] His, Geschichte, S. 89f. Schmidt, Einführung, S. 59f.
[315] Kothing, Landbuch, S. 28.
[316] Ebd., S. 17.
[317] Ebd., S. 19f.
[318] Ebd., S. 206, 212f.
[319] Nach übereinstimmender Einschätzung der rechtsgeschichtlichen Literatur ist die allgemeine Rügepflicht zeitlich, räumlich, sachlich oder personal beschränkt. Im allgemeinen wird lediglich auf die Rügepflicht in der Karolingerzeit, im (kirchlichen) Send und bei den westfälischen Femegerichten hingewiesen. Vgl. dazu den Literaturüberblick bei Spiess, Rüge, S. 78. Die «klassischen» Rechtsgeschichten sehen die Rügepflicht im späteren Mittelalter an Amtspersonen gebunden; so entsteht – zunächst in den Städten – der öffentliche oder amtliche Ankläger zur besseren Verbrechensbekämpfung. Vgl. etwa Schmidt, Einführung, S. 79–85. Soweit eine allgemeine Rügepflicht überhaupt noch besteht – in Bayern beispielsweise wird sie um die Mitte des 14. Jahrhunderts ausdrücklich abgeschafft (vgl. Spiess, Rüge, S. 88), erfolgt sie im Rahmen des ordentlichen Gerichtsverfahrens auf Befragen des Richters. So Siegel, Rügen, S. 5, 33; ähnlich Weitzel, Dinggenossenschaft, S. 550. – Erst in jüngerer Zeit sind Untersuchungen vorgelegt worden, welche die weitreichende Verbreitung der Rüge im ländlichen und städtischen Bereich auch und gerade für das Spätmittelalter nachgewiesen haben. Vgl. für den ländlichen Bereich Holenstein, Huldigung, S. 185–194; für die Stadt: Spiess, Rüge, passim.
[320] Eine allerdings unsystematische Zusammenstellung des Verbreitungsgebiets bei Siegel, Rügen. Die Schweiz wird von ihm kaum berührt. – Daß in der Schweiz gerügt wurde, erwähnt knapp Blumer, Rechtsgeschichte 1, S. 534.

Das bedeutet zweifellos einen bemerkenswerten Modernisierungsschub, zumal die Vergehen jetzt rascher geahndet werden konnten. Früher wurde offenbar nur während des ‹ungebotenen Dings›, also bei den immer gleichen, genau feststehenden Gerichtsterminen gerügt[321]. Jetzt hingegen hatte die Rüge unverzüglich zu erfolgen oder binnen einer Frist von längstens 14 Tagen[322]; der Rüge mußten das Verfahren und das Urteil unmittelbar folgen. Für Vergehen bei den Kirchweihen und auf den Jahrmärkten wird dieses Verfahren im Landbuch von Schwyz sorgfältig beschrieben: «Vnnd söllent harum leiden die allten vnnd die nüwen sechtzig, vnnd alle vnnßere wirt, die offentlichen wyn schencken in vnnßerm lanndt, vnnd yederman by dem eyd, so er geschworn hatt, wo sy es sechent, vnnd söllent allso den oder die jnrott vyerzechen tagen leiden vnnßerm lanndtamman one geuerdt. Vnnd soll dann der amman das recht dorum nemen vm die eynung, wenn jm yeman geleidott wirt, oder er es selber sicht, denne in dem nechsten manott vor dem geschwornen gericht ane geuerde, by dem eyde so er geschworn hatt. Vnnd were, das yeman allso des eynungs vellig wurde, von dem soll jnn denn vnnßer lanndtaman jnzyechen vnnd vßrichten, alls ein andern grosßen eynung, vnnd der grosß eynung bryeff woll vm einen großen eynung bewyßet, wie man den jnzyechen vnnd vßrichten soll»[323]. «Einung», ein Begriff, welcher in diesem Text mehrfach auftaucht, bezeichnet die «Willkür», also die «Rechtssetzung» der Landleute, und die darauf gesetzte «Buße».

Das Recht, soweit es voluntaristischen Charakter hat und damit neu ist, wird durch die Rüge befestigt. Gleiches gilt bezeichnenderweise nicht für die älteren Rechtsmaterien, die schon in der vorangehenden feudalen Zeit mit hohen Bußen oder Lebensstrafen belegt worden waren: Mord, Diebstahl, Brandstiftung und schwerer Friedbruch. Sie werden von Amtes wegen verfolgt, nämlich durch den Landammann und die Räte der Sechziger, die, falls man den Täter nicht an Ort und Stelle überwinden kann, die Vergehen zu rügen haben[324]. Ursprünglich waren solche Fälle durch die Sippe respektive Familie in Form der Fehde geahndet oder von ihr vor Gericht gebracht worden.

Ganz ähnliche Verfahrensänderungen in der Rechtspflege kennt man auch aus den Städten[325]. Daraus lassen sich nun aber weitergehende Folgerungen ziehen. «Der Einzelne lebt [...] nicht mehr in einem infolge des Blutbandes fest verankerten Familienverband, er lebt in einem freiwilligen, von den einzelnen Mitgliedern geschaffenen Verband»[326]. Die Landbücher bestätigen auf eindrückliche Weise, was schon die Bundesbriefe sagten: Das Recht der Familie hat hinter das Recht der Gemeinde zurückzutreten.

Kommunalisierungsprozesse in der Stadt – die Bürger organisieren sich

Nicht nur das Land, auch die meisten Städte waren im Mittelalter in die vom Adel geprägte Welt eingebunden. Herrschaft in der personalisierten Form eines Stadtherrn kannten auch die urbanen Siedlungen. Wien zum Beispiel hatte als Stadtherrn den Herzog von Österreich, London den englischen König, Berlin den Markgrafen von Brandenburg, Bern den Herzog von Zähringen und Basel den Bischof. Insofern unterschieden sich die Städte von ihrer Rechtsstellung her nur wenig vom flachen Land; lediglich die andere Form des Wirtschaftens, die berufliche Tätigkeit als Handwerker, Gewerbetreibender und Kaufmann, trennte den Stadtbewohner vom Bauern. Den ehemals herrschaftlichen Ursprung der Städte, ihre Abstammung von der Burg eines Adeligen, verraten übrigens noch viele Städtenamen wie Regensburg, Augsburg, Würzburg in Deutschland, Salzburg in Österreich, Bourges in Frankreich, Edinbourgh in Schottland, Freiburg in der Schweiz.

Das europäische Bürgertum des 19., gelegentlich auch noch des 20. Jahrhunderts ist im Widerspruch zu einer monarchisch-aristokratischen Welt zur politisch führenden gesellschaftlichen Gruppe geworden. «Freiheit» gehörte zu seinen Kampfparolen, und weil die Geschichtswissenschaft des 19. und 20. Jahrhunderts eine recht «bürgerliche» Disziplin war, hat sie die Traditionen dieser Freiheit im mittelalterlichen Stadtbürgertum gesucht und auch gefunden. 1919 hob einer der führenden Rechtshistoriker Deutschlands, Konrad Beyerle, in der Weimarer Nationalversammlung hervor, daß es «positive geschichtliche Vorbilder der neuzeitlichen Grundrechte» gebe, die

[321] So übereinstimmend SIEGEL, Rügen, S. 5, 33, und auch HIRSCH, Gerichtsbarkeit, S. 70. – SIEGEL, Rügen, S. 24, Anm. 21, behauptet, «dass aus Schwaben und zwar aus der Schweiz, dem Schwarzwald und dem Elsass nur Zeugnisse von Rügen auf Hofdingen vorhanden sind». – In den Städten hingegen wird häufiger gerügt; vgl. EBEL, Bürgereid, S. 99–106.

[322] KOTHING, Landbuch, S. 17, 20, 212f.

[323] Ebd., S. 17.

[324] Ebd., S. 9, 11, 276. Den Charakter von «Amtspersonen» haben auch die Wirte, denen wie dem Landmann und den Räten eine Rügepflicht auferlegt ist, offenbar weil es in den Wirtshäusern besonders häufig zu Gewalttätigkeiten kam.

[325] EBEL, Bürgereid, S. 99–126; neuerlich SPIESS, Rüge.

[326] SPIESS, Rüge, S. 89.

er in den Freiheiten der Städte sah[327]. Ob und wie weit eine solche Annahme historisch richtig ist, soll dahingestellt bleiben. Sie bringt jedenfalls die Überzeugung zum Ausdruck – und in dieser allgemeinen Form ist sie sicher nicht falsch –, daß sich in den Städten ein wesentlicher Wandel vollzog, der sich allgemein und plakativ mit der Emanzipation des Bürgertums aus herrschaftlichen Abhängigkeiten umschreiben läßt. Wie sind diese Prozesse in Luzern und Zürich, den wichtigsten städtischen Stützen des eidgenössichen Bundessystems vor 1400, abgelaufen?

«Daz ůnser stat hinnanvůr belibe in bezzern eren und vride» – Luzern löst sich von seiner Herrschaft

Mit dem Ziel, «daz ůnser stat hinnanvůr belibe in bezzern eren und vride», erläßt die Bürgerschaft von Luzern in der zweiten Hälfte des 13. Jahrhunderts eine umfassende Friedensordnung[328]. Mit ihr meldet sich die Stadt Luzern als politisch handlungsfähiger Verband erstmals nachhaltig zu Wort. Freilich heißt das nicht, daß Luzern schon politische Autonomie besessen hätte. Der Prozeß der Loslösung aus der Abhängigkeit von einem Stadtherrn war langwierig und erstreckte sich über fast 200 Jahre.

Die Stadt Luzern wuchs aus dem Siedlungsplatz beim Kloster «im Hof» heraus, das seinerseits wohl eine Gründung der karolingischen Kaiser war und im 9. Jahrhundert dem elsässischen Kloster Murbach unterstellt wurde[329]. Das Kloster Luzern mit seinem umfassenden und weitgestreuten Besitz war organisatorisch-politischer und kirchlicher Mittelpunkt im Gebiet um den Vierwaldstättersee. Eine Offnung aus dem ausgehenden hohen Mittelalter nennt die «Treppe» zur Klosterkirche immer noch als gerichtlichen Mittelpunkt der klösterlichen Besitzungen. «Das gotzhus von Lucerren das het 15 meierhǒffe an[330] den von Lucerron, die sun stan alle in dem rechte als der von Lucerron stat, und was in dien allen urteilden verstosset, die sol man ziehen uf den staffel ze Luzzeron, und swas da recht ist, dc ist in allen hǒven recht»[331].

Der hier eigens genannte und durch die zweimalige Erwähnung herausgehobene «Hof Luzzeron» wurde der Ausgangspunkt für die städtische Siedlung Luzern. Die «Stadtgründung» dürfte in die Zeit zwischen 1180 und 1200 fallen; man vermutet heute, daß zwei Brüder von Eschenbach, von denen zur selben Zeit der eine als Abt von Murbach, der andere als Propst von Luzern amtierte, als Gründer in Anspruch genommen werden dürfen. «Ihre Bedeutung erhielt die neue Stadt von ihrer Lage am Ausfluß des Vierwaldstättersees, als Brückenstadt, als Verwaltungszentrum ihrer Umgebung und als wichtiger Umschlagplatz an der neu aufgehenden Gotthardroute»[332]. Die Stadt muß eine stürmische Entwicklung genommen haben, denn um 1250 hatte sie die gleiche Einwohnerzahl erreicht, die Luzern im 19. Jahrhundert aufwies.

Zur Zeit der Stadtgründung gehört die in der neuen Siedlung lebende Bevölkerung eng zum Luzerner Hof. Offnungen, die vermutlich aus dem endenden 13. Jahrhundert stammen, jedoch älteres Rechtsgut tradieren, zeigen, daß sich die Bewohner Luzerns in ihrer Rechtsstellung kaum von den Hofleuten auf dem Lande unterscheiden. Unter der Eingangsformel «das sint die recht vnd gewonheit die die burger von Lucceron hant gehebt vnd har bracht von alter har vnder dien epten von Murbach vnd vnder dien vögten von Rotenburg» findet sich der Eintrag: «Das erst das ist, das lüt vnd gut des gotzhus von Lucceron eigen ist vnd twing vnd ban»[333]. Eigenleute sind die Bürger wie die Bauern anderer Höfe auch. Ihre Liegenschaften sind Lehen des Klosters, und ihre persönliche Rechtsstellung ist die von Unfreien; aus dieser Rechtslage erklärt sich das mit ‹Zwing und Bann› umschriebene Gebotsrecht des Abtes. Bestätigung findet die Annahme, daß die Stadtsiedlung zum «Hof» gehörte, auch dadurch, daß dem Abt das Marktrecht zustand. Denn die Offnung fährt fort: «Das ander ist, dc ein apt sinen meridt hat von dem mendag ze none vnz an den zistag ze none vnd in da vff nieman irren soll»[334].

Geistliche Herren konnten, wie die Verhältnisse in Gersau gezeigt haben, keine höhere Gerichtsbarkeit ausüben. Dazu bedurften sie eines adeligen Vogtes. «Es ist ouch eins aptes recht», umschreibt die Offnung die Stellung der Vögte, «das er ze meien vnd ze herbst ieklicher in dem hofe an dien stafeln ze geding [=Gericht] sizzen sol drin tage an einandre vnd sol ein vogt bi im sizzen vnd kastvogt vnd sullen alle des gotzhus lüte da vür in kommen bi der busse dü dar über gesetzet ist vnd da verlieren vnd gewinnen eigen vnd erbe»[335].

[327] Im Vorwort zu KELLER Robert von, Freiheitsgarantien für Personen und Eigentum im Mittelalter, Heidelberg 1933, S. 7.

[328] QW 1/1, Nr. 667, S. 297.

[329] Für einen ersten Überblick: PEYER, Entstehung, S. 202ff.

[330] Zu lesen als «ân» im Sinne von «ohne».

[331] QW 2/3, S. 73.

[332] PEYER, Entstehung, S. 203.

[333] SEGESSER, Rechtsgeschichte 1, S. 80.

[334] Ebd., S. 81.

[335] Ebd., S. 82f.

Die Luzerner Offnung[336] skizziert in knappen, scharfen Strichen die Rechtsstellung der städtischen Bevölkerung: Sie ist der Grundherrschaft des Klosters unterworfen und untersteht auch der Gerichtshoheit der klösterlichen Vögte[337].
Die Trennung dieser Kompetenzbereiche hörte in dem Augenblick auf, als die Habsburger als Vögte des Klosters 1291 auch die grundherrlichen Rechte des wirtschaftlich in Bedrängnis geratenen Klosters Murbach aufkauften[338], wenige Sondernutzungen der Luzerner Mönche ausgenommen. An der Rechtsstellung der Bürger änderte sich durch diesen Besitzerwechsel jedoch nichts[339].
In vielen, wenn nicht allen Städten bereitet es große Schwierigkeiten, die Loslösung der Bürgerschaft aus den hofrechtlichen Bindungen urkundlich eindeutig abzusichern und den Rechtssatz «Stadtluft macht frei» zeitlich genau festzulegen[340]. Für Luzern liegen nur zwei derartige Belege vor, aus denen sich ein Aufstieg der Bürgerschaft erkennen läßt. 1277 wird den Luzerner Räten und Bürgern das Recht erteilt, «more nobilium et militum imperii feodorum capaces esse»[341]; die hier verliehene Lehensfähigkeit und die damit verbundene Angleichung an den Stand des Adels und der Ritterschaft mag, wiewohl sie nur für den wirksam geworden sein dürfte, der ein solches Lehen tatsächlich empfing, die Vorstellung der Luzerner begünstigt haben, sich als «frei» zu fühlen. Jedenfalls werden 1343 in einem Statut solche Bürger, die behaupten würden, «das wir [die Luzerner] als eigen sind, als die von Sursee und von Sempach», mit harten Strafen bedroht[342]. Die bürgerliche Freiheit, rechtlich korrekter ausgedrückt das «Bürgerrecht», hatte ursprünglich die Freiheit nicht zur Voraussetzung; vielmehr war die Freiheit Folge des Bürgerrechts. Letzteres gründete auf zweierlei: einmal auf dem Besitz einer bebauten Liegenschaft, eines Hauses, und insofern diese Liegenschaft in der Regel hofrechtlich gebunden war – in Luzern an den Murbacher Klosterhof –, steckt im Bürgerrecht eine hofrechtliche Wurzel; zum anderen auf einem willentlichen Akt dieser Hofleute in Form der eidlich beschworenen Vereinigung, der «coniuratio»[343], von der gleich noch ausführlich zu sprechen sein wird. Eine freie Stadt war Luzern damit noch keineswegs geworden, und ebenso wenig wurden damit die habsburgischen Rechte beseitigt. Erst nach der Schlacht von Sempach brach die Herrschaft der Habsburger zusammen[344], und die rechtliche Festschreibung dieses Tatbestandes folgte kurze Zeit später, zu Beginn des 15. Jahrhunderts. 1415 wurde Luzern reichsunmittelbar[345].
Autonomiebewegungen in den Bürgerschaften und Kompetenzerweiterungen der städtischen Organe sind Vorgänge, die überall in Europa nicht durch verschärfte Zugriffe der Stadtherren auf die Kommunen ausgelöst wurden, sondern umgekehrt aus gesellschaftlichen Problemen erwachsen sind, die zu lösen die Stadtherren nicht bereit oder nicht fähig waren. Auch die Geschichte der Stadt Luzern folgt dieser allgemeinen Entwicklung. Die Bürger organisieren sich, um existenzielle und alltägliche Probleme zu lösen.
Das beginnt in der zweiten Hälfte des 13. Jahrhunderts mit der Stiftung und Sicherung des «Stadtfriedens»[346]. Seine erste Fassung datiert von 1252; er ist aber später, möglicherweise um 1280, um einige Artikel erweitert worden[347].
Der verurkundete «Stadtfriede» hat die Qualität von Verfassungsgrundsätzen, denn er soll für immer gelten[348]. Geächtet werden – das ist der Kern seines Inhalts – alle Handlungen, die den Frieden in der Stadt brechen oder ihn gefährden. «Übelliche sicherheit[en]», üble, böse,

[336] Die Unterscheidung von Vogt und Kastvogt ist durch die Zeit der Niederschrift bedingt und spiegelt eine bestimmte historische Situation wider, die in den hier zu erörternden Zusammenhängen jedoch nicht erläutert werden muß. Für Einzelheiten vgl. die Bemerkungen bei SEGESSER, Rechtsgeschichte 1, S. 82f.
[337] Vgl. dazu auch die noch immer grundlegende Darstellung von MEYER, Stadt, S. 218f.
[338] QW 1/1, Nr. 1663, S. 769.
[339] Vgl. die Huldigung der Bürgerschaft an Herzog Albrecht von Österreich von 1292. QW 1/2, Nr. 7, S. 3.
[340] Vgl. die Erörterung des Problems in bezug auf Luzern schon bei SEGESSER, Rechtsgeschichte 1, S. 178f. – Für den europäischen Zusammenhang vgl. BOSL, Grundlagen, S. 232ff.
[341] QW 1/1, Nr. 1241, S. 567. Diese Privilegierung ging über das übliche Maß hinaus. Sie wurde nur 14 weiteren Städten im Reich zuteil. Vgl. MARTIN Thomas M., Die Städtepolitik Rudolfs von Habsburg, Göttingen 1976 (Veröffentlichungen des Max-Planck-Instituts für Geschichte 44), S. 142f.
[342] Zitiert nach BÄTTIG Richard, Das Bürgerrecht der Stadt Luzern, in: Gfr. 77, 1922, S. 17.
[343] ISENMANN, Stadt, S. 92. Vgl. SEGESSER, Rechtsgeschichte 1, S. 182, der den gleichen Sachverhalt nur anders umschreibt, indem er die Konsequenzen des Bürgerrechts, nämlich Ratsfähigkeit und gesonderten Gerichtsstand vor dem Stadtgericht, heraushebt.
[344] SEGESSER, Rechtsgeschichte 1, S. 274.
[345] Die einschlägigen Urkunden finden sich bei SEGESSER, Rechtsgeschichte 1, S. 288–291. Vgl. auch GLAUSER, Luzern, S. 90.
[346] QW 1/1, Nr. 667, S. 296–303. – Zum Zusammenhang von Stadtrecht und Friedensbewegung grundsätzlich MEYER, Landfrieden, S. 61ff.
[347] Es liegen eine lateinische und zwei deutsche Fassungen vor. Zu den Datierungsfragen im einzelnen ausführlich MEYER, Entstehung, S. 28–51. Meyer datiert die deutschen Fassungen in die Zeit um 1280, die lateinische, die ursprünglich nur zehn Artikel umfaßt haben dürfte (ebd., S. 37), auf 1252. Die nachfolgende Auswertung stützt sich auf eine der deutschen Fassungen.
[348] QW 1/1, Nr. 667, S. 303.

gefährliche, vermutlich eidlich beschworene Bündnisse, werden bei einer Strafe von zehn Mark Silber oder zweijährigem Stadtverweis verboten.
Wer an einem Mitbürger einen Totschlag begeht, der wird enthauptet und sein Haus verbrannt; ist er flüchtig, bleibt er für sein Leben lang aus der Stadt verbannt. Sollte ihm ein Mitbürger Unterschlupf gewähren, muß dieser die gleichen Strafsummen bezahlen wie der Mörder. «An sweler stette ŏch ein burger den andern vrevenlich angrifet und in ze tode erslat, der sol darumbe elos und rechtlos sin, und sol man ellů sin hůser niderbrechen, dů er in der stat hat, und alles sin gůt, das in dien hůsern vunden wirt, sol der richterre sin, und sol man deme mansleggen [Mannschläger, Totschläger], ub er gevangen wirt, abe sin hŏbet slan. Swie aber er entrůnnet uz der burger gewalt, so ist ime verseit alles recht, ellů gnade und ellů zůversicht wider ze komenne old ze belibenne innerhalb der stat iemerme vůr die stunde, und swer dem mansleggen sin gunst, helfe old rat mit ezzenne ald mit trinkenne, mit worten ald mit werchen git zů der manslacht ald ander getât ald swer daran vunden wirt, das er dem mansleggen nach der getât dehein weg beschirmet, der het veerschult an sime gůte daz selbe gerichte mit ime âne einig den tot.»[349]
Wer in Luzern gefährliche Waffen trägt, der wird mit fünf Pfund gebüßt oder auf zwei Jahre aus der Stadt gewiesen; wer mit diesen Waffen einen Bürger schwer verletzt, dem wird die Hand abgeschlagen; kann er entfliehen, bleibt ihm die Stadt verboten, bis er zehn Mark Silber zur Buße gezahlt und den Verletzten entschädigt hat. Mit unterschiedlichen Bußenhöhen werden sehr differenziert die möglichen unfriedlichen Handlungen vom Schlagen mit und ohne Waffen bis zur Beleidigung belegt.
Doch geht es nicht einzig darum, rechtliche Handhaben zur Bestrafung des Friedbruchs zu haben; gleichermaßen gilt es auch, den Friedbruch zu verhindern. «Swenne ŏch jeman mit dem andern ze kriege kunt, alle, die darzŏ koment, die sun sich darunder werfen ze vride und ze gůte und die teile scheiden ane alle achust [Arglist].»[350] Alle, welche Zeugen von gewalttätigen Auseinandersetzungen werden, haben folglich den Frieden herzustellen. Tun sie das in parteiischer Absicht, werden sie gebüßt wie jene, die «böse Bündnisse» schließen. Dem entspricht, daß jeder Bürger verpflichtet ist, im Sinne der vorliegenden Satzung über Friedbrecher Recht zu sprechen. Entzieht er sich dieser Verpflichtung, wird er mit einer Mark Silber gebüßt oder für ein Jahr aus der Stadt gewiesen. «Wer aber dehein burger sumig ald trege ze rihtenne [Recht sprechen] alle ůnser gesetzide, die wir mit eide han bestetet, der sol daz beszern mit einre march silbers ald ein gantz jar beliben vor der stat.»[351]
Auch Fehden – ein in der Mitte des 13. Jahrhunderts in der Innerschweiz noch ganz übliches Verfahren, das verletzte Recht wiederherzustellen – werden in diesem Friedenswerk kriminalisiert. Blutrache unter Bürgern wird verboten; den Totschlag zu bestrafen, steht vielmehr ausschließlich dem Gericht zu. Gegenüber Gästen und Ausburgern darf Rache nicht praktiziert werden, jedenfalls nicht in der Stadt. Verwandtschaft verpflichtet im Mittelalter zur Gefolgschaft bei Fehden; auch hier erfolgen Restriktionen. Nur Verwandte «innerhalb dem sewe under den Waldlůten»[352] können eine solche Hilfe noch einfordern, und auch sie wird mit der Verpflichtung an alle Bürger verknüpft, «das er daz urlige [Fehde, Krieg] zerstŏre und ze gůte und ze sůne bringe», mit anderen Worten den Frieden herstellen helfe. Sich sonst an irgendwelchen Fehden zu beteiligen, führt zur Ausweisung.
Lediglich ein Artikel dient nicht ausschließlich der Friedenssicherung. Es ist die Bestimmung, daß «ampt oder lehen» an die Söhne vererbt und von den Herren verliehen werden sollen «nah gnade und gůter gewonhait, als des gotzhus lůte harkomen sint»[353]. Das ist eine Sicherstellung des Lehnrechts und gleichzeitig ein Schutz der Herrschaftsrechte[354].
Unschwer ist zu erkennen, wie verwandt der «Stadtfriede» den Bestimmungen des Bundesbriefes von 1291 oder ähnlichen Verfügungen in den Landbüchern der Länderorte ist. Mitnichten kann der Friede in der Stadt als gesichert gelten, im Gegenteil: Fehden unter Bürgern und mit Auswärtigen, Totschlag, Verletzungen, Schlägereien und Beleidigungen bedrohen ihn, vielleicht sogar häufig.
Das Bemerkenswerte dieses «Stadtfriedens» ist sein Zustandekommen. Er wird «gesezzet» von den Vögten von Rothenburg, welche die habsburgischen Rechte in der Stadt verwalten, dem Ammann, dem Rat und den Bürgern von Luzern, und er wird bekräftigt «mit geswornem eide». Alle Bürger, «dů menigi der burger von Lucerren»[355], verpflichten sich mit einem Schwur auf die Einhaltung der hier erlassenen «Satzung». Wo sie dagegen verstoßen, verfallen sie gewissermaßen automatisch den ange-

[349] Ebd., S. 297f. (Art. 2).
[350] Ebd., S. 299 (Art. 8).
[351] Ebd., S. 302 (Art. 10).
[352] Ebd., S. 300f. (Art. 13).
[353] Ebd., S. 301f. (Art. 9).
[354] Peyer, Entstehung, S. 203, sieht dahinter den Willen «des patrizischen Rates zum Schutze seiner Autorität und seiner erblichen Vorrechte».
[355] Die letzten drei Belege in QW I/1, Nr. 667, S. 297.

drohten Bußen und Strafen. Niemand kann sich dem gesetzten und beeidigten Stadtfrieden entziehen; wer seine Rechtsverbindlichkeit nicht anerkennen will, hat die Stadt zu verlassen, und zwar auf immer. «Swem ŏch unser gerihte so strenge were, daz er ez nůt liden wolte, der sol von der stat varn und niemer wider in komen, ê das er mit willen sih gebindet ze lidenne ellů gerihte und alle gesetzide und ze behaltenne vestekliche als ŏch die andern burgere.»[356]

Ganz fraglos liegt hier eine Selbstbindung der Bürgerschaft vor; sie ist das treibende Moment in der Sicherung des Friedens. Die Vögte als Vertreter des Stadtherrn leihen dieser Satzung lediglich ihre Autorität. Die Strafverfolgung und Aburteilung liegt in der Hand der Stadt; das beweisen nicht zuletzt die Bußen und Strafen, die, soweit die Urkunde darüber Auskunft gibt, allesamt an die Stadt fallen und nicht an den Vogt[357]. Mit dem «Stadtfrieden» tritt Luzern in seine «kommunale Phase» ein. Denn «am Ausgangspunkt der kommunalen Phase der Stadtgeschichte», und dieses gilt für alle Städte im oberdeutsch-schweizerischen Raum, «stehen als wesentliche Faktoren die Schwureinung der Bürger und die Gründung von Willkürrecht und Bürgerpflichten auf den Bürgereid»[358]. Satzungsrecht, «die gesetzide», wie der Stadtfriede in seinem letzten Artikel das nennt, ist «gewillkürtes» Recht, «Willkürrecht», also in freier Vereinbarung geschaffenes Recht, bestätigt sowie bekräftigt durch einen Eid, einen Schwur, mit dem die Bürgerschaft zur «Schwureinung» geworden ist. Wer an der eidlichen Verwillkürung teilhat, genießt das «Bürgerrecht».

Ein merklicher Fortschritt auf dem Weg zu mehr Autonomie und größerer Beteiligung der Gemeinde an politischen Entscheidungsprozessen erfolgte vermutlich in den Jahren zwischen 1328 und 1330. 1328 kamen 26 Bürger «einhelleklich bi geswornen eiden» überein, «swer usse ald inne die vorgenanden unser herschaft drucken ald krenken wolte an dien rechten, dů si ze Lutzern han sol, oder swer usse ald inne die stat ze Lutzern drucken ald krenken wolte an ir rechte, an ir geswornem gerichte, an ir friheit, die si het besigelt under der vorganander unser herschaft vordern ingesigeln, und an ir gůten gewonheit, die si von alter her gehebt, dem sullen wir widerstan vestelich und gemeinlich so verre unser lib ald gůt erzůgen mag, unz wir es an die vorgenanden unser herschaft bringen und ir willen darunder empfinden»[359]. Die Absicht dieser Bürger geht also dahin, die Rechte Habsburgs in der Stadt einerseits und die Rechte sowie die Verfassung der Stadt andererseits zu schützen und zu befestigen. Das stellt nicht unbedingt einen Widerspruch dar, denn – wie der Nachsatz zu diesem Passus andeutet – die Schutzfunktion des Stadtherrn wird nicht in Frage gestellt. Das bestätigt auch die Begründung für die Schwureinung; sie wird nämlich geschlossen, «weil es in dem land jetz zwivellich und wunderlich gat und unser herschaft von Ŏsterrich, von der wir hilf und rat han solten, in dem land jetz bi uns nůt ist»[360]. Die bürgerlichen ‹Eidgenossen› versichern sich im weitern des gegenseitigen Schutzes, falls sie wegen ihres Eides Anfeindungen gewaltsamer oder gar gerichtlicher Art zu erleiden haben sollten. Schließlich und letztlich ist es das Ziel dieser Schwureinung, mögliche Unruhen in der Stadt unter Armen und Reichen zu verhindern und gegebenenfalls beizulegen. «Beschåh och dehein stos ze Lutzern under armen ald richen, darzů sullen wir uns einhålleklich und willeklich fůgen und arbeiten bi dem vorgenanden eide, wie wir das zerlegen und uberkomen ze allem gůte unser herschaft und der stat ze nutz und ze ere.»[361]

Diese Einung sollte fünf Jahre dauern; sie ist aber bereits 1330 in ihrem personalen Geltungsbereich erweitert und inhaltlich leicht modifiziert worden[362]. Jetzt nämlich beschwor die Einung der aus 36 Bürgern bestehende alte und neue Rat[363], der zwei auf den ersten Blick geringfügige Korrekturen des Rechtsinhalts vornahm: Zum einen wurde vereinbart, daß die Einung mit Mehrheitsbeschluß des Rates aufgelöst oder vielleicht auch nur abgeändert werden konnte; zum anderen erhielt der ‹Unruheartikel› eine andere Fassung: «Wurde ŏch dehein stôs under richen oder under armen ze Lutzerren, da sůllen wir ůns zů fůgen und mit gůten trůwen werben, das er zerleit werde und ze gůte bracht, als schiere so ůns das vůr kund, also das der vorganander ůnserr herrschaft und der stat an ir gerichten, ir recht nůt geswechrot werden mit keinen sachen.»[364] Die Herrschaftsrechte sowie die Stadtverfassung schienen den Räten offensichtlich bedroht zu sein.

[356] Ebd., S. 302 (Art. 10).

[357] Vom «Übergang eines Teils der vögtlichen Kriminalgerichtsbarkeit an die Bürgerschaft» spricht SIEGRIST, Luzern, S. 126, von einem solchen an den «Rat» GLAUSER, Luzern, S. 34. – Allgemein PEYER, Entstehung, S. 203.

[358] ISENMANN, Gemeinde, S. 1. Vgl. DILCHER, Bürgerbegriff, S. 60f.

[359] QW I/2, Nr. 1414, S. 691.

[360] Ebd. S. 691.

[361] Ebd., S. 692.

[362] QW I/2, Nr. 1547, S. 750ff.

[363] Die Urkunde selbst bringt nicht zum Ausdruck, daß es sich bei den 36 ‹Eidgenossen› um die Räte handelt, wohl aber der sogenannte zweite Beibrief zum Luzerner Schwurbrief (QW I/2, Nr. 1551, S. 754).

[364] QW I/2, Nr. 1548, S. 752.

Diesem Bündnis ist noch am selben Tag der Ritter Otto von Turne beigetreten[365] und wenige Tage später auch «dů gemeinde beidů richer und armer burger»[366]. Diese zwei sogenannten «Beibriefe» beinhalten nun bemerkenswerte Textänderungen, wiewohl das Grundanliegen der Sicherung der habsburgischen und städtischen Rechte gewahrt bleibt. Im übrigen sind sie auch keineswegs identisch. Otto von Turne versichert nämlich, daß er «bi demselben eide den rěten ze Lutzerren sol gehorsam sin aller dinge, der ein burger inen sol gehorsam sin»[367], während die Beitrittsurkunde der Gemeinde eine solche Gehorsamserklärung nicht verzeichnet. Beide «Beibriefe» unterscheiden sich von den vorgängigen «Schwurbriefen» dadurch, daß von ‹Stößen zwischen Reichen und Armen› nicht mehr die Rede ist; lediglich in arg verkürzter und verstümmelter Form erinnert die Verpflichtung, einen «stôs» beizulegen, noch an die ursprünglich um ein Vielfaches längere Fassung dieses Artikels.

Was läßt sich aus diesen nicht einfach zu interpretierenden Urkunden für die verfassungsgeschichtliche Entwicklung Luzerns ablesen? Im Vordergrund steht eindeutig die Absicht, die habsburgischen Rechte und die bestehende Stadtverfassung zu sichern. Dafür sich einzusetzen, bekräftigt 1330 der Rat mit einem Eid. Um Räte handelt es sich mehrheitlich auch bei der vorgängigen Einung von 1328[368]. Wie man aus vielen Städten weiß, wird die Verwaltung der Stadt in ihren Anfängen von den Ministerialen wahrgenommen, die sich bald um die patrizierähnliche Schicht von Fernkaufleuten erweitern. Nicht anders scheint das in Luzern zu sein: Die Ratsmitglieder lassen sich ständisch-beruflich der Ritterschaft, den habsburgischen Lehensträgern und den Fernkaufleuten zuweisen[369]. Die Verfassung der Stadt zu sichern meint also zunächst, die Verwaltungs- und Regierungspositionen der Räte zu gewährleisten. Insofern sie dienst- oder lehnrechtlich in Verbindung zu den Habsburgern stehen und Österreich als Stadtherr über seinen Vogt an der Bestellung und Besetzung des Rates mitwirkt, ergibt sich daraus ganz zwanglos eine weitgehende Interessenidentität zwischen Rat und Herrschaft.

Damit stellt sich die Frage, gegen wen sich die Einung der Räte eigentlich richtete? Wohl gegen die «Armen». Die «Reichen» und die «Armen» werden in beiden Schwurbriefen einander als getrennte Gruppen gegenübergestellt. Die Demarkationslinie wirtschaftlich zu ziehen, wie das dem heutigen Sprachgebrauch entsprechen würde, ist aber nicht zwingend[370]. Denn im Mittelalter umschreiben die Begriffe Arm und Reich in Fortsetzung des lateinischen Wortpaares «pauper» und «potens» auch Herrschaftsunterworfenheit und Herrschaftsfähigkeit[371]. Der «arme Mann» wurde in den oberdeutschen Quellen des Spätmittelalters oft auch synonym gebraucht mit dem «gemeinen Mann», und der Gemeine Mann definiert sich zuallererst dadurch, daß er an der Herrschaft keinen Anteil hat[372]. Die «Reichen» in Luzern wären demgemäß sozial identisch mit den Räten, die «Armen» aber mit der am Rat nicht beteiligten Bürgerschaft[373]. Möglicherweise ging es dem Rat darum, seine Herrschaftsrechte gegenüber Ansprüchen der Gesamtgemeinde zu behaupten[374]. Auffällig jedenfalls bleibt, daß mit dem Beitritt der Gemeinde zur Schwureinung von Unruhen, die die Gerichte und das Recht der Stadt beeinträchtigen könnten, nicht mehr die Rede ist. ‹Stoß› ist jetzt zu einer ganz farblosen Bezeichnung für Friedbruch in der Stadt geworden, den beizulegen alle Rechtsgenossen verpflichtet sind, wie ähnliche Quellen aus den Länderorten zeigen. Die scharfe Scheidung von Reichen und Armen scheint jetzt hinfällig geworden zu sein. Das erst dürfte es der Gemeinde und damit den Armen ermöglicht haben, der Schwureinung beizutreten, die ja in ihren Anfängen wohl zur Sicherung der Ratsposition und damit gegen Umtriebe der einfachen Leute geschlossen worden war. Weshalb aber war dieser Gegensatz hinfällig geworden?

Eine Erklärung könnte die Beobachtung bieten, daß in den 1330er Jahren ein Rat der

365 Ebd., S. 752f.

366 QW 1/2, Nr. 1551, S. 754f.

367 QW 1/2, Nr. 1548, S. 753.

368 Vgl. das sehr breite Belegmaterial in GLAUSER, Luzern, S. 51–66. – RUSER, Urkunden, S. 137, stellt den Vertrag in eine Reihe mit den Städtebünden und sieht somit hierin einen «einmaligen Fall».

369 Grundlegend: GLAUSER, Luzern, bes. S. 52–55.

370 So interpretiert SCHNYDER, Reich, S. 51–86, den Begriff.

371 Vgl. BOSL Karl, Potens und Pauper. Begriffsgeschichtliche Studien zur gesellschaftlichen Differenzierung im frühen Mittelalter und zum «Pauperismus» im Hochmittelalter, in: Karl Bosl, Frühformen der Gesellschaft im mittelalterlichen Europa, München 1964, S. 106–134.

372 Zur Einführung des Begriffs: BLICKLE, Landschaften, S. 27. – Zur Forschungsdiskussion: LUTZ Robert H., Wer war der gemeine Mann? Der dritte Stand in der Krise des Spätmittelalters, München 1979. – Definitorische Modifikationen für den städtischen Bereich bei SCHMIDT Heinrich R., Reichsstädte, Reich und Reformation. Korporative Religionspolitik 1521–1529/30, Stuttgart 1987, S. 32f.

373 Entsprechend wird die hier skizzierte Auseinandersetzung auch als Zunftbewegung interpretiert; so SCHNYDER, Reich, S. 51.

374 Die beiden Schwurbriefe sprechen von «Stößen» unter Reichen «oder» Armen. Ob das eine ungenaue Sprechweise ist, die sinngemäß als ‹Stöße› zwischen Reichen «und» Armen interpretiert werden darf, läßt sich schwer entscheiden.

«Dreihundert» genannt wird. Er ist quellenmäßig erstmals für das Jahr 1337 belegt[375], erscheint hier aber schon als eine festgefügte Institution insofern, als Appellationen vom Rat an die Dreihundert verboten werden; folglich müssen solche Fälle vorgekommen sein, und es ist mit Sicherheit auszuschließen, daß dieser Rat erst 1337 geschaffen wurde. Anzunehmen, er sei 1330 eingerichtet worden, würde zweierlei erklären: den Beitritt der Gemeinde zur Schwureinung und den Wegfall des Aufruhrartikels in seiner scharfen Form. Das nämlich würde bedeuten, daß die Gemeinde eine breitere Beteiligung an der Regierung in Form des Rates der Dreihundert durchgesetzt hätte. Man weiß nicht, wie diese Dreihundert in ihre Ämter gekommen sind; vielleicht sind sie wie alle «großen Räte», die man in vielen Städten kennt, als Repräsentationsorgan der Gesamtgemeinde gewählt worden[376].

Die hier vorgetragenen Überlegungen lassen sich aus den gesicherten Daten zur Luzerner Geschichte nicht mit letzter Gewißheit bestätigen. Sie fügen sich aber mühelos in die andernorts zu beobachtenden Vorgänge ein; in verschiedenen Städten im Süden des Reiches kommt es in der ersten Hälfte des 14. Jahrhunderts zu sogenannten Zunftkämpfen und Bürgerbewegungen, die alle das gleiche Ziel haben: die gesellschaftliche Basis politischer Entscheidungen nach unten zu verbreitern sowie die exklusive Herrschaft der ministerialischen, stark an der Stadtherrschaft orientierten Räte zu brechen oder mindestens einzugrenzen und zu kontrollieren.

Gleichgültig, ob man das Auftreten der Dreihundert mit der Schwureinung von 1330 in Verbindung bringen will oder nicht – an einer erheblich stärkeren Beteiligung der Gemeinde an den politischen Entscheidungen in der Stadt kann seit den 1330er Jahren nicht mehr gezweifelt werden. Seither entscheidet nämlich der Rat nicht mehr alle anstehenden Fragen allein, sondern ist beim Erlaß vieler Satzungen, Mandate, Gebote und Verbote auf die Zustimmung des Rates der Dreihundert, der um 1350 auf «die Hundert» verringert wird[377], oder auf den Konsens der Gesamtgemeinde angewiesen[378]. Dabei zeigt sich, wenn auch nicht mit der eindeutigen Schärfe, so doch ungefähr, anhand der Wichtigkeit der Rechtsmaterien eine Demarkationslinie zwischen den Kompetenzen des Großen Rates und jenen der Gemeinde. Polizeiordnungen, etwa Ausfuhrverbote und Handwerksordnungen, oder Fragen des Verfahrens vor Gericht werden eher mit dem Rat der Dreihundert oder der Hundert verabschiedet[379], während erbrechtliche Regelungen und friedenssichernde Maßnahmen offensichtlich der Zustimmung der Gemeinde bedürfen[380].

In welchem Verhältnis steht der «Stadtfriede» des 13. Jahrhunderts zu den «geschworenen Briefen» von 1328 und 1330? Im Endergebnis stellt die ‹coniuratio› der Gemeinde von 1330 eine Wiederholung der ‹coniuratio› von 1252 dar: Das Ziel ist in beiden Fällen das nämliche – die Sicherung des städtischen Friedens; unterschiedlich ist lediglich die Beschreibung dessen, was Unfriede sei. 1252 wird das genau definiert, 1330 hingegen als bekannt vorausgesetzt, was es ja auch tatsächlich war. Der Sondereid der Räte hatte eine Empörung der Gemeinde zur Durchsetzung weitergehender politischer Rechte verhindern sollen; die Zugeständnisse an die Gemeinde in bezug auf Beteiligung am Erlaß der Satzungen und durch die Institutionalisierung des Repräsentationsgremiums der «Dreihundert» milderten die Spannungen, wenn sie sie nicht ganz beseitigten, mindestens doch so weit, daß solidarisches Handeln von Rat und Gemeinde wieder möglich wurde.

Das war von großer Erheblichkeit, denn anders hätte die Stadt beim Auslaufen der auf das Jahr 1333 befristeten Einung sicher nicht jenen politisch so entscheidenden Schritt tun können, welcher den Auftakt zu einer gänzlich neuen politischen Konstellationen in der Innerschweiz bilden sollte: den Bündnisschluß mit Schwyz, Uri und Nidwalden im November 1332[381]. Man brauchte «die burgere gemeinlich»[382] und ihre eidliche Selbstverpflichtung, wenn der Bund wirksam werden sollte. Die Lösungen, welche die drei Länderorte und die Stadt zur dauerhaften Sicherung des Friedens relativ unabhängig voneinander entwickelt hatten, fanden ihre regionale Sicherung und Verfestigung[383].

Es gehört zum Geschäft der Geschichtsschreibung, die Vergangenheit zu erklären. Der Le-

[375] Ältestes Ratsbüchlein, Nr. 196. – Segesser, Rechtsgeschichte 2, S. 149, schließt ein früheres Entstehen der Dreihundert aus.

[376] Segesser, Rechtsgeschichte 2, S. 152ff., schließt aus dem Bestellungsmodus für die später genannten «Hundert», daß die Dreihundert vom Rat bestimmt wurden.

[377] Zur Datierungsfrage Segesser, Rechtsgeschichte 2, S. 150f.

[378] Das ergibt sich aus den Bestimmungen des Ratsbüchleins, das Einträge zwischen 1300 und 1402 enthält (vgl. Ältestes Ratsbüchlein). Die Einträge sind mehrheitlich undatiert.

[379] Ebd., Nrn. 192, 195, 198, 200, 206, 218, 220, 221, 226, 228, 263, 270.

[380] Ebd., Nrn. 15, 169, 196, 201, 204, 205, 208, 229, 261. Vgl. Segesser, Rechtsgeschichte 2, S. 175f.

[381] QW I/2, Nr. 1638, S. 800–811.

[382] Sie treten neben Schultheiß und Rat ausdrücklich als Mitaussteller der Urkunde auf. Vgl. ebd., S. 802.

[383] Solche Zusammenhänge akzentuiert Glauser, Luzern, S.82, wenn er den Luzerner Brief als 3. geschworenen Brief der Stadt Luzern bezeichnet.

ser, der einer Reihe von geschichtlichen Ereignissen folgt, möchte wissen, weshalb dieses so und jenes anders passiert ist. Er sucht und verlangt Begründungen vom Historiker, und das mit Recht. Diese Begründungen fallen häufig ganz unterschiedlich aus. Das macht den Reiz, aber auch das Elend der «Geschichtswissenschaft» aus.

Diejenigen, welche die Luzerner Geschichte gut kannten und kennen, haben ganz andere, vielleicht bessere, jedenfalls lebendigere Begründungen für den Weg Luzerns vom klösterlichen Hof zur Reichsstadt angeboten. Jede Urkunde, jede Aktennotiz findet durch sie ihre Einbettung in die politischen Ereignisse in und um Luzern und daraus auch ihre Erklärung. Die in den Urkunden begrabenen Namen werden zu lebendigen Menschen, die Feinde und Freunde haben, die Interessen verfolgen und sich ihre Partner suchen. Es gehört zu den Künsten der Geschichtsschreibung, die Vergangenheit so zwingend und überzeugend zu erzählen, daß der Leser sozusagen am 21. Oktober 1330 unter den Bürgern Luzerns in der Peterskapelle steht und mit ihnen den Eid schwört und auch weiß, warum.

Warum? Die Luzerner Historiker haben ziemlich ähnliche Erklärungen gegeben. 1291 ist König Rudolf von Habsburg gestorben. Er war nicht beliebt in der Schweiz, weil er Hausmachtpolitik und Reichspolitik nicht auseinanderhalten konnte und wollte. Mit dem Kauf der Murbacher Besitzungen hatte er noch kurz vor seinem Tod seine Macht in der Stadt gefestigt und «riß nun Luzern in den Abgrund»[384]. Mit den Murbacher Besitzungen in Luzern hatte Rudolf von Habsburg zugleich jene in Obwalden erworben und sich damit dessen Feindschaft zugezogen; was könnte das besser beweisen als die heimliche Einnahme der Burg Sarnen 1291[385]. «Zum erstenmal in ihrer Geschichte stand die Stadt Luzern Schulter an Schulter mit sämtlichen drei Waldstätten und den Reichsgemeinden zwischen Jura und Alpen. Sie alle beseelte das gleiche Ziel: ihre alte Freiheit und Selbständigkeit gegenüber dem jäh aufgestiegenen Haus Habsburg-Österreich zu wahren und zu mehren; den österreichischen Neuerungen setzten sie das mittelalterliche Widerstandsrecht entgegen»[386]. Doch den Habsburgern sowie ihrem «schrankenlosen Machtwillen»[387] war so leicht nicht beizukommen, zumal sie sich geschickter Verwalter bedienten. Für Luzern war das Hartmann von Ruoda, der als Vogt von Rothenburg die habsburgischen Rechte in der Stadt wahrzunehmen hatte. Mit Vexationen aller Art ärgerte er die Luzerner Bürger. Es muß in den 1320er Jahren gewesen sein, als er die Waldnutzungsrechte der Luzerner einschränkte, womit er sich «breiteste Bevölkerungskreise zum Gegner machte»[388] und «den Groll des gemeinen Mannes»[389] auf sich zog. 1326 starb der Luzerner Schultheiß Walter von Malters, der mehr als ein Jahrzehnt lang dieses Amt bekleidet hatte. «Einem allgemeinen Verwaltungsgrundsatz jedes Obrigkeitsstaates entsprechend»[390] wollte Ruoda einen ihm gefälligen Mann einsetzen, doch das Amt blieb unbesetzt. «Daraus ist zu folgern, daß zwischen dem Rat und dem Vogt über die Wahlart tiefgreifende Meinungsverschiedenheiten entstanden waren, die die Besetzung des Amtes blockierten»[391]. Auch in die Ratswahlen mischte Ruoda sich 1327 wahrscheinlich ein[392]. So zog, gedeckt von seinem starken österreichischen Herzog, der böse, ehrgeizige Vogt, bei dessen Handlungen nicht immer klar ist, «wo das Pflichtbewußtsein aufhörte und der Eigennutz begann»[393], gewissermaßen den Ärger aller Gruppen in der Stadt auf sich, ausgenommen den der habsburgfreundlichen Clique, die es natürlich in einer österreichischen Landstadt gegeben hat. Und daraus – um endlich zum Ziel zu gelangen – erklärt sich die Schwureinung der Räte von 1328. Rechtlich gesehen handelt es sich dabei ja um eine Verschwörung, und diese «richtete sich selbstverständlich gegen den Vogt zu Rotenburg»[394].

Die hier referierten Zusammenhänge, die Karl Meyer anno 1932 und auf ihm aufbauend Fritz Glauser 1982 hergestellt haben, sind historische Interpretationen. Ob Sarnen 1291 eingenommen wurde, ist fraglich; ob der Vogt mit seiner Forstpolitik Neuerungen einführte, gar zweifelhaft; ob die Einsetzung des Schultheißen wegen unterschiedlicher Ansprüche zwischen Rat und Vogt unterblieb, eine Vermutung[395]. Und schließlich ist die «Verschwörertheorie» ein recht artifizielles Konstrukt, das nur deswegen aufgebaut werden konnte, weil man den in allen Schwurbriefen erkennbaren Gegensatz von Reich und Arm bis zum Verschweigen minimalisiert hat.

Hinter dieser vielleicht etwas süffisant vorgetragenen Nacherzählung der ‹gängigen› Ge-

[384] MEYER, Stadt, S. 320.
[385] Ebd., S. 312f.
[386] Ebd., S. 314.
[387] Ebd., S. 320.
[388] GLAUSER, Luzern, S. 43.
[389] MEYER, Stadt, S. 397.
[390] Ebd., S. 399.
[391] GLAUSER, Luzern, S. 44.
[392] MEYER, Stadt, S. 401.
[393] GLAUSER, Luzern, S. 43.
[394] MEYER, Stadt, S. 405. Ähnlich GLAUSER, Luzern, S. 46, und MARCHAL, Ursprünge, S. 174f.
[395] Meyer und Glauser belegen genau, auf welche Quellen sie sich stützen. So läßt sich die Plausibilität ihrer Argumentation leicht überprüfen.

schichte von Luzern steckt eine Menge kollegialer Selbstironie des Zunftgenossen, denn Interpretationen geschichtlicher Fakten werden mal mehr, mal weniger durch solche kombinatorischen Verfahren gewonnen. Wichtig ist, wenigstens einmal in einem Buch zur Siebenhundertjahrfeier der Eidgenossenschaft zu sagen, daß der Historiker Deutungen liefert und keine Wahrheiten. Diese Deutungen müssen oder sollen in sich widerspruchsfrei sein. Das erfordert einen Bezugsrahmen, und der liegt hier offen zu Tage. Die Ereignisse der Luzerner Geschichte werden gedeutet vor der Folie einer als gesichert angenommenen übergeordneten «Wahrheit»: der nämlich, daß die Eidgenossenschaft im Widerspruch zu den Habsburgern entstanden ist. Das Lied hat viele Strophen: Genossenschaft gegen Herrschaft, Kommunität gegen Territorialstaat, Freiheit gegen Tyrannei, Gut gegen Böse. Jede Generation singt eine andere Strophe, aber es bleibt das alte Lied. Das sind «nationale Traditionen», von denen jedes Land die seine vorzuweisen hat.

Die Luzerner Geschichte des 13. und 14. Jahrhunderts kann man aber auch ganz anders erklären; man braucht dazu einen Habsburger und einen Vogt auf Rothenburg nicht besonders dringlich. Freilich ist das nur eine Möglichkeit, und sie widerlegt per se natürlich nicht, daß die Habsburger von einem ‹schrankenlosen Machtwillen› beseelt waren und die Rothenburger Vögte den Luzerner Bürgern böswillig das eine oder andere Recht abstriken wollten.

Epochen verfügen über eine bestimmte Färbung. Allen Erscheinungen in derselben Zeit ist etwas gemeinsam. Die Musik und die Architektur, die Garderoben und die höfischen Sitten der Barockzeit passen gut zueinander. Zwingli hätte recht irritiert das Requiem von Brahms gehört, und heute abend einen Ritter in der Beiz anzutreffen, wäre mindestens befremdlich. Woraus folgt, daß es den Zeitgeist, daß es Moden gibt, wonach Menschen zu den gleichen Zeiten dasselbe tun und Ähnliches wollen – zwar nicht alle, aber die meisten. Um auf den Punkt zu kommen: Zu den Moden des Spätmittelalters gehörte es, daß die Städte gegenüber ihren Herren mehr Autonomie beanspruchten und die Bürgerschaften mehr Anteil an der Herrschaft.

In Straßburg – um irgendein Beispiel herauszugreifen – kam es 1308, so berichtet der städtische Chronist, zu einem «gescholle zwischen den edeln und dem gediegenen zů Strosburg»; 16 vom Gedigen, der Gemeinde, wurden von den edlen Herren erschlagen[396]. Ein zweiter Aufstand fand 1332 statt, und mit ihm «kam der gewalt us der herren hant an die andwerke». Die Handwerker, die Zünftler, hatten mit diesem Aufstand einen politischen Sieg errungen. In den fünfzigköpfigen Rat entsandten sie fortan 25 Mitglieder. Zu ähnlichen Unru-

27 Die Luzerner Bürgerschaft leistet an der regelmäßig stattfindenden Gemeindeversammlung den Eid auf das Stadtrecht. Chronik des Luzerner Schilling, fol. 264r A.

[396] Die Daten nach CZOK, Zunftkämpfe, S. 137.

hen mit vergleichbaren Ergebnissen kam es 1345 in Lindau[397], 1347 in Memmingen[398], 1368 in Augsburg[399], um hier nur einige ausdrücklich zu nennen. Nach den Berechnungen der Stadthistoriker gab es allein im Heiligen Römischen Reich im Spätmittelalter mehr als 200 solcher Aufstände, die alle das nämliche Ziel verfolgten, als die Rechte des Stadtherrn zu schmälern und den patrizischen Rat um Mitglieder aus der Gemeinde, aus der Schicht der «Armen» zu erweitern[400]. Vor allem die Städte im oberdeutschen Raum wurden von solchen Unruhen erfaßt. Nach Auskunft der neueren Stadtgeschichtsforschung setzte «der Kampf der Zünfte um Beteiligung am Rat [...] in Süddeutschland beträchtlich früher ein als in Norddeutschland, nämlich in der ersten Hälfte des 14. Jahrhunderts, mündete aber im hansischen Bereich» – möglicherweise geschah dies gerade deswegen – «sehr viel weitergehend in die religiös-sozialen Unruhen der Reformationszeit als im Süden»[401].

Zu den Zielen dieser Unruhen und Revolten gehörte es, die Macht des Rates einzugrenzen, die Herrschaftsausübung auf eine breitere Basis zu stellen. Das hängt ja schon damit zusammen, daß zwischen Rat und Bürgerschaft nicht nur ein Verhältnis von Schutz und Gehorsam bestand, sondern die Gemeinde als Schwurverband im Rat auch ihr repräsentatives Organ sah, nicht ihre Obrigkeit[402]. Insofern gilt in der jüngeren Forschung der Protest der Gemeinde gegen den Rat sogar als legitim[403]. «Das Ergebnis und der Abschluß der Auseinandersetzungen war der Vertrag, der Sühne- oder Schwörbrief», wie ihn auch Luzern im Beitritt der Gemeinde zur Schwureinung von 1330 vorzuweisen hat, und darin liegt, wie ein herausragender Kenner der Geschichte der Reichsstädte gezeigt hat, deren «besondere Bedeutung in der mittelalterlichen deutschen Verfassungsgeschichte»[404].

Die Erfolge all dieser Unruhen waren unterschiedlich: Gelegentlich wurden die Aufstände niedergeworfen wie etwa in Nürnberg oder Frankfurt am Main; oft blieben die Handwerker nur ein politisch unbedeutendes Anhängsel des Rates wie in Regensburg, Rothenburg ob der Tauber, Schwäbisch Hall oder Mülhausen im Elsaß; nicht selten kam es zu einem Gleichgewicht zwischen Patriziern und Handwerkern, so in Konstanz, Heilbronn und Hagenau, und gelegentlich stiegen die in Zünften organisierten Handwerker zur politisch entscheidenden Gruppe in der Stadt auf: so in Straßburg, Augsburg, Ulm, Schlettstadt, Colmar und, wovon noch zu sprechen ist, in Zürich[405]. Alle diese Vorgänge finden ihren zeitlichen Schwerpunkt in der ersten Hälfte des 14. Jahrhunderts.

Der Blick in die Städte hinein zeigt, daß Luzern keinen Sonderfall darstellt. Weder seine Bemühungen um einen größeren Handlungsspielraum gegenüber dem Stadtherrn noch die Bestrebungen um eine stärkere Beteiligung der Gemeinde am politischen Leben der Stadt sind spezifisch luzernisch. Nicht wachsender Druck seitens der Stadtherren und ihrer Vögte und Ammänner bringt die Städte in Gegensatz zu ihren feudalen Herren, und nicht eine besonders übertriebene Loyalität der ministerialisch-patrizischen Räte führt zur Opposition der Gemeinden, vielmehr kommt der Druck von unten, wie sich bei fast allen Städten gezeigt hat.

Diese strukturelle Erklärung auf Luzern angewendet, hieße, daß unbeschadet der «Person» des Stadtherrn und des Vogtes die Entwicklung den gleichen Verlauf genommen hätte, den sie tatsächlich auch genommen hat. Der Herzog von Österreich und der Vogt von Rothenburg werden damit gewissermaßen austauschbar. Ähnlichkeiten in der Verfassungsentwicklung Zürichs könnten ebenfalls dafür sprechen.

Zürich – über «Revolution» und «Diktatur» zur Zunftherrschaft

Während rund dreißig Jahren war Anton Largiadèr der herausragende Historiograph Zürichs. Zu seinen bevorzugten Arbeitsgebieten gehörte die spätmittelalterliche Geschichte von Stadt und Landschaft. Folglich muß er auch für jene Entwicklungen, die sich in Zürich zwischen 1200 und 1400 vollzogen haben, als besonders kompetent gelten.

Unter den Städten Mitteleuropas wird Zürich in jene Gruppe eingereiht, die gekennzeichnet ist durch «Reichsunmittelbarkeit» und «Zunft-

[397] STOLZE Alfred Otto, Der Sünfzen zu Lindau. Das Patriziat einer schwäbischen Reichsstadt, Lindau-Konstanz 1956, S. 27–31.

[398] Vgl. BRAUN Fritz, Die Einführung der Zunftverfassung in Memmingen im Jahre 1347, in: Memminger Geschichtsblätter 1959, S. 3–6.

[399] KOCH Josef, Beiträge zur Geschichte Augsburgs von 1368–1389. Die Augsburger Zunftrevolution von 1368 und ihre Folgen, Diss. Tübingen 1935.

[400] FRITZE Konrad, Die Entwicklung der städtischen Produktion, des Bergbaus sowie des Handels und ihre sozialen Folgen, in: Deutsche Geschichte in zwölf Bänden, Hrg. Horst Bartel, Bd. 2, Berlin 1983, S. 292.

[401] MASCHKE, Städte, S. 21.

[402] EHBRECHT, Bürgertum, S. 276f.

[403] Ebd., S. 276–284.

[404] MASCHKE Erich, Verfassung und soziale Kräfte in der deutschen Stadt des späten Mittelalters, vornehmlich in Oberdeutschland, in: Vierteljahrschrift für Sozial- und Wirtschaftsgeschichte 46, 1959, S. 309.

[405] Vgl. MASCHKE, Städte.

verfassung». Die Handwerker Zürichs haben anno 1336 in einem Aufstand die alten Ratsherren vertrieben und ihre eigene Beteiligung am städtischen Regiment durchgesetzt; diesen Vorgang hat Largiadèr als «Zunftrevolution» bezeichnet[406]. Der führende Mann des Aufstandes war Rudolf Brun, der während der nächsten zwei Jahrzehnte als Bürgermeister an der Spitze der Stadt stand – ein innen- und außenpolitisch gleichermaßen fähiger Kopf, dem ein Zug zur Gewaltsamkeit nachgesagt wird; eine «fünfundzwanzigjährige Diktatur» nennt Largiadèr Bruns Bürgermeisterschaft[407]. «Revolution» und «Diktatur» haben die Zeitgenossen die Zürcher Verhältnisse aber nicht genannt; folglich kann es sich bei einer solchen Begriffsbildung nur um die Anwendung heutiger Kategorien auf frühere Zeiten handeln. Zunft-«Revolutionen», meint die stadtgeschichtliche Forschung heute[408], hat es in einem strengen Sinn nicht gegeben, weil es in den Bürgeraufständen des Mittelalters lediglich darum ging, die gesellschaftliche Basis der politischen Macht zu verbreitern, nicht aber darum, ein neues, von einer utopischen Vision getragenes politisches System zu schaffen, was als wesentlich zum heutigen Revolutionsbegriff gehört. Nach den Erfahrungen mit den Diktaturen des 20. Jahrhunderts pflegt man heute vorsichtig mit dem Begriff «Diktator» umzugehen. Selbst Oliver Cromwell, welcher in England nicht nur den König hat hinrichten, sondern auch das Oberhaus hat beseitigen lassen – ein nach Einschätzung der Zeitgenossen unerhörter Vorgang –, wird heute nicht mehr als Diktator bezeichnet. Wie nun ist die Entwicklung in Zürich im Spätmittelalter verlaufen? Dramatisch sicherlich, wie die Terminologie Largiadèrs vermuten läßt.

Zürich entstand um den Lindenhofhügel[409]. Dort ist in karolingischer Zeit eine Königspfalz nachgewiesen, die ihre andere Königspfalzen überragende Bedeutung dadurch gewann, daß sie als Ausgangspunkt für die Italienzüge der deutschen Kaiser über die Bündner Pässe diente. Am Fuße der Königspfalz wurde 853 von Kaiser Ludwig dem Deutschen ein adeliges Damenstift gegründet, das Fraumünster[410], das ursprünglich wohl mit dem späteren Chorherrenstift des Großmünsters verbunden war[411], zu einem nicht genauer datierbaren Zeitpunkt jedoch von ihm getrennt wurde[412]. Über beide geistlichen Institutionen übten die Kaiser als Stifter die Vogtei aus; sie bildete den Kern der «Reichsvogtei Zürich», die nach vielen Verleihungen, zuletzt an die Zähringer, 1218 wieder ans Reich kam[413].

Um den Königshof und die beiden Klöster entwickelte sich bald eine aufblühende Siedlung mit Markt-, Zoll- und Münzrecht, die schon im 10. Jahrhundert als Stadt bezeichnet wird. Diese Ausgangskonstellation erklärt, weshalb die führenden Familien einerseits aus den Dienstleuten und Lehenträgern, den sogenannten Ministerialen der Klöster und des Reichsvogts, bestanden und andererseits aus den Kaufleuten; denn den steilen wirtschaftlichen Aufschwung verdankte Zürich dem Wolle-, Leinen- sowie Gerbergewerbe, besonders aber den Seidenschleierwebern, deren Erzeugnisse «bis weit nach Norddeutschland, Italien, Ungarn und Polen großen Absatz» fanden[414].

Ministerialen und Kaufleute verwalteten die Stadt. Aus ihnen setzte sich der Rat zusammen, die «consules Turicenses», wie sie in den frühesten urkundlichen Nennungen heißen[415]. Anzunehmen ist, daß die Minsterialen zunächst numerisch das Übergewicht hatten; die ständige anteilmäßige Zunahme der Kaufleute im Rat zeigt jedoch, daß sich die wirtschaftlich führende Gruppe der Stadt allmählich und kontinuierlich mehr politische Macht aneignete. Während des 13. Jahrhunderts waren die ratsfähigen Ritterfamilien und die Kaufleutefamilien etwa paritätisch im Rat vertreten. An der Wende zum 14. Jahrhundert änderte sich das; die Bürgerlichen nahmen doppelt soviele Ratssitze ein wie die Adeligen[416]. Wie in Zürich und in anderen Schweizer Städten «in der Frühzeit des 12. und 13. Jahrhunderts der Rat gewählt wurde, wissen wir nicht genau. Es waren kleine Gremien von etwa zehn bis zwanzig Mitgliedern, die anfänglich offenbar von den Stadtherren oder den Reichsvögten ernannt wurden und sich später fast durchwegs durch Kooptation, Zuwahl, selbst ergänzten. Ob sie irgendwo je recht eigentlich von der Gesamtbürgerschaft gewählt wurden, erscheint mindestens als zweifelhaft»[417].

406 LARGIADÈR, Zürich, S. 134.

407 LARGIADÈR, Brun, S. 31.

408 Der Begriff «Zunftrevolution» wurde zuerst von CZOK, Zunftkämpfe, kritisiert, der ersatzweise die Bezeichnung «Bürgerkämpfe» vorgeschlagen hat. Diese und ähnliche neutralere Bezeichnungen sind von der Forschung übernommen worden. Vgl. auswahlweise MASCHKE, Städte, S. 21.

409 Für die Frühgeschichte vgl. den konzisen Überblick bei PEYER, Entstehung, S. 206–209, und LARGIADÈR, Zürich, S. 20–40. Breiter: WYSS, Geschichte, S. 340–407.

410 UB Zürich 1, Nr. 68, S. 22ff.

411 UB Zürich 1, Nr. 67, S. 20ff.

412 BÜTTNER Heinrich, Die Anfänge der Stadt Zürich, in: SZG 1, 1951, S. 531ff. – LARGIADÈR, Brun, S. 14–26.

413 UB Zürich 1, Nr. 385, S. 271f.

414 PEYER, Entstehung, S. 207. – Ausführlich: SCHNYDER, Bevölkerung, S. 101–104.

415 UB Zürich 3, Nr. 988, S. 73 (13.12.1256).

416 Vgl. RAISER, Territorialpolitik, S. 47, Anm. 132 (gestützt auf die Arbeiten von Hektor Ammann). Dazu auch die prosopographischen Studien von NABHOLZ, Vermögensverhältnisse, bes. S. 112–115.

417 PEYER, Verfassungsgeschichte, S. 48.

Der Rat regulierte das alltägliche Leben in der Stadt, soweit dieses nicht die Kompetenzen des Fraumünsters, des Großmünsters und des Reichsvogts berührte. Verwaltungsgeschäfte bildeten den zentralen Aufgabenbereich des Rates[418].

In Umrissen wird im 13. Jahrhundert aber auch schon die «Bürgerschaft» als ein Organ der Stadt und damit als ein solches der Verfassung erkennbar. Von den «consules» und einer «universitas civium» ist bereits anno 1257 die Rede[419]. Knapp vierzig Jahre später wird etwas deutlicher, welche Rechte die «cives», die Bürger, haben. «Der rat und die burger von Zürich sezzen gemeinlich», nur «mit gemeinem rate der mengi von Zürich» einen Herrn anzuerkennen[420]. Bei weitreichenden politischen Entscheidungen – hier im Falle der Huldigung gegenüber einem Herren, dem Kaiser oder einem Herzog – muß die ganze Gemeinde zustimmen[421] – «die mengi», wie sie auch in Luzern geheißen hat. Doch auch bei minder wichtigen Geschäften scheint man die Bürgerschaft beigezogen und dafür Gemeindeversammlungen einberufen zu haben. Die Zürcher Stadtbücher unterscheiden nämlich zwischen Satzungen des Rates – sie erscheinen unter der Eingangsformel «man schribet allen râten» – und solchen unter der Formel «der rât und die burger hant gesezzet»[422], woraus man wird schließen dürfen, daß die Bürgerschaft bei derartigen Satzungen mitwirkte. Offensichtlich handelt es sich um Belange von größerem Gewicht: Vom Bürgerrecht, von der Sicherung des städtischen Friedens und von verfahrensrechtlichen Fragen vor Gericht handeln diese Statuten, wiewohl auch für vergleichsweise marginale Dinge wie etwa die Festsetzung der Totengräbergebühren die Bürgerschaft mitverantwortlich zeichnet[423].

Durch die «gesezzete» – die Satzungen, Ordnungen und Mandate – des «Rates» einerseits, von «Rat und Bürgern» andererseits entstand allmählich das Zürcher Stadtrecht. Im Gegensatz zu anderen Städten, aber ganz ähnlich wie in Luzern war der Ursprung des Zürcher Stadtrechts nicht die Verleihung oder Bewidmung durch einen Herrscher[424].

Verwaltungsmaßnahmen eines spätmittelalterlichen Stadtrats haben eine Ordnungsfunktion: Sie sollen Konflikte und Streitigkeiten des Alltagslebens vermeiden helfen und sind damit im weitesten Sinne auf die Wahrung des Friedens in der Stadt ausgerichtet. Wo es darum ging, direkt und unmittelbar als friedenssichernd zu bezeichnende Maßnahmen in eine statutarische Form zu bringen, mußte man offensichtlich die Gemeinde hinzuziehen. Anfänge eines geschworenen Friedens finden sich zum Jahr 1291. Rat und Bürger «sezzen [...] mit gemeinem rate: swer dehein sicherheit als deheinen teil machet ald mit eiden sich bindet ze dem andern, dem sol man dar umbe sin beste hus nider werfen»[425]. «Sicherheiten» hießen in Luzern böse Bünde und Verschwörungen, und sie stehen im «Stadtfrieden» von Luzern von 1252 an der Spitze der friedenssichernden Maßnahmen. Auch in Zürich dient das Verbot der ‹Sicherheit› und des ‹Teil› genannten Zusammenschlusses von Bürgern dem Frieden. Und er wird beschworen; was Räte und Bürger hier «sezzen», heißt es in der Urkunde, «das hein si ouch geschworen».

Die noch sehr allgemeinen Bestimmungen wurden wohl zeitgleich[426] ergänzt um ein wiederum vom Rat und den Bürgern erlassenes, äußerst detailliertes Mandat über das Verbot des Waffentragens innert der Stadt[427], dessen Durchsetzung man dadurch zu sichern suchte, daß die Bürger verpflichtet wurden, Vergehen gegen das Mandat zu «leiden», also vor dem Rat zur Anzeige zu bringen[428]. Hinter solchen Mandaten steht mit an Gewißheit grenzender Wahrscheinlichkeit der Tatbestand, daß der Friede in der Stadt nicht gewährleistet war, vielmehr erst mühsam durchgesetzt werden mußte, und zwar gegen die auch in der Stadt vor allem unter den Rittern und Edelleuten verbreitete Fehde[429].

Den aus den Urkunden gewonnenen Eindruck bestätigt mit aller nur wünschenswerten Deutlichkeit der «Richtebrief» von Zürich, der im Jahr 1304 angelegt wurde[430], als solcher aber auch älteres Rechtsgut enthält[431]. Es handelt

[418] Die Stadtbücher verzeichnen solche Geschäfte unter der Rubrik «man schribet allen râten». Vgl. etwa ZÜRCHER STADTBÜCHER 1/1, Nr. 1–6, 9–11, 13f., 19–22, 24, 27, 35–42 usw.

[419] UB Zürich 3, Nr. 994, S. 78. – Vgl. zum Folgenden auch WYSS, Geschichte, S. 425–429.

[420] UB Zürich 6, Nr. 2159, S. 136.

[421] Vgl. auch GUYER, Verfassungszustände, S. 23.

[422] ZÜRCHER STADTBÜCHER 1/1, Nr. 8, 15, 26, 101, 139 usw. Die unter dieser Formel erlassen Satzungen sind zahlenmäßig erheblich geringer als die vom Rat allein ausgefertigten Mandate und Entscheide.

[423] Die Belege im einzelnen unter den in der vorangehenden Anmerkung genannten Nummern.

[424] Vgl. LARGIADÈR, Brun, S. 2ff. Das ergibt sich auch aus OTT, Richtebrief.

[425] UB Zürich 6, Nr. 2159, S. 136.

[426] Zur Datierung der folgenden Ordnung, vgl. ZÜRCHER STADTBÜCHER 1/1, S. 75, Anm. 1.

[427] Ebd., S. 75ff.

[428] So könnte man Artikel 9 interpretieren: «Es sol oͧch der, der umb das messer leidet, zen heiligen sweren, das er e mal drumb gesworn hette ze leidenne, ob in ieman drumb ansprichet»; ebd., S. 76. – In einem Ratserlaß von 1314 wird gleichfalls erkennbar, daß das unerlaubte Messertragen anzeigepflichtig ist. Ebd., S. 97f.

[429] Vgl. die Belege für Fehden: ZÜRCHER STADTBÜCHER 1/1, S. 29, 34.

[430] OTT, Richtebrief.

[431] Vgl. WIRZ, Redaktion, S. 239ff.

sich um eine Sammlung des um 1300 in Zürich geltenden Rechts; sie stellt also das Zürcher Stadtrecht dar und umfaßt in vier Büchern, wenn auch in nicht ganz strenger Systematik, erstens Vergehen vom Mord über Verwundungen bis zu Beleidigungen, zweitens Fehden und unerlaubte Bündnisse, drittens Kompetenzen von Rat und Gericht und viertens Polizeimaßnahmen. Der Zürcher Richtebrief ist das städtische Gegenstück zu den innerschweizerischen Landbüchern. Er zeigt mit der sehr umfänglichen Behandlung der ersten beiden Rechtsbereiche, daß die Friedenssicherung in der Stadt einen quantitativ und qualitativ herausragenden Platz einnimmt. Und er unterstreicht noch einmal die Bedeutung der Bürgerschaft. Denn die Präambel lautet: «Dise gesetzeden die an disem buoche geschriben sint, hant die burger von Zürich dur vride und dur besserunge, der stat zu eren under inen selben uf gesezet»[432].

Rat und Gemeinde sind die Verfassungsorgane der Stadt Zürich. Durch «Verwillkürung» und «Satzung» schaffen sie Recht, das einzuhalten und durchzusetzen sie sich eidlich verpflichten. Ziel von «Willkür» und «Eid» ist der Friede der Stadt. Gewalt aller Art, schlimmstenfalls die Fehde, gilt es auszuschalten. Insoweit unterscheidet sich Zürich nicht von Luzern. Die verfassungsrechtliche Differenz zwischen beiden Städten ergibt sich erst durch die Veränderungen, die durch die Zunftunruhen in Zürich herbeigeführt wurden.

Spätestens zu Beginn des 14. Jahrhunderts sind Bemühungen der Handwerker erkennbar, stärker am politischen Leben in der Stadt beteiligt zu werden. Möglicherweise genossen sie nicht einmal das Bürgerrecht; jedenfalls wird in der Mitte des 14. Jahrhunderts zwischen Bürgern und Handwerkern eindeutig unterschieden[433]. Im «Richtebrief» wird vermerkt, «das nieman kein zunft noch gelleschaft noch meisterschaft noch kein sicherheit mit eiden machen sol in dirre stat»[434]. Zünfte und Gesellschaften werden hier mit den vorigen «Sicherheiten» auf eine Stufe gestellt, also kriminalisiert wie illegitime Schwurverbände[435]. Trotz solcher präventiver Maßnahmen ließ sich nicht verhindern, daß es schließlich 1336 zum Aufstand kam.

Im Juni 1336 stürmten die Zürcher Handwerker, vermutlich organisiert und angeführt von Rudolf Brun, das Rathaus. Die dort tagenden Räte konnten nur mit Mühe entfliehen. Die versammelte Bürgerschaft verbannte von den 36 Ratsmitgliedern zwölf aus der Stadt; zehn weiteren wurde die Amtsfähigkeit abgesprochen, Brun zum Bürgermeister und Hauptmann auf Lebenszeit ernannt und mit dem «geschworenen Brief» eine neue Verfassung für die Stadt geschaffen[436].

Den Unmut der Stadtbevölkerung hatte der alte Rat offensichtlich durch seine ungleiche Rechtsprechung, persönlichen Hochmut und die Veruntreuung öffentlicher Gelder heraufbeschworen. «Ritter, edellúte, arme und riche burgere» Zürichs hätten gleichermaßen gelitten unter «dem gewalte der rêten, die nicht den lúten richten ir klagen und ir notdurft, wan so si wolten. Dar zů hatten si arme lúte smalich und herte mit ir worten, so si umbe ir notdurft fúr si kamen, und das ouch der burger ungelt und unser stat gůt also verzert wart, das si nieman enkein rechenunge darumbe gaben. Und von den und von ander manger leije gebresten wegen, so die purgere lange hatten gehebt und ouch do fúrbas ze entsitzenne was, so haben wir einhelleklich mit gůter vorbetrachtunge und mit gemeinem rate aller unser burger Zúrich den gewalt aller rêten abgeworfen»[437].

Solche Vorwürfe kann man «klassisch» nennen. Sie kommen bei allen Zunftunruhen in allen Städten des Reiches vor[438], und insofern sie damit den Charakter von Topoi haben, spiegeln sie wohl nur bedingt konkrete Verhältnisse in der Stadt Zürich. Von Zunftunruhen üblicher Art unterscheiden sich die Zürcher Vorgänge nach übereinstimmender Einschätzung der Historiker allerdings dadurch, daß die gegenüber den Kaufleuten ins Hintertreffen geratenen Ritter und Edelleute, an ihrer Spitze Brun, den Aufstand nutzten, wo nicht anzettelten, um ihre politische Macht zu sichern und auszubauen[439]. Viel Boden haben die Adeligen aber mit dieser Revolte nicht gutmachen können[440]. Langfristig diente sie den Handwerkern, denn was 1336 geschaffen wurde, bildete «die Grundlage der zürcherischen Verfassung bis 1798»[441].

[432] OTT, Richtebrief, S. 151.

[433] Die «Bürger» sind nach den geschworenen Briefen von Zürich, von denen gleich die Rede sein wird, in der Konstaffel organisiert, die Handwerker in Zünften.

[434] SCHNYDER, Quellen, S. 1.

[435] Für sie kommen die nämlichen Strafen in Anschlag wie für die 1291 verbotenen «Sicherheiten».

[436] Die Ereignisse breit behandelt bei LARGIADÈR, Brun.

[437] So lautet die Begründung im 1. Geschworenen Brief, der neuen Verfassung, von 1336. Druck bei SCHNYDER, Quellen, S. 23. Kommentierend zu dieser Begründung: LARGIADÈR, Brun, S. 37.

[438] Vgl. EHBRECHT Wilfried, Hanse und spätmittelalterliche Bürgerkämpfe in Niedersachsen, in: Niedersächsisches Jahrbuch für Landesgeschichte 48, 1976, S. 77–105, bes. S. 87.

[439] So übereinstimmend in allen Darstellungen über Zürich. Auswahlweise sei hier verwiesen auf LARGIADÈR, Brun, S. 38f., und PEYER, Entstehung, S. 209.

[440] LARGIADÈR, Brun, S. 39, räumt ein, daß die ministerialische Schicht in der Stadt nach der neuen Verfassung nicht mehr Sitze im Rat besaß als vorher.

[441] GUYER, Verfassungszustände, S. 2.

28 Die Verfassung von Zürich. Erschlossen aus den geschworenen Briefen von 1336 und 1393, unter Beizug der bei Schnyder, Quellen und in den Zürcher Stadtbüchern edierten Quellen bis 1400.

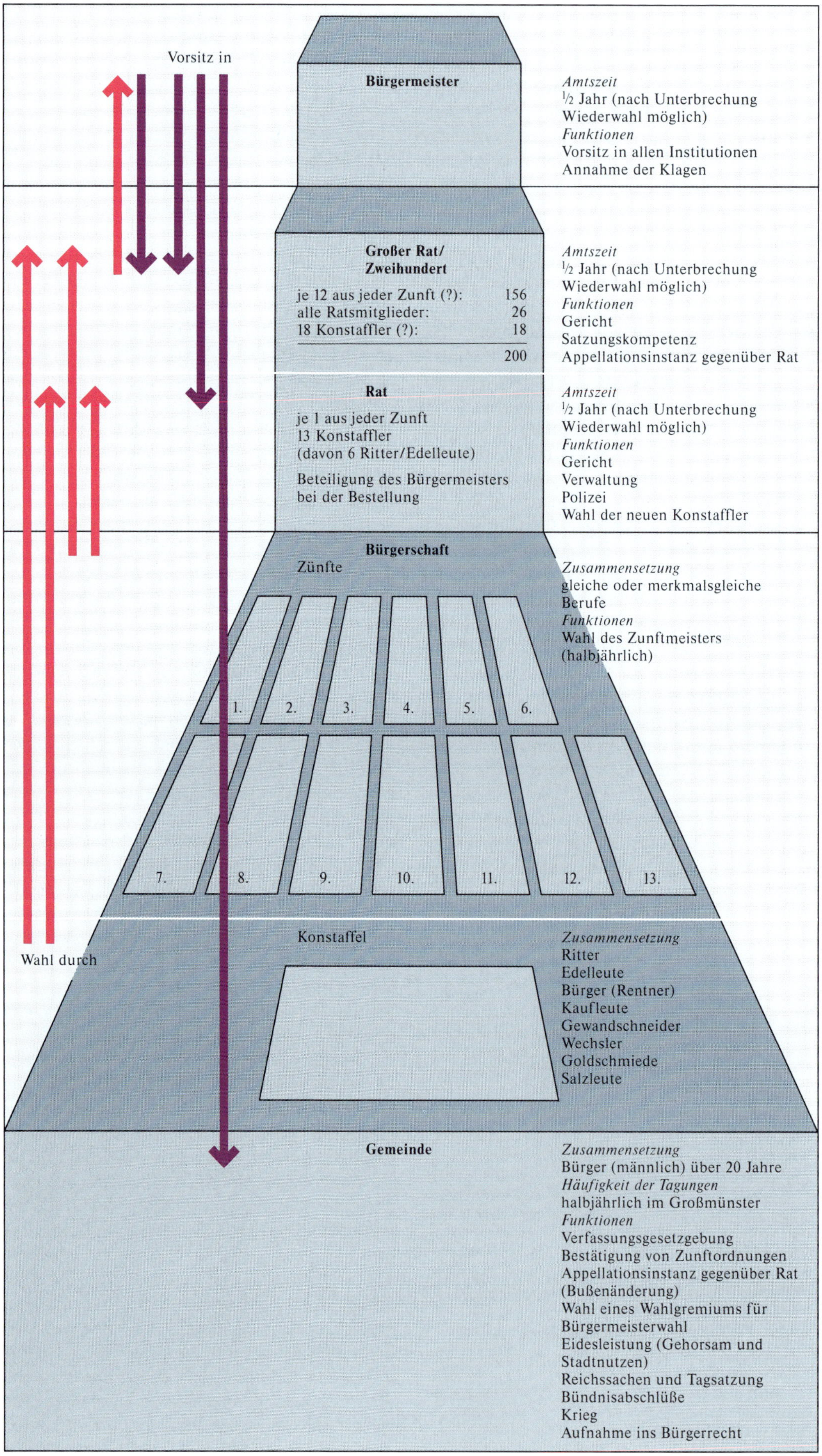

Was wurde 1336 grundgelegt? Einen Monat nach diesem Aufstand beschwor die Bürgerschaft eine neue Verfassung für die Stadt, die im sogenannten «ersten geschworenen Brief» festgehalten ist[442]. Damit wurde eine ganz tiefgreifende Verfassungsänderung herbeigeführt, denn der bislang von Patriziern beherrschte Rat wurde nun paritätisch von den Patriziern und den Handwerkern besetzt. Das bedeutete gleichzeitig eine enorme gesellschaftliche Verbreiterung der politischen Entscheidungsprozesse, der Gesetzgebung und der Rechtsprechung. Die Organisationseinheiten für die Bestimmung der politischen Repräsentanten der Handwerkerschaft wurden die neu geschaffenen Zünfte. Insofern politische Repräsentation an die Zunft gebunden war, handelt es sich also um «politische» Zünfte. Eine Zunft umfaßte in der Regel mehrere Handwerke: Tuchscherer, Schneider und Kürschner bildeten beispielsweise eine eigene Zunft, ebenso die Wollweber, Wollschläger, Grautucher und Hutmacher oder die Zimmerleute, Maurer, Wagner, Drechsler, Holzkäufer, Faßbinder sowie Rebleute. Die in einer politischen Zunft zusammengeschlossenen Handwerker wählten halbjährlich einen Zunftmeister, der sie im Rat zu vertreten hatte. «Und welhe antwerk ze samen geschriben sin in ein zunft», hält der erste Geschworene Brief fest, «da sol man ie ein halb jar us einem antwerke einen zunftmeister nemben und kiesen»[443]. Entsprechend wurde die bislang sozial führende Schicht in der Stadt, soweit sie nicht wie die alten Ratsherren und ihre Familien ausgewiesen worden war[444], in einer zunftähnlichen Gesellschaft zusammengefaßt, der sogenannten «Konstaffel»: «Ritter, edellúte, burgere, die ir geltent gůt hant, kŏflúte, gewantsnider, wechseler, goltsmide und saltzlúte, die sol man nemmen constavel»[445]. Die adelige, von Renten lebende und Handel treibende Schicht blieb somit von der Gruppe der Handwerker und Gewerbetreibenden organisatorisch geschieden. Im Rat besetzten beide Gruppen je 13 Stellen. Jede der 13 Zünfte stellte einen Zunftmeister, die Konstaffel sechs Ritter und sieben Bürger (vgl. die graphische Darstellung in Abb. 28). Innerhalb der Zünfte herrschte das Wahlprinzip, die Vertreter der Konstaffel hingegen wurden in einem komplizierten Verfahren bestimmt, das an die älteren Formen der Kooptation erinnert: Der Bürgermeister ernannte für den Wahlvorgang selbst zwei Ritter und vier Bürger aus dem «abtretenden Rat», die zusammen mit ihm sechs Ritter und sieben Bürger aus der Konstaffel wählten[446]. Korruption und Wahlbestechung, die ja angeblich mit der Anlaß gewesen waren, das Rathaus zu stürmen und die alten Räte aus der Stadt zu fegen, wurden scharf geahndet: mit Entzug des Ratsamtes und Stadtverweis[447].

Die hier skizzierte Verfassung mußte von allen Bürgern über zwanzig Jahren eidlich beschworen werden. Die Eidformel unterscheidet nun einen Gehorsamseid gegenüber den Amtsträgern, Bürgermeister und Rat, und einen Sicherungseid zur Gewährleistung der neuen Verfassung. «Ouch sol alle dú gemeinde Zúrich und sunderlich, swas von erbern burgern Zúrich, so ein núwer rat ansitzet, swerren, dem burgermeister und dem rate gehorsam ze sinne und dú gericht Zúrich helfen ze schirmenne [...] und sol ouch den purgern in dem selben eide, so si swerren súln, geben werden umbe alle die bůssen, die meister und rat erteilent, das man dar umbe behulfen sol sin in ze nemenne, ob ir meister und rat nicht gewaltig mŏchten sin, und ouch enkeine bůssen ab zelassenne, so erteilet ist, wan mit gemeinem rate aller der burgere, und súln ouch dar zů swerren, disen gegenwúrtigen brief und alle die artikel, so her an geschriben stant, stête ze haltenne mit gůten trúwen, ane alle geverde»[448]. Das heißt: Allen mit Bußen belegten Satzungen sollte durch die Unterstützung aller Bürger der Vollzug gesichert werden, und insofern Bußen die Folgen der Übertretung von Ratsgeboten und -verboten darstellen, geht es hier um deren Gewährleistung durch die Bürger. Durch den Eid auf diese Verfassung sowie auf die bestehenden und künftig zu erlassenden Satzungen galt das Recht als geschützt. Wer sich dem nicht unterwerfen wollte, mußte von den «geschworenen» Bürger angezeigt werden, wie es in einer Art Zusatzprotokoll zum Geschworenen Brief heißt: «Ouch sol iederman den andern leiden, der dîrre nůwerunge nicht gehorsam wolte wesen»[449]. Wer die Verfassung und die Satzungen nicht einhält, gilt als «meineidig» «und sol sin burgrecht verlorn han und sol dar zů Zúrich in die stat nie mer mere komen»[450].

Herauszuheben ist, daß mit der Verfassung von 1336 auch die Gemeinde zu einer Verfassungseinrichtung, zu einer festgefügten Institution wird, deren Einberufung dem Belieben

[442] Die drei Geschworenen Briefe – sie datieren von 1336, 1373 und 1393 – sind ediert bei NABHOLZ/KLÄUI, Quellenbuch, S. 131–140, teils in Regestenform, teils mit Auslassungen. Einen synoptischen Abdruck aller drei Briefe bietet SCHNYDER, Quellen, S. 7–25; danach alle folgenden Zitate.
[443] SCHNYDER, Quellen, S. 15.
[444] Darüber ausführliche Bestimmungen ebd., S. 12.
[445] Ebd., S. 14.
[446] Ebd., S. 17ff.
[447] Ebd., S. 19.
[448] Ebd., S. 19f.
[449] ZÜRCHER STADTBÜCHER I/1, S. 129.
[450] SCHNYDER, Quellen, S. 23.

von Rat und Bürgermeister entzogen ist. «Dú gemeinde Zúrich»[451] leistet den Eid auf die neue Verfassung und damit auf die Behörden und das Stadtrecht. Nur «mit gemeinem rate aller der burger» kann die Verfassung aufgehoben oder geändert werden. Dahinter steht ein prinzipiell neuer Gedanke, der, wollte man ihn in neuzeitlichen Kategorien ausdrücken, heißen müßte: die Gemeinde ist Trägerin der «Souveränität»; diese liegt nicht beim Rat, geschweige denn bei den führenden Geschlechtern. Die Ratsgewalt ist eine von der Gemeinde delegierte.

Was hier vorliegt, ist ein verfassungsrechtlicher Paradigmenwechsel. Autorität beziehen Bürgermeister und Rat nicht mehr wie bislang von den alten Stadtherrschaften, dem Fraumünster, dem Großmünster und dem Reichsvogt[452], sondern aus dem Auftrag der Gemeinde. Das Stadtrecht verliert alle Spuren seines einstigen hofrechtlichen Charakters. Legitimiert ist Recht nur insofern, als es von der Gemeinde gewillkürtes Recht ist[453], sei es durch unmittelbare Setzung durch die Gemeinde wie im Falle des Geschworenen Briefes, sei es auf dem Wege gemeindlicher Delegation in der Form, daß die Gemeinde dem Rat Satzungskompetenz einräumt. Modernen Verfassungen nähert sich der Geschworene Brief dadurch, daß er unbefristet gelten soll[454].

Alle Einwohner der Stadt wurden mit diesem Rechtsakt zu Bürgern im politischen Sinn. Jeder war regimentsfähig und sollte es sein. Wer diesen Bürgerstatus nicht anzunehmen bereit war, hatte das binnen Monatsfrist ausdrücklich zu erklären[455].

In den Folgejahrzehnten bis zum dritten Geschworenen Brief von 1393 folgten einige geringfügige, zum Teil aber auch grundsätzlichere Modifikationen der Verfassung. Nach dem Tode Bruns wurde die Amtszeit des Bürgermeisters auf ein halbes Jahr beschränkt. Brun hatte entscheidend an der Besetzung des Rates teilgenommen; jetzt bestimmte der abtretende Rat den neuen[456]. Brun war wegen seines charismatischen Charakters Bürgermeister geworden; künftig wählte der «Große Rat» den Bürgermeister.

Damit kommt eine neue Verfassungsinstitution ins Spiel. Der «Große Rat» taucht unter dem Namen «Rat der Zweihundert» schon um die Mitte des 14. Jahrhunderts auf[457]. Möglicherweise steht er in engerem Zusammenhang mit dem Aufstand von 1336[458]. Als fester Bestandteil der Stadtverfassung erscheint er erstmals im dritten Geschworenen Brief von 1393. Er soll an wichtigen Entscheidungen mitwirken, seien sie gerichtlicher oder gesetzgeberischer Natur[459], und vor allem wird ihm die Funktion zugewiesen, den Bürgermeister zu wählen[460]. Über die Modalitäten der Bestellung des Großen Rates schweigt der dritte Geschworene Brief. Daß er aus den Zünften gewählt wurde, ist offensichtlich, weil ihnen dieses Recht zu Beginn des 15. Jahrhunderts genommen wurde[461]. Falls aus dem späteren Besetzungsmodus Schlüsse gezogen werden dürfen, dann hätte jede Zunft 12 Vertreter in den Großen Rat geschickt, die Konstaffel 18, was zusammen mit den 26 Kleinräten, die kraft ihres Amtes im Großen Rat saßen, exakt die Zahl 200 ergeben würde[462].

Der Rat der Zweihundert als Repräsentationsgremium der Gemeinde bedeutete zweifellos eine Stärkung des politischen Einflusses der Handwerker. Sie kommt auch darin zum Ausdruck, daß die Zunftmeister bei Saumseligkeit der Räte die Gerichtsbarkeit oder Satzungskompetenz für sich allein in Anspruch nehmen konnten. «Dů̊cht aber die zunftmeister, die ze dien ziten bi dien råten sitzent, daz der burgermeister oder die råt dar an sumig woltint sin, so su̍lent und mugent die selben zunftmeister zů einander gan und ǒch die råt, dien si zů inen gebietent; welicher aber der råten zů inen nicht wolte, so su̍lent doch die zunftmeister die sach und all ander sachen, so si denn ze mal dunket, daz u̍nser gemeinen stat erlich nu̍tz und notdu̍rftig sij, us richten und besor-

[451] Ebd., S. 19.

[452] Ob und inwieweit der Rat vor 1336 als Repräsentationsorgan der Gemeinde gelten kann, ist schwer zu entscheiden, weil die einzige diesbezügliche Quelle, nämlich der «Richtebrief», nicht eindeutig ist. Zwar ist in der Präambel davon die Rede, daß «der [...] mit der burger willen gemeinlich genommen wirt» (OTT, Richtebrief, S. 151), doch deuten die Bestimmungen hinsichtlich der Ratserneuerung eher auf Kooptation hin (ebd., S. 190).

[453] Darin liegt m. E. der entscheidende Unterschied zum «Richtebrief» von 1304. Dieser nämlich gibt sich zu erkennen als eine Einung von Bürgern und Geistlichkeit (und damit dürften wohl die Grundherren der Stadt, das Fraumünster und das Großmünster, gemeint sein): «Und nach der ordenunge dis buoches kam dü pfafheit und die burger überein, ze behaltenne vnder ein andern die gesezzeden [...]». OTT, Richtebrief, S. 151. – Daß sowohl Hof- wie Stadtrecht ursprünglich integral im «Richtebrief» verarbeitet wurden, bestätigen Belege bei WIRZ, Redaktion, S. 248.

[454] SCHNYDER, Quellen, S. 23.

[455] GUYER, Verfassungszustände, S. 69. – ISENMANN, Gemeinde, S. 17f.

[456] SCHNYDER, Quellen, S. 17.

[457] Die Belege zusammengestellt bei GUYER, Verfassungszustände, S. 30.

[458] BLUNTSCHLI, Zürich, S. 172.

[459] SCHNYDER, Quellen, S. 23.

[460] Ebd., S. 17.

[461] GUYER, Verfassungszustände, S. 7. Vgl. die gegenteilige Interpretation von WIRZ, Redaktion, S. 256f. – Die neuere Stadtgeschichtsforschung sagt: «Die Zünfte entsandten in der Regel die nach Zünften direkt gewählten Zunftmeister in den Rat». ISENMANN, Stadt, S. 135.

[462] Die Modalitäten der Besetzung im 15. Jahrhundert bei GUYER, Verfassungszustände, S. 31.

gen, als si ir trúw und ir ere wiset, und súllent ŏch daz bi iren eiden unverzogenlich tun und ŏch, als dik si wellent. Und waz ŏch die zunftmeister und die, so von den råten bi inen sint, also us richtent und besorgent gemeinlich oder der mer teil under inen, daz sol war und ståt beliben und sol si únser gemeind da bi schirmen»[463].

Es gehört zu den allgemeinen Erscheinungen der städtischen Verfassungsgeschichte, daß sich im 15. Jahrhundert der obrigkeitliche Charakter der Räte verstärkt, Kooptationsverfahren für die städtischen Gremien wieder an Boden gewinnnen und Oligarchisierungstendenzen einsetzen. Zum Teil hängt das mit den zunehmenden Aufgaben zusammen, etwa den wöchentlich häufiger notwendigen Sitzungen. Wegen der vorherrschenden Ehrenamtlichkeit der Ratsstellen konnte vor allem der um sein tägliches Geschäft besorgte Handwerker nicht beliebig oft Ratssitzungen besuchen.

In Zürich erfolgte eine Verfassungsrevision in diesem Sinne anno 1401. Der politische Hintergrund ist nicht ganz klar. Judenpogrome, die die Räte offensichtlich verhindern konnten, mögen mitgespielt haben. Jedenfalls wurden seitdem die Mitglieder des Großen Rates, die sog. «Großräte», auf Lebenszeit gewählt. Ausscheidende Mitglieder ersetzte der Rat durch Kooptation selbst; freilich hatte er die gleichmäßige Vertretung aller Zünfte zu berücksichtigen[464].

Angesichts eher skeptischer Einschätzungen in der schweizerischen stadt- und verfassungsgeschichtlichen Forschung über die Bedeutung der Gemeinde in Zürich müssen deren Zuständigkeiten im 14. Jahrhundert noch etwas genauer beleuchtet werden. Immer wieder wird nämlich betont, daß die «als Zunftbewegung bekannte Entwicklung [...] keinesfalls eine Demokratisierung des Stadtregiments» darstellte. «Es war vielmehr eine innerhalb der Zunft sich ausbildende Oberschicht, die in die vom Adel freigegebenen Ränge einrückte»[465]. Die Gesamtbürgerschaft sei «ja nur ganz selten und praktisch nur für rein formelle Geschäfte, wie den Bürgereid»[466], zusammengetreten. Für das 14. Jahrhundert können solche Aussagen nur eingeschränkt Gültigkeit beanspruchen.

Verfassungsrelevante Satzungen wie die drei Geschworenen Briefe mußten ja von der Gemeinde verabschiedet werden. Das gilt aber auch für alle ähnlichen Verfügungen. Als 1370 angeordnet wurde, daß Beschlüsse des Großen Rates durch den (Kleinen) Rat nicht aufgehoben werden dürften, geschah das als Gemeindebeschluß: «Dis vorgeschriben ordenung und gesetzten hant all únser burger, die ob sechzechen jaren altt sint, glopt und gesworn, stett ze haben und do wider niemer ze tŭn, es wer dann, daz all únser gemeind, als si gewonlich ze dem múnster swerent oder daz merteil under inen útt anders ze ratt wurden, dúsú vorgeschriben stuk ze minren oder ze meren, des súlent und mugent sy wol gewalt haben»[467].

Für eine «gesetzgeberische» Tätigkeit der Gemeinde mangelte es nicht an Gelegenheiten, weil sie «zwirent in dem jare swert offentlich in dem múnster, so man einen núwen rat setzet»[468]. Zweimal jährlich versammelte sich somit die Gemeinde ohnehin. Und anläßlich solcher Zusammenkünfte wurde nicht bloß das Stadtrecht beschworen, sondern auch vielerlei grundsätzlichere Fragen erörtert und verabschiedet. Die Zunftstatuten wurden mit «aller der burger Zúrich gemeinem rate alsust gesetzet und verschrieben»[469]. 1337 wurde festgelegt, daß die Gemeinde nach Bruns Tod dessen Nachfolger im Bürgermeisteramt zu wählen habe[470]. Verfahrensrechtliche Normen für die Gerichtsverhandlungen wurden gleichfalls von der Gemeinde erlassen. Das geschah beispielsweise 1348 anläßlich einer Neuredaktion des zu beachtenden Rechtsgangs vor dem Schultheißengericht, wo über die Zuständigkeiten von Gerichtsbeisitzern und Fürsprechern, die Appellationsmöglichkeiten, schiedsgerichtliche Verfahren und Gerichtskosten entschieden wurde[471]. Generelle Verfügungen über Modalitäten des Stadtverweises wurden auf Gemeindeversammlungen beschlossen[472]. «Ane die gemeinde der stat», heißt es in einem konkreten Fall, darf niemand ins Bürgerrecht aufgenommen werden[473]. Der gemeindlichen Ratifikation bedurften Verträge, wie sie etwa zwischen Kaiser Ludwig dem Bayern und Herzog Albrecht von Österreich einerseits und der Stadt andererseits wegen der Behandlung der im Jahre 1336 vertriebenen Bürger ausgehandelt wurden[474].

Zweifellos war also die Gemeinde während des 14. Jahrhunderts vielfach an politischen Entscheidungen beteiligt, an grundsätzlichen sogar immer. Als dann 1401 der Einfluß der einfachen Handwerker zurückgeschnitten wurde

463 Schnyder, Quellen, S. 21.
464 Guyer, Verfassungszustände, S. 7.
465 Marchal, Ursprünge, S. 147.
466 Peyer, Verfassungsgeschichte, S. 49.
467 Schnyder, Quellen, S. 58.
468 Zürcher Stadtbücher 1/1, Nr. 274, S. 128.
469 Schnyder, Quellen, S. 52; desgleichen ebd., S. 49.
470 Zürcher Stadtbücher 1/1, Nr. 275, S. 128f.
471 Ebd., Nr. 357, S. 172–175. Aussteller sind «der [...] burgermeister [...] der rat und [...] die burger Zrich». Die Formel wird gelegentlich auch als Rat der Zweihundert gedeutet.
472 Ebd. 1/1, Nr. 227, S. 87f., auch ebd. 1/2, Nr. 14, S. 227.
473 Ebd. 1/1, Nr. 23, S. 11.
474 Ebd. 1/1, Nr. 239, S. 92f.

und sich als Folge Kooptationsverfahren breit machten, wurde in dieser restaurativen Atmosphäre vom Rat ausdrücklich anerkannt, daß, falls «sachen an kemen, die dz heilig rômisch rich, ůnser eidgnoschaft als landkrieg oder nůw bůnd ze machen antreffen. Sôlich sachen mugen wir wol fůr ein gemeind Zúrich bringen»[475] – freilich nur, wenn es den Räten sinnvoll schien. Offensichtlich haben solche Einberufungen später noch stattgefunden, wie die Antwort des Rates auf ein Ersuchen von Uri und Unterwalden um Zuzug nach Bellinzona zeigt; das Recht von Bürgermeister und Räten «und ůnser gemeind», in solchen Fragen «ze mindern oder ze meren», wird hier ausdrücklich bestätigt[476]. Schließlich hat sich auch noch bis weit ins 16. Jahrhundert hinein die Vorstellung nicht gänzlich verflüchtigt, daß für grundlegende Fragen eigentlich letztinstanzlich die Gemeinde zuständig sei. Zumindest bei außenpolitischen Entscheiden und anläßlich der Einführung der Reformation ist die Gemeinde in Form der Anfrage bei den Zünften um ihren Konsens gebeten worden[477].

Die Bedeutung der Gemeinde läßt sich endlich noch auf einer anderen Ebene belegen und damit zusätzlich unterstreichen. Da es keinem Zweifel unterliegen kann, daß der Große Rat im 14. Jahrhundert Repräsentationsorgan der Gemeinde war, läßt sein politisches Gewicht auch Rückschlüsse auf die Stellung der Gemeinde zu. Die Ratsbücher der Zweihundert und die des Kleinen Rates zeigen im Verlauf des 15. und 16. Jahrhunderts eine ständig zunehmende Bedeutung des Kleinen Rates, was die Zahl der erlassenen Ordnungen, Statuten und Verfügungen betrifft. Um 1400 hingegen entscheidet der Große Rat ebensoviel wie der Kleine[478], und das erlaubt wohl den Schluß, daß beide in etwa das gleiche Gewicht hatten.

Die politischen Veränderungen in der Stadt hatten auch soziale Folgen. Der Fernhandel ging deutlich zurück. Die alten Kaufmannsfamilien, soweit sie nicht schon im Zuge der Zunftunruhen vertrieben worden waren, verließen zunehmend die Stadt. «Dafür gewannen nun in der zweiten Hälfte des 14. Jahrhunderts jüngere, lokal begrenzte Handelswege an Bedeutung, so daß Zürich für Eisen, Stahl, Salz, Wein und Getreide der wichtigste Marktplatz im westlichen Voralpengebiet wurde, und die gesamte Innerschweiz mit diesen Artikeln versorgte»[479]. Für die politischen Kräfte in der Stadt ergaben sich daraus keine Veränderungen, denn die im Handel tätigen Zünftler wechselten nicht wie anderwärts in eine «Gesellschaft» über, gingen also in Zürich nicht zur Konstaffel, sondern blieben innerhalb ihrer Zunft und damit im 14. Jahrhundert auch unter deren Kontrolle.

Dem Verfassungswandel in Zürich folgte auch ein Ausgleich der Vermögensunterschiede. Im Vergleich zu anderen Schweizer Städten bedeutete dies eine Verarmung. Basel und Bern wiesen im 15. Jahrhundert höhere Gesamtvermögen auf als Zürich, das durchschnittliche Pro-Kopf-Vermögen lag in Basel, Freiburg oder Bern deutlich höher als in Zürich[480].

Möglicherweise hängt es mit solchen Nivellierungen zusammen, daß Zürich 1351 den Ewigen Bund mit den Waldstätten eingehen konnte[481]. Denn mit den Fernkaufleuten verließen auch die einstmals führenden Adeligen die Stadt. Sie bildeten naturgemäß durch ihre lehens- und dienstrechtlichen Bindungen zu den beiden geistlichen Stiften in Zürich sowie zu den habsburgischen Königen als Inhabern der Reichsvogtei eine Stütze der feudalen Herrschaft. Solange ihre Macht ungebrochen bestand, hätte der Anschluß an die Innerschweizer Orte schwerlich stattfinden können. Die damit erreichte außenpolitische Absicherung diente folglich der Stabilisierung der zünftischen Verfassung in Zürich und erschwerte die Rückgliederung der Stadt in den habsburgischen Interessen- und Machtbereich.

Das stärkte die städtische Autonomie, welche auch durch königliche Privilegierungen in der zweiten Hälfte des 14. Jahrhunderts weiter gefördert wurde. Kaiser Karl IV. befreite im Jahre 1353 die Stadt von der Pflicht, vor fremden Gerichten erscheinen zu müssen; König Wenzel räumte ihr 1400 das Recht ein, den Reichsvogt, der jeweils von den deutschen Königen mit dem Blutbann belehnt wurde, aus der Bürgerschaft zu wählen[482]. Damit war ein ganz wesentliches politisches Ziel verwirklicht, das Zürich mit vielen anderen Städten teilte und das es auch zeitgleich mit vielen anderen Städten erreichte: Die Stadt war rechtlich autark geworden. Über die Friedens- und Verwaltungsgerichtsbarkeit hinaus verfügte die Stadt jetzt über das unbestrittene Recht, über Mord, schweren Diebstahl und schwere Brandstiftung Todesurteile verhängen zu können. Die städtischen Gerichte Zürichs waren konkur-

475 Ebd. 1/2, Nr. 269, S. 400.

476 Ebd. 2, Nr. 188, S. 159f.

477 Breit behandelt bei DIETRICH Christian, Die Stadt Zürich und ihre Landgemeinden während der Bauernunruhen von 1489 bis 1525, Frankfurt a. M. 1985 (Europäische Hochschulschriften, Reihe III, 229).

478 Diese Bemerkungen fußen auf der kursorischen Durchsicht des Ratsbuchs der Zweihundert sowie des Kleinen Rates (ZÜRCHER STADTBÜCHER 2/3 und 2/5a). Für die Zeit von 1412–1428 ist die Anzahl Verfügungen für beide Räte mit annähernd je 250 Belegen gleich groß.

479 RAISER, Territorialpolitik, S. 48f. – Vgl. SCHNYDER, Bevölkerung, S. 103.

480 NABHOLZ, Vermögensverhältnisse, S. 105.

481 QW 1/3, Nr. 942, S. 600–618.

482 PEYER, Verfassungsgeschichte, S. 14.

renzlos; allenfalls hatte das geistliche Gericht in Konstanz über kirchenrechtlich relevante Tatbestände noch eine gewisse, jedoch beschränkte Gerichtsbarkeit.

Gemeinden und Räte – Gemeinsamkeiten der Verfassung von Ländern und Städten

Ein vergleichender Blick auf die Schemata der Verfassungen von Schwyz, Uri, Nidwalden und Zürich zeigt spätestens in der zweiten Hälfte des 14. Jahrhunderts eine erstaunliche Parallelität der Institutionen in den Ländern und Städten. Fast wäre man geneigt, von einer Identität zu sprechen[483]. Der Landsgemeinde, den ‹Landleuten gemeinlich›, entspricht die Stadt- oder Bürgergemeinde, die ‹Burger gemeinlich›. ‹Rat› und ‹Gericht› in den Länderorten finden ihre analoge Ausprägung im ‹Großen Rat› bzw. im (kleinen) ‹Rat› in den Städten. Daß der Rat in den Ländern mit dem Großen Rat in den Städten vergleichbar ist, ergibt sich schon aus der Austauschbarkeit der Namen. In Schwyz wird der Rat auch als die ‹Sechziger› bezeichnet, in Zürich heißt er die ‹Zweihundert›, in Luzern erst die ‹Dreihundert›, später die ‹Hundert›. Daß die Gerichte in den Ländern – die ‹Siebner›, ‹Elfer› oder ‹Fünfzehner› – dem (kleinen) Rat in den Städten zur Seite gestellt werden dürfen, ergibt sich aus den Aufgaben: Beide Institutionen obliegen der Rechtsprechung, auch wenn die städtischen Räte darüber hinaus viele Verwaltungsgeschäfte tätigen, was durch die im Mittelalter unscharfe Trennung von Gericht und Administration bedingt ist. Der ‹Landammann› der Länderorte findet sein städtisches Gegenstück im Bürgermeister in Zürich, im Schultheiß bzw. Ammann von Luzern. Die Verwandtschaften ergeben sich gleichermaßen aus den Funktionen wie auch aus dem Bestellungsmodus: Die «Spitzenfunktionäre» der Länder und Städte präsidieren allen Kollegien und den Gemeindeversammlungen; bestellt werden sie von den Gemeinden oder aber den Großen Räten. Das Wahlrecht der Landsgemeinden ist unbestritten, das Wahlrecht der Bürgerschaften hingegen weniger eindeutig; mehrheitlich liegt es bei den Großen Räten[484]. Darin einen prinzipiellen Unterschied sehen zu wollen, wäre sicher verfehlt, kann doch nur schwerlich daran gezweifelt werden, daß der Große Rat als Repräsentationsorgan der Gemeinde verstanden wurde. Sichern läßt sich eine solche Annahme über die Beobachtung, daß gelegentlich auch in den Länderorten die Wahl des Landammanns aus dem Rat heraus erfolgte, und Zürich gibt sich sehr unentschieden, ob es die Bürgermeisterwahl in die Kompetenz der Gemeinde oder des Großen Rates verweisen soll; beide Wahlmodi sind belegt.

Diese zunächst formalen Übereinstimmungen gewinnen an Bedeutung und Gewicht durch die Ähnlichkeit der Funktionen der Verfassungsorgane. Landsgemeinde und Bürgergemeinde treten als Gericht und Gesetzgeber in Erscheinung. Diese Doppelfunktion läßt sich für die Länderorte besser belegen als für die Städte. Unbestritten benötigt die Rechtsetzung, das heißt alles, was nicht lediglich in den engeren Bereich der Verwaltung fällt und da-

[483] Auf die Wiederholung von Belegen, soweit sie in den vorangegangenen Kapiteln geliefert wurden, wird verzichtet. Lediglich Ergänzungen werden angemerkt. Wenigstens in dieser Fußnote sei die Frage gestreift, inwieweit die Verfassungsverhältnisse der Innerschweiz auf Außeneinflüsse zurückgeführt werden müssen. Das Problem hat Karl Meyer in die Diskussion eingeführt, und zwar mit seiner brillanten und international anerkannten Erstlingsarbeit (MEYER, Blenio), in der er die Verfassungen der südlichen Alpentäler rekonstruierte. Die Ähnlichkeit der Verfassungsverhältnisse in Tälern südlich und nördlich des Alpenhauptkammes veranlaßte Meyer, die Frage der wechselseitigen Abhängigkeit zu stellen. Er entschied sich schließlich dahingehend (MEYER, Einflüsse, S. 81f.), den italienischen Talschaften eine Vorbildfunktion für die Verfassung der Innerschweizer Länder zuzubilligen, vornehmlich wegen der dort zeitlich etwas früher ausgebildeten kommunalen Verfassung. Meyer argumentiert aber im wesentlichen «strukturell», er spricht von der «kommunalen Ideenwelt» (MEYER, Einflüsse, S. 35), der «ländlichen Emanzipation» (ebd., S. 36), dem «Willen zur partikularistischen Selbstbestimmung» (ebd., S. 53), dem gemeinsamen Substrat «der Markgenossenschaft» (ebd., S. 36), die den Talschaften beidseits des Gotthards eigen waren; darüber hinaus bringt er allerdings auch das Element der persönlichen Erfahrungen ein (MEYER, Blenio, S. 249–252). Der strukturelle Vergleich, der sich durch einen hohen Grad von Plausibilität auszeichnet, belegt, daß gleiche Rahmenbedingungen ähnliche Verfassungen hervorbringen. Daran mag es liegen, daß die «Vorbildfunktionsthese» von der Schweizer Verfassungsgeschichte nicht weiter ausgebaut worden ist (vgl. PEYER, Verfassungsgeschichte, S. 44–55), m. E. zu recht, weil sich die Verfassungen der Länder unter den gegebenen Bedingungen gar nicht anders entwickeln konnten (vgl. oben ab S. 93, unten ab S. 170). Gerade die weitgehende Identität der Länder- und Städteverfassungen sowie der Landrechte und der Stadtrechte bestätigt das. Die gleiche Problemlage stellt sich bei vielen analogen Fällen, etwa in der Art, daß die ständische Repräsentation in Frankreich nicht auf ältere Vorbilder in England zurückgeführt werden kann usw. Die Überlegungen von Meyer wurden neulich nochmals aufgenommen und fortgeführt von RUSER, Talgemeinden. Seine Arbeit bestätigt die Nützlichkeit des strukturellen Ansatzes, der hier nach Mittelitalien erweitert wird, aber auch die Schwierigkeit, Abhängigkeiten zwingend nachzuweisen (ebd., S. 150f.; widersprüchlich zu S. 148).

[484] In Zürich wählt Ende des 14. Jahrhunderts der Große Rat den Bürgermeister; in Luzern wählen der Rat und die Hundert den Schultheißen. Darin liegt insofern kein Unterschied, als in Zürich der (kleine) Rat von Amtes wegen im Großen Rat Einsitz nimmt.

mit modern gesprochen die Qualität einer Verordnung, nicht die eines Gesetzes hat, die Zustimmung der Gemeinde. Was von politischer Erheblichkeit ist, kann nicht ohne oder gar gegen die Gemeinde verfügt werden, und daraus erklärt sich auch deren Beteiligung bei Bündnisabschlüssen oder, vor allem dann in späterer Zeit, die Notwendigkeit ihrer Zustimmung zu Tagsatzungsbeschlüssen. Weniger eindeutig scheint in den Städten die Gerichtsfunktion der Gemeinde ausgeprägt zu sein, doch läßt sie sich in Spuren auch erkennen. Die praktisch von den Räten wahrgenommene Rechtsprechung dürfte eher die Folge pragmatischer Zwänge sein – die Häufigkeit der Gerichtssitzungen in einer Stadt mit mehreren tausend Einwohnern erschwerte natürlich den Zusammentritt der Gemeinde –, als daß sie sich auf prinzipiell unterschiedliche Verfassungsnormen zurückführen ließe.

Um die herausragende politische Bedeutung der Landsgemeinde beziehungsweise Bürgergemeinde zu gewährleisten, war es von größter Wichtigkeit, daß sie periodisch zusammentreten mußte und nach Bedarf zusammentreten konnte. Die Landsgemeinde wurde jährlich einberufen, die Bürgergemeinde halbjährlich. Das gehört zu den wichtigsten Verfassungsgarantien der Länder und Städte und verhinderte, daß ihre Räte, Gerichte, Bürgermeister und Schultheißen den Charakter von «Obrigkeiten» in dem Sinne annehmen konnten, daß sie sich eigenmächtig über die Gemeinden hätten hinwegsetzen können.

Die Bestellungsmodalitäten für die Räte und Gerichte belegen deren Abhängigkeit von den Gemeinden und damit ihren repräsentativen Charakter. Sie erscheinen somit als «kommunale Repräsentativkörperschaften». In den Länderorten scheint das von allem Anfang an so gewesen zu sein; in den Städten erhalten die Räte diesen Status erst mit der Durchsetzung einer breiteren Beteiligung der Bürgerschaft an den politischen Entscheidungen, und dies rechtlich auch nicht immer. Luzern etwa fügt sich dieser modellhaften Nachbildung der Verfassungen nicht nahtlos ein, weil der Rat der Hundert nicht von der Bürgerschaft gewählt wurde, sondern umgekehrt der (kleine) Rat die Hundert aus der Bürgerschaft ernannte. Ob freilich ein solcher Unterschied als prinzipiell einzuschätzen ist, darf mit dem Verweis auf die Beteiligung der ganzen Bürgerschaft bei wichtigen politischen Geschäften auch in Luzern eher skeptisch beurteilt werden; er wäre somit eher als formal einzustufen. Schließlich bleibt der mögliche Einwand zu berücksichtigen, die Großen Räte, zum Teil auch die Gerichte und (kleinen) Räte seien nicht von den Gemeinden, sondern von den Vierteln, Ürten, Genoßsamen und Zünften gewählt worden. Die Viertel beziehungsweise die Zünfte in ihrer Gesamtheit stellen aber lediglich eine ganz besondere institutionelle Erscheinungsform der Landleute oder Bürger dar – wie auch die Landsgemeinde und die Bürgerversammlung; die Absicht geht auf eine angemessene, gleiche Repräsentation aller Gliederungen des Landes oder der Stadt.

Die Großen Räte sind offensichtlich Spätbildungen im Verfassungsgefüge der Länder und Städte. In Zürich und Luzern treten sie interessanterweise zeitgleich um die Mitte des 14. Jahrhunderts auf, für die Länderorte fehlen die Quellen zur näheren zeitlichen Eingrenzung ihres Entstehens. Aus der Geschichte der Städte war zu lernen, daß die Großen Räte ihre Existenz dem starken Drängen der politisch minderberechtigten Bevölkerungsschichten auf mehr Macht und Einfluß verdanken. Gemeinsam ist ihnen mit den Räten der Länder, daß sie gewissermaßen die Perioden zwischen dem jährlichen oder halbjährlichen Zusammentritt der Gesamtgemeinden überbrücken und die weniger grundsätzlichen, aber unaufschiebbaren Geschäfte erledigen. Daraus mag sich auch der Eindruck erklären, sie hätten eher Verwaltungsangelegenheiten besorgt und weniger als Gericht gedient, wiewohl die Grenzen nicht ganz scharf gezogen sind.

Bei allen Gemeinsamkeiten in den Verfassungen der fünf Orte – und diese Gemeinsamkeiten überwiegen zweifellos – bleiben doch Unterschiede zu beachten. Sie bestehen darin, daß die Verlagerung der politischen Kompetenzen «nach unten», in die Gemeindeversammlungen hinein, in den Ländern offenkundig früher erfolgt ist als in den Städten. In der Redeweise von ‹Landammann und Landleuten gemeinlich›, die in Urkunden, Rechtsbüchern, auch in offiziellen Korrespondenzen handelnd in Erscheinung treten, meldet sich die Landsgemeinde zu Wort. Sie tut das schon um 1240 in Uri, um 1280 in Schwyz und nach 1300 in Unterwalden, während die Städte erst mit einer merklichen Verzögerung folgen: Luzern nach 1330, Zürich nach 1336. Und ein Zweites bleibt auffällig: Die Landsgemeinden umklammern ihre Besitzstände an politischen Kompetenzen energischer als die Bürgergemeinden, die den Räten in der Regel mehr an Entscheidungen überlassen. Freilich sind die Unterschiede eher gradueller als prinzipieller Art.

Verfassungen bilden die Befindlichkeiten und Mentalitäten der Gesellschaft und ihrer führenden Gruppen ab. Was für Institutionen geschaffen werden und welche Funktionen man ihnen zuweist, darin spiegelt sich Gesellschaft. Daraus hat die Verfassungsgeschichte früher ihren herausragenden Rang innerhalb der historischen Teildisziplinen bezogen[485]. Mittlerweile hängt ihr der Ruch des Altmodischen und Gestrigen an, weil die moderne und postmoderne Geschichtswissenschaft zu anderen Ufern aufgebrochen ist – zum Beispiel zum «Alltag» und zu den «Lebenshorizonten» der kleinen Leute. Doch ist für die Dekodierung älterer Gesellschaften der Einstieg über deren Verfassungen methodisch noch immer der ertragreichste und beste Weg, zumal für das Mittelalter, das andere als Rechtsquellen kaum zur Verfügung stellt. Wenn Verfassungen gewissermaßen das Kondensat der gesellschaftlichen Grundbefindlichkeit darstellen, dann muß man aus den Verfassungen der Länder- und Städteorte auf eine ausgeprägte und hochentwickelte politische Gleichheit der Landleute und der Bürger schließen. Unterschiede zwischen der Stadt und dem Land bestehen kaum; beider Verfassungen sind nahezu austauschbar.

Im übrigen Europa zeigen die Verfassungen einen gänzlich anderen Charakter; sie zu skizzieren erlaubt, das Eigenständige der Schweiz noch deutlicher herauszuheben.

In den Königreichen Europas und in den Fürstentümern des Sacrum Imperium Romanum, des Heiligen Römischen Reiches, zu dem die eidgenössischen Orte auch gehörten, sind die Verfassungen völlig anders konstruiert. König oder Fürst, Räte und Stände bilden hier ihre Grundfiguren. In den Ständeversammlungen, den Parlamenten, den Reichstagen und Landtagen, sind die gesellschaftlich und politisch führenden Gruppen des Landes vertreten, der Adel sowie die hohe Geistlichkeit (Bischöfe, Äbte). Insofern gibt es auch im übrigen Europa eine gesellschaftliche Vertretung. Und sie ist gewiß politisch nicht folgenlos geblieben, weil Entscheidungen von größerer Reichweite – Rechtsveränderungen, Kriege, Bündnisse – ihrer Zustimmung bedurften. Die Stände beanspruchten ebenfalls mit einigem Erfolg das Recht, bevorzugt die Räte des Königs und des Fürsten zu stellen. Das «Prinzip der Repräsentation» und das «Prinzip des institutionalisierten Pluralismus» bilden die Kontinuitätslinien von diesen alteuropäischen Repräsentationskörperschaften zu den modernen Parlamenten[486]. Schiere fürstliche Autokratie herrschte in Europa keineswegs, schon gar nicht im Mittelalter.

Die Grundfiguren in den Verfassungen der europäischen Reiche und Länder verändern sich während des 13. und 14. Jahrhunderts, also zeitgleich mit dem grundsätzlichen Verfassungswandel, welcher sich in der Innerschweiz vollzieht, ganz wesentlich. Und dies gilt in zweifacher Hinsicht: Die Repräsentation verbreitert sich ‹nach unten› – Bürgerschaften und auch Bauernschaften werden von den Königen und Fürsten bei wichtigeren Beratungen beigezogen; und die Repräsentation verfestigt sich und gewinnt in verstärktem Maße institutionellen Charakter – in Reichstagen, Parlamenten und Landtagen.

In England war schon mit dem Inkrafttreten der «Magna Charta Libertatum» von 1215 sichergestellt worden, daß besondere Hilfeleistungen für den König, die man, um einen ungenauen, aber erklärenden Begriff zu verwenden, Steuern nennen könnte, nur «per commune consilium regni» eingehoben werden durften. Zu diesem ‹commune consilium› wurden seit dem ausgehenden 13. Jahrhundert vom König gelegentlich auch Vertreter der Städte und Grafschaften eingeladen. Sie, die «commons» – ein Wort, das sich vom französisch-normannischen «communes» herleitet, was so viel bedeutet wie befreite, zur Selbstverwaltung fähige Gemeinden –, tagten aber getrennt von den weltlichen und geistlichen Fürsten des Königreichs, und damit beginnen sich die zwei Häuser des englischen Parlaments auszubilden, das «house of lords» und das «house of commons»[487].

Als sich in Schweden in der Mitte des 14. Jahrhunderts der König mit einer neu geschaffenen adeligen Anhängerschaft weitergehende politische Zuständigkeiten, als dieses bislang üblich gewesen war, aneignen wollte, kam es zu einem großen Bauernaufstand, in dessen Gefolge erste Formen ständischer Repräsentation skizzenhaft sichtbar wurden: Der König und seine aristokratische Klientel wurden zum Ausgangspunkt für den «Reichsrat»; die bäuerlichen Zusammenkünfte förderten offensichtlich die Entwicklung des «Reichstags», welcher sich dann später aus den vier Kurien Adel, Geistlichkeit, Bürger und Bauern zusammensetzte[488].

Um 1300 begegnen uns in Frankreich die ersten Versammlungen der «états généraux», in denen, ähnlich wie in England, neben den adeligen Magnaten und hohen kirchlichen Wür-

[485] Vgl. GERHARD Dietrich, Old Europe. A Study of Continuity, 1000–1800, New York/London 1981.

[486] LÖWENTHAL Richard, Kontinuität und Diskontinuität. Zur Grundproblematik des Symposions, in: Der moderne Parlamentarismus und seine Grundlagen in der ständischen Repräsentation, Hrg. Karl Bosl, Berlin 1977, S. 341–365.

[487] Einen guten deutschsprachigen Überblick geben JENNINGS Ivor W./RITTER Gerhard S., Das britische Regierungssystem. Leitfaden und Quellenbuch, Köln-Opladen ^{2}1970 (Die Wissenschaft von der Politik 4), S. 32ff.

[488] SCHÜCK Herman, Sweden's Early Parliamentary Institutions from the Thirteenth Century to 1611, in: The Riksdag: A History of Swedish Parliament, Hrg. Michael F. Metcalf, Stockholm 1987, S. 5–60.

denträgern, den Bischöfen und Prälaten, auch der «dritte Stand» der Bürger und Bauern vertreten ist[489].

In den Ländern des Reiches beginnt sich die ständische Repräsentation ebenfalls zu verbreitern. Städte erscheinen seit dem 14. Jahrhundert häufiger auf den Landtagen, so etwa in der Markgrafschaft Brandenburg oder im Herzogtum Bayern. Ein besonders interessantes Beispiel liefert die Grafschaft Tirol. Um 1300 werden die größeren Städte vom Landesfürsten auf die Landtage geladen, seit der Mitte des 14. Jahrhunderts auch die Landgerichte[490]. Dabei handelt es sich um eine ständische Vertretung von Bürgern und Bauern. Voraussetzung war jedoch, daß diese Städte und Landgerichte eine weitgehende politische Autonomie erlangt hatten.

Im 13. und 14. Jahrhundert vollziehen sich, wie diese wenigen Beispiele gezeigt haben, überall in Europa große Veränderungen. Auf der Verfassungsebene bilden sie sich dergestalt ab, daß Bürger und Bauern im Rahmen ihrer Monarchien und Fürstentümer auf mehr politische Rechte drängen, die ihnen in Form der ständischen Repräsentation eingeräumt werden. Allerdings steckt diese Repräsentation noch in den Anfängen und dürfte wenig gefestigt gewesen sein. Vor allem in den Territorien des Reiches zeigt sich, daß erst im Verlaufe des 15. Jahrhunderts der Bauernstand eine größere Bedeutung gewinnt und seine Vertretung in mehreren Landtagen durchsetzt, vornehmlich in Süddeutschland, gelegentlich aber auch im Westen des Reiches wie im Kurfürstentum Trier.

Es gibt somit faszinierende Parallelen zwischen der europäischen Geschichte und der Geschichte der Innerschweiz. Ihr kleinster gemeinsamer Nenner besteht darin, daß Bauern und Bürger im 13. und 14. Jahrhundert mehr politische Rechte anstreben und dieses Begehren auch durchsetzen. Wenn man unter «Bewegung» einen politischen Emanzipationsprozeß verstehen will, wie ihn die «Arbeiterbewegung» im 19. Jahrhundert oder die «Frauenbewegung» heute darstellen, dann gab es im 13./ 14. Jahrhundert in Europa eine «Bauern- und Bürgerbewegung».

Dennoch sind die Unterschiede in den Verfassungen der europäischen Länder im Vergleich zu denen der Innerschweiz erheblich, ja von grundsätzlicher Natur. Der Fürst wird nicht gewählt – höchstens in Ausnahmefällen. Seine «primus inter pares»-Stellung in den aristokratisch beherrschten europäischen Staaten gewinnt er dadurch, daß er als letztinstanzlicher Wahrer des Rechts verstanden wird, und diese Funktion wird durch die Erblichkeit des Amtes, die naturgemäß auch beschränkte Amtszeiten ausschließt, gesichert. Die Räte sind nicht den Ständen verantwortlich, sondern dem Fürsten. Und schließlich – und darin drückt sich die Labilität und Verletzlichkeit der Prinzipien ‹Repräsentation› und ‹institutioneller Pluralismus› aus – erreichen die Ständeversammlungen keine Periodizität; ihre Einberufung und damit ihre politische Wirksamkeit liegen im Ermessen des Königs beziehungsweise des Fürsten. Darin kommt seine überragende Stellung zum Ausdruck, und die Möglichkeit, sich der ständischen Kontrolle zu entziehen und dem institutionalisierten politischen Druck der Stände auszuweichen, ebnet schließlich der absoluten Monarchie in Europa den Weg. Alle europäischen Könige und Fürsten haben von dieser Möglichkeit Gebrauch gemacht, mehrheitlich mit Erfolg. Lediglich England ist geradlinig und kontinuierlich andere Wege gegangen. Ständig vergrößert sich das politische Gewicht der «commons» und des von ihnen beschickten Unterhauses im Parlament auf Kosten des Hochadels, des Oberhauses und des Königs. Voraussetzung dafür war allerdings das periodische, vom König unabhängige Zusammentreten des Parlaments, und genau das setzte sich nur allmählich und mühsam durch.

Die Eigenart der Verfassungen in den Innerschweizer Orten besteht, verglichen mit dem europäischen Modell, in der Verschmelzung der fürstlichen und ständischen Kompetenzen in der Landsgemeinde beziehungsweise in der Bürgergemeinde. Was in England der «king in parliament» besorgt, politisch Grundsätzliches zu debattieren und zu entscheiden, auch Gerichtsurteile zu fällen, das vollzieht sich in der Schweiz in der Gemeindeversammlung. Das heißt «kommunaler Parlamentarismus». Und insofern die Funktion des Fürsten gewissermaßen der Gemeinde «inkarniert» wird, werden die Räte von ihr abhängig und ihr verantwortlich.

Zur Konturierung der Schweizer Verfassungen wurde dieser Vergleich gewählt und möglichst scharf herausgezeichnet. Es wäre aber einfältig und historisch falsch, die Schweiz vom «Rest der Welt» absondern zu wollen. Denn zwischen den Verfassungen der Innerschweizer Orte und denen der europäischen Monarchien und Fürstentümer gibt es viele Übergänge und Zwischenzonen. Nicht nur das Wallis und Graubünden gehören dazu, auch Tirol und Vorarlberg und teilweise auch das

[489] Soule Claude, Les Etats Généraux de France (1302–1789). Etude historique, comparative et doctrinale, Heule 1968 (Studies presented to the International Commission for the History of Representative and Parliamentary Institutions 35).

[490] Blickle, Landschaften, S. 166–173.

Herzogtum Württemberg, wo dem «gemeinen Mann» politische Zuständigkeiten in rechtlich gesicherten Formen erhalten blieben.

Die vergleichbaren Verfassungen der Länder und Städte in der Innerschweiz finden ihren Ausdruck in entsprechenden Rechtskodifikationen: dem Landrecht und dem Stadtrecht. Deren Verwandtschaftsgrad ist äußerst eng, sowohl was ihre Entstehungszeit betrifft als auch in bezug auf Charakter und Inhalt.

Der «Richtebrief» von Zürich und das «Ratsbüchlein» von Luzern sind beide kurz nach 1300 angelegt und durch das 14. Jahrhundert hindurch fortgeführt worden. Um sie herum lagern sich einzelne Satzungen prinzipiellerer Art, die naturgemäß Bestandteil des Stadtrechts wurden, oft auch ausdrücklich in die Stadtrechte aufgenommen worden sind: die beschworenen Frieden von Luzern von 1250/1280 und 1330, die Geschworenen Briefe in Zürich seit 1336. Ziemlich zeitgleich, wenn nicht früher, dürften auch die Innerschweizer Landrechte entstanden und in älteren, nicht erhaltenen Landbüchern festgehalten worden sein. Für Schwyz kann man ein, wenn auch nur schmales Corpus von Rechtsmaterien über die Urkunden erschließen und durch sie auf die Zeit um 1300 datieren. Für die anderen Länder dürfte Ähnliches gelten, zumal die friedenssichernden Maßnahmen um den Bundesbrief von 1291 die rechtsschöpferische Tätigkeit der Länder sicher enorm beförderten.

Zum formalen Charakter des Rechts in den Innerschweizer Ländern und Städten gehört, daß es sich um «gewillkürtes» Recht handelt, weniger um altes Recht, das durch Weisung zum Vorschein und zur Anwendung gebracht wurde. «Küren» bedeutet wählen, aussondern, einsetzen; ‹gewillkürt› wird das Recht «willentlich». «Einung» heißt der in den Landrechten häufig verwendete Begriff – es ist die Vereinbarung über die für notwendig gehaltene Rechtsetzung.

Recht in der Tradition des Mittelalters verfügte über die Dignität der Ewigkeit, Unveränderbarkeit, Gottgewolltheit. Das gewillkürte Recht ist ganz anderen Charakters. Es folgt den konkreten und aktuellen Bedürfnissen, ist zunächst wohl eine Art Notrecht. Als solches läßt es sich den Veränderungen gut anpassen und laufend modifizieren. Die Landrechte, gelegentlich auch die Stadtrechte, bringen verschiedentlich zum Ausdruck, daß die Rechtsetzung zunächst zeitlich befristet war, auf ein Jahr oder wenige Jahre. In den Landbüchern findet sich öfters von der Hand eines späteren Schreibers der Vermerk «gilt nüt»; ein alter Rechtssatz hatte einem neuen weichen müssen. Insofern sind die Landrechte und Stadtrechte auch alles andere als papierene Normen, an denen die Wirklichkeit weit vorbeigelaufen wäre; mindestens gilt das für die Zeit, in denen sie in ständiger Umarbeitung waren, und das heißt für das ganze 14. Jahrhundert.

Zum Charakter dieses Rechts gehört weiterhin – in Zürich wie in Schwyz, in Luzern wie in Uri –, daß es von allen Rechtsgenossen, von allen Landleuten und allen Bürgern, eidlich beschworen wurde. Jede neue Rechtsetzung wurde beeidet, und auf den ordentlichen jährlichen Landsgemeinden und den halbjährlichen Bürgergemeinden erfolgte die neuerliche Beschwörung des Landrechts und des Stadtrechts. Mit dem Eid haftete jeder dafür, daß das Recht zur Geltung kommen bzw. seine «Rechtskraft» voll entfalten konnte. Das verpflichtete dazu, landschädliche Leute zu verfolgen, in schweren Fällen unter Einsatz von Leib und Leben unter streitenden Parteien den Frieden herzustellen und im Gericht Recht zu sprechen. Meineidig wurde derjenige, der sich diesen Pflichten entzog, und Meineid wurde bestraft, schlechtestenfalls mit Landes- oder Stadtverweis. Das «Raten» und «Richten» war eine Pflicht, der man sich, wenn sie gefordert wurde, allenfalls höchstens durch schiere Blödheit entziehen konnte. Dem Eid komplementär war der Zwang zum «Leiden», zum «Verzeigen» der Rechtsübertretungen, damit sie vor Gericht verhandelt und abgeurteilt werden konnten.

Die Vergleichbarkeit von Land- und Stadtrecht setzt sich auch im materialen Gehalt der Landbücher und der Stadtbücher fort. Beide haben Verfassungscharakter insofern – auch wenn das nicht ihr vorrangiges Anliegen bedeutet –, als sie die Kompetenzsphären der einzelnen Institutionen, also der Gemeinden, Räte, Gerichte, Landammänner und Bürgermeister, umschreiben und voneinander abgrenzen. Soweit das Mittelalter überhaupt den Gedanken der «Gewaltentrennung» kennt, ist er hier verwirklicht worden. Umfassend wird da in den Landsowie Stadtrechten das Gerichtsverfassungsrecht verhandelt, das Verfahren vor Gericht, die Aufgaben der Urteiler, die Modalitäten von Klage und Verteidigung, die Stellung der Fürsprecher. Im Zentrum der Rechtsbücher stehen jedoch die friedenssichernden Maßnahmen, Bestimmungen über die Behandlung von Mördern, Dieben und Brandstiftern und anderen landschädlichen Leuten, ferner die Strafen für Messerstechereien, Verwundungen und Beleidigungen. Der Friede nimmt so in den Land- und Stadtrechten eine prominente Stelle ein, sowohl hinsichtlich der Breite, in der diese Probleme erörtert werden, als auch hinsichtlich der Reihenfolge: in der Regel stehen die Maßnahmen zu seiner Sicherung am Beginn der Rechtsbücher.

In den Rechtsbüchern der Schweizer Länder und Städte drückt sich der Wille der Gemeinden aus. Das Recht ist in hohem Maße den Bedürfnissen der einfachen Leute angepaßt. Auch hierin unterscheidet sich die Schweiz vom übrigen Europa. Dessen nationale oder territoriale Rechtskodifikationen tragen stark den Stempel der königlichen und fürstlichen Kanzlei; wenn die Parlamente und Ständeversammlungen überhaupt konsentierten, dann vornehmlich mit der Zustimmung der «Großen» des Reiches, der «meliores et maiores terrae», wie die lateinischen Quellen sagen. Die Zustimmung des Rests der Gesellschaft ist, wo er über Standschaft verfügt, gewiß nicht bedeutungslos; auch die Tiroler Landesordnung von 1525 muß von den städtischen und ländlichen Gemeinden ratifiziert werden. Dieses Einzelbeispiel scheint verallgemeinerbar in der Hinsicht, daß Bauern und Bürger in den Territorien des Reiches erst spät, im 15. und 16. Jahrhundert, politischen Einfluß auf die Ausgestaltung des Rechts gewinnen; im 13. und 14. Jahrhundert hingegen dominiert der aristokratische Teil der Gesellschaft.

Verfassung und Recht sind in der Innerschweiz insoweit komplementär, als sie hier «voluntaristisch» aus den Gemeinden herauswachsen. Verfassung und Recht erweisen sich in hohem Maße als «kommunalistisch». Das war – um nochmals die politische Ebene zu erreichen – für das Zusammenwachsen der Länder und Städte alles andere als bedeutungslos. Die institutionell abgesicherten Zuständigkeiten der Landleute und Bürger in ihren Gemeindeversammlungen scheinen eine äußerst wichtige Voraussetzung für das Entstehen und Wachsen der Eidgenossenschaft insgesamt zu sein. Erst nachdem die Gemeinde in Luzern ihre politischen Zuständigkeiten hat erweitern können, schließt die Stadt den Bund mit den drei Waldstätten; erst nach den Zunftunruhen und der damit verbundenen Verfassungsrevision zugunsten der gesamten Bürgerschaft tritt Zürich dem Bund der vier Waldstätten bei; erst nachdem sich die Länder in der Figur der ‹Landleute gemeinlich› politisch gefestigt haben, kommt es zum Bundesschluß von 1291[491].

Die Ausdehnung der Länder und Städte – die Faszination des Neuen

Ungebrochen herrscht bis in die Gegenwart die Auffassung, daß die Städte in Europa kleine insulare Welten waren, «both very free and highly democratic compared with rural society, which was dominated by serfdom and feudalism»[492]. Nach dem Urteil Paul Bairochs, eines ausgezeichneten Kenners der Stadt als eines universalhistorischen Phänomens, waren für die Verdrängung von ‹Unfreiheit› und ‹Feudalismus› durch ‹Freiheit› und ‹Demokratie› auch in hohem Maße die Zünfte verantwortlich, oder, wie man anders sagen könnte, die Gemeinden. Insofern sich in den Innerschweizer Länderorten vergleichbare Prozesse der Verlagerung politischer Kompetenzen hin zu den Gemeinden abspielten, verschwanden auch dort ‹serfdom and feudalism›.

Damit entstand ein großes politisches Gefälle zwischen den Länder- und Städteorten der Innerschweiz und den sie umlagernden Herrschaftsgebieten des Adels und der Kirche. Derartige politische Gefälle dürfen nicht zu groß werden, sollen unterschiedliche «Systeme» nebeneinander bestehen können. Das 20. Jahrhundert hat für diese Gesetzmäßigkeit erschreckend viele Belegstücke vorzuweisen.

Was Uri, Schwyz, Unterwalden, Luzern und Zürich im 14. Jahrhundert erreicht hatten, ließ sich nicht innerhalb der Stadtmauern und Bergmauern halten. Die Orte beginnen auf ihr Umland eine große Faszination auszuüben. Das reicht sogar weit über das 14. Jahrhundert hinaus und sogar weit in den süddeutschen Raum hinein. Ein Amerikaner hat neulich gezeigt, wer alles «Schweizer werden» wollte[493]. «Turning Swiss» ist in den Vereinigten Staaten zu einem wissenschaftlichen Bestseller geworden.

Im 14. Jahrhundert rumort es in den habsburgischen, den adeligen und den klösterlichen Herrschaften – und je weiter das Jahrhundert fortschreitet, um so heftiger. Die Zeitgenossen haben solches aufmerksam wahrgenommen. Treue Untertanen in Baden schreiben 1411 an Herzog Friedrich von Österreich, «dz iwer land und lüt niemer zu friden komen noch gesetd mugen werden von der grossen ufsetzen wegen so die Eidgenossen hand uff iwer land und lüt mit dem, als si burger nemen von edeln, rittern und knechten und andern, die üch und die iwern angriffen in guotem friden, den sie halten sollten; und wer die iwern angriffen will, dem sind si zu stund bigestendig; und alldiewil, so si mit semmlichen uffsetzen

[491] Vielleicht läßt sich vor diesem Hintergrund auch der auffällige Befund interpretieren, daß der Bundesbrief von 1291 in der späteren deutschen Fassung nur «die gemeine des tals ze Ure», «die gemeinde der lúten des tals ze Swytz» und «die gemeinde der lúten inrent den bergen des Undern Tals» nennt; das gleiche ist auch bei der Erneuerung von 1315 und der Erweiterung von 1332 zu beobachten. Weshalb fehlen die Landammänner?

[492] Bairoch, Cities, S. 170. (Die französische Originalausgabe war für mich während der Niederschrift in Bern nicht greifbar – auch ein Zeichen für die Attraktivität der zitierten Arbeit.)

[493] Brady, Swiss.

umb gant, so kommen ir umb land und lüt, und wir umb lib und gut»[494]. Unterstellt wird hier eine hohe Aggressivität der Eidgenossen; zugegeben wird, daß die Eidgenossen in den habsburgischen Herrschaften selbst vielfach Parteigänger finden. Herkömmlicherweise bezeichnet man das als «Territorialpolitik».

Die Territorialpolitik der Städte

Es gehört zu den Eigentümlichkeiten der Städte in Italien und in Deutschland, daß sie Territorien aufgebaut haben. Venedig beherrschte weite Teile der Poebene, Florenz umfassende Teile der Toscana, Nürnberg verfügte über ein großes Landgebiet in Franken, und Straßburg wurde im Elsaß zur bedeutendsten Herrschaft. Doch nicht nur solche Städte, die durch ihre Größe und ihren wirtschaftlichen Reichtum herausragen, haben Territorialpolitik betrieben; auch weniger bedeutende wie Lübeck in Norddeutschland oder Lindau in Süddeutschland verfügen um die Stadt herum über ein ihrer Herrschaft unterworfenes Landgebiet.

Die Schweizer Städte teilen diese Entwicklung, doch unterscheiden sie sich von ihren italienischen und deutschen Schwestern in bemerkenswerter Weise; in jedem besseren Führer von Bern kann man nachlesen, die Stadt mit ihrem Landgebiet sei «der größte Stadtstaat nördlich der Alpen» gewesen. Stellt man dazu in Rechnung, daß Nürnberg mindestens das Fünffache, wenn nicht gar das Zehnfache der Bevölkerung von Bern aufzuweisen hatte[495] und darüber hinaus im Spätmittelalter unter den Städten des Reiches durch seine handwerklichen Spitzenprodukte, seinen Fernhandel und als Finanzplatz europäischen Rang besaß, Bern hingegen von vergleichsweise geringer wirtschaftlicher Bedeutung war, so erfordern solche Abweichungen vom gesamteuropäischen Erscheinungsbild eine Erklärung. Sie soll für Zürich und Luzern gegeben werden, die – hierin Bern durchaus vergleichbar – gemessen an ihrer Bevölkerungszahl und Wirtschaftskraft ausgesprochen große Landgebiete beherrscht haben. Städte von der Größe Luzerns und Zürichs gab es im 14. Jahrhundert etwa tausend in Europa[496]; von diesen tausend dürften aber kaum mehr als zehn derart umfassende Territorien besessen haben wie Luzern und Zürich. Dahinter politische Entwicklungen zu vermuten, liegt nahe.

1411 reichten Bauern des Amtes Grüningen bei Herzog Friedrich von Österreich eine Beschwerdeschrift ein mit der Bitte an den Habsburger, «das man sy schirme [...], das sy nit in der ungnädigen herschaft der von Zürich gewalt sin müssind. Won dieselben armen lüt [des Amtes Grüningen] als gar getrengt und übersetzet sind mit den vorgenanten von Zürich»[497]. Die Stadt besaß das Amt Grüningen pfandschaftsweise von den Herzogen von Österreich[498] und hatte, glaubt man den Beschwerden der Bauern, deren überkommene Rechte nicht respektiert. «So sint und werdent dieselben hoflüt getränget, über ir alten hofrecht und gewonheit von den von Zürich und mutent inen zu stür und reisen in frömdi land.»[499] Die Bauern werden also von Zürich zur Steuer und zum Kriegsdienst herangezogen, was bislang, wie sie meinen, nicht üblich war[500]. Möglicherweise verbirgt sich hinter der Verbitterung der Grüninger das Motiv der Territorialpolitik Zürichs, jedenfalls im 15. Jahrhundert.

Die frühesten Belege für ein Interesse Zürichs an seinem Hinterland reichen in die Zeit um 1300 zurück[501]. Ritterliche Familien in der Stadt waren es zunächst, die Herrschaftsrechte auf der Landschaft an sich zogen. Um 1300 kauften die Ritter Mülner eine Reihe der zur Reichsvogtei Zürich gehörenden Herrschaften ganz oder aber teilweise, darunter Stadelhofen, Trichtenhausen, Zollikon, Witikon, Zumikon, Waltikon, Gössikon und Intwil sowie als ein habsburgisch-laufenburgisches Lehen die Vogtei Birmensdorf und Oberurdorf. Die Ritter Manesse erwarben als Reichslehen die Vogtei Wollishofen, die von Schönenberg die Vogteien Altstetten, Uitikon, Bergdietikon, Berikon, Zufikon und Oberwil, die von Dübelstein die Vogtei Dübendorf und die Schwend die Vogtei Weiningen[502]. Ein weiterer Ausgriff auf das Umland erfolgte durch die Familie Brun seit den 1340er Jahren. Der Bruder des Zürcher Bürgermeisters, Jakob Brun, übernahm 1342 von den Grafen von Rapperswil pfandschaftsweise die Höfe Bäch, Wollerau und Pfäffikon einschließlich deren Hochgerichtsbarkeit; die Höfe Stäfa und Uetikon und die Vogtei Thal-

[494] Zitiert bei LARGIADÈR, Anfänge, S. 67f.

[495] Die Zahlen für Nürnberg bei ISENMANN, Stadt, S. 29f., mit Bemerkungen zu den methodischen Schwierigkeiten, die Einwohnerzahlen mittelalterlicher Städte zu berechnen; für Bern vgl. MORARD, Macht, S. 218.

[496] BAIROCH, Cities, S. 161.

[497] HOTTINGER, Beschwerdeschriften, S. 137.

[498] LARGIADÈR, Anfänge, S. 59f.

[499] HOTTINGER, Beschwerdeschriften, S. 134f.

[500] Eine umfassende Beschreibung der bäuerlichen Rechtsstellung vor der Ausbildung des städtischen Territoriums bei DÄNDLIKER, Zürich 1, S. 209–355. – Knapp: LARGIADÈR, Zürich, S. 112–123.

[501] Die eingehendsten Darstellungen bieten DÄNDLIKER, Zürich 2, S. 3–27, LARGIADÈR, Anfänge, und RAISER, Territorialpolitik. Vor allem Raiser überzeugt durch die Breite des benützten Archivmaterials und durch eine klare Fragestellung.

[502] Ausführlich: DÄNDLIKER, Zürich 2, S. 5f. Knappe Zusammenstellung bei RAISER, Territorialpolitik, S. 56.

wil dürften um 1360 in den Besitz der Brunschen Familie gekommen sein[503].

Bemerkenswert an diesen Erwerbungen ist zweierlei: Mehrheitlich handelt es sich um Vogteien, also nicht um Grundbesitz, sondern um Rechte, die zur Herrschaftsausübung besonders qualifizierten; denn mit der Vogtei verbanden sich gerichtliche und steuerliche Zuständigkeiten. Überwiegend gehörten diese Rechte ursprünglich zur Reichsvogtei Zürich oder den Habsburgern, waren jedoch verpfändet und kamen in dieser Eigenschaft in die Hand der ritterbürtigen Zürcher[504].

Es gehört zum Charakter von Pfandschaften, daß sie oft ihren Besitzer wechselten. Verpfändungen dienten nicht anders als heute dazu, Geld flüssig zu machen. Die aufgenommene Kapitalsumme wurde für den Gläubiger dadurch sichergestellt, daß ihm – je nach ihrer Höhe – einzelne Güter, Höfe, ja selbst ganze Herrschaften mit den an ihnen hängenden Herrschaftsrechten überstellt wurden; deren Nutzung ersetzte gewissermaßen heutige Kapitalzinsen. Zu den Eigentümlichkeiten mittelalterlicher Pfandschaften gehört ihr immer auch politischer Charakter. In jeder Pfandschaft steckte über den Kapitalverkehr hinaus auch ein gutes Stück politisches Interesse, jedenfalls auf seiten des Pfandnehmers. Das war die große Chance des reichen städtischen Bürgertums, auf dem Land Herrschaft auszuüben. Daß sich der Wert der Pfandschaften nicht allein nach ihrer ökonomischen, sondern auch nach ihrer «politischen Rentabilität» bemaß, zeigt der Umstand, daß die Pfandgeber die Pfandsumme immer wieder, oft in kurzen Zeitabständen erhöhten, ohne daß sich an der Substanz des Pfandes etwas verändert hätte.

Auch die Zürcher Ritter haben die einmal erworbenen Pfandschaften nicht für immer behalten. Das im einzelnen zu verfolgen, wäre gleichermaßen mühsam und langweilig. Wichtig ist für die größeren Zusammenhänge der Territorialpolitik Zürichs lediglich, daß in den meisten Fällen die Stadt die Nachfolge ihrer Bürger antreten konnte. Die Rechtstitel der Mülner erwarb Zürich in zwei Transaktionen: 1357 kam die Vogtei Stadelhofen-Zollikon an die Stadt, 1386 folgten die angrenzenden Herrschaften Küsnacht und Goldbach. Die Rechte der Manesse in Wollishofen übernahm die Stadt im Jahre 1392, die der Brun am oberen Zürichsee in Freienbach, Wollerau und Pfäffikon 1393[505]. Die Familien hatten gewissermaßen Schrittmacherfunktionen für Zürich als Korporation übernommen.

Vermutlich hängt der Rückzug des ritterlich-patrizischen Bürgertums aus der Landschaft mit der Zürcher Zunftrevolution und dem Anschluß der Stadt an die vier Waldstätte zusammen[506]. Das Klima in der Stadt blieb nicht mehr länger adelsfreundlich. Die alten Familien lehnten sich, standesbewußt wie sie waren, eher an Habsburg an. Für die Ritter Mülner ist dies gut belegbar. Sie räumen ihre Herrschaftspositionen auf der Zürcher Landschaft parallel zur Übernahme von Amtsfunktionen im Dienste der Habsburger; als Vögte in Glarus, später als Landvögte der Habsburger für den Aargau, Thurgau und Schwarzwald und schließlich im österreichischen Heer in der Schlacht bei Sempach 1386 sind sie nachzuweisen. Daß sie ihre Besitzungen an die Stadt verkauften, scheint somit keineswegs selbstverständlich. Daraus wird man schließen dürfen, daß die Habsburger und ihre adelige Gefolgschaft, denen die Mülner ihre Besitztitel sicher lieber verkauft hätten als der Stadt, nicht mehr die nötigen finanziellen Reserven besaßen, um die Rechtsnachfolge anzutreten. Folglich darf man aus diesen Transaktionen auch auf ein nachhaltiges Interesse Zürichs an seinem Landgebiet schließen. Das bestätigen auch weitere Erwerbungen der Stadt, die nicht aus stadtbürgerlichem Besitz stammen. An der Wende zum 15. Jahrhundert kaufte Zürich in rascher Folge 1384 die Vogteien Meilen und Höngg, 1385 Thalwil, 1400 Wiedikon und Erlenbach und 1405 schließlich Männedorf und Horgen[507].

Die Darstellung der Zürcher Territorialpolitik um 1400 abzubrechen, läßt sich mit sachlichen Argumenten nicht begründen; doch zwingen die Eckdaten 1200 und 1400, zwischen denen sich die vorliegende «Geschichte der Innerschweiz» bewegt, zu einer Begrenzung. Der Hinweis muß genügen, daß Zürich sein Territorium noch enorm hat ausweiten können und dieser Expansionsprozeß erst um die Mitte des 15. Jahrhunderts zum Abschluß gekommen ist[508].

Was bislang geschildert wurde, verweist auf das Interesse Zürichs, auf dem Land Einfluß zu gewinnen. Es darf dabei nicht übersehen werden, daß diese Politik auch auf der Landschaft selbst ihre Befürworter und Förderer fand. Die «Zürcher Landschaft» stellt nicht allein das Ergebnis einer zielstrebigen «Territorialpolitik der Stadt» dar[509], sie ist vielmehr

503 Raiser, Territorialpolitik, S. 57.

504 Vgl. im einzelnen Largiadèr, Anfänge, S. 29–91.

505 Ebd., S. 40f.

506 So die Interpretation von Raiser, Territorialpolitik, S. 59.

507 Largiadèr, Anfänge, S. 32–47; knapp zusammenfassend: Raiser, Territorialpolitik, S. 73.

508 Vgl. Kläui/Imhof, Atlas, Tafeln 7 und 8. Vgl. die breite Behandlung dieser Zeit bei Raiser, Territorialpolitik, S. 77–83, und Largiadèr, Anfänge, S. 49–91.

509 Das ist die leitende Perspektive für alle Darstellungen, die sich mit dem Landgebiet der Stadt befassen.

auch das Ergebnis einer recht eifrig betriebenen «Verstädterungspolitik des Landes». Herkömmlicherweise wird dieser Vorgang unter dem Begriff der «Verburgrechtung» abgehandelt. Damit ist gemeint, daß Adelige, Klöster und Bauern das Bürgerrecht der Stadt erlangten. Das mag im Interesse der Stadt gelegen haben, doch ging die Initiative sicherlich von denen aus, die dem «Burgrecht» nachfragten, denn schwerlich konnte die Stadt die Verburgrechtung erzwingen. Die Tatsache, daß «das Land» selbst das «städtische Territorium» mitschaffen hilft, wird in der stadtgeschichtlichen Forschung bisher allzu wenig betont. Für die Schweizer Städte gerade diesen Aspekt besonders herauszuheben, ist unerläßlich und hat gute Gründe: Die Verburgrechtungen sind es nämlich, welche das Entstehen der Territorien ganz erheblich begünstigen[510]. Ohne sie hätten die Städte wohl kaum jene Ausdehnung erreicht, die sie ausgangs des Mittelalters aufzuweisen haben.

Die «Verburgrechtungen» hatten für die Stadt den großen Vorzug, daß sie gewissermaßen kostenneutral waren. Für das «Burgrecht» bezahlte in der Regel derjenige, der darum nachsuchte. Aus dem Burgrecht zogen die Stadt und die Leute auf dem Land gleichermaßen Nutzen: die Stadt insofern, als die Verburgrechteten in der Regel verpflichtet waren, die Lasten der übrigen Bürger mitzutragen, und

29 Das Luzerner Rathaus des 14. Jahrhunderts auf dem Martini-Plan von 1597.

[510] So schon DÄNDLIKER, Zürich 2, S. 4; pointierter: LARGIADÈR, Anfänge, S. 18.

das hieß, Steuern zu zahlen und gegebenenfalls Kriegsdienst zu leisten; die Verburgrechteten dadurch, daß sie sich bei kriegerischen Auseinandersetzungen hinter die festen Mauern der Stadt flüchten und all ihre Rechtsansprüche über das städtische Gericht verfolgen konnten.

Um das Bürgerrecht von Zürich bewarben sich Adelige, Klöster und Bauern. Adelige auf der Zürcher Landschaft – um von ihnen zuerst zu sprechen – besaßen das Burgrecht vereinzelt schon zu Beginn des 14. Jahrhunderts. Das ergibt sich aus einem Eintrag im Zürcher Richtebrief, der bestimmt: «Swer ze Zurich burger ist, und doch hie nit seshaft ist, es si ritter ald burger», der soll von seinem «guote nah bescheidenheit, als ander burger, die hie seshaft sint», «dienen»[511]. Dieses «Dienen» läßt sich wohl so deuten, daß die außerhalb der Stadt lebenden ritterlichen «Bürger» Dienstleistungen in Geld, möglicherweise auch militärisch, zu erbringen hatten. Über den Umfang der adeligen Verburgrechtungen weiß man wenig. Sicher ist, daß sie rechtlich umstritten waren. Denn soweit die Ritter Lehen vom Reich oder von den Habsburgern innehatten, konnte ja der Widerspruch der Herren nicht ausbleiben, weil die Oberlehenshoheit durch den städtischen Gerichtsstand gefährdet war[512]. Begünstigt wurden solche Bürgerrechtsverleihungen durch ein Privileg Kaiser Karls IV. von 1363, das die Aufnahme von Adeligen, gleichgültig, ob sie Burgen auf dem Lande besaßen oder nicht, reichsrechtlich sicherstellte[513]. Offensichtlich erfolgte in unmittelbarem Anschluß an dieses Privileg ein Schub von Bürgerrechtsverleihungen an Adelige; zum mindesten zwölf Edelleute treten bis 1364 in das Bürgerrecht der Stadt[514], und dieser Prozeß setzt sich bis weit ins 15. Jahrhundert hinein fort.

Welchen Nutzen beide Seiten von einem Burgrecht hatten, zeigt der durchaus typische und verallgemeinerbare[515] Burgrechtsbrief für Hermann Gessler von 1406: Gessler, der pfandweise von Österreich die Herrschaft Grüningen innehat, tritt in das Burgrecht ein «um des schirmes und friden willen»[516]. Für die Stadt erwächst daraus die Verpflichtung, Gessler zu ‹helfen› und ihm zu ‹raten›, wenn ihm und seinen Untertanen widerrechtlich Schaden zugefügt werden sollte. ‹Helfen› umschreibt die militärische Hilfe, ‹raten› den gerichtlichen Beistand. Zürich soll Gessler aber auch unterstützen, falls ihm die Untertanen einer seiner Herrschaften ungehorsam werden sollten. Die Gegenleistung Gesslers besteht darin, daß er alle seine Burgen und festen Plätze den Zürchern «offen» hält; sie können sie als militärstrategische Stützpunkte nutzen und auf ihre eigenen Kosten Mannschaften in seine Burgen legen. Gessler sucht den Schutz der Stadt offensichtlich wegen einer existenziellen Notlage; für die Sicherheit des Amtes Grüningen im Kriegs- und Fehdefall scheint die habsburgische Herrschaft keine Gewähr mehr zu bieten, ebenso wenig gegen renitente Untertanen. Zürich rückt damit in Wahrheit in die Stellung Österreichs ein, wiewohl der Burgrechtsvertrag ausdrücklich den Vorbehalt macht, die habsburgischen Rechte nicht schmälern zu wollen.

Ein Burgrecht mit einem Adeligen bedeutet, wie dieser als repräsentativ eingeschätzte Vertrag ausweist, nicht weniger als einen Transfer hoheitlicher Rechte vom ehemaligen Lehensherrn an die Stadt. Daß so verburgrechtete Adelsherrschaften Teil des städtischen Territoriums werden würden, war abzusehen. Gerade darin auch das Interesse der Stadt zu vermuten, läßt sich durch gelegentliche Klauseln in den Burgrechtsverträgen mit Adeligen belegen, die der Stadt ausdrücklich ein Vorkaufsrecht einräumen[517].

Ins Burgrecht der Stadt Zürich traten auch Klöster: das Johanniterhaus Wädenswil 1342, Pfäfers 1349, Einsiedeln 1386, Küsnacht 1396, St. Blasien sowie Rüti 1401, Kappel 1403, und Schännis 1405[518]. «Offene» Häuser wie die Adeligen konnten sie der Stadt nicht anbieten, folglich zahlten sie für den Schutz ein jährliches Schirmgeld, eine Art Steuer, wenn man so will. In Gesslers Burgrechtsvertrag hingegen war ein Schirmgeld nicht vorgesehen; Steuern mußte er nicht bezahlen, es sei denn, «er tue es dann gern»[519].

Erheblich größere Schwierigkeiten bereitet es, die Rechtsformen einer Verburgrechtung von

[511] Ott, Richtebrief, S. 220f.

[512] Einen schönen Beleg liefert das Urteil der Schiedsleute von 1351 im Streit zwischen Habsburg einerseits und Zürich, Luzern und den Waldstätten andererseits. Die Habsburger Herrschaft versuchte hier nochmals verzweifelt, das Lehenrecht gegenüber dem Stadtrecht durchzusetzen; mit allergrößter Wahrscheinlichkeit bezieht sich dieser Passus auf die Burgrechte, die Adelige bei Zürich erworben hatten. «Wir sprechen ouch und dunket uns recht bi unsern eiden, was manlehen ist, von welhen herren die sint, es si von unsrer herschaft von Österrich oder von der selben unserre herschaft dienerren oder von andern herren, wa si gelegen sint, daz dieselben von Zürich daran weder unser herschaft noch ir diener bekümberren noch irren sullen, wan daz je der man, der darumbe rechtes bedarf, ein recht sůchen und nemen sol vor dem herren, von dem ez lehen ist». QW 1/3, Nr. 966, S. 638.

[513] Largiadèr, Anfänge, S. 25.

[514] Detailliert: Raiser, Territorialpolitik, S. 68, mit weiterführender Spezialliteratur.

[515] So Raiser, Territorialpolitik, S. 68.

[516] Der Fall ist beschrieben bei Raiser, Territorialpolitik, S. 68f.

[517] Largiadèr, Anfänge, S. 26.

[518] Raiser, Territorialpolitik, S. 69f.

[519] Ebd., S. 68.

Bauern zu entschlüsseln[520]. Solche Verburgrechtungen setzen schon am Ausgang des 13. Jahrhunderts ein. Eine Urkunde sei herausgegriffen, um über sie einige Grundfragen zu erörtern. 1294 stimmt der Komtur von Bubikon zu, daß Heinrich Nägeli von Richterswil und sein Sohn das Bürgerrecht von Zürich annehmen[521]: «Allen den, die disen brief ansehent oder horent lesen, künden wir brůder Heinrich von Liechtensteige, conmendur und der [...] convent der brůder des huses von Bůbinkon, sant Johanneses ordens, in Chostenzer bischtůme, das Heinrich Negelli, der amman von Richtliswile, und Heinrich sin sun, die an unser gotzhus eigenliche hőrent, durch fride, durch schirn und durch besserunge ir libes und ir gůtes ze Zürich burkrecht enphangen hant und da burger worden sint ze habenne vride und schirn [...] als ander die burger, und hant den burgern gelobet und verbürget ein hus ze koufenne in der stat [...].»

Das Bürgerrecht verpflichtet also zum Erwerb eines Hauses in der Stadt, nicht aber dazu, ständig in der Stadt zu wohnen. Der Komtur verlangt nämlich von den beiden Nägeli, «si süln dienen recht, als ander unsers gotzhuses eigenlüte»; sie werden also aus ihren Abgaben- und Dienstverpflichtungen gegenüber der Komturei nicht entlassen, die sie wohl nur erfüllen konnten, wenn sie weiterhin ihren Hof bewirtschafteten.

Ihren Schutz läßt sich die Stadt offensichtlich vergüten, zumindest wenn die beiden Neubürger das Bürgerrecht wieder aufgeben sollten. «Were das, das sie dannen varen woltin und nümme burger sin woltin ir eine oder si beide oder ir kint, ob si enweren, es were denne von unsern ald von ir selbes ald von jemannes andrer wegen ald von deheiner slahte sache, so sol Heinrich der alte Negelli vierzehen march und Heinrich sin sun sechs march silbers den burgern geben [...]». Die recht hohe Summe, die beim Wegzug verlangt wird, mag als Entgelt für den mittlerweile genossenen Schutz verstanden worden sein.

Die Urkunde gibt die Rechtspraxis wieder, die nachweislich seit dem frühen 14. Jahrhundert in Zürich angewandt worden ist. Das Bürgerrecht verpflichtet zum Erwerb eines Hauses in der Stadt, bei seiner Aufgabe ist eine merkliche Geldsumme zu entrichten[522].

Bürgerrechtsverleihungen an Bauern scheinen vergleichsweise häufig vorgekommen zu sein, auch wenn Quellen zur quantitativen Erfassung zunächst fehlen; immerhin beschäftigten sich Rat und Bürgerschaft mehrfach mit dieser Frage[523]. Für die Massenhaftigkeit der Aufnahmen sprechen auch die häufigeren Beschwerden der Habsburger um die Mitte des 14. Jahrhunderts. Nach Beendigung der Fehde zwischen Herzog Albrecht von Österreich und Zürich 1351 mußte sich die Stadt verpflichten, keine Untertanen des Herzogs und seiner Lehensträger und Pfandinhaber mehr ins Bürgerrecht aufzunehmen[524], es sei denn, sie zögen für immer in die Stadt. «Uns dunket ouch recht», so entscheiden die Schiedsleute, «swaz die vorgedachten von Zürich unsers vorgenanten herren dez hertzogen lüten und siner dienere lüten, die uf dem lande gesezzen sint, ze burgern hant emphangen, daz si sich dero uzsen [entäußern] und si von irem burgrechte ledig lazzen sullen unverzogenlich, und sullen ouch fürbazzer unsers herren dez hertzogen von Ősterrich lüten noch siner diener lüten einkeine ze burgern niemer me emphahen, als ez ouch vormals mit der egenanten von Zürich willen har getegdinget ist.»[525] 1352 folgte der Zusatz, wenn ein Bauer Bürger werden wolle, solle er «in ir stat varen und bei in ingesezzner burger sein, den mügen si wol haben ze purger, nach irr stat recht, als ez von alter herchőmen ist.»[526] Folglich saßen solche ‹bäuerlichen Bürger› mehrheitlich auf dem Land. Und deswegen hießen sie auch «Ausburger».

Offensichtlich blieb der Friedensvertrag mit Habsburg aber in diesem Punkt vergleichsweise wirkungslos. «Vnd darüber habent die von Zurich noch [immer] die vzburger, der si sich [...] sölten abtůn», klagten die Österreicher aufs neue[527]. Der Widerspruch der Habsburger war und blieb ergebnislos. Seit der Mitte des 14. Jahrhunderts nehmen die Einbürgerungen von Bauern ganz dramatisch zu: 1351 treten in Höngg 43 Bauern in das Bürgerrecht Zürichs, um 1370 in Adliswil, Horgen, Kilchberg und Thalwil 58, 1386 in Männedorf 46, 1385 in der Herrschaft Horgen-Maschwanden 150, und 1401 schließlich werden nicht weniger als 400 Personen verburgrechtet[528]. Natürlich stellen solche Ziffern nur Näherungswerte dar; die absoluten Zahlen dürften höher gelegen haben. Um das Gesagte in etwas verständlichere Beziehungen zu setzen, sei hinzugefügt, daß Zürich zwischen 1350 und 1400 rund 5000 Einwohner hatte[529]; ihnen stehen rund 700 Ausburger gegenüber, mit ihren Familien um ein Vielfaches mehr. Damit wird das Gewicht der Ausburgerpolitik meßbar.

520 Vgl. Marchal, Sempach, S. 180f.
521 UB Zürich 6, Nr. 2298, S. 264f.
522 So eine Bestimmung von 1314 in den Zürcher Stadtbüchern. Vgl. Zürcher Stadtbücher 1/1, S. 67.
523 Ebd., S. 12 (Ratsbeschluß von 1316) und S. 67 (Ratsbeschluß von 1314).
524 Vgl. Bluntschli, Zürich, S. 204, 219.
525 QW 1/3, Nr. 966, S. 638.
526 QW 1/3, Nr. 1006, S. 716f.
527 Abgedruckt in: ASG 2, 1871, S. 301.
528 Die Zahlen nach Largiadèr, Anfänge, S. 21f.
529 Schnyder, Bevölkerung, S. 72f.

Die Ausburger lassen sich in der Regel nur über die Bürgerbücher der Stadt erschließen. Gesprächigere Quellen über den Status der ‹bäuerlichen Bürger› fehlen. Daß sie zur Steuer veranlagt wurden – was freilich nicht viel heißen will, weil im 14. Jahrhundert Steuern ganz selten erhoben wurden – und dem Zürcher Aufgebot folgen mußten, ist naheliegend. Was die Bauern selbst durch das Bürgerrecht gewannen, ist weniger klar. Vermutlich war es etwas Ähnliches wie eine «doppelte Staatsbürgerschaft». In der Stadt mußten sie ein Haus haben, auf dem Land jedoch scheinen sie gelebt zu haben, sonst wäre ja der Name «Ausbürger» gänzlich sinnlos. Das Bürgerrecht erlaubte, in Kriegs- und Fehdefällen mindestens mit der Fahrhabe in die Stadt zu flüchten, und es gestattete, das städtische Gericht in Anspruch zu nehmen. Inwieweit damit Rechtsansprüche der Grund- und Leibherren umgangen werden konnten – denn Eigenleute auf Kloster- oder Adelsgütern waren wohl viele Ausburger –, läßt sich über das Zürcher Material nicht beantworten[530].

Bilanziert man jene Veränderungen, die im Zürcher Hinterland im 14. Jahrhundert vonstatten gingen, so ergeben sich ein paar interessante Einsichten. Das städtische Territorium wächst vorwiegend auf Kosten der bislang führenden Herrschaftsträger, der Habsburger sowie des Reiches[531]. Deren adelige Gefolgschaft, die als Lehensträger und Pfandinhaber in Erscheinung tritt, scheint im Verlauf des 14. Jahrhunderts je länger je weniger in der Lage zu sein, die Pfandschaften zu halten oder, wo dies der Fall ist, ohne den Schutz der Stadt überleben zu können. Beides weist auf eine enorme Schwächung der traditionellen Herrschaften hin. Das Interesse der Klöster und der Bauern am Bürgerrecht dürfte die gleichen Ursachen haben. Bemerkenswert ist vornehmlich die Beobachtung, daß nicht so sehr Zürich eine Territorialpolitik einleitet, sondern umgekehrt die Leute im Zürcher Hinterland eine «Verstädterungspolitik des Landes» betreiben. Zugespitzt formuliert, fällt Zürich sein Territorium zu einem guten Teil «in den Schoß»[532]. Weil die Motive dafür im militärischen Schutz liegen, erwächst Zürich daraus eine Art Steuer- und Militärhoheit auf der Landschaft. Ob das als Ziel der städtischen Politik eingeschätzt werden darf, ist zunächst einmal sehr zweifelhaft[533]; eher besteht der begründete Verdacht, daß die Stadt ihre Rolle auf der Landschaft dem geschichtlichen Zufall verdankt, jedenfalls soweit es die Zeit bis 1400 betrifft.

Luzern hat sein Territorium im Anschluß an die Schlacht bei Sempach erworben, und zwar im wesentlichen in der nur kurzen Zeitspanne von dreißig Jahren[534]. Die alles überragende Bedeutung von Sempach kommt darin zum Ausdruck, daß 1386 die Kerngebiete des späteren Stadtstaats – Rothenburg, Ruswil und das Entlebuch – an die Stadt fielen[535]. Territorialpolitik im engeren Sinn in Form des Kaufs von Herrschaften hat die Stadt vorher lediglich einmal betrieben, als sie 1380 die Vogtei Weggis kaufte[536]. Dennoch gab es auch in den hundert Jahren vor Sempach eine wachsende Verflechtung zwischen der Stadt und ihrem Hinterland, die von der Luzerner Geschichtsschreibung unter der Bezeichnung «städtische Territorialpolitik» verhandelt wird. Dabei geht es um zwei sachlich verschiedene Vorgänge: um den Erwerb von Gütern, meist österreichischen Lehen[537], außerhalb der Stadt durch das städtische Bürgertum einerseits[538] sowie den Erwerb des Bürgerrechts von Einwohnern auf der Landschaft andererseits[539]. Kartographiert man beide Vorgänge[540], so fällt auf, daß sie sich räumlich weitgehend entsprechen: Das Einfluß- und Interessengebiet der Stadt erstreckt sich nach Norden und Nordwesten, und es steckt punktuell den Raum ab, den der spätere Stadtstaat flächendeckend einnehmen sollte. In die Augen springt aber auch, daß im Süden und Osten der Stadt nichts zu erwerben oder die Attraktivität des Luzerner Bürgerrechts äußerst gering war – im Gebiet der drei Waldstätten.

[530] Die habsburgische Politik arbeitete in der Mitte des 14. Jahrhunderts gerade gegenüber Zürich energisch darauf hin, die alten hofrechtlichen und landrechtlichen Verpflichtungen aufrechtzuerhalten. Vgl. etwa QW 1/3, Nr. 1006, S. 717. Am Erfolg dieser Maßnahmen läßt sich zweifeln. Der hier vorliegende Vertrag handelt in der Tat ausschließlich vom Problem der Ausburger.

[531] Vgl. Kläui/Imhof, Atlas, S. 26.

[532] Erst durch die Käufe nach 1402 übernimmt Zürich die führende Rolle. Vgl. Gasser, Landeshoheit, S. 407.

[533] Als Argument wird in der Forschung immer herangezogen, daß die Landschaft erheblich mehr Mannschaft stellte als die Stadt. Zu Beginn des 16. Jahrhunderts macht der Anteil der Stadtbürger am Zürcher Gesamtaufgebot nicht einmal mehr 10% aus; noch 1442 liegt er aber über 20%. Die Zahlen bei Schnyder, Bevölkerung, Beilage 2; Raiser, Territorialpolitik, S. 100f. Wenn sich darin Trends andeuten sollten, würde das bei einer Extrapolation bedeuten, daß der stadtbürgerliche Anteil im 14. Jahrhundert noch höher gewesen war. Damit verliert aber das Argument der unter Mannschaftsgesichtspunkten betriebenen Territorialpolitik merklich an Gewicht.

[534] Glauser, Landeshoheit, Karten 3–6. – Knapper Gesamtüberblick: Glauser, Luzernbiet, S. 24ff.

[535] Breite Darstellung der vorgängigen Herrschaftsverhältnisse auf der nachmaligen Luzerner Landschaft bei Segesser, Rechtsgeschichte 1, S. 309–778. Schaffer, Territorialpolitik.

[536] Glauser, Landeshoheit, S. 10. – Ausführlicher: Segesser, Rechtsgeschichte 1, S. 378.

[537] Vgl. Glauser, Luzernbiet, S. 24.

[538] Herausgearbeitet von Glauser, Luzern, bes. S. 61.

[539] Grundlegend: Marchal, Sempach, S. 109–177.

[540] Vgl. Abb. 30, 31 und 32.

30 Grundbesitz der Luzerner Ratsherren um 1330 (nach Glauser, Luzern, S. 61).

Der für die Zeit um 1330 rekonstruierte Bürgerbesitz auf dem Land, welcher mehrheitlich in der Hand der Ratsherren und damit der führenden patrizischen Familien war (vgl. Abb. 30), verschmolz nach 1386 mit dem städtischen Landgebiet[541]. Die Entwicklung verläuft somit ganz ähnlich wie in Zürich.

Wichtiger freilich waren die Bürgerrechtsverleihungen der Stadt an Leute auf dem Land[542]. Daß sie schon in der ersten Hälfte des 14. Jahrhunderts stattfanden, ist sicher und sowohl durch Luzerner wie Habsburger Quellen belegt. «Der rat alte und nüwe sint uber ein komen», heißt es im Ratsbüchlein[543], «swele ünser burger ist, der sol in ünser stat ziehen, mit wibe und mit kinden, so im ez der rat gebütet». Daß Bürger außerhalb der Stadtmauern lebten, bestätigt ein Schiedsurteil von 1351 über strittige Rechtsansprüche zwischen Herzog Albrecht von Österreich einerseits und Luzern, Zürich und den Waldstätten andererseits. «Wir sprechen ouch und dunket uns recht bi unsern eiden, als ettlich ingesezzen burger von Lutzern gewonlich usvarent uf daz lant ze ettlichen ziten in dem jare und ir gůter da buwent, daz die umb alle sachen, die wider si uflouffent oder si jeman uf dem lande anzesprechenn hat, diewile si hie uzse wonhaft sint, darumbe recht tůn sullen menlichem in unsers vorgenanten herren dez hertzogen grafschaft und gerichten hie uzze uf dem lande und sullen ouch da gehorsam sin den gerichten»[544].

Aus diesen beiden vermutlich zeitgleichen Belegen lassen sich mehrere interessante Einsichten gewinnen. Luzerner Bürger bewirtschaften offensichtlich Güter auf dem Land; sie machen es wohl in der Weise, daß sie in den saisonalen Spitzenzeiten der Landwirtschaft auf ihre Höfe ziehen, ansonsten aber in der Stadt leben. Der Güterbesitz auf dem Land spricht dafür, daß es sich um ehemalige Bauern handelt, und der Schiedsspruch unterstreicht das

[541] Ausnahmen verzeichnet GLAUSER, Landeshoheit, S. 9.
[542] Erstmals von MARCHAL, Sempach, herausgearbeitet. Ältere Darstellungen, etwa SCHAFFER, Territorialpolitik, S. 167, berühren diese Frage nur am Rande.
[543] ÄLTESTES RATSBÜCHLEIN, S. 12.
[544] QW I/3, Nr. 966, S. 639f.

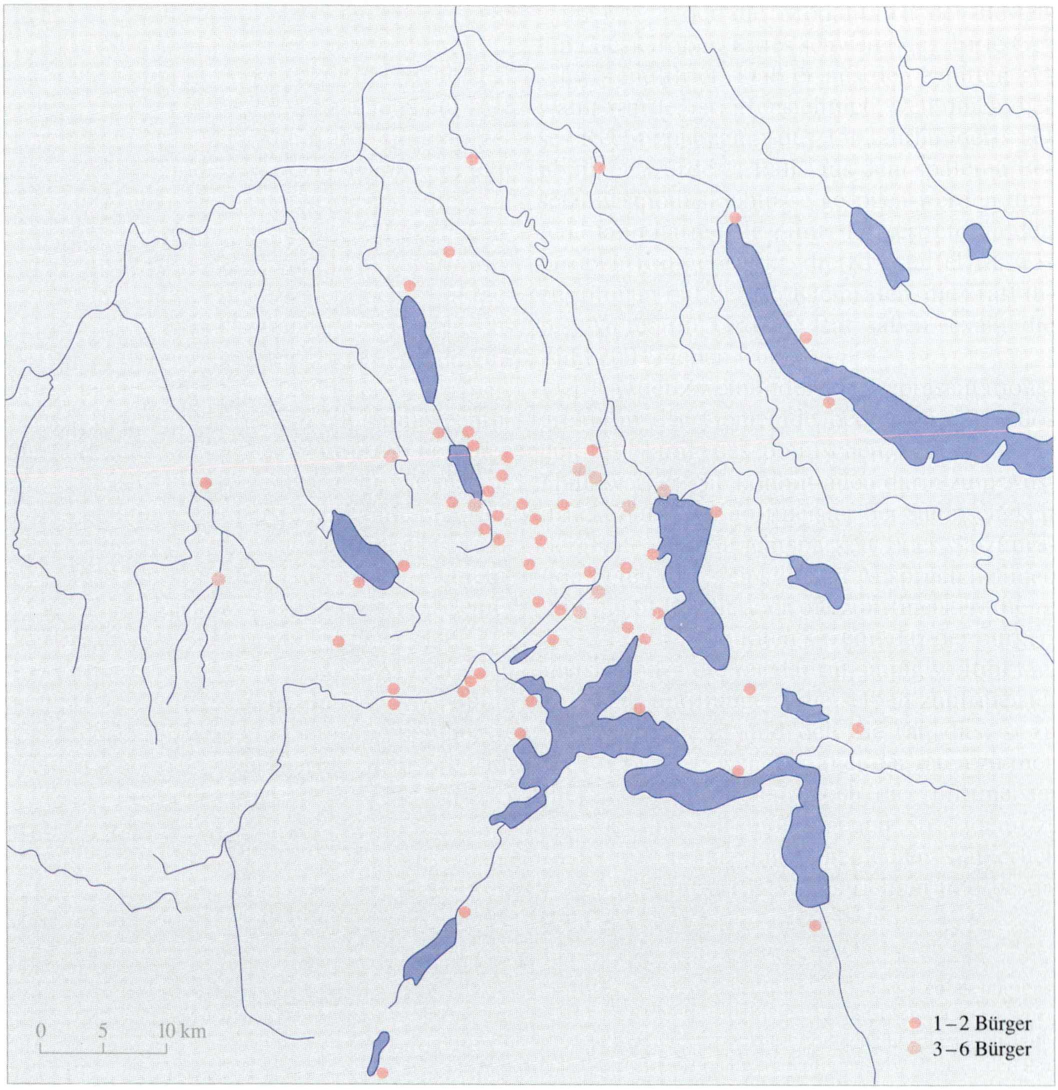

31 Herkunftsorte der Luzerner Neubürger, 1357–1369 (nach Marchal, Sempach, S. 112). Herkunftsorte außerhalb des Kartenausschnitts sind nicht berücksichtigt.

mit der Forderung, während des Aufenthalts auf dem Land sollten sie den habsburgischen Gerichten unterworfen sein. Dieses Urteil ergibt nur dann einen Sinn, wenn die ‹bäuerlichen Bürger› ihre Dingpflicht gegenüber den österreichischen Gerichten mißachtet hatten, und zwar mit dem Verweis auf ihr Bürgerrecht. Auswärtige konnten offensichtlich gegenüber Luzerner Bürgern ihre Rechtsansprüche nur vor dem städtischen Gericht einklagen; wenn überhaupt, dann kamen sie nur so zu ihrem Recht[545].

Die Zahl dieser ‹bäuerlichen Bürger› kennt man vor der zweiten Hälfte des 14. Jahrhunderts nicht. Daß es sich nicht um Einzelfälle gehandelt haben dürfte, deutet die Dringlichkeit an, mit der die Habsburger fordern, das gesamte Ausburgerwesen rückgängig zu machen. 1351 verlangen sie kategorisch von Luzern, «dez hertzogen luͥten oder siner diener luͥten, die uf dem lande gesezzen sint, [die sie] ze burgern hant emphangen, daz si sich dero uzsen [entäußern] und si von irem burgrecht ledig lazzen sullen unverzogenlich, und sullen ouch fuͥrbazzer dez selben unsers herren dez hertzogen luͥten noch siner diener luͥten einkeine ze burgern niemer me emphahen»[546]. Keine Landleute mehr ins Bürgerrecht aufnehmen zu dürfen und die schon Aufgenommenen wieder aus dem Bürgerrecht entlassen zu sollen, dies spricht eher für Häufigkeit als für Seltenheit der Bürgerrechtsverleihungen. Luzern hat sich an diesen Schiedsspruch nicht gehalten. Schon 1352 beschweren sich die Habsburger über die Mißachtung des Urteilsspruchs. Luzern besitze nicht nur nach wie vor seine «vzburger», sondern es habe «sunderlich [...] vil mere hin zů genommen»[547]. Die Berechtigung dieser Beschwerde ist durch andere Quellen verbürgt, denn im Luzerner Steuerrodel von 1352[548] er-

[545] Das verbietet der vorliegende Schiedsspruch mit dem Hinweis, «daz si [die Luzerner] fuͥrbazzer haruz nuͥt richten sullen denne in ir stat, kreizsen und gerichten, als si ze rechte von alter richten sullen». QW 1/3, Nr. 966, S. 640.
[546] Ebd., S. 639.
[547] ASG 2, 1871, S. 301.
[548] QW 2/3, S. 290–297.

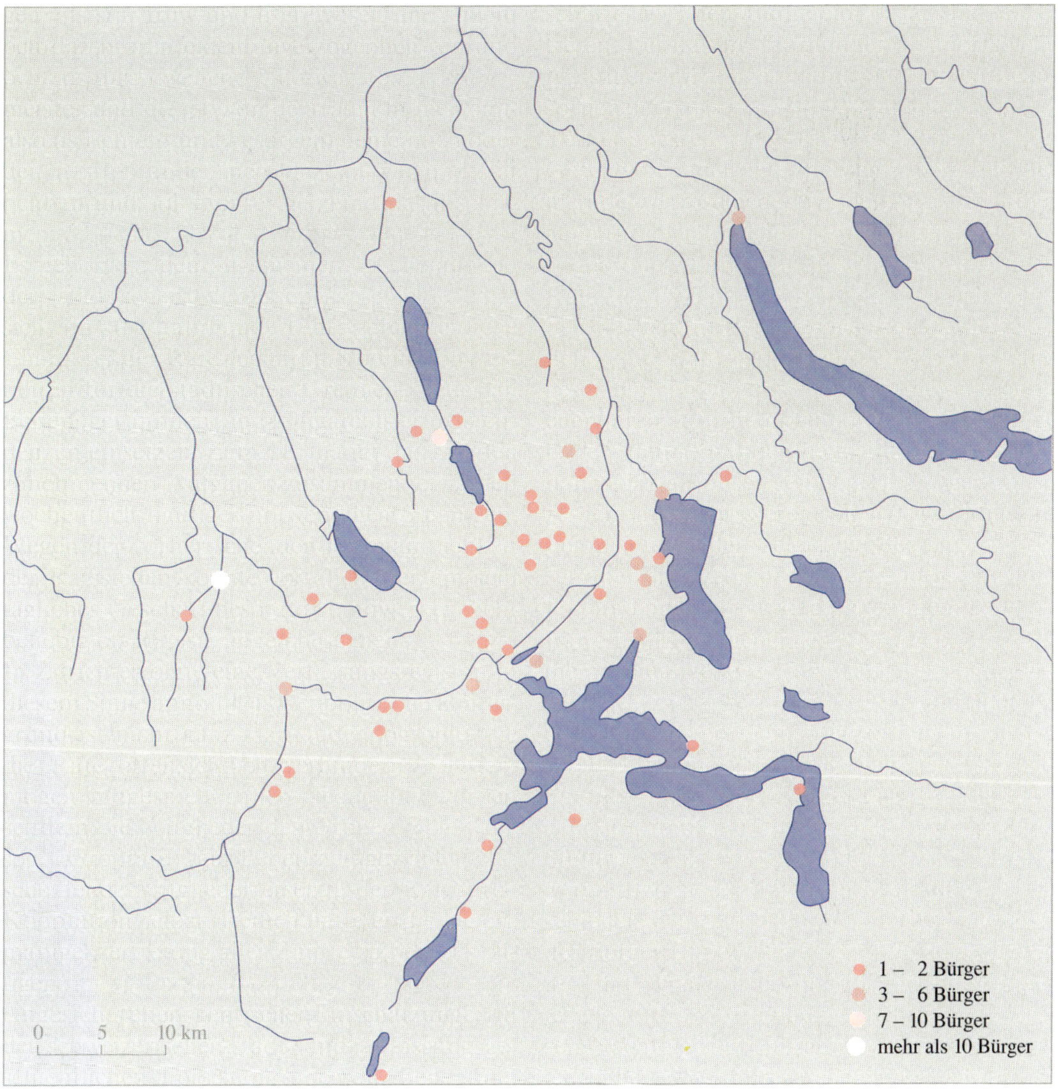

32 Herkunftsorte der Luzerner Neubürger, 1370–1384 (nach Marchal, Sempach, S. 113). Herkunftsorte außerhalb des Kartenausschnitts sind nicht berücksichtigt.

scheinen erstaunlich viele Steuerpflichtige – also Ausbürger – in Adligenswil, Buchrain, Greppen, Haltikon, Hergiswil, Horw, Kriens, Malters und Nieder-Immensee[549].

Aus den Bürgerbüchern läßt sich erschließen, wer auf dem Land das Bürgerrecht besaß[550]. Setzt man die verzeichneten Daten kartographisch ins Bild[551], dann zeigt sich sehr deutlich das wachsende Interesse der ländlichen Bevölkerung am Luzerner Bürgerrecht (vgl. Abb. 31 und 32). Schon zwischen 1379 und 1384 «kommen Aufnahmen ganzer Gruppen von Dorfleuten vor»[552]. In den Jahren 1385 und 1386 jedoch erfolgte geradezu eine «Masseneinbürgerung»[553]. 1385 treten in mehreren Schüben über hundert Bauern allein aus dem Entlebuch ins Bürgerrecht der Stadt. 1386 folgen «Massenaufnahmen» in den Ämtern Richensee und Lenzburg, Willisau und Wolhusen[554]. Allein die Bürgerrechtsverleihungen dieser beiden Jahre dürften etwa tausend Personen zugute gekommen sein[555].

Am Beispiel des Entlebuchs lassen sich die Motive auf der bäuerlichen Seite deutlicher erkennen. Kurz vor deren Eintritt ins Bürgerrecht verfaßten die Bauern einen Beschwerderodel gegen Peter von Torberg, der als Vogt und Pfleger der Habsburger eingesetzt war[556]. Die Untertanen klagten über Steuererhöhungen und andere, bislang angeblich nicht üblich gewesene Belastungen. Eine eigene Gruppe von Beschwerden tritt aber eindeutig in den Vordergrund. Es handelt sich um jene Klagen, die den mangelnden Schutz von seiten der

549 Auf diesen Zusammenhang hat Marchal, Sempach, S. 133, aufmerksam gemacht.

550 Die Bürgerbücher sind ediert bei Weber, Bürgerbuch.

551 Marchal, Sempach, S. 112f.

552 Ebd., S. 140.

553 Ebd., S. 140.

554 Die Schwerpunkte in lokaler Differenzierung, aber ohne genaue Zahlen bei Marchal, Sempach, S. 141.

555 So nach der quantitativen Darstellung von Marchal, Sempach, S. 142, berechnet aus Durchschnittswerten; Beispiel: Marchal nennt 14 Orte, in denen sich zwischen 1–10 Personen ins Luzerner Bürgerrecht einkauften; aus dem Mittel von 5 Personen ergäbe sich eine Zahl von 70 Einbürgerungen.

556 Liebenau, Sammlung, S. 79–83.

Herrschaft rügen: «[...] die klagent des ersten, dz zwo vestinen in dem land ligen, di min herren vnn dem land warte soltin. Die sprechent eins, dz min her von dien sturen ir amptz eins vnn zweinzig phunt het ierlich ingenomen ze burg huot. Die vestinen hat er nut besorget dz si min her oder dien lantluten nucz werin ob si kein not an gieng von krieges wegen»[557]. Die Burgen werden also vom Vogt nicht in ordentlichem Zustand gehalten, wodurch das Leben der Untertanen im Kriegs- und Fehdefall gefährdet ist, denn die Burg war ihre letzte Zuflucht.

Vogt Torberg schützt seine Holden aber auch nicht vor den fremden Gerichten, wozu er verpflichtet wäre: «Aber so klagend die lantlüt gemeinlichen, dz vnser her einen sempt vf satzte [Versammlung einberief?] an gemeines lantz rat, vnner des selben semptz lüt schickte vmb lib vnn vmb gut vnn vswendig gerichtes des landes lüt fuorde vnd si verdarbte, die sich vormals mit im verricht vnd verschlicht hatten vmb dieselben sach dar vber er si verdarbte»[558].

Und schließlich entzieht er sich seiner Schutz- und Schirmpflicht, so anläßlich der Verteidigung des Landes im Guglerkrieg: «Aber sprechend si als die Engelschen [Engländer] in dz lant vielend vnn si do zuo ir heren wurben, vntz ir herren manetend vnn er si, ob si iemant kemend in die mas, dz si an ze griffen werind, dz er bi inen welti sin vnn si bi im, dz kam ovch in die mas dz si wolten angriffen vnn lobt ovch inen ir her, er welti bi inen sin vnn liessent sich ovch dar vff. Des uerlorentz erber lut. Des si getruwet hettin, wer er bi inen gewesen, es wer nit geschehen vnn si tunket darzu er si inen nie sit als hold als vor»[559].

Offenkundig veranlaßt, ja zwingt sogar das Versagen der Herrschaft, nämlich der fehlende Schutz im Fehde-, Rechts- und Kriegsfall, die Bauern in das Luzerner Bürgerrecht. Nach zeitgenössischer Auffassung waren sie dazu fraglos dann berechtigt, wenn die angestammte Herrschaft ihre elementarsten Funktionen, eben den Schutz, nicht gewährleistete[560]. Das war allgemein verbreitete Rechtsüberzeugung auch anderwärts im Reich. «Wir suln den herren dar vmbe dienen, daz si vns beschirmen, vnde beschirment sie vns nüt, so sin wir in nüt dienestes schuldig nach rechte»[561], heißt es im Rechtsbuch des Schwabenspiegels.

Der fehlende Schutz des Herrn treibt also die Bauern ins städtische Bürgerrecht. Das ist eine verallgemeinerungsfähige Aussage, denn massierte Eintritte finden immer dann statt, wenn die Schutzlosigkeit besonders elementar empfunden wird.

Luzerns «Territorialpolitik» unterscheidet sich von jener Zürichs nur graduell. Die Bürgerrechtsverleihungen an die Bauern sichern den Städten einen gewissen Einfluß auf dem Land – Luzern mehr als Zürich. Das Bürgerrecht gibt der Stadt einen Rechtsanspruch auf die Steuern und Kriegsdienste seiner ‹bäuerlichen Burger›, doch erst im 15. Jahrhundert sollte die Steuer- und Reispflicht das hervorragende definitorische Merkmal für die zur Stadt gehörende Landschaft werden. Im 14. Jahrhundert sind Steuern selten eingezogen worden, weil das Mittelalter an ihrem Ausnahmecharakter festhält, und ob die Ausburger militärisch aufgeboten wurden, ist zweifelhaft. Das Bürgerrecht verpflichtet schließlich in Zürich zum Erwerb einer Liegenschaft, in Luzern zur Hinterlegung einer Bürgschaft in Geld – Udel genannt[562].

Mit dem Erwerb von Herrschaften, die deutlich in eine spätere Phase fallen, fassen die Städte endgültig und nachhaltig Fuß in ihrem Hinterland. Die nähere Charakterisierung dieser Herrschaften hat für Zürich gezeigt, daß es sich um Vogteien handelt, die eine Gerichts- und Steuerhoheit begründen. Öfter wurden solche Herrschaften pfandschaftsweise übernommen und gingen in den dauerhaften Besitz der Stadt erst dadurch über, daß die Pfandherren außerstande oder desinteressiert waren, sie wieder auszulösen. Das ist in Luzern nicht anders[563]. Schon der Erwerb von Weggis umfaßte die «vogtie und gerichte ze Wegkis mit stogk vnd galgen, mit stüren, futerhabern, mit hünren, zinsen vnd nützen, mit diensten, reysen [...]»[564]. Hochgericht, Steuer und Reispflicht machen also den Kern der Luzerner Rechte in Weggis aus. Wirtschaftlich kann dieser Erwerb nicht interessant gewesen sein; das zeigt der äußerst bescheidene Kaufpreis von 70 Gulden. Werfen wir noch einen flüchtigen Blick über das Jahr 1386 hinaus, so zeigen auch die Luzerner Erwerbungen um 1400, daß damit in der Regel hoch- und niedergerichtliche Rechte an die Stadt gelangten. Wie in Zürich handelt es sich mehrheitlich um Zuständigkeiten, die zuvor die Habsburger oder aber deren Dienstleute wahrgenommen hatten, so

557 Ebd., S. 80.

558 Ebd. «Sempt» ist möglicherweise eine Verstümmelung von «Send», was kirchliches Gericht und im übertragenen Sinn Versammlung bedeutet. Der Begriff selbst ist nicht geklärt. Vgl. SEGESSER, Rechtsgeschichte 1, S. 581.

559 LIEBENAU, Sammlung, S. 81.

560 Ein exemplarischer Fall aus dem schwäbisch-alemannischen Raum ist aufgearbeitet bei SCHORER Catherine, Herrschaft und Legitimität. Ein Huldigungskonflikt im Küssenbergertal, in: ZGOR 134, 1986, S. 99–117.

561 Der Schwabenspiegel, Hrg. Anton Lassberg, o.O. 1840 (Nachdruck: Aalen 1961), S. 133.

562 Vgl. MARCHAL, Sempach, S. 184.

563 Verallgemeinert für die Schweiz insgesamt bei GASSER, Landeshoheit, S. 212.

564 Zitiert nach SEGESSER, Rechtsgeschichte 1, S. 378.

etwa in Willisau. Auch die Pfandschaft ist ein Weg, seinen Einflußbereich auszudehnen; die pfandschaftsweise an die Stadt Sursee überlassene Hochgerichtsbarkeit wird von Luzern erworben[565].

Übers Ganze gleicht sich die Territorialpolitik der beiden Städte in hohem Maße. Territorialpolitik freilich haben viele Städte im Reich getrieben – alle Reichsstädte, wenige Landstädte. Die Techniken, mit denen sie ihre Landgebiete aufbauten, unterscheiden sich jedoch stark von Zürich und Luzern. Das zeigt schon ein Blick über den Bodensee. Er soll helfen, durch den Vergleich das Eigenständige der Territorialentwicklung der beiden Schweizer Städte etwas präziser zu erfassen.

Historiker, die sich eingehender mit den eidgenössischen Städten beschäftigt haben, betonen die Ähnlichkeit der Entwicklung der städtischen Territorien in der Schweiz und im übrigen Reich, mindestens bis um 1400[566]. Dann allerdings trennen sich die Wege in die Moderne. Zwei Merkmale unterscheiden die Stadtstaaten der Eidgenossenschaft von jenen im deutschen Reich: Die sog. «Landschaften» der eidgenössischen Städte werden von ihren bürgerlichen Obrigkeiten nach der Mannschaftsstärke für Kriegszwecke taxiert, was natürlich «in der Verselbständigung und Militarisierung von Wirtschaft, Gesellschaft und Staat der Eidgenossen im ausgehenden 14. und im 15. Jahrhundert» begründet liegt, wohingegen im Reich die Bauern der Stadtterritorien nie zu Kriegsdiensten herangezogen werden[567]; dann gewähren die Räte der eidgenössischen Städte «den Untertanen eine Stellung, die rechtlich eher gehobener war als diejenige der Untertanen von Reichsstädten»[568], was mit dem Bündnissystem und mit der Respektierung der Bauern in der Schweiz erklärt wird.

In der Tat gibt es signifikante Unterschiede zwischen den eidgenössischen und reichsstädtischen Territorien, doch gelten sie nicht erst für die Zeit nach 1400, sondern auch schon für den Prozeß der städtischen Territorienbildung selbst.

Daß Städte sich ein Umland schaffen, ist eine geläufige Erscheinung[569]. Im wesentlichen gehört diese städtische Territorialpolitik zum 14. und 15. Jahrhundert und vollzieht sich somit zeitgleich mit der von Zürich oder Luzern. Dieses gilt für die wirtschaftlich herausragenden Städte wie Nürnberg[570] und Straßburg[571] ebenso wie für die vielen kleineren Städte Oberschwabens[572].

Um die Territorialpolitik von Zürich und Luzern in ihrer Eigenart schärfer in den Blick zu bekommen, empfiehlt sich der Vergleich mit den nördlich des Bodensees gelegenen Städten, und das aus mehreren Erwägungen: Die oberschwäbischen Städte gleichen den schweizerischen in ihrer Größe, und sie ähneln ihnen hinsichtlich der Wirtschaftskraft.

Bezeichnend für die Verhältnisse in Oberschwaben[573] ist zum Beispiel die Reichsstadt Memmingen. Die Territorialpolitik der Stadt setzt zu Beginn des 14. Jahrhunderts ein, ist aber zunächst eine solche einzelner städtischer Familien (vgl. Abb. 33). In verhältnismäßig kurzer Zeit werden Memminger Bürger Ortsherren in zwanzig Dörfern im engeren Umkreis der Stadt. Der Memminger Entwicklung vergleichbar ist, was etwa Zeitpunkt und Trägerschicht betrifft, die Territorialpolitik von Wangen im Allgäu, von Lindau, Kaufbeuren, Nördlingen und Ulm. Sie alle haben ansehnliche Territorien um die Stadt herum aufgebaut: Drei Städte, 55 Dörfer und 25000 Einwohner umfaßt am Ende des Alten Reiches das Territorium der Reichsstadt Ulm.

Die schwäbischen Städte waren in den Dörfern ihres Territoriums in der Regel «Ortsherren». Was es mit dieser Ortsherrschaft auf sich hat, sei wenigstens an einem Beispiel etwas näher erläutert, weil damit sehr plastisch der Unterschied zur Schweiz in Erscheinung tritt.

Vier Kilometer südlich von Memmingen liegt das Dorf Dickenreishausen. Dort erwarb der Memminger Hans Birchtel 1334 zwei Höfe und eine Hofstatt, die Lehen der Ritter von Steußlingen waren, dazu neun Malter Gült aus der Kirche und die Fischereirechte in der Buxach. So rund zwanzig Jahre später konnte er das Hasenweilergut dazukaufen und die Befreiung all seiner Güter im Ort aus der Lehenschaft der Ritter von Steußlingen erreichen.

[565] Belege bei GLAUSER, Landeshoheit, S. 10f.
[566] PEYER, Städte, S. 262–270, bes. 264.
[567] Ebd.
[568] GMÜR, Städte, S. 190.
[569] Eine bibliographieartige Übersicht bei GMÜR, Städte, S. 179–182.
[570] DANNENBAUER Heinz, Die Entstehung des Territoriums der Reichsstadt Nürnberg, Stuttgart 1928 (Arbeiten zur deutschen Rechts- und Verfassungsgeschichte 7), S. 106–210.
[571] WUNDER Gerhard, Das Straßburger Landgebiet. Territorialgeschichte der einzelnen Teile des städtischen Herrschaftsbereiches vom 13. bis zum 18. Jahrhundert, Berlin 1967 (Schriften zur Verfassungsgeschichte 5).
[572] KIESSLING, Umlandgefüge, S. 37.
[573] Die folgende Darstellung fußt auf: BLICKLE Peter, Memmingen, München 1967 (Historischer Atlas von Bayern, Teil Schwaben 4), S. 186–275. – BLICKLE Peter, Zur Territorialpolitik der oberschwäbischen Reichsstädte, in: Stadt und Umland, Hrg. Erich Maschke/Jürgen Sydow, Stuttgart 1974 (Veröffentlichungen der Kommission für geschichtliche Landeskunde in Baden-Württemberg, Reihe B, Forschungen 82), S. 54–71. – BLICKLE Peter/BLICKLE Renate, Schwaben von 1268 bis 1803, München 1979 (Dokumente zur Geschichte von Staat und Gesellschaft in Bayern II/4), S. 127–130. – Auf Einzelnachweise wird wegen der lediglich vergleichenden Perspektive verzichtet.

Ein zweiter Memminger Bürger, Ruf der junge Godel, trägt zwei Bauerngüter der Ritter von Eisenburg zu Lehen, verkauft sie aber schon 1364 an das Spital in Memmingen. Besonderes Interesse an Dickenreishausen zeigte seit der zweiten Hälfte des 14. Jahrhunderts die Memminger Familie Stüdlin. Jos Stüdlin kaufte 1398 den halben Teil an den Ehaften, an Hirtenstab und Gericht. «Ehaften» waren Mühlen, Schmieden, Tavernen; der «Hirtenstab» berechtigte dazu, die Hirten einzusetzen, und «Gericht» umschreibt in Schwaben die Kompetenz der niederen und der freiwilligen Gerichtsbarkeit. Drei Jahre später erwarben die Stüdlin den Kirchensatz und die Lehenschaft der Kirche in Dickenreishausen sowie die Groß- und Kleinzehnten; damit besaßen sie das Recht, dem Bischof den Pfarrer zur Investitur vorzuschlagen, trugen freilich auch die Baupflicht für die Kirche, wofür ihnen allerdings der zehnte Teil des angebauten Getreides und wohl auch von Obst und Gemüse, möglicherweise auch vom Vieh zustand. Drei Jahrzehnte später erweiterte die Familie ihre Rechte im Dorf, indem sie drei Höfe aufkaufte. Zu einem Abschluß kam diese recht hektische Kaufs- und Verkaufspolitik, die hier nur auszugsweise wiedergegeben wurde, 1472, als Ludwig Stüdlin dem Memminger Spital alle seine Höfe und Rechte in Dickenreishausen verkaufte: sechs Güter, einen Lehenhof, zwei Erblehen, vier Lehen und drei Häuser gehörten dazu, weiter eine Reihe von leibeigenen Bauern, die wahrscheinlich diese Güter bewirtschafteten; an Herrschaftsrechten werden genannt «Gericht, Zwing und Bann», die Oberhoheit über die Ehaften – ausdrücklich wird die Schmiede erwähnt –, das Patronatsrecht der Kirche und der Hirtenstab. 3000 Gulden mußte das Spital für Dickenreishausen bezahlen.

Nicht aus purer Geschwätzigkeit wurde die «Territorialpolitik» von Memminger Bürgern in Dickenreishausen so langatmig beschrieben, sondern um zu zeigen, wie anders die schwäbischen Städte ihr Territorium zusammenbrachten. Die «Ortsherrschaft» wurde allmählich und mühsam aufgebaut und geschaf-

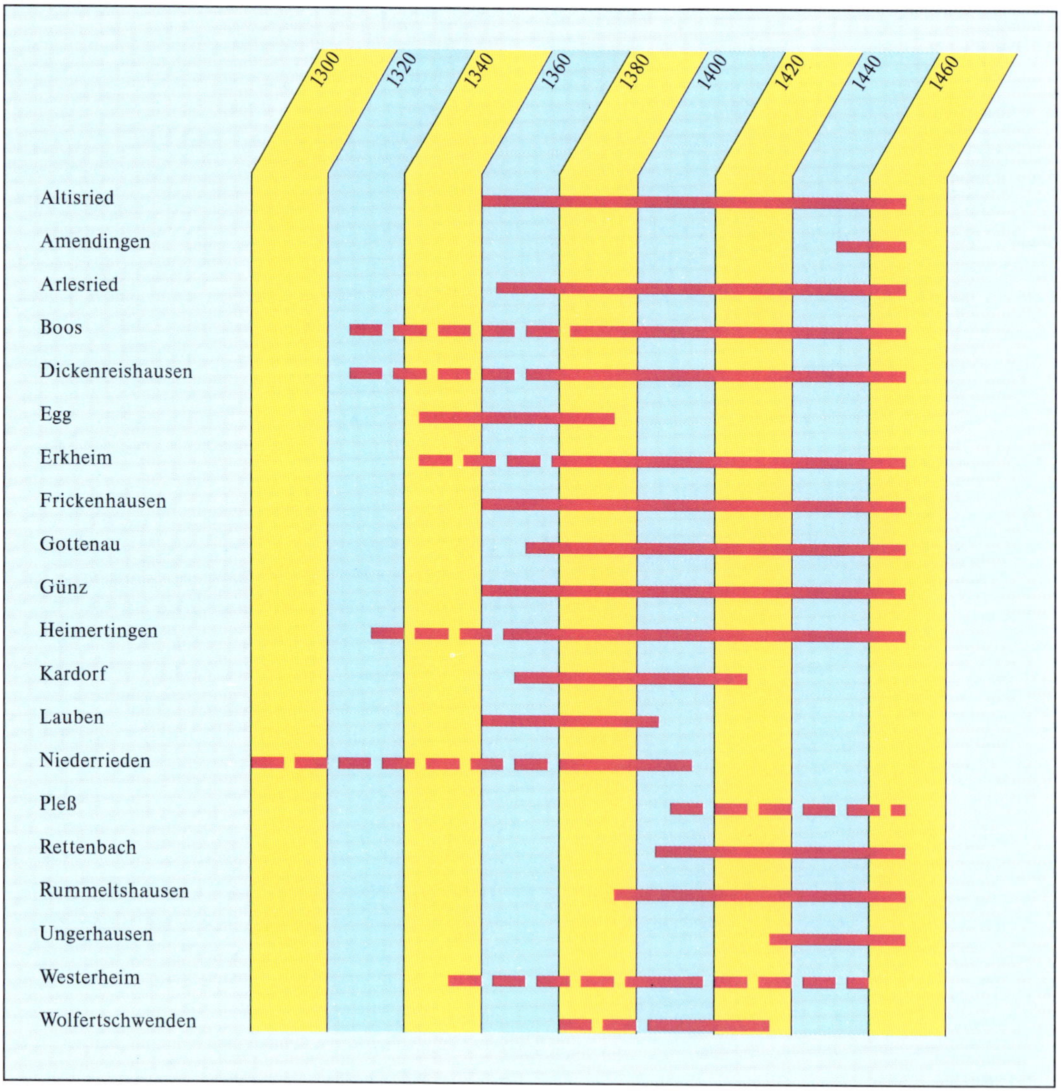

33 Memminger Bürger als Ortsherren in den Dörfern, 1300–1470. In diese schematische Übersicht wurden nur Dörfer (keine Weiler und Einöden) aufgenommen. Die verzeichneten Orte waren ganz oder zumindest größtenteils im Besitz von Memminger Familien. Durchbrochene Linien zeigen an, daß Memminger Bürger im fraglichen Dorf zwar mit Besitz begütert waren, aber noch nicht über die Ortsherrschaft verfügten. Die Ortsherrschaft selbst beruhte auf «Gericht, Zwing und Bann». Nach 1470 wurde der Bürgerbesitz häufiger von der Stadt selbst bzw. vom Spital übernommen.

fen: durch den Erwerb von einzelnen Gütern, den anschließenden Kauf der Lehensgerechtigkeit von den Adeligen, den stückweisen Erwerb von vogteiähnlichen Rechten über einzelne Gewerbebetriebe und schließlich auch den Kauf von Patronatsrechten über die Ortskirche. Die Ortsherrschaft baut sich «von unten» über die einzelnen Güter auf; die gerichtlichen und vogteilichen Kompetenzen über das Dorf sind Folge einer vergleichsweise «geschlossenen» Grundherrschaft und Leibherrschaft. «Gericht, Zwing und Bann», wie die Dickenreishausener Urkunden das Recht nennen, niedergerichtliche Fälle aburteilen und Gesetze erlassen zu können, kommen losgelöst von einer soliden Basis von Bauernhöfen am selben Ort überhaupt nicht vor.

Diese Art der Territorialpolitik und der Ausbildung von Landeshoheiten über Grundherrschaften ist typisch für Schwaben; sie ist charakteristisch für alle Dörfer des Memminger Territoriums und für alle Territorien oberschwäbischer Städte.

Die hohe Vogtei und die Hochgerichtsbarkeit, in der Rechtssprache der Innerschweiz mit «Dieb und Frevel» umschrieben, bleibt für die Territorialpolitik in Oberschwaben anfänglich zur Gänze bedeutungslos. Selbstverständlich strebte die Reichsstadt Memmingen auch die Hochgerichtsbarkeit über ihr stattliches Territorium an; diese aber besaß und beanspruchte der Reichslandvogt. Jahrzehnte-, ja jahrhundertelang hat man sich wechselseitig dieses Recht streitig gemacht. Aus der Reformationszeit sind mehrere solcher massiver Auseinandersetzungen bekannt. In Amendingen, einem zum Stadtterritorium gehörenden Dorf, wurden von den Bütteln des Rates zwei Mörder aus dem Wirtshaus gezerrt und «selben sogleich die Köpf abgeschlagen». Bis vor die Tore der nächsten, rund dreißig Kilometer entfernten Reichsstadt Leutkirch zogen die Memminger, um Hochgerichtsverbrecher festzunehmen: «Sind in circa 12 bis 15 Personen», steht in einem solchen ‹Erfolgsprotokoll›, «die man sodann geschwind in die andere Welt spedirt». Der Landvogt rächte sich, indem er mit 75 Mann in den Memminger Dörfern einfiel und auch Untertanen aus Dickenreishausen, die vom Stadtgericht schon abgeurteilt worden waren, nach seinem Amtssitz Altdorf bei Ravensburg verschleppte und ihnen nochmals den Prozeß machte.

Erst 1548 gelang es der Stadt, in ihrem Territorium wenigstens innerhalb der Dorfgrenzen, «inner Etters», die Hochgerichtsbarkeit gegen eine jährliche Geldzahlung an den Landvogt zu kaufen. Und erst 1749 ließ sich diese Gerichtsbarkeit flächendeckend auf das ganze Stadtterritorium ausdehnen; 30000 Gulden kostete dieses doch wohl eher repräsentative Recht die Stadt Memmingen.

Was hier um der größeren Anschaulichkeit willen am Beispiel von Memmingen geschildert wurde, ließe sich mit kleinen Modifikationen an vielen anderen schwäbischen Städten beschreiben. Aber nicht an allen! Denn es hat auch einige gegeben, die kein Territorium ausgebildet haben. Kempten, Leutkirch und Isny gehören dazu, aber erstaunlicherweise auch so bedeutende Städte wie Augsburg. Will man Erklärungen finden, dann hilft ein Blick auf eine gute historische Karte. Die Reichsstadt Kempten beispielsweise wird vom kompakten Territorialkomplex des Fürststifts Kempten umschlossen, das massiv mit leibherrlichen, gerichtsherrlichen und vogteiherrlichen Rechten ausgestattet war. Offensichtlich konnten deswegen weder die Kempter Bürger noch die Reichsstadt selbst oder ihr Spital in ihrem Hinterland Fuß fassen. Die Umgebung von Memmingen zeigt einen ganz anderen Charakter: nur versprengte Rechte des Landvogts in Schwaben da und dort, hier und da eine kleine Ritterherrschaft, etwas verstreuter Güterbesitz von verschiedenen Klöstern aus der Nachbarschaft in diesem oder jenem Dorf. «Herrschaft» war im Umfeld von Memmingen nicht gefestigt, wohl aber in dem von Kempten. Das gilt auch für Augsburg, das sich wegen der kompakten Besitzkomplexe des Hochstifts Augsburg nur wenig über die Stadtmauern hinaus ausdehnen konnte und trotz seiner etwa mit Nürnberg und Straßburg zu vergleichenden Wirtschaftskraft als Territorialherr ganz bedeutungslos blieb.

Daraus lassen sich nun doch einige interessante Einsichten in die Besonderheiten der Territorialpolitik der Schweizer Städte gewinnen. Gemeinsam scheint beiden Städtelandschaften zu sein, daß es einer starken Erosion der feudalen herrschaftlichen Strukturen bedurfte, um städtische Territorien entstehen zu lassen. Alle weiteren Beobachtungen unterstreichen mehr die Unvergleichbarkeit.

In den oberschwäbischen Städten erfolgt der Aufbau eines Territoriums über die Grundherrschaft, in den schweizerischen Städten jedoch über die Vogtei. Die Bürgerfamilien in Memmingen, Wangen, Lindau und Ravensburg, später die Städte selbst und ihre Spitäler sichern sich über ihr Territorium in erster Linie Einkünfte von den bäuerlichen Höfen in Form von Naturalien und Geld; die Bürgerfamilien von Zürich und Luzern, später die Städte selbst beziehen von ihrer Landschaft aufgrund der Vogteirechte im wesentlichen Steuern und Mannschaft.

Die Territorialpolitik ist für die oberschwäbischen Reichsstädte teuer, für die schweizerischen Städte billig. Jedenfalls stellt sich das auf den ersten Blick so dar. Luzern zahlt für die Vogtei über Weggis die für den Stadthaushalt des späten 14. Jahrhunderts sicher lächerliche Summe von 70 Gulden; zur gleichen Zeit kostet ein normaler Bauernhof im Interessenbereich der Reichsstadt Memmingen das Drei- bis Vierfache[574]. Memmingen muß zuerst einmal zehn solcher Höfe kaufen, um die Chance zu erhalten, ähnliche Hoheitsrechte über eines seiner Dörfer ausüben zu können wie Luzern über Weggis.

Wenn diese Annahme richtig ist, dann erklärt sich daraus mühelos die respektable Größe der Schweizer Stadtstaaten. Herrschaft auf dem Land in Form der vogteilichen Rechte war billig zu haben, manchmal war sie sogar kostenlos, soweit sie der Stadt über die Verburgrechtung der Adeligen zufiel. Es bedurfte somit keines starken ökonomischen Rückhalts, um Territorialpolitik zu betreiben.

Überhaupt stellt sich die Frage, ob das, was sich im Hinterland von Luzern und Zürich im 14. Jahrhundert abgespielt hat, mit dem Begriff «Territorialpolitik» hinreichend angemessen wiedergegeben wird. Im Vergleich zu den oberschwäbischen Städten zeigt sich nämlich ein weiterer signifikanter Unterschied. Die Zahl der Adeligen, die ins Bürgerrecht einer Stadt eintreten, scheint deutlich geringer zu sein als in den Schweizer Städten[575]. Und vollends verblaßt das Ausbürgerwesen; ‹bäuerliche Bürger› auf dem Land scheint es nur vereinzelt gegeben zu haben[576]. Das gilt nicht bloß für Schwaben, sondern offenbar auch für Franken. Selbst Nürnberg, das als Reichsstadt über das größte Territorium verfügte, dürfte weniger Ausbürger auf der Landschaft gehabt haben als Luzern[577]. Frankfurt und die mittelrheinischen Städte verzichteten auf Druck des Kaisers und der Herren spätestens um 1350 auf Ausbürger[578].

Daraus ergeben sich nun interpretatorische Folgerungen von, man ist versucht zu sagen, sehr großer Reichweite. Die oberschwäbischen Städte betreiben Territorialpolitik unter dem Einsatz enormer finanzieller Mittel; in harter Konkurrenz mit anderen Reichsstädten und den reichsunmittelbaren Klöstern werden die städtischen Territorien durch den Kauf von Gütern aufgebaut. Um den Kontrast scharf zu machen: Die treibende Kraft für die Ausbildung der städtischen Landschaften Zürichs und Luzerns sind weniger die Bürger oder die Städte, sondern die Bauern und der Adel. Die «Schutzlosen» drängen in die Städte, vor allem die Bauern. Vermutlich waren die oberschwäbischen Bauern nicht weniger «schutzlos», vielleicht aber weniger bedroht; die faktische Permanenz des Kriegs- und Fehdezustandes, wie er in der Innerschweiz zwischen Morgarten und Sempach während des 14. Jahrhunderts herrschte, fehlte wohl in Oberschwaben. Faszinierend ist in der Innerschweiz die Stadt für das Land, jedoch nicht das Land für die Stadt. Sie bedeutet Rechtsschutz, militärischen Schutz, vielleicht auch Freiheit und Selbstverwaltung. Insofern die Innerschweizer Länder hierin den Städten ähneln, übten sie eine vergleichbare Attraktivität auf ihr Umland aus.

Die Territorialpolitik der Länder

Daß städtische Gemeinden ihr Umland politisch, rechtlich und wirtschaftlich enger an sich binden, ist eine europäische Erscheinung. Daß ländliche Gemeinden ein Gleiches tun, ist die schiere Ausnahme. Wie die Städte Auswärtige und Fremde ins «Bürgerrecht» aufnehmen, so die Länder ins «Landrecht»[579].

1414 urkunden «wir die waldlüt gemeinlich zu den Einsiedelen und alle die zu uns gehörind

[574] Über die finanziellen Aufwendungen für die Territorialpolitik fehlen freilich brauchbare Untersuchungen. Für die Schwierigkeiten der Berechnung vgl. RAISER, Territorialpolitik, S. 83ff.

[575] Verburgrechtungen von Klöstern kommen häufiger vor. Eintritte von Adeligen ins Bürgerrecht sind in größerem Umfang nur für Nördlingen belegt. Vgl. KIESSLING, Umlandgefüge, S. 37. – Dieser Sachverhalt ist auch GASSER, Landeshoheit, S. 393 aufgefallen.

[576] Vgl. KIESSLING, Umlandgefüge, S. 33–60, ohne jeden Hinweis auf Ausbürger in Oberschwaben. Kießlings Arbeit kommt deswegen Aussagekraft zu, weil er allen Beziehungsebenen zwischen Stadt und Land (auch den nicht institutionalisierten) nachgeht und damit auf das Ausbürgerwesen hätte stoßen müssen, wenn es auch nur von einiger Erheblichkeit gewesen sein sollte. Freilich ist auch vor vorschnellen Generalisierungen zu warnen, weil detaillierte Untersuchungen des Problems noch ausstehen. Die einzige umfassendere und systematisch angelegte Untersuchung erwähnt schwäbische Städte kaum, und wenn, dann erst für das spätere 15. Jahrhundert (vgl. SCHMIDT, Pfalbürger, S. 297f.), doch zeigen Belege aus Augsburg in der Mitte des 14. Jahrhunderts, daß hier das Ausbürgerproblem einen erheblichen Konfliktstoff zwischen dem Bischof und der Stadt bildete, der nur mit Hilfe Kaiser Ludwigs des Bayern geschlichtet werden konnte. Die entscheidende Quelle ist abgedruckt in: Monumenta Boica, Bd. 33b, München 1841, Nr. 75, S. 74f.

[577] Die Bürgerbücher nennen für die Zeit zwischen 1302 und 1448 1942 Neubürger, die sich wohl mehrheitlich in der Stadt niederließen. Vgl. für die Zahlen LEISER Wolfgang, Städtische Zentralität im agrarisch-feudalen Umfeld, in: Städtisches Um- und Hinterland in vorindustrieller Zeit, Hrg. K. Schulze, Köln/Wien 1985 (Städteforschung Reihe A 22), S. 12.

[578] DILCHER, Bürgerbegriff, S. 97.

[579] Die noch umfassendste Darstellung gibt DÜRR, Politik, S. 132–156. Knapper Überblick (mit neuerer Literatur) bei SCHAUFELBERGER, Spätmittelalter, S. 266. Für Details ist man auf die älteren Kantonsgeschichten angewiesen. Eine wirklich eingehende Darstellung fehlt und wäre auch im Hinblick auf eine vergleichende europäische Verfassungsgeschichte äußerst dringlich.

[...], daß wir den fürsichtigen, wisen lüten, unser lieben herren, eines ammans und der landlüten gemeinlich ze Schwitz, landtlüt sigend und ouch sin sollend»[580]. Was bedeutet es aber für die Grundholden des Klosters Einsiedeln, Landleute von Schwyz zu werden? Sie versprechen, «dasselb landt-recht war und stät ze halten und ze vollfüren mit guten trüwen ungevärlich, allso, daß wir sullen eines ammans und der landtlüten gemeinlich ze Schwitz und desselben landes ze Schwitz schaden warnen und wenden, und ire nutz und ire eere ze fürdern, als verre wir vermögen on gevärd, und doch inen behelfen und beraten ze sin und ouch einem amman und den landlüten gemeinlich ze Schwitz, unsern lieben herren gehorsam ze sin on alle widerred». Darüber hinaus versichern sie, «niendert anders burger noch landt-mann» zu werden, also kein Bürgerrecht einer Stadt und kein anderes Landrecht anzunehmen, was allerdings nicht ausschließt, daß sie sich in Städten und Ländern niederlassen durften, soweit sie zur Eidgenossenschaft gehörten[581]; lediglich ein «doppeltes Ausbürgerrecht» verbietet die Urkunde.

Das Landrecht soll offensichtlich auf ewig gelten, jedenfalls so lange, wie die Schwyzer es aufrechterhalten wollen; denn auf deren Anordnung haben alle «Knaben oder Mannen» über 16 Jahren den Eid zu wiederholen beziehungsweise neu zu leisten.

Der Vorgang verdient aus einer europäischen Perspektive mehr Aufmerksamkeit, als ihm üblicherweise zuteil wird. Einsiedeln war ein bedeutendes Kloster in Süddeutschland; seine Äbte bekleideten die Reichsfürstenwürde; das ohne Zweifel bedeutendste Fürstengeschlecht Oberdeutschlands im 14. Jahrhundert, die Habsburger, stellte dessen Vögte und hatte damit das Kloster, seinen Besitz und seine Leute zu schützen. Nur ein gänzlich unfähiger Vogt und ein völlig machtloser Abt konnten gestatten, daß die Klosterleute in das Landrecht und damit unter die Vogtei des benachbarten Ortes Schwyz traten. Denn der Vorgang bedeutete ja nichts anderes, als daß die Schwyzer die Rechte der Habsburger übernahmen. Diese «Verlandrechtung» der Einsiedler Untertanen – wie man in Analogie zur «Verburgrechtung» der Bauern und des Adels in den Städten sagen müßte – war allerdings politisch vorbereitet: durch den sich über Jahrhunderte hinziehenden Marchenstreit, der immer deutlicher die Unfähigkeit des Klosters und seiner Vögte, wirksam Herrschaft auszuüben, gezeigt hatte: durch die Besetzung der Waldstatt Einsiedeln 1386 im Gefolge der Schlacht von Sempach; durch den Erwerb des Schwyzer Schutzes seitens des Pflegers von Einsiedeln 1387[582]; 1415 setzte der Landammann von Schwyz beim Kaiser durch, daß ihm der Blutbann über Einsiedeln verliehen wurde – das Recht, über Leben und Tod zu richten.

Ob die Einsiedler durch die Aufnahme ins Landrecht viel gewonnen haben, kann bezweifelt werden. Jedenfalls sagt die Urkunde nur etwas über ihre Pflichten, nichts jedoch über ihre Rechte. Sie sind zum Gehorsam gegenüber Landammann und -leuten von Schwyz verpflichtet, sind also Untertanen des Landes Schwyz; die Gegenleistung besteht im militärischen Schutz, der sich jedoch von Fall zu Fall erst zu bewähren hatte.

In ein Landrecht einzutreten, konnte freilich auch etwas ganz anderes bedeuten. Das zeigt sich an Arth, das spätestens seit der Mitte des 14. Jahrhunderts mit Schwyz «verlandrechtet» war[583]. Seit 1358 gilt durch das Landbuch von Schwyz als gesichert, daß die Arther an Landsgemeinde-Zusammenkünften teilnahmen und die nämlichen politischen Rechte besaßen wie die Schwyzer[584].

Das breite Spektrum unterschiedlicher politischer und rechtlicher Folgen des Landrechts, wie es in diesen zwei Beispielen in Erscheinung tritt, gilt es genau zu beachten, wenn im folgenden von der «Territorialpolitik der Länder» die Rede ist.

Schwyz wird von manchen Historikern nachgerühmt, «den revolutionär-expansiven Typus der eidgenössischen Orte» zu verkörpern[585], was deren Ausgreifen über die Landesgrenzen hinaus betrifft. Am eindeutigsten trifft diese Charakteristik wohl für die Angliederung der March an Schwyz zu – eines ursprünglich den Grafen von Rapperswil zustehenden Gebietes, das nach deren Aussterben 1283 eine wechselvolle Geschichte erlebte, geprägt durch Verkäufe, Verleihungen sowie Verpfändungen[586]. Schon seit dem frühen 14. Jahrhundert kam es dann zu mehrfachen Einfällen der Schwyzer in die March. Der häufige Wechsel von kriegerischen Übergriffen und von Friedensbemühungen[587] schuf insgesamt eine labile Situation. An der Belagerung von Rapperswil durch Zürich 1350 beteiligte sich Schwyz ebenso wie an

580 Abgedruckt bei FASBIND, Geschichte 2, S. 73f.

581 Eine generelle Freizügigkeit in Reichsstädte oder andere Territorien darf man aus der Urkunde wohl nicht herauslesen.

582 CASTELL, Schwyz, S. 30. SCHAUFELBERGER, Spätmittelalter, S. 266.

583 Vgl. QW 1/3, Nr. 966, S. 634–643. Vgl. ebd., S. 640, zu 1351 die Wendung «die landlüte gemeinlich von Underwalden, von Switz und von Art».

584 KOTHING, Landbuch, S. 209. Vgl. SIDLER, Unterallmeindkorporation, S. 2f.

585 DÜRR, Politik, S. 142.

586 Umfassend bei HEGNER, March, S. 6–14; ergänzend: MÄCHLER, Schübelbach.

587 MÄCHLER, Schübelbach, S. 123ff., für die erste Hälfte des 14. Jahrhunderts.

der Besetzungsaktion der habsburgischen Gebiete nach Sempach: 1386 wurde ein Teil der March in das Landrecht von Schwyz aufgenommen[588], 1414 «die landlüte gemeinlich in der mittel March vnd mit namen die in der obern March»[589]. Und endlich fiel anno 1415 dem Landammann von Schwyz auch der Blutbann über die March zu[590]. Das kurze Referat zeigt erstaunliche Parallelen zur Entwicklung der Beziehungen zwischen Schwyz und Einsiedeln, und die Beurkundung des Landrechts von 1414 bestätigt das überdeutlich: Der Text ist nahezu identisch mit der Ausfertigung der Schwyzer für Einsiedeln[591].

Nicht immer haben sich die Einflußsphären von Schwyz zu mehr oder minder ausgeprägten Untertanengebieten verdichten lassen. In Zug kam eine solche Politik nicht zum gleichen Abschluß wie in Einsiedeln oder in der March.

1352 hatte Zug mit Zürich und Luzern sowie den drei Waldstätten einen Bund geschlossen[592], dessen Rechtsgehalt mit dem Zürcherbund weitestgehend identisch ist[593]. Zug galt, weil Habsburg rechtlich auf seine Herrschaft über Stadt und Amt Zug keinesfalls zu verzichten bereit war, als ein unsicherer, zumindest gefährdeter Vertragspartner, zumal sich seit etwa 1360 die Zürcher unter ihrem Bürgermeister Brun aus wirtschaftlichen Erwägungen wieder stärker an Habsburg anlehnten[594].

Schwyz kam möglichen Entfremdungsbestrebungen zuvor und besetzte um die Jahreswende zu 1365 die Stadt, allerdings offenbar mit massiver Unterstützung aus dem Amt Zug, wenn nicht gar auf dessen Drängen[595]. Zwar will eine Zürcher Chronik glauben machen, die Schwyzer hätten lediglich «mit den burgern daselbs die aid und buntnüsse, als si und ünser Aidgnosschaft vor zuo inen gesworen hatten»[596], erneuert, also den Bundesbrief von 1352 konfirmiert; in Wahrheit aber übernahm offenbar für dreißig bis vierzig Jahre Schwyz die Oberhoheit über Stadt und Amt Zug, denn nach Zeugenaussagen aus der Zeit nach 1400 hatten sich die Zuger verpflichtet, «einem amman unn den landlúten ze Switz gehorsam ze sin, unn dz ein amman unn die lantlút ze Switz die selben von Zug sǒlten besetzen unn entsetzen als ir land»[597]; solche Amtsbesetzungen seitens der Schwyzer seien über Jahrzehnte Praxis gewesen[598]. Der evidente Widerspruch zur Rechtslage – er kommt auch darin zum Ausdruck, daß 1371 rechtsverbindlich, nämlich urkundlich festgelegt wurde, Luzern, Uri, Unterwalden und Schwyz hätten den Zuger Ammann vorzuschlagen[599] – wurde definitiv erst 1404 bereinigt. Die Schwyzer hatten die Bewohner des Amtes Zug bei ihren Bemühungen unterstützt, rechtlich mit der Stadt gleichgestellt zu werden. «Anno 1404 hat sich ein empörung erhebt zwüschen der statt Zug unndt den ußeren gemeinden als Ägeri, Menzingen unndt Baar, von wegen des regiments. Die pauren vermeintendt, sittenmahls sÿe an der zahl die burgerschafft weit fürtreffent, sollent unndt wollent sÿe den amman, gricht unndt rhat, der statt panner, sigell unndt andere freÿheiten in ihrem gwallt ußert der statt haben; darwider die statt solches nit von handen wollt lassen. Zu disem warent den pauren sonderlich beholfen die von Schwÿtz; verhießen, innen beÿständig zu sein mit lÿb unndt gůth, auch, wo die burgerschafft dise oberzellte regalia nit wolltent von handen geben, so wolltent sÿe die mit dem schwärt dar zue triben. Auf solches erklagent sich die burger von Zug gegen gemeinen Eÿdtgnossen des unbillichen forderens ihrer mittgemeinden; vermeintent, das, weÿlen sie solches von königen undt käiseren erworben unndt nun solches soltent jezund von handen geben, es ein unbilliche sach were»[600].

In der Tat wurde Zug von den ‹äußeren Gemeinden› und den Schwyzern eingenommen (vgl. Abb. 34). Das führte zu einer schweren Belastungsprobe der jungen Eidgenossenschaft. Nicht nur wurden Konsultationen zwischen den mit Zug verbündeten Orten in die Wege geleitet; die Mannschaften wurden aufgeboten, «sie sollind gen Steinhusen in das dorff (kommen) und dann da alle mit einandern ze rate werden, was fürer in der sachen zu tun wäre»[601]. Gewissermaßen eine Tagsatzung aller Eidgenossen, nicht nur ihrer Boten, war notwendig, um in dieser politisch verletzlichen Situation die richtige Entscheidung zu treffen. Sie fiel letztlich gegen Schwyz aus, das seine Position in Zug räumen, alle Zug betreffenden Urkunden herausgeben und eine spürbare Geldbuße entrichten mußte[602].

Die Rechtslage stellt sich als außerordentlich kompliziert dar, und die Schiedssprüche mit

[588] Mächler, Schübelbach, S. 128. Castell, Schwyz, S. 32.
[589] EA 1, Nr. 314, S. 140.
[590] Castell, Schwyz, S. 32.
[591] Abdruck: EA 1, Nr. 314, S. 140.
[592] Druck: UB Zug 1, Nr. 1 , S. 1–7.
[593] Vgl. dazu ausführlich oben S. 38–40.
[594] Gruber, Beziehungen, S. 14. Vgl. Castell, Schwyz, S. 28f.
[595] Gruber, Beziehungen, S. 14.
[596] Ebd., S. 14f.
[597] UB Zug 1, Nr. 535, S. 250f.
[598] Vgl. bei Gruber, Beziehungen, S. 17, die Zusammenstellung des verfügbaren genealogischen Materials, das die Richtigkeit dieser Zeugenaussage bestätigt.
[599] UB Zug 1, Nr. 117, S. 57.
[600] UB Zug 1, Nr. 381, S. 171.
[601] EA 1, Nr. 253, S. 109.
[602] UB Zug 1, Nr. 381–385, S. 171–176. EA 1, Nr. 253–255, S. 108–115. Vgl. Gruber, Beziehungen, S. 20f.

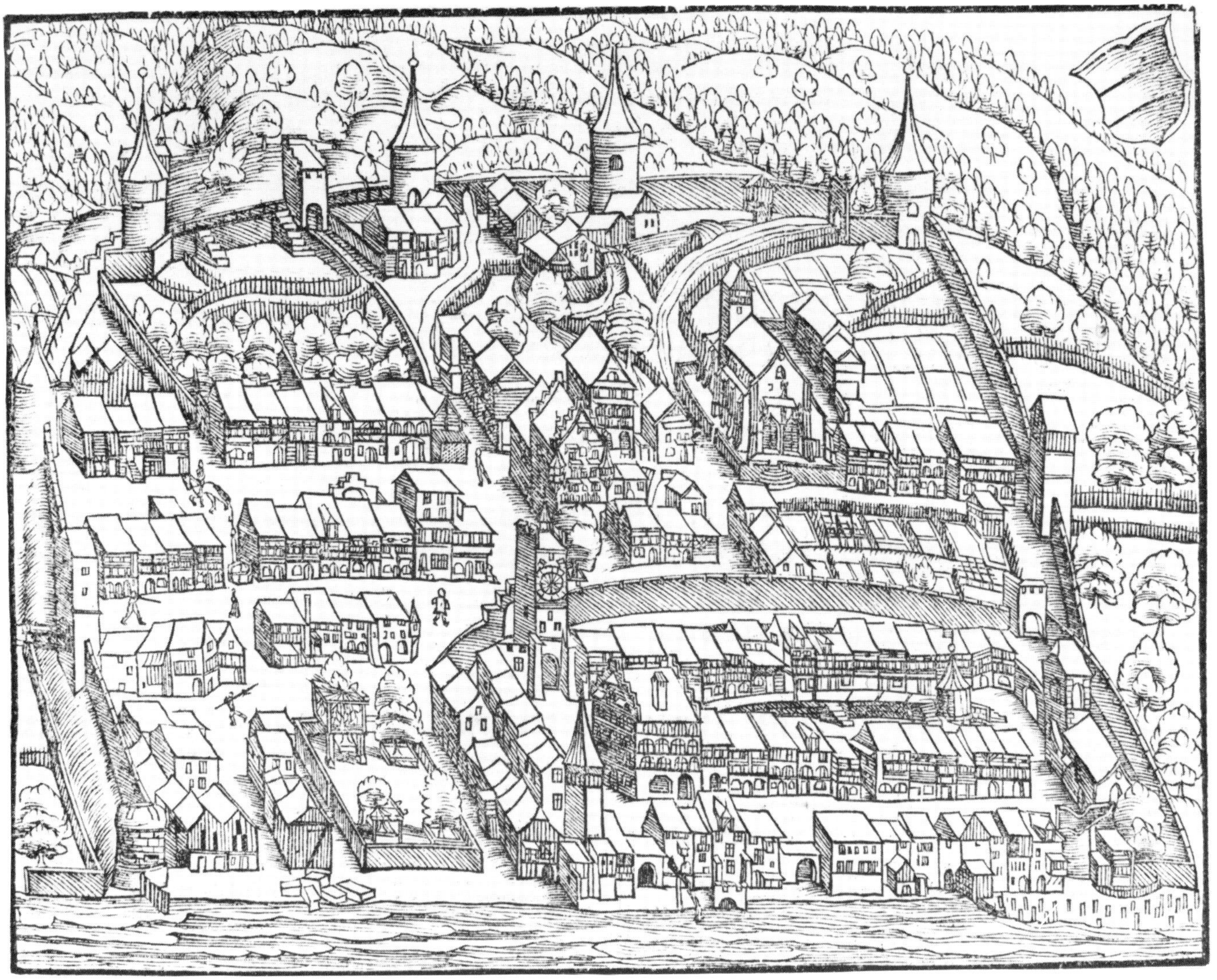

34 Zug um 1548. Holzschnitt aus der Chronik von Johannes Stumpf.

ihrer schließlichen Verurteilung der Schwyzer[603] als friedbrüchig betonen stark die Verpflichtungen aus den Bundesbriefen, vernachlässigen aber die rechtlichen Bindungen von Schwyz gegenüber den ‹äußeren Gemeinden› des Amtes Zug. Es ist nämlich keineswegs abwegig anzunehmen, daß hier die Schwyzer ihrer Schutzpflicht gegenüber den Bauern des Amtes Zug nachkamen, die gegenüber der Stadt in eine abhängige, wo nicht gar untertänige Stellung zu geraten drohten. Viele Bauern im Zuger Amt standen nämlich im Schwyzer Landrecht. Wieviele, ist nicht auszumachen, doch deuten die Urteilssprüche von 1404 darauf hin, daß es bemerkenswerte Kontingente waren. «Wir sprechen ouch», so urteilen die Eidgenossen, «welche in dem ampt ze Zug gesessen sind und darin gehörend, si sigend ze Schwitz lantlüt oder nit, die sullend dienen und mit allen sachen gehorsam sin einem ammann und dem rat ze Zug, als ein andrer der da gesessen ist und si von alter har getan hand. Hand ouch die von Schwitz in dien löuffen von dekeinen usser dem ampt ze lantlüten genommen, die süllend si sines eyds und sines gelüpt ledig lassen. Si sollend ouch hinnethin ir keinen nit mer ze lantmann nemmen noch empfachen, dann dien von Zug und dem ampt unschädlich, ir dekeiner welle sich denn in ir lantmarchen züchen»[604]. Sollte das Landrecht dem Geist und Buchstaben entsprechend ausgelegt werden, dann hatte Schwyz die Ansprüche seiner verlandrechteten Zuger Bauern, sofern sie auf einer ordentlichen Rechtsgrundlage standen, rechtlich und notfalls auch kriegerisch zu vertreten. Ob der Stadt innerhalb des habsburgischen Amtes Zug damals mit Recht eine Vorzugsstellung zukam, kann füglich bezweifelt werden. Insofern wäre das Verhalten von Schwyz nicht so eindeutig rechtswidrig gewesen, wie es die schließlichen Urteilssprüche suggerieren wollen.

Nach 1400 wurde es für den einzelnen Ort immer schwieriger, seine Einflußsphäre über die Verleihung von Landrechten noch zu erweitern.

603 Den Schiedssprüchen folgt weitgehend die Literatur.
604 EA 1, Nr. 253, S. 111.

Weil damit konkurrierende Rechtsansprüche verbunden und Konflikte zu besorgen waren, schalteten sich vermehrt die Eidgenossen insgesamt ein und huldigten zunehmend einem Rechtspositivismus. Die Zukunft der eidgenössischen Territorialpolitik lag in den «gemeinen Herrschaften», der gemeinsamen, im Turnus wechselnden Verwaltung der neu erworbenen oder eroberten Landgebiete.

So scheiterte auch Nidwalden zu Beginn des 15. Jahrhunderts mit seiner «Ausbürgerpolitik» am Widerspruch der Eidgenossen[605]. Kritisch bis gespannt waren die Beziehungen zwischen Nidwalden und dem Kloster Engelberg während des ganzen 14. Jahrhunderts, nicht anders als zwischen Schwyz und dem Kloster Einsiedeln. Engelberger Bauern suchten die Lockerung ihrer herrschaftlichen Bindungen zu erreichen – naheliegenderweise angesichts des großen Gefälles, das zu den benachbarten Bauern Unterwaldens bestand. Daraus erklärt sich recht mühelos, weshalb sich die Engelberger um das Nidwaldner Landrecht bewarben. Die Spannungen mit dem Kloster gingen so weit, daß es 1408 zu einem veritablen Bauernkrieg im Engelberger Tal kam. Unterstützung erhielten die Bauern von den Nidwaldnern, und zwar eben aufgrund der eingegangenen landrechtlichen Bindungen.

Auch in diesem Fall verpflichteten die Eidgenossen ihre Nidwaldner Verbündeten, auf ihre Ausburgerpolitik zu verzichten, und zwar mit Verweis auf die kaiserlichen und königlichen Privilegien des Klosters: «Wen aber nu die egenanten herren von Engelberg gut kuntschaft hant von fier römischen keisern vnd sechs bebsten, die allesamt luterlich vnd eigentlich wisent, das deheine irdische oder weltliche person vber ir gotzhus noch das ir nichts ze gebietten haben söl, noch ewigklich niemer gewinnen, das nun die von Unterwalden nit dem Kernwaldt billich von den tallüten ze Engelberg stan söllint, die sy nüwlich ze lantlüt genommen hettint, von deswegen diss stöss sint vffgeluffen, vnd das ouch niemants über si ze gebietten haben sol, dan ein apt oder der dem der es empfiehlt, als die versigelten brief, die si von keisern, von bebsten vnd küngen handt, luterlich wisent»[606]. Hätte man die nämliche Position gegenüber den Habsburgern bezogen, so hätten Luzern und Zürich die Ausburgerpolitik als Instrument ihrer Territorialpolitik fallenlassen müssen. Doch das ist das Schicksal des Rechts; es wird selten allen in gleichen Portionen zugemessen.

Erfolgreicher als Nidwalden war Obwalden, auch weil es seine Politik gemeinsam mit Uri betrieb. Die ersten Initiativen kamen allerdings von außen. Die Bauern von Grindelwald, Wilderswil und anderen Orten, Grundholden des Klosters Interlaken, suchten die Unterstützung Unterwaldens und gingen 1349 ein Bündnis ein[607]. Unterwalden verspricht, die Interlakener zu schirmen «also wa dc were, das si jeman wider recht ubernǒten wǒlte, dc wir inen behulfen sullen sin mit lib und mit gůte mit solichen gedingen, wenne wir zů inen zogtin und uber den Brůning kemmin, dc wir in ir kost sullen sin, wenne si aber zů uns zogten und si uber den Brůning zů uns kemmin, dc aber wir denne den kosten haben sullen. Und sullen si ǒch uns gebunden sin ze ratenne und ze helfenne, als vor verschriben ist, jemer ewiklich, alle die wile, so es unsere gemeinden mit ir offennen brieve mit des landes ingesigel nit widerrůfet hant»[608]. Zwar handelt es sich hier im strengen Sinn nicht um die Verleihung des Unterwaldner Landrechts an die Interlakener Gotteshausleute, doch zeigt diese Urkunde, daß die Auswärtigen den Anschluß suchten. Bemerkenswerterweise hatten zuvor Unruhen in der Klosterherrschaft stattgefunden; jedenfalls hatten sich die Untertanen eidlich verbündet und suchten jetzt offensichtlich einen zusätzlichen Schutz gegenüber dem Kloster[609]. Das Schutzbündnis führte aber angesichts der stärkeren Durchsetzungsfähigkeit der Reichsstadt Bern im Gebiet von Thuner- und Brienzersee zu keiner dauerhaften Bindung an Obwalden.

«Verkehrspolitische Gründe»[610] mögen wohl das treibende Motiv für die Angliederung der Leventina und des Urserentales an Uri und Obwalden gewesen sein. Die unterschiedliche Abhängigkeit der beiden Talschaften von ihren eidgenössischen «Herren» zeigt nochmals die Spannweite der Anbindungsmöglichkeiten.

Zwischen 1332 und 1340 waren Mailand stattliche Besitzerweiterungen am Südrand der Alpen gelungen[611]: Novara und das Eschental, Como mit dem Veltlin und Sottoceneri, die Burgen und Städte Bellinzona und Como gehörten dazu. Ungefestigte Erbfolgeverhältnisse in der herrschenden Mailänder Familie der Visconti führten zu einem Aufstand in der Leventina und gleichzeitig zu einer engeren Anlehnung an das für den gesicherten Handel von Mailand nach Basel so wichtige Uri[612].

605 Vgl. HEER, Engelberg, S. 119ff.
606 Abgedruckt in: Gfr. 12, 1856, S. 237.
607 DÜRR, Politik, S. 144.
608 QW I/3, Nr. 809, S. 506.
609 Auf die vorgängige Einung macht BIERBRAUER, Freiheit, S. 235, aufmerksam. Zusätzliche Argumente für die Richtigkeit seiner Interpretation bieten EA 1, Nr. 74, S. 26 und Nr. 77, S. 27f.
610 MEYER, Politik, S. 41f. DÜRR, Politik, S. 140. Vgl. MORARD, Macht, S. 253.
611 Überblicksweise: MORARD, Macht, S. 253f., 262ff. Detailliert: MEYER, Politik, S. 38ff.
612 Betont von MORARD, Macht, S. 262.

Der Anschluß erfolgte 1403. Die Leventina bezahlte einen hohen Preis, denn sie wurde nicht eigentlich in das Landrecht aufgenommen[613]; sie wurde, um exakt zu sein, der Urner und Obwaldner Herrschaft unterworfen. «Wir die lantlüt gemeinlich von Liventin mit allen den vnsern vnd so zu vns gehörent [bekennen], daz wir alle gemeinlich vns vfgeben haben dien ersamen wisen, dien lantamman vnd dien lantlüten gemeinlich von Ure vnd von Underwalden ob dem Kernwald in ir hant, in ir gewalt vnd schirm vf geben haben, also daz wir alle gemeinlich vf den heiligen offenlich gesworn haben ze gotte vnd ze den heiligen vf dem heiligen ewangelium, inen den vorgenanten lantlüten gemeinlich von Ure vnd von Underwalden ob dem Kernwald gehorsam ze sin, wie oder weles weges si vns vnd vnser lant besezzent vnd enzezzent vnd si ie dunket, des sullen wir gehorsam sin vnd dem genug tun.»[614] Dieser ‹Gehorsam› verpflichtet die Landleute von Livinen, Uris und Obwaldens «nutz vnd er zu fürdern», Steuern zu zahlen, Mannschaft zu stellen und die bisher nach Mailand entrichteten Abgaben an die Waldstätte zu liefern; er berechtigt die Urner und Obwaldner, eigne «richter vnd gerichte [zu] setzen»[615], Verstöße gegen das Bündnis zu ahnden, Parteiungen aufzulösen und das Bündnis selbst nach Belieben neuerlich beschwören zu lassen. Die Gegenleistung der Waldstätte ist bescheiden: Eine militärische Schutzpflicht wird zugesagt; ob sie dringlich und berechtigt ist, entscheiden aber jeweils die beiden Orte.

Deutlich anders sind die Beziehungen des Urserentals zu Uri[616]. Die Annäherung erfolgte schrittweise, sicher begünstigt durch das gemeinsame Interesse an einem funktionierenden Transportwesen über den Gotthard. Die ursprüngliche Abhängigkeit des Hochtales vom Kloster Disentis lockerte sich zusehends. Bereits zu Beginn des 14. Jahrhunderts erscheint die Talschaft als Rechtsverband wie Uri oder Schwyz unter der Bezeichnung ‹Ammann und Talleute zu Ursern› und wurde schließlich zu einer eigenen Reichsvogtei. Enge verwandtschaftliche Beziehungen zwischen den beiden Talschaften bestanden natürlicherweise bei der räumlichen Nachbarschaft schon lange. Rechtlich wurden sie dadurch untermauert, daß König Wenzel 1382 mit der Bestätigung der freien Richterwahl durch die Talschaft auch Uri (und Obwalden) verpflichtete, Urseren zu schützen. «Wir meynen und setzen von Romischer kuniclicher mechte, das dieselben tallute alle mit eynander ader der merer teyl eynen under in, der in dem tale mit hausrôwche gesessen sey, yn zu eynem amman oder eynem vogte kyesen und nemen sullen und mûgen, der vollen gewalt doselbist in dem tale zu richten habe, und den endern und wandeln von jar zu jare, als in das allerbeste fugen wirdet, als lange bis an unser ader unsrer nachkomen Romischer keyser und kunigen gunst und gnade. Und dorumb so gebieten wir allen [...] unsern und des reichs undertanen und getrewen und mit namen den talluten der Awerern [Obwalden] und Sweytze ernstlichen und vesticlichen bey unsern und des reichs hulden, das sy die vorgenanten tallute zu Ursserren an sulchen unsern gnaden und freyheiten alle die weyl und wir in und unsere nachkomen an dem reiche Romische keyser und kunige, als vorgeschriben stet, das gûnen, nicht zewinen noch irren noch zewinen ader irren lassen in dheneweys, sunder sie darzu hanthaben, schutzen und schirmen.»[617] Das mag eine Vorstufe für das Landrecht darstellen, das 1410 abgeschlossen wurde. «Wir der landamman und die lantlút gemeinlich zû Ure und wir der amman und die tallút gemeinlich zû Urserren tûnd kunt allen den, die disen brief sehent lesend oder hôrent lesen, das wir mit gûtem râte und mit sinenklicher vorbetrachtung durch gûten frid und schirmung unser lib und gûtes, durch nutz und fromung willen gemeinlich des landes ze Ure und des tals ze Urserren eines ewigen lantrechtes und fruntschafft úbereinkomen sin also, das wir, die vorgenanten tallút von Urserren, ewig lantlút ze Ure worden sint und haben dz selb lantrecht denen von Ure gelopt und geschworn liplich und offenlich gelert eyde ze den heiligen fúr uns und unser nachkomen, die harzû mit namen ewenklich verbunden begriffen sin sôllen, mit inen ein ewig lantrecht ze haben und ze halten.»[618] Auch dieses Landrecht ist nicht ganz symmetrisch aufgebaut: Urseren ist Uri gegenüber bedingungslos zur militärischen Hilfe verpflichtet; in der Umkehrung gilt das mit der Einschränkung, daß Uri über die Rechtmäßigkeit der Aufmahnung befinden kann. In schwierigen und strittigen Fällen hat Uri die Möglichkeit, den Talrichter zu ernennen. Im übrigen soll das Urner Landrecht in all seinen Bestimmungen auch für Ur-

613 Die Forschung unterscheidet nicht immer mit der wünschenswerten Genauigkeit zwischen Landrechten und Schutzbündnissen. Die Liviner jedenfalls werden nicht zu «Landleuten» aufgenommen, und vollends verfehlt ist es, zu behaupten, deren Stellung entspreche «dem Verhältnis der Glarner, Zuger und besonders der Appenzeller zur damaligen Eidgenossenschaft bzw. zu Schwyz» (so Meyer, Politik, S. 43).

614 EA 1, Nr. 43, S. 335f.

615 Vgl. dazu auch die Absprache zwischen Uri und Obwalden vom gleichen Jahr: EA 1, Nr. 43b, S. 336f.

616 Überblicke bieten Müller, Geschichte, und Hoppeler, Ursern.

617 Druck bei Hoppeler, Ursern, S. 71f.

618 Ebd., S. 73–76.

seren gelten. Die Ursner aber versichern, den Urner «gepotten gehorsam ze sinde in allen den stucken, so vor oder hienach geschriben stande und die vorgenanten von Ure je ze rat wårdent, als dick das beschicht, als ander [ire] lantlút ze Ure»[619]. Gerade der Nachsatz macht noch einmal unmißverständlich deutlich, daß die Rechtssetzung der Urner Landsgemeinde auch für Urseren gilt. Ein Vergleich des Urserer und des Urner Landrechts bestätigt das: sie stimmen bis auf kleinere Unterschiede überein[620]. Folglich galt auch unbeschränkte Freizügigkeit von Urseren nach Uri. Mit der Übersiedlung waren alle politischen Rechte verbunden, die der Besitz des vollen Landrechts gewährleistete: «Wåre das dekeiner von Urserren in unser lant ze Ure zuge und hushåblich wǒlt sin, [der] sol und mag wol lantman sin.»[621]

Für die Territorialpolitik der Länder ergeben sich somit interessante Gemeinsamkeiten, die sich durch den Vergleich mit der städtischen Territorialpolitik noch profilieren lassen.

Kauf als Mittel des Landerwerbs läßt sich so gut wie gar nicht nachweisen. Die territoriale Erweiterung der Länderorte erfolgt in aller Regel über die Aufnahme von Gebieten ins «Landrecht». Einzig die Vereinbarungen zwischen den Interlakener Gotteshausleuten und Obwalden und diejenigen der Leventina mit Uri und Obwalden weichen von dieser Norm ab. Schutzbündnisse sind allerdings auch sie, und insofern im Landrecht ebenfalls ein Stück Schutz steckt, nähern sie sich den Landrechten.

Das Landrecht war offensichtlich in enormem Maße «instrumentalisierbar». Seine Ausgestaltung streut: von der schieren Untertänigkeit der Einsiedler bis zur politischen Gleichwertigkeit der Ursner.

Die Landrechtsverleihungen der Länderorte erfolgten überwiegend an Korporationen, an Gemeinden oder irgendwie verfaßte Bauernverbände, und seien es nur Hörige eines Klosters wie in Einsiedeln. Individuelle Aufnahmen ins Landrecht scheinen vergleichsweise selten vorgekommen zu sein – möglicherweise handelt es sich um solche bei den Zuger Bauern –, und damit unterscheidet sich die «Ausburgerpolitik» der Länder mindestens graduell von jener der Städte.

Mehrheitlich scheint die Initiative «von außen» zu kommen: Man wird nicht in das Landrecht gezwungen, man bewirbt sich darum[622]. Im Falle Interlakens und Zugs gehen die Aktivitäten von den schließlich ‹Verlandrechteten› aus; für Arth und die Leventina ist dasselbe zu vermuten und für Einsiedeln und die March nicht zu widerlegen. Immer läßt sich beobachten, daß diejenigen, die den Schutz und das Landrecht suchen, in einer äußerst prekären Lage sind: Der Schutz ist nicht mehr gewährleistet, die Herrschaft hat versagt. Und zwar nicht allein aufgrund der Angriffe durch die Eidgenossen: Die Interlakener Gotteshausleute befinden sich in einer fundamentalen Auseinandersetzung mit ihrem Kloster; das Zuger Amt wird offenbar von der Stadt ausgespielt, ohne daß der rechtmäßige ‹natürliche› Herr, der Herzog von Österreich, dem wehrt; die Leventina hält nicht viel von der politischen Macht eines unmündigen Visconti. Solche Beobachtungen rücken nun – um zum Schluß und zu einer Bilanz zu kommen – die Territorialpolitik der Städte und der Länder eng aneinander.

Zunächst ist die zeitliche Kongruenz bemerkenswert: Das Ausgreifen über die Stadt- und Ländergrenzen hinaus beginnt zögernd nach 1300, erfährt eine enorme Beschleunigung in der zweiten Hälfte des 14. Jahrhunderts mit einem eindeutigen Höhepunkt so um die Schlacht bei Sempach und kommt in einer dritten Phase nach 1400 zu einer gewissen Konsolidierung.

Für die Territorien Zürichs und Luzerns übertrifft das Instrumentarium der Verleihung des Bürgerrechts, sei es an einzelne Bauern, sei es an Adelige mit ihren Herrschaften, dasjenige des plumpen Kaufs ganz erheblich. Was für die Stadt die Verleihung des Bürgerrechts ist, bedeutet für den Länderort die Verleihung des Landrechts. Mit Landrechtsverleihungen binden die Waldstätte ihr Umland an sich. Bürgerrecht (Stadtrecht) und Landrecht verfügen über die genau gleiche duale Konstruktion: Zu deren Rechten gehört u.a. der Anspruch auf Schutz, sowohl gerichtlich wie militärisch; zu den Pflichten hingegen die Steuerleistung und die Kriegspflicht. Das macht den Kern der mittelalterlichen «Vogtei» aus[623]. Die Vogtei ist des Königs, des Fürsten, des Grafen nobelstes Herrschaftsrecht. «Schützen zu können», und sonst nichts, legitimiert Herrschaft im Mittelalter. Aus der Vogtei wächst der moderne Staat, der treffenderweise als Steuerstaat und Militärstaat bezeichnet worden ist. Mit der Verleihung von Bürgerrecht und Landrecht machen sich die civitates, die communitates und die universitates der Innerschweiz –

[619] Ebd., S. 74.

[620] Edition mit guter synoptischer Aufbereitung der identischen Rechtsmaterien bei OTT, Ursern, S. 19–28.

[621] HOPPELER, Ursern, S. 75.

[622] Das Problem bedürfte dringend einer Klärung, weil es Prinzipielles über die Attraktivität der eidgenössischen Orte gegenüber ihrem feudalen Umland aussagen könnte.

[623] Für die Schweiz am besten herausgearbeitet von GASSER, Landeshoheit.

um in gänzlich unschweizerischen Metaphern zu sprechen – zu Königen, Fürsten und Grafen.
Die Vogtei, die Aufnahme ins Stadtrecht und ins Landrecht, kann unterschiedliche Formen annehmen; das liegt in ihrem Wesen begründet, je nachdem, ob man die Rechte oder die Pflichten akzentuiert. Für die Arther erwächst aus der Verlandrechtung mit Schwyz ein uneingeschränktes Landrecht mit allen Rechten eines Landmanns auf der Landsgemeinde. Für die Ursner gilt dieses Recht in nur etwas abgeschwächter Form; aber immerhin muß ein Ursner das Recht, auf der Urner Landsgemeinde zu erscheinen, nicht erst erwerben – er hat es. Ganz im Gegensatz zu den Einsiedlern, die wenig mehr als blanke Untertanen der Schwyzer gewesen sein dürften, soweit sie davor nicht durch die noch verbliebenen Verpflichtungen gegenüber Einsiedeln geschützt wurden[624].
Mehrheitlich sind es formierte Verbände, welche dem Stadt- oder Landrecht nachfragen: das Entlebuch und Sempach in Luzern, Urseren in Uri, Arth in Schwyz. Sie alle verfügen über eine unterschiedlich weitreichende politische Autonomie. Damit mag es zusammenhängen, daß – ganz im Unterschied zu allen Reichsstädten in Deutschland – den «Landschaften» ein bemerkenswertes Maß an politischen Rechten erhalten bleibt: dem Urserental, dem Entlebuch und anderen mehr. Vielleicht leben diese Rechte auch in veränderter Form fort in den «Volksanfragen», auf denen mit den «Landschaften» politische Grundsatzfragen diskutiert wurden: etwa über Krieg und Frieden und ob man Zwingli anhängen solle oder dem Papst.
«Territorialpolitik» der Städte und Länder bezeichnet sehr ungenau den Vorgang der Integration und Anbindung des Umlandes an die neu entstandenen politischen Zentren der eidgenössischen Orte. Die Vergleichbarkeiten sowie Ähnlichkeiten mit Vorgängen in Italien und in Deutschland – und von daher erklärt sich natürlich die Wortwahl – sind äußerst bescheiden. Die Integrationsprozesse gehen mindestens in ebenso starkem Maße vom Umland und Hinterland der Orte aus wie von den Orten selbst. Nicht politische und wirtschaftliche Interessen der Städte und Länder allein[625] sind es, aus denen die Territorien herauswachsen, sondern die Hoffnungen einer immer schutzloser werdenden bäuerlichen Gesellschaft auf mehr Sicherheit, mehr Recht und mehr Frie-

35 Zur Strafe für die Verweigerung des Treueids gegenüber Luzern wird der Großteil der aufständischen Weggiser in Nauen nach Luzern abgeführt. Chronik des Luzerner Schilling, fol. 68r.

[624] Vgl. dazu GRIMM, Weisthümer 1, S. 346–352.
[625] So die gängige Auffassung in allen Gesamtdarstellungen und Handbüchern. Zuletzt bei MORARD, Macht, S. 246.

den. Diese Interpretation gewinnt auch an Gewicht durch die Beobachtung, daß der Aufbau der Territorien der eidgenössischen Orte gewissermaßen kostenneutral gewesen ist; mit Sicherheit gilt das für die Länder, in nur wenig abgeschwächter Form auch für die Städte. Die größere Aggressivität und das stärkere Eigeninteresse der italienischen und deutschen Körperschaften in bezug auf ihre Territorien kommen schon darin zum Ausdruck, daß sie erheblich höhere Mittel aufwenden mußten, um auf dem Land überhaupt Fuß zu fassen.

Das Elend des Adels – Widerspruch gegen feudale Herrschaft in Europa

Wahrhaft unerfreuliche Zeiten herrschten für den Adel und die Fürsten im 13. und 14. Jahrhundert zwischen Bodensee und Alpen. Aristokratische Herrschaft, die man allüberall in Europa für die einzig legitime Form der Herrschaft überhaupt erachtete, wurde ständig in ihrer Autorität geschmälert, in ihren Kompetenzen beschnitten, und ihrer herkömmlichen Rechte nach und nach entkleidet. Das Bündnissystem der Eidgenossen zeigte, daß Bauern, schließlich Bauern und Bürger in der Lage waren, den so dringend notwendigen Frieden herzustellen und aufrechtzuerhalten, ohne König und ohne Fürsten. Die Kriege hatten bewiesen, daß die Bauern beziehungsweise die Bauern und Bürger fähig waren, ihre politischen Rechte oder Ansprüche gegen Adels- und Ritterheere militärisch durchzusetzen, sogar mit strategischer Brillanz, wie aus dem erschreckten Echo in Europa geschlossen werden kann. Die ‹Communitates›, ‹universitates› und ‹civitates›, oder die ‹Landleute gemeinlich› und die ‹Bürger gemeinlich›, hatten brauchbare Wege gefunden, die Probleme des Zusammenlebens einer Gesellschaft am Ende des Hochmittelalters in einer angemessenen und annehmbaren Form zu lösen: Was geregelt werden mußte und wie Regelungsverstöße zu ahnden seien, entschieden auf dem Weg der Satzung und Rechtsprechung die Gemeinden und ihre repräsentativen Organe. Das bedeutete notwendigerweise eine Schmälerung adeliger Herrschaftsrechte, denn Gebote zu erlassen und Übertretungen gerichtlich zu verfolgen, gehörte zum herrschaftlichen Geschäft. Damit nicht genug. Die jungen Gemeinden drängten auf klare Verhältnisse und verdrängten den Adel, indem sie seine Rechte kauften oder ihn zwangen, sie zu verkaufen. Erosionserscheinungen der feudalen Ordnung im Umkreis der Waldstätte und der ihnen befreundeten und verpflichteten Städte waren die Folge.

Die Eidgenossenschaft ohne adelige Oberherrschaft stellte in Europa, jedenfalls auf längere Dauer, etwas Einmaliges dar. Das wußten auch die Schweizer. Abweichungen vom Üblichen bedürfen einer besonderen Begründung sowie einer weitläufigen Rechtfertigung. Seit die Eidgenossen selbst über ihre Tradition und ihre Herkunft räsonieren und reflektieren, und das tun sie nach Auskunft der verfügbaren Quellen spätestens seit dem 15. Jahrhundert, vermessen sie ihre Geschichte zwischen den «guten Kaisern» und den «bösen Habsburgern». Noch 1515 bekennen sich die Eidgenossen zum Reich, falls der Luzerner Hans Wick mit seinem Lied eine verbreitete Stimmung ausdrücken sollte:

«Schweiz das thun ich loben,
ei sie thund den ehren gleich;
wo sie ziehend in das felde,
so führend sie das heilig reich.»[626]

Sie ‹führen das heilige Reich› heißt: ihr Feldbanner ist die alte Reichsfahne, sie kämpfen also für Kaiser und Reich (vgl. Abb. 36).

Hans Wicks Zeitgenosse Aegidius Tschudi erklärt den eidlichen Zusammenschluß der Länder Uri, Schwyz und Unterwalden aus dem widerrechtlichen Bemühen der Habsburger, sie vom Reiche abschneiden und damit fürstlicher Herrschaft unterwerfen zu wollen. Als der habsburgische König «vernam, das sich die drij waltstett Uri, Switz und Underwalden an sine sün die hertzogen von Österrich keins wegs undergeben woltend, und alles sin und siner landtvögte früntlich anhalten und werben darinne ze gehellen vergeben was, und kein andrer bescheid verlangen mocht dann si weltind bi dem römischen rich belijben, begund er inen grimm gehass werden. [...] Disen landtvogten bevalch der künig, das si die lantlüt hert halten und gegen den strafbarn, wie geringe sachen es iemer sigind, zum strengisten ze farn und kein gnad mitzeteilen und gar niemants ze verschonen. Also fiengend die landtvogt an allerlei wůterij mit den biderben lüten ze gebruchen.»[627]

Die in diesen zwei Zitaten versuchsweise eingefangene Überlieferung prägt seit dem Spätmittelalter das Bild von der Frühgeschichte der Eidgenossenschaft. Als eine mächtige nationale Tradition, weitergegeben von Generation zu Generation, angefochten durch die kritische Geschichtswissenschaft des 19. und frühen 20. Jahrhunderts, wiederbelebt durch die ‹geistige Landesverteidigung› in der Vorkriegs- und Kriegszeit, bestimmt sie, geläutert zwar,

[626] Zitiert bei SCHUBERT, König, S. 366, und korrigiert nach der von ihm angegebenen Vorlage.

[627] TSCHUDI, Chronicon 1/1, S. 432 (Varianten und Streichungen in der Vorlage sind, um die Lesbarkeit zu erleichtern, weggelassen).

aber in ihrer Eigenart doch noch gut erkennbar, auch die heutigen Urteile von den Anfängen der Schweiz. «Der Kampf der Eidgenossen dafür, reichsfrei zu bleiben und nicht von einem werdenden Fürstenterritorium aufgesogen zu werden, also nicht mediatisiert zu werden, wie der Fachausdruck lautet, durchzieht die ganze Epoche ihrer Geschichte vom ausgehenden 13. bis zum Ende des 15. Jahrhunderts.»[628] Solche und ähnliche Formulierungen markieren den heutigen Stand der nationalen, wissenschaftlich kontrollierten Selbstvergewisserung der eigenen Ursprünge, und sie prägen auch nachhaltig die Perspektive, in der man außerhalb der Schweiz deren Geschichte sieht[629].

36 **Doppelköpfiger Reichsadler mit Kaiserkrone, umgeben von den Wappen der eigenössischen Stände und der ihnen zugewandten Orte: Symbol der Zugehörigkeit der Eidgenossenschaft zum Reich. Widmungsbild aus der Schweizerchronik des Petermann Etterlin, 1507.**

Was hat es also auf sich mit den Habsburgern? Das bleibt zu klären, um dieses weite Kapitel über den dialektischen Prozeß von Kommunalisierung und Entfeudalisierung abzuschließen. Was ist mit diesen Habsburgern, denen die Chronisten ‹Wüterei›[630], Karl Meyer ‹schrankenlosen Machtwillen›[631] oder Guy Marchal kunstvolle ‹Herrschaftsintensivierung›[632] bescheinigen?

Das Grafenhaus der Habsburger nahm zu Beginn des 13. Jahrhunderts im Raum der Innerschweiz ganz ohne Zweifel eine herausragende Stellung ein[633]. Es besaß in Schwyz und Unterwalden Vogteirechte. In Uri verwaltete es die Reichsvogtei. Ihm unterstanden die westlichen Teile der Grafschaft im Zürichgau und die Vogtei über die Klöster Muri und Luzern[634].

Bereits hier aber beginnen die Schwierigkeiten. Was ist eine «Vogtei», was eine «Reichsvogtei», was eine «Klostervogtei», was eine «Grafschaft»? Welche Rechte konkret damit verbunden waren, bleibt namentlich für das 13. Jahrhundert recht unklar[635], und damit wird

628 PEYER, Verfassungsgeschichte, S. 14.

629 Vgl. MORAW, Verfassung, S. 219f. – Es ist wichtig, zu wissen, daß die Anfänge und das Entstehen der Eidgenossenschaft ausschließlich von Schweizern behandelt worden sind. Nur zu Detailfragen haben sich Ausländer geäußert, vornehmlich deutsche Mediävisten wie Harry Bresslau oder Theodor Mayer. Damit sind die nationalen Traditionen der Interpretation aber auch nie grundsätzlicher kritisiert worden, wie das der Fall ist, wenn ein Engländer eine deutsche Geschichte oder ein Deutscher eine französische Geschichte schreibt, was durchaus nicht unüblich ist. Aus den Differenzen, ja Gegensätzen der Interpretation sind oft befruchtende, die Diskussion erheblich fördernde Forschungen hervorgegangen. Enorme Fortschritte verdankt beispielsweise die deutsche und schweizerische Reformationsgeschichte den unüblichen und frischen Zugriffen der Amerikaner, Engländer und Australier.

630 Kritisch zur Chronistik die Arbeiten von Marchal. Vgl. als letzte: MARCHAL, Bellum, S. 114–137.

631 Dazu einordnend und klärend: STADLER, Klassenkampf, S. 290–358; zu Meyer bes. S. 333–340.

632 Eine breitere, grundsätzliche Auseinandersetzung mit MARCHAL, Sempach, steht noch aus. Vor allem seine prinzipielle Neubewertung der habsburgischen Pfandschaftspolitik verdient m. E. eine umfassendere kritische Würdigung, insbesondere auch von seiten der Rechts- und der Wirtschaftsgeschichte. Vgl. vorläufig: BORGOLTE Michael, in: HZ 246, 1988, S. 678f.

633 Grundlegend für die territoriale Entwicklung der habsburgischen Besitzungen und Rechte sind FEINE, Territorialbildung, und MEYER, Verwaltungsorganisation. – Einen ganz knappen Überblick gibt AMMANN Hektor, Die Habsburger und die Schweiz, in: Argovia 43, 1931, S. 125–153. – Für eine Einordnung in den Gesamtzusammenhang der Entwicklung im deutschen Südwesten vgl. BADER, Südwesten, S. 177–182. – Beispielhaft für stark den fundamentalen Gegensatz Habsburg–Eidgenossenschaft betonende Darstellungen: MEYER, Freiheitskampf; DÜRR, Politik, S. 24–68.

634 Die herrschaftliche Ausgangsposition der Habsburger im 11. Jahrhundert war bescheiden; sie fußte auf Besitzungen im Umkreis der für das Geschlecht namengebenden Burg Habsburg (bei Brugg) und im Oberelsaß. Seinen Aufstieg verdankte das Haus zunächst der Tatsache, daß es sich große Teile des Erbes sowohl der Lenzburger Grafen (1173/74) wie der Zähringer (1218) sichern konnte. Für Einzelheiten: FEINE, Territorialbildung, S. 107–111.

635 Grundsätzlich: GASSER, Landeshoheit. Vgl. ergänzend die komplizierte Darstellung von MEYER Bruno, Hochmittelalterliche Grundlagen der Innerschweizer Verfassungsgeschichte, in: Gfr. 100, 1947, S. 23–40.

auch der historischen Interpretation ein großer Spielraum eingeräumt. Kern aller Begriffe ist der Schutz. Ihn hat der Inhaber der unterschiedlichen Vogteien und Grafschaften den Menschen zu gewähren, im wesentlichen in der zweifachen Form der militärischen Verteidigung seiner Vogteileute und der Gewährleistung einer ordnenden und friedenstiftenden Rechtspflege. Die Rechtspflege fand im Mittelalter auf verschiedenen Stufen, gewissermaßen vor verschiedenen «Gerichtshöfen» statt,

37 Gewappneter Ritter: Initiale eines Psalteriums, Mitte 13. Jahrhundert. Kollegium Sarnen.

nicht anders als heute: Eine streitige Mietsache wird auch gegenwärtig nicht vor demselben Gericht verhandelt wie der Totschlag. Die gerichtlichen Kompetenzen solcher Vögte erstreckten sich in der Regel auf die «hohe Gerichtsbarkeit», auf Fälle wie Mord, schweren Diebstahl und schwere Brandstiftung, gelegentlich auch Notzucht; manchmal reichten die Kompetenzen solcher Vogtgerichte auch weiter nach unten: Schlaghändel beispielsweise wurden vor ihnen verhandelt, wenn sie «blutrünstig» oder «beinschröttig» waren, also der Gegner stark blutete oder mit zerschlagenen Knochen liegenblieb. Insofern die Kategorie Schutz sich einer positivrechtlichen Ausmünzung widersetzt, ist eine aufgrund solcher Rechtstitel wahrgenommene Gerichtsbarkeit «die einzige, jedenfalls die weitaus wichtigste Form einer umfassenden Organisation der sozialen Beziehungen und zugleich der hervorragendste Platz herrschaftlicher Selbstdarstellung und Autorität»[636].

Mittelalterliche Herrschafts- und Rechtsbeziehungen haben immer einen komplementären Charakter. In nahezu allen Institutionen und politischen Handlungen verschränken sich – wie die Historiker sagen – herrschaftliche und genossenschaftliche Elemente: Der Fürst als Vogt sitzt dem Gericht vor, das Recht jedoch ‹schöpfen› durch Beratung und Prüfung die Schöffen, die Geschworenen, kurz gesagt die Gerichtsgenossen; der Fürst als Vogt verteidigt die seinem Schutz unterstellten Leute, diese aber helfen ihm bei der Landesverteidigung, sie sind ihm zu «Reise» verpflichtet.

Nur schon das ausgeprägte genossenschaftliche Element im Mittelalter[637] sollte davor warnen, Herrschaft mit einsamen Entscheidungen des Fürsten oder gar mit Willkür allzu eng zu verknüpfen. Denn erst dem neuzeitlichen Europa seit dem 16. Jahrhundert geht der Genossenschaftsgedanke zunehmend verloren. Vom Absolutismus wird er vollends verdrängt.

Vogtei, Reichsvogtei, Klostervogtei und Grafschaft haben freilich sehr unterschiedliche soziale Grundlagen. Vergleichsweise eindeutig lassen sie sich nur für die Reichsvogtei und für die Klostervogtei bestimmen: Der Reichsvogt schützt militärisch sowie rechtlich, was zum Reich gehört – das können Klöster, Städte, kleine Verwaltungsbeamte und reichsunmittelbare Bauern sein; der Klostervogt schützt die meist bäuerlichen Holden eines Klosters. In beiden Fällen sind die Kompetenzen beschränkt, denn die Städte in den Reichsvogteien und die Klöster in den Grundherrschaften üben selbst auch gerichtliche Funktionen aus; technisch gesprochen verfügen sie über die ‹niedere Gerichtsbarkeit›, sie verhandeln Liegenschaftsstreitigkeiten, Beleidigungsklagen, bisweilen sogar Schlaghändel. Definitorische Schwierigkeiten ergeben sich mit den «Vogteien» und den «Grafschaften». Möglicherweise handelte es sich bei ersteren um umfassendere Adelsherrschaften, in denen hoch- und niedergerichtliche Kompetenzen vereinigt waren; gräfliche Rechte hingegen erstreckten sich vermutlich nur auf Freie – jedenfalls war das ursprünglich so – und beschränkten sich offenkundig auf die Blutgerichtsbarkeit[638].

[636] Willoweit, Landesherrschaft, S. 69.

[637] Für das Prinzip: Gierke, Genossenschaft. Zur gegenwärtigen Debatte: Weitzel, Dinggenossenschaft.

[638] Grimm, Weisthümer 4, S. 391–394.

Was nun die Habsburger in der Inner- bzw. Zentralschweiz tatsächlich wahrnahmen, kann über dieses Allgemeine hinaus kaum näher präzisiert werden. Es existiert zwar eine äußerst auskunftsreiche und in ihrer Art seltene Quelle zur Entschlüsselung der vogteilichen und gerichtlichen Kompetenzen der Habsburger – das unter Mediävisten berühmte «Habsburger Urbar», das freilich für die hier zu lösenden Fragen den Schönheitsfehler aufweist, daß es nicht von 1200, sondern erst von 1300 stammt. Wäre es erlaubt, dessen Auskünfte hundert Jahre zurückzudatieren, so hätten die Habsburger mehrheitlich über «Dieb und Frevel», verbunden mit «Twing und Bann», verfügt, gelegentlich über «Dieb und Frevel» allein; ersteres heißt Hoch- und Niedergerichtsbarkeit, letzteres nur Niedergerichtsbarkeit, wobei die Worte ‹zwingen› und ‹bannen› einen gewichtigen Zusatz ausdrücken: Sie umschreiben nämlich die herrschaftliche Banngewalt, die Gebotshoheit, die Satzungsgewalt, die Gesetzgebungskompetenz.

Daß durch die Kaiserprivilegien von 1231 für Uri und 1240 für Schwyz die Rechte der Habsburger geschwächt wurden, ist für Uri sicher, für Schwyz anzunehmen. Alles andere ist unklar oder ist mittlerweile durch die neuere Forschung unklar geworden, vor allem die politischen Hintergründe, die zu diesen Verschiebungen geführt haben. Lange galt als sicher, daß die Innerschweiz in den Gegensatz zwischen den Staufern und dem Papst, zwischen Ghibellinen und Welfen, hineingeriet, der den Adel des Reiches von Sizilien bis an die Nordsee in zwei bitter verfeindete Lager spaltete[639]. Weil sich die Schwyzer auf die Seite der Staufer schlugen, sei es zur kaiserlichen Privilegierung gekommen[640]; der Grund, weshalb sie sich auf die Seite der Staufer schlugen, sei mit dem ‹Freiheitsdrang› und der Gegnerschaft zu den Habsburgern zu erklären.

Nun fehlen alle Zeugnisse, die belegen würden, daß die Habsburger ihre Rechte je überdehnt hätten, so daß ein neu eingeführtes Argument für die engere Anlehnung der Innerschweiz an das Reich einiges für sich hat: Durch die Aufteilung der habsburgischen Rechte auf zwei Linien nach dem Tode Rudolfs des Alten von 1232 sei der Schutz – die Vogtei – für das Land zu schwach gewesen, und notgedrungen hätten sich die Bauern an einen mächtigeren Herrn, den Kaiser, angelehnt[641]. Vor gut sechzig Jahren hat ein kluger Rechtshistoriker auf renommierter internationaler Plattform den Historikern erklärt: «Wir sind bis heute nicht imstande, völlig klarzulegen, welche Ansprüche das Haus Habsburg an die Waldstätte hatte. Waren es bloße Vogteirechte, die aus der Reichsgewalt flossen? Waren es Rechte aus der alten Grafengewalt, die in landesfürstliche Rechte umgewandelt werden sollten? Oder waren es nur Ansprüche allodialer – wir würden heute sagen – privatrechtlicher Natur, die sich im Hause Habsburg nach dessen erbrechtlichen Regeln fortsetzten?»[642] Genauso ist das noch heute, weil sich für die Fragen von Vogtei und Grafschaft in der Schweiz seit fünfzig Jahren niemand mehr interessiert[643].

Wenn die Habsburger für die Entstehung der Eidgenossenschaft überhaupt etwas erklären sollten, dann mußte sich die These von der Bedrückung natürlich vor allem im Vorfeld von

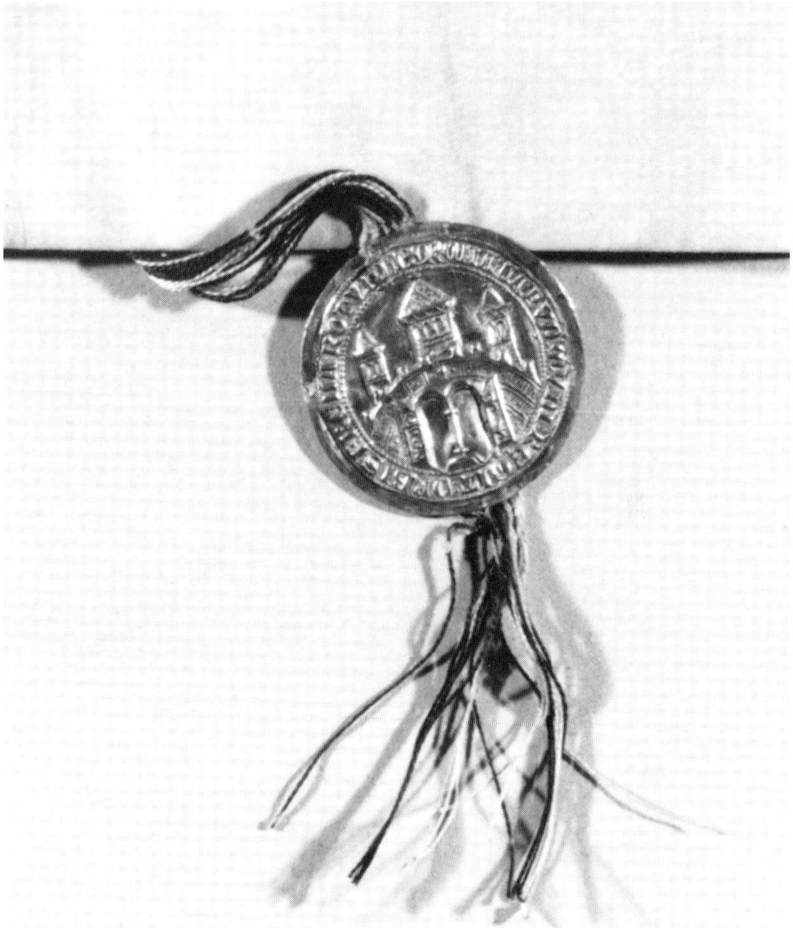

38 Goldbulle König Rudolfs I. von Habsburg von 1276. Haus-, Hof- und Staatsarchiv Wien.

[639] Für die Hintergründe und die angenommene Bedeutung für die Schweiz: PEYER, Entstehung, S. 171.

[640] Stark betont beispielsweise von OECHSLI, Beziehungen, S. 312–317. Anstelle weitläufiger Einzelnachweise vgl. das kritische Referat des älteren Forschungsstandes bei RIGGENBACH, Marchenstreit, S. 21–34.

[641] So RIGGENBACH, Marchenstreit, S. 22–32. Sekundierend: LA ROCHE, Interregnum, S. 32ff.

[642] FEHR, Entstehung, S. 14.

[643] Die Arbeiten von GASSER, Landeshoheit, und MEYER, Verwaltungsorganisation, sind zeitgleich mit der Studie von Fehr erschienen.

39 Habsburgische Gerichts- und Vogteirechte nach dem Habsburger Urbar von 1303 bis 1308 (Ausschnitt).

1291 bewahrheiten. In der Tat ist nun nicht in Abrede zu stellen, daß Rudolf von Habsburg, seit 1240 Senior des Hauses und seit 1273 deutscher König, seine Herrschaftsrechte im Südwesten des Reiches generell und in der Schweiz im besonderen erheblich erweitert und befestigt hat. In zwei großen Transaktionen 1264 und 1273 erwarb er aus dem Erbe der Kyburger und durch Kauf von den verwandten Laufenburgern Lehen, Ämter und Vogteien, teilweise auch solche, die an das Reich hätten zurückfallen sollen: die Landgrafschaft im Thurgau und Besitzungen im Aargau, um Zürich die Grafenrechte und die Reste der Reichsvogtei über das Fraumünster und das Großmünster, die Reichsvogtei über Gaster und die Vogtei über Glarus, die Vogteirechte um Luzern und in Schwyz und Unterwalden[644]. «Im letzten Jahrzehnt seiner Grafenzeit durfte Rudolf als der mächtigste Dynast des deutschen Südwestens gelten.»[645] Diese Territorialpolitik ging aber noch weiter. Mit dem Aussterben der Rapperswiler Grafen anno 1283 fielen die Vogteien über das Kloster Einsiedeln und das Urserental an Habsburg; Erwerbungen kleineren und größeren Zuschnittes folgten, vom Meieramt in Glarus bis zu den Besitzungen des Klosters Luzern[646].

Mit Rudolf als König (vgl. Abb. 38) erfolgte aber auch eine völlige politische Neuorientierung der Habsburger. Einer der Kurfürsten, Ottokar von Böhmen, hatte Rudolf die Lehenshuldigung verweigert. In den unvermeidlichen gerichtlichen und militärischen Auseinandersetzungen verlor Ottokar seine Besitzungen in Österreich an Rudolf von Habsburg. «Langfristig war es ein weltgeschichtliches Ereignis, das den Umsturz der politischen Geographie des Hochmittelalters bewirkte: Der Weg war frei [...] zum kommenden, jahrhundertelang modernen Gebilde der Großdynastie in Ostdeutschland.»[647]

Die Orientierung der Habsburger nach Osten nahm der Schweiz ihre überragende Bedeutung, die sie in der Hausmachtpolitik der Habsburger bislang gespielt hatte. Wenn das Autonomiebestrebungen prinzipiell auch begünstigen mochte, so stand ihnen zunächst entgegen, daß die Reichsrechte und die habsburgischen Rechte in der Innerschweiz noch von ein und derselben Dynastie gehalten wurden. Reichspolitik und Hausmachtpolitik wurden nicht sauber getrennt, ließen sich vielleicht auch gar nicht trennen. Rudolf belehnte seine Söhne mit Reichsgut[648] und verwaltete über seine Reichslandvögte Hausgut[649]. In der chronikalischen Tradition der Schweiz werden nun eben diese Landvögte zu veritablen Tyrannen, die sich an der Freiheit, dem Eigentum und den Frauen vergehen. Nur wenn man diese Tradition «für wahr» hält und sie in die Regierungszeit Rudolfs von Habsburg verlegt, läßt sich der habsburgischen Herrschaft der Mantel der Gewaltherrschaft umhängen[650]. Eine solche These beruht auf Kombinationen und Spekulationen, denen zu folgen angesichts der wenigen und dazu noch ungesprächigen Quellen schwerfällt. Es ist nicht einmal sicher, ob die zur Zeit Rudolfs von Habsburg in der Innerschweiz nachweisbaren Beauftragten des Königs das Amt eines habsburgischen Landvogts überhaupt bekleidet haben, und völlig im ungewissen liegt, was für Aufgaben mit einem solchen Amt verbunden gewesen sein könnten[651]. Vermutlich war es die Einsetzung eines Richters, denn kurz vor seinem Tode versichert der König den Schwyzern, ‹soweit sie freien Standes sind›, daß ihnen kein Unfreier als Richter vorgesetzt werden solle[652].

Die habsburgischen Rechte in der Schweiz haben im «Habsburger Urbar»[653], angelegt zwischen 1303 und 1308, eine beeindruckende Niederschrift gefunden. Es ließ sich nicht eindeutig klären, ob Teile verlorengegangen sind, die möglicherweise das Gebiet der Waldstätte betrafen[654]. Es fehlen aber die restlos überzeugenden Indizien, die zu einer solchen Annahme zwingen würden[655].

644 FEINE, Territorialbildung, S. 111–114. – Was unter den Vogteien im einzelnen zu verstehen ist, sucht MEYER, Verwaltungsorganisation, S. 65–108, zu entschlüsseln.
645 FEINE, Territorialbildung, S. 115.
646 Ebd., S. 134f.
647 MORAW, Verfassung, S. 215.
648 Vgl. STEINACKER, Staatswerdung, S. 16.
649 Zur Reorganisation des Reichsgutes und zum Aufbau von Reichslandvogteien vornehmlich in Schwaben (Oberschwaben, Niederschwaben, Augsburg), am Oberrhein (Oberelsaß, Niederelsaß, Speiergau) und in Franken (Rothenburg, Nürnberg) vgl. SCHUBERT, König, S. 189ff., und HOFACKER, Reichslandvogteien, S. 105–155.
650 So vor allem MEYER Karl, Über die habsburgische Verwaltung des Landes Schwyz 1273–1291, in: MHVS 33, 1925, S. 157, 176. Ähnlich in vielen anderen Arbeiten, ins Fabelhalfte gesteigert, in: MEYER, Freiheitskampf, S. 18–37. Kritisiert von MAYER, Entstehung, S. 163ff.
651 Angenommen wird, daß die Bestallungsurkunde für Otto von Ochsenstein, der die habsburgischen Rechte im Breisgau und Elsaß verwaltete, maßgebend für die Kompetenzen der Landvögte in der Schweiz gewesen sein könnte. Sie gibt allerdings auch nicht gerade einen besonders tiefen Einblick in die Amtsgeschäfte eines Landvogts. Vgl. QW 1/1, Nr. 1336, S. 609f. – Vgl. auch die Zusammenstellung der gesamten verfügbaren Überlieferung bei MEYER, Verwaltungsorganisation, S. 9f. – Generell: WILLOWEIT, Landesherrschaft, S. 90f.
652 QW 1/1, Nr. 1650, S. 758f.
653 HU.
654 HU 2/2, S. 527.
655 Das stärkste Argument in QW 1/2, Nr. 937, S. 478: Nach der Schlacht bei Morgarten versprechen die Eidgenossen, die habsburgischen Rechte (die Rede ist vornehmlich von grundherrlichen Titeln), wie sie zu Zeiten König Heinrichs VII. bestanden hätten (damals allerdings waren sie strittig), zu respektieren.

0 5 10 km
Orte, in denen Habsburg über «Dieb und Frevel» sowie über «Twing und Bann» verfügt
Orte, in denen Habsburg über «Dieb und Frevel» verfügt

Die Auswertung des Urbars[656] (vgl. die kartographische Darstellung in Abb. 39) zeigt den Raum der Innerschweiz frei von habsburgischen Rechtstiteln. Interessanterweise fehlen sie auch gänzlich an den Ufern des Zürichsees, wo sich seit der zweiten Hälfte des 14. Jahrhunderts das Zürcher Territorium entwickeln sollte. In weiten Gebieten verfügen die Habsburger mit «Dieb und Frevel» über die Hochgerichtsbarkeit: «Der Diebstahl repräsentiert den häufigsten Fall der sogenannten ‹unehrlichen Sachen›, das heißt der heimlich begangenen Verbrechen, auf denen nach mittelalterlicher Auffassung eine besonders harte Strafe stand, während unter der Bezeichnung ‹Frevel› vor allem die offen erfolgten Vergehen über Leib und Leben zusammengefaßt werden.»[657] Um Luzern und Zug allerdings massieren sich die habsburgischen Rechte insofern, als die Hochgerichtsbarkeit um die niedere Gerichtsbarkeit und das Verbotsrecht erweitert ist[658]. Es ist jener Raum der Innerschweiz, in dem die habsburgische Herrschaft erst nach Sempach[659] definitiv zusammenbricht.

Das Erscheinungsbild der Karte bedarf der korrigierenden Erläuterung. Viele Rechtstitel nämlich waren verpfändet. Rund ein Drittel der Einkünfte kam bei den Habsburgern gar nicht an, und ein entsprechender Teil von Herrschaftsrechten wurde nicht mehr von ihnen, sondern von den Pfandherren wahrgenommen. Um Pfandschaften zurückzulösen, mußte die Pfandsumme dem Pfandnehmer ausbezahlt werden[660], was bei der chronischen Finanzmisere der dynastischen Familien sehr schwierig war. So beginnt nach übereinstimmender Auffassung mit der Fertigstellung des Habsburger Urbars 1308 – im gleichen Jahr stirbt der Initiator des Urbars, König Albrecht – auch «die absteigende Entwicklung des Habsburgischen Territorialbesitzes in Großschwaben»[661].

Nach der Regierungszeit Albrechts von Österreich haben die Habsburger für mehr als hundert Jahre keine Könige mehr gestellt. Die Vermischung von Hausgut und Reichsgut, die Verquickung von habsburgischen und Reichsinteressen kam damit zum Ende. Verloren ging damit für die Habsburger auch die stützende Autorität des Königtums für ihre Stellung im Südwesten des Reiches. Die Itinerare der Könige, ihre Reiserouten durch das Reich, zeigen deutlich, daß nur die habsburgischen Könige, Rudolf und Albrecht, sich häufiger in der Schweiz aufhielten; Adolf von Nassau und Ludwig der Bayer haben die Schweiz kaum oder gar nicht besucht (vgl. Abb. 40, 41). Die Hausmachtpolitik der Habsburger gewann damit für die Familie wieder eine höhere Bedeutung, beschränkte sich jedoch nicht mehr allein auf den deutschen Südwesten, seitdem die Habsburger ihr Machtzentrum mit Österreich im Osten des Reiches hatten. Eine Landbrükke von Wien in Niederösterreich nach Ensisheim im Elsaß zu schlagen, haben sie wohl versucht und mit dem Erwerb Tirols, Vorarlbergs und von Teilen Schwabens auch ein recht gutes Stück vorangetrieben, letztlich ohne aber das erstrebte Ziel vollkommen zu erreichen.

Die Innerschweiz bemühte sich naheliegenderweise, ihre Beziehungen zu den Kaisern zu festigen. Das ist unter Heinrich VII. von Luxemburg 1308–1313 und unter Ludwig dem Bayern 1314–1347 in einer einigermaßen befriedigender Form auch gelungen. Beide Könige haben die Eidgenossen im Rahmen ihrer Möglichkeiten unterstützt, zumal die Habsburger mit ihrem Anspruch auf den Königsthron ihre natürlichen Gegner waren. Zu keiner anderen Zeit haben denn auch Schwyz, Uri und Unterwalden so viele Privilegien erhalten, auch wenn man über deren Wert streiten mag.

Heinrich VII. hat die Reichsrechte in der Schweiz, soweit es ging, wieder reaktiviert. Für knapp zwei Jahrzehnte lassen sich jetzt vereinzelt im Namen des Reiches amtierende Vögte nachweisen[662]; möglicherweise gab es während dieser gesamten Zeit eine über Schwyz, Uri und Unterwalden sich erstreckende einheitliche Reichsvogtei[663]. Falls sich die Forderung

[656] In die Betrachtung bzw. Karte einbezogen werden nur gerichtliche und vogteiliche Kompetenzen. Der grundherrliche Besitz, im Urbar als «Eigen» geführt, ist vergleichsweise bescheiden und findet sich im wesentlichen um Brugg, Kyburg und das schwäbische Sigmaringen. Zusammenstellung bei DÄNDLIKER, Zürich 1, S. 291; kartographisch umgesetzt in HU 2/2, Kartenanhang.

[657] GASSER, Landeshoheit, S. 29.

[658] «Twing und Bann» ist das «Recht, unter Androhung von Strafe Gebote und Verbote zu erlassen». GASSER, Landeshoheit, S. 34. – Das Problem Zwing und Bann hat vor allem die rechtsgeschichtliche Forschung zwischen 1930 und 1960 lebhaft beschäftigt. Vgl. zuletzt: BADER Karl Siegfried, Nochmals: Über Herkunft und Bedeutung von Zwing und Bann, in: Karl Siegfried Bader, Schriften zur Rechtsgeschichte, Sigmaringen 1984 (Ausgewählte Schriften zur Rechts- und Landesgeschichte 1), S. 137–155 (Republikation des 1955 erschienen Aufsatzes).

[659] MARCHAL, Sempach, S. 187–225.

[660] Zur Rechtsnatur: LANDWEHR, Verpfändung, S. 359–365, 373–387.

[661] FEINE, Territorialbildung, S. 159. – Ergänzend: DÄNDLIKER, Zürich 1, S. 291ff.

[662] Die Bezeichnungen sind uneinheitlich. Von einem «advocatus provincialis» ist die Rede (QW 1/2, Nr. 480, S. 231f.), der allerdings nicht Vogt über alle drei Länder (oder über sie allein) gewesen sein muß; von einem «phleger dez rōmschen richs in dien Walstetten» wird gesprochen (QW 1/2, Nr. 483, S. 233) und von einem «rychs voget [...] uber dů lant der Waltstette zů Switz, zů Ura und zů Underwalden» (QW 1/2, Nr. 1469, S. 714f.).

[663] Das wird in der Literatur angenommen: So OECHSLI, Beziehungen, S. 351–359; MOMMSEN, Eidgenossen, S.

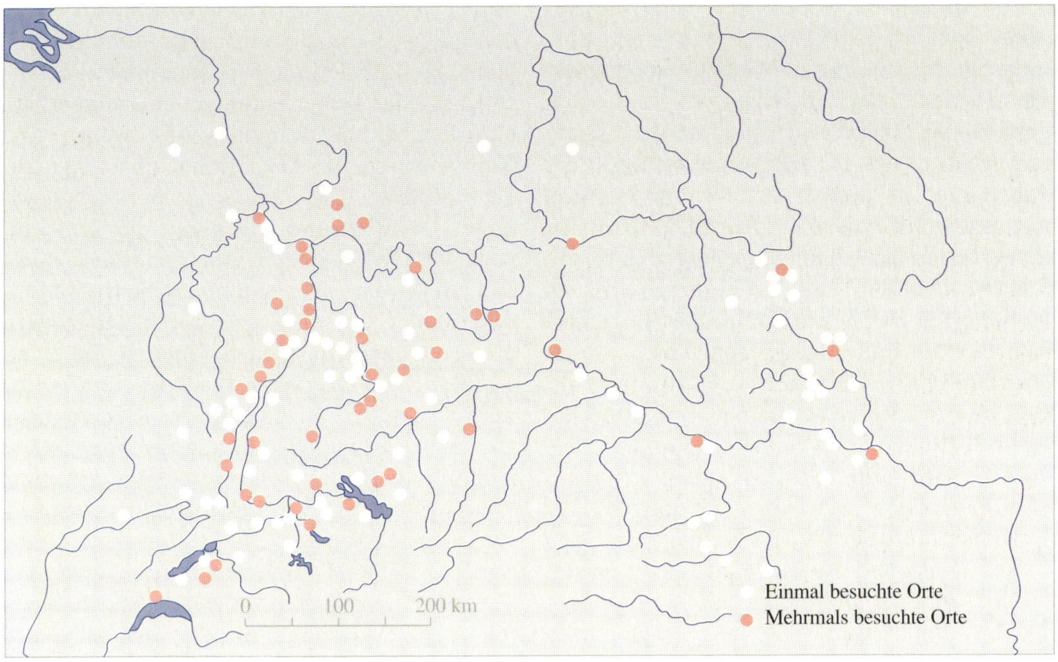

40 Aufenthaltsorte Rudolfs von Habsburg als deutscher König, 1273–1291.

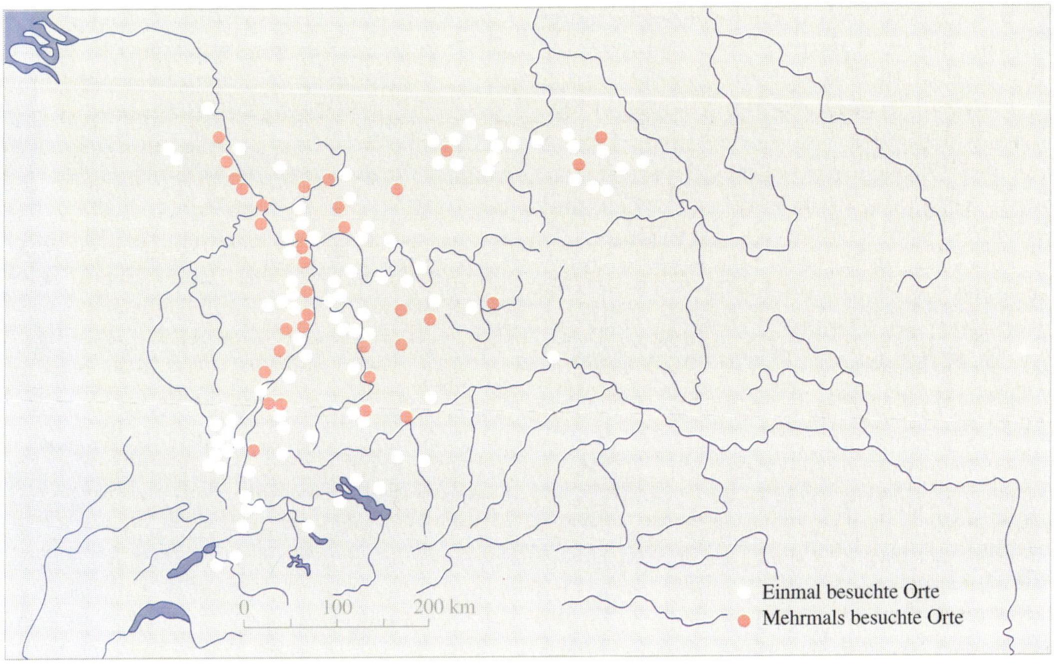

41 Aufenthaltsorte Adolfs von Nassau als deutscher König, 1292–1298.

der Waldstätte von 1291 nach einheimischen Richtern hatte durchsetzen lassen, dann kam dem Vogt lediglich noch die Aufgabe zu, diese Richter zu ernennen oder zu bestätigen und die Reichseinkünfte, beispielsweise die Steuern, einzuziehen – bescheidene Rechte jedenfalls, die das Reich nach 1330 verloren oder aufgegeben zu haben scheint.

Ähnlich scheint es den habsburgischen Besitzungen und Rechten gegangen zu sein, welche ohnehin – falls das Habsburger Urbar verläßliche Auskunft gibt – mehr dem Anspruch als der Realität nach bestanden. König Ludwig der Bayer, der ja um seine Anerkennung zu kämpfen hatte, weil einige Kurfürsten und Fürsten lieber Friedrich von Österreich als König gesehen hätten, hat den Habsburgern wegen ihres angeblichen Hochverrats alle ihre Rechtsamen in der Innerschweiz abgesprochen; freilich, von welcher Natur diese Rechte waren und ob sie die Qualität von blanken Ansprüchen überhaupt je überstiegen haben, läßt sich heute mit letzter Sicherheit nicht mehr ausmachen[664].

118f.; PEYER, Verfassungsgeschichte, S. 15; HOFACKER, Reichslandvogteien, S. 190.

664 MOMMSEN, Eidgenossen, S. 110, meint, es handele sich nicht um Vogtei- und Grafschaftsrechte, sondern im wesentlichen um grund- und niedergerichtsherrliche Titel. Für diese Interpretation spricht QW 1/2, Nr. 937, S. 478. Vgl. dagegen GASSER, Landeshoheit, S. 254f. – Umsichtig Bernhard Stettler in TSCHUDI, Chronicon 3, S. 19–28.

Kann man mit einiger Zuversicht davon ausgehen, daß um 1330 Reichsrechte und habsburgische Rechte in den Waldstätten verblassen, wo nicht ganz erlöschen, so ist dies im Umfeld von Luzern und Zürich anders. Denn um die Mitte des 14. Jahrhunderts haben die Habsburger in diesem Raum ihre Position nochmals konsolidieren können[665]. Doch in den kriegerischen Auseinandersetzungen mit Zürich und schließlich mit den Eidgenossen 1386 bei Sempach ist die habsburgische Herrschaft auch hier zusammengebrochen. Und schließlich verloren die Herzöge von Österreich 1415 auch ihre restlichen Besitzungen zwischen Alpen und Bodensee bis auf den Thurgau: Herzog Friedrich hatte auf dem Konzil von Konstanz dem abgesetzten Papst Johannes XXIII. zur Flucht verholfen und war deswegen von Kaiser Sigismund in die Reichsacht erklärt worden, mit der Folge, daß all die habsburgischen Besitzungen von den benachbarten Reichsständen im Auftrag des Reiches verwaltet werden sollten[666]. Die Eidgenossen haben sich aus dieser Konkursmasse zunächst nur zögernd bedient, das Eroberte dann aber auch nicht mehr herausgegeben. Die massiven Gebietserweiterungen von Zürich sowie Luzern und der Großteil der «gemeinen Herrschaften»[667] gehen auf diese Vorgänge zurück und wurzeln somit letztlich im alten Gegensatz zwischen den mächtigsten Dynasten im Süden des Reiches und dem Königtum.

Vom alten, umfassenden habsburgischen Besitz im Südwesten des Reiches blieben lediglich die Herrschaften «vor dem Arl» erhalten. Unterteilt in Vorarlberg, Schwäbisch-Österreich und Vorderösterreich, bildeten sie drei locker zusammenhängende Teile, denen eines gemeinsam war, das sie von vielen anderen Ländern des Reiches trennte: In allen drei Gebieten haben sich Landtage ausgebildet, Vertretungskörperschaften, in denen auch die Bauern und Bürger repräsentiert waren[668]. Hatten die Habsburger aus ihrer schweizerischen Vergangenheit etwas gelernt – wenigstens das, daß es sich empfiehlt, die Untertanen ein wenig am politischen Leben zu beteiligen, will man sie nicht ganz verlieren?

Man kann über das komplizierte Dreiecksverhältnis Eidgenossen, Reich und Habsburger im 13. und 14. Jahrhundert nahezu ins Grenzenlose spekulieren. Generationen von Historikern haben ihr methodisches Instrumentarium von innerer und äußerer Quellenkritik voll ausgeschöpft, um herauszufinden, «wie es eigentlich gewesen ist», ohne daß man heute von einem gesicherten Forschungsstand sprechen könnte. Die verfügbaren Quellen sind nicht eben zahlreich, ihre Gesprächigkeit hält sich in deutlichen Grenzen. Die auf die Habsburger bezogene «Unterdrückungstheorie», zu deren Verfeinerung, Modifizierung und schließlichen Komplizierung jede Generation von Historikern das Ihre beigetragen hat, um endlich in einem undurchdringlichen Dschungel von höchst artifiziellen Hypothesen zu enden, findet ihre Bestätigung lediglich in der chronikalischen Tradition und teilt damit das Schicksal von Tell, Geßler oder Winkelried. Die Urkunden und Urbare stützen eine solche Interpretation nicht. Die Habsburger unterscheiden sich in ihrem herrschaftlichen Gebaren nicht signifikant von den Wittelsbachern, den Wettinern oder anderen Dynasten des Reiches. Daraus zu folgern, daß damit notwendigerweise auch die «Befreiungstheorie», die attraktivere Zwillingsschwester der Unterdrückungstheorie, preisgegeben werden müßte, läge nahe. Diese Sorge freilich läßt sich zerstreuen, wenn man über einen Vergleich mit dem übrigen Europa zu einer Klärung zu kommen sucht. Auch der Vergleich gehört zum methodischen Verfahren der Geschichtswissenschaft, mit dem sich Erkenntnisse gewinnen lassen.

Passiert irgendwo in Europa etwas der Innerschweizer Entwicklung Vergleichbares?

1323 kam es zu Bauernunruhen in Flandern[669]. Amtsmißbräuche der adeligen Gerichtsherren und willkürliche Steuereinschätzungen scheinen der Anlaß gewesen zu sein. Bald konnten die Bauern erste Erfolge verbuchen: Ihre Beschwerden wurden gerichtlich untersucht und zum Teil Urteile zu ihren Gunsten gefällt. Gerade das scheint dem Aufstand neue Nahrung gegeben zu haben. «Aus einem Kampf gegen einzelne Amtsmißbräuche und Neuerungen wurde ein Kampf um die Herrschaft überhaupt. Mit mehr Energie als jemals wieder im Mittelalter versuchte man, den Adel auszurotten.»[670] Die Adelsburgen wurden gebrochen,

[665] Feine, Territorialbildung, S. 168. – Besonders stark akzentuiert bei Marchal, Sempach, S. 15–105.

[666] Vgl. dazu die reichsgeschichtlichen Zusammenhänge: Moraw, Verfassung, S. 370.

[667] Für Einzelheiten: Feine, Territorialbildung, S. 197f., und Bader, Südwesten.

[668] Überblicksweise bei Blickle, Landschaften, S. 74ff., 96–101, 128–137. – Bischoff Georges, Gouvernés et gouvernants en Haute-Alsace à l'époque autrichienne. Les états des pays antérieurs des origines au milieu du XVIe siècle, Straßburg 1982 (Société savante d'Alsace et des régions de l'est 20). – Quarthal Franz, Landstände und landständisches Steuerwesen in Schwäbisch-Österreich, Stuttgart 1980 (Schriften zur südwestdeutschen Landeskunde 16).

[669] Für die nachfolgend behandelten Unruhen in Europa vgl. zusammenfassend Franz, Bauernkriege. – Mollat Michel/Wolff Philippe, Ongles Bleus, Jacques et Ciompi. Les révolutions populaires en Europe aux XIVe et XVe siècles, Paris 1970. – Für Flandern: Pirenne Henri, Le soulèvement de la Flandre maritime de 1323 à 1328, Bruxelles 1900, und Franz, Bauernkriege, S. 78ff.

[670] Franz, Bauernkriege, S. 79.

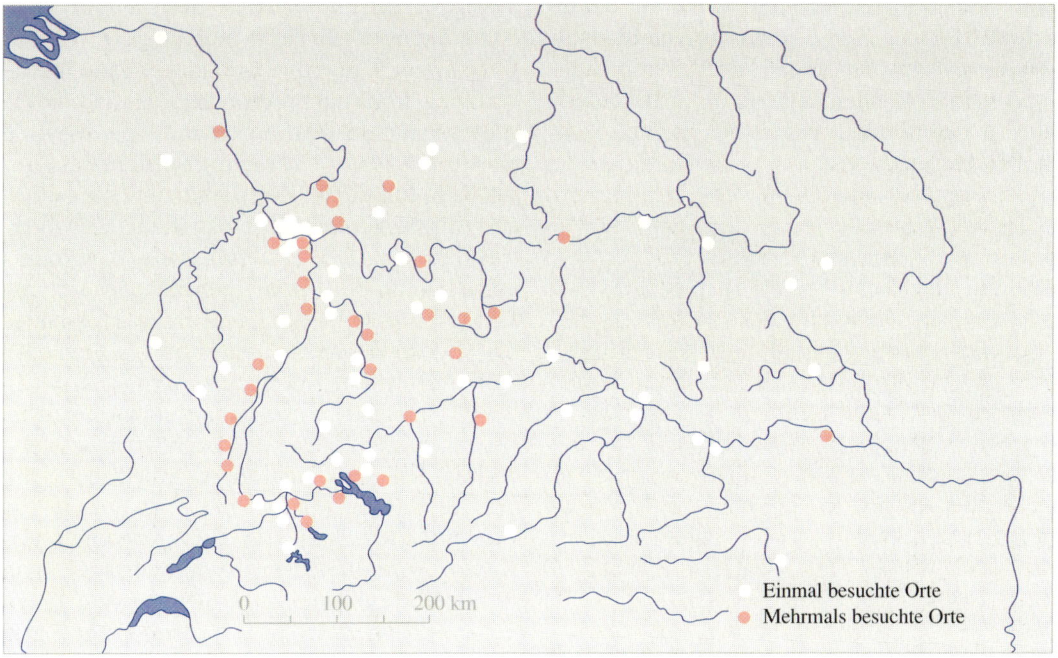

42 Aufenthaltsorte Albrechts von Habsburg als deutscher König, 1298–1308.

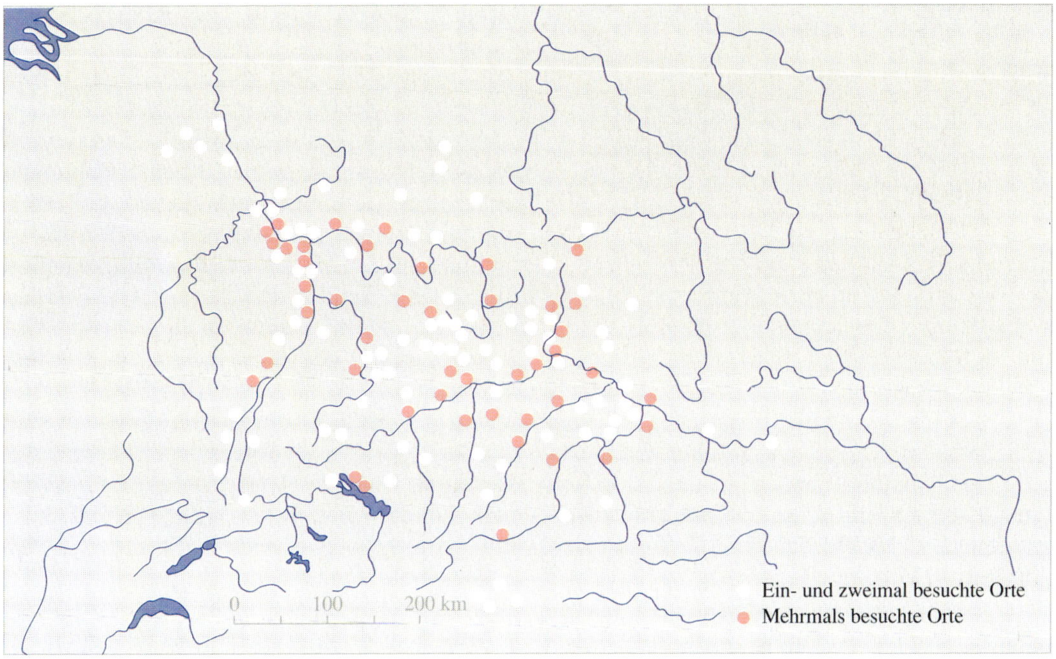

43 Aufenthaltsorte Ludwigs des Bayern als deutscher König, 1314–1347.

Gefangene niedergemetzelt, der Landesherr zur Flucht und seine Räte zur Abdankung gezwungen. Die Bauern übernahmen selbst die notwendige Verwaltung. Fünf Jahre dauerte die «Volksherrschaft», dann wurde die gefährliche Bewegung von einem französischen Ritterheer wie ein böser Spuk hinweggefegt.

[671] Neuester, knapper Überblick bei LEGUAI André, Les révoltes rurales dans le royaume de France, du milieu du XIVe siècle à la fin du XVe, in: Le Moyen Age 88, 1982, S. 49–76, bes. 50–59. Zur Komplettierung, auch für das nachfolgend angeführte Beispiel aus England: BULST Neithard, «Jacquerie» und «Peasants' Revolt» in der französischen und englischen Chronistik, in: Geschichtsschreibung und Geschichtsbewußtsein im späten Mittelalter, Hrg. Hans Patze, Sigmaringen 1987 (Vorträge und Forschungen 31), S. 791–819.

Nur wenige Tage benötigten französische Bauern 1358, um einen Aufstand zu organisieren, der das ganze Pariser Becken und große Teile der Picardie, Champagne und Normandie erfaßte[671]. Die «Jacquerie» genannte Bewegung verbrannte Burgen, verwüstete die Archive, in denen die Beweisstücke für die feudalen Lasten in Form von Urkunden, Urbaren und Rödeln lagen, und vertrieb den Adel. Das alles fand nicht zufällig inmitten des Hundertjährigen Krieges zwischen Frankreich und England statt, in einer friedlosen Zeit, in der sich der Adel als gänzlich unfähig erwies, seine Bauern vor den Verwüstungen des Krieges zu schützen. Im Gegenteil, er ließ sich für seine Kriegsdienste für den König noch besolden, und zwar über Steuern, welche die Bauern aufzubringen hatten. Für den König glaubten die Bauern zu kämpfen, indem sie sich gegen den Adel wandten. Nicht anders als in Flandern, nur sehr viel rascher wurde der Aufstand niedergeschlagen.

44 Zinsender Bauer im Rheinfelder Urbar. Haus-, Hof- und Staatsarchiv Wien.

Eine Generation später kam es 1381 zum größten Bauernkrieg der englischen Geschichte[672]. Der Aufstand begann in der Grafschaft Kent. Die bischöfliche Stadt Canterbury wurde erobert, der erzbischöfliche Palast niedergebrannt. Die Revolte sprang nach Essex über; gemeinsam marschierten nun die Bauern, unterstützt von den Handwerkern, am 11. Juni auf London zu und fanden in der Stadt eine bereitwillige Anhängerschaft. Die Dramatik der Ereignisse kommt in den Gewalttätigkeiten zum Ausdruck: Der Erzbischof von Canterbury, der Schatzkanzler des englischen Königs und der Lordmajor von London wurden ermordet. Der König erklärte sich zu Verhandlungen und Zugeständnissen bereit.

«Freiheit» hieß die alles überragende Forderung dieser Bauern. Die persönliche Unfreiheit, in England «serfdom» genannt, sollte abgeschafft werden. Aber nicht nur sie. Zunächst war von Aufhebung der Frondienste die Rede; schließlich sollten überhaupt alle Dienste und Abgaben entfallen. Mit einem bescheidenen Einkommen sollte sich jeder Pfarrer zufriedengeben; zuletzt wollte man die Verteilung des gesamten kirchlichen Besitzes für sich. Auch die unbeschränkte Nutzung der Wälder, Flüsse und Seen einschließlich der Jagd wurde verlangt. Man okkupierte quasi feudale Herrschaftssymbole, denn Fisch und Fleisch galten als Herrenspeise. Überhaupt wurde die gesamte adelig-kirchliche Herrschaft zur Disposition gestellt. Ersatz sollte eine bäuerliche Selbstverwaltung schaffen. Im englischen Bauernaufstand wurde der Spruch populär, der sich als Feudalismuskritik der kleinen Leute bald über den ganzen Kontinent verbreiten sollte: «Als Adam grub und Eva spann, wo war denn da der Edelmann?» Einen König meinte man zu brauchen; als Wahrer des Rechts schien er unentbehrlich. Was man offensichtlich nicht benötigte, war der Adel.

Die Zusicherungen und Versprechungen des Königs veranlaßten die Aufständischen, von London abzuziehen. Der König folgte ihnen auf dem Fuß, mit einer starken Truppe und dem Henker an der Spitze. Das Parlament erklärte die Zugeständnisse des Königs für ungültig.

Zur gleichen Zeit also, in der die Eidgenossen ihre großen Schlachten gegen die Habsburger schlagen, zwischen Morgarten 1315 und Sempach 1386, kommt es zu großen Erhebungen in Europa. Sie haben vieles gemeinsam: Bauern stellen den harten Kern, doch sind sie nicht allein; die Handwerker der Städte helfen ihnen – die flandrischen Städte, Gent ausgenommen, nicht anders als die Pariser und Londoner. Die Aufstände richten sich immer gegen den Adel, nie gegen den König, allenfalls gegen seine Beamten. Die Ursachen sind vielfältig; sie reichen von der als zu hoch empfundenen wirtschaftlichen Belastung bis zum mangelhaften Schutz im Kriegs- und Fehdefall. Hingegen erweisen sich die Ziele als vergleichsweise einheitlich: Um mehr Freiheit geht es und auch um mehr Eigenverantwortung bei der Organisation des alltäglichen Lebens, anders gesprochen um mehr Rechte der Gemeinden.

«Freiheitsbewegungen» sind im 14. Jahrhundert eine europäische Erscheinung und keine schweizerische Besonderheit. Es sind Massenbewegungen, denn die Aufstände erreichen jeweils eine bemerkenswerte räumliche Ausdehnung; keinesfalls handelt es sich nur um bloß regionale Aktionen. Die europäische Gesellschaft gerät in Bewegung; die feudale Ordnung zeigt Sprünge und Risse; die arbeitenden Menschen, die Bürger und Bauern, sind nicht mehr willens, eine als parasitär empfundene

[672] Hilton Rodney, Bond Men Made Free. Medieval Peasant Movements and the English Rising of 1381, London 1977.

45 Ein Adliger, dem ein zerlumpter Bote eine Klage überbringt, flaniert mit seiner Gemahlin vor der Stadt; die Frau führt ihren Jagdfalken und das Schoßhündchen mit sich. Chronik des Luzerner Schilling, fol. 71r.

aristokratische Oberschicht durch ihre Abgaben und Dienste zu erhalten.
Das ist nicht nur so in Flandern, Frankreich und England, sondern auch, jenseits der Grenzen der Eidgenossenschaft, in vielen Regionen des Heiligen Römischen Reiches[673]. In zahllosen Herrschaften kommt es im Spätmittelalter zu Unruhen. Sie setzen mit vereinzelten Aufständen um 1350 ein und zeigen eine numerisch steigende Tendenz bis zum großen Bauernkrieg von 1525; rund sechzig Aufstände sind zwischen diesen beiden Eckdaten nachgewiesen worden.
Es geht den Bauern, soweit sich Verallgemeinerungen anbieten und aufdrängen, um eine Verbesserung der Besitzrechte an ihren Gütern und um mehr persönliche Freiheit. Die Höfe sollen nicht mehr von Jahr zu Jahr oder allenfalls auf Lebenszeit vergeben werden; die Bauern wollen, daß ihre Kinder die Güter erben können. Die Unfreiheit, zu deren Zeichen der teilweise Einzug der Hinterlassenschaft des verstorbenen Bauern wie der Bäuerin gehörte, soll dadurch gemildert werden, daß den Kindern in Form der Erbschaft mindestens der größte Teil des Elternfleißes zukommt.
Mehr Schutz wollen die Bauern, und wo die adeligen Herren ihn nicht gewährleisten, wird ihre Legitimität in Frage gestellt. Sie selbst seien «der landen Sungaw und Elsaß schirmer», sagen etwa die Bauern der Herrschaft Pfirt am Nordhang des Jura zu Kaiser Maximilian und halten schon deswegen alle ihre Beschwerden gegen ihren adeligen Herrn für berechtigt. Wo immer Fehden und Kriege mehr oder minder ungehindert über die Dörfer ziehen, kommt es zu Unruhen. Die aufstandsintensiven Landschaften sind oft auch die besonders bedrohten Landschaften: das Elsaß durch seine wenig geschützten Grenzen gegen Frankreich; Kärnten, Steiermark und Krain durch die häufigen Einfälle der Türken.

673 Summarisch sei verwiesen auf BIERBRAUER Peter, Bäuerliche Revolten im Alten Reich. Ein Forschungsbericht, in: Aufruhr und Empörung? Studien zum bäuerlichen Widerstand im Alten Reich, Hrg. Peter Blickle, München 1980, S. 1–68. – Für die Hauptlinien der Interpretation: BLICKLE Peter, Bäuerliche Erhebungen im spätmittelalterlichen deutschen Reich, in: Zeitschrift für Agrargeschichte und Agrarsoziologie 27, 1979, S. 208–231.

Organisiert werden die Aufstände in und von den Dörfern. Auf Gemeindeversammlungen wird beraten, wie man gegen die Herrschaft vorgeht – ob mit Abgabenverweigerung, ob gerichtlich, ob militärisch. Mit erstaunlichem Selbstbewußtsein treten die Gemeinden auf, und das hat seine Gründe: Sie selbst sorgen mit für den Frieden im Dorf, sie stellen die Urteiler in den dörflichen Gerichten. Noch in der Frühneuzeit beschwert sich ein oberschwäbischer Herr, daß seine Bauern «ihre schlaghändel und frävel nicht vor die obrigkeit bringen, sondern alles vor ihrem groben, bisselhirnigen paurengericht urteilen und aussprechen»[674].

Das Drängen der Bauern nach mehr politischen Rechten äußert sich in den hartnäckigen Bemühungen, über die Aufstände auch Zutritt zu den Landtagen, zu den frühen Parlamenten des Spätmittelalters und der Neuzeit, zu erhalten, also über Steuern, Kriege und Gesetze mitzuentscheiden[675]. Derartige parlamentsähnliche Vertretungen haben die Bauern durch Aufstände und Unruhen zum Beispiel im Erzstift Salzburg, in der Fürstpropstei Berchtesgaden und auch im Fürstentum Kempten durchgesetzt. Oft allerdings verfehlten sie auch ihr Ziel, wie etwa die Württemberger mit ihrem großen Aufstand des «Armen Konrad», der ihnen wenig brachte.

Mehr Freiräume, mehr politische Rechte und weniger Herrschaft wollen auch die Bürgerschaften. Die Geschichte der Städte im spätmittelalterlichen Reich wird ebenfalls dadurch bestimmt, daß sie sich zunehmend von ihren Stadtherren lösen, gewaltsam oder durch das beharrliche Durchsetzen von mehr Kompetenzen[676]. Daß schließlich der Bischof von Basel nach Pruntrut zieht, der Straßburger nach Zabern und der Konstanzer nach Meersburg, hat auch darin seine Gründe. Selbst die späteren Reichsstädte unterstanden im Hochmittelalter alle einem Stadtherrn – Augsburg dem Bischof von Augsburg, Lindau der Fürstäbtissin von Lindau, Kempten dem Reichsprälaten von Kempten. Etappenweise lösen sie sich aus solcher Stadtherrschaft: Das Recht des Stadtherrn, den Ammann einzusetzen und durch ihn seine Gerichtsrechte wahrnehmen zu lassen, geht schließlich an die Bürgerschaft über; das Satzungsrecht der Stadt wird anerkannt und damit dasjenige des Stadtherrn entsprechend weniger wichtig. Die Stadt wird von fremden Gerichten befreit und die in ihr lebenden Bürger werden ‹nach Jahr und Tag› frei. «Völkerrechtlich», wenn dieser ungenaue Ausdruck statthaft ist, unterscheiden sich die mit solchen Rechten ausgestatteten Städte kaum von den Reichsfürsten, doch halten sie zum König.

Den Bewegungen in den Bauernschaften und Bürgerschaften des Reiches ist vielerlei gemeinsam. Es geht dabei um die Selbstregulierung des Alltäglichen und Nachbarschaftlichen; dazu bedarf es einer gemeindlichen Gebotsgewalt und entsprechender gerichtlicher und administrativer Institutionen, um das Normierte durchzusetzen und seine etwaige Verletzung gerichtlich zu verfolgen. Es geht den Bürgerschaften und Bauernschaften um mehr persönliche Freiheit. Der Rechtssatz «Stadtluft macht frei» findet sein Echo auf dem Land in der Minderung und Milderung der Leibeigenschaft. Das in der Stadt verwirklichte Eigentumsrecht der Bürger an Liegenschaften findet sein Pendant in der allmählichen Durchsetzung des Erbrechts an Liegenschaften für die Bauern. Kommunale Autonomie, Freiheit und Eigentum liegen in der Fluchtlinie der spätmittelalterlichen Bewegung der Bürgerschaften und Bauernschaften, des «gemeinen Mannes», wie man schließlich im Reich sagt, der «commons», wie sie in England heißen.

Die Freiheitsbewegung der Eidgenossen ist somit ein Teil des europäischen Emanzipationsprozesses der Selbstbefreiung der unteren Schichten, des «Dritten Standes» oder der «laboratores», wie die europäischen Theoretiker der ständischen Ordnung sie nennen. Diese Bewegungen richten sich immer gegen den Adel, nie jedoch gegen den König. Der monarchische Charakter der Königreiche Europas ist durch sie im Spätmittelalter nie gefährdet, immer jedoch sein aristokratischer. Unter einem Königtum, das stark sein darf, das Recht stiften und Frieden sichern soll, wollen sich die Bauern und Bürger in ihren Gemeinden frei bewegen. Das ist so in England, in Frankreich, im Reich – und in der Schweiz. Auch das Mittelalter kennt – unbeschadet der sehr viel beschränkteren Möglichkeiten von Information und Kommunikation – große, allen Ländern gemeinsame Strömungen. Die Freiheitsbewegungen gehören dazu. Und insofern wird es für das Verständnis der Schweizer Geschichte vergleichsweise belanglos, wie sich die Habsburger benommen haben. Es ist kaum gelungen, die spätmittelalterlichen Aufstände und Unruhen in Europa zwingend als Reaktionen auf willkürliche und gewalttätige Herrschafts-

[674] Aus: Württembergische ländliche Rechtsquellen, Bd. 3: Nördliches Oberschwaben, Hrg. Paul Gehring, Stuttgart 1941, S. 547.

[675] Die systematischen Zusammenhänge finden sich bei BLICKLE, Landschaften.

[676] Für den sich über einen langen Zeitraum erstreckenden Prozeß vgl. SCHULZE, Grundstrukturen 2, S. 147ff. – Den evolutionären Charakter betont stark BOSL, Grundlagen, S. 212–250.

ausübung zurückzuführen. Warum sollte es im Verhältnis von den Eidgenossen zu den Habsburgern anders sein?
Erhält also der Prozeß der Herausbildung der Eidgenossenschaft doch seine entscheidende Schubkraft vom «Freiheitswillen»? Gebührt dem Wunsch der Menschen, in Freiheit zu leben, Vorrang vor jenem, in Frieden zu leben? Die Frage in dieser Form zuzuspitzen dient lediglich dazu, das Vorrangige dingfest zu machen, denn wer wollte in Abrede stellen, daß Friede und Freiheit zu jenen Visionen der Menschen gehören, die den Gang der Geschichte begleitet, ja auch mitbestimmt haben? Vielleicht zählt zur Stärke der geschichtswissenschaftlichen Methode das scheinbar einfache, aber ihrem Gegenstand angemessene Verfahren: nämlich Ereignisse der Vergangenheit zeitlich richtig zu ordnen und aus solchen Zuordnungen Erkenntnisse und Interpretationen zu gewinnen. Verfährt man so, dann verdient die «Friedensbewegung» in der Schweiz Vorrang vor der «Freiheitsbewegung». Frieden zu stiften und Fehden zu ächten ist das Problem der Innerschweiz um die Mitte des 13. Jahrhunderts, sowohl auf dem Land als auch in den Städten, und das bleibt so bis zum Bundesschluß von 1291, regional auch noch darüber hinaus. Freiheit zu behaupten und zu erlangen, das prägt die Geschichte der Innerschweiz im 14. Jahrhundert: Es geht – ausgedrückt in der Fachterminologie der Historiker – um die Beseitigung der Leibherrschaft, der Grundherrschaft und der Gerichtsherrschaft, und insofern das im Mittelalter Rechte sind, die nur dem Adelsstand zukommen, richtet sich die Freiheitsbewegung gegen die «Herren». Friedensbewegung und Freiheitsbewegung als zeitlich nacheinander liegende Sequenzen sind ursächlich verknüpft durch die «Kommunen», die Länder und die Städte. Weil die Kommunen sich des Friedens annehmen, müssen sie in ihren Handlungsmöglichkeiten autonom sein, und weil sie nur autonom sein können, wenn die Rechte der Herren ausgeschaltet sind, kämpfen sie um die Freiheit. Das ist die Logik der Pragmatiker, nicht diejenige der Idealisten.
Als zum ersten Mal vom Bündnis von 1291 die Rede war[677], wurde auf den möglichen Unterschied von «coniuratio» und «conspiratio» hingewiesen. Offen blieb die Frage, gegen wen sich die «conspiratio» gerichtet haben könnte. Darum sei hier noch einmal der liegengelassene Faden aufgenommen, um zu klären, ob der weit ausgreifende Vergleich über die Schweiz, ja über das Reich hinaus zur Lösung dieses Problems etwas abwirft. Es mangelt ja keineswegs an wilden Hypothesen und kühnen Spekulationen, weshalb sollte man sie nicht um eine weitere vermehren.
Die Chronisten, vom Obwaldner Landschreiber Hans Schriber bis zu Aegidius Tschudi, dem Autor des Chronicon Helveticum, sind sich darin einig, daß sich der Bund der Eidgenossen gegen die Landvögte richtet. «Objektive» Quellen, also Urkunden, die dies bestätigen könnten, gibt es bis heute nicht. Die Historiker haben sich damit abgefunden, das Problem als unlösbar liegen zu lassen[678].
Über den Vergleich mit Bauernaufständen im Reich wurde die Annahme begründet, der «coniuratio» der Eidgenossen von 1291 sei eine «conspiratio» vorausgegangen. Um das Problem in seiner Allgemeinheit noch einmal ans Licht zu heben: «Wenige» verschwören sich «heimlich», und gelingt es den Verschwörern, innert nützlicher Frist die Mehrheit für sich zu gewinnen, verschwören sich «alle» «öffentlich». Aus dem großen deutschen Bauernkrieg gibt es dafür mehrere Beispiele. Eines sei stellvertretend rekapituliert: Im Januar 1525 verschwören sich im Allgäu die Kemptener Bauern heimlich; Untertanen aus verschiedenen Nachbarschaften treten hinzu[679], und am 10. März wird dem Erzherzog Ferdinand von Österreich «als gubernator und stathalter rom[ischer] kais[erlicher] m[ajestä]t» mitgeteilt, daß «wir arme leut diser landtart im Algew sich ainer christenlichen verainigung zusamen veraint und verpunden»[680].
Ist das hier angewandte methodische Verfahren annehmbar? Wenn ja, so müssen sich aus der Stoßrichtung anderer Freiheitsbewegungen mindestens Hypothesen gewinnen lassen, gegen wen sich die Konspiration im Vorfeld von 1291 richtete.
Im Kärntner Bauernaufstand von 1478 kehrte sich der Unmut der Bauern gegen den Viztum, den Vertreter des Herzogs von Kärnten[681]. Im Aufstand der württembergischen Bauern, dem «Armen Konrad», wird an prominenter Stelle über die herzoglichen Räte geklagt, die nicht «die ehr gottes auch gemeinen nutz u[nseres] g[nädigen] h[errn] und des lands bedenken», sondern allein «iren aigen nutz» suchen[682], und im Salzburger Bauernaufstand von 1462 klagen die Untertanen, daß sie «von dem hofmaister, den phlegern, richtern, bröbsten und ambleuten wider ir freihait und alts herkomen beswärt sind worden»[683].

677 Vgl. oben S. 27–36.
678 Vgl. hierzu die jüngste Zusammenstellung der Argumente durch Bernhard Stettler in TSCHUDI, Chronicon 3, S. 23–28.
679 FRANZ, Quellen, S. 130f.
680 Ebd., S. 191.
681 Vgl. ebd., S. 20.
682 Ebd., S. 50.
683 Ebd., S. 18.

Diese Belege liegen zeitlich weiter als einen Steinwurf von 1291 entfernt, gewiß. Doch angesichts der mittlerweile vielen Hinweise, daß sich die Bauernunruhen im vorrevolutionären Europa sehr ähneln, mag der Vergleich gar so sinnlos nicht sein. Zu diesen Ähnlichkeiten gehört, daß sich die großen territorialen Unruhen, die von denen gegen Grundherren und Gutsherren zu trennen sind, nie oder äußerst selten gegen die Landesherren richten, sondern vielmehr gegen deren Beamten[684]. Und zwar gilt das nicht nur für das Reich, sondern beispielsweise auch für Frankreich[685].
Für die Motive des eidgenössischen Bundes mag man aus solchen Parallelen Schlußfolgerungen ziehen oder nicht. Die Schweizer Chronisten sind der Wahrheit vielleicht doch ein Stück näher, als man – wollte man wissenschaftliche Solidität nicht leichtfertig preisgeben – glaubte annehmen zu dürfen.
Der Besonderheit der Geschichte der Innerschweiz im 13. und 14. Jahrhundert wird durch ihre Einbindung in europäische Kontexte nichts genommen. Ihr bleibt das Recht des «Erstgeborenen» und auch das Charisma des «Siegreichen». Nirgendwo in Europa waren Bauern und Bürger, selbst wenn sie nicht erfolglos waren, so erfolgreich wie hier in der Schweiz, und niemand kann den Schweizern streitig machen, auf der Bühne der europäischen Geschichte die ersten gewesen zu sein, die für gänzlich andere politische Verhältnisse sorgten. Die «Philhelvetier» meinen, schon im Mittelalter sei das politische Heil aus der Schweiz gekommen[686].

[684] Zahlreiche Belege verstreut bei FRANZ Günther, Der deutsche Bauernkrieg, Darmstadt [12]1984. Vor allem in den habsburgischen Vorlanden fällt auf, daß immer die Vögte und Pfleger angegriffen werden. Vgl. besonders ULBRICH Claudia, Der Charakter bäuerlichen Widerstands in vorderösterreichischen Herrschaften, in: Aufstände, Revolten, Prozesse. Beiträge zu bäuerlichen Widerstandsbewegungen im frühneuzeitlichen Europa, Hrg. Winfried Schulze, Stuttgart 1983, S. 202–216.

[685] NEVEUX Hugues, Die ideologische Dimension der französischen Bauernaufstände im 17. Jahrhundert, in: HZ 238, 1984, S. 265–285.

[686] SCHIFF Otto, Forschungen zur Vorgeschichte des Bauernkrieges, in: Historische Vierteljahrsschrift 19, 1919/20, S. 1–12, 189–219. – BRADY, Swiss.

Werte und Normen einer bäuerlich-bürgerlichen Gesellschaft

Europa versteht sich im Mittelalter als Ständegesellschaft. Die Unterschiede zwischen den vier gesellschaftlichen Gruppen Adel, Geistlichkeit, Bauern und Bürger sind groß. Jede entwickelt ihrer Arbeit, ihren Lebensverhältnissen, ihrer rechtlichen Stellung im Staat entsprechende Normen und Werte. Über sie ist allerdings wenig bekannt. Noch vergleichsweise viel weiß man über den Adel, einiges über das Bürgertum, nahezu nichts über die Bauern.
Die Bauern und Bürger der Innerschweiz haben in ihren kommunalen Verfassungen und in deren Sicherung durch Bünde ein neues politisches System in Europa geschaffen. Jedes System bedarf der Normen und Werte, soll es sich durchsetzen und behaupten. In der werdenden Schweiz werden sie erheblich dadurch mitbestimmt, daß Bauern und Bürger die politische Ordnung tragen.
Über solche Fragen wurde bislang kaum nachgedacht. Es fehlen die gesicherten methodischen Verfahren, wie man Normen und Werte aus einem Quellenmaterial herausschält, das darüber nicht ausdrücklich spricht. Folglich sind die Quellen unter solchen Fragestellungen auch kaum gelesen worden.

Freiheit und Eigentum – die individuellen Grundlagen der kommunalen Ordnung

Am 11. August 1789 einigte sich die Nationalversammlung in Frankreich nach langen und recht leidenschaftlichen Debatten auf einen Beschluß von geradezu weltgeschichtlicher Bedeutung, denn er stellte eine Herausforderung, ja Kampfansage an das aristokratisch-monarchische Europa dar und prägte die grundsätzlichen politischen Auseinandersetzungen des 19., sogar noch des 20. Jahrhunderts. «Die Nationalversammlung», so heißt der Beschluß in der schmucklosen sprachlichen Form, die Juristen so lieben, «vernichtet das Feudalwesen völlig.» Alle Verpflichtungen aus der «servitude personelle», der Leibeigenschaft, gelten als erloschen; alle übrigen feudalen Pflichten sind ablösbar[1]. Persönliche «Freiheit» war damit

[1] Der Text: Articles arrêtés, redigés et décrétés dans les Séances de 4, 6, 7, 8 et 11 Août 1789, in: Procès-verbal de l'Assemblée Nationale, imprimé par son ordre, tome 3, Paris 1789, Nr. 49. Ungenaue deutsche Übersetzung in: Die Französische Revolution. Eine Dokumentation, Hrg. Walter Grab, München 1973, S. 33.

hergestellt; unbeschränkte Verfügungsgewalt über Grund und Boden, mit anderen Worten «Eigentum», sollte mittels gesetzlich geregelter Ablösung des adeligen und kirchlichen ‹Obereigentums› an Grund und Boden geschaffen werden.

Das «régime féodal» revolutionär aufzukündigen war die Voraussetzung, um die Menschenrechte als von der Verfassung garantierte Grundrechte einzurichten. Die gleiche Nationalversammlung stellte noch im selben Monat fest, es gebe «natürliche, unveräußerliche und heilige Rechte der Menschen»; sie zu erhalten sei «das Ziel jeder politischen Vereinigung». «Diese Rechte sind Freiheit, Eigentum, Sicherheit und Widerstand gegen Unterdrükkung»[2]. Freiheit und Eigentum zu erhalten und zu fördern ist nach der Einschätzung der Revolutionäre der Sinn jeder politischen Ordnung. Diese Grundvorstellung von ‹vorstaatlichen› Menschen-, Bürger- und Freiheitsrechten sowie ihrer organisatorischen Sicherung durch den als ‹nachgeordnet› gedachten Staat bestimmt noch heute unser Verständnis vom Wesen einer «Verfassung».

Der Weg in die Moderne setzt überall in Europa voraus, daß man den Feudalismus wegräumt. Ins Positive gekehrt heißt das, der Weg wird mit Freiheit und Eigentum gepflastert. «Jedes Untertänigkeits- und Hörigkeitsverhältnis hört für immer auf»[3], versichert tapfer und optimistisch die Verfassung des Deutschen Reichs von 1849, die sich dann freilich keineswegs auch hat durchsetzen lassen. Und die Österreicher schrieben schon 1811 in ihr Bürgerliches Gesetzbuch: «Jeder Mensch hat angeborene, schon durch die Vernunft einleuchtende Rechte, und ist daher als eine Person zu betrachten; Sklaverei und Leibeigenschaft wird in diesen Ländern nicht gestattet»[4].

«Féodalité», «Feudalismus», «Hörigkeit» haben für die kritischen Zeitgenossen des ausgehenden 18. sowie frühen 19. Jahrhunderts immer den nämlichen negativen Sinn – sie dienen vornehmlich dazu, die persönliche Unfreiheit und die fehlende Dispositionsfähigkeit über Grund und Boden wiederzugeben; immer richtet sich die vorwurfsvoll gebrauchte Terminologie gegen den Adel und gegen die Kirche, welche – begründet in einer langen, weit ins Mittelalter zurückreichenden Tradition – Herrschaftsrechte über Grund und Boden beanspruchten und auch über die Menschen, die diesen Boden bewirtschafteten. «Grundherrschaft» und «Leibherrschaft» nennen das die Historiker.

Die Eidgenossen der Innerschweiz haben die Grundherrschaft und die Leibherrschaft rund vierhundert Jahre vor der Französischen Revolution abgeschafft, nicht in einem einmaligen und revolutionären Akt, sondern in einem langwierigen, mühsamen Transformationsprozeß, der sich über weit mehr als ein Jahrhundert hinzog und auch nicht überall zu einem ganz eindeutigen Abschluß gekommen ist, so beispielsweise auf der Luzerner und auf der Zürcher Landschaft.

Immerhin haben die Eidgenossen etwas Wichtiges begriffen – dies nämlich, daß sich gemeindliche Autonomie, ausgedrückt in Satzungshoheit und Rechtspflege, weder umfassend verwirklichen noch dauerhaft behaupten ließ, solange es die Leibherrschaft und Grundherrschaft gab, solange also Adel oder Kirche über Menschen und den von ihnen bewirtschafteten Grund und Boden verfügten. Die europäische Geschichte hat ihnen Recht gegeben. Wo immer feudale Rechtstitel bestanden, und mögen sie noch so schwach ausgeprägt gewesen sein, bestand die Gefahr einer Minderung der persönlichen Rechtsstellung sowie einer Verschärfung der wirtschaftlichen Ausbeutung, verbunden mit einer Schmälerung der politischen Handlungsmöglichkeiten. An Beispielen herrscht kein Mangel: Weil der schwedische Adel vom König als Gegenleistung für Dienste und Loyalitäten mit Land ausgestattet wurde, drohte den Bauern ihre Reichsstandschaft im schwedischen Reichstag verlorenzugehen[5]. In der Krise des 17. Jahrhunderts hat der französische Adel in Form der denkbar «schwärzesten Reaktion» seine grundherrlichen Rechtstitel zur Steigerung seiner Einkünfte mißbraucht[6]. Der Adel östlich von Elbe und Saale – in Ost- und Westpreußen, in Pommern und Mecklenburg, aber auch in Polen und Böhmen, von Rußland ganz zu schweigen – schreckte schon ausgangs des Mittelalters, dann aber vornehmlich in der Frühneuzeit nicht davor zurück, ursprünglich relativ unabhängige und freie Bauern Schritt für Schritt in eine neue Untertänigkeit zu drängen, die dem Status von Plantagenarbeitern bedenklich nahe kommt. Frondienste bis zu drei Tagen in der Woche mußte ein Bauer

[2] Ebd., S. 37f.

[3] Die Menschenrechte. Erklärungen, Verfassungsartikel, Internationale Abkommen, Hrg. Wolfgang Heidelmeyer, Paderborn [3]1982, S. 83.

[4] Östreich Gerhard, Geschichte der Menschenrechte und Grundfreiheiten im Umriß, Berlin 1968, S. 84.

[5] Rystad Göran, The Estates of the Realm, the Monarchy, and the Empire, 1611–1718, in: The Riksdag: A History of the Swedish Parliament, Hrg. Michael F. Metcalf, Stockholm 1987, S. 61–108.

[6] Vgl. Van Den Heuvel Gerd, Grundprobleme der französischen Bauernschaft 1730–1794. Soziale Differenzierung und sozio-ökonomischer Wandel vom Ancien Régime zur Revolution, München/Wien 1982 (Ancien Régime, Aufklärung und Revolution 6), S. 44 (die jüngste französische Forschung zusammenfassend).

leisten, und seine Kinder wurden verpflichtet, gegen minimale Entlöhnung als Knechte und Mägde auf dem adeligen Rittergut zu arbeiten. «Erbuntertänigkeit» sowie «Gesindezwangsdienst» herrschten in Ostmitteleuropa und in Osteuropa[7]; und das war keineswegs immer so gewesen. Daß es so kommen konnte, war auch keineswegs blanker Rechtsbruch, weil adelige Herrschaft zu solchen Instrumentalisierungen von Ansprüchen, jedenfalls bei rechtsformalistischer Betrachtungsweise, durchaus berechtigte.

Politische Handlungsfähigkeit setzt also persönliche Freiheit und Eigentum voraus. Dieser apodiktisch formulierte Satz gilt schon für das Mittelalter. Der Adel besaß politische Rechte, weil er über Freiheit und Eigentum verfügte. Die Bauern und Bürger der Innerschweiz verfügten über politische Rechte in dem Maße, wie es ihnen gelang, Freiheit und Eigentum durchzusetzen. Das war keineswegs die Ausgangssituation, auch nicht in den Länderorten der Innerschweiz. Denn von einer generellen persönlichen Freiheit oder einem generellen Eigentumsrecht an Liegenschaften kann auch nicht entfernt die Rede sein. Wie die Verhältnisse in den Grundzügen beschaffen waren, erzählen zahlreiche überlieferte «Hofrechte»[8]. Sie ähneln sich sehr, gleichgültig, ob sie im 13. oder im 15. Jahrhundert aufgeschrieben worden sind, ob sie aus dem Kloster Engelberg oder aus dem Kloster Einsiedeln stammen[9]. Ein Beispiel, in dem sich Grundzüge der feudalen Verfassung widerspiegeln, sei hier etwas breiter referiert. Nur so nämlich kann angemessen gewürdigt werden, was die Herstellung von ‹Freiheit› und ‹Eigentum› durch die Bauern und die Bürger bedeutet hat.

In Gangolfswil besaß das Kloster Muri einen «Hof»[10]. Die Bauern, die zu diesem Hof gehörten beziehungsweise die mit diesem Hof verbundenen Bauerngüter bewirtschafteten, waren unfrei; wie es das Hofrecht in verschiedenen Wendungen erklärt, waren sie «des gotzhuß eigen», also leibeigen. Der Leibeigene, der keine Klostergüter besaß, mußte bei seinem Tod durch seine Erben «ze val geben dz best gewand, als er ze kilchen und ze mårkt gegangen ist»; bewirtschaftete er Klostergüter[11], fielen diese an die Herrschaft zurück, falls er unverheiratet geblieben war und keine Kinder hinterließ; hinterließ er Kinder oder eine Witwe, dann entrichteten diese für ihn «dz best hǒpt», gemeint ist das beste Stück Vieh aus dem Stall. Leibeigenschaft definierte sich in Gangolfswil auch dadurch, daß die Klosterleute nicht heiraten durften, wen sie wollten. Der Heiratskreis war eng gezogen und auf die ‹Genossen› beschränkt, auf jene also, die auch Eigenleute des Klosters waren und Klostergut bewirtschafteten. Außerhalb dieser Genossenschaft zu heiraten galt als «ungenoßsame Ehe» und wurde vom Kloster nach dessen Ermessen bestraft. Zur Symmetrie des Verbots der ungenoßsamen Ehe gehört, daß Genosse derjenige wurde, der sich innerhalb des Hofes niederließ. «Wenne fro̊md wib ald man, die harkomen sind, jar und tag hie såßhaft und huså̊blich gesin sint und belibend unversprochen, die sǒnd dannenhin dem gotzhuß dienen alz die [iren genossen]».

Die Güter, die von den Bauern bewirtschaftet wurden, gehörten offenbar überwiegend dem Kloster. Sie durften weder versetzt noch verkauft werden. Jährlich war von ihnen ein genau bestimmter Zins zu entrichten, der wohl nach der Rechtsqualität der Liegenschaften schwankte, denn es gab Güter, die dem Kloster «eigen» waren und solche, die ihm als «erbe» gehörten. Das ist so zu verstehen, daß letztere als ‹Erblehen› an die Bauern ausgegeben waren, also an die Kinder weitervererbt werden konnten. Zu den Eigengütern wird man wohl die «Huben» rechnen dürfen, von denen es heißt: «Das gotzhus sol sin hůben dristund in dem jar besechen mit den hůbern. Stǎnd sy wol, so sol man sy lǎssen stǎn. Stǎnd sy úbel, so sol man sy andrist besetzen». Hinter dieser Formel verbirgt sich ein äußerst schlechtes Besitzrecht der Bauern. Dreimal jährlich wurden die Güter auf ihre Bewirtschaftung hin inspiziert; wer seinen Hof nicht ordentlich führte, konnte an diesen Terminen vom Hof getrieben werden.

Murensische Leibherrschaft und Grundherrschaft bildeten den Rechtsgrund für das Gericht, das dreimal jährlich «ze Meyen, ze herbst und ze sant Hylarien tag» stattfand. Dort wurde im wesentlichen über Liegen-

[7] Abel, Geschichte (Stuttgart [3]1978), S. 165–168, 210–217.

[8] Die immer noch beste Sammlung (soweit die «Sammlung Schweizerischer Rechtsquellen» noch nicht vorliegt) bietet Grimm, Weisthümer, besonders die Bände 1 und 4. – Für den hier untersuchten Raum einschlägig: Hoppeler, SSRQ Zürich.

[9] Eine unüberwindbare Schwierigkeit ist der weitgehende Ausfall der Hofrechte aus Adelsherrschaften.

[10] Das Hofrecht von Gangolfswil abgedruckt in: UB Zug 1, Nr. 516, S. 237ff. Danach alle folgenden Zitate, die nicht mehr eigens nachgewiesen werden. Das Hofrecht selbst stammt von 1413, einem vergleichsweise späten Zeitpunkt. Im Zuge der allgemeinen Entfeudalisierung der Innerschweiz dürften die Rechte Muris vor der Niederschrift eher umfassender und noch weitergehend gewesen sein. Es ist also methodisch sicher nicht verfehlt, mit einem späten Weistum zu arbeiten, wenn es darum geht, die Herrschaftsstrukturen um 1200 zu erfassen.

[11] Das Hofrecht kennt unterschiedliche Leihe- und Nutzungsformen der Klostergüter, womit jeweils unterschiedliche Todfallbestimmungen verknüpft sind. Die Differenzierungen werden hier als für den Zusammenhang unerheblich und für die Beweisführung eher belastend übergangen.

46 Fisch zinsende Bauern im Rheinfelder Urbar. Haus-, Hof- und Staatsarchiv Wien.

schaftssachen Recht gesprochen. «Wer von dem gotzhuß erb oder lechen het syben schůchen lang und breit, der ist twinghőrig in den hoff. Man sol ouch die geding [Gerichte] syben tagen vorhin kúnden ze kilchen oder ze weg».

Typisch und charakteristisch für Hofrechte generell – und damit für die Lebensweise der bäuerlichen Gesellschaft – ist das Gangolfswiler Hofrecht durch drei Merkmale: Die Bauern sind unfrei, ihre Güter gehören dem Kloster, und alle Veränderungen oder rechtlichen Unklarheiten in bezug auf die Personen und die Güter werden vor dem klösterlichen Gericht verhandelt. In der Urteilssprechung setzt dieses Gericht auch Recht. Unfreiheit, Gebundenheit der Güter und Gericht stehen in einer strengen Relation. «Eigenschaft» heißt dafür häufig der umfassendere Begriff, nicht etwa nur in der Schweiz. Wo die Unfreiheit durch die Freiheit ersetzt wird und die Gebundenheit der Güter durch Eigentum, entsteht – das gehört zur Logik des ganzen Systems – auch eine neue Form der Gerichts, der Gerichtsorganisation, der Gerichtsverfassung.

Eigenleute, Zinser, Freie – Freiheit durch Landrecht

Freiheit war, glaubt man den Schweizer Historikern – nicht nur solchen von gestern, sondern auch solchen von heute –, das treibende Moment für die Bildung der Eidgenossenschaft. Damit ist allerdings sehr wenig erklärt, wenn man nicht genau sagt, was mit Freiheit gemeint ist. Und wenn man die Freiheit der Eidgenossen allzu unbekümmert mit der Freiheit des Individuums der Moderne verknüpft, dann hat man mit Sicherheit die Anfänge der Eidgenossenschaft falsch gedeutet.

Der Begriff selbst schillert. Das ist heute so und war auch so im Mittelalter. Im Mittelalter heißt Freiheit mindestens zweierlei: «Libertas» kann ein Privileg sein – beispielsweise gehört die Verleihung des Blutbanns an Obwalden durch den Kaiser 1415 zu dessen «Freiheiten»; «libertas» kann aber auch die persönliche Rechtsstellung eines Menschen umschreiben und meint dann das Gegenteil von «servitus». Von der zweiten Bedeutung ist hier und im folgenden allein die Rede. Diese Freiheit steht nicht am Anfang der Eidgenossenschaft, sondern ist das Ergebnis der Herausbildung der Eidgenossenschaft.

«Die Mehrheit der Bevölkerung der Waldstätte blieb bis ins Spätmittelalter frei»[12]. Unverdrossen und tapfer verkündet Fritz Wernli diese Botschaft den immer skeptischer werdenden Historiker-Kollegen. Freilich kann er sich auf die Väter und Vorväter berufen. «Seit dem Ende des 12. Jahrhunderts», klagte Karl Meyer vor nunmehr über fünfzig Jahren, stieß «die feudale und fürstliche Welt auch in die Innerschweiz vor. Bisher hatten die Landschaften am Vierwaldstättersee in manchem ein Sonderdasein geführt. Die Hauptmasse der Bevölkerung bestand immer noch aus voll-

[12] Wernli, Entstehung, S. 18.

freien Bauern und bebaute eigenen Grund und Boden»[13].

Die Überzeugung von der ursprünglichen Freiheit der Waldstätten gehört zu den eidgenössischen «Traditionen» von ganz besonders hoher Dignität. Fritz Wernli teilt sie mit Hans Schriber, dem Autor des Weißen Buches von Sarnen; dazwischen liegen immerhin 500 Jahre. Was Wunder, daß es alle Anfechtungen und Kritiken dieser Tradition schwer haben, sich durchzusetzen. Ob man sie anfechten und kritisieren muß, bleibt zu klären.

Es mag nützlich sein, sich dem Problem der persönlichen Rechtsstellung der Bauern in den Länderorten über die bekannten Hofrechte der Klöster Engelberg, Luzern, Einsiedeln und Wettingen zu nähern, die ja alle im Bereich der Innerschweiz über Grund und Boden verfügten und damit auch über jene Leute, welche diesen Grund und Boden bebauten[14]. Damit läßt sich zunächst noch einmal klarlegen, daß von einer generellen persönlichen Freiheit keine Rede sein kann.

Die «Gotteshausleute» von Engelberg sind unfrei in ähnlicher Form wie die Eigenleute des Klosters Muri in Gangolfswil. Stirbt ein «gotzhusman», nimmt das Kloster von den Erben «ze valle [...] das best houpt»[15]. Sehr viel dramatischer stellt sich das klösterliche Erbrecht dar, wenn Eltern kinderlos sind beziehungsweise ihre Kinder ausgesteuert haben; im ersten Fall zieht das Kloster die gesamte Hinterlassenschaft ein, im zweiten jenen Teil, der den Kindern nicht ausgefertigt wurde. «Das gotzhus erbet ouch alle die an liberben sterbent, es sigen frowen oder man, und teilt der vatter von dem sun, und stirbt der vatter, so erbt in das gotzhus, stirbt ouch der sun, so erbt in ouch dz gotzhus». Jedes menschliche Maß überschreitet das Kloster – wenigstens der Norm nach – in der Bestrafung einer ungenoßsamen Ehe, die mit dem «Herrenverrat» und dem «Totschlag» auf eine Stufe gestellt wird. «Es ist ouch ze wissenne, wenne ein gotzhusman sinen herren verratet an lib oder an sinen eren oder sin ungenossen nimt oder ein gotzhusman ein gotzhuswib erslecht ze tode, des lib und gůt ist dem gotzhus vervallen und nit dem amman unz an eines abtz gnade». Eine dem Kloster mißliebige Eheschließung möglicherweise mit Hinrichtung und Güterkonfiskation zu ahnden, stand im krassen Widerspruch zum Kirchenrecht und zur christlichen Theologie, die der willentlichen Vereinigung von Eheleuten die Qualität eines Sakraments zubilligten. Das nach kanonischem Recht so dubiose Verhalten des Engelberger Kirchenfürsten war keineswegs einmalig; anderwärts haben Äbte, sofern sie dazu die rechtlichen Möglichkeiten besaßen, ungenoßsame Eheleute dadurch bestraft, daß sie ihnen den «Empfang des zarten Fronleichnams unseres Herrn Jesus Christus» verwehrten[16], sie also exkommunizierten.

Für «Hofleute» des Klosters Luzern galten ähnliche, wenn auch weniger scharfe Bestimmungen. Im Todesfall müssen auch hier die Erben von Männern und Frauen das «Besthaupt» entrichten. «Wenn ein mönsch stirbt, es sy man oder frouw, das erb von dem gotzhus hat, das ein keller dar gat vnd das beste houpt nimpt das der tod mönsch hinder im lat, er sy ross oder rind, gensz, huenner ald welcherhand vichs er hinder im lat, vnd antwurtet das dem gotzhus gen Lutzern»[17]. Die Ungenoßsame bleibt ebenfalls verboten, und den Kellern und Meiern der Klosterhöfe wird ausdrücklich zur Auflage gemacht, sie «sun des gotzhus behůten vor ungenossami»[18]. Das Luzerner Hofrecht erwähnt auch – was sonst nur selten in den Hofrechten vorkommt –, welche Rechte die Hofleute genießen. Das Kloster hat für ihre Sicherheit zu sorgen, notfalls auch unter Einsatz von finanziellen und diplomatischen Mitteln. «Item es ist ovch von alter har geofnet wer es dz ein hofman gefangen wurdi wer den ein propst nůtz an die lůt die in gefangen hetten so sol ein propst sin bestz dar zu tun dz er erloest werd»[19].

Das Kloster Einsiedeln zieht von einem «gotzhusmann» im Todesfall das Besthaupt ein[20], und das auch von solchen Leuten, die «jar vnd tag hinder einem herren vnd apte in des vorgenanten gotzhus Einsidlen gerichten zwingen vnd bennen» sitzen[21]. Ungenoßsame Ehen werden mit großer Härte, nämlich mit dem

[13] MEYER, Freiheitskampf, S. 5.

[14] Die methodischen Probleme sind die nämlichen wie beim Beispiel Gangolfswil. Hofrechte für die erste Hälfte des 13. Jahrhunderts, in welcher die Darstellung des Problems einsetzen muß, fehlen.

[15] Das Hofrecht ist abgedruckt bei BRUCKNER, Rechtsgeschichte, S. 14 (danach auch die folgenden Zitate). Leichter zugänglicher Druck bei GRIMM, Weisthümer 1, S. 3. – Zur Interpretation: BRUCKNER, Rechtsgeschichte, S. 49ff.; SCHMEITZKY, Engelberg 2, S. 161–172.

[16] So der Fürstabt des Klosters Kempten. Die einschlägige Quelle in: Akten zur Geschichte des deutschen Bauernkrieges aus Oberschwaben, Hrg. Franz Ludwig Baumann, Freiburg i. Br. 1877, Nr. 62, Artikel 1.

[17] Die Verpflichtungen und Rechte der Luzerner Gotteshausleute sind aus mehreren Quellen kompiliert. Das Todfallrecht ist für den Hof zu Malters durch eine Kundschaft belegt. GRIMM, Weisthümer 4, S. 369. Bestätigung auch durch das Hofrecht von Stans. Vgl. KOPP, Geschichte 2/1, S. 745.

[18] QW 2/3, S. 75.

[19] KOPP, Geschichte 2/1, S. 745.

[20] GRIMM, Weisthümer 1, S. 154, Art. 11. – Ähnlich die Einsiedler Rechte in der March. Vgl. dazu GRIMM, Weisthümer 4, S. 347f. – Zur Rekonstruktion dienlich auch das Hofrecht der Einsiedler Leute zu Neuheim, in: UB Zug 1, Nr. 701, S. 356ff.

[21] GRIMM, Weisthümer 1, S. 154, Art. 12.

Einzug des gesamten Vermögens beim Tode bestraft. «Gefügte sich, das ein gotzhusman in die vngenossami wybte vnd sich vor sinem todt vnd abganng mit einem heren vnd apte zun Einsidlen darumb nit geint hett, stirbt der selb gotzhusman oder ander die sölichs tätten, so mag ein herr vnd apte zu Einsidlen zu allem dem gůt so der selb abgegangen gotzhusman oder die so das tätten hinder inen verlaussen wol gryffen vnd das zu sinen vnnd sins gotzhus hannden ane alle inntrage nemen, es sy denn, das ein herr von Einsidlen mitt den kinden, ob sy die hinder inen gelaussen hetten, gnad vnd barmhertzigheit mitt inen tailen wölt»[22]. Freie Frauen müssen sich wohl überlegen, ob sie mit einem Gotteshausmann von Einsiedeln eine Ehe eingehen wollen, denn für ihre Kinder bedeutet das eine Minderung ihrer Rechtsstellung auf das Niveau der Einsiedler Gotteshausleute. «Were ouch, das einer oder me gotzhusmanen ein frye frowen der niemant nachjagt vnd niemantz eigen wer neme, die selben so das thůndt sollent och von einem herren von Einsidlen vngestrafft sin vnd werden. Gewunent ouch dieselben eliche kind by anandern, die selben kind ein her von Einsidlen ouch für sin gotzhuslüt haben vnd halten mag vngeuarlich»[23]. Als massiven Eingriff in die Persönlichkeitsrechte würde es unsere Zeit auch empfinden, wenn man zur Ehe gezwungen werden könnte. Einsiedeln verlangt von seinen Gotteshausleuten die Heirat: «Swele ze sinen tagen kumet, der sol dem abte hulde tůn, und sol in der abbet twingen, daz er ein wib nemme»[24].

Vergleichsweise schlecht informiert sind wir über die Rechte des Klosters Wettingen an seinen Eigenleuten. Zum Teil handelte es sich um «Zinser», weil nach Auskunft einer Urkunde von 1242[25] die in diesem Jahr von Graf Konrad von Wettingen an das Kloster tradierten Leutc aus Uri dem Kloster einen jährlichen Zins zahlen. Weiter läßt diese Urkunde auch für Wettingen ein Ungenoßsamenverbot erkennen. Lediglich eine Freie darf einen Zinser heiraten, ohne erbrechtliche Sanktionen fürchten zu müssen. Sonst aber fällt beim Tode eines ungenoßsam Verheirateten die Hälfte der Erbschaft an das Kloster. Möglicherweise war der Zinserstatus gegenüber dem Kloster Wettingen demjenigen eines Hörigen oder gar Unfreien der Grafen vorzuziehen; denn immerhin erfolgte der Verkauf an das Kloster «auf Bitten» der Bauern. Ob diese «Zinser» identisch sind mit jenen klösterlichen Eigenleuten, die hundert Jahre später genannt werden[26], ist unklar.

Bei allen Differenzen im Detail gestaltet sich die Rechtsstellung der Unfreien in der Innerschweiz insgesamt recht ähnlich: Üblich ist allerorten der Todfall, der in Form des besten Stücks Vieh im Stall entrichtet wird. Damit sichert sich der Herr einen Teil des Arbeitsertrags seines Holden, denn im Viehbesatz, der nicht zum Hof im engeren Sinn gehört, drückt sich der Fleiß des Bauern aus. Wie belastend diese Abgabe für die erbende Frau oder die Kinder wirtschaftlich war, läßt sich – zumal für diese Zeit – nur sehr schwer abschätzen. Wenn es richtig ist, den Großviehbesatz einer Wirtschaftseinheit mit drei bis vier Kühen anzunehmen[27], dann war der Todfall in Form des Besthauptes sicher spürbar. Belastender waren zweifellos die scharfen Sanktionen gegen die ungenoßsame Ehe. Die Härte, mit der sie geahndet wurde, dürfte im wesentlichen mit dem in der Schweiz schon weit fortgeschrittenen Erbrecht an Liegenschaften verknüpft sein. Wenn die Söhne einen Anspruch auf den väterlichen Hof hatten, dann mußten ungenoßsame Ehen zu einer Entfremdung von Klostergut führen; denn es ist nicht auszuschließen, daß die Kinder aus solchen Ehen dem Rechtsstand der Mutter folgten. Die häufigere Bestimmung, daß die gesamte Hinterlassenschaft aus ungenoßsamer Ehe an den Leibherrn fallen soll, würde so einen Sinn ergeben.

Die im Bereich der Innerschweiz gesessenen und begüterten Klöster machen zunächst noch einmal darauf aufmerksam, daß die Gotteshausleute keineswegs «Freie» waren. Ihre Stellung unterschied sich auch kaum von der anderer Klosterleute im weiteren Umkreis. Die Hofrechte, die aus der Zürcher oder Luzerner Umgebung überliefert sind, ähneln jenen aus der Innerschweiz sehr. Gelegentlich kommt es aber zu Abweichungen: Das Hofrecht des den Chorherren von Zürich unterstehenden Höngg scheint für die Bauern eher günstig gewesen zu sein[28]; in Altdorf ist das herrschaftliche Erbrecht schwächer ausgeprägt, und die Freizügigkeit wird ausdrücklich bestätigt[29]; in Bassersdorf in der Grafschaft Kyburg geht das Erbe nach dem Tod Kinderloser keineswegs,

22 Ebd., S. 154, Art. 15.

23 Ebd., S. 155, Art. 15.

24 So allerdings nur im Hofrecht von Lügschwil. QW 3/2, S. 59. Dieses Hofrecht datiert von 1299, ist also besonders alt. Es bestätigt im wesentlichen die für das engere Stiftsgebiet überlieferte Rechtsstellung der Einsiedler Gotteshausleute.

25 QW 1/1, Nr. 452, S. 212f. – Zur Interpretation auch Wernli, Entstehung, S. 33.

26 Urkunde vom 13.11.1359: Gfr. 8, 1852, Nr. 51, S. 60f. Wettingen übergibt Leute, die «von eigenschaft des libes» dem Kloster zugehörig sind, an das Fraumünster in Zürich.

27 Hauser Albert, Bäuerliche Wirtschaft und Ernährung in der Schweiz vom 15.–18. Jahrhundert, in: Zeitschrift für Agrargeschichte und Agrarsoziologie 19, 1971, S. 173.

28 Grimm, Weisthümer 1, S. 5–11.

29 Ebd., S. 13ff.

wie man im Vergleich zu anderen Hofrechten vermuten würde, ans Zürcher Fraumünster als Leibherrin, sondern an den «nechst nachgebur [...], der an [daz]selb gotzhus gehört»[30]. Doch gibt es auch gegenteilige Fälle. Das Kloster St. Blasien straft im Falle einer Ungenoßsamenehe seine Bauern in Neuheim nach Belieben. «Wa ein gotzhus man ein ungenoß wip nimpt, die des selben gotzhus nit wer, der haut mins herren huld verlorn, und mag in min herr und ouch ein vogt sträffen, und mag sich also wol mit minem herren oder sinem amptman hulden, als er es an im vinden mag.»[31] Besonders hart verfahren die Stiftsherren in Embrach mit ihren Holden. Neben dem üblichen Besthaupt werden im Todesfall sogar Äxte, Beile und diverse andere Arbeitsgeräte eingezogen, dazu erst noch «dz gewand, als si [Mann oder Frau] ze kilchen gand an den gebannen firtagen». Stirbt ein ungenoßsam verheirateter Mann, dann bleibt der Frau nur ein Drittel der Hinterlassenschaft; zwei Drittel ziehen die Chorherren ein[32].

Die Rechtsstellung der Bauern in der Schweiz – auch das sollte das etwas ausführlichere Referat der Hofrechte zeigen – ist recht gleichförmig. Zu berücksichtigen bleibt allerdings, daß sich die Hofrechtsüberlieferung im wesentlichen auf geistliche Institutionen beschränkt. Wie der Adel mit seinen Eigenleuten umgegangen ist, bleibt unklar. Insgesamt jedoch ist die Ausgangssituation für «Freiheitsbewegungen» nicht ungünstig. Das ergibt der Vergleich mit anderen Regionen, etwa derjenige mit dem benachbarten Schwaben.

Gemeinsam ist dem alemannisch-schweizerischen Raum das Ungenoßsameverbot. Ansonsten sind die Folgen der Unfreiheit in Schwaben gravierender: So sind die Todfallabgaben höher und reichen bis zur Hälfte der Hinterlassenschaft; recht ausgeprägt sind auch die Frondienste, die aus dem Rechtsinstitut der Eigenschaft fließen. Noch nachdem die Bauern in Schwaben im 15. Jahrhundert vertraglich erhebliche Verbesserungen ihrer Rechtslage hatten durchsetzen können, lagen die Fronen in der Klosterherrschaft Ursberg bei 24 Tagen im Jahr, in Steingaden bei 16 Tagen[33]. Das dürfte etwa damit zusammenhängen, daß Schwaben die Formen einer strengeren hochmittelalterlichen Herrschaft länger bewahrt hat, was unter anderem auch darin zum Ausdruck kommt, daß die Güter jährlich beim Ding neu vergeben wurden; allenfalls wurde dem Bauern eine Nutzung auf Lebenszeit zugestanden, jedoch kein Erbrecht. Dahinter verbergen sich die Formen des alten Unfreien-Status: Vermögenswerte, die der Leibeigene durch seine Arbeit erwirbt, gehören seinem Herrn, und dieser tritt dementsprechend im Todesfall die Erbschaft seines Eigenmannes an, und zwar am liegenden wie am fahrenden Vermögen. Wo der Herr Anspruch auf den Arbeitsertrag hat, da hat er auch Anspruch auf die Arbeitsleistung; daraus erklärt sich die ursprünglich unbeschränkte Dienstpflicht oder Fronpflicht, wie sie auch genannt wird.

Neben den Eigenleuten, Gotteshausleuten und Zinsern hat es auch Freie gegeben. Sie sind freilich nicht auf die Innerschweiz beschränkt. Im weiteren Umfeld der Schweiz lassen sich Freienverbände nachweisen[34], und nicht nur hier, sondern auch in anderen Regionen des Reiches, namentlich in Franken, in Schwaben oder im Elsaß[35]. Bäuerliche Freiheit ist dadurch definiert, daß ihr alle Merkmale der Hörigkeit und Zinserschaft fehlen: Der Freie entrichtet im Todesfall keinerlei Abgaben; seine Heiratsfähigkeit ist im Prinzip nicht eingeschränkt, ebensowenig seine Freizügigkeit[36]. Diese Freiheit wird auf zweifache Weise gesichert: einmal dadurch, daß der Freie üblicherweise über Eigengut verfügt, sein Hof also keinen grundherrlichen Bindungen unterliegt[37]; zum anderen durch eine stabilisierende Verfassung in Form eines eigenen Gerichts, das allein für Freie zuständig war. Freie unterstehen weder einem Adeligen noch einer kirchlichen Institution, sondern unmittelbar dem König und dem Reich. Der König «schützt» die Freien, und diesen Schutz kann er durch Beauftragte, durch Grafen oder Vögte, wahr-

[30] Hoppeler, SSRQ Zürich 1, S. 392.

[31] UB Zug 1, Nr. 750, S. 389. – Vgl. für St. Blasien: Ulbrich, Leibherrschaft, S. 23–113, bes. 73.

[32] Grimm, Weisthümer 4, S. 341.

[33] Der Vergleich basiert auf eigenen älteren Arbeiten. Sie sind zusammengefaßt in einer Aufsatzsammlung: Blickle Peter, Studien zur geschichtlichen Bedeutung des deutschen Bauernstandes, Stuttgart/New York 1989 (Quellen und Forschungen zur Agrargeschichte 35); dort vor allem S. 3–35, 171–190, 213–228. Soweit im vorliegenden Kapitel vergleichsweise auf Schwaben Bezug genommen wird, finden sich dort die Nachweise.

[34] Besonders eindrücklich dazu das Habsburger Urbar. Vgl. dazu Abb. 48, S. 83. – Einen Überblick über die Freienverbände in der Schweiz bei Wyss, Bauern, S. 167–230. Ergänzend: Bickel, Willisau, S. 84ff., 95–99, und Schulze, Rodungsfreiheit, S. 543.

[35] Vgl. Schulze, Rodungsfreiheit.

[36] Beschränkungen ergeben sich natürlich dadurch, daß die Herren ihren Holden verboten, Freie zu heiraten, oder ihnen die Niederlassung auf ihren Gütern verwehrten. Damit wird allerdings der Rechtsstatus des Freien als solcher nicht in Frage gestellt.

[37] Dort, wo eingehendere Untersuchungen vorliegen, zeigt sich, daß sich der Eigenbesitz äußerst lange hat halten können. Auf der «Leutkircher Heide», dem Wohngebiet der Freien auf Leutkircher Heide, machten noch 1723 die Eigengüter 92% vom Gesamtbestand der Höfe aus, wiewohl der Freienstatus bereits seit dem 15. Jahrhundert durch Verpfändung an die Habsburger empfindlich geschmälert worden war. Die Zahlen errechnet über Diehl, Freie, S. 332ff.

nehmen lassen. Als Gegenleistung für diesen Schutz entrichten die Freien als Genossenschaft in der Regel eine pauschale Steuer an das Reich.
Die Bauprinzipien der Freienverbände ähneln denjenigen der Hofverbände, nur daß sie eben nicht auf der ‹Eigenschaft der Person› und der ‹Eigenschaft des Gutes› ruhen, sondern auf der ‹Freiheit der Person› und dem ‹Eigentum am Gut›: Alle Freien, die über Eigengut verfügen, halten unter dem Vorsitz eines Vogtes alljährlich ihre Gerichte ab. Die Offnung des Freiamtes von Affoltern[38] bei Zürich liest sich denn auch ganz ähnlich wie ein Hofrecht: «Item es ist ze wüssend, das fryampt ze Afholtern mit disen nachgeschribnen rechten, gedingen, fryheiten vnd gnaden von alters har kommen ist, des ersten dass man dise geding vnd fryheit jerlich offnen sol vor den gnossen zwürent in dem jar, einist ze Meigen vnd einist ze herbst, ze Rifeschwile in der weidhub [Gerichtsstätte]. Vnd sol man ouch das verkünden den gnossen vnd den gebietten, vnd wer da ligende güter het in dem ampt siben schu wit vnd breit, vnd jechlichem künden ze huss, ze hoff oder vnder ougen davor ob viertzechen tagen vnd vnder drin wuchen, vnd welcher gnoss zu der offnung nit kunt vnd by dem gericht ist, so ein vogt ze recht sitzet, der ist dem vogt verfallen 6 ß ze bus.»
Die Überlieferung für die Rekonstruktion des Rechtsstatus der Freien in der Innerschweiz[39] ist keineswegs günstiger als in anderen Regionen des Reiches[40]. Es gibt aber keinen Anlaß, den üblichen Merkmalskatalog für die Freien in Uri, Schwyz und Unterwalden zu modifizieren.
Für die geschichtliche Entwicklung der Eidgenossenschaft läßt sich die Bedeutung der Freien schwerlich in Abrede stellen. Hätte es sie nicht gegeben, so hätten den deutschen Kaisern und Königen alle rechtlichen Voraussetzungen gefehlt, um die Privilegien auszustellen, die sie 1231 Uri, 1240 Schwyz und 1309 Unterwalden erteilt haben. In der Befestigung und Sicherung der Bindungen zwischen den Innerschweizer Freiengruppen und dem Königtum liegt das geschichtlich bedeutsame Moment, denn üblicherweise haben die Freienverbände ihre Sonderstellung durch Verpfändung zunehmend eingebüßt, wo nicht gar ganz verloren.
Für die Geschichte der Innerschweiz ist von Erheblichkeit, daß sich der Kreis der Freien während des 13. und 14. Jahrhunderts ständig erweiterte, so daß schließlich «die Freiheit» geradezu «die Schweiz» symbolisiert hat. Die Angleichung der unfreien Teile von der Innerschweizer Gesellschaft an den Freienstatus ist an sich der faszinierende und spannende Vorgang. Allerdings hat die Geschichtswissenschaft des 20. Jahrhunderts etwas anderes viel mehr interessiert: die Herkunft und das Alter der Freien.
Zu den «großen» Themen der Mittelalterforschung dieses Jahrhunderts gehört das Problem der Freiheit. Angesichts der eidgenössischen «Tradition», die ihre staatliche Existenz aus «der Freiheit» und dem «Kampf um die Freiheit» hervorgegangen sieht, berührte diese Diskussion die eigene Identität an einem äußerst sensiblen Punkt. Daraus sind jene Forschungskontroversen entstanden, in denen das Argumentieren rasch dem Polemisieren weichen mußte, weil wissenschaftliche Detailprobleme sich mit weltanschaulichen Positionen vermischten. Was sich zuerst als herkömmliche wissenschaftliche Kontroverse ausnahm, wurde bald zu einem Glaubenskrieg zwischen deutschen und schweizerischen Historikern. Das ist eines der faszinierendsten Kapitel in der Geschichte der Geschichtsschreibung, und als solches stellt es ja auch ein Stück Geistesgeschichte dar, das aufzuarbeiten ein gleichermaßen spannendes wie intellektuell vergnügliches Unternehmen sein müßte.
Die Liberalen des 19. Jahrhunderts haben gemeint, die Germanen seien «frei» gewesen, hätten «gemeinsam» den verfügbaren Grund und Boden genutzt und bebaut, und erst die Herausbildung des Adels habe diese Verfassung der Freien und Gleichen zerstört. «Gemeinfreientheorie» hieß der gängige wissenschaftliche Ausdruck für diese weit verbreitete Überzeugung, die man durchaus die «herrschende Lehre» bis ins 20. Jahrhundert nennen konnte[41]. Natürlich sahen die Liberalen des 19. Jahrhunderts in allem «Nichtfeudalen» und «Vorfeudalen» – denn gegen den Feudalismus, die Privilegienherrschaft des Adels und der Kirche, waren sie ja angetreten – etwas Positives. In diesem Klima ließ es sich für Schweizer angenehm leben, gehörten sie doch zu den wenigen, die den Gewalttätigkeiten des feudalen Zeitalters widerstanden hatten. Während das europäische Bürgertum auf dem Weg war, sich politische Rechte auf evolutionärem oder revolutionärem Weg gegen den privilegierten Adel zu erobern, waren die Schweizer schon längst am Ziel.

[38] Grimm, Weisthümer 4, S. 391. Grimm datiert den Text auf die Zeit zwischen 1282 und 1415.
[39] Einzelheiten der Situation in Uri, Schwyz und Unterwalden werden hier nicht nochmals wiederholt. Vgl. dazu oben S. 70–88.
[40] Die vorhandenen Belege sind sorgfältig zusammengestellt und weitläufig interpretiert bei Wernli, Entstehung, S. 15–38. Brauchbar auch Wyss, Bauern, S. 231–252.
[41] Zur Forschungsgeschichte knapp Schulze, Rodungsfreiheit, S. 530 und Bosl, Grundlagen, S. 212f.

Wenn das je eine politische Idylle war, geriet sie unter einen gewaltigen Bewährungsdruck, als die führenden Vertreter der deutschen Mediävistik damit begannen, die «Gemeinfreientheorie» Stück für Stück abzumontieren. Die Freiheit der Germanen, so ihre Botschaft, hat es nie gegeben. Wo immer in den mittelalterlichen Quellen «Freie» und «liberi» genannt werden, handelt es sich entweder um «Königsfreie» oder «Rodungsfreie». Grosso modo besagen die beiden Theorien, daß Königsfreie von den Karolingern auf Königsland angesiedelt worden sind, vornehmlich um militärische Aufgaben im Dienste des Reiches wahrzunehmen, während Rodungsfreie von den Stauferkaisern oder anderen Fürsten für die Binnenkolonisation eingesetzt wurden. «Frei» wird man also durch den Dienst für den König oder durch eine besonders harte und beschwerliche Arbeit. «Königsfreientheorie» und «Rodungsfreientheorie» ließen sich nach zwei Seiten hin interpretatorisch entfalten und generalisieren: Leistung macht frei, Herrschaft macht frei. Wenn diese wissenschaftlichen Theorien ihre Stammbäume auch in zeitgenössischen Ideologien haben sollten, dann lassen sich Königsfreientheorie und Rodungsfreientheorie leicht identifizieren. «Leistung macht frei» gehört zur Ideologie der Industriegesellschaft, «Herrschaft macht frei» zur Ideologie des nationalen Machtstaates.

Theorien kümmern sich nicht um nationale Grenzen; Hochrhein und Bodensee waren mitnichten tief genug, um die Freien in der Eidgenossenschaft davor zu bewahren, als Beweisstücke für die Königsfreientheorie oder die Rodungsfreientheorie herhalten zu müssen[42]. Lag es nicht nahe, im Zusammenhang mit den so gut belegten fränkischen Zentren in Zürich und St. Gallen in den Freien von Uri ehemalige Militärkolonisten zu sehen? Zwang nicht schon der Name «Waldstätte» dazu, die Freien der Innerschweiz als Rodungfreie dingfest zu machen?

Die Schweizer Geschichte ließ sich aus dem Sog der Freiheitstheorien nicht heraushalten, und das aus zwei Gründen: Diejenigen, die diese Theorien entwickelten, bedienten sich gerade auch der Schweizer Geschichte, um zu beweisen, was sie beweisen wollten; darüber hinaus genossen diese Historiker hohes internationales Ansehen, nicht zuletzt dank ihrer Amtsautorität wie etwa ein Theodor Mayer als Präsident der «Monumenta Germaniae Historica»[43].

Gegen solche Interpretationen der Schweizer Geschichte hat sich schon Karl Meyer gewehrt[44], und er findet heute seinen legitimen Nachfolger in Fritz Wernli. Wernli besteht darauf, daß die Freien der Innerschweiz «Altfreie» waren. Königsfreientheorie sowie Rodungsfreientheorie sind für ihn blanke Konstrukte einer faschistischen Geschichtswissenschaft. Theodor Mayers Fragestellung, meint Wernli, schimmert «fast auf jeder Seite seiner Schriften durch: Kann der neue Machtstaat, der keine Freiheit duldet, auch in der deutschen Vergangenheit gesehen werden? Das ist die Frage, die er seiner ‹fortschrittlichen› Geschichtswissenschaft stellt. Da der totalitäre Staat, den Th. Mayer bewunderte, die Freiheit verachtete, aber zugleich das Germanentum als geheiligtes Vorbild des Deutschtums verehrte, entstand bei Historikern wie Th. Mayer angesichts der germanischen und mittelalterlichen Freiheit ein Unbehagen, das überwunden werden mußte. Die Freiheit zu eigenem Rechte, welche das Germanenvolk aus dem germanischen Altertum ins Mittelalter herüberbrachte, mußte in eine Freiheit von Staates und Herrschers Gnaden umgebogen werden. [...] In einer Zeit, da der Deutsche nur für den Staat auf der Welt ist und die bedingungslose Unterordnung unter den allmächtigen Staat gepredigt und verlangt wird, propagiert Th. Mayer unermüdlich die mittelalterliche Bauernfreiheit als ein Mittel des Herrschers zur Stärkung der Macht des Staates.»[45]

Der Streit um die Altfreiheit, Königsfreiheit und Rodungsfreiheit ist heute abgeebbt. Das Schicksal jeden theoretischen Streits hat auch diese Kontroverse eingeholt – die schiere Ermüdung und Langeweile. Ungestraft können heute deutsche Mediävisten behaupten, noch nie einen Königsfreien oder einen Rodungsfreien gesehen zu haben – in den Urkunden selbstverständlich[46].

Doch die Geschichte der «Eidgenossenschaft» bleibt davon unberührt, ob es Gemeinfreie, Königsfreie oder Rodungsfreie gegeben hat. Das Freiheitsproblem wird auf einer ganz an-

[42] Die Diskussion Punkt für Punkt zu belegen ist überflüssig. Eine zusammenfassende Darstellung gibt Schulze, Rodungsfreiheit, S. 529–550. Von deutscher Seite arbeiteten mit Schweizer Material vor allem Karl Weller, Heinrich Dannenbauer und Theodor Mayer. Deren Positionen beschreibt kritisch und in der Absicht der Widerlegung Wernli, Grundbesitz, S. 4ff. (gegen Dannenbauer und Mayer) sowie Wernli, Bauernfreiheit, S. 11ff. (gegen Weller). – Die Position der deutschen Historiographie zusammengefaßt bei Mayer, Entstehung, und Mayer, Eidgenossenschaft.

[43] Noch komplizierter und verfahrener wurde die Situation durch gleichermaßen unkluge und überflüssige Wendungen wie z. B. diejenige, «daß die Entstehung der Schweizer Eidgenossenschaft auch ein deutsches Problem ist, daß es auch eine berechtigte, gesamtdeutsche Betrachtungsweise gibt»; so Mayer, Entstehung, S. 168.

[44] Die Schärfe der Kontroverse kommt zum Ausdruck bei Mayer, Eidgenossenschaft, S. 239ff.

[45] Wernli, Bauernfreiheit, S. 55.

[46] So Schulze, Rodungsfreiheit, S. 545, 547.

deren Ebene wichtig, nämlich auf der quantitativen der allmählichen Ausdehnung des Freienstatus auf bislang unfreie Gesellschaftsgruppen. Dieser Prozeß spielt sich im wesentlichen zwischen 1250 und 1350 ab.
Über die numerische Verteilung von Freien, Gotteshausleuten, Zinsern und Leibeigenen in der Innerschweiz um die Mitte des 13. Jahrhunderts weiß man so gut wie nichts. Die Annahme, die Freien seien in einer merklichen Überzahl gewesen, bleibt eine Vermutung, ungeachtet der scharfsinnigen Berechnungen, die über die Steuerbeträge für die Innerschweiz einige tausend Freie nachweisen wollten[47]. Wenn nämlich die Steuern Pauschalsummen von Genossenschaften darstellen, was wahrscheinlich ist, dann sagt ihre Höhe fast nichts aus über die Zahl der Freien. Der Steueranschlag für die Freien auf Leutkircher Heide beispielsweise scheint sich über viele Generationen hinweg nicht geändert zu haben[48], wobei kaum anzunehmen ist, daß die Bevölkerung selbst konstant blieb.
Die Zahl der Freien in der Innerschweiz ist ständig gewachsen. Das ist offenkundig für Schwyz, wo in den 1260er Jahren Freikäufe quellenmäßig ziemlich zweifelsfrei nachgewiesen sind[49], die sicher eine Erweiterung und Stabilisierung des seit 1240 belegten Freienverbandes[50] bedeuteten.
Ein weniger bequemer, aber wohl recht häufig begangener Weg in die Freiheit führte über das Recht eines «Gotteshausmannes». Solche Prozesse lassen sich besonders gut für Uri nachweisen. Aus Urkunden des 13. Jahrhunderts ist bekannt, daß in Uri offensichtlich viele Menschen im Status von Unfreien oder Leibeigenen lebten, vor allem solche unter adeliger Herrschaft. «Servi» werden sie in den lateinischen Quellen genannt[51]. Was es mit dieser «servitus» auf sich hat, sagen vornehmlich Urkunden aus den Beständen des Fraumünsters in Zürich[52]. Als 1289 Lutold von Regensberg seinen Leibeigenen[53] Johannes an das Fraumünster in Zürich überträgt, wird dieser von der Leibeigenschaft befreit. «A mea potestate, manu, dominio ac ab omni conditione et gravamine operis et operarum penitus libero et eximo, remittens ei omne ius patronatus.»[54] Es handelt sich bei dieser Transaktion, wie die Worte ‹liberare› und ‹eximere› bezeugen, um eine «Freilassung», die von schwerer Arbeit entbindet, worunter eigentlich nur Frondienste verstanden werden können; mit der Freilassung erlischt auch das ‹ius patronatus› des Regensbergers, seine Schutzpflicht gegenüber seinem Leibeigenen.
Solche Traditionen an das Fraumünster in Zürich erfolgten sowohl von seiten Adeliger als auch anderer Klöster[55]. Darin einen gesellschaftlichen Aufstieg zu sehen, ergibt sich aus dem neuen Rechtsstatus, den der derart Freigelassene als Gotteshausmann genießt. Er wird nämlich in der Weise freigelassen, «quod generalem habeat amministrationem rerum suarum et quod possit emere, vendere, donare, contrahere, pacisci, in iudicio stare, testamentum facere et omnia et singula exercere, que quilibet civis Thuricensis dicto monasterio pertinens facere potest, ac si de ancilla ipsius monasterii natus esset»[56], daß er also das Recht haben soll, ‹das Seine zu verwalten, daß er berechtigt sei zu kaufen, zu verkaufen, zu schenken, zu übertragen, zu tauschen, vor Gericht zu erscheinen, Testamente zu errichten und alles und jedes zu tun, was jeder Zürcher Bürger, der dem genannten Kloster zugehört, tun kann, als stamme er von einer Magd desselben Klosters ab›. Dem Recht des Fraumünsters in Zürich zu unterstehen bedeutet also, unbeschränkt geschäftsfähig und rechtsfähig zu sein. Zwar bleibt der ehemalige servus nach seinem Übertritt ins Hofrecht des Zürcher Fraumünsters formal in einem unfreien Zustand, ‹wie wenn er von einer unfreien Magd des Klosters abstammte›, doch dieser Rechtsstatus unterscheidet sich nicht von dem eines ‹Zürcher Bürgers›. Die Gotteshausleute des Zürcher Fraumünsters gleichen so in ihrer Rechtsstellung den Bürgern Zürichs. Offenbar hatten die gewerblichen, handwerklichen und kaufmännischen Tätigkeiten der in der Stadt lebenden Gotteshausleute des Fraumünsters eine Verbesserung des Unfreienzustandes erzwungen: Geschäfts- und Rechtsfähigkeit waren die Voraussetzung für eine aktive Betätigung in der städtischen Wirtschaft.
Wie oft der Eintritt in das Hofrecht des Fraumünsters durch Freikauf oder Schenkung er-

[47] Vgl. die Zusammenstellung des Materials bei Wernli, Entstehung, S. 20f. Zur Kritik: Mayer, Eidgenossenschaft, S. 256.
[48] Diehl, Freie, S. 298f.
[49] Tschudi, Chronicon 1/1, S. 248 sowie 2, S. 250. Dazu die kaiserlichen Bestätigungen in QW 1/2, Nr. 546, S. 263 und Nr. 831, S. 424ff.
[50] QW 1/1, Nr. 422, S. 197.
[51] «Cum iure servitutis» werden Leute 1275 an Zürich tradiert (QW 1/1, Nr. 1185, S. 537); «servum meum proprium» übergibt ein Adeliger an das Kloster Seedorf (QW 1/1, Nr. 1212, S. 554). Vgl. ergänzend auch QW 1/1, Nr. 958, S. 434.
[52] Das Fraumünster benützt für Traditionen von Eigenleuten an das Kloster offensichtlich ein gleichbleibendes Formular. Es gibt jedoch keinen Grund für die Annahme, daß der Terminologie des Formulars keine historische Wirklichkeit entsprechen würde.
[53] «Conditione servili michi pertinens», sagt der Aussteller.
[54] UB Zürich 6, Nr. 2075, S. 57.
[55] UB Zürich 6, Nr. 2077, S. 60f.; Nr. 2135, S. 115f.; 8, Nr. 3060, S. 320f.; 9, Nr. 3451, S. 293f. Das Formular ist in allen Urkunden gleichlautend.
[56] Das Zitat nach UB Zürich 6, Nr. 2075, S. 57.

folgte, muß offenbleiben. Selten war er jedenfalls nicht[57], möglicherweise sogar häufig[58]. Über das Hofrecht des Fraumünsters gelingt der soziale Aufstieg eines Unfreien ins Zürcher Bürgerrecht. Solche Vorgänge lassen sich auch in anderen Städten häufiger beobachten. Für Regensburg und Augsburg sind sie besonders eingehend erforscht worden. In Regensburg erhält man einen bürgerähnlichen Status, wenn man sich von seinem Herrn freikauft und gegen die Zahlung eines jährlichen Zinses in Form von Wachs oder Geld in das Hofrecht des Klosters St. Emmeram eintritt[59], in Augsburg wenn man Zinser des Domstifts oder des Klosters St. Ulrich und Afra wird[60]. Auch wer in das Hofrecht von St. Felix und Regula in Zürich eintritt, kauft sich zuvor frei und entrichtet dem Kloster einen jährlichen Zins[61], und zwar in der standardisierten Form von einem Viertel Wachs oder einer entsprechenden Geldzahlung von vier Pfennig[62]. Mit der Ergebung als Zinser an einen «fiktiven Leibherrn» – in Zürich ist es der Hochaltar des Münsters[63] beziehungsweise der Heilige, dem der Hochaltar geweiht ist – erhalten die ehemals Unfreien die «Freiheit ihrer Arbeitskraft und freie Verfügung über ihren Arbeitsertrag garantiert». Sie wurden «von der unbegrenzten Arbeitsleistung für den Leibherrn, für den Herrn der familia befreit. Leute, die auf diese Weise aus dem Personalverband ihres alten Herrn ausschieden, waren die Kaufleute und Handwerker»[64].

Wohl eine der interessantesten Urkunden zur Schweizer Geschichte überhaupt datiert von 1317[65]. In ihr übergibt der Abt von Wettingen der Fraumünsterabtei Zürich den Johann von Erstfeld. Diesem soll zustehen, «que homines vallis Uranie dicto monasterio Thuricensi iure servitutis pertinentes possunt facere, ac si natus de ancilla dicti monasterii Thuricensis extitisset». Das ist an sich nichts Besonderes: Die Urner gehören «iure servitutis» zum Kloster. Das Besondere ist vielmehr, daß die ausdrückliche Umschreibung der Rechte des Johann von Erstfeld in dieser Urkunde identisch ist mit dem Zürcher Bürgerrecht. Johann von Erstfeld wird zugesichert, daß er das Recht habe, ‹das Seine zu verwalten, daß er berechtigt sei zu kaufen, zu verkaufen, zu schenken, zu übertragen, zu tauschen, vor Gericht zu erscheinen, Testamente zu errichten und alles und jedes zu tun, was jeder Zürcher Bürger, welcher dem genannten Kloster zugehört, tun kann›. Die Urner Eigenleute von Zürich sind folglich unbeschränkt geschäfts- und rechtsfähig. Sie sind den strengen hofrechtlichen Bindungen entkommen; vermutlich sind sie den Freien rechtlich gleichgestellt. Ihrer Integration in das «Land» Uri steht nichts mehr entgegen. Wenn das Hofrecht des Fraumünsters den Weg in das Bürgerrecht der Stadt ebnet, dann muß es auch den Weg ins Landrecht von Uri freigegeben haben. Die personale Zugehörigkeit zum Fraumünster ist kein Hindernis für das Bürgerrecht in Zürich, und sie ist kein Hindernis für das Landrecht in Uri (vgl. die graphische Darstellung in Abb. 47).

Man weiß nicht, seit wann die Urner dieses Recht besaßen; die Urkunde von 1317 vermittelt den Eindruck, daß es sich um bestehendes Recht handelt. Es ist aber kaum anzunehmen, daß derart weitgehende Freiheiten schon lange Zeit hergebracht waren, sonst hätte man sie schwerlich mit der Bezeichnung «ius servitutis» wiedergegeben. Vermutlich handelt es sich um jüngere Angleichungsprozesse in einer ursprünglich stärker differenzierten Klosteruntertanenschaft. Denn es war ja durchaus keine Seltenheit, daß Reichsklöster Leibeigene, Zinser und Freie zu ihren Untertanen zählten. Aus dem Reichsstift Kempten im Allgäu beispielsweise ist solches bekannt[66].

Die Rechte der Zürcher Gotteshausleute verbesserten sich offensichtlich in der ersten Hälfte des 14. Jahrhunderts durchgängig. Jetzt ist von den «frigen gotteshuses lůtten» die Rede[67], die sich kaum mehr von den nominell leibeigenen «mancipia» Zürichs unterscheiden; denn eine Kundschaft von 1340 räumt letzteren das unbeschränkte Erbrecht ein und verbietet lediglich noch die ungenoßsame Ehe, was freilich wenig nachteilig gewesen sein dürfte, weil Freizügigkeit mit den Klöstern

[57] Entsprechende Rechtsgeschäfte in UB Zürich 6, Nr. 2077, S. 60f.; Nr. 2135, S. 115f.; 8, Nr. 3060, S. 320f.

[58] Naturgemäß ist die Überlieferung bei geistlichen Institutionen, die ihre Bedeutung in einer Stadt früh verloren haben, recht lückenhaft. Für Augsburg beispielsweise, für das angenommen wird, daß sozialer Aufstieg gleichfalls durch Ergebung oder Schenkung an eine geistliche Institution erfolgte, ist der Urkundenbestand noch erheblich schmäler. Vgl. Bosl, Entwicklung, S. 14.

[59] Bosl, Grundlagen, S. 226f., 252f.

[60] Bosl, Entwicklung, S. 14.

[61] QW 2/2, S. 251f., 257.

[62] Ebd. Es kommen auch halbierte Standardbeträge vor: 2 statt 4 Pfennig; 1/2 ferto (Viertel) statt 1 ferto. Die Werte decken sich annähernd mit den von Bosl für Regensburg errechneten. Dort zahlt der Zensuale 5 Pfennig. Bosl, Grundlagen, S. 252.

[63] «Ad maius altare» werden die ehemals Unfreien tradiert oder tradieren sie sich selbst. QW 2/2, S. 257.

[64] Bosl, Grundlagen, S. 227.

[65] UB Zürich 9, Nr. 3451, S. 293f. In Regestenform in QW 1/2, Nr. 868, S. 443f.

[66] Vgl. Wiedemann Rudolf, Der «Allgäuische Gebrauch» einer Gerichtsbarkeit nach Personalitätsprinzip, München 1932 (Schriftenreihe zur bayerischen Geschichte 11).

[67] UB Zürich 11, Nr. 4286, S. 222f. Regest in QW 1/2, Nr. 1516, S. 735. Vgl. zur Interpretation Wernli, Entstehung, S. 22f. und Kläui, Meierämter, S. 11f.

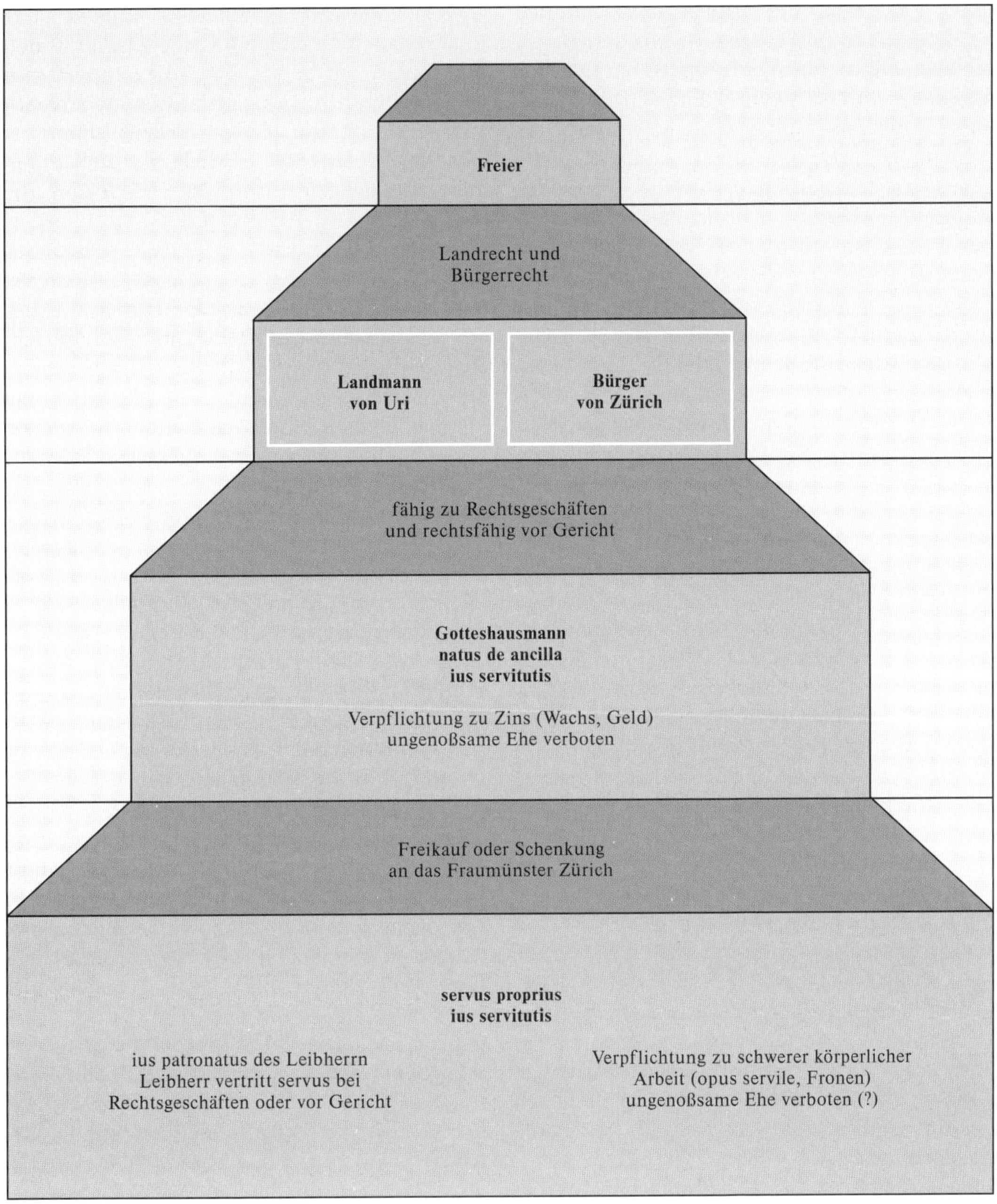

47 Sozialer Aufstieg aus der Unfreiheit.

Einsiedeln, Pfäfers, St. Gallen, Reichenau sowie Schaffhausen und Säckingen bestand[68].
Zu einem Abschluß scheint dieser hundertjährige Prozeß der Verbesserung der persönlichen Rechtsstellung der Bauern in der Innerschweiz um 1350 gekommen zu sein. 1359 urkunden der Abt und der Konvent des Klosters Wettingen, «das wir all die lüt in den lendern ze Vre, ze Switz, ze Vnderwalden, vnd ze Vrsserren, die von eigenschaft des libes vns vnd vnserm gotzhus zuo gehorten, es syen man, wip, oder kint, wie si geheissen oder genemt sint, ledig vnd los verkovft haben, vnd von ir bett wegen vf geben der ebtyschin vnd dem cappittel gemeinlich des gotzhus der abtey Zurich, ze der seligen lieben heilgen wegen sant Felix vnt sant Regulen»[69]. Auskunftsreicher ist der Revers, den die Äbtissin des Fraumünsters in Zürich über dieses Rechtsgeschäft ausstellt. Sie versichert, «das wir die selben lüt vnd alle ir nachkomen vns vnd vnserm gotzhus behalten vnd behaben sülent, mit aller rechtung, friheit vnd ehafti, als wir vnd vnsers gotzhus vordern ander lüt in den vorbenemten lendren, die von eigenschaft des libes vnserm gotzhus zugehorent, vntz her gehept vnd bracht haben, ane alle geuerd, won ovch die selben lüt alle vnd alle ir nachkomen gentzlich beliben sülent by der friheit vnd aller rechtung, als ander lüt die

[68] Die Kundschaft bei GRIMM, Weisthümer 4, S. 331. Hier zeigt sich auch die sich verändernde Begrifflichkeit. Der Text steht unter der Überschrift «liber mancipiorum»; im Text selbst ist jedoch von «gotshus lüten» die Rede. Schließlich setzt sich wohl generell der Begriff «freie gotteshausleute» durch. Vgl. UB Zug 2, Nr. 2439, S. 1170ff.
[69] Gfr. 8, 1852, Nr. 51, S. 60f.

48 Verbreitung der Freien nach dem Habsburger Urbar von 1303 bis 1308 (Ausschnitt).

vnser gotzhus inn dem selben lant ze Vre her bracht hat ane alle geuerd»[70]. Mindestens für die ehemaligen Eigenleute von Wettingen gilt jetzt das nämliche Recht wie für Urner Eigenleute, und zwar ohne Unterschied in Uri, Schwyz, Unterwalden und Urseren. Und das Urner Recht ist in bezug auf den personenrechtlichen Status – dies ist mit Nachdruck hervorzuheben – Zürcher Stadtrecht.

Für die Bewertung dieses erstaunlichen Prozesses ist in Rechnung zu stellen, daß der Raum zwischen Bodensee und Alpen insgesamt größere Freiräume oder Möglichkeiten hinsichtlich des Personenstatus bereitstellte. Ob das bereits auf hochmittelalterliche Verhältnisse zurückgeführt werden darf, läßt sich nur schwer entscheiden. Immerhin sind strenge Hofrechte, wie man sie etwa aus bayerischen Hofmarken oder aus schwäbischen Klosterherrschaften kennt, selten. Schon das Habsburger Urbar weist für die Zeit um 1300 eine erstaunliche Verbreitung der Freien[71] auf (vgl. Abb. 48). Ihnen eignen alle Merkmale der Innerschweizer Freien: So werden keine Todfallabgaben erhoben, die Ungenoßsamenehe ist nicht verboten, die Freizügigkeit nicht eingeschränkt; der Grund und Boden ist mehrheitlich bäuerliches Eigen, und wo Freie in dichterer Massierung beisammenwohnen, verfügen sie über ein eigenes Freiengericht. Für den vogteilichen Schutz der Habsburger, der allerdings mit «Dieb und Frevel» bzw. «Twing und Bann» oft recht weitgehend ist, zahlen sie die Steuern und Vogtabgaben[72]. Mit der erstaunlich hohen Zahl an Freien korrespondiert die Beobachtung, daß die habsburgischen Eigenleute vergleichsweise günstige Rechte besaßen. Fronen und Todfall als verbreitetes Zeichen der Leibeigenschaft läßt sich für sie kaum noch nachweisen[73].

Doch offensichtlich gelten solche Bedingungen nicht nur für den engeren und weiteren Einflußbereich der Habsburger. Im 14. Jahrhundert ist in der Schweiz generell eine Tendenz zur Lockerung der Leibherrschaft oder ihr ähnlicher Verhältnisse festzustellen. Das Kloster Engelberg kann sein Freizügigkeitsverbot nicht mehr aufrechterhalten und muß dem Eigenmann, wenn er seine Verpflichtungen gegenüber dem Kloster und seinen Genossen reguliert hat, einräumen, über «dryer straßen us[zu]ziehen, wele er wil, über Joch, über Surenegg oder durch land us und mag denn burger und lantmann werden, wo er wil und sol ouch fürer dehein abzug nit geben»[74]. Offensichtlich machte es jetzt auch sehr viel weniger Schwierigkeiten als früher, sich aus den herrschaftlichen Abhängigkeiten freizukaufen. Nicht nur in den Innerschweizer Ländern verschwindet im Verlaufe des 14. Jahrhunderts jegliche Herrschaft durch den Aufkauf ihrer Rechte; auch an anderen Orten gehen mit den Freikäufen gewissermaßen «Bauernbefreiungen» größeren und kleineren Stils einher. Noch 1344 bestätigt das geistliche Gericht dem Kloster Pfäfers, sein Hof in Weggis und die dortigen Leute gehörten ihm «titulo servitutis» und folglich habe es Anspruch auf «mortuaria et alia iura». Diese ‹anderen Rechte› stellen sich derart dar, daß die Ungenoßsame in denkbar schärfster Form geahndet wurde: mit dem Verweis aus dem Hof, gleichgültig ob der leibeigene Mann oder die leibeigene Frau eine ungenoßsame Ehe eingegangen war[75]. Mit einem kleinen Umweg über den Landammann von Nidwalden kauften sich die Weggiser 1378 aus dieser scharfen Unfreiheit los – wie es den Anschein hat zu einem exorbitant überzogenen Preis[76], was nur beweist, wie viel den Bauern die «Freiheit» wert war.

Daß sich die Strenge der älteren Hofrechte nicht mehr behaupten ließ, belegen schließlich auch die im 14. Jahrhundert aufkommenden «Ehegenoßsamen» unter den kirchlichen Institutionen – den Klöstern, Chorherrenstiften und Hochstiften[77]. Das überall in der Schweiz geltende Verbot der ungenoßsamen Ehe wurde damit, wenn auch nicht ganz beseitigt, so doch deutlich entschärft, weil jetzt beispielsweise ein Eigenmann der Abtei Einsiedeln eine Leibeigene des Hochstifts Konstanz heiraten konnte, ohne Sanktionen und den ganzen oder teilweisen Einzug seines Besitzes befürchten zu müssen (vgl. Abb. 49).

Ein Blick über den Bodensee mag uns zeigen, daß die Schweizer Verhältnisse weder selbstverständlich noch weiter verbreitet waren. Zur selben Zeit nämlich, als sich in der Schweiz die Leibeigenschaftsverhältnisse langsam lockerten, verschärften sie sich in Schwaben. Wo die Schweizer Klöster durch Ehegenoßsamen die Freizügigkeit erleichterten und gar förderten, schränkten sie die schwäbischen Herren ein, indem sie empfindliche Bußen auf den Weg-

[70] Gfr. 5, 1848, Nr. 34, S. 261.

[71] HU 1, S. 180, 240f., 275, 276, 278, 280, 291, 302, 306, 310, 343, 526.

[72] Vgl. auch HU 2/2, S. 569. – Das konnte wohl gelegentlich auch zur Minderung des Freienstatus führen. Vgl. BICKEL, Willisau, S. 98.

[73] HU 2/2, S. 522f.

[74] Zitiert nach BRUCKNER, Rechtsgeschichte, S. 43f. – Vgl. auch das ausgesprochen günstige Hofrecht für den Engelberger Hof in Buochs. Gfr. 33, 1878, Nr. 1, S. 69–72.

[75] Vgl. SEGESSER, Rechtsgeschichte 1, S. 358f., 363, 368.

[76] Der Landammann von Nidwalden kaufte die Pfäferser Rechte in Weggis um 600 fl, veräußerte sie aber noch im gleichen Jahr (mit einigen Einschränkungen und Vorbehalten) um 1150 fl an die Weggiser. Die Zahlen nach SEGESSER, Rechtsgeschichte 1, S. 370f.

[77] Das Problem erschöpfend und ausführlich behandelt von MÜLLER, Leibeigenschaft.

0
5
10 km
Orte, in denen Freie nachgewiesen sind

zug legten. Massenweise hatten sich die Eigenleute eidlich zu verpflichten, sich ihrer Herrschaft nicht zu entfremden. Taten sie es dennoch, fiel ihr Gut an die Herrschaft, wurden die Verwandten oder Nachbarn gepfändet, die Flüchtigen gewaltsam zurückgeholt und bestraft. Das waren keine Einzelmaßnahmen; sie waren üblich im Herzogtum Württemberg und in der Markgrafschaft Baden, in den Hohenloheschen Herrschaften und in den Klosterterritorien von Schussenried oder Salem[78]. Tausende von Bauern wurden nach Ausweis dieser Urkunden gewaltsam an den Boden gefesselt, Zehntausende mögen es insgesamt gewesen sein, denn noch weiß man darüber wenig, weil die Erforschung dieses Problems erst begonnen hat[79].

Es scheint, als sei mit solchen unter dem Eid erzwungenen Wegzugverboten die Leibeigenschaft erst in jener Schärfe ausgeprägt worden, die sie dann im 15. Jahrhundert in Oberschwaben zeigt: Kinder aus ungenoßsamen Ehen folgen immer der «ärgeren Hand», also dem rechtlich schlechter gestellten Elternteil, die Todfallabgaben erreichen bis zur Hälfte des Vermögens, ja selbst Eigengut der Bauern scheint eingezogen worden zu sein, die Freien sinken durch ungenoßsame Ehen zunehmend in den Stand der Zinser und Leibeigenen, Zinser werden in die Leibeigenschaft gedrückt, und wo das mittels «freiwilliger» Unterwerfung nicht gelingen will, weiß die Herrschaft mit Gewalt nachzuhelfen, notfalls mit Gefangennahme. Vor diesem Hintergrund erklärt sich dann gut, weshalb «die Leibeigenschaft» zu einer der Hauptbeschwerden im deutschen Bauernkrieg geworden ist. «Zům dritten», heißt es in der uns bekanntesten Flugschrift des Bauernkriegs, «ist der brauch byßher gewesen das man vns für jr aigen leüt gehalten haben, wôlchs zů erbarmen ist, angesehen das vns Christus all mitt seynem kostparlichen plůtvergůssen, erlôßt vnnd erkaufft hat, den hyrtten gleych alls wol alls den hôchsten, kain außgenommen, darumb erfindt sich mit der geschryfft das wir frey seyen und wôllen sein.»[80]

Freiheit durch Bürgerrecht – die Leistung der Städte

Es kann keine Rede davon sein, daß in der Stadt zu leben automatisch die persönliche Freiheit nach sich gezogen hätte. Alle Bürger in den württembergischen Städten, gleichgültig ob es sich um Stuttgart oder Tübingen handelt, galten noch zu Beginn des 16. Jahrhunderts als Eigenleute des Herzogs von Württemberg[81]. Die Bürger der Stadt Bregenz wurden 1579 formell aus der Leibeigenschaft entlassen, und das erst, nachdem sich die Vorarlberger Landstände über mehrere Jahrzehnte hartnäckig dafür eingesetzt hatten[82]. Weitere Beispiele aufzureihen würde nicht die geringsten Schwierigkeiten bereiten. Damit soll hier nochmals an das Grundproblem erinnert werden, daß am Anfang der städtischen Entwicklung nicht die Freiheit steht, vielmehr durchaus die «Unfreiheit».

In Luzern sind nach Auskunft der älteren Offnungen des Klosters im Hof «die lüt vnd gut des gothus von Lucerron eigen»[83]. In Zürich leben mindestens bis ins späte 13. Jahrhundert wohl die meisten Menschen unter dem Hofrecht des Fraumünsters; der «civis Thuricensis» steht mit der «ancilla ipsius monasterii» personenrechtlich auf gleicher Stufe[84]. Dieses Schicksal teilen die Luzerner und die Zürcher etwa mit den Bewohnern von Aarau, Brugg, Zug, Sursee, Sempach und mit vielen schwäbischen Städten, beispielsweise Riedlingen, Sigmaringen, Scheer, Mengen und Munderkingen, die noch um 1300 ausdrücklich als «eigen» der Habsburger bezeichnet werden[85]. Die Bürger der Städte Baden-Baden, Durlach und Pforzheim bestätigen den Markgrafen von Baden, daß sie ihnen «eygen sind»[86]. «Unfreiheit» also ist die Ausgangssituation in den Städten.

Dennoch gilt der Satz «Stadtluft macht frei», doch nur dann, wenn die Stadt selbst einen weitergehenden Grad politischer Autonomie erreicht hat. «Die Freiheit» ist den Bürgern weder verliehen noch von ihnen in einem einmaligen politischen Akt durchgesetzt worden, vielmehr entwickelt sich Freiheit evolutionär und damit eher langsam und allmählich. «Mit der Entstehung des in sich sehr differenzierten Bürgertums wurden leib- und grundherrliche Abhängigkeiten für eine ganze Gesellschaftsschicht zunächst gelockert und schließlich

[78] Breit belegt bei MAURER, Masseneide.

[79] SAARBRÜCKER ARBEITSGRUPPE, Die spätmittelalterliche Leibeigenschaft in Oberschwaben, in: Zeitschrift für Agrargeschichte und Agrarsoziologie 22, 1974, S. 9–33 (für Schussenried). Die Reichweite des Phänomens hat dann in beeindruckender Weise MAURER, Masseneide, aufgezeigt. Vgl. dazu ergänzend auch ULBRICH, Leibherrschaft.

[80] GÖTZE Alfred, Die zwölf Artikel der Bauern. Kritisch herausgegeben, in: Historische Vierteljahrschrift 5, 1902, S.11f.

[81] Vgl. dazu die Bestimmungen über Freizügigkeit im Tübinger Vertrag von 1514, gedruckt in: Herrschaftsverträge des Spätmittelalters, Hrg. Werner Näf, Bern 1951 (Quellen zur neueren Geschichte 17), S. 71–77, bes. 83f.

[82] Die Belege bei BLICKLE, Landschaften, S. 288.

[83] SEGESSER, Rechtsgeschichte 1, S. 80.

[84] UB Zürich 6, Nr. 2075, S. 57.

[85] HU 2/2, S. 554, 563.

[86] MAURER, Masseneide, S. 46.

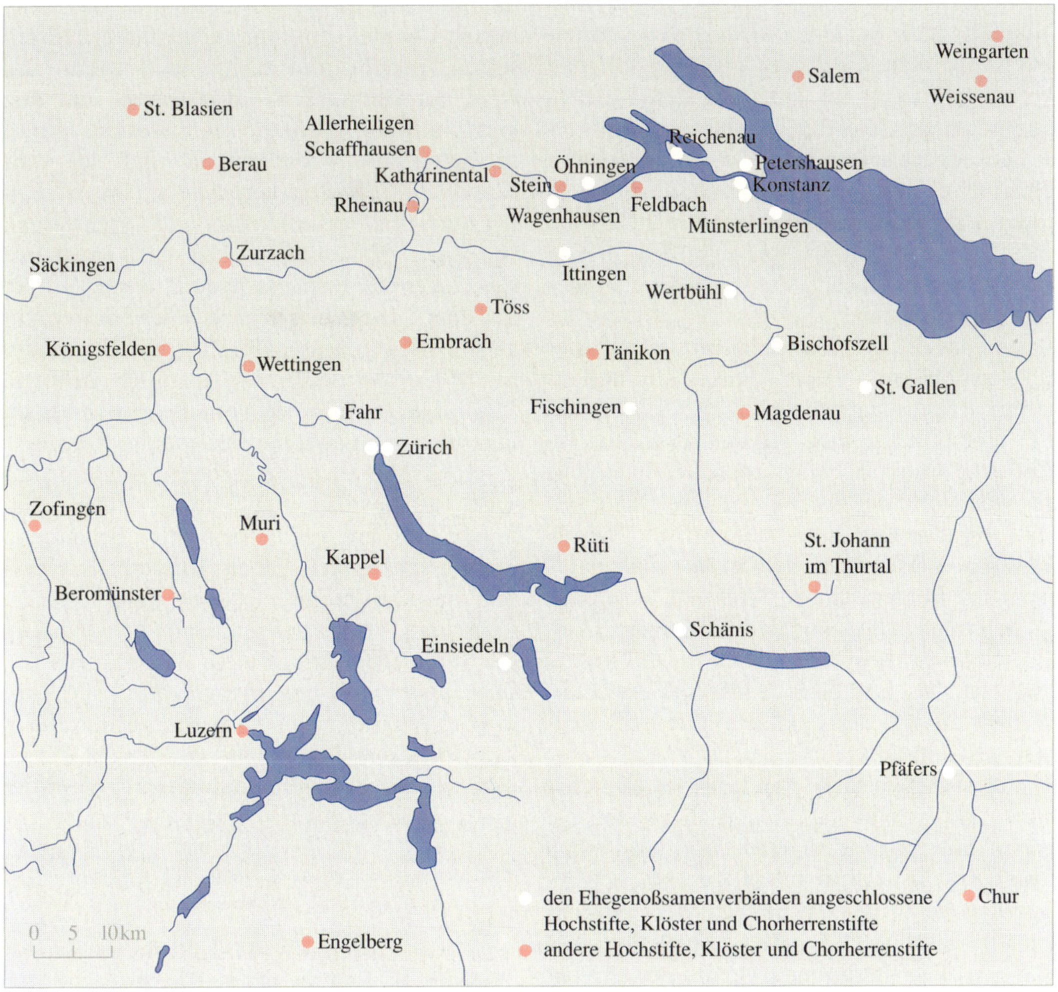

49 Freizügigkeit zwischen schwäbisch-alemannischen geistlichen Institutionen seit der Mitte des 14. Jahrhunderts (nach Müller, Leibeigenschaft).

gänzlich beseitigt»[87]; «die Freiheit des Stadtbürgers» bedeutet «eine neue, auf die Freiheit des Gewerbes gegründete Freiheit»[88], welche «einen neuen autonomen Bereich des Arbeitens, Handelns, Denkens, Lebens» voraussetzt[89]. So beantworten Verfassungshistoriker, Stadthistoriker und Gesellschaftshistoriker die Frage nach dem Entstehen der Freiheit in den Städten.

Für Luzern und Zürich kann und muß man wohl etwas präzisere Antworten geben. In beiden Fällen fußt das Bürgerrecht auf dem beschworenen Frieden. Damit entsteht ein eigener und neuer Rechtskreis, und die Zugehörigkeit zu diesem Rechtskreis stiftet das Bürgerrecht[90]. Nur ganz langsam erweitert sich dieser Rechtskreis sozial – von den städtischen Ministerialen und Fernkaufleuten schließlich hin auf den größten Teil der gesamten Einwohnerschaft. Das kann Jahrzehnte dauern und wird in Luzern und Zürich zeitgleich etwa um 1330 erreicht. Erst jetzt gilt in der ganzen Stadt das gleiche Bürgerrecht, und erst jetzt wird es sinnvoll, denjenigen, der in die Stadt zieht und sich in der Stadt auf Dauer niederläßt, mit dem Bürgerrecht auszustatten. Wer über «Jahr und Tag» in Zürich gelebt hat, so bestätigt Kaiser Karl IV. 1362 der Stadt, genießt das volle Bürgerrecht und kann von seinem Herrn als «eigen» nicht mehr in Anspruch genommen werden[91]. Er ist der «Eigenschaft» entkommen oder der «Leibeigenschaft» – falls man diesen Ausdruck liebt, wiewohl er im 14. Jahrhundert kaum gebraucht wird –; er ist «frei». Das nämliche Rechtsprinzip gilt auch in Luzern. «Swele burger jar und tag mit wibe und mit kinden von der stat vert oder ziet an des rates urlop» – so formuliert Luzern diesen Grundsatz in negativer Wendung –, der wird behandelt, als wäre er «von sinem burgrechte gangen», als hätte er es aufgeben[92].

Nicht «die Freiheit» sondert den Bürger vom Bauern, so könnte man diesen Sachverhalt zuspitzend und damit klärend beschreiben, sondern «das Recht». Denn wer über Jahr und Tag demselben Rechtskreis angehört, der anerkennt und erlangt den personenrechtlichen Status,

[87] SCHULZE, Grundstrukturen, S. 203.
[88] ISENMANN, Stadt, S. 76.
[89] BOSL, Grundlagen, S. 215.
[90] Auf nochmalige Einzelnachweise wird verzichtet. Vgl. zur Beweisführung oben S. 111–129.
[91] LARGIADÈR, Anfänge, S. 20.
[92] ÄLTESTES RATSBÜCHLEIN, Nr. 152, S. 28.

der in diesem Rechtskreis Gültigkeit hat. Das jedenfalls ist in der Innerschweiz weit verbreitet, wenn nicht die Regel[93]. «Ovch sol man wissen», heißt es im Hofrecht des Klosters Einsiedeln, das in dieser Hinsicht durchaus repräsentativ ist, «wer iar vnd tag wonhaft ist in des gotzhus twingen vnd bennen, der sol dem gotzhus gebunden sin ze dienen recht als ein ieklich gotzhusman, ist, das er in den jar von nieman versprochen wirt, die wil er hinder dem gotzhus ist.»[94]

Durch das Bürgerrecht scheidet der Städter aus den hofrechtlichen Bindungen aus, und insofern «Eigenschaft» definitorisches Merkmal von Hofrecht ist, wird der Städter «frei». Im Hofrecht drückt sich aber auch die Herrschaft des Adels und der Kirche über die «laboratores», die «armen Leute», den «dritten Stand» aus. Wo es Menschen gelingt, aus dem Hofrecht ins Bürgerrecht zu wechseln, entziehen sie sich folglich den feudalen Bindungen. Insofern bedeutet Bürgerrecht, wo es voll ausgeprägt ist, das Ende der feudalen Herrschaft. Wenn man will, mag man das «Freiheit» nennen.

Städte in diesem Sinn – und das waren sicher nicht alle, vor allem dann nicht, wenn der herrschaftliche Einfluß in der Stadt groß blieb – sind Inseln in einer feudal geprägten Welt. Insofern gefährden sie in gewisser Hinsicht auch die Situation des Adels. Die Gefährdung wuchs zu einer Bedrohung, wo das Bürgerrecht nicht bloß auf die ummauerte Stadt beschränkt blieb, sondern sich auf das Land «hinausfraß». Das geschah durch die Verleihung des Bürgerrechts an Bauern, die damit zu «Pfahlbürgern» oder eben «Ausbürgern» wurden, wie man im 14. Jahrhundert sagte[95]. Nach dem, was man bis heute weiß, übertrifft die Schweiz alle übrigen Regionen des Reiches hinsichtlich der Zahl ihrer «bäuerlichen Bürger». Die Hälfte der Bauern zwischen Bielersee und Grindelwald ist in das Bürgerrecht von Bern getreten[96]. In die Tausende dürften die Bauern zählen, die das Bürgerrecht von Luzern[97] oder Zürich[98] erworben haben. Wenn überhaupt, dann kann in dieser Hinsicht einzig Straßburg mit den Schweizer Städten konkurrieren. Jedenfalls schien dem Bischof von Straßburg der Ansturm der Elsässer Bauern auf das Straßburger Bürgerrecht so bedrohlich, daß auf sein hartnäckiges Drängen hin der Kaiser ein allgemeines Verbot gegen die «bäuerlichen Bürger» in das «Reichsgrundgesetz» der Goldenen Bulle von 1356 aufnahm. Bischof Johann von Lichtenberg hatte sich auf dem Reichstag in Metz bitter beklagt, «wie die von Straßburg gar große zahl der seinen zu burgere empfingen, die doch nicht recht burger da würden, sondern allein spottburgere oder pfalburgere waeren; dann sie mit ihrem leib und gut ausßwendig im land hinder ihm und andern herrschafften sessen, gericht und recht, auch wunn und weid, almend und waeld bruchten und den herrschafften, darunter sie gesessen, daran spotteten und verließen sich auf der statt Straßburg freyheiten, welche doch ihm und allen herrschafften unleidlich und beschwerlich waren»[99]. «Pfalbürger» sind nach Auskunft des klagenden Bischofs Bauern, die als Bürger auf dem Land leben und als solche die Vorzüge von Dorfgenossen und die Freiheiten der Stadt gleichermaßen in Anspruch nehmen. Pfalbürger werden sie vom Bischof und mit ihm von vielen anderen Fürsten des Reiches[100] genannt, weil sie keine ‹echten›, sondern ‹falsche› Bürger seien – «cives falsi»[101]. Den Städten konnte eine solche pejorative Benennung nicht gefallen; wem sie das Bürgerrecht erteilten, der war in ihren Augen natürlich kein «falscher» Bürger; er war, falls er außerhalb der Stadt lebte, allenfalls ein «Ausbürger»[102].

Das Bürgerrecht erwarb man durch die Zahlung einer einmaligen Aufnahmegebühr, die in Luzern in der Regel einen Gulden, in Zürich drei Gulden betrug[103], und indem man in der Stadt ein Haus erwarb[104] oder ersatzweise eine

[93] Auswahlweise: GRIMM, Weisthümer 1, S. 8 (für Höngg). UB Zug 1, Nr. 749, S. 388 (für Neuheim).

[94] GRIMM, Weisthümer 1, S. 151.

[95] Die Quellenlage zu diesem Problem ist sehr kompliziert, weil sich bei der Verleihung des Bürgerrechts nicht immer eindeutig entscheiden läßt, ob der «Neubürger» in die Stadt gezogen ist oder noch auf dem Land lebt. Grundsätzlichere Aufklärung ist von einem Forschungsprojekt über die «Neubürger» zu erwarten, das Rainer Schwinges (Bern) bearbeitet. Die bisherigen Vorarbeiten sind eher punktuell angelegt und damit notwendigerweise insofern unbefriedigend, als angesichts der lokal ungünstigen Überlieferung nur durch den Vergleich abschließende Urteile möglich sein dürften. – Grundlegend, wiewohl stark aus dem Elsaß argumentierend, ist SCHMIDT, Pfalbürger. Darauf fußt interpretatorisch auch die für die Schweiz umfänglichste Untersuchung von MARCHAL, Sempach, S. 109–185; auf Bern bezogen: FREY Beat, Ausburger und Udel namentlich im Gebiete des alten Bern, Diss. iur., Bern 1950. – Einige wenige, aber grundsätzliche und wie immer gedanklich scharfe Bemerkungen bei GASSER, Landeshoheit, S. 385–393. – Angesichts des vergleichsweise desolaten Forschungsstandes werden, soweit methodisch vertretbar, die Ergebnisse von Schmidt zur Erklärung der grundsätzlichen Probleme in Zürich und Luzern herangezogen.

[96] BIERBRAUER, Freiheit, S. 176

[97] MARCHAL, Sempach, S. 112f.

[98] LARGIADÈR, Anfänge, S. 22ff.

[99] Zitiert bei SCHMIDT, Pfalbürger, S. 265f.

[100] Breites Belegmaterial bei SCHMIDT, Pfalbürger, S. 287ff.

[101] Zur Etymologie: SCHMIDT, Pfalbürger, S. 289f. – Aus der Etymologie erklärt sich, weshalb nachfolgend der Begriff immer ohne das verballhornende h (Pfalbürger) geschrieben wird.

[102] So nach SCHMIDT, Pfalbürger, S. 293.

[103] MARCHAL, Sempach, S. 184.

[104] So war die Regelung in Zürich. Vgl. ZÜRCHER STADTBÜCHER 1/1, Nr. 26, S. 12. «Swa ein usburger ein hus

als «Udel» bezeichnete Summe[105] an Stelle des Hauserwerbs bei der Stadt hinterlegte[106].
Bürger konnte man nach Reichsrecht nur mit ständigem Wohnsitz in der Stadt sein. König Albrecht und die Kurfürsten hatten 1303 verfügt, «daß man die pfalburger allenthalb laß; wir wellen in unseren stetten keinen haben. Und davon setzen wir und gebieten, wer ein purger will sein und purgerrecht well haben, daß der summer und winter pawlich und hablich in der stat sey, oder man sol in nicht für ein purger haben.»[107] Der Hauserwerb in der Stadt oder die Hinterlegung einer Summe, über die der Hauserwerb theoretisch getätigt werden konnte, mochte wenigstens formal als Respektierung der reichsrechtlichen Normen gelten, auch wenn der ins Bürgerrecht getretene Bauer weiterhin seinen Hof bewirtschaftete und allenfalls nur temporär in der Stadt lebte. Vermutlich setzte eine solche «doppelte Haushaltführung» Vermögen voraus[108].
Der Ausbürger genoß die gleichen Rechte und die gleichen Pflichten wie der in der Stadt gesessene Bürger. Die Luzerner Ausbürger beschworen offensichtlich zweimal jährlich zusammen mit der Bürgerschaft in der Peterskapelle den Stadtfrieden und das Stadtrecht[109]; sie dürften damit auch bei Satzungen mitgewirkt haben, soweit die gesamte Bürgerschaft sich daran beteiligt hatte. Auf der Pflichtenseite standen die Steuer und der Militärdienst. Zürich kündigte den Äbten von Einsiedeln und St. Blasien das Bürgerrecht, weil sie sich weigerten, die ihnen vom Rat auferlegte Steuer zu zahlen[110]. Stadtsteuern des Mittelalters sind in der Regel Vermögenssteuern, so daß die Stadt naheliegenderweise an den reichen Ausburgern mehr Interesse hatte als an armen. Der Graf von Lichtenberg beschwerte sich anno 1392 bei Straßburg, daß es neuerlich seine Leute ins Bürgerrecht aufgenommen habe – fünf werden namentlich genannt. «So sint», schließt die Beschwerde, «doch dise vorg[enanden] ůber sehtzig dusent gůldin riche gewesen»[111]. Der Lichtenberger beklagt demnach, daß er seine Untertanen aufgrund ihrer Verburgrechtung nicht mehr zur Steuer heranziehen kann. Das konnte er in der Tat nicht, weil mit dem Bürgerrecht die Stadt den Schutz, die Vogtei, übernommen hatte. Der Verlust für den Lichtenberger war für ihn um so beklagenswerter, weil 60000 Gulden Vermögen doch eine äußerst stattliche Summe darstellten.
Welches Interesse hatten die Städte, Bauern als Bürger anzunehmen? Für Luzern, Zürich und Bern wurde bislang[112] immer das territorialpolitische Interesse betont, die Absicht, sich auf das Land auszudehnen und den Gegensatz, der üblicherweise zum Stadtherrn bestand, auch im städtischen Hinterland auszutragen und zugunsten der Stadt zu entscheiden. Mit dieser Erklärung dürfte schwerlich auszukommen sein. Denn die Tatsache, daß die Städte darauf drängen, daß jeder Bürger in der Stadt ein Haus erwirbt, also in die Stadt zieht, und der Umstand, daß die Bürgeraufnahmen erst in der zweiten Hälfte des 14. Jahrhunderts den Charakter einer Massenbewegung annehmen, erlauben und verlangen andere Interpretationen des Pfalbürger- beziehungsweise Ausbürgerwesens.
1350 verabschiedete das englische Parlament ein Gesetz, das Höchstlöhne für Arbeiter festsetzte, Abwanderungen vom Land einschränkte und jeden Dorfbewohner, der weniger als einen «oxgang» Land besaß, also weniger als einen «ganzen» Hof, zwang, gegen Lohn zu arbeiten[113]. Arbeitskräfte waren rar in England; die Bebauung der landwirtschaftlichen Güter sollte gesichert, die Landflucht so verhindert werden. Anno 1352 wurde in Tirol vom Landesfürsten und den Landständen eine Landesordnung verabschiedet[114]: Die Bauern wurden durch sie stärker an ihren Hof gebunden, die Löhne normiert; die Ordnung wurde erlassen «von des grozzen gebrechen wegen der uns

verbůrget hat ze kouffen, der sol das kouffen hinnan ze der nechsten Walpurg tult. Geschicht des nit, so sol er von sinem burgrecht sin». Der Beleg datiert von 1316.

105 So in Luzern; die Höhe des Udels liegt bei 1 bis 2 Mark. Bern verlangt als Udelzins 3 fl jährlich. Vgl. MARCHAL, Sempach, S. 184.

106 Die rechtlichen Zusammenhänge erläutert DILCHER, Bürgerbegriff, S. 76f.

107 MGH. Leges, Bd. 2, Teil 1: Supplementa tomi I. Constitutiones regum Germaniae, Hrg. Georg Heinrich Pertz, Hannover 1837, S. 482.

108 MARCHAL, Sempach, S. 184, hält die Beträge für «unbedeutend». Für das Elsaß darf als wahrscheinlich gelten, daß die Ausbürger jedenfalls während des 14. Jahrhunderts eher die reicheren Bauern waren. Das ergibt sich aus den Bürgschaftssummen, die eingezogen wurden, wenn Bauern sich dem Straßburger Recht unterstellten. Vgl. WEBER Peter, Soziale Auswirkungen der Territorialstaatsbildung in der Herrschaft Lichtenberg, Diss. phil. Bern 1989, S. 314. – Vgl. für Frankfurt: DILCHER, Bürgerbegriff, S. 96.

109 MARCHAL, Sempach, S. 131, und mit Blick auf die weiteren Folgen auch SEGESSER, Rechtsgeschichte 1, S. 478. Hier allerdings nur für Bauern einer Gemeinde belegt.

110 ZÜRCHER STADTBÜCHER 1?1, Nr. 23, S. 11. Ergänzend ebd., Nr. 166, S. 67.

111 UB Straßburg 6, Nr. 726, S. 419.

112 Zusammenfassend: MARCHAL, Sempach, S. 109–185. Für die Motivation Luzerns bes. ebd., S. 149f. – Für Zürich auch LARGIADÈR, Anfänge, S. 18.

113 HILTON Rodney, Soziale Programme im englischen Aufstand von 1381, in: HZ, Beiheft 4, München 1975, S. 31–46, bes. 36; BEVERDIGE W., Wages in the Winchester Manor, in: The Economic History Review 7, 1936, S. 22–43.

114 Druck bei MOSER Karl, Die drei Tiroler Wirtschaftsordnungen aus der Pestzeit des 14. Jahrhunderts, in: Beiträge zur geschichtlichen Landeskunde Tirols. Festschrift für Franz Huter, Innsbruck 1959 (Schlern-Schriften 207), S. 256–260.

und menichlichen uberal in dem lande anligend ist, von todes wegen der in dem lande ist gewesen». Hier wird uns für die Lohn- und Arbeitsmarktpolitik eine Erklärung geliefert: «der Tod». Ganz Europa war zwischen 1348 und 1350 von einer großen Pestwelle heimgesucht worden, der rund ein Drittel der Bevölkerung zum Opfer gefallen war[115]. Kleinere Pestzüge traten während der folgenden hundert Jahre immer wieder auf.

Nicht anders war das in der Schweiz. Die Bevölkerung dürfte – nach den heute möglichen Schätzungen, denn genauere demographische Daten fehlen für diese Zeit – von etwa 800 000 im Jahre 1350 auf 600 000 um 1400 zurückgegangen sein[116]. Die durchschnittliche Bevölkerungsschrumpfung um 25 Prozent erreichte in den Städten naturgemäß höhere Werte als auf dem Land, weil das «Sterben» durch die Pest verursacht war, die in der dicht bevölkerten Stadt stärker wütete als auf dem eher locker besiedelten Land.

Was lag näher, als daß die Städte eine aktive Arbeitsmarktpolitik betrieben und Menschen in die Stadt zu bringen suchten, um dem Handwerk und Gewerbe die nötigen Arbeitskräfte zuzuführen. Den so plötzlich gefragten Bauern eröffneten sich damit völlig neue Möglichkeiten. Sie konnten Bedingungen stellen, und zu diesen Bedingungen gehörte möglicherweise, trotz des Bürgerrechts ihren Hof weiter bewirtschaften zu können[117]. Das mag die vielen Kompromisse erklären, welche die Städte mit ihren Bauern einzugehen bereit waren. Es blieben für die Stadt noch genügend Vorteile: die bessere Versorgung mit landwirtschaftlichen Produkten, die größere Zahl der Steuerzahler und der Kriegspflichtigen[118].

Das Interesse der Städte an neuen Bürgern konvergierte trefflich mit dem Interesse der Bauern an der Stadt. Wohnpflicht oder Wohnrecht in der Stadt erlaubten es dem Bauern, in Kriegszeiten hinter die sicheren Stadtmauern zu ziehen. Das war zweifellos ein entscheidendes Motiv für den Erwerb des Bürgerrechts. Das Straßburger Stadtrecht suchten die Elsässer Bauern wegen der «swere beschedigunge und underbringung, so den dörffern dis landes ettwie dick und vil beschehen ist und tegelich beschiht mit roube und brande so vil, das manig bidermann mit wibe und kint verderplich gemaht und ze armen tagen broht [gebracht] und dodurch das land verherget wird»[119]. Die gleiche Begründung liefern auch die Ebikoner. Sie treten ins Bürgerrecht der Stadt Luzern ein, damit «unser lip und gůt deste fúrbas [besser] beschirmet múge werden und auch wir nu und in künftigen ziten deste růweklicher bi dem unsern in fride und gnade sitzen und bliben múgen»[120].

Attraktiv war der Erwerb des Bürgerrechts auch wegen des Rechtsschutzes, den der Verburgrechtete durch das städtische Gericht genoß. Die Auseinandersetzungen zwischen den Städten Zürich und Luzern einerseits und den Habsburgern andererseits drehen sich zentral um die Frage, welches Gericht für die Ausbürger zuständig sein soll. Wer Lehen von den Habsburgern innehat, soll deren Lehengerichtsbarkeit unterstehen und nicht das städtische Gericht anrufen[121], verlangen die Österreicher. Soweit Bürger Forderungen gegenüber Leuten auf dem Land geltend zu machen haben, soll das vor den dafür zuständigen Gerichten «in der grafschaft» erfolgen. Daraus wird ersichtlich, daß die Ausbürger ihre «doppelte Staatsbürgerschaft» in ihrem Interesse instrumentalisierten: Hatten beispielsweise die Dorfgenossen Ansprüche an einen «bäuerlichen Bürger» zu stellen, so konnte dieser den rechtlichen Austrag dadurch erschweren, daß er sich auf sein Bürgerrecht berief und den Streit vor dem städtischen Gericht auszutragen verlangte; das war für den Kläger zeitlich aufwendig, möglicherweise finanziell kostspielig und angesichts der Solidarität des städtischen Gerichts mit seinem Mitbürger auch nicht gerade sehr erfolgversprechend. Daß die Städte ihre Bürger effektiv gegen Ansprüche von außen verteidigten, läßt sich mit Beispielen belegen: Steuern konnten nicht eingehoben werden[122], Leibeigenschaftsansprüche ließen sich nicht durchsetzen[123].

Naturgemäß ergaben sich durch die «Ausbürgerpolitik» der Städte, welcher die «Einbürgerungspolitik» der Bauern komplementär war, fundamentale Konflikte mit den Herren. Sie waren rechtlich kaum lösbar, weil formale Rechtsbrüche weder seitens der Städte noch seitens der Bauern vorlagen[124]. Die Ebikoner versprechen bei ihrem Eintritt ins Luzerner

[115] Zusammenfassend und mit dem Zahlenmaterial für den mitteleuropäischen Raum: ABEL Wilhelm, Agrarkrisen und Agrarkonjunktur. Eine Geschichte der Land- und Ernährungswirtschaft Mitteleuropas, Hamburg/Berlin ²1966, S. 48–96.

[116] MORARD, Macht, S. 213.

[117] Der rheinische Städtebund legt 1255 fest, daß Pfalbürger vom 12. Juli bis 10. August zur Kornernte gehen dürfen, ab dem 22. September zur Weinlese; ähnliche Bestimmungen trifft ein halbes Jahrhundert später Frankfurt a. M. Die Beispiele bei SCHMIDT, Pfalbürger, S. 248ff.

[118] Die Motive aufgrund der verfügbaren Untersuchungen auch aus dem außerschweizerischen Raum zusammengestellt bei MARCHAL, Sempach, S. 119f.

[119] Zitiert bei SCHMIDT, Pfalbürger, S. 266.

[120] Der Beleg nach MARCHAL, Sempach, S. 158. Marchal selbst nennt die Begründung «formelhaft».

[121] Dafür und für das Folgende: QW I/3, Nr. 1006, S. 716–719.

[122] ZÜRCHER STADTBÜCHER I/1 Nr. 129, S. 50.

[123] Ebd., Nr. 148, S. 60.

Bürgerrecht «unsern vỏgten gentzlich und vỏlleklich gehorsam» zu sein, «mit twingen, bennen, lúten, gůten, gerichten, freveln, stúren, fuoterhabern, vasnachthůnren, vogstúren, nutzen, diensten, vellen, zůvellen, holtze, velde, wasser und mit allen rechtungen, die darzů gehỏrent»[125]. Bauern von Meggen treten in das Luzerner Bürgerrecht «mit der bescheidenheit, daß si iren vỏgten, kelnern und meiern für dishin tůn sullent, was si inen von alter har geton habent, von recht oder von gůter gewonheit und sol si dis burgrecht davor nüt schirmen»[126].

Das Bürgerrecht hebt, wie diese Belege deutlich zeigen, bestehende Rechtsverpflichtungen nicht auf. Das machte es auch für die Herren so schwierig, die Verburgrechtungen zu verhindern. Sämtliche ordnungspolitischen und gesetzgeberischen Maßnahmen des Reiches, die auf Druck der Fürsten von den Königen getroffen wurden, verzichten auf das Argument, daß hier Rechtsverletzungen vorlägen. Es wird einfach statuiert, «daz man die pfalburger allenthalben las», daß Städte Menschen «ze pfalburgern furbas niht enpfahen» sollen, «daz dehain statt burger habe anders denne die mit irem aigen rouch husehablich in den stetten sien»[127]; eine rechtliche Begründung wird nicht geliefert, was sicher geschehen wäre, wenn sich eine solche hätte finden lassen.

Namentlich zwischen Bodensee und Alpen war der Eintritt ins Bürgerrecht schwer zu unterbinden, weil die «Eigenschaft» vergleichsweise wenig scharf ausgeprägt und die Freizügigkeit fast nirgendwo ausdrücklich verboten war.

Die Lage stellte sich tatsächlich als ausweglos dar: In einer Situation extremer gesellschaftlicher Mobilität fehlte das rechtliche Instrumentarium, um für alle Beteiligten akzeptable Lösungen anzubieten. Die Städte waren auf den Zuzug vom Land angewiesen – auch wenn er sich nur in einer temporären Residenz niederschlug –; die Bauern waren am Schutz der Stadt interessiert, und die Herren büßten damit das ein, was sie zu Herren machte, ihre Schutz- und Schirmfunktion.

Unlösbare Konflikte werden schließlich immer gewaltsam ausgetragen. Krieg wegen der Ausbürger gibt es im Elsaß, klagt 1372 Kaiser Karl IV. «Uns habent ze wizzen getan unser und des riches getruwen, daz herren, ritter und knechte gar unwillig sein frid ze halten und ze machen und die strazzen und das land ze schirmen in Elsazz besunderlich von irr leute wegen, die ir in entziehet und sie zu burgern emphahet und habt»[128]. Krieg befürchtet Kaiser Sigismund 1431 wegen der Ausbürger in Schwaben: «Als wir nu in disse land zu Swaben komen sein, so ist uns mit mannigfeltiger clag furbracht, wie da noch heut des tages große unwillen und mißhellung in den landen sein von sulcher pfalburger wegen und das zu besorgen ist, daz davon schedlicher zwitracht krieg und schaden in dem lande entsprießen und wachsen mochten»[129]. Krieg wegen der Ausbürger gab es in der Schweiz mehrfach. Auch die schicksalhafte Schlacht bei Sempach 1386 hat im Ausbürgerwesen einen ihrer entscheidenden, wenn nicht den vornehmlichsten Grund[130].

Die «bäuerlichen Bürger» entziehen sich also der adeligen Herrschaft, indem sie aus deren Schutz fliehen. Wo er angesichts von Kriegen und Fehden ohnehin nicht viel wert ist, tun sie es sogar legitimerweise. Die Beziehungen zum Adel und zur Kirche verkürzen sich, soweit sie überhaupt noch bestehen, auf ein rein ökonomisches Verhältnis. Noch hat der Bauer von einem Herrn seinen Hof und leistet dafür Abgaben; sonst verbindet beide nichts mehr. Insofern wird der Bauer durch das Bürgerrecht «frei». Das durchgesetzt zu haben, ist, falls man darin einen Fortschritt sehen will, das unstreitige Verdienst der Städte.

Daß aus dem fundamentalen Konflikt um das Ausbürgerwesen auch ganz andere Konsequenzen gezogen werden konnten, zeigen zahllose Beispiele aus anderen Teilen des Reiches[131]. Zur gleichen Zeit, als jene «Masseneinbürgerungen» in Luzern erfolgten, in den 1380er Jahren nämlich, fertigten die «armen Leute» von Leonberg und Eltingen für den Grafen von Württemberg eine Urkunde mit bemerkenswertem Inhalt aus: «Wir die nachgeschribenen schultheizzen, rihter, burger und armen lůte von Leonberg und von Eltingen, as wir hienach mit namen geschriben stan, vergenhen offenlich mit disem brief und tůn kůnt allen den, die disen brif ůmmer angesenhent,

[124] Die in der Literatur häufiger vertretene Auffassung, daß die Ausbürger die Abgaben verweigert und sich ihrer grund- und leibherrlichen Verpflichtungen entzogen hätten, ist m.E. nicht sauber belegt. (Vgl. Marchal, Sempach, S. 120; Schmidt, Pfalbürger, S. 253ff. und im Widerspruch dazu S. 297ff.; Spiess, Landflucht.) Zweifellos mag es da und dort Fälle gegeben haben, wo Bauern eine (umstrittene) Abgabe verweigerten; daß solche Fälle jedoch zum Wesen des Ausbürgertums gehört hätten, ist schon deswegen äußerst unwahrscheinlich, weil sie als eklatante Rechtsbrüche einen stärkeren Niederschlag in den Urkunden gefunden haben müßten. Vgl. auch Dilcher, Bürgerbegriff, S. 77.

[125] Marchal, Sempach, S. 158.

[126] Ebd., S. 156.

[127] Alle Belege bei Schmidt, Pfalbürger, S. 245.

[128] UB Straßburg 5, Nr. 1045, S. 802.

[129] Zitiert bei Schmidt, Pfalbürger, S. 256.

[130] Das zu beweisen, ist, ohne es in expliziter Form auszusprechen, das Anliegen von Marchal, Sempach.

[131] Breites Belegmaterial bei Maurer, Masseneide, und Spiess, Landflucht, S. 190–194.

lesent oder ho̊rent lesen, daz wir uns von dem hochgebornen unserm gnedigen herren grave Eberhart von Wirtenberg noch von sinen erben noch von der herrschaft ze Wirtenberg nuͥmmer geziehen noch entfremden suͥllen noch wellen weder mit unsern liben, wiben, kinden noch gůten noch mit dehainen sachen noch in diehein wise ån alle geverde»[132]. Die Selbstverpflichtung, nicht wegzuziehen, wurde auf die denkbar schärfste Weise gesichert, nämlich durch einen Eid. «Und haben des alle gemainlich und unser ieglicher besůnder gesworn gelert ayde zů den hailigen mit uffgebotten vingern, daz wir eweclich under der herrschaft ze Wirtenberg beliben und sitzen suͥllen und wellen». Wer den Eid bricht und flüchtig wird, verliert nicht nur sein gesamtes Vermögen, sondern auch, wie man heute sagen würde, seine bürgerlichen Ehrenrechte. «Und weͣr daz, daz unser dehainer verbreͣch und daz also nit steͣt hielt, es weͣre unser ainer oder merer oder wir alle, davor Got sij, so sol unser libe und unser gůt und alles, daz wir ietzo haben oder noch gewinnen, die denn verbrochen hetten, dem vorgenanten unserm gnedigen herren [...] verfallen sin gentzlich und gar. Und dieselben so̊llen denn sin triulos, erlos und mainaydig an allen stetten und vor allen gerihten und fuͥro eweclichen verworfen und vertailt luͥte sin». Was hier verhindert werden soll, ist der Wegzug in die Stadt oder die Annahme eines anderen Rechts, des Bürgerrechts einer anderen Stadt. Das belegt der in dieser Hinsicht präzisere «Schwörbrief» der benachbarten Vaihinger. Diese versichern dem Grafen Eberhard von Württemberg – gleichfalls eidlich –, daß sie «von sinen erben eweklich nůmmer gefaren, geziehen noch gestellen sůllen noch wellen noch daz wir unser lib noch gůt uss ir herschaft nůmmer geziehen noch bringen sůllen noch an deheinen stetten kainen andern schirm noch frid sůchen sůllen, weder mit stetreht, mit burgerreht noch mit keinen den sachen, geistlichen noch weltlichen, die ietzo sint oder die noch von ieman erdaht, uffgesetzt oder funden mo̊hten werden schlehtlich ån all geverde»[133].

Die Beispiele aus Württemberg markieren einen allgemeinen Trend im Reich. Das Ausbürgerwesen irritierte die Fürsten und Herren – diejenigen, die Vogtei- und Grafschaftsrechte ausübten, möglicherweise mehr als die kleinen Grund- und Leibherren. Die Kurfürsten und Fürsten zwangen die Könige und Kaiser zu einer Verhinderungspolitik gegenüber den Neubürgeraufnahmen, der jedenfalls das Ausbürgerwesen zum Opfer gefallen ist. Seit der Mitte des 14. Jahrhunderts dulden die Städte kaum noch Ausbürger – dies ganz im Gegensatz zur Schweiz, wo das Ausbürgerwesen jetzt erst richtig aufblüht. Die Städte im Reich mußten, wollten sie die Ziele, die mit der Ausburgerpolitik verbunden waren, erreichen, gänzlich andere Wege beschreiten. Sie fanden sie im Ankauf von adeligen und klösterlichen Höfen, Dörfern und Grundherrschaften.

In dieser Gegenüberstellung läßt sich deutlicher herausheben, was für eine Bedeutung die «bäuerlichen Bürger» für die Verbreiterung der Freiheit in der Schweiz besaßen. Neueste Untersuchungen über die Folgen der Ausbürgerpolitik in der Schweiz schätzen den Freiheitsgewinn, der für die Bauern damit zu erreichen war, recht gering ein[134]. «Die Ausburgerpolitik diente letztlich nur den Interessen der Stadt, die über dieses Instrument ihre Machtposition ausbaute»[135]. Belegt wird dieser Satz mit der Beobachtung, daß um 1500 das Stadtgericht von den Ausbürgern nur noch appellationsweise in Anspruch genommen werden konnte und der Ausbürgerstatus offenbar eher belastend war: gegen Zahlung von einem Gulden konnte man sich daraus lösen[136]. Diese «Sackgassentheorie» ist berechtigt, wenn man von Freiheit verlangt, sie müsse mit politischer Autonomie verknüpft sein, was beispielsweise in den Länderorten in der Tat gegeben war. Sie übersieht freilich, daß die Verhältnisse von «städtischen Bauern» sehr viel schlechter sein konnten, als sie es in der Schweiz waren. Wo nämlich die städtischen Territorien über den Erwerb von Grundherrschaften aufgebaut wurden, blieben die Bauern in der Tat unfrei, mit merklich minderen Rechten und hohen wirtschaftlichen Belastungen. Als dem Spital der Reichsstadt Lindau im 16. Jahrhundert offensichtlich nahegelegt wurde, auf die Leibeigenschaft seiner Bauern zu verzichten, erstellte es einen Katalog über den «Nutz der leibaignen leiten». Diese müssen «dem spital fronen und laiten, die weiber mit irem leib, die menner mit dem leib und ross und wagen, also das man offt ain 70 in 80 man, ain 40 meninen [Gespann] haben muss. Wen dis alles nun mist verlont werden, wie gering es auch geschehe, so wurd es dem spital zu schwär fallen. [...] Wan man innr nott ist, miesen si über ir frondienst dem spital zu jeder zeit umb ain gepürlichs gespanen ton und törffen sich das nicht widern, welchs dan auch nit ain geringer vorteil ist, sonderlich do man es von die leit umbs gelt nit haben mag. Desglichen ross und

[132] MAURER, Masseneide, S. 68. Danach auch die folgenden Zitate.

[133] Ebd., S. 66.

[134] BIERBRAUER, Freiheit, S. 180f. – BIERBRAUER Peter, Die Freiheitsvorstellungen der Bauern im Berner Oberland (1300–1800), in: BZGH 50, 1988, S. 154.

[135] BIERBRAUER, Freiheit, S. 180.

[136] Ebd., S. 180f.

wagen. [...] Hat der spital von den leibaignen leiten den todfahl, welhs auh nit ain geringes ist, insoderhait pei den vermüglichen. [...] Das sy allen ghorsam laisten miesen, und mag sy der spital in was grihten sy sizen darpei vermanen und darff [man] sy nit mit ainer andern oberkait zwingen»[137]. In diesem Kontrast zeigt sich ein möglicher Nutzen des Ausburgerrechts: Die «Untertanen» der Schweizer Städte blieben «frei», während die «Untertanen» der Reichsstädte «leibeigen» blieben.

Eigentum – die Auflösung der Grundherrschaft

In der Rechtssprache des Mittelalters fehlt das Wort «Eigentum» weitestgehend. Das hängt damit zusammen, daß «die Freiheit des Grundeigentums», die in «der freien Nutzung, Vererbung, Veräußerung und Belehnung durch den Grundeigentümer» besteht[138], nicht gegeben war. Grund und Boden sind in der Regel «gebunden»; es gibt die «Herrschaft» des Königs, der Fürsten, des Adels und der Kirche über den Grund und Boden – die Historiker und die Juristen nennen dieses «Grundherrschaft»[139]. Die mittelalterlichen Quellen der Schweiz sprechen häufig von «Eigen» und «Eigenschaft». Eigenschaft tritt, verfolgt man den Begriff im Zustand seiner Auflösung, als ‹Eigenschaft des Gutes› und ‹Eigenschaft des Leibes› in Erscheinung, also als Grund- oder Leibeigenschaft oder – weniger pejorativ ausgedrückt – als Grundherrschaft und Leibherrschaft. Beides verschränkte sich ursprünglich: Das «Eigen» und die «Eigenschaft» des Herrn umschreiben dessen umfassende Herrschaftsgewalt über Güter und Personen. Der Weg von der ‹Eigenschaft des Leibes› zur Freiheit wurde beschrieben, der von der ‹Eigenschaft des Gutes› zum Eigentum muß noch aufgezeigt werden.

[137] ZELLER Bernhard, Das Heilig-Geist-Spital zu Lindau am Bodensee von seinen Anfängen bis zum Ausgang des 16. Jahrhunderts, Augsburg/Lindau 1952 (Schwäbische Geschichtsquellen und Forschungen 4), S. 392.

[138] LIVER, Grundeigentum, S. 50.

[139] Für die Konsequenzen im Umgang mit dem Eigentumsbegriff vgl. KROESCHELL Karl, Zur Lehre vom «germanischen» Eigentumsbegriff, in: Rechtshistorische Studien. Hans Thieme zum 70. Geburtstag, Köln/Wien 1977, S. 34–71.

[140] ISENMANN, Stadt, S. 87.

[141] Ebd., S. 88.

[142] LIVER, Grundeigentum, S. 58ff.

[143] Zuletzt geschehen unter Verarbeitung der Spezialliteratur über Zürich: WEIBEL, Erbrecht.

[144] LIVER, Grundeigentum, S. 54f.

[145] Für Zürich kennt man wenigstens die Maßnahmen der Stadt, um die Ausdehnung der Grundherrschaften, vornehmlich der kirchlichen Institutionen, zu verhindern. Vgl. WIRZ, Redaktion, S. 251, und WEIBEL, Erbrecht, S. 17ff. (hier auch einiges Vergleichsmaterial zu Luzern, Bern und Basel).

Eigenschaft des Gutes oder Grundherrschaft trat in unterschiedlichen Ausprägungen in Erscheinung. Dem Bauern – mit einem neutraleren Begriff sollte man sagen: dem «Grundholden» – konnte sein Gut oft zu sehr verschiedenen Bedingungen übertragen werden: auf die kurze Zeit von nur einem Jahr, auf eine bestimmte Zahl von Jahren, auf Lebenszeit oder schließlich als Erblehen; dafür übernahm er die Verpflichtung, für seinen Herrn Dienste zu leisten, Naturalien abzugeben oder Geld zu liefern. Alle Streitigkeiten über die Liegenschaften, die Leihefristen und die Abgaben wurden im Gericht des Grundherrn entschieden, dem Ding, Ehafttaiding, Bauding oder wie immer es heißen mochte. Folglich waren Eigenschaft und Herrschaft aufs engste miteinander verzurrt. Je schwächer die Eigenschaft, desto schwächer die Herrschaft.
Die Entwicklung in Mittel- und Westeuropa ging seit dem Hochmittelalter, wenn auch nicht ohne Unterbrechungen und Rückschläge, in zwei Richtungen: von den kurzen Leiheformen zum Erblehen und von den Herrendiensten, den Fronen, zu den Geldlieferungen, den Zinsen. Erst die Französische Revolution machte auch dem zinsbelasteten Erblehen ein Ende.
Eigentum hat sich am frühesten in der europäischen Stadt ausgebildet, wiewohl auch in ihr üblicherweise und ursprünglich die Häuser auf herrschaftlichem Grund und Boden standen, allerdings, soweit man weiß, zur besten Rechtsform, der Erbleihe. «In der Stadt fallen diese Bindungen nach und nach fort»[140], und damit entsteht der Begriff des Privateigentums an Liegenschaften. Diese Herausbildung des Privatrechts ist eine Folgeerscheinung der Beseitigung der Grundherrschaft in der Stadt[141]. Die städtische Wirtschaft, ihr Bedarf an Kapital sowie entsprechenden Sicherheiten, bildet den treibenden Motor für die Ausbildung des Eigentums. Begünstigt wird solches durch den Umstand, daß der Herr, wollte er das Erblehen einziehen, die «Besserung» den Erben auszufertigen hatte, nämlich das, was der Bewirtschafter auf das Grundstück gesetzt hatte, das Haus; und dieses war allemal mehr wert als das Grundstück selbst[142].
Wie das im einzelnen und konkret in Luzern und Zürich vonstatten gegangen ist, läßt sich nur ungenau rekonstruieren[143]. Da sich jedoch Eigentum zunächst an der Fahrhabe und dann auch an Liegenschaften während des Spätmittelalters in allen Städten durchgesetzt hat[144], dürfen solche gesicherten Beobachtungen für die Schweizer Städte auch Geltung beanspruchen[145]. An diesen Tatbestand knüpfen sich weitreichende internationale Diskussionen in den Geistes- und Gesellschaftswissenschaften.

Mit dem bürgerlichen Eigentum entstehen nämlich völlig andere Produktionsweisen, als sie im Rahmen des «feudalen Grundeigentums» möglich waren, meinen beispielsweise die strengen Verfechter des Historischen Materialismus. «Vorbedingungen für das Herauswachsen des Kapitalismus aus dem Schoße der europäischen Feudalgesellschaft» werden mit dem Eigentum geschaffen, und damit wird der «Übergang vom Feudalismus zum Kapitalismus» eingeleitet – es entsteht neben Bauern, Adel und Geistlichkeit als neue «Klasse» das Bürgertum[146]. Eigentum – nur das sollte mit diesem kleinen Exkurs unterstrichen werden – verdient nach der Einschätzung vieler eine ganz besondere Aufmerksamkeit, weil es für die «Gesellschaftsformationen» verantwortlich wird. Der Blick auf die ländlichen Regionen der Schweiz erhärtet diese Vermutung, denn in der Tat ist die politische Verfassung dort gänzlich anders, wo sich Eigentum durchgängig herausbildet, nämlich in der Innerschweiz.

Über die Grundherrschaft in den Länderorten weiß man wenig[147]. Die Überlieferung ist naturgemäß schlecht, weil die Länder kein Interesse daran haben mußten und konnten, jene Dokumente aufzubewahren, die ihre ehemalige Abhängigkeit von einem Gotteshaus oder einem Ritter belegten. Es gibt Hinweise, welche die Vermutung jedenfalls nicht verbieten, daß auch in der Zentralschweiz zunächst äußerst schlechte Besitzrechte bestanden. Die für Gangolfswil bezeugte Möglichkeit, den Hofinhaber in Fristen von vier Monaten abzustiften[148], übertrifft noch an Schärfe das als besonders schlecht geltende Freistiftrecht im bayerisch-österreichischen Rechtsbereich mit seinen auf ein Jahr beschränkten Leihefristen.

Die für die Schweiz verfügbaren Quellen, die allerdings ganz überwiegend erst im 14. Jahrhundert einsetzen, belegen jedoch mehrheitlich das Erbleiherecht als die vorherrschende Form der Liegenschaftsnutzung. Das bedeutete, wie etwa aus dem Engelberger Hofrecht in Buochs hervorgeht[149], daß die Abgaben an den Grundherrn auch beim Besitzerwechsel gleich blieben und die Inhaber das Recht hatten, die Güter zu verkaufen, zu vertauschen, vermutlich auch hypothekarisch zu belasten.

Möglicherweise waren die Nutzungsbedingungen für die Bauern in der Schweiz besser als im übrigen Europa. Bekannt ist jedenfalls, daß in Norddeutschland im 13. Jahrhundert die Durchsetzung des Erbrechts zu den Hauptzielen der Bauernunruhen gehörte[150]. Im Schwäbischen, Bayerischen und im Österreichischen pflanzen sich solche Tendenzen im späteren 14. Jahrhundert fort. In Süddeutschland setzt sich das Erbrecht im 15. Jahrhundert auf breiter Front durch. Und wo das stattfindet, folgen daraus gravierende Weiterungen. Das Gericht des Grundherrn verliert an Bedeutung gegenüber jenem des Landesherrn[151]. Die hofrechtlichen Bindungen lockern sich, der Bauer rückt enger an den «Staat».

Ähnliche Tendenzen zeigen sich, wenn auch mit einer zeitlichen Phasenverschiebung und mit nicht so weitgehendem Erfolg wie im Reich, in England. Nach 1300, verstärkt in der zweiten Hälfte des 14. Jahrhunderts, geben die Herren ihr Eigenland auf, und damit werden die Bauern erheblich von Fronen entlastet[152]; die kurzen Laufzeiten von fünf bis zwölf Jahren verlängern sich, gesicherte und rechtlich fixierte Leiheformen, sogenannte «copyhold», gewinnen an Boden[153], und mit der vertraglich fixierten Leihe (contractual lease) erfolgt das Nämliche wie etwa auf dem Kontinent mit der Durchsetzung des Erbrechts. Nicht mehr das grundherrliche Hofgericht, der «manorial court», ist für die Bauern zuständig, sondern die königlichen Gerichte mit ihrem «common law» werden es[154].

Die Tendenz, bessere Nutzungsrechte an den Liegenschaften durchzusetzen, läßt sich in

[146] Stellvertretend für viele ähnliche Argumentationen: VOGLER Günter, Probleme der Klassenentwicklung in der Feudalgesellschaft. Betrachtungen zur Entwicklung des Bürgertums in Mittel- und Westeuropa vom 11. bis zum 18. Jahrhundert, in: Zeitschrift für Geschichtswissenschaft 21, 1973, S. 1182–1208; die Zitate S. 1182f., 1191.

[147] So klagt wiederholt der beste Kenner dieser Materie: vgl. KLÄUI, Grundherrschaft, S. 41.

[148] UB Zug 1, Nr. 516, S. 237ff.

[149] Gfr. 33, 1878, Nr. 1, S. 68–72, bes. S. 70. Adalbert Vogel hat die Herrschaftsrechte des Klosters Engelberg im «Geschichtsfreund» herausgegeben.

[150] EPPERLEIN, Bauernbedrückung, S. 132.

[151] Vgl. dazu auswahlweise die folgenden grundlegenden Arbeiten: WOPFNER Hermann, Beiträge zur Geschichte der freien bäuerlichen Erbleihe Deutschtirols im Mittelalter, Breslau 1903 (Untersuchungen zur Deutschen Staats- und Rechtsgeschichte 67). – KIRCHNER Gero, Probleme der spätmittelalterlichen Grundherrschaft in Bayern, in: Zeitschrift für bayerische Landesgeschichte 19, 1956, S. 1–94. – LIVER Peter, Vom Feudalismus zur Demokratie in den graubündnerischen Hinterrheintälern, Chur 1929, bes. S. 61. – BLICKLE Peter, Grundherrschaft und Agrarverfassungsvertrag, in: Die Grundherrschaft im späten Mittelalter, 1. Bd., Hrg. Hans Patze, Sigmaringen 1983 (Vorträge und Forschungen 27), S. 241–261.

[152] RAFTIS J. A., Changes in an English Village after the Black Death, in: Medieval Studies 29, 1967, S. 158–177, bes. 166, 173. – HILTON, Decline, S. 32. – DU BOULAY F. R. H., The Lordship of Canterbury. An Essay on Medieval Society, London 1966, S. 185ff. (über die Aushöhlung des manor-Systems im 15. Jahrhundert).

[153] HILTON, Decline, S. 44f.

[154] HARVEY Barbara, Westminster Abbey and its Estates in the Middle Ages, Oxford 1977, S. 248. – Eine hervorragende Fallstudie für die agrarischen Veränderungen im Mittelalter liefert DYER Christopher, Lords and Peasants in a Changing Society. The Estates of the Bishopric of Worcester, 680–1540, Cambridge 1980.

ganz Europa verfolgen. Die Innerschweiz unterscheidet sich aber in zweierlei Hinsicht von der allgemeinen Entwicklung: Das Erbrecht scheint sich hier früher durchgesetzt zu haben[155], und es hat sich, was in der Logik des ganzen Prozesses liegt, zum Eigentum weiterentwickeln lassen. Die «Steigerung» vom Erblehen zum Eigentum ist Bauern in Europa, im Reich und auch in der übrigen Schweiz nur ganz selten geglückt. Auch deswegen bedurfte es noch der «Bauernbefreiung» im 18. und 19. Jahrhundert.

Es gab zwei Möglichkeiten, Eigentum herzustellen: die Rechte der Herren an den Liegenschaften aufzukaufen oder aber die Herren zu zwingen, auf ihre Rechte zu verzichten. Beides war nicht leicht zu erreichen: Zur bäuerlichen Taktik gehörte, wenn man den Beschwerden der Klöster in Wettingen und Zürich glauben darf, die schleppende und widerwillige Zahlung der Abgaben.

Den Weg des Aufkaufs ist Uri gegangen. Uri hat sich in zwei großen Transaktionen von jedweder fremden Grundherrschaft freigemacht: 1359 erwarb es sämtliche Rechte der Klöster Rathausen, Kappel, Frauental und Wettingen[156], 1426 die noch verbliebenen Besitztitel des einst in Uri so mächtigen Fraumünsters in Zürich[157]. Vom «Schlußverkauf» der Klosterherrschaften in Uri von 1359 ist die vom Kloster Wettingen ausgestellte Urkunde die ausführlichste. Abt und Konvent bekennen, daß sie «all vnser vnd vnsers gotzhus lút, gúlt vnd gůter [...] velle, erschetz, gerichtn, twing, benn, hser, hofstett, alppen, holtz veld aker wisen [...] wunn vnd weid [...] vnd mit namen all nútz [...] wie si geheissen oder genemt sint, so wir vnd vnser gotzhus in dem land ze Vre hatten [...] vnd vntz her bracht vnd genossen haben, mit aller rechtung friheit vnd ehafti so darzů hŏrt [...] recht vnd redlich ze kŏffen geben haben [...] vnd geben mit disem gegenwúrtigen brief, [...] dien fromen wisen [...] dem lantamman vnd dien lantlúten gemeinlich [...] des vorgenanten landes ze Vre»[158]. Die Wettinger Rechte gehen da zur Gänze an Uri über, und die Bauern – so wird man sich den Vorgang wohl vorstellen müssen – werden Eigentümer ihrer bislang zu Lehen besessenen und folglich mit Abgaben belasteten Güter. Ein Weiteres verdient hier Beachtung: falls ‹Gericht, Twing und Bann› keine formelhafte Wendung sein sollte, traten Landammann und Landleute die Nachfolge des Klosters als Gerichtsherrschaft an; oder mit anderen Worten: die Wettinger Herrschaftsrechte gingen an die Landsgemeinde über. Und ein Drittes ist erwähnenswert: das Kloster verzichtet mit diesem Verkauf auf ‹Alpen, Holz, Wunn und Weide› – es verzichtet auf alle Allmendrechte. Die Brauchbarkeit dieser Interpretation steht und fällt mit dem Realitätsgehalt der Urkunde. Falls die Urkunde nicht formelhaft ist, gehen die Güter des Klosters als Eigentum an die Bauern, dessen Gerichts- und Gebotsrecht an die Landsgemeinde und dessen Allmendrechte an die Genossenschaft.

Die Verfassung eines «klösterlichen Hofes» machte aus, daß die Güter dem Kloster gehörten, die Gerichts- und Gebotsgewalt von ihm oder seinen Meiern wahrgenommen wurde und es an der Allmende seine Rechte hatte, beispielsweise in der Form, daß das Vieh des klösterlichen Schweighofes auf den Allmenden weiden konnte. Hier wird schlaglichtartig der Unterschied zwischen «Eigenschaft» und «Eigentum» deutlich. So gesehen, erklärt sich die Autonomie der Innerschweizer Orte aus der konzentrischen Erweiterung eines kleinen Freienverbandes um freigekaufte Eigenleute auf freigekauftem Eigengut.

Solche Freikäufe hat es auch anderwärts gegeben. Das langfädig zu wiederholen, dürfte entbehrlich sein. Der Beispielfall Gersau[159] sollte nichts anderes zeigen als die dramatischen Folgen des Freikaufs. Ähnliche Vorgänge an den Ufern des Vierwaldstättersees, so in Weggis, wurden gestreift. Sie ließen sich um Beispiele aus dem Zuger[160] und Glarner Raum[161] vermehren. Auch aus dem Berner Oberland sind aus späterer Zeit solche Transaktionen bekannt. Saanen etwa kauft sich um die Mitte des 15. Jahrhunderts aus der Grundherrschaft der Grafen von Greyerz frei[162]. Aufs Ganze gesehen bleiben das aber Ausnahmen[163]. Die minder weitreichenden Rechte der Bauern auf der Luzerner und Zürcher Landschaft hängen

155 LIVER, Grundeigentum, S. 56.
156 Die Kaufurkunden bei SCHMID, Ury 2, S. 224–244. – Zur Interpretation: KLÄUI, Fraumünsterbesitz, S. 166. Die Urkunden scheinen mindestens zum Teil formelhaft. Die Rechte der Klöster werden nicht genannt, und die Zahl der Güter und ihre Belastung kennt man nicht oder nur bruchstückweise (für Wettingen). Kläui nimmt an, daß die an Uri ausgelieferten Urbare (von denen die Kaufurkunden berichten) vernichtet wurden. Vgl. auch KLÄUI, Grundherrschaft, S. 78 und QW 2/4, S. 339.
157 KLÄUI, Fraumünsterbesitz, S. 171. – KLÄUI, Meierämter, S. 28f.
158 Zitiert nach dem Abdruck in: Gfr. 41, 1886, Nr. 143, S. 111.
159 Vgl. oben S. 65–70.
160 GRUBER, SSRQ Zug 1, S. 231–249; 2, S. 853. (Die Beispiele stellen eine kleine Auswahl dar; näher auf sie einzugehen erübrigt sich, weil sie alle nach 1400 liegen.)
161 STUCKI, SSRQ Glarus 1, Nr. 44, S. 86f. (Glarus kauft Grundzinsen des Klosters Säckingen); Nr. 54, S. 106–118 (ebenso).
162 BIERBRAUER, Aufstieg, S. 42.
163 BIERBRAUER, Freiheit, zeigt, daß im Berner Oberland die Freikäufe meist nur Einzelrechte (Todfallabgaben, Steuern usw.) betrafen. Neuerdings meint BIERBRAUER, Aufstieg, S. 38ff., solche Freikäufe mit der Loslösung aus Pfandschaften in engere Verbindung bringen zu können.

auch damit zusammen, daß die Bauern volles Eigentum an ihren Gütern nicht haben durchsetzen können.
Schwyz ist den zweiten Weg gegangen: die Rechte und Möglichkeiten der Feudalherren immer mehr einzuschnüren und diese schließlich zum Verkauf ihrer Rechtstitel zu zwingen. Trotz königlicher Verbote hat Schwyz bereits im 13. Jahrhundert hartnäckig das Zisterzienserinnenkloster Steinen besteuert[164] und ausgangs des Jahrhunderts die Steuerpflicht auf alle Güter von Auswärtigen erweitert[165]. Um die Steuerrenitenz zu brechen, gab es ein vorzügliches Mittel; wenn die Inhaber der grundherrlichen Güter nicht zahlten, «suln sů miden velt, wasser, holz, wůnne und weide des landes»[166]. Das heißt: Höfe, für die keine Steuer entrichtet wurde, die fielen in den «weltlichen Bann» und waren damit nicht mehr lebensfähig.
Eine neue Qualität erreichte diese antifeudale Politik mit dem Verbot, überhaupt Liegenschaften an Klöster und Auswärtige zu verkaufen[167]. Daraus läßt sich ablesen, daß die Beziehungen zwischen Schwyz und den auswärtigen Grundherren schon während des 13. Jahrhunderts erheblich zu wünschen übrigließen, und das dürfte sich während des 14. Jahrhunderts sicher nicht gebessert haben. Alle möglichen Reibereien wurden schließlich 1389 auf dem Weg eines Landsgemeindebeschlusses beseitigt[168], der den «Bauernbefreiungen» des 19. Jahrhunderts und damit auch dem Rechtsbruch recht nahe kommt. Jedes grundherrliche Verhältnis soll binnen zweier Jahre gelöst sein. Auswärtige Grundherren müssen ihre Güter verkaufen; offensichtlich werden die Abgaben im zwanzigfachen Betrag kapitalisiert. Erben Auswärtige Güter im Land, haben sie sie in der gleichen Frist an Landleute zu verkaufen. Grundherrschaftsähnliche Verhältnisse werden für die Zukunft dadurch unterbunden, daß auf den Gütern keine «ewigen Guldin» liegen dürfen; vermutlich konnte man Güter hypothekarisch belasten, aber diese Hypotheken mußten ablösbar bleiben, sie durften nicht wie die «Feudalrenten» Ewigkeitscharakter annehmen. Sofern sich dieser Landsgemeindebeschluß hat durchsetzen lassen, woran kaum zu zweifeln ist, müßten nach zwei Jahren, 1391 also, alle Güter in Schwyz Eigentum der Bauern gewesen sein.
Eigentum und politische Autonomie sind sehr eng verbunden. Wo immer sich in der Schweiz «Orte» im Vollsinn des eidgenössischen Verständnisses ausgebildet haben, hat sich auch Eigentum ausgebildet[169]. Eigentum stiftet allerdings nicht mechanisch politische Autonomie. Beispielsweise gibt es im Allgäu viele Regionen mit stattlichen Anteilen bäuerlichen Eigenbesitzes, und doch existierten dort Kloster- und Adelsherrschaften. Das unterstreicht den eher subsidiären Charakter des Eigentums für die politische Selbständigkeit. Die Bedeutung des Eigentums besteht eher darin, daß es feudale Herrschaft an einem empfindlichen Punkt schwächt, indem es die Einflußmöglichkeiten des Herren mindert. Er kann sie vielleicht noch über seine «Leibherrschaft» wahrnehmen. Wo aber auch sie der persönlichen Freiheit hat weichen müssen, ist Herrschaft ein weiteres Mal gefährdet.
Mit Eigentum und Freiheit schaffen sich die Bauern und die Bürger in der Innerschweiz die «individuellen» Voraussetzungen dafür, daß sich politische Autonomie behaupten kann, daß neue Verfassungsformen möglich werden – Umkehrungen der Hofverbände gewissermaßen, die anstelle von «Leibeigenschaft» auf Freiheit, anstelle von «Grundherrschaft» auf Eigentum und anstelle von adeliger Gerichts- und Gebotsgewalt auf der gerichtlichen und rechtssetzenden Autonomie der auf Eigen sitzenden Freien beruhen, gleichgültig ob es sich um Bauern oder um Bürger handelt.

Gleichheit und Gemeinnutz – die gesellschaftlichen Grundlagen der gemeindlichen Ordnung

Mit Freiheit und Eigentum waren die personalen und dinglichen Bindungen, die den Bauern und den Bürger an seinen feudalen Herrn fesselten, durchschnitten. Wo Leibherrschaft und Grundherrschaft nicht mehr bestanden, eröffneten sich für das Individuum neue Möglichkeiten politischer Organisation, die sich allmählich als neue Verfassungen in den Städten, Ländern und Tälern ausformten, und zwar in den institutionellen Ausprägungen der Gemeinden, Räte, Landammänner und Bürgermeister. Freiheit und Eigentum blieben wichtige Voraussetzungen dafür, daß auch in der Epoche der absolutistischen Herrschaft in Europa für restaurative Tendenzen und die Ausbildung schärferer Formen feudaler Herrschaft alle Ansatzpunkte fehlten.
Daß sich Freiheit und Eigentum in der Innerschweiz durchgesetzt haben, läßt sich schwerlich als politische Verwirklichung eines küh-

[164] QW 1/1, Nr. 1155, S. 520f.; Nr. 1178, S. 532f.; Nr. 1582, S. 722f. – QW 1/2, Nr. 191, S. 88–99. Vgl. auch Wernli, Entstehung, S. 35.
[165] Kothing, Landbuch, S. 59.
[166] QW 1/2, Nr. 89, S. 40.
[167] QW 1/2, Nr. 89, S. 39f. – Kothing, Landbuch, S. 265ff. – Castell, Schwyz, S. 20. – Peyer, Entstehung, S. 185.
[168] Kothing, Landbuch, S. 272ff.
[169] Vgl. Blumer, Rechtsgeschichte 1, S. 430–436.

nen, utopischen Entwurfs interpretieren; vielmehr erwachsen Freiheit und Eigentum aus der alltäglichen Erfahrung von Bauern und Bürgern, daß die Autonomie des politischen Handelns mit der Schwächung feudaler Bindungen wächst: je schwächer das ‹ius servitutis›, desto weiter die Heiratskreise, die Freizügigkeit, die Rechtsfähigkeit; je besser die Leiheformen der Güter, desto größer die wirtschaftliche Handlungsfreiheit, die Verfügung über Arbeitskraft und Arbeitsertrag und die rechtliche Einklagbarkeit solcher Rechte. Freiheit und Eigentum sind die nicht mehr steigerbaren Rechte, die ein Individuum in der altständischen Gesellschaft erreichen kann.

Politische Systeme werden geprägt durch die Rechte und Pflichten, welche die Individuen wahrnehmen; sie werden aber auch geprägt durch die der Gemeinschaft eigenen Werte und Normen. Daß zu diesen Werten und Normen die Gleichheit und der Gemeinnutz gehören könnten, ist zumindest ein begründbarer Verdacht.

Gleichheit – die Furcht vor Armut und Reichtum

Gleichheit ist der Vorstellungswelt Alteuropas fremd. Vielmehr beruht das Gesellschaftsverständnis auf der Überzeugung von einer fundamentalen, wenn auch funktional begründeten Ungleichheit der Menschen. Es bedarf des Kriegerstandes, der «bellatores», um diejenigen, die arbeiten, vor Gewalt und Krieg zu schützen; es bedarf des Standes der Geistlichen, der «oratores», um für das Heil und die Erlösung der Menschen zu wirken; es bedarf des Nährstandes, der «laboratores», auch um die nicht arbeitenden «Herrenstände» Adel und Geistlichkeit zu erhalten[170]. Diese Ordnung wird im mittelalterlichen und frühneuzeitlichen Europa als gottgewollt und damit auch als unveränderlich verstanden: «Got hat driu leben geschaffen, gebure, ritter und pfaffen.» Entsprechend hatten es Gleichheitsvorstellungen schwer, sich durchzusetzen. Wurden sie im Gehäuse der Kirche formuliert, gerieten sie unter Häresieverdacht; wurden sie im Rahmen bestehender politischer Ordnungen laut, fielen sie unter Aufruhrverdacht. Als Ketzerei und Empörung wurden sie auch verfolgt, mit den Strafmitteln der Kirche und der Welt, mit Bann und Interdikt, mit Acht und Hinrichtung.

Wenn man davon ausgehen darf, daß Theoretiker der Politik ihre Einsichten, Überzeugungen und Systeme in einer reflektierenden und kritischen Auseinandersetzung mit ihrer eigenen Erfahrungswelt gewinnen, dann hat Jean-Jacques Rousseau eine Erfahrungsweisheit der Schweizer zu einem Leitbegriff seiner politischen Theorie gemacht. «Si l'on recherche en quoi consiste précisément le plus grand bien de tous, qui doit être la fin de tout sistême de législation, on trouvera qu'il se réduit à ces deux objets principaux, la liberté, et l'égalité. La liberté, parce que toute dépendance particuliere est autant de force ôtée au corps de l'Etat; l'égalité, parce que la liberté ne peut subsister sans elle.»[171] Nur Freiheit garantiert das höchste Glück aller, und sie läßt sich letztlich nur durch Gleichheit sichern. Reichtum schafft politische Abhängigkeiten der weniger Reichen, Armut schafft Neid und Haß gegenüber den weniger Armen. Reichtum und Armut verhindern, daß sich der Wille der Gemeinschaft, also die «volonté générale», unverfälscht aussprechen kann[172]. Rousseaus zweifellos kühner Entwurf einer menschenwürdigen politischen Ordnung verarbeitet zur Theorie, was in der Praxis der Innerschweiz im Spätmittelalter vorfindbar zu sein scheint – die Gleichheit[173].

Es gehört zu den Einsichten, Erkenntnissen und Überzeugungen der Stadthistoriker, daß zunftverfaßte Städte wie Zürich – solche also, wo die Gemeinden viel zu sagen haben – im Gegensatz zu Patrizierstädten wie Nürnberg hinsichtlich des gesellschaftlichen Aufbaus geringere vermögensbedingte Unterschiede aufweisen[174]. Die Wirtschaftsgesinnung solcher Städte wird geprägt durch das «Nahrungsprinzip». Jeder soll in Form einer «standesgemäßen Nahrung» sein Auskommen haben; auch das Einkommen der Zunftmeister wird «durch zwangsweise Angleichung der Arbeitsbedingungen möglichst nivelliert»; die Zunft vertritt «das Gemeininteresse […] sowohl nach außen hin wie gegen den Eigennutz des einzelnen Mitglieds»[175].

[170] Dumezil Georges, L'idéologie tripartie des Indo-Européens, Brüssel 1958 (Collection Latomus 31). – Duby Georges, Les trois ordres ou l'imaginaire du féodalisme, Paris 1978.

[171] Rousseau Jean-Jacques, Du contrat social, Paris 1964 (Oeuvres complètes 3), S. 391 (Buch 2, Kapitel 11).

[172] Vgl. dazu ebd., S. 1470f. (Zusammenstellung der Belege über den Stellenwert der égalité im Konzept Rousseaus).

[173] Vorgetragen werden hier nur erste und vorläufige Überlegungen. Die Gleichheit müßte empirisch dingfest gemacht werden über Vermögens- und Einkommensberechnungen in der Stadt und auf dem Land; diese wären zu außerschweizerischen Regionen in Beziehung zu setzen. Grundsätzlich sei auf den wirtschafts- und sozialgeschichtlichen Beitrag von Roger Sablonier in diesem Werk verwiesen.

[174] Generell hierzu: Wissell Rudolf, Des alten Handwerks Recht und Gewohnheit, 3 Bde., Berlin ²1971–1981 (Einzelveröffentlichungen der Historischen Kommission zu Berlin 7).

[175] Die Zitate in der Reihenfolge der Nennung bei Kel-

Von Zünften beherrschte Städte, zu denen in der Schweiz neben Basel, Rheinfelden, Solothurn, Biel, Schaffhausen, St. Gallen und Chur auch Zürich und Luzern gerechnet werden[176], scheinen nun auch dadurch gekennzeichnet zu sein, daß ihre Einwohner überwiegend in eher bescheidenen Verhältnissen gelebt haben; die Armut als verbreitete Erscheinung fehlt jedoch. Konflikte innerhalb der Bürgerschaft blieben selten, und wo sie ausgetragen wurden, handelte es sich in Wahrheit um einen Kampf der Bürgerschaft gegen die stadtherrlichen Ministerialen und Patrizier[177]. Wenn die neuesten Handbuchdarstellungen zur Schweizer Geschichte die Detailforschungen korrekt wiedergeben, dann läßt sich Eindeutiges erkennen, «nämlich die Tendenz zum Ausgleich sozialer Gefälle und zur Ausebnung der Lebensstandards. Zwei Aspekte städtischer Behaglichkeit, der urbane Komfort und der soziale Friede, scheinen dies zumindest zu bestätigen. Die Reichen waren nicht nur zu gering an Zahl, um eine besondere gesellschaftliche Gruppe mit realem Klassenbewußtsein zu bilden, auch ihr Vermögen, das sich im internationalen Vergleich bescheiden ausnimmt, bedeutete selten eine Herausforderung für die Armen.»[178]

Zahlen belegen diese generelle Aussage wenigstens für Luzern. In der Mitte des 14. Jahrhunderts erscheint die Vermögenslage der Bürgerschaft vergleichsweise ausgeglichen. Eine breite Mittelschicht herrscht vor; die Zahl der Vermögenslosen liegt verhältnismäßig niedrig, und noch bescheidener ist die Zahl der Reichen. Erst im Verlauf des 15. Jahrhunderts erfolgt ein erkennbar stärkeres Auseinandertreten von Mittel-, Unter- und Oberschicht[179] (vgl. Abb. 50). Tendenziell bestätigt auch das Material für Zürich diese Einschätzungen[180]. Wirtschaftsgeschichtliche Quellen legen den Verdacht nahe, daß man übermäßigen Reichtum in den Städten verhindern wollte; rechtsgeschichtliche Quellen lassen vermuten, daß man die Armen lieber nicht in der Stadt hatte. Vor allem dann, wenn sie sich etwas zuschulden kommen ließen, führte das in die Verbannung. Wer seinen Mitbürger schädigt, so verfügt der Rat von Luzern 1311, der muß, falls er so reich ist, «das ers erzügen moechte, [...] dien burgern unt der stat allen ir schaden abtuon, in den si da von kemin, und darzuo dem rate 10 mark silbers besseren. Wer er aber als arn, das er es nüt besseren moechte, der sol iemer von der stat sin, untz er es gebesseret als da vor geschrieben stat.»[181] Der gleichen harten Strafe des Stadtverweises verfallen Gottes-

LENBENZ Hermann, Technik und Wirtschaft im Zeitalter der Wissenschaftlichen Revolution, in: Europäische Wirtschaftsgeschichte, Hrg. Carlo M. Cipolla, 2. Bd., Stuttgart/New York 1979, S. 148; ISENMANN, Stadt, S. 343; ZORN Wolfgang, Artikel Zünfte, in: Handwörterbuch der Sozialwissenschaften, 12. Bd., Stuttgart 1965, S. 486.

176 AMMANN, Städtewesen, S. 513.

177 Ebd., S. 494, 498, 501, 504, 513ff.

178 MORARD, Macht, S. 232.

179 Die Daten bei SCHNYDER, Reich, S. 66.

180 NABHOLZ, Vermögensverhältnisse.

181 ÄLTESTES RATSBÜCHLEIN, Nr. 179, S. 32.

50 Vermögensverhältnisse in Luzern, 1352–1487.

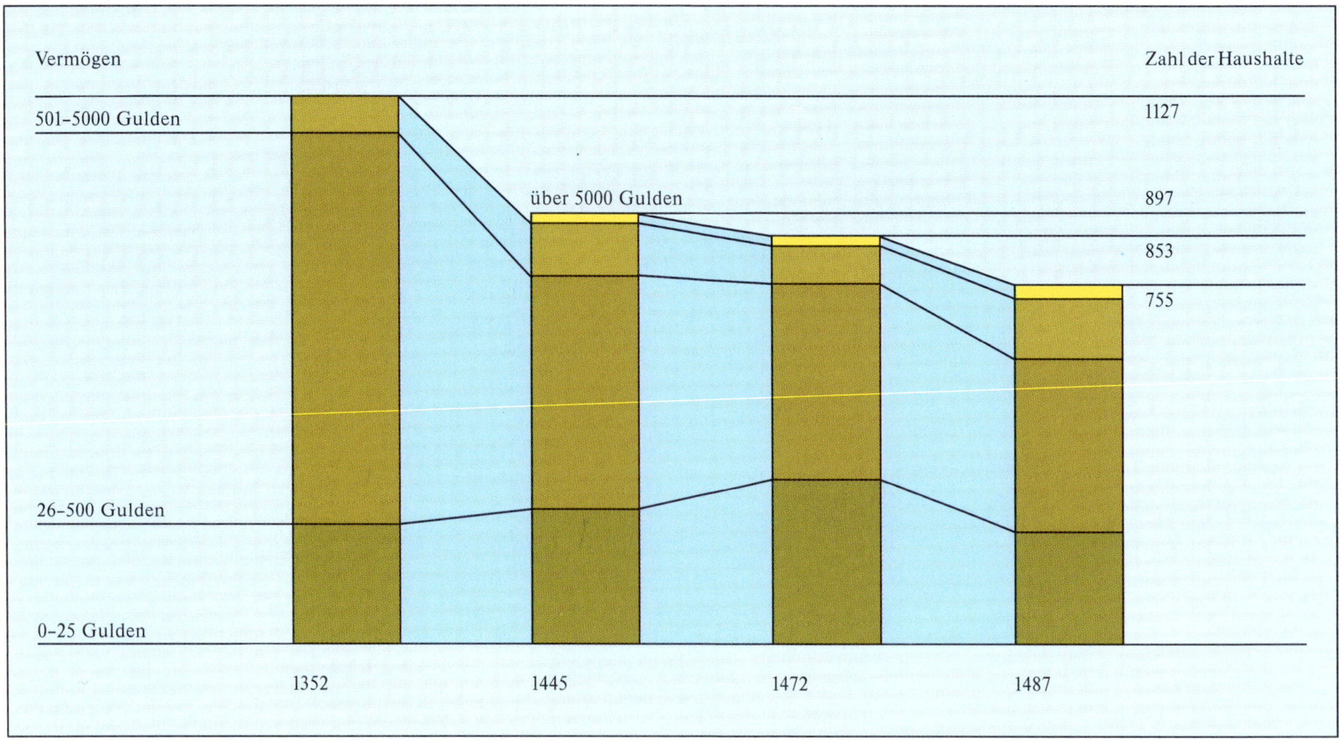

lästerer, die ihre Buße nicht bezahlen können. «Ouch hat der rat gesetzet, swer gegen ünserm herren gotte, oder sinr lieben muoter oder sinen heiligen, dehein smehede oder scheltwort getar tuon oder gereden, der git die alten buosse, daz sind 12 ß, und dar zuo vürbas besseron nach des rates bescheidenheit [...], wer aber er als arn, das er den einung nicht gerichten moechte, den sol man swemmen von Houptings huse untz ze dem Roten turne, und sol darzuo von der stat varn, untz das er den einung richtet.»[182]

Wer in Zürich unerlaubte Bündnisse eingeht, dem wird zur Strafe «sin bestes hus» zerstört, und zusätzlich wird er noch mit einer Buße von zehn Mark Silber belegt; wer hingegen kein Haus besitzt, wird für fünf Jahre aus der Stadt verbannt und darf nach Ablauf dieser Frist erst nach Erlegung von fünfzig Mark Silber in die Stadt zurückkehren[183]. Schädigungen des Nachbarn ziehen, wo Armut die Wiedergutmachung und Bußenzahlung nicht erlaubt, den Verweis aus der Stadt nach sich. «Swel burger den andern burger brennet, roubet, boume ald reban abe slat ane recht, da sol man dem sinen schaden zwigülten [zweifach vergelten], und dem rate geben zwo march. Des klegers buoze stat an dem rate. Ob er des niht tuot, so si [sei er] von der stat, unz er dem kleger und dem rate verrihte. Kumt er dar über in die stat, swer den gehaltet, der git zwo mark.»[184] Stadtverweis wegen Armut gründet auf dem verwillkürten Frieden durch die ganze Bürgerschaft, wurde also von der Stadt absichtlich eingesetzt[185].

Das Land unterscheidet sich in seinen rechtspflegerischen Maßnahmen in dieser Hinsicht nicht. Schwyz ahndet auf dem Weg des Landsgemeindebeschlusses den Friedbruch für die Armen mit Landesverweis. «Vnnd wery, das er den kosten, so daruff gangen jst, nitt geben wellte, so soll jnn der amman vnnd die lanndtlütte vnverzogenlich wyßen, das er den kosten gehy, hett er so vyll guttes; hett er aber nitt so vyll guttes, das er den kosten gerichten oder gewеren mög, so soll jnn der amman vnnd die lanndtlütt wyßen, das er schwerre vff den hellgen von vnnßerm lanndt, vnnd das er niemer mer wider in vnnßers lanndt komme, ee das er das gellt vnnd den kosten gebe vnnd gewere, der daruff gangen ist vm die sach, das er nitt fryd geben wollt an alle geverde.»[186] Dieser Einzelfall ist verallgemeinerbar: Soweit Verbrechen und Vergehen mit Geldbußen bestraft werden, die Armut jedoch das Entrichten der Wiedergutmachung sowie das Bezahlen der Buße unmöglich macht, erfolgt in der Regel der Landesverweis. Selbst bei geringfügigeren Vergehen wie dem unerlaubten Holzfällen wurde der Delinquent aus dem Land gewiesen, wenn er die Buße nicht bezahlen konnte. Das war nicht nur in Schwyz so, sondern in allen Innerschweizer Länderorten[187].

Gewiß waren Gefängnisse selten im Spätmittelalter. Ob aber, um eine Strafe spürbar zu machen, neben Geldbußen andere Mittel als eben der Landesverweis nicht möglich gewesen wären, darf immerhin bezweifelt werden. Die unbeschränkte Rechtsetzungskompetenz der Landsgemeinde – wie jene der Stadtgemeinde – räumte prinzipiell viele Möglichkeiten ein, beispielsweise Ehrenstrafen. Wenn man diese nicht verhängte und die Ausweisung vorzog, läßt sich das vielleicht so interpretieren, daß die damalige Gesellschaft einer Ideologie der «Haushäblichkeit», der «égalité», anhing.

Das Talrecht von Urseren – eine für die Fragen der gesellschaftlichen Differenzierung aufgrund von Vermögensverhältnissen besonders auskunftsreiche Quelle[188] – zeigt Schritt auf Tritt die Bemühungen der Talleute, durch Gebote und Verbote das Entstehen von individuellem Reichtum zu verhindern. «Weler talman were, der me koufti und in das tal brechti, es were rinder fe, küe oder ochsen, me denn fier küe schwere, der ist von ein ietlichen hopt verfallen den tallüten 5 guldin ân gnad.»[189] Der Erwerb von Vieh wird somit durch das Talrecht beschränkt; eingeschränkt werden auch die Ausschlagrechte: «Daß ein ietlicher unser talman mag als fil als 8 küe uf unser almeine tryben am langssi»[190], verfügt das Talbuch. Immer wieder begegnen im Landbuch solche Restriktionen, so auch jene, die das Überwintern von Vieh außerhalb des Tales verbietet[191].

[182] Ebd., Nr. 100, S. 20. Viele ähnliche Belege ebenfalls im Stadtfrieden von 1252. Vgl. QW 1/1, Nr. 667, S. 296–303.
[183] UB Zürich 6, Nr. 2159, S. 136. Zahlreiche weitere Belege auch in Ott, Richtebrief.
[184] Ott, Richtebrief, S. 166f.
[185] Dazu vgl. Holzhauer H., Artikel Landesverweisung, in: HRG 2, Sp. 1436–1447, bes. 1442f. Ob die Stadtherren, die ursprünglich allein die Strafkompetenz besaßen, nach den gleichen Regeln vorgegangen sind, scheint eher fraglich. Möglicherweise waren auch die Grundherren in dieser Hinsicht eher zurückhaltend; die ländlichen Hofrechte jedenfalls enthalten den Landesverweis wegen Armut kaum.
[186] Kothing, Landbuch, S. 13.
[187] Zahlreiche Belege bei Ott, Rechtsquellen; Deschwanden, Rechtsquellen; Christ/Schnell, Rechtsquellen.
[188] Ott, Ursern. Einzuräumen ist, daß die Einträge im Talbuch von Ursern aus dem 15. Jahrhundert stammen, teilweise aus noch späterer Zeit. Methodisch ist es m. E. vertretbar, sie heranzuziehen, weil in diesem Tal für das Mittelalter keine dramatischen Wandlungen zu erkennen sind. Das belegen z.B. die Arbeiten von Müller, Ursern und Müller, Geschichte.
[189] Ott, Ursern, S. 7. – Zum Begriff Kühschwere vgl. Omlin, Allmend-Korporationen, S. 138.
[190] Ott, Ursern, S. 13.
[191] Ebd., S. 18.

Ebenso wiederholen sich Verfügungen, welche allen gleiche wirtschaftliche Chancen sichern wollen: Bei der Vergabe der Säumerdienste sollen alle Talleute möglichst gleich berücksichtigt werden; desgleichen darf auch jedermann Wein ausschenken[192]. Möglicherweise steckt ein Stück Gleichheitsprinzip auch hinter der auffällig hohen Zahl von zehn Kühen, die ein Hintersasse halten darf[193]. Die Ursener Steuerbücher scheinen denn auch die relativ ausgeglichene wirtschaftliche Lage der Talbewohner zu bestätigen[194].

Es ist nicht auszuschließen, daß die hohe Bedeutung der Marken und Allmenden die relative Gleichheit begünstigt hat. Schon allein die gemeinsame Beschlußfassung aller Mark- und Allmendgenossen über die Nutzung wird – so kann man theoretisch annehmen – die Chancen für die Entwicklung allzu großer Vermögensunterschiede eher vermindert als begünstigt haben. Nutzungsrechte sind wohl grundsätzlich an die «Haushäblichkeit» gebunden[195] – an den «eigenen Rauch», wie spätere Quellen sagen; der wirtschaftlich immer wichtiger werdende Viehbesatz steht in einer direkten Abhängigkeit von den Kapazitäten des Hofes für die Überwinterung des Viehs[196]. So verhält es sich überall in der mittelalterlichen Landwirtschaft, nicht nur in der Schweiz. Und insofern die bäuerlichen Betriebe schon in der feudalen Zeit unterschiedlich groß waren und sich daran durch die Allodifizierung zu Eigentum prinzipiell nichts geändert hat, blieb die ländliche Gesellschaft differenziert. Doch die schließliche Beschränkung der Ausschlagrechte in Zeiten knapper werdender Ressourcen angesichts steigender Bevölkerungszahlen verhinderte jedoch die beliebige Vergrößerung des Hofes und damit auch stark ausgeprägte Vermögensunterschiede.

Die Idylle von den «freien» «Hirten» am «Gotthard» soll nun keineswegs durch die Behauptung von deren «Gleichheit» noch verschönt werden. Doch stützen auch renommierte wissenschaftliche Untersuchungen die Vermutung, eine politisch egalitäre Gesellschaft – und eine solche war die Innerschweiz zweifellos – benötige, wenn sie eine solche bleiben wolle, auch eine gewisse Ausgewogenheit hinsichtlich des Besitzes, des Vermögens und des Einkommens ihrer Mitglieder.

Touristen aus den Niederlanden, deren Geschichte im Mittelalter durch exorbitant große Städte und ein extrem reiches fernhändlerisches Bürgertum geprägt wird, haben große Schwierigkeiten zu verstehen, weshalb der Fernhandel zwischen Süd- und Nordeuropa über die Alpenpässe in Uri und Schwyz, in Luzern und Zürich nicht Wirtschaftsdynastien wie in Gent, Antwerpen oder Amsterdam oder wenigstens Ähnliches wie die Fugger und Welser in Augsburg hat entstehen lassen. Die Antwort wird auch damit gegeben, daß sich jedenfalls bis zum ausgehenden Spätmittelalter der Transport in Form des Rodwesens vollzog und kaum in Form der von den Fernhändlern selbst organisierten Strackfuhr[197]. Von der Gemeindegrenze zur Gemeindegrenze wurde gesäumt, und solches von allen Talbewohnern möglichst in gleichen Portionen[198]. Am Säumergeschäft waren viele, wo nicht alle interessiert; viele, wo nicht alle sollten dementsprechend daran beteiligt werden[199]. Säumerdienste übernehmen zu können, galt in der Innerschweiz als eine «Gerechtigkeit», so wie Allmend- und Alprechte eine Gerechtigkeit waren[200]. Schon aus dieser sachlichen Verbindung ergaben sich deutliche Einschränkungen, um mittels Transportdiensten reich werden zu können. Die Säumerordnungen unterstreichen das, wenn sie Saumdienste mit fremden, gemieteten Gespannen verbieten[201] oder den Handel mit Saumrechten ebenso untersagen wie jenen mit Allmendrechten[202]. Tendenziell bemühte man sich wohl, den Mechanismus Ausschlagrechte–Saumrechte im Zweifelsfall zugunsten der ärmeren Bevölkerungsschichten zu verrücken. «Die örtlichen Gemeinden waren [...] stets bestrebt, möglichst viele Dorfbewohner am Transporte teilnehmen zu lassen.»[203]

Trotz der bis ins 15. Jahrhundert wohl noch reichlich vorhandenen Ressourcen an Grund und Boden[204] war die Innerschweiz sicher weit davon entfernt, ein Land von Gleichen zu sein[205]. Vielleicht eignet ihr aber doch ein im Vergleich zu anderen Regionen stärker egali-

192 Ebd., S. 14, 17.
193 Ebd., S. 7.
194 Daten bei MÜLLER, Geschichte, S. 103f.; die Daten sind allerdings für die abschließenden Interpretationen recht merkwürdig aufbereitet.
195 WYSS, Landgemeinden, S. 62, 82. – OMLIN, Allmend-Korporationen, S. 75, 100f.
196 WYSS, Landgemeinden, S. 84f. – ACHERMANN, Korporationen, S. 34. – OMLIN, Allmend-Korporationen, S. 107. – GLAUSER, Landwirtschaft, S. 150f.
197 CARONI, Warentransport, S. 88f.
198 Vgl. CARONI, Dorfgemeinschaften. – CARONI, Soma.
199 CARONI, Dorfgemeinschaften, S. 116f.
200 CARONI, Soma, S. 99f.
201 Ebd., S. 100. – Ergänzend zum Ablauf des ganzen technischen Verfahrens in späterer Zeit: GLAUSER, Gotthardtransit, S. 30.
202 CARONI, Soma, S. 101.
203 Ebd., S. 104.
204 Vgl. WYSS, Landgemeinden, S. 80f. – SIDLER, Unterallmeindkorporation, S. 6. – OMLIN, Allmend-Korporationen, S. 106f.
205 Starke Unterschiede betont HAUSER Albert, Zur soziologischen Struktur eidgenössischen Bauerntums im Spätmittelalter, in: Bauernschaft und Bauernstand 1500–1970, Hrg. Günther Franz, Limburg 1975 (Deutsche Führungsschichten in der Neuzeit 8), S. 65–88.

tärer Grundzug. Sicher waren in der ländlichen Gesellschaft etwa des Hochmittelalters die ökonomischen Unterschiede geringer als in der Neuzeit, und gewiß verstärkte sich die gesellschaftliche Differenzierung zusehends[206], doch gab es auch schon vor 1400 durchaus Regionen mit einer ökonomisch vergleichsweise polarisierten Gesellschaft. In den schwäbischen Dörfern machen im 13. und noch mehr im 14. Jahrhundert die als Seldner bezeichneten Kleinstellenbesitzer[207] eine respektable Gruppe aus (vgl. Abb. 51). In Franken begegnet uns schon in der Mitte des 14. Jahrhunderts eine hinsichtlich ihrer Vermögen stark differenzierte Gesellschaft[208]. Soweit die Überlieferung und ihre wissenschaftliche Aufarbeitung erkennen lassen, fehlen in der Innerschweiz die Seldner und Tauner vor 1400[209], und wenn die Ursner Verhältnisse verallgemeinert werden dürfen, fehlen auch die relativ stattlichen Gruppen von Armen und Reichen, die man aus fränkischen Dörfern kennt.

51 Verbreitung des Kleinbauerntums (Seldner) in Südwestdeutschland bis 1400: Nennung von Selden, Seldhäusern oder Seldlehen in urkundlichen und urbariellen Quellen (nach Franz, Bauernstand, S. 229).

Gemeinnutz – gegen Herrennutz und Eigennutz

Im Urner Tellenspiel, dessen Entstehen in die Zeit um 1520 gelegt wird, treten nacheinander die Helden auf dem Rütli in Erscheinung und bestätigen sich gegenseitig die Dringlichkeit der Vertreibung der habsburgischen Vögte. Indem man die Zuhörer in die Vergangenheit der eigenen Geschichte führt, soll ihnen deutlich gemacht werden, welcher Tugenden es bedarf, um ein gutes und geordnetes Gemeinwesen führen zu können. Das geschieht auch über Belege aus der römischen Geschichte.

«Sy [die Römer] staltend nach grossem gůt
vnd gwinn
Etlich vil in vnküscheit låbtend
Vnd nach aller füllery stråbtend.
Sy schlůgend den gmeinen nutz hindan,
Vnd thet der einig nutz vorgan,
Liebe vnd trüw ward gantz hingleit;
Deß kamend sy in groß vneinigkeit,
Das sy einander schlůgend zetodt
Vnd jr rych zerstört in grosser not.»[210]

Gewinnsucht, Unkeuschheit und Völlerei stiften Eigennutz – Liebe und Treue Gemeinnutz. Die gegensätzlichen Begriffe sind Gemeinnutz und Eigennutz: Gemeinnutz ist gut, Eigennutz verwerflich.

Der Gemeinnutz erfreute sich zu der Zeit, als das Urner Tellenspiel aufgeschrieben wurde, großer Beliebtheit bei Bürgern und Bauern, und zwar weit über die Schweiz hinaus. Drei Beispiele sollen das wenigstens flüchtig belegen. Die erste große Tiroler Landesordnung von 1526 wird von König Ferdinand «auf der lanndschafft vnnserer fürstlichen graffschafft Tirol vnndertheniges ansuechen / fürbringen / und begeren» und «zu fürdrung des gemainen / vnd vnnserer lanndschafft frumen vnd nutzen» erlassen. Sie ist – summarisch gesprochen – die Beantwortung der auf dem vorgängigen Landtag eingereichten Gravamina der Städte und Landgemeinden, die ihre Forderungen folgendermaßen beschlossen hatten: «Item zum letsten an die f[ürstliche] d[urchlaucht] zu begeren, solich all vorgemelt artigkl sr. f.d. und gemeiner lanndschaft zu gut und fürdrung gemaines nutz gnediglich annemen und bestetten.» In der Präambel einer 1517 im Hochstift Sitten erlassenen Strafrechts- und Zivilrechtsordnung heißt es, um «ein landtschaft Wallis zu ruehigen und den gemeinen nutz [zu] fürderen, haben wir rath und gemein-

206 Rösener Werner, Bauern im Mittelalter, München 1985, S. 209f. Dort z.B. Zahlenmaterial für die Mark Brandenburg für das 14. Jahrhundert; die Mittelbetriebe mit 5–20 ha überwiegen mit 70% am Bestand der Höfe eindeutig.

207 Franz, Bauernstand, S. 214–222.

208 Zusammengestellt bei Franz, Bauernstand, S. 215.

209 Wiewohl die Register in QW 1 und QW 2 sehr sorgfältig gearbeitet sind, fehlen Belege in größerer Zahl für die entsprechenden Begriffe für Seldner (Tauner, Hintersassen); Hintersassen sind in allen Urbaren nur in 8 Fällen belegt. Vgl. QW 2/4, S. 282.

210 QW 3/2,1, S. 94.

den der landtschaft Wallis mit einhelligen gemieth [...] nach beschrieben capitel» verabschiedet. Die württembergische Landesordnung von 1515 schließlich, sagt der Herzog, sei «von vns auch durch rat vnnd gut ansehen vnserer ret und gemainer vnserer landtschafft fůrgenomen» und diene zu «vffgang gemains nutzen». In allen drei Fällen liegt die Initiative zu den Landesordnungen bei den Bürgern und Bauern, nicht beim Landesherrn und auch nicht beim Adel oder den Prälaten[211].

Der Gemeinnutz begegnet auch in Luzern und Zürich bereits im 13. und 14. Jahrhundert. «Pro communi utilitate ville nostre», zum gemeinen Nutzen unserer Stadt, beschwören die Luzerner Bürger 1252 den Stadtfrieden[212]. Zu «gůte unser herschaft und der stat ze nutz und ze ere»[213] wird 1328 der Schwurbrief verurkundet.

Zürich begründet die Zunftverfassung, welche anno 1336 in Kraft tritt, folgendermaßen: «Dise vorgeschriben artikel und gesetzten han ich der vorgenande burgermeister, der rat und die gemeinde alle unser burger gemeinlich Zúrich durch gůter gerichten willen, durch friden und durch schirm unser liben und unser gůter und durch gemeinen nutz und notdurft unser stette Zúrich»[214] verabschiedet. Der gemeine Nutzen wird im selben Jahr auch als «Stadtnutzen» bezeichnet; ihn zu befördern, verpflichtet sich die ganze Gemeinde eidlich. «Das man gemeinlich swerren sol, der stat nutz und ere fúrderlich ze haltenne.»[215] Nicht nur die Gemeinde, auch alle Amtsträger werden bei Dienstantritt eidlich auf den «Stadtnutzen» verpflichtet. «Item es sǒllend råtte und zunftmeister sweren», heißt im städtischen Eidbuch, «des heiligen richs ere, der statt nutz und ere, der gotzhúser ere, des lands ere råttend und frůmend sin.»[216] Der Stadtnutzen wird von den Verpflichtungen gegenüber dem Reich, dem Fraumünster und auch den Chorherren eigens abgehoben. Wichtigere gesetzgeberische Maßnahmen werden mit «der stat nutz»[217] begründet und gerechtfertigt.

Die Zusammenstellung der Belege zeigt, daß durch die Inserierung in den Bürgereid und in die Amtseide der Gemeinnutz geradezu begründend wird für die Existenz der Stadt überhaupt. Den Gemeinnutz zu fördern – das ist der Sinn des städtischen Lebens.

Natürlich war das nicht nur in Luzern und Zürich so. Auf die «utilitas communitatis» werden schon vor 1300 der Schultheiß, die Sechzehner, der Rat, die Zweihundert und die Gemeinde in Bern eidlich verpflichtet[218], und spätestens seit der Mitte des 14. Jahrhunderts wird in Bern der Gemeinnutz zu einer häufigeren Begründungsfigur bei Bündnisabschlüssen sowie in Gerichts-, Markt- und Zunftordnungen[219]. Die jüngere stadtgeschichtliche Forschung hat neuerdings vornehmlich für die Reformationszeit und die Neuzeit nachgewiesen, daß der Gemeinnutz zu den herausragenden Werten der bürgerlichen Gesellschaft gehört[220]. Daß er aber bereits zeitgleich mit der Entstehung des Bürgerverbandes auftaucht, wie die Belege aus Luzern und Zürich zeigen, ist eine eher neue und unvertraute Einsicht[221].

Der Gemeinnutz als raison d'être der Vergesellschaftung gewinnt auch in den Länderorten Raum. «Der ammann und die landlút zu Underwalden ob dem Kernwald» verbieten 1382 den Verkauf von Liegenschaften an Klöster und Auswärtige mit der Begründung, das diene «unsers landes und unser nachkömen nütz und er»[222]. Daß der Landsnutz oder der Gemeinnutz zur Grundlage der Legitimität und sinnstiftend für das Land Unterwalden schlechthin wird, ergibt sich aus einem Beschluß der Landsgemeinde aus dem 15. Jahrhundert. Nach ganz offensichtlich langen und schwierigen Diskussionen wurde verfügt, für alle Landleute einen Eid verbindlich zu machen, «den wir, die gantze gemeind ob und nid dem Wald je zü fúmf jaren minder oder mer [...] zü ewigen züten swerren sol ein jeklicher, der über sechzehen jar alt ist», und dieser Eid lautet: «Unsers gemeinen lands nütz und ere zu fürderen und unsern schaden ze warnen und ze wenden.»[223]

[211] Die Quellen in der Reihenfolge ihrer Nennung: Der Fürstlichen Grafschaft Tirol Landsordnung von 1526 (Staatsbibliothek München J. austr. 39), S. 3. – Quellen zur Geschichte des Bauernkrieges in Deutschtirol 1525, Hrg. Hermann Wopfner, Innsbruck 1908 (Acta Tirolensia 3), S. 67. – Die Walliser Landrats-Abschiede seit dem Jahre 1500, Hrg. Dionys Imesch, 1. Band: 1500–1519, Brig 1916, S. 378. – Sammlung der württembergischen Regierungsgesetze, 1. Teil, Hrg. Anton L. Reyscher, Tübingen 1841 (Vollständige, historisch und kritisch bearbeitete Sammlung der württembergischen Gesetze 12), S. 13.

[212] QW 1/1, Nr. 667, S. 301f.

[213] QW 1/2, Nr. 1547, S. 751.

[214] Schnyder, Quellen, S. 23.

[215] Ebd., S. 7.

[216] Zürcher Stadtbücher 3/5b, Nr. 35, S. 150.

[217] Zürcher Stadtbücher 1/1, Nr. 353, S. 170.

[218] Eberhard, Kommunalismus, S. 281f.

[219] Welti Friedrich Emil/Rennefahrt Hermann, Das Stadtrecht von Bern, 12 Bde., Aarau 1939–1979 (Sammlung Schweizerischer Rechtsquellen, Abteilung II: Die Rechtsquellen des Kantons Bern, Teil I): Bd. 1, S. 258; Bd. 3, S. 10, 165; Bd. 4/1, S. 186, 241; Bd. 5, S. 68, 72; Bd. 7/1, S. 348; Bd. 8/1, S. 4, 6, 9, 109; Bd. 10, S. 247.

[220] Rublack Hans-Christoph, Political and Social Norms in Urban Communities in the Holy Roman Empire, in: Religion, Politics and Social Protest. Three Studies on Early Modern History, Hrg. Kaspar von Greyerz, London 1984, S. 24–60.

[221] Erstmals deutlicher bei Eberhard, Kommunalismus, S. 293f.

[222] QW 3/1, Nr. 78, S. 126.

[223] Ebd., Nr. 79, S. 127. – Ähnliche Formulierungen, aller-

Der Landsnutz, der Gemeinnutz, dient auch in den anderen Ländern zur Legitimierung der Ordnungen und Landsgemeindebeschlüsse[224]. Wo die Bezeichnung «Tal» vorherrscht, wird halt aus dem «Landsnutz» einfach ein «Talnutz». «Eins tals nutz und eer, und ier nutz fürdren und ihr schaden wenden», versprechen gleichlautend mit einem Eid der Ammann, der Weibel, die Neuner, die Talleute und die Hintersassen von Urseren[225]. Wo bäuerliche Verbände den Namen «Land» oder «Tal» nicht tragen wie beispielsweise die Gemeinde Arth, ist als Motiv für die weitreichenden Maßnahmen schlechterdings vom gemeinen Nutzen die Rede. Die Aufteilung der Allmende von Arth unmittelbar nach dem Freikauf aus der habsburgisch-badischen Herrschaft 1354 erfolgt zu «fürderung deß gmeinen nutzes für vnns vnnd vnnser nachkomen»[226].

In der ländlichen Welt gewinnt der Gemeinnutz während des Spätmittelalters auch außerhalb der Schweiz ständig an Bedeutung und Beliebtheit. Und er wird um so häufiger ins Feld geführt, je höher der Autonomiegrad einer ländlichen Gemeinde entwickelt ist.

«Stadtnutz», «Landnutz», «Talnutz» sind also gegen «Gemeinnutz» austauschbar. In Land, Stadt und Tal haben alle gleiche Rechte und Pflichten; alle legislatorischen Maßnahmen gewinnen ihren Sinn nur dadurch, daß sie den ‹Landleuten› wie den ‹Burgern gemeinlich›, der Allgemeinheit schlechthin dienen. Darauf beruht die Legitimität der gemeindlichen Verfassung. Nichts bringt das eindrücklicher und überzeugender zum Ausdruck als die Eide, als deren Kern der Stadt-, der Land- bez. der Talnutz, kurz der Gemeinnutz gelten muß: alle Bürger und Bauern und alle Inhaber öffentlicher Ämter verpflichten sich, ihn zu wahren, zu sichern, zu mehren und zu fördern.

Städte, Länder und Täler begründen also ihre Existenz mit dem Gemeinnutz. Das tut aber auch die Eidgenossenschaft als politischer Verband. Wenn der Bund der drei Länder vom Jahre 1291 den Anfang der Eidgenossenschaft als eines neuen politischen Systems markiert, dann tritt mit ihm auch der Gemeinnutz als das Begründungsprinzip in die mittelalterliche Geschichte ein. «Pro comuni utilitate» – «umb ein gemeinen nutz», wie es in der deutschen Fassung hundert Jahre später heißt – schließen Schwyz, Uri und Nidwalden ihr Bündnis[227]. Und «ze nutze und ze eren ufgesetzet» wird die Erneuerung des Bundes von 1315[228], in ähnlichen Wendungen, auch unter Verwendung des Begriffs «gemeiner nutz»[229], werden alle weiteren Landfrieden begründet[230].

Mit dem Zürcher Bund von 1352 bildet sich offensichtlich auch für alle späteren Bundesschlüsse in der Schweiz eine einheitliche Redeweise der Urkunden heraus. Ihre Präambeln versichern «allen, die disen brief sehent oder hőrent lesen, das wir mit gůten rat und mit sinneklicher vorbetrachtung, durch gůten frid und schirnung uͥnser lip und gůtes, uͥnser stett, uͥnser lender und luͥten, durch nuͥtz und fromung willen gemeinlich des landes einer ewigen buntnuͥss und fruͥntschaft uͥbereinkomen sien»[231]. Und sie schließen mit der Bekräftigung, Änderungen nur zum gemeinen Nutzen aller Vertragspartner vornehmen zu wollen. «Wir haben ŏch einmůteklich mit gůter vorbetrachtung uͥns selber vorbehebt und behalten, ob wir durch uͥnsern gemeinen nutz und notduͥrft keinr ding einhelleklich mit enander nu oder hienach jemer ze rat wurdin, anders dann in dirr buntnuͥss ietz verschriben und berett ist, es wer ze minren oder ze meren, das wir des alle mit enandern wol muͥgent und gewalt haben suͥln, wann wir sin all, die in diser buntnuͥss dann sint, einhelleklich ze rat werden und uͥberein komen, das uͥns nuͥtz und fůglich dunk, ân all geverd.»[232] Der Gemeinnutz als Legitimation des Bundessystems steht seitdem außer Zweifel[233].

Das Gemeinwohl gehöre zu den elementaren Staatszwecken, meint man heute. In der Tat lassen sich von der Antike bis in die Gegenwart Belege aufzeigen, die das «bonum commune» und die «Wohlfahrt» als Staatszweck ausgeben[234]. Ohne Zweifel herrscht aber keine

dings zeitlich ein wenig später liegend, verwendet das Landbuch von Obwalden; vgl. etwa CHRIST/SCHNELL, Rechtsquellen, S. 9, 12 (hier in der bemerkenswerten Umkehrung: «vnsers lands gemeinen nütz»).

[224] Vgl. etwa für Schwyz: KOTHING, Landbuch, S. 22, 66.

[225] OTT, Ursern, S. 10, 12.

[226] Druck bei SIDLER, Unterallmeindkorporation, S. 88.

[227] QW 1/1, Nr. 1681, S. 783. Zur Datierung der deutschen Fassung vgl. die Bemerkung des Bearbeiters ebd., S. 777.

[228] QW 1/2, Nr. 807, S. 412. – Vgl. auch ebd., Nr. 1638, S. 802f. die parallel abgedruckten Fassungen des Luzerner Bundes (für Luzern, Zürich, Gersau und nach Tschudi).

[229] So das Bündnis der drei Länder mit dem Städtebund von 1329. EA 1, Nr. 17, S. 255; in QW 1/2, Nr. 1457, S. 710 als Regest.

[230] Vgl. etwa EA 1, Nr. 18, S. 256.

[231] QW 1/3, Nr. 942, S. 602.

[232] Ebd., S. 618.

[233] Das nämliche Formular verwenden der Berner Bund (NABHOLZ/KLÄUI, Quellenbuch, S. 25 bzw. 30), der Zuger Bund (EA 1, Nr. 23, S. 275 bzw. 278), der Bund zwischen Zürich und Glarus (EA 1, Nr. 44, S. 337 bzw. 340). Abweichende Formulierungen, allerdings unter Verwendung der Nutzen-Figur, im Pfaffenbrief und Sempacherbrief. Vgl. EA 1, Nr. 31, S. 301 und Nr. 41, S. 328.

[234] Belegsammlung für die Antike und das Fortwirken im Mittelalter bei EBERHARD, Legitimationsbegriff, S. 244. – Für den Begriff der Wohlfahrt und seine Geschichte, vornehmlich in der deutschen Sprache: MAIER Hans, Die ältere deutsche Staats- und Verwaltungslehre, München [2]1980.

durchlaufende Kontinuität von den Europäern der Antike bis zu ihren Nachfahren im 20. Jahrhundert. Das Reich und seine Territorien haben im Hoch- und Spätmittelalter für diesen Begriff auffallend wenig Verwendung. Auf Reichsebene wird vom Gemeinnutz wenig und vor der Mitte des 14. Jahrhunderts kaum[235] gesprochen[236], auf der Ebene der Länder offensichtlich noch weniger[237].

In der Schweiz hingegen wird der Begriff Gemeinnutz sehr häufig gebraucht. Er besitzt zwei eindeutig freilegbare Wurzeln: Die eine kommt aus der Landfriedensbewegung, und insofern diese eine in Mitteleuropa generell verbreitete Bewegung war, erscheint der Gemeinnutz als Begründungsfigur der Landfrieden auch außerhalb der Schweiz; die andere kommt aus der feudalen Welt, weil der Holde üblicherweise seinem Herrn versprechen mußte, dessen «nutz zu fürdern und schaden zu warnen und zu wenden». Wo die Gemeinde in die Positionen und Rechte des ehemaligen Herrn eintritt, wird aus dem «Herrennutz» der «gemeine Nutz». Feudale Herrschaft hingegen legitimiert sich nicht dadurch, daß sie den gemeinen Nutzen fördert, sondern durch die Vogtei, den Schutz und Schirm, den sie militärisch und rechtlich ihren Untertanen angedeihen läßt.

Der Gemeinnutz in der Schweiz teilt das Schicksal von Freiheit, Eigentum und Gleichheit. Es handelt sich nicht um einen utopischen Vorentwurf, den es politisch einzulösen und durchzusetzen gilt; vielmehr entsteht der Gemeinnutz wie die Freiheit, das Eigentum und die Gleichheit aus dem lange dauernden Transformationsprozeß von der Herrschaft der wenigen zum Regiment der vielen. Indem man solche Werte in der Stadt, auf dem Land, im Tal und in der Eidgenossenschaft durch wiederkehrende Eide – halbjährlich in der Stadt, jährlich in den Ländern, fünfjährlich in der Eidgenossenschaft – immer wieder in Erinnerung brachte, mußte wohl die Überzeugung habituell werden, der Gemeinnutz gebe dem Zusammenleben von Menschen den eigentlichen Sinn.

Mindestens im Bewußtsein war damit die «gewalttätige Gesellschaft» ohne Zukunft.

235 Vgl. die Belege bei Eberhard, Legitimationsbegriff, S. 246.

236 Ausgewertet wurden hier die Reichsabschiede (soweit deutschsprachig) nach der Ausgabe von Koch Ernst A., Neue und vollständigere Sammlung der Reichs-Abschiede, 2 Bde., Frankfurt 1747. – Den Begriff (oder analoge Bildungen) verwenden die Landfrieden von 1389 (S. 95f.; alle Seitenverweise beziehen sich auf Bd. 1), 1398 (S. 99f.), 1431 (S. 142), 1438 (S. 158), 1466 (S. 198, 201, 204), 1467 (S. 225), 1474 (S. 261). Außer in Landfrieden wird vom gemeinen Nutzen (oder Varianten dieses Begriffes) gesprochen in der Goldenen Bulle, der Verordnung des Gemeinen Pfennigs von 1427 und der Reformation Kaiser Friedrichs vom Jahre 1442. Die Reichsabschiede wurden bis 1495 durchgesehen.

237 Brunner, Land, der zweifellos beste Kenner der Territorien des Hoch- und Spätmittelalters, dem es gerade auch um Begriffsgeschichte geht, verzeichnet das Gemeinwohl nicht als bemerkenswerte Kategorie von Herrschaft. Ihr Geschäft ist es vielmehr, Frieden und Recht zu sichern.

Carl Pfaff

Pfarrei und Pfarreileben

Ein Beitrag
zur spätmittelalterlichen
Kirchengeschichte

Einleitung

An einer Tagung in Berlin mit dem Thema «Mittelalterliche Komponenten des europäischen Bewußtseins» (1983) hat Dietrich Kurze seine Zuhörer zu einem Gang «in den Raum des Niederkirchenwesens, zur kirchlichen Gemeinde» eingeladen, um «den Blick auf weite Bevölkerungsschichten zu lenken, die in ihrer Anstrengung um Mitbestimmung oder gemeindlich-genossenschaftlicher Selbstbestimmung auf ihre Weise Teilhaber und Mitgestalter europäischen Bewußtseins» gewesen seien. In Anlehnung an französische Forscher, die sich seit längerer Zeit schon dem Thema «Pfarrei» zugewandt haben, bezeichnet er die Pfarrgemeinde als «eine Welt mit einem Territorium und seinen Einwohnern, seinen religiösen und laikalen Autoritäten, mit einer Vielzahl von Bündnissen und Gegnerschaften – zu mannigfaltig, um auf einen Dualismus Geistlich und Weltlich reduziert werden zu können»[1].

Damit hat Kurze der Pfarrei einen sehr bedeutsamen Ort in der allgemeinen europäischen Geschichte zugewiesen, was uns freilich nicht übersehen lassen darf, daß Pfarreigeschichte zunächst ein wesentliches Stück Kirchengeschichte ist. Trotz der überragenden Bedeutung, die Klöster und Stifte im Mittelalter erlangen, ist nicht zu bestreiten, daß ihnen immer nur eine Minderheit angehört, während für die erdrückende Mehrheit die Pfarrgemeinde das Gehäuse bildet, in dem sich ihr Dasein abspielt. Herrschaftlicher Anspruch und genossenschaftliche Mitbestimmung artikulieren sich in ihren Strukturen, die aber nur als Teil der Universalkirche denkbar sind. Die allgemeine Kirche wird in der Ortskirche präsent, in welcher sich ihr Zweck erfüllt – für jeden einzelnen erfahrbar. Universalkirchliche Normen mischen sich mit ortsgebundenen Traditionen. Der ungebrochene Zusammenhang mit den übergreifenden kirchlichen Ordnungen widersteht der Tendenz zu Lokalismus und Partikularismus.

Die Quellen fließen im allgemeinen spärlich, die Archive sind lückenhaft und geben über manches, was uns heute interessiert, keine Auskunft, weil die Zeit es für selbstverständlich gehalten hat. Die kirchengeschichtliche Forschung hat deshalb die Pfarreigeschichte vernachlässigt, ging allenfalls ihren Ursprüngen nach oder überließ sie der Ortsgeschichte, was zur Folge hatte, daß sie nur lokale Beachtung fand[2].

Im folgenden Beitrag soll erstmals versucht werden, die Innerschweizer Pfarreien des alten Dekanats Luzern und des zugerischen Anteils am Dekanat Cham-Bremgarten in ihrem geschichtlichen Werden, in ihrem institutionellen Wandel und in ihrer Wirksamkeit als Ort des religiösen Lebens darzustellen. Dabei geht es um das Herausarbeiten allgemeiner Entwicklungslinien und nicht um enzyklopädische Vollständigkeit. Der eben umschriebene räumliche und der vorgegebene zeitliche Rahmen werden nur durchbrochen, wenn es für die Erreichung dieses Zieles unbedingt erforderlich erscheint. Das geschieht im übrigen nicht ganz ohne Bedauern, und zwar nicht nur im Blick auf die bessere Quellenlage des späteren 15. und des 16. Jahrhunderts, sondern weil in der Kirchen- und Pfarreigeschichte der Innerschweiz eine markante Zäsur erst mit dem Durchbruch der katholischen Reform auszumachen ist.

[1] KURZE Dietrich, Die kirchliche Gemeinde. Kontinuität und Wandel am Beispiel der Pfarrerwahlen, in: Mittelalterliche Komponenten des europäischen Bewußtseins. Mittelalterliches Colloquium im Wissenschaftskolleg zu Berlin, Hrg. Joseph Szöverffy, Berlin 1983, S. 20f.

[2] In Theodor Schweglers Geschichte der katholischen Kirche der Schweiz (1935) wird die Pfarrei als solche nirgends thematisiert. Rudolf Pfister widmet in seiner Kirchengeschichte der Schweiz (1964) den römisch-fränkischen Anfängen nicht einmal zwei Seiten.

Das Innerschweizer Pfarreinetz im Mittelalter

Eigenkirchenrechtliche Grundlagen

Im 6. Jahrhundert begannen die Alamannen allmählich in den schweizerischen Raum vorzustoßen, siedelten sich erst in den fruchtbaren und leicht zu bebauenden Gebieten des Mittellandes an, bis sie die offensichtlich im 7. Jahrhundert stark angewachsene Bevölkerungszahl zum Eindringen in die voralpinen Zonen zwang. Gegen 700 nahmen sie die Talgründe rund um den Vierwaldstättersee in Besitz, während ihr Herzog das Land politisch und kirchlich zu organisieren sich anschickte. Uri lag jedenfalls fest in seiner Hand, sonst hätte er seinen Widersacher, den Abt Heddo von der Reichenau, im Jahre 732 kaum hierher verbannt[1]. Im Urnerland ist mit umfangreichem alamannischem Herzogsgut zu rechnen, dessen kirchlicher Mittelpunkt St. Martin in Altdorf, also an altbesiedeltem Platz, als Mutterpfarrei des ganzen unteren Reußtales errichtet wurde. Die jüngsten Ausgrabungen haben eine stattliche Anlage zutage gefördert, die nach den Archäologen um 700 zu datieren ist[2], während die früheste Nennung der Kirche erst ins Jahr 1244 fällt[3]. Dieses Beispiel zeigt, wie unzulänglich für die Rekonstruktion des ursprünglichen Pfarreinetzes die alleinige Abstützung auf die urkundliche Überlieferung ist. Wie im vorliegenden Fall hat – neben Siedlungsgeschichte, Ortsnamenkunde und Patroziniengeschichte – namentlich die Archäologie zu völlig neuen Erkenntnissen verholfen[4]. So lassen sich auch in Schwyz die Spuren einer vermutlich dem Alamannenherzog zu verdankenden Vorgängerkirche unter St. Martin in die Merowingerzeit zurückdatieren. Die Mutterkirche des alten Landes Schwyz kann demnach kaum jünger sein als ihre Urner Schwesterkirche[5]. Der alamannische Herzog kommt ferner als Gründer der Nidwaldner Mutterpfarrei St. Peter in Stans in Frage, wie aus den späteren Besitzverhältnissen und aus den jüngsten Grabungen, die sowohl innerhalb der Kirche wie auf dem zugehörigen frühmittelalterlichen Friedhof durchgeführt wurden, geschlossen werden kann[6]. Alles spricht dafür, daß auch die Klosterstiftung eines einheimischen Adeligen am Ausfluß der Reuß aus dem Vierwaldstättersee um 700 erfolgt ist, sich aber fürs erste nicht halten konnte, bis Wichard, ein Nachkomme der Gründerfamilie und Verwandter der Karolinger, das Luzerner Benediktinerkloster nach 850 von neuem ins Leben rief[7]. Wahrscheinlich haben die Mönche von Anfang an unter den Anwohnern auch die Seelsorge ausgeübt, wobei es noch offen bleibt, ob sie dazu eine bereits bestehende kleine Peterskirche – die sogenannte «Kapelle» – benützt oder diese erst im Hochmittelalter zur Betreuung der Siedlung am Reußufer erbaut haben[8].

Kaum wesentlich später ist nach dem archäologischen Befund die wohl älteste Pfarrkirche des Zugerlandes, St. Martin in Baar, zu datieren[9]. Dagegen dürfte die Peterskirche von Sarnen etwas jünger sein. Wie die Marienkirche in Alpnach ist sie vermutlich als Stiftung des 8./9. Jahrhunderts einzustufen, und zwar des reichen Grundbesitzers Recho, der bei seinem Eintritt in den Mönchsstand in der zweiten Hälfte des 9. Jahrhunderts sein umfangreiches Erbe entlang der Brünigroute dem jungen Klösterlein Luzern übergeben hat[10]. Mit Sicherheit in das 9. Jahrhundert zurück reicht die Marienkirche von Weggis am Nordufer

52 Ansicht von Schwyz aus der Schweizer Chronik von Johannes Stumpf (Zürich 1548). Um die von der Friedhofsmauer umschlossene Mutterkirche der Talschaft und um den Marktplatz mit dem Rathaus gruppieren sich entlang der von hier ausstrahlenden vier «freien Reichsstraßen» die hölzernen Wohnhäuser und bilden den Kern einer aus Einzelhöfen zusammengewachsenen Dorfsiedlung.

[1] SCHNYDER, Gründung, S. 75–81.
[2] MÜLLER Iso, Zu den kirchlichen Anfängen von Altdorf, in: HNU, NF 28/29, 1973/74, S. 130–142; HUG/WEIBEL, Namenbuch 1, Sp. 785–787.
[3] QW 1/1, Nr. 476, S. 222. Der erste Leutpriester wird dagegen schon 1223 genannt, QW 1/1, Nr. 278, S. 131.
[4] Zur Entstehungsgeschichte der Pfarreien um den Vierwaldstättersee verweise ich generell auf FISCHER, Pfarrei, der den besitzgeschichtlichen und archäologischen Aspekt mitberücksichtigt. Durch Fischer sind teilweise die Arbeiten Iso Müllers überholt: MÜLLER, Entstehung; BÜTTNER/MÜLLER, Christentum. Nach wie vor unverzichtbar ist NÜSCHELER, Gotteshäuser.
[5] MEYER, Kdm SZ, S. 76–78; KESSLER, Grabungen, S. 31–94.
[6] SENNHAUSER Hans Rudolf, Stans. Pfarrkirche St. Peter. Archäologische Beobachtungen 1979, in: BGN 39, 1980, S. 187–196; ODERMATT-BÜRGI, Pfarrkirche.
[7] SCHNYDER, Gründung, S. 419–472, 515–518; BECK, Freiheit, S. 245f.
[8] FISCHER, Pfarrei, S. 41–43.
[9] DÄNDLIKER Paul, Baarer Friedhöfe, in: Heimatbuch von Baar 1970/71, S. 8f.
[10] QW 1/1, Nr. 9, S. 8; FISCHER, Pfarrei, S. 38f.; DURRER, Kdm UW, S. 9, 515f.

des Sees, die aber vielleicht schon früher von König Pippin (751–768) aus konfisziertem alamannischem Herzogsgut an das rätische Kloster Pfäfers geschenkt worden ist[11]. Als karolingisch gilt auch die Kirche St. Zeno in Arth, einst Bestandteil eines wiederum auf ehemaligem alamannischem Herzogsgut errichteten fränkischen Reichshofes[12]. Die Verenakirche in Risch erweisen die Ausgrabungen als adelige Eigenkirche des 8. oder 9. Jahrhunderts[13], während für das benachbarte Cham in einer Schenkungsurkunde Ludwigs des Deutschen zugunsten des Fraumünsters in Zürich von 858 bereits bestehende, nicht näher umschriebene Kirchen aufgeführt werden. Indessen ist – nach dem vorgefundenen Grab zu schließen – die spätere Pfarrkirche St. Jakob wiederum als Gründung eines Ortsadeligen, St. Andreas dagegen als herrscherliche Eigenkirche auf dem fränkischen Königshof anzusehen[14]. Endlich sind merowingerzeitliche Anfänge bei der Kirche von Kerns und karolingische bei den Gotteshäusern von Giswil und am Meierhof des zum Kloster Luzern gehörenden Malters aus unterschiedlichen Gründen nicht ganz auszuschließen[15].

So hat das Frühmittelalter in einer ersten Welle der Mission und Organisation ein lockeres Netz von Kirchen in der gesamten Innerschweiz gewoben, das freilich im Verlauf der nachfolgenden Jahrhunderte noch manche Ergänzung erfuhr. Sämtliche Mutterkirchen der einzelnen Talschaften sind gemäß heutigem Forschungsstand um 700 oder im 8./9. Jahrhundert entstanden. Außer in Nidwalden gesellten sich noch im 9. Jahrhundert ein bis zwei Gotteshäuser hinzu, die selbstverständlich nicht alle als voll ausgebildete Pfarrkirchen mit Tauf-, Bestattungs- und Zehntrecht gelten können. Mindestens bei den frühen Mutterkirchen sind aber Taufbrunnen anzunehmen, und der jüngst in Stans ergrabene, seit dem Frühmittelalter benutzte Friedhof legt es nahe, in analogen Fällen die ältesten christlichen Bestattungsplätze in und um diese Kirchen zu vermuten[16].

Die erste Kirchenorganisation ist offenbar das Werk der alamannischen Herzöge, der fränkischen Könige und einheimischer großer Grundbesitzer, die zwar nirgends als Kirchengründer namentlich genannt werden, aber mit großer Wahrscheinlichkeit zu erschließen sind. An keinem Ort finden sich Spuren einer noch älteren, frühchristlichen Mission, obwohl eine voralamannische Bevölkerung bis in die Alpentäler hinein bezeugt ist, und nirgends tritt uns der Bischof missionierend oder kirchenstiftend entgegen, was einen wesentlichen Unterschied zu den romanischen Gebieten Rätiens oder der Westschweiz ausmacht[17]. Die Innerschweiz entbehrt zwar nicht eines romanischen Bevölkerungssubstrats, aber römisch-frühchristlicher Erinnerungen. Ihre kirchliche Organisation bildete sich nach der alamannischen Landnahme zugleich mit der politischen aus und als ein Teil derselben nach den Regeln des für das Frühmittelalter typischen Eigenkirchenrechts, das die Rechte des Bischofs wenn nicht gerade ausschloß, so doch wesentlich einschränkte[18]. Danach konnte ein weltlicher oder geistlicher Grundherr, der auf sei-

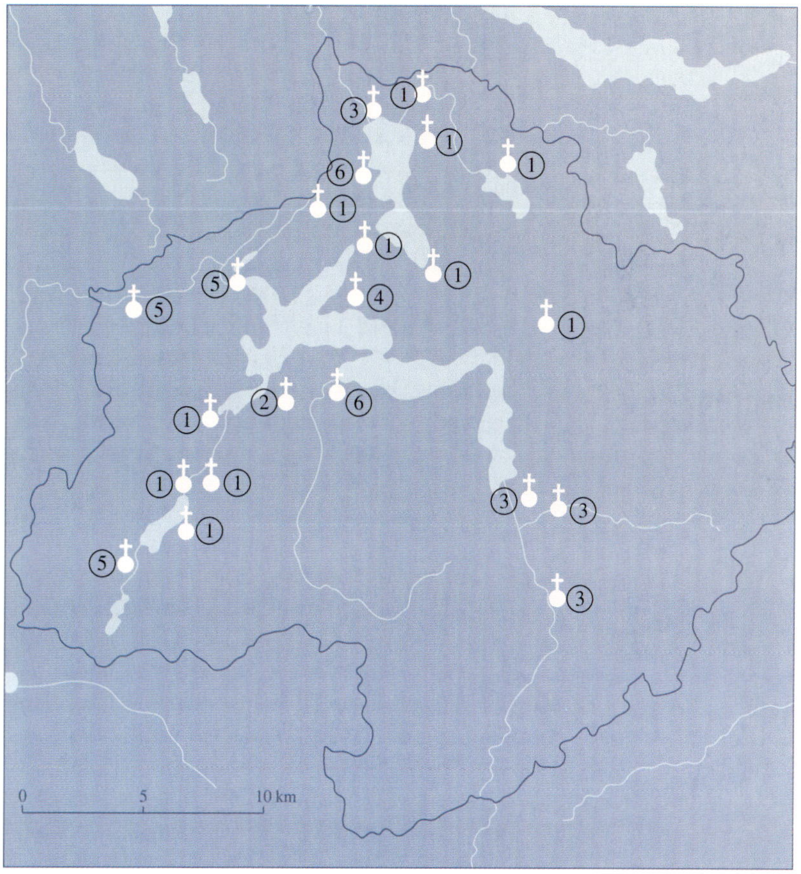

53 Für das späte 10. Jahrhundert bezeugte oder erschlossene Eigenkirchenherren.
1 Lenzburger bzw. Ahnen der Lenzburger
2 Ahnen der Regensberger, Sellenbüren, Rüssegg
3 Fraumünster Zürich
4 Kloster Pfäfers
5 Kloster Luzern
6 Unbestimmt

[11] Bündner Urkundenbuch, Hrg. Historisch-antiquarische Gesellschaft von Graubünden, Bd. 1, Chur 1955, Anhang, S. 388; Müller, Entstehung, S. 24.

[12] Sennhauser Hans Rudolf, Die Kirchengrabungen von St. Georg und St. Zeno in Arth, in: MHVS 73, 1981, S. 5–45.

[13] Stöckli Werner/Wadsack Franz, Zur Baugeschichte der Pfarrkirche St. Verena in Risch, in: Zuger Neujahrsblatt 1981, S. 21–37; Gruber, Geschichte, S. 55f.

[14] Geschichte von Cham. Festgabe zur 1100-Jahrfeier der Gemeinde Cham, Hrg. Otto Wolf, Cham 1958, S. 108–111, 125–128, 149–157.

[15] Fischer, Pfarrei, S. 39f.

[16] Cueni Andreas/Meyer-Hofmann Liselotte, Die mittelalterliche Bevölkerung von Stans, in: Stans. Pfarrkirche St. Peter und Paul. Ausgrabungen 1984/85 (Manuskript im Staatsarchiv Nidwalden).

[17] Büttner/Müller, Christentum, S. 72–74.

[18] Feine, Rechtsgeschichte, bes. S. 160–172, 182–196; LdM 3, Sp. 1705–1708, mit Literatur; Büttner/Müller, Christentum, S. 54–58.

nem Boden und mit eigenen Mitteln eine Kirche errichtet hatte, die Nutzungsrechte am gesamten Kirchengut und an den Einkünften für sich beanspruchen. Die Kirchenstiftung wurde zu einem ökonomisch attraktiven Unternehmen. Daran änderte sich auch nichts, als Ludwig der Fromme im Interesse der Kirchenreform 818/19 das «Capitulare ecclesiasticum» erließ[19], das den Genuß der Früchte der Kirche dem Stifter nur dann zusprach, wenn er zum Unterhalt des von ihm eingestellten Geistlichen eine Hufe seines Landes reservierte. Im übrigen konnte er Kirchengut wie Privatgut weiterverschenken, verleihen, vertauschen oder vererben. Diese Rechtsentwicklung, die sich schon in der Spätantike angebahnt hatte, ist der Grund, warum in den nachfolgenden Jahrhunderten die frühmittelalterlichen Kirchen rund um Vierwaldstätter- und Zugersee durch Erbgang oder Schenkung ganz oder teilweise in den Besitz von verschiedenen Adelsgeschlechtern gelangen oder durch Verkauf oder Schenkung – das ist nicht immer genau auseinanderzuhalten – an Klöster und Stifte übergehen konnten.

Um diesen Wandel im Kirchenbesitz zu illustrieren, werfen wir einen Blick auf die eigenkirchlichen Verhältnisse, wie sie sich bis zum 11. Jahrhundert in der Innerschweiz herausgebildet haben. Nach der erneuten Unterwerfung Alamanniens 746 konfiszierte der fränkische König des Teilreiches Austrasien, dem die Innerschweiz zugeschlagen wurde, das einstige alamannische Herzogsgut[20]. Den «pagellus Uroniae», also das Reußtal von der Schöllenen bis zum Urnersee, überließ 853 Ludwig der Deutsche schenkungsweise der von seinen Töchtern geleiteten Benediktinerinnenabtei Felix und Regula in Zürich[21]. Im Jahre 857 vergab er die königlichen Eigenkirchen von Bürglen und Silenen samt ihren Einkünften auf Lebenszeit dem Priester Berold an der mit dem Fraumünster verbundenen Zürcher Peterskirche[22]. Von der Pfarrkirche St. Martin in Altdorf ist in diesem Zusammenhang nicht die Rede, doch besteht kein Zweifel, daß auch dieses Gotteshaus – wie die beiden andern – zur Eigenkirche des Zürcher Fraumünsterklosters geworden ist. Im benachbarten Schwyz sind wahrscheinlich die Mutterkirche St. Martin und St. Zeno in Arth zu einem unbekannten Zeitpunkt als Reichslehen an die Lenzburger Grafen übergegangen[23]. Die Georgskirche am selben Ort dürfte schon 1036 in der Hand des Vogtes des lenzburgischen Hausstiftes Beromünster gelegen haben. Dasselbe gilt für einen Drittel der Pfarrkirche von Küßnacht, die anderen zwei Drittel kamen an das 1027 gegründete Kloster Muri[24]. Als Eigenkirchen der Grafen von Lenzburg müßen auch die zugerische Mutterkirche Baar[25] samt den wohl im 10. Jahrhundert gestifteten Kirchen St. Michael in Zug und St. Peter in Ägeri gelten[26]. Dazu kam noch die vielleicht wesentlich früher gegründete Kirche in Root[27]. In Obwalden erbten die Lenzburger unterschiedlich große Anteile an den alten Kirchen in Sarnen und Alpnach[28]; auch in Kerns waren sie beteiligt[29] und empfingen eventuell schon gleichzeitig als Reichslehen die Theodulskirche von Sachseln[30].

Innerhalb dieses lenzburgischen Besitzkomplexes vermochten ihre Rechte nur die Fraumünsterabtei an St. Jakob in Cham[31], die Klöster Pfäfers an der Marienkirche in Weggis und Luzern mit seinen Anteilen an den Pfarrkirchen von Sarnen und Alpnach zu behaupten[32]. Letzteres stand möglicherweise schon im Besitz der Laurentiuskirche von Giswil, sofern deren Anfänge tatsächlich ins 10. Jahrhundert oder noch weiter zurückreichen[33]. Von den weltlichen Herren verblieben die Ahnen der Sellenbürener und Regensburger in ihren Rechten an der Pfarrkirche von Stans. Wahrscheinlich geht die Kirche von Buochs nicht auf eine im wesentlichen den Mönchen von Muri zu verdankende Initiative zurück, wie lange angenommen wurde; nach dem bisherigen Grabungsergebnis könnte ein Vorläuferbau noch dem 10. Jahrhundert entstammen[34], und somit dürften die Ahnen des Reinger von Altbüren, der im 11. Jahrhundert Güter in Buochs dem Kloster Muri geschenkt hat, als Kirchengründer in Frage kommen. Schon außerhalb dieser Zone stellte die aufstrebende Benediktinerabtei Einsiedeln ein neues Ele-

[19] MGH Cap. 1, Nr. 119, S. 24.
[20] PEYER, Mittelalter, S. 118–123.
[21] QW 1/1, Nr. 12, S. 11f.
[22] Ebd. Nr. 13, S. 12f.
[23] Ebd. Nr. 72, S. 35f.; FISCHER, Pfarrei, S. 43f.
[24] QW 1/1, Nr. 72, S. 35f.; MÜLLER, Entstehung, S. 17f.
[25] BÜTTNER/MÜLLER, Christentum, S. 114; GRUBER, Geschichte, S. 29f.
[26] BÜTTNER/MÜLLER, Christentum, S. 114f.; GRUBER, Geschichte, S. 7–11.
[27] LÜTOLF Konrad, Pfarrgeschichte von Root, Root 1908, S. 4; SIEGRIST, Pfarreien, S. 167.
[28] QW 1/1, Nr. 72, S. 35, Nr. 248, S. 117f.; DURRER, Kdm UW, S. 9, 516; FISCHER, Pfarrei, S. 38.
[29] Laut Diplom Friedrich Barbarossas von 1173 ist Kerns durch Ulrich I. an das Stift gekommen; auch St. Blasien erhob Anspruch, der aber auf zweifelhafter Grundlage beruht zu haben scheint, QW 1/1, Nr. 160, S. 74; FISCHER, Pfarrei, S. 38–41.
[30] DURRER, Kdm UW, S. 460f.
[31] QW 1/1, Nr. 14, S. 13.
[32] Ebd. Nr. 72, S. 35, Nr. 160, S. 74.
[33] FISCHER, Pfarrei, S. 39.
[34] Zu Stans: DURRER, Kdm UW, S. 756. – Zu Buochs: FISCHER, Pfarrei, S. 38; SENNHAUSER Hans Rudolf, Zu den Vorgängerbauten der Pfarrkirche von Buochs, in: BGN 28, 1963, S. 9–29; zur älteren Ansicht: DURRER, Kdm UW, S. 54; MÜLLER, Entstehung, S. 41.

ment dar, die aber um die Jahrtausendwende noch keinerlei Rechte an innerschweizerischen Kirchen beanspruchen konnte[35].
Vergleicht man die besitzrechtlichen Verhältnisse um die Mitte des 11. Jahrhunderts mit den karolingerzeitlichen, ist nicht zu übersehen, daß das einstmals über starke Positionen verfügende Königtum sich völlig aus dem Gebiet der Urschweiz zurückgezogen hat, und zwar vor allem zugunsten des mächtigen Aargauer Dynastengeschlechts der Lenzburger, deren dominierende, sowohl auf Reichslehen wie auf Eigengut beruhende Stellung als Teil ihrer auch auf die Innerschweiz gerichteten Herrschaftsbildung zu verstehen ist.

Hochmittelalterlicher Ausbau im Zeichen des Patronatsrechts

In der Zeit vom 11. bis zum 13. Jahrhundert ist die Zahl der Kirchen in unserer Gegend – korrespondierend mit dem Landesausbau und der Siedlungsentwicklung – beträchtlich angestiegen. Nur in Uri begnügte man sich noch mit den drei alten Pfarrkirchen. Dagegen ist für 1124 die Weihe der Jakobuskirche im damals noch lenzburgischen Steinen überliefert, welcher ein bescheidener Holzbau vorangegangen war[36]. Zwischen 1159 und 1179 wurde auf Grundbesitz des Klosters Muri die Marcelluskirche von Gersau errichtet[37]. Die Schwyzer Tochterkirche in Muotathal, am Übergang ins Glarnerland gelegen, dürfte kaum viel jünger sein; ein Pleban wird aber erst für 1275 erwähnt[38]. Im zugerischen Neuheim wird 1173 eine zum Dinghof der Abtei St. Blasien gehörende Marienkirche zum erstenmal genannt. 1250 verfügte sie über einen eigenen Leutpriester[39], nachdem sie in den Besitz des Klosters Einsiedeln gekommen war, das zudem spätestens im 13. Jahrhundert eine von Mönchen betreute Pfarrei für die in seiner Nähe wohnenden Gotteshausleute aufgebaut hatte[40]. Als bloße Filiale von Baar entstand noch im 12. Jahrhundert eine Kapelle in Steinhausen[41], zu Cham gehörte das schon vor der Mitte des 13. Jahrhunderts erbaute Gotteshaus in Meierskappel[42]. Im 13. Jahrhundert erhielt die Stadt Zug innerhalb ihrer Mauern die von der Pfarrkirche St. Michael abhängige Liebfrauenkapelle, auf die einige pfarreiliche Funktionen übertragen wurden[43]. Die größte Aktivität entfaltete indessen das Kloster Murbach-Luzern. Einen ganzen Kranz von Gotteshäusern legte es an seinen Dinghöfen der näheren Umgebung an, während in der jungen Stadt selbst der Peterskapelle ähnliche Aufgaben zugewiesen wurden wie später der Marienkapelle in Zug[44]. Die Mönche gewährten ihr nur den Status einer Filiale der eigenen Hofpfarrei, in deren völliger Abhängigkeit sie auch die um die Mitte des 13. Jahrhunderts erstmals nachgewiesenen Kapellen von Adligenswil, Ebikon und Littau behielten[45]. Dagegen stiegen die Gotteshäuser in dem zum Meierhof Langensand gehörenden Horw, an den Meierhöfen von Emmen, Kriens und Buchrain wie auch die wohl älteren Kapellen von Malters und Meggen etwa um die gleiche Zeit zu selbständigen Pfarreien auf[46]. In Obwalden erhielten spätestens im 12. Jahrhundert die Kirchen in Kerns, Sachseln und Giswil das Pfarreirecht[47]. Dazu trat zuoberst im Tal als Stiftung der Herren von Wolhusen und rechtlich als Zubehör des Hofes Landig bei Ruswil die Kirche von Lungern, wo erstmals 1275 ein Pleban quellenmäßig faßbar wird[48]. Für die Bewohner des Engelberger Hochtales hat Bischof Hermann von Konstanz schon 1148 die Abkurung der Klosterpfarrei von der Mutterkirche in Stans vollzogen; in Wolfenschießen wurde 1277 eine erste Filialkapelle errichtet[49].
Für weltliche und geistliche Herren bildete die Kirche am Herrenhof ein Wesensmerkmal ihrer lokalen Herrschaft. Das schließt nicht aus, daß sie den Ansprüchen einer stark angestiegenen Bevölkerungszahl[50] entsprechen wollten, aber auch nicht, daß damals schon ein gewisser Druck von seiten der Anwohner zur Verdichtung des Pfarreinetzes beigetragen hat[51]. Sicher vollzog sich der Ausbau in einem

[35] KELLER, Einsiedeln, S. 98–105.
[36] Weihe: QW 1/1, Nr. 113, S. 54f. Erste Erwähnung der Pfarrei (1262): QW 1/1, Nr. 916, S. 417; BIRCHLER, Kdm SZ 2, S. 672; KESSLER Josef, Die Baugeschichte der Pfarrkirche St. Jakob von Steinen SZ anhand der archäologischen Grabungen, in: MHVS 61, 1968, S. 17ff.
[37] ACTA MURENSIA, S. 23; BIRCHLER, Kdm SZ 2, S. 3; MÜLLER, Entstehung, S. 18f.
[38] Nach MÜLLER, Entstehung, S. 12, dem 11./12. Jahrhundert zuzurechnen; ein Pleban wird erstmals 1275 genannt, QW 1/1, Nr. 1188, S. 541.
[39] Ebd. Nr. 161, S. 77, bzw. Nr. 634, S. 284; BIRCHLER, Kdm ZG 1, S. 217f., 244.
[40] MOSER Cyrill, Die kirchenrechtliche Stellung der Pfarrei Einsiedeln, Einsiedeln 1937, S. 15–24; BÜTTNER/MÜLLER, Christentum, S. 116.
[41] BIRCHLER, Kdm ZG 1, S. 368f.
[42] SIEGRIST, Pfarreien, S. 154.
[43] BIRCHLER, Kdm ZG 2, S. 65, 295.
[44] SIEGRIST, Pfarreien, S. 151; FISCHER, Pfarrei, S. 42f.
[45] SIEGRIST, Pfarreien, S. 123, 132, 149; FISCHER, Pfarrei, S. 41f.
[46] SIEGRIST, Pfarreien, S. 144f., 133f., 148f., 127f., 152, 154.
[47] Vgl. oben S. 206f.; MÜLLER, Entstehung, S. 38f.
[48] DURRER, Kdm UW, S. 362; MÜLLER, Entstehung, S. 39; FISCHER, Pfarrei, S. 39.
[49] Zu Engelberg: QW 1/1, Nr. 134, S. 63f.; HEER, Engelberg, S. 19. – Zu Wolfenschießen: DURRER, Kdm UW, S. 1031.
[50] Vgl. die Arbeit von Roger Sablonier in diesem Werk.
[51] Solche Tendenzen zeigten sich offenbar bereits im Luzern des 12. Jahrhunderts, vgl. FISCHER, Pfarrei, S. 50f.

rechtlichen Rahmen, der sich vom frühmittelalterlichen Eigenkirchenrecht, das im wesentlichen Herrschaft von Laien über Kirchen besagte, unterschieden hat. Das Zeitalter der gregorianischen Reform (11. Jahrhundert) begann eine immer schärfere Trennung von Klerus und Laien durchzusetzen[52]; das laikale Eigenkirchenwesen wurde zum Stein des Anstoßes[53]. Die beiden Laterankonzilien von 1139 und 1179 untersagten den Laien – selbst unter Androhung der Exkommunikation – kirchlichen Besitz und geistliche Benefizien wie ihr Eigentum zu nutzen. Der große Kanonist Gratian lehrte, Laien könnten weder kraft eigenen Rechts noch dank bischöflichen Privilegs Zehnten und Kirchen innehaben, noch stehe es den Gründern von Kirchen zu, diese wie ihr Eigen zu verkaufen oder zu verschenken. Ihre Aufgabe beschränke sich vielmehr auf die Vorsorge für ihre Stiftung wie immerhin noch auf das Recht, dem Bischof den Geistlichen ihrer Wahl zu präsentieren, damit er durch die kirchliche Autorität mit seinem geistlichen Amt investiert werden könne. Das uneingeschränkte materielle Nutzungsrecht fiel aber dahin, die Kirche gewährte dem Herrn nur noch ein Alimentationsrecht in Notlagen. Das Eigentumsrecht der Stifter wurde zwar nicht formell aufgehoben, jedoch in der Lehre der römischen Kirche so reduziert, daß es ihren Interessen nicht mehr hätte schaden sollen. Die langsam sich durchsetzende neue Ordnung verwandelte bisherige Eigenkirchenherren in Patronatsherren. Selbst geistliche Inhaber solcher Rechte hatten sich den neuen Prinzipien zu fügen, nur fanden sich alsbald Mittel, die restriktiven Wirkungen des Patronats zu mildern. Ganz allgemein sind die tatsächlichen Folgen der kirchlichen Lehre nicht so einschneidend gewesen, wie es sich die Refor-

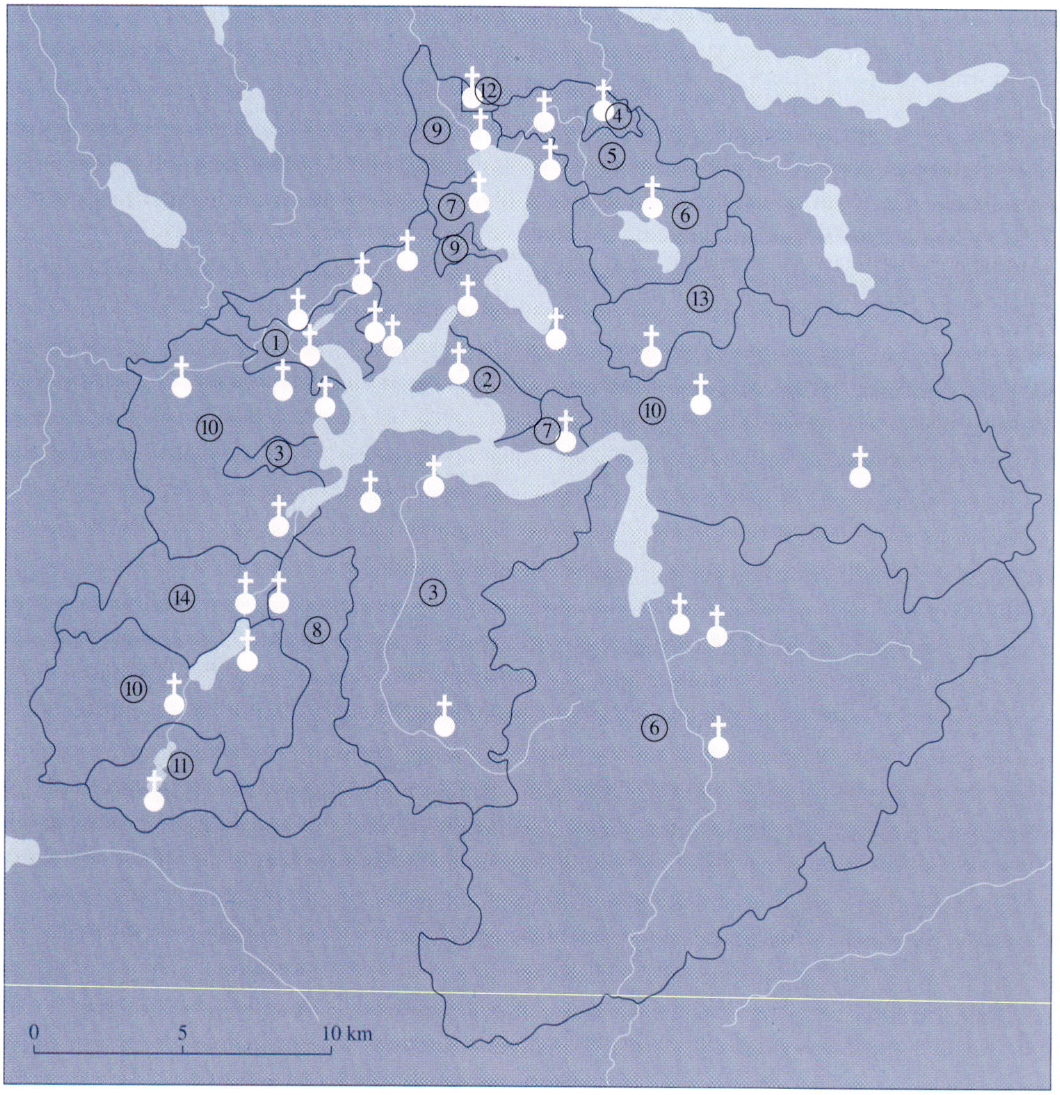

54 Patronatsherren der Pfarrkirchen um 1300.
Klöster:
1 Murbach-Luzern
2 Pfäfers
3 Engelberg
4 Einsiedeln
5 Kappel
6 Fraumünster Zürich
7 Muri
Stifte:
8 Beromünster
9 Grossmünster Zürich
Dynasten:
10 Habsburger
11 Freiherren von Wolhusen
Private:
12 Ritter, Bürger gesamthaft
Gemeinsam:
13 Habsburger/Einsiedeln
14 Beromünster/Murbach-Luzern

[52] Vgl. KEMPF Friedrich, Die Kirche im Zeitalter der gregorianischen Reform, in: HbKG 3/1, S. 401–461, 485–539, mit reicher Literatur.

[53] Zum folgenden Abschnitt vgl. LANDAU, Ius patronatus, S. 16–37; FEINE, Rechtsgeschichte, S. 402–414; STUTZ Ulrich, Artikel «Patronat», in: Real-Enzyklopädie für protestantische Theologie und Kirche, Bd. 15, Leipzig

mer gewünscht hatten. Dazu hatte einmal der Umstand beigetragen, daß die meisten Patronate als «dingliche» galten, insofern sie seit je als Zubehör zu einem Herrenhof angesehen worden sind. Zusammen mit dem Grundstück konnte darum das Kirchenlehen weiter verliehen, verkauft oder verpfändet werden. Zum andern hatte der Vorschlag des Patronatsherrn zur Besetzung der Pfründe bindende Wirkung; dem Bischof war es gar benommen, Kandidaten auszuschließen, die nicht über die kanonischen Voraussetzungen zur Übernahme der Seelsorge verfügten.

Weil die Mehrheit der Kirchen der Innerschweiz im Verlauf des Hochmittelalters in geistlichen Besitz gelangten oder von Klöstern erst gegründet wurden, spielte sodann das Institut der Inkorporation in unserer Gegend eine ganz bedeutende Rolle. Seit dem ausgehenden 12. Jahrhundert wurde nämlich in der Kanonistik «das Eigentum eines Klosters an den Temporalien einer ihm unterstellten Kirche [...] mit dem Institut des Patronats identifiziert und dieses Rechtsverhältnis als geistliches Patronat aufgefaßt»[54]. Dabei war vorerst noch umstritten, ob das Kloster wie ein Laienpatron nur mehr ein stark eingeschränktes Nutzungsrecht, das sich bloß auf nicht willkürlich vermehrbare Abgaben bezog, beanspruchen dürfe, wie immerhin die Konzilsväter von 1179 gemeint haben. Tatsächlich verlief die Entwicklung in eine andere Richtung. Ein geistlicher Patron, der aus seiner Niederkirche mehr als nur diesen Nutzen zu ziehen trachtete, konnte sein Ziel mit bischöflichen, später vorzugsweise auch mit päpstlichen Privilegien erreichen, die ein neues, erweitertes Rechtsverhältnis schufen, das mit einem jüngeren Begriff als Inkorporation bezeichnet wird. Dadurch wurde der geistliche Patron rechtlich gesehen zum ständigen Pfarrer der ihm unterstehenden Kirche, mit dem entsprechenden Recht der Pfrundnutzung. Nur für den Unterhalt des Vikars, der an seiner Stelle die Seelsorge ausübte, mußte er die «portio congrua», einen angemessenen Teil vom Pfrundgut, abzweigen. Um die eigenen Einkünfte so groß wie möglich zu halten, neigten die Klöster dazu, ihnen inkorporierte Pfarreien mit eigenen Mönchen zu besetzen, was unvermeidlicherweise zum Verlust der Selbständigkeit der Pfarrei führen mußte und deshalb stets erhebliche Friktionen zur Folge hatte.

Sehen wir nun zu, wie sich dieses System von Abhängigkeiten im Sinne des Patronatsrechts und der Inkorporation in unserer Gegend entwickelt hat. Seit dem 13. Jahrhundert betrachtete sich die Äbtissin des Fraumünsters als Patronatsherrin der drei Urner Talkirchen. Neugründungen innerhalb der bestehenden Pfarrsprengel führten von selbst zur Übertragung ihrer Patronatsrechte auf die zu errichtende Kirche[55]. In bezug auf die Hauptkirche St. Martin in Altdorf erlangte die Zürcher Fürstin 1244 von Bischof Heinrich von Konstanz die volle Inkorporation. In den zwanziger Jahren des 15. Jahrhunderts kauften sich zwar die Urner Gemeinden von der Zehntpflicht los und gewannen so die Verfügungsgewalt über die Temporalien, das Präsentationsrecht verblieb aber bei der Abtei, bis 1525 der Zürcher Rat im Namen der dem reformatorischen Umsturz zum Opfer gefallenen Abtei auf das Patronat endgültig verzichtete[56].

Die auffallendste Tatsache in der Geschichte des Innerschweizer Patronatswesens ist jedoch die fast lückenlose, von Schwyz über Zug und Luzern ins Obwaldnerland reichende Kette von Rechten, welche das Haus Habsburg-Österreich spätestens seit dem 13. Jahrhundert teils kraft Lehens- oder Erbrecht, teils durch Kauf in seiner Hand vereinigt hat und an denen es bis zur großen Wende nach der Eroberung des Aargaus bemerkenswert zäh festhielt[57]. In der Pfarrei Steinen mußte es seine Ansprüche allerdings seit unbekannter Zeit mit den Benediktinern in Einsiedeln teilen. Nach einer zwischen Herzog Leopold und Abt Johannes von Schwanden 1324 getroffenen Übereinkunft galt gemäß Zeugnis von «ofenen brieven und hantfesten und ouch von lebenden lùten» die Regelung, daß der Abt jedes vierte Mal bei Erledigung der Pfründe berechtigt sei, die Stelle zu besetzen[58]. In Küßnacht, wo neben Murbach-Luzern zeitweilig auch Muri mit zwei Dritteln beteiligt war, wurde Habsburg 1291 alleiniger Patronatsherr. Herzog Rudolf IV. fand sich aber 1361 bereit, die Pfarrkirche dem Frauenkloster Engelberg geschenkweise zu überlassen und darüber hinaus Konstanz zu bitten, die volle Inkorporation zugunsten der stets notleidenden Nonnen vorzunehmen. Bischof Heinrich von Brandis, ebenfalls ein

[53] 1904, S. 13–26; Patronat, in: HRG 3, Sp. 1558–1564. LINDNER Dominikus, Die Lehre von der Inkorporation in ihrer geschichtlichen Entwicklung, München 1951; – speziell die Innerschweiz betreffend: SEGESSER, Rechtsgeschichte 1, S. 110–117; SEGESSER, Rechtsgeschichte 2, S. 802–808; ZUR GILGEN Hans, Das Patronatsrecht im Kanton Luzern unter spezieller Berücksichtigung der Familienpatronate, Luzern 1923 (behandelt das Mittelalter nur summarisch); MÜLLER Alois, Das Kirchenpatronatsrecht im Kanton Zug, in: Gfr. 67, 1912, S. 33–113; HOCHSTRASSER Walter, Das Kollaturrecht und seine staatskirchliche Normierung im Kanton Luzern. Diss. Freiburg, Sursee 1950, bes. S. 10–26.

[54] LANDAU, Ius patronatus, S. 137.

[55] Vgl. Spiringen, Sisikon und Seelisberg, unten S. 216–218.

[56] QW 1/1, Nr. 476, S. 222, bzw. UB Zürich 2, Nr. 605, S. 113.

[57] PEYER, Entstehung, S. 170–173, 198–202.

[58] QW 1/2, Nr. 1203, S. 607.

Freund der frommen Frauen, willfahrte dem Gesuch, ohne damit die wiederholte Anfeindung der neuen Rechtsverhältnisse durch die Küßnachter Pfarrgenossen verhindern zu können[59]. Während in Zug Habsburg-Österreich von 1273 bis 1415 das Patronatsrecht als Eigen wahrnahm[60], hatte in Baar Graf Rudolf III. von Habsburg-Laufenburg die von den Lenzburgern und Kiburgern ererbten Rechte 1243 dem benachbarten Zisterzienserkloster Kappel abgetreten[61]. Mit päpstlicher und nachträglicher bischöflicher Erlaubnis durften die Mönche schon vor der förmlichen Inkorporation 12 Mark Silber jährlich aus den Einkünften der Pfarrkirche beziehen[62]. 1255 erteilten erst ein päpstlicher Legat, dann Alexander IV. selbst ihre Zustimmung zur Inkorporation[63].

Eine bedeutende Konzentration von Patronatsrechten glückte König Rudolf von Habsburg, als er von dem bedrängten Kloster Murbach-Luzern durch den Kauf- und Tauschvertrag von 1291 zuhanden der Herzöge Albrecht und Johann von Österreich sämtliche Herrschaftsrechte in Hof und Stadt Luzern erwerben konnte[64]. In allen oben genannten, mit den Luzerner Meierhöfen verbundenen Pfarr- und Filialkirchen trat er die Rechtsnachfolge des Abtes von Murbach an. Nur für die Mutterpfarrei Luzern, die selbst nicht als Patronatskirche galt, da sie mit Murbach vereinigt war, reservierte sich der Abt die bisherigen Rechte, bis sie nach der Überführung des Klosters Luzern in ein Chorherrenstift im 15. Jahrhundert langsam erloschen[65].

In der Folge bereiteten die Habsburger den einzelnen ehemals murbachisch-luzernischen Pfarr- und Filialkirchen ein unterschiedliches Schicksal. Zu seinem und seiner Vorfahren Seelenheil schenkte Herzog Albrecht II. von Österreich 1337 den Kirchensatz von Emmen samt dem Zubehör den Zisterzienserinnen von Rathausen. 1333 verpfändeten die Herzöge die Herrschaft Malters zusammen mit dem Patronat der Pfarrkirche ihrem obersten Schreiber, Heinrich von Freienbach, damals Pfarrer zu St. Stephan in Wien. Zu dessen Erben zählten die von Iberg und von Moos, und schließlich gelangten die Rechte aus der Hand des Hans von Mantzen 1477 durch Kauf an die Stadt Luzern. Mit Einschluß des Kirchensatzes kamen die Meierhöfe von Adligenswil, Buchrain und Horw 1395 als Kriegsbeute, 1406 als Pfand und 1415 als Eigen an die Stadt[66]. Das Patronat von Kriens wurde schon 1306 verpfändet, um 1416 von seinem Inhaber, Heinrich von Wissenwegen, ebenfalls der Stadt Luzern verkauft zu werden[67].

Unabhängig vom Auskauf Murbachs von anno 1291 verfügten die Herzöge von Österreich über die Patronatsrechte in Root und Meggen. Im ersten Fall waren sie auf dem Erbwege anfangs des 13. Jahrhunderts an das Haus Chalon gefallen, das sie dem nahe bei Freiburg im Üechtland gelegenen Zisterzienserkloster Hauterive vergabte. Dieses wiederum restituierte das weitentfernte Root den Kiburgern oder direkt den Habsburgern, die es nach Ausweis des Habsburgischen Urbars 1306 tatsächlich innehatten, bis Herzog Leopold als Vogt von Zofingen 1396 den Kirchensatz als Jahrzeitstiftung dem von einer Feuersbrunst heimgesuchten Chorherrenstift in Zofingen überließ[68]. Im Jahre 1402 vollzog der Bischof von Konstanz die – nachträglich auch päpstlich approbierte – Inkorporation, was wiederum die Chorherren nicht hinderte, 1478 das Patronat der Propstei Luzern zu veräußern[69]. In Meggen hatten die Habsburger die Murbachsche Vogtei als Lehen inne, bevor sie diese samt dem Kirchensatz zwischen 1259 und 1291 als Eigen an sich nehmen konnten; 1406 erwarb sie die Stadt Luzern von den Edlen von Hunwil, die sie einst als habsburgisches Lehen empfangen haben mußten[70]. Als Lehen des Herzogs Friedrich IV. von Österreich kam 1412 das Patronatsrecht von Gersau an die von Büttikon, die es 1483 an Ammann und gemeine Kirchgenossen verkauften[71].

In Obwalden teilten sich – bedingt durch die jeweiligen Anteile der adeligen Vorbesitzer – das Stift Beromünster und das Kloster Murbach-Luzern in die Patronatsrechte von Sarnen und Alpnach, nur daß der Teilungsmodus im umgekehrten Verhältnis vorgenommen wurde: im ersten Fall gehörte ein Viertel dem Kloster, und drei Viertel besaß das Stift. Nach einer 1213 getroffenen Regelung stellte daher Beromünster den Leutpriester und Murbach-Luzern den Helfer. Damit hatte sich auch Habsburg zu begnügen, wenn es nicht sogar bei der Inkorporation Sarnens an das Stift gänzlich auf seine Rechte verzichtet hat[72]. In Alpnach dagegen erlangte das Kloster schon im 13. Jahrhundert den alleinigen Besitz, der

59 REC 2, Nr. 5643, S. 318, Nr. 5730, S. 329; Heer, Engelberg, S. 112.
60 Vgl. unten S. 230f.
61 QW 1/1, Nr. 462, S. 217; Müller, Kappel, S. 6f.
62 Acta Pontificum Helvetica 1, Nr. 516, S. 312f.; QW 1/1, Nr. 724, S. 326; UB Zürich 2, Nr. 913, S. 372f.
63 Acta Pont. Helv. 1, Nr. 651, S. 395f.; UB Zürich 3, Nr. 926, S. 10f., Nr. 950, S. 35; Müller, Kappel, S. 12.
64 QW 1/1, Nr. 1662f., S. 765.
65 Siegrist, Pfarreien, S. 150f.
66 Ebd. S. 133f., 152, 123, 127f., 145.
67 Ebd. S. 148f.
68 Ebd. S. 167.
69 REC 3, Nr. 6903, S. 23; Gfr. 23, 1868, Nr. 8, S. 10–12.
70 Siegrist, Pfarreien, S. 154.
71 Gfr. 19, 1863, Nr. 2, S. 80–82; Gfr. 20, 1864, Nr. 25, S. 323.
72 REC 2, Nr. 5359, S. 281; QW 1/1, Nr. 248, S. 117f.

1291 ungeschmälert an Habsburg überging[73], was auch für die Patronate von Sachseln und Giswil gilt[74].
Durchbrochen wurde dieser ganze Komplex habsburgischer Kirchensätze von dem geistlichen Patronat Einsiedelns in Ägeri[75] und Neuheim, wobei letzteres um 520 Gulden an die Zisterzienser von Kappel verkauft und 1400/1407 dem Tisch des Abtes und des Konvents inkorporiert wurde[76]. Der Kirchensatz von Cham mit der Filiale Meierskappel gelangte dagegen durch Tausch 1244 vom Fraumünster an den Bischof von Konstanz; dieser stieß ihn bereits 1271 wieder in einem Tauschhandel mit den Chorherren vom Großmünster in Zürich ab, die ihn ihrerseits 1477 der Stadt Zug veräußerten[77]. Auch die Abtei Pfäfers entledigte sich 1378 ihrer uralten Rechte in Weggis durch Verkauf an Heinrich von Moos, dessen Nachkomme Ulrich sie 1431 geschenkweise der Gemeinde überließ[78]. Alleinigen Besitz von Beromünster bildete die Pfarrkirche von Kerns, nachdem dort das Kloster St. Blasien im Schwarzwald offenbar schon im 12. Jahrhundert als Miteigner ausgeschieden war. Im Jahre 1358 billigte der Konstanzer Bischof die volle Inkorporation samt dem Patronatsrecht in St. Niklausen, doch schon neun Jahre später verzichteten aber die Chorherren auf ihre Ansprüche zugunsten der Mönche von Engelberg[79]. Das dortige Frauenkloster kam 1303 in den Genuß des Patronatsrechts von Lungern, als ihm der noch unmündige Johannes von Wolhusen, ein Sproß der Stifterfamilie, seinen Hof Landig bei Ruswil, dem das Patronat als dingliches Recht anhing, zu seinem Seelenheil übermachte. Zwei Jahre danach erlaubte der in dieser Sache eigens bemühte Papst Clemens V. von Bordeaux aus die Inkorporation[80]. Einen langwierigen Kampf um seine Rechte an der Pfarrkirche von Stans führte das Bergkloster vor Bischöfen und Päpsten, obgleich sein ursprünglicher Anteil von einem Drittel sicher schon zur Ausstattung durch seinen Gründer Konrad von Sellenbüren gehört hatte. Zwei Drittel standen aber gemäß Acta Murensia sowie einiger Papstdiplome als Schenkung der Herren von Regensberg und Rüßegg dem Kloster Muri zu. Am Ende des 12. Jahrhunderts setzte sich Engelberg allein durch, ja 1270 sprachen Bischof und Domkapitel von Konstanz trotz Widerstand der Kirchgenossen die volle Inkorporation zugunsten des Abtes und beider Engelberger Konvente aus[81]. Ursprünglich teilten sich Engelberg und Muri auch im Patronat über Buochs, der zweiten der alten Nidwaldner Pfarreien. Spätestens zu Beginn des 13. Jahrhunderts schied aber Muri aus. Kaiser Friedrich II. bestätigte Engelberg 1213

55 Sitzende Madonna mit Kind aus der Kapelle in Büren, Oberdorf, jetzt im Schweizerischen Landesmuseum Zürich.

[73] QW 1/1, Nr. 171, S. 772f.; Durrer, Kdm UW, S. 9.
[74] Durrer, Kdm UW, S. 460.
[75] UB Zug 1, Nr. 66, S. 33.
[76] Ebd. Nr. 319, S. 142f., Nr. 413, S. 188f., Nr. 427, S. 194f.
[77] Siegrist, Pfarreien, S. 154f.
[78] Ebd. S. 180f.
[79] REC 2, Nr. 5348, S. 279f., Nr. 5356, S. 280, Nr. 6009–6016, S. 364; Durrer, Kdm UW, S. 342; Heer, Engelberg, S. 111f.
[80] QW 1/2, Nr. 345, S. 170f., Nr. 386f., S. 192; Largiadèr Anton, Die Papsturkunden der Schweiz von Innozenz III. bis Martin V., ohne Zürich, 2. Teil: Von Klemens V. bis Martin V., 1305–1418, Zürich 1970, Nr. 708, S. 3f.; Durrer, Kdm UW, S. 362; Widmer Berthe, Ruswil. Geschichte einer Luzerner Landgemeinde, Ruswil 1987, S. 46.
[81] QW 1/1, Nr. 1047, S. 470f.; Durrer, Kdm UW, S. 756–758; Heer, Engelberg, S. 34f., 64.

gleichzeitig den Besitz von Stans und Buochs, während 1303 der Bischof die Pfarrkirche Buochs dem unausgesetzt bedürftigen Kloster übertrug; 1348 fügte er noch die Helferei hinzu[82].

Diese geradezu verwirrlichen Verhältnisse zeigen, daß außer den Klosterpfarreien von Luzern, Einsiedeln und Engelberg sämtliche Niederkirchen der hoch- und spätmittelalterlichen Innerschweiz zu einem oder wiederholten Malen Gegenstand von Transaktionen gewesen sind, die ihre Patronatsverhältnisse in der einen oder andern Form betrafen und veränderten. Die Habsburger traten im Rahmen ihrer Territorialpolitik als die erfolgreichsten Erben und Käufer auf. Sie nahmen aber auch etwelche Schenkungen vor, und zwar durchwegs an geistliche Institutionen, deren Vogteien sie innehatten, so an Kappel, an Engelberg, an die Nonnen von Rathausen und die Chorherren von Zofingen. Verpfändungen haben sie dagegen vorzugsweise an Private getätigt: an die Hunwil, an ihren Sekretär Heinrich von Freienbach, an die Büttikon. Verkauf und Tausch übten unter sich auch geistliche Patronatsherren, so die Äbtissin vom Fraumünster mit dem Bischof von Konstanz und dieser wiederum mit den Zürcher Chorherren oder die Klöster Einsiedeln und Kappel. Zunächst als Beute fielen nach Kriegen mit den Habsburgern die ehemals habsburgischen Rechte an einzelne Orte oder Gemeinden.

Unzweifelhaft den größten Nutzen aus der Entwicklung des Patronatswesens zogen im 13. und 14., vereinzelt auch noch im frühen 15. Jahrhundert die Klöster und Stifte dank ihrer zielstrebigen Inkorporationspolitik. Zu ihren Gunsten wirkte sich der Kampf zwischen der Kurie in Avignon und Kaiser Ludwig dem Bayern aus, als es galt, innerhalb der kaiserlich ausgerichteten Eidgenossenschaft geistliche Kommunitäten zu fördern, die einen avignonesisch gesinnten Oberherrn anerkannten. Zudem hatten Bischof und Papst immer ein naheliegendes Interesse an der Förderung jener Gemeinschaften, die ihnen zur Leistung verschiedener ordentlicher und außerordentlicher Abgaben verpflichtet waren, zu Leistungen, die ein solches Ausmaß annehmen konnten, daß der Verpflichtete selber in schwere Not geriet. So sah sich beispielsweise Walter Amstutz, Abt des ohnehin von Existenzsorgen gepeinigten Klosters Engelberg, 1318 genötigt, einige Klostergüter zu veräußern, um die «ersten Früchte» sowie andere Schulden an Papst Johannes XXII. bezahlen zu können[83]. Der vom Papst selbst 1357 zum Abt in Einsiedeln eingesetzte bisherige Propst der Reichenau, Niklaus von Gutenburg, vermochte die von der Kurie geforderten Annaten und Spesen nicht termingerecht aufzubringen; dafür wurde er suspendiert und exkommuniziert, und weil er trotzdem Gottesdienst feierte, trafen ihn die Strafen von Interdikt und Irregularität[84]. Solche Maßnahmen verfehlten zwar nicht immer ihre erwünschte Wirkung, trotzdem schien es klüger, die Abgabepflichtigen durch Schutzprivilegien und Mehrung ihrer Güter und Einkünfte in einen Stand zu versetzen, der es ihnen erlaubte, den kurialen Forderungen Genüge zu tun.

In der Arenga oder Narratio päpstlicher und bischöflicher Privilegien ist freilich von derart offenkundigen Interessen nie die Rede. Als Gründe für die Übertragung von Patronaten und Gewährung von Inkorporationen nennen die geistlichen Autoritäten Armut, Einbußen durch Kriege und Fehden, Bedrückung durch Feinde, Feuersbrünste, Mißwuchs und Pest, endlich die ungünstige Lage in wenig fruchtbarer Gegend oder Überbesetzung des Konvents, und selbst die Unfähigkeit, die traditionelle benediktinische Gastfreundschaft auszuüben, fehlt nicht. Laienfürsten und Adelige stellen dagegen die Sorge um ihr und ihrer Ahnen Seelenheil als Motiv ihrer Großherzigkeit in den Vordergrund. All diese Begründungen sind durchaus ernst zu nehmen, zumal wenn sie nicht formelhaft vorgebracht sind, sondern auf eigener Anschauung beruhen, wie im Falle des Bischofs Eberhard von Konstanz, der sich 1270 selber über die prekäre materielle Situation der Engelberger Konvente ins Bild gesetzt hatte[85]. Auch bei den besten Absichten der Autoritäten läßt sich jedoch nicht leugnen, daß all diese durch das Patronatsrecht ermöglichten Transaktionen ohne Rücksicht auf die betroffenen Pfarreien, auf die geistlichen Bedürfnisse und materiellen Interessen der «Untertanen» vollzogen wurden. Gleichzeitig war man aber sehr darauf bedacht, die Rechte und Ansprüche des auf Lebenszeit eingesetzten Pfründeninhabers, der mit der Seelsorge meistens gar nichts zu tun hatte, ja nicht zu tangieren[86]. Selbst den Verlust der Pfarrkirche

[82] QW 1/2, Nr. 325, S. 161f.; DURRER, Kdm UW, S. 54–56; HEER, Engelberg, S. 34, 52f., 76.

[83] QW 1/2, Nr. 952, S. 486f.; HEER, Engelberg, S. 84.

[84] RINGHOLZ, Einsiedeln, S. 242–244. Umgekehrt bestand der Bischof auf einer ausreichenden portio congrua für die Vikare, damit diese in der Lage seien, die bischöflichen Abgaben zu leisten, vgl. UB Zug 1, Nr. 437, S. 199.

[85] Armut: QW 1/2, Nr. 493f., S. 240f. – Pest: REC 2, Nr. 5736, S. 329. – Feinde: QW 1/1, Nr. 476, S. 222. – Gastfreundschaft/unfruchtbares Gebiet: QW 1/1, Nr. 1047, S. 470f.; QW 1/2, Nr. 537, S. 259. – Feuersbrunst: REC 3, Nr. 6903, S. 23. – Seelenheil: QW 1/2, Nr. 345, S. 170f.; QW 1/3, Nr. 182, S. 126f. – Drohende Auflösung des Konvents: QW 1/3, Nr. 797, S. 498f. – Besuch Bischof Eberhards in Engelberg: HEER, Engelberg, S. 64, Anm. 29.

[86] QW 1/1, Nr. 1047, S. 471; HEER, Engelberg, S. 112.

56 Gotischer Holzkruzifixus in der Kapelle St. Johann in Ried-Muotathal.

mutete man einer Gemeinde ohne weiteres zu, wenn die Zusammenlegung zweier Pfarreien die Einkünfte eines Klosters zu steigern vermochte[87]. Das kanonische Recht, die päpstlichen Dekretalen, die Akten von Synoden und Konzilien sahen eben nirgends ein Recht der Pfarrgenossen auf Mitsprache vor. Die kirchlichen Instanzen betrachteten die Pfarreien als frei verfügbare Objekte, sofern nur die Seelsorge der Gläubigen gewährleistet war.

Das will aber nicht heißen, die Innerschweizer Untertanen hätten sich in jedem Falle einer Transaktion stillschweigend gefügt. Es wurde schon darauf hingewiesen, wie zumal die Inkorporation einer Kirche mitunter auf den unerbittlichen Widerstand der Kirchgenossen stieß. Als der Engelberger Abt die Inkorporation nach Vorstufen 1270 pleno iure erreichte, also mit dem Recht, die Pfarrei durch einen Mönch versehen zu lassen, widersetzten sich die Stanser dem endgültigen Verlust der Selbständigkeit «verbis [...] et ense», mit Schmähworten und Waffengewalt, wie wir aus einem poetischen Lobpreis auf den Abt Walter von Cham, der in einer Engelberger Handschrift eingetragen ist, erfahren[88]. Die Pfarrgenossen fanden sich auch später mit dieser Bevormundung nicht ab. Dem trug der Bischof 1318 in etwa Rechnung, indem er zwar die Inkorporation bestätigte, den Abt aber verpflichtete, den Leutpriester und Helfer aus den Einkünften der Kirche zu besolden, was wohl als Ausschluß von Klostergeistlichen zu verstehen ist. Engelberg beharrte unentwegt auf seinen Rechten, Bonifaz IX. garantierte sie 1400 noch einmal, doch das Problem blieb ungelöst. Um eine Entscheidung herbeizuzwingen, belegte Bischof Otto von Konstanz Land, Leute und Kirchen von Nidwalden mit dem Bann, der im Frühherbst 1412 in Erwartung einer Verständigung provisorisch, später nach geleisteter Genugtuung definitiv aufgehoben wurde. Ein Schiedsgericht der eidgenössischen Schirmorte des Klosters – unter Teilnahme von Niklaus von Flüe – sprach sich schließlich 1462 zugunsten der Stanser aus: die Inkorporation fiel dahin, das Patronatsrecht wurde ganz erheblich eingeschränkt[89].

Einem ganz analogen Kampf der Pfarrgenossen begegnen wir in der ebenfalls Engelberg unterstehenden Pfarrei Küßnacht. Nach der 1362 erfolgten Inkorporation durch Bischof Heinrich von Brandis und deren Bestätigung durch die Päpste Urban V. und Gregor XI. weigerten sich 1377 die Pfarrgenossen, den Engelberger Mönch und späteren Prälat Walter Mirer als «wahren und ständigen Vikar» des Abtes zu akzeptieren, und forderten keck einen Weltgeistlichen als Seelsorger. Umsonst versuchte der Konstanzer Oberhirte zwischen dem Kloster und einer Delegation der Gemeinde zu vermitteln, worauf er die Amtsträger des Dekanats beauftragte, die über die Untertanen von Küßnacht wegen Widersetzlichkeit gegen den Abt verhängten Strafen, Bann und Interdikt, öffentlich zu verkünden. Zugleich sprach er über den Weltgeistlichen, der sich trotzdem bereit gefunden hatte, den Küßnachtern die Messe zu lesen, Exkommunikation und Interdikt aus. Wie kaum anders zu erwarten, schloß sich Urban VI. dem bischöflichen Urteil an. Und doch war damit der Streit keineswegs beigelegt. Selbst der Bischof scheint sich schließlich auf die Seite der Gemeinde gestellt zu haben, klagte doch der Abt in Rom, er sei bei der Besetzung der Pfarrei mit einem Konventualen Belästigungen durch den Ordinarius (Bischof) ausgesetzt[90].

Diese vergleichsweise frühen Beispiele zeigen, wie seit dem späten 13. Jahrhundert das Selbstbewußtsein der Pfarrgenossen auch in ländlichen Gemeinden allmählich gewachsen ist. In erster Linie weigerten sie sich, von Klosterherren und Klosterfrauen ausgebeutet zu

[87] Vgl. z.B. QW 1/1, Nr. 739, S. 333; MÜLLER, Kappel, S. 13–15.

[88] Stiftsbibliothek Engelberg: Codex 39, fol. 1r, GOTTWALD, Catalogus, Nr. 39, S. 59.

[89] DURRER, Bruder Klaus 1, S. 17–20; DURRER, Kdm UW, S. 757f.; HEER, Engelberg, S. 142f., mit Quellen.

[90] STOCKER Thomas, Die ältesten kirchlichen Verhältnisse der Gemeinde Küßnacht zu dem Gotteshaus Engelberg, in: Gfr. 24, 1869, S. 253–270; HEER, Engelberg, S. 115f. Auch in Kerns hatte Engelberg gegen Widerstände zu kämpfen, es gelang offenbar nicht, die 1367 inkorporierte Pfarrei mit einem Mönch zu versehen. 1399 erscheint jedenfalls ein Kirchherr mit dem Recht, einen Leutpriester zu setzen, Gfr. 21, 1866, Nr. 7, S. 207–213; DURRER, Kdm UW, S. 343.

werden. Sie wollten nicht einsehen, daß die Einkünfte ihrer Kirche zum Nutzen eines fernen Konvents einfach abgeführt werden durften. Die Opposition der Untertanen gegen Regularkleriker als Seelsorger rührte vor allem daher, daß ihnen die Mönche gleichzeitig als Repräsentanten der ausbeutenden Institution und Eintreiber verhaßter Abgaben erscheinen mußten. Dagegen dürfte der Grund des Widerspruchs nicht in jedem Falle in einer besonders nachlässigen Amtsführung zu suchen sein. So läßt zum Beispiel der Bestand an zeitgenössischen Werken in der Klosterbibliothek von Engelberg eher ein waches Interesse an Seelsorgeaufgaben vermuten[91]. Ausgerechnet der Konventuale Walter Mirer, bei dessen Amtsantritt der Konflikt zwischen der Abtei und den Pfarrgenossen von Küßnacht ausbrach, schrieb dort ein damals recht modernes Handbuch der Moral für den Seelsorger ab. Zuvor hatte er mit zwei Mitbrüdern ein in Musik gesetztes Osterspiel verfaßt, was auf eine an Problemen der Vermittlung geistlicher Werte aufgeschlossene Persönlichkeit hindeutet[92]. Wie die Klagen der Baarer Kirchgenossen nahelegen, scheint sich dagegen bei den Zisterziensern von Kappel an der Wende zum 15. Jahrhundert eine gewisse Bequemlichkeit breitgemacht zu haben[93], von den wenigen adeligen Herren in Einsiedeln ganz zu schweigen, die sogar die Seelsorge an der eigenen Klosterpfarrei Weltgeistlichen überlassen hatten[94]. Im allgemeinen wird der Satz schon zutreffen: Klöster interessierten sich mehr um Pfarrkirchen als um Pfarrkinder[95].

Die Stunde der Laien

Angesichts dieser manifesten Bestrebungen der Gemeinden, das lokale Kirchenwesen innerhalb bestimmter, durch die kirchlichen Normen gegebener Grenzen selber in die Hand zu nehmen, erstaunt es nicht, wenn im ausgehenden 13. Jahrhundert – gleichzeitig mit dem Widerstand gegen Inkorporationen – von Laienseite die Initiative zur Weiterentwicklung des Pfarreinetzes ergriffen wurde. Sicher hatten schon lange an manchen Orten die adeligen Grundbesitzer oder Pfarrgenossen kleine Bethäuser errichtet, wobei nicht einmal auszumachen ist, ob sie alle geweiht und für einen regelmäßigen Gottesdienst bestimmt wurden. Einige waren schon mit einem Friedhof verbunden, so daß sie mindestens partiell pfarreiliche Funktionen erfüllten[96]. Das früheste Beispiel einer eindeutig auf Initiative der Anwohner gegründeten und ausgestatteten Gemeindekirche mit dem erklärten Zweck der Pastoration einer von der Mutterkirche weit abgelegenen Gegend bietet das urnerische Spiringen im Schächental. Der ins Jahr 1290 fallende Gründungsvorgang ist gut dokumentiert und läßt die dabei wirksamen Kräfte und Interessen aller Beteiligten in exemplarischer Weise erfassen[97].

Zunächst schickten die Schächentaler Pfarrgenossen eine Delegation zum Bischof, die ihm klarmachte, es sei den Gläubigen oft wegen Hochwasser, Eis und Schnee nicht möglich, in die Bürgler Pfarrkirche zu gelangen oder nach Hause zurückzukehren. Sterbende müßten auf Viaticum und Letzte Ölung verzichten und könnten nicht auf dem Friedhof bestattet werden, weshalb sie eine eigene Kirche in Spiringen errichten möchten. Seinem oberhirtlichen Amt entsprechend beauftragte der Bischof Anfang 1290 zwei Zürcher Chorherren mit der Prüfung des Gesuches an Ort und Stelle. Ihr Urteil fiel günstig aus. Sie entsprachen dem Wunsch unter der Bedingung, daß die Anwohner ein angemessenes Widemgut von fünfzehn Denaren für den Geistlichen aufbrächten und einen Platz, dreißig Schritte weit, für Kirche und Friedhof, dreizehn Viertel Nüsse und zehn Pfund Wachs für die Lichter, drei Pfund Wachs dem Priester für die Horen, zehn Schillinge Einkünfte für den Altar- und Kommunionwein und endlich Haus, Hofstatt und Garten bereitstellten. Entgegen den kanonischen Vorschriften ließen sich Hube und Einkünfte nicht finden, weshalb mindestens 78 Talleute – darunter sieben Frauen, wohl Witwen, und eine Schwester (conversa) – Zinsen zwischen sechs Denaren und einem Pfund auf ihre eigenen Güter legten. In die Hände der Chorherren und des Kirchherrn von Bürglen leisteten sie auf ihre Eigentumsrechte Verzicht, um sie als jeweils am Gallustag (16. Oktober) zu verzinsende Erblehen wieder in Empfang zu nehmen. Sollten aber sechs Beauftragte feststellen, aus den Gütern seien die auferlegten Zinsen nicht mehr zu gewinnen, hatte der betreffende Besitzer innert Monatsfrist den nötigen Ersatz zu besorgen, wofür der Ammann von Spiringen und sieben weitere

[91] Vgl. unten S. 243.

[92] Stiftsbibliothek Engelberg: Codex 262, GOTTWALD, Catalogus, Nr. 262, S. 198. – Osterspiel: Stiftsbibliothek Engelberg: Codex 314, fol. 75r–78v, GOTTWALD, Catalogus, Nr. 314, S. 219; HEER, Engelberg, S. 116.

[93] UB Zug 1, Nr. 354, S. 159, Nr. 356, S. 159–161.

[94] RINGHOLZ, Einsiedeln, S. 371–374, 399–403, 484–486.

[95] VAUCHEZ, Laïcs, S. 135.

[96] Wassen: QW 1/1, Nr. 516, S. 696. – Sisikon: GASSER, Kdm UR 2, S. 13. – Seelisberg: ebd., S. 374. – Sattel: Gfr. 30, 1875, Nr. 11, S. 312.

[97] Ähnliche Begründungen kehren formelhaft immer wieder, angesichts der topographischen Verhältnisse der alpinen und voralpinen Zone wird man ihnen einige Berechtigung zuerkennen müssen.

Kirchgenossen als Bürgen und Geiseln einzustehen hatten. Für weitere drei dem Pfrundgut noch fehlende Pfund leisteten der Ammann und vier andere Talleute Kaution. Für die zu beschaffenden Lichter und die Bedürfnisse des Gottesdienstes, insbesondere aber für die auf zwanzig Pfund geschätzten Kosten zum Kauf der liturgischen Bücher und die zehn Schillinge zugunsten des Altar- und Kommunionweins mußten ebenfalls Bürgen und Geiseln gestellt werden. Schließlich legten die Abgesandten des Bischofs den Gangbach als Grenze zwischen dem neuen und dem alten Pfarrsprengel fest. Trotz all diesen Vorkehrungen erhielt die Kirche von Spiringen nur den Status einer Filiale von Bürglen. Der dortige Pfarrherr konnte sie deshalb selber versorgen oder durch einen Vikar betreuen lassen; auf jeden Fall verblieb ihm der Anspruch auf Opfer, Zehnten und Seelgeräte[98].

Ebenfalls direkt an den Bischof haben sich die Leute von Morschach, hoch über dem Urnersee, gewandt, der ihnen 1302 erlaubte, für ein genau umschriebenes und von der Mutterpfarrei Schwyz zu separierendes Gebiet die bereits bestehende Kapelle quasi zur Pfarrkirche zu erheben und wie an einer selbständigen Pfarrei einen eigenen Priester zu unterhalten. Dazu hat der Patronatsherr, kein Geringerer als König Albrecht, «aus Erbarmen» mit den Untertanen und unter dem Vorbehalt der Patronatsrechte für sich und seine Kinder die Zustimmung erteilt[99]. Ob in diesem Fall ein ebenso peinlich genaues Verfahren wie in Spiringen durchgeführt wurde, geht aus den Quellen nicht hervor.

Dagegen ordnete Bischof Gebhard IV., ein geborener Franzose, eine vergleichbare Untersuchung an, als die Kirchgenossen der Einsiedler Pfarrei Ufenau 1308 eine zweite Pfarrkirche am Ufer wünschten, da die Witterungsverhältnisse oft das Übersetzen auf die Insel nicht erlaubten und schon zahlreiche Gläubige den Tod in den Fluten gefunden hätten. Der Konstanzer Oberhirte schickte den Archidiakon des Zürichgaues in Begleitung des Patronatsherrn sowie dreier Zürcher und eines Beromünsterer Chorherrn zur Ufenau. Dort rief der bischöflich Bevollmächtigte die Pfarrgenossen zusammen und nahm eidliche Zeugenaussagen von dreizehn angesehenen Männern auf, die bestätigten, daß eine Teilung der Pfarrei dringend wünschbar sei, hätten doch manche die Sakramente, im besonderen Kinder die Taufe nicht empfangen können sowie Tote durch Laienhand bei der Kapelle in Freienbach bestattet werden müssen. Die Einkünfte würden zum Unterhalt von zwei Geistlichen durchaus genügen. Der Archidiakon nahm darauf die Teilung vor, umschrieb die Grenzen des neuen Pfarrsprengels Freienbach und definierte die der alten und der neuen Pfarrkirche zustehenden Einkünfte samt der Entschädigung, welche der Leutpriester von Freienbach dem Pfarrherrn der Ufenau zu leisten hatte. Zur ewigen Erinnerung an die einstige Zusammengehörigkeit wurden aber die Freienbacher Pfarrgenossen verpflichtet, am Patronatsfest und am Kirchweihtag die Messen in der Inselpfarrei zu besuchen. Der Patronatsherr, der Abt von Einsiedeln, erklärte sich mit dieser

57 Stehende Madonna aus Wolfenschießen, jetzt im Franziskushaus Dulliken.

[98] QW 1/1, Nr. 1620, S. 738–745. Die volle Abkurung wurde erst 1591 vollzogen.
[99] QW 1/2, Nr. 283f., S. 133f.

Regelung einverstanden und schloß sich der Forderung des Bischofs an, nur Priester für die beiden Kirchen zu bestimmen, welche Residenz zu halten und die bischöflichen Abgaben zu leisten gewillt seien[100].
Die Einwohner von Sisikon am Urnersee benutzten 1387 die Anwesenheit des päpstlichen Legaten Philipp von Alençon, der zur Zeit des großen Schismas bei den Eidgenossen für die Sache des römischen Papstes warb, um die Separation der seit langem bestehenden Kapelle von der Mutterpfarrei Altdorf zu betreiben. Zwei Einwohner begründeten dem Kardinal in Zürich ihr Begehren mit dem Argument der weiten Entfernung der Pfarrkirche von vier italienischen Meilen und dem oft hohen Wellengang auf dem Seeweg, was den Gottesdienstbesuch in Altdorf ebenso wie die Sakramentenspendung in Sisikon oft verunmögliche. Der päpstliche Kaplan und Auditor des Legaten, Thomas de Ambrevilla, führte im Auftrag seines Herrn die Untersuchung in der Form eines kanonischen Gerichtsverfahrens durch: er verhörte die Zeugen, zitierte den Leutpriester von Altdorf, der sich gegen die Separation aussprach, dann aber unter Eid sich dazu bequemen mußte, die von den Sisikern und ihrem Anwalt Magister Johann von Loe vorgebrachten Gründe anzuerkennen. Auch gab der Auditor der durch Magister Johann von Stettfurt vertretenen Äbtissin des Fraumünsters als Patronatsherrin Gelegenheit, sich zu äußern. Im Refektorium des Zürcher Franziskanerklosters verkündete er darauf seinen dem Willen der Sisiker willfahrenden Spruch. Nur wenige Tage später orientierte der Legat Propst und Kantor von St. Johann in Konstanz sowie den bischöflichen Offizial über die vollzogene Erhebung der Eligiuskapelle von Sisikon zu einer Pfarrkirche mit Taufbrunnen, Friedhof und Glockengeläute. Die Kollatur überließ er dem Leutpriester von Altdorf, welcher den Sisiker Geistlichen mit Zustimmung der Äbtissin fortan dem Bischof zu präsentieren hatte; zugleich regelte er die Aufteilung der Einkünfte zwischen Mutter- und Tochterkirche[101]. Den ersten Leutpriester durften aber einige verdiente Angehörige der Sisiker Dorfehrbarkeit vorschlagen, da sich der an sich zuständige Altdorfer Pleban – offenbar durch seine Widerborstigkeit – als unwürdig erwiesen habe. Ihre Wahl fiel auf Walter Öchsner, vielleicht den Sohn oder nahen Verwandten des Heinrich Öchsner, der maßgebend die Abkurung vorangetrieben hatte[102].
Erfolg in ihren Bemühungen um die Separation von der Mutterpfarrei Muotathal verzeichneten auch die Einwohner von Illgau 1393. Sie wandten sich im Jahr zuvor an ihren «lieben gnädigen herrn», den Herzog von Österreich, als Inhaber des Patronats – wobei der Kirchherr von Muotathal selber als federführend erscheint – mit der Bitte, dem Bischof von Konstanz oder seinem Vikar zu schreiben und «uͥweren gunst darin gebent, dz uns die schidung vollange». Der Habsburger verschloß sich ihrem Ansuchen nicht, und der Bischof kam ihrem Gesuch wie üblich unter der Voraussetzung entgegen, der Mutterkirche den Zehnten und die Opfer an den drei Hauptfesten auch fernerhin zu belassen[103].
Dieser Prozeß der Abkurung setzte sich auch im 15. Jahrhundert fort. Immer ging es den Kirchgenossen um die Eigenständigkeit ihrer Gemeinde in Sachen Pastoration – freilich in aller Regel bei voller Anerkennung der Vorrechte der Mutterpfarrei und der unberührbaren Rechte des Patronatsherrn. Erlaubten es die Mittel, begehrte man einen eigenen, residierenden Geistlichen, selbst wenn dieser rechtlich nur als Vikar des Kirchherrn oder Leutpriesters der Mutterpfarrei galt. Als beispielhaft können die Vorgänge in Seelisberg genannt werden: Nach dem Loskauf von der Zehntenpflicht gegenüber dem Fraumünster 1418 forderte die Gemeinde einen eigenen Priester, der dem Pfarrherrn in Altdorf unterstehen, aber in der Gemeinde Wohnsitz nehmen sollte. Um die nötigen Mittel zusammenzubringen, bedurfte es einer 1436 von jeder Wohnstatt erhobenen Steuer. Pfarrecht erlangte Seelisberg jedoch kaum vor 1500[104]. In Wolfenschießen gab der Abt von Engelberg als Patronatsherr 1328 die Pfrundgüter dem Ammann auf zwanzig Jahre zu Lehen. Sie sollten aber dem Leutpriester zugute kommen, falls die Leute von Wolfenschießen eine eigene Pfarrei errichten wollten[105]. Während sich also hier die übergeordnete Instanz bemerkenswert großzügig verhielt, setzte sie bei einigen späten Fällen dem Bestreben der Kirchgenossen entschiedenen Widerstand entgegen. Ohne sich lange um das Einverständnis des Abtes von Kappel und des Leutpriesters der den Zisterziensern inkorporierten Kirche von Baar gekümmert zu haben, erbauten die dort einge-

[100] QW 1/2, Nr. 458, S. 219f., Nr. 460, S. 220f.; Ringholz, Einsiedeln, S. 139–141.

[101] Gfr. 9, 1853, Nr. 15f., S. 20–22, Nr. 60, S. 70; REC 3, Nr. 7205, S. 57; Gasser, Kdm UR 2, S. 13f.

[102] Gfr. 6, 1849, Nr. 4, S. 137f.

[103] REC 3, Nr. 7362, S. 74.

[104] Gfr. 8, 1852, Nr. 19, S. 25f.; Gasser, Kdm UR 2, S. 374, hier die Erwähnung der Stiftung Beroldingen nach dem Jahrzeitbuch von Seelisberg.

[105] QW 1/2, Nr. 1412, S. 689f.; Heer, Engelberg, S. 91. Die von den Kirchgenossen von Erstfeld 1393 mit dem Kirchherrn von Altdorf getroffene Regelung sah die Pastoration von Altdorf aus vor, ohne daß Erstfeld einen eigenen Priester erhalten sollte, Gfr. 8, 1852, Nr. 15, S. 265f.

pfarrten Kirchgenossen von Menzingen 1477 ein eigenes Gotteshaus. Kappel erhob Einspruch, der Zuger Rat deckte aber die Menzinger. Durch seine Vermittlung erlangten sie von Sixtus IV. eine Bulle, die ihnen das Recht auf eine eigene Pfarrkirche zubilligte. Da der Abt nicht nachgab, bestellten die Räte von Zürich und Zug ein Schiedsgericht, welches den Menzingern unter der bekannten Bedingung entgegenkam, daß die Abgaben an den Patronatsherrn nicht geschmälert und ihm das Lehens- und Präsentationsrecht ebenso gewahrt bleibe wie in der Mutterpfarrei Baar[106]. In Beckenried brachten 1520 etwa siebzig Pfarrgenossen selbst die Mittel zusammen, um eine eigene Seelsorgepfründe zu schaffen. Die Buochser und ihr Pfarrer glaubten sich aber dadurch in ihren Interessen geschädigt. Der Handel kam schließlich vor einen päpstlichen Legaten, welcher die Untersuchung dem Propst von Zürich übertrug, worauf die Entscheidung der kirchlichen Autoritäten zugunsten der Beckenrieder ausfiel[107].

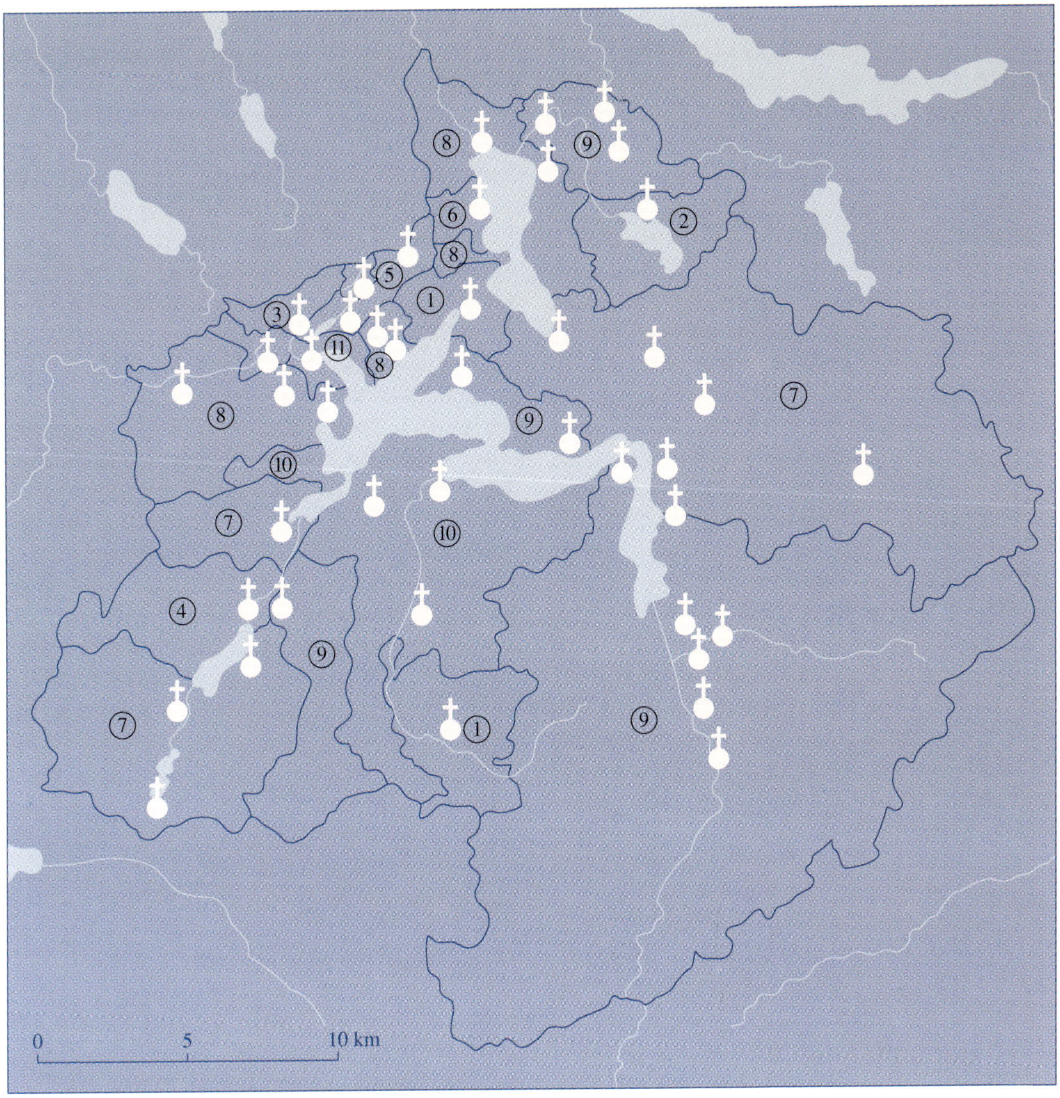

58 Patronatsrechte im 15. Jahrhundert.
Klöster:
1 Engelberg
2 Einsiedeln
3 Rathausen
Stifte:
4 Beromünster
5 Propstei Luzern
Private:
6 Ritter, Bürger
Talgemeinden:
7 Schwyz, Obwalden
Städte:
8 Luzern, Zug
Gemeinden:
9 Kirchgenossen
Gemeinsam:
10 Engelberg/ Kirchgenossen
11 Stadt/ Propstei Luzern

Diese Beispiele, die schon außerhalb unseres zeitlichen Rahmens liegen, dürfen nicht zum Fehlschluß verleiten, Opposition sei den Separationswünschen jüngerer Gemeinden erst in den letzten Jahrzehnten vor der Reformation erwachsen. Die feudalrechtlichen Strukturen und das kirchliche Abgabesystem haben vermögensrechtliche Verhältnisse geschaffen, die immer schon zum Widerstand der Bezugsberechtigten führen konnten. Ernsthafte Schwierigkeiten aus materiellen Interessen machten aber nur die klösterlichen Patronatsherren bei inkorporierten Pfarreien. Laienpatrone, wie der Herzog von Österreich, verhielten sich großzügiger, entstand ihnen doch aus einer

[106] UB Zug 1, Nr. 1209, S. 631, Nr. 1245, S. 650, Nr. 1261, S. 656, Nr. 1263, S. 657, Nr. 1266, S. 659, Nr. 1270–1274, S. 660–663, Nr. 1277, S. 664, Nr. 1280, S. 666; vgl. ANDERMATT Aloys Joseph, Die Pfarrkirche in Baar und deren Patronatsrecht, in: Gfr. 24, 1869, S. 192–196; MÜLLER, Kappel, S. 25f.

[107] ODERMATT Anton, Die Pfarrkirche in Beggenried, in: Gfr. 46, 1891, S. 118–121; DURRER, Kdm UW, S. 35.

Abkurung kaum ein materieller Schaden. Die Leutpriester der Mutterpfarreien befürchteten dagegen stets eine Minderung der Einkünfte aus Opfern und Stolgebühren, während es den Pfarrgenossen der Stammgemeinde im wesentlichen um die Verteilung der finanziellen Verpflichtungen zum Unterhalt der pfarreilichen Gebäude ging. Bezeichnend ist da die Forderung von Baar, Menzingen habe sich weiterhin an den Aufwendungen für Gebäude und Verwaltung der Mutterpfarrei zu beteiligen.
Die Entwicklung des Pfarreinetzes zeigt klar, daß es am Ausgang des Mittelalters in der Innerschweiz nur mehr wenige Gemeinden gab, die nicht über ein eigenes Gotteshaus verfügten, wo nicht ein eigener Leutpriester oder ein Vikar für regelmäßigen Gottesdienst, Sakramentenspendung und kirchliches Begräbnis gesorgt hätte oder nicht doch wenigstens an bestimmten Tagen die Messe gefeiert wurde. So standen neben den alten frühmittelalterlichen Mutterpfarreien jüngere Pfarrkirchen des Hochmittelalters und spätere Dorfkirchen mit teilweise eingeschränkter Eigenständigkeit, die man aber ganz zu Recht als Pfarrkirchen im «funktionalen» Sinn bezeichnen darf[108]. Die endgültige Lösung der spätmittelalterlichen Gründungen von der Mutterpfarrei vollzog sich überall viel später in nachmittelalterlicher Zeit, da ja stets die Anerkennung der bestehenden Rechtsverhältnisse und der daraus resultierenden Verpflichtungen die Voraussetzung dieser partiellen Abkurungen gewesen ist. Das Hauptverdienst an dieser nachweisbar in ländlichen Gebieten am Ende des 13. Jahrhunderts einsetzenden Entwicklung kam unzweifelhaft den Kirchgenossen selbst zu, die sich mit der Pastoration von einer weit entfernt liegenden Mutterpfarrei nicht mehr zufriedengeben, die Kinder keinesfalls ungetauft sterben sehen und ihre Toten – vielleicht aus einem Rest alter Ahnenverehrung – in der Nähe ihrer Häuser beerdigt haben wollten[109]. Dazu begehrten sie, ihre unter beachtlicher Anstrengung zusammengebrachten Mittel an Ort und Stelle zu investieren, wobei das steigende, nach dem eigenen Kirchturm und Geläute verlangende Gemeindebewußtsein noch das Seine dazu beigetragen hat. Der da und dort aufscheinende Widerstand gegen die Abkurung wurde jeweils mit Hilfe der höheren, ja der höchsten geistlichen Autorität überwunden. Konflikte zwischen separationsfreudigen Kirchgenossen und all jenen, die an den bestehenden Verhältnissen nichts rütteln wollten, spielten sich also mehr auf der unteren Ebene ab. Die Ein- und Unterordnung in den diözesanen und universalen kirchlichen Verband stand dabei nirgends auch nicht im entferntesten in Frage. Trotz der hinter der ganzen Bewegung stehenden genossenschaftlichen Potenz kann in keinem Fall davon gesprochen werden, die Gemeindekirche antizipiere eine Kirchenverfassung, «die in der Tendenz ohne die universale Hierarchie der römischen Kirche» auskommen könnte[110].

[108] Frömmigkeit, S. 35.
[109] Zu den Motiven der Kirchgenossen vgl. unten S. 254ff.
[110] Frömmigkeit, S. 40.

Innerpfarreiliche Strukturen

Herr und Untertan

Das mittelalterliche Rechtsempfinden war von einem ausnehmend starken Konservativismus geprägt. Altes Recht galt grundsätzlich als gutes Recht. Dieses zu verändern, fiel daher schwer, es sei denn, dem Neuerer gelang es, das Neue mit Hilfe einer Fiktion oder Fälschung als Altes auszuweisen. Diese im kirchlichen wie im weltlichen Bereich herrschende Vorstellung von der prinzipiellen Unantastbarkeit des Überlieferten wirkte sich auf der Ebene der einzelnen Pfarreien in so vielgestaltiger Weise aus, daß trotz grundsätzlich gleichen Zwecken die Rechtsverhältnisse erheblich voneinander abweichen und sich in großer Vielfalt entwickeln konnten, und zwar oft allein schon deshalb, weil Schichten älteren Rechts in jüngere hineinreichten, um diese je nach Umständen unterschiedlich zu beeinflussen.
So ist bei Verweigerung der vollen Separation einer Neugründung von ihrer Mutterkirche immer daran zu denken, daß die römische Kirche seit alters das Territorialprinzip befolgt hat. Keinem Amtsträger war es erlaubt, im Sprengel eines andern Amtshandlungen vorzunehmen. Das zwang zur klaren Umschreibung des jeweiligen Zuständigkeitsbereichs, auf der Ebene sowohl des Metropoliten als auch des Bischofs und des Pfarrers. In den frühmittelalterlichen Großpfarreien brauchte man sich allerdings darüber noch keine Sorgen zu machen. Der Wirkungskreis richtete sich nach den natürlichen Voraussetzungen wie nach der vorhandenen Bevölkerung. So war es möglich, daß die alte Pfarrei Schwyz nord-

wärts über die Wasserscheide hinaus bis ins Alptal hinübergriff. Bei den hoch- und spätmittelalterlichen Kleinpfarreien war man aber auf genaue Definition der Pfarrsprengel bedacht. Der Bischof von Konstanz waltete nur im Sinne seiner Banngewalt[1], wenn er 1148 die Grenzen der von Stans abgelösten Klosterpfarrei Engelberg festlegte oder bei der Inkorporation von Stans anno 1218 eine Grenzbeschreibung dieser alten Pfarrei vornahm[2]. Der Verstoß gegen das Territorialprinzip, welchen sich beispielsweise der Pfarrherr von Schwyz erlaubte, als er 1349 einen fremden Priester in der Kapelle von Sattel im Kirchspiel von Steinen «singen, lesen und leute begraben» ließ, fand selbstverständlich vor dem Dekan des Kapitels Luzern keine Gnade[3]. Grenzüberschreitungen müssen aber immer wieder vorgekommen sein, so daß sich der Bischof von Konstanz noch 1463 veranlaßt sah, seinen Mahnfinger zu erheben, zumal wenn vagabundierende Priester mit im Spiel waren[4].

Die ganz klare Umschreibung der Pfarrsprengel drängte sich noch aus einem andern, nicht minder wichtigen Grund auf, da es galt, den jeweiligen Zehntbezirk zu definieren. Karl der Große verfügte 810/813: «Jede Kirche habe ihren Sprengel, von deren Höfen sie die Zehnten empfange»[5]. Das ist ein Satz, der zwar auf weit zurückreichendem Recht beruhte, aber für das ganze Mittelalter von fundamentaler Bedeutung war, zumal das Zehntgebot, das jeden Grundbesitzer traf, seit 818/19 nicht nur für Fiskalkirchen, sondern auch für grundherrliche Eigenkirchen Geltung erlangte. Gemäß einem römischen Teilungsmodus fiel je ein Viertel vom Rohertrag der agrarwirtschaftlichen Produktion an den Bischof, den Pfarrherrn, die Armen und die Kirchenfabrik zum Unterhalt der kirchlichen Gebäude. Eigenkirchenherren beanspruchten gar zwei Drittel, was sie wohl mehr zur Kirchenstiftung animiert hat als die Erwartung jenseitigen Lohnes. Kirchliche Verbote, die seit der Zeit der gregorianischen Reform erlassen wurden, vermochten nicht zu verhindern, daß Zehntrechte weiterhin in Laienhände gerieten und in Teilen veräußert, verschenkt oder verliehen wurden, was in manchen Pfarrsprengeln zu höchst komplexen Verbindlichkeiten und langwierigen Streitigkeiten führte, wie sie auch für das Gebiet der Innerschweiz in großer Zahl bezeugt sind[6].

Aus einleuchtenden Gründen versuchten die zehntberechtigten Kirchherren und namentlich Stifte sowie Klöster mit inkorporierten Pfarreien, die ihnen im Falle einer Separation drohende Verminderung ihrer Einkünfte mit Berufung auf ihr gutes altes Recht zu verhindern. Das taten sie mit Erfolg, und so blieben jedenfalls die Neugründungen seit dem späten 13. Jahrhundert in aller Regel ihrer Mutterpfarrei zehntpflichtig, auch wenn sie in bezug auf die cura animarum weitgehende Selbständigkeit erreicht haben, wie an den Beispielen von Spiringen, Sisikon und Morschach abzulesen ist[7]. Mit dem der Separation vorausgehenden Loskauf von der Zehntpflicht setzte im frühen 15. Jahrhundert – erstmals in Seelisberg – eine neue Entwicklung ein[8].

Im Prinzip ist der Zehntbezirk mit dem Pfarrsprengel identisch, der in den innerschweizerischen Quellen mit dem Begriff «kilchöri» oder «kilchspel»[9] bezeichnet wird. Territorial verstanden, umfaßt er das gesamte Gebiet der Pfarrei mit allen Hof- und Streusiedlungen oder später meist mehreren Gemeinden. Das alte Land Schwyz setzte sich aus den Vierteln Schwyz, Steinen, Muotathal und Arth zusammen, die sich mit den vier alten Kirchhören deckten. Der zentrale Ort selbst hieß bis ins 16. Jahrhundert hinein ganz einfach «ze kilchgassen»[10]. Errichteten aber Kirchgenossen innerhalb eines alten Pfarrsprengels auf ihre Kosten eine von der Mutterkirche abhängige und versorgte Kapelle oder Filialkirche, begann man auch dieser eine Kirchhöri zuzurechnen, und das Gotteshaus wurde – unabhängig von seinem rechtlichen Verhältnis zur Mutterpfarrei – zur Dorfkirche[11].

Bischof, Patronats- und Pfarrherr bemühten sich im übrigen, diese alten rechtlichen Zusammenhänge im Bewußtsein der Untertanen lebendig zu erhalten. Ihre Zustimmung zur Separation verbanden sie gerne mit der Auflage, daß alle Oblationen oder doch die Opfer an den drei oder vier Hauptfesten des Kirchenjahrs nach wie vor der Mutterkirche zustehen

[1] SEGESSER, Rechtsgeschichte 2, S. 816; ferner: FEINE, Rechtsgeschichte, S. 187.

[2] QW 1/1, Nr. 134, S. 63, Nr. 260, S. 124.

[3] QW 1/3, Nr. 812, S. 507. In Spiringen hielt man es 1290 für nötig, die Grenze gegenüber der Mutterpfarrei Bürglen zu fixieren, QW 1/1, Nr. 1620, S. 744. In der Mitte des 15. Jahrhunderts glaubten die Pfarrgenossen von Sachseln noch zu wissen, daß bei der Kirchengründung die Allmendgrenzen – und damit auch die Pfarreigrenzen – durch prozessionsweises Umschreiten mit Reliquien festgelegt worden sei, HBLS 7, S. 128f.

[4] SEGESSER, Rechtsgeschichte 2, S. 815, Anm. 2, S. 816, Anm. 1.

[5] MGH Cap. 1, S. 178. Zum Zehntgebot vgl. FEINE, Rechtsgeschichte, S. 169, 187–190, 193–196; BADER, Dorf, S. 139f.; BADER, Dorfgenossenschaft, S. 217–221.

[6] Vgl. SEGESSER, Rechtsgeschichte 2, S. 764–767.

[7] Vgl. oben S. 216–218.

[8] Mit dem der Separation vorangehenden Loskauf von der Zehntpflicht begann in Seelisberg 1418 eine neue Entwicklung.

[9] QW 1/1, Nr. 1038, S. 467; QW 1/3, Nr. 410, S. 269, Nr. 416, S. 272, Nr. 812, S. 507.

[10] HBLS 6, S. 308.

[11] So in Wassen 1408, Gfr. 81, 1926, Nr. 1, S. 59.

sollten[12]. Die Untertanen der Einsiedler Pfarrei Freienbach hatten samt ihrem Leutpriester am Fest Peter und Paul, dem Patrozinium, sowie am Kirchweihtag den Gottesdienst in der Mutterkirche auf der Ufenau zu besuchen[13]. Da in Luzern die Peterskapelle zum Hof im Verhältnis der Filiale zur Mutterkirche stand, legte der Abt von Murbach-Luzern in den beiden Plebaniebriefen der Jahre 1178 und 1234 größten Wert auf eine Reihe liturgischer Bestimmungen, die den rechtlichen Vorrang des Hofes und die daraus sich ergebenden Einnahmen dem Kloster sicherstellten[14].

Werden die Begriffe «kilchöri» oder «kilchspel» personal verstanden, meinen sie den Verband der Pfarrkinder, der wiederum herrschaftlich oder aber genossenschaftlich gesehen werden kann. In ersterem Fall ist von «Untertanen» die Rede, in letzterem von «Kirchgenossen», was schließlich im 15. Jahrhundert durchaus üblich wird[15].

Außer jenen Klosterkirchen[16], die zugleich als Pfarrkirchen dienten, hatte jede innerschweizerische Pfarrkirche ihren weltlichen oder geistlichen Patronatsherrn. In seiner Hand lag das Recht, den Pfarrer zu setzen oder – seit der Auflösung des Eigenkirchenrechts – dem Bischof in bindender Form zu präsentieren (Kirchensatz). Der Oberhirte selbst oder sein Stellvertreter investierte ihn mit dem geistlichen Amt, während ihm der Patronatsherr das Benefizium auf Lebenszeit verlieh. «Geliehen wurde hierbei nicht nur das zur unmittelbaren Nutzung des Klerikers bestimmte Pfarrgut, sondern die ganze Kirche als Sondervermögen mit ihrer ganzen Ausstattung (dos, widem) an Grundstücken, Fahrnissen sowie Rechten (Kirchhof, Pfarrhaus mit Garten, Zehntanteil, Oblationen, Stolgebühren)»[17]. Diese von Ort zu Ort unterschiedlich große Versorgung mit Temporalien und die aus den geistlichen Funktionen fließenden Gebühren sollten es dem Pfarrer materiell ermöglichen, das ausschließliche Recht auf die cura animarum seiner Untertanen auszuüben, die ihrerseits gehalten waren, ihre zeitlichen und geistlichen Pflichten beim eigenen Pfarrer zu erfüllen (Pfarrzwang).

Die Wirklichkeit sah aber ziemlich anders aus. Das Benefizium hatte sich vom Amt gelöst und konnte wie irgendein anderes Nutzungsrecht verliehen werden, ohne daß der Beliehene die cura animarum in eigener Person hat wahrnehmen müssen. Der «rector ecclesiae», der Pfarrer, Pfarrherr oder Kirchherr, ist auch in den Innerschweizer Quellen des Mittelalters stets der Inhaber des Benefiziums, unabhängig davon, ob er sein Amt selber verwaltete oder sich vertreten ließ. Weil dadurch die Priesterweihe als die an sich unabdingbare Voraussetzung zur Übernahme des Pfarramts wegfiel, konnte der Patronatsherr nach Gutdünken selbst Laien und Inhabern der niederen Weihen ein Pfarrbenefizium vergeben. Wie Geistliche, die schon anderswo ein Benefizium innehatten, waren solche Pfründeninhaber dann verpflichtet, an ihrer Stelle einen Vikar zu engagieren, den «sacerdos», «incuratus», den Leutpriester. Er ist es normalerweise gewesen, der die Seelsorge in der Gemeinde ausgeübt hat. Pfarrherren, die zugleich als Seelsorger wirkten, kommen zwar vor, bildeten aber eher die Ausnahme.

Aus mehreren Schreiben der Herzöge von Österreich[18], der Fürstäbtissin des Fraumünsters oder des Abtes von Engelberg[19] an den Bischof von Konstanz oder seinen Stellvertreter ist zu ersehen, daß die Patronatsherren im allgemeinen die Pflicht, den Kirch- oder Pfarrherrn zu präsentieren, ernst genommen haben. Bei inkorporierten Pfarreien trat der Klostervorsteher dauernd an die Stelle des Pfarrherrn. In diesem Falle waren also Patronats- und Kirchherr identisch, so daß in Wirklichkeit nur ein Vikar vorgestellt wurde. Dieser trägt aber da und dort doch den Titel eines Kirchherrn, wie gelegentlich der Leutpriester in Luzern oder jener in Altdorf, der sich dann in seiner Pfarrei durch einen Vizeleutpriester vertreten lassen konnte[20]. Ob tatsächlich auch jeder andere Seelsorgegeistliche dem Bischof präsentiert wurde, wie die Synodalstatuten es vorschreiben, bleibt dagegen mindestens für das 13. und 14. Jahrhundert mehr als zweifelhaft. – Tausch von Pfründen war ohne Konsens von Bischof und Patronatsherr nicht gestattet[21], und wer sie dauernd oder zeitweilig nicht selber verwaltete, weil er anderswo schon verpfründet oder studienhalber abwesend war, bedurfte der bischöflichen oder päpstlichen Dispens, selbst wenn er etwa wegen mangelnder Priesterweihe die Seelsorge ohnehin nicht

[12] QW 1/1, Nr. 1620, S. 744. Das war so selbstverständlich, daß die Gemeinde Illgau die entsprechenden Bedingungen schon in ihre Bittschrift von 1393 aufgenommen hat, Gfr. 6, 1849, Nr. 4, S. 137; REC 3, Nr. 7362, S. 74.

[13] QW 1/2, Nr. 460, S. 221.

[14] QW 1/1, Nr. 163, S. 77–79, Nr. 355, S. 166; FISCHER, Pfarrei, S. 46–49.

[15] Vgl. BADER, Dorfgenossenschaft, S. 188–195.

[16] SEGESSER, Rechtsgeschichte 1, S. 116.

[17] HRG 3, Sp. 1709.

[18] QW 1/2, Nr. 624, S. 314 (für Root 1312); REC 2, Nr. 6051, S. 371 (für Alpnach 1368).

[19] Gfr. 8, 1852, Nr. 71, S. 81 (für Altdorf 1395), Nr. 75f., S. 86f. (für Silenen 1411/1412); QW 1/2, Nr. 539, S. 862 (für Stans 1349).

[20] QW 1/3, Nr. 193, S. 133, Nr. 205, S. 141 (1337/38); REC 2, Nr. 5228, S. 264 (1356).

[21] Gfr. 24, 1869, Nr. 2, S. 279; HEER, Engelberg, S. 112, Anm. 17.

hätte ausüben können[22]. Wie weit das gute Beispiel, – das die Fraumünsteräbtissin 1412 gab, als sie für den Kirchherrn von Silenen sowohl die Beurlaubung einholte wie auch einen Ersatzmann für die Zeit seiner Abwesenheit stellte[23], – viele pflichtbewußte Nachahmer gefunden hat, bleibt offen.

Aus einem ausführlichen Notariatsinstrument von 1395 erfahren wir auch Genaueres über die Verpflichtungen, die ein Pfarrherr bzw. Ewigvikar gegenüber seinem Patronatsherrn einzugehen hatte. In ihrer Zürcher Kurie verlieh die Äbtissin des Fraumünsters in Anwesenheit des Notars und einiger hochrangiger Zeugen durch ihre eigenen Hände und im Namen der Dreieinigkeit die Pfründe eines Ewigvikars an der Martinskirche in Altdorf. Der Beliehene leistete darauf einen «körperlichen Eid», indem er mit den Schwurfingern das Evangelienbuch berührte und versprach, für den Vorteil der Zürcher Abtei und seiner Pfründe zu sorgen, jeden Schaden nach Kräften fernzuhalten, Eindringlinge zu hindern, ohne Zustimmung der Äbtissin die Pfründe nicht zu tauschen oder Güter der Pfarrkirche zu veräußern und den Immobilienbesitz der Pfarrei nur auf seine eigene Lebenszeit gegen einen jährlichen Zins auszugeben. Im Falle eines Konfliktes zwischen der Abtei und den Urner Untertanen – Privilegien, Einkünfte oder Zehnten betreffend – hatte er seiner Herrin helfend beizustehen und sich dem Urteil der geistlichen Richter zu unterziehen[24]. Wie aus diesem Dokument hervorgeht, bestand die primäre Aufgabe des Pfarrers darin, die rechtlichen und materiellen Interessen des Patronatsherrn wahrzunehmen. Allzu fette Pfründen waren zwar in der Innerschweiz nicht zu vergeben, einige der größeren Pfarreien dürften aber doch über ganz respektable Einkünfte verfügt haben. Auf jeden Fall mußten die Patronatsherren darauf bedacht gewesen sein, die Pfründen an Leute ihres Vertrauens zu vergeben. Wo haben sie solche gefunden? Welcher sozialen Gruppe gehörten sie an? Welchen Bildungsstand wiesen sie auf? Diese Fragen wollen wir im folgenden zu beantworten versuchen.

Dies ist aber gar nicht so einfach, weil von den über 160 Pfarrherren, die mir in den Quellen zwischen dem 13. und dem frühen 15. Jahrhundert begegnet sind, nur für eine beschränkte Zahl genauere Daten zu ihrer Person vorliegen. Erschwerend fällt auch die oft unscharfe Terminologie ins Gewicht, weil nicht immer auszumachen ist, ob wir es mit einem Leutpriester oder Kirchherrn oder gar mit einem Kirchherrn, der tatsächlich selber pastorierte, zu tun haben. Bei einer ganzen Reihe der Genannten ist zudem nur der Vorname bekannt, der selbstverständlich keine weiteren Schlüsse zur Person zuläßt.

Soviel wir feststellen können, entstammen den hochfreien Geschlechtern nur ganz wenige der Innerschweizer Kirchherren. Den recht engen Beziehungen der bernischen Freiherrenfamilie von Schwanden zum Kloster Einsiedeln – drei ihrer Angehörigen bekleideten dort zwischen

59 Kruzifixus aus der Pfarrkirche Flüelen, jetzt im Historischen Museum Altdorf.

[22] So erhielt Rudolf von Liebegg (vgl. unten S. 245) für fünf Jahre Dispens von der Residenzpflicht als Pfarrherr von Inwil, um kanonisches Recht studieren zu können.

[23] Gfr. 8, 1852, Nr. 76, S. 87.

[24] Gfr. 8, 1852, Nr. 70, S. 78–80. Ähnliche Forderungen werden 1400 in Luzern an den Leutpriester und seinen Helfer gestellt, Gfr. 20, 1864, Nr. 87, S. 204f.

1233 und 1327 die Abtswürde – verdankte der 1275 wahrscheinlich noch minderjährige Otto die Klosterpfarrei Ägeri, die er neben den Pfarreien Hindelbank und Ätingen im Bucheggberg innehatte[25]. Als eigentlicher Pfründenjäger tat sich Rudolf, der illegitime Sohn des Grafen Rudolf des Schweigsamen aus dem Hause Habsburg-Laufenburg, hervor. Neben zwölf anderen Pfründen besaß er die einträgliche Pfarrei Cham, deren Patronat dem Zürcher Großmünster zustand, wo er selber zur gleichen Zeit die Propstwürde bekleidete, während er auch als Archidiakon für den Aargau, Zürichgau und Breisgau fungierte[26]. Zur Zeit der Zürcher Äbtissin Beatrix von Wolhusen amtete seit 1369 in Silenen ein Johann aus dem gleichen Geschlecht, um aber 1377 diese Pfründe gegen das Amt eines Rauchfassers am Fraumünster aufzugeben[27]. Die Fraumünsterherrin verschaffte noch vor 1359 die inkorporierte Pfarrei Altdorf dem minderjährigen Kleriker Jakob von Attinghausen aus dem eben gestürzten Freiherrengeschlecht[28].

Diese Beispiele zeigen schon deutlich genug, in welchem Beziehungsnetz ein Bewerber stehen mußte, wenn er nicht ohne Chancen bleiben wollte. Im allgemeinen strebten aber wie überall weit weniger edelfreie als ritteradelige Elemente nach Verleihung einer Niederkirche. Kirchherren aus dieser Schicht entstammten vorzugsweise habsburgischen Dienstleutegeschlechtern, die das Beispiel der hochfreien Familien, nachgeborene Söhne mit Kirchenpfründen zu versorgen, mit um so größerem Eifer nachahmten, als sich viele von ihnen in einer Zeit tiefgreifender sozioökonomischer Umschichtungen mit schweren Existenzfragen konfrontiert sahen[29]. Unter den Vertretern dieser Schicht findet man neben Aargauern und Zürchern auch Söhne aus der Stadt Luzern und aus Obwalden. Schon 1327 erscheint einer von Hunwil als Kirchherr in Altdorf, und 1368 präsentierte Herzog Albrecht von Österreich den Kleriker Petermann, den Bruder des bis zu seinem Sturz 1382 allmächtigen Obwaldner Ammanns Walter IV. von Hunwil, für die Pfarrei Alpnach. Im Interesse der Familienpolitik verließ er aber später den Klerikerstand; er heiratete und wurde Vogt in Brienz[30]. In Arth folgten sich einige Vertreter der um den Zugersee, in Luzern und Zürich angesehenen Familie von Hünenberg, seitdem sie selber über den Kirchensatz verfügten, so der als Domherr in Konstanz, Chorherr in Zürich und Beromünster bekannte Heinrich von Hünenberg[31]. Mannigfache verwandtschaftliche Beziehungen verbanden diese Familie mit den aargauischen Geschlechtern der Ballwil, Baldegg, Büttikon, Hallwyl, Heidegg sowie Rüßegg, die in der Rathauser Pfarrei Emmen, in der Beromünsterer von Kerns, in den habsburgischen Pfarreien Schwyz und Muotathal oder in dem sowohl dem Stift Beromünster wie den Habsburgern gehörenden Kirchspiel von Sarnen als Kirchherren nachzuweisen sind[32]. Die meisten dieser Rittersöhne verschafften sich auch eine Chorherrenstelle in den aargauischen Stiften Beromünster und Zofingen, während sich ihnen die innerschweizerischen Niederkirchen dank den habsburgisch orientierten Patronatsverhältnissen als ideales Pfründenreservat anboten. Das wußte noch eine ganze Reihe anderer Familien aus derselben Gegend zu nutzen, so die Schenk von Schenkenberg, die von Tannenfels, von Eich, von Malters, von Iberg, von Irflikon und von Růda, wobei letztere als Vögte von Horw wahrscheinlich auch das Patronatsrecht innehatten und sich damit befugt fühlten, nacheinander zwei unmündigen wie auch ungeweihten Söhnen die Pfarrei zuzuhalten, endlich die von Hertenstein, die selber den Kirchensatz von Risch erworben hatten[33]. Aus dem Jura

25 Ringholz, Einsiedeln, S. 114, 125f.; Henggeler Rudolf, Profeßbuch der fürstlichen Benediktinerabtei Unserer Lieben Frau von Einsiedeln. Monasticon-Benedictinum Helvetiae, Bd. 3, Zug 1933, S. 248; Iten, Tugium, S. 535.

26 Iten, Tugium, S. 526.

27 Meyer, Zürich, Nr. 746, S. 422.

28 Ebd. Nr. 418, S. 318f.

29 Wie man sich Pfründen für seine eigenen Söhne zu sichern trachtete, geht beispielsweise aus einer «Ansprache» Rudolfs des Meiers von Silenen an die Äbtissin Fides von Zürich hervor (1348), die versprochen habe, einem seiner Söhne die Kirche von Silenen oder Bürglen zu leihen, ohne sich später daran zu halten, QW 1/3, Nr. 777, S. 481.

30 RQ, Nr. 775, S. 217; REC 2, Nr. 6051, S. 371; Omlin, Geistliche, S. 311; Stettler, Hunwil, S. 5–32.

31 QW 1/1, Nr. 1399, S. 643f.; UB Zug 1, Nr. 31, S. 21.

32 Peter von Ballwil in Emmen um 1367, HBLS 1, S. 549. – Peter von Baldegg im Emmen 1374, Priester und Chorherr in Beromünster, RQ, Nr. 1799, S. 573, Nr. 1808, S. 577f. – Johannes von Büttikon in Sarnen 1371, Chorherr in Zofingen und Propst von Schönenwerd, RQ, Nr. 1673, S. 530; HS 2/2, S. 477, 552; Omlin, Geistliche, S. 185f. – Dietrich von Hallwil in Kerns 1272–1283/85, Bickel, Hallwil, S. 56., 71f.; Omlin, Geistliche, S. 287. – Melchior von Heidegg in Schwyz im 13. Jahrhundert, Fassbind Joseph Thomas, Alterthümer, so das Geistliche des Landes Schwyz betreffen, Staatsarchiv Schwyz, Sammlung Faßbind 17, S. 94. – Hermann von Rüsegg 1288 in Muotathal, Chorherr in Zofingen, Leutpriester der Abtei Zürich, QW 1/1, Nr. 1552, S. 710. – Die gleichen Familien erscheinen auch als Gönner der Barfüßer in Luzern, Hegglin/Glauser, Kloster, S. 48.

33 Rupert von Tannenfels in Bürglen 1280, Propst von St. Stephan in Konstanz, QW 1/1, Nr. 1335, S. 609. – Heinrich von Eich in Steinen 1361–1377, UB Zug 1, Nr. 169, S. 77, Anm. 3. – Heinrich von Malters in Kriens 1325–1330, QW 1/2, Nr. 1295, S. 644, Nr. 1550, S. 754. – Rudolf und Walter von Iberg in Root 1312, bzw. 1336–61, QW 1/2, Nr. 624, S. 314. – Rüdiger Schenk von Schenkenberg in Root vor 1312, QW 1/2, Nr. 624, S. 314. – Lütold von Irflikon in Sarnen 1366, Gfr. 123,

stammten hinwiederum die Pfarrherren aus der Familie von Kienberg, aus den habsburg-laufenburgischen Dienstleutegeschlechtern des Oberaargaus kamen die von Amsoldingen, von Bubenberg, von Stein, von Burgistein und Senn[34]. In der Stadt Zürich und ihrer Umgebung und in der Ostschweiz schließlich waren die in eher geringerer Zahl nachweisbaren Kirchherren aus den Geschlechtern der Biber, der Landenberg-Greifensee und der Nägeli beheimatet[35].

Diesen Ritteradeligen können sodann einige Vertreter bedeutender Bürgergeschlechter aus Zürich zur Seite gestellt werden, so der Goltstein, Biberli, Rost und Wolfleibsch[36], zumal sich diese Familien von ihren adeligen Vorbildern im Lebensstil, in ihrer sozialen Geltung und in ihrer Nähe zum Hause Habsburg-Österreich kaum unterschieden.

Unsere Liste erhebt nicht den Anspruch, erschöpfend zu sein, und da die Gesamtzahl aller Pfründeninhaber ohnehin nicht feststeht, erübrigt es sich, prozentuale Anteile der Söhne aus den adeligen oder vornehmen bürgerlichen Häusern zu errechnen. Doch scheint es eindeutig, daß diese gesellschaftlich recht homogene Schicht im 13. und 14. Jahrhundert die Mehrheit der innerschweizerischen Kirchenpfründen eingenommen hat. Dann aber wurde sie abgelöst von den zuvor nur vereinzelt nachweisbaren Angehörigen von bürgerlichen und bäuerlichen Geschlechtern aus dem Zugerland, dem Luzernischen und dem Aargau, von verschiedenen innerschweizerischen Landleutegeschlechtern, in wachsender Zahl auch von Bürgersöhnen aus den süddeutschen Gebieten der Diözese Konstanz, gelegentlich sogar aus weiter entfernten Bistümern, wie Augsburg, Mainz und Halberstadt[37]. Die Abkehr vom Adel bei der Besetzung von Niederkirchenpfründen ist zwar ein durchaus allgemein zu beobachtender Vorgang. Wenn jedoch kaum einer der vornehmen Herren nach etwa 1370 ernannt worden oder als Pfründeninhaber über die Sempacherzeit hinaus belegbar ist, dürfte der Zusammenhang mit dem Sturz der bisherigen Führungsschicht und dem Verdrängen des Adels aus dem Gebiet der Urschweiz schwerlich zu leugnen sein[38]. Das soll aber nicht heißen, die österreichische Herrschaft habe schon zu diesem Zeitpunkt definitiv darauf verzichtet, die ihr zur Besetzung zustehenden Pfründen an verläßliche Anhänger zu vergeben[39].

Unter diesen genannten Herren fanden sich selbstverständlich unbekümmerte Nutznießer guter Beziehungen, wie die beiden Jünglinge von Růda in Horw, hemmungslose Pfründenraffer, wie der Konstanzer Domherr Hermann von Stockach, Inhaber mehrerer Kanonikate und der Pfarreien Hagnau und Ägeri, oder der so ämtergierige Rudolf von Habsburg-Laufenburg. Einen andern Pfründenjäger, nämlich Johann von Büttikon, Propst von Schönenwerd und Zofingen, Chorherr von Beromünster, verdrängte der Papst selbst von der Pfarrei Sarnen und setzte 1371 einen Luzerner Bürgersohn an seine Stelle[40]. Nachlässigkeit wird als Grund genannt, wahrscheinlich war aber der päpstliche Eingriff durch den Wechsel des politischen Klimas bedingt. Ärger bereiteten gewisse Kirchherren ihren Untertanen, wenn sie sich geflissentlich oder auch bloß aus einer rechtlichen Unklarheit heraus der durch den Zehntbezug begründeten Verpflichtung entschlagen wollten, die Kosten für die Deckung des Chores oder dazu noch einer Seite des Kirchendaches zu tragen. Da konnte es zu hartnäckig ausgefochtenen Reibereien kommen, wie 1307 in Steinen. Die Untertanen drangen deshalb darauf, die Aufteilung der Baulasten in Briefen und Handfesten zu fixieren und vom Pfarrherrn bei seinem Amtsantritt be-

1970, S. 291, 299f.; Omlin, Geistliche, S. 341. – Ulrich und Marquard von Růda in Horw vor 1320, bzw. 1321–27, QW 1/2, Nr. 1037, S. 532f., bzw. Nr. 1370, S. 670, Nr. 1384, S. 678; RQ, Nr. 602, S. 160; Brülisauer, Dorfgeschichte, S. 58. – Berchtold und Werner von Hertenstein in Risch 1304–1327, bzw. 1400–1410, QW 1/2, Nr. 1202, S. 607; Iten, Tugium, S. 237f.

34 Werner von Kienberg in Emmen 1278, Dekan in Luzern 1305, QW 1/1, Nr. 1250, S. 571f. – Jakob und Hartmann von Kienberg in Steinen 1300–1303, bzw. 1307, QW 1/2, Nr. 251, S. 117, Nr. 335, S. 166, bzw. Nr. 436, S. 212, Nr. 1224, S. 615. – Konrad von Amsoldingen 1390 in Morschach, Priester, REC 3, Nr. 7251, S. 61. – Hartmann von Bubenberg in Root 1384–1419, Propst in Zofingen, REC 3, Nr. 8748, S. 234. – Konrad von Stein in Sachseln 1309 bis vor 1319, Priester, QW 1/2, Nr. 485, S. 236, Nr. 569, S. 274; Omlin, Geistliche, S. 521. – Jordan von Burgistein in Sachseln 1319, seit 1320 Chorherr in Beromünster, QW 1/2, Nr. 964, S. 493, Nr. 1018, S. 523; Omlin, Geistliche, S. 182f. – Peter Senn in Sachseln 1334–1344, QW 1/3, Nr. 52, S. 42; Omlin, Geistliche, S. 505.

35 Rudolf Biber in Bürglen 1240–74, Chorherr in Zürich, QW 1/1, Nr. 418, S. 195, Anm. 1. – Kraft der Biber in Steinen 1337, QW 1/3, Nr. 165, S. 116. – Hermann und sein Sohn Rudolf von Landenberg-Greifensee in Zug 1333, bzw. vor 1375, QW 1/3, Nr. 30, S. 29; Iten, Tugium, S. 511f. – Egbrecht Nägeli in Küßnacht 1333, QW 1/3, Nr. 33, S. 30. – Rudolf Nägeli, Priester in Bürglen 1398–1405; Meyer, Zürich, Nr. 911, S. 477f.

36 Burkard Goldstein in Altdorf 1256–1282 , QW 1/1, Nr. 773, S. 352, Anm. 3. – Werner Biberli in Ägeri um 1300, Iten, Tugium, S. 475. – Heinrich Rost, Chorherr am Fraumünster, 1313–1330 in Sarnen, UB Zürich 9, Nr. 3210, S. 81f.; Meyer, Zürich, Nr. 370, S. 304. – Magister Ulrich Wolfleibsch in Buochs 1303, in Lungern bis 1327, Meyer, Zürich, Nr. 1018, S. 510.

37 Vgl. Iten, Tugium und Omlin, Geistliche.

38 Peyer, Entstehung, S. 201f., 232f.; Marchal, Ursprünge, S. 206.

39 Vgl. unten S. 233.

40 Omlin, Geistliche, S. 185f.; Meyer, Zürich, Nr. 406, S. 315.

60 Heinrich Rost, der als Minnesänger bekannte Kirchherr von Sarnen, ist ein Beispiel für einen feudalen Pfründeninhaber, der höchstens die niederen Weihen besaß. Miniatur aus der Manessischen Liederhandschrift in der Universitätsbibliothek Heidelberg.

schwören zu lassen. Dazu besaßen sie guten Grund, denn diese beriefen sich gerne auf ungeschriebenes altes Recht, wenn es ihnen darum ging, die größtmöglichen Vorteile aus ihrem Benefizium zu ziehen[41].

Es wäre jedoch ungerecht, alle Kirchherren in einen Topf zu werfen. Es fehlt nicht ganz an Zeugnissen, welche auf Verdienste einzelner Kirchherren um ihre Pfarrei hindeuten, sei es durch wirksame Verteidigung ihrer Rechte, sei es durch geschicktes Verhandeln mit geistlichen und weltlichen Instanzen, was immerhin zu ihrer Pflicht als eine Art Kirchenvogt gehörte[42]. Darüber hinaus dürfte sich der eine oder andere als Wohltäter seines Gotteshauses erwiesen haben; die diesbezüglichen Quellenbelege sind allerdings wenig zahlreich und beschränken sich auf sehr allgemeine Formulierungen[43]. Doch legt der Blick auf das teilweise hervorragende Kunstgut aus den Innerschweizer Kirchen dieser Zeit die Vermutung nahe, manche dieser Madonnen, Heiligenfiguren, Vortragskreuze, Kelche oder Leuchter könnten Zeugnisse eines pfarrherrlichen – vielleicht auch patronatsherrlichen – Großmuts gewesen sein. Die kunstgeschichtlichen Bezüge zu den großen Zentren des Kulturschaffens, die sich mehrfach erkennen lassen[44], fänden dadurch eine plausible Erklärung. Einzelne Kirchherren entsprossen ja Geschlechtern, die wir zu den Auftraggebern für die zwischen Zürich, Konstanz und Straßburg florierende Kunstproduktion des 14. Jahrhunderts zählen dürfen. Es paßt durchaus in dieses kulturelle Umfeld, wenn sich ein Kirchherr von Sarnen, der Subdiakon Heinrich Rost (zwischen 1313 und 1330), welcher als Chorherr am Fraumünster sicherlich in Zürich lebte, als Minnesänger einen Namen gemacht hat[45]. Wir kennen sein Bild aus der Manessischen Liederhandschrift, diesem unvergleichlichen Denkmal spätritterlicher Kultur[46]: in amouröser Pose kniet er vor seiner angebeteten Dame, wobei nicht ganz klar wird, ob jene mit dem Schwert oder Dolch die Webfäden durchschneidet oder ob sie dem auch gar zudringlichen Verehrer eine Haarlocke abhaut; beide Deutungen sind möglich.

[41] QW 1/2, Nr. 436f., S. 212f., Nr. 1234, S. 615f.; QW 1/3, Nr. 165, S. 116. Ein analoger Streit zwischen den Herren von Hertenstein und den Pfarrgenossen von Risch wurde 1429 durch den Propst von Zürich beigelegt, UB Zug 1, Nr. 720, S. 368f.; vgl. auch Nr. 702, S. 359 (St. Michael in Zug); ferner Gfr. 6, 1849, Nr. 2, S. 61f.; NÜSCHELER, Gotteshäuser 1, S. 34 (Adligenswil); WEBER, Bürgerbuch 2,, S. 106f., bzw. REINLE, Kdm LU 2, S. 210 (Peterskapelle in Luzern). Zu den Baulasten allgemein: SEGESSER, Rechtsgeschichte 2, S. 777f., 809f.; KÜNSTLE Franz Xaver, Die deutsche Pfarrei und ihr Recht zu Ausgang des Mittelalters, Kirchenrechtliche Abhandlungen 20, Stuttgart 1905, S. 105f.

[42] So vertritt Jakob Gülling von Isny, Kirchherr von Steinen, seine und der Untertanen Rechte vor dem Dekan des Luzerner Kapitels gegen die Abkurungswünsche der Leute von Sattel, QW 1/3, Nr. 812, S. 507. Als Sachwalter der Gemeinde konnte auch ein fremder Kirchherr dienen, wie Heinrich von Eich von Steinen, der sich beim Bischof von Konstanz um Absolvierung der Pfarrgenossen von Ägeri bemühte, UB Zug 1, Nr. 169, S. 77.

[43] Im Kirchenbuch von Sachseln findet sich der Eintrag zu Pfarrherr Konrad von Steinen 1310: «hat den altar bym glockenthurn gebuwen und die pfrund rychlich begabt», QW 1/2, Nr. 569, S. 274. In Arth bemühten sich Kirchherr und Untertanen gemeinsam um den Neubau ihrer Pfarrkirche um 1312, QW 1/2, Nr. 620, S. 312. In Ingenbohl ist der aus Ulm stammende Kirchherr Peter 1382 Mitstifter der Kapelle, NÜSCHELER, Gotteshäuser 2, S. 321. Die Freigebigkeit des reichen Pfarrherrn Heinrich von Buochs um 1200 kam nicht der Pfarrei, sondern dem Patronatsherrn Engelberg zugute, HEER, Engelberg, S. 39, ebenso jene des Rupert von Tannenfels, Kirchherr in Bürglen 1280, QW 1/1, Nr. 1335, S. 609.

[44] Vgl. den Beitrag von Adolf Reinle in diesem Band.

[45] MEYER, Zürich, Nr. 370, S. 304; Des Minnesangs Frühling, Hrg. Hugo Moser, Stuttgart[36] 1977, Sp. 947–953.

[46] Vgl. OMLIN, Geistliche, S. 467f.

Einige der Kirchherren fühlten sich von den Hohen Schulen der Zeit angezogen. Werner Biberli aus Zürich, Rudolf von Habsburg-Laufenburg, Marquard von Růda und Hartmann von Bubenberg studierten in Bologna[47], den Magistertitel führten der Zürcher Ulrich Wolfleibsch und ein illegitimer Sohn des bekannten Zürcher Kantors Konrad von Mure, der zeitweilig Pfarrherr in Weggis war[48]. Als Schreiber oder Notar der Zürcher Äbtissin bezeichnet sich der Subdiakon Burkard Goltstein, der Sprößling eines Zürcher Ratsgeschlechts, der als Chorherr der Abtei wohl in Zürich residierte und trotz seiner Titulatur «plebanus» oder «incuratus» von St. Martin in Altdorf faktisch als Kirchherr gelten muß[49]. Weit mehr als vielleicht nur flüchtiges Studium an einer Artistenfakultät kann der Besitz einer Büchersammlung über den geistigen Zuschnitt eines Pfarrherrn Auskunft geben. Der Zürcher Chorherr Rudolf Schwerz, wie der vorhin genannte Goltstein Pleban in Altdorf, vergabte den Zisterziensern von Wettingen seine Bibliothek und führte deshalb in dem zwischen 1282 und 1288 zu datierenden Testament die Titel seiner Bücher einzeln auf[50]. Da finden sich eine Vollbibel in drei Bänden, die sehr verbreitete «Historia scholastica» des Petrus Comestor, die für Beichtväter gedachte «Summa de poenitentia et matrimonio» des Dominikaners Raimund von Peñaforte, ein Florilegium aus Texten Bernhards von Clairvaux, eine unter dem Titel «Liber scintillarius» bekannte christliche Ethik, ferner die als «Pharetra» bezeichnete Sammlung liturgischer Texte, eine Zusammenstellung von Heiligenleben und vermutlich eine der Martinschroniken. Schließlich fehlt die Grundlage des zeitgenössischen Theologieunterrichts nicht, das Buch der Sentenzen des Petrus Lombardus, was vielleicht auf ein früheres Universitätsstudium des Besitzers hindeutet. Auf jeden Fall stellt die Bibliothek des Altdorfer Plebans ein sehr bemerkenswertes Zeugnis dar, nicht nur für dessen Reichtum – allein die Vollbibel kostete ein Vermögen –, sondern auch für dessen Interesse an solider Bibelkenntnis, an Schul- und Pastoraltheologie sowie an Spiritualität, das ihn bestimmt über viele seiner Standesgenossen hinausragen ließ. Ob er diese Bücherschätze je nach Altdorf gebracht hat, ist freilich ungewiß. Mit den Büchern des Chorherrn Schwerz vergleichbar ist die zehn Bände umfassende Bibliothek des Rektors Herrmann an der Einsiedler Klosterpfarrei Freienbach. Des hohen Wertes wohl bewußt, vermachte er sie unter Aufbietung einer großen Zahl hochgestellter Zeugen im Februar 1332 in Form einer Prekarie dem Gotteshaus, welches sie ihm bis zum Lebensende gegen den Zins von einem Fastenhuhn als Lehen überließ[51]. Auch diese Bücherei läßt auf pastorales Interesse schließen. Neben die seit der Väterzeit maßgebende Richtschnur für den Seelsorger, die «Regula pastoralis» Gregors des Großen, treten Sammlungen von div. Predigten und Heiligenleben, Wundergespräche des Caesarius von Heisterbach, die den Stoff für eigene Predigten liefern mochten, wiederum die «Pharetra» und eine Martinschronik sowie das für den Weltgeistlichen unerläßliche Brevier und vielleicht die eigentümliche, «Aurora consurgens» benannte mystisch-alchemistische Schrift, deren Besitz allerdings ungewöhnlich wäre[52]. Diese beiden seltenen Zeugnisse von Bücherschätzen mittelalterlicher Kirchherren – wobei man den letzteren, der offenbar die Seelsorge selber ausgeübt hat, als einen Landgeistlichen bezeichnen kann – lassen immerhin einige Vermutungen über die Kanäle zu, auf welchen geistliches Gedankengut der Zeit an das Ohr des einfachen Gläubigen herangetragen werden konnte. Diese Bemerkung darf uns aber nicht darüber hinwegtäuschen, daß sich der Pfarrherr normalerweise an dieser Vermittlerfunktion nicht beteiligte, weil ihm dazu die Fähigkeiten abgingen und sein Augenmerk sich nicht auf das Seelenheil der Gläubigen richtete, sondern auf die möglichst intensive Nutzung seines Pfrundgutes.

Für das geistlich-religiöse Leben des Gläubigen war der Leutpriester oder Vikar viel wichtiger als der Pfründeninhaber. Mit ihm lebte er täglich zusammen, an seinem Eifer konnte er sich erfreuen, an seiner Trägheit ärgern. Bei ihm suchte er Hilfe und Rat oder beklagte sich über dessen Nichtsnutzigkeit. Nicht auf den Kirchherrn kam es an, sondern auf seinen Stellvertreter, ob das Neugeborene rechtzeitig getauft, der Sterbende mit der Letzten Ölung versehen, der Tote mit dem Segen der Kirche geweihter Erde übergeben wurde. Das ewige Heil war mitunter abhängig von seiner Präsenz im entscheidenden Augenblick. Ist es da zu verwundern, wenn die Gemeinde zunächst einmal bei der Bestellung ihres eigenen Leutpriesters ein Wort mitreden wollte, bevor sie nur daran denken konnte, sich ihren Pfarrherrn selber auszusuchen?

47 Iten, Tugium, S. 475; Sidler, Bildungsverhältnisse, S. 147.

48 Meyer, Zürich, Nr. 1018, S. 510; QW I/3, Nr. 21, S. 812.

49 QW I/1, Nr. 773, S. 352, Anm. 3.

50 Ebd. Nr. 1395, S. 641; Lehmann, Bibliothekskataloge 1, Nr. 77, S. 417f.

51 SMAH 5, S. 85f.; QW I/2, Nr. 1620, S. 791; Ringholz, Einsiedeln, S. 191, 209.

52 Identifizierung unsicher, da die Überlieferung der «Aurora consurgens» erst im 15. Jahrhundert einsetzt, LdM 1, Sp. 1245f.

Von der Leutpriester- zur Pfarrwahl

Die Alpenländer und damit nicht zuletzt die Innerschweiz gelten in der Literatur allgemein als Zone vergleichsweise früh nachweisbarer Pfarrwahl. Als Pfarrer wird dabei der Inhaber der Pfründe verstanden, also der Pfarr- oder Kirchherr. Der rechtlich und funktional entscheidende Unterschied zwischen dem Pfarrherrn und dem Leutpriester wird nicht beachtet oder verwischt, indem oft für beide unterschiedslos der Begriff «Pfarrer» verwendet wird, obwohl man natürlich weiß, daß sich die Großzahl der Pfründeninhaber der «Mietlinge» bedient hat[53].

Wenn wir zunächst die Verhältnisse in der Stadt Luzern übergehen und uns auf ländliche Gemeinden beschränken, stoßen wir erstmals 1337 im schwyzerischen Steinen auf den Willen der Kirchgenossen, bei der Einstellung eines Meßpriesters mitsprechen zu können. Der Ritter Kraft der Biber, sicherlich Laie und späterer Zürcher Ratsherr, gelobt in einer Übereinkunft mit seinen Untertanen für sich und den ihn vertretenden Priester, die auf ihm als Zehntbezüger lastenden Baupflichten getreulich zu erfüllen und ihnen nur einen Geistlichen zum Leutpriester zu geben, «der dem bessern und dem meren teile gevallet»[54]. Der von der österreichischen Herrschaft mit der Pfarrei Steinen beliehene Junker handelte in seiner Eigenschaft als Kirchherr, und was er den Untertanen konzedierte, war bloß ein ihn fortan bindendes Recht der Gemeinde zur Stellungnahme bei der Auswahl seines die cura animarum besorgenden Stellvertreters, eben des Leutpriesters, den er sonst völlig frei hätte bestimmen können. Elf Jahre später fiel die Pfarrei Steinen an den Lektor Jakob Gülling aus Isny im Allgäu. Auch er mußte sich der offenkundig recht selbstbewußt auftretenden Gemeinde gegenüber verpflichten, die alten Gewohnheiten zu achten, und – darin steckt ein neues, zukunftsträchtiges Element – die Zusicherung geben, selbst die Kirche zu besingen, das heißt als Seelsorger zu wirken, sofern er die Priesterweihe empfangen sollte, und zwar «alle die wile, untz ich tůn, das dem merteil wol gevallet. Were aber, das ich dekeinest verschulte mit dekeinen sachen, daz den merteil der selben undertan důchte, das ich inen unfůglichen were, da sol aber der merteil der selben undertanen einen nemen, der dem besseren und dem merten teile under inen wol gevallet, und sol daz min gůter wille sin und ich si im ǒch lichen sol, als ein kylcherre durch recht sol tůn.»[55] Bemerkenswert an dieser Abmachung ist zweierlei: zunächst die Forderung der Untertanen, der Kirchherr solle sich weihen lassen und selber als Leutpriester amtieren, ein Ansinnen, das sonst mit Erfolg erst im späteren 15. und im 16. Jahrhundert erhoben wird, sodann der Anspruch, den Kirchherrn in seiner Funktion als Leutpriester bei mangelnder Eignung zum Rücktritt zugunsten eines der Gemeinde besser passenden Geistlichen zu zwingen. Freilich wird seine Eigenschaft als Kirchherr von einer derartigen Maßnahme nicht berührt, denn diese verdankt er auf Lebenszeit seinem Patronatsherrn. Ein Mitspracherecht der Gemeinde gab es auf dieser höheren, einerseits lehensrechtlich, anderseits kanonisch-rechtlich abgesicherten Ebene nicht. Der Kirchherr gewährte also wiederum nicht das Pfarrwahlrecht; dazu wäre er auch gar nicht befugt gewesen.

In der benachbarten Pfarrei Arth verglichen sich 1377 der Kirchherr Heinrich von Hünenberg und sein Bruder Johannes in Baar auf Rat «unser lieben eidtgnossen» mit ihren Untertanen über die Verteilung der Baulasten und die Wahl des Leutpriesters durch die Mehrheit der Gemeinde. Wahrscheinlich wurde wie in Steinen späterhin bei jedem Wechsel auf der Pfründe des Kirchherrn diese Vereinbarung schriftlich bestätigt und fallweise ergänzt[56]. Den «undertanen der kilcheri» von Wassen, wo seit 1287 ein Gotteshaus bezeugt ist, gewährte der zuständige Kirchherr von Silenen, daß sie «ein lütpriester erkiesen und nemen süllen als dik als fill als es inen ze schulden kumpt und nottdürftig ist, also dz derselb priester ein biderb man si und sin brief hab». Den Kirchgenossen von Wassen stand demnach die Wahl ihres Seelsorgers völlig frei, dieser mußte bloß eine Weihebestätigung des Konstanzer Bischofs vorweisen können und vom Kirchherrn von Silenen oder dem ihn dort vertretenden Leutpriester die Erlaubnis erbitten, in der Filialkirche Wassen singen und lesen zu dürfen. Diese «urlob und fryheiten» sollten gegen eine Entschädigung von achtzehn Pfund Pfennigen jährlich für die Zeit, da der Urkunden-Aussteller das Amt des Kirchherrn von Silenen innehatte, Gültigkeit haben. Sie bedurften also ebenfalls einer Bestätigung durch den jeweiligen neuen Kirchherrn, obgleich sich die Wassener zur Behauptung ihrer Vorrechte schon 1408 auf angeblich altes Her-

[53] Das gilt für SCHWEIZER, Gemeindepatronatsrecht, ebenso wie für das verdienstvolle Werk von KURZE, Pfarrerwahlen, bes. S. 308–314. Die ins 14. Jahrhundert zurückreichenden Leutpriesterwahlen werden hier nicht besprochen.

[54] QW I/3, Nr. 165, S. 116.

[55] QW I/1, Nr. 768, S. 476.

[56] UB Zug 1, Nr. 166, S. 76, bzw. Nr. 329, S. 148 (1400). Der Priester Johannes Thubler von Muri wird hier Leutpriester genannt, wenige Tage nach der Investitur durch den Bischof aber Kirchherr, UB Zug 1, Nr. 330, S. 148. Wahrscheinlich übte er beide Funktionen aus.

kommen beriefen[57]. Die Äbtissin des Fraumünsters gestattete 1418 zu ungefähr gleichen Bedingungen den Kirchgenossen von Seelisberg einen «erbern priester der gut kuntschaft habe» und für dessen Unterhalt sie selber aufzukommen hatten, dem Kirchherrn oder Leutpriester von Altdorf – bei Vakanz der Patronatsherrin selber – zur Prüfung seines Ausweises zu melden, damit ihm der Kirchherr «in der kilchen ze Altdorf namen» die Seelsorge in der Filiale Seelisberg anvertraue. Die Kirchgenossen hatten dafür am Vortag von Auffahrt einen Zins von einem Schilling Pfennigen zu entrichten, wobei sie der Kirchherr bei dieser Gelegenheit mit einem «maß gemeins wines» bewirten sollte, zum Zeichen der unverbrüchlichen Zugehörigkeit Seelisbergs zur Mutterpfarrei Altdorf[58]. Während so in Steinen bloß von einem Mitspracherecht die Rede ist, handelt es sich in all den andern Fällen bereits um ein unter ganz verschiedenen Umständen vom Kirchherrn der Gemeinde abgetretenes Nominationsrecht des Leutpriesters oder Vikars zuhanden des Kirchherrn, unabhängig davon, ob sein Gotteshaus im Rang einer Pfarrkirche stand, wie in Wassen oder Seelisberg. Dieses Nominationsrecht bezog sich nirgends auf den Pfarr- oder Kirchherrn und richtete sich daher nicht an den Patronatsherrn. Der Kirchherr machte nur eine kanonisch-rechtlich irrelevante Konzession, wenn er auf sein Recht zur Bestellung eines auf Zeit ernannten Stellvertreters zugunsten der betroffenen Gläubigen verzichtete oder auf Druck seiner Untertanen verzichten mußte. Nirgends fand ein Eingriff in die lehensrechtlich bedingten Verhältnisse statt, nach wie vor reservierte sich der Patronatsherr die Verleihung der Pfarrpfründe. Von diesen rechtlichen Voraussetzungen her ist es zu verstehen, wenn die Gemeinde Seelisberg – und ähnlich früher oder später manch andere in der Innerschweiz – ihrem Seelsorger einen Wochenlohn festsetzte und – falls er seinen Verpflichtungen nicht nachkommen sollte – vorsah, «im [...] nach marckzal lonen und im dan urlob gåben, eß sige wen eß wel im jar»[59]. Der Priester stand also in einem jederzeit kündbaren Vertragsverhältnis. Seinen Lebensunterhalt gewann er nicht direkt aus der Pfründe, sondern aus einem bestimmten Gehalt. Das ist keineswegs erstaunlich, denn seine Stellung blieb grundsätzlich die eines «mercenarius», eines Lohnempfängers, welche der Stellvertreter des Kirchherrn immer schon eingenommen hatte. Die Gemeinden haben insofern kein neues Recht geschaffen und sind auch nicht zu «primitiven Mietverhältnissen» der vorkarolingischen Zeit zurückgekehrt[60], sondern haben nur übernommen und weitergeführt, was seit je gang und gäbe war.

Die Gewohnheit, den Leutpriester wie einen Angestellten zu behandeln, war gerade in Uri so eingefleischt, daß die Pfarrgenossen der drei alten Talpfarreien Altdorf, Bürglen und Silenen, die anno 1525 dank der Überlassung der bisherigen Rechte der Fraumünsterabtei durch den Zürcher Rat de iure zu Patronatsherren aufgestiegen waren, davon nicht abweichen wollten. Das fiel ihnen um so leichter, als jetzt die feudale Zwischeninstanz des Kirchherrn wegfiel und dessen Verpflichtungen größtenteils die Gemeinde selber übernahm, der nunmehrige Pfarrer somit im wesentlichen auf die seelsorgerlichen Aufgaben des bisherigen Leutpriesters oder Vikars beschränkt blieb. Die Gemeinden statteten ihn daher nicht mit einer auf Lebenszeit verliehenen Pfründe aus, sondern zwangen ihn, sich jährlich zur Wiederwahl zu stellen. Wie die einstigen Kirchherren verlangten sie, über ihre Pfarrer «gantzen vollen gewalt» zu haben und einen ungehorsamen Priester «ab ze stossen und ze endern»[61]. Über diesen mit dem alten Herkommen wohl begründbaren, doch wenig würdigen Umgang mit den Pfarrgeistlichen spottete schon der Humanist Glarean, als er im Hinblick auf die ähnliche Entwicklung in seiner Glarner Heimat bemerkte, er begehre dort keine Stelle, wo der Pfarrer wie der Ziegenhirt nur für ein Jahr gewählt werde[62].

Weniger rigoros als die Urner verhielten sich die Schwyzer Gemeinden. Nach 1415 lösten sie sich nicht sogleich von feudalrechtlichen Vorstellungen. So zeigten sie sich 1420 willens, das Patronatsrecht des Herzogs von Österreich zu respektieren. Weil dieser es jedoch nicht wahrnahm, setzte der Bischof den Muotathalern als Kirchherrn einen aus der Diözese Halberstadt stammenden Geistlichen[63]. Erst nach der Übertragung der Patronatsrechte für die vier Pfarrkirchen von Schwyz, Steinen,

[57] Gfr. 81, 1926, Nr. 1, S. 59f., bzw. Bestätigung vom 8. Februar 1439, ebd., Nr. 2, S. 61f. Das Nominationsrecht erhielt demnach Wassen nicht erst 1439; es bezieht sich auch nicht auf den Priester und richtet sich nicht an den Patron.

[58] Gfr. 2, 1845, Nr. 31, S. 193–195.

[59] Seelisberger Kirchenordnung, Gfr. 1, 1844, Nr. 5, S. 381–383. Gasser, Kdm UR 2, S. 374, Anm. 47, setzt sie aus sprachlichen und paläographischen Gründen in das zweite Drittel des 16. Jahrhunderts. Dafür spricht, daß Artikel 1 über die Berufung des Priesters sich zwar an die 1418 getroffenen Regelung anschließt, an die Stelle der Äbtissin jedoch den Dekan setzt, was wohl erst ab 1525 üblich wurde. Trotzdem kann der Inhalt weitgehend älter sein.

[60] Schweizer, Gemeindepatronatsrecht, S. 19.

[61] Gfr. 5, 1848, Nr. 48, S. 284–286 (Silenen 1426).

[62] Zwingli Huldreich, Sämtliche Werke, Bd. 7: Briefwechsel, Bd. 1, Hrg. Georg Finsler, Leipzig 1911, Neudruck Zürich 1982, Nr. 1, S. 4.

[63] REC 3, Nr. 8829, S. 245; Krebs, Annatenregister, Nr. 2318, S. 217.

Muotathal und Morschach an die Talgemeinde durch Kaiser Sigismund 1433 begannen die Schwyzer, ihre Geistlichen dem Bischof direkt zu präsentieren[64].

Gut belegt ist der Wandel von der Leutpriester- zur Pfarrwahl in der kleinen Stadt Zug. Schon 1425 erklärte sich der Rat in Berufung auf die Verfügung Sigismunds von 1415 als Patronatsherr über seine Pfarrkirche[65], änderte jedoch nichts am feudalen Rechtsgefüge, obgleich der Patronatswechsel eine recht mühsame Ausmarchung der Rechte und Pflichten des Kirchherrn einerseits und der Gemeinde anderseits zur Folge hatte. Im Sommer 1426 einigten sich die Zuger mit ihrem Kirchherrn, Magister Heinrich Schultheiß von Zürich, den sie ein Jahr zuvor wohl selbst dem Bischof präsentiert hatten. Wie üblich übernahm er die Pflicht, den Chor der Pfarrkirche auf seine Kosten zu decken sowie die bischöflichen, päpstlichen und kaiserlichen Abgaben und Steuern zu leisten. Da er geweiht war und die cura animarum selber besorgen wollte, bedurfte es keines zusätzlichen Leutpriesters, doch immerhin eines Helfers, den er nur auf eigene Kosten und mit Zustimmung der Untertanen einstellen durfte. Selbst die Vertretung bei eigener Abwesenheit mußte er einem Priester anvertrauen, der ihnen gefiel. Als Seelsorger wurde er verpflichtet, in Zug zu residieren; zur Wohnung bekam er bis auf Widerruf durch die Kirchgenossen ein Haus bei St. Michael außerhalb der Mauern zugewiesen. Dafür war der Helfer gehalten, wenigstens nachts in der Stadt zu bleiben, um jederzeit erreichbar zu sein[66]. So regelten Ammann und Räte von Zug als neue Patronatsherren nach 1415 die Anforderungen an ihren Pfarrer. Dieser erwies sich jedoch rasch als Kirchherr feudalen Stils, der sich wenig um Residenz und Seelsorge kümmerte. Der Konflikt kam vor die Konstanzer Kurie, und 1428 setzte der Bischof fest: Ammann und Räte sollen hinfort ihre Kirche selber mit einem Leutpriester und einem Helfer besetzen, «damit si denn bedunckt, das si und die iren bewart syen, und die in singen und lesen und in ire gotzrecht bieten und tůgen, als denn zů sǒlichem gehǒrt nǎch cristenlicher ordnung». Ihren meistens abwesenden Kirchherrn wurden sie aber damit nicht los. Jährlich mußten sie ihm dreißig rheinische Gulden auszahlen, und zwar nach dessen Wunsch in Konstanz, Zürich oder Schaffhausen, damit er den finanziellen Verpflichtungen entsprechen könne, die auf ihm als Kirchherrn lasteten. Am meisten erstaunt es, wenn der Bischof Heinrich Schultheiß erlaubt, die Pfründe zu tauschen, und zwar mit der bloßen Auflage, in diesem Falle den Untertanen einen neuen, ihnen immerhin genehmen Kirchherrn zu geben[67]. Die Zuger scheinen sich also noch Jahre nach 1415 nicht um die Pfarrherrenwahl gerissen zu haben, dagegen geht aus diesen Dokumenten klar hervor, daß es Obrigkeit und Kirchgenossen in erster Linie um die Person des Seelsorgers und weit weniger um jene des Pfründeninhabers ging, dessen Funktion primär sachenrechtlicher Natur war. Ja sogar für den Leutpriester beharrten die Zuger nicht unbedingt auf dem ihnen vom Bischof gewährten Wahlrecht. Im Spanbrief des Kirchherrn Albrecht Menger, eines Geistlichen süddeutscher Herkunft, wird es 1435 diesem überlassen, ob er «in der statt hußhablich sin», das heißt residieren und pastorieren wolle, oder es vorziehe, einen Leutpriester zu setzen, der freilich ein frommer Mann sein und ihnen gefallen müsse[68]. Die Kontrolle über die Besetzung der Leutpriester- sowie der Helferstelle genügte demnach der auf die geistliche Betreuung der Kirchgenossen gerichteten obrigkeitlichen Fürsorge.

Erst im Spanbrief des aus Füssen im Allgäu stammenden Kirchherrn und Priesters Christian Brenner vom Juni 1461 wird ausdrücklich festgehalten, er sei von Ammann und Rat gewählt worden. Im Gegensatz zu Albrecht Menger versprach er, in Zug Wohnung zu nehmen und den Seelsorgerposten selber zu versehen, unterstützt von einem den Pfarrgenossen gefälligen Helfer. Zudem verpflichtete er sich, «erlich unn mit miner můtter huszehaben, die wil sÿ in leben ist, unn mit keiner andren frǒwen, mit der ich von uneren verlumdet sin mǒcht»[69]. Brenner repräsentiert erstmals den für die Zukunft gültigen Typus des Pfarrers: ein Kleriker, der selbst die Priesterweihe empfangen hat, die Seelsorge in eigener Person ausübt, in der Gemeinde dauernd residiert und nebenbei auch einige Aufgaben des bisherigen Kirchherrn übernimmt, wie die Verleihung der Kirchengüter und die Ausrichtung der bischöflichen und kaiserlichen Gefälle, der aber in bezug auf die im Spanbrief detailliert aufgezeichneten Seelsorgepflichten weit mehr als Erbe des Leutpriesters erscheint.

Es ist natürlich kein Zufall, daß dieser Spanbrief in seiner in die Zukunft weisenden Form so kurz nach dem Konstanzer Frieden vom 1. Juni 1461[70] abgefaßt wurde. – Die Ausmar-

[64] NÜSCHELER, Gotteshäuser 2, S. 298.
[65] UB Zug 1, Nr. 665, S. 326.
[66] Ebd. Nr. 681, S. 336–339.
[67] Ebd. Nr. 702, S. 358–360. In Luzern wurde dagegen die Möglichkeit, daß ein Kirchherr sein Benefizium selber weiterverleihen konnte, durch Ratsbeschluß 1442 untersagt, SEGESSER, Rechtsgeschichte 2, S. 806f., Anm. 6.
[68] UB Zug 1, Nr. 800, S. 420f.
[69] Ebd. Nr. 1035, S. 524.
[70] EA 2, Beilage Nr. 38, S. 886–890.

chung zwischen den Eidgenossen und dem Herzog Sigismund von Tirol im Anschluß an die Eroberung des Thurgaus hat auch den habsburgischen Patronatskirchen Obwaldens den Durchbruch zur Autonomie beschert. Bisher hatten die Obwaldner die ihnen 1415 als Beute zugefallenen und 1434 von Kaiser Sigismund als konfisziertes Gut des geächteten Herzogs Friedrich von Tirol zugesprochenen Patronatsrechte von Alpnach, Sachseln und Giswil nicht wirklich zu beanspruchen gewagt, da es sich dabei nicht um Reichslehen, sondern um Allod der Habsburger handelte. Ja, Robert Durrer hat gar vermutet, die Ausfertigung des 1434 in Ulm erfolgten kaiserlichen Erlasses sei in Obwalden gar nie bekannt geworden[71]. Mit Erlaubnis des Konstanzer Bischofs hatte nun der Obwaldner Ammann diese drei österreichischen Lehen an das Land gezogen und bei den Friedensverhandlungen 1461 die Zusicherung erlangt, daß die Obwaldner «die drüy lechen und kilchen [...] inhabend und lichen sônd und wellen, so dick das zů schulden kumpt»[72]. In der Zwischenzeit war insbesondere die Pfarrei Sachseln – vielleicht über Jahrzehnte hinweg – unversorgt geblieben, bis sie der Bischof von Konstanz kraft Devolutionsrechts anno 1446 mit dem aus Siebenbürgen stammenden Kaspar Helwig besetzte, der «von einer herschaft landvögten, so denn die kilchen zů lien hetten»[73], mit der Pfründe des Kirchherrn belehnt wurde. Mit den geringen Einkünften, die in der Zeit der Vakanz in Unordnung geraten waren, wollte sich Helwig nicht begnügen und stritt sich mit seinen Untertanen, bis ihn die Obrigkeit im Rathaus von Sarnen gefangen setzte, in der Hoffnung, durch Vermittlung des Dekans des Luzerner

61 Siegel des Leutpriesters Arnold von Risch. Staatsarchiv Luzern.
62 Siegel des Magisters Cuno, Leutpriesters von Luzern. Staatsarchiv Luzern.
63 Siegel des Leutpriesters Johannes von Küßnacht. Staatsarchiv Luzern.

[71] DURRER, Kdm UW, S. 461, Anm. 2; DURRER, Bruder Klaus 1, S. XVII, 8, Anm. 3.
[72] CHRIST/SCHNELL, Rechtsquellen, S. 65f.
[73] DURRER, Kdm UW, S. 461, Anm. 3.

Kapitels und anderer Geistlicher den Fremdling zur Preisgabe seiner Pfründe zu bewegen. Von Konstanz aus protestierte Helwig nochmals umsonst gegen das gewaltsame Vorgehen seiner unfügsamen Untertanen, die ihm erst noch «vil schand und laster» angedichtet hätten[74]. Der Vorfall beweist unmißverständlich, wie unhaltbar das feudale Besetzungssystem im Verlauf des 15. Jahrhunderts geworden war, und zwar nicht nur in den Pfarreien, wo ausgerechnet der österreichische Erbfeind die ihm zuletzt im «Brandenburger Frieden» von 1352 garantierten Rechte weiterhin beanspruchte. Das unstillbare Streben nach Autonomie machte auch vor jenen Ob- und Nidwaldner Pfarreien nicht halt, bei denen die Inkorporation in die Engelberger Konvente eine rechtlich schwierigere Ausgangsbasis geschaffen hatte. Da kamen die permanenten Geldsorgen des klösterlichen Inkorporationsherrn den Kirchgenossen zu Hilfe.

Schon 1454 hatten es die Buochser satt, «das si [Abt und Konvent von Engelberg] dieselben kilchen zu Bůchs mit einem geistlichen irs conventes meintent ze besorgen, umb das si des kosten geübret werent, den si bisher jerlich einem lütpriester daselbs hand můßen hinus geben, das er dester bas beliben můchte» und verlangten dezidiert, «uns ze gůnnen die kilchen ze versorgen, als uns fůglich were». Das Kloster mußte sich dazu bequemen, den Pfarrgenossen das Nominationsrecht des Leutpriesters und des Helfers zu überlassen; was ihm verblieb, beschränkte sich auf ein rein formelles Präsentationsrecht[75]. In Kerns kam es gar 1464 zum förmlichen Verkauf der Engelberger Rechte an die Gemeinde, und in der Residenz Stans nützte dem Abt 1462 die Berufung auf vermeintlich unanfechtbares, durch Papst und Bischof verbrieftes Recht nichts bei dem unzeitgemäßen Versuch, die inkorporierte Pfarrei wieder durch einen eigenen Konventualen versorgen zu lassen. Dagegen machten die Stanser geltend, seit je hätten sie den Leutpriester bestimmt, und «kein abt nie hett darwider geret». Das schon erwähnte Schiedsgericht[76], gebildet aus Ratsboten der Engelberger Schirmorte – unter ihnen kein geringerer als der damals schon hochangesehene Ratsherr Niklaus von Flüe – sprach sich im Sinne des von den Stansern behaupteten Gewohnheitsrechts und gegen das vom Kloster beanspruchte geschriebene Recht aus. Das Gericht verfügte, daß die Kirchgenossen «hinenhin ir pfrůnd all und ieklichÿ in sunders, es sy die lyppriestery oder die andren pfrůnd můgent besetzen und entsetzen wie dik und wie vil inen dz eben ist». Die von der Gemeinde nominierten Priester hatte der Abt fortan dem Bischof ohne Widerrede zu präsentieren[77].

Zum Schluß stellt sich die Frage, ob in diesem Prozeß der kommunalen Verselbständigung des ländlichen und kleinstädtischen Niederkirchenwesens die Stadt Luzern eine Schrittmacherrolle übernommen hat, da ja die Städte in der Regel das Recht zur Wahl ihres Leutpriesters oder Pfarrers früher als Landgemeinden erlangt haben. Die Zähringerstädte gelten dabei als Paradebeispiel, kennen doch die Handfesten der beiden Freiburg und Berns einen Paragraphen, der ihren Bürgern die Wahl des «sacerdos» (Priesters) überläßt[78]. Luzern kam nie in den Genuß eines vergleichbaren Privilegs, auch wenn wahrscheinlich die sozial führenden Kräfte der Stadt 1178 die Umwandlung der bisherigen Klosterpfarrei in eine Weltpriesterpfründe ertrotzt hatten. Die enge Bindung der Leutpriesterei an das Kloster im Hof vermochten sie nicht zu lösen, nur im Verlauf der Zeit etwas zu lockern[79]. Bei der Erwerbung der murbachischen Rechte 1291 durch König Rudolf kam die Kollation der Leutpriesterei an Habsburg und verblieb dort bis zu den Maßnahmen Sigismunds[80], so daß kaum anzunehmen ist, von der Stadt Luzern seien wesentliche Impulse in die Länder hinein erfolgt, die dort eine immerhin schon im zweiten Viertel des 14. Jahrhunderts einsetzende Bewegung hätten auslösen können. Nur in bezug auf die Ablehnung von Klostergeistlichen als Seelsorger könnte die Stadt exemplarisch gewirkt haben.

Die bisher besprochenen Beispiele mögen genügen, um ein verläßliches Bild der Entwicklung von der Leutpriester- zur Pfarrwahl in der Innerschweiz zu gewinnen. In allen Pfarreien erwies sich die feudalrechtlich bedingte Trennung von Benefizium und geistlichem

[74] Gfr. 30, 1875, Nr. 35, S. 255. DURRER, Bruder Klaus 1, S. XVIf.; OMLIN, Geistliche, S. 293f.

[75] DURRER, Kdm UW, S. 56f.; HEER, Engelberg, S. 139.

[76] Vgl. oben S. 215.

[77] Das Urteil des Schiedsgerichts vom Juli 1462 bei DURRER, Bruder Klaus 1, S. 18f.

[78] Von der immensen Literatur zu diesem Thema erwähne ich nur: FEINE Hans Erich, Kirche und Gemeindebildung, in: Die Anfänge der Gemeindebildung und ihr Wesen, Vorträge und Forschungen 7/1, Konstanz-Stuttgart 1964, S. 73–75 (wieder abgedruckt in: FEINE Hans Erich, Reich und Kirche. Ausgewählte Abhandlungen zur deutschen Rechtsgeschichte, Aalen 1966, S. 152–154); KURZE, Pfarrerwahlen, bes. S. 408–434. Die Zähringerstädte sind ja innerhalb bereits bestehender Pfarrsprengel und anknüpfend an ältere Siedlungen gegründet worden. Vermutlich hat der vom Stadtherrn aus dem alten Verband herausgeschnittene neue Sprengel die vorgefundenen Rechtsstrukturen nur auf der untersten Ebene verändert, die übliche Übersetzung «Pfarrer» oder «Pfarrherr» für «sacerdos» wäre dann irreführend.

[79] FISCHER, Pfarrei, S. 49f.

[80] SEGESSER, Rechtsgeschichte 1, S. 116f., 297–299; SIEGRIST, Pfarreien, S. 150–152; HS 2/2, S. 342f.

Amt, von Temporalia und Spiritualia als wesentliche Voraussetzung. Der Patronatsherr, der die Pfarrei als Allod oder Lehen innehatte, und in der Regel auch der Inkorporationsherr schlugen dem Bischof in bindender Form den Kirch- oder Pfarrherrn vor, welcher den dergestalt Präsentierten mit dem geistlichen Amt investierte, während ihm der Patronatsherr das Benefizium nach lehensrechtlichem Prinzip auf Lebenszeit verlieh. War der Kirchherr selbst nicht Priester und damit zur Ausübung seines Amtes nicht befähigt oder gedachte nicht Residenz zu halten, war er verpflichtet, gegen eine von ihm festgesetzte Entlöhnung die cura animarum befristet oder unbefristet einem geweihten Geistlichen seiner Wahl – dem Leutpriester (sacerdos) – anzuvertrauen. In inkorporierten Pfarreien vertrat ein Vikar den Abt oder Propst, der selber als Patronats- und Kirchherr in einem fungierte.

Die Interessen der Patronats- und Kirchherren richteten sich primär auf die materielle Nutzung ihrer Rechte. Die Person ihres geweihten Stellvertreters war ihnen wenn nicht gerade gleichgültig, so doch nebensächlich. Da sie kein rechtlicher Grundsatz daran hinderte, zeigten sie sich seit den dreißiger Jahren des 14. Jahrhunderts bereit, dem Willen der Untertanen entgegen zu kommen und ihnen das Recht einzuräumen, zur Person des Leutpriesters Stellung zu nehmen oder diesen selber zu bezeichnen (Nominationsrecht) und eventuell sogar auch wieder abzusetzen. Widerstand gegen solche Ansprüche der Gemeinden erhob sich nur von seiten der Inkorporationsherren, zumal wenn diesen daran lag, die Stelle des Vikars durch einen Angehörigen der eigenen geistlichen Institution versehen zu lassen.

Als wichtigste Faktoren auf der Seite der Untertanen wirkten in diesem Prozeß zum einen das im 13. Jahrhundert erwachende Streben nach größtmöglicher kommunaler Autonomie, also nach genossenschaftlich-demokratischer Selbstbestimmung, zum andern der immer entschiedenere Wunsch der Gläubigen, aus der passiven Rolle des «Untertanen» zur aktiven des «Kirchgenossen» aufzusteigen, um nicht nur das Kirchengut selber zu verwalten, sondern auch eine kontinuierliche, geordnete und kontrollierbare Seelsorge zu sichern.

Soweit gedieh die Entwicklung schon im 14. Jahrhundert. Wenn sie im Anschluß daran weit über dieses Ergebnis hinausführte, so sind neben den sozialen Umschichtungen im Innern der Eidgenossenschaft vor allem die militärisch-politischen Ereignisse seit dem Sempacherkrieg, beziehungsweise seit der Eroberung des Aargaus und des Thurgaus dafür verantwortlich zu machen. Mit der schrittweisen Auflösung der österreichischen Herrschaftsrechte schwanden auch die Patronatsrechte der habsburgischen Herzöge dahin. Die Jahre 1415 bis 1434 mit den Verfügungen Sigismunds, erst recht der Konstanzer Friede von 1461 und schließlich der endgültige Verzicht Österreichs auf alle Herrschaftsrechte in der Eidgenossenschaft aufgrund der Ewigen Richtung von 1474 bildeten die entscheidenden Etappen. Dabei fielen die ehemals habsburgischen Patronate als erobertes beziehungsweise von Reichs wegen verliehenes Gut an die Gemeinden, die Städte oder Talgemeinden, also keineswegs in jedem Fall an die Kirchgenossen selbst. Zumal die nach Territorialhoheit strebenden Städte Zug und Luzern traten einfach die habsburgischen Herrschaftsrechte an, ohne sie an die Gemeinden weiterzugeben. Darum bildete sich in der Innerschweiz keine geschlossene Landschaft von Gemeindepatronaten, aber auch nicht von Landespatronaten heraus.

Was schließlich Papst Julius II. auf Ersuchen der Eidgenossen in seiner vielzitierten Bulle vom 8. Januar 1513 den Landleuten von Uri, Schwyz, Unterwalden, Glarus, Zug und der Stadt Luzern zugesagt hat[81], ist nichts anderes als die Garantie des apostolischen Stuhles für den im Verlauf des 15. Jahrhunderts in den einzelnen Orten erreichten, keineswegs einheitlichen Status quo.

Das wesentlichste Ergebnis dieses Prozesses für das Niederkirchenwesen bestand darin, daß der feudale Kirchherr als überflüssig ausgeschieden wurde. Fortan übernahmen die Gemeinde, der Rat oder die Talgemeinde gewisse Aufgaben des einstigen Kirchherrn, andere gingen an den Pfarrer über, dessen erste Pflichten sich nicht von jenen des alten Leutpriesters unterschieden. Daher ist es zu verstehen, wenn die Innerschweizer in Berufung auf altes Herkommen ihre Hirten nicht viel anders behandelten als einst die Kirchherren ihre Mietlinge.

Diese Entwicklung hatte im übrigen noch keine besondere Bevorzugung von Söhnen aus einheimischen Familien zur Folge, wie man erwarten könnte. Offensichtlich standen Priester aus der Innerschweiz und benachbarten Gebieten nicht in genügender Zahl zur Verfügung. In die Lücke sprangen namentlich Bürgersöhne aus süddeutschen Kleinstädten. Mit dem Übertritt der meisten Reichsstädte zum neuen Glauben versiegte aber dieses Reservoir, und dann erst begannen die Einheimischen das Feld zu beherrschen.

[81] Frei Josef, Die Pfarrwahlbullen Papst Julius II, in: Gfr. 89, 1934, S. 165–193. Die hier S. 165 erwähnte «größere Arbeit» über den Ursprung der Pfarrwahlen in den Länderkantonen scheint nie erschienen zu sein.

Der Leutpriester

Die pastorale Wende

Die Obrigkeit in Gemeinden und Ländern griff teils zielstrebig, teils zögernd in das lokale Kirchenwesen ein, brachte die Verwaltung des Kirchenvermögens und die Wahl des Priesters in ihre Hand, wies die geistliche Gerichtsbarkeit in die Schranken und stellte die Amtswaltung des Seelsorgers unter ihre Kontrolle. Doch geschah all dies niemals in der Absicht, die lokale Kirche aus dem Verband der Universalkirche herauszulösen oder die geistliche Autorität von Papst und Bischof in Frage zu stellen, obgleich der Kampf zwischen Kaiser und Papst sowie das große abendländische Schisma das kirchliche Leben bis in die abgelegensten Talschaften schwer belasteten. Der Leutpriester[1] im Dorf galt jedermann als Repräsentant der römischen Universalkirche, als ihr Instrument auf der untersten Ebene. Niemandem fiel es ein, prinzipiell dem Geweihten die Vorrechte zu bestreiten, welche ihm die Kirche reservierte, keiner sprach letzterer die Kompetenz ab, seine Aufgaben zu definieren und ihn Normen zu unterwerfen, für welche sie universale Gültigkeit beanspruchte. Noch heute kann man Philipp Anton von Segessers Ansicht nur zustimmen: Vor der Reformation wurde «nirgends in der Christenheit die Existenz und Wirksamkeit dieses selbständigen kirchlichen Organismus als etwas Fremdes angesehen; denn die christliche Lehre durchdrang alle sozialen Verbindungen, und der abstrakte Begriff des Staates war schon durch das allgemeine christliche Bewußtsein der Völker ausgeschlossen»[2].

Freilich hatte auch dieser Organismus seine wechselvolle Geschichte. Die Gestalt der Urkirche war keineswegs identisch mit jener der Mönchskirche des hohen Mittelalters, und die für das Spätmittelalter gültige Form wurde erst im 13. Jahrhundert gewonnen. Im Zeitalter der gregorianischen Reform (11. Jahrhundert) kämpfte die Kirche unter der Devise «Libertas ecclesiae» um die Befreiung von der Bevormundung durch die weltlichen Gewalten und die Bewahrung vor der stets drohenden Säkularisierung. Als Bannerträger der Reform zeichneten sich vorzugsweise die Mönche aus. Sie bemühten sich, dem Adel – dem sie ihrer sozialen Herkunft nach meistens selber angehörten – von ihren Idealen mitzuteilen und ihrer Religiosität einen neuen Inhalt zu geben. Die seelsorgerliche Betreuung der bäuerlichen Massen oder der Stadtbürger betrachteten sie dagegen nicht als ihre vordringliche Aufgabe. Mit dem Aufkommen der ersten religiösen Laienbewegungen in großen städtischen Zentren und erst recht mit der raschen Verbreitung von Gedankengut, das von der offiziellen Lehre abwich und bald als häretisch verurteilt wurde, konnte die Hierarchie vor der jetzt drängenden Aufgabe einer allgemeinen Laienseelsorge die Augen nicht mehr verschließen. Die Laterankonzilien unter Alexander III. von 1179 und unter Innozenz III. von 1215 nahmen sich dieser Frage an. Zumal letzteres – es ist in der offiziellen Zählung das vierte Lateranum – beschloß eine Reihe von Maßnahmen, die in der westlichen Kirche eine «pastorale Wende» eingeleitet haben[3]. Die verabschiedeten Kanones bescheinigen den Konzilsvätern ein bisher unbekanntes Bemühen um einen hinreichend ausgebildeten Seelsorgeklerus. Unwissende zu weihen, was lange genug ohne Bedenken geschah, wurde nun unter Strafe gestellt. Nachdem im frühen Mittelalter Ritus und Gesten, Segnungen und Exorzismen den Vorrang vor dem Wort genossen hatten, wurde jetzt der Verkündigung ein ganz neuer Stellenwert eingeräumt. Predigen durfte aber nur, wer die missio canonica, den offiziellen Auftrag der Kirche, besaß, und nicht jedermann, wie es «erweckte Laien» für sich beanspruchten. Dafür sollte der Gottesdienst in der Sprache des Volkes gehalten werden, damit es das liturgische Geschehen richtig verstehe und nicht mehr als Zauberritual mißdeute, wozu die im Frühmittelalter verbreitete, oben schon erwähnte Praxis leicht Anlaß geben konnte. Als maßgebendes Kriterium für die Zugehörigkeit zur Gemeinschaft der Gläubigen wurden die jährliche Beichte und die Osterkommunion gefordert. Die Eheschließung bedurfte der vorangehenden offiziellen Verkündigung in der Kirche. Die Bischöfe wurden aufgefordert, ihre lange vernachlässigten Diözesen wieder regelmäßig visitieren zu lassen, um darüber zu wachen, ob die das geistliche und moralische Leben von Pfarrklerus und Gläubigen betreffenden Beschlüsse auch in die Tat umgesetzt würden[4].

[1] In der Folge ist der Seelsorgegeistliche gemeint, gleichgültig ob er zugleich Kirchherr oder bloß Leutpriester oder Vikar gewesen ist.

[2] Segesser, Rechtsgeschichte 2, S. 730. Dies gilt jedenfalls, wenn man von den Ketzerbewegungen absieht.

[3] Der französische Kirchenhistoriker Delaruelle bescheinigte dem frühen 13. Jahrhundert geradezu eine «révolution pastorale»: Delaruelle Etienne, L'invention pastorale, Paris 1968, S. 65f.

[4] Decreta, S. 203–247.

Wie ernst es die Kirche damit meinte, kann man daran erkennen, daß im 13. und 14. Jahrhundert nicht mehr Mönche heiliggesprochen wurden, sondern solche Bischöfe, Kanoniker, Ordensleute und sogar Laien, die sich durch ihren Seeleneifer ausgezeichnet hatten[5]. Das apostolische Handeln galt wieder mehr als die weltverachtende Kontemplation. Die äußerst beweglich und international organisierten Orden der Franziskaner und Dominikaner nahmen sich zumal in den Städten der neuen Aufgaben an. Ihre bessere Schulung und die bei den Jüngern des heiligen Franz übliche populäre Art der Verkündigung, ihre Fähigkeit, dem Volk aufs Maul zu schauen, gaben den Bettelbrüdern einen vom schlecht vorbereiteten Weltklerus nicht einholbaren Vorsprung.
Doch auch dem Seelsorgeklerus sollte zu einer vergleichbaren Ausstrahlung verholfen werden. An der Kurie Gregors IX. (1227–1241) setzte man große Hoffnungen auf ein ganz neues Ausbildungssystem, das den angehenden Priester von der Lateinschule an Dom- und Stiftskirchen über den Unterricht durch einen gelehrten Theologen an der Metropolitankirche bis zur Universität Paris mit ihrer über die ganze Christenheit ausstrahlenden theologischen Fakultät hätte führen sollen. In einem langen Traktat zuhanden der Konzilsväter von Vienne (1311) machte Wilhelm Durandus der Jüngere den Vorschlag, an Dom- und Stiftsschulen Konvikte für angehende Priester einzurichten, wo sie in lateinischer Grammatik und im Kirchendienst geschult würden, bevor sie an erzbischöflichen Kirchen die Bibel sowie weltliches und kirchliches Recht studieren und zu guter Letzt – wiederum in Konvikten vereinigt – an der Universität die theologischen Koryphäen hören könnten. So hochfliegende Pläne nahmen geradezu das nachtridentinische Priesterseminar vorweg, hatten aber damals keine Chancen, realisiert zu werden.
Der pastorale Aufbruch wurde nämlich von oben her durch das «erbarmungslos justifizierte Papsttum» (H. Heimpel), ja durch die von der Kurie der ganzen Kirche aufgenötigte Verrechtlichung aller Strukturen[6] und den Mißbrauch der kirchlichen Amtsgewalt aus politischen und finanziellen Interessen schwer gehemmt. Den in weltliche Händel verstrickten Bischöfen fehlte es auch weitherum an der nötigen Einsicht. Die theologischen Fakultäten betrachteten es als ihre Aufgabe, Gelehrte heranzubilden und nicht pastorierende Priester.

Der Adel, der die Kirche weitgehend beherrschte, zeigte geringe Neigung, auf den so bequemen Griff nach kirchlichen Ämtern und Pfründen zu verzichten.

Bischöfliche Weisungen

Verpufften demnach alle Impulse im Leeren? Gewiß nicht. Gerade einzelne Konstanzer Bischöfe haben sich unter oft widerlichen Umständen bemüht, ihren Klerus zu heben, freilich mit den Vorstellungen und Mitteln der Zeit. Diesen wollen wir im folgenden nachspüren und uns auch fragen, ob überhaupt und auf welchen Wegen etwas davon bis in unsere Talschaften gedrungen ist.

64 Siegel von Bischof Heinrich III. von Konstanz (1357–1383), einem Sproß der bedeutenden Adelsfamilie von Brandis aus dem Emmental. Er war zuvor Abt von Einsiedeln gewesen und pflegte in seiner langen, wenig glücklichen Regierungszeit als einziger Konstanzer Oberhirte des Spätmittelalters engere Beziehungen zur Innerschweiz. Stiftsarchiv Einsiedeln.

Gemäß dem vierten Laterankonzil war es Pflicht des Bischofs, die Kirchen seines Bistums zu visitieren und mit seinem Klerus Synoden abzuhalten. Von Bischof Rudolf II. von Habsburg (1274–1293) hört man, es habe ihn verdrossen, daß sein Metropolit, der Erzbischof von Mainz, beabsichtigte, die Konstanzer Diözese zu visitieren. Er versammelte aber 1290 selber seinen Diözesanklerus, um ihm ein

[5] Vauchez, Laïcs, S. 137.
[6] Merzbacher Friedrich, Wandlungen des Kirchenbegriffs im Spätmittelalter. Grundzüge der Ekklesiologie des ausgehenden 13., 14. und 15. Jahrhunderts, in: ZRG KA 39, 1953, S. 274–361.

Spezialmandat von wohl reformerischem Inhalt vorzulegen. Sehr wahrscheinlich fand auch unter Bischof Heinrich von Klingenberg (1293–1306) eine Synode statt. Darauf verhinderten eine unglückliche Besetzung und eine längere Vakanz des Bischofsstuhls Schritte in diese Richtung. Erst Bischof Rudolf von Montfort (1322–1334), welcher das finanziell ruinierte Bistum zugleich mit der Diözese Chur verwaltete, machte sich daran, durch den Erlaß von Statuten, gefolgt von einer Visitation mit anschließender Synode zwischen Frühling und Herbst 1327, die kirchliche Ordnung im ganzen Bistumsgebiet wieder durchzusetzen[7]. Diese Statuten, die sich in einer Abschrift im Kloster Engelberg erhalten haben[8], sind geeignet, uns einen gewissen Einblick in den Zustand des Pfarrklerus zu geben. Allerdings gehört es zum Wesen solcher kirchlicher Erlasse, daß sie viel zeitloses Allgemeingut enthalten und deshalb Schlüsse auf konkrete Zustände nur mit Vorsicht ziehen lassen[9]. Bischof Rudolf übernahm übrigens große Teile wörtlich aus den Mainzer Provinzialstatuten von 1310[10]. Wie so häufig in derartigen Schriftstücken aus dem Mittelalter ist ein systematischer Aufbau kaum erkennbar, doch kann man die einzelnen Paragraphen grob etwa drei Themenbereichen zuordnen: rechtlicher Status der Geistlichkeit, klerikale Disziplin und pastorale Weisungen.

Zur ersten Gruppe zählen die folgenden Ermahnungen: Keiner darf mehr einen Seelsorgeposten einnehmen, sofern er nicht eine schriftliche Beglaubigung des Bischofs vorweisen kann. Ein Leutpriester darf nur dann zwei Kirchen zugleich versehen, wenn sie so nahe beieinander liegen, daß sich das Messelesen an beiden Orten am selben Tag (Bination) vermeiden läßt. Ein Minderjähriger kann nur Vikar werden. Die heiß umstrittene Frage der Pastoration durch Mönche wird so entschieden, daß Ordensgeistliche nur mit besonderer Erlaubnis als Seelsorger wirken dürfen. Wer die körperliche Unverletzlichkeit geistlicher Personen mißachtet, verfällt der Exkommunikation, sogar die Familie des Übeltäters ist vom Gottesdienst auszuschließen. Ewige Infamie trifft, wer Geistliche tötet oder verstümmelt; wer sie gefangensetzt, geht der kirchlichen Lehen verlustig und des Rechts, diese zu vererben. Der Ort des Geschehens sowie die Personen, die den Übeltäter verteidigen oder beherbergen, werden mit dem Interdikt belegt, was die Einstellung aller öffentlichen gottesdienstlichen Handlungen bedeutet. Das sind zwar alles alte Grundsätze des kanonischen Rechts zum Schutz der geistlichen Personen, so wenige Jahre nach dem Überfall der Schwyzer auf das Kloster Einsiedeln (1314) entbehrten sie aber nicht einer gewissen Aktualität. Im Namen der «libertas ecclesiae» fordert der Bischof die Beachtung der Steuerfreiheit des Klerus und berührt damit einen Konfliktpunkt, dem in der Zeit des wachsenden Anspruchs auf territoriale Hoheit von seiten der Kommunen und Länder nicht geringe Bedeutung zugekommen ist.

Bei den Paragraphen zur klerikalen Disziplin fällt der scharfe Ton auf im Verbot, vagierende Scholaren, welche angeblich allesamt ein schändliches Leben führen, in den Klerikerstand aufzunehmen und zu den Weihen zuzulassen, es sei denn, dem Bischof werde bezeugt, daß diese sich während zwei Jahren durch den Besuch des Chorgottesdienstes und der Schule geläutert hätten. Wer nach Empfang der Weihen noch immer herumschweift, wird ipso facto exkommuniziert. Hier spricht der Bischof ein soziales Problem an, das die Zeit gerade deshalb, weil sie keine Konvikte zur Verfügung stellte, nicht zu lösen verstand. Es ist durchaus möglich, daß wir bei der großen Zahl von Vikaren und Helfern, die kaum dem Namen nach bekannt sind, mit einem beträchtlichen Anteil von fluktuierenden Elementen zu rechnen haben. Seit der gregorianischen Reform bestand die Kirche darauf, die Geistlichen strikte von den Laien und ihren Lebensgewohnheiten zu trennen. Schon rein äußerlich mußten sie daher durch ihre Tracht erkenntlich gemacht werden, die nicht schleppend oder zu kurz geschnitten sein durfte. Ganz unerläßlich war die Tonsur, der klerikale Haarkranz. In denselben Zusammenhang gehört der ewige Kampf um die sexuelle Enthaltsamkeit der Geistlichen. Offenkundige Konkubinarier müssen unverzüglich verzeigt und suspendiert werden. Ihre Konkubinen sind zu entfernen. Rückfälligen droht der Bischof mit dem Verlust des Benefiziums, um sie so zur Rechenschaft zu zwingen. Vikare ohne Benefizium, also vagierende Priester, sind aus dem Bistumsgebiet zu verjagen. Simonisten – die sich ihr Amt durch Bestechung verschafft haben – gehören vor das geistliche Gericht, desgleichen wer sich in Handelsgeschäfte einläßt, in Gasthäusern herumtreibt und wer dem Glücksspiel frönt.

Unter den pastoralen Weisungen stehen die Regeln zur Sakramentenspendung im Vordergrund. Erst im 12. Jahrhundert hat die Kirche

[7] Vgl. unten S. 237f.

[8] REC 2, Nr. 4124, S. 128f. Statuten abgedruckt in Gfr. 26, 1871, S. 305–311.

[9] Coulet, Visites, bes. S. 45–50; Pontal, Statuts, bes. S. 43–50.

[10] Kehrberger Eduard O., Provinzial- und Synodalstatuten des Spätmittelalters. Diss. Phil. Tübingen, Stuttgart 1938, S. 83.

deren Siebenzahl festgelegt, und im 13. Jahrhundert haben die größten Theologen um ihre Definition gerungen. Regeln über den Empfang der Sakramente nahmen schon in den beispielhaften Statuten des Pariser Bischofs Odo von Sully eine zentrale Stellung ein. Sogar die Konzilsväter des vierten Lateranums ließen sich in ihren Erklärungen zur Sakramententheologie von diesem Text beeinflussen[11], der mittelbar auch in den Konstanzer Statuten nachwirkt. Vom Spender des Taufsakraments wird das deutliche Aussprechen der richtigen Taufformel gefordert; die Firmung ist an jedem Fünfzehnjährigen vorzunehmen, und in bezug auf das Bußsakrament knüpft der Bischof ausdrücklich an das Statut des allgemeinen Konzils an, wenn er lehrt, die Gläubigen beiderlei Geschlechts, die zum Gebrauch der Vernunft gelangt seien, müßten jährlich in einer Einzelbeichte dem zuständigen Ortsgeistlichen ihre Sünden bekennen, die auferlegte Buße selber leisten und zum mindesten an Ostern die Eucharistie empfangen. Wer sich weigert, soll zu seinen Lebzeiten am Betreten der Kirche gehindert werden, im Tod ist ihm das kirchliche Begräbnis zu versagen. Um den unerfahrenen Beichtkindern nicht Gelegenheit zum Sündigen zu geben, muß der Priester die üblichen Sünden einzeln erfragen, unter Umständen sogar vorsichtig aufspüren. Schwere Sünden, wie Mord, Sakrileg, Inzest, Jungfrauenschändung, widernatürliche Unzucht, Tätlichkeit gegen Priester und Eltern oder Bruch von Gelübden, bleiben zur Bestrafung dem Bischof und seinem Pönitentiar vorbehalten. Eindringlich ermahnt er die Priester, die Wandlungsworte im Kanon der Messe reinen Geistes auszusprechen, Chrisma und geweihtes Öl wohl verschlossen an sauberem Ort aufzubewahren und notfalls in würdiger Form zu den Gläubigen zu bringen. Wer sich dabei dem mit Lichtern und Glöckchen begleiteten Priester anschließt, wird mit einem Ablaß von zehn Tagen belohnt. Streng verboten ist es den Geistlichen – gedacht ist wohl vor allem an die Bettelmönche –, einen Gläubigen im Leben oder in der Todesstunde zu drängen, seine letzte Ruhestätte zum Schaden der eigenen Pfarrkirche an einem andern Ort zu wählen. Keinesfalls darf ein notorischer Wucherer ohne spezielle Erlaubnis des Bischofs in geweihter Erde beigesetzt werden, und kein Priester darf bei der Opferung aus der Hand eines Wucherers eine Gabe in Empfang nehmen. Geistliche Funktionen jeglicher Art dürfen nicht mit Geld erkauft werden. Soviel zu den Weisungen.

Jeder Leser dieser Statuten, der die vorkonziliare Kirche gekannt hat, wird darin etliche ihrer charakteristischen Züge wiedererkennen. Es sind die Züge, die ihr das 13. Jahrhundert aufgeprägt hat. Das kirchliche Leben ist eingefangen in ein System von Geboten, Verboten und Strafandrohungen, die sich teils an den Priester, teils an den Gläubigen richten. Die wesentlichste Aufgabe des Geistlichen ist es, deren Einhaltung zu überwachen, den Nachlässigen zu warnen, den Übertreter der Gesetze zu bestrafen – je nach der Kompetenz, die seiner hierarchischen Stellung zukommt. Der Rechtsgang ist festgelegt, jeder weiß, wem was zu melden ist. Irgendeine theologische Begründung der kirchlichen Forderungen gibt der Oberhirte nicht, vielmehr deklariert er die einzelnen Paragraphen als bloßen Ausfluß seines Willens, wenn er sie stereotyp mit «volumus», «statuimus» oder «inhibemus» (wir wollen, wir setzen fest, wir verbieten) einleitet.

Wohl hat der Bischof die Absicht, die Gläubigen vor schlechten Priestern zu bewahren. Er verliert aber kein Wort über die angemessene Ausbildung der Seelsorger, über deren eigenes geistliches Leben, über die Pflicht zur Nächstenliebe und erstaunlicherweise nicht einmal über die Pflicht zur Verkündigung, die eigentlich ein Hauptpunkt der «révolution pastorale» des 13. Jahrhunderts gewesen ist. Wie der Hirte seiner Herde das Heilsverständnis vermitteln soll, das sie alljährlich durch den Empfang des Buß- und Altarssakraments bezeugen muß, ist nicht Gegenstand der oberhirtlichen Sorgen und Überlegungen. In bezug auf die Pastoration gibt sich der Bischof damit zufrieden, in Übereinstimmung mit der Universalkirche die sakramentale Versorgung der Laien zu sichern und unter Kontrolle zu bringen. Die Vorstellungen von der Aufgabe des Priesters, die von oben dem einfachen Seelsorger zuflossen, stempelten ihn zum Verwalter der kirchlichen Heilsmittel, zum Kontrolleur und Richter. Daß das Schwergewicht auf dem Formalen liegt, ist ein Wesensmerkmal der Zeit und kein individuelles der Konstanzer Statuten. Dies alles schloß eine spirituellere Amtsauffassung zwar nicht aus, förderte sie aber kaum.

Rudolf von Montfort gab sich mit dem Erlaß dieser Normen nicht zufrieden, sondern ließ durch Beauftragte in der ganzen Diözese eine Visitation durchführen, deren Zweck es war, im Sinne der Statuten die Amtsführung der Pfarrgeistlichkeit zu überprüfen und gleichzeitig die Einkünfte aller Kirchen festzustellen. Über jeden Mangel wurde ein schriftlicher Rapport aufgenommen; fehlbare Geistliche traf eine Geldstrafe von bis zu dreißig Pfund, einem ansehnlichen Betrag[12]. Der Minderbru-

[11] PONTAL, Statuts, S. 45.

[12] BREHM, Geschichte, S. 19; BRAUN, Klerus, S. 161.

der Johannes von Winterthur, bekannt als Geschichtsschreiber dieser Zeit, hat den Bischof für dieses harte Vorgehen scharf getadelt, da es nach seiner Meinung nur zu seiner Bereicherung gedient und die ungerecht Bestraften irritiert habe[13]. Das Reformwerk gipfelte in einer Diözesansynode, wozu auf Ende August des gleichen Jahres alle Äbte, Prioren, Pröpste und Dekane der Landkapitel geladen waren. Ihre Beschlüsse kennen wir nicht; wahrscheinlich diente die Versammlung dazu, die Statuten bekanntzumachen und zu erläutern[14]. Ein Parlament bildeten diese Synoden nicht, denn da gab es nichts zu diskutieren, sondern nur zuzuhören.

Nach Rudolfs Tod erlahmte der Reformeifer für einige Zeit. Der Streit des avignonesischen Papstes mit Ludwig dem Bayern verunmöglichte die Abhaltung von Synoden. Der energielose, aus dem Emmental stammende Heinrich III. von Brandis (1357–1383), ein früherer Abt von Einsiedeln, wagte sich nicht an Reformen. Über das späte 14. und für das 15. Jahrhundert liegen wieder Nachrichten von Diözesansynoden vor, die in unregelmäßiger Folge und oft in Anwesenheit von ein paar hundert Priestern in der Bischofsstadt stattfanden. Nur ausnahmsweise ergriff dabei der Oberhirte selber das Wort; Ermahnungen und Anweisungen zu verkünden, überließ er dem Generalvikar, seinem Vertreter in geistlichen Sachen, oder dem Offizial, dem bischöflichen Richter. Die Diözesanstatuten erfuhren zwar wiederholt Ergänzungen und Anpassungen, die behandelten Grundprobleme blieben sich aber gleich; seit 1463 glaubt man eine deutliche Erstarrung feststellen zu können[15]. Unübersehbar ist indessen die wachsende Sorge um die regelgemäße Besetzung der Seelsorgeposten, die Einhaltung der Residenzpflicht, die unmißverständliche Definition der Kompetenzbereiche aller Amtsträger, zumal des in Verwaltungs- und Aufsichtssachen immer wichtigeren Dekans der Landkapitel, für den Bischof Burkhard von Hewen (1387–1398) eine Art von Pflichtenheft in seine Statuten aufgenommen hat[16]. Von besonderem Belang für die Seelsorge sind einige Paragraphen in den Statuten des Bischofs Marquard von Randegg (1398–1406)[17]. Den Geistlichen prägt er die Forderung ein, die Ohrenbeichte insbesondere bei Frauen an einem Ort durchzuführen, wo Beichtvater und Beichtkind von jedermann gesehen werden könnten. Gesang, Spiel und Tanz beim Leichenschmaus seien in Kirchen und Privathäusern zu verbieten. Begarden, die ja Laien waren, dürften nicht predigen. Ehen seien nicht nur in der Kirche zu verkündigen, sondern auch dort einzusegnen. Wer seine Angetraute verläßt, büße die Untreue mit vierzig Schillingen. Doch erst tief im 15. Jahrhundert kommt ein Bischof auf die Sonntagspredigt zu sprechen, sagt aber bloß, der Prediger habe darin das Pfarreivolk zur Teilnahme am Gottesdienst anzuhalten, und endlich ertönt auch einmal die Mahnung an die Beichtväter, nicht bloß Richter, sondern Seelenärzte zu sein[18]. Bischof Rudolf von Montfort hat seine Statuten an die Archidiakone sowie die Dekane und Kämmerer der Landkapitel adressiert und den letzteren die Pflicht auferlegt, sie den Geistlichen anläßlich der Kapitelversammlungen vorzulesen. Heinrich IV. von Hewen (1436–1463) verlangte von den Dekanen, seine Verordnungen viermal im Jahr dem Klerus einzuschärfen[19]. Wie gerade die Engelberger Kopie der Montforter Statuten zeigt, wurden die bischöflichen Weisungen auch tatsächlich abschriftlich verbreitet, was bisweilen auch ausdrücklich verlangt wird[20]. Da es höchst unwahrscheinlich ist, daß ein Leutpriester die komplizierten offiziellen Sammlungen kirchlicher Gesetze erworben hat, müssen Statutentexte, wie jene des Bischofs Marquard von Randegg, die zu einem förmlichen kirchenrechtlichen und pastoralen Kompendium angewachsen sind, als wichtigste Quelle des Fachwissens für den Seelsorgegeistlichen angesehen werden. Manchem Praktiker erschien gewiß auch dies noch viel zu umständlich, und er setzte sich im pastoralen Alltag darüber hinweg. Dies befürchteten auch die Bischöfe, weshalb sie es den Dekanen überbanden, als ihr Sprachrohr zu fungieren.

Die Rolle des Dekans

Es ist anzunehmen, daß die Dekane in der Tat als eine Art Scharnier zwischen dem Diözesanbischof und der hinter ihm stehenden Universalkirche einerseits sowie dem einfachen Dorfpriester und seiner lokalen Gemeinde anderseits gewirkt haben. Schon im 12./13. Jahrhundert hat sich im Bistum Konstanz die Aufgliederung in Landdekanate durchgesetzt[21], wobei zwischen drei bis vier Dekanate zu einem Archidiakonatssprengel zusammenge-

[13] Winterthur, Chronik, S. 120.
[14] Tüchle Hermann, Kirchengeschichte Schwabens, Bd. 2, Stuttgart 1954, S. 47.
[15] Brehm, Geschichte, S. 20.
[16] REC 3, Nr. 7544, S. 95.
[17] Ebd. Nr. 7990, S. 148. Text bei Brehm, Geschichte, S. 44–48.
[18] Ebd. S. 20–26. Beschreibung der Reformbemühungen der einzelnen Konstanzer Bischöfe bei Braun, Klerus, S. 160–190.
[19] Gfr. 26, 1871, S. 305f.; Brehm, Geschichte, S. 45.
[20] Ebd. S. 22.
[21] Ahlaus, Landdekanate, S. 56.

faßt wurden. Gleichzeitig verloren aber die Archidiakone ihre einst bedeutsame Stellung als Vertreter des Bischofs. Ihre Funktionen erbte teils der in Konstanz residierende Generalvikar, teils gingen sie an die Dekane über. Die Dekanatsverfassung präsentiert sich in unserem Bistum erstmals in ausgereifter Gestalt im «Liber decimationis», der Heberolle für den 1275 ausgeschriebenen Kreuzzugszehnten[22]. Die beiden Dekanate Luzern und Cham-Bremgarten gehörten zum Archidiakonat Aargau. Die hier nur gelegentlich berührten Einsiedler Pfarreien am Zürichsee unterstanden dem Dekan von Rapperswil (später Zürich). Das Amt des Dekans war nirgends mit einer bestimmten Pfründe verbunden; es wurde von ihm nur verlangt, innerhalb der Dekanatsgrenzen zu residieren. Daher finden sich unter den Luzerner Dekanen Kirchherren, Leutpriester und sogar ein Altarist ohne Seelsorgepflicht, die von Stans, Sarnen, Altdorf, Küßnacht, Emmen und Luzern aus ihr Amt verwalteten[23]. Auf Dekane des Chamer Kapitels stößt man in Risch, Zug, Cham, Baar, Neuheim und Bremgarten[24].

Über die Amtspflichten des Dekans als eines Vollzugsorgans der bischöflichen Kurie und Bindeglieds zwischen Bischof und Priesterschaft können wir uns anhand der Synodalstatuten des 14. und 15. Jahrhunderts ein Bild machen. Über seine Funktion als Vorsitzender der Versammlung aller Geistlichen seines Sprengels unterrichten die Statuten, die sich die Ruralkapitel – mit bischöflicher Genehmigung – selber gegeben haben. Dazu treten noch zahlreiche Briefe, Urkunden und Mandate[25]. Der Dekan wurde von den allein wahlberechtigten geweihten Kirchherren und Leutpriestern gewählt und dem Bischof zur Bestätigung präsentiert. Kapläne, Altaristen ohne Seelsorgepflicht und wohl auch pastorierende Mönche waren nicht wahlberechtigt. Seine erste Aufgabe bestand darin, die Mitglieder des Kapitels zu den Versammlungen zusammenzurufen, und zwar dreimal jährlich im Luzerner, nur zweimal im Chamer Dekanat. Einen zwingend vorgeschriebenen Sitzungsort gab es nicht, doch trafen sich die Luzerner regelmäßig in der Peterskapelle, seit dem späten 15. Jahrhundert im Zunfthaus «Zu Schneidern». Bei den Zugern bestimmte jeweils der Dekan selbst den Tagungsort[26]. Gemäß bischöflichem Auftrag trug der Dekan oder der Kämmerer, als der zweite, für die Finanzen zuständige Amtsträger des Kapitels, den versammelten Mitbrüdern die neuesten Statuten vor und brachte die schon bekannten in Erinnerung, um sie wenn nötig in der Volkssprache zu erklären[27]. Das läßt vermuten, mancher Priester habe von den Statuten hernach nur das praktiziert, was ihm entsprechend «ausgedeutscht» wurde.

Wenn tatsächlich ein Dekan gewissenhaft und regelmäßig dieser Verpflichtung nachgekommen ist – leider sind für die fragliche Zeit keine Sitzungsprotokolle überliefert –, dann bildete seine Unterweisung ein ganz wesentliches Element der Klerusbildung, das wahrscheinlich zweckdienlicher war als die nie von der ganzen Geistlichkeit besuchten und eher zeremoniösen Verkündigungen auf den Konstanzer Synoden. Dann kann die Kapitelsversammlung auch als der vielleicht wichtigste Kanal gelten, durch den allgemeinkirchliches Gedankengut über den Diözesanbischof zum Dekan und von diesem zum einzelnen Priester in der abgelegensten Kaplanei floß und dazu beitrug, das trotz allem Lokalkolorit so einheitliche Gesicht der römischen Kirche zu prägen.

Der Dekan übte ferner über den gesamten Klerus seines Sprengels ein allgemeines Aufsichtsrecht aus. Pflichtvergessene Mitbrüder mußte er väterlich ermahnen, leichtere Vergehen hatte er zu ahnden, über schwerere aber der Kurie in Konstanz Mitteilung zu machen. Nahm er diese Aufgabe ernst, so dürften sich die Folgen der mangelhaften direkten Kontrolle durch bischöfliche Visitationen nicht unbedingt so negativ ausgewirkt haben, wie man sonst eigentlich annehmen müßte. Ebenfalls seine Aufgabe war es, alle Pfründenbesetzungen zu kontrollieren. Zweimal im Jahr hatte er auf Grund seiner Erhebungen in den Kapitelsversammlungen eine Liste der unbesetzten Benefizien und jener, deren Besetzung durch den Papst direkt erfolgte, nach Konstanz zu schicken. Dem Dekan kam es auch zu, die neu ernannten Mitbrüder in ihr Amt einzuweisen, die bischöfliche Einsetzungsurkunde genau zu prüfen und jene strikte zu suspendieren, die kein solches Dokument vorweisen konnten oder ein gefälschtes präsentierten. Um jeden Mißbrauch zu vermeiden, ordnete

65 Siegel des Dekanats Luzern, 1314. Stiftsarchiv Luzern.

[22] Liber decimationis, FDA 1, 1885, S. 1–303.

[23] Stans: QW 1/3, Nr. 567, S. 369f. – Sarnen: QW 1/1, Nr. 870, S. 397; Omlin, Geistliche S. 88f. – Emmen: QW 1/2, Nr. 384, S. 190. – Altdorf: QW 1/2, Nr. 620, S. 312, Nr. 738, S. 370. – Luzern: Weber, Peterskapelle, S. 41. – Küßnacht: QW 1/2, Nr. 1639, S. 812.

[24] Die Dekanate von Cham-Bremgarten sind zusammengestellt bei Iten, Tugium, S. 18f.

[25] Statuten des Dekanats Luzern von 1412: Gfr. 24, 1869, Nr. 1, S. 59–65. Bestätigung der Luzerner Statuten: REC 3, Nr. 8308, S. 183f. – Statuten von Cham-Bremgarten: UB Zug 1, Nr. 1129, S. 589–591. Die Kapitelsmitglieder wollten sich die Kosten für die Bestätigung ersparen und begnügten sich mit dem Eid auf die Statuten bei jeder Sitzung, ebd., S. 591.

[26] Ahlaus, Landdekanate, S. 196–202.

[27] Letzteres verlangte Bischof Marquard von Randegg, Ahlaus, Landdekanate, S. 212.

Bischof Marquard von Randegg an, jeder Pfründenbesitztitel sei dem Dekan jährlich zur Kontrolle vorzulegen. Richterliche Funktionen hatte der Dekan dagegen nicht, in den Rechtsfällen war allein das bischöfliche Offizialat zuständig. Das wirkte sich wohl zu seinem Vorteil aus, so wie umgekehrt die Pflicht, die dem Bischof geschuldeten ordentlichen und außerordentlichen Abgaben einzutreiben, seine Stellung gegenüber den Mitbrüdern belastete.

Als gewähltes Haupt seiner Standesgenossen leitete der Dekan neben dem Kapitel auch die Priesterbruderschaft, der die gesamte Geistlichkeit seines Sprengels beitreten konnte. Das Ruralkapitel bildete nämlich auch eine Konfraternität mit den typischen gildemäßigen Kennzeichen des Bruderschaftsmahles, des gemeinsamen Gottesdienstes und der gegenseitigen Totensorge[28]. Die Kapitelsstatuten handeln übrigens vornehmlich von den Pflichten, welche Mitgliedern dieser geistlichen Gemeinschaft erwuchsen, welche, wie das für eine Gilde oder Zunft selbstverständlich ist, auch für den sozialen und beruflichen Schutz ihrer Brüder besorgt war. Die Versammlungen wurden am Vorabend des Sitzungstags mit der Totenvigil eröffnet. Bei der Kapitelsmesse verkündete nach den Luzerner Statuten der Dekan oder Kämmerer die Namen der jüngst verstorbenen Mitbrüder und gab die neu errichteten Anniversarstiftungen bekannt. Daran schlossen sich fünf Seelenmessen an. Jedes Mitglied hatte zudem vom Todestag eines Mitbruders bis zum Dreißigsten täglich dreißig Vaterunser und Ave Maria zu beten, dem Kapitel oder den Armen einen Obolus zu entrichten und dazu am Beerdigungstag, am Siebten und am Dreißigsten eine Messe zu feiern. Das gemeinsame Mahl wurde nur jenen gespendet, die auch am Gottesdienst – im Chorrock, ohne Dolch und Sporen – teilgenommen hatten. In Luzern stellte der Rat den geistlichen Herren für den geselligen Teil ihrer Zusammenkunft bis 1463 das Rathaus zur Verfügung, offerierte den Wein und beteiligte sich an den Kosten. Als sie zur Schneiderzunft hinüberwechseln mußten, haben sie sich auch mit den Zunftmitgliedern geistlich verbrüdert[29].

Das Landkapitel, das primär als eine Verwaltungskorporation zu verstehen ist, übte demnach auch die sehr bedeutsame Funktion einer Standesorganisation auf genossenschaftlicher Basis aus. Zugleich bildete es eine Lebende und Tote umschließende geistliche Gemeinschaft. Funktionierte sie gut, vermochte sie dem Priester den nötigen Halt in der Gesellschaft bzw. die willkommene Geborgenheit zu vermitteln, welche zumal die zahlreichen Fremden in einer ungewohnten, mitunter argwöhnischen Umgebung leicht vermißt haben dürften[30].

Bildungsfragen

Die Bischöfe von Konstanz publizierten ihre Statuten nach kirchlicher Tradition in lateinischer Sprache. Sie zweifelten aber selbst daran, ob der Pfarrklerus in der Lage sei, ihre Verlautbarungen zu verstehen und wiesen deshalb ihre Dekane vorsichtshalber an, den Geistlichen diese Texte in der Volkssprache zu erklären. Das Latein war im Mittelalter die Sprache des Kultes, der kirchlichen Verwaltung und auch das Idiom der Gelehrten. Eine künstliche Sprache also, die niemand auf dem Kontinent mit der Muttermilch einsog. Als «Vatersprache» der mittelalterlichen Epoche hat sie Wolfram von den Steinen treffend charakterisiert. Ein junkerlicher Kirchherr mochte wohl ohne Latein auskommen, ein Leutpriester nicht. Einen Zelebranten am Altar, der von den Texten der Liturgie nichts begriff, ein Spender des Bußsakraments, der die Lossprechungsformel nicht verstand, kann man sich nur schwer vorstellen. Und doch hat es solche gegeben, indessen hat die «pastorale Wende» des 13. Jahrhunderts die schlimmsten Übel behoben.

Wie überall wird man auch in der Innerschweiz mit sehr unterschiedlichen Kenntnissen des Kirchenlateins rechnen müssen. Priester, welche schwierige lateinische Bücher abschrieben, eine eigene Bibliothek besaßen[31], standen neben andern, die ihre Texte nur so der Spur nach und teilweise gar nicht verstanden. Die Mehrheit wird aber in ihrer Jugend eine Lateinschule an einer Stifts- oder Pfarrschule besucht haben, wo ihr ein «scholasticus», «doctor puerorum» oder ein «Schulmeister» genannter Lehrer mit unzimperlichen Paukmethoden anhand von Vaterunser, Credo und den Bußpsalmen die Grundlagen des Kirchenlateins eintrichterte[32]. In Luzern führte das Kloster im Hof die einzige Lateinschule der Stadt. Knaben vom siebten Altersjahr an unterwies dort ein Schulmeister, dessen Aufgabe 1330 «gemäß alter Gewohnheit» darin bestand, die Schüler zum Chorgebet zu führen und ihnen das Tragen des Kreuzes, des Weihwassers, des Weihrauchs und der Kerzen beizubringen[33]. Bei den Franziskanern gab es zwar

[28] Ebd. S. 213f. Zum Bruderschaftswesen vgl. unten S. 268.

[29] Bruderschaftsrodel, Gfr. 24, 1869, Nr. 17, S. 95–102.

[30] Anscheinend konnte der Besuch der Kapitelsversammlungen manchen Mitgliedern auch lästig fallen, so daß man mit der Verheißung von Ablässen zur Teilnahme ermuntern mußte, REC 4, Nr. 12396, S. 270.

[31] Vgl. oben S. 227.

[32] Oediger, Bildung, S. 69f.; Braun, Klerus, S. 79–105.

[33] Gfr. 38, 1883, Nr. 18, S. 87. Zur Hofschule vgl. Weber, Beiträge, S. 38–53; Sidler, Bildungsverhältnisse, S. 42–46.

einen Lektor bzw. Lesemeister, der sich aber nur an seine Mitbrüder richtete und keinen öffentlichen Unterricht hielt[34]. Einige Bedeutung für die Klerusbildung der Innerschweiz dürfte der Stiftsschule in Beromünster beizumessen sein. Dort ist seit dem 13. Jahrhundert neben dem Scholastikus (einem Chorherrn), der sich nicht am Unterricht beteiligte, ein Schulmeister bezeugt. Nach den Statuten von 1326 hatte dieser «magister» eine dreifache Pflicht: im Chor zu singen, in der Schule zu lehren und in den gemeinsamen Stiftsangelegenheiten zu schreiben[35]. In Luzern und Beromünster war es im 15. Jahrhundert üblich, daß der Propst und einzelne Chorherren unentgeltlich Schüler unterhielten[36]. Die Benediktinerklöster Einsiedeln und Engelberg beteiligten sich offenbar nicht an der Heranbildung von Weltgeistlichen. In Einsiedeln hatte man die Gewohnheit, wenn nötig fremde Schulmeister für den eigenen Nachwuchs anzustellen, wie den als Verfasser der «Capella Heremitarum» bekannten Rudolf von Radegg, der im Kloster als Kleriker und Magister unterrichtete[37]. Dagegen ist in Engelberg sogar die Schule für die eigenen Mönche kaum quellenmäßig zu fassen[38].

Mancher Knabe oder Jüngling ging jedoch nicht bei einem offiziellen Lehrer zur Schule, sondern ganz einfach beim Dorfgeistlichen in die Lehre. Als Scholar lernte er dort neben den Anfangsgründen des Lateins den Kirchendienst in der Praxis kennen, er nahm an der Tagzeitenliturgie sowie den Totenvigilien teil, weiter betätigte er sich als Sakristan und Meßdiener[39]. Nach Abschluß der Schulzeit oder der Pfarrerlehre meldete sich der künftige Seelsorger als Kandidat in Konstanz, sofern nicht ein Weihehindernis vorlag, von dem er zuvor vom Bischof dispensiert werden mußte, im Falle eines Geburtsmakels sogar vom Heiligen Stuhl. Gemäß den Beschlüssen des Konzils von Vienne (1311) konnte er das Subdiakonat mit 18, das Diakonat mit 20, die Priesterweihe aber mit 25 Jahren empfangen[40]. Es scheint jedoch nicht, daß sich die Konstanzer Kurie an diese Limiten gehalten hat[41]. Über den Stoff und die Durchführung der Weiheprüfungen liegen erst für das 15. Jahrhundert Nachrichten vor. Damals wurde sogar das Ergebnis der Prüfung in das Weihezeugnis eingetragen, was in anderen Diözesen nicht üblich war. Geweihte, die das Zeugnis nachträglich verfälschten, wurden suspendiert. Wer aber den normalen Weg ging, stand beim Antritt seines Amtes kaum ohne einigermaßen hinlängliche Kenntnisse da. Fälle krasser Unkenntnis lagen vor allem dann vor, wenn einer unter Umgehung des Examens das Zeugnis erschlichen hatte. Dieser Gefahr suchten die Bischöfe entgegenzuwirken, indem sie den Dekanen die strenge Prüfung der Weihezeugnisse auferlegten. Ob sich am jeweiligen Weihetag im Konstanzer Münster auch schon eine so buntscheckige Menge drängte wie im frühen 16. Jahrhundert, wissen wir nicht. Damals blickte Bischof Hugo von Hohenlandenberg

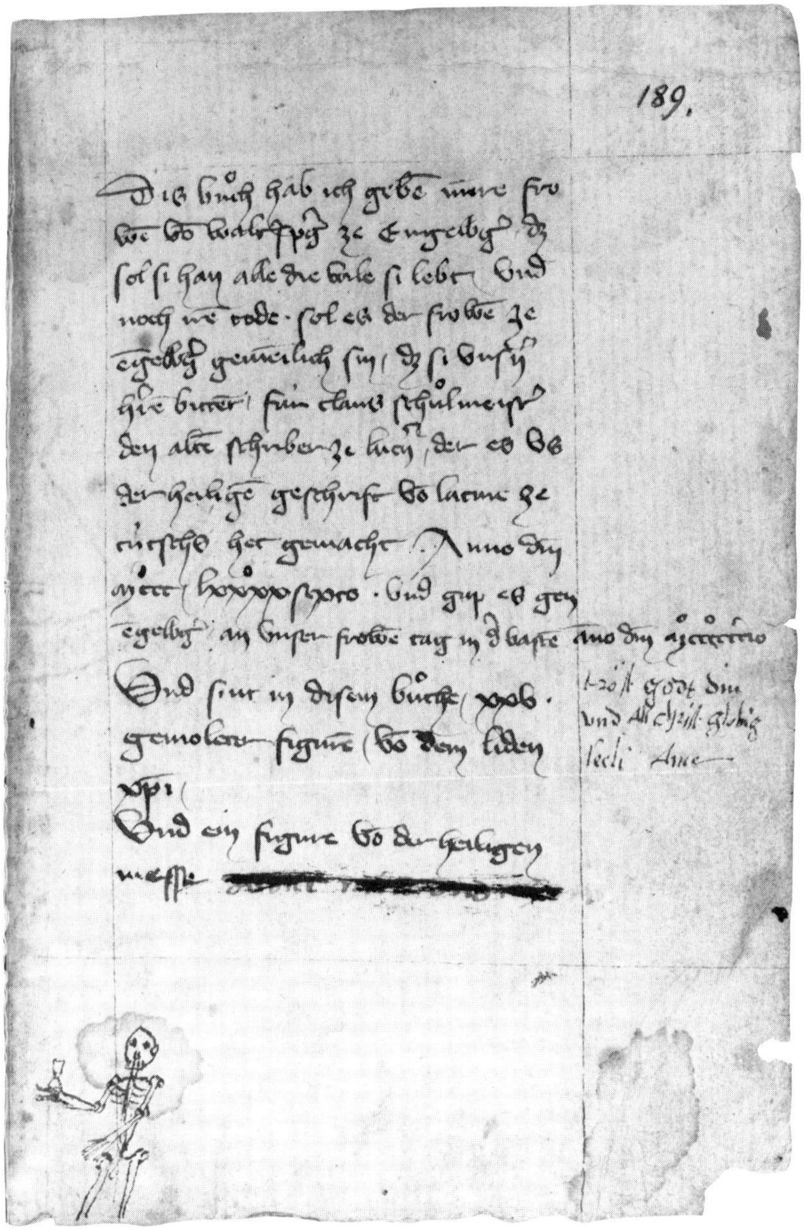

66 Der vermutlich aus Straßburg zugewanderte Kleriker Niklaus Schulmeister diente der Stadt Luzern als Schulmeister, nutzte seine Lateinkenntnisse aber auch zum Übersetzen eines Betrachtungsbuches, das er 1403 einer Nonne bzw. dem Frauenkonvent von Engelberg widmete, wie er im Kolophon seiner Handschrift bekanntgibt. Stiftsbibliothek Engelberg, Codex 339, fol. 189r.

34 Franziskaner: WEBER, Beiträge, S. 79; SIDLER, Bildungsverhältnisse, S. 46–50; HEGGLIN/GLAUSER, Kloster, S. 43.

35 UB Beromünster, Nr. 388, S. 170; BÜCHLER-MATTMANN, Beromünster, S. 107.

36 SIDLER, Bildungsverhältnisse, S. 37.

37 RINGHOLZ, Einsiedeln, S. 465; RADEGG, Capella, Einleitung, S. 13f.

38 HEER, Engelberg, S. 101.

39 In Baar: UB Zug 1, Nr. 354, S. 159 (1402). – In Arth: NÜSCHELER, Gotteshäuser 2, S. 289 (1358/59).

40 OEDIGER, Bildung, S. 82, Anm. 3; BRAUN, Klerus, S. 99f.

41 Vgl. aber die Statuten Rudolfs von Montfort oben S. 236f.

verwundert auf die Schar seiner Weihekandidaten: «Rote, grüne, gelbe Gewänder, dazu weiße Schuhe, so kommen sie bisweilen vor uns, unseren Generalvikar und unsere Examinatoren zum Empfang der Weihe.»[42]

Das intellektuelle Niveau der Geistlichen mag zwar im Durchschnitt bescheiden gewesen sein. Trotzdem war der Leutpriester oft der einzige in seiner Gemeinde, der lesen und schreiben konnte und sich schon dadurch weit von seinen bäuerlichen Pfarrkindern abhob. Wenn die Kirchgenossen von Hombrechtikon, die zur Einsiedler Pfarrei Ufenau gehörten, 1403 ihren Priester zwangen, in ihrer Filialkirche das Jahrzeitenbuch vorzulesen, da keiner von ihnen lesen könne, entsprach dies der normalen Gegebenheit[43]. Höhere geistige Qualitäten mußte ein Priester besitzen, der in den freien Stunden seine Schreibkunst nutzte, um sich dem mühsamen Gewerbe des Bücherkopierens zu widmen, was übrigens für einen Geistlichen die einzige offiziell erlaubte Möglichkeit zu einem Nebenverdienst gewesen ist. So schrieb der Leutpriester Bartholomäus Fridower in Stans im Jahre 1379 eines der Werke des berühmten mystischen Theologen Richard von St. Viktor aus dem 12. Jahrhundert ab[44]. Am gleichen Ort kopierte der Leutpriester Johann von Bolsenheim, der später ins Kloster Engelberg eintrat, zwei Handschriften mystischen Inhalts[45]. Als Kaplan in Küßnacht vollendete der Mönch Walter Mirer im Sommer 1381 die Abschrift der «Summa de casibus conscientiae» des Bartholomäus von Pisa[46].

Träger akademischer Titel begegnen wir unter dem Seelsorgeklerus nur selten; ihre Zahl beginnt erst in der zweiten Hälfte des 15. Jahrhunderts anzusteigen. Die meisten haben sich mit dem Besuch einer Artistenfakultät begnügt, der eine oder andere hat noch etwas die Rechte studiert. Das viele Jahre beanspruchende Studium an der Theologischen Fakultät wurde gemieden[47].

Ein Seelsorger konnte sein Amt, das immer mit «Singen und Lesen» umschrieben wird, gar nicht ausüben, wenn er nicht eine Anzahl liturgischer Bücher zur Hand hatte. Was da an einer Leutkirche für unerläßlich betrachtet worden ist, das geht beispielsweise aus dem Schatz- und Bücherverzeichnis der Peterskapelle in Luzern hervor. Dort standen 1366 ein großes und ein kleines Meßbuch, eines aufgeteilt nach Winter- und Sommerteil, zwei Antiphonarien für die Heiligenfeste und eines für die Sonn- und Feiertage, ein mit Noten versehenes Graduale für die Meßgesänge, ein Psalterium und noch ein anderes, nicht bestimmtes Buch zur Verfügung[48]. Wie wir aus der Gründungsurkunde von Spiringen (1299) erfahren, war es Sache der Kommune, für die liturgischen Bücher aufzukommen[49], und so dürfte es die Regel gewesen sein. Zu Lasten des Geistlichen gingen dagegen sein persönliches Brevier, Predigtbücher und Sammlungen von Wundergeschichten und wohl auch das eine oder andere Handbuch für den Seelsorger, wie sie im späten Mittelalter auf den Markt kamen. Handschriften von Pastoralbüchern sind aus der Innerschweiz in ansehnlicher Zahl überliefert, nur stammen sie mit ganz geringen Ausnahmen aus Klosterbibliotheken. Wahrscheinlich erwarb man sie, um Mönche zur Seelsorge auf inkorporierten Pfarreien vorzubereiten, vielleicht kamen sie erst nachträglich als Schenkung eines Pfarrgeistlichen in die Klosterbibliothek, wie die oben erwähnten Testamente zweier Pfarrherren zugunsten der Abteien Einsiedeln und Wettingen nahelegen. Ihre stattliche Zahl bezeugt jedenfalls die Aufgeschlossenheit gegenüber den gewachsenen Anforderungen der Seelsorge. Werfen wir nun einen kurzen Blick in diese Bestände. Dabei lassen wir die ebenfalls zahlreichen Predigtsammlungen und Legendare beiseite, die im Kloster auch zur monastischen Lesung und Betrachtung dienen konnten, und beschränken uns auf die eigens zu pastoralen Zwecken verfaßten Handbücher. Im Vordergrund stehen die Bußsummen, die ein pastoraltheologisches Genus repräsentieren, welches dank den Entscheidungen des vierten Laterankonzils über den Sakramentenempfang der

[42] Zum Prüfungsverfahren: Oediger, Bildung, S. 80–97, Zitat: S. 92.

[43] Ringholz, Einsiedeln, S. 327f.

[44] De mistico somno Nabuchodonosor regis, bzw. Tractatus mysticus sompnii Nabuchodonosor regis babilonis, SMAH 5, S. 91; Katalog, Nr. 161, S. 63. Der Band ist seit dem 16./17. Jahrhundert in der Stiftsbibliothek Einsiedeln: Codex 280; Meier, Catalogus, S. 255.

[45] Stiftsbibliothek Engelberg: Codex 321; Gottwald, Catalogus, S. 229; Katalog, Nr. 298, S. 109f. Stiftsbibliothek Engelberg: Codex 322, Gottwald, Catalogus, S. 230f.; Katalog, Nr. 299, S. 110.

[46] Vgl. oben S. 216.

[47] Bis ins erste Viertel des 15. Jahrhunderts lassen sich nur neun Seelsorgegeistliche mit akademischem Titel feststellen oder durch ihre Notarsfunktion als «Akademiker» vermuten, wobei ich die um 1260 in Sarnen genannten magistri als «Schulmeister» und nicht als Universitätsabsolventen betrachte, QW 1/1, Nr. 885, S. 404. Von den neun gehören drei dem 13., fünf dem 15. und ein einziger dem 14. Jahrhundert an. Drei der neun waren Leutpriester oder Helfer in der Stadt Luzern, Weber, Beiträge, S. 8f.; Weber, Peterskapelle, S. 41–43. An zweiter Stelle steht Zug mit zwei «Akademikern» im frühen 15. Jahrhundert, Iten, Tugium, S. 453, 534. Je einer fällt auf die Pfarreien Malters (QW 1/1, Nr. 752, S. 342, 13. Jahrhundert), Neuheim (QW 1/1, Nr. 634, S. 284, 13. Jahrhundert) und Silenen (Meyer, Zürich, Nr. 121, S. 220, 15. Jahrhundert).

[48] Abgedruckt bei Weber, Bürgerbuch 2, Nr. 13, S. 100f.; Lehmann, Bibliothekskataloge 1, Nr. 39, S. 206.

[49] Vgl. oben S. 217.

Laien größte Aktualität gewonnen hatte. Einsiedeln besitzt eine größere Anzahl von Werken kanonistischer Gelehrsamkeit aus der Zeit der Hochscholastik, die auf das Bußwesen allgemein und auf die Ausgestaltung der sakramentalen Einzelbeichte im besonderen einen maßgeblichen Einfluß ausübten: die «Summa de poenitentia» des Kanonisten Paulus von Ungarn, Dominikaner und Bußpriester von San Nicolao in Bologna (1. Hälfte 13. Jahrhundert), im selben Codex den «Liber poenitentiarius» des ebenfalls in Bologna lebenden portugiesischen Magisters Johannes de Deo (1189/91–1267)[50], die «Summa confessorum» des Engländers Thomas von Chabham (um 1216)[51], schließlich die nachhaltig wirkende «Summa de casibus» des spanischen Kanonisten Raimund von Peñaforte (1175/ 80–1275), der auch in Bologna lehrte, bevor er Ordensgeneral der Dominikaner wurde und als Beichtvater Jakobs I. von Aragon fungierte[52]. Sowohl in der Stiftsbibliothek Einsiedeln – hier allerdings in einer späteren Abschrift von 1494 – als auch in einer Handschrift der Stiftsbibliothek Engelberg aus dem 14. Jahrhundert ist die «Summa poenitentiae versibus concinnata» des Grammatikers und Dichters Johannes von Garlandia (um 1195 bis um 1272) überliefert[53]; ihre Besonderheit ist die Versform, die sie für den Unterricht in der Schule besser geeignet erscheinen ließ. In der Tat ist die Engelberger Fassung der Summe mit einem «Tractatus de septem vitiis capitalibus eorumque filiis» sowie mit einer kleinen Abhandlung über die «Casus reservati» verbunden, ihre Bestimmung für die Unterweisung angehender Seelsorger und Beichtväter also offenkundig.

Von dieser Gruppe deutlich abgehoben sind verschiedene Werke von Theologen, die vom ausgehenden 13. bis ins frühe 15. Jahrhundert gelebt, doziert und ihre bußtheologischen Lehren auch als Prediger in die Praxis umgesetzt haben. Ein gar vielbenutztes, weitverbreitetes Handbuch für den Beichtalltag hat um 1280/ 98 der Dominikanerlektor Johannes Rumsik von Freiburg im Breisgau (gest. 1314) verfaßt. Seine auf Raimund von Peñaforte fußende «Summa confessorum» ist in den Waldstätten gleich vierfach überliefert: Einsiedeln besitzt zwei Exemplare, Engelberg eines, und ein weiteres befand sich in der Bibliothek der Luzerner Barfüßer[54]. Auf Johannes von Freiburg beruht eine «Summa de casibus conscientiae» des Dominikanerlektors und Predigers Bartholomäus von Pisa (um 1260–1347), die in zwei Handschriften des Klosters Engelberg aus dem 14. Jahrhundert erhalten ist[55]. Einsiedeln besitzt hingegen Werke zum Bußwesen des Heinrich von Langenstein (1325–1397) und seines Schülers Nikolaus (Pruntzlein) von Dinkelsbühl (um 1360–1433). Von den Schriften über die Sünde, die Beichte und das Begräbnis des erwähnten Lehrers, dem man das Attribut eines «doctor conscientianus» verliehen hat, ist zumindest jene über das Begräbnis in einer Einsiedler Handschrift vorhanden[56], und drei Codices Einsidlenses enthalten einige der zahlreichen Bußtraktate und -predigten des Nikolaus von Dinkelsbühl[57]. Schließlich befinden sich hier zwei Schriften mit dem «Speculum clericorum» Alberts von Dießen (gest. um 1400), einem vielgelesenen pastoraltheologischen und kanonistischen Handbuch für Priester, das sich auch mit Sünde und Beichte befaßt[58].

Ein nicht ganz unbedeutender pastoraltheologischer Autor aus der näheren Umgebung der Waldstätte, dessen Werk auch in den Inneren Orten einen Niederschlag gefunden hat, ist der Verfasser des «Pastorale novellum», Rudolf von Liebegg. Dieser entstammte dem aargauischen Ministerialengeschlecht der Ritter von Liebegg bei Lenzburg und war als Nachgeborener wohl schon früh für die geistliche Laufbahn bestimmt. 1294 und 1301 war Liebegg in Bologna immatrikuliert, wo er nach siebenjährigem Studium den Titel eines «magister artium» erwarb. Danach wirkte er als Chorherr in Beromünster und zeitweise als Scholaster an der dortigen Stiftsschule. 1318 setzte er mit päpstlicher Dispens in Avignon seine Studien mit dem Kanonischen Recht fort, 1321 erhielt er eine Domherrenpfründe in Konstanz und

[50] Der folgende Abschnitt über die Bußbücher von Liebegg basiert auf einer Studie von Ernst Tremp, dem ich für die Überlassung des Manuskripts danke (Druck: Gfr. 143, 1990, S. 103–144). Stiftsbibliothek Einsiedeln: Codex 226; Meier, Catalogus, S. 185; SMAH 5, S. 86, 91.

[51] Stiftsbibliothek Einsiedeln: Codex 216; Meier, Catalogus, S. 173–175; Katalog, Nr. 148, S. 59.

[52] Stiftsbibliothek Einsiedeln: Codex 202; Meier, Catalogus, S. 160; SMAH 5, S. 134. Zum Werk vgl. unten Anm. 77.

[53] Stiftsbibliothek Einsiedeln: Codex 317; Meier, Catalogus, S. 287; Katalog, Nr. 167, S. 65f. – Stiftsbibliothek Engelberg: Codex 136; Gottwald, Catalogus, S. 139f.

[54] Stiftsbibliothek Einsiedeln: Codex 207, 208; Meier, Catalogus, S. 165f.; SMAH 5, S. 90; SMAH 8, S. 66, Anm. 24. – Stiftsbibliothek Engelberg: Codex 30; Gottwald, Catalogus, S. 41. – Luzern, Zentralbibliothek: KB 31 quarto; SMAH 9, S. 55; Katalog, Nr. 479, S. 174. Zum Werk vgl. unten Anm. 77.

[55] Stiftsbibliothek Engelberg: Codex 31, 262; Gottwald, Catalogus, S. 41, 198; Smah 8, S. 70, 72, 82; Katalog, Nr. 238, S. 88, Nr. 286, S. 104f.

[56] Stiftsbibliothek Einsiedeln: Codex 49; Meier, Catalogus, S. 53–55; SMAH 5, S. 118; Katalog, Nr. 131, S. 53.

[57] Stiftsbibliothek Einsiedeln: Codex 213, 214, 217; Meier, Catalogus, S. 168–172, 175; Katalog, Nr. 145, S. 57, Nr. 146, S. 57f., Nr. 149, S. 59.

[58] Stiftsbibliothek Einsiedeln: Codex 215, 229; Meier, Catalogus, S. 172f, 188f.; Katalog, Nr. 147, S. 58, Nr. 155, S. 61f.

die Propstwürde am Pelagiusstift in Bischofszell; er starb im Jahre 1332[59].

Seine Erfahrungen als Gelegenheitsdichter und die dem Mittelalter durchaus geläufige Überzeugung von den mnemotechnischen Vorzügen der metrischen Sprache führten Rudolf von Liebegg zum Entschluß, für angehende, aber auch in der Praxis stehende Priester ein pastoraltheologisches Handbuch in Versen zu verfassen. Der authentische Titel «Pastorale novellum» verrät Absicht und Anspruch des Autors, ging es ihm doch um nichts weniger als darum, die für die Priesterausbildung des Mittelalters grundlegende «Regula pastoralis» Gregors d. Gr. zu ersetzen, dem Klerus ein praktisches Kompendium mit dem aktuellen theologischen und kirchenrechtlichen Wissensstand an die Hand zu geben[60]. Das Werk wurde «nach zwölfjähriger Arbeit»[61] 1323 vollendet, als der Autor bereits in Konstanz residierte.

Eigenständigkeit ist vom «Pastorale novellum» nur bedingt zu erwarten; lediglich die Versifizierung, das Umgießen des Stoffes in 8675, nach anderer Zählung 8748 daktylische Hexameter[62], beansprucht der Dichter nach seiner, gewiß allzu bescheidenen Einschätzung als eigene Leistung[63]. Immerhin mußte er auf verschiedensten Gebieten die neueste Fachliteratur kennen, wozu ihn seine gründliche theologisch-juristische Ausbildung qualifizierte. Neben den Werken, die ihm in den Bibliotheken von Beromünster, Konstanz und Bischofszell zur Verfügung standen, hat Liebegg mit Sicherheit eine private Gelehrtenbibliothek besessen. Ihre Zusammensetzung ist zwar nicht bekannt; aber sie dürfte vermutlich so umfangreich und vielseitig gewesen sein wie diejenige Werner Marquards von Wollishofen (gest. 1324), eines mit Liebegg befreundeten Mitkanonikers in Beromünster, der ebenfalls in Bologna studiert hatte[64]. Marquards große Bibliothek kennen wir dank einem von ihm 1322 angefertigten Verzeichnis[65].

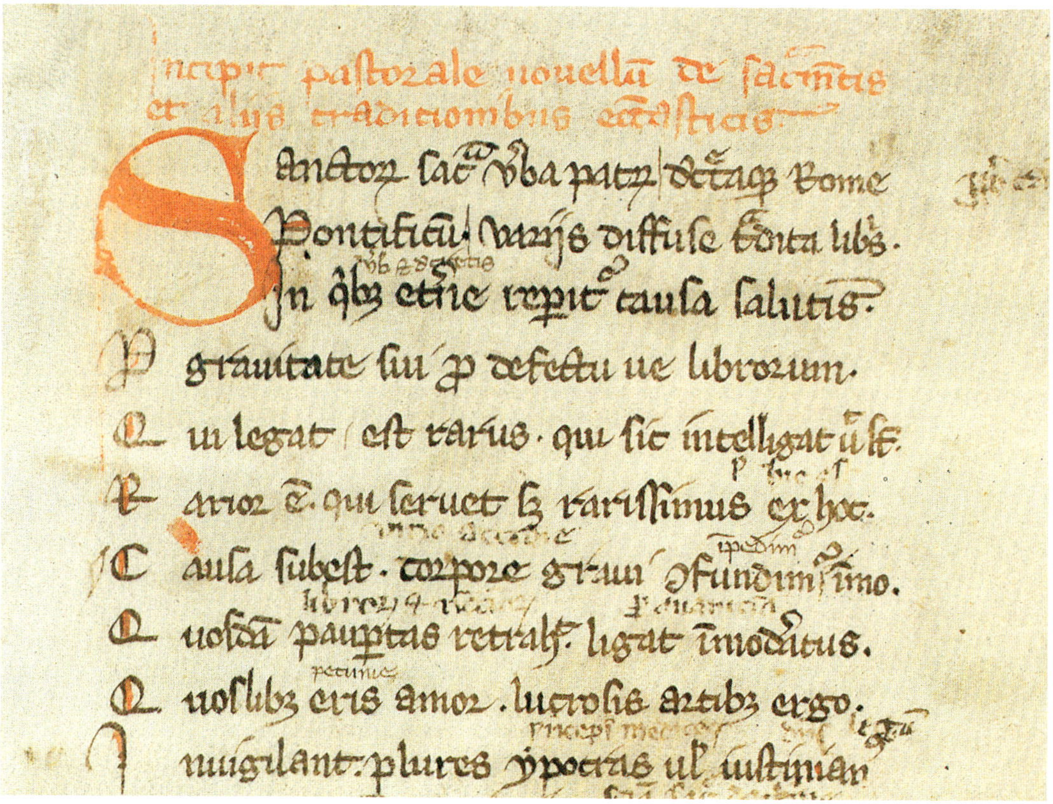

67 Incipit (Anfang) des versifizierten Handbuches für Pfarrgeistliche von Rudolf von Liebegg. Stiftsbibliothek Engelberg, Codex 69, fol. 1r.

[59] Zu Autor und Werk: MOREL, Liebegg, S. 122–143; Allgemeine Deutsche Biographie, Bd. 19, Leipzig 1884, S. 802f.; ferner: FRANZ Adolf, Die Messe im deutschen Mittelalter, Freiburg i. Br. 1902, S. 486–490; BÜCHLER-MATTMANN, Beromünster, S. 118–120, 226f.; HS 2/2, S. 228.

[60] LIEBEGG, Pastorale, S. 444: «Tytulus est: Incipit pastorale novum magistri R. de Liebegg, tractans de VII sacramentis et de aliis tradicionibus ecclesiasticis. Et est nomine quod dicitur novum pastorale ad excludendum pastorale Gregorii et aliorum doctorum antiquorum, qui etiam ediderant pastoralia, quia sicut pastor custodit suas oves, sic per documenta et dicta in hoc libro sacerdotes custodiunt suam plebem».

[61] Ebd. Pastorale, VI, v. 773, S. 443: «michi bis senos multum vigilata per annos».

[62] Die Differenz ist auf die Unterschiede in der Überlieferung (Explicit usw.) zurückzuführen. LIEBEGG, Pastorale, S. 444f.; MOREL, Liebegg, S. 130.

[63] LIEBEGG, Pastorale, Prologus, v. 38f., S. 3: «Nichil ergo meum nisi metrum curtandique labor».

[64] STELLING-MICHAUD Sven und Suzanne, Les juristes suisses à Bologne (1255–1330). Notices biographiques et regestes des actes bolognais, Genf 1960, Nr. 221, S.

Eigene seelsorgerliche Erfahrung hat sich Liebegg wohl nur beschränkt erworben. Zwar hatte er neben dem Kanonikat in Beromünster auch die Pfründe des Kirchherrn von Inwil im Kanton Luzern inne[66], doch besaß er damals die höheren Weihen (noch) nicht und mußte sich in der Seelsorge von Vikaren vertreten lassen[67]. Unter diesen Voraussetzungen wäre es falsch, aus dem Pastoralbüchlein Rudolfs von Liebegg weitreichende Rückschlüsse auf die Zustände im Umfeld des Verfassers zu ziehen. Der eine oder andere Abschnitt mag von lokalen Gegebenheiten inspiriert sein, wobei jene aus dem Bischofssitz Konstanz, wo die Endredaktion vorgenommen wurde, allfällige Reminiszenzen aus der früheren Beromünsterer Zeit deutlich überlagern[68]. Doch im ganzen gesehen hielt sich der Autor, soweit der noch unvollständige Überblick über die von ihm benützten Werke überhaupt ein Urteil gestattet, eng an den Rahmen seiner Vorlagen.

Unter einem andern Blickwinkel vermag das Pastoralhandbuch in Versen für unsere Fragestellung gleichwohl Ertrag abzuwerfen, nämlich von seiner Wirkungsgeschichte her. Als Schulbuch war es im 14. und 15. Jahrhundert namentlich in Schwaben, Bayern und im Elsaß weit verbreitet. Drei Dutzend Handschriften des «Pastorale novellum» sind mittlerweile bekannt, wovon dem Herausgeber des Werkes von 1982 fünf entgangen sind[69]. Auch in der Innerschweiz kannte und benützte man das Werk. Eine frühe, sorgfältige Abschrift befindet sich in der Stiftsbibliothek Engelberg[70]. Ihr guter Erhaltungszustand zeugt nicht gerade von intensivem Gebrauch durch die angehenden Kleriker. Anders verhält es sich mit einem Exemplar im Pfarrarchiv von Zug aus dem Jahr 1421[71]. Die Abschrift wurde vom Winterthurer Schulmeister Ägidius «in vico de Valesia» angefertigt und diente ganz offensichtlich schulischen Zwecken. Nur schon die flüchtige Schrift und der mangelhafte Zustand weisen sie als Gebrauchshandschrift aus; auf die Bestimmung für den Unterricht machen auch Incipit und Explicit aufmerksam[72]; schließlich ist hier der Text des «Pastorale» wie in zahlreichen weiteren Abschriften mit den Glossen des Johannes Münzinger von Rottweil versehen, die zur Hauptsache Worterklärungen für Schüler enthalten. Wie diese Handschrift nach Zug gelangt ist, konnte nicht geklärt werden; sie gehörte vermutlich einem hier wirkenden Priester, der sie für den Eigengebrauch, möglicherweise auch für die Unterrichtung künftiger Kleriker verwendet hat.

Zwei erhaltene Handschriften für das Gebiet der Innerschweiz bedeuten zwar für sich genommen keine sehr dichte Überlieferung. Immerhin zeigt gerade das Zuger Exemplar, daß das «Pastorale novellum» nicht nur in Klosterbibliotheken verstaubte, sondern auch – seiner Bestimmung gemäß[73] – draußen in den Pfarreien als Handbüchlein in Gebrauch war. Kamen solche Gebrauchshandschriften aus der Mode, wurden sie geringgeachtet und gingen meistens verloren. Daher ist die Annahme berechtigt, daß einst Handbüchlein von der Art desjenigen Rudolfs von Liebegg weiter verbreitet gewesen sind, als aus der meist klösterlichen Überlieferung hervorgeht[74].

Innerhalb des auf den sieben Sakramenten aufbauenden Pastoralbüchleins nimmt das Bußwesen einen unverhältnismäßig breiten Raum ein. Ganze zwei der sechs Bücher mit mehr als 4000 Versen, d.h. also fast die Hälfte des Gesamtumfangs, entfallen auf die Beichte (Buch III) und auf die Sünden (Buch IV). Dabei sprengt Buch IV («De peccatis») mit allein

189–191; MEYER, Zürich, Nr. 1042, S. 517. Die Annahme einer Freundschaft zwischen Liebegg und Marquard von Wollishofen gründet nicht nur auf dem gleichen Studiengang und den gleichzeitig innegehabten Chorpfründen in Beromünster und Konstanz, sondern sie ist auch aktenkundig: 1311 vermittelte Liebegg in einem Streit zwischem Marquard und dem Propst von Beromünster: QW 1/2, Nr. 606, S. 306f.

65 UB Zürich 12, Nr. 3809b, S. 252–254.

66 Vgl. SIEGRIST, Pfarreien, S. 145f.

67 QW 1/2, Nr. 1038, S. 533.

68 Z.B. die Anspielung auf die Legende von der Spinne, die dem hl. Konrad bei der Feier der Messe in den Kelch fiel (LIEBEGG, Pastorale, II, v. 390, S. 59; NEUENBURG, Chronik, S. 429–445), wobei Liebegg beim Leser die Kenntnis der Legende voraussetzt; weitere Hinweise auf den Bischofssitz liefert z.B. die als normal empfundene Anwesenheit des Bischofs während der Messe, LIEBEGG, Pastorale, II, v. 511, 514f., S. 68.

69 In LIEBEGGS Pastorale hat der Herausgeber folgende Handschriften nicht aufgeführt: 1. Basel, Universitätsbibliothek: A XII 8; 2. Colmar, Bibliothèque municipale, 204 (1365); 3. München, Bayerische Staatsbibliothek: clm 7018 (1430–1444); 4. St. Gallen, Stiftsbibliothek: Codex 734 (1392/93); 5. Zug, Pfarrarchiv (1421).

70 Stiftsbibliothek Engelberg: Codex 69; GOTTWALD, Catalogus, S. 99.

71 MOREL, Liebegg, S. 135.

72 Ebd.: «pro clericorum informatione [...] ad eruditionem [...] scolarum».

73 LIEBEGG, Pastorale, V, v. 993–996, S. 342, wo er mit Hilfe von Ovid- und Horazzitaten sein eigenes Werk in die Reihe der Schulliteratur einfügt: «Et mea nescio quid, licet hiis sim vatibus impar, / carmina tale sonant. Igitur nunc accipe pleno / pectore verba, puer, nunc te melioribus offer, / quo semel est imbuta recens, servabit odorem / testa diu».

74 Von den Liebegg-Handschriften, deren Herkunft bekannt ist, sind neben dem Zuger Exemplar nur drei im nichtmonastischen, städtischen Milieu zu situieren: Colmar, Bibliothèque municipalè 660 (Colmar 1325/29); München, Bayerische Staatsbibliothek: clm 16430 (Reichenhall 1443); St. Gallen, Stiftsbibliothek: Codex 695 (Rottweil 1354). Elf stammen aus Benediktiner- bzw. Zisterzienserklöstern (neben Engelberg sind dies St. Ulrich in Augsburg, Benediktbeuren, Fürstenfeldbruck, Raitenhaslach, St. Emmeram in Regensburg, St. Gallen), eine gehörte an einen Bischofssitz (Freising).

2541 Versen sowohl thematisch als auch umfangmäßig am deutlichsten den vorgegebenen Rahmen. Was Magister Rudolf hier bietet, ist eine eigentliche Buß- und Moraltheologie mit einem ausführlichen Sünden- und Lasterkatalog. Daß in einem Pastoralbüchlein auf das Bußwesen großes Gewicht gelegt wird, zeigt seine zentrale Bedeutung im Leben der damaligen Kirche. Wie Liebegg schreibt, werden bei einem Priester, der in der Seelsorge Verantwortung trägt, besonders gründliche Kenntnisse über das Wesen und die unterschiedlichen Erscheinungsformen der Sünde vorausgesetzt[75]. Daher behandelt Buch IV in 30 Kapiteln zahlreiche Formen des Fehlverhaltens und gewährt Einblicke in Lebensgewohnheiten, Brauchtum und Alltagssituationen. Nach den theologischen Hauptsünden des Geistes wie Unglaube, Häresie, Abspaltung, Blasphemie, den Standessünden des Klerus wie Simonie werden einem Lasterkatalog entlang zahlreiche weitere Fehler beschrieben. Die Spannweite reicht von Zauberei und Wahrsagerei, Fluchen, Betrug und Heuchelei über Eitelkeit und Kleiderprunk, Ausschweifung mit all ihren Abarten, Geiz, Raub, Zinsnehmen und anderen üblen Praktiken des Geschäftslebens bis zu Krieg, Mord und Trunksucht. Anleitungen zum Maßhalten in Essen und Trinken, Abhandlungen über die verschiedenen Vertrags- und Schenkungsarten, Erörterungen über die Bestechlichkeit von Richtern stehen neben Abschnitten über die Jagd, Spielleute und Theater, Musik, Gesang und Hochzeitsbräuche.

Alle behandelten Themen hier zu nennen oder gar darauf einzugehen, ist weder möglich noch nötig; denn sein Wissen schöpfte Rudolf von Liebegg ja weniger aus eigener Erfahrung als, wie er selber schreibt, aus theologischen und juristischen Werken[76]. Die genauen Quellen gibt Rudolf freilich nicht an, und die Forschung hat die schwierigen Fragen nach den Vorlagen noch nicht geklärt. Nachweislich standen der «Liber poenitentialis» des Alanus ab Insulis (12. Jahrhundert) und die «Summa de poenitentia et matrimonio» Raimunds von Peñaforte (13. Jahrhundert) zur Verfügung[77]. Ihnen oder verwandten Werken der Bußliteratur entnahm der Verfasser des «Pastorale novellum» auch den Stoff für die 22 Kapitel des dritten Buches: «De sacramento penitentiae». Über die theologischen Erörterungen hinaus sind für unsere Fragestellung jene Abschnitte von Bedeutung, welche die auch für die Gläubigen der Innerschweiz gültigen Normen enthalten. Nicht nur die jährliche Osterbeichte gemäß dem vierten Lateranum und allgemein möglichst häufiges Beichten wird postuliert, sondern auch die Zuständigkeit des Pfarrers begründet und eingeschärft. Ihm, dem «sacerdos proprius», der wie ein Hirt seine Schafe und wie ein Arzt seine Patienten kenne[78], habe der Bischof die Aufgabe des ordentlichen Beichtvaters anvertraut.

Klerikale Moral

Noch bleibt uns vieles verborgen und rätselhaft, was die intellektuelle und fachliche Ausbildung der spätmittelalterlichen Pfarrgeistlichen betrifft. Wenn sie auch sicher nicht durchwegs unzulänglich war, so beschränkte sie sich auf das Formale, auf gewisse rechtliche und liturgische Kenntnisse und berufsspezifische Fertigkeiten. Noch weniger wissen wir über das moralische Verhalten der Geistlichen. Der dümmliche, lasterhafte Pfaffe, welcher durch die poetischen und chronikalischen Quellen der Zeit geistert, war ein dankbares Sujet, das immer seine Lacher fand; für den Historiker ist er zu literarisch, um als Zeugnis für die Wirklichkeit genommen zu werden. Gerichtsurteile, Prozeßakten, Dispenserteilungen, die historisch verwertbares Material bieten würden, liegen für das 13. und 14. Jahrhundert kaum vor, und aus Einzelfällen ist auch kein allgemeines Urteil abzuleiten.

Sechs fast gleichlautende Schreiben der Konstanzer Bischöfe an den Luzerner Rat im Zeitabschnitt zwischen 1378 und 1470, worin von «schweren öffentlichen Verbrechen» gewisser Luzerner Geistlicher die Rede ist, erwecken den Eindruck, Stadt und Landschaft seien periodisch zum Schauplatz von haarsträubenden Untaten demoralisierter Kleriker geworden, sprechen doch die Bischöfe von Diebstahl und Raub, Mord, Verstümmelung, Sakrileg, Hurerei, Sodomie, Falschmünzerei, Fälschung von Siegeln und apostolischen Urkunden[79]. Das eine oder andere mag gewiß vorgekommen sein. In Wirklichkeit ging es aber bei diesem ein Jahrhundert sich erstreckenden Hin und

[75] LIEBEGG, Pastorale, V, v. 1116–1119, S. 348: «Presbitero [...], cui subsit cura, sciatur [...], que pro discutiendis opportuna sibi peccatis [...]»

[76] LIEBEGG, Pastorale, IV, v. 2532–2535, S. 294: «Hec de peccatis breviter perstrinximus, isti / in quantum satis est operi. Si plenius horum / notitiam queris, fontes pete theologie / et iuris, meus hic emanat rivulus unde».

[77] LILLE Alain de, Liber poenitentialis, Jean Longère, Analecta mediaevalia Namurcensia 17/18, Löwen-Lille 1965; Raimund von PEÑAFORT, Summa de poenitentia et matrimonio, cum glossis Johannis de Friburgo, Löwen 1480, Rom 1603.

[78] LIEBEGG, Pastorale, III, v. 188ff., S. 107f.; v. 293–297, S. 113.

[79] REC 2, Nr. 6472, S. 427. Schon 1359 forderte Karl IV. in einem Schreiben an den Bischof von Konstanz strengere Disziplin des Klerus, REC 2, Nr. 5451, S. 292f. Ferner: REC 3, Nr. 8071, S. 156, Nr. 8267, S. 179, Nr. 8307f., S. 183f., Nr. 8535, S. 210.

68 Gefangennahme der Pfaffendirnen. Wie hier in Bern «reformierte» auch die Obrigkeit in der Innerschweiz ihren Klerus dadurch, daß sie gegen dessen Konkubinen vorging. Illustration aus der Spiezer Chronik des Berner Schilling von 1485 (Tafel 239 der Faksimileausgabe).

Her um eine Kompetenzbereinigung zwischen dem weltlichen und dem geistlichen Gericht. Der bischöfliche Katalog registriert gar nicht tatsächliche Schandtaten von Luzerner Geistlichen, er zählt vielmehr bloß theoretisch die schweren Fälle auf, die zu behandeln ausschließlich Sache des geistlichen Gerichts gewesen ist[80]. Daher wird jeweils der Dekan beauftragt, Priester, die eines dieser Verbrechen beschuldigt werden, auf Ersuchen des Rates gefangenzusetzen und nach Konstanz zu überstellen. Außerdem wird der Dekan auch immer wieder aufgefordert, die sogenannten Wucherer, Wirtshaushocker und Priester, die sich mit verdächtigen Frauenspersonen einlassen, der Kurie in Konstanz zu melden. Fügt man zu diesen drei klerikalen Hauptlastern noch etwa das Messerzücken hinzu, wird man wohl die üblichen Verfehlungen spätmittelalterlicher Geistlicher so ziemlich beisammen haben[81]. Ermahnungen von seiten der geistlichen und der weltlichen Obrigkeit haben nicht viel ausgerichtet, und Maßnahmen gegen klerikale Konkubinarier blieben meist fruchtlos. Bezeichnend ist ein Vermerk des Luzerner Rates, den er in Hinblick auf Verhandlungen mit König Sigismund 1417 ins Ratsbuch eintragen ließ: «Pfaffen wellend nemen gericht und wib, [der Rat] wil gedenken, wie dz werd fürkommen.» Das sollte nicht heißen, der Klerus habe sich verheiraten wollen, sondern nur, daß er die Anerkennung des förmlichen Konkubinats begehrte[82]. Damit gingen sie offensichtlich zu weit. 1423 kam es plötzlich zu einer Verfolgung der Konkubinen und Pfaffendirnen. «Vil pfaffenfrauen und der priestern dirnen von lendern und dörffern» strömten darauf in die Stadt, was den Rat um so weniger erbaute, «als wir hie in der statt ouch haben offen pfeffinen, die mit den herren im Hof oder anderen zu schaffende haben offenlich». Man wußte sich nicht anders zu helfen, als «die frômden und heimischen frowen [...] von unser statt» zu vertreiben. Auf Reden, die spöttelnd auf diese Affäre Bezug nahmen, reagierte der Rat

[80] Segesser, Rechtsgeschichte 2, S. 744–747.

[81] Von einem mißratenen Sohn des Leutpriesters Heinrich Schultheß wird berichtet, daß er zum Tod verurteilt wurde; da der Vater aber 100 Pfund Pfennige bezahlte, ließen sie «den dieb ledig [...] von dem tott», Gfr. 20, 1864, Nr. 42, S. 231; Omlin, Geistliche, S. 503. Priestertöchter versuchte der Vater in Klöstern unterzubringen, wenn er dazu die Mittel hatte, so der Leutpriester Johannes von Sarmenstorf drei seiner Töchter im Kloster Frauenthal, QW 1/1, Nr. 1278 und 1280, S. 584f.

[82] Segesser, Rechtsgeschichte 2, S. 735; Vasella Oskar, Über das Konkubinat des Klerus im Spätmittelalter, in: Mélanges d'histoire et de littérature offerts à M. Charles Gilliard, Lausanne 1944, S. 268–283.

gereizt, er hielt offenbar die Ehre der Stadt durch solche Schmähungen für ernsthaft gefährdet[83]. Die auch anderwärts geübte polizeiliche Vertreibung der Pfaffenfrauen und -dirnen[84] beweist ja bloß, daß es auch lange Perioden der Duldung gegeben hat. Es ist auch kaum anzunehmen, daß die Frömmigkeit der Gläubigen, die meistens an der Lehre der Kirche von der objektiven, also vom moralischen Zustand des Spenders unabhängigen Wirkung der Sakramente keinen Zweifel hegten, durch die mangelhafte Erfüllung der Zölibatspflicht ihrer Geistlichen in besonderem Maße gelitten habe. Nur von zusätzlichen Kosten wollte man nichts wissen. So dachten jedenfalls die braven Seelisberger, als sie in ihrer Kirchenordnung verfügten, «dem priester gelige» (eine Bettstatt) zu geben, doch «wil är dan ein junckfrowen han, die sol är sälber legen»[85]. Der pflichtvergessene Geistliche, der die gestifteten Seelmessen nicht las, die Toten nicht einsegnete, die entfernte Filiale vernachlässigte, verletzte das Empfinden vieler Kirchgenossen wahrscheinlich tiefer als der Konkubinarier in seiner Schwäche. Es dürfte damals kaum anders gewesen sein als in der von tridentinischen Reformideen noch unberührten Innerschweiz von 1570, als sie Kardinal Carlo Borromeo bereiste: Ihre Bewohner erschienen ihm habsüchtig, aber großzügig gegenüber ihren Priestern, wenn diese nur die Kranken und Sterbenden mit Kommunion und Letzter Ölung versahen oder die Totenoffizien verrichteten[86].

[83] SEGESSER, Rechtsgeschichte 2, S. 735f. und Anm. 3.
[84] Vgl. SCHILLING Diebold, Spiezer Bilder-Chronik 1485, Hrg. Hans Blösch, Genf 1939, Tafel 239.
[85] Gfr. 1, 1844, Nr. 5, S. 383.
[86] STEFFENS/REINHARDT, Nuntiatur, Nr. 2, S. 7.

Pfarrei und religiöses Leben

Drei Bereiche von Frömmigkeitsformen

In der mittelalterlichen Laienwelt manifestieren sich die religiös bedingten Verhaltensweisen auf drei verschiedenen Ebenen. Auf der ersten entfaltet sich ein Ensemble von Riten und Praktiken, etwa beim Übergang von einer Altersstufe zur andern, bei Heirat und Tod. Jede ländliche Gesellschaft kennt dieses folkloristische Erbe der sog. «religion de la terre»[1]. Der Kirche aber ist es suspekt, weil es vor- oder gar außerchristliche Vorstellungen konserviert. Auf einer zweiten Ebene erscheinen jene religiösen Bewegungen, die sich am Rande und im Widerspruch zur offiziellen Heilsanstalt entwickeln. Ein wörtliches Verständnis der Bibel und daraus abgeleitete radikale Forderungen nach einem apostolischen Leben in Armut kennzeichnen sie. Gerne verlieren sie sich in einer überspannten, von der Hierarchie als ketzerisch gebrandmarkten Eschatologie. Auf der dritten Ebene gedeihen die überaus vielfältigen populären Frömmigkeitsformen, wie sie sich vornehmlich seit dem 13. Jahrhundert im kirchlich-orthodoxen Rahmen der westlichen Christenheit entwickelt haben.
Schränken wir den Blick auf die Phänomene der ersten Ebene ein, so erscheinen die Länderorte in der Innerschweiz, «abgesehen von den Klöstern, als eine Welt der Hirten und Gebirgsbauern. Ihr Feld ist die Sage und das Brauchtum. Andere Leistungen sind hier vor dem 15. Jahrhundert kaum zu erkennen. Heimsuchezüge, Mummenschanz und Totenkult sind da zu Hause [...] Hier lebt die altdeutsche Heldendichtung fort [...] Hier blühen aber auch unzählige Sagen, welche nur gute Bauern und böse Herren [...] viele Dämonen und Geister kennen.»[2] Fehde und Blutrache gelten als herausragendes Merkmal dieser erdgebundenen Existenzen, die man aus ihrem archaischen Sippen- und Familienbewußtsein und dem Beharren auf altertümlichen Rechtsformen erklärt[3]. Die Mentalität der mittelalterlichen Innerschweizer einzig aufgrund der zum Teil spät bezeugten Folklore beurteilen zu wollen, ist vielleicht doch etwas einseitig. Mit František Graus wäre auch in diesem Zusammenhang zu bedenken: «Historisch feststellbar ist immer nur ein Konglomerat von Komponenten mit unterschiedlicher zeitlicher Dimension, also eine ‹Gleichzeitigkeit des Ungleichzeitigen›.»[4]
Richtet der Betrachter sein Augenmerk auf die zweite Ebene religiöser Manifestationsformen,

[1] Guy Marchal hat jüngst darauf aufmerksam gemacht, daß Felix Hemmerli in seiner berühmten Invektive gegen die Eidgenossen nicht bloß die Bewohner der Urkantone treffen will, sondern sogar die urbanen Basler, MARCHAL, Approches, S. 10; MARCHAL, Antwort, S. 764.
[2] PEYER, Entstehung, S. 231.
[3] RÖSENER Werner, Bauern im Mittelalter, München 1985, S. 181–183.
[4] GRAUS František, Mentalität. Versuch einer Begriffsbestimmung und Methoden der Untersuchung, in: Mentalitäten im Mittelalter, Hrg. František Graus, Vorträge und Forschungen 35, Sigmaringen 1987, S. 23.

verlaufen seine Recherchen ergebnislos. Aufgewühlte Gemüter mit unorthodoxen Visionen fanden hier kein Wirkungsfeld. Den kleinen Städten Luzern und Zug fehlte dazu das soziale Potential, und ein Bauerntum mit starker demokratischer Tradition hatte an revolutionären Heilslehren keinen Bedarf.

So wenden wir uns den Phänomenen der dritten Ebene zu. Zwar beginnen auch dafür die authentischen Quellen erst nach 1450 reichlicher zu fließen. Ich möchte aber die rückschließende Methode nicht über Gebühr strapazieren und stütze mich im wesentlichen auf die Zeugnisse, die in die Zeit zwischen dem 13. und frühen 15. Jahrhundert datierbar sind. Das mindert leider Kolorit und Vielfalt der Darstellung, und die lokale Nuance, auf die es dem Historiker ankommt, ist infolge der weniger günstigen Quellenlage nicht so deutlich zu fassen wie für das spätere 15. und das 16. Jahrhundert.

Trotz dieser Einschränkung soll nun im folgenden versucht werden, der spätmittelalterlichen «Verwirklichung bestimmter christlicher Verkündigungen, Lehren, Ideen, Wertvorstellungen, Hoffnungen, Gebote, Anleitungen, Traditionen oder Gewohnheiten im konkreten Lebensvollzug»[5] nachzuspüren. Dabei können wir innerseelische Vorgänge, die im Bereich der Frömmigkeit so wesentlich sind, höchstens indirekt gewahr werden, insofern sie als «überindividuell prägende Mentalitäten» in Erscheinung treten. Unvermeidlicherweise rückt damit – durch die verfügbaren Quellen bedingt – die «äußere Praxis» ins Zentrum unserer Betrachtungen[6].

Die Kirche im Dorf

Bis zum frühen 15. Jahrhundert hat die Mehrzahl der innerschweizerischen Dörfer eine Pfarr- oder Filialkirche mit eigenem Priester oder doch eine Kapelle mit gelegentlichem Gottesdienst erhalten. Anfänglich mußten dafür fast durchwegs bescheidene Bauten genügen, nur die Kloster- und Pfarrkirchen von Luzern und Engelberg und vor allem jene von Einsiedeln hoben sich davon stark ab. Manches ländliche Gotteshaus stand lange recht einsam, bis sich allmählich die Siedlung im Schatten des Kirchturms verdichtete. Auf Höhen und an Fernstraßen verhießen die ersten Wallfahrtskirchen die besondere Gunst eines Heiligen, da und dort luden Heiligenhäuschen – wohl wie Speicher in Holz gezimmert, nur mit offener Frontseite – zum Gebet ein. Wegkreuze markierten vor Luzern den städtischen Friedens- und Rechtsbereich; die imposante Kreuzigungs-Gruppe vor dem Weggistor ist

69 Typus einer einfachen Wegkapelle in Holzkonstruktion. Chronik des Luzerner Schilling, fol. 59 v.

schon seit dem 14. Jahrhundert bezeugt. An den vier von der Schwyzer Pfarrkirche ausgehenden «Reichsstraßen» zeigten vier «Einungskapellen» die Grenzen des Dorfkreises an[7]. So wandelte sich die Innerschweiz in eine später noch vielfach bereicherte Sakrallandschaft, wie sie bis heute in barocker Gestalt vor uns steht, deren Anfänge aber ins 13. und 14. Jahrhundert zurückgehen.

Ungefähr ab 1200 bekamen die ersten Kirchtürme und Dachreiter Glocken[8]. Ihr Geläute ließ die Anwohner erst recht die Pfarrkirche als Herzkammer des Gemeinwesens erfahren. Es rief sie zur Messe, zur Mette, zu Vigilien für die Toten, es warnte vor Sturm und Feuer, bestimmte den Rhythmus des bürgerlichen und bäuerlichen Alltags. Es begann mit dem Ave-

[5] Hamm, Frömmigkeit, S. 466.
[6] Ebd. S. 468.
[7] So in Anlehnung an Vauchez André, Religion et société dans l'Occident médiéval, Turin 1980, S. 365.
[8] Zu den ältesten Glocken der Innerschweiz vgl. die Arbeit von Adolf Reinle.

läuten am Morgen und endete mit dem Aveläuten am Abend, und wer dabei drei Ave-Maria betete, gewann einen Ablaß von fünfzehn Tagen[9]. Cysat bringt damit im 16. Jahrhundert das «Ave Mariarüeffen» der Sennen in Zusammenhang, welches Mensch und Vieh dem Schutze Gottes und der Himmelskönigin anbefahl und alles Übel und die Gespenster vertrieb[10]. Der Luzerner Rat setzte 1413 im Namen der Gemeinde eine Läutordnung fest, die zuhaben. Sakrale und bürgerliche Ordnung vereinigten sich, als der Rat im 14. Jahrhundert verfügte, «daz nieman sol in der stat nach ave Maria gloggun tanzen noch gigen» und daß nach der Feuerglocke, die zum Löschen des Herdfeuers mahnte, keiner mehr in die Stadt gehen solle und bei Strafe keiner mehr Wein ausschenken oder in einem fremden Haus gegen den Willen des Bewohners verbleiben dürfe[12].

70 Glocke auf dem Friedhof von Seedorf mit der rückwärts zu lesenden lateinischen Inschrift: «Wenn ich ertöne, möge die Jungfrau Maria die bösen Unwetter vertreiben.» Solche hochmittelalterlichen Glocken wurden seit dem späten 13. Jahrhundert für die damals errichteten romanischen Glockentürme gegossen.

dem Bürger die Abfolge der Messen ankündigte, die täglich in den Kirchen innerhalb der Stadtmauern gefeiert wurden. Sobald die Wandlungsworte der ersten Frühmesse in der Spitalkapelle gesprochen waren, läutete es bei den Barfüßern, bis die Messe zu Ende war. Dann lasen die Brüder, einer nach dem andern, ihre Privatmessen. Nach einem zweiten Glockenzeichen – vermutlich zur Wandlung der letzten dieser Messen – wurde vom Turm der Peterskapelle ein erstes Glockenzeichen gegeben. Nach dem dritten Zeichen der Barfüßer läuteten die Glocken der Peterskapelle gemeinsam zur dortigen Messe. War diese beendet, durften die Barfüßer im Konventamt, der letzten Messe des Tages, die konsekrierte Hostie emporhalten[11]. So kam die Stadt tagtäglich zu einer Art «Kettenmesse», wobei es die gleichzeitige Wandlung in verschiedenen Kirchen zu vermeiden galt, um dem Gläubigen jedesmal physisch oder doch im Geiste Gelegenheit zu geben, an dem heiligen Geschehen teil-

Jede Kirche hatte ihren himmlischen Schutzherrn. Die Güter der Kirche bildeten das «Heiligengut», und so blieb es dem Zugriff der Menschen entzogen. Der Heilige galt als der wahre Besitzer, die Kirchgenossen fühlten sich ihm gegenüber verpflichtet und genossen seinen besonderen Schutz. Sinnvollerweise führte der Kirchherr das Bild des Heiligen in seinem Siegel, und gaben sich die Kirchgenossen selbst ein Siegel, folgten sie diesem Brauch. So benützten noch vor der Mitte des 13. Jahrhunderts die Stanser in ihrem Siegel den Petrus-

9 Zum Ablaßwesen vgl. unten S. 262–264.

10 Cysat, Collectanea 1/2, S. 686. Mit diesem Aveläuten bringt Cysat das «Avemariarüeffen» der Sennen in Zusammenhang, die damit Mensch und Vieh dem Schutz Gottes und Marias anempfehlen und so Übel und Gespenster verscheuchen.

11 Cysat, Collectanea 1/2, S. 138; Hegglin/Glauser, Kloster, S. 68.

12 Ältestes Ratsbüchlein, S. 10, 12, 28, 33; Zehnder, Volkskundliches, S. 200, Anm. 5.

schlüssel, der symbolisch auf ihren Kirchenpatron verwies[13]. Auch die Petschaften von Schwyz[14] und Luzern[15] zeigen den jeweiligen Patron. Eigenartigerweise folgte aber die heraldische Gestaltung der Landesbanner rein profanen Gesetzen, und selbst die Fahnen von Uri und Schwyz, die spätestens seit 1400 mit dem Kultbild des Gekreuzigten samt den sogenannten «arma Christi» im Eckquartier bereichert wurden, vermieden jeden Bezug zum Landespatron[16]. Seinem Kult waren ohnehin enge Grenzen gesetzt, weil ja jede Kilchhöri ihren eigenen Schutzpatron verehrte. Der sakrale Partikularismus verhinderte so, daß irgendeiner der hier bekannten Heiligen zum gemeinsamen Schutzherrn der Urkantone oder gar aller Eidgenossen hätte aufsteigen können[17]. Eine integrative Wirkung ging eher von der Verehrung der Muttergottes in Einsiedeln aus. Die obrigkeitlich organisierten Landeswallfahrten[18] und die seit 1351 bezeugte häufige Wahl der Gnadenstätte als eidgenössischen Tagsatzungs- und Gerichtsort[19] trugen das Ihre dazu bei.

Überall war die Pfarrkirche das einzige oder doch das wichtigste öffentliche Bauwerk in der Gemeinde. Diese beanspruchte es auch als eine Art Mehrzweckgebäude. Schon der Meßbesuch diente nicht nur zur Erfüllung der Sonntagspflicht, sondern auch der sozialen Kommunikation unter den Dorfgenossen. Das Gotteshaus diente daneben als Versammlungsraum und als Beurkundungsstätte[20]; vor ihrer Pforte wurde Recht gesprochen. In der «kilchen kasten» verwahrte der Kirchpfleger Urkunden und Briefe, mitunter sogar im Sakramentshäuschen[21]. Die Peterskapelle, die Luzerner Leutkirche, wurde nicht nur vom Kapitel des

71 Zweites Landessiegel von Nidwalden aus der Mitte des 14. Jahrhunderts mit der Standfigur des Kirchenpatrons von Stans. Stans, Staatsarchiv.

Dekanats zu Sitzungen benutzt, sondern auch von Rat und Bürgerschaft. Zweimal im Jahr kamen hier die Bürger zusammen, um den Rat zu bestellen, den Gewählten den Eid zu leisten oder sonst in einer wichtigen Sache «gmeind» zu halten[22]. In oder bei der Kirche saß der Kirchherr dem Kanzelgericht vor, jedenfalls bis er im 15. Jahrhundert durch beeidigte Amtsträger der Gemeinde, den Kirchmeier, den Zehntensammler oder Spendmeister verdrängt wurde. Alle Kirchgenossen waren verpflichtet, am Kanzelgericht zu erscheinen. Als Gegenstand der Rechtsprechung werden kleinere Vergehen auf dem Kirchweg, notorischer Ehebruch und offene Unzucht genannt, aber auch die Verweigerung der Lesgarbe, einer Gebühr für das Gebet des Leutpriesters um gutes Wetter, oder der Läutgarbe für den Sigristen, ferner die Stolgebühren für geistliche Handlungen des Geistlichen und nicht zuletzt alles, was mit der Leistung von Zinsen und Zehnten zusammenhing[23]. Letzteres war über-

[13] Zu den Typaren der Innerschweizer Orte vgl. die Arbeit von Adolf Reinle in diesem Werk.

[14] Meyer, Kdm SZ, S. 33f.

[15] Von Moos, Kdm LU, S. 43f.

[16] Martin erscheint erst im 17. Jahrhundert im Eckquartier des Schwyzer Banners. Auf die Frage, wann Kreuz und «arma Christi» auf dem Schwyzer und dem Urner Banner auftreten, gehe ich hier nicht ein, da die Zeugnisse erst dem 15./16. Jahrhundert angehören. Vgl. zuletzt Marchal, Passion, S. 107–131; Marchal, Schweden, S. 21–40; Ochsenbein, Gebet, S. 322–324. Dem Verfasser danke ich für die Einsichtnahme.

[17] In der älteren Literatur wurde gelegentlich Beatus, der legendäre Glaubensbote und Einsiedler vom Thunersee, dafür in Anspruch genommen. Die beigebrachten späten Zeugnisse aus Obwalden reichen dazu aber nicht aus, vgl. Scheiwiller Otmar, Zur Beatusfrage, in: ZSKG 5, 1911, S. 21–52.

[18] Vgl. unten S. 272.

[19] EA 1, Nr. 78, S. 28, Nr. 225, S. 96, Nr. 276, S. 126.

[20] QW 1/2, Nr. 101, S. 45; vgl. Marchal, Schweden, S. 27 (Anm. 46), 33, 72f. (Anm. 33).

[21] Gfr. 6, 1849, S. 167 (Jahrzeitbuch von Schattdorf).

[22] Weber, Peterskapelle, S. 25–38; vgl. auch Bilderchronik, S. 405, fol. 264r. Als Ruhmeshalle für die erbeuteten Fahnen diente dagegen die Franziskanerkirche, Reinle, Kdm LU 2, S. 226; ferner auch Hegglin/Glauser, Kloster, S. 50f.

[23] Darüber orientiert am besten die Kirchenordnung von Kriens, Segesser, Rechtsgeschichte 1, S. 478f.; Segesser, Rechtsgeschichte 2, S. 820–825. Die Quellenlage zum Kanzelgericht in der Innerschweiz scheint dürftig zu sein, es kam ihm hier kaum die Bedeutung zu, die ihm Rosi Fuhrmann auf Grund einer Überinterpretation süddeutscher Quellen beimißt. Vgl. dazu etwa Fuhrmann Rosi, Christenrecht, Kirchengut und Dorfgemeinde, in: Frömmigkeit, bes. S. 17f.

haupt der eigentliche Grund, warum im Zuge der Kommunalisierung des Kirchenwesens die Befugnisse des Kanzelgerichts an die Gemeinde gezogen worden sind. Mit einiger Berechtigung beriefen sich nämlich die Eidgenossen im Jahre 1484 gegenüber ihrem Oberhirten, dem Bischof von Konstanz, auf ihre alte Gewohnheit, in den angeführten Belangen selbst für Recht zu sorgen, so daß sie diese Befugnisse nicht der geistlichen Gerichtsbarkeit anheimzustellen bräuchten[24].

weihten den Ort und machten es nötig, ihn durch den Weihbischof zu entsühnen[27]. Dagegen galt es nicht als Sakrileg, sondern höchstens als Ärgernis, wenn sich dort junge Leute mit Spiel, Sport und Tanz vergnügten. Hinter solchem Treiben steckte wohl ein alter Ahnen- und Totenkult[28], der vielleicht schon zu Beginn des 14. Jahrhunderts nicht mehr verstanden wurde, als der Luzerner Rat verfügte, «das nieman sol in dem kilchof ze [Peters]kapelle keiglon, noch walon, noch stechen, noch tur-

72 Blick auf die mittelalterliche Stifts- und Pfarrkirche im Hof zu Luzern inmitten des Friedhofs, der von einer starken Mauer geschützt ist. Die Zugänge sind mit einem Weiderost versehen, um die Tiere von der geweihten Erde fernzuhalten. Weder Kreuze noch Gedenksteine kennzeichnen die Gräber. Chronik des Luzerner Schilling, fol. 122 v.

Pfarr- und Filialkirchen mit Bestattungsrecht waren von einem Friedhof umgeben. Zaun oder Mauer hoben den geweihten Platz von der profanen Umgebung ab, und sie hielten – wenn nötig mit einem Rost über den Zugängen – das Vieh fern. Kreuze oder Totenleuchten kennzeichneten ihn als Ruhestätte der Abgeschiedenen, und als Asylstätte kam ihm eine wichtige Funktion im Rechtsleben zu. Der Delinquent, der nicht gerade ein Verbrechen begangen hatte, das ihn nach kirchlichem Gesetz vom Asylrecht ausschloß, blieb wenigstens von Todes- und Leibesstrafen verschont, wenn er sich hinter die schützenden Friedhofsmauern retten konnte[25]. Auf dem Gottesacker wurden auch Rechtsgeschäfte abgewickelt und Kaufverträge geschlossen[26]. Nur Gewaltverbrechen ent-

[24] EA 3, Nr. 214, S. 180–184; SEGESSER, Rechtsgeschichte 2, S. 824f. Vgl. das schon 1334 erlassene Kirchenrecht von Rüeggeringen (Rothenburg): Gibt einer den Zehnten oder Zins nicht nach Gebühr, so soll der Kirchherr ihm «ein recht nemen an dem kantzel und sol nit laden gen Constanz», QW I/3, Nr. 53, S. 43.

[25] BINDSCHEDLER Rudolf Gottfried, Kirchliches Asylrecht und Freistätten in der Schweiz, Kirchenrechtliche Abhandlungen 32/33, Stuttgart 1906, bes. S. 20–24; ZEHNDER, Volkskundliches, S. 380–389.

[26] QW I/2, Nr. 64, S. 27, Nr. 88, S. 38f.; vgl. Dorfkirche und Dorffriedhof, in: Handbuch der deutschen Volkskunde 3, Hrg. Wilhelm Pessler, Potsdam 1938, S. 276-281.

[27] QW I/3, Nr. 730, S. 458, Nr. 896, S. 565, Nr. 900, S. 567.

[28] WACKERNAGEL, Freiheitskämpfe, S. 72f.; ZEHNDER, Volkskundliches, S. 331; ODERMATT-BÜRGI Regula, Volkskundliches über die Beinhäuser der Innerschweiz, in: Gfr. 129/130, 1976/77, S. 183–214, bes. S. 184f. Bischöfliche Verbote (Marquard von Randegg um 1400): BREHM, Geschichte, S. 21.

nieren, noch schieszen, noch den stein stoszen bi einer march silbers»[29].

Leider gibt es für unser Gebiet keine Visitationsprotokolle, die über den baulichen Zustand oder den Unterhalt der liturgischen Gerätschaften in den ländlichen Pfarrkirchen Auskunft geben könnten. Aus französischen Quellen dieser Art erfährt man mitunter erstaunliche Dinge. Da dringt der Regen durch das verlotterte Dach, dort fehlen die Fenster und Türen. Oder der Turm ist eingestürzt, die Glocken hängen am nächsten Baum. Geweihte Hostien liegen an feuchtem Ort herum und riechen übel, Mäuse haben sie angefressen. Tücher und Gewänder sind zerfetzt. Liturgische Bücher fallen auseinander, Seiten fehlen – oft deshalb, weil sie der Geistliche herausgerissen hatte, um sie für andere Zwecke zu verwenden[30]. Die ärgsten Übel mögen auf Kriegseinwirkungen zurückzuführen sein, doch fehlt es nicht an Beispielen grober Vernachlässigung. Auch in der Diözese Lausanne hatten die Visitatoren im 15. Jahrhundert manches zu bemängeln[31].

Wenn wir uns trotz fehlenden Quellen ein Bild zu machen versuchen, ist daran zu erinnern, daß die Innerschweiz in der fraglichen Zeit keinen verheerenden Kriegszügen ausgeliefert gewesen ist. Allenfalls könnten die verschiedenen Interdikte, die auf dem Land lasteten und zur Einstellung aller gottesdienstlichen Handlungen zwangen, zeitweilig den Zerfall der Gotteshäuser und ihrer Einrichtungen gefördert haben[32]. Je mehr aber im Verlauf des 14. und 15. Jahrhunderts die Gemeinden die Kontrolle über die Kirchenverwaltung selbst an die Hand nahmen oder ihre Kirche erst unter eigenen großen Anstrengungen aufbauten, um so eher dürfte der Zustand der hiesigen Gotteshäuser allen Anforderungen der bischöflichen Synodalstatuten entsprochen haben[33]. Voraussetzungen dazu bot das Kirchenrecht, wenn man es nur nutzte. Von den Einnahmen einer Kirche war ja der Teil, welcher ins Pfrundgut des Kirchherrn floß, von jenem zu scheiden, der für den Unterhalt der kirchlichen Gebäude vorgesehen war und als Fabrik- oder Heiligengut bezeichnet wurde. Verwaltet wurde dieses Gut – Genaueres wissen wir allerdings erst aus Quellen des 15. Jahrhunderts – durch den von den Kirchgenossen ernannten Kirchmeier, dem meistens noch einige «Zusätzer» beigesellt wurden[34]. Von der Gemeinde gewählt und vom Kirchherrn investiert wurde auch der Sigrist, welcher Kirche, Sakristei und Gerätschaften in Ordnung zu halten hatte[35]. Dem Kirchmeier oblag zudem die Kontrolle über die Seelmeßstiftungen, die Opfergaben und die Bußgelder, die für das Lichtergut der Kirche bestimmt waren[36]. Zeugnisse für die Opferfreudigkeit der Kirchgenossen, wenn es darum ging, ein eigenes Gotteshaus zu erbauen oder ein altes durch ein neues zu ersetzen, liegen schon für die Zeit um 1300 vor[37]. Als 1409 die Kirche von Silenen durch den Schnee schweren Schaden litt, spendete ein wohlhabender Kirchgenosse neue Glocken und Glasfenster[38]. In Rom oder Avignon ausgestellte Ablässe bildeten noch immer ein wirksames Mittel, um vielen Gläubigen Spenden an den Bau und den Unterhalt der Kirchen zu entlokken[39]. Aus alledem können wir den Schluß ziehen, daß im allgemeinen der Zustand der Kirchen in der Innerschweiz mindestens leidlich bis gut gewesen ist.

Daß viele Kirchgenossen sich mit ihrer Pfarrei eng verbunden fühlten und von dem Wunsch beseelt waren, die Bedeutung ihrer Pfarrkirche als Stätte der Heilsvermittlung zu erhöhen, manifestierte sich im 14. und geradezu überbordend im 15. Jahrhundert in den zahlreichen Stiftungen von Früh- oder Ewigmeß- und Altarpfründen. Eine Reihe von Einwohnern Uris, aus der Pfarrei Altdorf wie aus der ganzen Talschaft, versprach 1317, aus einzeln genannten Zinsen von Einlagen zwischen neun Schilling und zehn Pfund in der Pfarrkirche von Altdorf die Pfründe für einen Ewigkaplan zu errichten[40]. Im Jahre 1386 folgten die Kirchgenossen von Steinen diesem Beispiel[41], 1393 jene von Erstfeld[42]. Vier Jahre später traten zu Stans Ammann und Landleute gemeinsam als Stifter der Frühmesserei am Kathari-

[29] ÄLTESTES RATSBÜCHLEIN, S. 10.

[30] ADAM, La vie, S. 115–132.

[31] Protokolle der Diözese Lausanne: TÜRLER Heinrich, Die Lausanner Kirchenvisitationen von 1416–17, in: AHVB 16, 1900, S. 1–41. Weitere Literatur bei COULET, Visites, S. 86.

[32] Vgl. unten S. 280f.

[33] In den Spanbriefen verpflichteten die Gemeinden die Seelsorger zu sorgsamem Umgang mit Kelchen, Büchern, Meßgewändern, vgl. UB Zug 2, Nr. 800, S. 420f., Nr. 1710, S. 848.

[34] UB Zug 1, Nr. 865, S. 450f. (Baar 1442); SEGESSER, Rechtsgeschichte 1, S. 478f. (Kriens 1484); SEGESSER, Rechtsgeschichte 2, S. 757, Anm. 2 (Rotenburg 1418), S. 767, 812; BADER, Dorfgenossenschaft, S. 207–209.

[35] Vgl. z. B. das Hofrecht von Adligenswil aus dem 14. Jahrhundert, Gfr. 6, 1849, Nr. 2, S. 61–66.

[36] Gfr. 19, 1863, S. 141; NÜSCHELER, Gotteshäuser 1, S. 7 (Lichterstiftung der Luzerner Hofkirche, 13./14. Jahrhundert); NÜSCHELER, Gotteshäuser 5, S. 9 (Ewiges Licht als Sühne für einen Totschlag in Kriens 1441).

[37] QW 1/1, Nr. 1620, S. 740 (Spiringen 1290); QW 1/2, Nr. 620, S. 312 (Arth 1312).

[38] MÜLLER Josef, Die Wohltäter der Pfarrkirche Silenen im 16. Jahrhundert, in: ZSKG 4, 1910, S. 168.

[39] Vgl. unten S. 263f.

[40] QW 1/2, Nr. 879, S. 447f. Der vollständige Text samt Bestätigung durch die Äbtissin in: Gfr. 41, 1886, Nr. 76, S. 50–53. Zum rechtlichen Aspekt der Altarstiftungen, vgl. FRÖLICH Karl, Die Rechtsformen der mittelalterlichen Altarpfründen, in: ZRG KA 20, 1931, S. 457–544.

[41] Gfr. 30, 1875, Nr. 19, S. 318.

[42] Gfr. 8, 1852, Nr. 15, S. 265f.

nenaltar auf[43]. In der Luzerner Hofkirche entstand noch vor 1378 eine zweite Laienpfründe[44]. Ammann und Rat von Zug setzten bereits 1385 einen Kaplan auf die erst anno 1425 definitiv errichtete Frühmesserpfründe in der Liebfrauenkapelle[45].
Neben diese genossenschaftlichen Stiftungen traten jene von reichen Privatpersonen zum Seelenheil ihrer Familien, aber meistens mit der Bestimmung, nach dem Ableben des Stifters oder seiner Erben die Kollatur der Gemeinde oder dem Rat zu übertragen[46].
Dank dieser Initiative von Gemeinden, Gruppen und Einzelpersonen vermehrte sich das Angebot an Messen wohl über den tatsächlichen Bedarf der Pfarrkinder hinaus. Gleichzeitig vergrößerte sich die Zahl der an den Pfarrkirchen wirkenden Kleriker. Trotzdem drängten sich nirgends Massen unterbeschäftigter Geistlicher, die anderswo in größeren städtischen Zentren zu einem schweren sozialen Problem wurden. In Luzern standen dem Leutpriester nur drei Helfer für die Seelsorge in der Stadt und den auswärtigen Filialen zur Verfügung[47]. Dazu traten fallweise jene Klosterherren im Hof, die über die Priesterweihe verfügten. Ein weit ausstrahlendes Seelsorgezentrum bildete das Franziskanerkloster, und nach 1365 übernahm ein eigener Kaplan die Messe für die Insassen des Spitals, doch ging seine Pfründe später wieder ein[48]. Luzern war also gut, aber nicht übermäßig mit Geistlichen versorgt. In Zug hatte der Leutpriester Anrecht auf einen Helfer; die beiden wurden durch den Frühmesser an der Liebfrauenkapelle unterstützt[49]. In der Gemeinde Baar stieß der Wunsch der Kirchgenossen nach einem zweiten Helfer auf den Widerstand des Patronatsherrn, also des Klosters Kappel, das sich weiterhin an der Pastoration zu beteiligen wünschte[50]. In Arth, um noch ein Beispiel zu nennen, mußte ebenfalls ein einziger Vikar neben dem Leutpriester genügen[51]. In den größeren Orten wird man daher mit drei bis fünf, in mittleren mit zwei, in kleineren aber mit einem einzigen Geistlichen rechnen dürfen. Kapläne oder Altaristen ohne jede Seelsorgepflicht, wie sie 1397 für Stans nachweisbar sind[52], bildeten vermutlich die verschwindend kleine Ausnahme, da die Stifter neuer Pfründen ihren Inhabern in der Regel die Unterstützung der Leutpriester in der cura animarum vorschrieben.
Die Vermehrung der Pfründen auf Initiative der Kirchgenossen, des Rats oder Privater führt uns zu der Frage, was denn die Laien selber unter Seelsorge verstanden und was sie von ihrem Klerus erwarteten. Die frühesten Quellen, die einige Informationen dazu liefern, stammen aus Luzern. Dort ist bekanntlich schon 1178 – wahrscheinlich auf Druck einflußreicher Laienkreise – eine eigene, mit einem Weltgeistlichen besetzte Leutpriesterei geschaffen worden. Der erste und der zweite Plebaniebrief von 1178 bzw. 1234 widerspiegeln das Ergebnis von Auseinandersetzungen zwischen Bürgerschaft und Kloster. Sie lassen gut erkennen, welche Obliegenheiten die Bürger ihrem Seelsorger zu übertragen wünschten, und liefern uns in den Punkten, wo die Mönche sich einen Anteil an der cura animarum zu sichern bemühten, ein Indiz für das besondere Interesse des gläubigen Volks am betreffenden kirchlichen Angebot[53]. Sonntagsmesse und Predigt zählen selbstverständlich zur ersten Pflicht des Leutpriesters. Den Gemeindegottesdienst zelebriert er am Kreuzaltar der Hofkirche, also dem eigentlichen Pfarraltar. Kommt er damit nicht zu Ende, bevor die Klosterherren sich zur Prim versammeln, muß er samt seinen Schäfchen in die Peterskapelle ausweichen. Dort liest er auch an Wochentagen eine Messe und singt die Vesper. An einer Reihe von Festtagen feiert gar ein Mönch anstelle des Leutpriesters am Kreuzaltar das Amt, und die Opfergaben der dann in größerer Zahl zu erwartenden Pfarrkinder fallen an das Kloster. Als unverzichtbare Aufgabe gilt die Betreuung der Kranken und Sterbenden durch die Spendung der Krankenkommunion sowie der Letzten Ölung. Diese wollen die Mönche nicht völlig aus der Hand geben, um sich mögliche Legate nicht entgehen zu lassen. Totengottesdienst und Bestattung sind Sache des Leutpriesters, Weihe des Taufwassers und Taufe des ersten Kindes an Ostern und Pfingsten behalten sich wieder die Benediktiner vor. Dagegen müssen sie die Austeilung der Osterkommunion dem Leutpriester überlassen, da er allein für die Kontrolle der Gläubigen zu-

[43] NÜSCHELER, Gotteshäuser 4, S. 171 (1396).
[44] NÜSCHELER, Gotteshäuser 1, S. 16.
[45] UB Zug 1, Nr. 220, S. 100f.
[46] NÜSCHELER, Gotteshäuser 4, S. 172 (Familie am Stein in Stans 1446); NÜSCHELER, Gotteshäuser 5, S. 9, bzw. Gfr. 21, 1866, S. 171, 174, 207–213. (Helferei/Kaplanei in Kerns und St. Niklausen 1399); NÜSCHELER Arnold, Die Gotteshäuser der Schweiz. Historisch-antiquarische Forschungen. Bistum Constanz. Archidiakonat Aargau. Dekanat Cham 2, in: Gfr. 40, 1885, S. 4 (Gottfried von Hünenberg mit Gattin 1348; er bezeichnete zwar die Chorherren von Zürich als Erben der Kollatur, verpflichtete aber den Pfründeninhaber, als Helfer am Gemeindegottesdienst teilzunehmen).
[47] Gfr. 20, 1864, Nr. 87, S. 204 (Luzern 1400).
[48] HEGGLIN/GLAUSER, Kloster, S. 67f.; BRÜLISAUER Josef, Das Heilig-Geist-Spital in Luzern bis 1500, in: LUZERN, S. 159.
[49] UB Zug 1, Nr. 800, S. 420 (1453), Nr. 220, S. 100 (1385).
[50] UB Zug 1, Nr. 354, S. 159 (Baar 1402).
[51] NÜSCHELER, Gotteshäuser 2, S. 289 (Arth 1358/59).
[52] Vgl. QW 1/3, Nr. 567, S. 369f.
[53] QW 1/1, Nr. 163, S. 77–79, Nr. 355, S. 166; FISCHER, Pfarrei, S. 46f.

ständig ist. Zu einem Streitpunkt wurde das Beichthören, das dem Geistlichen den Beichtpfennig eintrug. Die Mönche haben sich schließlich damit abfinden müssen, nur in Notfällen einspringen zu dürfen. Von den Benediktionen wird bloß die Aussegnung der Mütter nach der Geburt eines Kindes erwähnt, die als ebenso unerläßlich gilt wie ein Sakrament. Schatzmeister und Sakristan des Klosters beanspruchen die dabei üblichen Opfergaben.

Die beiden Plebaniebriefe weisen einige nur für Luzern geltende, historisch bedingte technische Besonderheiten auf. Die hier aufgeführten Wesenselemente der cura animarum waren aber überall die gleichen. In späteren Quellen, etwa aus Cham und Zug, wurde nur ein noch größeres Gewicht auf alles gelegt, was die Totensorge betraf: etwa auf die Verkündigung der Jahrzeitmessen beim Sonntagsgottesdienst, auf das gewissenhafte Lesen der gestifteten Messen und das Singen der Vigilien oder auf die ehrliche Führung des Jahrzeitbuches durch den Leutpriester. Wie genau es die Gemeinde gerade in diesem Punkt nahm, mußte jener Priester von Cham erfahren, der es sich herausgenommen hatte, Einträge im Jahrzeitbuch auszuradieren oder abzuändern. Ein Schiedsgericht behandelte den Fall; es rechtfertigte zwar den Priester, setzte aber fest, das Jahrzeitbuch sei fortan in einem Behältnis mit zwei verschiedenen Schlüsseln aufzubewahren, so daß der Leutpriester fällige Änderungen nur noch mit Zustimmung der Kirchgenossen anbringen konnte[54]. Einigen Spanbriefen des 15. Jahrhunderts ist endlich zu entnehmen, welchen hohen Wert die Obrigkeit der Durchführung von Umgängen und Prozessionen beimaß, wenn sie es dem Leutpriester auferlegte, die Gläubigen anzuhalten, «die alten herkomnen krútzgeng zu tůn»[55].

Als die eigentlichen Eckpfeiler der Seelsorge erweisen sich somit Messe, Sakramentenspendung und Totensorge. Die im 14. Jahrhundert von den Laien ausgehende Welle von Kaplanei- und Meßstiftungen verstärkte bloß diese traditionellen Elemente; Ausfluß einer prinzipiell neuen Vorstellung von Seelsorge war sie nicht. Das bestätigen etwa die von den Laien selbst ausgestellten Stiftungsurkunden. Nachdem die adelige Familie der Hünenbergern anno 1348 in Cham eine Kaplaneipfründe errichtete hatte, trug sie dem Inhaber auf, fünf Messen in der Woche zu lesen sowie je eine Messe an verschiedenen Feiertagen und an den Jahrzeiten der Stifterfamilie[56]. Die zahlreichen Stifter der Kaplanei in der Pfarrkirche Altdorf verlangten 1318 von ihrem Geistlichen, alle Tage bei Sonnenaufgang eine Messe zu feiern, beim täglichen Amt dem Leutpriester zu assistieren und ihn an Festtagen bei Vesper sowie Mette mit seinem Gesang zu unterstützen[57]. Der Frühmesser der Liebfrauenkapelle in Zug verpflichtete sich, frühmorgens, «als man gewonlich dz tor Zuge entschlússet», zur Messe anzutreten. Wie sein Altdorfer Kollege nahm er an den Tagzeiten des Leutpriesters teil, sang bei der Fronmesse (Amt) mit und übernahm mit Erlaubnis von Ammann und Rat, den Kollatoren seiner Pfründe, die Seelmessen und Bestattungen in der Pfarrkirche St. Michael[58]. Die von Laienseite gewünschte Mehrung des

73 Imposante Kreuzigungsgruppe vor dem äußeren Weggistor in Luzern, die schon 1337 erwähnt und später der «Große Heiland» genannt wird; sie markierte die Grenze zwischen dem städtischen Friedens- und Rechtsbereich und dem hier beginnenden herrschaftlichen Hofbezirk – Beispiel eines sakralen Zeichens mit rechtlicher Bedeutung. Chronik des Luzerner Schilling, fol. 54 v.

[54] UB Zug 1, Nr. 514, S. 236 (1413).
[55] Ebd., Nr. 800, S. 421 (1435).
[56] QW 1/3, Nr. 772, S. 478f.
[57] QW 1/2, Nr. 879, S. 447f.
[58] UB Zug 1, Nr. 220, S. 100f.

Angebots an Werktags- und Seelmessen ist noch kein Beweis dafür, daß die Pfarrgeistlichkeit ihre eigene Meßpflicht nur ungenügend wahrgenommen habe oder die Laien einem Versagen der Amtskirche hätten steuern wollen[59]. Im Gegensatz zur Errichtung von Kirchen an abgelegenen Orten und der Abkurung von Kapellen von der Mutterkirche, die zur Sicherung einer permanenten Seelsorge vorgenommen wurden, ergab sich das Stiften von Meßpfründen kaum aus einer pastoralen Notlage, sondern eher aus der Überzeugung, allein schon der häufigere Vollzug des Meßopfers vermehre die himmlischen Gnaden für Lebende und Tote. Dieser Glaube stand der Lehre der Kirche nicht entgegen, und es sind mit Sicherheit die Geistlichen selbst gewesen, die ihn den Gläubigen eingepflanzt haben.

Damit stellt sich uns die Frage nach Art und Inhalt der vom Pfarrklerus angebotenen Verkündigung. Im Zuge der pastoralen Erneuerung des frühen 13. Jahrhunderts hatte auch die Predigt eine recht bedeutende Aufwertung erfahren. Die Einsicht wuchs, die Gläubigen seien nicht allein mit dem Sakrament, sondern auch mit dem Wort zu nähren[60]. Die Bettelorden verdankten dem neu erwachten Bedürfnis nach geistlicher Belehrung und Erbauung ja ihren Erfolg. Erstaunlicherweise erfahren wir jedoch aus unseren Quellen über die Wahrnehmung der Kanzelpflicht durch die Weltgeistlichen so gut wie nichts. Bis in die Spanbriefe des 15. Jahrhunderts hinein ist die Predigt auch für die Laien kein Gegenstand, der einer Regelung bedurft hätte. Nur die Luzerner Plebaniebriefe berühren sie am Rande. Im weiteren heißt es da, der Rat habe 1410 verordnet, beim Musegger Umgang sei jeweils der gelehrteste Priester der Stadt zu beauftragen, eine würdige Predigt in lateinischer und deutscher Sprache zu halten[61]. Als ein solchermaßen qualifizierter Geistlicher wird sich am ehesten der Lesemeister der Franziskaner angeboten haben, der als einziger der Minderbrüder befugt war, in Luzern auf die Kanzel zu steigen[62]. Ferner ist anzunehmen, daß anläßlich der regelmäßigen Betteltouren einer der Brüder des heiligen Franz[63], seltener ein Augustinereremit[64], in einer Dorfkirche das Wort ergriffen hat, und im Frauenkloster Am Bach in Schwyz war bestimmt dann und wann ein Zürcher Predigerbruder zu hören[65]. Aus den vielen Kapellen und Kirchen gewährten Privilegien, die dem Gläubigen vierzig Tage Ablaß für das Anhören einer Predigt versprechen, läßt sich freilich kein Schluß auf die tatsächliche Kanzeltätigkeit ziehen, zumal derselbe Ablaß auch durch die Begleitung des Priesters auf dem Weg zur Spendung der Krankenkommunion zu gewinnen war[66].

Ein so unvergleichliches Ereignis wie der ins Jahr 1255 datierbare Auftritt Bertholds von Regensburg, eines der berühmtesten Volksprediger des deutschen Mittelalters, hat sich in der Innerschweiz nicht wiederholt. Vor der St. Michaelskirche in Zug lauschten dreitausend und mehr Zuhörer seinen Worten[67]. Falls er auch bei dieser Gelegenheit «Beichten, Fasten und gestiftete Messen nicht als Ersatz für ein christliches Leben» gelten ließ, vermochte sein Wort die Frömmigkeitspraxis seiner Zeitgenossen nicht zu verändern. Auf die Dauer war den Leutpriestern doch der nachhaltigere Erfolg beschieden, denn der bis zum Ende des 15. Jahrhunderts ungebrochene Stiftungseifer läßt eher vermuten, daß sie in ihren Predigten den Pfarrkindern mit Vorliebe über den Heilswert der Messe, die Pflicht zu Buße und guten Werken und nicht zuletzt über die Qualen der Armen Seelen gesprochen haben.

Religiöse Praxis im Rahmen der Pfarrei

Den 52 Sonntagen im Jahr hatte die Kirche noch eine Menge von Feiertagen hinzugefügt, so daß die Gläubigen manchenorts an bis zu hundert Tagen im Jahr einem Gottesdienst beiwohnen mußten, wenn sie das kirchliche Gebot befolgten. Zu den allgemeinen Festen des Kirchenjahrs traten die Marien-, Apostel- und ungezählte Heiligenfeste sowie Feiertage, die infolge bestimmter spiritueller Strömungen in den offiziellen Kult der Kirche eingegangen sind, wie Allerseelen oder Fronleich-

[59] Darin besteht ein deutlicher Unterschied zu den Gründungen von Kuratkaplaneien und den Abkurungen bestehender Seelsorgeposten, die im 1. Kapitel besprochen wurden; dort ging es um das Bestreben, die pastoralen Grundbedürfnisse im eigenen Dorf befriedigen zu können, hier nur um eine Mehrung des Gottesdienstes.

[60] Rapp Francis, L'église et la vie religieuse en Occident à la fin du Moyen Age, Nouvelle Clio 25, Paris 1971, S. 130.

[61] Cysat, Collectanea 1/2, S. 119f.

[62] Vgl. dazu Hegglin/Glauser, Kloster, S. 30, 33, 69; ferner: Staatsarchiv Luzern: Register zum Jahrzeitbuch des Franziskanerklosters Luzern von 1518 (14.–17. Jahrhundert), bearbeitet von Fritz Glauser, S. 45. Für die Einsichtnahme danke ich dem Bearbeiter.

[63] In Sarnen besaßen die Franziskaner bis 1397, in Silenen bis 1409 nahe den Pfarrkirchen je ein eigenes Haus, wo die almosensammelnden Brüder absteigen konnten, Gfr. 24, 1869, Nr. 5, S. 153; Gfr. 42, 1887, Nr. 221, S. 60–62; Hegglin/Glauser, Kloster, S. 62.

[64] Die Augustiner hatten in Luzern nur ein Terminierhaus.

[65] Ablaßbrief vom 27. Juli 1318, QW 1/2, Nr. 941, S. 481.

[66] Vgl. dazu aber auch unten S. 263f.

[67] QW 1/1, Nr. 1275, S. 582f. Zur Reise Bertholds vgl. Winterthur, Chronik, S. 18f.; Bächtold, Geschichte, S. 212; Hauck Karl, Kirchengeschichte Deutschlands 5/1, Neudruck der 5. Auflage, Berlin 1953, S. 348.

74 **Bau der Franziskanerkirche in Luzern. Chronik des Luzerner Schilling, fol. 7 r.**

nam, oder durch obrigkeitliche Verfügung den lokalen oder regionalen Festkalender bereichert haben, wie die Schlachtjahrzeiten. Die Zahl der Feiertage variierte von Ort zu Ort. In Klosterpfarreien wie Einsiedeln und Engelberg mit reicher kultisch-liturgischer Tradition war sie bestimmt größer als in gewöhnlichen Bauerndörfern. Für Zug lassen sich etwas mehr als zwei Dutzend Festtage errechnen, in Baar – um dieses Beispiel herauszugreifen – dürften folgende unbewegliche und bewegliche Feste mit der Verpflichtung zum Meßbesuch verbunden gewesen sein: Weihnachten, Stephanstag, Johannes der Täufer und Johannes der Evangelist, Beschneidung des Herrn (Neujahr), Dreikönig, die vier großen Marienfeste (Lichtmeß, Verkündigung, Himmelfahrt und Geburt), Ostern (von Sonntag bis Diens-

tag), Auffahrt, Pfingsten (ebenfalls von Sonntag bis Dienstag), Fronleichnam, Urban, Peter und Paul, Maria Magdalena, Michael, Allerheiligen, Martin und Kirchweih[68]. Demnach kamen maximal 23 Feiertage zu den 52 Sonntagen (Ostern und Pfingsten eingerechnet), also eine weit geringere Zahl als vielfach üblich war[69], die aber im 15. Jahrhundert noch anschwellen konnte. An diesen Tagen sollten Arbeit, Handel und Wandel ruhen, zum mindesten war ein Meßbesuch Gebot, wie vermutlich an den Tagen nach Ostern und Pfingsten.
Obwohl die Bevölkerung durch den Bau eigener Kirchen und Kapellen bewiesen hat, wie ernst sie das Sonn- und Feiertagsgebot zu nehmen gewillt war, fiel es gerade in ländlichen Gegenden schwer, die Landwirte von der Verrichtung ihrer «knechtlichen» Arbeiten an so vielen Tagen fernzuhalten. In benachbarten Landschaften haben sich im Innern der Kirchen oder an einer Außenwand Darstellungen des sogenannten «Feiertagschristus» erhalten. Sie zeigen den stehenden Schmerzensmann, umgeben von Arbeitsinstrumenten oder Bildern landwirtschaftlicher Tätigkeit, die des öftern durch einzelne rote Blutlinien mit den fünf Wundmalen Christi verbunden sind. Der Zweck dieser eigentümlichen Bilder bestand darin, dem Betrachter anzuzeigen, welche Tätigkeiten an Sonn- und Feiertagen verpönt waren. Wer dem Erlöser keine Schmerzen zufügen wollte, unterließ diese Geschäfte und ging zur Messe. Es ist gut möglich, daß in der Innerschweiz erst das barocke Baufieber solche ikonographischen Ermahnungen zum Verschwinden gebracht hat[70].
Der Gottesdienstbesuch war in ländlichen Gegenden, wie die Kirchgenossen in ihren Gesuchen manchmal selber gestehen, sehr witterungsabhängig. Das bewog bisweilen den Bischof, ein lokales Kirchenfest in eine günstigere Jahreszeit zu verlegen, um mehr Gläubigen den Meßbesuch zu ermöglichen[71]. Fanden im Anschluß an die Meßfeiern Märkte oder gar Volksversammlungen statt, hatte sich der Klerus kaum über mangelnden Besuch zu beklagen. Mit welcher Disziplin das Volk sonst dem Gottesdienst beiwohnte, ist aber schwer zu sagen[72]. Mehr wissen wir vom brauchtümlichen Leben, das sich im Anschluß daran zumal an Kirchweihtagen entfaltete und gerne in Raufhändel und Fehden ausmündete[73]. Denn keineswegs ging es immer so manierlich zu, wie es zu Cysats Zeiten ein 107jähriger Bauer noch in seiner Jugend erlebt haben wollte. Da habe man, berichtet er, «durch ein tenn hinweg mitt laden getischet mitt ancken- und zigerböcken, honig, brot, suffen, nydlen, milch etc. und gar kein wyn, das hielte man für vil und ein kostliche tractation. Ein pursch säße und äße, die ander gienge gan tanzen, käme dann und wächsslete die ander ab.»[74]
Wer eine eigene Kirche im Dorf wünschte, vergaß nie, auf die geistige Not aufmerksam zu machen, welche aus der mangelnden sakramentalen Versorgung erwachsen konnte. Die Furcht, Kinder könnten ungetauft sterben, war in der Tat groß. Die Bischöfe fanden es darum nicht für nötig, die Gläubigen anzuhalten, ihre Kinder zum Taufbrunnen zu bringen. Die Sorge der Oberhirten richtete sich nur darauf, daß der Klerus die richtige trinitarische Formel spreche.
Im frühen Christentum bildeten Taufe und Firmung einen einzigen liturgischen Akt. Je stärker aber die Firmung zum Vorrecht des Bischofs wurde, desto mehr löste sie sich von der Taufe ab. Salbung und Handauflegung, die den Firmling zum Zeugnis des wahren Glaubens befähigen soll, durfte seit dem 5. Jahrhundert nur der Diözesanbischof, im späteren Mittelalter an seiner Stelle auch der Weihbischof vollziehen. Die Konstanzer Oberhirten bereisten ihr Bistum aber nur in den seltensten Fällen. Im 13. Jahrhundert weilten die Bischöfe Eberhard II. (1254) und Rudolf II. (1282) zu Besuch in der Innerschweiz; im 14. Jahrhundert erschien Heinrich III. von Brandis, der einstige Einsiedler Abt (1357–1383), in der Gegend am Vierwaldstättersee. Gelegentlich kam ein Weihbischof vorbei, zumal wenn es galt, nach Beendigung eines Interdikts Kirchen und Friedhöfe zu rekonziliieren. Bei solchen Gelegenheiten spendeten sie Erwachsenen und Kindern die Firmung, doch konnten zwischen solchen Reisen zehn, ja zwanzig Jahre vergehen[75]. Um die Lücken zu füllen, erteilte der Bischof hin und wieder auch einem fremden Prälaten, der durch das Bistumsgebiet reiste, die befristete Erlaubnis zur Spendung der Firmung[76]. Einzelne scheuten wahr-

68 UB Zug 1, Nr. 865, S. 450f. Gründonnerstag und Karfreitag werden hier nicht aufgeführt, da sie nicht als gebotene Feiertage galten. Zur Liste der Feiertage vgl. auch GRUBER, Jahrzeitbücher, S. 26f.

69 BÖLSTERLI Joseph, Geschichte der Feiertage im Kanton Luzern, in: Gfr. 32, 1877, S. 227f.; ZEHNDER, Volkskundliches, S. 219f.

70 WILDHABER Robert, Der «Feiertagschristus» als ikonographischer Ausdruck der Sonntagsheiligung, in: ZAK 16, 1956, S. 1–34.

71 QW I/2, Nr. 1642, S. 814 (Schattdorf 1332).

72 Zum Disziplinmangel, vgl. ADAM, La vie, S. 151–154.

73 QW I/3, Nr. 236, S. 162f. (1331); Gfr. 1, 1844, Nr. 21, S. 83f. (1366); ZEHNDER, Volkskundliches, S. 221–233.

74 CYSAT, Collectanea I/2, S. 644.

75 Reisen von Weihbischöfen sind in folgenden Jahren nachgewiesen (die Liste verdanke ich PD Ernst Tremp): 1277, 1281, 1283, 1288, 1290, 1291, 1299, 1300, 1311, 1315, 1323, 1325, 1347, 1350, 1360, 1371, 1372, 1379, 1390, 1400, 1409.

76 QW I/2, Nr. 934, S. 476f. (1318).

75 Ehebruch-Szene aus der Nikolaus-von-Lyra-Bibel aus Wolfenschießen. Zentralbibliothek Luzern, Codex 39, fol. 71 v.

scheinlich auch eine Fahrt nach Konstanz nicht, um in der Kathedrale vom Bischof die Salbung zu erhalten; die erdrückende Mehrheit blieb jedoch notgedrungen ungefirmt. Hirt und Herde zeigten wenig Eifer in der Verehrung des Heiligen Geistes. Der volkstümliche Glaube verlangte nach sinnlich Erfahrbarem, der dritten Person der Trinität schenkte er darum geringe Beachtung.

Seit dem hohen Mittelalter rechnete die Kirche auch die Ehe zu den sieben Sakramenten, obgleich sie von dem Grundsatz nicht abwich, daß nur der Konsens der Ehewilligen ihren Bund begründe. Das für die ganze pastorale Praxis des späteren Mittelalters so entscheidende vierte Laterankonzil verlangte indessen noch nicht die Verlegung der Trauung in die Kirche, bloß die Namen der Ehewilligen waren dort zu verkünden, um heimliche Ehen zu verhindern[77]. Der Trauakt fand «in facie ecclesiae» statt, wie die kanonische Formel lautete, das heißt vor der Kirchtüre, aber in Anwesenheit des Priesters. Es ist jedoch unwahrscheinlich, daß alle Eheleute das Gebot der Kirche befolgten. Gerade in alpinen Gegenden kamen klandestine Ehen häufig vor, weil es dort besonders schwierig war, dem kirchlichen Verbot Folge zu leisten, Ehen zwischen Verwandten des dritten und vierten Grades einzugehen. Nur der Papst konnte in solchen Fällen Dispens erteilen oder eine vollzogene Ehe durch einen Gnadenakt als gültig erklären. Oft verstießen die Eheleute unwissend gegen dieses Verbot. In einer weitgehend schriftlosen Gesellschaft und in einer Kirche, die noch keine Tauf-, Ehe- und Sterberegister führte, war es mitunter beim besten Willen schwierig, die Verwandtschaftsverhältnisse abzuklären. So schöpfte ein Ehemann aus Uri erst nach vierzehnjähriger Ehe Verdacht, mit seiner Frau im vierten Grad verwandt zu sein. Zur Vermeidung eines öffentlichen Ärgernisses erteilte Papst Innozenz IV. im Februar 1251 Dispens[78]. Gnade vor Recht ließ 1303 auch Bonifaz VIII. gegenüber einem Luzerner Ehemann walten, welcher, ebenfalls ohne es zu wissen, «in facie ecclesiae» mit einer Verwandten vierten Grades in die Ehe getreten war. Zudem stellte sich heraus, daß er vorher zwei anderen Frauen beigeschlafen hatte, die ihrerseits mit seiner Angetrauten im vierten Grad verwandt waren. Trotz dieser «mehrfachen» Verwandtschaft verzichtete der Papst auf die Auflösung der Ehe, um dem Paar und seinen Sippschaften den Skandal einer Annullierung zu ersparen[79]. Notorische Ehebrecher wurden vor das Kanzelgericht zitiert. Ein Luzerner Bürger, der sich mit seiner «Gevatterin»[80] eingelassen hatte, mußte nach dem Willen des Rates seine Übeltat dem Kirchherrn beichten und dafür Buße leisten, während seine Geliebte sich bei der Sonntagsmesse im Hof vor die Kanzel zu stellen hatte, von wo der Weibel ihre Schandtat dem versammelten Volk bekannt gab[81]. Die Ehegerichtsbarkeit erachtete die Kirche überhaupt als ihre Sache, was zur Folge hatte, daß sich die geistliche Judikatur bis in die hintersten Winkel und über die intimsten Fragen ausdehnen konnte[82].

Das vierte Laterankonzil verordnete in einem seiner folgenreichsten Kanones die jährliche Pflichtkommunion als Mindestforderung und übertrug dem Pfarrklerus die Kontrolle über den Vollzug dieses als heilsnotwendig erachte-

76 Ein Priester reicht einem Gläubigen die Hostie. Zentralbibliothek Luzern, Nikolaus-von-Lyra-Bibel, Codex 42, fol. 170 v.

[77] DECRETA, Const. 51, S. 234. Das heiratsfähige Alter wurde dagegen von der Obrigkeit festgelegt, so 1361 in Luzern auf 18 Jahre für Männer und 15 Jahre für Frauen, ÄLTESTES RATSBÜCHLEIN, S. 40. Nach dem Landbuch von Schwyz betrug es dort nur 16 bzw. 14 Jahre, ZEHNDER, Volkskundliches, S. 123, Anm. 1.

[78] QW 1/1, Nr. 648, S. 290.

[79] QW 1/3 (2), Nr. 59, S. 828.

[80] Ob damit eine nahe Verwandte oder – im engeren Sinn des Wortes – die Taufpatin gemeint war, ist unklar.

[81] SEGESSER, Rechtsgeschichte 2, S. 688, Anm. 2.

[82] VASELLA Oskar, Bauerntum und Reformation in der Eidgenossenschaft, in: Historisches Jahrbuch, 76, 1957, S. 51.

ten Gebots[83]. Wer die österliche Zeit ohne zu beichten und zu kommunizieren verstreichen ließ, mußte der Kurie in Konstanz gemeldet werden. Ob es die Leutpriester immer gewagt haben, dieser unangenehmen Aufgabe nachzukommen, ist allerdings mehr als fraglich. Bei Frauen ist ein häufigeres Kommunizieren zu vermuten als bei Männern, und natürlich verlangten die Kranken auch außerhalb der Osterzeit die Kommunion. Der großen Scheu vor dem Kommunionempfang stand eine eifrige Verehrung der geweihten Hostie gegenüber.

ter des vierten Laterankonzils, die sie zur jährlich wiederkehrenden Pflicht machten. Folgerichtig drohte Bischof Rudolf von Montfort in seinen Statuten jenen, die sich nicht fügen wollten, den Ausschluß aus der Kirche sowie die Verweigerung des kirchlichen Begräbnisses an[85]. Die verbreitete Furcht vor einem «gächen Tod» scheint indessen manche Gläubige dazu bewogen zu haben, häufiger zu beichten, als unbedingt verlangt war. Viele der begehrten Ablässe waren auch nur nach vorheriger Beichte und Reue zu gewinnen[86].

77 Einzug König Sigismunds in die Hofkirche zu Luzern, 1417. Die Prozessionsordnung entspricht durchaus jener eines feierlichen Umgangs mit dem Sakrament. Ministranten mit Kreuz und Fahnen und mit Blumenkränzen im Haar führen den Zug an. Laien tragen ein Reliquiar wohl mit dem Heiltum des Kirchenpatrons, gefolgt von tonsurierten Geistlichen. Unter dem Traghimmel schreitet der Propst mit dem in einer gotischen Turmmonstranz geborgenen Allerheiligsten. Die Frauen begnügen sich mit der Rolle als Zuschauerinnen oder beten den Rosenkranz. Chronik des Luzerner Schilling, fol. 53 v.

78 Mit Seide- und Goldstickerei überzogene hölzerne Hostienbüchse aus der Kirche von Ebikon, um 1400.

Der Blick auf das Sakrament bei der Wandlung galt als heilbringender und ängstebannender Akt. Großer Beliebtheit erfreute sich das Fronleichnamsfest, das Bischof Heinrich III. von Brandis 1363 in seinem Bistum zum gebotenen Feiertag für die Verehrung des Herrenleibes erhoben hat[84].

Bis ins 12. Jahrhundert gingen die Laien nur selten zur Beichte. Wiederum waren es die Väter

Wie schon erwähnt, verstand die Zeit unter Beichte ausschließlich die individuelle Ohrenbeichte, die der Priester an einer gut einsehbaren Stelle der Pfarrkirche abnehmen mußte, um jeden möglichen Verdacht zu vermeiden[87]. Begreiflicherweise bedeutete der Zwang, seine Sünden dem eigenen Leutpriester zu beichten, für manchen ein Hindernis, das Bußsakrament zu empfangen. Von Päpsten und Bischöfen privilegiert, durften jedoch die Franziskaner den Pfarrzwang durchbrechen und überall beichthören und auch predigen. Berührten sie auf ihren Bettelreisen die Innerschweizer Talschaften, boten sie den Pfarrkindern, die sich dem Dorfgeistlichen nicht anvertrauen wollten, die willkommene Gelegenheit, ihre Sündenlast los zu werden. Wahrscheinlich kam dem Barfüßerkloster in Luzern in der ganzen Bußpraxis der Innerschweiz eine zentrale Rolle zu, stand doch dort in der Person des Bru-

[83] Vgl. DENZINGER/SCHÖNMETZER, Enchiridion, Nr. 812, S. 264.

[84] HEILIG Konrad Joseph, Die Einführung des Fronleichnamsfestes in der Diözese Konstanz nach einer vergessenen Urkunde Bischof Heinrichs III. von Brandis, in: ZGOR, NF, 49, 1936, S. 1, 4–7.

[85] Hierzu: DENZINGER/SCHÖNMETZER, Enchiridion, Nr. 812, S. 264; Gfr. 26, 1871, S. 306 (Statuten des Bischofs Rudolf von Montfort).

[86] Vgl. unten S. 263.

[87] BREHM, Geschichte, S. 93 (Statuten des Bischofs Marquard von Randegg).

79 Meinrads- oder Frauenbrunnen auf dem Klosterplatz von Einsiedeln in seiner mittelalterlichen Gestalt. Stiftsarchiv Einsiedeln, Meinradslegende von ca. 1466.

ders Confessor dem bußfertigen Sünder jederzeit ein Beichtvater zur Verfügung. Das Kirchenrecht sah zudem die Möglichkeit vor, daß der Papst oder aber ein bevollmächtigter Kardinal das befristete Recht zur freien Wahl des Beichtvaters gewähren konnte. Dazu bedurfte es jedoch guter kurialer Beziehungen oder dann ansehnlicher finanzieller Mittel, denn solche «Beichtbriefe» wurden käuflich. So erwarb 1362 Konrad Ab Yberg, mehrfacher Schwyzer Landammann, ein solches für drei Jahre gültiges Beichtprivileg[88]. Bei breiten Bevölkerungskreisen war hingegen die Verbindung von Beichte und Wallfahrt beliebt. In Einsiedeln strömten im 15. Jahrhundert oft so viele Bußfertige zusammen, daß die eigenen Beichtväter ihre Aufgabe nicht mehr allein bewältigen konnten. Während des Engelweihfestes (14. September) im Jubeljahr 1466, als man die angebliche Anerkennung der Engelweihe durch Papst Leo VIII. 500 Jahre zuvor feierte und während vierzehn Tagen ein vollkommener Ablaß für ewige Zeiten zu gewinnen war, standen bis zu 400 Beichtväter im Einsatz[89].

Um allen kirchlichen Regeln Genüge zu tun, hätte der einzelne Priester über ein beträchtliches Fachwissen verfügen müssen, welches bestimmt nicht jeder besaß. Die Bischöfe legten darum größtes Gewicht darauf, daß er wenigstens über die bischöflichen Reservatfälle genau Bescheid wußte. In ihren Statuten veröffentlichten sie zu seinen Handen die immer länger werdenden Listen jener Sünden, für die sich der Oberhirte die Lossprechung vorbehielt[90]. Die öffentlichen Sünder mußten sich nach einer vierzigtägigen Bußzeit am Gründonnerstag im Konstanzer Münster bzw. in St. Stephan einfinden; dort wurde über sie in einer feierlichen Zeremonie die Absolution gesprochen und Weihwasser gesprengt. Es dürfte eine seltsame Schar gewesen sein, die sich zu diesem Anlaß in der Bischofsstadt versammelte. Zum Jahre 1415 bemerkt Ulrich von Richental in seiner Konzilschronik: «was der sůnder als vil, das es die frômden wonder nam». 1427 schwoll diese Masse auf 1287, im Jahre 1441 auf 1232 Köpfe an. Zwischen 1450 und 1460 waren es so viele, daß der Rat Vorkehrungen treffen mußte, um vor Überrumpelung durch die reuigen Sünder sicher zu sein[91].

Ablaßwesen

Die Absolution in der Beichte befreite zwar den Sünder vor ewiger Höllenpein, aber die Aussicht bestand fort, für die zeitlichen Sündenstrafen, die noch nicht völlig abgebüßt waren, im Fegfeuer leiden zu müssen. Die Kirche sprach sich aber die Verfügungsgewalt über den durch die Verdienste Christi geäufneten Gnadenschatz zu und gab sich das Recht, zeitliche Sündenstrafen zu erlassen, und zwar den Lebenden wie den bereits Verstorbenen. Der von Höllenängsten gekennzeichneten mittelalterlichen Volksfrömmigkeit kam diese Lehre sehr entgegen; der sogenannte Ablaß wurde zum überaus beliebten Instrument der Heils-

[88] Gfr. 1, 1844, Nr. 32, S. 55f. (1362).

[89] Ringholz, Einsiedeln, S. 445; Ringholz Odilo, Wallfahrtsgeschichte U.L.F. von Einsiedeln. Ein Beitrag zur Culturgeschichte, Freiburg i. Br. 1896, S. 61.

[90] Brehm, Geschichte, S. 47f. (Statuten des Bischofs Marquard von Randegg).

[91] Brehm, Geschichte, S. 22; Richental Ulrich von, Chronik des Constanzer Concils, Hrg. Michael R. Buck, Bibliothek des literarischen Vereins Stuttgart 158, Tübingen 1882, S. 90f., vgl. auch S. 102 (zu 1416).

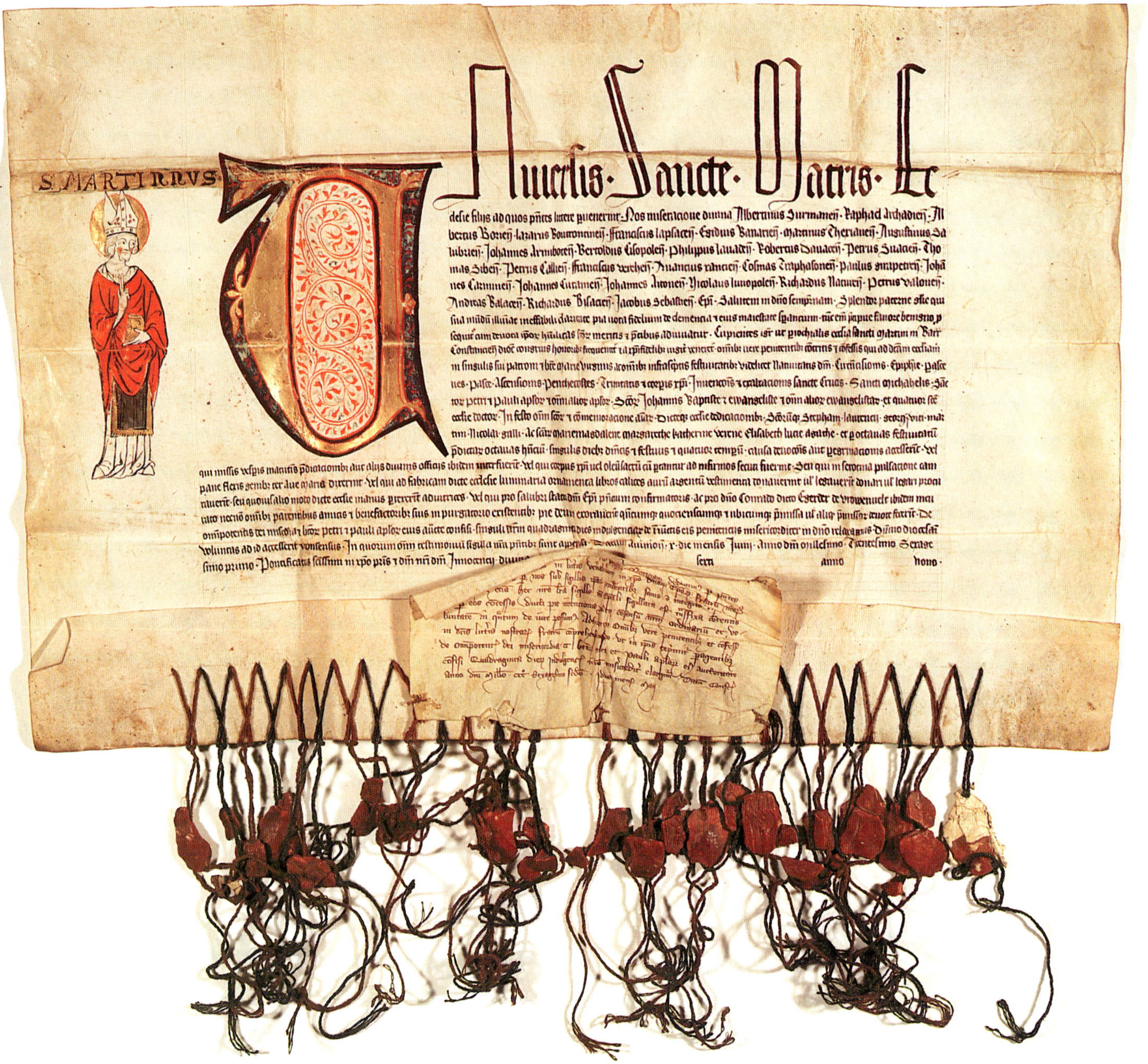

80 Ablaßbrief für die Pfarrkirche von Baar, ausgestellt an der päpstlichen Kurie in Avignon am 10. Juni 1361. Pfarrarchiv Baar.

sicherung. Päpste und Bischöfe erteilten großzügig in der ganzen Christenheit Ablässe mit teilweiser oder voller Indulgenz, jeweils gebunden an einen frommen Akt, der in Gebet, Fasten, Almosen, Spenden an die Kirche, einem Beitrag zur Finanzierung des Kreuzzuges und ähnlichem mehr bestehen konnte[92]. Das eben genannte Engelweihfest von 1466, das angeblich 130 000 Pilger nach Einsiedeln führte, um hier einen vollkommenen Ablaß zu gewinnen, stellte nur den Höhepunkt dar in einer Entwicklung, die uns seit der Mitte des 13. Jahrhunderts in den etwa 120 für die Innerschweiz ausgestellten Ablaßbriefen bezeugt wird[93]. Spitzenreiter unter den Empfängern waren die Klöster, allen voran die zwei Konvente in Engelberg mit zusammen 15 Indulgenzen. Die Pfarrkirche Schwyz brachte es bis 1430 immerhin auf neun, Bürglen bis zum Ende des 14. Jahrhunderts auf fünf, Steinen auf drei Ablaßbriefe. Der Durchschnitt lag bei Pfarrkirchen bis ins frühe 15. Jahrhundert zwischen drei und vier. Bereits bei der Kirchweihe und später bei fast jeder Altarweihe war es üblich, daß der Konsekrator – in der Regel der Weihbischof – einen Ablaß für den Weihetag gewährte. Zu gewinnen waren die damit verheißenen Gnaden etwa unter der Bedingung, daß der Gläubige beichte, die Pfarrkirche zum Gebet aufsuche und eine Spende an die Kir-

[92] Grundlegend für alle Fragen des Ablaßwesens ist bis heute: PAULUS Nikolaus, Geschichte des Ablaßwesens im Mittelalter, 3 Bände, Paderborn 1922–23; vgl. auch LdM 1, Sp. 43–46, mit neuerer Literatur.

[93] Dabei sind die von den Päpsten der ganzen Christenheit gewährten Ablässe nicht mitgezählt.

chenfabrik, an das Ewige Licht oder die übrige Ausstattung entrichte. Der Ablaß schien den Gemeinden das geeignete Mittel, um die Leute zu vermehrten Leistungen für die Dorfkirche anzuspornen. Noch größeren Erfolg versprachen sie sich, wenn die Indulgenzurkunde von einer möglichst großen Zahl von Prälaten besiegelt wurde. Zwei Erzbischöfe und elf Bischöfe hängten ihr Siegel an das 1290 für Spiringen ausgestellte Privileg. Diese Gunst der Prälaten kostete zwar eine Menge Geld, doch wogen für die Schächentaler die in ihrer Dorfkirche erwerbbaren Gnaden weit mehr. Denn jeder der siegelnden Bischöfe durfte je einen Ablaß von vierzig Tagen für schwere und einem Jahr für läßliche Sünden gewähren, und schließlich fügte der Oberhirte von Konstanz, welcher das Privileg bestätigte, seinerseits noch eine Indulgenz von gleichem Umfang hinzu[94]. Alle diese Ablässe wurden kumuliert und wuchsen zu einem potentiellen Gnadenkomplex an, den wohl nur der Leutpriester zuverlässig überblicken konnte. Es ist wohl seine Hand, die auf einer für die Filiale Erstfeld ausgestellten Urkunde ein Total der Ablässe von 200 Tagen für schwere und von sechs Jahren für läßliche Sünden errechnet hat[95]. Den erfolgreichsten diesbezüglichen Fischzug machten 1361 die Pfarrleute von Baar. Die stattliche Schar von 28 Erzbischöfen und Bischöfen siegelte ihren prächtigen Brief, so daß sich ein kumulierter Ablaß von nicht weniger als 1160 Tagen ergab[96].

Großen Wert legten die Empfänger auf eine kunstvolle Ausfertigung der Urkunde. Wahre Prunkstücke finden sich darunter, die ihren Eindruck auf die staunenden Kirchgenossen nicht verfehlen konnten, auch wenn ihnen der lateinische Text «ein Buch» mit oft weit mehr als sieben Siegeln blieb. In Wallfahrtskirchen, wie in St. Jost am Bürgenstock, konnten sich die Pilger jederzeit anhand einer gemalten Tafel über die dort zu gewinnenden Gnaden orientieren[97].

Die Freude an Indulgenzen hielt in der Innerschweiz während der ganzen Periode, die es hier zu betrachten gilt, ungebrochen an. Die schweren Bedenken, welche bedeutende Theologen schon damals gegen das (von schlimmem Mißbrauch noch gar nicht befallene) Ablaßwesen vorbrachten, konnten die populäre Vorliebe für die von der Hierarchie selbst propagierte Form geistlicher Versicherung nicht behindern. Es entsprach in geradezu idealer Weise der typisch spätmittelalterlichen Sucht, die Zahl im geistlichen Bereich zu überschätzen. Gleichzeitig erfuhr aber die aufwühlende Furcht vor den «letzten Dingen» durch dieses Gnadenmittel eine geradezu beruhigende Kompensation.

Armenseelenfrömmigkeit

Das durch Jahrhunderte kaum erlahmende Interesse an Ablässen aller Art war nicht zuletzt dem Umstand zu verdanken, daß er es den Lebenden erlaubte, die Seelen der Verstorbenen an den Früchten von Gebet und guten Werken teilhaben zu lassen. Den Armen Seelen galt in der Tat die unablässige Sorge des Einzelnen sowie der Bruderschaften und Orden. Bedenkt man die Rolle von Beichte und Ablaß, ist es richtig, die spätmittelalterliche Laienfrömmigkeit als eine förmliche «Bußreligion» zu verstehen[98], aber ebenso gut könnte man sie als eine Religion der Totensorge bezeichnen, so sehr wurde sie vom Gedanken des Weiterlebens nach dem Tode beherrscht. Die im Fegfeuer schmachtenden Seelen gaben auch selber zu verstehen, daß sie auf die Hilfe der Lebenden angewiesen seien; vergaß man sie, konnten sie zu schlimmen Quälgeistern werden. Johannes von Winterthur weiß von einem alten Meier aus Sarnen zu berichten, der eines Nachts von Armen Seelen überfallen und unter lautem Geschrei gewürgt wurde. Der Heimgesuchte verlor die Sprache und starb bald darauf[99]. So war alles daran zu setzen, eines Tages, durch den Empfang der Sakramente vorbereitet, die Schwelle des Todes überschreiten zu können, nachdem man zu Lebzeiten kräftig dafür gesorgt hatte, daß Kinder und Kindeskinder das heilsame Gedächtnis nicht vernachlässigten. Es ist wohl möglich, daß gewisse vorchristliche Ideen und ein ungewöhnlich starkes Familien- und Sippenbewußtsein unterschwellig auf die Totensorge eingewirkt haben. Im wesentlichen zeigt sie jedoch den genuin christlichen Charakter, den ihr die Kirche im Verlauf vieler Jahrhunderte eingeprägt hat.

Das wichtigste Mittel, das Totengedenken zu sichern, bestand in Stiftungen an die Kirche zugunsten des eigenen Seelenheils oder desjenigen seiner Eltern und Verwandten. Dazu ein paar Beispiele aus dem 14. und frühen 15. Jahrhundert. Mit viel Überlegung ging der Leutpriester Heinrich von Winkel in Cham zu Werke. Er kaufte verschiedene Äcker zusammen, deren Erträgnisse von drei Mütt Kernen Zürcher Maß er dazu nützte, eine Jahrzeitstiftung in seiner Pfarrkirche zu errichten. Zwei Viertel eines Mütts sollten seinen Nachfolgern zugute kommen, die seine Jahrzeit mit drei

[94] QW 1/1, Nr. 1617, S. 737, Nr. 1620, S. 738–745.
[95] QW 1/3, Nr. 261, S. 175.
[96] UB Zug 1, Nr. 52, S. 28f., Nr. 65, S. 30 (bischöfliche Bestätigung).
[97] QW 1/3, Nr. 644, S. 409. Zu den Ablaßtafeln, vgl. RDK 1, Sp. 78–81.
[98] Vauchez, Laïcs, S. 104.
[99] Winterthur, Chronik, S. 138.

81 Tod des Grafen von Toggenburg, 1436. Priester beten mit dem Sterbenden und segnen ihn. Waldbrüder (im Vordergrund) assistieren. Chronik des Berner Schilling, Bd. 2, S. 10.

Messen zu feiern hatten. Zwei weitere Viertel – als Brot verarbeitet – waren beim Gang über das Grab des Stifters den anwesenden Armen zu reichen. Der Rest ging als Leibgeding an eine nahe Verwandte im Kloster Engelberg, nach deren Absterben aus der einen Hälfte eine zweite Seelmeßstiftung an den beiden Engelberger Konventen geschaffen, die andere Hälfte zur Aufbesserung des Chamer Seelgeräts verwendet werden sollte[100]. Noch mehr ins Detail gingen drei Stifter in Baar. Für seine Eltern, seine Ehefrau, seinen Sohn und all seine Ahnen vermachte 1388 Hans Kilchmeyer auf das eigene Ableben hin ein Mütt Kernen, damit der Leutpriester jeweils am Vorabend seiner Jahrzeit die Vigil singe und über die Gräber gehe. Am folgenden Morgen waren drei Messen zu feiern, wovon zwei als Seelmessen und eine vom Tage. Danach folgte erneut ein Gräberbesuch, wobei diesmal ein Viertel der Kernen «armen lútten uff den greberen durch die hend des lúppriester» gereicht werden sollte[101]. Die einheimischen Adeligen Hartmann VIII. und Rudolf VI. von Hünenberg stifteten zum Seelenheil des 1406 verstorbenen Hartmann VI., seiner Gattin und ihrer ehelichen Kinder alljährlich zwei Mütt Kernen und zweieinhalb Schilling Pfennig Zürcher Währung. Dafür sollte der Leutpriester am Vorabend der Jahrzeit die Vigil singen. Am andern Tag waren fünf Messen von ebenso vielen Priestern zu lesen, eine davon als Seelmesse, eine als gesungenes Amt von Unserer Lieben Frau und drei vom Tage. Priester und Sigrist erhielten dafür ihren Obolus; den Armen war am Grabe Brot zu spenden. Der Leutpriester wurde zudem verpflichtet, jeden Sonntag

[100] QW 1/3, Nr. 874, S. 545–547 (1350).
[101] UB Zug 1, Nr. 253, S. 114f.

auf der Kanzel der genannten Mitglieder der Familie der Hünenberger zu gedenken. Tat er dies nicht, ging sein Anteil an die Pfarrkirche über, und es wurde Sache des Kirchmeiers, für die Durchführung zu sorgen. Versagte selbst dieser, sollten die Zinsen dem Zuger Spital zugute kommen[102].

In all diesen Fällen schaffte sich der Stifter durch seine Schenkung ein Anrecht auf eine Leistung der Lebenden für den Toten. Diese bestand zunächst in der Nennung seines Namens an seinem Todestag bzw. in der Sonntagsmesse. Allein schon nur das Aussprechen des Namens bewirkte seine Gegenwart[103]. Der Tote verblieb so in der Gemeinschaft mit den Lebenden. Dem Vergessen entrissen, lebte er im Gedächtnis seiner Kirchgemeinde weiter. – Dieser Vorstellung brauchte nichts Heidnisches anzuhaften; sie war an sich weder antikem noch germanischem Gedankengut verpflichtet. Memoria, Gedächtnis, Erinnerung sind vielmehr Wesenselemente der christlichen Heilslehre. Die Christen bilden die Gemeinschaft jener, die das Gedenken an die Erlösungstat Christi bewahren und feiern. Daher kann Otto G. Öxle mit einigem Recht das Christentum schlechthin als eine «Gedächtnis- oder Erinnerungsreligion» definieren[104].

Der Zweck der Vergegenwärtigung des Toten bestand sodann in der Zuwendung geistlicher Früchte aus Messe und Gebet, um seine Bußzeit im Fegfeuer abzukürzen. Messen für Verstorbene am Beerdigungstag und danach am Dritten, Siebten und Dreißigsten waren schon im 4. Jahrhundert gebräuchlich. Gregor der Große berichtet an einer berühmten Stelle seiner «Dialoge» von einem Mönch, der das Armutsgelübde nicht ernst genommen hatte und darum nach seinem Tod nur auf einem Misthaufen verscharrt wurde. Seine Mitbrüder feierten aber an dreißig aufeinanderfolgenden Tagen für ihn das Requiem und bewahrten damit seine Seele vor dem Verderben. Dieser vielgelesene Text mag einiges dazu beigetragen haben, die «missa pro defunctis» zum Grundpfeiler der christlichen Totensorge zu machen. Von der am Ende des Mittelalters üblichen maßlosen Häufung von Seelmessen ist aber in unseren Quellen noch keine Spur zu finden. Selbst von den fünf Messen der Hünenberger Jahrzeit waren ja, wie erwähnt, nur zwei ausdrücklich für das Seelenheil der Stifterfamilien vorgesehen.

Als Nutznießer der Stiftungen werden oft der Leutpriester, zuweilen auch Helfer, Kapläne, Sigrist oder Kirchmeier genannt, und fast immer wird der Armen in der Gemeinde gedacht. Was einst als Speisung der Toten gemeint war, wurde zur Spende an die Armen, die sie am Grabe des Verstorbenen zu dessen Seelenheil empfingen[105]. Die Meinung war, daß der Arme Christus vertrat. Der zu seiner Speisung ausgeschiedene Anteil am Spendegut galt schon im 4. Jahrhundert als «portio Christi». Und spätestens seit Gregor dem Großen verband sich das Totengedächtnis in aller Regel mit der Armensorge. In den frühmittelalterlichen Klöstern wurden beide zu einer unlöslichen Einheit verknüpft, was bisweilen die wirtschaftlichen Möglichkeiten einer Mönchsgemeinschaft bei weitem überstieg und zu einer unzumutbaren Belastung werden konnte.

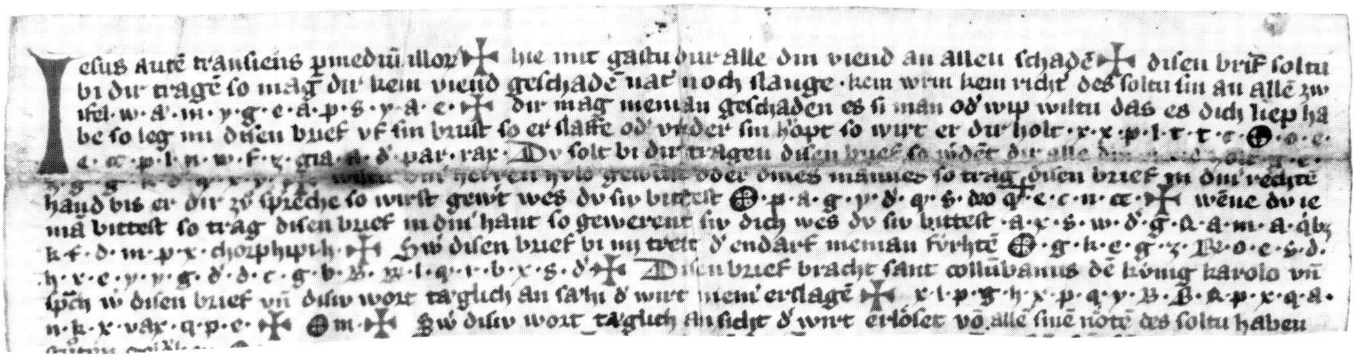

82 Teils in lateinischer, teils in deutscher Sprache abgefaßter Schutzbrief gegen Verletzungen von Feindeshand, der dem Besitzer als Amulett dienen soll: «diesen brif soltu bi dir tragen so mag dir kein viend geschaden nater noch slange.» Bezeichnend ist die Mischung von christlichem Inhalt und magischen Vorstellungen. Schweizerisches Landesmuseum Zürich.

In der Pfarrei nahm die Armensorge nie ein derartiges Ausmaß an. Trotzdem werden wir in Anbetracht der Vielzahl von größeren und kleineren Seelgerätstiftungen der Grabspende an die Armen, die in Kernen oder Brot, gelegentlich auch in Wein, Käse, Mus oder Geld bestand, nicht bloß symbolischen Charakter zumessen dürfen. Auf diese Weise erfüllten die Pfarrgenossen die ihnen zugefallene Aufgabe, für die am Ort ansässigen Armen besorgt zu sein. Darunter sind wohl jene zu verstehen, die nahe oder unter dem Existenzminimum leben

[102] Ebd. Nr. 411, S. 187.
[103] Oexle, Gegenwart, S. 81.
[104] Ebd. S. 75.
[105] Koren Hanns, Die Spende. Eine volkskundliche Studie über die Beziehung «arme Seelen, arme Leute», Graz 1954; Oexle Otto G., Mahl und Spende im mittelalterlichen Totenkult, in: Frühmittelalterliche Studien 18, 1984, S. 401–420.

83 Ein Leichenzug bewegt sich durch ein typisches Innerschweizer Dorf zum Dorffriedhof. Der kistenförmige Sarg ist mit einem Tuch bedeckt. Chronik des Luzerner Schilling, fol. 56 r.

mußten[106], vielleicht auch jene Laien, die sich als freiwillige Arme oder als Waldbrüder und Schwestern in der Gemeinde niedergelassen hatten. Besonders auf dem Lande fielen aber vermutlich die unfreiwilligen Armen zahlenmäßig nicht allzu sehr ins Gewicht, solange die soziale Funktion von Familien- und Sippenverband wirksam blieb[107].

Außer für ein paar Adelige und reiche Bürger, die sich ihr Grab in der Kirche, im Kreuzgang oder auf dem Friedhof eines Klosters aussuchten[108], bildete der Pfarrfriedhof den normalen Bestattungsplatz und die Pfarrkirche auch die selbstverständliche Stätte der von den Gemeindegliedern getragenen Totensorge. Den Beweis dafür liefern die in der Innerschweiz in stattlicher Zahl erhaltenen Jahrzeitbücher[109]. Die Mehrzahl gehört zwar in der heutigen Fassung der Neuzeit an; in den jüngeren Abschriften wird aber viel alter Bestand mit überliefert. Da die Stiftungen zeitlich unbegrenzte Gültigkeit beanspruchten, mußten sie bei der Neuanlage des Jahrzeitbuches übertragen werden. Die einzelne Datierung fällt dann allerdings nicht leicht, weil das Stiftungsjahr für

[106] Als Arme – in städtischen Verhältnissen – kann man jene betrachten, die nahe oder unter dem Existenzminimum lebten und die von den Tagelöhnern, Handwerksgesellen und Dienstboten zu scheiden sind, deren Existenz gesichert war, die aber keine Ersparnisse machen konnten, vgl. MASCHKE, Unterschichten, S. 31–33.

[107] BADER, Dorfgenossenschaft, S. 221–223.

[108] Z.B. bei den Barfüßern in Luzern.

[109] HENGGELER Rudolf, Die Jahrzeitbücher der fünf Orte. Ein Überblick, in: Gfr. 93, 1938, S. 1–58. Die meisten Jahrzeitbücher harren noch der wissenschaftlichen Bearbeitung und Edition. Einige sind im «Geschichtsfreund» als Teildruck erschienen. Gut ediert von Eugen Gruber ist das Jahrzeitbuch von Zug: GRUBER, Jahrzeitbücher. Neuestens liegt das Jahrzeitbuch der Luzerner Barfüßer in mustergültiger Bearbeitung durch Fritz Glauser im Manuskript vor (im Staatsarchiv Luzern).

die Jahrzeit unwichtig war und daher meistens nicht angegeben wurde. Jahrzeitbücher sind somit eine Art immerwährender Kalender, die nach Monaten und Tagen die anfallenden Stiftungen mit den Namen und Vergabungen aufzeichnen.

Zu den ältesten Jahrzeitbüchern in der Innerschweiz gehören die beiden frühesten aus St. Michael in Zug. Sie wurden um 1380, beziehungsweise zwischen etwa 1425 und 1429 angelegt, berücksichtigen jedoch Stiftungen, die vereinzelt bis in das 13. Jahrhundert zurückreichen. Das jüngere trägt mehr den Charakter eines Zinsurbars, das die leistungspflichtigen Leute und Güter benennt, auf welchen die bei einer Jahrzeit oder an Fronfasten fälligen Zinsen lasten[110]. Aufgelistet sind ungezählte Bürger aus der Stadt neben vielen Bauern aus dem Umland, Eheleute treten neben alleinstehende Frauen, wiederholt kommen auch «geistliche Menschen» vor, also Beginen und Begarden. Die einen stiften eine Summe Geld, andere Naturalien wie Kerne, Nüsse, Brot oder Mus. Die Spenden sind primär der zelebrierenden Geistlichkeit zugedacht, gerne wird auch an das Lichtergut gestiftet. Zuweilen sind Gaben für Schüler vorgesehen oder für die eben genannten Brüder und Schwestern, deren Gebetshilfe man erwartet. Die Armen gehen selten vergessen; bisweilen müssen sie sich mit einem spärlichen Rest begnügen, dann wieder werden sie mit dem doppelten oder gar einem mehrfach höheren Betrag als die Geistlichen bedacht. Persönliche Beziehungen beeinflußten wohl die Höhe der jeweils einem bestimmten Nutznießer zugesprochenen Spende, vielleicht spiegelt sich darin auch etwas vom sozialen Empfinden des Stifters. Christus zum Erben einsetzen konnte aber nur, wer etwas besaß. Die Besitzlosen figurieren deshalb nicht in diesem Buch des Lebens, es sei denn, sie zählten zu den Empfängern der Spenden. Wie dem sei, die Kirche vergaß die Namenlosen nicht ganz, an Allerseelen (2. November) schloß sie hoch und niedrig in ihr Gedenken ein.

Zunächst in den Städten, seit dem späteren 15. Jahrhundert auch in ländlichen Gemeinden, bildeten sich genossenschaftliche Organisationen mit dem Zweck, die materiellen Lasten und die geistlichen Verpflichtungen gemeinsam zu tragen. Die volle Entfaltung dieser «Bruderschaften» geheißenen Zusammenschlüsse gehört zwar nicht mehr in unseren Zeitraum, in dem sie erst schattenhaft zu fassen sind[111]. Am besten bekannt sind die Bruderschaften der Geistlichen in den Landkapiteln von Luzern und Cham-Bremgarten, die vereinzelt auch Laien Zutritt gewährten[112]. Teilnahme an Begräbnissen und Erfüllung ausgedehnter Gebets- und Meßpflichten setzten sie sich, wie wir gesehen haben, als Aufgabe. Dieselbe Zielsetzung findet sich bei den rein laikalen Genossenschaften, nur ist hier das Messelesen durch das Messehören ersetzt, und die geistlichen Pflichten sind weniger umfangreich. Von diesen Vereinigungen mit dem rein religiösen Ziel der Totensorge sind solche zu unterscheiden, die sich zugleich als berufsständische Zusammenschlüsse verstanden haben. Zur ersten Gruppe gehörte die nur aus wenigen Zeugnissen erkennbare Bruderschaft, die sich bereits im 13. Jahrhundert um das Luzerner Barfüßerkloster gebildet hatte und einen eher exklusiven Kreis von Gönnern des Konvents umfaßte, die auf dem Klosterfriedhof bestattet sein wollten[113]. Im Umfeld dieses Klosters bildete sich vermutlich seit dem frühen 15. Jahrhundert eine weitere Bruderschaft, um der geistlichen Früchte teilhaftig zu werden, die aus den Messen und Gebeten der Minderbrüder erwuchsen. Sie nannte sich nach dem Einsiedler Antonius und verfolgte ein religiös-karitatives Ziel, indem die Mitglieder gehalten waren, für das Antoniterhospital in Uznach Geld und Naturalien zu sammeln[114]. Zur zweiten Gruppe zählten die Zünfte, wie die Ledergerber und Schuhmacher[115], die Schneider und Tuchscherer[116] sowie die Metzger[117] in Zug, die zwar noch keine eigenen Altäre oder Kapellen besaßen, aber in der Pfarrkirche eine eigene Kerze als eine Art von Bruderschaftssymbol unterhielten[118]. In ihrem Statut von 1418 setzten die Metzger fest, daß alle, die in der Stadt «metzger antwerk tribend unn in die kertzen hǒrent», sich verpflichten mußten, an die Kosten für die Kerze beizusteuern, die während allen Gottesdiensten, Ämtern und den Begräbnissen der Mitglieder zur Ehre Gottes und der Heiligen wie auch der «selen in got ze troste» brennen sollte. Zutritt hatten beide Geschlechter, Bürger und Zugezogene, auch die Lehrknaben, und in die gemeinsame Totensorge wurde sogar das Gesinde eingeschlossen. Aus jedem Haushalt hatte ein Mitglied das Totengeleite zu geben, gleichgültig ob Meister oder Knecht zu Grabe getragen wurde[119]. Der

[110] GRUBER, Jahrzeitbücher 1, S. 17–20.

[111] Gebetsverbrüderungen älteren Typs mit weitgestreuter Mitgliedschaft spielten für das Pfarreileben natürlich keine Rolle, vgl. HEER, Engelberg, S. 79. Zu den Laienbruderschaften der Innerschweiz vgl. HENGGELER, Bruderschaften. Allgemein: LdM 2, Sp. 738–741.

[112] Vgl. oben S. 240.

[113] HEGGLIN/GLAUSER, Kloster, S. 71, 79.

[114] Ebd. S. 79f.

[115] UB Zug 1, Nr. 295, S. 130f.

[116] Ebd. Nr. 452, S. 208.

[117] Ebd. Nr. 573, S. 280f.

[118] WOLFRAM, Studien, S. 79; WOHLHAUPTER Eugen, Die Kerze im Recht, Forschungen zum deutschen Recht 4/1, Weimar 1940.

[119] UB Zug 1, Nr. 573, S. 280f..

Geist christlicher Brüderlichkeit ebnete so die sozialen Unterschiede ein, die sonst das bürgerliche Leben prägten.
In noch höherem Maße war dies der Fall in den Schlachtjahrzeiten, wo die geschichtliche Erinnerung an unerhörte Ereignisse dem Totengedenken eine zusätzliche, für das Gemeinschaftsleben recht bedeutsame Dimension erschloß[120]. Trotzdem verstanden die Eidgenossen diese Jahrzeiten nicht primär als Erinnerungsfeier für einen militärischen Sieg, sondern als Totengedenktage für jene Glieder der Gemeinde, die – ohne das Sterbesakrament empfangen zu haben – auf dem Schlachtfeld ihr Leben hatten lassen müssen. Die dabei beachteten Formen entsprachen völlig dem kirchlichen Brauch; es wurden die Namen der Gefallenen verlesen und an die Armen mußte etwas gespendet werden. Der Besuch auf dem Schlachtfeld, wie er sich in Sempach eingebürgert hat, galt den dort Gefallenen, an deren Grabstätte die Armen ihr Brot bekamen[121]. Der normale Ort zur Begehung der Schlachtjahrzeit war jedoch nicht das Schlachtfeld, sondern die Pfarrkirche – namentlich jene der Hauptorte –, in deren Jahrzeitbuch man aber nur die Gefallenen der eigenen Gemeinde eintrug[122]. Meines Erachtens verhinderte es gerade diese getreue Beachtung der kirchlichen Form des Totengedenkens, daß sich aus den Schlachtjahrzeiten ein gemeinsamer Gedenktag aller Länderorte oder gar sämtlicher Eidgenossen entwickeln konnte.
Schon im 13. Jahrhundert zogen es Adelige und vornehme Bürger vor, Jahrzeitstiftungen in Klöstern statt in Pfarrkirchen zu errichten. Die Franziskaner in Luzern, die Lazariter in Seedorf, die Augustinerinnen in Eschenbach und die Zisterzienserinnen in Rathausen wurden im Verlauf der Zeit zu Nutznießern einer Vielzahl von Seelgerätstiftungen, doch ließ in dieser Beziehung der Frauenkonvent von Engelberg alle Männer- und Frauenklöster weit hinter sich. Im 14. Jahrhundert gehörte es weitherum zum guten Ton, dem darbenden Kloster, das vor der Pest weit über 200 Nonnen beherbergt hatte[123], durch Schenkungen aller Art unter die Arme zu greifen. Die in Königsfelden residierende Königin Agnes ging beispielgebend voran. Ihr folgten zahlreiche Adelsfamilien, deren Namen uns schon durch die Inhaber vieler Innerschweizer Pfarrpfründen bekannt sind. Aber auch wohlhabende Bürger aus Zürich, Basel, Freiburg im Breisgau und Straßburg wählten die in gutem Rufe stehenden Frauen und ihre geistlichen Betreuer zu Nutznießern ihrer zum eigenen Seelenheil getätigten Mildtätigkeit. Angesehene Luzerner Familien stifteten mit so großem Eifer, daß die Stadt und ihre Umgebung als die wichtigste materielle und moralische Stütze dieses spirituellen Zentrums angesehen werden darf. Unterwaldner Landleute standen den Luzernern nur wenig nach; ihnen folgten in einigem Abstand die Urner, während sich Zuger und Schwyzer nur in bescheidenem Umfang daran beteiligten. In mancher Familie gab der Eintritt einer Tochter oder nahen Verwandten Anlaß, durch ein Leibgeding das harte Leben einer Nonne in dem übervölkerten Konvent etwas erträglicher zu gestalten. Bei andern Spendern mag die offenbar unvergleichliche Strahlungskraft dieser beschaulich-mystischen Hochburg die Hand zu einer Gabe um des Seelenheiles willen geöffnet haben[124].
Das volkstümliche Leben im Rahmen der Pfarrei war somit geprägt von Bußfrömmigkeit und Totensorge. Dabei nahm der Gläubige die Heilslehren der Kirche nicht in der abstrakten Form der Belehrung, sondern mehr im praktischen Vollzug entsprechender Frömmigkeitsübungen auf, welche weniger einen archaischen Totenkult als einen christlichen Auferstehungsglauben bezeugen. Freilich sei nicht geleugnet, daß dieser Glaube materiell und berechnend gewesen ist. Beachtet man aber die Tatsache, daß Kaplanei- und Seelmeßstiftungen oft nicht nur zum ewigen Heil der Stifter und ihrer Ahnen und Nachkommen, sondern auch zur Steigerung des Meßangebots für die ganze Gemeinde errichtet wurden, und bedenkt man die innige Verknüpfung von Toten- und Armensorge, muß die verbreitete Vorstellung vom engherzigen Heilsegoismus der spätmittelalterlichen Gläubigen doch etwas korrigiert werden.
Im übrigen erstaunt es nicht, wenn gemeinschaftliche Frömmigkeitsübungen, wie das im 15. Jahrhundert erstmals belegte «Große Gebet», ein von Laien ganz leicht zu verrichtendes Kettengebet, ebenfalls durch eine ausgeprägte Armenseelenfrömmigkeit charakterisiert wird. Mit der Totensorge hing wahrscheinlich auch das «Beten mit zertanen Armen» zusammen, das im 16. Jahrhundert als auffallende Eigentümlichkeit der Eidgenossen galt[125]. Vor der

[120] Henggeler Rudolf, Das Schlachtenjahrzeit der Eidgenossen nach den innerschweizerischen Jahrzeitbüchern, Basel 1940 (QSG 2/3); Wolfram, Studien, S. 82–91.
[121] Zehnder, Volkskundliches, S. 288; Gedenktage, Teil 1, Zürich 1973, Karte 127.
[122] Z. B. Jahrzeitbuch von Schwyz, Pfarrarchiv Schwyz, fol. 129.
[123] Heer, Engelberg, S. 101.
[124] MGH Necr. 1, S. 364–382; Gfr. 26, 1871, Nr. 20, S. 245–286 (Jahrzeitbücher des Engelberger Frauenklosters); Ferner: Durrer Robert, Das Frauenkloster Engelberg als Pflegestätte der Mystik, in: Gfr. 76, 1921, S. 195–218.
[125] Ochsenbein Peter, «Großes Gebet der Eidgenossen» und «Großes Allgemeines Gebet» – zwei Volksandachten im 16. Jahrhundert, in: ZSKG 73, 1979, S. 243–255;

Schlacht sanken sie in die Knie, um Gott und den Heiligen ihre Seelen anzuempfehlen, indem sie die angewinkelten Arme zum Himmel streckten. Mit «zerspannen armen» dachten sie jedenfalls im 16. Jahrhundert beim Mittagsläuten während fünf Vaterunser und Ave-Maria an das Leiden und Sterben des Erlösers und seiner Mutter[126]. Mit dieser für Laien ungewöhnlichen Gebetshaltung erweckten die Eidgenossen bei den Gegnern Staunen und Spott, war doch die altchristliche Orantenstellung nur dem Priester in der Messe vorbehalten. Es scheint mir aber zweifelhaft, daß die Eidgenossen mit ihrem expressiven, ja exaltiert wirkenden Gebetsgestus einen besonders altertümlichen Brauch befolgten. Verwandtes bei den Geißlerzügen von 1348/49 läßt eher an einen spätmittelalterlichen Usus denken. Als der Schwarze Tod den Kontinent heimsuchte, glaubten viele der verängstigten Gemüter, Gottes Zorn über die sündige Menschheit nur durch außergewöhnliche Bußübungen besänftigen zu können. Von der Bodenseegegend und Schwaben zogen ganze Scharen von Männern – Frauen waren ausgeschlossen – ins Elsaß, andere aber durchkreuzten Mittel- und Norddeutschland. Zum Ritual gehörte es, den entblößten Oberkörper beim Gesang besonderer Lieder mit Geißeln in drei Malen blutig zu schlagen. Dazwischen warfen sie sich in Kreuzesform auf den Boden und blieben dort liegen, «bit daz man wol funf pater noster gesprochen» hatte[127]. Darauf ermahnte sie einer ihrer Magister: «Nů hebent uf die uwern hende, // Daz got dis grosse sterben wende. // Nů hebent uf die uwern arme, // Daz sich got uber uns erbarme. // Jhesus, durch diner namen drie, // Du mach uns, herre, vor sůnden frie. // Jhesus, durch dine wunden rot // Behůt uns vor dem gehen tot.»[128] Zwischen dem Gestus beziehungsweise dem gedanklichen Inhalt dieser Geißlerverse und dem Beten mit «zertanen» Armen bei den Eidgenossen – namentlich vor Schlachten – besteht meines Erachtens eine derart enge Parallele, daß ein Zusammenhang der beiden Erscheinungen wohl bestehen könnte. Ob jedoch eine gemeinsame Wurzel in der Passionsfrömmigkeit des 14. Jahrhunderts anzunehmen ist oder ob in der Innerschweiz dieses Element des Geißlerrituals ungestört weiterlebte, das im Gegensatz zum Geißelungsakt ja nicht häresieverdächtig war, möchte ich offenlassen. Die Geißlerprozessionen sind hierzulande nicht belegt, was aber nicht ausschließt, daß sich Leute

84 Sarg- oder Tumbatuch aus dem Frauenkloster Engelberg, 14. Jahrhundert. Frauenkloster St. Andreas in Sarnen.

OCHSENBEIN Peter, Das Luzerner «Große Gebet» im 15. Jahrhundert, in: ZSKG 76, 1982, S. 40–62; OCHSENBEIN, Gebet, S. 349f.

126 OCHSENBEIN Peter, Beten ‹mit zertanen armen› – ein alteidgenössischer Brauch, in: SAV 75, 1979, S. 129f. Das Beten mit hochgestreckten Armen war jedenfalls auch anderswo verbreitet, vgl. z.B. die bekannte Darstellung der Pilger vor der «Schönen Maria» in Regensburg von Michael Ostendorfer, in: Alltag im Spätmittelalter, Hrg. Harry Kühnel, Graz u. a. 1984, S. 107.

127 Limburger Chronik, in: WOLFSHAGEN, Chronik, S. 33f.

128 Fritsche (Friedrich) Closener's Chronik, Hrg. G. Hegel in: Die Chroniken der deutschen Städte vom 14.–16. Jahrhundert 8: Leipzig 1870, S. 109. Ähnlich das Ritual des Matthias von Neuenburg, in: NEUENBURG, Chronik, S. 270–272. Zu den Geißlerbräuchen vgl. GRAUS František, Pest – Geißler – Judenmorde, Göttingen 1987, bes. S. 38–41.

aus der Innerschweiz den fluktuierenden Flagellantengruppen beigesellten und später ihre Gebetspraxis in der Heimat hätten verbreiten können.
Totensorge und Armenseelenfrömmigkeit sind freilich Gemeingut der gesamten spätmittelalterlichen Christenheit. Eine Steigerung derselben über das allgemein übliche Maß hinaus erfolgte bei den Eidgenossen wohl erst unter dem Eindruck der gewaltigen und blutigen Geschehnisse seit der Sempacherzeit. Jedenfalls fielen einem so aufmerksamen Besucher der Innerschweiz wie Carlo Borromeo noch 1570 die pietätvolle Fürsorge und das eifrige Gebet für die verstorbenen Angehörigen als Merkmal des religiösen Lebens ihrer Bewohner auf. Die Friedhöfe seien mit Mauern umgeben und sorgfältig gepflegt, fast überall gebe es Totenkapellen für die Gebeine der Verstorbenen. Alle Gräber seien mit kleinen Holzkreuzen und mit Weihwasserbecken versehen. Jedesmal vor dem Betreten der Kirche verweile man davor zum Weihwassersprengen und zum Gebet für die Armen Seelen. Schon früh am Morgen finde sich eine schöne Zahl von Leuten, vorwiegend Frauen, auf dem Friedhof ein und verrichte, vor den Gräbern kniend, lange Gebete. Die Priester würden bei der Bestattung das Grab beweihräuchern; auch während des Gottesdienstes werde mit Inbrunst für das Seelenheil gebetet und bei der Sonntagsmesse verkünde der Pfarrer die Jahrzeiten der folgenden Woche. Das alles hielt der Kardinal für «veramente senza essempio» [129].

Wallfahrt und Bittgang

Im späten Mittelalter entfaltete sich überall in der westlichen Christenheit eine unübersehbare Vielfalt von volkstümlichen Frömmigkeitsformen im Heiligen- und Reliquienkult, bei Prozessionen, Kreuzgängen und Wallfahrten, anläßlich allgemeiner und lokaler Kirchenfeste. An all das haben unzweifelhaft auch die Innerschweizer ihren Tribut geleistet. Die Quellen fließen zwar für das 13. und 14. Jahrhundert recht spärlich, sie lassen aber erkennen, daß von einem Abgleiten ins Krankhafte oder Maßlose, das sich anderswo beobachten läßt, hier nicht die Rede sein kann [130].
Jede Kirche hütete selbstverständlich verehrungswürdiges Heiligengebein, man mehrte es nach Kräften und sorgte sich mitunter auch um seine Echtheit [131]. Als die Schwyzer 1407 in den Besitz eines ansehnlichen Stückes der Theodulsglocke gelangten, verteilten sie davon an alle Kirchgänger [132]; von einer Sammelwut, wie sie andernorts kirchliche und weltliche Würdenträger der Zeit verzehrte, gab es hier nicht eine Spur. Wohl suchten Reliquienräu-

85 Beten mit zertanen Armen. Vor der Schlacht bei Nancy fallen die eidgenössischen Kriegsknechte auf die Knie, um ihre Seelen Gott zu empfehlen. Chronik des Luzerner Schilling, fol. 228 r.

[129] STEFFENS/REINHARDT, Nuntiatur, Nr. 2, S. 7.
[130] Die sakrale Kunst als Quelle für die zeitgenössische Frömmigkeit behandelt Adolf Reinle in diesem Werk, weshalb ich sie hier übergehe.
[131] QW 1/2, Nr. 733a, S. 369; STÜCKELBERG Ernst Alfred, Geschichte der Reliquien in der Schweiz, Schriften der Schweizerischen Gesellschaft für Volkskunde 1 und 5, Zürich-Basel 1902/1908.
[132] GASSER, Kdm UR 2, S. 278, Anm. 48.

ber die Klosterkirche Einsiedeln heim, sie kamen aber aus Zürich[133]. Wenn die Luzerner beim Musegger Umgang am Vorabend von Mariä Verkündigung (24. März) die Gebeine ihres Stadtpatrons um die Mauern trugen, erwarteten sie selbstverständlich den wirksamen Schutz durch ihren mächtigen Fürsprecher im Himmel. Solche Kreuzgänge kamen oft nicht auf kirchliche Initiative, sondern durch den Willen der Obrigkeit zustande. Anscheinend hat schon 1252 der Luzerner Rat beschlossen, alljährlich das Heiltum um die Stadt herumzuführen. Nach chronikalischen Quellen hingegen haben die Stadtväter diesen Kreuzgang erst nach dem großen Brand von 1340 angeordnet, damit die «liebe frauwen» sie fürderhin «von solichem kummer, angst und nott

86 **Kästchen, Beutel und Tongefäß zur Aufbewahrung von Reliquien, die wohl im 14. Jahrhundert bei der Weihe der St. Jakobskapelle in Ennetmoos im Hochaltar eingeschlossen wurden. Nidwaldner Museum in Stans.**

gnediglichen beschirmen» möge. Aus jedem Haus mußte ein Bewohner an der Bußprozession teilnehmen, «die mann vornhin und die frowen hinden nachin», oder drei Schilling Buße zahlen, wie Cysat vermerkt. Geladen war auch die Pfarrgeistlichkeit der umliegenden Dörfer und der Untertanengebiete, während die Würdigsten aus der Stadt sowie Keller und Meier des Klosters im Hof zu Trägern der Reliquien bestimmt wurden. Eine lateinische und deutsche Predigt hielt, wie schon gesagt, der Gelehrteste aus dem Stadtklerus. Nach der Heiltumsprozession spendete der Rat der gesamten Geistlichkeit Fisch und eine Maß des besten Weines. Wein und Fisch bekamen auch die Armen im Spital, die Aussätzigen in der Senti und überhaupt alle Bedürftigen «durch Gottes und unser Frowen willen»[134].
Die offiziellen Wallfahrten nach Einsiedeln waren ebenfalls nicht kirchlich verordnet, wenn es auch wahrscheinlich ist, daß die Pfarreien die Organisation übernahmen. Zur Zuger Landeswallfahrt, die vielleicht schon im 14. Jahrhundert eingeführt wurde, verpflichtete der Rat den Pfarrherrn und seinen Helfer zur Begleitung der Gläubigen[135]. Diese jährlich wiederholten Bittgänge wurden allgemein mit der Motivation unternommen, welche die Zürcher einmal so formulierten: «Zur Ehre Gottes, der allerseligsten Jungfrau und aller Heiligen, zum Trost der christgläubigen Seelen, zur Erlangung des göttlichen Schutzes für Stadt und Landschaft, für gute Witterung und Gedeihen der Landfrüchte.»[136] Andere Wallfahrten ergaben sich aus konkretem Anlaß. Zur Zeit des Alten Zürichkrieges regten anno 1445 Schultheiß und Rat von Luzern an, aus jeder Pfarrei der Eidgenossenschaft solle eine ehrbare Person barfuß zur Lieben Frau nach Einsiedeln pilgern, um den Frieden zu erflehen[137]. Der Stand Uri, der keine Landeswallfahrt in den Finstern Wald kannte, schickte seine Leute am Markustag pfarreiweise angeblich «von alters her» zur Jagdmattkapelle nach Erstfeld, wo im Anschluß an den Gottesdienst die Vorlandsgemeinde stattfand, welche die Geschäfte der acht Tage später in Bötzlingen durchgeführten Landsgemeinde vorzubereiten hatte[138]. – Wallfahrten konnten auch zur Strafe oder Sühne für eine Missetat Einzelpersonen oder ganzen Städten und Ländern auferlegt werden. Als nach der Beilegung des Jahrhunderte dauernden Marchenstreits zwischen dem Kloster Einsiedeln und den Schwyzern samt ihren Verbündeten der päpstliche Bevollmächtigte die von Johannes XXII. verhängten Kirchenstrafen von Bann und Interdikt aufhob, wurden alle Einwohner Unterwaldens – und wahrscheinlich auch der andern Länderorte – im Alter zwischen vierzehn und siebzig Jahren verpflichtet, binnen Jahresfrist eine Bußwallfahrt in den Finstern Wald zu unternehmen. Wer diesen demütigenden Gang ins Heiligtum des alten Widersachers nicht tun wollte, hatte

[133] ZEHNDER, Volkskundliches, S. 477.
[134] CYSAT, Collectanea 1/2, S. 119f.; WEBER Peter Xaver, Die Musegg zu Luzern, in: Gfr. 94, 1939, S. 26; BECK Peter, Von alten Bräuchen im Laufe des Kirchenjahres, Luzern im Wandel der Zeiten 3, Luzern 1956, S. 20.
[135] UB Zug 1, Nr. 681, S. 338; RINGHOLZ, Einsiedeln, S. 353.
[136] Ebd., S. 352.
[137] Ebd., S. 398.
[138] Die Kapelle wird erstmals 1339 erwähnt. 1379 ist von einer «peregrinatio» (Wallfahrt) die Rede. Von der pfarreiweisen Wallfahrt am Markustag (25. April) wird in der Pfarrordnung von Seelisberg gesprochen, vgl. Gfr. 1, 1844, Nr. 5, S. 382. LEHNER Hansjörg, Die Jagdmattkapelle, in: Erstfeld. Zur 500jährigen Selbständigkeit, Zürich 1977, S. 87ff.; LEHNER Hansjörg, Jagdmattkapelle Erstfeld, Basel 1980 (Schweizerische Kunstführer, Serie 29, Nr. 281), S. 2f.

die Wahl, als Ersatz den Armen 100 Mahlzeiten zu spenden oder 5000 Vaterunser und Ave-Maria zu beten[139].

Der uralte Glaube, daß Gott und seine Heiligen an bestimmten Orten dem hilfesuchenden Menschen näherkommen und eher als anderswo seine Bitten erhörten, trieb im Mittelalter Scharen von Frommen, Schuldbeladenen und Abenteurern dazu an, eine Reise voller Gefahren und Entbehrungen zu den berühmten heiligen Stätten der Christenheit in Jerusalem, Rom oder Santiago zu unternehmen. Internationale Pilgerwege berührten das Marienheiligtum von Einsiedeln. An einer der Varianten «der oberen Strasse» nach dem großen nordspanischen Pilgerziel, die von Einsiedeln nach Brunnen führte und sich jenseits des Sees von

87 Pilgerzeichen aus Einsiedeln an einer Glocke von 1433 in Hildisrieden. Solche am Wallfahrtsort käufliche Abzeichen galten als Andenken wie als Ausweis für den empfangenen Ablaß und vermittelten dank Berührung mit dem Gnadenbild dem Besitzer Schutz auf der Pilgerfahrt. Pfarrkirche Hildisrieden.

88 Pilgerzeichen aus Santiago de Compostela. Privatbesitz Zürich.

Buochs in Richtung Brünig fortsetzte, wurde schon im frühen 14. Jahrhundert in Ennetmoos eine dem heiligen Jakob geweihte Kapelle errichtet[140]. Das kleine, mit Ablässen reich gesegnete Gotteshaus lud den fremden Pilger ein, sich dem Schutz des verehrten Heiligen anzuempfehlen. Dem Einheimischen bot es die willkommene Gelegenheit, in einer kurzen Nahwallfahrt dem Heiligen seine alltäglichen Nöte und Sorgen anzuvertrauen. Einen Reflex des internationalen Wallfahrtswesens stellen auch die beiden dem heiligen Jost (Jodocus) gewidmeten Kapellen der Innerschweiz dar. Die ältere am Bürgenstock wurde auf Initiative der Kirchgenossen von Buochs im 12. oder frühen 13. Jahrhundert erbaut[141]. Die jüngere in Blatten bei Malters ist dem Gelübde des Hartmann Krämer zu verdanken, welcher im Jahre 1366 eine Wallfahrt nach Saint-Josse-sur-Mer unternommen hatte. Weil er unterwegs in die Hand englischer Straßenräuber fiel, gelobte er, nach glücklicher Heimkehr dem Heiligen auf seinem eigenen Hof eine Votivkapelle zu errichten[142]. Beide Heiligtümer entwickelten sich zu blühenden regionalen Wallfahrtszielen, die dem Gläubigen – mehr als es im Pfarrgottesdienst möglich war – eine individuelle Bezeugung seiner Frömmigkeit erlaubten.

[139] QW 1/3, Nr. 888, S. 562 (1350).

[140] Henggeler Rudolf, S. Jacobus Major und die Innerschweiz, in: Gesammelte Aufsätze zur Kulturgeschichte Spaniens, Spanische Forschungen der Görresgesellschaft, Reihe 1, Bd. 20, Münster 1962, S. 283–294; Durrer, Kdm UW, S. 251f., mit Erörterungen zum Baudatum, das um 1313/1315 liegen dürfte.

[141] Sennhauser Hans Rudolf, Zur Baugeschichte der Kapelle St. Jost an Bürgen, in: 100 Jahre Pfarrei St. Anton Ennetbürgen, Sarnen 1981, S. 239–241.

[142] Marbach Felix, St. Jost und die Innerschweiz, in: Innerschweizerisches Jahrbuch für Heimatkunde 11/12, Hrg. Josef Schmid, 1947/48, S. 164f., 180f.

Beginen und Begarden

Zwischen dem 13. und dem 15. Jahrhundert strebten in der Innerschweiz zudem immer wieder Männer und Frauen nach einer christlichen Lebensform, die über das hinaus führte, was von einem gewöhnlichen Gemeindemitglied gefordert wurde. Ein Leben nach den evangelischen Räten wollten sie führen, ohne in ein Kloster einzutreten und ein Gelübde abzulegen. Menschen, die sich dauernd oder vorübergehend von dem Getriebe dieser Welt abwandten, kannte zwar schon die spätantike und frühmittelalterliche Christenheit. Die einen zogen in die Wüste oder in die Einöde der Wälder, die andern ließen sich als Reklusen in einer Zelle einmauern. Im 10. Jahrhundert genoß beispielsweise die heilige Wiborada in St. Gallen großes Ansehen, bis sie in ihrem vermauerten Gehäuse bei St. Mangen 926 von den Ungarn erschlagen wurde. Noch im 14. Jahrhundert ist etwa in Rothenburg von einer «Mechtildis inclusa» die Rede[143]. Männer, die allein oder in Gesellschaft von Gleichgesinnten ein Leben als Waldbrüder führten, gab es in ansehnlicher Zahl. Bekannte Einsiedlergemeinschaften bildeten sich im 14. Jahrhundert auf der Brüdernalp am Schimberg oder zu Witenbach (Heiligkreuz) im Entlebuch. Manche Einsiedelei bestand nur kurze Zeit, andere zogen immer wieder Männer an. Ein Bruder Johann, der auf dem Wiesenberg oberhalb Dallenwil hauste, erwarb 1336 mit Hilfe einiger Wohltäter eine Hofstatt samt Kapelle, damit dort nach seinem Tod wieder ein «geischlich mensch» dem Ideal der beata solitudo huldigen könne[144].

89 Waldbruder neben einem Geistlichen. Chronik des Luzerner Schilling, fol. 218 v.

Viel zahlreicher als Männer fühlten sich alleinstehende Frauen, Witwen oder Unverheiratete von einem Leben in Gebet und Betrachtung, verbunden mit tätiger Nächstenliebe, angezogen. Sie hausten allein oder in Gemeinschaft, sonderten sich aber von der Gesellschaft nicht ab, sondern erfüllten in ihr manche nützliche Dienste. Für ihr geistliches Leben bedurften diese Frauen, die anderswo Beginen, in unseren Quellen ganz einfach Schwestern genannt werden, der Betreuung durch einen Geistlichen. Sie suchten daher die Nähe zu einem Kloster oder zur Pfarrkirche. Im 13. Jahrhundert siedelten sich fromme Frauen im Umkreis der Benediktiner im Hof an, andere standen den Barfüßern nahe[145]. In Muotathal bildete sich eine «samenunge», deren Schwestern aber zeitweilig, weil sie Umgang mit Männern hatten, in einem schlechten Ruf standen. Nur widerwillig unterstellten sie sich der Kontrolle der Luzerner Franziskaner, die sie als Gemeinschaft des Dritten Ordens des heiligen Franz organisierten[146]. Die meisten Schwesterngemeinschaften gingen über kurz oder lang wieder ein, wenn sie nicht wenigstens ein Mindestmaß an wirtschaftlicher Sicherung und organisatorischem Zusammenhalt finden konnten. Den vier Schwesternhäusern, die im 14. Jahrhundert in der Nachbarschaft des Klosters Einsiedeln entstanden sind, gab der Abt 1403 eine Hausordnung, die das Verhältnis zum Abt, den Gehorsam gegenüber der Meisterin und die Armut der Mitglieder regelte, ohne sie auf eine Ordensregel zu verpflichten[147]. Die Schwestern, die sich erst in Horw, dann in Rathausen niedergelassen hatten, sowie jene von Steinen bemühten sich dagegen selber darum, die Ordensregeln der Zisterzienser annehmen zu dürfen, und wandelten damit ihre bisher lockeren Gemeinschaften in geschlossene Klöster um[148].

Nur ausnahmsweise sind die Namen und die Herkunft der Schwestern bekannt. In den vier

[143] Gfr. 5, 1848, Nr. 4, S. 135; MGH Necr. 1, S. 353. Staatsarchivar Fritz Glauser danke ich für die Überlassung einer Kopie seines Manuskripts für die HS (GLAUSER Fritz, Brüder und Schwestern der Kantone Luzern, Uri, Ob- und Nidwalden). – Zum Beginenwesen allgemein: DEGLER-SPENGLER Brigitte, Die religiöse Frauenbewegung des Mittelalters. Konversen, Nonnen, Beginen, in: Rottenburger Jahrbuch für Kirchengeschichte 3, 1984, S. 75–88. – Zu den Beginen und Begarden in der Schweiz: PFISTER, Kirchengeschichte 1, S. 316–323. – Speziell für die Innerschweiz: GRUBER Eugen, Beginen und Eremiten der Innerschweiz, in: Festschrift Oskar Vasella, Freiburg i.Ue. 1964, S. 79–106.

[144] QW 1/3, Nr. 118, S. 82f.; DURRER, Bruder Klaus 2, S. 1040–1042; DURRER, Kdm UW, S. 1010f.

[145] QW 1/1, Nr. 1443a, S. 663, Nr. 1552, S. 710.

[146] QW 1/3, Nr. 503, S. 333; HS 5/1, S. 675; BONER Georg, Zur Gründung des Luzerner Franziskanerklosters, in: LUZERN, S. 147f.

[147] RINGHOLZ, Einsiedeln, S. 323f.

[148] Rathausen: ACTA PONTIFICUM HELVETICA 1, Nr. 635, S. 385f. (1254). – Steinen: QW 1/1, Nr. 916, S. 417 (1262).

Samnungen von Einsiedeln wohnten am Anfang des 15. Jahrhunderts Frauen aus Luzern, Menzingen, Zofingen, Weesen, Glarus, aus der Bodenseegegend, aus Basel und Nürnberg zusammen[149]. Wahrscheinlich ließen sich auch jene, die aus der Innerschweiz stammten, normalerweise nicht in ihrer Heimatpfarrei nieder. Gerade weil sie oft keine Einheimischen waren, benötigten sie den Schutz der öffentlichen Gewalt. Im 14. Jahrhundert genossen sie ganz allgemein die Protektion der Habsburger. Herzog Albrecht gewährte 1354 allen «geislichen lúten», die in den habsburgischen Territorien hausten, seinen Schutz, und zwar auch vor seinen eigenen Vögten und Amtsleuten, die er beauftragte, «iro huslin und alles das si habent» zu schirmen[150]. Im Namen aller österreichischen Herzöge und auf Bitten der Königin Agnes, «unser hertzenlieben påseln», gestattete ihnen 1361 Herzog Rudolf IV. die Testierfreiheit, das heißt das Recht, ihre Habe nach ihrem freien Willen einem andern «armen menschen» vermachen zu dürfen. Für diese Gunstbezeugung erwartete der Herzog von allen Klausnern und Klausnerinnen täglich fünf Vaterunser und Ave-Maria für das Seelenheil der habsburgischen Familienmitglieder[151]. Herzog Leopold III. wiederholte noch 1374 diese Privilegierung, die auch der Bischof von Konstanz bestätigte[152].

Die lokalen Behörden begegneten den Schwestern, die sich auf mannigfache Weise als nützlich erwiesen, durchaus mit Wohlwollen, nur legten sie Wert darauf, ihren Lebenswandel und auch die vermögensrechtlichen Verhältnisse unter Kontrolle zu bringen. In Zug setzten sie 1337 für die um die Pfarrkirche St. Michael wohnenden Schwestern fest, daß Ammann und Rat im Einvernehmen mit ihnen eine Untaugliche vertreiben und ersetzen können[153]; spätestens seit 1348 entschied aber die Obrigkeit in einem solchen Fall allein[154]. In Übereinkunft mit dem Rat, der dabei offensichtlich das entscheidende Wort sprach, gaben sich die «armen lúte» von St. Michael eigene Satzungen. Zwei Brüder, die je in einem Hause wohnten, und vier Schwestern, die je als Älteste (Meisterin) eines Hauses bezeichnet werden, kamen überein, ohne Wissen und Willen aller andern sowie von Ammann und Rat keine neuen Mitglieder aufzunehmen. Gelübde hatten auch die gemeinsam wohnenden Frauen nicht abzulegen, sondern sich nur für die Zeit ihrer Mitgliedschaft auf die Einhaltung der Satzungen zu verpflichten. Wer gegen sie verstieß, wurde beim Rat verklagt und mußte im Falle einer Wegweisung sein Haus innert 24 Stunden verlassen unter Verlust all seines Gutes. Nur das Notdürftigste blieb ihm: Rock, Kappe und Mantel, den Schwestern dazu noch die Tücher, die sie «ze einem male an ir libe haben sol». Das Hinterlassene fiel an die Gemeinschaft. Ein leerstehendes Haus unterstand während dieser Zeit der Obhut der andern Mitglieder, die es möglichst bald wieder mit einem «armen menschen» besetzen sollten, dem eine dreimonatige Probezeit einzuräumen war. Neue Häuser durften nur mit Erlaubnis des Rates dazugebaut werden[155].

Gewiß haben nicht nur religiöse, sondern auch soziale und wirtschaftliche Gründe viele bewogen, in eine Einsiedelei oder in eine Laiengemeinschaft zu ziehen, was aber keineswegs heißt, daß nur Bedürftige sich dieser Bewegung anschlossen. Im 14. Jahrhundert finden sich Brüder und Schwestern, die über ein bescheidenes Vermögen verfügten und Stiftungen machten. In Luzern versteuerte anno 1352 eine Schwester ein Vermögen von 96 Pfund, zwei andere je eines von 36 Pfund und eine weitere von 60 Pfund[156]. Bei St. Michael in Zug lebte 1337 eine wohlhabende Luzernerin mit ihrer Tochter, die für ihre Gemeinschaft Haus, Hof und Baumgarten erworben hat[157]. Eine andere Schwester stiftete zum Nutzen des Volkes bei St. Michael einen Brunnen[158]. Es wird zutreffen, was Fritz Glauser in Übereinstimmung mit dem heutigen Forschungsstand vermutet, daß eine Minderheit der Brüder und Schwestern der landschaftlichen und städtischen Oberschicht, eine Mehrheit der Mittelschicht zugehörte[159]. Die meisten zählten sich wohl freiwillig zu den «armen lúten» und gingen nicht notgedrungen «nach dem almůsen»[160], das ihnen kaum durch Bettel, der bei den Beginen verpönt war, sondern als Gegengabe für verschiedene Dienstleistungen zufloß. Schwestern pflegten die Kranken, Armen und Pilger. In Luzern wirkten sie an leitender Stelle am städtischen Spital und am Siechenhaus in der Senti[161]. Die Dankbarkeit der Leute erwarben sich die «geistlichen Menschen» aber nicht zuletzt durch ihren Totendienst. Wahrscheinlich zählten sie zu jenen Armen, die in Seelgerätstiftungen mit Spenden bedacht wurden, sofern sie an den Totenvigilien und Seelenmessen teilnahmen und mit dem Priester übers Grab gingen. Brüder begleiteten die zum Tod Verur-

[149] RINGHOLZ, Einsiedeln, S. 268, 323.
[150] Gfr. 16, 1860, Nr. 1, S. 293.
[151] Ebd. Nr. 2, S. 294f.
[152] REC 2, Nr. 6331, S. 409.
[153] QW 1/3, Nr. 172, S. 120f.
[154] Ebd. Nr. 754, S. 468f.
[155] UB Zug 1, Nr. 206, S. 92–94.
[156] Vgl. GLAUSER, Brüder (wie Anm. 143), S. 15.
[157] QW 1/3, Nr. 172, S. 120f.
[158] UB Zug 1, Nr. 279, S. 123f. (1393).
[159] Vgl. GLAUSER, Brüder (wie Anm. 143), S. 16.
[160] QW 1/3, Nr. 172, S. 120f.
[161] Vgl. GLAUSER, Brüder (wie Anm. 143), S. 18.

90 Pluviale (Detail) aus dem Kloster Engelberg: sogenannter «Mantel der Königin Agnes». In der gestickten Widmungsschrift fehlt zwar der Name der hochgestellten Dame, die das Pluviale 1318 der Marienkirche von Engelberg zum Geschenk gemacht hat; Agnes von Ungarn, die königliche Gönnerin der Frauen von Engelberg, kommt aber durchaus als Stifterin dieses kostbaren liturgischen Gewandes in Frage.

teilten mit einem Kruzifix zur Richtstätte[162]. «Unnser fromen frowen» und «arme personen», die alljährlich in Zusammenhang mit den Schlachtjahrzeiten in der Luzerner Peterskapelle «dz groß gebett» im offiziellen Auftrag des Rates verrichteten und dafür mit einer Spende remuneriert wurden, dürften meines Erachtens in der Stadt ansässige Schwestern gewesen sein. Diese obrigkeitlich verordnete Armenseelenandacht mit dem Zweck, «Gott für sollche abgestorbnen zu bitten», vollzogen die «andächtigen wybspersonen», wie sie Cysat nannte, offenbar ohne die Anwesenheit eines Geistlichen. Sie bestand vermutlich im reihenweisen Abbeten einer Anzahl von Vaterunser, Ave-Maria und des Glaubensbekenntnisses und entsprach damit dem bei Laien üblichen Armenseelengebet, das sich aus je fünf Vaterunser und Ave-Maria zusammensetzte[163]. Schon Herzog Rudolf IV. erwartete wie erwähnt die Verrichtung dieses einfachen Reihengebets als wichtige Gegengabe für seinen Schutzbrief[164].

Insbesondere durch die Teilnahme an der Totensorge also verschafften sich die Brüder und Schwestern einen hochgeschätzten Platz innerhalb ihrer Pfarrgemeinde, von der sie sich im Gegensatz zu Mönchen und Nonnen niemals abgelöst hatten. Die Pfarrgenossen besaßen an ihrer Präsenz ein großes Interesse, und die Obrigkeit übte ihre Kontrolle mit dem Ziel aus, zumal die Schwesterngemeinschaften am Leben zu erhalten, um deren karitative und religiöse Dienstleistungen zu sichern. Und was wir schon in bezug auf den niederen Klerus festgestellt haben, gilt auch für die frommen Frauen in der Innerschweiz. Nirgends traten einzeln oder in Samnungen lebende Schwestern in derart großer Zahl auf, daß sie zum sozialen Problem werden konnten wie in den größeren Städten, wo es zu schweren Verfolgungen der Beginen gekommen ist. Auch der Machtkampf zwischen Weltklerus und Bettelorden oder zwischen den Dominikanern und den Franziskanern, dem sie bisweilen zum Opfer fielen, erreichte hier nur ein bescheidenes Ausmaß oder fand in den ländlichen Gebieten überhaupt keinen Boden[165].

Wie fromm waren die Innerschweizer?

Nach dem Urteil Renward Cysats, dieses eifrigen Anhängers der katholischen Reform, soll «der gmein pöffel», das «einfälltig ungeleert volck», in der Vergangenheit in mancherlei Verirrungen verstrickt gewesen sein. Die Masse habe sich «mit vil seltzamen abergloübischen sachen, fablen, beschwörung, ynbildungen und berednussen von wunderbarlichen nachtgespensten, seelengespräch, herdmännlinen, heiden oder ziginer warsagen, versägnen und derglychen dings vil äffen [betrügen], bereden und bethören lassen [...] jtem seltzamen materien anzehencken und by sich ze tragen, für gschüy, howen, stechen, fyends und alle andre gfar und not; jtem fründtschafft und gunst der menschen zuo bekommen, jm spil und allen gfaren ze überwinden, alles gespenst und böse suchten uß den hüsern und vom vych zuo vertryben, von den seelen der abgestorbnen zuo erfaren was jnen mangle, gestolen guot wider zuo bekommen, ziginer warsagen von henden, angesicht, bekleidung der todten, wätter sägnen lassen umb ein gemahel und andern derglychen meer schier unzalbarlichen dingen.»[166]

An der Verbreitung solcher abergläubischen Vorstellungen und Praktiken in breiten Volksschichten und teils bis in den Klerus hinein ist gar nicht zu zweifeln und auch den Vorkämpfern der katholischen Reform dürften auf diesem Felde nur Teilerfolge beschieden gewesen sein. Manches, was dem prüfenden Blick des strenggläubigen Erneuerers anstößig erschienen ist, kann auch als harmlose Folklore gelten. Dieses vielschichtige volkstümliche Überlieferungsgut ist im übrigen sozusagen geschichtslos, es ist weder zu datieren noch zu lokalisieren[167]. Auf gar keinen Fall kann man es als spezifisch innerschweizerisch deklarieren, da solcherlei aus allen Teilen Europas bekannt ist. Die Grenzen zwischen Glauben und Aberglauben konnten in einer vorwiegend schriftlosen Kultur nicht anders als fließend sein. Die von der kirchlichen Liturgie und Lehre bestimmten oder geprägten religiösen Vorstellungen und frommen Übungen, von denen in

[162] Vgl. die Darstellungen von Brüdern in der Chronik des Luzerners Diebold Schilling, die fälschlicherweise oft für Geistliche gehalten werden, z.B. fol. 85v, 139r, 280r, BILDERCHRONIK, S. 135, 215, 435.

[163] OCHSENBEIN, Gebet, S. 11. Nach 1480 deckte man die Kosten für die Spende mit dem sogenannten Bohnengeld, das an öffentlichen Orten gesammelt wurde, Ebd., S. 1.

[164] Vgl. oben S. 275.

[165] Zu den Beginenverfolgungen in der Schweiz: PFISTER, Kirchengeschichte 1, S. 318–320; WACKERNAGEL Rudolf, Geschichte der Stadt Basel 1, Basel 1907, S. 178–180; WACKERNAGEL Rudolf, Geschichte der Stadt Basel 2/2, Basel 1916, S. 703–707, 804–809.

[166] CYSAT, Collectanea 1/2, S. 591, 594; ZEHNDER, Volkskundliches, S. 446. Vgl. auch dessen Ausführungen S. 73–76 (mit Literatur) zur Einstellung der katholischen Reformer und speziell Cysats zur volkstümlichen religiösen Überlieferung.

[167] LÜTOLF Alois, Sagen und Bräuche aus den fünf Orten, Luzern 1862; MÜLLER Kuno, Die Luzerner Sagen, Geschichte und Kultur 3/1, Luzern 1944; NIDERBERGER Franz, Sagen und Gebräuche aus Unterwalden, Sarnen 1924, Nachdruck Zürich 1978.

VVALTHERVS ABBAS

diesem Kapitel die Rede war, liefen im Alltag immer Gefahr, sich mit den von Cysat erwähnten magischen Praktiken zu verbinden. Sehr wahrscheinlich war die populäre Frömmigkeit zu allen Zeiten teilweise heterodox; die vermeintlich reine christliche Lehre hat sich wohl niemals ungetrübt verwirklichen lassen. Quellenmäßig zu belegen ist diese Verquickung für unsern Zeitraum jedoch nur in ganz seltenen Fällen.

91 Ländliche Bittprozession. Auf Ministranten und Geistliche im Chorrock folgen die Männer und dann die Frauen mit den unmündigen Kindern. Chronik des Luzerner Schilling, fol. 283 r.

Zum Jahre 1277 berichten die Colmarer Annalen von einem Schwarzkünstler, der als Wettermacher mit einigen Bauern in Uri sein Geschäft machen wollte. Als aber ein starkes Hagelwetter das Tal schwer heimsuchte, verjagten diese den erfolglosen «nigromanticus» samt seinen Adepten mit Waffengewalt[168]. Im Luzerner Ratsbüchlein ist 1406 von einer bösen Frau die Rede, die von einem fahrenden Scholar gegen Bezahlung eines Guldens die Zauberkunst erlernt hatte. Eine andere Luzernerin lud die heiratswillige Anna Lener in ihre Stube ein und verabreichte ihr da einen Liebestrank, weswegen die Jungfer «hern Heinzmann Walker hold ist worden»[169]. Mit «schedlichen swůren wider Gotte» und sein eigenes Seelenheil hat sich ein Zuger Bürger schuldig gemacht. Er hat wohl unter Mißbrauch der heiligsten Namen die Verwünschung eines andern ausgesprochen, was ihm schließlich 1393 ein Jahr Verbannung eintrug[170]. Solche «bősen swůre» beschäftigten den Luzerner Rat zu wiederholten Malen. Vom Schuldigen forderte er Beichte und geistliche Buße, steckte ihn etwa für zwei Stunden ins Halseisen, ließ ihn anschließend schwemmen und erst noch für ewige Zeiten aus der Stadt weisen[171]. Wurden solche Schwüre bei unseres Herren Wunden, bei seinem Blut, Leiden oder Schweiß, bei seinen Gliedern oder dem Schweiß Unserer Lieben Frau getan[172], so muten sie uns wie das Negativ von volkstümlichen Andachten zur Passion Christi oder zu den Schmerzen der Gottesmutter an. In einer von christlichen Gedanken völlig durchwirkten Gesellschaft vermochten sich auch Hohn und Spott nicht von der Folie des Glaubensgutes zu lösen.

Ganz gewiß gaben so erschütternde Geschehnisse wie der Schwarze Tod, der 1349 allein in den Konventen von Engelberg 116 Klosterfrauen, zwei Priester und fünf Schüler dahinraffte[173], Anlaß zu abergläubischen Spekulationen und verzweifelter Magie. Nach Johannes von Winterthur machte schon wenige Jahre zuvor ein Brief von Astronomen und Doktoren die Runde, der für den 7. Oktober 1344 eine furchtbares Unheil ankündigende Sonnenfinsternis voraussagte. In Alamannien befürchteten daher die Menschen eine große Pestilenz und Sterblichkeit. Die Geistlichen riefen sie zur Buße und zum Empfang des Altarssakramentes auf. Gebete, Fasten, Almosenspenden sowie Prozessionen sollten Gottes Unwillen besänftigen. Doch die Katastrophe blieb zunächst aus, jener siebte Oktober war ein strahlend schöner Tag[174]. Teufels- und Dämonenglaube schreckten natürlich nicht nur die einfachen Gemüter. Selbst der gebildete Einsiedler Bibliothekar Heinrich von Ligerz trieb nach einem allerdings späten Bericht des Glarners Aegidius Tschudi einem eineinhalbjährigen Mädchen den Teufel aus[175].

Es fehlten aber auch jene nicht, die sich von der Würde geweihter Stätten und Personen nur wenig beeindrucken ließen. Zu den frömmsten Kirchgängern wird man jenen Luzerner schwerlich zählen, der sich ausgerechnet die Hofkirche zur Zeit der österlichen Mette zu einem Schäferstündchen ausgesucht hatte, wo

[168] QW 1/1, Nr. 1246, S. 570.
[169] Segesser, Rechtsgeschichte 2, S. 652, Anm. 1.
[170] UB Zug 1, Nr. 275, S. 122.
[171] Segesser, Rechtsgeschichte 2, S. 659, Anm. 2.
[172] Gfr. 44, 1889, Nr. 346, S. 116.
[173] QW 1/3, Nr. 868, S. 542f.; Heer, Engelberg, S. 101.
[174] Winterthur, Chronik, S. 247f. Offenbar handelt es sich um einen sogenannten Toledobrief, vgl. Grauert Hermann, Meister Johann von Toledo, in: Sitzungsberichte der Bayerischen Akademie der Wissenschaften, Philosophisch-historische Abteilung, Jahrgang 1901, München 1902, S. 254–256.
[175] Meier Gabriel, Heinrich von Ligerz, Centralblatt für Bibliothekswesen, Beiheft 17, Leipzig 1896, S. 8.

92 Der fromme und der zerstreute Beter. Links kniet ein Einsiedler in sackartigem Gewand und mit struppigem Haar andachtsvoll vor dem Gekreuzigten. Weiße Linien verbinden seinen Mund mit den Wundmalen Christi, die er betend verehrt. Rechts nimmt ein junger Edelmann äußerlich die gleiche Gebetshaltung ein, seine Gedanken aber richten sich, wie die weißen Linien verraten, nur auf irdische Genüsse – auf Tafelfreuden, Reichtum (Mann mit Geldsack?) und Jagd. Stiftsbibliothek Engelberg, Codex 62, fol. 17 v.

er «vnder einer matzen bi siner huren, der glaserin» liegend, entdeckt wurde[176]. In Kriegen und Fehden schmolzen wie stets die Hemmschwellen dahin. Das demonstrierten beispielhaft die meist jugendlichen Schwyzer bei ihrem von der Obrigkeit beschlossenen Überfall auf das Kloster Einsiedeln in der Dreikönigsnacht 1314[177]. Ihr blindes Wüten in Kirche und Kloster, die Schändung des Sakraments und die Verschleppung aller Bewohner nach Schwyz ist in der Tat ein erstaunlicher Vorgang. Die partielle Übereinstimmung mit dem Volksbrauch der Heimsuchung mahnt aber bei der Beurteilung des Verhaltens der vom Klosterwein angefeuerten Burschen zur Vorsicht. Mit einem prinzipiellen Pfaffenhaß, mit einer Ablehnung von Kirche und Religion hatte dies kaum etwas zu tun, schon viel eher mit deren selbstverständlichen Bejahung, so daß ein Konflikt, der ganz andere als religiöse Gründe hatte, mit derart unzimperlichen Methoden ausgefochten werden konnte, ohne die Glaubensfrage überhaupt zu berühren. Einen schlechten Ruf hatten sich die Schwyzer bei ihren Gegnern allerdings eingehandelt. Dem Einsiedler Schulmeister Rudolf von Radegg galten sie als ein «teuflisches Volk», das der «feindliche Satan umfliegt» und von einem Teufelsknecht angeführt wird[178]. Nach der Schlacht von Sempach schalt Clemens VII. in Avignon, der indirekt zu den Verlierern gehörte, die Eidgenossen insgesamt «Mörder und Gottesschänder»[179]. Je schriller im 15. und 16. Jahrhundert aber derartige Töne wurden, desto mehr sahen sich die Eidgenossen genötigt, ihre Frömmigkeit bzw. Auserwählung hervorzustreichen. Über die tatsächlichen Verhältnisse besagen diese parteigebundenen Manifeste so viel wie nichts. Zutreffend ist höchstens, daß in den Städten und Landschaften der fünf Alten Orte heterodoxe Ideen und Konventikel nicht gediehen. Im Jahre 1403 geriet zwar Luzern in den Verdacht, daß da «etwas vnglouben soelle sin». Der Bischof sandte seinen Ketzermeister (Inquisitor), Heinrich Angermayr vom Stein, hierher, um die angeschuldigten Leute zu examinieren, und zwar in Gegenwart des Schultheißen sowie anderer Mitglieder des Rates. Er fand aber, «dz si dekeinen vnglouben oder s°liche wise vnd sachen an inen habent, dz do sie wider christenlichen gelouben». Offensichtlich mutmaßten die Gerüchtemacher heimliche Waldenser unter den Bürgern, was in einer Zeit, da man in Bern und vor allem in Freiburg ganze Gemeinden entdeckte, nicht zum vornherein auszuschließen war[180]. Unglaube war also selbst durch den Inquisitor nicht auszumachen, jedoch von dem Massenwahn, welcher den verhaßten Juden die Schuld am Ausbruch der Pest zuschrieb, blieb Luzern nicht verschont. Auch hier vertrieb man sie zunächst, ließ sie aber im Gegensatz zu andern Städten schon im Verlauf des Pestjahres 1349 wieder in die Stadt, weil man wahrscheinlich auf ihre Dienste als Geldverleiher nicht verzichten konnte[181].
In der Innerschweiz waren es keinesfalls häretische Bewegungen, die der kirchlich gesteuer-

[176] SEGESSER, Rechtsgeschichte 2, S. 686, Anm. 1. Matze = Strohmatte.

[177] RADEGG, Capella, v. 1020–1260, S. 176–191, deutsche Übersetzung S. 251–256, vgl. auch Einleitung, S. 14f.; ZEHNDER, Volkskundliches, S. 434, 439f.; RIGGENBACH, Marchenstreit.

[178] RADEGG, Capella, v. 983–985, S. 174, deutsche Übersetzung S. 250.

[179] LIEBENAU Theodor von, Die Schlacht von Sempach, Luzern 1886, S. 390.

[180] CYSAT, Collectanea 2/1, S. 29; SEGESSER, Rechtsgeschichte 2, S. 795, Anm. 2.

[181] NORDMANN Achilles, Zur Geschichte der Juden in der Innerschweiz, in: Gfr. 84, 1929, S. 73–78; PFISTER, Kirchengeschichte 1, S. 348–354.

ten Frömmigkeit bisweilen Schaden zufügten, sondern eher die Hierarchie selbst. Ohne Bedenken verhängten Päpste, Bischöfe und andere Würdenträger geistliche Strafen über einzelne Personen, ganze Orte und Länder. Mit Bann und Interdikt sollten politische Gegner in die Knie und Steuerschuldner zur Zahlung gezwungen werden[182]. Das Interdikt bedeutete Ausschluß aus der Gemeinschaft der Gläubigen und damit das Verbot, dem Gebannten die Heilmittel der Kirche, die sie selbst als unverzichtbar erklärte, zukommen zu lassen. Selbst am Betreten einer Kirche war er zu hindern, und wer mit ihm Umgang pflegte, zog selbst den Bann auf sich. Das Interdikt hatte zur Folge, daß jeder Gottesdienst eingestellt werden mußte. Untersagt war es, Messe zu lesen, Ehen einzusegnen, Tote in geweihter Erde beizusetzen, Glocken zu läuten; das Sakrament wurde nur den Sterbenden gereicht. Das ganze kirchliche Leben kam zum Stillstand, sofern es nicht gelang, durch Sonderprivilegien die Messen hinter verschlossenen Türen zu feiern, was aber nur den begünstigten Klöstern etwas nützte.

Einiges Verständnis wird man gegenüber Abt Johannes von Schwanden schon aufbringen, der nach dem Überfall auf die Gnadenstätte die Bestrafung der Schwyzer durch die Belegung mit Bann und Interdikt gefordert hat. Die Betroffenen bemühten sich aber auf der Stelle, das buchstäbliche Unheil von ihrem Lande abzuwehren. Ludwig der Bayer verwendete sich für sie beim Erzbischof von Mainz, der die Aufhebung des Bannes zusicherte[183]; dieses Entgegenkommen wurde aber widerrufen. Auf Betreiben des Klosters beauftragte Papst Johannes XXII. im November 1318 den Bischof von Straßburg, den Fall zu untersuchen und strikte auf Bann und Interdikt zu achten, wenn sich die Klagen des Abtes bewahrheiten sollten. An Sonn- und Feiertagen war von den Kanzeln bestimmter Orte immer wieder der Bann über die Amtleute und ihre Komplizen sowie das Interdikt über das ganze Land bekannt zu machen, damit keiner mehr dorthin gehe und mit den Schuldigen zu tun habe. Kehrten die Schwyzer nicht innert zweier Monate in den Schoß der Kirche zurück, müßte nach Verfügung des Papstes um die Hilfe der weltlichen Macht nachgesucht werden. Der Bischof bestätigte nur die bereits getroffenen Maßnahmen, doch die Schwyzer vermochten schon 1319 in Friedensverhandlungen mit Österreich den Abt zum Verzicht auf die Ausführung der in der päpstlichen Bulle angedrohten Strafen zu bewegen[184].

Wegen ihrer Parteinahme für Kaiser Ludwig den Bayern und dem fortgesetzten Marchenstreit mit Einsiedeln kamen die drei Länder in Bann und Interdikt. 1349/50 wurden vorerst die Geistlichen und Laien, die in der Zwischenzeit verstorben waren, nachträglich vom Bann gelöst[185], und der Februar 1350 brachte dann die vollständige Aufhebung des Interdikts. Bis zur endgültigen Beisetzung der Toten hatte man sich noch zu gedulden, denn Kirchen und Friedhöfe mußten erst durch den Weihbischof entsühnt werden. Bis dahin durften die Messen nur außerhalb der Kirchen auf einem Tragaltar gefeiert werden[186].

Über Uri brach das Verhängnis bald wieder herein, weil es mit den Herren von Mailand, Galeazzo und Barnabò Visconti, den Erzfeinden der Kurie, in geschäftlichen Beziehungen stand und deren Güter über den Gotthard transportierte. Auch dieses Mal setzten sich die Gebannten – unter Führung des Altdorfer Leutpriesters – energisch zur Wehr, bis der Abt von Engelberg im Dezember 1375 die Aufhebungssentenz verkünden konnte[187]. Im Konflikt mit der Äbtissin des Fraumünsters um Zehnten und ein paar andere Streitpunkte, wie der angeblichen Schädigung der Abtei sowie des Leutpriesters von Altdorf infolge der Gründung der Filialkirche in Sisikon[188], wurde eine lange Reihe von Urner Landleuten im Mai 1392 vor das geistliche Gericht in Konstanz zitiert. Weil sie nicht erschienen, exkommunizierte der Dekan der Kathedrale gleich alle Einwohner der Talschaft. Zahlreiche führende Luzerner und Schwyzer verfielen ebenfalls dem Bann, da sie «in ihrer Bosheit und Hartnäckigkeit gegen kirchliche Erlasse» die Urner unterstützt hätten. Dieser Schlag wirkte. Durch Vermittlung der andern Eidgenossen konnte der Streit bald beigelegt und die Beteiligten vom Banne gelöst werden[189].

Diese Beispiele mögen genügen, um zu zeigen, wie oft von Seiten der Kirche die geistlichen Strafmittel in Fällen eingesetzt wurden, die mit Verstößen gegen die Lehre nicht das geringste zu tun hatten. Die Betroffenen nahmen die kirchlichen Sanktionen ernst, wehrten sich mit ungleichen Kräften gegen den Mißbrauch, waren aber jedesmal heilfroh, wenn sie nur aus dem sie belastenden Zustand wieder herauska-

[182] Vgl. QW 1/2, Nr. 1035, S. 531 (1320); UB Zug 1, Nr. 106, S. 51f. (1370), Nr. 177, S. 79 (1379), Nr. 224, S. 102 (1385), Nr. 346, S. 156 (1402), Nr. 348, S. 156f. (1402).

[183] QW 1/2, Nr. 866, S. 441–443.

[184] Ebd. Nr. 960, S. 490–492. Paul Brändli hat die ganze Bulle ediert in: Radegg, Capella, S. 221–224, vgl. auch Einleitung, S. 22f.

[185] QW 1/3, Nr. 860, S. 537–539, bzw. Nr. 885, S. 560f., Nr. 888–890, S. 562-564.

[186] Ebd. Nr. 892, S. 563f. (1350), Nr. 895–897, S. 565f. (1350), Nr. 899–901, S. 566 (1350).

[187] Gfr. 4, 1847, Nr. 32, S. 299–301.

[188] Vgl. oben S. 218.

[189] Gfr. 8, 1852, Nr. 62–69, S. 71–78.

men. Die Drohung «singen oder springen», die in vielen Städten zur Zeit des Schismas den Klerus dazu bringen sollte, sich über die kirchlichen Zwangsmaßnahmen hinwegzusetzen, scheint in der Innerschweiz nicht ausgesprochen worden zu sein.
Das Verhalten der Urner 1392 deutet indessen darauf hin, daß eine gewisse Schwächung der kirchlichen Autorität zwar nicht in Glaubenssachen, jedoch in bezug auf die geistliche Rechtspflege nicht ausbleiben konnte. Wollte man die verheerenden Folgen auf den Ebenen des religiösen, wirtschaftlichen und auch politischen Lebens vermeiden, blieb nur übrig, die Zuständigkeit des geistlichen Gerichts von Konstanz so weit als möglich einzuschränken[190]. Bedenkt man die zentrale Rolle der Totensorge im Frömmigkeitsleben der Zeitgenossen, läßt sich erahnen, in welche Ängste und Nöte die Hierarchie ihre Gläubigen versetzte, wenn sie sich berechtigt glaubte, ihren Willen mit so zweifelhaften Mitteln durchzusetzen.

[190] Vgl. die Arbeit von Peter Blickle in diesem Werk.

Schluß

Der anonyme, gemäßigt habsburgisch gesinnte Verfasser der sogenannten «Klingenberger Chronik» fügt seiner Schilderung der Schlacht am Morgarten die Bemerkung bei: «Also lagent die Switzer ob, und nament da harnasch und andre gewer von den erslagnen lůten. Aber was si vor und nach von den gefangnen und von rossen und von gelt gewunnen, do machtent si capellen allenthalb in dem land denen die do wit von den pfarrkilchen wonetent, got ze lob und den hailigen, den lebenden ze nutz, und ze hilff den ellenden armen selen.»[1] Selbst einem politischen Gegner der Eidgenossen fiel also in der Mitte des 15. Jahrhunderts ihr Bemühen auf, das Netz der Gotteshäuser aus eigener Kraft enger zu knüpfen. Die kausale Verbindung mit dem Sieg von Morgarten beruht zwar auf einer Vereinfachung, sie weist aber insofern in die richtige Richtung, als der Ausbau der Pfarrseelsorge und des Angebots an Gottesdiensten in der Innerschweiz im Zusammenhang mit der gleichzeitigen politischen und sozialen Entwicklung gesehen werden muß. Der allmähliche Rückzug der Habsburger und die Verdrängung der alten feudalen Mächte, des Laienadels wie der Klöster und Stifte, gaben erst den «puren» die Bahn frei zu einer eigenen Aktivität auf dem kirchlich-organisatorischen Gebiet.
Die schrittweise gelockerten Herrschaftsrechte erlaubten es den Gemeinden, ihren Pfarrklerus enger an sich zu binden und der eigenen Kontrolle zu unterwerfen. In diesem Prozeß wurde der Leutpriester zum «Pfarrer», während die veränderten Strukturen den feudalen Kirchherrn als überflüssig ausschieden.
Vom künftigen Pfarrklerus die moralischen Qualitäten und das unerläßliche theologische und kanonistische Wissen zu fordern, war Sache der bischöflichen Kurie. Da sie aber nichts unternahm, um den Klerikern eine entsprechende Ausbildung zu vermitteln, muß mit erheblichen Unterschieden im Bildungsniveau der Geistlichen gerechnet werden. Die wirklich Gebildeten unter ihnen stellten gewiß die Ausnahme dar. So wird es richtig sein, den Mentalitätsunterschied zwischen dem Hirten und der Herde als eher gering einzuschätzen. Die Verdinglichung religiöser Inhalte, das objektivistische Verständnis der Sakramente, die geringe Rolle des Wortes kennzeichneten Klerus und Volk. In dem kirchlich gesteuerten und überwachten Frömmigkeitsleben der Innerschweiz entwickelten sich aber keine von der Kirche als ketzerisch eingestuften Ideen. Dagegen steht außer Zweifel, daß der religiöse Alltag, wie Cysat sicher mit Recht betont hat, von außerchristlichen Glaubensvorstellungen und Praktiken umrankt gewesen ist. Die Grenzen zwischen dem orthodoxen und einem magischen Verständnis etwa der Sakramente, des Meßopfers, der Kräfte der Heiligen oder der armen Seelen verwischten sich ständig. Wie in jeder Agrargesellschaft lebte das mächtige Bedürfnis fort, auf die Mitmenschen und die Natur, deren Launen man völlig ausgeliefert war, nicht allein mit kirchlich approbierten Segnungen und Gebeten, sondern mit altüberlieferten geheimen Mitteln einzuwirken. Die offizielle Lehre zog zwar eine klare Scheidung zwischen den an den allmächtigen Gott und seine Heiligen gerichteten Bitten und der Anwendung außerchristlichen Praktiken, die sie als Sünde verwarf, wenn sich jene nicht im christlichen Sinn umdenken ließen. Ein durchschlagender Erfolg blieb ihr aber beim Bemühen, das kollektive Verhalten der Gläubigen in ihrem Sinn zu ändern, versagt. An dieses unbestreitbare Faktum ist zu erinnern, wenn man

[1] Die Klingenberger Chronik, Hrg. Anton Henne, Gotha 1861, S. 51.

das äußerst komplexe Phänomen der mittelalterlichen Volksfrömmigkeit einigermaßen verstehen will.

Durch die Quellenlage bedingt, standen jedoch in den vorangehenden vier Kapiteln nicht diese vergleichsweise geschichtslosen Erscheinungen im Vordergrund, sondern die Institution der Pfarrei und die in ihrem Rahmen entfalteten kirchlichen Frömmigkeitsformen. Als Ergebnis können wir hier festhalten, daß von einer spezifischen Altertümlichkeit oder Rückständigkeit des kirchlichen Lebens in der Innerschweiz im fraglichen Zeitraum nicht gesprochen werden kann. Die inneren Orte nahmen an der allgemeinen Entwicklung teil, soweit sie ländlichen und kleinstädtischen Verhältnissen entsprach. Geistliche Bewegungen wirkten aus der Ferne herein, namentlich vom Oberrhein. Das Frauenkloster in Engelberg blieb noch durch das 14. Jahrhundert hindurch ein Anziehungspunkt der «alpinistes de la spiritualité» mit einer beachtlichen Ausstrahlung auf große Teile der Innerschweiz, und zwar zu einer Zeit, da sonst von den Klöstern der alten Orte keine wesentlichen geistigen Impulse mehr ausgingen.

Adolf Reinle

Die Kunst der Innerschweiz von 1200 bis 1450

Ein Überblick

Einleitung

Die Gegenstände der Kunstgeschichte – nämlich Bauten aller Art, ihre Bilderwelt, ihr Mobiliar, ihre Geräte und Gefäße, kurz alles mit formalen Ansprüchen und handwerklichem Können (= Kunst) Gestaltete – bilden eine untrennbare Einheit. Man darf es deshalb für eine besonders sinnvolle Aufgabe halten, diese Einheit in einem kulturellen Landschaftsgefüge wie der Innerschweiz und für einen zusammengehörenden Zeitraum darzustellen. Dabei ist ohne Zweifel eine Stoffanordnung nach funktionellen Gesichtspunkten organisch richtig.
Nun besitzt freilich jede Kulturlandschaft ihre eigene Struktur und Geschichte. Die verschiedenen Kunstobjekte ihrer Vergangenheit haben sich aber nur äußerst selten gemäß ihrer einstigen Bedeutung erhalten, viel öfter nach dem Gesetz des Zufalls, wobei wir hier etwa an die Vernichtung durch Naturkatastrophen, Brände oder Kriege denken. Hinzu kommen, mehr wellenartig als stetig, Änderungen an der Substanz von Werken durch Erneuerungen oder Zerstörungen infolge anderer geistiger und stilistischer Ideale, veränderter Techniken, Funktionen sowie wirtschaftlicher Grundlagen, vor allem aber auch wegen des Wandels der sozialen, ständischen Verhältnisse.
Unsere Aufgabe besteht in einer Sichtung der Innerschweizer Kulturobjekte, die grosso modo hundert Jahre vor bzw. nach der Formierung der Fünförtigen Eidgenossenschaft, also etwa im Zeitraum zwischen 1200 und 1450 entstanden sind. Jedermann wird sogleich erkennen, daß die zu behandelnde «Kulturschicht» im wahrsten Sinne des Wortes durch Schöpfungen der Renaissance und des Barocks überlagert ist, durch sakrale und profane Bauten des 16., 17., auch 18. Jahrhunderts mit sehr reichen Ausstattungen, hinsichtlich der Dichte am ehesten Bayern oder Österreich vergleichbar. Um so überraschender ist das fragmentarische Gesamtbild der mittelalterlichen Innerschweiz in der Vielfalt ihrer Zeugen sowie in der hohen Qualität mancher Kunstwerke, die sich darunter auffinden lassen.

Architektur

Die innerschweizerische Kulturlandschaft ist, wie gesagt, weitgehend durch den Barock geprägt, nur vereinzelte bauliche Zeugen des Mittelalters haben überlebt. Es gilt daher, an Hand der wenigen noch existierenden Bauten und Bauteile von 1200 bis 1450, aus historischen Bilddokumenten, Archivalien und archäologischen Untersuchungen eine Vorstellung von der Architektur der Fünf Orte in diesem Zeitraum zu gewinnen. Wenn dabei auch Werke des Früh- und Hochmittelalters mit einbezogen werden, so geschieht dies keineswegs in der Absicht, deren Geschichte hier darzustellen. Da aber Gebäude dieser Epochen zu einem großen Teil bis ins 15. Jahrhundert weiterexistiert und das Landschaftsbild wesentlich mitbestimmt haben, gehören sie zur Bestandesaufnahme der spätmittelalterlichen Architektur; dies um so mehr, als wir ja in den Kapiteln über die bildende Kunst und das Kunstgewerbe Werke besprechen, die von ihnen beherbergt wurden [1].

[1] Eine umfassende Gesamtschau über die Kunstgeschichte der Innerschweiz fehlt bis heute. Die vorliegende Arbeit stellt einen Versuch dar, wenigstens die mittelalterliche Epoche in dieser Region darzustellen. Dazu bietet das nationale Inventarisationswerk «Die Kunstdenkmäler der Schweiz» eine sehr wichtige Grundlage, wobei dessen Entstehung eng mit der Innerschweiz verbunden gewesen ist. Einen imposanten Vorläufer bildeten «Die Kunstdenkmäler des Kantons Unterwalden», die Robert Durrer von 1899 bis 1928 veröffentlicht hat. Zu den frühesten Bänden des eidgenössischen Gesamtwerks zählten die Arbeiten von Linus Birchler über die Kantone Schwyz und Zug. Vollendet ist auch seit längerer Zeit der Kanton Luzern mit einem Band von Xaver von Moos und fünf Bänden von Adolf Reinle.

Städte, Flecken, Dörfer

Auffallend am architektonischen Siedlungsbild der drei Urkantone ist die Tatsache, daß es hier keine Städte gibt, sondern Hauptorte in Gestalt von gewachsenen Marktflecken, zuerst Agglomerate von Einzelhöfen um eine merowingische oder karolingische Kirche. Die Entwicklung tendierte, besonders deutlich nach Dorfbränden spürbar, zu einer steigenden Systematisierung der Anlage um den Hauptplatz. Diesem Vorgang entsprach der zuneh-

mend halbstädtisch-bürgerliche, ja aristokratische Charakter der Wohnbauten, die Anwesenheit herrschaftlicher Türme und später des Rathauses, wie sich dies in Altdorf, Schwyz, Stans oder Sarnen nachweisen läßt[2].
Eine weitere Gruppe von halbstädtischen Flecken entstand zu Füßen der ausgedehnten Klöster: so Beromünster beim Chorherrenstift St. Michael, Einsiedeln und Engelberg unterhalb der beiden Benediktinerabteien[3]. Von besonderem Aussehen waren jene Dörfer, die als Umschlagplatz an den Seen bzw. als Hafen dienten, wie Küßnacht, Flüelen, Buochs und Stansstad am Vierwaldstättersee oder Arth am Zugersee[4].
Anders als in den Urkantonen reichte es an der Peripherie der Innerschweiz zu einem ganzen Kranz von Stadtgründungen. Zu nennen sind hier Luzern, Sempach, Sursee, Willisau und Zug, dazu die wieder verschwundenen oder zu Dörfern abgesunkenen Eschenbach bei Inwil, Rothenburg bei Luzern, Richensee bei Hitzkirch. Trotz starker Erneuerung der Bausubstanz können wir die mittelalterliche Grundgestalt bei den bestehenden Städten noch heute gut erkennen[5].
Luzern liegt in einer geographisch mit Zürich und Genf verwandten Situation am untern Ende eines Sees und beidseits eines Flusses. Die Stadt war um 1178 im Schatten der in die karolingische Epoche zurückreichenden Abtei «im Hof» entstanden. Einzigartig ist der Gebrauch von Brücken. Ursprünglich verband eine fahrbare Holzbrücke, der 1168 erwähnte Pons Lucernensis, die beiden Ufer an der engsten Stelle der Reuß. Im 13., 14. und 15. Jahrhundert entstanden gedeckte Holzbrücken, so parallel zum Ufer zwischen Stadt und Kloster die Hofbrücke, am oberen und unteren Ende des inneren Mauerrings die Kapell- bzw. die Spreuerbrücke, letztere dienten auch als Fortsetzung der Wehrgänge über das Wasser hinweg. Von der einstigen Befestigungsanlage hat sich die äußere Ummauerung der rechtsufrigen Stadt in einer Länge von 870 Metern mit neun Türmen erhalten. Längslaufende, aber nicht straff parallel geführte Gassen dominieren die «mehrere» Stadt. Das Straßennetz wird in freiem Rhythmus durch eine Folge von Plätzen unterschiedlicher Form und Größe unterbrochen; ihren heutigen Umfang bekamen sie allerdings erst in späterer Zeit. – Beidseits der Reuß zogen sich unter den Häusern Arkaden hin, welche zum Teil noch immer das rechte Ufer prägen[6].
Zwei der kleineren Innerschweizer Städte, Zug und Sempach, lagen einst mit ihrer einen Längsflanke am See. An beiden Orten ist die Situation heute verunklärt, weil in Zug 1435 die unterste von vier Häuserzeilen im Wasser versank, während sich in Sempach durch das Absenken des Wasserspiegels im Jahre 1806 eine Landzone zwischen Ufer und Ringmauer schob. – Wie die beiden Vorgenannten weist auch Willisau einen rechteckigen Grundriß auf. Die platzähnlich breite, an den Enden von Tortürmen abgeschlossene Hauptstraße wird von einer sekundären Hintergasse begleitet. Sursee zeigt im Mittelalter recht eigenwillige Formen, die offensichtlich durch den Einbezug eines älteren Baukomplexes um den Kirchenhügel entstanden[7].

Klöster, Stifte

Die großen Abteien sind unterschiedlich auf die Innerschweiz verteilt. Im Gebiet des heutigen Kantons Uri liegt keine; Schwyz ist mit Einsiedeln, Unterwalden mit Engelberg und Luzern mit den Stiften im Hof und Beromünster sowie mit der Zisterzienserabtei St. Urban vertreten[8].
Das Kloster im Hof erhielt in der zweiten Hälfte des 12. Jahrhunderts eine neue romanische Kirche. In Grundriß und Aufbau – eine dreischiffige Pfeilerbasilika, ohne Querhaus, aber mit einer Doppelturmanlage, welche die Vorhalle und die Michaelskapelle beherbergt – kommt der elsässisch-oberrheinische Charakter des Gotteshauses deutlich zum Ausdruck. Die gotische Zeit brachte den Abbruch des rechteckig geschlossenen Chores und seiner Nebenkapellen. An ihrer Stelle erhob sich das

[2] Zu Altdorf: mündliche Mitteilungen von Helmi Gasser, welche den in nächster Zeit erscheinenden Bd. 1 der Kunstdenkmäler des Kantons Uri bearbeitet. – Zu Schwyz: Meyer, Kdm SZ, S. 54–62. – Zu Stans: Durrer, Kdm UW, S. 826–850. – Zu Sarnen: ebd. S. 562–571.

[3] Zu Beromünster: Reinle, Kdm LU 4, S. 15–17. – Zu Einsiedeln: Birchler, Kdm SZ 2, S. 230. – Zu Engelberg: Durrer, Kdm UW, S. 1118.

[4] Zu Küßnacht: Birchler, Kdm SZ 2, S. 48. – Zu Flüelen: Gasser, Kdm UR 2, S. 66–74. Zu Buochs: Durrer, Kdm UW, S. 67. – Zu Stansstad: ebd. S. 976–986; – Zu Arth: Birchler, Kdm SZ 2, 98f. – Neu zu Arth und Stansstad: Bürgi, Letzinen, S. 27–56; Ruoff/Schneider, Befestigungswerke, S. 63–74.

[5] Zu Richensee: Reinle, Kdm LU 6, S. 129–132. – Zu Alt-Eschenbach: ebd., S. 215–219. – Zu Rothenburg: ebd., S. 246f.

[6] Zu Luzern: Reinle, Kdm LU 2, S. 2–9; ferner Glauser, Verfassungstopographie, S. 53–106.

[7] Zu Zug: Birchler, Kdm ZG 2, S. 10–32. – Zu Sempach: Reinle, Kdm LU 4, S. 369–374. – Zu Sursee: ebd., S. 417–422. – Zu Willisau: Reinle, Kdm LU 5, S. 230–234.

[8] Allgemeines zum Kirchenbau: Oswald Friedrich/Schaefer Leo/Sennhauser Hans Rudolf, Vorromanische Kirchenbauten bis zum Ausgang der Ottonen. München 1966–1971. – Binding Günther/Untermann Matthias, Kleine Kunstgeschichte der mittelalterlichen Ordensbaukunst in Deutschland, Darmstadt 1985.

1345 geweihte Altarhaus, welches dem Ideal der Zeitgenossen mehr entsprach. Mit den Strebepfeilern, der Wölbung, dem Steildach und dem Dachreiter ragte der neue Chor hoch über den Altbau des Langhauses hinaus. Die Fenster waren mit Glasgemälden im gotischen Stil geschmückt. In den Jahren von 1506 bis 1516 ersetzte man die Front durch einen spätgotischen Neubau. Mit Ausnahme dieser Türme hat der Brand von 1633 das ganze Gotteshaus vernichtet[9].

Anders verhält es sich in Beromünster. Hier hat sich die spätottonische Säulenbasilika, um 1035 fertiggestellt, in den wesentlichen Teilen, doch im barocken Gewand, zu uns hinüberretten können. Die jüngsten archäologischen Untersuchungen lassen jede Phase der mittelalterlichen und späteren Veränderung aufscheinen und machen in Rekonstruktionsversuchen die unterschiedlichen Zustände der inneren Anordnung in Altarraum und Psallierchor erkennbar[10].

Trotz der spätgotischen Umgestaltung blieb in Einsiedeln die frühromanische Disposition von oberem Mönchschor und unterem Pilgerheiligtum in der ganzen Grundstruktur bis zum barocken Neubau erhalten, also letztlich das Prinzip eines in der burgundischen Romanik entwickelten Gotteshaustyps mit Vorkirche. Gleichwohl hat natürlich die Hochgotik auch ihre Spuren in Einsiedeln hinterlassen[11]. Sie sind jedoch nur noch literarisch greifbar. Um 1318 schrieb der Stiftsschulmeister Rudolf von Radegg ein lateinisches Preisgedicht auf Einsiedeln, das auch Angaben zur Wallfahrt und den damit zusammenhängenden

[9] REINLE, Kdm LU 2, S. 128–139; FELDER Peter, Die Hofkirche St. Leodegar und St. Mauritius in Luzern, Basel 1958, S. 17–29.

[10] REINLE, Kdm LU 4, 19–44; EGGENBERGER, Beromünster, S. 20–110.

[11] BIRCHLER, Kdm SZ 1, S. 17 und S. 230; SCHMID Alfred A., Zur Kenntnis des gotischen Münsters von Einsiedeln, in: COROLLA, S. 155–188; LEHNER Hans Jörg. Die Ausgrabungen im Chor und in der Sakristei der Stiftskirche Einsiedeln, in: MHVS 74, 1982, 1–68.

93 Die Luzerner Hofkirche vor dem gotischen Neubau der Türme 1506–1516. Chronik des Luzerner Schilling, fol. 53 v.

94 Das Kloster Einsiedeln: Ausschnitt aus der Ortsansicht von Matthäus Merian, 1642.

95 Klosterkirche Einsiedeln, Inneres des Unteren Münsters: Stich von Martin Martini, 1601.

baulichen Neuerungen enthält. Er verweist auf die blühende Wallfahrt zur Muttergottes, für welche erste greifbare Zeugnisse seit dem Beginn des 14. Jahrhunderts vorliegen. Dann lobt er die Taten des Abtes Johann I. von Schwanden (1299–1327): Die Errichtung einer doppelten Pforte (ianua duplex) zum Schmuck der Kirche, die Anlage von Verkaufsständen (ediculas) für die Händler vor dem Kloster, die Verschönerung des Maria zu Ehren benannten Brunnens auf dem Vorplatz durch zahlreiche Röhren. Es sind dies alles Einrichtungen, die den Pilger empfangen sollen; sie leben in barocker Reinkarnation weiter[12].

der Mönchschor und ein gleich breites, dreiseitig geschlossenes Altarhaus. Der ganze Innenraum besaß flache Holzdecken. Der ältere Glockenturm stand zwischen Querhaus und Chor, er beherbergte im Erdgeschoß eine Kapelle[13].

Der mächtige architektonische Impuls des straff organisierten Zisterzienserordens brachte in ganz Europa von Italien bis Schweden und von England bis Polen monumentale, aber turm- und zunächst schmucklos asketische Kirchen hervor, deren Schema man auch für St. Urban übernahm. Das Kloster, 1194 gegründet, konnte 1231/32 den Ostteil mit fünf

96 Das Kloster Engelberg: Stich von Matthäus Merian, 1642.
97 Das Kloster St. Urban: Stich von Matthäus Merian, 1654.

Im Kloster Engelberg hatte Abt Heinrich (1197–1223) die Gebäude nach einem Brand wiederhergestellt, dazu einen Glockenturm errichtet und ein Geläute angeschafft. Die 1305 durch eine weitere Feuersbrunst vernichtete Kirche wurde wiederaufgebaut und 1325 mit fünf Altären geweiht. Im Jahre 1729 zerstörte erneut ein Brand Kirche und Kloster. Das Aussehen der alten Anlage ist durch detaillierte Beschreibungen, Ansichten und in einem Baumodell überliefert. Die Kirche von 1325 war schlicht kreuzförmig. Auf eine annähernd quadratische Vorhalle folgte ein ungeteiltes Schiff, ein Querhaus von geringer Breite, dann

Altären und 1259 die ganze Kirche weihen. Anschließend erfolgte die Vollendung des Kreuzganges und der übrigen Klostergebäulichkeiten. Die ab 1711 der barocken Neuplanung geopferte mittelalterliche Anlage wurde 1981–1983 durch die Ausgrabungen im nördlichen Klosterhof teilweise wieder entdeckt, von der Kirche sozusagen die ganze südliche Längshälfte. Deren Ostpartie mit quadratischem Altarraum flankiert von je zwei Chor-

[12] Radegg, Capella, S. 72–85, besonders S. 84 f.
[13] Durrer, Kdm UW, S. 102–144.

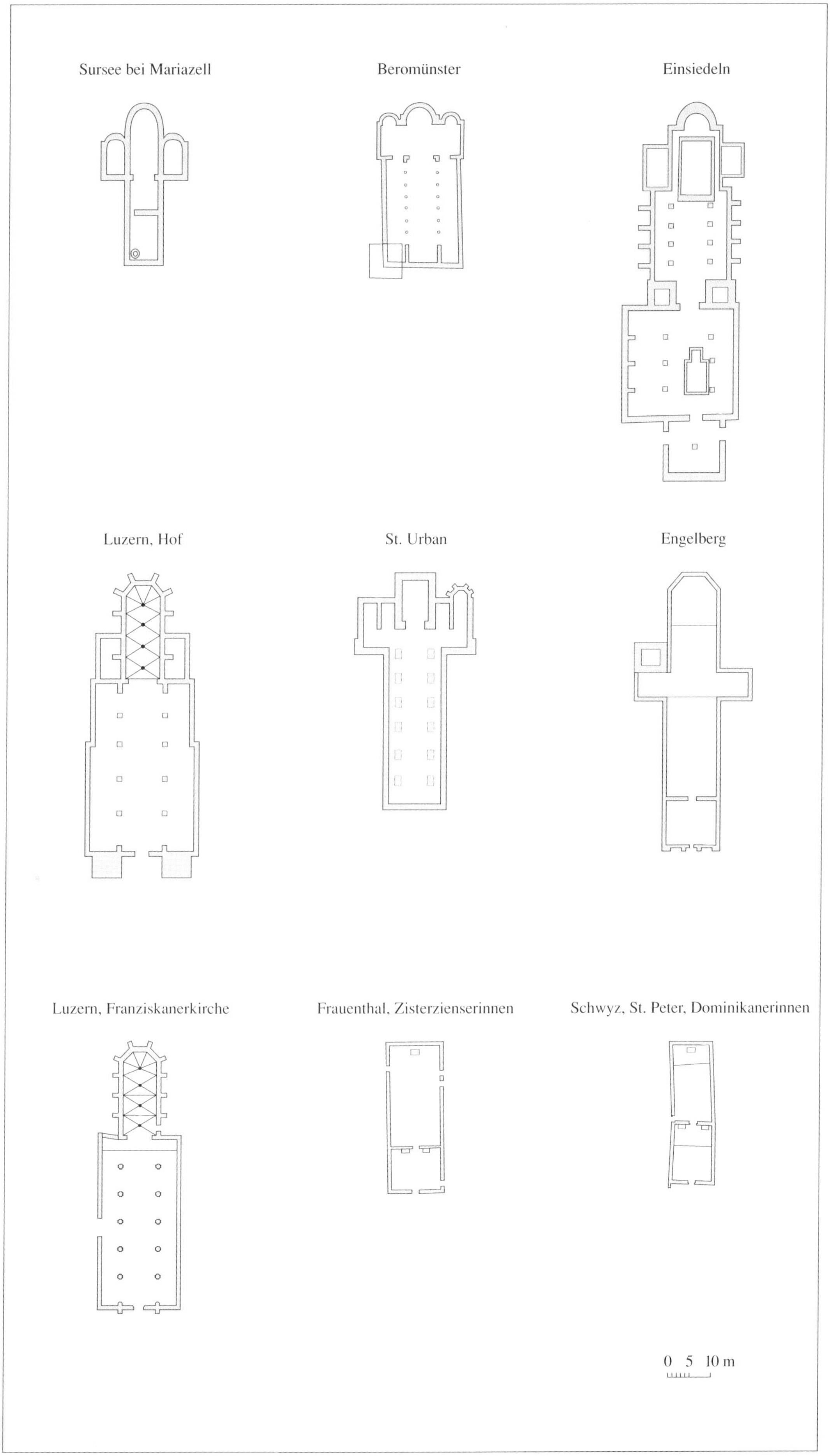

98 Grundrisse von Kloster- und Stiftskirchen.

kapellen am Querschiff, entspricht dem gebräuchlichen Prinzip, wie wir es im gegen 1255 begonnenen Kappel ZH auch antreffen. Es handelt sich im übrigen um das erstmals 1147 zu Fontenay im nördlichen Burgund angewandte und bei uns auch in Wettingen oder Hauterive verwirklichte Schema.
Eigenartig waren in St. Urban die gangartige Enge der Nebenschiffe sowie die längsrechteckige Gestalt der Pfeiler. Das fünfjochige Langhaus wurde zwischen dem zweiten und dritten Joch von West durch den Lettner unterteilt. Von der Mitte des Querschiffes bis zum Ende

99 Klosterkirche Frauenthal: Maßwerkfenster aus der ersten Hälfte des 14. Jahrhunderts.

des dritten Pfeilers von Osten reichte das alte Chorgestühl. An der Stirnseite des südlichen Querhausarmes lag die Sakristei, abschließend folgte am Osttrakt des Kreuzganges wie üblich der Kapitelsaal. Dieser war querrechteckig und gegen Osten seit 1302 durch eine Altarkapelle ausgeweitet. Das ordensübliche Brunnenhaus am südlichen Kreuzgangflügel besaß ursprünglich einen quadratischen, später einen trapezförmigen Grundriß[14].
Von den vier im 13. Jahrhundert erbauten Frauenklöstern des Zisterzienserordens in unserer Region, nämlich Rathausen 1259, Ebersecken 1277, St. Maria in der Au bei Steinen 1277 und Frauenthal 1231, wissen wir, daß ihre Kirchen alle die schlichte Gestalt eines Rechteckes besaßen. Jene in Frauenthal weist, obschon innen barockisiert, heute noch am meisten mittelalterliche Bausubstanz auf (gut etwa im dreiteiligen gotischen Maßwerkfenster sichtbar)[15].
Eine zweite Welle asketischer Ordensarchitektur lösten die Bettelorden der Dominikaner und Franziskaner aus. Nachdem sich die Zisterzienser möglichst fern von Städten und Dörfern, doch in landwirtschaftlich fruchtbarem Gelände niedergelassen hatten, wählten sich die Bettelorden volkreiche Ballungszentren für ihre Seelsorgetätigkeit aus. Damit stand zum vornherein fest, daß die Innerschweiz nicht ihr bevorzugtes Ziel sein konnte. Es wurde denn auch nur ein einziges Männerkloster hier gegründet, nämlich jenes der Franziskaner in Luzern. Es siedelte sich bezeichnenderweise 1269 in der für Bettelorden typischen Lage – man vergleiche Zürich – weit weg von der alten Hauptkirche, in der linksufrigen Kleinstadt dicht hinter der Ringmauer an[16].
Genaue Daten der Bauzeit haben sich nicht überliefert, doch muß die Kirche zwischen 1270 und 1280 entstanden sein. Sie blieb in der wesentlichen Bausubstanz bis heute erhalten. Dies gilt vor allem für den geschmeidigen Langchor mit drei Jochen und Fünfachtelschluß sowie Strebepfeilern und Kreuzrippengewölben. Die Fenster sind, mit Ausnahme des dreiteiligen im Chorscheitel, zweilanzettig mit Okulus, der im ersten Joch leer, in den andern vierpaßförmig ausgekleidet ist. Einfachster Konvention entsprechen mit ihrer flachen, seitlichen Kehle die Rippen und Gurten am Gewölbe. Sie ruhen direkt auf eigenwilligen, dreiteilig aufgespaltenen Wandkonsolen, für welche Verwandtes fehlt.
Im dreischiffigen basilikalen Langhaus hat die Barockisierung von 1733 bis 1736 die Entfernung des Lettners gebracht, ließ aber sonst das gotische Gehäuse im wesentlichen bestehen. Dies gilt sowohl für den Chorbogenbereich wie für die zweimal sechs Arkaden. Hier hatte man freilich schon 1554 die fünf Pfeilerpaare ausgewechselt. Dank der Grabungen von 1986 bis 1988 gilt ihre Geschichte heute als geklärt. Da man die alten Basen als Fun-

[14] REINLE, Kdm LU 5, S. 304–307. Die ersten Grabungsergebnisse bei: SPECK Josef, Archäologie im Kanton Luzern, in: JHGL 2, 1984, S. 90–92.

[15] Zu Rathausen: VON MOOS, Kdm LU, S. 261–272. – Zu Ebersecken: REINLE, Kdm LU 5, S. 59–62. – Zu Frauenthal: BIRCHLER, Kdm ZG 1, S. 147–154. Neueste Grabungsergebnisse in Frauenthal: TUGIUM 1, 1985, S. 57 f.; SENNHAUSER Hans Rudolf, Die Zisterzienserinnenklöster in der Schweiz, in: TUGIUM 3, 1987, S. 78–80; HOFMANN Toni, Beiträge zur Baugeschichte der Klosterkirche Frauenthal, in: TUGIUM 3, 1987, S. 81–114.

[16] Allgemeines zur Bettelorden-Architektur: OBERST Johann, Die mittelalterliche Architektur der Dominikaner und Franziskaner in der Schweiz, Zürich 1927; KONOW, Baukunst.

damente für die neuen Schäfte wiederverwendete, ist es möglich, sich ein Bild von den ursprünglichen Pfeilern zu machen. Sie wiesen, wenigstens was ihren Schaft anbelangt, eine ähnliche Gestalt auf wie die jetzigen. Schon die Künstler des 13. Jahrhunderts hatten um einen zylindrischen Kern in den vier Hauptrichtungen flache Lisenen gelegt. Auch die Basen, die heute unter dem Kirchenboden liegen, zeigten diese Form, einzig die Basisplatten waren einfacher gestaltet. Statt rund waren ihre Diagonalseiten ebenfalls gradlinig konzipiert.

lung sehen, ebenso in der Kleinbasler Klarissenkirche (1356–1400), hier allerdings auf lineare Andeutungen reduziert.

Was in der Franziskanerkirche sofort auffällt, ist der extrem niedrige, die Arkaden nur eben um anderthalb Meter überragende Chorbogen. Vergleiche mit Königsfelden oder Barfüßern zu Basel unterstreichen diese Luzerner Eigenart noch besonders.

Die einst den Raum zwischen Kirche und Ringmauer ausfüllende Klosteranlage mit doppeltem Kreuzgang ist nur noch in einem Fragment des östlichen Traktes erhalten. Von

100 Franziskanerkirche Luzern: Der Chor von Osten.
101 Franziskanerkloster Luzern: Fenster des Kapitelsaals.

Die Luzerner Pfeilerform stellt eine singuläre Schöpfung dar. Sonst waren, vor allem in Bettelordenskirchen und in ihrem Umkreis, runde oder achteckige Pfeiler üblich. Als Beispiele wären hier etwa die Berner Dominikanerkirche von 1269 bis 1285 bzw. Königsfelden von 1310 bis 1320 zu erwähnen. Fehlt für die Luzerner Form auch das Vorbild, so fand sie doch Nachahmer. In den Pfeilern der Pfarrkirche St. Theodor zu Kleinbasel (etwa um 1300–1319 entstanden) können wir in geschmeidiger Umsetzung eine Weiterentwick-

der qualitätsvollen Gestaltung des heute als Sakristei dienenden, ehemaligen Kapitelsaals zeugen die beiden gegen den Kreuzgang gerichteten Maßwerkfenster; sie sind zweilanzettig mit Säulchen und frei geführten Paßformen gestaltet. Eine gewisse Ähnlichkeit mit den Kreuzgangfenstern im schon erwähnten Konventbau zu Steinen SZ ist nicht zu übersehen[17].

Für die Kirchen der Frauenklöster von Bettelorden gilt bei uns das selbe wie für jene der Zisterzienserinnen. Das erhaltene, alte Gotteshaus der Franziskanerinnen in Muotathal, 1347 geweiht, zeigt einen einfachen rechteckigen Saal. Für die 1283 geweihte, 1639 abgebrochene Kirche der Dominikanerinnen von St. Peter am Bach in Schwyz hat die Ausgrabung eine ähnliche Grundform erbracht. Unbekannt bleibt weiterhin, wie das Gotteshaus

[17] Zum Luzerner Franziskanerkloster: HEGGLIN/GLAUSER, Kloster; zur Klosterkirche: MEYER/STEINER, Franziskanerkirche, S. 245–290 und REINLE, Kdm LU 2, S. 221–226; zu den Pfeilern: MEYER/STEINER: Franziskanerkirche, S. 254–256 und BILL, Befunde, S. 328–330. – Zu den Basler Beispielen: BAER, Kdm BS 3, S. 310 und MAURER, Kdm BS 5, S. 354f.

des 1588 aufgegebenen Dominikanerinnenklosters in Neuenkirch und jenes des Augustinerinnenklosters Eschenbach ausgesehen haben. Das Letztere wurde 1285 bei der Stadt Eschenbach unweit Inwil gegründet und später nach Obereschenbach verlegt[18].
Zwischen Ordensbau und Burg steht als Gattung die Ritterkommende. Davon besaß die Innerschweiz vier, alle lagen bezeichnenderweise an einem Durchgangsweg: im heutigen Kanton Luzern die Johanniterkommenden Hohenrain und Reiden sowie das Deutschordenshaus Hitzkirch, in Uri die Lazariter-Niederlassung in Seedorf. Ihre einfachen Kirchen besaßen oft Emporen, so in Hohenrain für den Komtur oder in Seedorf für die Schwestern (Doppelkloster)[19].

102 Johanniterkommende Hohenrain. Flugaufnahme von Westen.
103 Deutschordenskommende Hitzkirch: Ansicht von 1678. Mitgliederbuch der Skapulierbruderschaft, Pfarrarchiv Hitzkirch.

Pfarrkirchen

Nur ganz wenige mittelalterliche Pfarrkirchen haben sich in der Innerschweiz erhalten. Doch von einer stattlichen Reihe verschaffen uns die Ausgrabungen wenigstens eine Vorstellung über ihr einstiges Aussehen. Anhand von Grundrissen sollen einige Bauabläufe vom Frühmittelalter bis in den Barock aufgezeigt werden. Daraus ergibt sich ein Überblick über die einzelnen Epochenschübe und die jeweils besonders bevorzugten Bautypen.
Die Pfarrkirche von Altdorf zeigt drastisch die Diskrepanz zwischen der erhalten gebliebenen schriftlichen Überlieferung und den archäologischen Ergebnissen. Die älteste Erwähnung datiert von 1225, ihr folgen 1268 die Meldung von ihrer Verschüttung durch eine Rüfe und 1359 ein Ablaßbrief zugunsten eines Neubaus. Dank der Archäologie wissen wir aber, daß in Altdorf schon viel früher eine Kirche gestanden hat. Ähnliches läßt sich auch von Schwyz und Stans sagen. Die Grabungen von 1969 haben ergeben, daß in Altdorf schon um 700 ein erstes, merowingisches Gotteshaus gebaut worden ist, eine kleine dreischiffige Basilika, wohl mit drei Apsiden

[18] Zu Muotathal: Birchler, Kdm SZ 2, S. 241 f. und 260–270. – Zu Schwyz: Meyer, Kdm SZ, S. 144–148, 499; Descœudres Georges/Bacher René, Archäologische Untersuchungen im Frauenkloster St. Peter am Bach, Schwyz, in: MHVS 79, 1987, S. 33–116. – Zu Neuenkirch: Reinle, Kdm LU 4, S. 276–278. – Zu Eschenbach: Reinle, Kdm LU 6, S. 45–80, 215–219.

[19] Zu Reiden: Reinle, Kdm LU 5, S. 188–194. – Zu Hitzkirch: Reinle, Kdm LU 6, S. 94–126. – Zu Hohenrain: ebd. S. 164–192. – Zu Seedorf: Gasser, Kdm UR 2, S. 168–181.

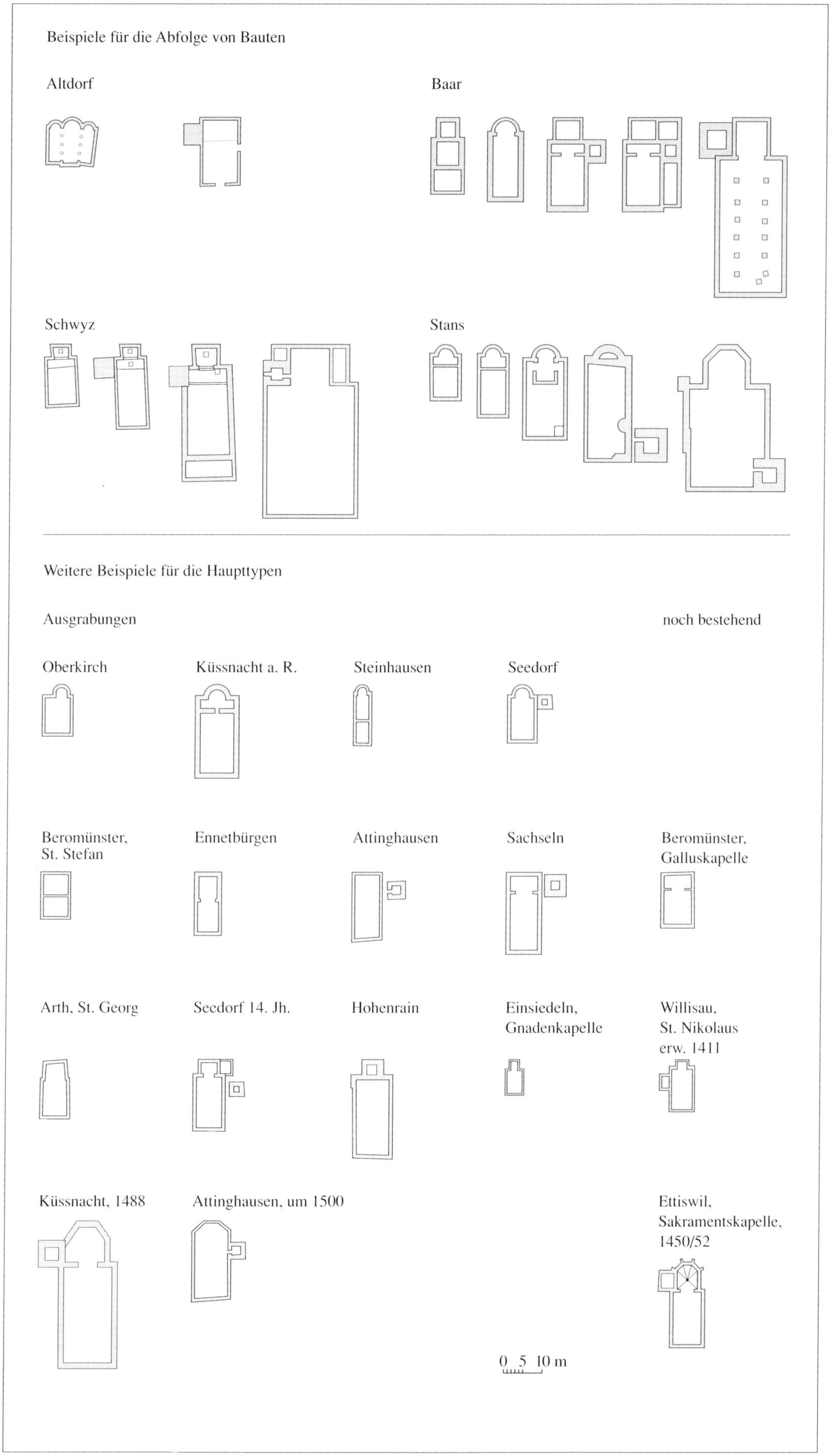

104 Grundrisse von Pfarrkirchen und Kapellen.

und dem Grab eines vornehm ausgerüsteten Ritters, offenbar des Stifters. – Die zweite Kirche umfaßte einen hochmittelalterlichen, schlichten, rechteckigen Kubus von 17 auf 10 Metern Seitenlänge mit einem Turm an der Nordflanke. – In gotischer Zeit erstand eine dreimal so große Anlage, querschiffartig ausgeweitet und mit einem Lettner ausgestattet, welcher den tiefrechteckigen Chor vom Schiff abtrennte. Dieser Komplex lebt, etwas verlängert und mit einer Apsis erweitert, noch im heutigen Gotteshaus aus dem 19. Jahrhundert weiter[20].

Für St. Martin in Schwyz ergaben die Grabungen der Jahre 1965/66 die nachstehende Abfolge: 1. Merowingische Kleinkirche mit eingezogenem Rechteckchor. – 2. Karolingisch-ottonische Verlängerung des Schiffes und Anfügung eines Turmes an der Nordseite. – 3. Ein 1121 geweihtes Gotteshaus, welches das alte Schema vergrößert wiederholt, dabei aber den alten Turm übernimmt. – 4. Gotischer Neubau, geweiht 1481, beim Dorfbrand 1642 zerstört. Dieser, fast die Ausmaße der späteren Barockkirche vorwegnehmende Bau mit quadratischem Altarhaus besaß zwei dicht gestellte Stützenreihen, was an eine Halle mit gleich hohen, gewölbten oder flach gedeckten Schiffen denken läßt. Von hier stammt das Hallenschema der nachfolgenden barocken Kirchen von 1642 und 1769[21].

In Stans erbrachten die Ausgrabungen die folgenden Erkenntnisse: 1. die älteste erfaßbare Kirche aus dem 8. Jahrhundert: ein kurzer, geosteter Saal mit halbrunder Apsis, in karolingischer Zeit westwärts verlängert. – 2. Um die Jahrtausendwende größerer Neubau, doch nach dem vertrauten Schema eines Saals mit halbrunder Apsis. – 3. Um 1200 oder im frühen 13. Jahrhundert neues romanisches Gotteshaus wiederum mit Apsis, am Westende seitlich freistehender Turm, den die späteren Kirchen übernehmen. – 4. Gotischer Neubau im 14. Jahrhundert mit sehr breitem Schiff und polygonalem Chor. – 5. Frühbarocker Monumentalbau 1641 bis 1647 in Südrichtung gewendet[22].

In Sarnen fehlen die archäologischen Untersuchungen noch. Für das Spätmittelalter zeigen die Bilddokumente einen eingezogenen rechteckigen Chor und am Ostende der südlichen Langhausseite einen romanischen Turm, der barockisiert als Teil der Doppelturmfront weiterlebt[23].

Mit den Kirchen der Hauptorte wetteiferten oft jene der wichtigeren dörflichen Pfarreien, wofür Baar ein gutes Beispiel bietet. Hier brachten die Grabungen folgende Ergebnisse zutage: 1. Merowingische Kirche des frühen 8. Jahrhunderts mit rechteckigem Altarhaus über römischem Gemäuer, wohl einer Villa. – 2. Karolingisches Gotteshaus des 9. Jahrhunderts mit eingezogener Halbkreisapsis. – 3. Romanischer Neubau des 11. bis 12. Jahrhunderts mit eingezogenem Rechteckchor und Turm am Ostende der Südflanke. – 4. Erweiterung durch ein neues, südliches Nebenschiff. – 5. Große Hallenkirche, erste Hälfte des 15. Jahrhunderts, mit Rechteckchor und zwei Stützenreihen, also ganz ähnlich wie jene in Schwyz. – 6. Turmbau an der Nordflanke des Chores, noch im 15. Jahrhundert. – 7. Barokkisierungen 1645 und 1767 mit Entfernung der Langhausstützen und Chorerweiterung durch eine Apsis[24].

Eine typische Pfarrkirche im Weichbild der Stadt zeigt Sursee, mit der Abfolge: 1. Anzeichen einer frühmittelalterlichen Holzkirche. – 2. und 3. Bauten um 800 und 950 ohne faßbare Chorformen. – 4. Um 1100 Rechteckchor und Turm am Ostende der südlichen Langhausflanke. – 5. Gotische Kirche um 1275, offenbar im Zusammenhang mit der Stadtgründung. Eine allseitige Vergrößerung unter Beibehaltung der Grundgestalt. – 6. Ab 1461 dreischiffiges Gotteshaus mit polygonalem Chor. – 7. 1638–1641 Neubau in gleicher Gestalt, unter Verwendung alter Elemente[25].

Eine Tabelle, die ausgewählte Beispiele weiterer Pfarrkirchen enthält, verdeutlicht das Neben- und Nacheinander der verschiedenen Grundtypen, wobei natürlich die Chorgestaltung eine wichtige Rolle übernimmt: Wir unterscheiden hier den rechteckigen Altarraum mit oder ohne Absetzung in der Breite, die halbkreisförmige sowie die polygonal gebrochene Apsis. – Das Langhaus besteht in der Regel aus einem rechteckigen Raum, doch kann es zuweilen querschiffähnlich ausgeweitet sein. Ebenso hat man es hin und wieder, wie in Rüeggeringen bei Rothenburg, in Hitz-

20 SENNHAUSER Hans Rudolf, Ausgrabung und Bauuntersuchung, in: Die Pfarrkirche Sankt Martin zu Altdorf. Erinnerungsschrift zum Abschluß der Renovationsarbeiten, Altdorf 1971, S. 22–31.

21 MEYER Kdm SZ, S. 76–93; SENNHAUSER Hans Rudolf, Die Ausgrabungen in der Martinskirche zu Schwyz 1965–1966, in: MHVS 66, 1974. S. 9–26; KESSLER, Grabungen.

22 DURRER, Kdm UW, S. 756–812; LEHNER Hans Jörg, Resultate der archäologischen Ausgrabungen in der Pfarrkirche Stans, in: Pfarrblatt Stans, Nr. 5, 1985. Eine Dokumentation befindet sich im Staatsarchiv Nidwalden. ODERMATT-BÜRGI, Pfarrkirche, S. 4–6.

23 DURRER, Kdm UW, S. 516–521

24 BIRCHLER, Kdm ZG 1, S. 25–86; SPECK Josef, Die Baugeschichte im Lichte der archäologischen Ausgrabungen, in: Kirche St. Martin Baar, Baar 1974, S. 17–30.

25 REINLE, Kdm LU 4, S. 425–427; BILL Jakob, Archäologie im Kanton Luzern 1986, in: JHGL 5, 1987, S. 78 f.; MEYER André, Denkmalpflege im Kanton Luzern 1987, in: JHGL 6, 1988, S. 99–101.

kirch oder in Baar, einseitig mit einem Nebenschiff vergrößert. Eine adelige Grablege konnte dafür der Grund sein. Dreischiffige Langhäuser kommen ganz selten in frühen Pfarrkirchen wie in Altdorf oder in spätgotischen wie in Schwyz und Baar vor, wohl unter dem Eindruck der natürlich viel prächtigeren deutschen Hallenkirchen dieser Epoche.

Kirchtürme

Kirchtürme stellen nach Baugattung, Funktion und Standort ein besonderes Kapitel dar[26]. Ihre Geschichte im Detail hier nachzuzeichnen ist unmöglich; halten wir aber fest, daß sie in unserem Bereich nur zögernd auftreten. Noch die um 1034/1036 souverän in spätottonischen Formen errichtete Stiftskirche von Beromünster besaß keinen Turm[27]. Das um dieselbe Zeit erbaute Gotteshaus in Einsiedeln setzt zwischen Mönchs- und Volkskirche ein Turmpaar, gleichsam den Durchgang zwischen beiden flankierend. Die Benediktiner- und Pfarrkirche im Hof zu Luzern bringt in der zweiten Hälfte des 12. Jahrhunderts das oberrheinische Schema der Doppelturmfassade mit Vorhalle und darüberliegender Michaelskapelle in die Innerschweiz[28]. Ein in Frankreich bis in die Merowingerzeit zurückreichendes Motiv stellen die axialen Eingangstürme dar, wie sie bei uns der um 1200 entstandene, romanische Turm von Willisau vertritt. Mächtig vor einstens winzigem Gotteshaus ist er wohl nicht ohne Mitwirkung des Gründergeschlechts, der Herren von Haseburg (Hasuel im Jura) denkbar[29]. Den freistehenden Campanile, wie ihn die südländische Romanik liebte, finden wir in Stans verwirklicht. Türme über dem Chor, von Süddeutschland bis in den Aargau und nach Zürich verbreitet – St. Verena in Zurzach, St. Peter in Zürich –, kommen in der Innerschweiz ganz selten vor. Erhalten hat sich der stattliche Chorturm von Altishofen[30]. Die meisten Kirchtürme wurden asymmetrisch ans Schiff oder an den Chor gebaut. Erstaunlich ist das lange Nachleben romanischer Formen bis ins 15. Jahrhundert in Beromünster und Baar. Hauptelemente der äußeren Turmgestaltung in der Romanik bilden die vertieften Wandfelder mit Rundbogenfriesen und die gekuppelten zwei- bis vierteiligen Arkadenfenster. Keiner der erhalten gebliebenen Innerschweizer Türme gleicht dem andern. So gesehen fängt man an zu begreifen, daß ein derart eindrückliches und handliches Schema bis über das Mittelalter hinaus beibehalten worden ist. Der in dieser Hinsicht repräsentativste Bau ist jener in Stans. «Gotische» Turmformen gibt es nicht, nur Spitzbogen zeigen den Stilwandel an.

105

106

107

108

109

105 Willisau, romanischer Kirchturm der Pfarrkirche.
106 Sachseln, romanischer Kirchturm der Pfarrkirche.
107 Seedorf, romanischer Kirchturm der Pfarrkirche.
108 Altishofen, romanisch-frühgotischer Kirchturm der Pfarrkirche.
109 Stans, romanischer Kirchturm der Pfarrkirche.

[26] Allgemein zur Position und zu den Funktionen der Kirchtürme: REINLE, Zeichensprache, S. 183–220.
[27] EGGENBERGER, Beromünster, S. 99–104.
[28] REINLE, Kdm LU 2, S. 128f.
[29] REINLE, Kdm LU 5, S. 238, 241, mit Abb. 210, 211 und 214.
[30] Ebd., S. 224–231, mit Abb. 22, 23, 24, 25, 26, 27, 28 und 29.

Formenvielfalt belegen auch die oberen Abschlüsse. Die technisch einfachste und deshalb in Mitteleuropa vor allem an Pfarrkirchen häufig angewandte Form ist das Satteldach, populär «Käsbissen» genannt. Eine Stichprobe in den luzernischen Ämtern Sursee und Hochdorf ergibt heute noch drei solche Turmabschlüsse, nämlich in Sempach-Kirchbühl, Hohenrain und Bertiswil, zu denen sich aus alten Ansichten schnell sechs weitere in Beromünster, Hildisrieden, Sempach, Eschenbach, Hitzkirch und Römerswil gesellen[31]. Anspruchsvoller war der technisch schwierigere Spitzhelm. Schillings Ansicht der alten Hofkirchentürme in Luzern vor 1506 zeigt nebeneinander die niedrige romanische und die hohe spitze, gotische Form; letztere hat sich im Turm von Altishofen erhalten. Zur Errichtung des Spitzhelms in Hochdorf erbaten sich die Kirchgenossen 1457 aus Nördlingen in Süddeutschland den dort als berühmter Zimmerwerkmeister amtenden Luzerner Hans Maschwander zurück[32]. Die Spätgotik schließlich liebte elegant geschweifte Helme, die auch für Dachreiter verwendet wurden. Ein oberstes Turmgeschoß aus Holz, wie es uns etwa in bernischen Kirchen, aber auch in Silenen und in Seedorf UR oder in Lungern erhalten geblieben ist, fand einst, wie Bilddokumente für Altdorf, Schwyz und Sarnen belegen, auch in der Innerschweiz eine größere Verbreitung. In diesem Zusammenhang wäre ernsthaft zu überlegen, ob zwischen den hölzernen Aufsätzen von Kirchentürmen nicht eine Beziehung zu solchen von Burgen, Wohn- oder Wehrtürmen – wie beispielsweise zum Wasserturm oder Luegisland in Luzern – bestehen könnte.

110 Willisau, Kapelle St. Niklaus auf dem Berge.

[31] Reinle, Kdm LU 4, Abb. 4, 232, 233, 378 und 387. – Reinle, Kdm LU 6, Abb. 32, 86, 147, 208 und 219.

[32] Maschwander wirkte als Kirchenwerkmeister von 1448 bis 1473 in Nördlingen und wurde weitherum als Ratgeber für komplizierte Dachstühle beigezogen, so auch vom Rat von Nürnberg für den Chor von St. Lorenz in Nürnberg. Hierzu vgl.: Schmid Elmar D., Nördlingen. Die Georgskirche und St. Salvator, Stuttgart/Aalen 1977, S. 34, 38f., 49–51 und 53. – Staatsarchivar Fritz Glauser verdanke ich den einzigen Hinweis auf Hans Maschwander in Luzerner Akten; der Meister scheint 1436 in Hochdorf gewohnt zu haben.

Bauplastik und Grabmäler

Der im vorigen Kapitel gegebene Überblick über die Architektur des 13. und 14. Jahrhunderts ließ schon erahnen, daß auch im Bereich der Bauplastik in der Innerschweiz mit keinem stattlichen und ausgewogenen Bestand zu rechnen ist. Doch reichen die erhaltenen Stükke aus, um uns eine gewisse Vorstellung von dem zu vermitteln, was alles und in welcher Qualität die Portale, Türme, Dächer, Gewölbe, Wände, Pfeiler bzw. Säulen geschmückt hat. Schriftliche Quellen zu dieser Kunstgattung sind selten und ihre Aussagen eher dürftig. Immerhin, wenn 1572 im Baubuch des Stiftes Beromünster notiert wird «vom brust bildt by der roten thüren zu malen gän x batzen», so kann es sich dabei kaum um ein neues Gemälde, viel eher um das Bemalen einer alten Halbfigur, vielleicht eines Christusreliefs, gehandelt haben[1]. Oder wenn im schon zitierten Lobgedicht auf Einsiedeln ein neu erstelltes Doppelportal für die Klosterkirche besonders gerühmt wird, so darf man sich dieses in der Blütezeit der Gotik ganz sicher mit plastischem Schmuck vorstellen, zum mindesten mit einer Muttergottes als Pfeilerfigur[2].

Portal- und Turmschmuck

Anfangs des 13. Jahrhunderts sind die geformten Teile des Kirchturms von Willisau noch ganz romanisch. Die Kapitelle des Portals tragen als schlichte Zier gefiederte Blätter[3]. Am Altishofer Kirchturm, der gegen die Mitte des 13. Jahrhunderts errichtet wurde, treten hingegen neben den romanischen Würfelkapitellen auch frühgotische Blattkapitelle auf. Wieder ganz in romanischer Tradition stehen die sehr archaisch wirkenden, apotropäischen (Unheil abwendenden) Einzelplastiken an der Süd- bzw. Ostseite des Turms: ein Widderkopf, ein hund- oder löwenähnlicher Vierbeiner und ein zähnezeigender Mann, der im Volksmund «dr Chilezänni» genannt wird[4]. Einzig romanische Formen weisen die Würfelkapitelle am Stanser Kirchturm auf, auch wenn jene des siebten Geschosses frühestens zu Beginn des 14. Jahrhunderts entstanden sind. Romanisch inspiriert sind auch die Eckblätter, Wülste und Masken auf den Basen[5].

Backsteine und Ziegel

Die einzigartige, sowohl regional als auch allgemein kunstgeschichtliche Erscheinung der klösterlichen Ziegelmanufaktur in St. Urban hat zuerst Josef Zemp, später dann Rudolf Schnyder erforscht, dem bei seiner Arbeit ein wesentlich größeres Quellenmaterial zur Verfügung stand. Die Ergebnisse der beiden Arbeiten seien hier kurz zusammengefaßt.

111 Fenstergewände aus dekorierten St. Urbaner Backsteinen, von der ehemaligen Pfarrkirche Großdietwil. Historisches Museum Luzern.

[1] Reinle, Kdm LU 4, S. 27.
[2] Radegg, Capella, S. 85.
[3] Reinle, Kdm LU 5, S. 242.
[4] Ebd., S. 24–30.
[5] Durrer, Kdm UW, S. 790–795.

112 Geformtes Kapitellpaar aus St. Urbaner Backstein. Sammlung der Heil- und Pflegeanstalt St. Urban.
113 Christushaupt: Geformtes Relief aus St. Urbaner Backstein. Sammlung der Heil- und Pflegeanstalt St. Urban.

Theoretisch wäre es denkbar, daß die Idee des uns fremden Backsteinbaus durch Äbte aus Gebieten, in denen er wie in Oberitalien oder Norddeutschland heimisch war, nach St. Urban vermittelt worden ist. Der Zisterzienserorden kannte ja eine straffe Organisation; alljährlich trafen sich die Vorsteher auf dem Generalkapitel in Cîteaux, an dem beispielsweise der St. Urbaner Abt in den Jahren 1253, 1254 und 1255 nachweislich teilgenommen hat. Das einmalig große Format der Ziegeltypen und die absolute Eigenständigkeit des Formenschatzes sowie der plastischen Dekoration lassen jedoch nur den Schluß zu, daß es sich hier in jeder Hinsicht um eine eigene Erfindung und Entwicklung gehandelt hat. Mit Hilfe der Baudaten auswärtiger Gebäude, an denen St. Urbaner Backsteine Verwendung fanden, konnte Schnyder die Tätigkeit der Ziegelhütte zwischen 1255 und 1280 eingrenzen. Die Produktionsaufnahme fiel somit nicht mit dem Baubeginn der ersten Kirche oder der ältesten Konventsgebäude zusammen, sondern erst in eine spätere Phase, wohl weil es an Steinmaterial mangelte.

Außer einfachen Backsteinen und Ziegeln für verputztes Mauerwerk stellte die Hütte auch Werkstücke für Portale, Fenster, Nischen, kleine Arkaden zu Kreuzgängen oder Triforien, Wanddienste, Gewölberippen, Konsolen, Maßwerkfenster, Bodenfliesen und sogar für zusammensetzbare Grabplatten her. Dabei wurden die Blattkapitelle, Säulenbasen oder Reliefs teilweise mit einem Messer aus dem halbgetrockneten Ton geschnitzt. Sonst verwendete man für die Verzierung Model aus Hartholz, in welche die halbharte Masse vor dem weiteren Austrocknen und dem Brennen eingepreßt wurde. Auf Grund von Fehlstellen läßt sich die allmähliche Abnutzung solcher Formen erkennen.

Stilistisch sind zwei Hauptmeister zu unterscheiden, ein früherer (um 1260) mit ausgesprochen kalligraphischem, aber recht primitivem Ausdruck und ein bis gegen 1280 tätiger, sehr plastisch empfindender Künstler, dessen elegante Schöpfungen die Präzision und Härte von Goldschmiedearbeiten bzw. Siegelstempeln aufweisen.

Der Inhalt des Dargestellten entspricht dem in den verschiedensten Künsten verwendeten spätromanisch-frühgotischen Motivschatz. Er reicht vom abstrakten Flechtband über diverse Blatt- und Blumenmuster bis hin zu Tieren, Vögeln und Fabelwesen. Unter die letztere Gruppe sind auch drei bildhafte Szenen zu zählen: der Wolf, der in der Schule von einem Mönch unterwiesen wird, aber gierig einem Lamme nachschaut; der Fuchs, der sich vor den Vögeln totstellt; der Pelikan, der mit dem Blutstrahl aus der eigenen Brust seine Jungen ernährt – ein Symbol Christi. Zwei Model beinhalten eine regionale Wappenrolle. Auf ihnen sind je sieben Schilde von Adelsfamilien

114 St. Urbaner Backsteine mit Tiergeschichten von Wolf, Fuchs und Pelikan. Schweizerisches Landesmuseum Zürich.

aus der Umgebung zusammengestellt, die im 13. Jahrhundert zum Kloster St. Urban Verbindungen unterhielten. Die eine Form zeigt die Wappen der Edlen von Frohburg, Nidau-Straßberg, Bechburg, Balm, Grünenberg, Kien und Utzingen, die andere jene derer von Torberg, Ifenthal, Büttikon, Aarwangen, Eptingen, Ruod und Kienberg. Gerade hier ist die Nähe zum Siegelschnitt besonders signifikant. Bestimmte handgeformte Kapitelle und das Relief eines Christushauptes in frühgotischem Stil machen die hohe Qualität dieser Klosterkunst ein weiteres Mal deutlich.
Die St. Urbaner Backsteine wurden nicht nur für den Eigenbedarf hergestellt, sondern in einem weiten Umkreis aareauf- und aareabwärts an Adelige wie Bürgerliche für ihre Burgen oder Häuser verkauft. Auch Ableger von kleinen anderen Hütten sind entstanden. Um 1270 gab St. Urban einen Satz ausgedienter Model der früheren Periode an das Zisterzienserkloster Frienisberg BE weiter. In Beromünster, wohin ebenfalls eine St. Urbaner Form gelangte, stellte man gegen 1300 in einer eigenen Hütte ornamentierte Backsteine her, welche auf einfachere Weise die Vorlagen aus der Zisterzienserabtei abwandelten. In Freiburg i. Br. wurden Reliefflliesen entdeckt, die stilistisch von St. Urban abhängen dürften, was einen weiteren Beweis für die großflächige Ausstrahlung der klösterlichen Ziegelhütte darstellt[6].

Schlußsteine

Das einzige in situ noch vorhandene Ensemble von Bauplastiken der Innerschweiz bilden die frühgotischen Schlußsteine im Chor der Luzerner Franziskanerkirche. Die Untersicht ihrer runden Teller ist, an jedem Stein variierend, mit weichen, doch präzis modellierten Blättern und Blumen dekoriert, die nicht von der im oberrheinischen und deutschschweizerischen Gebiet üblichen Art abweichen. Etwas eigenwilliger hingegen erscheinen die auf der Längsachse in die Zwickel zwischen den anstoßenden Rippen eingefügten Büsten. Diese stellen zwei Könige und zwei bärtige Männer dar, ostwärts gefolgt von einer segnenden Gotteshand, wohl den himmlischen Vater symbolisierend, weil am letzten Schlußstein über dem Hochaltar das Lamm Gottes steht. Bis zur Wiederentdeckung der erklärenden Majuskelschriften hat man es nicht gewagt, die Büsten zu benennen. Nun weiß man, wen sie zeigen sollen, nämlich die beiden Könige David und Salomon bzw. die beiden Apostel Petrus und Paulus. Jetzt aber ist die Frage nach dem ikonographischen Programm aufzuwerfen: Das Kirchengewölbe stellt den Himmel dar, was durch 33 in Dreiergruppen zusammengefaßte, achtzackige, rote und blaue Ster-

115 St. Urbaner Backsteine mit Fabeltierfriesen. Schweizerisches Landesmuseum Zürich.

116 St. Urbaner Backstein mit Wappenfries. Schweizerisches Landesmuseum Zürich.

[6] Zu St. Urban: ZEMP Josef, Die Backsteine von St. Urban. Festgabe auf die Eröffnung des Schweizerischen Landesmuseums in Zürich am 25. Juni 1898, Zürich 1898; SCHNYDER, Baukeramik; REINLE, Kdm LU 5, S. 327–333; ALLTAG, S. 232 f., Nr. 316. – Zu Beromünster: SCHNYDER Rudolf, Die Baukeramik von Beromünster, in: ZAK 19, 1959, S. 209–217; EGGENBERGER, Beromünster, S. 218–233; ferner: ALLTAG, S. 233 f., Nr. 317–320.

117.1 Franziskanerkirche Luzern, Schlußsteine im Chor: Salomon.
117.2 Franziskanerkirche Luzern, Schlußsteine im Chor: Paulus.

ne noch verdeutlicht wird. Dort thront am höchsten Punkt das apokalyptische Lamm, der geopferte und auferstandene Christus. Dem Lamm (sinnvoll auch als Opfertier über dem Hochaltar plaziert) gegenüber erscheint am vorausgehenden Schlußstein die Hand Gottes des Vaters. Die Könige David und Salomon sowie die Apostelfürsten repräsentieren die Heiligen des Alten und Neuen Testaments.

118 Ufhusen, Pfarrkirche: Schlußstein mit Lamm Gottes.

Die 1988 freigelegte Polychromie vervollständigt die Festlichkeit der Gewölbezone. Die Buntheit der Schlußsteine greift mit stilisierten Lilien und begleitendem Blattwerk auf die anstoßenden Werkstücke über. In die Scheitel der Gewölbefelder reihen sich die schon erwähnten Steine. Die lebhafte Farbigkeit der Figuren gleicht der Fassung von Holzplastiken; Petrus ist, etwas naiv, ein Schlüssel beigegeben.

Gattungsmäßig ist der Zyklus den Büsten verwandt, die an den Schlußsteinen im Chor der Dominikanerinnenkirche Unterlinden in Colmar (1269 geweiht), dann im 1275 vollendeten Langhaus des Straßburger Münsters und endlich im zwischen 1278 und 1293 erbauten Chor des Basler Frauenklosters Klingental vorkommen. Im Stil erinnern die Luzerner Beispiele an die robusten Apostelfiguren des Strebewerks in den östlichen Langhausjochen des Münsters von Freiburg i. Br. (um 1270) und an die Heiliggrab-Jünger im Konstanzer Marienmünster. Sie alle gehen den lyrisch zarten Plastiken um 1300 voraus[7]. Am nächsten indessen stehen die Büsten von Luzern der Figur Jakobus' des Älteren, wie er zwei Pilger krönt, in der Stadtkirche von Villingen (Baden-Württemberg), die ihrerseits mit den Statuen am Querhausportal von Wimpfen im Tal, 1269 begonnen, in Zusammenhang gebracht wird; dabei handelt es sich um provinzielle Arbeiten mit maskenhaften Köpfen, die von Straßburg hergeleitet werden können. Die Paulusbüste vor allem, aber auch jene des Petrus wirken wie Brüder des Apostels Jakobus in Villingen. Alle diese Vergleichsmomente erlauben den Schluß, die Arbeiten in der Luzerner Franziskanerkirche zwischen den Jahren 1270 und 1280 anzusiedeln.

Nur höchst ungenau läßt sich der primitive Schlußstein des Chores in Ufhusen datieren. Er dürfte um 1300 geschaffen worden sein. Beim Neubau der jetzigen Kirche hat man ihn 1780 an die Chorwand versetzt. In der tellerförmigen Vertiefung ist das Lamm Gottes ausgehauen, mit Widderhorn und Kreuzstab[8].

[7] Zu Luzern: vgl. MEYER/STEINER, Franziskanerkirche, S. 251–254; HEGGLIN/GLAUSER, Kloster, S. 354–357; REINLE, Kdm LU 2, S. 240f. – Zu Klingenthal: MAURER, Kdm BS 4, Abb. 52–62. – Zu Konstanz: REINERS Heribert, Das Münster Unserer Lieben Frau zu Konstanz, Konstanz 1955, Abb. 441–457. – Zum Jakobus in Villingen: Die Zeit der Staufer. Geschichte – Kunst – Kultur. Katalog der Ausstellung, Stuttgart 1977, 1. Bd., Stuttgart 1977, Nr. 489, 2. Bd., Stuttgart 1977, Nr. 294.
[8] REINLE, Kdm LU 5, S. 213f.

Sandsteinfiguren

Im Zusammenhang mit dem 1925 erfolgten Umbau der Kapelle zu St. Jakob in Ennetmoos NW wurden bei Grabungen Fragmente einer offensichtlich zusammengehörigen Gruppe sandsteinerner polychromierter Skulpturen von zwei Drittel Lebensgröße gefunden. Vollrund gearbeitet sind die Häupter einer Muttergottes mit Schleier und Krone und des Jesuskindes sowie eine Hand Mariä, die einen vergoldeten Apfel hält. Im weiteren gehören der mit abgeflachter Rückseite im Profil dargestellte Kopf eines Mitra tragenden Bischofs und seine frei gearbeitete Segenshand dazu. Ablaßbriefes (1313) oder der Weihe-Urkunde (1315) passen[9]. Wenn wir bedenken, daß ein so kleines Heiligtum, das allerdings an einer Nebenroute des Pilgerwegs von Einsiedeln nach Santiago de Compostela lag, einen solchen Skulpturenschmuck besaß, dann vermögen wir das untergegangene Kunstgut nur allein an steinernen Bauplastiken der Innerschweiz zu erahnen.

Ebenfalls ein Fragment stellt die 218 cm hohe, sandsteinerne Bischofsfigur dar, die sich unweit des Ufers bei Meggenhorn auf einem Felsen in einem gemauerten Bildstock aus dem Wasser des Vierwaldstättersees erhebt. Die einstige Fußpartie fehlt, auch die Hände sind

119 Ennetmoos, St. Jakob: Skulpturenfragmente, jetzt im Nidwaldner Museum in Stans.
120 Meggen, Bildstock im See bei Altstad: Bischofsstatue, wohl St. Nikolaus.

An allen Haarpartien finden sich Spuren einstiger Vergoldung. Architekturfragmente lassen an eine Ädikula denken, welche für die Figuren den Rahmen bildete. Durrer dachte sich den ganzen Komplex als eine Art Retabel, doch ist eher eine gotische Portalbekrönung zu vermuten. Der Stil der qualitätvollen Arbeiten könnte gut zu den überlieferten Daten eines

weitgehend ersetzt. Die Statue trägt über der Albe und dem Amikt eine lange Dalmatika sowie darüber eine Glockenkasel mit spitzen Schlüsselfalten. Den nur summarisch geformten Kopf bedeckt eine Mitra, die mit Borten und Blattranken geschmückt ist. Zum Segensgestus ist die behandschuhte Rechte erhoben. Von ihr hat sich aber bloß die hintere Handfläche und der Daumen erhalten. Die Linke ist ganz zerstört. Da die ehemaligen Attribute fehlen, bleibt die ursprüngliche Benennung der Figur ungewiß[10].

[9] Durrer, Kdm UW, S. 1123 f.; Futterer, Bildwerke, Nr. 232; Alltag, S. 155 f., Nr. 213.
[10] Von Moos, Kdm LU, S. 474 f.; Baum, Skulpturen, Nr. 28.

Der Bildstock im See wird erstmals anläßlich seiner Erneuerung im Jahre 1443 erwähnt. Daß er hier in spektakulärer Position ein Bild des Seepatrons St. Nikolaus zeigte, scheint klar. Eine andere Frage aber ist es, ob die mächtige Statue auch ursprünglich für diesen Ort bestimmt war. Sie erweckt nämlich den Eindruck einer monumentalen Fassadenplastik, die wir uns gut an der Luzerner Hofkirche denken könnten. Dort hätte sie freilich deren Patron, den hl. Bischof Leodegar, darzustellen. Als Entstehungszeit wird man die erste Hälfte des 14. Jahrhunderts annehmen dürfen, in welcher an der Hofkirche mit dem Neubau des Chores gearbeitet wurde.

Grabmäler

Eine höchst umfangreiche Gattung der Steinskulpturen bilden die mittelalterlichen Grabmäler, die offensichtlich von Bildhauern der Bauplastik geschaffen wurden. Ihr Bestand in den Bischofs-, Kloster- und Pfarrkirchen ganz Europas ist fast unüberblickbar und bietet das größte Reservoir zur Geschichte der Plastik überhaupt[11]. Doch für die Innerschweiz fällt diese Gattung fast gänzlich weg. Von hier ist in der Zeit zwischen 1200 und 1400 nur ein einziger Grabstein zu nennen, dazu aus dem 10./11. Jahrhundert das rätselhafte Grabmal des Albker aus Großdietwil, aus dem 15. jenes der Stifter in Beromünster[12] von 1469. In der Kirche von Rothenburg wird die Grabplatte der Herren von Rothenburg aufbewahrt, die man während Grabungen in den Fundamenten der ehemaligen Mutterkirche zu Rüeggeringen entdeckt hat. Sie lag über einer Grube mit mindestens fünf Skeletten im gangartigen Annex an der Südseite des Schiffes. Der oben stichbogige, 155 auf 62 cm messende, graue Sandstein ist sorgfältig bearbeitet, aber nur mit einem Flachrelief geschmückt, welches ein schlichtes Wappen – in spitzem Schild eine zweitürmige Burg – und darüber ein vertieftes Medaillon mit gleicharmigem Kreuz zeigt. Die Reliefdarstellung steht dem Wappen im Siegel Arnolds III. von Rothenburg nahe, der von 1234 bis 1257 Vogt war. – Von einer weiteren, primitiv gearbeiteten Platte mit dem Wappen Rothenburg-Münsterol-Lichtenberg hat sich bloß ein Fragment im Luzerner Historischen Museum erhalten[13].
Bei den vielen in neuerer Zeit durchgeführten Kirchengrabungen sind wohl zahlreiche Gräber freigelegt und untersucht worden, kunstgeschichtlich nennenswerte Grabmäler wurden dabei aber keine entdeckt. Dem stehen auf der anderen Seite Hinweise in den schriftlichen Quellen gegenüber, welche das Vorhandensein der kunstvoll geschaffenen Grabplatten auch für unsere Gegend belegen. Es wäre eine historische Arbeit wert, alle diese Berichte nachzuweisen. Hier sollen ein paar Vermerke genügen.
In der Luzerner Hofkirche notierte Renward Cysat noch Ende des 16. Jahrhunderts ein bedeutendes Grabmal der Herren von Littau, Ministerialen des Klosters Murbach-Luzern seit dem Ende des 12. Jahrhunderts. Im weiteren sah er im «Alten Chor» hinter dem Johannesaltar ein Tischgrab, das mit vielen gehauenen, steinernen Bildern geziert war, mit Leiden Christi und Mariä Mitleiden in einem gewölbten Bogen über dem Grab, «herrlich anzusehen, denn dergleichen ist keines da». Aber schon der 1609 von Chorherr Spiri aufgestellte Thesaurus mit einem umfassenden Gräberverzeichnis kann nichts mehr davon melden; seine Grabinschriften setzen erst 1471 ein[14]. – Meist brachten die Neubauten des Barocks den Untergang der mittelalterlichen Grabdenkmäler. In St. Urban zum Beispiel wurden deswegen die Namen und Wappen der mittelalterlichen Stifter und Wohltäter in einem neuen stuckmarmornen Epitaph von 1716, über dem Portal vom Chor zum Kloster zusammengefaßt, der Nachwelt überliefert[15]. In Hitzkirch hat man anläßlich des barocken Neubaus der Deutschordens- und Pfarrkirche im 1678 angefangenen Baubuch nicht nur alle Altäre detailliert beschrieben, sondern ebenso die Grabplatten «theils mit Schilt und Helm, theils mit Geschrift» aufgeführt[16].
Nicht bloß in Klöstern und Stiften, auch in vielen Pfarrkirchen gab es Adelsgräber von lokalen und regionalen Dynastien, wie Beispiele in Willisau, Altishofen oder Ufhusen zeigen. Ob deren Grabsteine noch zu finden wären oder ob sie bei späteren Bauarbeiten als Steinmaterial zerschlagen worden sind?
Zum Schluß möchte ich noch auf eine seltsame Tatsache hinweisen, nämlich daß sich in der ganzen Innerschweiz kein einziges Grabmal mit der figürlichen Darstellung des Bestatteten erhalten hat oder auch nur erwähnt wird. Immerhin zeugen von solcher Bildlosigkeit sogar die kyburgischen und habsburgischen Grabmäler im Zisterzienserkloster Wettingen.

[11] Allgemein: BAUCH Kurt, Das mittelalterliche Grabbild, Berlin 1976; EGLI Viviane, Gebärdesprache und Bedeutung mittelalterlicher Grabbilder, Zürich 1987.
[12] Zu Grossdietwil: REINLE, Kdm LU 5, S. 109f.; Grabplatte im Historischen Museum Luzern. – Zu Beromünster: REINLE, Kdm LU 4, S. 58 und 61.
[13] REINLE, Kdm LU 6, S. 250f.
[14] REINLE, Kdm LU 2, S. 136f.
[15] REINLE, Kdm LU 5, S. 366f.
[16] REINLE, Kdm LU 6, S. 100, Anm. 1.

Kultische Holzplastik

Die hölzerne Sakralplastik bietet, obwohl wir hier die figurenreichste spätgotische Phase ausschließen müssen, den größten Schatz mittelalterlicher Kunst. Die Welle barocker Erneuerung des 17. und 18. Jahrhunderts hat in der Innerschweiz manches alte Kult- oder Andachtsbild in die neue Ausstattung integriert oder pietätvoll in Kapellen bzw. Estrichen aufbewahrt. Manches davon gelangte später in die Museen und Sammlungen[1]. Aus ihrem ursprünglichen Zusammenhang oder ihrer Figurengruppe herausgerissen, aus ihrem ehemaligen Schrein bzw. Standort im Kirchenraum entfernt, bilden sie nun Einzelstücke, Fragmente eines größeren Ganzen, das wir uns einleitend wenigstens skizzenhaft vergegenwärtigen wollen[2].

Standort der Kultbilder

Als zentrales Kultbild der mittelalterlichen Kirche galt Christus am Kreuz, errichtet hinter oder über dem Fronaltar, im Chorbogen hängend oder auf dem Lettner stehend. Das Kruzifix erweiterten Maria und Johannes, zuweilen auch weitere Figuren zur Gruppe. Laut Kustoreirodel standen um 1311 in der Luzerner Hofkirche die Statuen der zwölf Apostel auf dem Lettner beidseits des Triumphkreuzes. Dieser Vermerk gibt uns eine Andeutung, mit welchem Bestand an Skulpturen in den innerschweizerischen Klosterkirchen zu rechnen wäre. Ein ebenso wichtiges Bildwerk stellte die thronende Muttergottes mit dem Kind dar, vor allem Maria als Gottesthron verkörpernd. Weitere Figuren befanden sich auf den Altären, von denen eine Pfarrkirche meistens etwa drei, eine große Abteikirche bis zu einem Dutzend besaßen. Wie alte Ansichten zeigen, konnten die Statuen der Altarpatrone noch um 1500 frei auf der Mensa hingestellt sein[3]. Indessen entwickelten sich ab dem 14. Jahrhundert die kasten- oder schreinförmigen Altaraufsätze, die sogenannten Retabel, in welche mehrere Plastiken plaziert wurden oder an deren Flügeln die Heiligen in Relief oder als gemalte Figuren wiedergegeben waren. Die meisten Einzelstatuen unseres überlieferten Bestandes kann man sich als Teil solcher Altäre vorstellen. Daneben schuf man aber auch besondere Kult- oder Andachtsbilder, die isoliert zur besonderen Verehrung aufgestellt waren, wie zum Beispiel Christus am Ölberg, Christus an der Geißelsäule oder als Kreuzträger. Ferner sind in diesem Zusammenhang Skulpturen zu nennen, welche in die liturgischen Handlungen einbezogen waren, also etwa Christus auf dem Palmesel, der Erlöser im Grab oder die Auferstehungs- bzw. Himmelfahrtsfigur Christi. Holzplastiken gab es auch an Buchpulten, Kanzeln und klösterlichen Chorgestühlen; von solchen hat sich in der Innerschweiz kein einziges Stück aus dem behandelten Zeitabschnitt erhalten.

Werkstätten

Es gibt keinerlei archivalische Hinweise auf die Entstehungsorte der zu besprechenden Holzskulpturen. Ihr Stil weist immer wieder an den Oberrhein mit den Zentren Straßburg, Freiburg und Basel sowie Konstanz hin. Zürich, das als ein Mittelpunkt der Malerei bezeugt ist, besaß sicher Holzschnitzerwerkstätten, doch fallen zufolge des Bildersturms jegliche Vergleichsmöglichkeiten aus. Es ist eine offene Frage, von welchem Zeitpunkt weg sich solche Künstler in der Innerschweiz niedergelassen haben. Als früheste Nennung können wir jene des Bildhauers Caspar von Straßburg aufführen, der 1381 in Luzern Bürger wurde, womit zugleich die oberrheinische Beziehung erhärtet wird. Bildschnitzer Kaufmann wird anno 1425 als nächster Meister namentlich genannt[4].

Im Kommenden befassen wir uns zuerst mit den dominanten Kultbildern des Kruzifixus und der Muttergottes, dann mit den Kult- und Andachtsskulpturen der Kindheit und Passion Christi, schießlich mit den Darstellungen einzelnen Heiliger.

[1] Hierzu allgemein: FUTTERER, Bildwerke; BAIER-FUTTERER, Bildwerke; BAUM, Inventar; BAUM, Skulpturen; MYSTIK; RUPPEN Walter, Der Skulpturenfund von Leuk (1982), in: ZAK 40, 1983, S. 241–268. – Zur Technik: vgl. HUTH Hans, Künstler und Werkstatt der Spätgotik, Darmstadt [2]1967; BRACHERT Thomas, Die Techniken der polychromierten Holzskulptur, in: Maltechnik-Restauro. Internationale Zeitschrift für Kunsttechniken, Restaurierung und Museumsfragen, Nr. 3/4, München 1972, S. 153–204.– Bei der Auffindung und Analyse zahlreicher Plastiken und anderer Kunstwerke boten mir die ortsund sachkundigen Damen Helmi Gasser, Mathilde Tobler und Zita Wirz (†) sowie meine Frau engagierte Hilfe.

[2] REINLE, Ausstattung.

[3] Ein Beispiel ist im Spiezer Schilling, fol. 116, abgebildet, wiedergegeben in: ZEMP Josef, Die Schweizerischen Bilderchroniken und ihre Architekturdarstellungen, Zürich 1897, Abb. 14.

[4] ROTT, Quellen 2, S. 210; REINLE, Kdm LU 6, S. 413–416.

Jesus am Kreuz

Nicht weniger als ein Dutzend früh- und hochgotischer Kruzifixi zeigen uns unterschiedliche Auffassungen vom Gekreuzigten in der Zeitspanne zwischen 1260 und 1400. Ihnen gehen zwei romanische Plastiken voraus, die uns den mystisch bedingten Umbruch zur Gotik ermessen lassen: der Kruzifixus im Turmmuseum Schwyz, wohl einst das Triumphkreuz der dortigen Pfarrkirche, vertritt den Typ mit knielangem, rockähnlichem Lendentuch. Das mächtige 190 cm hohe Kunstwerk aus der Alpnacher Kirche (jetzt im Kloster Engelberg), das mit den streng horizontal ausgestreckten Armen der T-Form nahe kommt, ist in eine fußlange Tunika und darüber in eine gegürtete Dalmatik gekleidet, dazu ein Tuch über dem Haupt. Es muß ursprünglich für eine große Kirche geschaffen worden sein, wofür am ehesten die Stifte Beromünster oder Luzern als Mitbesitzer Alpnachs in Frage kämen[5].

Von diesen frontal aufgerichteten, hieratisch triumphalen Darstellungen Christi am Kreuz ging die gotische Auffassung zum gemarterten Erlöser über, der an den Armen hängt, meist in seitlicher Drehung mit geknickten Beinen und gesenktem Kopf. Fast immer sind jetzt die Füße nur mit einem einzigen Nagel ans Holz geschlagen, womit sich die qualvolle Haltung noch verstärkt. Diesen Typus mit drei Nägeln hat erstmals Abt Suger in St-Denis für das von ihm 1145–1147 gestiftete goldene Triumphkreuz bestimmt, an welchem der Erlöser, wie er selbst schrieb, leidend zu sehen sein sollte[6].

In unserem Bereich erscheint die neue Idee erstmals am 130 cm hohen Kruzifixus des Zisterzienserinnenklosters Rathausen (heute in Thyrnau bei Passau). Man darf ihn wohl mit dem Weihedatum der Kirche von 1259 zusammenbringen. Die 1460 erwähnte Heiligkreuzkapelle weist auf eine besondere Kreuzverehrung in Rathausen hin. Der ausdrucksvolle Christuskopf erinnert an die Apostelfiguren (um 1270) am Münsterlanghaus zu Freiburg i.Br. Gotisches fügt sich harmonisch zu Romanischem: der seitwärts fallende, ausgemergelte Kopf, der C-förmig gebogene Oberkörper mit der stereotypen Artikulation von Rippen und Falten, der senkrecht schmale Schnitt der Seitenwunde, der Ansatz der Beine über dem altertümlich rockartigen, reich drapierten Lendentuch (das bis zu den Knien reicht), und die Zusammenfassung der abgewinkelten Füße.

Es gehört zum Erstaunlichen, daß sich zu diesem Kruzifixus nicht weniger als drei Repliken in der Innerschweiz erhalten haben. Man darf sogar annehmen, daß es davon ursprünglich noch mehrere gegeben hat. Sicher können wir diesen Vorgang nicht allein aus dem Bedürf-

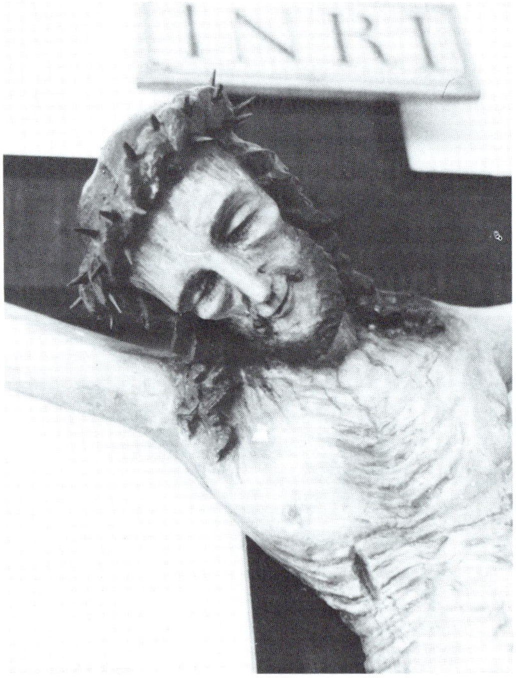

121 Kruzifixus aus dem Kloster Rathausen bei Luzern, jetzt im Frauenkloster Thyrnau bei Passau.
122 Kruzifixus in der Pfarrkirche Unterägeri.

[5] Zu Schwyz MEYER, Kdm SZ, S.222 und Abb.218.– Zu Alpnach: DURRER, Kdm UW, S.178f.; ODERMATT-BÜRGI Regula, Das Alpnacher Kreuz in Engelberg, in: Titlisgrüsse 1973/1974, S.37–48 und S.81–87 (mit einigen Druckfehlern).

[6] VERDIER Philippe, La grande croix de l'abbé Suger à Saint-Denis, in: Cahiers de civilisation médiévale X^{e}–XIIe siècles 13, 1970, Heft 1, S.1–31.

nis nach stilistischer Imitation erklären, möglicherweise spielte ein Stück Devotion mit, indem vielleicht das Kreuz von Rathausen eine besondere gnadenbildhafte Verehrung genoß. Der Vorlage am nächsten kommt das um 1960 in der Pfarrkirche Unterägeri entdeckte 73 cm hohe Kruzifix. Ähnlich wie das Vorbild betont es die Elemente der extremen Leidensdarstellung in besonderer Weise; dies offenbart sich dem Betrachter vor allem bei den angespannten, stabähnlich dünnen Armen mit ihren herausquellenden Sehnen und Adern. Aber auch sonst reicht die Parallele zu Rathausen bis in die Einzelheiten der Rippen- und Faltenschilderung oder auch der Seitenwunde. Ohne Zweifel wurde ein solches Kunstwerk nicht für eine Dorfkirche oder einfache Kapelle geschaffen, sondern dürfte aus einem benachbarten Kloster stammen – vielleicht von Frauenthal.

Teilweise Zug um Zug, aber bisweilen vergröbert oder mißverstanden kann die Nachahmung in einem zweiten Kruzifixus abgelesen werden, nämlich in jenem der alten Kirche des Frauenklosters von Muotathal, das man um 1330–1350 datiert.

Eine überraschende, hier erstmals vorgetragene Erkenntnis ist aber, daß auch das monumentale Triumphkreuz aus Sachseln in diese Reihe gehört. Im Gegensatz zu den vorgenannten Kruzifixi haben sich in Sachseln auch die beiden Balken erhalten: ein an metallene Prozessionskreuze oder an italienische Croci dipinte erinnerndes breites Kreuz mit großen rechteckigen Endstücken (Höhe 265 cm). Der expressive Stil des Korpus erscheint entsprechend gebändigt bzw. beruhigt, die Arme breiten sich fast waagrecht aus, das Lendentuch verliert seinen romanischen Charakter. Aber die vielen Betrachtern seltsam erscheinende C-Kurve des Leibes erinnert an das Rathauser Kreuz und seine Nachfolger. Erwähnenswert finden wir in diesem Zusammenhang die Tatsache, daß der letzte große Mystiker des Mittelalters, Bruder Klaus von Flüe, gerade mit diesem Kruzifixus aufgewachsen ist[7].

Neben dem Typus mit seitlich abgedrehtem Körper und kantig abgewinkelten Beinen, der von Frankreich her hauptsächlich über die Kleinkunst wie Elfenbeinschnitzereien, Miniaturen, Email- und Goldschmiedearbeiten (vgl. das Vortragskreuz von Beromünster) in unsere Region vorgedrungen ist, gab es, in vielen Beispielen am Oberrhein und im Bodenseegebiet bezeugt, den ruhigeren Kreuztyp mit Jesus in frontaler Haltung. Diesen finden wir bei fast allen übrigen innerschweizerischen Kruzifixi. Den frühesten dieser Art, etwa um 1290 anzusetzen, aus Seedorf UR (heute im Schweizerischen Landesmuseum), erinnert im weichen langen Lendentuch sogar noch an den Erlöser des romanischen Engelberger Silberkreuzes[8]. Das monumentalste Beispiel aus dem beginnenden 14. Jahrhundert ist der sicher aus der Hofkirche stammende, 190 cm große Kruzifixus in der Luzerner St.-Peters-Kapelle, eine Skulptur von ruhiger Strenge, am ganzen Kör-

[7] Reinle Adolf, Bedeutende mittelalterliche Plastiken im Kanton Zug, in: Zuger Neujahrsblatt 1962, S. 1–6. Dazu: Durrer, Kdm UW, S. 289 und 1138 samt Tafel XCIV, mit Datierung Mitte 14. Jahrhundert. Ebd. S. 461, Anm. 6 das einzige Zeugnis zur Ausstattung im 14. Jahrhundert, eine Altarstiftung von 1310.

[8] Gasser, Kdm UR 2, S. 167 und Abb. 163.

123 Kruzifixus der ehemaligen Klosterkirche (alte Kapelle) in Muotathal.
124 Chorbogenkreuz der mittelalterlichen Pfarrkirche Sachseln.

125 Kruzifixus in der Peterskapelle Luzern; vermutlich ehemals Chorbogenkreuz der Hofkirche.

per unter einer dicken Farbschicht mit Geißelwunden übersät, Zeuge der gleichzeitigen Passionsmystik[9]. Eine Generation später, um die Jahrhundertmitte, wird das im Bernischen Historischen Museum aufbewahrte Kreuz aus Escholzmatt datiert, das freilich in der Gestaltung von Oberkörper und Haupt zugleich auch altertümliche Elemente aufweist[10]. Noch mehr Schwierigkeiten bereitet die zeitliche Einordnung des Kruzifixus im Frauenkloster St. Anna im Bruch zu Luzern. Mit der Datierung um 1430, wobei auf das Triumphkreuz von St-Nicolas in Fribourg Bezug genommen wird, ist kein fester Anhaltspunkt gegeben; denn auch für das letztere wurde schon das 14. Jahrhundert in Erwägung gezogen[11].

Nicht wie repräsentative Kultbilder, sondern wie Andachtsbilder der lyrischen Mystik wirken die feingliedrigen Kreuze von Neuenkirch (heute im Historischen Museum Luzern) und aus der Pfarrkirche Flüelen (heute im Historischen Museum Altdorf), die beide wohl aus dem zweiten Viertel des 14. Jahrhunderts stammen. Die Neuenkircher Arbeit, sogar noch mit dem alten Astkreuz, hing bis 1986 an der Scheune des Bauernhofes Unterlindig: ein eindrücklicher Fall, wie solche Heiligtümer pietätvoll weiterverehrt wurden, auch wenn ihr alter Standort – hier offensichtlich das sich einst im Dorf befindliche Dominikanerinnenkloster – schon seit Menschengedenken verschwunden ist[12].

Naturgemäß wurden noch lange Zeit Kruzifixe im offensichtlich beliebten Stil der ersten Hälfte des 14. Jahrhunderts geschnitzt. Dies belegen Beispiele in Schwyz und in der kleinen Kapelle beim Hof Sürpfen zu Inwil[13].

Thronende Madonna

Zahlreiche in Frankreich, Spanien, Deutschland oder Italien erhaltene Skulpturen der thronenden Muttergottes mit dem Jesuskind bezeugen, daß vom 11. bis 13. Jahrhundert ein solch hieratisches Kultbild offensichtlich in jeder Kirche feierlich an die Menschwerdung Gottes erinnerte. Im Verlauf des 13. Jahrhunderts hat man aber durch das Ausdrucksmittel der gotischen Naturbeobachtung die gefühlsmäßige Komponente des Themas «Mutter und Kind» immer stärker betont, wobei freilich auch dafür weitab von spontaner individueller Gestaltung erneut Formeln gefunden, wiederholt und abgewandelt wurden. Dies zeigen uns im Gegensatz zu den beiden spätesten romanischen Madonnen um 1200 aus Sempach/Hildisrieden (im Schweizerischen Landesmuseum) und aus Hasle-Habschwanden (im Bernischen Historischen Museum) die ein Jahrhundert später einsetzenden gotischen Muttergottesbilder[14].

Drei Haupttypen können wir unterscheiden: Die sitzende Maria mit dem auf ihrem Schoß sitzenden Kind, die sitzende Mutter mit dem auf ihrem Schoß stehenden Kind und schließlich die stehende Mutter mit dem Kind auf den Armen.

Madonna mit sitzendem Kind

Die erste Gruppe wird eingeleitet durch die Muttergottes der Katharinenkapelle zu Dallenwil. Es handelt sich hier um eine gotisch-liebliche Umsetzung der romanisch-byzantinischen Hodegetria (altbyzantinischer Typus der Madonna mit dem seitlich auf dem Arm sitzenden Kind). Die Rechte der Mutter und die Linke des Kindes spielen verhalten miteinander, unter dem übergeworfenen Tuch sind die Beine des Kindes unterschlagen und lassen die Sohle des einen Füßchens sehen. Dieses Motiv möchte einem zunächst geradezu als eine Neuerung von gotischem Realismus und Spontaneität erscheinen, ist aber in Wirklichkeit das altertümlichste Element am ganzen

[9] REINLE, Kdm LU 2, S. 216; BAUM, Skulpturen, Nr. 44 mit Abb. 61–63.
[10] VON MOOS, Kdm LU, S. 98f. mit Abb. 87; HORAT, Kdm LU, S. 116; BAUM, Skulpturen, Nr. 46.
[11] REINLE, Kdm LU 2, S. 283 und Abb. 211.
[12] Zu Neuenkirch: ALLTAG, S. 204, Nr. 282; REINLE, Kdm LU 4, S. 295. – Zu Flüelen: GASSER, Kdm UR 2, S. 94 mit Abb. 76.
[13] Zu Schwyz: MEYER, Kdm SZ, S. 168 mit Abb. 158. – Zu Inwil: REINLE: Kdm LU 6, S. 214 mit Abb. 188.
[14] Zu Sempach: REINLE, Kdm LU 4, S. 388 mit Abb. 407f.; BAUM, Skulpturen, Nr. 4. – Zu Hasle: ebd., Nr. 6 mit Abb. 8f.; HORAT, Kdm LU, S. 202 mit Abb. 196.

Bildwerk. Es stellt einen byzantinischen, in die Antike zurückgehenden Topos für Natürlichkeit dar, der uns auch auf der Rückseite des Engelberger Silberkreuzes begegnet. Die Madonna von Dallenwil hat ihre nahe Variante in einer Figur aus Überlingendorf (Sammlung Lorenzkapelle zu Rottweil) um 1320–1330, nebst zwei weiteren, vergröberten Ausführungen im selben Umkreis. Damit ist konstanzische Herkunft anzunehmen[15].

Eine Rückkehr zu fast romanischer Strenge charakterisiert die Muttergottes aus Büren (im Schweizerischen Landesmuseum). Steil aufgerichtet, frontal, hält sie eine Frucht hoch und umfaßt mit der Linken das nach Hodegetria-Schema sitzende, doch geradeaus blickende Kind, das mit einem Vogel spielt: ein Kultbild von fast steinerner Monumentalität, um 1350 anzusetzen[16].

Von 1400 bis 1420 tritt eine Gruppe innerschweizerischer Madonnen nach ein und dem selben Modell auf. Ein Exemplar aus Schwyz (im Schweizerischen Landesmuseum), ein zweites aus Schongau und ein drittes aus Hergiswil LU (beide jetzt in Privatbesitz) zeigen unmerkliche Nuancen, ein viertes in der Friedhofkapelle Kerns einige Abweichungen. Immer erscheint eine zierlich mädchenhafte Maria mit drapiertem Schleier unter Krone, eng gegürtet, gradaus blickend und mit der Linken das Kind haltend, welches sich gegen eine herantretende oder kniende Person zuzuwenden scheint, also beispielsweise zu einem der Hl. Drei Könige. Es könnte sein, daß mit diesen Werken des vornehm-intimen weichen Stils erstmals auch eine innerschweizerische, wohl luzernische Werkstatt greifbar wird, auf die wir später noch zurückkommen werden[17].

126 Muttergottes der Kapelle St. Katharina in Dallenwil, jetzt in der Kapelle Wiesenberg.
127 Muttergottes mit seitwärts gewendetem Kind. Aus Weggis, jetzt im Schweizerischen Landesmuseum Zürich.

Madonna mit stehendem Kind

Gegen 1300 beginnt sich von Frankreich aus ein sitzender Madonnentyp auszubreiten, mit stehendem nacktem oder bekleidetem Kind auf ihrem Schoß oder auf der Bank, wobei wie sehr oft die Elfenbeinplastiken aus Paris in ganz Europa geradezu als Vorbild dienten. Die Übernahme geschieht in allen Künsten, in der Holzplastik zum Beispiel um 1300 mit der kraftvollen Muttergottes aus Endingen a.K. (nun im Augustinermuseum Freiburg i.Br.), in der Glasmalerei mit dem Fenster der Malerzunft um 1320/1330 im Freiburger Münster, auf Siegeln wie in jenem von St.Urban und seinen Verwandten[18].

In der Innerschweiz hat sich rund ein halbes Dutzend dieses neuen Typus aus dem 14.Jahrhundert erhalten. Das feinste und am besten

[15] DURRER, Kdm UW, S.85f. mit Fig.32; FUTTERER, Bildwerke, Nr.6.

[16] DURRER, Kdm UW, S.1101; FUTTERER, Bildwerke, Nr. 15; BAIER-FUTTERER, Bildwerke, S.29.

[17] Über diese ganze Gruppe vgl.: REINLE Adolf, Die Rolle von Kopie und Vorlage, in: Unsere Kunstdenkmäler 37, 1986, S.3–18, besonders S.8 und Anm.14. – Zu Hergiswil auch: ALLTAG, S.211, Nr.291.

[18] Zu Endingen: Kunstepochen der Stadt Freiburg, Katalog Augustinermuseum Freiburg im Breisgau. Freiburg 1970, Nr.73 mit Abb.18. – Zum Siegel von St.Urban: REINLE, Kdm LU 5, S.302 mit Abb.268.

bewahrte Kunstwerk davon ist die Muttergottes aus der Eremitensiedlung auf der Brüderenalp im Entlebuch (heute im Schweizerischen Landesmuseum)[19]. Die trotz Verlust der unteren Partie noch 110 cm hohe Figur dürfte zwischen 1310 und 1320 entstanden sein, eine kraftvolle und doch gleichzeitig liebliche Skulptur. Die Rechte der Madonna und die Rechte des bekleideten Jesuskindes treffen sich in zärtlichem Spiel beim Schleier Marias. Ein müßige Frage, ob das Werk mehr oberrheinisch oder konstanzisch beeinflußt sei; hier handelt es sich um aus Frankreich stammende, über Straßburg und Freiburg provinzialisierte Gotik. Als erstaunlich bezeichnen wir die Tatsache, daß in der Innerschweizer

128 **Muttergottes aus der Brüdernkapelle ob Entlebuch. Schweizerisches Landesmuseum Zürich.**
129 **Elfenbeinerne Muttergottes in der Kirche von Villeneuve-les-Avignon, Frankreich: Prototyp für eine Figur wie die Muttergottes aus der Brüdernkapelle.**

Plastik bei näherem Zusehen noch manche Elemente des Urbildes weiterleben. Hält man die berühmte elfenbeinerne Madonna der Kollegiatskirche St-Pierre in Villeneuve-lès-Avignon daneben, so findet man dasselbe Standmotiv des von der Mutter gehaltenen bekleideten Kindes, das Spiel der Hände am Gewand, Gürtung und Faltengebung inkl. Tütenfalte zwischen den Unterschenkeln und spiegelbildlich verkehrt die Manteldrapierung auf dem Schoß[20].
In Variationen waren die süddeutschen Meister erfinderisch, wie wir am Beispiel einer Muttergottes aus Silenen (heute im Landesmuseum) sehen: pfeilerartig hochragend hebt sie ihr Kind mit beiden Händen vom linken Schenkel auf[21]. Auch zum hieratischen Bildwerk mit sitzendem Kind in Büren, das schon erwähnt wurde, ist um 1380 eine Variante mit stehendem Jesusknaben geschaffen worden, die heute noch in der Feldkapelle Schopfen bei Hildisrieden verehrt wird[22].
Halten wir zum Schluß dieses Abschnittes fest, daß dem Typus mit dem stehenden Kind höchstwahrscheinlich auch das ältere Gnadenbild von Einsiedeln angehört hat, das bis zum Brand der Stiftskirche von 1465 in der Gnadenkapelle gestanden ist. Sowohl das Pilgerzeichen aus dem ersten Drittel des 15. Jahrhunderts als auch vier der fünf von Meister E.S. signierten, 1466 und 1467 datierten Pilgerstiche stellen eine thronende Gottesmutter mit nacktem, munter stehendem Kind dar[23]. Wir dürfen von einem gotischen Bilddokument keine «richtige» stilistische Wiedergabe erwarten. Eine solche wurde eher von den Gnadenbildkopien für kultische Zwecke angestrebt. Ilse Baier-Futterer hat vor Jahrzehnten eine Gruppe von über 30 gleichartigen Madonnen zusammengestellt, die sie weit gestreut im Alpenraum (Elsaß, Süddeutschland, deutsche Schweiz, Vorarlberg, Graubünden, Tessin) fand. Nur ganz vorsichtig machte sie die Anregung, ob als Prototyp nicht das alte Einsiedler Andachtsbild in Frage komme[24]. Tatsächlich wüßten wir kein anderes mit gleich großem Einzugsgebiet vorzuschlagen. Als Luzerner Beispiel aus dieser Gruppe sei hier die Muttergottes am Bauernhaus Staffeln in Littau aufgeführt. In diesem Zusammenhang möchten wir noch auf das Gnadenbild von Ettal in Oberbayern hinweisen, eine marmorne italienische Variante des Typs mit stehendem, bekleidetem Kind, das Kaiser Ludwig IV. der Bayer seinem 1330 gegründeten Kloster als Geschenk übergab.

Stehende Madonna mit Kind

Schließlich kommen wir auf den Typus «stehende Mutter mit Kind» zu reden. Man möchte denken, solche Figuren habe es «seit jeher» neben den sitzenden Madonnen gegeben; dem ist aber nicht so. Das Marienstandbild entwickelte sich erst langsam im letzten Viertel des

[19] Baier-Futterer, Bildwerke, S.28; Von Moos, Kdm LU, S.82 mit Abb.72; Horat, Kdm LU, S.78.
[20] Koechlin Raymond, Les Ivoires gothiques français, Paris 1924, Nr.103.
[21] Baier-Futterer, Bildwerke, S.29 und Taf.9.
[22] Reinle, Kdm LU 4, S.237 mit Abb.245.
[23] Alle abgebildet bei: Apphun Horst, Das Monogramm des Meisters E.S. und die Pilgerfahrt nach Einsiedeln, in: ZAK 45, 1988, S.301–314.
[24] Baier-Futterer Ilse, Ein Gnadenbildtypus des Weichen Stils in Vorarlberg und sein noch immer nicht bekannter Ursprungs-Standort, in: Montfort 18, 1966, S. 241–249.

12. Jahrhunderts in der Portalplastik der gotischen Kathedralen Frankreichs. Um 1300 ist die Idee mit eindrücklichen Werken am Oberrhein heimisch, zu denken wäre etwa an die Skulpturen am Mittelpfeiler des Hauptportals im Münster zu Freiburg. Wenigstens für das Werkstätten im ersten Viertel des 15. Jahrhunderts gehört[27]. In der Zeit, da in Mitteleuropa der raffinierte Stil der «Schönen Madonnen» mit überfeinerten Köpfen und Kaskaden von Gewandfalten regierte, finden sich bei uns nur zurückhaltende, kindlich feine Figuren.

130 Muttergottes mit der Traube: Vorderansichten. Burgundische Arbeit aus dem zweiten Viertel des 15. Jahrhunderts. Aus Wassen, jetzt im Historischen Museum Altdorf.
131 Muttergottes mit der Traube: Rückansicht.

14. Jahrhundert blieb aber dieser Typus mit Vorliebe ein Thema der steinernen Bauplastik; auf Holzfiguren stoßen wir eher selten. Eine solche, vor 1350 geschaffene Madonna, in einer Wegkapelle von Oberschönenbuch, läßt sich eindeutig auf das Freiburger Vorbild zurückführen[25]. Zwei Obwaldner Beispiele besitzt das Heimatmuseum Sarnen[26]. Im Pfarrhaus von Bürglen UR wird die zierliche, 48 cm hohe Statuette der Muttergottes aus der Kapelle Trudoldingen bei Spiringen aufbewahrt, die zur luzernischen Gruppe einheimischer

Wohl auch dem zweiten Viertel des 15. Jahrhunderts entstammt die graziöse, 45 cm hohe Maria aus Wassen, später im Besitz des Pfarrers Loretz in Bürglen (heute im Historischen Museum Altdorf). Man möchte dieses ringsum bis ins Detail ausgearbeitete und weitgehend in der ursprünglichen Fassung erhaltene Kunstwerk als die vollendetste mittelalterliche Holzplastik der Innerschweiz bezeichnen. Hier ist nicht bloß an burgundische Schulung, sondern an direkte Herkunft aus dem Umkreis von Dijon zu denken. Die raffinierte Drapierung der Stoffe, wie zum Beispiel die Führung des Kopftuchs um das Kind herum und über das offene Haar hinweg, wurzelt in der Kunst Sluters vom Ende des 14. Jahrhunderts; auch der niedrige Kronreif weist nach Frankreich. In ruhiger Freiheit steht die untersetzte Ge-

25 Futterer, Bildwerke, Nr. 34.

26 Ebd., Nr. 36f., aus Kägiswil, eine an Elfenbeinvorlagen erinnernde, zierliche Statuette; ebd. Nr. 38f., aus Obwalden, im Charakter an eine Steinplastik gemahnend.

27 Ebd., Nr. 41 und Bildtafel bei S. 28, Nr. b.

stalt in den reichgeformten Gewändern, auf dem rechten Arm das Kind tragend. Auf der Linken, die gleichsam liturgisch verhüllt ist, ruht eine Weintraube, ohne Zweifel als eucharistisches Symbol gedacht. Das ungebärdige, nackte Kind birgt sich unter dem schützenden Kopfschleier, es umfaßt den Hals der Mutter und nähert sein Gesicht dem ihrigen. Wir haben hier, so spontan es auch erscheint, doch nichts anderes als das byzantinische Schema der Eleusa vor uns, dessen Merkmal die eben beschriebene gegenseitige Zärtlichkeit ist.
Schon über unsere Zeitlimite hinaus weisen zwei eindrucksvolle, große Marienstatuen von für die deutsche Kolonie in Mailand eine solche Skulptur in den Dom gestiftet worden. Sie wurde im Norden durch zwei Holzschnitte popularisiert. Einen davon hat Meister «Firabet» wohl in den 1460er Jahren in Rapperswil, also nahe bei Einsiedeln, hergestellt. Das Thema «Ährenmadonna» ist aber schon früher in unserer Region anzutreffen. Einander ganz ähnliche Statuetten, die um 1440 entstanden sind, befinden sich im Frauenkloster Seedorf UR und im Frauenkloster Wattwil, die aus dem ehemaligen Mystikerinnenkonvent St. Katharinenthal stammen[30]. Daß man den Typus der Tempeljungfrau auch ganz selten als Mutter

132 Klosterkirche Einsiedeln: Das Gnadenbild der Muttergottes ohne kultische Bekleidung.
133 Ährenmadonna: Holzschnitt von Firabet. Graphische Sammlung der ETH Zürich.
134 Ährenmadonna im Frauenkloster Seedorf.

Neudorf und Hünenberg[28] aus dem zweiten Viertel des 15. Jahrhunderts (heute im Landesmuseum), welche in den engen Umkreis des bedeutenden, im Burgund geschulten Ulmer Bildhauers Hans Multscher gehören, Zeugnisse wohl des schwäbischen Exports von Holzplastiken, der gegen 1500 dominiert.
Zur Gattung der Madonnen-Standbilder gehört auch das nach 1465 geschaffene Gnadenbild von Einsiedeln[29]. Über den Untergang des alten und den Erwerb des neuen Gnadenbildes, wozu auch die Begründung für seinen ganz anderen Typus gehören würde, gibt es keine schriftlichen Quellen. Die Statue von ca. 115 cm Höhe aus Nußbaumholz erlaubt freilich selber manche wichtige Aussage: Die Gestalt von schlichter Schönheit gehört zum Bildtyp der sogenannten Ährenmadonna, der Tempeljungfrau Maria ohne Mantel im einfachen, gegürteten Kleid. Schon vor 1387 war darstellte, beweist eine lebensgroße Figur aus Bamberg, um 1360/1370 (heute Kunstsammlung Veste Coburg)[31]. – Das Einsiedler Gna-

[28] Zu Neudorf: BAUM, Skulpturen, Nr. 85 und Abb. 119. Zu Hünenberg: BAIER-FUTTERER, Bildwerke, S. 141 und Taf. 28.

[29] BIRCHLER, Kdm SZ 1, S. 102–106; MURBACH Ernst, Das Einsiedler Gnadenbild und seine Zeitverwandten, in: COROLLA, S. 137–153; ferner: ZINGG Thadäus, Das Kleid der Einsiedler Muttergottes, Einsiedeln 1974; SALZGEBER Joachim, Die Schwarze Muttergottes von Einsiedeln. Gnadenbild und Gnadenkapelle in der Geschichte, Einsiedeln 1985.

[30] ANDERES Bernhard, Die Wandmalerei in St. Dionys und «Firabet ze Rapperswil», in: Gotik in Rapperswil. Geschichte und Kunst am oberen Zürichsee, Jubiläumsschrift und Ausstellung, Rapperswil 1979, S. 171–184; darin die Wiedergabe der Holzschnitte von der Mailänder Madonna (Abb. 154 f.) und der Figur in Wattwil (Abb. 158). – Zu Seedorf: GASSER, Kdm UR 2, S. 197 mit Abb. 193.

denbild besitzt darüber hinaus auch Ähnlichkeiten mit einigen Marien aus toskanischen Verkündigungsgruppen des 14. und 15. Jahrhunderts[32]. Abt Gerold von Hohensax, der als einziger Auftraggeber in Frage kommt, hat 1464 Mailand und Siena besucht, wo er das eine oder andere Werk gesehen haben könnte.

Weitere Kult- und Andachtsbilder

Nun wollen wir uns jenen Holzplastiken zuwenden, die vor allem in der Volksliturgie Verwendung fanden. Sie dienten der sichtbaren Darstellung von gewissen Stationen im Leben Jesu und intensivierten das Miterleben[33]. Dabei handelt es sich um Figuren wie Christus auf dem Palmesel reitend, im Grabe ruhend, gen Himmel fahrend. Hinzu gesellt sich eine lange Reihe von zu Bild gewordenen Momenten aus der Heilsgeschichte, die – in möglichst wenigen Figuren zusammengefaßt – dem betenden Betrachter Anlaß zur Vergegenwärtigung des Bibeltextes und zur Meditation boten. Ohne Absicht auf Vollständigkeit seien die wichigsten Themen dieser Art genannt: Maria als Tempeljungfrau, Mariä Verkündigung, Visitatio oder die Begegnung mit Elisabeth, das Christkind, der stehende kleine Erlöserknabe, Maria mit dem Kinde analog zum entsprechenden dogmatischen Kultbild, der an Engelshand gehen lernende Jesus, der von der Mutter zur Schule geführte Knabe, die Christus-Johannes-Gruppe aus dem Abendmahl, Christus am Ölberg, die Geißelung, die Ecce-Homo-Präsentation, Christus im Kerker, die Kreuztragung, Christus in der Rast, der Gekreuzigte in extremer Wundendarstellung oder mystischer Vereinigung mit einem Visionär, die Kreuzabnahme, die Beweinung unter dem Kreuz, das Vesperbild, der Auferstandene, der Schmerzensmann mit allen Wunden als Zusammenfassung der ganzen Passion, oft von einem Engel gestützt oder mit Gottvater und Hl. Geist zur Trinität erweitert.

Jesuskind

Mit dem sog. «Sarnerchindli» besitzt die Innerschweiz eines der wenigen erhaltenen mittelalterlichen Andachtsbilder des Jesuskindes, altes Heiligtum des Benediktinerinnenkonvents von Engelberg, von dort mit diesem 1615 nach Sarnen gewandert. Die etwa 50 cm lange, völlig nackte Figur des Kindleins, charakterisiert durch den ganz leicht zurückgezogenen rechten Fuß, wird um 1360 datiert[34].
Als der Kartäuserpater Heinrich Murer für sein Theatrum Helveticum kirchengeschichtliches Material sammelte, erhielt er im Schrei-

135 Sarner Jesuskind in kultischer Bekleidung. Frauenkloster Sarnen.

[31] Zur Bamberger Madonna vgl. Die Parler und der Schöne Stil 1350–1400. Europäische Kunst unter den Luxemburgern, Ausstellungskatalog, Hrg. Anton Legner (5 Bde., Köln 1978–1980), Bd. 1, Köln 1978, S. 352f.

[32] Zu den Toskanischen Verkündigungsgruppen, vgl.: Carli Enzo, La scultura lignea italiana, Milano 1960, Taf. LXXXVIII-CV und Farbtafeln 23–25, 46f.

[33] Ausführlicher in: Reinle Ausstattung, S. 187–246.

[34] Durrer, Kdm UW, S. 653–656 und 662–676, hier findet sich auch das nachfolgende Murer-Zitat; Futterer, Bildwerke, S. 65 und 173 mit Abb. 79f. – Ferner: Wenzel Hans, Artikel «Christkind», in: RDK 3, Spalte 590–608, Abb. 1f. zeigt das Christkind von Mödingen. – Zum Gewand: Schärli Beatrice, Mittelalterliche Pfennige auf dem «Agnesgewand» im Kloster St. Andreas zu Sarnen, in: ZAK 35, 1978, S. 162–169.

136 Sarner Jesuskind ohne kultische Bekleidung. Frauenkloster Sarnen.
137 Sarner Jesuskind: Detail des Gewandes mit Appliken.
138 Das Jesuskind der Mystikerin Margaretha Ebner im Kloster Mödingen bei Dillingen, Bayern.

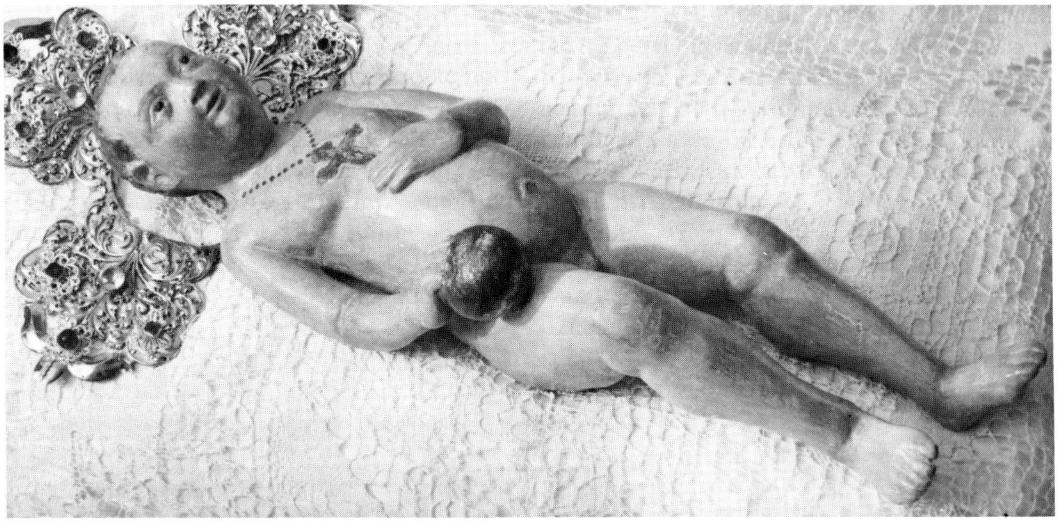

ben einer unbekannten Nonne aus Sarnen am 6. Oktober 1634 Angaben zu Geschichte und Traditionen des Klosters, darunter die älteste Mitteilung über die Existenz ihres Jesuskindes: «Uf ein Zit, in der heiligen Nacht zuo Wienacht war ein kranke, ohne Zweifel ein gottselige Schwester in ihrem Bettlin so krank, daß sy nit kont zuo Metti kommen. Da begert sy, daß man ihr das Kindlin Jesum in ihr Zell brächt, da hat sy bi ihm ihr Gebett und heilige Andacht verricht, indem sy betrachtet die große Liebe Gottes, wie das Kindlin for Frost werd gezittert haben und sin Händen und Füößlin hin und her beweget und um unser Sünd so herzlich geweindt, do im selben Punkten zücht das Kindlein das recht Füößlin und Beinli an sich, wie es noch ist. Da hat sy vor Schrecken geruoffen, man soll es von ihr nämmen und in die Kirchen tragen, da hat sich männigklich mit großem Schrecken verwundert und Gott gelobt. Da ist das große Wunder gar wit uskommen, daß sovill Wahlfart und große Mirackel geschechen und noch, Gott si Lob, gar fill geschehen, sunderlich an schwangern und gebärenden Frauwen, Kinderen auch ander Lütten Gebresten und Krankheiten. [...] in welchem Jahr das geschehen, wüssent wir nit, aber wie es geschehen, ist gwüßlich genug.» Durrer hat schon darauf hingewiesen, daß sich hinter diesem Text eine viel ältere Quelle berge, welche den Aufzeichnungen der Mystikerinnen des 14. Jahrhunderts etwa von St. Katharinenthal oder Töss entspräche. Der Bericht macht auch eindrücklich sichtbar, wie ein solcher Kultgegenstand gebraucht wurde.

Als Andachts- und Gnadenbild besitzt das Sarner Jesulein eine eigene Bekleidung, die über und über mit Zierat aus Silber, diversen Blumen, Früchten, Blättern, Tieren, Vögeln, Buchstaben und Münzen geschmückt ist, der ganz unterschiedlichen Jahrhunderten angehört. Der im Brief von 1634 festgehaltenen Tradition, es habe Königin Agnes von Ungarn dieses Gewand geschenkt, muß deshalb nicht unbedingt widersprochen werden.

Das älteste Bildwerk dieser Art befindet sich im bayrischen Frauenkloster Mödingen. Es ist

altertümlicher und kleiner gestaltet als die Sarner Figur, mit parallelen halb stehenden, halb ruhenden Beinchen. Während die Rechte zum Segensgestus ausholt, hält die Linke einen Vogel in der Hand. Über dieses Jesuskind liegt eine zeitgenössische Nachricht vor. Die einst recht berühmte Nonne Margaretha Ebner von Mödingen (1291–1351) schrieb 1344 an den in Mystikerkreisen weitherum tätigen Prediger Heinrich von Nördlingen: «daz mir wart gesendet von Wiene ain minneklichez bilde, daz was ain Jhesus in ainer wiegen»[35]. – Beizufügen wäre hier noch, daß Heinrich von Nördlingen, der Beichtiger von Margaretha Ebner, sich 1338 in Konstanz aufhielt, von dort nach dem Kloster Königsfelden reiste, um da Königin Agnes zu besuchen, und sich schließlich ein Jahrzehnt lang in Basel niederließ; 1347 traf er die Königin nochmals, um von ihr Unterstützung für den Umbau des Klosters Mödingen zu erbitten. Direkte oder indirekte Beziehungen zum Engelberger Frauenkonvent könnten durchaus möglich gewesen sein.
In den gleichen Gedankenkreis gehört die fragmentarisch erhaltene Gruppe «Mariä im Wochenbett», wohl gegen Ende des 14. Jahrhunderts entstanden. Obschon sie bis vor wenigen Jahren in einer Krienser Flurkapelle aufgestellt war, stammt sie doch sicher aus einem Kloster. Maria, auf ihrem Bett aufgerichtet, spielt mit dem Kind, dessen Figur leider verloren ist; daneben sitzt Josef[36].

Christus auf dem Palmesel

Die Tatsache, daß mit der Figur Christi auf dem Palmesel aus Steinen das älteste, völlig erhaltene Werk dieser Gattung überhaupt aus der Urschweiz stammt, gibt uns den Anlaß, das Thema etwas eingehender zu würdigen[37].
Das Kultbild Christi auf dem Esel als Prozessionsfigur reicht weit über die Welle gotischer Andachtsbilder des 14. Jahrhunderts zurück und ist mehr als ein volkstümliches Kuriosum. Alle vier Evangelisten (am ausführlichsten Johannes) schildern den Einzug Jesu in Jerusalem, wie das Volk mit Palmzweigen dem auf einem jungen Esel einreitenden Messias entgegenzieht, «Hosianna, gebenedeit sei, der da kommt im Namen des Herrn, der König Israels» rufend. Johannes verweist dabei auf Zacharias 9,9 um aufzuzeigen, daß sich damit eine Weissagung des Alten Bundes erfülle: «Fürchte dich nicht, Tochter Sion! Siehe, dein König kommt, sitzend auf dem Füllen einer Eselin.» Damit war schon von den Zeitgenossen Christi der Einzug des Erlösers nicht nur als die Erfüllung des Alten Testamentes gedeutet, sondern auch als ein symbolischer Akt nach dem Schema der feierlichen Einholung von hellenistischen und römischen Monarchen durchgeführt; nur daß man den auf einem Esel einreitenden Jesus nicht als weltlichen Sieger, sondern als Herrn des überirdischen Reiches und Friedensfürsten verstand. Dieser zeitgeschichtliche Hintergrund des Jerusalemer Einzugs ist vor allem von E. Dinkler und D. Stutzinger klar herausgestellt worden. Im Bild dieses kaiserlichen Adventus wurde der Herrscher zu Pferd mit erhobener rechter Hand gezeigt. Ein solcher Einzug wurde 774 Karl dem Großen in Rom zuteil und gehörte fortan zu den besonderen Vorrechten mittelalterlicher Monarchen. Des weitern sind seit dem 9. Jahrhundert lebensgroße Reiterbilder als Votivfiguren bezeugt, 871 für den Bretonenkönig mit einem Maultier, als Ersatz für eine durch Krieg verunmöglichte Romwallfahrt.
Vielleicht ist das Kultbild «Christus auf dem Palmesel» vom hl. Bischof Ulrich in Augsburg

139 Christus auf dem Palmesel. Aus Steinen, jetzt im Schweizerischen Landesmuseum Zürich.

[35] STRAUCH Philipp, Margareta Ebner und Heinrich von Nördlingen. Ein Beitrag zur Geschichte der deutschen Mystik, Freiburg/Tübingen 1882, Amsterdam [2]1966.

[36] REINLE, Kdm LU 6, S. 292 und 417 (hier irrtümlich als Wochenbett der hl. Anna bezeichnet) BAUM, Skulpturen, Nr. 44 und Abb. 60; ALLTAG, S. 74f., Nr. 46. Die erste eingehende Würdigung bei SCHEWE Josef, Unserer Lieben Frauen Kindbett. Ikonographische Studien zur Marienminne des Mittelalters, Diss. phil. Kiel 1958 (Maschinenschrift), S. 79. Die Skulpturen werden momentan im Pfarreizentrum St. Franziskus in Kriens sicherheitshalber aufbewahrt.

[37] ADELMANN Josef Anselm, Christus auf dem Palmesel, in: Zeitschrift für Volkskunde 63, 1967, S. 182–200.»

140 Christus auf dem Palmesel. Aus Baar, jetzt im Museum in der Burg Zug.

erstmals verwendet worden. Seine von Dompropst Gerhard 982–992 niedergeschriebene Vita schildert die von ihm geübte Palmsonntagsliturgie, die Segnung von grünen Zweigen und dann die Prozession durch die Stadt bis hin zum Hügel Perlach mit Evangelienbuch, Kreuz und Fahnen sowie mit dem Abbild des auf dem Esel sitzenden Herrn – «evangelioque et crucibus et fanonibus, et cum effigie sedentis Domini super asinum» – begleitet vom Klerus und der Volksmenge, Palmen in den Händen tragend.

Josef Anselm von Adelmann hat im Jahre 1967 rund 300 Beispiele für Palm-Eselfiguren zusammenstellen können, von denen damals noch ungefähr 160 existierten und 14 in Gebrauch waren. Das um 1200 entstandene Steiner Bildwerk (heute im Landesmuseum) ist 177 cm hoch, 136 cm lang, aus Tannenholz geschnitzt und gefaßt, steht auf einem einfachen Fahrgestell aus einem Brett mit vier Speichenrädern. Der Erlöser, statuenhaft aufgerichtet, noch von spätromanischem Schema inspiriert, segnet mit der erhobenen Rechten und hält mit der Linken ein Buch und den hochgezogenen Mantelsaum gegen den Leib.

Das andere ganz frühe Exemplar aus der Gegend von Landshut (heute in den Staatlichen Museen Berlin) verlor im letzten Krieg sein Reittier. Auch diese Plastik wird um 1200 datiert, sie folgt aber einer voluminöseren Stilrichtung[38].

Hochgotisch ist der 188 cm hohe Palmeselchristus aus Baar (heute im Burg-Museum Zug); stark beschädigt weist er Ergänzungen und Fehlstellen auf. Der hochaufgerichtete Erlöser, den segnenden Arm in Allokutionsgeste weit nach vorn streckend, drückt die Linke, die einst den Zaun und den Mantelbausch hielt, an die Seite. Der in reichen Falten über eine braune Tunika fallende rote Mantel und die goldene Krone erinnern an zeitgenössische steinerne Reiterfiguren der Bauplastik des 14. Jahrhunderts[39].

Dem gegenüber erscheinen die Erlösergestalten der Spätgotik, ja sogar des Barocks in schlichtem Kleid, wie das Erstfelder Beispiel im Historischen Museum Altdorf zeigt. Werke wie Multschers Palmchristus von 1456 für St. Ulrich und Afra in Augsburg (jetzt im Kloster Wettenhausen) bildeten hierzu die Prototypen.

Christus als Kreuzträger

Auch für das Andachtsbild des kreuztragenden Christus hat sich ein besonders frühes Beispiel aus der Innerschweiz noch am alten Standort im Beinhaus zu Baar ZG erhalten. Jede Gattung von Andachtsbildern besitzt ihre ganz eigene Entwicklungsgeschichte. Der Kreuzträger ist nicht, wie man annehmen könnte, eine Isolierung aus der Passionsgeschichte, sondern setzt bei dem Jesuswort Markus 8,34 an «Wer mir nachfolgen will, der verleugne sich selbst, nehme sein Kreuz auf sich und folge mir nach». Daß diese bei den andern Synoptikern insgesamt in Variationen sechsmal vorkommende Aufforderung in bezug auf die Passion Jesu gesehen wurde und zu entsprechenden Bildern geführt hat, dürfte klar sein; zuerst in der Kleinkunst, dann auf Siegeln, in Buchillustration und Goldschmiedearbeiten. Auf nicht weniger als 24 geistlichen Siegeln, vor allem der Bettelorden, können wir Kreuzträger finden. Die Priorensiegel des Zürcher Dominikanerklosters zeigen seit 1240 fast immer dieses Thema. Später taucht der Kreuzträger auch in andern Kunstgattungen auf. Am Reliquienschrein von Johannes und Paulus in Reichenau-Mittelzell kommt er um 1310–1320 vor. Als steinerne Großplastik tritt er Mitte des 14. Jahrhunderts in Süddeutschland auf, so am südlichen Chorportal

[38] Baier-Futterer, Bildwerke, S. 9 und Abb. 1.

[39] Birchler, Kdm ZG 1, S. 84 mit Abb. 57; Alltag, S. 202, Nr. 280.

der Heiligkreuzkirche in Schwäbisch Gmünd. Erst um 1400 erscheint er als Holzfigur, wozu die Statue in Baar zu zählen ist[40].

Von einem Kreuzträger erfahren wir auch aus einer Stiftungsurkunde von 1410: «Item der küfer genannt Vetterhans von Straßburg gab das trauernde bild Christi, der das auf seine schultern gelegte kreuz trägt in dieser hauptkirche hinter dem hauptportal». Dieser Prototyp im Straßburger Münster ist verlorengegangen, aber wir wissen wenigstens, wie man ihn benannte und wo man ihn aufstellte; dort, wo der Gläubige die Kirche betrat, blickte ihn der Erlöser an.

Ohne Zweifel bildete das straßburgische Werk wie so oft zuvor die Anregung für ein solches im Münster zu Freiburg i. Br. Schon am 7. Juli 1415 beschließt dort die Bruderschaft der Gesellen der Krämerzunft eine gemeinsame Kerzenstiftung, «die da brennen sol hinnanthin vor dem nuwen bilde unsers Herren, das das crutz uff im treit, ze vorderst in unser frowen munster zu Friburg»[41].

In beiden Fällen sind die Stifter bürgerlich, die Aufstellungsorte im Laienschiff, sozusagen am Weg des Beters. Diesen beiden Andachtsbildern, die sich so stark gleichen, daß man die selbe Vorlage annehmen muß, schließt sich der Kreuzträger von Baar im Prinzip an. Er ist jedoch von ihnen nicht abhängig, sondern vertritt eher eine etwas frühere Stilstufe, mit den metallisch harten, linearen Falten und dem strengen Kopftyp noch Elemente des 14. Jahrhunderts zeigend.

Zuweilen hat man dem Kreuzträger Nebenfiguren beigegeben. Vor allem im süddeutschen Gebiet gibt es Gruppen klagender Frauen, die man sich eher in diesem Zusammenhang als unter einem Kreuz vorstellen kann. Aus Rain LU ist eine solche Gruppe, um 1430 entstanden, ins Landesmuseum gekommen: die beiden Frauen, 89 cm hoch, aus einem Stück Holz geschnitzt, blockhaft primitiv, doch von starker Ausdruckskraft in der Darstellung des Schmerzes. Die Christusfigur fehlt[42].

Nicht verschwiegen sei hier eine archivalische Nachricht von einer solchen «Herausführung Christi» für die Stadt Luzern, welche der Bildhauer Hans Tussmann 1463 geschaffen hat. Der 1420 in Freiburg im Breisgau geborene, in Ulm ausgebildete Meister hatte schon 1461 für Solothurn ein solches vielfiguriges Werk gefertigt, das dort erhalten blieb und uns eine Vorstellung für Luzern ermöglicht[43].

141 Kreuztragender Christus im Beinhaus von Baar.
142 Kreuztragender Christus im Münster zu Freiburg im Breisgau.
143 Klagende Frauen aus einer Passionsszene. Aus Rain, jetzt im Schweizerischen Landesmuseum Zürich.

[40] ULBERT-SCHEDE Ute, Das Andachtsbild des kreuztragenden Christus in der deutschen Kunst, Diss. Phil. München 1961, München 1966; REINLE Adolf, Eine bedeutende mittelalterliche Plastik im Kanton Zug, in: Unsere Kunstdenkmäler 13, 1962, S. 68–71; Zuger Kunst von der Romanik bis zur Gegenwart, Ausstellungskatalog Kunsthaus Zug 1977, Nr. 2; ALLTAG, S. 203, Nr. 281.

[41] GEISLER Irmingard, Oberrheinische Plastik um 1400, Berlin 1957, S. 28 und 47, Abb. 79f.

[42] BAIER-FUTTERER, Bildwerke, S. 19f.; BAUM, Skulpturen, Nr. 98 und Abb. 136; REINLE, Kdm LU 6, S. 236 und Abb. 207.

[43] ROTT, Quellen 3, S. 201; ROTT, Quellen 2, S. 176.

144 Vesperbild im Kapitelsaal des Frauenklosters Sarnen.
145 Vesperbild, wovon nur Maria erhalten ist. Aus dem Beinhaus in Altdorf, jetzt im Historischen Museum Altdorf.
146 Vesperbild in der Wallfahrtskirche Riedertal, Kanton Uri.

Christus in der Rast

Das eher seltene Andachtsbild «Christi in der Rast» wird als 31 cm hohe Figur aus Willisau im Bernischen Historischen Museum aufbewahrt. Der nur in einen Mantel gekleidete Erlöser sitzt verlassen auf einem Steinblock; als Zeichen der Trauer stützt er mit der Rechten sein Haupt. Dieser Bildtyp ist in Analogie zum verlassenen und verspotteten, wundenbedeckten Dulder Job des Alten Testaments entstanden[44].

Vesperbild

Das häufigste, plastische Andachtsbild, noch im Barock und darüber hinaus weiterlebend, ist die Gruppe der Mutter Maria mit dem Leichnam Jesu auf dem Schoß. Diesen Typus hat man als Parallele zur Madonna mit dem Kind erfunden. Er erhält dadurch seine besondere menschliche Gefühlskomponente. Mystische Texte des 14. Jahrhunderts lassen den gedanklichen Weg erkennen, indem sie die junge Maria, ihren Sohn visionär als toten Erlöser schauend, beschreiben. Daraus erklären sich die fürs erste unbegreiflichen Darstellungen, welche Maria jugendlich und den toten Erlöser kindhaft klein zeigen, nämlich als eine Überlagerung zweier Themen. Der alte Begriff für die Pietà heißt Vesperbild, weil zu dieser Tageszeit des Leidens Christi gedacht wurde[45].

Die Pietà tritt in unseren Gegenden relativ spät auf. Die Beweinung Christi im 1325 entstandenen Passionsfenster von Königsfelden scheint die erste Vorlage zu bilden.
Darin sitzt Maria unter dem Kreuz auf dem Boden und trägt ihren Sohn auf dem Schoße. Trotz weiterer Begleitfiguren wirkt die Gruppe bereits wie ein isoliertes Kultbild. Noch im reich illustrierten Graduale von St. Katharinenthal um 1312 suchen wir vergeblich nach einem solchen Vesperbild, ebenso bei den Passionsthemen des gleichzeitigen Johannes- und Paulusschreins auf der Reichenau[46].
Zwischen 1340 und 1400 begann sich die Pietà auch in der Innerschweiz auszubreiten. Es lassen sich in diesem Zeitraum ungefähr ein Dutzend hölzerner Vesperbilder namhaft machen. Sie folgen alle dem selben Schema: Der Leichnam liegt in einer doppelt gebrochenen Diagonale auf dem Schoß der Mutter, den Kopf rückwärts oder seitwärts geneigt; der rechte Arm fällt lose herab, während der linke die Mutter berührt, und die abgeknickten Beine parallel herunterhängen. Die Mutter, meist mit Kopfschleier, wendet ihr Angesicht dem

[44] BAUM, Skulpturen, Nr. 90 und Abb. 127.
[45] PINDER Wilhelm, Die dichterische Wurzel der Pietà, in: Repertorium für Kunstwissenschaft 42, 1920, S. 145–163; Stabat Mater. Maria unter dem Kreuz in der Kunst, Ausstellungskatalog Salzburg, Dom, Salzburg 1970.
[46] MAURER Emil, Die Kunstdenkmäler des Kantons Aargau, Bd. 3: Das Kloster Königsfelden, Basel 1954, S. 101, Abb. 88.

Sohne zu, gleichzeitig stützt und umfängt sie den leblosen Körper. Doch keine zwei dieser Vesperbilder stammen vom selben Meister und sind in der gleichen Qualität geschaffen. Einzelne von ihnen wollen wir noch genauer charakterisieren.

Das Vesperbild im Benediktinerinnenkloster St. Andreas zu Sarnen, 115 cm hoch, durch Übermalung stark beeinträchtigt, geht offensichtlich auf den Typ der Graubündner Pietà um 1330 (im Schweizerischen Landesmuseum) zurück, die ohne Zweifel in Konstanz entstand. Das Sarner Bildwerk setzt jedoch die eher klassisch-feine Vorlage im Sinne einer hieratischen Stilisierung um und verstärkt die mystischen Elemente. Christus erscheint nun kindhaft klein, die fünf Wunden an Füßen, Händen und an der Seite werden prägnanter herausgehoben, seine Rippen am Oberkörper drastischer gezeichnet. Maria, ohne Schleier und jugendlich, sitzt frontal aufgerichtet da; es ist offensichtlich, daß der Künstler in diesem Werk die junge Mutter zeigt, die ihr Kind als späteren toten Gekreuzigten visionär erblickt. Gleichzeitig stellen die Edelsteinborten der Gewandung ein kultisches Würdezeichen dar, das Maria über die Passion hinaus zur Ekklesia erhöht[47].

Das Historische Museum in Altdorf bewahrt aus der dortigen Beinhauskapelle die später barock bekleidete Madonna einer Vesperbildgruppe. Die gotische Statue zeigt sich uns, noch von keiner wohlmeinenden Renovation berührt, in der alten, ursprünglichen Fassung. Auch hier begegnet uns plastische Zierde an den Borten. In Haltung und Durchformung gleicht die noble Gestalt aufs engste einer ebenfalls nur als Fragment erhaltenen Maria aus Radolfszell (als Depositum im Augustinermuseum von Freiburg i. Br.), datiert um 1330–1340. Die Herkunft des Altdorfer Werkes aus der führenden Bodensee-Kunst ist somit erwiesen. Offen bleibt die Gestaltung der Christusfigur[48].

Ein derbes Derivat, das ebenfalls zu dieser Gruppe gehört, stellt das spätestens seit dem 16. Jahrhundert in der Wallfahrtskapelle Riedertal UR verehrte Gnadenbild dar. Alles ist hier expressiv verhärtet, die Gestalt steil aufgerichtet; immerhin verrät sich in den Edelsteinborten und im «Lächeln» noch das Urbild[49]. Mit dem Riedertaler Typus hängt eine ganze Reihe weiterer Vesperbilder zusammen, die sich wechselweise in bestimmten Eigenheiten gleichen. Sie stammen alle aus den Kantonen Uri und Schwyz, ihre Datierung dürfte zwischen 1350 und 1390 anzusetzen sein[50].

Eine eigene Prägung besitzt hingegen die Pietà aus Oberrickenbach (im Schweizerischen Landesmuseum), die um 1370 bis 1380 entstanden ist. Kerzengerade sitzend, zieht Maria die leblose Gestalt ihres Sohnes an sich. Die volumenhaften Körper, 82 cm hoch, umschließt ein schon weiches, fast klassisches Faltenwerk[51].

Heiliggräber

Die Innerschweiz besitzt eine stattliche Reihe Andachtsbilder des Heiliggrabkultes, was auf ihre ununterbrochene Weiterverwendung über die barocke Zeit hinaus bis ins 19. Jahrhundert verweist. Bei der romanischen Hofkirche in Luzern stand im östlichen Flügel des Kreuzganges eine Heiliggrab-Kapelle. 1325 gab Bischof Rudolf von Konstanz die Erlaubnis, sie abzubrechen und größer aufzubauen. Als 1345 der neue gotische Chor geweiht wurde, konsekrierte man die Kapelle zu Ehren Marias, des Hl. Grabes, des Erzengels Michael und von anderen Heiligen. Zweifellos befand sich in diesem Bau auch ein Heiliggrab, doch mit dem Brand von 1633 ging dieses verloren[52]. Wie es

[47] Zum Vesperbild in Graubünden: Baier-Futterer, Bildwerke, Taf. 10. – Zur Pietà aus Sarnen: Durrer, Kdm UW, S. 656 und Fig. 405.

[48] Helmi Gasser hat mich vor diese bisher unveröffentlichte Plastik im Depot des Historischen Museums Altdorf geführt. – Zur Radolfzeller Figur, vgl.: Futterer, Bildwerke, Nr. 89; Mystik, Nr. 3.

[49] Futterer, Bildwerke, Nr. 92.

[50] Ebd., Nr. 91, 93, 94 sowie 98; Alltag S. 204f., Nr. 283.

[51] Durrer, Kdm UW, S. 445 und Fig. 263; Futterer, Bildwerke, Nr. 97; Baier-Futterer, Bildwerke, S. 34.

[52] Reinle, Kdm LU 2, S. 198.

147 Heiliggrabchristus in der Kapelle Bühl bei Gunzwil.

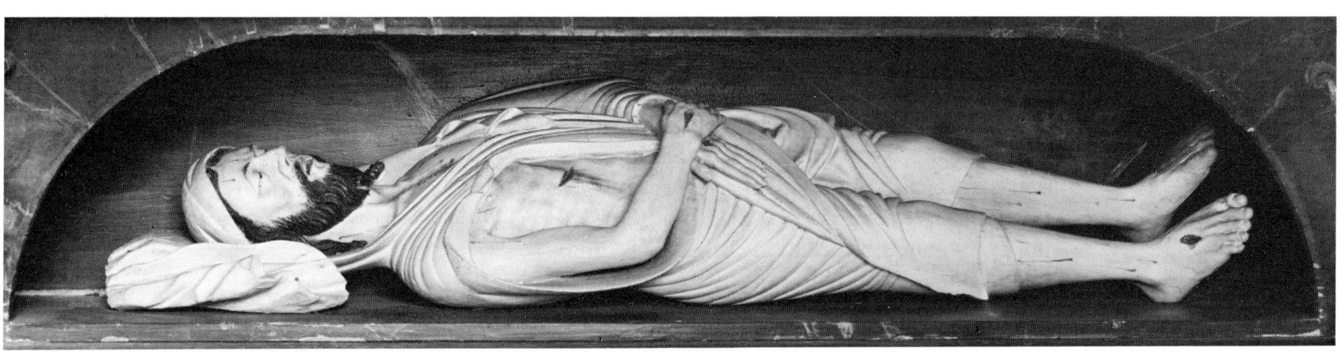

148 **Heiliggrabchristus aus Ennetbürgen, jetzt im Nidwaldner Museum in Stans.**
149 **Heiliggrabchristus der Pfarrkirche von Arth.**

ausgesehen haben könnte, zeigt uns ein Zeitgleiches (um 1330) im Freiburger Münster, also aus dem unsere Gegend beeinflussenden oberrheinischen Zentrum[53].
Wir können uns denken, daß von der Luzerner Darstellung Wirkungen auf andere Heiliggräber in der Innerschweiz ausgegangen sind. Tatsächlich haben sich hier nicht weniger als drei hölzerne Grabfiguren des Erlösers aus ungefähr dieser Zeit erhalten. Eine kleine Wegkapelle beim Weiler Bühl in Gunzwil birgt in der verglasten Altarpredella aus dem 19. Jahrhundert eine 117 cm lange, stark übermalte Jesusplastik, die ohne Zweifel aus der benachbarten Stiftskirche Beromünster stammt. Das Haupt, schalenhaft vom Grabtuch umfangen und vom Leiden gezeichnet, ist durch leicht geöffnete Augenlider, offenen Mund und vortretende Wangenknochen charakterisiert. Die Hände liegen gekreuzt übereinander auf dem Unterleib. Das Tuch ist so drapiert, daß es bis über die Knie reicht, jedoch den ganzen rechten Arm und einen Teil des Oberkörpers frei läßt, um die Seitenwunde zu zeigen. Dabei erinnern die Parallelfalten an Vorlagen, die ins 13. Jahrhundert zurückgehen. Es lassen sich aber ebenso Ähnlichkeiten zum steinernen Grabchristus im Freiburger Münster nachweisen, etwa die Art der Umhüllung, oder die leicht geöffneten Augen und Lippen[54].
Der nach mündlicher Tradition aus der Wallfahrtskapelle St. Jost ob Ennetbürgen stammende Grabheiland (heute im Nidwaldner Museum) ist ohne den eben behandelten nicht denkbar. Sie entstanden wohl in der gleichen Werkstatt oder einer bildete für den andern die Vorlage bzw. beide gehen auf einen gemeinsamen Prototyp zurück. Die Nidwaldner Figur ist mit 130 cm etwas größer und in den Proportionen gestreckter, auch in allem dezidierter, scharfkantiger geschaffen. Der lange Hals erinnert an Überlängen, wie solche vor allem an gotischen Steinplastiken dieser Zeit vorkommen, aber auch beim hl. Bischof in Adelwil. Organischer und mit den zeitüblichen Grat- und Schlüsselfalten versehen gibt sich das Grabtuch, das trotzdem die Verwandtschaft mit jenem von Gunzwil nicht leugnet. Die Haltung der Hände stimmt bei beiden Figuren überein, was ikonographisch von Bedeutung ist[55].
Das dritte Werk, mit 146 cm das größte von allen, befindet sich in der Pfarrkirche Arth. Auch bei diesem übernahm der Künstler das Grundschema, doch öffnet er das Grabtuch symmetrisch über der Mittelpartie des Oberkörpers. Den Kopf hat er «klassischer» gestaltet, die Faltengebung härter, was auf eine spätere Entstehungszeit hinweisen könnte, vielleicht erst nach 1350[56].
In der gleichen Tradition wurzelt schließlich auch der in der Egg-Kapelle in St. Niklausen

[53] Heimann-Schwarzweber Annemarie, Artikel «Grab, Heiliges», in: LCI 2, Spalte 182–192; Jezler Peter, Gab es in Konstanz ein ottonisches Osterspiel?, in: Variorum Munera, S. 91–128.
[54] Reinle, Kdm LU 4, S. 225 und Abb. 228 f.; Baum, Skulpturen, Nr. 51 und Abb. 67 f.
[55] Durrer, Kdm UW, S. 248 und Fig. 119; Futterer, Bildwerke, Nr. 104.
[56] Birchler, Kdm SZ 2, S. 119; Futterer, Bildwerke, Nr. 106.

(Obwalden) gefundene, wohl aus der zuständigen Pfarrkirche Kerns stammende Grabchristus (nun im Schweizerischen Landesmuseum). Die archaisch anmutende, ursprünglich bemalte, 159 cm lange Gestalt zeigt den Verstorbenen dicht umhüllt. Anders als bei den Vorbesprochenen läßt hier nur eine kleine, dreieckige Fläche die Seitenwunde und den rechten Unterarm frei. Greisenhaft wirkt das vom Grabtuch umschlossene Haupt. Die vorgeschlagene Datierung um 1435, zwischen weichem Stil und neuem burgundischem Realismus, scheint zutreffend[57].

Eine Reihe weiterer innerschweizerischer Heiliggrabfiguren aus dem mittleren und letzten Drittel des 15. Jahrhunderts stellen den Erlöser nur noch mit dem Lendentuch bekleidet dar. Ihre zunehmende Anzahl und ihre abnehmende Qualität läßt uns vermuten, daß nun auch die einfachen Dorfkirchen ein figürliches Heiliggrab besitzen wollten. Möglicherweise wurden sie später noch innerhalb von barokken Kulissen verwendet.

In diesem Zusammenhang müssen wir uns fragen, wie man die Figuren im Mittelalter präsentiert hatte. Durch alle Zeiten wurde das Erlösergrab als Nische dargestellt, mit der Längsseite als Hauptaspekt für den Beter. Ein Beispiel dafür sehen wir im erwähnten Freiburger Heiliggrab, aber auch in den erhaltenen Grabtruhen mit ihrem Bildprogramm, das entsprechend disponiert ist. Wir müssen uns zum wenigsten die anspruchsvolleren gotischen Figuren des verstorbenen Heilands in solchen bemalten Behältern liegend vorstellen, deren Satteldach aufgeklappt werden konnte und die in den Umrissen an einen steinernen Sarkophag erinnern mochten.

Einzigartig ist das Heiliggrab der Zisterzienserinnen in der Abtei Magerau (Maigrauge) FR, wo als Ensemble eine hervorragende Christus-Plastik von 155 cm Länge und der zugehörige Schrein von 189 cm Länge und 52 cm Höhe aus der Zeit um 1330 intakt erhalten blieb. Die zum großen Teil noch vorhandene Malerei beinhaltet die Beweinung unter dem Kreuz, den Gang der Frauen zum Grab sowie Job und Isaias[58].

Dieses als Ganzes erhalten gebliebene Kunstwerk müssen wir heranziehen, um die einzige gleichartige Grabtruhe – leider ohne die Jesusfigur – aus der Innerschweiz einordnen zu können. Der um 1430 datierte Schrein mit Satteldach, 170 cm lang, 46,5 cm breit und 77 cm hoch, gelangte aus der Baarer Pfarrkirche in das Museum Burg in Zug[59].

Der Künstler hat das Äußere laubgrün bemalt. Damit wollte er wohl irgendwie auf die natürliche Umgebung des biblischen Grabes

hinweisen. Zugleich zeigen die vier Schauseiten Maßwerkfenster in Form einer Scheinarchitektur, was das Ganze in die Nähe einer Grabkapelle rückt. Die Felsenstrukturen, welche die Innenwände mit Ausnahme jener des herunterklappbaren Deckels dekorieren, lassen sich als Gruftinneres interpretieren. Neben ornamentaler weist der Schrein auch figürliche Malerei auf. An der vorderen und den beiden Schmalseiten liegen oder sitzen vier

150 Heiliggrabtruhe aus der Pfarrkirche Baar, jetzt im Museum in der Burg Zug.

[57] Durrer, Kdm UW, S. 400 und Fig. 224; Futterer, Bildwerke, Nr. 107; Baier-Futterer, Bildwerke, S. 125; Alltag, S. 207, Nr. 286.

[58] Strub Marcel, Die Kunstdenkmäler des Kantons Fribourg, Bd. 2: Stadt Fribourg. Kirchliche Bauwerke, 1. Teil, Basel 1956, S. 338–341.

[59] Birchler, Kdm ZG 1, S. 85 f. und Abb. 59; Stange Alfred, Deutsche Malerei der Gotik, 6. Bd., Berlin 1954, S. 34; Lapaire Claude, Eine Heiliggrabtruhe aus Baar im Schweizerischen Landesmuseum Zürich, in: ZAK 26, 1969, S. 113–116; Alltag, S. 206, Nr. 285 und Farbtafel S. 167.

Grabeswächter, in leuchtenden Farben gehalten und von geübter Hand frei in die homogene grüne Fläche gesetzt. Sie stellen in der für dieses Motiv üblichen, stark karikierenden Art abenteuerlich gerüstete, tölpelhafte Kriegsknechte dar, wie sie auch in den spätmittelalterlichen Osterspielen auftauchen. Die vordere Deckelfläche zeigt in geschlossenem Zustand den Auferstandenen, segnend und in der Linken die Siegesfahne haltend. Er trägt unter dem roten Mantel eine Albe und eine schwarze Tunika. Dieser liturgischen Auffassung des hohenpriesterlichen Heilands entsprechen die beiden bunt beflügelten Engel in roten Pluvialen über weißen Alben, welche den Erlöser mit Weihrauch inszensieren. Der herunterklappbare Deckel macht hingegen auf der Innenseite die Ankunft der drei Frauen mit den Salbgefäßen sichtbar. Zwei Engel breiten vor ihnen das leere Leichentuch aus – ein Zeichen der vollzogenen Auferstehung. Für das stilistische Einordnen dieser Grabtruhe fehlen weitere regionale Beispiele. Erst Ende des 15. Jahrhunderts treten auf Altarflügeln überhaupt Werke der Tafelmalerei auf.

151 Christus als Schmerzensmann. Aus der ehemaligen Schloßkapelle in Baldegg bei Hochdorf, jetzt im Kloster Baldegg.
152 Schmerzensmann: Tafelbild in der ehemaligen Klosterkirche Heilsbronn, Franken.

Auferstehungs- und Himmelfahrts-Christus

Liturgische Kultbilder der Auferstehung und Himmelfahrt Christi haben sich vor 1500 in der Innerschweiz keine erhalten. Anderseits finden wir gerade hier heute noch den sonst überall in der Schweiz erloschenen Brauch, am Auffahrtsfest eine Christusfigur aufzuziehen, nämlich in den beiden Stiftskirchen Luzern und Beromünster sowie in den beiden Pfarrkirchen Hitzkirch und Schwyz. Nur eine oberflächliche Betrachtungsweise könnte hierin einen «typisch barocken» und kuriosen Brauch erblicken. Die von der neuesten Forschung für das ganze deutsche Sprachgebiet erbrachten Zeugnisse lassen erkennen, daß die innerschweizerischen Kulthandlungen letzte Zeugnisse eines bis in die erste Hälfte des 13. Jahrhunderts zurückreichenden Akts bilden[60].

Im Hochmittelalter und an bestimmten Orten weit darüber hinaus diente im Ritus von Palmsonntag, Karfreitag, Ostern und Himmelfahrt ein Vortragkreuz als Symbol des Erlösers, das in der Prozession mitgetragen, ins Heiliggrab gelegt, herausgeholt und an einem Ort – Empore oder Altar – erhöht aufgestellt wurde. An dessen Stelle traten nach und nach plastische Bilder als Reiter auf dem Palmesel, als Heiliggrabfigur, als Auferstandener und als Auffahrender. In einer Urkunde, die 1232 für die Heiligkreuzkirche in Hildesheim den Auffahrtsbrauch beschreibt, wird der Vorgang bereits in der später immer geübten Form erkennbar. Da darin von mehreren an Seilen emporgezogenen Figuren die Rede ist, können wir bereits mit Engeln rechnen, welche den Herrn begleiten.

Nur Hitzkirch besitzt noch einen spätgotischen, aus dem Anfang des 16. Jahrhunderts stammenden Himmelfahrts-Christus; diejenigen der andern drei Orte sind später entstanden, folgen aber dem mittelalterlichen Schema mit Strahlen- oder Wolkenkranz. Christus, als Sieger über den Tod, trägt unter einem roten Mantel das Lendentuch; die Wundmale sind sichtbar. – Übrigens möchten wir noch darauf hinweisen, daß der Himmelfahrts-Christus im Mittelalter seine Parallelen in andern Hängebildern kannte, die ständig im

[60] Allgemein: Weber Hans Ruedi, Die Umsetzung der Himmelfahrt Christi in die zeichenhafte Liturgie, Bern/Frankfurt a.M. 1987; Krause Hans-Joachim, «Imago ascensionis» und «Himmelloch», in: Skulptur des Mittelalters. Funktion und Gestalt, Weimar 1987, S. 280–353.

Raum schwebten. Ein eindrückliches Beispiel hiefür stellt der «Englische Gruß» von Veit Stoß in der Nürnberger St.-Lorenzen-Kirche dar. Die «bildlichen liturgischen Vollzüge» vom Anfang und Ende der Passion lassen sich als in die Antike zurückreichende Formen deuten: herrscherlicher Adventus und Apotheose des in einer Glorie entschwindenden Gottessohnes.

Der Schmerzensmann

Das Andachtsbild des Schmerzensmannes will nicht isoliert einen Moment aus der Passionsgeschichte zeigen, sondern stellt symbolisch den leidenden Heiland dar, der, wie ein Lebender oder Toter mit allen Wunden gezeichnet, den Gläubigen präsentiert wird. Er kann, als ganze oder halbe Figur geschaffen, in Schmerz und Trauer passiv verharren oder aktiv dem Betrachter Seiten- und Handwunden vorweisen, auf einem Sarkophag sitzen oder darin aufgerichtet, von Engeln bzw. Maria und Johannes gestützt und begleitet sein[61]. Im Mutterhaus Baldegg (Hochdorf), wird ein aus der einstigen Burgkapelle stammender Schmerzensmann aufbewahrt. Diese 93 cm hohe Statue mit neuer Übermalung wirkt kompakt. Die ganze Gestalt ist zwar in einen Mantel gehüllt, läßt aber in der Art der Heiliggrabfiguren fast den ganzen Oberkörper, den rechten Arm, die gekreuzten Hände und die Unterschenkel frei. Hinter den abwärts hängenden Füßen fließt das Gewand weiter, ohne jedoch auf dem Sockel Staufalten zu bilden, was den Eindruck einer schwebenden Erscheinung hervorruft. Das schmale, zarte Haupt neigt sich in Trauer nach rechts wie bei einem Kruzifixus. Auf einem 1350 datierten Tafelbild in der Benediktinerkirche Heilsbronn bei Nürnberg ist der Schmerzensmann in gleicher Weise mit abfallenden Füßen schwebend gemalt[62]. Typologisch und stilistisch verwandt, doch mit einer Krone auf dem Kopf, ist der Baldegger Plastik eine 96 cm hohe Statue aus Graubünden (im Schweizerischen Landesmuseum), die als ein Werk der Konstanzer Heinrichswerkstatt oder aus deren Umkreis ins zweite Viertel des 14. Jahrhunderts verwiesen wird[63].
Bei einem so bedeutenden Kunstwerk stellt sich schon die Frage, wie es in die Burgkapelle

153 Maria mit Schmerzensmann in der Schloßkapelle Wikon.

Baldegg gekommen ist. Die Doppelburg gehörte dem gleichnamigen habsburgischen Ministerial-Geschlecht, aus welchem besonders Hartmann (†1295) von König Rudolf I. mit Aufträgen und Ehren überhäuft wurde. Die Kapelle wurde 1327 durch Beschluß Marquarts III. sowie seiner Brudersöhne Johann und Albert zum Seelenheil ihrer Vorfahren errichtet und mit einer Pfründe versehen. Wir dürfen annehmen, daß der Schmerzensmann zur ersten Ausstattung gehörte, blieb doch der ganze Baukomplex bis zur Einrichtung der 1830 gegründeten Schwestern-Kongregation bewohnt. Da im 14. und 15. Jahrhundert dieses Thema gerne an oder bei Grabmälern zur Darstellung gebracht wurde, dürfte der Memorialcharakter der Kapelle auch hier den Grund für die Anschaffung geliefert haben[64].
In diesem Zusammenhang gilt es ein weiteres Bildwerk zu würdigen, das ich früher als eine seltene Sonderform des Vesperbildes aufgefaßt habe: die Doppelgruppe Mariä mit dem

[61] Allgemein: OSTEN Gert van der, Der Schmerzensmann. Typengeschichte eines deutschen Andachtsbildes von 1300 bis 1600, Berlin 1935.
[62] REINLE, Kdm LU 6, S. 161 mit Abb. 141; ALLTAG, S. 205, Nr. 284.
[63] BAIER-FUTTERER, Bildwerke, Abb. 15.
[64] REINLE, Kdm LU 6, S. 157.

toten Erlöser in der 1634 erbauten Schloßkapelle Wikon LU. Die ohne barocke Krone 80 cm hohe Skulptur steht als Gnadenbild einer lokalen Wallfahrt auf dem 1774–1778 entstandenen Altar. Während der Weihebrief der ersten Kapelle von 1488 vor allem Ritterpatrone aufzählt, erscheinen 1635 die Schmerzensmutter und St. Georg als Schutzheilige. Dieser Wechsel ist offensichtlich durch das Kultbild bedingt, zu welchem ein 42zeiliges Gedicht von 1711 die Geschichte erzählt. Es sei 1527 beim Bildersturm im benachbarten Brittnau AG verunehrt und durch eine Frau pietätvoll nach Wikon gerettet worden.

Zum Bild selber: Die klagende Maria in Mantel und Schleier hält mit beiden Händen den wie zum Stehen aufgerichteten toten Sohn, um ihn gleichsam dem Betrachter zu zeigen. Die etwas kleinere Figur des Erlösers, dessen Haupt leicht nach hinten neigt, ist bis auf das Lendentuch bloß und hat wie die Baldegger Skulptur die Hände vorne übereinander gekreuzt[65].

Das außergewöhnliche Vesperbild von Unna (im Westfälischen Museum Münster) könnte einen wegen seiner kompositionellen Ähnlichkeit dazu verleiten, im Wikoner Werk eine Übersteigerung dieses Themas zu vermuten. Aber die Art, wie hier Mutter und Sohn nebeneinander «stehen», weist auch auf einen anderen Bildtypus hin, wie er sich im Tafelgemälde um 1425 vom Meister des Nürnberger Imhoff-Altars (im dortigen Germanischen Nationalmuseum) offenbart: Maria, ebenfalls in Mantel und Schleier, hält neben sich die Gestalt des mit dem Lendentuch bekleideten Schmerzensmannes, wobei sie ihn zugleich von hinten mit ihrem Mantel zu bergen sucht, wie dies auch in Wikon der Fall ist. Der Unterschied, abgesehen von der anderen Position der Dargestellten, besteht vor allem in der Haltung der Arme, die Christus auf dem gemalten Bild zum Vorzeigen der Wunden ausbreitet. Aber hier wie dort greift Maria mit der einen Hand zur Rechten, mit der andern zur Schulter des Erlösers[66].

Zur Datierung ist wohl ein weiter Spielraum um 1400 anzunehmen. Für eine Dorfkirche wäre das Thema ungewöhnlich. Da jedoch die damaligen Besitzer der nahen Burg Wikon in der Pfarrkirche Brittnau ihre Grablege hatten, kann wie in Baldegg ein memorialer Sinn des Bildwerkes vermutet werden[67].

Heiligenfiguren

Heiligenfiguren besaßen alle Kirchen, da man den Gläubigen die Haupt- und Nebenpatrone des jeweiligen Gotteshauses bzw. der Altäre bildhaft vorweisen wollte. Erhalten haben sich davon aber nur einige Einzelstücke, über deren ursprünglichen Standort man von Fall zu Fall Überlegungen anstellen kann.

Aus der Kapelle St. Gallus und Einbeth in Adelwil (Neuenkirch), ursprünglich einer Filiale von Sempach-Kirchbühl, gelangten zwei Figuren aus dem Anfang des 14. Jahrhunderts ins Landesmuseum, für die wohl als ursprünglicher Standort die Kirche von Kirchbühl in Frage kommt. Ein 141 cm hoher jugendlicher hl. König trägt zeitgenössische Tracht und Frisur, einen fußlangen Rock und einen vorne offenen Mantel. Alles erinnert an die Kleidungen in der Manessischen Handschrift. Die nach vorne ausgreifenden Hände hielten einst wohl eine Gabe, so daß man die Skulptur als Teil einer ganzen Anbetungsgruppe interpretieren könnte. Der andere Heilige, ein thronender Bischof, nicht von der selben Hand

154 Heiliger König. Aus der St.-Einbeth-Kapelle Adelwil bei Sempach, jetzt im Schweizerischen Landesmuseum Zürich.
155 Heiliger Bischof. Aus der St.-Einbeth-Kapelle Adelwil bei Sempach, jetzt im Schweizerischen Landesmuseum Zürich.
156 Heiliger Bischof. Aus Erstfeld, jetzt im Historischen Museum Altdorf.

[65] REINLE, Kdm LU 5, S. 221 f. und Abb. 196.

[66] Deutsche Kunst und Kultur im Germanischen National-Museum, Nürnberg 1952, Farbtafel bei S. 64.

[67] STETTLER Michael, Die Kunstdenkmäler des Kantons Aargau, Bd. 1: Die Bezirke Aarau, Kulm, Zofingen, Basel 1948, S. 265, 268; REINLE, Kdm LU 5, S. 221 f. mit Abb. 196.

und später geschaffen, erinnert in der scharfgrätigen Gewandung und hochgereckten Haltung an steinerne Bauplastiken der ersten Hälfte des 14. Jahrhunderts. Futterer schrieb diese Figur deshalb sogar dem Meister des Ennetbürger Grabchristus zu[68].
Aus der Pfarrkirche von Erstfeld hat sich ein stehender, unten verkürzter Bischof erhalten (heute im Historischen Museum Altdorf). Auf seinem bärtigen Haupt sitzt eine seitlich geschweifte Mitra; die Faltengebung mit drei spitzbogigen Schüsseln in der Kasel wirkt schematisch. Die 134 cm große Figur dürfte deshalb in der Mitte des 14. Jahrhunderts entstanden sein[69].
Im Chor der Kapelle St. Niklausen OW kann man den Kirchenpatron als thronenden Bischof bewundern, der früher in der Spitze des Westgiebels aufgestellt gewesen war. Auch diese robuste, 120 cm große Holzplastik zehrt von den Formen des frühen 14. Jahrhunderts, doch erscheinen sie hier vergröbert. Das verquollene Gesicht ruft zusammen mit der Sattelnase und den schräg ansteigenden Augen bzw. Brauen das Schönheitsideal jener Zeit in Erinnerung. Man wird, mit Blick auf die Baugeschichte der Kapelle, für die Entstehungszeit an die Mitte oder zweite Hälfte des 14. Jahrhunderts denken müssen[70]. Schließlich findet sich in der Theodulskapelle zu Marbach LU eine weitere sitzende Bischofsfigur mit Bart, die unter der barocken Bemalung Stilmerkmale des 14. Jahrhunderts erkennen läßt[71].

Einige Heiligenfiguren aus dem ersten Drittel des 15. Jahrhunderts dürften wohl zu jener Gruppe von Holzplastiken gehören, die von einheimischen Künstlern geschaffen wurden, wie wir ihnen schon bei den «thronenden Madonnen» begegnet sind. Eine hl. Margaretha, nur 27 cm hoch, stand ursprünglich in Sarnen (heute im Schweizerischen Landesmuseum)[72]. Frisch und jugendlich wirkt ein daselbst befindlicher, 67 cm hoher hl. Martin zu Pferd aus dem Entlebuch. Der knabenhafte Reiter wendet sich nach vorne, er steht im Begriff, den Mantel zu teilen[73]. In dieselbe Werkstatt um 1410/1420 weist auch ein aus dem Aargau stammender hl. König aus einer Anbetung, dessen Kopf mit jenem von Martin fast identisch ist (Historisches Museum Bern). In diesem ausgezeichneten Werk, 51 cm hoch, bricht endlich einmal die ganze höfische Finesse des weichen Stils durch, so in der Haltung und Kleidung, im unbestimmten nonchalanten Stehmotiv, im modischen längsgefältelten Übergewand oder im tiefhängenden Schmuckgürtel[74].
Von einem großen Altar rührt offensichtlich der thronende, 109 cm hohe Christus aus Zug her (nun im Schweizerischen Landesmuseum).

157 Heiliger Martin zu Pferd. Aus Entlebuch, jetzt im Schweizerischen Landesmuseum Zürich.

[68] FUTTERER, Bildwerke, Nr. 112f., 145, 147f.; BAIER-FUTTERER, Bildwerke, S. 17, 23; REINLE, Kdm LU 4, S. 294 mit Abb. 304f.; BAUM, Skulpturen, Nr. 30f.

[69] FUTTERER, Bildwerke, Nr. 146; REINLE Adolf, Kunst und Künstler, in: Uri. Land am Gotthard, Zürich 1965, S. 119 und Abb. 50f. – Die seltene, geschweifte Form der Mitra kommt schon vor Mitte des 14. Jahrhunderts vor; so an der Stifterfigur des Bischofs Jean Tissendier aus der Franziskanerkirche in Toulouse um 1330 bis 1430, jetzt im Musée des Augustins in Toulouse. Vgl. hierzu: BARON Frédéric, Les Fastes du gothique. Le siècle de Charles V. Exposition au Grand Palais 1981/1982, Paris 1981, Nr. 53.

[70] DURRER, Kdm UW, S. 398 hat die Figur vermerkt, konnte sie jedoch auf Distanz nicht genauer erkennen; AMSCHWAND, St. Niklausen, Abb. S. 7f.

[71] VON MOOS, Kdm LU, S. 132 mit Abb. 110; BAUM, Skulpturen, Nr. 59; auch HORAT, Kdm LU, S. 256 mit Abb. 271.

[72] FUTTERER, Bildwerke, Nr. 159 und Abb. c bei S. 28; BAIER-FUTTERER, Bildwerke, S. 24. Aus der selben Richtung stammt die Statuette der klagenden Maria im Historischen Museum Altdorf, auf die mich Helmi Gasser aufmerksam gemacht hat, bisher unveröffentlicht.

[73] FUTTERER, Bildwerke, Nr. 165; BAIER-FUTTERER, Bildwerke, S. 24 und Abb. 21; VON MOOS, Kdm LU, S. 84 und Abb. 74; BAUM, Skulpturen, Nr. 76; HORAT, Kdm LU, S. 74.

[74] FUTTERER, Bildwerke, Nr. 163; BAUM, Skulpturen, Nr. 18.

Man muß sich ihn wohl in einem Altarschrein neben der bereits gekrönten Maria sitzend vorstellen. Auffallend ist die Nähe zum kreuztragenden Erlöser in Baar: derselbe Kopftyp, die gleichen Haarlocken und hervortretenden Backenknochen und derselbe harte wie präzise Faltenwurf in den Gewändern[75].
Eines dürfen wir abschließend nicht zu sagen vergessen. Alles, was sich in der Innerschweiz an Heiligenfiguren erhalten hat, bildet bloß Fragmente. Wie ein vollständiges Werk dieser Zeit ausgesehen hat, kann uns der Baldachinaltar aus Raron zeigen (im Schweizerischen Landesmuseum).

[75] BAIER-FUTTERER, Bildwerke, S. 18 und Abb. 26.

Wand- und Glasmalerei

Im Normalfall war sowohl die romanische als auch die gotische Kirche, zuweilen ebenfalls die einfache Kapelle, mit Glasmalereien und Wandgemälden ausgestattet, welche die Innenseiten oft mit einem lückenlosen Bildersystem überzogen. Mit dem Abbruch der mittelalterlichen Bauten gingen diese Kunstwerke für immer verloren; so haben sich weder in Gotteshäusern noch in Museen irgendwelche Reste an Innerschweizer Kirchenfenstern aus jener Zeit zu uns hinübergerettet. Meistens schweigen auch die schriftlichen Quellen. Über die Glasmalereien in der alten Hofkirche erfahren wir wenigstens etwas, weil sich der Chronist Renward Cysat in seinen genealogischen Notizen die Wappen gemerkt hat. Danach ließen zu Ende des 13. Jahrhunderts die Herren von Littau, von Rot und von Olten Fenster im alten Mönchschor und im südlichen Benedikts-Chörlein machen. Im nördlichen Nebenchor mit dem Mariä-End-Altar stiftete die gleichnamige Bruderschaft gegen 1464 ein reiches Fenster mit dem Marienleben als Thema[1]. – Etwas besser steht es mit der Überlieferung der Wandgemälde. Die Innerschweiz kann hier zumindest mit ein paar Beständen fragmentarisch bewahrter Innenausmalungen aufwarten, die zum Teil ein bemerkenswertes Qualitätsniveau aufweisen.

Franziskanerkirche Luzern

Die älteste Wandmalerei der Innerschweiz ist um 1280 an der Chorseite der Triumphbogenwand in der Luzerner Franziskanerkirche entstanden. Die gemalten Fugen, die illusionistisch den Eindruck einer Quaderung vortäuschen, ergänzte der Künstler im Schildbogen mit einer «Fensterrose», wie wir diese von französischen Kathedralkirchen kennen, dort freilich plastisch ausgeführt. In Luzern wurde das reduzierte Prinzip der großen Rose an der Westfassade des Straßburger Münsters übernommen. Dicke und dünne säulenförmige Speichen bilden zweilanzettige «Maßwerkfenster». Die Mittelrosette wiederholt sich in den entsprechenden «Okuli» zwischen den Bögen. Ohne Zweifel diente dem Maler ein Riß aus

158 Franziskanerkirche Luzern: Gemaltes Radfenster an der Chorseite des Triumphbogens.

einem Baumeisterbüchlein als Vorlage, was auch Zirkelschlagspuren bestätigen[2].
Zu der Ausmalung mochte die große, leere Schildbogenfläche über dem niedrigen Chorbogen angeregt haben. Zudem gab es als ana-

[1] REINLE, Kdm LU 2, S. 134.
[2] Ebd. S. 243 und Abb. 183; MEYER/STEINER, Franziskanerkirche, S. 253. – Zum Thema allgemein mit zahlreichen Vergleichsbeispielen: KOBLER Friederich, Artikel «Fensterrose», in: RDK 8, Spalte 66–203. – Vergleichbare Architekturmalerei in der ehemaligen Klarissenkirche Pfullingen (1252 gegründet), Württemberg; hierzu: KONOW, Baukunst, S. 18; MICHLER Jürgen, Gotische Ausmalungssysteme am Bodensee, in: Jahrbuch der staatlichen Kunstsammlungen in Baden-Württemberg, 1986, S. 33.

loge Beispiele in der Westwand die weitherum berühmten Hofheiligtümer Ludwigs IX. in St-Germain-en-Laye, um 1238 entstanden, sowie in der Ste-Chapelle zu Paris, 1248 geweiht.

Pfarrkirche Büron

Der 1640 erneuerte Chor der Pfarrkirche von Büron LU bewahrt in seinen Längswänden mittelalterliche Bausubstanz. Bei der Freilegung 1974–75 kamen Wandmalereifragmente zum Vorschein, Teile eines Apostelzyklus, von dem an der Nordseite Matthias, Thomas, Bartholomäus und Simon, an der Südseite nur noch Jakobus erhalten sind. Ein Sockel mit illusionistischer Tuchbespannung bildet wie häufig die untere Zone. Zu den Figuren leitet ein Gurtband mit stilisierter Blattranke über. Die Apostel stehen einzeln unter je einem flachen Kielbogen mit Nasen, Krabben und Kreuzblume. Dazwischen erheben sich gequaderte Pfeiler, die mit Zinnen bekrönt sind. In den Wandzwickeln über den Bogen erscheinen stereotyp querrechteckige Fensterchen mit aufgestützten Klappläden. Ein schmaler Schriftstreifen zieht sich ununterbrochen darüber hin, welcher die Namen der Apostel in unzialen Majuskeln aufführt. Den Abschluß bildet ein breiter Fries mit herzförmig gerahmten, liegenden Palmetten.

Das ikonographische Konzept von gemalter Architektur und Apostelgestalten bedeutet mehr als nur eine künstlerische Form, es versinnbildet gleichzeitig die weit in karolingische und romanische Zeit zurückreichende, befestigte Ummauerung des Himmlischen Jerusalem, unter dessen Torbogen die zwölf Apostel stehen. Der Stil der Figuren weist in den Anfang des 14. Jahrhunderts. Auch das etwas naiv eingesetzte Fenstermotiv mit den Läden kommt um diese Zeit häufig vor, so in der Buchmalerei, wie etwa im Zürcher Exemplar der Weltchronik Rudolfs von Ems oder in der Manessischen Liederhandschrift[3].

Die Qualität der Büroner Wandgemälde läßt auf einen geübten, jedoch nicht ausgesprochen raffinierten Wandermeister schließen; daß deren im 14. Jahrhundert viele unterwegs waren, um die Wände der Kirchen und Kapellen bilderbogenartig zu zieren, beweisen in unserem Bereich die Gotteshäuser von Sempach-Kirchbühl und St. Niklausen.

159 Fragmente eines Apostelzyklus an den Chorwänden der Pfarrkirche Büron.

Kirchbühl und St. Niklausen

Die Wandgemälde in diesen beiden Kirchen stellen die einzigen größeren Zyklen der Innerschweiz dar. Dabei liegt ihre Entstehungszeit wohl höchstens eine Generation auseinander und ist in der ersten Hälfte des 14. Jahrhunderts anzusiedeln. Bevor wir aber auf die einzelnen Malereien näher eingehen können, müssen wir uns kurz mit der Geschichte der beiden Bauwerke befassen[4].

[3] MEYER André, Entdeckung mittelalterlicher Wandmalereien im Kanton Luzern, in: Unsere Kunstdenkmäler 26, 1975, S. 266–276, vor allem S. 266–268; MEYER André, Architekturpolychromie. Farbige Interieurs und Wandmalereien zwischen Spätmittelalter und Neuzeit, in: JHGL 1, 1983, S. 25 und 57f.

[4] Zu Sempach: REINLE, Kdm LU 4, S. 378–383. – Zu St. Niklausen: DURRER, Kdm UW, S. 386–392 mit Fig. 212–215; DURRER Robert, Die Kapelle St. Niklausen bei Kerns und ihre mittelalterlichen Wandgemälde, in: Gfr. 52, 1897, S. 307–356; HENGGELER Rudolf, Ge-

St. Martin auf Kirchbühl oberhalb Sempach – im Zehntenbuch des Bistums Konstanz 1275 als reichste Pfarrkirche des Dekanats erscheinend – blieb auch nach Errichtung des Filialgotteshauses in der 1220 gegründeten Stadt lebendiger Kultort und Begräbniskirche. Der rechteckige Chor des romanischen Baus wurde 1583 durch einen längeren gotischen ersetzt, so daß sich nur im Langhaus die mittelalterliche Ausmalung erhalten hat. Sie wurde während der Renovierung 1903–1905 von Robert Durrer und Josef Zemp freigelegt und anläßlich der Gesamtrestaurierung 1958–1960 gefestigt.

St. Niklausen, eine Filialkapelle von Kerns, einsam am Eingang hoch über der Ranftschlucht gelegen, stammt erst aus dem 14. Jahrhundert, wobei wir den Bauanlaß nicht kennen. Die Pfarrei Kerns gehörte ursprünglich dem Stift Beromünster; sie ging 1367 an das Kloster Engelberg über. Für die Kapelle mit dem Titel «St. Nikolaus von Myra, Maria, Johannes Baptista, Heiligkreuz, alle Apostel und Laurentius» wurde 1357 ein Ablaß in Avignon ausgestellt, 1381 ein weiterer von der Abtei Engelberg «für die vor kurzem errichtete und zum Teil vollendete Kapelle». Offensichtlich entstand in einer ersten Etappe vor 1357 bloß der rechteckige Chor. Erst in einer zweiten Phase gegen Ende des 14. Jahrhunderts kam das Schiff hinzu. Anders als in Kirchbühl hat sich hier die Ausmalung nur im Chor erhalten. Diesen Umstand gilt es während der Analyse stets zu beachten.

Die Bilder in St. Niklausen wurden 1895 von Robert Durrer entdeckt, freigelegt und in farbigen Kopien festgehalten. Sie mußten jedoch auf das Verlangen der kirchlichen Behörde umgehend wieder überputzt werden. Erst 1944–1946 hat man sie auf Anregung von Kaplan Walter Reinhard unter Linus Birchler erneut hervorgeholt und vom Kunst- und Glasmaler Albert Hinter renovieren lassen.

Hier muß etwas zum Erhaltungszustand gesagt werden. Es ist eine bekannte Tatsache und leicht begreiflich, daß Wandmalereien ganz selten vollumfänglich in ihrer malerischen Substanz erhalten geblieben sind. Sehr oft besitzen wir nur noch die Umrißvorzeichnung mit dem Pinsel. Das gilt für die Ausmalung von Kirchbühl. In St. Niklausen hat natürlich die nochmalige Freilegung den Bildern geschadet, was ein Vergleich der exakten Aufnahmen von Durrer mit dem heutigen Zustand zeigt. Offensichtlich sind 1944/1946 – in bester Absicht, «dem Volk» ein lesbares Bild zu bieten – verstärkende und ergänzende Behandlungen vorgenommen worden. Dies müssen wir uns vergegenwärtigen, dann wird uns klar, daß wir die Zyklen in Kirchbühl und St. Niklausen nur nach kompositionellen und ikonographischen Gesichtspunkten analysieren können, nicht aber nach künstlerischen. Solches wird uns bewußt, wenn wir uns daneben eine vollständig erhaltene Ausmalung, wie die ungefähr gleich alte in der Kirche von Waltensburg, vor Augen halten. Sie und diejenigen in Buch bei Üßlingen, um 1300, Landschlacht bei Münsterlingen, zweites Viertel 14. Jahrhundert, St. Gallus in Arbon, mittleres Drittel 14. Jahrhundert, St. Arbogast in Oberwinterthur, um 1320–1340, können aber als Vergleichsbeispiele im Ganzen und im Detail dienen[5].

160 Wandgemälde in St. Niklausen: Ostwand des Chores.

schichte von St. Niklausen; BIRCHLER, Linus, Kunst in St. Niklausen, in: St. Niklausen, hrg. von Walter M. Reinhard, Sachseln [1947], S. 15–47 bzw. S. 63–86; AMSCHWAND, St. Niklausen. – Die Originale der Aquarellaufnahmen der Wandmalereien von Robert Durrer und andere Unterlagen befinden sich im Eidgenössischen Archiv für Denkmalpflege in Bern.

[5] Zu den Vergleichsbeispielen: Zürcherische und ostschweizerische Werke: KNOEPFLI Albert, Kunstgeschichte des Bodenseeraums, 1. Bd. Von der Karolingerzeit bis zur Mitte des 14. Jahrhunderts, Konstanz u. a. 1961, S. 162–172. – Zu Oberwinterthur speziell: KNOEPFLI Albert, Die Bilderpredigt im Gotteshaus St. Arbogast,

Das System der Wandunterteilung in Bildfelder ist unterschiedlich gehandhabt und hängt auch mit der größern oder geringern Einheitlichkeit der Programme zusammen. Am meisten gleichen sich in Wandaufteilung und Rahmung Buch und Kirchbühl mit zwei Bildregistern und breiten horizontalen, zum Teil auch vertikalen Borten aus Palmettenranken sowie den zusätzlichen Feldereinfassungen aus architektonischen Ädikulen oder einfachen senkrechten Streifen. Auch in Oberwinterthur, das freilich wegen der basilikalen Wand eine ganz andere Struktur aufweist – ein einziges Bildband, darüber zwischen den Fenstern und darunter in den Arkadenzwik-

in: Die reformierte Kirche St. Arbogast in Oberwinterthur. Festschrift zur Restaurierung 1976 bis 1981, Winterthur 1981, S. 76–97. – Zu Waltensburg: RAIMANN Alfons, Gotische Wandmalereien in Graubünden, Disentis 1983, S. 31–33 und S. 409–426.

161 Wandgemälde in St. Niklausen: Nordwand des Chores. Zeichnung von Robert Durrer, 1895.
162 Wandgemälde in St. Niklausen: Südwand des Chores. Zeichnung von Robert Durrer, 1895.

keln Einzelbilder –, erscheinen an der Nordwand ähnliche Palmettenranken als Geschoßteilung, südseitig allerdings Blumenranken.
St. Niklausen beherbergt in außergewöhnlicher Weise eine Wandgliederung mit vier Bildregistern. Die Felder der mittleren beiden Bänder weisen als oberen Abschluß nur schlichte Folgen von kleineren Bögen auf.

163 Wandgemälde in St. Niklausen: Einzug in Jerusalem. Zeichnung von Robert Durrer, 1895.
164 Wandgemälde in St. Niklausen: Anbetung der Heiligen Drei Könige. Zeichnung von Robert Durrer, 1895.

Hingegen thronen im obersten Register der Chorwand die Apostel in eigentlichen Arkaden; ebenso wird im untersten Band die Nikolauslegende von breit gespannten Arkaden mit Nasen, Filialen usw. auf fragilen Säulchen gerahmt. Der Zwiebelknauf wirkt anstatt der üblichen Kreuzblumen altertümlich. Die horizontalen und vertikalen Rahmungen in St. Niklausen überraschen in ihren einfachen geraden oder gewellten Linien, kaum Architekturelemente suggerierend.
Wenn uns schon die Gliederung wesentliche Unterschiede zeigt, so treten solche erst recht in den ikonographischen Programmen auf, wobei wir uns mit Recht fragen dürfen, wie denn in Kirchbühl das Bildprogramm des Chores ausgesehen hat und wie man in St. Niklausen das Langhaus ausmalen wollte, falls dies überhaupt je beabsichtigt gewesen war.
Eine Gegenüberstellung der beiden Bildprogramme läßt sie schon in der Grundtendenz ganz verschieden erscheinen. In St. Niklausen haben wir den «Normalfall» vor uns, in Kirchbühl ein ungewohntes Gemisch aus allen möglichen Elementen. Wenden wir uns deshalb zuerst St. Niklausen zu.
Die Ausmalung der drei Seiten des würfelförmigen Chorraums greift ineinander über. An der Stirnwand sind die beiden oberen Register einer reduzierten Darstellung des Weltgerichts vorbehalten. In der Mitte thront in einer Mandorla, mit erhobenen Armen seine Wunden zeigend, der Erlöser, beidseits knien als Fürbitter nach dem ursprünglich byzantinischen Schema der Deesis Maria und Johannes der Täufer. Ihnen schließen sich die zwölf Apostel an, aus Platzmangel mit je einer Figur in die Seitenwände übergreifend. Zwischen ihnen und Christus stehen zwei stabtragende Engel, zwei weitere rufen darunter mit Posaunen zum Gericht. Das dritte Register zeigt nur noch schwer ablesbar die aus ihren Gräbern Auferstehenden. Thematisch ebenfalls zum Weltgericht gehört die Darstellung des Erzengels Michael mit der Seelenwaage, die zunächst als solche nicht auffällt, weil sie in der Reihe der neutestamentlichen Szenen untergebracht ist.
Das oberste Bildband der Seitenwände wurde mit Ausnahme eines Streifens durch den Einbau der barocken, hölzernen Tonnendecke vernichtet. Die noch sichtbaren Fragmente, die Teile von menschlichen und teuflischen Gestalten sowie dämonischer Tiere wiedergeben, schildern hier, trotz der ungewohnten Höhenlage, die Hölle als Ort, wo Heulen und Zähneknirschen herrscht.
Die beiden Hauptregister der Seitenwände und das eine der Stirnwand sind einer von Nordwest bis Südwest durchgehenden Folge neutestamentlicher Bilder vorbehalten, beginnend mit Mariä Verkündigung und endend mit der Himmelfahrt Christi, unter die noch der Tod Mariä gesetzt ist.
Das unterste Band, von Nordwest über die Stirnwand bis Südwest reichend, stellte in vierzehn Stationen das Wirken des Kapellenpatrons St. Nikolaus vor. Einzelne Bilder sind freilich entweder beschädigt oder nur mehr schwer deutbar.
Das kompakte und umfassende Gesamtprogramm scheint alle wesentlichen Bildinhalte in die Chorausmalung zu integrieren. Es läßt für eine allfällige Schiffausmalung keine weiteren, unbedingt nötigen Bildsujets übrig, was freilich andere Andachtsthemen nicht ausschließt.
Dafür zeigt uns das Langhaus von Kirchbühl Beispiele. Hier ist überhaupt kein systema-

tisch durchgeführter Zyklus zu erkennen, so daß man sich ernsthaft fragen muß, ob nicht wenigstens im 1583 abgebrochenen, rechteckigen Altarhaus ein inhaltlich gewichtiges und entsprechend komponiertes Thema vorhanden war. Sicher könnten wir uns ein Erlöserbild vorstellen, vielleicht, da sie im neuen Chor ebenfalls auftaucht, eine Apostelreihe und vermutlich auch einen Zyklus oder doch wenigstens ein besonderes Bild vom Kirchenpatron St. Martin.

Im Schiff erscheinen, seltsamerweise durchaus als Teil einer einheitlich konzipierten und durchgeführten, umfassenden Ausmalung, an unterschiedlichsten Stellen Szenen aus dem Leben Christi, isolierte Heiligenfiguren und vereinzelte Bildinhalte zu Sünde, Tod, Himmel und Hölle. Ein durchgehender Gedankenfaden läßt sich, wie schon gesagt, nicht ausfindig machen. Immerhin zeichnet sich an der westlichen Eingangswand und an den angrenzenden seitlichen Wandpartien ein Schwerpunkt ab.

Beidseits des schmalen, hochgelegenen Westfensters sitzen unter gotischen Ädikulen links vom Betrachter Christus und rechts Maria. Ihnen schließen sich statuettenhaft, jedoch ohne architektonische Auszeichnung, je zwei Heiligengestalten an, auf der Seite Christi der hl. Fridolin mit Urso und die hl. Katharina, auf der andern Seite ein hl. Bischof und eine weitere unbenennbare Heiligengestalt. Die anschließende untere Bildreihe wurde durch den Einbau einer hölzernen Empore derart zerstört, daß die verbleibenden Fragmente höchstens noch als Stifterfiguren interpretiert werden können.

Den einzigen Ansatz zu einer gedanklichen und formalen Verbindung zeigen die an den Längswänden beidseits im oberen Register folgenden Felder: Prozessionen von je etwa zehn Gestalten von Männern und Frauen ohne erkennbare Attribute, die gegen Westen schreiten, also zur Christus-Maria-Gruppe der Eingangswand hin. Da sie keine Nimben tragen, wird man in ihnen Selige erblicken müssen. Sie gehören somit zum Weltgericht, das aber hier nicht dargestellt ist.

Dazu passen drei an der Nordwand anschließende Bilder: neben den Seligen sehen wir den Erzengel Michael mit der Seelenwaage, ähnlich wie in St. Niklausen als Einzelbild konzipiert, jedoch mit weiteren Figuren bereichert, nämlich zwei Dämonen, welche die Waage zu manipulieren versuchen, und Maria, welche die Schale der guten Werke herunterdrückt. Unterhalb der Seligen und St. Michael ist die Hölle wiedergegeben, wo unter Aufsicht Satans die kleinen Teufel Verdammte peinigen. Schließlich können wir auch das schmale, vom Boden bis zur Decke reichende Bild des hl. Christophorus zu diesem Themenkreis rechnen, denn er ist der Patron eines guten, reumütigen Todes und somit Unterpfand des ewigen Lebens. Der Zeit um 1300 entsprechend, erscheint er noch nicht als mächtiger Naturriese, sondern als nobler, ritterlicher Herr. – Im Sinne eines Exkurses sei hier auf die Christophorusfigur aufmerksam gemacht, die anläßlich der Restaurierung der Luzerner Franziskanerkirche 1988 an der Hoffassade des einstigen Kapitelsaals links von den beiden gotischen Fenstern teilweise freigelegt werden konnte. Sie ist aufs engste mit jener in Kirchbühl verwandt. Nur den Baum hat der Künstler differenzierter als Eiche gemalt[6].

Auf der Südseite schließen sich an die Seligen zwei Memento mori an: zunächst die Szene der «Drei Lebenden und Toten», welche, von Frankreich ausgehend, im 13. und 14. Jahrhundert auch bei uns verbreitet war. Es handelt sich um das auch in der Literatur bekann-

165 Wandgemälde in Sempach-Kirchbühl mit einer Prozession von Seligen.
166 Wandgemälde in Sempach-Kirchbühl: Die Legende der Begegnung von drei Lebenden und drei Toten.
167 Wandgemälde in Sempach-Kirchbühl: Erzengel Michael als Seelenwäger.

[6] HEGGLIN/GLAUSER, Kloster, S. 344, Abb. 3.

te Motiv dreier lebensfroher Adeliger, die unterwegs auf drei Leichname stoßen und von ihnen auf ihr eigenes mögliches Ende hingewiesen werden. Im Unterschied zu den meisten Darstellungen erscheinen hier alle Figuren stehend. Dieser Szene folgt ein Bild, welches zwischen zwei Heiligen, einer Frau und einem Bischof, den Tod als Schnitter mit der Sense zeigt – ein frühes Beispiel des anfangs des 14. Jahrhunderts üblich gewordenen Motivs.

rasch voranschreitender Arbeit geschaffen haben. Die in ihren pergamentenen Vorlagenblättern und Büchlein mitgeführten Bilderfolgen und Einzelfiguren paßten sie, unter Weglassung ganzer Szenen bzw. ihrer Raffung oder Ausweitung, geschickt den räumlichen Gegenbenheiten an.

Beginnen wir, gleiche ikonographische Themen einander gegenüberzustellen, um so verwandte und nicht verwandte Bildtypen voneinander zu scheiden. Ausschließen können

168 Wandgemälde in St. Niklausen: Verkündigung an die Hirten. Zeichnung von Robert Durrer, 1895.
169 Altchristlicher Prototyp zur Hirtenverkündigung: Sarkophagrelief in Rom, Museo Nazionale.
170 Zum Weiterleben des altchristlichen Hirtenmotivs: Deckengemälde in León, Panteón de los Reyes, um 1167–1188.

Bilder aus dem Leben Christi treten an zwei weit auseinanderliegenden Orten auf: an der Nordwand sehen wir im oberen Register zwischen St. Christophorus und Chorbogenwand zuerst die Geburt Christi mit der Verkündigung an die Hirten, dann mit nochmaliger horizontaler Unterteilung Gottvater und die Höllenfahrt Christi, schließlich in einem weiteren zweigeteilten Bild oben die Frauen am Grabe und unten das «Noli me tangere», die Erscheinung des Auferstandenen vor Magdalena.

Eine weitere, nur zum Teil noch erkennbare Gruppe von Passionsthemen füllt das untere Band in der westlichen Hälfte der Südwand. Noch verhältnismäßig gut ersichtlich sind Geißelung und Kreuzigung.

Allein schon die Gegenüberstellung dieser beiden Wandmalereien – mit einem Seitenblick auf weitere zeitgenössische Zyklen – macht uns klar, daß hier Wandermeister am Werk waren, die sicher dutzendfach Ähnliches in

wir den nach Stil und Qualität andersartigen Zyklus von Buch, desgleichen den viel knapper formulierten von Oberwinterthur.

Wir vergleichen zunächst die Doppelszene Geburt Christi und Verkündigung an die Hirten in Kirchbühl und St. Niklausen; Waltensburg entfällt, weil hier bloß die Passion wiedergegeben wird. Es ist vorteilhaft, mit St. Niklausen anzufangen; hier haben wir nämlich die beiden Ereignisse in getrennten Darstellungen vor uns. Maria ruht hochgebettet auf ihrem Lager, die Rechte nach dem Kind ausstrekkend, das auf der optisch nach oben geklappten Fläche der altarähnlichen Krippe liegt. Zu Füßen sitzt der hl. Josef, mit Judenhut und Wanderstab als Attributen. In der anschließenden Hirtenverkündigung steht zwischen zwei Bäumen der aufwärts blickende Hirt, der von einem Engel aus den Wolken die Botschaft erhält. Er grüßt den himmlischen Boten mit der erhobenen Hand, während er an der Leine einen sitzenden Hund hält, der gegen die linke Seite bellt. Am rechten Baum steigt eine Ziege empor, um von den Blättern zu fressen, am andern deren zwei.

Gerne möchte man in einer solchen Idylle den Alltag der Hirten erkennen, wie er sich um das Gotteshaus von St. Niklausen abgespielt hat. Doch solche Bilder sind uralte Klischees, die weit in die Antike zurückreichen, wo sie schon in den bukolischen Szenen der frühchristlichen Sarkophage auftauchen. Sogar das Motiv des symmetrischen Ziegenpaares stammt aus solcher Vergangenheit und ist ganz ähnlich im Deckengemälde der Verkündigung an die Hirten des Panteon de los Reyes in León, Spanien, zweite Hälfte 12. Jahrhundert, zu finden[7].

Die Darstellung der Geburt Christi in Kirchbühl folgt nun ziemlich eng jener von St. Niklausen, nimmt aber auf der linken Seite noch die Gestalt des Hirten mit dem nach links blickenden Hund an der Leine ins Bild auf sowie in der oberen Ecke den aus der Wolke erscheinenden Engel. Hinter Josef erheben sich eine gotische Ädikula und über ihrem Giebel ein symmetrisches Turmpaar mit Zinnen, eine Wiederaufnahme frühmittelalterlicher oder altchristlicher Architektursymbolik für die Stadt Bethlehem. Im übrigen ist darauf hinzuweisen, daß sich die altar- und sarkophagähnliche Gestalt der Krippe, wie sie beide Bilder zeigen, seit Augustin mit der symbolischen Parallelsetzung von Grab und Krippe, Auferstehung und Geburt des Erlösers erklären läßt. Damit erhält auch die optisch völlig isolierte Anordnung der Geburtsdarstellung in Kirchbühl eine Erklärung: sie steht unmittelbar neben den Osterszenen.

Ein zweiter Vergleich soll der Gefangennahme Christi und dem Verhör vor Pilatus gelten, wozu wir den entsprechenden Bildern von St. Niklausen jene von Waltensburg gegenüberstellen. In Waltensburg, das ja lange Bildstreifen ohne Unterteilung für mehrere Szenen liebt – wie dies auch bei altchristlichen Sarkophagen und gotischen Tympana üblich war –, sind folgende Themen zäsurlos zusammengefaßt: Gebet am Ölberg, Gefangennahme, und Jesus vor Pilatus.

In der volkreichen Mittelgruppe kommt die Gestalt Christi zweimal vor. Zuerst sehen wir, wie Jesus dem Knecht Malchus das von Petrus abgeschlagene Ohr heilt, gleichzeitig den Verräterkuß empfängt und von den Häschern gepackt wird, sodann wie man ihn vor Pilatus führt, der von Assistenten umgeben auf einem Throne sitzt.

[7] DEMUS, Wandmalerei, Farbtafel LXXIII.

[8] Hierzu: Historische Ausstellung Kloster St. Blasien, 1. Bd., St. Blasien 1983, Nr. 154 mit Abbildung auf S. 175.

Es scheint, daß die Maler in St. Niklausen vom selben Vorlagentyp ausgingen. Doch fand hier eine Reduktion statt. Christus erscheint nur einmal, indem er gleichzeitig das Ohr heilt, den Judaskuß empfängt und zu Pilatus gebracht wird. Dessen Figur ist nun in Aktion versetzt: er wäscht sich in Unschuld schon die Hände, von einem Beamten mit umgehängtem Handtuch, Schale und Wasserkrug bedient.

Solche Bildanalysen geben einem Aufschluß über die Arbeitsweise der Wandermaler, die

171 Wandgemälde in Sempach-Kirchbühl: Weihnacht.

mit dem Vorlagenmaterial ähnlich frei kombinierend oder beschneidend umgingen wie die zeitgenössischen Schreiber mit fremden Texten.

Die fragmentarisch erhaltenen, stark ergänzten Bilder des Nikolauszyklus stellen in der Art eines Mirakelbuches vor allem die Hilfe und Wunder des Heiligen dar und weniger seine Vita. Sie sind am ehesten mit den 27 gestickten Nikolaus-Szenen auf einer Kasel des mittleren 13. Jahrhunderts aus dem Schwarzwaldkloster St. Blasien (heute im Museum für angewandte Kunst in Wien) vergleichbar[8].

Restliche Wandmalereien

Von der 1283 geweihten, 1639 abgebrochenen Klosterkirche St. Peter am Bach zu Schwyz stammen drei 1956 dem Bodenschutt entnommene Fragmente. Ein Kopf mit seitlich ausladenden Locken und Mandelaugen entspricht

172 Franziskanerkirche Luzern, Wandgemälde über dem Chorbogen: Kreuzigungsszene mit Aposteln und Franziskanerheiligen, unten Erzengel. Ungewöhnlich die frühe Anwesenheit des heiligen Antonius von Padua und des seltenen Erzengels Uriel mit Rauchfaß.

173 Fastentuch aus Altdorf, jetzt im Historischen Museum Altdorf.

dem Typenschatz um die Mitte des 14. Jahrhunderts. Diese Datierung paßt gut zur Ausstattungsphase: 1347 Weihe des Hochaltars, 1350 Rekonziliation[9].

Die um 1346 mit einem längsrechteckigen Chor erweiterte Wallfahrtskapelle St. Jost in Ennetbürgen erhielt sogleich eine Ausmalung des Altarhauses. Davon zeugen Reste wie Christus an der Geißelsäule und als Schmerzensmann (Nordwand), eine Schöpfungsszene, St. Georg und St. Christophorus (Südwand) sowie über dem Triumphbogen je zwei Engel und zwei Heilige eines Weltgerichts[10].

Jahrzehnte später bekam die St.-Jakobs-Kapelle in Ennetmoos eine vollständige Ausmalung, die ihr Entdecker Robert Durrer aus stilistischen und kostümlichen Gründen um 1380/1390 datieren konnte. An der Südwand des Schiffes war noch eine größere Partie der Kreuztragung mit Christus, Schächern und Schergen sowie thronendem Pilatus fragmentarisch zu erkennen[11].

Schon an der Zeitgrenze unserer Abhandlung liegen die im zweiten Viertel des 15. Jahrhun-

[9] Meyer, Kdm SZ, S. 147 mit Abb. 135.

[10] Sennhauser Hans Rudolf, Die Baugeschichte der Kapelle St. Jost am Bürgen, in: 100 Jahre Pfarrei St. Anton Ennetbürgen, Sarnen 1981, S. 242.

[11] Durrer, Kdm UW, S. 1124 f.

derts entstandenen Wandmalereien über dem Chorbogen der Luzerner Franziskanerkirche. Die Zwickel sind hier mit Bildern der vier Erzengel ausgefüllt: unten links Michael als Drachentöter, rechts Uriel mit einem Rauchfaß, oben links Gabriels Verkündigung an Maria und rechts Raffael mit Tobias und Sarah. – An die Stelle des Triumphkreuzes tritt hier eine Kreuzigungsdarstellung, die wie ein Wandteppich mit Borte das ganze Feld zwischen Lichtgadenwänden und Decke füllt. Zur historischen Szene gesellen sich die teilweise durch ihre Attribute gekennzeichneten Apostel sowie, in kleinerem Maßstab, von rechts nach links Franz von Assisi, Ludwig von Toulouse, Klara und Antonius von Padua. Oben fliegen anbetend sechs Engel beidseits des ruhigen, monumentalen Kruzifixus[12].

Fastentücher

Die Fastentücher, die man im Mittelalter, oft noch im Barock, während der Fastenzeit im Chorbogen als Zeichen der Buße aufhing, stehen in der Art der Bilderstreifen und Thematik der Wandmalerei nahe. Neben dem bekannten Fastentuch von 1604 aus Steinen (im Schweizerischen Landesmuseum) ist als frühes Beispiel von hoher Seltenheit das 1421 datierte Fragment im Historischen Museum Altdorf kostbar. Das 156 auf 97 cm große Stück wurde als Fütterung eines ledernen Antependiums aus Erstfeld entdeckt. Auf Leinwand in Tempera gemalt, erscheinen der Sündenfall, das Begräbnis Adams sowie Moses vor dem brennenden Dornbusch, vermutbar sind in den anschließenden Figuren der Tadel Gottes für die Stammeltern und der Durchzug durchs Rote Meer. Es ist also ein alt- und neutestamentliches Programm anzunehmen. Der Rechnungseintrag für ein 42 Ellen großes Fastentuch 1688/89 in die Pfarrkirche von Altdorf gibt uns eine Vorstellung von den Dimensionen, ja möglicherweise das Datum für den Ersatz des Tuches von 1421, das ja aus einer wichtigen Kirche stammen muß. Sein Schöpfer war wohl ein Wandermeister des geschickt die Szenen reduzierenden, populären weichen Stils[13].

[12] REINLE, Kdm LU 2, 243f.; MEYER/STEINER, Franziskanerkirche S.281f.; HEGGLIN/GLAUSER, Kloster, S.365 mit Farbtafel 26; Zeichnerische Aufnahme, in: MEYER André, Denkmalpflege im Kanton Luzern 1988, in: JHGL 7, 1989, S.92; zu Uriel: LU 3, S.407f.; das älteste Bild des St. Antonius von Padua findet sich im Annafenster von 1326/1330 zu Königsfelden.

[13] STYGER Paul, Das Fastentuch im Historischen Museum Altdorf, in: HNU 25, 1919, S.85–96. Allgemein: EMMINGHAUS Johannes H., Artikel Fastentuch, in: RDK 7, Spalte 826–848.

Buchmalerei

Unter seinen Figuren finden wir hochgewachsene, bekleidete Gestalten. Da tritt etwa Augustinus als Bischof drei Irrlehrern entgegen, hier erscheinen vor dem Fenster eines Ordensmannes zwei Frauen, wohl Demut und Hochmut verkörpernd, wieder an einer anderen Stelle bildet die Rückenansicht eines Mönchs die Initiale I[2]. In großem Gegensatz dazu stehen die burlesken, nackten Kobolde. Diese sind fast überall gegenwärtig und agieren eifrig. Köstlich zu sehen, wie drei Männchen von einer Spiralranke pralle Trauben pflücken und sie in eine Bütte legen, oder wie an der Initiale H ein Nackter Beeren erntet, die ein Bekleideter in einem Korb wegträgt, indes andere mit einer Axt bzw. einem Mühlstein hantieren, oder wie sich oben und unten am Schaft einer Majuskel D zwei Kobolde tollen, während im Innern ein dritter die Krone eines Phantasiebaumes besetzt hält, an dessen Geäst sich vier weitere Männlein mit Beilen und Messern zu schaffen machen[3]. In andern Initialen vermi-

[1] Zur Buchmalerei: SMAH 5 (Einsiedeln); SMAH 8 (Engelberg). – Zur Engelberger Malschule: DURRER Robert, Die Maler- und Schreiberschule von Engelberg, in: ASA NF 3, 1901, S. 42–45, 122–178; DURRER, Kdm UW, S. 188–222.

[2] Augustinus, De Dei Trinitate: Stiftsbibliothek Engelberg: Codex 14, fol. 1v (Augustinus als Bischof), fol. 37 (Frauengestalten), fol. 83v (Mönch); vgl.: SMAH 8, Taf. XXXIV und XXXVII; KATALOG 2/1, S. 85.

[3] Codex 14, fol. 19v (drei Nackte), fol. 68v (Initiale H), fol. 93 (Majuskel D); vgl. dazu ebenfalls: SMAH 8, Taf. XXXIV–XXXVI; DURRER, Kdm UW, S. 205 mit Fig. 86.

174 Stiftsbibliothek Engelberg, Codex 14: Traubenernte.
175 Stiftsbibliothek Engelberg, Codex 14: Rückansicht eines Mönchs.

Engelberger Blütezeit

Im Verlaufe des 12. Jahrhunderts hatte sich im Kloster Engelberg die Buchmalerei zur höchsten Vollkommenheit entwickelt. Unter Abt Frowin (1143–1178) schuf ein erster Meister Miniaturen von monumental-abstrakter Wirkung. Der unter Berchtold (1178–1197) und noch zu Beginn der Regierungszeit Heinrichs (1197–1223) tätige zweite Illuminator vertrat einen ganz anderen Stil. Seine Federzeichnungen sprühen von Vitalität, wobei er gekonnt Figürliches und Ornamentales miteinander kombiniert. Den um 1197 entstandene Codex 14 mit der längeren Abhandlung «De Dei Trinitate» des Kirchenlehrers Augustinus hat er mit 17 Darstellungen (davon 15 Initialen) geschmückt. Sie repräsentieren nicht bloß die Krönung seines Schaffens, sie gelten gleichzeitig, wie Albert Bruckner formulierte, als «Meisterwerke der Epoche»[1].

schen sich die Kobolde mit dämonischen Fabelwesen. So hockt zuoberst auf einem Baumstamm, welcher den Buchstaben I wiedergibt, ein Nackter, unten turnt ein weiterer an einem Querstab, akrobatisch aus dem eigenen Hintern schauend. In der Mitte schließlich umfaßt ein Jüngling, der mit einem langen Lendenschurz bekleidet ist, eine flammenhaarige Frau, die aus seiner Seite herauswächst[4]. In allen Miniaturen bewundern wir, wie souverän der Meister die Kobolde in Bewegung und Muskulatur erfaßt hat und wie er umgekehrt die pflanzlichen Motive subtil zu stilisieren weiß.
Kuno Stöckli hat in seiner Arbeit über den Codex 14 festgehalten, daß sich dieser Künstler schon in gewissen früheren Zeichnungen angekündigt hat. Im hirsauischen Umkreis der chen haben. Wie der Kontakt zustande kam, wird wohl kaum je zu ergründen sein[5].
Blütezeit in einem klösterlichen Zentrum der Buchmalerei bedeutet – Engelberg macht uns dies bewußt – nicht die emsige Tätigkeit eines ganzen Teams von Mönchen, sondern ganz schlicht die jahrelange und anonyme Arbeit eines einzelnen. Das erklärt auch, weshalb mit seinem Tod oder dem Ende der Schaffenskraft die Engelberger Buchmalerei den Zenit überschritten hat.

Spätere Miniaturen

Unter den Handschriften, die in der Zisterzienserabtei St. Urban entstanden sind, kön-

Nordschweiz und Stüddeutschlands ließ sich freilich nichts an Buchkunst namhaft machen, von dem es der Engelberger Meister hätte lernen können. Stöckli verweist aber auf Verwandtes in Frankreich hin. Die Kobolde in einer Handschrift aus dem Benediktinerkloster St-Maur-des-Fossés bei Paris, die sich auf Phantasiebäumen und in Rankenschlingen tummeln, lassen deutlich erkennen, daß wir hier und in ähnlichen Illustrationen die Ursprünge der Zeichnungen im Codex 14 zu su-

nen wir der asketischen Bilderfeindlichkeit dieses Ordens entsprechend keine allzu kostbaren Miniaturen erwarten. Immerhin zeugen vier im ersten Viertel des 13. Jahrhunderts entstandene Bände von den beachtlichen Leistungen der namentlich genannten Schreiber Rudolf und Ulrich. Der erstere hat in einer Handschrift, welche Bücher aus dem Alten Testament enthält, die Initiale D mit dem Kopf des Propheten Osea geschmückt. Später erscheint zu Beginn des 2. Makkabäerbuchs in der Majuskel E die Figur Alexanders des Großen. In Rüstung mit geschlossenem Helm, Schild und Schwert stellt er einen zeitgenössischen Ritter dar; der steigende Löwe im Schild spielt auf das Wappen der Stifter von St. Urban an, auf die Herren von Langenstein[6]. Das Antiphonale Cisterciense enthält im ganzen 32 Bildinitialen, vor allem Darstellungen von Heiligen, aber auch einige neutestamentliche Themen. Ikonographisch inter-

176 Ehemalige Klosterbibliothek St. Urban, P Msc. 15 fol.: Miniatur mit Christus-Johannes-Gruppe. Zentralbibliothek Luzern.
177 Stiftsbibliothek Engelberg, Codex 14: Baum mit Männern.
178 Ehemalige Klosterbibliothek St. Urban, P Msc. 5/6: Miniatur mit Alexander dem Großen. Zentralbibliothek Luzern.

[4] Codex 14, fol. 134; vgl. DURRER, Kdm UW, S. 205 mit Fig. 86.

[5] STÖCKLI Kuno, Codex Engelbergensis 14 und das Engelberger Scriptorium um 1200, in Aachener Kunstblätter 47, 1976/77, S. 15–80.

[6] Libri veteris et novi Testamenti: Zentralbibliothek Luzern: KB P Msc. 6 Fol., fol. 8 (Initiale D), fol. 68 (Majuskel E). – Allgemein zu den Luzerner Handschriften: SCHMID Josef, Schöne Miniaturen aus Handschriften der Kantonsbibliothek Luzern, Luzern 1941; REINLE, Kdm LU 5, S. 423–430.

179 Stiftsbibliothek Einsiedeln: Chorbuch, um 1314.

essant sind beispielsweise die Christus-Johannes-Gruppe, die Grundsteinlegung einer Kirche, die Hl. Dreifaltigkeit als Gnadenstuhl sowie die Krönung eines Märtyrers durch einen Engel[7].

In der zweiten Hälfte des 13. Jahrhunderts entstehen für das Frauenkloster Engelberg vier verschiedene Chorpsalter, die stilistisch zusammengehören[8]. Anstelle der Federzeichnungen, die wir schon behandelt haben, schuf hier der Künstler (oder war es eine Nonne, wie Robert Durrer vermutet?) hübsche Miniaturen in festlich leuchtenden Deckfarben, die uns an die zeitgenössischen Glas- bzw. Wandmalereien erinnern. Im Codex 61 gesellt sich zu den im Text verstreuten Initialen als Auftakt eine Folge von sechs ganzseitigen gerahmten Bildern mit Szenen aus der Heilsgeschichte, etwa Mariä Verkündigung, Weihnacht, Flucht nach Ägypten, Versuchung Jesu durch Satan, Christus am Ölberg, Gefangennahme, Jesus vor Pilatus, Geißelung, Kreuztragung, Kreuzigung (in mystischer Symbolik von fünf Frauen dargestellt), Auferstehung, Himmelfahrt und Pfingsten. Den straff komponierten Bildern stehen als Kontrast die französischen Drôlerien – gedanklich und formal leichtfüßige Federzeichnungen – auf freien Partien der einzelnen Seiten gegenüber.

Die voll erblühte gotische Buchkunst des 14. Jahrhunderts, welche beispielsweise das Graduale von St. Katharinenthal, die Manessische Liederhandschrift sowie die Handschriften der Weltchronik eines Rudolf von Ems hervorgebracht hat, ist in der Innerschweiz nicht vertreten. Wenigstens vollendete Kalligraphie bieten eine Bibel aus Engelberg[9] und die um 1314 für Einsiedeln geschaffenen beiden Chorbücher mit der neuen Notenschrift des Guido von Arezzo[10]. Zwei weitere Engelberger Chorpsalter aus der gleichen Zeit bringen in ihren Miniaturen eine zunächst derb, fast volkstümlich wirkende Umsetzung des gotischen Stils, ermöglichen jedoch thematisch wichtige Einblicke in die gleichzeitige Mystik[11]. Verstärkt findet sich diese Tendenz in einer Engelberger Papierhandschrift, welche der Luzerner Stadtschreiber Nikolaus Schulmeister 1396 begonnen und 1403 vollendet hat. Sie enthielt ursprünglich außer zwei mystischen Betrachtungen und einem deutschen Credo 26 kolorierte Federzeichnungen zum Leiden Christi und zur Messe[12].

[7] Antiphonale Cisterciense: Zentralbibliothek Luzern: KB P Msc. 15 Fol., fol. 4v (Christus-Johannes-Gruppe), fol. 42 (Grundsteinlegung), fol. 87 (Gnadenstuhl) und fol. 109 (Krönung Marias).

[8] Chorpsalter: Stiftsbibliothek Engelberg: Codex 61, Codex 110, Codex 129 und Codex 131; vgl. Durrer, Kdm UW, S. 213f. und Fig. 100f. sowie Taf. IX. – Zu den vier erwähnten Handschriften ist auch ein weiterer nach Muri-Gries gelangter Psalter zu zählen.

[9] Biblia latina: Stiftsbibliothek Engelberg: Codex 6; Durrer, Kdm UW, S. 215 und Taf. X; SMAH 8, Taf. XLV.

[10] Chorbücher: Stiftsbibliothek Einsiedeln: Codex 610 und Codex 612; Birchler, Kdm SZ 1, S. 178f.

[11] Chorpsalter: Stiftsbibliothek Engelberg: Codex 60 und Codex 62; Durrer, Kdm UW, S. 215–218.

[12] Nikolaus Schulmeister, Passionsgeschichte nach Rudolf von Sachsens Vita Christi u. a.: Stiftsbibliothek Engelberg: Codex 339; Katalog 2/1, S. 111f.; Katalog 2/2, S. 92 mit Abb. 177f.; Alltag, S. 68f., Nr. 43b.

Kultgeräte

Überblick

Bevor wir uns auf einzelne Gegenstände konzentrieren wollen, ist es notwendig, daß wir uns einen Überblick über die verschiedenen Kultgeräte verschaffen. Nur so können wir eine Vorstellung vom einst Vorhandenen und vom Stellenwert der überlieferten Stücke gewinnen.
Als liturgische Geräte bezeichnet man jene, die während der Meßfeier, der Sakramentenspendung oder anderen kirchlichen Zeremonien Verwendung finden, ferner auch solche, die dem feierlichen Gottesdienst eine erhöhte Würde verleihen[1]. Zu ihnen zählen sicher einmal der Kelch und die Patene, die während der Messe Wein und Brot aufzunehmen hatten, ferner bisweilen ein Saugröhrchen und ein Siebchen. Mit ersterem sollte das Verschütten beim Austeilen verhindert, mit letzterem der Wein gereinigt werden. Zum Aufbewahren der geweihten Hostien benutzte man Büchsen oder Kästchen verschiedener Gestalt, bisweilen auch sogenannte eucharistische Tauben, zur Aussetzung und Verehrung meist turmförmige Monstranzen. Wein- und Wasserkännchen, aber auch Heiligölbüchsen und Kannen bedurfte es für die Meßfeier, ferner für Taufe, Priesterweihe, Segnungen von Mensch, Altar oder Kirchenbau sowie für andere Handlungen. Weihwasserkessel, auch Situla genannt, und Aspergille dienten zur Besprengung, Becken und Kanne für die Taufe, Rauchfaß und Schiffchen für das Inzensieren. Erwähnt seien hier die vielen Behältnisse mit Christus-, Marien- oder Heiligen- bzw. Berührungsreliquien. Sie konnten die Form eines schlichten Kästchens, eines großen Schreins oder einer Reliquienmonstranz aufweisen. Einzelne Partikel wurden manchmal sogar in Statuen, Häuptern, Händen oder Füßen eingelassen.
Altarschmuck und zugleich Sinnbild für die heiligen Handlungen waren die auf der neben die Mensen gestellten Kerzenstöcke; besonders große dienten als Osterleuchter. In bedeutenden Kirchen kannte man nach dem Jerusalemer Vorbild den siebenarmigen Leuchter. Ampeln für Öllichter brannten dauernd oder zeitweise über vielen Altären und vor Andachtsbildern als Stiftungen der Gläubigen. Kathedralen sowie reichere Abteien besaßen Kronleuchter in Rad- oder Tiaragestalt, bisweilen mit ausladenden Armen für die Kerzen.
Zur Meßfeier, jedoch nicht zur ständigen Altarausstattung, gehörte ein Kruzifix, das in einem Bronzesockel auf die Mensa gestellt oder auf einer Stange den Prozessionen vorangetragen wurde. Nicht nur die Innenseiten, auch die Einbände und Kassetten der liturgischen Bücher waren äußerst kunstvoll gestaltet, ebenso die dazugehörenden Kissen oder Pulte für Altar und Chor.
Während des Gottesdienstes fanden zur Zeichengebung Meßglöcklein bzw. Karfreitagsraffeln Verwendung; mit Paxtafeln gab man den Friedenskuß weiter, liturgische Kämme dienten als Symbol für die Pontifikalmesse. Im feierlichen Hochamt und in Prozessionen wurden die Bischofs- oder Abts- bzw. Äbtissinnenstäbe als Insignien gebraucht, desgleichen die Stäbe des Kantors und des Pedells. Baldachine, Fahnen und Bruderschaftsstangen dienten als weitere Würdezeichen.
Bei dieser recht summarischen Aufzählung wollen wir es bewenden lassen. Wenn wir sie mit dem vergleichen, was sich in der Innerschweiz aus dem Zeitraum zwischen 1200 und 1400 erhalten hat, wird uns der fragmentarische Charakter des Überlieferten einmal mehr bewußt. Von den genannten Gattungen fehlen die Gefäße für Wein, Wasser, Weihrauch und Weihwasser sowie die Reliquiare ganz. Bloß vereinzelte Stücke existieren von Kelchen, eucharistischen Behältern, Leuchtern und Abtsstäben, während wir mit Vortragskreuzen und Bucheinbänden gut dokumentiert sind. Das Engelberger Kreuz und der Einband von Beromünster lassen in ihrer alles überragenden Qualität erahnen, welche Kunstschätze im Verlaufe der Jahrhunderte verlorengegangen sind.

Kelche

Der sogenannte Burgunderkelch – das älteste diesbezügliche Stück der Innerschweiz – gelangte erst 1476 als eidgenössische Kriegsbeute aus der Lagerkapelle Karls des Kühnen in die Luzerner Hofkirche. In der edlen Form seiner spätromanischen Kupa, die sich als flache Schale über rundem gotischem Fuß und einem zylindrischen Schaft mit ziserliertem

[1] Allgemeines zu den Funktionen und Typen: BRAUN, Altargerät; BRAUN, Reliquiare; ORNAMENTA; REINLE, Ausstattung. – Allgemeines zur Technik und Kunstgeschichtlich: HEUSER, Goldschmiedekunst; FRITZ, Goldschmiedekunst; RITTMEYER, Goldschmiedekunst; GUTH-DREIYFUS, Email.

180 Frauenkloster Eschenbach: Gotischer Kelch mit Emails.

Nodus entfaltet, vertritt er die byzantinische Kunst des beginnenden 13. Jahrhunderts[2]. Den frühgotischen Typus hingegen belegt ein Kelch in der katholischen Kirche Glarus, ein Werk, das wohl um 1280 entstanden ist. Hier möchten wir besonders auf die unmerklich steiler werdende Kupa, auf den kurzen Schaft und den mit Zäpfen verzierten Nodus sowie auf den runden Fuß mit den aufgesetzten Evangelistensymbolen hinweisen. Ein ähnliches Stück, doch später mehrfach abgeändert, besitzt die Rischer Pfarrkirche. Die enge Verwandtschaft zu einem Kelch des Hl.-Geist-Spitals in Freiburg i. Br., um 1270 geschaffen, läßt uns oberrheinische Herkunft der ganzen Gruppe vermuten[3]. Ein großartiges Kunstwerk der Goldschmiedekunst um 1350 stellte einstens der durch hochwertige transluzide Emails ausgezeichneter Kelch des Frauenklosters Eschenbach dar. Leider wurde er durch eine unsachgemäße «Renovation» um 1909/1912 grundlegend beeinträchtigt. Damals hat ein Rottweiler Goldschmied Kupa und Schaft neu gearbeitet, die Emails neu geschmolzen und alles frisch vergoldet – ein Akt wohlmeinender Barbarei. Immerhin läßt das, was uns vom Ursprünglichen geblieben ist, die Meisterschaft des Künstlers erahnen: Der hochrandige kielbogig gekrümmte Fuß ist gänzlich in Bildfelder aufgelöst, wobei die untern der Schweifung folgen, während die kleineren darüber zungenförmig angeordnet sind. Die Hauptfelder zeigen die Epiphanie sowie Johannes den Täufer, Katharina als Kirchenpatronin, Augustinus als Ordenspatron der Eschenbacher Chorfrauen und Johannes den Evangelisten, die sog. Zungenbilder führen die segnende Hand Gottes vor einem Kreuz und in Halbfigur St. Jakobus den Älteren, David, Habakuk, Joel und Amos auf. Die sechs Zapfen des gedrückten, laubgeschmückten Nodus stellen Christus, Maria, Jakobus major, Johannes Evangelista, Petrus und Paulus dar. An der Fußunterseite ist ein emailliertes Wappenschildchen der Herren von Kienberg angebracht. In Renward Cysats Auszug des verlorenen Eschenbacher Jahrzeitbuches lesen wir: «Catherina von Kienberg nobilis, Meisterin 1344.» Es ist anzunehmen, daß unter dieser aus dem Solothurner Jura stammenden Klostervorsteherin von adeligem Geschlecht mit weitreichenden Beziehungen der sogenannte Stifterkelch für Eschenbach geschaffen wurde. In Form und Einteilung des Fußes sowie des Knaufes ähnelt er einem Kelch aus der Mitte des 14. Jahrhunderts in der Magdalenenkirche zu Speyer, der ein Straßburger Beschauzeichen trägt. Die Emails hingegen erinnern an jene des berühmten eucharistischen Schreines aus dem Zisterzienserinnenkloster Lichtenthal bei Baden-Baden (heute in der Pierpont-Morgan Library, New York)[4].

Eucharistische Gefäße

Das Schweizerische Landesmuseum bewahrt die aus der ersten Hälfte stammende Hostienbüchse des ehemaligen Zisterzienserinnenklosters Rathausen auf, eine Serienarbeit aus den Werkstätten von Limoges. Die zylindrische, kupfervergoldete und blau emaillierte Pyxis mit kegelförmigem, aufklappbarem Deckel, den ein Kreuzchen bekrönt, zieren Ranken und Medaillons mit dem Monogramm Christi[5]. Die gleiche Aufgabe erfüllte ein um 1400

[2] Reinle, Kdm LU 2, S. 180 und Abb. 137 f.; Deuchler Florens, Die Burgunderbeute, Bern 1963, S. 152–155.

[3] Heuser, Goldschmiedekunst, S. 135 f. – Von einem gleichartigen Kelch stammt der Nodus mit runden Zapfen und Laubdekor, welcher an einem Renaissance-Ziborium im Kirchenschatz von Altdorf wiederverwendet wurde.

[4] Reinle, Kdm LU 6, S. 64–68; Guth-Dreyfus, Email, S. 43–45; Heuser, Goldschmiedekunst, S. 199 f.; Fritz, Goldschmiedekunst, Nr. 222. – Zum Kelch in Speyer: ebd. Nr. 220. – Zum Kästchen aus Lichtental: ebd. Nr. 224.

[5] Höhe der Pyxis: 12 cm; Von Moos, Kdm LU, S. 282 und Abb. 211.

entstandener, textilgestalteter Hostienbehälter in der Pfarrkirche Ebikon. Die runde, hölzerne Büchse von knapp 11 cm Durchmesser und 7 cm Höhe erhielt oben und ringsum auf Leinen eine bunte Seidenstickerei. Auf dem Deckel, der zur Hälfte geöffnet werden kann, ist Mariä Verkündigung dargestellt, an der Außenwand umschlingen sich zwei Drachen, deren Schwänze in Blattwerk übergehen. Die farblich leuchtende Arbeit muß von geübten Händen stammen. Sie ruft uns in Erinnerung, daß einst, obwohl sich davon nur weniges überliefert hat, auch andere Kultgegenstände textil umkleidet waren[6].

Ein Ziborium, wie es wohl im Mittelalter weit verbreitet gewesen ist, haben wir in einer kupfervergoldeten Arbeit des 14. Jahrhunderts aus St. Urban oder Rathausen vor uns (Museo Sacro der Bibliotheca Vaticana, Rom). Die sechseckige Pyxis mit Pyramidendach ist auf einen analog geformten Fuß und Schaft mit Nodus montiert, womit er im Aufbau den Kelchen nahekommt[7].

[6] Pyxis: 6,7 cm hoch, 10,7 cm Durchmesser; VON MOOS, Kdm LU, S. 252; SCHMEDDING, Textilien, Nr. 104, ALLTAG, S. 190, Nr. 264.

[7] ALLTAG, S. 189, Nr. 263.

[8] REINLE, Kdm LU 5, S. 50 mit Abb. 46; ALLTAG, S. 181, Nr. 249 mit Abbildung im heutigen Zustand.

Leuchter

Aus dieser Gattung findet sich nur gerade ein Beispiel in der Innerschweiz, das ins 14. Jahrhundert zurückreichen könnte: die beiden 18 cm hohen Kerzenstöcke der Andreas-Kapelle in Buchs LU[8]. Der Sockel – ein umgekehrter

181 Frauenkloster Eschenbach: Fuß des gotischen Kelchs mit Emails.

182 Frühgotisches Leuchterpaar in der Kapelle von Buchs, Kanton Luzern.

Trichter mit konzentrischen Wülsten auf drei stilisierten Tierfüßen – nimmt ein bis in die Antike zurückreichendes Leuchtermotiv auf, während die rhythmisierenden Schaftringe eindeutig gotischen Ursprungs sind. Leider wurden auch hier die schönen Gelbgußarbeiten durch geschleckte Vergoldung und Entfernung der geschmiedeten Dorne verunstaltet.

Abtsstäbe

Von den Engelberger Abtsstäben stammt der zweite aus der ersten Hälfte des 13. Jahrhunderts. Eine Schlange mit Schuppenkleid und Rückenstacheln bildet dessen Krümme. Ihr aufgerissenes Maul am Ende der Volute beißt in die Flügel des Erzengels Gabriel, der Maria die Verkündigungsbotschaft überbringt. Blattzweige dienen als Verstrebung mit der Innenwindung. Den horizontal zerlegbaren Knauf umschließen zwei Drachenfriese, die darunter folgende Tülle ist mit gekreuzten Palmettenranken geziert und mit drei senkrechten Drachenleibern beschlagen. Der schwarz gebeizte Schaft kann in sich nochmals zerlegt werden, die beiden Knäufe, wohl nur ins 14. Jahrhundert zurückgehend, schmücken Zapfen mit emaillierten Apostelbildern, wie wir solche an Kelchnodi angetroffen haben. Der Stab wirkt sehr festlich, was nicht zuletzt auf die Bronzevergoldung und die grünblaue Emaillierung zurückzuführen ist. – Schon 1941 konnten 209 aus Limoges stammende Krümmen katalogisiert werden. Nahe Verwandte des Engelberger Stabs finden sich in den Domschätzen zu Trier und Bremen. Letzterer, jenem in Engelberg am nächsten stehend, wurde in einem Bischofsgrab gefunden[9].

Die für den Zisterzienserorden bezeichnend schlichte Form einer Krümme vertritt jene aus Rathausen. Die in zwei Windungen eingerollte Volute, deren Ende ein Drachenkopf mit einer Kugel bildet, ist mit einfachen Blattmotiven geschmückt und bronzevergoldet. Sie dürfte wohl gegen Ende des 13. Jahrhunderts entstanden sein (heute im Schweizerischen Landesmuseum)[10].

183 Krümme des Engelberger Abtstabes. Herkunft: Limoges.

Altar- und Vortragskreuze

Frühe Kreuze

Seit dem Frühmittelalter gehören die Altar- und Vortragskreuze zum zentralen Bestand der Kultgeräte eines Gotteshauses. Schon allein die Anzahl erhalten gebliebener Stücke weist auf ihre große Verbreitung hin. Erinnert sei in diesem Zusammenhang nur an die in Bronze gegossenen Kruzifixe der Romanik, von denen es für den Zeitraum ab etwa 1080 bis um 1220 heute noch ungefähr 600 Exemplare gibt[11]. In unserem Bereich sind deren

[9] Durrer, Kdm UW, S. 158–160; Marquet de Vasselot, Jean Joseph, Les crosses limousines du 13e siècle, Paris 1941, Nr. 96 (Engelberg), dazu Nr. 70 (Trier). – Brandt Karl Heinz, Ausgrabungen im Bremer St. Petri-Dom 1974–1976. Ein Vorbericht, in: Bremer Archäologische Blätter 7, 1976, S. 49 f. mit Abb. 45–49 und Farbtafel IIb, IIc. Das ungestörte Bischofsgrab Nr. 18 barg nebst diesem Stab noch Ring, Kelch, Patene und Mitra.

[10] Von Moos, Kdm LU, S. 282–284; Alltag, S. 192, Nr. 237.

[11] Allgemeines zu den Bronzekreuzen: Bloch Peter, Staufische Bronzen: Die Bronzekruzifixe, in: Die Zeit der Staufer. Geschichte – Kunst – Kultur. Katalog der Aus-

drei zu nennen: ein Korpus ohne Kreuz aus Kirchbühl in der Pfarrkirche von Sempach, dann die beiden vollständig erhaltenen aus Göschenen (heute im Historischen Museum Altdorf) und in der Pfarrkirche von Sachseln, die alle aus dem 12. Jahrhundert stammen[12]. Dazu gesellt sich als Import aus den Emailwerkstätten von Limoges das fast ganze, doch ohne den Kern erhaltene Kruzifix aus der Mitte des 13. Jahrhundert im Stiftsschatz von Beromünster[13].

Vom Normaltyp des Bronzekreuzes hob sich die Gattung der reichen Prachtskreuze ab, welche die zusätzliche Aufgabe als Reliquiar zu erfüllen hatten. Dabei bargen sie nebst Überresten von Heiligen vor allem Partikel des Kreuzes Christi[14]. Ihr Holzkern war mit Edelmetall verkleidet, ihre Zier bestand aus figürlichen Darstellungen, Edelsteinen und Perlen. In ihnen lebte das Symbol der großen Crux gemmata weiter, die in frühchristlicher

stellung Stuttgart 1977, 5. Bd., Stuttgart 1979, 291–330; Bloch Peter, Niederrheinische oder Kölner Broncekruzifixe der Romanik, in: Ornamenta 2, S. 391–395.

[12] Zu Sempach: Reinle, Kdm LU 4, S. 386f.; Baum, Skulpturen, Nr. 9. – Zu Göschenen: Pfister-Burkhalter Margarete, Das Göschener Kruzifix, in: ZAK 42, 1985, S. 173–184. – Zu Sachseln: Durrer, Kdm UW, S. 493.

[13] Reinle, Kdm LU 4, S. 78.

[14] Zu den Kreuzreliquiaren: Frolow Anatole, Les reliquiaires de la vraie Croix. Archives de l'Orient chrétien 8, Paris 1965.

184 Krümme des Äbtissinnenstabes aus Rathausen. Schweizerisches Landesmuseum Zürich.

185 Zum Vergleich mit der Engelberger Krümme: Verwandtes Stück aus einem Bischofsgrab im Dom zu Bremen, jetzt im Focke-Museum, Bremen.

186 **Kloster Engelberg: Das silberne Reliquienkreuz, Vorderseite.**

Zeit zu Jerusalem auf dem Golgotha-Felsen errichtet worden war. Aus Byzanz gelangten Kreuzpartikel schon im Frühmittelalter und dann wieder in den Kreuzzügen als Kriegsbeute nach dem Westen. Von Poitiers, einem Mittelpunkt merowingischer Kreuzverehrung, ging dieser Kult wohl auf die Abtei Säckingen am Hochrhein über. Das Kloster St. Blasien im Schwarzwald erhielt von Königin Adelheid, der Gemahlin Ladislaus' I. von Ungarn, zwischen 1068 und 1086 einen großen Kreuzpartikel und schuf dafür in mehreren Etappen ein prachtvolles Kruzifix, das sich heute in St. Paul im Lanvanttal befindet. Von Bedeutung für die Verbreitung der Prachtskreuze, die sich nur reiche Orte oder Stifter leisten konnten, war auch das um 1024/25 entstandene deutsche Reichskreuz (Weltliche und geistliche Schatzkammer in Wien).

Auch solche Kruzifixe dienten beim feierlichen Gottesdienst als Altar- bzw. Prozessionskreuz. Bisweilen konnten sie sogar als Triumphkreuz im Chorbogen Verwendung finden. Dem 1260 begonnenen «Ordo divini officii» des Zürcher Großmünsters können wir entnehmen, daß ein am Bogen zwischen Presbyterium und Sanctuarium hängendes Kruzifix für die Prozessionen jeweils heruntergelassen wurde[15]. In diesem Zusammenhang nicht beachtet wurde bis jetzt die Erwähnung im Jahre 1273 eines in der Stiftskirche Beromünster im Apsisbogen über dem Hochaltar hängenden Kreuzes[16].

Zeugnis für ein untergegangenes Altar- und Vortragskreuz der Hofkirche Luzern gibt sein 1482 datierter Nachfolger. Obwohl dessen Inschriften aussagen, daß es sich hier um das alte, 1171 von Propst Ulrich von Eschenbach zu seinem Seelenheil gestiftete Stück handle, das im 15. Jahrhundert bloß «renoviert» worden sei, sind vom ursprünglichen keine Bestandteile mehr vorhanden. Höchstens die Grundform mit vierpaßförmigen Enden und das Bildprogramm – einerseits den Gekreuzigten und vier Reliquienkapseln, anderseits graviert Lamm Gottes und vier Evangelistensymbole – könnten vom Vorgänger angeregt worden sein[17].

Das Engelberger Kreuz

Ein gütiges Geschick hat uns trotz der schweren Brandkatastrophen und Beraubungen, welche das Kloster trafen, mit dem Engelberger Kreuz nicht nur das hervorragendste Kunstwerk der Innerschweiz, sondern auch eine der bedeutendsten europäischen Leistungen auf diesem Gebiet um 1200 erhalten. Dabei ist besonders zu betonen, daß diese Schöpfung zwar sicher nicht in Engelberg selbst entstehen konnte, aber vom Kloster und seinem Abt bestellt, geistig und materiell mitgestaltet und bis zum heutigen Tag im Dienste seiner kultischen Aufgaben bewahrt wurde.

Die «Annales maiores» von Engelberg zählen im Todeseintrag des Abtes Heinrich als dessen Hauptleistungen auf: den Wiederaufbau der abgebrannten hölzernen Klosterbauten, die Errichtung eines Glockenturms, die Beschaffung von Glocken sowie eines silbernen vergoldeten Kreuzes, welches nicht weniger als 80 Reliquien berge. Am Kreuz ist Heinrich selber kniend dargestellt; seinen Familiennamen und seine Herkunft kennen wir nicht, nur aus dem Nekrolog von Petershausen bei Konstanz ist eine auswärtige Nennung bekannt. Anderseits wissen wir, daß er 1200 gar den Königshof zu Eger in Böhmen aufsuchte, 1208 in Straßburg bei König Otto erschien und sich am 2. Januar 1213 von Friedrich II. in der staufischen Pfalz zu Hagenau im Elsaß alle Rechte und Privilegien für Engelberg bestätigen ließ[18].

Das Kreuz, Hauptheiligtum des Klosters, in Karfreitagsliturgie und Prozessionen, auch als Sterbekreuz der Mönche ständig in Gebrauch, wurde 1599 seiner Edelsteine beraubt. 1908 hat man es unter der Leitung von P. Ignaz Heß und Robert Durrer im Luzerner Atelier des Goldschmieds Karl Bossard Sohn restauriert, wobei das Christushaupt eine Königskrone «nach gleichzeitigen» Mustern der Engelberger Miniaturen aufgesetzt erhielt.

Das 92 cm hohe, 60 cm breite Kreuz mit Kleeblattenden, nur unten rechteckig schließend, ist über einem Nußbaumkern mit getriebenen Silberplättchen beschlagen, wobei Pretiosen die vergoldete Vorderseite zieren. Nach ikonographischem Programm und künstlerischer Gestaltung stellt das Werk die Leistung einer erfahrenen und höchstrangigen Werkstatt dar. In allen figürlichen Teilen wirkt, vermittelt durch byzantinische Kunst, die Antike

[15] Gutscher Daniel, Das Großmünster in Zürich, Bern 1983, S. 135.

[16] ... «Cruci, que supra maius altare extenta videtur» ... UB Beromünster 1, S. 181, Nr. 133.

[17] Reinle, Kdm LU 2, S. 188 und Abb. 140.

[18] Rahn Johann Rudolf, Das Kreuz von Engelberg, in: Mittheilungen der Schweizerischen Gesellschaft für Erhaltung historischer Kunstdenkmäler 1, 1882, S. 1–5; Durrer, Kdm UW, S. 155–158 und 1107–1111; Büsser Bernhard, Die Restauration des Engelberger Reliquienkreuzes, in: Angelomontana. Blätter aus der Geschichte von Engelberg, Goßau 1914, S. 471–483; Hess Ignaz, Die Kunst im Kloster Engelberg, Engelberg 1946, S. 38–50; Grimme Ernst Günther, Das Heilige Kreuz von Engelberg, in: Aachener Kunstblätter 35, 1968, S. 21–105; Heuser, Goldschmiedekunst, S. 116 f. – Zum Freiburger Böcklinkreuz und zum Kreuz von Niedermünster: ebd. S. 113–117.

187 Zum Vergleich mit dem Markusmedaillon am Engelberger Reliquienkreuz: Romanisches Vergilrelief in Mantua, Museo Civico.
188 Kloster Engelberg, silbernes Reliquienkreuz, Vorderseite: Medaillon des Evangelisten Markus.
189 Kloster Engelberg, silbernes Reliquienkreuz, Vorderseite: Das Haupt des Erlösers.

nach, deren feierliche Grundhaltung sich zuweilen – wie etwa beim Evangelisten Markus, bei den Elementen und beim Stifterbild – mit recht naturnahen, realistischen Zügen vermischt.

An der Vorderseite sehen wir den Gekreuzigten als eine aus dem Grund bis fast zur Vollplastik getriebenen Figur. Noch altertümlich, mit einzeln angenagelten Füßen auf dem Suppedaneum stehend, ist er fast sieghaft schwebend in der Verklärung gezeigt. Dem entspricht auch die Markierung der fünf Wunden durch Rubine, was schon für den bereits erwähnten von Abt Suger gestifteten, goldenen Kruzifixus belegt ist. Ohne Zeichen des Leidens ist das erhobene, unmerklich gewendete Haupt. Den voluminösen Leib umschlingt antikisch eine als Lendentuch drapierte Toga, die Lenden sichtbar lassend.

Unterhalb des freigeformten Suppedaneums (Stütze zu Füßen des Gekreuzigten) kämpfen in sich verbissen Löwe und Basilisk, wohl ein in Psalm 90,13 begründeter Hinweis auf Christi Sieg. Ein klares Beispiel aus der alt- und neutestamentlichen Typologie bringt das darunter befindliche Relief. Moses zeigt einem kranken Mann als rettendes Zeichen die Eherne Schlange. Mit Bezug auf die in Numeri 21,6–9 erzählte Geschichte wird von Johannes 3,14 Christus selbst die Prophezeiung in den Mund gelegt: «Und wie Moses in der Wüste die Schlange erhöht hat, also muß der Menschensohn erhöht werden.» Damit wird die Eherne Schlange zum Symbol des Gekreuzigten.

Eindrücklicher noch als solche Bildsymbole ist die wirkliche Anwesenheit des Kreuzes Christi in Form winziger Holzpartikel. Sie wurden in eine kleine, von zwei Engeln gehaltene Rundscheibe eingelegt und über dem Haupt Jesu plaziert. Die Umschrift lautet: «CRVX IACET HIC DIGNE REDIMENS VOS MORTE MALIGNA» (Das Kreuz ruht hier würdig, vom üblen Tod euch befreiend).

Von den Evangelistenreliefs an den Kreuzenden folgen Matthäus, Lukas und Johannes dem gewohnten Schema. In mehr oder weniger seitlicher Sicht dargestellt, sitzen sie am Schreibpult und empfangen ihre Inspiration, welche durch die am Himmel sichtbaren Köpfe ihrer Symbole angedeutet wird. Anders hat der Künstler den hl. Markus konzipiert. Er thront frontal auf einer Bank und hält ein Schreibbrett vor sich auf den Oberschenkeln. Stolz schreitet der Löwe, sein Attribut, hinter ihm durch. Souverän gestaltet wirkt auch das Haupt des Heiligen, wie einer römischen Bildnisbüste abgeschaut. Suchen wir nach einer Parallele zum eher seltenen Motiv des frontal sitzenden Autors, so finden wir sie – künstlerisch freilich schwächer gestaltet – auf dem Goldkreuz von Freiburg i. Br. oder in den steinernen Denkmälern, welche die Stadt Mantua ihrem antiken Dichter Vergil im 13. Jahrhundert an zwei öffentlichen Bauten errichten ließ[19].

Der tiefe Symbolgehalt des Engelberger Kreuzes zeigt sich unter anderem auch darin, daß die Evangelistenattribute nicht bloß als deren Erkennungszeichen, sondern auch als unterschiedliche Sinnbilder für Christus in den seitlich angebrachten Inschriften gedeutet werden. Diese Auslegung geht auf Papst Gregor den Großen zurück. Nach ihm wurde Gott in der Geburt zum Menschen, im Tode zum Opferstier, in der Auferstehung zum Löwen und in der Himmelfahrt zum Adler.

Das Hauptbild der Rückseite, eine sitzende Muttergottes zwischen zwei Engeln, nimmt

[19] Abbildung der Vergil-Denkmäler: FRANCOVICH Geza de, Benedetto Antelami, 2. Bd., Milano 1952, Taf. 99f.

190 Kloster Engelberg: Das silberne Reliquienkreuz, Rückseite: Maria mit Kind.

eng auf das Patrozinium Engelbergs Bezug: Sancta Maria in monte angelorum. Der Künstler hat die Madonna mit ihrem Kind nach dem Hodegetria-Muster gestaltet, wobei aber beide ihren Blick dem Betrachter zuwenden. Maria hält in der einen Hand das Lilienszepter, mit der andern umfängt sie an der Schulter ihren Sohn, der gleichzeitig vom herabfallenden Mantel der Mutter zugedeckt wird. Die Freiheit, mit welcher diese Gruppe in das Medaillon eingepaßt ist, beruht nicht zuletzt auf dem intensiven Verwenden des Rundbildes, etwa in der Kleinkunst, vor allem aber auch in der spätromanischen Glasmalerei. Die spontan herabgleitende Heiliggeisttaube wird vom selben naturnahen Beobachtungssinn geprägt wie die übrigen Symboltiere des Engelberger Kreuzes[20].

In besonderer Beziehung zum Kloster standen die an Kreuzstamm und -balken angebrachten Heiligen. Zu Ehren des Apostels Petrus wurde schon im 12. Jahrhundert ein Altar geweiht; auch die andern drei Heiligen, Bischof Theodul oder Theodor von Sitten, Bischof Nikolaus von Myra sowie der Gefangenen- und Viehpatron Leonhard wurden in Engelberg von allem Anfang an hoch verehrt. Sie erscheinen denn auch neben Maria im Weihebrief für die Abteikirche.

Am Kreuzesfuß kniet als Stifter Abt Heinrich, eine prägnante Porträtfigur. Dazu können wir anmerken, daß die Schriftrolle mit der Bitte «MEMENTO MEI DEVS HEINRICVS PECCATOR» offenbar eine etwas ungeschickte, spätere Beigabe darstellt, die wohl erst nach seinem Tode angebracht wurde.

Die vier quadratischen Reliefs der Elemente – Sinnbilder für die von Christus erlöste Schöpfung – gehören zum eindrücklichsten Teil des Figurenprogramms. Ihre Herleitung aus verschiedenen antiken Vorlagen ist evident. Die allegorischen Gestalten, nach dem lateinischen Namen jeweils männlich oder weiblich, ruhen auf einem sie tragenden Tier (Löwe, Adler, Fisch, Rind) und präsentieren diverse Attribute.

Uns erstaunt wohl am meisten das Bild der Terra als Urmutter mit altem, faltigem Gesicht, über einem Stierkalb lagernd, dem sie die rechte Brust reicht, während sie einer Schlange die linke dargibt. Für diese frühe Zeit überrascht die sie umgebende, stilisierte

191 Kloster Engelberg, silbernes Reliquienkreuz, Rückseite: Allegorie der Terra.

192 Zum Vergleich mit dem Terrarelief: Darstellung der «Dolomiten» im romanischen Chorbogengemälde der Kirche von Grissian, Südtirol.

Landschaft. Ein hügelig gewelltes Gelände mit vereinzelten Bäumen und Gräsern steigt zu einer recht klar umrissenen Gebirgssilhouette auf. Robert Durrer erkannte in diesem Detail «das seltene, vielleicht einzigartige Beispiel eines landschaftlichen Hintergrundes»,

[20] Ältere Autoren glaubten in der Beinhaltung des Kindes, im Zeigen der Fußsohle ein Zeichen von Naturbeobachtung zu erkennen. Doch bekanntlich reicht diese Formelhaftigkeit bis in die Antike zurück, von wo sie die christliche Kunst übernommen hat. Zum Fußmotiv: RADEMACHER Franz, Die Gustorfer Chorschranken, Bonn 1975, S. 182–190.

«die Stilisierung einer typischen Hochgebirgslandschaft, die aus dem durch Blumen angedeuteten Wiesentalgrund über Hochwald zu zackigen Gipfeln emporsteigt, von denen Gletscherzungen herunterzureichen» scheinen. Ja, Durrer wollte «darin sogar direkte Reminiszenzen an den natürlichen Berghintergrund des Engelberger Tales erkennen» mit den charakteristischen Silhouetten des Titlis beziehungsweise des Hahnens.
Da Durrer als Entstehungsort des Kreuzes die eigene Klosterwerkstatt annahm, waren solche Vorstellungen nicht zum vornherein ausgeschlossen. Nachdem man aber erkannt hatte, daß ein Meisterwerk von diesem Rang nur von Künstlerhänden mit großer Erfahrung in einem wichtigen Zentrum geschaffen werden konnte, fielen obgenannte Überlegungen automatisch dahin. Und doch soll hier darüber gesprochen werden, ob und wie Gebirgsdarstellungen um 1200 möglich waren: In der St. Jakobskirche in Grissian südlich von Meran zeigt das zu Beginn des 13. Jahrhunderts entstandene Gemälde über dem Chorbogen die Opferung Isaaks. Den Hintergrund bildet eine ungewöhnliche Kette von zuckerstockförmigen, schneebedeckten Bergen, welche die Literatur ohne Zögern als stilistische Wiedergabe der benachbarten Dolomiten gedeutet hat. Wesentlich ältere Beispiele von Gebirgsbildern liefern die Mosaiken von S. Vitale in Ravenna, etwa die Mosesszenen an den Seitenwänden des Presbyteriums, geweiht im Jahre 547[21].
Die auf einem Tier reitende Terra läßt sich schon in der Antike ausmachen, seit dem 9. Jahrhundert auch die Menschen oder Tiere säugende Mutter «Erde». Schließlich kann als weitere Möglichkeit auch eine Europa auf einem Stier unter den Vorbildern der Engelberger Darstellung sein.
Die Allegorie der Aqua, eine jugendliche Frau auf einem Fisch, mit der einen Hand einen Wasserkrug leerend, mit der andern einen menschengesichtigen Fisch hochhaltend, vermischt drei antike Vorlagen miteinander; den auf dem Delphin reitenden Jüngling, die auf einem Seeungeheuer sitzende Nymphe und einen Flußgott mit Krug. – Ein Jungmann mit wehendem Haar auf einem Adler stellt den Aer dar; dabei hält er eine maskenhafte Wolke und einen Falken in den Händen. In diesem Bild verschmelzen sich Ganymeds Entführung und eine herrscherliche Apotheose. – Das Relief von Ignis schließlich zeigt einen auf einem Löwen sitzenden Jüngling. Sein Kopfschmuck flattert flammenhaft, in der Rechten trägt er die Sonne, in der Linken eine Fackel. Sonne, Licht und Löwe versinnbilden auch den Sieg Christi über die Finsternis.

Zahlreiche Elemente des Engelberger Kreuzes finden wir an zwei hervorragenden Werken des Oberrheins wieder, nämlich am ehemaligen Triumphkreuz des Münsters zu Freiburg i. Br., um 1200 entstanden, und am 1197 gestifteten, großen Kreuz der Abtei Niedermünster am Odilienberg im Elsaß. Letzteres ist einzig in exakten Kupferstichen überliefert, weil das Original während der Französischen Revolution unterging. Darüber hinaus bestehen figürliche und stilistische Bezüge zur Buchmalerei des Hortus deliciarum der Äbtissin Herrad von Landsberg auf dem Odilienberg und zur Monumentalkunst der Glasgemälde im Straßburger Münster. Endlich hat Hans-Jörgen Heuser die enge Verwandtschaft der Muttergottes am Engelberger Kreuz mit dem für 1201 belegten Siegel des Domherrenkapitels von Straßburg erkannt. So ist es wohl nicht abwegig, wenn wir die Entstehung des Engelberger Kunstwerks in diesem Umkreis suchen, wohin ja auch Abt Heinrich Beziehungen unterhalten hat[22].

Das Kreuz von Beromünster

Bietet das Benediktinerkloster ein Beispiel der antikisierenden Kunst in höchster Vollendung, so zeigt das Prachtskreuz im Stift Beromünster eine Lösung im Geiste der mystischen Gotik. Hier handelt es sich um ein Werk der oberrheinisch-süddeutschen Goldschmiedekunst. Als Entstehungsort kommt wohl am ehesten Konstanz oder Zürich in Frage. Das 70 cm hohe, 52 cm breite, silbervergoldete Kreuz geht in der Grundgestalt auf das im frühen 13. Jahrhundert gebräuchliche Schema der Vierpaßenden zurück, das man hier – eine Entwicklung, die sich in Frankreich und im Maasgebiet schon ab 1250 anbahnte – um je eine heraldische Lilie erweitert hat. Gegenüber dem Beispiel von Engelberg wurde das Bildprogramm stark vereinfacht. Es beschränkt sich auf die Wiedergabe der vier Evangelisten in den Rundmedaillons der Vierpässe. Um so stärker dominiert der selbständig gearbeitete, applizierte Korpus des Erlösers auf den schmaler gewordenen Kreuzbalken[23].
Die leeren Flächen der Vorderseite sind mit gegossenen, kleinteiligen Ahornzweigen übersponnen, wie sie ab der Mitte des 13. Jahrhunderts an französischen Kapitellen aufkom-

[21] Demus, Wandmalerei, Farbtafel XXXIV.
[22] Heuser, Goldschmiedekunst, S. 14–16 und Abb. 23.
[23] Reinle, Kdm LU 4, S. 80–87; Heuser, Goldschmiedekunst, Nr. 127; Fritz, Goldschmiedekunst, Nr. 198 und 200.

men. Dazwischen leuchten bunte, locker verteilte Edelsteine auf. Unter dem Gekreuzigten hat der Künstler eine antike, querovale Gemme eingesetzt. Die liegende, nackte Frau, die darauf abgebildet ist, wohl Danae, hat als Allegorie der erlösten Erde einen neuen Sinn erhalten. Der über dem Haupt Christi eingefügte, streng geformte Frauenkopf aus Amethyst wurde als Werk der staufischen Renaissance gegen Ende des 12. Jahrhunderts identifiziert. Der in Silber gegossene, vergoldete Kruzifixus vertritt, gleich verwandten Beispielen in Saulgau oder Liggeringen, die lyrisch verhaltene, mystische Kunst des Bodenseeraums der ersten Hälfte des 14. Jahrhunderts. Im Gegensatz zum Ittinger Vortragskreuz (das, obschon etwas älter, gleich disponiert und einem ähnlich naturalistischen Zierwerk verpflichtet ist, aber mit einem altertümlicheren Christus als kraftvolle Herrscherfigur) erscheint in Beromünster der Erlöser als zarte und zerbrechliche Gestalt. Doch fehlt die expressive Grausamkeit des Christus patiens, wie sie etwa in Köln, seltener auch bei uns in den hölzernen Großplastiken aufgetreten ist, was möglicherweise mit der streng liturgischen Aufgabe des Vortragskreuzes in Zusammenhang gebracht werden kann. So ließe sich erklären, weshalb eine ausgeprägte Leidensmystik bei den Werken der Goldschmiedekunst kaum anzutreffen ist.

Die Rückseite besitzt rein ornamentalen Charakter; halbnaturalistische Efeustränge füllen die Fläche. Im Zentrum wurde unter Kristallverschluß die Heiligkreuz-Reliquie, in den mit gravierten Sternen verzierten Kapseln der Vierpässe andere Reliquien untergebracht.

Übrige Kreuze

Zur seltenen Gattung der Vortragskreuze aus Bergkristall und Halbedelsteinen, die in der deutschen Schweiz durch das Kristallkreuz im Kirchenschatz von Zurzach um 1300 vertreten ist, gehört das eigenwillige Werk im Zisterzienserinnenkloster Frauenthal[24]. Dieses besteht im wesentlichen aus fünf grau-blau-weiß geäderten, mit rötlich-braunen Einschüben

193 Stiftsschatz Beromünster: Vorderseite des gotischen Vortragkreuzes.
194 Kloster Frauenthal: Gotisches Vortragkreuz aus Achat.

[24] HEUSER, Goldschmiedekunst, Nr. 132; BIRCHLER, Kdm ZG 1, S. 164 und Abb. 106; ALLTAG, S. 187f., Nr. 261. – HAHNLOSER Hans R./BRUGGER-KOCH Susanna, Corpus der Hartsteinschliffe des 12.–15. Jahrhunderts, Berlin 1985. Dieses universale Inventar läßt die Seltenheit von Achatbestandteilen erkennen. Ein fast ganz aus Achat bestehendes Werk wie das Frauenthaler Kreuz steht völlig allein. Um so bedauerlicher ist es, daß gerade dieses Stück im Corpus vergessen wurde.

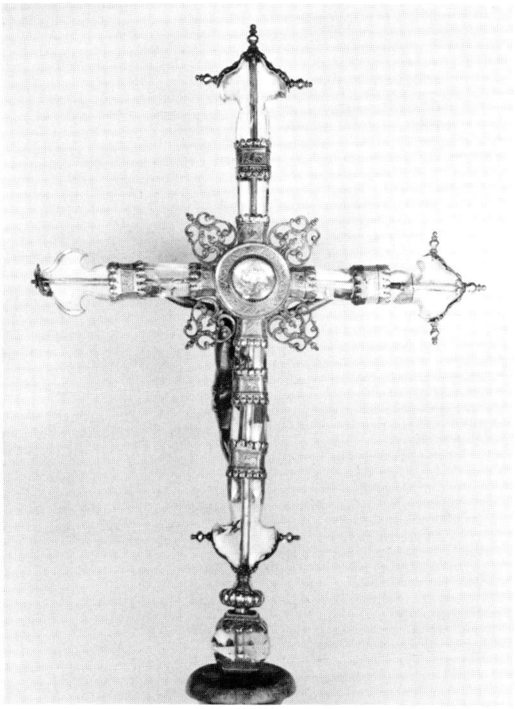

195 Zum Vergleich mit Frauenthal: Vortragkreuz aus Bergkristall in der St.-Verena-Kirche von Zurzach.

versehenen Achatstücken, welche durch kupfervergoldete Scharniere zusammengehalten werden. Aus gleichem Material sind die lilienförmigen Armenden und das Tatzenkreuz auf dem quadratischen Mittelteil gefertigt, das gleichsam den Nimbus für den ebenfalls kupfervergoldeten Kruzifixus bildet. Mondsteine und Sterne zieren vorne die Kreuzenden, während auf der Rückseite in Medaillons die vier Evangelistensymbole und im Zentrum der Pelikan dargestellt sind. Die Datierung und Lokalisierung des Entstehungsortes für dieses Werk bleiben umstritten. Heuser verweist auf den verwandten Kruzifixus des Tennbacher Kreuzes, um 1250 entstanden, und auf Straßburg als möglichen Ursprungsort hin. Wie das vor wenigen Jahren erschienene «Corpus der Hartsteinschliffe» belegt, wurde Achat neben Bergkristall nur ganz selten für Kultgeräte verwendet.

Aus dem 14. und 15. Jahrhundert haben sich zwar Dutzende von Vortragskreuzen erhalten. Da sie aber ständig gebraucht wurden, mußte man sie von Zeit zu Zeit erneuern. Dabei waren praktisch alle Teile austauschbar. Als Folge davon konnte kaum eines seinen ursprünglichen Bestand vollständig bis auf heute bewahren. Einzig die Form der Armenden blieb bis ans Ende des Barocks praktisch unangetastet. Von all diesen Kreuzen seien als besonders gute Exemplare des 14. Jahrhunderts jene für die Kirchen in Sarnen, Baar und im Hof zu Luzern genannt. In einfacher Formensprache zeigt das Kreuz in Ebikon LU neben einem um 1500 erneuerten Korpus noch die hervorragend sicher gezeichneten, ursprünglichen Emails in Grubenschmelz, die um 1370 zu datieren sind: die Evangelistensymbole, ein Agnus Dei zwischen Maria und Johannes sowie Pelikan und Löwe mit Jungen als Sinnbilder für den Erlöser[25].

Bucheinbände

Silberarbeiten

Für jene liturgischen Bücher, die in Kathedralen oder in Stifts- bzw. Klosterkirchen anläßlich der hochfeierlichen Gottesdienste Verwendung fanden, also im besonderen für die Sakramentare und für die daraus entstandenen Missale oder Evangeliare haben die Verantwortlichen kostbare Hüllen anfertigen lassen. Vom sogenannten Eschenbacher-Plenarium, dem Vollmeßbuch der Luzerner Hofkirche, das 1175 von Propst Ulrich von Eschenbach gestiftet worden war, hat man bei der «Erneuerung» im Jahre 1589 allerdings nur mehr den Vorderdeckel übernommen, der erst noch durch das Anbringen eines Renaissancerahmens an den Ecken sowie oben und unten in der Mitte angeschnitten wurde. Auf dem 23,8 cm hohen und 18,2 cm breiten, silbervergoldeten Relief ist in strenger Vorderansicht die Gottesmutter mit Kind nach dem byzantinischen Typus der Nikopoja dargestellt. Kopf- und Schulterpartien von Maria und Jesus sind Rekonstruktionen von 1940. Diese Partien hat man nämlich 1589 erneuert, wobei man die Madonna zu einem Gottvater umdeutete, um auf solche Art die Idee eines Gnadenstuhls verwirklichen zu können.

Zur Darstellung selbst: Auf einem altertümlichen Stuhl aus Rundstäben sitzt Maria so beziehungslos wie die thronenden Gestalten auf merowingischen Miniaturen. Ihr zu Füßen kauern frontal zwei extrem primitive, kleine Löwen, was man als Anspielung auf den Thron Salomons deuten muß. Über dem Haupt der Madonna schwebt der Hl. Geist in Gestalt einer Taube herab. Die Gruppe wird vervollständigt und in der sakralen, hieratischen Wirkung gesteigert durch zwei hochrangige Engel, Cherubim oder Seraphim, mit

[25] Zu Ebikon: VON MOOS, Kdm LU, S. 252 mit Abb. 184–189 und 191. – Zu Altdorf: STADLER-LUSSER Anton, Der Kirchenschatz der Pfarrkirche St. Martin (Altdorf), in: HNU NF 28/29, 1973/74, S. 89–96; Die Pfarrkirche St. Martin zu Altdorf. Erinnerungsschrift zum Abschluß der Renovationsarbeiten, Altdorf 1971, Abbildungen S. 42f. (Vorder- und Rückseite des Kreuzes). – Zu Baar: BRUNNER Josef, Mittelalterliche Kunstwerke in der Kirche St. Martin, in: Kirche St. Martin Baar, Baar 1974, S. 51–61, Abbildung S. 52. – Zu Luzern: RITTMEYER, Goldschmiedekunst, Taf. 38f. – Zu Sarnen: vgl. DURRER, Kdm UW, Taf. XXII.

196 Stiftsschatz der Luzerner Hofkirche: Eschenbacher Plenarium mit romanischem Relief.

je sechs augenbesetzten Flügeln. Die himmlischen Wesen stehen auf Rädern, deren Speichen auf das Monogramm Christi aus Chi und Jota hinweisen. Sie unterstreichen den Charakter des Bildes als Sedes sapientiae.
Die altertümliche Befangenheit dieses Reliefs bleibt rätselhaft. Wurde ein frühmittelalterliches Beispiel nachgeahmt oder stammt die Arbeit sogar nicht erst aus den Jahren 1175? Verwandtes war bis jetzt nicht zu finden; das Werk ist freilich auch nie einer besonderen Analyse unterzogen worden[26].
Als Einheit erhalten, wenn auch in den Emails beschädigt, hat sich das Evangeliar des Stiftes Beromünster aus den Jahren um 1300. Das Buch mit den Perikopen der im Jahreslauf vorzutragenden Lesungen aus dem Neuen Testament weist im Innern als Schmuck einzig rot-blaue Buchstaben auf, sonst fehlt jegliche Illumination. Um so prachtvoller ließen die Chorherren den Einband gestalten, den wir mit gutem Grund als einen der bedeutendsten der gotischen Goldschmiedekunst bezeichnen dürfen.
Die 34 auf 25 cm messenden Holzdeckel hat man innen mit Pergament überzogen, außen aber mit vergoldetem Silber beschlagen. Weil das Evangeliar nach liturgischem Brauch in geschlossenem Zustand auf der Epistelseite (also rechts auf der Mensa) mit dem Schnitt gegen die Altarmitte liegen mußte, wurde seine Rückseite als Schauansicht gestaltet, während man den vorderen Deckel eher bescheiden ausgeschmückt hat: Über ein kleinteiliges Rautenmuster mit Lilien legt sich hier ein großmaschigeres aus Bändern mit Rosetten in den Kreuzungspunkten. Solchen von der Textilkunst abgeleiteten Dekor liebte die Gotik in allen Gattungen.
Die Aufteilung der Prachtseite folgt zunächst dem gewohnten Prinzip des von einem Rahmen umschlossenen Hauptfeldes. Völlig neuartig ist jedoch die Durchgestaltung mit glasgemäldehaft transluzidem Email. Diese Technik begann um 1300 am Ober- und Hochrhein Fuß zu fassen. An die Stelle der opaken Glaspaste trat nun eine dünne, durchsichtige Glashaut, die über flach geschnittene Silberreliefs gegossen wurde. Gesichter und Hände blieben dabei unbedeckt, um sie nachher zeichnerisch mit schwarzem Niello bearbeiten zu können. – In der Deckelmitte sitzt in feierlicher Beschwingtheit auf einer asymmetrischen Wolke die silbergetriebene, vergoldete Figur des mit Mantel und Tunika bekleideten Erlösers. Während seine Rechte zum Segensgestus ausholt, hält er in der linken Hand den Reichsapfel. In einer Art impulsiver Drehung wendet sich die fast vollplastische Gestalt der rechten Seite zu, was den Eindruck aufkommen läßt, daß sie ursprünglich für eine andere Komposition, etwa für eine Krönung Mariens, bestimmt gewesen sei. In zentralisierender, kreuzartiger Weise fassen Architekturelemente – Strebepfeiler, Wimperge, Filialen, Maßwerkbalustraden – die Hauptfigur ein. In den vier äußeren Bogen sitzen diagonal auf sie bezogen die vier Evangelisten an Pulten, mit ihren Symbolen versehen. Das Innere der Arkaden hat der Künstler mit einem Schachbrettmuster überzogen und blau emailliert. Die «Wand» über den Wimpergen teilte er horizontal in drei Zonen auf: die eine zeigt eine violett überschmelzte Mauerquaderung, die nächste ein Band zweilanzettiger Maßwerköffnungen wie eine Galerie oder ein Triforium, grün überschmelzt, die dritte schließlich eine plastische, von rotem Schmelzgrund durchzogene Maßwerkbalustrade.

[26] REINLE, Kdm LU 2, S. 186; BAUM, Skulpturen, Nr. 10.

197 Stiftsschatz Beromünster, Evangelistar: Hauptseite des silbernen, emaillierten Prachteinbandes.

Für das Verständnis dieser seltsamen Konzeption müssen wir einen Blick auf die Darstellungsmethoden der mittelalterlichen Architekturzeichnung werfen. Sie kennt sowohl den stehenden Fassadenaufriß als auch die Umklappung eines solchen in die Ebene. So zeigt beispielsweise der St. Galler Klosterplan um 820 die Arkaden des Kreuzganges im Grundriß durch Umklappung; in ähnlicher Weise sind in einer Planvedute des Kathedralbezirks von Canterbury um 1160 die Gebäude nach allen vier Hauptrichtungen umgelegt. Für unsern Bereich von großer Wichtigkeit ist die Anwendung dieses Prinzips bei der Darstellung irrealer, symbolischer Bauten, vor allem der Gottesstadt, des himmlischen Jerusalems nach der Geheimen Offenbarung[27], wie wir es zum Beispiel in der Apokalypse von

[27] Apokalypse 21,9–27.

198 Stiftsschatz Beromünster, Evangelistar, Detail der Hauptseite: Evangelist Lukas.
199 Stiftsschatz Beromünster, Evangelistar, Detail der Hauptseite: Apostel Bartholomäus und Simon.

St. Sever antreffen, die im 11. Jahrhundert entstanden ist. Wir sehen da um einen quadratischen Hof mit dem Gotteslamm die nach allen Seiten umgeklappten Stadtmauern mit je drei Toren, Zinnen und Türmen. Wenn wir neben dieses Bild den Buchdeckel von Beromünster halten, so erkennen wir sogleich, daß dieser auf solche Vorlagen zurückgehen muß. Sogar die Schachbrettmusterung der Emailflächen ist hier vorgegeben[28]. – Damit wird auch klar, worin der tiefere Sinn der zunächst so seltsamen Komposition besteht. Es handelt sich auch hier um die Darstellung der apokalyptischen Gottesstadt, allerdings zeichenhaft konzentriert. Die rechteckigen Emails der Rahmung stellen einzeln oder in Zweiergruppen die zwölf Apostel halbfigürlich dar. Unter sie reihen sich als Vollbild Maria und der Stiftspatron, der Erzengel Michael, ein.

Fast alle Kenner der gotischen Goldschmiedekunst des Ober- bzw. Hochrheins ordnen den Bucheinband von Beromünster einer Werkstatt zu, die zwischen 1300 und 1320 in Konstanz tätig war. Der höchst ausgereifte Stil hängt mit Arbeiten unterschiedlicher Gattungen aus dieser Umgebung zusammen. Hier finden sich so zarte, bewegliche und lyrisch gestimmte Gestalten mit expressiven Gesichtern, mit struppigen Haupt- und Barthaaren, Stirnlocken oder geraden Stirnfransen. So ist man geneigt, die Apostelköpfe des Einbandes mit Holzplastiken zu vergleichen wie etwa der Christus-Johannes-Gruppe aus St. Katharinenthal in Antwerpen, den Passionsreliefs am Johannes- und Paulusschrein in Reichenau-Mittelzell oder den Miniaturen, vor allem der Kreuztragung im Graduale von St. Katharinenthal (gegen 1312), bzw. den Siegeln, wie jenem des Konstanzer Dompropstes Konrad von Klingenberg (kurz nach 1301).

Kunstwerke sind immer durch konkrete, menschliche Beziehungen vermittelt worden. Solche sind zum Teil dokumentarisch bezeugt, manchmal können wir zumindest auf Kontaktmöglichkeit hinweisen. So darf in diesem Zusammenhang notiert werden, daß seit 1315 und 1338 leibliche Brüder des Konstanzer Goldschmieds Rudolf Nordwin als Geistliche im Stift Beromünster lebten[29].

Elfenbeinarbeiten

Zur Geschichte des anspruchsvollen Bucheinbandes zählen wesentlich auch die Elfenbeinarbeiten. Sie sind in unserem Raum mit drei Exemplaren in Beromünster vertreten. Das in der ersten Hälfte des 13. Jahrhunderts entstandene Antiphonar mit Neumen wird von schlichten Holzdeckeln geschützt, in welche aber zwei viel ältere, 24 × 12,4 cm große Elfenbeintafeln eingelassen sind. Mit ihren Schnitzereien (die beiden Apostelfürsten Petrus und Paulus stehen unter je einer Arkade) gehören sie zu einer Gruppe frühmittelalterlicher Arbeiten, die sich alle auf die im 6. Jahrhundert entstandenen Bilder an der Kathedra des Bischofs Maximian (545–553) im Dom zu Ravenna zurückführen lassen. Die Entstehungszeit der zwei Tafeln wird um die Wende des 8./9. Jahrhunderts angesetzt.

[28] Abgebildet bei: Heitz Carol, Recherches sur les rapports entre Architecture et Liturgie à l'époque carolingienne, Paris 1963, Taf. XXXVI bei S. 137; Original in: Bibliothèque Nationale, Paris: Ms. lat. 8878, fol. 207 f.

[29] Reinle, Kdm LU 4, S. 87–91; Guth-Dreyfus, Email, Nr. 4; Heuser, Goldschmiedekunst, Nr. 66; Fritz, Goldschmiedekunst, Text zur Farbtafel III.

200 Stiftsbibliothek Engelberg: Ornamentierter Ledereinband von Codex 79.

Das zweite Beispiel finden wir an einem Epistolar mit Briefen des Apostels Paulus, das vom 1172 gestorbenen Markgrafen Ulrich von Lenzburg gestiftet wurde. Der Bucheinband besaß ursprünglich eine reichere Ausstattung, er war «totum simul auro eboreque paratum», also mit Gold und Elfenbein geziert. Erhalten hat sich davon nur noch eine aus mehreren Teilen zusammengesetzte Elfenbeinplatte. Darin sind stereotyp in drei Reihen Büsten in Hochrelief angeordnet, oben Jesaja, Gregor und Ezechiel, in der Mitte Christus, flankiert von Petrus und Paulus, unten Jeremias, Daniel sowie Hieronymus. Ihre Hintergünde schmücken ausgebohrte Dreipässe und Kreise, Spitzbogengalerien trennen die einzelnen Register voneinander, während die umlaufende, durchbrochene Borte aus stark stilisierten Blattranken und Kügelchen besteht. Der Stil der italo-byzantinischen Arbeit weist auf einen späteren Entstehungstermin hin, als ihn die Schenkungsinschrift (vor 1172) nennt: ins späte 13. Jahrhundert.
Etwas früher, nämlich zwischen 1200 und 1250, war die kleine Handschrift des Direktoriums mit Kalender und Jahrzeiten von Stiftern, Wohltätern sowie Pröpsten entstanden, deren Einband später mit einem Elfenbeindiptychon geschmückt wurde (heute im Landesmuseum). Die beiden 16,4 cm hohen und 8 cm breiten Täfelchen[30] stellen ein typisches Exportprodukt der Pariser Elfenbeinwerkstätten um 1340 dar. Die vier Szenen geben unter den dreibogigen Baldachinen die Geißelung, Kreuzigung, Grablegung und Auferstehung Christi wieder. Durch solche kompositionssicheren, im Detail aber naturgemäß formelhaften Serienarbeiten wurde die Bilderwelt der französischen Gotik verbreitet und konnte als Muster auch anderen Künsten, wie der Großplastik, der Wandmalerei, den Textilien oder der Buchmalerei dienen[31].

Ledereinbände

Neben den Buchdeckeln aus kostbarem Material dürfen wir die einfach mit Leder überzogenen nicht vergessen, welche mit den materialgerechten Techniken von Pressung oder Schnitt verziert sein können. Das Kloster Engelberg besitzt eine Gruppe von vier zusammenhängenden, reich verzierten Ledereinbänden aus der ersten Hälfte des 13. Jahrhunderts: zwei Handschriften mit Briefen des Apostels Paulus, die dritte mit dem Matthäusevangelium, die vierte schließlich mit den Evangelien des Johannes und des Markus[32]. Die Einbände der beiden Erstgenannten sind aus rotbraunem, die andern aus schwarzem Leder angefertigt und mit gepreßten Motiven vollständig überzogen, die sich zum Teil wiederholen, wenn auch in wechselnder Anordnung. An Figuren sind St. Paulus und ein Heiliger mit Kugel (Nikolaus?), St. Petrus, ein Psalmist, die Evangelisten, Reiter, kniende, nackte Krieger, Meerweiber, Kentauren, Hirsche und Vögel zu nennen, um sie herum dominiert als weiterer Dekor ein dichtes Geflecht. Die Vorderseite besitzt wie die metallenen Einbände ein durchgehendes Kreuz[33].

[30] Original: Schweizerisches Landesmuseum Zürich: LM 20806.

[31] Zu den Elfenbeinarbeiten in Beromünster: REINLE, Kdm LU 4, S. 77f. mit Abb. 66, S. 79f. mit Abb. 67 und S. 91f. mit Abb. 84.

[32] Originale: Stiftsbibliothek Engelberg: Codex 78 und 79 (Paulusbriefe), Codex 82 (Matthäusevangelium), Codex 83 (Johannes- und Markusevangelium).

[33] DURRER, Kdm UW, S. 202–206 mit Fig. 89; weitere Abbildungen in: SMAH 7, Taf. XLVI–XLVIII.

Textilien

Zusammen mit den andern wetteiferten auch die Textilkünste im Mittelalter um die Gunst der weltlichen und geistlichen Würdenträger. Auch sie wollten dazu beitragen, daß jene sich standesgemäß kleiden bzw. ihre Räumlichkeiten entsprechend ihrem Ansehen ausstatten konnten. Angesichts der Vergänglichkeit der Stoffe sind wir mit ihnen heute besonders schlecht dokumentiert. Am ehesten erhalten haben sich priesterliche Gewänder, Altarantependien und kleine Stoffe, auch Stoffbeutel, in welchen Reliquien eingepackt waren, um dann in Gefäße gelegt zu werden. Die wichtigsten Paramente der Innerschweiz sind aus dem Frauenkloster Engelberg-Sarnen auf uns gekommen. Während diese sich aber leider zum großen Teil heute nicht mehr dort befinden, besitzt das Stift Beromünster noch einen bedeutenden Bestand an Reliquienhüllen[1].

Priesterkleider

Eine der kostbarsten Sammlungen religiöser Kunst, das Schnütgen-Museum in Köln, birgt ein höchst seltenes Ensemble der priesterlichen Kleidung, nämlich eine Albe mit Amikt und Stola aus dem beginnenden 14. Jahrhundert. Diese Stücke gelangten offenbar kurz

[1] Allgemein: BRAUN, Gewandung; BRAUN, Paramente; SCHMEDDING, Textilien. – Praktisch keine Paramente aus dem uns interessierenden Zeitraum haben sich in Einsiedeln und Luzern erhalten.

201 Stola aus dem Frauenkloster Sarnen-Engelberg. Schnütgen-Museum Köln.
202 Albe aus dem Frauenkloster Sarnen-Engelberg. Schnütgen-Museum Köln.
203 Albe aus dem Frauenkloster Sarnen-Engelberg: Detail. Schnütgen-Museum Köln.

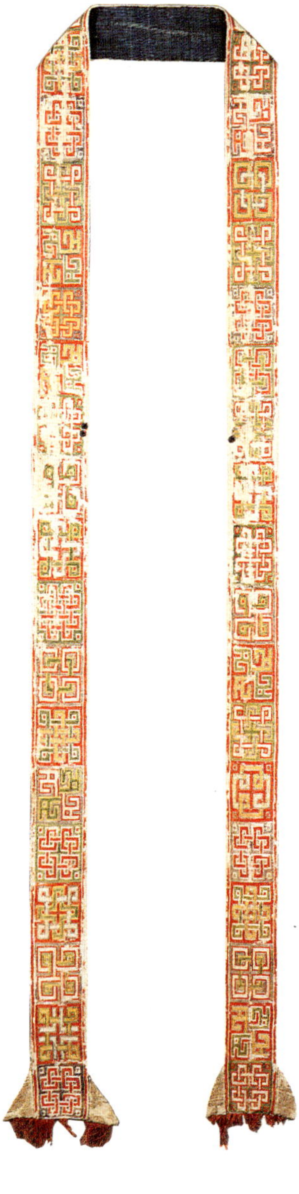

bruchstickerei über dem farbigen Grunde ein Menschenpaar, dann Fabeltiere und Pflanzen. Unten vorne ist eine sogenannte Parure, ein rechteckiges tafelartiges Zierstück, aufgesetzt, ein Stück hellrot-gelber Seide des 13. Jahrhunderts mit Adler- und Kufi-Muster. – Die zugehörende Stola von 302 cm Länge und 7 cm Breite, also für unsere von den späteren Formen geprägte Vorstellung recht schmal, wird an den Enden durch angesetzte Dreiecke trapezförmig verbreitert. Auf blauem Leinengrund sind im Seiden-Zopfstich auf wechselnd roten, grünen und graublauen Feldern rechtwinklige Knotenmotive aus Mäanderelementen gestickt[2].

Der Grund, weshalb sich überhaupt früh- oder hochmittelalterliche Paramente erhalten haben, besteht meistens darin, daß man sie, zu Recht oder irrtümlich, als Reliquien angesehen hat. Vom hl. Ulrich (890–973), dem berühmten und hochverehrten Bischof zu Augsburg, existieren einige authentische sakrale Kleidungsstücke. Weil sein Kult vor allem mit der Segnung unter «seinem» Meßgewand verbunden war, gab es viele auswärtige Kaseln, die unter dem Namen «Ulrichsmeßgewand» bekannt sind, so auch in der Ulrichskapelle der Zisterzienserabtei St. Urban und in der Pfarrkirche Luthern. An beiden Orten hat man das zur Segnung wie einen Baldachin

[2] ORNAMENTA 1, S. 446 mit Nr. C 22–25; ganze Albe: ebd., Abbildung S. 449.

204 Ulrichsmeßgewand in der Pfarrkiche Luthern.
205 Ulrichsmeßgewand in der Pfarrkirche Luthern: Detail.

vor 1900 aus dem Sarner Kloster in den Besitz des schwäbischen Pfarrers Laib, von diesem an seinen Neffen, Bischof Paul Wilhelm von Keppler, in Rottenburg und darauf um 1910 an das Kölner Museum. – Das vom Priester zuunterst getragene Schultertuch, auch Amikt oder Humerale genannt, querrechteckig 59 auf 110 cm, aus Leinenbatist, weist am Halsansatz einen farbigen, in Seide gestickten Zierstreifen mit Löwen und Vögeln, einem Hirsch, Lebensbäumen, einer Rosette sowie einem Stern auf. – Die 176 cm lange Albe mit 420 cm Saumweite ist, wie so häufig im Mittelalter, mit seitlich eingesetzten Zwickeln, sogenannten Giren, ausgeweitet, um den Faltenwurf zu bereichern. Das weiße Linnen belebt ein Streifeneffekt, der durch die unterschiedliche Dicke und Dichte der Kettfäden hervorgerufen wird. Der Hauptdekor besteht in Weißstickerei aus einheitlichem Flachstich. Er bildet auf der Brust einen streng stilisierten Lebensbaum mit Hirschen und Fabelwesen, an seiner Basis sowie auf den Schultern ein Rosetten- bzw. Flechtband. Die abschließenden Borten an den Ärmeln zeigen in Durch-

über den Gläubigen gehaltene mittelalterliche Paramentenstück zum Schutze in ein barockes eingenäht. Bei der fachmännischen Untersuchung fand sich in St. Urban der Resten einer hochmittelalterlichen Glockenkasel[3]. Sie ließ sich in ihrer ursprünglichen Gestalt rekonstruieren und entpuppte sich als sorgfältig aus purpurner Seide genähtes Meßgewand mit aufgesetzten, schmalen Gabelkreuzen aus gewirkten Borten. Zeitlich dürfte es im 10./11. Jahrhundert anzusetzen sein. – Das Ulrichsmeßgewand von Luthern, für dessen 1275 erwähnte Pfarrkirche das Patrozinium St. Ulrich 1413 ausdrücklich gesichert ist, dürfte die älteste ganz erhaltene Kasel der Innerschweiz darstellen, entstanden um 1400 als ein zwar dörflich bescheidenes, technisch und künstlerisch dennoch ganz interessantes Werk. Das parabelförmige Gewand hat man aus vielen unterschiedlich großen Stücken eines einst grasgrünen Wollstoffes zusammengenäht. Er wurde locker mit fünf verschiedenen Holzmodeln vor allem pflanzlicher und tierischer Ornamentik aus dem Repertoire italienisch-orientalisierender Stoffdekoration bedruckt. Hier erhalten wir, nebenbei bemerkt, besten Anschauungsunterricht für die Entstehung der Gattung Holzschnitt aus der Technik der Stoffdruckerei. Kreuz und Tau aus schwarzer Wolle an der Rück- bzw. Vorderseite sind mit schlicht appliziertem, vergoldetem Leder sowie mit grünen, blauen und roten Wollstoffelementen geziert, die eine wellenförmige Blumenranke darstellen, welche sich aus einem Hügel erhebt und bisweilen von einer heraldischen Lilie bereichert wird.

206 Pluviale (sogenannter «Mantel der Königin Agnes»). Kloster Engelberg.

Die Abtei Einsiedeln besitzt eine Adelrichs-Kasel, die an den im 10. Jahrhundert auf der Insel Ufenau wirkenden Eremiten erinnern soll, dessen Gebeine 1659 ins Kloster überführt wurden. Das hanf-wollene Meßgewand aus dem 15. Jahrhundert mit gewobenem blauem Dekor aus Vogel- und Hirschpaaren zwischen Rosetten und heraldischen Lilien sowie Applikationsstickerei von Blumen auf den Stäben bildet das noblere Gegenstück zur Kasel von Luthern[4].

Kuriositätencharakter hat das sogenannte Drachenmeßgewand der Luzerner Hofkirche. Gleichzeitig ist es auch in etwa mit dem «genius loci» behaftet. Kein Geringerer als der dortige frühe Naturforscher und Historiker Renward Cysat (1545–1614), dem wir im Verlaufe dieser Arbeit schon mehrmals begegnet sind, hält als frühester Chronist die Erzählung fest: Ein Küfer sei beim Rutensuchen am Pilatus im Herbst in eine Felsspalte gestürzt, mußte dort neben einem Drachen überwintern und habe sich im Frühling, an dessen Schweif sich klammernd, herausreißen lassen. Zum Gedächtnis dieser Rettung soll er auf

[3] Flury-Lemberg Mechtild, Das «Ulrichsmeßgewand» aus dem Kloster St. Urban, in: Documenta Textilia. Festschrift für Sigrid Müller-Christensen, Hrg. Mechtild Flury-Lemberg/Karen Stolleis, Berlin 1981, S. 163–176; Suter Robert Ludwig, Die «Ulrichs-Kaseln» von St. Urban und Luthern, in: Heimatkunde des Wiggertals 39, 1981, S. 43–51; Reinle, Kdm LU 5, S. 136 mit Abb. 130; Schmedding, Textilien, Nr. 116.

[4] Schmedding, Textilien, Nr. 105. – Ein Meßgewand, das Ulrich Zwingli getragen haben soll, wurde 1715 vom Kloster Engelberg aus Glarus angekauft. Dabei handelt es sich um ein aus Teilen des 14. und 15. Jahrhunderts zusammengesetztes Stück; vgl. Schmedding, Textilien, Nr. 112.

einem Meßgewand den Drachen abgebildet und es darauf, um 1410, der Hofkirche geschenkt haben. Ein Blick auf die in der heutigen Form dem 18. Jahrhundert angehörende Kasel macht deutlich, daß der aus zwei Stükken zusammengesetzte, auf blauem Grund fein gestickte Drache chinesischen Ursprungs ist. Bei der über Jahrhunderte unveränderten Gestalt dürfte es schwierig sein, diese Arbeit genauer zu datieren. Offensichtlich galt das Meßgewand aber bereits gegen Ende des 16. Jahrhunderts als uralt. Übrigens hat es schon der bedeutende Naturforscher Moritz Anton Kappeler in seiner 1767 erschienenen «Pilati Montis Historia» abgebildet und die Stickerei als chinesisch bezeichnet[5].

Das Kloster Engelberg besitzt ein Pluviale aus dem Anfang des 14. Jahrhunderts, das in der Tradition als «Mantel der Königin Agnes von Ungarn» erscheint. Erstmals hält dies der Klosterchronist Ildephons Straumeyer 1732 in seinen Annalen fest[6]. Agnes, Tochter des 1308 ermordeten Königs Albrecht, verwitwete Königin von Ungarn, übernahm noch zu Lebzeiten ihrer Mutter Elisabeth 1313 die Leitung des an der Mordstätte gegründeten Gedenkklosters Königsfelden bei Brugg und wirkte von dort aus bis zu ihrem Tode 1364 weitherum diplomatisch, religiös und karitativ. Mit manchen Gotteshäusern bleibt ihr Name als Wohltäterin verbunden. So wurde sie 1307 in die Gebetsverbrüderung der Abtei Engelberg aufgenommen und wohnte 1325 der Einweihung des nach dem Brand neu errichteten Gotteshauses bei, sämtliche Kosten der Feierlichkeiten übernehmend[7].

Das «Pluviale der Königin Agnes» ist schon von Robert Durrer besonders beachtet, hingegen erst durch die moderne Untersuchung und Restaurierung in der Abegg-Stiftung Bern grundlegend analysiert worden. Die Hauptresultate seien hier kurz zusammengefaßt. Den halbkreisförmigen Mantel von 297 cm Breite haben die Schwestern des Engelberger Frauenklosters um 1318 hergestellt, indem sie aus einem großen Behang oder einer Dekke, eventuell sogar aus zwei gleichartigen Stoffen, Viertelskreise ausschnitten und zu einem Pluviale zusammennähten. Dies zeigt sich darin, daß die ornamentale Zier, wo sie der Form eingefügt wird, zerschnitten ist, gleichsam wie ein Tapetenmuster. In das Leinengewebe haben die Frauen mit blauen, grünen, lachsroten, hellgelben und weißen Seidenfäden ein Rautengitterwerk gestickt. In seinen Feldern erscheinen, jeweils eine Senkrechte bildend, heraldische Adler, die zur Mittelachse blicken, und Löwen, die von ihr wegschauen. Eine weitere Abwechslung bringt das stilisierte Blumenmotiv. Das Pluviale besitzt als Basis des Halbkreises und als Rükkenstab eine Bortenstickerei aus der Entstehungszeit. Darauf wechseln Darstellungen von Bäumen mit solchen von Tieren ab, so von Hirschen, Löwen, Steinböcken, Einhörnern, Greifen und weiteren Vögeln; natürlich fehlt das Bild vom Doppeladler nicht.

Als Pendant zur Basis umschloß auch den Halbkreisrand ein Band. Dieses wies anfänglich eine Länge von 470 cm auf. Heute, wie schon 1732, fehlt ein größerer Teil der 1,4 cm breiten, zierlich farbig bestickten Inschriftborte. Dabei ging ausgerechnet der Name der Stifterin, einer hochgelobten Frau, verloren. Auf Grund der historischen Fakten kann es sich aber nur um Königin Agnes handeln. Es ist schon diskutiert worden, ob der Name der Donatorin absichtlich getilgt worden sei, und wenn ja, wann. Da die Stifterin durch den Chronisten Ägidius Tschudi zu einer blutrünstigen Rächerin des ermordeten Vaters umgedeutet worden ist, kann eine «Damnatio Memoriae» nicht ganz ausgeschlossen werden.

Der zunächst rätselhafte Pluvialschild entstand in der jetzigen Form wohl erst im frühen 17. Jahrhundert. Er wurde aber aus einer Stickerei des 13. Jahrhunderts zusammengestellt, die man dem Engelberger Paramentenfundus entnahm. Im Spätmittelalter waren Schilder von solchen Ausmaßen (66 auf 53 cm) noch gar nicht gebräuchlich. Inhaltlich zeigt er auf drei Reihen aufgeteilt neun christologische Szenen: Mariä Verkündigung, Geburt Christi, Epiphanie – Abendmahl, Kreuzigung, Christus in der Vorhölle – Auferstehung, Begegnung mit Maria Magdalena und Himmelfahrt. Die in derber Manier auf Goldgrund gestickten Bilder umzieht eine Inschrift, welche die Vorsteher des Doppelklosters nennt, nämlich den Abt Walther und die Meisterin Maria Adelheid[8]. Walther ist am ehesten mit dem 1267 bis 1276 regierenden Abt gleichen Namens zu identifizieren.

Antependien

Unter den 1615 von Engelberg nach Sarnen mitgenommenen Paramenten befanden sich auch zwei Antependien, die Ende des 19. Jahr-

[5] Reinle, Kdm LU 2, S. 195 und Abb. 144; Schmedding, Textilien, Nr. 117; Kappeler Moritz Anton, Pilati Montis Historia, 1767, Naturgeschichte des Pilatusberges. Deutsche Übersetzung des 1767 erschienenen Werkes, Luzern 1960, S. 179 (Tafel VI).

[6] Stiftsarchiv Engelberg: P. Ildefons Straumeier, Annales II, S. 17.

[7] Durrer, Kdm UW, S. 161–165; Schmedding, Textilien, Nr. 110f.

[8] Der Name wurde noch seinerzeit von Durrer notiert, ist jetzt aber verschwunden.

hunderts in die Sammlung Iklé in St. Gallen veräußert wurden. Seit 1904 sind sie nun im St. Galler Textilmuseum zu bewundern.
Das eine, aus Leinen, hat eine Länge von 154 cm und eine Höhe von 95 cm. An der Basis finden wir den Namen eines Engelberger Abtes Walther, wofür nebst dem vorgenannten wohl nur Walther III. de Clivio (1317–1331) in Betracht kommt, weshalb wir als Entstehungszeit das 13./14. Jahrhundert annehmen dürfen. Das Antependium gliedert sich in drei Teile. Das Mittelfeld zeigt, in Leinen und Seide gestickt, das Lamm Gottes, flankiert von Mariä Verkündigung und umschlossen von vier Medaillons mit den Evangelistensymbolen. Füllende Zier bieten Eichenzweige. Die beiden äußern Drittel sind in je 15 achteckige Bildfelder unterteilt, die wechselweise Hirsche, Löwen und Bäume beinhalten.
Das zweite Antependium, 170 × 86 cm, mit Stickereien im Plattstich von Gold und Seide auf feiner Leinwand, dürfte etwa gleichzeitig entstanden sein, doch zeigt es eine ganz andere Stilsprache. Breite Bänder mit heraldischen Rosen sowie Borten mit Wellenranken aus Blumen und Blättern umrahmen drei rechteckige Felder, deren Größe ohne Rücksicht auf eine Symmetrie durch die Bildthemen bestimmt wird. Dargestellt ist von links nach rechts: Maria im Wochenbett, ihr zu Füßen steht eine weibliche Gestalt, oben im Wolkenkranz wird die Büste von Gottvater mit Kreuznimbus sichtbar. Das Kind selber liegt symbolisch überhöht auf einer altarähnlichen Krippe. – Auferstehung Christi aus einem Sarkophag, begleitet von zwei Engeln, unten die zwei schlafenden Wächter. – Aus einem Medaillon mit dem Gotteslamm, das von zwei Engeln getragen wird, wächst ein Weinstock mit dem Brustbild Christi. Robert Durrer deutete dieses Bild als Hinweis auf die Eucharistie. Der Bezug auf Jesu Rede vom Weinstock leuchtet tatsächlich ein: «Ich bin der Weinstock, ihr seid die Rebzweige.»[9]

207 Antependium mit der Darstellung von Weihnacht und Ostern. Aus dem Frauenkloster Sarnen-Engelberg, jetzt im Textilmuseum St. Gallen.

Übrige Paramente

Den nach Sarnen mitgenommenen Paramentenschatz scheinen die Klosterfrauen später zu unterschiedlichen Zwecken ein zweitesmal gebraucht zu haben. So wurde einem schwarzen, wollenen Bahrtuch aus jüngerer Zeit ein Kreuz aufgenäht, das aus Borten des 14. Jahr-

[9] Durrer, Kdm UW, S. 676 f. mit Taf. 34 f.; Textilsammlung Iklé. Katalog des Industrie- und Gewerbemuseums St. Gallen, Zürich 1908, Nr. 1197 f.; Schmedding, Textilien, Nr. 208; Mensch und Tier. Textilien aus sieben Jahrhunderten, Katalog Sammlung des Industrie- und Gewerbemuseums St. Gallen, St. Gallen 1975, S. 5 f., Nr. 1 f. (mit Beschreibung von Brigitte Schmedding), mit Abb. 1 f. und 4.

hunderts zusammengesetzt ist, in dessen Rautenmuster Adler, Vierbeiner und Bäume gestickt sind. Zur Zeit von Papst Clemens I. (1670–1676) haben die Konventsfrauen aus ähnlichen Fragmenten kissenförmige Reliquienhüllen angefertigt für die barocken Reliquiare auf dem Altar des Nonnenletters. Diese wurden anläßlich der Kirchenrenovation wiedergefunden. Dabei hat man sie restauriert und als Teile eines größeren Stücks identifizieren können. Nebst Rechtecken unterderentdeckten Textilien außerhalb des zeitlichen Rahmens unserer Abhandlung liegen, seien sie nur ganz knapp charakterisiert, um wenigstens die stetige lokale Tradition mittelalterlicher religiöser Kultur zu illustrieren. Vergegenwärtigen wir uns immerhin, daß sich diverse Stoffe aus dem östlichen Mittelmeerraum (Byzanz, Ägypten), Persien, Westturkestan und Ostasien in den Reliquiaren des Stiftes zusammengefunden haben, wobei die ältesten bis ins 6. Jahrhundert zurückreichen. Un-

208 Antependium mit der Darstellung von Agnus Dei und Symboltieren. Aus dem Frauenkloster Sarnen-Engelberg, jetzt im Textilmuseum St. Gallen.

schiedlichen Formates gibt es zahlreiche Resten in gürtel- oder stolaähnlicher Bandform. Das figürliche bzw. ornamentale Repertoire zeigt, daß alle aufgefundenen Textilien im Umfeld der bereits beschriebenen Paramente von Engelberg entstanden sind[10].

Die Sarner Stoffe verschaffen uns einen guten Einblick in die Welt der textilen Kunst- und Kulturdenkmäler im Bereich der liturgischen Kleidung. Das Auffinden von Reliquien, ihren Hüllen und Zedulen durch Kustos Robert Ludwig Suter brachte einen weiteren Bestand zum Vorschein. Er war 1798 im Stift Beromünster aus silbernen Gefäßen herausgenommen worden, welche nach Luzern zur Einschmelzung für die Kontributionszahlungen abgeliefert werden mußten. Da aber die wieser Kulturraum ist dabei nur mit einem einzigen Stück vertreten: das 28,5 auf 20,7 cm große Fragment eines blauen Seidengewebes mit dem gestickten Bild des Apostels Paulus unter einer Arkade; es ist eindeutig oberrheinischen Ursprungs. Zum gleichen Ensemble gehört wohl auch die schon 1897 gefundene Figur des Salvator Mundi, die ins Schweizerische Landesmuseum verkauft wurde. Als Beleg für die früh verbreitete Stickkunst im Gebiet am Oberrhein kommt beiden Fragmenten einige Bedeutung zu[11].

[10] SCHMEDDING, Textilien, Nr. 193–219.

[11] Die Stoffe aus Beromünster, in: SCHMEDDING, Textilien, Nr. 1–43; SUTER Robert Ludwig, Ein Reliquienfund in Beromünster 1957, in: Gfr. 120, 1967, S. 178–185.

Glocken

Wenigstens am Rande wurden die tönenden Zeugen als markantes Kulturdenkmal immer von der Forschung beachtet, wenngleich die schwierige Zugänglichkeit zu den Glockenstuben vielfach eine eingehende Beschäftigung mit ihnen verhinderte. Dazu hat auch beigetragen, daß Angaben über sie schlecht und ungleich überliefert sind. Die Innerschweiz, wo die wichtigsten Großbauten fast alle durch Abbruch oder Brand vernichtet wurden, weist einen besonders geringen Bestand auf[1].

Soweit Urkunden oder Inschriften vorhanden sind, bezog unsere Region ihre Glocken im 14. und 15. Jahrhundert aus Gießereien in Aarau, Zürich und Basel. Vereinzelt lebten Gießerfamilien auch in Luzern. So wird von den Kupferschmids berichtet, daß sie 1397 eine große Glocke für die Hofkirche geliefert haben. Sie gehören im übrigen zu den ersten Bürgerfamilien, die sich ein steinernes Haus leisten konnten, was auf Reichtum schließen läßt. Anders ist es dem zweiten namentlich bekannten Glockengießer ergangen: Klaus Ring von Ettiswil goß 1483 eine fehlerhafte Glocke. Nach Rechtshändeln ward er auf Betreiben Luzerns 1487 in Konstanz ertränkt[2].

Viele mittelalterlichen Bestände sind später mitsamt ihren Glockenstühlen plattem Fortschrittsglauben zum Opfer gefallen, wie beispielsweise Robert Durrer mit Bezug auf das Vorgehen in der Stanser Pfarrkirche anno 1903 schreibt: «An Stelle des soliden Werkes, das noch Jahrhunderte Dauer verbürgte, wurde bedauerlicherweise ein eiserner Glockenstuhl errichtet. Damals wurde auch die ehrwürdige, individuelle Lokalstimme der historischen Glocken dem farblosen, abstrakten Ideal des sogenannten harmonischen Geläutes geopfert»[3]. Bezeichnenderweise hängen die ältesten Glocken, die sich erhalten haben, in abseits gelegenen Gotteshäusern, vielleicht aus der nächsten Hauptkirche dorthin verschenkt, wie in Willisau oder in St. Niklausen.

Im Dachreiter der 1411 erstmals erwähnten Nikolaus-Kapelle auf dem Berge bei Willisau hängt eine Glocke von 39 cm Durchmesser mit schlanker, frühgotischer Zuckerhutform. Ihren Körper rhythmisieren horizontal mehrere schnurartige Bänder, sonst ist sie einzig durch eine Umschrift im oberen Drittel geschmückt, die in Majuskeln eine dreimalige Anrufung Gottes bringt: «+ AGLA ADONAI EMANUEL» (Du bist gewaltig für ewig Herr – Gott mit uns – Mein Herr). Der seltene Begriff «Agla» wurde meistens im Zusammenhang mit Feuer, Feuerbannung verwendet, was der Glocke eine besondere Bedeutung verleiht. Ihre dezidierte äußere Gestalt, der auch die klare Anordnung der weit gestellten Buchstaben und die Seltenheit des Textes entsprechen, lassen auf eine hochstehende, vielleicht sogar klösterliche Gießerei schließen. Schrift und Form geben Anhaltspunkte, um die Glocke dem frühen 13. Jahrhundert zuzuweisen. Ein solches Datum würde übrigens recht gut zum Stil des im wesentlichen noch erhaltenen Turms der Willisauer Pfarrkirche passen, von wo sie in die Kapelle gelangt sein könnte[4].

Auf dieses älteste Stück in unserer Region folgt die schon etwas gedrungenere, 52 cm weite Glocke im Turm der Kirche von St. Niklausen. Sie dürfte nur wenig später gegossen worden sein als jene in Willisau, besitzt aber keine weitere Auszierung außer einer Inschrift in der oberen Partie. Buchstabenform und Text sind dermaßen verdorben, daß sie über lange Zeit zu verschiedensten Spekulationen Anlaß boten, bis Robert Durrer erkannt hat, wie das Rätsel zu lösen sei: «Mentem sanctam spontaneam honorem Deo et patriae liberationem», ein Spruch, der zur Abwendung von Feuergefahren bis ins 17. Jahrhundert häufig auf Glocken angebracht wurde. Er stand wie von Engelshand am Grab der hl. Agatha in Catania auf Sizilien hingeschrieben, wo die Einwohner mit ihrem Schrein dem Lavastrom entgegenzogen. Als einstiger Bestimmungsort für die Glocke in St. Niklausen könnte auch hier die Pfarrkirche, also Kerns, in Frage kommen[5].

Im Verlaufe des 14. Jahrhunderts entstand jene Form, welche unsere Glocken im großen und ganzen heute noch haben. Als Schmuck tragen sie anfänglich fast durchwegs nur eine Inschrift in Majuskeln mit unzialen Formen, wobei einige schon eine Datierung aufweisen. Reliefs hingegen tauchen erst im 15. Jahrhundert auf.

Die älteste datierte Glocke (126 cm) der Innerschweiz – 28. Mai 1381 – hängt im Nordturm der Hofkirche. Sie wurde 1788 aus dem

[1] Allgemein: Artikel «Glocke», in: LdM 4, Spalte 1497–1501; Reinle, Ausstattung, S. 247–251; Thurm Sigrid, Deutscher Glockenatlas, 1. Bd., München 1959; Kramer Kurt, Glocken und ihr Geläute. Geschichte, Technologie und Klangbild vom Mittelalter bis zur Gegenwart, München [2]1988.

[2] Reinle, Kdm LU 6, S. 496.

[3] Durrer, Kdm UW, S. 797.

[4] Reinle, Kdm LU 5, S. 256 mit Abb. 228.

[5] Durrer, Kdm UW, S. 385 mit Fig. 211.

Zeitturm der Museggmauer dorthin übertragen. Seit wann sie am ersten Ort geläutet werden konnte, ist ungewiß. Man nimmt als Baubeginn für die Luzerner Befestigungsanlagen die Jahre um 1386 an. Die Schlußabrechnung erfolgte 1408. Als einer der beiden Baudirektoren wird der Glockengießer Klaus Kupferschmid genannt. Dies läßt den naheliegenden Schluß zu, daß die Glocke aus seiner Gießerei stamme. Ihre Inschrift – bereits zu diesem frühen Zeitpunkt in Minuskeln gegossen – birgt

209 Glocke in St. Niklaus auf dem Berge, Willisau.

außer dem Datum der Entstehung die Anrufung des Luzerner Stadtpatrons St. Leodegar[6]. Die zweite datierte Glocke, von 1385, befindet sich in der Kapelle St. Jost in Ennetbürgen. Auch ihr Text an der Krone ist in Minuskeln geschrieben, eine Anrufung Christi als Friedensfürst, und hält das Tagesdatum für den Guß, den 1. August, fest[7].

Für zwei weitere Glocken des 14. Jahrhunderts läßt sich aus der Baugeschichte annähernd eine Datierung erschließen. Die 70 cm weite sogenannte «Heidenglocke» im Turm der Kirche von Neuenkirch bei Beromünster, deren Bügel als ganz seltene Ausnahme die Gestalt von Betenden mit vorne gekreuzten Armen aufweist, dürfte bald nach dem Brand des Vorgängerbaus vom Jahre 1352 entstanden sein[8]. Mit der 1369 wegen Bruchs neu gegossenen größten der drei des damaligen Geläutes könnte die 105 cm weite Glocke in der Kirche Großdietwil identisch sein, die Pfarrer Johannes Seiler gestiftet hat[9].

Wie aus dem bereits Gesagten hervorgeht, folgen die Glockeninschriften fast immer stereotypen Formeln; nur selten stößt man auf etwas Außergewöhnliches. Offensichtlich lokal gefärbt ist ein von Helmi Gasser veröffentlichter Spruch aus dem letzten Viertel des 13. Jahrhunderts. Der rückwärts zu lesende Text an der neben der Pfarrkirche von Seedorf aufgestellten Glocke lautet aufgelöst: «SUBRIMAT AERIA MALA CVM SONO VIRGO MARIA. AMEN». Die umgekehrte Schreibweise, wie wir sie ebenfalls von Portalinschriften kennen, verrät magische Absicht. Man erhoffte sich dadurch den Bann zu verstärken. Die Autorin übersetzt das lateinische Zitat mit «Wenn ich läute, möge die Jungfrau Maria die schlechten Lüfte beseitigen», dabei an die Lage des Dorfes bei der Reußmündung denkend und an die von den Sümpfen ausgehenden, gesundheitsschädigenden Dämpfe[10]. Daß auch die Stürme auf dem See oder der Föhn gemeint sein könnten, läßt eine gleichlautende Formulierung auf einer nach Robert Durrer im 14. Jahrhundert gegossenen Glocke der Sarner Pfarrkirche vermuten. Es handelt sich hier um eine Stiftung der Alpnacher Fährengesellschaft[11]. Endgültige Klarheit brachte schließlich eine Aussage des Mittellateiners Hans F. Haefele. Er bestätigte, daß «mala» als Subjekt bzw. «aeria» als Adjektiv zu interpretieren seien, und daß sich eine Übersetzung mit Unwetter oder ähnlichen Begriffen auf Grund mittelalterlicher Texte geradezu aufdränge.

Bildreliefs bietet, als erste in unserer Region, die anno 1433 von Magister Johannes Iberg in Aarau geschaffene Marienglocke in der Pfarrkirche Hildisrieden. Drei Darstellungen sind darauf wiedergegeben: ein thronender hl. Bischof, vielleicht der Walliser Glockenheilige Theodul, ohne Rahmen in die Fläche gesetzt – ein rundbogig gerahmtes Relief der stehenden Muttergottes mit Kind vor Strahlenmandorla – kulturgeschichtlich von besonderem Wert der Abguß eines Einsiedler Pilgerzeichens der Engelweihe, anhand mitgegossener Ösen sogleich als ein Wallfahrtsandenken erkennbar. Iberg hat weitherum, von Otelfingen bis nach Thun, Glocken geliefert, auch eine für Schwyz im Jahre 1436[12].

[6] Reinle, Kdm LU 2, S. 196.
[7] Durrer, Kdm UW, S. 245.
[8] Reinle, Kdm LU 4, S. 263.
[9] Reinle, Kdm LU 5, S. 113.
[10] Gasser, Kdm UR 2, S. 165 f. und Abb. 161.
[11] Durrer, Kdm UW, S. 531.
[12] Reinle, Kdm LU 4, S. 234 mit Abb. 239–241; Alltag, S. 200 f., Nr. 278. – Eine 130 cm weite Glocke von 1457 im Stift Beromünster schmückt unter der Inschrift ein Fries mit sehr einfach gestalteten Figuren: Kreuzigungsgruppe, neun Apostel und St. Laurentius; Reinle, Kdm LU 4, S. 111 und Abb. 102.

Siegel

Allgemeines

Siegel zählt man allgemein zur Gattung der Kleinplastik. Sie wurden bisher aber vor allem unter rechtsgeschichtlichen, heraldischen oder genealogischen Gesichtspunkten erforscht, doch verdienen sie es ebenso, als Kunstwerk beachtet zu werden. Dabei ist ihre Bedeutung eine doppelte: sie können einmal als Plastik nach Stil, Qualität sowie nach ikonographischer Aussage gewürdigt werden, dann aber auch als willkommenes Hilfsmittel – dank ihrer engen Datierbarkeit – zu Vergleichszwekken mit den Arbeiten der Großplastik. Beides ist zwar schon lange gepflegt worden, aber leider nur vereinzelt, so zum Beispiel von Ilse Futterer in ihrem 1930 erschienenen Buch[1].
Zu Material, Künstlern und Technik ist hier kurz etwas zu sagen. Die Stempel, sogenannte Typare, bestehen meist aus Messing, Bronze oder Kupfer, nur höchst selten aus einem Edelmetall. Die Künstler, deren Namen und Wohnort meistens unbekannt sind, müssen dem Stand der Goldschmiede oder der Gürtler angehört haben, die auch andere anspruchsvolle Kleinwerke der Metallkunst (Beschläge, Gewandfiebeln, Gürtelschnallen etc.) schufen. Im Gegensatz zu den oft primitiven Münzbildern des Mittelalters zeigen die Siegel einen durchgehend gehobeneren Stand; sie stellen ja auch Einzel- und nicht Massenprodukte dar.
Im folgenden kann nicht ein Katalog aller Siegel der Innerschweiz erstellt werden. Es geht hier mehr darum, anhand von ausgewählten Beispielen die verschiedenen Gesichtspunkte der Siegelbetrachtung herauszuarbeiten. Dabei sollen nacheinander die Siegel der staatlichen und der kirchlichen Institutionen, dann der geistlichen, adeligen und bürgerlichen Kreise behandelt werden.

Staatliche Siegel

Die Siegel der drei Urschweizer Stände bieten anschauliche Beispiele für die unterschiedlichen Möglichkeiten und die Beweggründe zur Wahl eines bestimmten Bildes. Für Uri ist es ein Tierkopf, der auf den Landesnamen anspielt, für Schwyz, Stans und Sarnen das Bild des Kirchenpatrons dieser Orte oder dessen Attribut. Einzig den Petersschlüssel zeigt ein nach 1241 geschaffenes Nidwaldner Typar, das später als Petschaft für Unterwalden in Sarnen aufbewahrt wird. Das neue, eigene Nidwaldner Siegel, dessen frühester Gebrauch sich für das Jahr 1363 nachweisen läßt, stellt die Ganzfigur des Apostels Petrus mit einem mächtigen Schlüssel in der Hand dar, womit es sich deutlich von seinem Vorgänger abhebt[2].
Das älteste Urner Typar, erstmals 1243 verwendet, zeigt als Namensillustration – mhd. ur, ure = Auerochse – einen Stierkopf im Profil als recht wildes, ja aggressives Tier. Ab 1258 erscheint schon das frontale, heraldisch gebändigte, uns vertraute Bild. Es wäre eine eigene Studie wert, diesem Wechsel und den Vorlagen des ersten Uristiers nachzugehen. Man würde dabei auf die Schwierigkeiten der Profildarstellung eines Stierkopfes mit der Problematik des Hörnerpaares oder des Halsabschnittes hinweisen, aber auch auf die Häufigkeit des Motivs als Evangelistensymbol. Wer dächte da nicht an das Attribut im Lukasmedaillon des rund 20 Jahre vor der Urner Petschaft entstandenen Engelberger Kreuzes[3].
Tierfiguren in Wappen und Siegeln können übrigens volksetymologisch begründet sein, wie beim Bär der Berner (seit 1224) oder der Ursener (um 1410). Anderseits stellen sie auch Heiligensymbole dar, beispielsweise der Bär des hl. Gallus in den Siegeln der Stadt St. Gallen und der beiden Appenzell[4].
Die figurenlose, rein rote Fläche des Wappens von Schwyz bereitete für eine Wiedergabe in einem unfarbigen Siegel Probleme. Gleiches galt für die nur einmal geteilten Schilder von Luzern, Zürich oder Solothurn. Als Lösung boten sich in Zürich und Solothurn die lokalen frühchristlichen Märtyrer, in Luzern und Schwyz die Kirchenpatrone an. Nun ließ sich

[1] Allgemein: KITTEL Erich, Siegel, Braunschweig 1970; FUTTERER, Bildwerke, Abb. 235–253; MYSTIK, S. 197–205; FRITZ, Goldschmiedekunst; DIEDERICH Toni, Rheinische Städtesiegel, Neuss 1985 (die jüngste Einführung in kunstgeschichtliche Aspekte des Siegelwesens).

[2] Zu Nidwalden: DURRER, Kdm UW, S. 886 und Fig. 885; NIEDERBERGER Ferdinand, Die Siegel, in: Wappen, Siegel und Verfassung der Eidgenossenschaft und der Kantone 1848–1948, Bern 1948, S. 554–556 und 558. – Zu Obwalden: DURRER, Kdm UW, S. 584 und Fig. 347.

[3] HBLS 7, S. 146; eine grundlegende Darstellung bereitet Helmi Gasser für den Bd. 1 der Kunstdenkmäler des Kantons Uri vor.

[4] Zu Bern: HOFER Paul, Die Kunstdenkmäler des Kantons Bern, Bd. 1: Die Stadt Bern I, Basel 1952, S. 13 und Abb. 20. – Zu St. Gallen: POESCHEL Erwin, Die Kunstdenkmäler des Kantons St. Gallen, Bd. 2: Die Stadt St. Gallen I, Basel 1957, S. 28 mit Abb. 25. – Zu Appenzell: FISCHER Rainald, Die Kunstdenkmäler des Kantons Appenzell-Innerrhoden, Basel 1984, S. 83 mit Abb. 104.

210 Siegel des Landes Schwyz, ab 1313. Staatsarchiv Schwyz.
211 Siegel der Stadt Luzern, ab 1386. Staatsarchiv Luzern.
212 Zur stilistischen Stellung des Luzerner Siegels: Madonna von Glatz, Staatliche Museen Berlin-Dahlem.

aber der hl. Martin nicht durch ein einfaches Attribut vergegenwärtigen. Weit verbreitet war die Szene mit dem Bettler, man könnte also für die drei jeweils ab 1281, 1313 bzw. 1454 nachweisbaren Schwyzer Landessiegel verschiedene Formulierungen dieses Themas erwarten. Doch gehört es offensichtlich zum typischen Legalitätscharakter einer mittelalterlichen Petschaft, daß die einmal gefundene Komposition ohne Not nicht aufgegeben, sondern nur im stilistischen Ausdruck modernisiert wird. So finden wir auf allen Abbildungen den stehenden, barhäuptigen Heiligen im langen, ritterlichen Waffenrock, der mit der einen Hand seinen Mantel hochhält, um ihn mit dem Schwert zu halbieren. Der ihm gegenüber kauernde Bettler erfaßt den Stoff mit beiden Händen. Zu seinen Füßen liegt ein Krückenpaar, hinter dem Heiligen tritt ein kleines Pferd hervor. Dieses Bild zeigen alle drei Typare, geändert wird nur in kleinen Einzelheiten. Beispielsweise trägt der Bettler einmal ein Lendentuch, in den späteren Petschaften ist er ganz nackt. Die Haartracht von St. Martin entspricht dem jeweiligen Zeitgeschmack. Mit der Tradition bricht erst Johann Carl Hedlinger, der im Siegel von 1728 das Idealbild eines Reiterdenkmals wählt[5].
Die Stadt Luzern besaß zwischen 1241 und 1279 eine Petschaft mit einem schrägrechts frei schwebenden Balken als Bildinhalt. Alle späteren Siegel sind hingegen dem Hauptpatron der Hofkirche gewidmet. Das zweite, nur 1292 und 1296 belegt, zeigt eine ganze Szene: St. Leodegar schreitet da mit abgeschlagenem Haupt gegen eine Kirche, hinter ihm folgen drei schwerttragende Männer. Über diesen erscheinen Mond und Sonne, über dem Märtyrer die Segenshand Gottes und zwei Engel, um seine Seele in Empfang zu nehmen. Das dritte Siegel, von 1307 bis 1370 in Gebrauch, stellt Leodegar mit dem ihm die Augen ausstechenden Schergen dar[6].

[5] MEYER, Kdm SZ, S. 33–37 und Abb. 26–29.
[6] VON MOOS, Kdm LU, S. 42–44 und Abb. 45–48.

Die gleiche Thematik erfährt in der 1386 erstmals auftauchenden, silbernen Petschaft eine künstlerisch vollendete Ausgestaltung. Dabei wird das in dieser Zeit vor allem in der italienisierenden böhmischen Malerei beliebte Motiv der phantastischen Thronarchitektur auf die Gegebenheiten eines Kreises von 6,2 cm Durchmesser reduziert. Unter einem dreiseitig vorkragenden Baldachin sitzt in nobler Gelassenheit der Heilige in seine reich drapierten Pontifikalgewänder gehüllt. Ihm bohrt ein modisch gekleideter Henkersknecht die Augen aus. Das Würdezeichen des Bischofsstabes steht raumfüllend im Hintergrund. Engel und Löwen tummeln sich in den Architektur-Teilen. Unter dem Predellasockel steht der von zwei Adlern behütete, einfache Luzerner Schild[7]. Einzelne Gestaltungsmotive wie der Rundbogen der Predella oder der leicht kielbogige Baldachin weisen in die Prager Architektur. Vor allem aber finden sich, wie bereits angetönt, verwandte Züge in der böhmischen Malerei. Eines ihrer Hauptwerke, das große Tafelbild der Madonna, welches der Prager Erzbischof Ernst von Pardubice um 1350 den Glatzer Augustinern stiftete (heute im Museum Berlin-Dahlem), besitzt eine Thronarchitektur, deren bauliche und figürliche Elemente als reichere Vorstufe für das Luzerner Typar herangezogen werden können. Da finden wir auch Engel und Löwen in den Baldachinen. Zur berechtigten Frage, ob denn ein böhmischer Meister überhaupt in Luzern wirken konnte, sei darauf hingewiesen, daß immerhin – für unseren Fall natürlich zu spät – laut Bürgerbuch 1439 ein «Procopius Waltfogel von Prag, ein goltsmit» als Bürger aufgenommen wurde.

Kirchliche Siegel

Ebenfalls im 13. Jahrhundert treten in kirchlichen Institutionen wie Klöstern oder Stiften eigene Siegel auf; zuvor hatten ihre Vorsteher die persönliche Petschaft gebraucht. Diese stellen in der Regel die stilisierte Gestalt eines Abtes bzw. Propstes dar und sind in unserem Zusammenhang weniger interessant. Auf dem spitzovalen Siegel des Chorherrenstiftes Beromünster, in einer ersten Fassung 1213 und 1223 bezeugt, treffen wir in untersetzter Gestalt auf den Patron, den Erzengel Michael, als Drachentöter in eine Dalmatika gekleidet. Das gleiche, eigentlich noch der Spätromanik verhaftete Bild wiederholt das wohl nach dem Brand um 1223 entstandene Typar im Kirchenschatz[8].

Das ab 1229 belegte Konventssiegel des Benediktinerklosters im Hof zu Luzern birgt den hieratisch auf einem Faldistorium sitzenden hl. Leodegar, welcher Buch und Pedum in den ausgebreiteten Armen trägt. Auch hier begegnen wir im zweiten Stempel ab 1399 dem gleichen Motiv[9].

Die ab 1239 verwendete und erhalten gebliebene Petschaft der Benediktinerabtei Einsiedeln zeigt eine ganz frontal thronende Muttergottes in romanischem Stil, das Jesuskind auf ihrem linken Knie sitzend. Maria trägt eine Krone und ein Lilienszepter. Wir dürfen wohl darin ein frühes Zeugnis besonderer Vereh-

213 Siegelstempel des Stiftes Beromünster, ab 1223. Stiftsschatz Beromünster.

214 Siegel des Konvents von St. Urban, um 1340. Staatsarchiv Luzern.

[7] Reinle Adolf, Das Luzerner Siegel von etwa 1386, in: BZ 65, 1965, S. 95–99.

[8] Reinle, Kdm LU 4, S. 14 und Abb. 6.

[9] Reinle, Kdm LU 2, S. 126 und Abb. 90f.

215 Siegel des Klosters Einsiedeln, ab 1239. Stiftsarchiv Einsiedeln.
216 Siegel des Zisterzienserinnenkonvents Ebersecken, um 1334/1342. Staatsarchiv Luzern.

rung der Muttergottes in Einsiedeln sehen[10]. Denn obwohl das Patrozinium des Engelberger Klosters auf Maria der Engel lautet, fehlt in dessen Siegel die Gottesmutter. Bild und Umschrift nehmen einzig Bezug auf die Ortsbezeichnung: «S. C[ON]VENTVS MONTIS ANGELORUM». Auf einem Vierberg steht nach rechts gewendet der Verkündigungsengel mit dem Szepter. Ein Abdruck ist erstmals für das Jahr 1268 belegt[11].

Während Äbtesiegel schon seit 1220 vorliegen, scheint der Konvent der Zisterzienserabtei St. Urban erst um 1340 eine eigene Petschaft erworben zu haben. Jedenfalls ist nur ab diesem Datum eine solche bezeugt. Bezeichnenderweise erscheint darin der gleichzeitig auch in der Großplastik beliebte, neue Muttergottestyp, was die Beeinflussung gut verdeutlicht. Die gekrönte Maria thront auf einem Sitz mit hochgezogenen, eingerollten Lehnen. Das auf ihrem linken Bein stehende Kind greift zärtlich nach ihr. Das gleiche Motiv mit übereinstimmender Thronform kommt im 1334 oder 1342 dokumentierten Typar des unweit von St. Urban gelegenen Zisterzienserinnenklosters Ebersecken vor. Anderseits zeigt das in der gleichen Zeit anzusetzende Konventssiegel der Zisterzienserinnen von Rathausen eine stehende Maria. Statt eines runden Stempels hat man hier wieder die spitzovale Form bevorzugt[12].

Die Bettelorden haben ihre Besonderheiten im Siegelwesen. Die Franziskaner zu Luzern stellen in ihrem Konventssiegel um 1270 Franziskus dar, wie er den Vögeln predigt. Dieser Heilige kommt auch im gleichzeitigen Guardianstypar vor, das aber später, so ab 1344, den Kopf von Johannes dem Täufer aufweist. Der erhalten gebliebene Originalstempel des Vizeguardians aus dem 14. Jahrhundert schließlich bietet die ganze Figur des Täufers. Das Siegel der Franziskanerinnen von Muotathal, an einer Urkunde von 1288 hängend, zeigt Maria mit dem Kind, die ja allgemein von den Angehörigen der Bettelorden hoch verehrt wurde[13].

Die Dominikanerinnen des Klosters St. Peter am Bach in Schwyz, dessen Marienaltar 1283 geweiht wurde, besitzen noch das erste Typar. Im Spitzoval steht Maria mit dem Kind, zu ihren Füßen sehen wir zwei kleine Nonnen mit verehrend hochgehaltenen Armen. Die Weihe eines neuen Choraltars im Jahre 1347 zu Ehren des hl. Dominikaners Petrus Martyr führte zu einer Siegeländerung. Seither ziert sein Bild die Petschaft[14]. Warum die Schwestern des Frauenklosters Neuenkirch (1313 Reuerinnen, 1361 Dominikanerinnen) in ihrer Petschaft von 1297 den Erzengel Michael als Drachentöter führen, weiß man bis heute nicht[15]. Die Augustinerchorfrauen von Alt-Eschenbach – ihr Kloster war der hl. Katharina geweiht – haben als Siegelbild ihre Patronin mit den Attributen Rad und Palmzweig gewählt[16].

[10] Holzherr Georg, Einsiedeln. Kloster und Kirche Unserer Lieben Frau. Großer Führer, München 1987, Abb. 20.
[11] QW 1/1 S. 457, Nr. 1013.
[12] Zu St. Urban: Reinle, Kdm LU 5, S. 302f. und Abb. 268. – Zu Ebersecken: ebd. S. 60 und Abb. 52f. – Zu Rathausen: Von Moos, Kdm LU, S. 263; der Originalstempel befindet sich im Staatsarchiv Luzern.
[13] Zu Luzern: Reinle, Kdm LU 2, S. 221f. und Abb. 164. – Zu Muotathal: QW 1/1, S. 710, Nr. 1552.
[14] Meyer, Kdm SZ, S. 147; Alltag, S. 62, Nr. 31.
[15] Reinle, Kdm LU 4, S. 276.
[16] Reinle, Kdm LU 6, S. 46 und Abb. 31.

217 Siegel des Beromünsterer Chorherrn Burkard von Winon, 1277. Staatsarchiv Luzern.

218 Siegelstempel des Ritters Walther von Lieli, um 1240. Staatsarchiv Luzern.

Zum Abschluß bleiben uns noch die Typare der vier Ritterordenshäuser zu erwähnen. Die 1182 erstmals genannte Johanniter-Kommende Hohenrain zeigt in beiden überlieferten Siegeln (ein erstes war zwischen 1220 und 1271, das zweite von 1271 bis 1315 in Gebrauch) das Haupt Johannes des Täufers, dessen Kult hier im weiteren durch spätgotische Plastiken belegt ist. Die Kommende des gleichen Ordens in Reiden, um 1280 gegründet, führte im 14. Jahrhundert das Lamm Gottes mit Fahne in der Petschaft, das jedem Zeitgenossen als Attribut desselben Heiligen bekannt war[17]. Die 1235 gegründete Deutschordenskommende Hitzkirch wählte die Jungfrau Maria zum Bildinhalt. Ein gut erhaltener Abdruck von 1271 läßt sie uns als Halbfigur frontal in geschlitztem Mantel mit gefalteten Händen sehen. Unklar bleibt, ob man sie dem Verkündigungs- oder dem Tempeljungfrauentyp zurechnen soll[18]. St. Lazarus in Bischofsgestalt – es handelt sich um den im Evangelium erwähnten Heiligen, den man seit dem 11. Jahrhundert zusätzlich als Bischof von Marseille verehrte – erscheint im spitzovalen Siegel des Lazariterhauses Seedorf von 1273 bis 1289, ebenso in jenem von 1404[19].

[17] Segesser Heinrich Viktor von, Die schweizerischen Komthureien des Johanniter-(Malteser-)Ritterordens, in: AHS 48, 1934, S. 74–79, 109–116, 165–173, Taf. XXIII, Nrn. 7a–c, 13.

[18] Reinle, Kdm LU 6, S. 96.

[19] Gasser, Kdm UR 2, S. 168 und Abb. 164–168.

[20] Zu Emmen: Reinle, Kdm LU 6, S. 26. – Zu Neuheim: Hecker, Kirchenpatrozinien, S. 16; Birchler, Kdm ZG 1, S. 250 und Abb. 150. – Zu Giswil: Durrer, Kdm UW, S. 322, Anm. 4; Alltag, S. 62, Nr. 30.

[21] Wentzel Hans, Das Jesuskind an der Hand Mariä auf dem Siegel des Burkard von Winon 1277, in: Festschrift Hans R. Hahnloser zum 60. Geburtstag 1959, Hrg. Ellen Y. Beer, Basel 1961, S. 251–270.

[22] Reinle, Kdm LU 6, S. 224 und Abb. 197.

[23] Gasser, Kdm UR 2, S. 106 und Abb. 91 f.

Private Siegel

Die wenigen überlieferten Klerikersiegel lassen immerhin den Schluß zu, daß die Pfarrherren in der Regel nicht ihren Namenspatron in der Petschaft ehrten, sondern als Amtspersonen selbst bei ihren persönlichen Typaren den Heiligen ihrer Kirche einführten. Dies zeigen drei Beispiele aus dem 14. Jahrhundert mit St. Mauritius für Emmen, der Muttergottes für Neuheim und dem Martyrium des hl. Laurentius für Giswil[20]. Eine ikonographische Besonderheit bietet das in einem Abdruck von 1277 überlieferte Siegel des Münsterer Chorherrn Burkard von Winon: Im Spitzoval hält Maria den Jesusknaben an der Hand. Dieses Thema der «Infantia Christi» gehört in den Kreis der Andachtsbilder zur Kindheit Jesu und stellt uns ein weiteres von der Mystik geprägtes Werk vor[21].

Um die verschiedenen Möglichkeiten aufzuzeigen, wie ein Adelssiegel gestaltet werden konnte, seien hier ein paar Beispiele aufgeführt. Wie das Typar des Walther von Lieli um 1240 belegt, konnten Siegel und Wappenschild identisch sein, womit wir die einfachste Form einer Petschaft vor uns haben[22]. Die Darstellung eines Vollwappens, also samt Helm und Helmzier vertritt als zweite Gattung das Siegel des Johann von Rudenz aus dem Jahre 1371. Er wohnte im Turm zu Flüelen; es scheint, daß er im Wappenbild und als Helmzier ein stilisiertes Porträt seines Sitzes verewigen wollte. Solche realistischen Wiedergaben wurden im 13. und 14. Jahrhundert mehrfach gewählt; man denke in diesem Zusammenhang nur an die Kirchenburg im Siegel des Domkapitels von Valeria um 1300[23].

Eine andere Art, sich zu profilieren, offenbart sich in der Wahl eines Siegeltyps, den sonst nur führende Dynastien, wie zum Beispiel die

Herzöge von Zähringen, verwendet haben: einen dahinsprengenden Reiter mit Lanze und dem persönlichen Wappenschild. Wir staunen darüber, ihn bei einem der spätesten Vertreter der Edlen von Wolhusen, bei Diethelm (1264–1307) zu finden[24]. Schließlich konnte man auch durch ein Siegel von außergewöhnlichem Stil auffallen. Ein solches führte der Altdorfer Leutpriester Burchard Goldstein; es hat sich als Abdruck an einer Zürcher Urkunde von 1274 erhalten. Dem spitzovalen Typar war eine fast kreisrunde Gemme von 2,6 cm Durchmesser eingefügt. Sie zeigt in noblem antikischem Stil einen bärtigen Profilkopf mit Haarband und angeschnittenem Hals. Die Tracht seiner Haare erinnert an Köpfe von Großplastiken aus der ersten Hälfte des 13. Jahrhunderts am Gerichtsportal der Reimser Kathedrale sowie an der Adamspforte des Bamberger Doms. Die Umschrift des in den Zwickeln mit Architekturmotiven geschmückten Rahmens lautet: «S. BVRCHARDI PLEBANI IN ALTDORF». – Der Siegelinhaber kann klar erfaßt werden. Aus bürgerlichem Ratsherrengeschlecht stammend bekleidete er zwischen 1238 und 1256 das Amt eines scribae oder notarii der Fürstäbtissin von Zürich. Von 1256 bis zu seinem Tode im Jahr 1282 war er Leutpriester in Altdorf, ab 1257 zugleich auch Chorherr in der Vaterstadt. Zwei Aspekte verdienen in diesem Zusammenhang unsere Aufmerksamkeit, nämlich die Rolle der Persönlichkeit Goldsteins und das Thema des Typarbildes.

Was die Ikonographie der Pfarrer- und Pfarreisiegel anbelangt, so haben wir bereits festgehalten, daß in der Regel der Kirchenpatron dargestellt wurde. St. Martin, welchem das Altdorfer Gotteshaus geweiht war, kann mit dem Kopf kaum gemeint sein. Hingegen ist eine Verwandtschaft mit Münz- und Siegelbildern der Stadt, Stifte und Stiftsmitglieder Zürichs im 13. Jahrhundert nicht zu leugnen. Diese zeigen mit Vorliebe Varianten antikisierender Profilköpfe des Stadtheiligen Felix oder des Geschwisterpaars Felix und Regula mit angeschnittenem Hals. Letzteres ist, als stilistische Form überhaupt, ein Element der Zeitströmung, zugleich aber willkommener Hinweis auf die römische Epoche der Märtyrer sowie auf ihre Todesart durch Enthauptung. St. Felix erscheint meist bärtig, so schon um 1130 im bekannten Pfeilerrelief des Mittelschiffs im Großmünster.

Zur zweiten Frage: Burchard Goldstein residierte als Chorherr in Zürich, in Altdorf versah ein Vertreter die Pfarrei[25]. Doch können wir uns durchaus vorstellen, daß der Leutpriester in «seiner» Kirche durch glanzvolle Stiftungen kultischer Kunstwerke allgegenwärtig sein wollte. So läßt sich vielleicht auch erklären, wie die vielen Kostbarkeiten den Weg in die Alpentäler gefunden, und wie die Beziehungen zum hochrheinischen Kulturkreis gespielt haben[26].

Im 14. Jahrhundert beginnen auch Bürger, sich ein eigenes Siegel zuzulegen, worin sich das gesteigerte Selbstbewußtsein dieser Volksschicht manifestiert. Ein sehr frühes Exempel dieses Vorgangs beherbergt das Schweizerische Landesmuseum in der für 1338 belegten Petschaft des Luzerners Konrad Renze. Wie selbstverständlich das freie Bürger- und Bauerntum den adeligen Wappenbrauch übernommen hat, zeigt beispielsweise das 1408 auf Pergament gemalte Büchlein der Luzerner Pfisternzunft mit den 59 heraldischen Zeichen ihrer Mitglieder. Die Wappenfreudigkeit der Eidgenossen, die im Spätmittelalter und darüber hinaus zur Gattung der Kabinettscheiben geführt hat, wäre als kulturgeschichtliches Phänomen eine Untersuchung wert[27].

219 Siegel des Altdorfer Leutpriesters und Zürcher Chorherrn Burchard Goldstein, 1274. Stadtarchiv Zürich.

[24] ALLTAG, S. 61, Nr. 28.

[25] Zur Doppelfunktion «Leutpriester – Chorherr» vgl. die Arbeit von Carl Pfaff in diesem Buch.

[26] WENTZEL Hans, Mittelalterliche Gemmen am Oberrhein und verwandte Arbeiten, in: Form und Inhalt. Kunstgeschichtliche Studien. Otto Schmitt zum 60. Geburtstag, Hrg. Hans Wentzel, Stuttgart 1950, S. 145–158. – Zu den Zürcher Siegeln und Münzen: SEIDENBERG Margot, Sigillum Sanctorum Felicis et Regule. Die Stadtheiligen als Siegelmotiv, bzw. GEIGER Hans-Ulrich, Die Zürcher Stadtheiligen im Münzbild, in: Die Zürcher Stadtheiligen Felix und Regula, Hrg. Hansueli Etter, Zürich 1988, S. 63–77 bzw. 78–83. Weder hier noch bei Wentzel wurde auf die Deutung des Kopfes eingetreten. Ob im übrigen Goldstein die Gemme ad hoc anfertigen ließ oder eine schon vorhandene für die Felixdarstellung geeignete auswählte, muß offenbleiben. – Nach Mitteilung von Helmi Gasser verwendete Goldstein 1260 und 1282 ein anderes Siegel mit der Mantelteilung St. Martins. – Zu Goldstein: HBLS 3, S. 569 f.

[27] Zum Siegel Renzes: ALLTAG, S. 62, Nr. 29. – Zum Wappenbüchlein: ebd., S. 137, Nr. 175.

Profane Werke des Kunstgewerbes

Schon die vorausgegangenen Kapitel machten uns ständig bewußt, wie ungleichmäßig die Werke des Mittelalters erhalten geblieben sind. Dies trifft in noch viel höherem Maße für die Gegenstände des profanen Bereichs zu, was einmal damit zusammenhängt, daß die sakralen Schöpfungen immer schon die weltlichen prozentual dominiert haben; zum andern wurden die ersteren dank der Langlebigkeit und Tradition der kirchlichen Institutionen dort auch sorgfältiger aufbewahrt. Sehr vieles hingegen, was adelige oder bürgerliche Personen bzw. Gemeinwesen für sich, ihren Lebensstil und ihre Selbstdarstellung anfertigen ließen, ging mit ihnen unter. Nichts könnte diese Tatsache besser verdeutlichen als der Umstand, daß alle im folgenden vorgestellten, repräsentativen Kunstwerke der innerschweizerischen Adelskultur nur deshalb der Nachwelt überliefert wurden, weil diese schon während des Mittelalters als Geschenke oder Mitgift in Klöster gelangt sind.

Schilde und Gefäße

Das kostbarste Stück ist der Ritterschild aus dem späten 12. Jahrhundert, den Arnold von Brienz zum ewigen Gedächtnis dem von ihm gestifteten Lazariterhaus in Seedorf hinterlassen hat (heute im Schweizerischen Landesmuseum). Ursprünglich war er in der Kirche aufgehängt nach dem Brauch der sogenannten Totenschilde. Er zeigt einen aufmodelierten, heraldischen Löwen, der durch seine kraftvoll in Linienwerk umgesetzte Gestaltung an die Buch- bzw. Textilkünste erinnert. Zu Recht wird angenommen, daß er unterwegs auf einer Heiliglandfahrt entstand, was seinen orientalischen Einschlag erklärt. Wir spüren die Verwandtschaft mit Werken, wie etwa dem deutschen Königsmantel, der 1133/34 für Roger II. in seiner Hofwerkstätte zu Palermo von islamischen Meistern geschaffen wurde[1].
Aus der Gattung der seit 1300 in gehobenen Kreisen so beliebten Doppelbecher, die in Holz, Silber oder Bergkristall hergestellt wurden, haben sich zwei einander sehr ähnliche, silbergetriebene Exemplare aus dem frühen 14. Jahrhundert erhalten. Sie wurden lange

220 Silberner Doppelbecher aus dem Frauenkloster Sarnen, jetzt im Schweizerischen Landesmuseum Zürich.
221 Silberner Doppelbecher aus dem Kloster Seedorf, jetzt im Historischen Museum Basel.

[1] SCHNEIDER Hugo, Neues zum Reiterschild von Seedorf, in: ZAK 12, 1951, S. 116–118; GASSER, Kdm UR 2, S. 176–180.

Zeit in Seedorf bzw. im Frauenkloster Engelberg/Sarnen aufbewahrt, bis sie dann in die Museen von Basel und Zürich gelangten. Die 10 cm hohen Gefäße tragen fast keinen Schmuck, sie leben ganz in der vollendeten Form von zwei übereinander gestülpten, gebauchten Bechern[2].

gangen. Am kleeblattförmigen Griff erscheint das ursprünglich emaillierte Wappen der Nidwaldner Ministerialenfamilie derer von Wolfenschießen, die lange Zeit als Meier des Klosters Engelberg amtete. Die Gattung solcher Prunkgeschirre ist in der Schweiz nur mit wenigen Beispielen vertreten. Hingegen haben

222 Silberne Schale mit Burgmodell. Aus dem Frauenkloster Sarnen, jetzt im Schweizerischen Landesmuseum Zürich.

Betont prunkvoll gestaltet sind drei aus dem Sarner Frauenkloster stammende, silbervergoldete Schalen (heute im Landesmuseum). Alle weisen ungefähr die gleiche Größe von 5 cm Höhe und 17 cm Durchmesser auf. Hingegen wurden sie in unterschiedlicher Treibarbeit verziert. Sie entstanden zwar alle im 14. Jahrhundert, doch nicht im genau gleichen Zeitpunkt. Die erste, am Rande mit Buckeln und Blumen geschmückt, birgt auf ihrem von einer Rebranke umzogenem Grund das winzige pittoreske Modell einer Wasserburg, während der Dreipaß-Griff die emaillierte Halbfigur des Evangelisten Johannes trägt. – Die zweite Schale, auf einem Maßwerksockel montiert, zeigt an ihrem Rand eine Buckelfolge und eine holzige Wellenranke mit Blättern und Blumen. Aus dem Grund erhebt sich ein, von einem Ast umschlossener, naturalistischer Hügel, auf welchem ein kleiner, gegossener Falke steht mit ausgebreiteten Flügeln und einem Brieflein am Hals. – Den Rand der dritten Schale ziert eine gleichmäßige Rebenranke, den Grund ein Kreis aus Rosenzweigen; leider ist das alte Mittelbild verlorengegangen.

sich in Frankreich mehrere Stücke dieser Epoche erhalten, die einem Schatzfund in der Mitte der 19. Jahrhunderts zugeschrieben werden[3].

Holz- und Tongegenstände

Ein zwar weniger kostbares, dafür um so weiter verbreitetes Repräsentationsstück des adeligen Haushaltes stellen die hölzernen, mit Schnitzereien oder Malereien verzierten Holzkassetten dar, die zur Aufbewahrung von Schmuck, Briefen und dergleichen dienen konnten. Ein verhältnismäßig frühes Exemplar, zuletzt in der Pfarrkirche Attinghausen im Gebrauch, befindet sich heute im Landesmuseum. Das blockhafte Kästchen von 35,5

[2] Zu Seedorf: GASSER, Kdm UR 2, S. 180. – Zu Engelberg/Sarnen: DURRER, Kdm UW, S. 691. – Zu beiden allgemein: ALLTAG, S. 210, Nr. 290.

[3] DURRER, Kdm UW, S. 685–690; GRUBER Alain, Weltliches Silber. Katalog der Sammlung des Schweizerischen Landesmuseums Zürich, Zürich 1977, Nr. 166–168; ALLTAG, S. 250, Nr. 354.

223 **Silberne Schale mit Trauben. Aus dem Frauenkloster Sarnen, jetzt im Schweizerischen Landesmuseum Zürich.**

auf 13,7 cm Grundfläche und 22,2 cm Höhe besitzt Balusterfüßchen in Form von Blattbündeln. Sein mit andern zeitgenössischen Künsten verwandter, durchbrochen geschnitzter Dekor an Wänden und Deckel verbindet Palmettenranken mit Tieren und Winzerfiguren. Am Deckelrand haben sich viele der ursprünglich aufgemalten Wappen erhalten. Sie weisen alle in die Burgdorfer Gegend, wo die Urner Herren von Attinghausen im 13. Jahrhundert begütert waren. Dort dürfte die Arbeit um 1280 auch entstanden sein[4].

Das Frauenkloster Engelberg/Sarnen besaß gleich drei solcher beschnitzter Kästchen aus dem Spätmittelalter. Das älteste, im letzten Drittel des 14. Jahrhunderts geschaffen (heute im Historischen Museum Luzern), trägt symbolische Darstellungen und dazu erklärende Schriftbänder: auf dem Deckel ein Jäger mit zwei Hunden und einem Hirsch, zwischen dessen Geweih verschlungene Hände, über ihnen ein fliegender Rabe; an der Vorderseite eine Dame, die gleichzeitig einen gefesselten Löwen hält und eine Peitsche schwingt, vor ihrer Brust eine Harpye mit Vorlegeschloß; an der Rückseite ein Affe mit Pfeil und Bogen; an den Schmalseiten schließlich stilisierte Rosen. – Die beiden andern Kästchen (jetzt im Landesmuseum) stammen aus dem frühen 15. Jahrhundert. Das eine schmücken Fabeltiere und zierliche Eisenbeschläge, das andere zeigt auf dem Deckel einen Affen, der in seiner Hutte eine Gans mit einem Rosenkranz im Schnabel trägt[5].

Ein neuer Bildträger entsteht in den kachelbesetzten Öfen. Ihre mit geschnitzten Holzmodeln hergestellten und mit Glasur gebrannten Kacheln bieten viel Platz für Reliefs von Einzelfiguren, Liebespaaren, Musikanten, Würfelspielern, Jägern, Tieren und Fabelwesen. Zum Teil wiederholen sich dieselben Szenen, die auf den hölzernen Zierkästen vorkommen. Besonders interessant sind natürlich die frühen Beispiele aus dem 14. Jahrhundert, die von Ausgrabungen herrühren, beispielsweise

[4] Lapaire Claude, Das Schweizerische Landesmuseum. Hauptstücke aus seinen Sammlungen, Zürich 1969, Nr. 37.

[5] Durrer, Kdm UW, S. 696f.

von der Burg Schenkon bei Sursee, von der Hasenburg bei Willisau oder von der Burg bei Küßnacht[6]. Wenige Zentimeter hohe Tonfigürchen des 14. und 15. Jahrhunderts, wie sie in der Alten Burg von Zug gefunden wurden, können sowohl als Spielzeug wie auch als Votivgaben gedeutet werden[7]. Mit dieser kurzen, auf exemplarische Gegenstände der profanen Kunst beschränkten Auslese wollen wir es bewenden lassen, nicht aber ohne die Aufmerksamkeit auf die an anderer Stelle wiedergegebenen Ausführungen über die Funde in der Innerschweiz zu lenken[8].

[6] Beispiele von Ofenkacheln aus diversen Fundorten: ALLTAG, Nr. 99–101 (Küßnacht), 105f. (Wildenburg), 121f. (Schenkon), 123 (Hasenburg), 221f. (Schenkon), 223f., 229 (Luzern), 367 (Hasenburg), 368f. (Schenkon), 370, 372–374 (Hasenburg).
[7] ALLTAG, S. 77f., Nr. 52–55.
[8] Vgl. die Arbeit von Werner Meyer in diesem Werk.

Rückblick

Der eben gemachte Versuch, die aus dem Zeitabschnitt von 1200 bis 1450 stammenden Kunstwerke der Innerschweiz nach Gattung und Aussage zu ordnen, läßt zunächst einmal ihr recht unterschiedliches Schicksal erkennen. Die großen romanischen, gotisierten oder gotischen Abteikirchen von Einsiedeln, Luzern, Engelberg und St. Urban sind gänzlich aus unserer Kulturlandschaft verschwunden. Für ihre Kategorie steht einzig noch das Gotteshaus zu den Franziskanern in Luzern. Mittelalterliche Vergangenheit markieren wenigstens einige Türme, die isoliert oder integriert neben kirchlichen Barockbauten stehen. Immerhin haben die Museggbefestigung, der Wasserturm mit der Kapellbrücke und die Hoftürme bis heute nicht aufgehört, das luzernische Stadtbild triumphal zu dominieren.
Das gleiche Schicksal wie die Architekturdenkmäler erlitten auch die mit den Bauten eng verbundenen Kunstschöpfungen, wie die Glas- und Wandgemälde oder die steinernen Bauplastiken. Bezeichnenderweise finden sich solche Werke «in situ» nur in der Luzerner Franziskanerkirche, Wandgemäldezyklen gerade noch in ländlichen Heiligtümern abseits des Kulturstroms, in der Stille von Kirchbühl oder St. Niklausen. Man wagt sich gar nicht auszudenken, was von all dem und vielleicht sogar in besserer Qualität die verschwundenen Gotteshäuser geschmückt haben muß. Oft bringt uns nur gerade ein einziges, kleines Fragment, wie der Rest des Altdorfer Fastentuchs, das Vorkommen einer ganzen Kunstgattung ins Bewußtsein.
Die weitaus umfangreichste gerettete Gruppe bieten die Holzplastiken. Manche von ihnen entstanden als isolierte Kult- bzw. Andachtsbilder, die meisten jedoch als Teil der Altarschreine, von denen freilich keiner übriggeblieben ist. Ihr Aussehen bezeugen nur einige spätgotische Retabel, die aber außerhalb unserer Zeitgrenze liegen. Nebst den Schreinen müssen wir auch den Verlust weiterer Gattungen, wie der Altartafelbilder, der Epitaphe oder der Reliquiare, beklagen. Für diese Kategorie kann einzig die Heiliggrabtruhe von Baar genannt werden.
Die Kultgeräte, vor allem die Leistung der Goldschmiede, sind weniger in Exemplaren des normalen Gebrauchs (Kelche, Rauchfässer, Kännchen oder Monstranzen) als vielmehr in Ausnahmewerken überliefert. Da Höhepunkte wie die ottonischen bzw. romanischen Miniaturen in Einsiedeln oder Engelberg vor unserer Limite geschaffen wurden, bietet die Buchmalerei im behandelten Zeitraum weniger, als man auf den ersten Blick erwarten würde. Immerhin hat Engelberg auf diesem Gebiet höchste und auch volkstümliche Beispiele der Gotik hervorgebracht. Die Zisterzienser von St. Urban verwendeten ihren Ordensgrundsätzen entsprechend weniger Eifer auf reichen Buchschmuck, doch ist ihnen als einzigartige Ableitung daraus die Backsteinornamentik ihrer Ziegelmanufaktur zu verdanken. Das Engelberger Frauenkloster schenkte uns seltene Zeugen von Paramentik des 14. Jahrhunderts.
In die Gattung der hohen Plastik ragt sicher die Siegelkunst als Produkt der Goldschmiede hinein, zudem sind sie ikonographisch aufschlußreich. Selten haben sich naturgemäß frühe Glocken erhalten, die im übrigen erst seit dem zweiten Drittel des 15. Jahrhunderts mit Reliefs geschmückt sind.
Spärlich, doch eigenwillig in den Stücken silberner Schalen und hölzerner Kassetten hat sich der innerschweizerische Bestand profanen Kunstgewerbes überliefert, dabei bezeichnenderweise nicht in Privatbesitz, sondern im kulturgeschichtlichen Reservoir von Klöstern. Möbelstücke fehlen leider gänzlich, Hafnerarbeiten, Fragmente plastisch verzierter Ofenkacheln und Gefäße besitzen wir bloß aus Bodenfunden.

Wenn wir die Wesenszüge aller besprochenen Kunstwerke charakterisieren wollen, so gilt es zunächst festzuhalten, daß es keinen innerschweizerischen Stil oder auch nur Elemente davon zu nennen gibt. Einzig in den Klöstern gab es Werkstätten mit einheimischem Kunstschaffen (so Schreiber und Buchmaler, Paramentenstickerinnen). Die Bauten mit ihren Skulpturen und Wandgemälden wurden von oberrheinischen und süddeutschen Wandermeistern geschaffen, Holzplastiken und Goldschmiedearbeiten, wie uns ihr Stil zeigt, aus den gleichen Gegenden importiert. Einen wichtigen Bezugsort stellte sicher die für die Innerschweiz zuständige Bischofsstadt Konstanz dar. Zürich dürfte als nächstgelegener Ort mit hoher Kultur und seit karolingischer Zeit besonders mit Uri verbunden, ebenfalls wichtig gewesen sein, doch sind dort mittelalterliche Vergleichsbeispiele für die fragliche Epoche wegen der Reformation zumeist untergegangen. Als weitere «Einstrahlungsorte» wären etwa Basel, Freiburg i. Br. oder Straßburg zu nennen. Die ersten für unsere Region dokumentierten Künstlerwerkstätten tauchen erst gegen Ende des 14. Jahrhunderts auf. So wird im Jahre 1381 in Luzern ein Bildhauer Kaspar aus Straßburg zum Bürger angenommen, ab 1379 ist eine Goldschmiedefamilie Scherrer belegt, ab 1414 ein Maler namens Klaus.

Das fast vollständige Fehlen eigener Werkstätten erklärt auch, weshalb sich in der Innerschweiz keineswegs – wie man annehmen möchte – eine periphere Provinzkunst entfaltet hat; es ist aber auch kaum eine eigenständige «Entwicklung» auszumachen. Darin liegt der Grund, warum selbst bei dem stark dezimierten Kunstgut manche Werke von beachtlicher Meisterschaft anzutreffen sind. Einige von ihnen erreichen wegen ihrer Qualität europäisches Niveau oder wegen ihrer Einzigartigkeit universelles Interesse. So stellt beispielsweise der Palmchristus von Steinen das älteste voll erhaltene Exemplar dieser Gattung dar; der Stifterschild aus Seedorf ist der älteste Reiterschild Europas schlechthin. Das silberne Kreuz von Engelberg und der emaillierte Buchdeckel von Beromünster zählen zu Spitzenwerken ihrer Zeit.